CAISSE NATIONALE

DES RETRAITES POUR LA VIEILLESSE.

TARIF

AU TAUX 4 P. %

D'APRÈS

LA TABLE DE MORTALITÉ DE DEPARCIEUX.

SOMMES versées	50 ANS.	51 ANS.	52 ANS.	53 ANS.	SOMMES versées	54 ANS.	55 ANS.	56 ANS.	57 ANS.
1	0.8579	0.9274	1.0042	1.0892	1	1.1835	1.2885	1.4057	1.5370
2	1.7158	1.8548	2.0084	2.1784	2	2.3670	2.5770	2.8114	3.0740
3	2.5737	2.7822	3.0126	3.2676	3	3.5505	3.8655	4.2171	4.6110
4	3.4316	3.7096	4.0168	4.3568	4	4.7340	5.1540	5.6228	6.1480
5	4.2895	4.6370	5.0210	5.4460	5	5.9175	6.4425	7.0285	7.6850
6	5.1474	5.5644	6.0252	6.5352	6	7.1010	7.7310	8.4342	9.2220
7	6.0053	6.4918	7.0294	7.6244	7	8.2845	9.0195	9.8399	10.7590
8	6.8632	7.4192	8.0336	8.7136	8	9.4680	10.3080	11.2456	12.2960
9	7.7211	8.3466	9.0378	9.8028	9	10.6515	11.5965	12.6513	13.8330
10	8.5790	9.2740	10.0420	10.8920	10	11.8350	12.8850	14.0570	15.3700
11	9.4369	10.2014	11.0462	11.9812	11	13.0185	14.1735	15.4627	16.9070
12	10.2948	11.1288	12.0504	13.0704	12	14.2020	15.4620	16.8684	18.4440
13	11.1527	12.0562	13.0546	14.1596	13	15.3855	16.7505	18.2741	19.9810
14	12.0106	12.9836	14.0588	15.2488	14	16.5690	18.0390	19.6798	21.5180
15	12.8685	13.9110	15.0630	16.3380	15	17.7525	19.3275	21.0855	23.0550
16	13.7264	14.8384	16.0672	17.4272	16	18.9360	20.6160	22.4912	24.5920
17	14.5843	15.7658	17.0714	18.5164	17	20.1195	21.9045	23.8969	26.1290
18	15.4422	16.6932	18.0756	19.6056	18	21.3030	23.1930	25.3026	27.6660
19	16.3001	17.6206	19.0798	20.6948	19	22.4865	24.4815	26.7083	29.2030
20	17.1580	18.5480	20.0840	21.7840	20	23.6700	25.7700	28.1140	30.7400

SOMMES versées	58 ANS.	59 ANS.	60 ANS.	61 ANS.	SOMMES versées	62 ANS.	63 ANS.	64 ANS.	65 ANS.
1	1.6844	1.8506	2.0387	2.2527	1	2.4075	2.7789	3.1041	3.4827
2	3.3688	3.7012	4.0774	4.5054	2	4.9050	5.5578	6.2082	6.9654
3	5.0532	5.5518	6.1161	6.7581	3	7.4025	8.3367	9.3123	10.4481
4	6.7376	7.4024	8.1548	9.0108	4	9.9000	11.1156	12.4164	13.9308
5	8.4220	9.2530	10.1935	11.2635	5	12.4875	13.8945	15.5205	17.4135
6	10.1064	11.1036	12.2322	13.5162	6	14.9850	16.6734	18.6246	20.8962
7	11.7908	12.9542	14.2709	15.7689	7	17.4825	19.4523	21.7287	24.3789
8	13.4752	14.8048	16.3096	18.0216	8	19.9800	22.2312	24.8328	27.8616
9	15.1596	16.6554	18.3483	20.2743	9	22.4775	25.0101	27.9369	31.3443
10	16.8440	18.5000	20.3870	22.5270	10	24.9750	27.7890	31.0410	34.8270
11	18.5284	20.3566	22.4257	24.7797	11	27.4725	30.5679	34.1451	38.3097
12	20.2128	22.2072	24.4644	27.0324	12	29.9700	33.3468	37.2492	41.7924
13	21.8972	24.0578	26.5031	29.2851	13	32.4675	36.1257	40.3533	45.2751
14	23.5816	25.9084	28.5418	31.5378	14	34.9650	38.9046	43.4574	48.7578
15	25.2660	27.7590	30.5805	33.7905	15	37.4625	41.6835	46.5015	52.2405
16	26.9504	29.6096	32.0192	36.0432	16	39.9600	44.4024	49.6656	55.7232
17	28.6348	31.4602	34.6579	38.2950	17	42.4575	47.2413	52.7697	59.2059
18	30.3192	33.3108	36.6966	40.5486	18	44.9550	50.0202	55.8738	62.6886
19	32.0036	35.1614	38.7353	42.8013	19	47.4525	52.7991	58.9779	66.1713
20	33.6880	37.0120	40.7740	45.0540	20	49.9500	55.5780	62.0820	69.6540

SOMMES versées.	50 ANS.	51 ANS.	52 ANS.	53 ANS.	SOMMES versées.	54 ANS.	55 ANS.	56 ANS.	57 ANS.
1	0.6335	0.6848	0.7415	0.8042	1	0.8739	0.9514	1.0380	1.1349
2	1.2670	1.3696	1.4830	1.6084	2	1.7478	1.9028	2.0760	2.2698
3	1.9005	2.0544	2.2245	2.4126	3	2.6217	2.8542	3.1140	3.4047
4	2.5340	2.7392	2.9660	3.2168	4	3.4956	3.8056	4.1520	4.5396
5	3.1675	3.4240	3.7075	4.0210	5	4.3695	4.7570	5.1900	5.6745
6	3.8010	4.1088	4.4490	4.8252	6	5.2434	5.7084	6.2280	6.8094
7	4.4345	4.7936	5.1905	5.6294	7	6.1173	6.6598	7.2660	7.9443
8	5.0680	5.4784	5.9320	6.4336	8	6.9912	7.6112	8.3040	9.0792
9	5.7015	6.1632	6.6735	7.2378	9	7.8651	8.5626	9.3420	10.2141
10	6.3350	6.8480	7.4150	8.0420	10	8.7390	9.5140	10.3800	11.3490
11	6.9685	7.5328	8.1565	8.8462	11	9.6129	10.4654	11.4180	12.4839
12	7.6020	8.2176	8.8980	9.6504	12	10.4808	11.4168	12.4560	13.6188
13	8.2355	8.9024	9.6395	10.4546	13	11.3607	12.3682	13.4940	14.7537
14	8.8690	9.5872	10.3810	11.2588	14	12.2346	13.3196	14.5320	15.8886
15	9.5025	10.2720	11.1225	12.0630	15	13.1085	14.2710	15.5700	17.0235
16	10.1360	10.9568	11.8640	12.8672	16	13.9824	15.2224	16.6080	18.1584
17	10.7695	11.6416	12.6055	13.6714	17	14.8563	16.1738	17.6460	19.2933
18	11.4030	12.3264	13.3470	14.4756	18	15.7302	17.1252	18.6840	20.4282
19	12.0365	13.0112	14.0885	15.2798	19	16.6041	18.0766	19.7220	21.5631
20	12.6700	13.6960	14.8300	16.0840	20	17.4780	19.0280	20.7600	22.6980

SOMMES versées.	58 ANS.	59 ANS.	60 ANS.	61 ANS.	SOMMES versées.	62 ANS.	63 ANS.	64 ANS.	65 ANS.
1	1.2438	1.3665	1.5054	1.6634	1	1.8441	2.0519	2.2921	2.5716
2	2.4876	2.7330	3.0108	3.3268	2	3.6882	4.1038	4.5842	5.1432
3	3.7314	4.0995	4.5162	4.9902	3	5.5323	6.1557	6.8763	7.7148
4	4.9752	5.4660	6.0216	6.6536	4	7.3764	8.2076	9.1684	10.2864
5	6.2190	6.8325	7.5270	8.3170	5	9.2205	10.2595	11.4605	12.8580
6	7.4628	8.1990	9.0324	9.9804	6	11.0646	12.3114	13.7526	15.4296
7	8.7066	9.5655	10.5378	11.6438	7	12.9087	14.3633	16.0447	18.0012
8	9.9504	10.9320	12.0432	13.3072	8	14.7528	16.4152	18.3368	20.5728
9	11.1942	12.2985	13.5486	14.9706	9	16.5969	18.4671	20.6289	23.1444
10	12.4380	13.6650	15.0540	16.6340	10	18.4410	20.5190	22.9210	25.7100
11	13.6818	15.0315	16.5594	18.2974	11	20.2851	22.5709	25.2131	28.2876
12	14.9256	16.3980	18.0648	19.9608	12	22.1292	24.6228	27.5052	30.8592
13	16.1694	17.7645	19.5702	21.6242	13	23.9733	26.6747	29.7973	33.4308
14	17.4132	19.1310	21.0756	23.2876	14	25.8174	28.7266	32.0894	36.0024
15	18.6570	20.4975	22.5810	24.9510	15	27.6615	30.7785	34.3815	38.5740
16	19.9008	21.8640	24.0864	26.6144	16	29.5056	32.8304	36.6736	41.1456
17	21.1446	23.2305	25.5918	28.2778	17	31.3497	34.8823	38.9657	43.7172
18	22.3884	24.5970	27.0972	29.9412	18	33.1938	36.9342	41.2578	46.2888
19	23.6322	25.9635	28.6026	31.6046	19	35.0379	38.9861	43.5499	48.8604
20	24.8760	27.3300	30.1080	33.2680	20	36.8820	41.0380	45.8420	51.4320

1.

SOMMES versées	50 ANS.	51 ANS.	52 ANS.	53 ANS.	SOMMES versées	54 ANS.	55 ANS.	56 ANS.	57 ANS.
1	0.8431	0.9114	0.9868	1.0703	1	1.1631	1.2663	1.3814	1.5104
2	1.6862	1.8228	1.9736	2.1406	2	2.3262	2.5326	2.7628	3.0208
3	2.5293	2.7342	2.9604	3.2109	3	3.4893	3.7989	4.1442	4.5312
4	3.3724	3.6456	3.9472	4.2812	4	4.6524	5.0652	5.5256	6.0416
5	4.2155	4.5570	4.9340	5.3515	5	5.8155	6.3315	6.9070	7.5520
6	5.0586	5.4684	5.9208	6.4218	6	6.9786	7.5978	8.2884	9.0624
7	5.9017	6.3798	6.9076	7.4921	7	8.1417	8.8641	9.6698	10.5728
8	6.7448	7.2912	7.8944	8.5624	8	9.3048	10.1304	11.0512	12.0832
9	7.5879	8.2026	8.8812	9.6327	9	10.4679	11.3967	12.4326	13.5936
10	8.4310	9.1140	9.8680	10.7030	10	11.6310	12.6630	13.8140	15.1040
11	9.2741	10.0254	10.8548	11.7733	11	12.7941	13.9293	15.1954	16.6144
12	10.1172	10.9368	11.8416	12.8436	12	13.9572	15.1956	16.5768	18.1248
13	10.9603	11.8482	12.8284	13.9139	13	15.1203	16.4619	17.9582	19.6352
14	11.8034	12.7596	13.8152	14.9842	14	16.2834	17.7282	19.3396	21.1456
15	12.6465	13.6710	14.8020	16.0545	15	17.4465	18.9945	20.7210	22.6560
16	13.4896	14.5824	15.7888	17.1248	16	18.6096	20.2608	22.1024	24.1664
17	14.3327	15.4938	16.7756	18.1951	17	19.7727	21.5271	23.4838	25.6768
18	15.1758	16.4052	17.7624	19.2654	18	20.9358	22.7934	24.8652	27.1872
19	16.0189	17.3166	18.7492	20.3357	19	22.0989	24.0597	26.2466	28.6976
20	16.8620	18.2280	19.7360	21.4060	20	23.2620	25.3260	27.6280	30.2080

SOMMES versées	58 ANS.	59 ANS.	60 ANS.	61 ANS.	SOMMES versées	62 ANS.	63 ANS.	64 ANS.	65 ANS.
1	1.6553	1.8186	2.0035	2.2138	1	2.4543	2.7309	3.0505	3.4226
2	3.3106	3.6372	4.0070	4.4276	2	4.9086	5.4618	6.1010	6.8452
3	4.9659	5.4558	6.0105	6.6414	3	7.3629	8.1927	9.1515	10.2678
4	6.6212	7.2744	8.0140	8.8552	4	9.8172	10.9236	12.2020	13.6904
5	8.2765	9.0930	10.0175	11.0690	5	12.2715	13.6545	15.2525	17.1130
6	9.9318	10.9116	12.0210	13.2828	6	14.7258	16.3854	18.3030	20.5356
7	11.5871	12.7302	14.0245	15.4966	7	17.1801	19.1163	21.3535	23.9582
8	13.2424	14.5488	16.0280	17.7104	8	19.6344	21.8472	24.4040	27.3808
9	14.8977	16.3674	18.0315	19.9242	9	22.0887	24.5781	27.4545	30.8034
10	16.5530	18.1860	20.0350	22.1380	10	24.5430	27.3090	30.5050	34.2260
11	18.2083	20.0046	22.0385	24.3518	11	26.9973	30.0399	33.5555	37.6486
12	19.8636	21.8232	24.0420	26.5656	12	29.4516	32.7708	36.6060	41.0712
13	21.5189	23.6418	26.0455	28.7794	13	31.9059	35.5017	39.6565	44.4938
14	23.1742	25.4604	28.0490	30.9932	14	34.3602	38.2326	42.7070	47.9164
15	24.8295	27.2790	30.0525	33.2070	15	36.8145	40.9635	45.7575	51.3390
16	26.4848	29.0976	32.0560	35.4208	16	39.2688	43.6944	48.8080	54.7616
17	28.1401	30.9162	34.0505	37.6346	17	41.7231	46.4253	51.8585	58.1842
18	29.7954	32.7348	36.0030	39.8484	18	44.1774	49.1562	54.9090	61.6068
19	31.4507	34.5534	38.0665	42.0622	19	46.6317	51.8871	57.9595	65.0294
20	33.1060	36.3720	40.0700	44.2760	20	49.0860	54.6180	61.0100	68.4520

SOMMES versées.	50 ANS.	51 ANS.	52 ANS.	53 ANS.	SOMMES versées.	54 ANS.	55 ANS.	56 ANS.	57 ANS.
1	0.6250	0.6757	0.7316	0.7935	1	0.8622	0.9387	1.0241	1.1197
2	1.2500	1.3514	1.4632	1.5870	2	1.7244	1.8774	2.0482	2.2394
3	1.8750	2.0271	2.1948	2.3805	3	2.5866	2.8161	3.0723	3.3591
4	2.5000	2.7028	2.9264	3.1740	4	3.4488	3.7548	4.0964	4.4788
5	3.1250	3.3785	3.6580	3.9675	5	4.3110	4.6935	5.1205	5.5985
6	3.7500	4.0542	4.3896	4.7610	6	5.1732	5.6322	6.1446	6.7182
7	4.3750	4.7299	5.1212	5.5545	7	6.0354	6.5709	7.1687	7.8379
8	5.0000	5.4056	5.8528	6.3480	8	6.8976	7.5096	8.1928	8.9576
9	5.6250	6.0813	6.5844	7.1415	9	7.7598	8.4483	9.2169	10.0773
10	6.2500	6.7570	7.3160	7.9350	10	8.6220	9.3870	10.2410	11.1970
11	6.8750	7.4327	8.0476	8.7285	11	9.4842	10.3257	11.2651	12.3167
12	7.5000	8.1084	8.7792	9.5220	12	10.3464	11.2644	12.2892	13.4364
13	8.1250	8.7841	9.5108	10.3155	13	11.2086	12.2031	13.3133	14.5561
14	8.7500	9.4598	10.2424	11.1090	14	12.0708	13.1418	14.3374	15.6758
15	9.3750	10.1355	10.9740	11.9025	15	12.9330	14.0805	15.3615	16.7955
16	10.0000	10.8112	11.7056	12.6960	16	13.7952	15.0192	16.3856	17.9152
17	10.6250	11.4869	12.4372	13.4895	17	14.6574	15.9579	17.4097	19.0349
18	11.2500	12.1626	13.1688	14.2830	18	15.5196	16.8966	18.4338	20.1546
19	11.8750	12.8383	13.9004	15.0765	19	16.3818	17.8353	19.4579	21.2743
20	12.5000	13.5140	14.6320	15.8700	20	17.2440	18.7740	20.4820	22.3940

SOMMES versées.	58 ANS.	59 ANS.	60 ANS.	61 ANS.	SOMMES versées.	62 ANS.	63 ANS.	64 ANS.	65 ANS.
1	1.2272	1.3482	1.4853	1.6412	1	1.8195	2.0245	2.2615	2.5373
2	2.4544	2.6964	2.9706	3.2824	2	3.6390	4.0490	4.5230	5.0746
3	3.6816	4.0446	4.4559	4.9236	3	5.4585	6.0735	6.7845	7.6119
4	4.9088	5.3928	5.9412	6.5648	4	7.2780	8.0980	9.0460	10.1492
5	6.1360	6.7410	7.4265	8.2060	5	9.0975	10.1225	11.3075	12.6865
6	7.3632	8.0892	8.9118	9.8472	6	10.9170	12.1470	13.5690	15.2238
7	8.5904	9.4374	10.3971	11.4884	7	12.7365	14.1715	15.8305	17.7611
8	9.8176	10.7856	11.8824	13.1296	8	14.5560	16.1960	18.0920	20.2984
9	11.0448	12.1338	13.3677	14.7708	9	16.3755	18.2205	20.3535	22.8357
10	12.2720	13.4820	14.8530	16.4120	10	18.1950	20.2450	22.6150	25.3730
11	13.4992	14.8302	16.3383	18.0532	11	20.0145	22.2695	24.8765	27.0103
12	14.7264	16.1784	17.8236	19.6944	12	21.8340	24.2940	27.1380	30.4476
13	15.9536	17.5266	19.3089	21.3356	13	23.6535	26.3185	29.3995	32.9849
14	17.1808	18.8748	20.7942	22.9768	14	25.4730	28.3430	31.6610	35.5222
15	18.4080	20.2230	22.2795	24.6180	15	27.2925	30.3675	33.9225	38.0595
16	19.6352	21.5712	23.7648	26.2592	16	29.1120	32.3920	36.1840	40.5968
17	20.8624	22.9194	25.2501	27.9004	17	30.9315	34.4165	38.4455	43.1341
18	22.0896	24.2676	26.7354	29.5416	18	32.7510	36.4410	40.7070	45.6714
19	23.3168	25.6158	28.2207	31.1828	19	34.5705	38.4655	42.9685	48.2087
20	24.5440	26.9640	29.7060	32.8240	20	36.3900	40.4900	45.2300	50.7460

SOMMES versées.	50 ANS.	51 ANS.	52 ANS.	53 ANS.	SOMMES versées.	54 ANS.	55 ANS.	56 ANS.	57 ANS.
1	0.8285	0.8956	0.9697	1.0518	1	1.1429	1.2443	1.3575	1.4842
2	1.6570	1.7912	1.9394	2.1036	2	2.2858	2.4886	2.7150	2.9684
3	2.4855	2.6868	2.9091	3.1554	3	3.4287	3.7329	4.0725	4.4526
4	3.3140	3.5824	3.8788	4.2072	4	4.5716	4.9772	5.4300	5.9368
5	4.1425	4.4780	4.8485	5.2590	5	5.7145	6.2215	6.7875	7.4210
6	4.9710	5.3736	5.8182	6.3108	6	6.8574	7.4658	8.1450	8.9052
7	5.7995	6.2692	6.7879	7.3626	7	8.0003	8.7101	9.5025	10.3894
8	6.6280	7.1648	7.7576	8.4144	8	9.1432	9.9544	10.8600	11.8736
9	7.4565	8.0604	8.7273	9.4662	9	10.2861	11.1987	12.2175	13.3578
10	8.2850	8.9560	9.6970	10.5180	10	11.4290	12.4430	13.5750	14.8420
11	9.1135	9.8516	10.6667	11.5698	11	12.5719	13.6873	14.9325	16.3262
12	9.9420	10.7472	11.6364	12.6216	12	13.7148	14.9316	16.2900	17.8104
13	10.7705	11.6428	12.6061	13.6734	13	14.8577	16.1759	17.6475	19.2946
14	11.5990	12.5384	13.5758	14.7252	14	16.0006	17.4202	19.0050	20.7788
15	12.4275	13.4340	14.5455	15.7770	15	17.1435	18.6645	20.3625	22.2630
16	13.2560	14.3296	15.5152	16.8288	16	18.2864	19.9088	21.7200	23.7472
17	14.0845	15.2252	16.4849	17.8806	17	19.4293	21.1531	23.0775	25.2314
18	14.9130	16.1208	17.4540	18.9324	18	20.5722	22.3974	24.4350	26.7156
19	15.7415	17.0164	18.4243	19.9842	19	21.7151	23.6417	25.7925	28.1998
20	16.5700	17.9120	19.3940	21.0360	20	22.8580	24.8860	27.1500	29.6840

SOMMES versées.	58 ANS.	59 ANS.	60 ANS.	61 ANS.	SOMMES versées.	62 ANS.	63 ANS.	64 ANS.	65 ANS.
1	1.6266	1.7871	1.9687	2.1754	1	2.4118	2.6835	2.9976	3.3632
2	3.2532	3.5742	3.9374	4.3508	2	4.8236	5.3670	5.9952	6.7264
3	4.8798	5.3613	5.9061	6.5262	3	7.2354	8.0505	8.9928	10.0896
4	6.5064	7.1484	7.8748	8.7016	4	9.6472	10.7340	11.9904	13.4528
5	8.1330	8.9355	9.8435	10.8770	5	12.0590	13.4175	14.9880	16.8160
6	9.7596	10.7226	11.8122	13.0524	6	14.4708	16.1010	17.9856	20.1792
7	11.3862	12.5097	13.7800	15.2278	7	16.8826	18.7845	20.9832	23.5424
8	13.0128	14.2968	15.7496	17.4032	8	19.2944	21.4680	23.9808	26.9056
9	14.6394	16.0839	17.7183	19.5786	9	21.7062	24.1515	26.9784	30.2688
10	16.2660	17.8710	19.6870	21.7540	10	24.1180	26.8350	29.9760	33.6320
11	17.8926	19.6581	21.6557	23.9294	11	26.5298	29.5185	32.9736	36.9952
12	19.5192	21.4452	23.6244	26.1048	12	28.9416	32.2020	35.9712	40.3584
13	21.1458	23.2323	25.5931	28.2802	13	31.3534	34.8855	38.9688	43.7216
14	22.7724	25.0194	27.5618	30.4556	14	33.7652	37.5690	41.9664	47.0848
15	24.3990	26.8065	29.5305	32.6310	15	36.1770	40.2525	44.9640	50.4480
16	26.0256	28.5936	31.4992	34.8064	16	38.5888	42.9360	47.9616	53.8112
17	27.6522	30.3807	33.4679	36.9818	17	41.0006	45.6195	50.9592	57.1744
18	29.2788	32.1678	35.4366	39.1572	18	43.4124	48.3030	53.9568	60.5376
19	30.9054	33.9549	37.4053	41.3326	19	45.8242	50.9865	56.9544	63.9008
20	32.5320	35.7420	39.3740	43.5080	20	48.2360	53.6700	59.9520	67.2640

SOMMES versées	50 ANS.	51 ANS.	52 ANS.	53 ANS.	SOMMES versées	54 ANS.	55 ANS.	56 ANS.	57 ANS.
1	0.6167	0.6667	0.7219	0.7829	1	0.8508	0.9263	1.0105	1.1049
2	1.2334	1.3334	1.4438	1.5658	2	1.7016	1.8526	2.0210	2.2098
3	1.8501	2.0001	2.1657	2.3487	3	2.5524	2.7789	3.0315	3.3147
4	2.4668	2.6668	2.8876	3.1316	4	3.4032	3.7052	4.0420	4.4196
5	3.0835	3.3335	3.6095	3.9145	5	4.2540	4.6315	5.0525	5.5245
6	3.7002	4.0002	4.3314	4.6974	6	5.1048	5.5578	6.0630	6.6294
7	4.3169	4.6669	5.0533	5.4803	7	5.9556	6.4841	7.0735	7.7343
8	4.9336	5.3336	5.7752	6.2632	8	6.8064	7.4104	8.0840	8.8392
9	5.5503	6.0003	6.4971	7.0461	9	7.6572	8.3367	9.0945	9.9441
10	6.1670	6.6670	7.2190	7.8290	10	8.5080	9.2630	10.1050	11.0490
11	6.7837	7.3337	7.9409	8.6119	11	9.3588	10.1893	11.1155	12.1539
12	7.4004	8.0004	8.6628	9.3948	12	10.2096	11.1156	12.1260	13.2588
13	8.0171	8.6671	9.3847	10.1777	13	11.0604	12.0419	13.1365	14.3637
14	8.6338	9.3338	10.1066	10.9606	14	11.9112	12.9682	14.1470	15.4686
15	9.2505	10.0005	10.8285	11.7435	15	12.7620	13.8945	15.1575	16.5735
16	9.8672	10.6672	11.5504	12.5264	16	13.6128	14.8208	16.1680	17.6784
17	10.4839	11.3339	12.2723	13.3093	17	14.4636	15.7471	17.1785	18.7833
18	11.1006	12.0006	12.9942	14.0922	18	15.3144	16.6734	18.1890	19.8882
19	11.7173	12.6673	13.7161	14.8751	19	16.1652	17.5997	19.1995	20.9931
20	12.3340	13.3340	14.4380	15.6580	20	17.0160	18.5260	20.2100	22.0980

SOMMES versées	58 ANS.	59 ANS.	60 ANS.	61 ANS.	SOMMES versées	62 ANS.	63 ANS.	64 ANS.	65 ANS.
1	1.2109	1.3303	1.4655	1.6194	1	1.7953	1.9976	2.2314	2.5036
2	2.4218	2.6606	2.9310	3.2388	2	3.5906	3.9952	4.4628	5.0072
3	3.6327	3.9909	4.3965	4.8582	3	5.3859	5.9928	6.6942	7.5108
4	4.8436	5.3212	5.8620	6.4776	4	7.1812	7.9904	8.9256	10.0144
5	6.0545	6.6515	7.3275	8.0970	5	8.9765	9.9880	11.1570	12.5180
6	7.2654	7.9818	8.7930	9.7164	6	10.7718	11.9856	13.3884	15.0216
7	8.4763	9.3121	10.2585	11.3358	7	12.5671	13.9832	15.0198	17.5252
8	9.6872	10.6424	11.7240	12.9552	8	14.3624	15.9808	17.8512	20.0288
9	10.8981	11.9727	13.1895	14.5746	9	16.1577	17.9784	20.0826	22.5324
10	12.1090	13.3030	14.6550	16.1940	10	17.9530	19.9760	22.3140	25.0360
11	13.3199	14.6333	16.1205	17.8134	11	19.7483	21.9736	24.5454	27.5396
12	14.5308	15.9636	17.5860	19.4328	12	21.5436	23.9712	26.7768	30.0432
13	15.7417	17.2939	19.0515	21.0522	13	23.3389	25.9688	29.0082	32.5468
14	16.9526	18.6242	20.5170	22.6716	14	25.1342	27.9664	31.2396	35.0504
15	18.1635	19.9545	21.9825	24.2910	15	26.9295	29.9640	33.4710	37.5540
16	19.3744	21.2848	23.4480	25.9104	16	28.7248	31.9616	35.7024	40.0576
17	20.5853	22.6151	24.9135	27.5298	17	30.5201	33.9592	37.9338	42.5612
18	21.7962	23.9454	26.3790	29.1492	18	32.3154	35.9568	40.1652	45.0648
19	23.0071	25.2757	27.8445	30.7686	19	34.1107	37.9544	42.3966	47.5684
20	24.2180	26.6060	29.3100	32.3880	20	35.9060	39.9520	44.6280	50.0720

SOMMES versées.	50 ANS.	51 ANS.	52 ANS.	53 ANS.	SOMMES versées.	54 ANS.	55 ANS.	56 ANS.	57 ANS.
1	0.8141	0.8800	0.9529	1.0335	1	1.1230	1.2227	1.3339	1.4584
2	1.6282	1.7600	1.9058	2.0670	2	2.2460	2.4454	2.6678	2.9168
3	2.4423	2.6400	2.8587	3.1005	3	3.3690	3.6681	4.0017	4.3752
4	3.2564	3.5200	3.8116	4.1340	4	4.4920	4.8908	5.3356	5.8336
5	4.0705	4.4000	4.7645	5.1675	5	5.6150	6.1135	6.6695	7.2920
6	4.8846	5.2800	5.7174	6.2010	6	6.7380	7.3362	8.0034	8.7504
7	5.6987	6.1600	6.6703	7.2345	7	7.8610	8.5589	9.3373	10.2088
8	6.5128	7.0400	7.6232	8.2680	8	8.9840	9.7816	10.6712	11.6672
9	7.3269	7.9200	8.5761	9.3015	9	10.1070	11.0043	12.0051	13.1256
10	8.1410	8.8000	9.5290	10.3350	10	11.2300	12.2270	13.3390	14.5840
11	8.9551	9.6800	10.4819	11.3685	11	12.3530	13.4497	14.6729	16.0424
12	9.7692	10.5600	11.4348	12.4020	12	13.4760	14.6724	16.0068	17.5008
13	10.5833	11.4400	12.3877	13.4355	13	14.5990	15.8951	17.3407	18.9592
14	11.3974	12.3200	13.3406	14.4690	14	15.7220	17.1178	18.6746	20.4176
15	12.2115	13.2000	14.2935	15.5025	15	16.8450	18.3405	20.0085	21.8760
16	13.0256	14.0800	15.2464	16.5360	16	17.9680	19.5632	21.3424	23.3344
17	13.8397	14.9600	16.1993	17.5695	17	19.0910	20.7859	22.6763	24.7928
18	14.6538	15.8400	17.1522	18.6030	18	20.2140	22.0086	24.0102	26.2512
19	15.4679	16.7200	18.1051	19.6365	19	21.3370	23.2313	25.3441	27.7096
20	16.2820	17.6000	19.0580	20.6700	20	22.4600	24.4540	26.6780	29.1680

SOMMES versées.	58 ANS.	59 ANS.	60 ANS.	61 ANS.	SOMMES versées.	62 ANS.	63 ANS.	64 ANS.	65 ANS.
1	1.5983	1.7560	1.9345	2.1370	1	2.3698	2.6369	2.9455	3.3047
2	3.1966	3.5120	3.8690	4.2752	2	4.7396	5.2738	5.8910	6.6094
3	4.7949	5.2680	5.8035	6.4128	3	7.1094	7.9107	8.8365	9.9141
4	6.3932	7.0240	7.7380	8.5504	4	9.4792	10.5476	11.7820	13.2188
5	7.9915	8.7800	9.6725	10.6880	5	11.8490	13.1845	14.7275	16.5235
6	9.5898	10.5360	11.6070	12.8256	6	14.2188	15.8214	17.6730	19.8282
7	11.1881	12.2920	13.5415	14.9632	7	16.5886	18.4583	20.6185	23.1329
8	12.7864	14.0480	15.4760	17.1008	8	18.9584	21.0952	23.5640	26.4376
9	14.3847	15.8040	17.4105	19.2384	9	21.3282	23.7321	26.5095	29.7423
10	15.9830	17.5600	19.3450	21.3760	10	23.6080	26.3600	29.4550	33.0470
11	17.5813	19.3160	21.2795	23.5136	11	26.0678	29.0059	32.4005	36.3517
12	19.1796	21.0720	23.2140	25.6512	12	28.4376	31.6428	35.3460	39.6564
13	20.7779	22.8280	25.1485	27.7888	13	30.8074	34.2797	38.2915	42.9611
14	22.3762	24.5840	27.0830	29.9264	14	33.1772	36.9166	41.2370	46.2658
15	23.9745	26.3400	29.0175	32.0640	15	35.5470	39.5535	44.1825	49.5705
16	25.5728	28.0960	30.9520	34.2016	16	37.9168	42.1004	47.1280	52.8752
17	27.1711	29.8520	32.8865	36.3302	17	40.2866	44.8273	50.0735	56.1799
18	28.7604	31.6080	34.8210	38.4708	18	42.6504	47.4642	53.0100	59.4846
19	30.3677	33.3640	36.7555	40.6144	19	45.0262	50.1011	55.9645	62.7803
20	31.9660	35.1200	38.6900	42.7520	20	47.3960	52.7380	58.9100	66.0940

Sommes versées	50 ANS.	51 ANS.	52 ANS.	53 ANS.	Sommes versées	54 ANS.	55 ANS.	56 ANS.	57 ANS.
1	0.6085	0.6578	0.7123	0.7726	1	0.8305	0.9140	0.9971	1.0902
2	1.2170	1.3156	1.4246	1.5452	2	1.6790	1.8280	1.9942	2.1804
3	1.8255	1.9734	2.1369	2.3178	3	2.5185	2.7420	2.9913	3.2706
4	2.4340	2.6312	2.8492	3.0904	4	3.3580	3.6560	3.9884	4.3608
5	3.0425	3.2890	3.5615	3.8630	5	4.1975	4.5700	4.9855	5.4510
6	3.6510	3.9468	4.2738	4.6356	6	5.0370	5.4840	5.9826	6.5412
7	4.2595	4.6046	4.9861	5.4082	7	5.8765	6.3980	6.9797	7.6314
8	4.8680	5.2624	5.6984	6.1808	8	6.7160	7.3120	7.9768	8.7216
9	5.4765	5.9202	6.4107	6.9534	9	7.5555	8.2260	8.9739	9.8118
10	6.0850	6.5780	7.1230	7.7260	10	8.3950	9.1400	9.9710	10.9020
11	6.6935	7.2358	7.8353	8.4986	11	9.2345	10.0540	10.9681	11.9922
12	7.3020	7.8936	8.5476	9.2712	12	10.0740	10.9680	11.9652	13.0824
13	7.9105	8.5514	9.2599	10.0438	13	10.9135	11.8820	12.9623	14.1726
14	8.5190	9.2092	9.9722	10.8164	14	11.7530	12.7960	13.9594	15.2628
15	9.1275	9.8670	10.6845	11.5890	15	12.5925	13.7100	14.9565	16.3530
16	9.7360	10.5248	11.3968	12.3616	16	13.4320	14.6240	15.9536	17.4432
17	10.3445	11.1826	12.1091	13.1342	17	14.2715	15.5380	16.9507	18.5334
18	10.9530	11.8404	12.8214	13.9068	18	15.1110	16.4520	17.9478	19.6236
19	11.5615	12.4982	13.5337	14.6794	19	15.9505	17.3660	18.9449	20.7138
20	12.1700	13.1560	14.2460	15.4520	20	16.7900	18.2800	19.9420	21.8040

Sommes versées	58 ANS.	59 ANS.	60 ANS.	61 ANS.	Sommes versées	62 ANS.	63 ANS.	64 ANS.	65 ANS.
1	1.1948	1.3127	1.4461	1.5970	1	1.7716	1.9712	2.2019	2.4704
2	2.3896	2.6254	2.8922	3.1958	2	3.5432	3.9424	4.4038	4.9408
3	3.5844	3.9381	4.3383	4.7937	3	5.3148	5.9136	6.6057	7.4112
4	4.7792	5.2508	5.7844	6.3916	4	7.0864	7.8848	8.8076	9.8816
5	5.9740	6.5635	7.2305	7.9895	5	8.8580	9.8560	11.0095	12.3520
6	7.1688	7.8762	8.6766	9.5874	6	10.6296	11.8272	13.2114	14.8224
7	8.3636	9.1889	10.1227	11.1853	7	12.4012	13.7984	15.4133	17.2928
8	9.5584	10.5016	11.5688	12.7832	8	14.1728	15.7696	17.6152	19.7632
9	10.7532	11.8143	13.0149	14.3811	9	15.9444	17.7408	19.8171	22.2336
10	11.9480	13.1270	14.4610	15.9790	10	17.7160	19.7120	22.0190	24.7040
11	13.1428	14.4397	15.9071	17.5769	11	19.4876	21.6832	24.2200	27.1744
12	14.3376	15.7524	17.3532	19.1748	12	21.2592	23.6544	26.4228	29.6448
13	15.5324	17.0651	18.7993	20.7727	13	23.0308	25.6256	28.6247	32.1152
14	16.7272	18.3778	20.2454	22.3706	14	24.8024	27.5968	30.8266	34.5856
15	17.9220	19.6905	21.6915	23.9685	15	26.5740	29.5680	33.0285	37.0560
16	19.1168	21.0032	23.1376	25.5664	16	28.3456	31.5392	35.2304	39.5264
17	20.3116	22.3159	24.5837	27.1643	17	30.1172	33.5104	37.4323	41.9968
18	21.5064	23.6286	26.0298	28.7622	18	31.8888	35.4810	39.6342	44.4072
19	22.7012	24.9413	27.4759	30.3601	19	33.6604	37.4528	41.8361	46.9376
20	23.8960	26.2540	28.9220	31.9580	20	35.4320	39.4240	44.0380	49.4080

SOMMES versées	50 ANS.	51 ANS.	52 ANS.	53 ANS.	SOMMES versées	54 ANS.	55 ANS.	56 ANS.	57 ANS.
1	0.7999	0.8047	0.9362	1.0155	1	1.1034	1.2013	1.3106	1.4330
2	1.5998	1.7294	1.8724	2.0310	2	2.2068	2.4026	2.6212	2.8660
3	2.3997	2.5941	2.8086	3.0465	3	3.3102	3.6039	3.9318	4.2990
4	3.1996	3.4588	3.7448	4.0620	4	4.4136	4.8052	5.2424	5.7320
5	3.9905	4.3235	4.0810	5.0775	5	5.5170	6.0005	6.5530	7.1650
6	4.7994	5.1882	5.6172	6.0930	6	6.6204	7.2078	7.8636	8.5980
7	5.5993	6.0529	6.5534	7.1085	7	7.7238	8.4091	9.1742	10.0310
8	6.3992	6.9176	7.4896	8.1240	8	8.8272	9.6104	10.4848	11.4640
9	7.1991	7.7823	8.4258	9.1395	9	9.9300	10.8117	11.7954	12.8970
10	7.9990	8.6470	9.3620	10.1550	10	11.0340	12.0130	13.1060	14.3300
11	8.7989	9.5117	10.2982	11.1705	11	12.1374	13.2143	14.4166	15.7630
12	9.5988	10.3704	11.2344	12.1860	12	13.2408	14.4156	15.7272	17.1960
13	10.3987	11.2411	12.1706	13.2015	13	14.3442	15.6169	17.0378	18.6290
14	11.1986	12.1058	13.1068	14.2170	14	15.4476	16.8182	18.3484	20.0620
15	11.9985	12.9705	14.0430	15.2325	15	16.5510	18.0195	19.6590	21.4950
16	12.7984	13.8352	14.9792	16.2480	16	17.6544	19.2208	20.9696	22.9280
17	13.5983	14.6999	15.9154	17.2635	17	18.7578	20.4221	22.2802	24.3610
18	14.3982	15.5646	16.8516	18.2790	18	19.8612	21.6234	23.5908	25.7940
19	15.1981	16.4293	17.7878	19.2945	19	20.9646	22.8247	24.9014	27.2270
20	15.9980	17.2940	18.7240	20.3100	20	22.0680	24.0260	26.2120	28.6600

SOMMES versées	58 ANS.	59 ANS.	60 ANS.	61 ANS.	SOMMES versées	62 ANS.	63 ANS.	64 ANS.	65 ANS.
1	1.5704	1.7254	1.0008	2.1003	1	2.3285	2.5900	2.8941	3.2471
2	3.1408	3.4508	3.8016	4.2006	2	4.6570	5.1818	5.7882	6.4942
3	4.7112	5.1762	5.7024	6.3009	3	6.9855	7.7727	8.6823	9.7413
4	6.2816	6.9016	7.6032	8.4012	4	9.3140	10.3636	11.5764	12.9884
5	7.8520	8.6270	9.5040	10.5015	5	11.6425	12.9545	14.4705	16.2355
6	9.4224	10.3524	11.4048	12.6018	6	13.9710	15.5454	17.3646	19.4826
7	10.9928	12.0778	13.3056	14.7021	7	16.2995	18.1363	20.2587	22.7297
8	12.5632	13.8032	15.2064	16.8024	8	18.6280	20.7272	23.1528	25.9768
9	14.1336	15.5286	17.1072	18.9027	9	20.9565	23.3181	26.0469	29.2239
10	15.7040	17.2540	19.0080	21.0030	10	23.2850	25.9090	28.9410	32.4710
11	17.2744	18.9794	20.9088	23.1033	11	25.6135	28.4999	31.8351	35.7181
12	18.8448	20.7048	22.8096	25.2036	12	27.9420	31.0908	34.7292	38.9652
13	20.4152	22.4302	24.7104	27.3039	13	30.2705	33.6817	37.6233	42.2123
14	21.9856	24.1556	26.6112	29.4042	14	32.5990	36.2726	40.5174	45.4594
15	23.5560	25.8810	28.5120	31.5045	15	34.9275	38.8635	43.4115	48.7065
16	25.1264	27.6064	30.4128	33.6048	16	37.2560	41.4544	46.3056	51.9536
17	26.6968	29.3318	32.3136	35.7051	17	39.5845	44.0453	49.1997	55.2007
18	28.2672	31.0572	34.2144	37.8054	18	41.9130	46.6362	52.0938	58.4478
19	29.8376	32.7826	36.1152	39.9057	19	44.2415	49.2271	54.9879	61.6949
20	31.4080	34.5080	38.0160	42.0060	20	46.5700	51.8180	57.8820	64.9420

SOMMES versées	50 ANS.	51 ANS.	52 ANS.	53 ANS.	SOMMES versées	54 ANS.	55 ANS.	56 ANS.	57 ANS.
1	0.6005	0.6492	0.7029	0.7624	1	0.8284	0.9020	0.9840	1.0759
2	1.2010	1.2984	1.4058	1.5248	2	1.6568	1.8040	1.9680	2.1518
3	1.8015	1.9476	2.1087	2.2872	3	2.4852	2.7000	2.9520	3.2277
4	2.4020	2.5968	2.8116	3.0496	4	3.3136	3.6080	3.9360	4.3036
5	3.0025	3.2460	3.5145	3.8120	5	4.1420	4.5100	4.9200	5.3795
6	3.6030	3.8952	4.2174	4.5744	6	4.9704	5.4120	5.9040	6.4554
7	4.2035	4.5444	4.9203	5.3368	7	5.7988	6.3140	6.8880	7.5313
8	4.8040	5.1936	5.6232	6.0992	8	6.6272	7.2160	7.8720	8.6072
9	5.4045	5.8428	6.3261	6.8616	9	7.4556	8.1180	8.8560	9.6831
10	6.0050	6.4920	7.0290	7.6240	10	8.2840	9.0200	9.8400	10.7590
11	6.6055	7.1412	7.7319	8.3864	11	9.1124	9.9220	10.8240	11.8349
12	7.2060	7.7904	8.4348	9.1488	12	9.9408	10.8240	11.8080	12.9108
13	7.8065	8.4396	9.1377	9.9112	13	10.7692	11.7200	12.7920	13.9867
14	8.4070	9.0888	9.8406	10.6736	14	11.5976	12.6280	13.7760	15.0626
15	9.0075	9.7380	10.5435	11.4360	15	12.4260	13.5300	14.7600	16.1385
16	9.6080	10.3872	11.2464	12.1984	16	13.2544	14.4320	15.7440	17.2144
17	10.2085	11.0364	11.9493	12.9608	17	14.0828	15.3340	16.7280	18.2903
18	10.8090	11.6856	12.6522	13.7232	18	14.9112	16.2360	17.7120	19.3662
19	11.4095	12.3348	13.3551	14.4856	19	15.7396	17.1380	18.6960	20.4421
20	12.0100	12.9840	14.0580	15.2480	20	16.5680	18.0400	19.6800	21.5180

SOMMES versées	58 ANS.	59 ANS.	60 ANS.	61 ANS.	SOMMES versées	62 ANS.	63 ANS.	64 ANS.	65 ANS.
1	1.1791	1.2954	1.4271	1.5709	1	1.7482	1.9452	2.1729	2.4379
2	2.3582	2.5908	2.8542	3.1538	2	3.4964	3.8904	4.3458	4.8758
3	3.5373	3.8862	4.2813	4.7307	3	5.2446	5.8356	6.5187	7.3137
4	4.7164	5.1816	5.7084	6.3076	4	6.9928	7.7808	8.6916	9.7516
5	5.8955	6.4770	7.1355	7.8845	5	8.7410	9.7260	10.8645	12.1895
6	7.0746	7.7724	8.5626	9.4614	6	10.4892	11.6712	13.0374	14.6274
7	8.2537	9.0678	9.9897	11.0383	7	12.2374	13.6164	15.2103	17.0653
8	9.4328	10.3632	11.4168	12.6152	8	13.9856	15.5616	17.3832	19.5032
9	10.6119	11.6586	12.8439	14.1921	9	15.7338	17.5068	19.5561	21.9411
10	11.7910	12.9540	14.2710	15.7690	10	17.4820	19.4520	21.7290	24.3790
11	12.9701	14.2494	15.6981	17.3459	11	19.2302	21.3972	23.9019	26.8169
12	14.1492	15.5448	17.1252	18.9228	12	20.9784	23.3424	26.0748	29.2548
13	15.3283	16.8402	18.5523	20.4997	13	22.7266	25.2876	28.2477	31.6927
14	16.5074	18.1356	19.9794	22.0766	14	24.4748	27.2328	30.4206	34.1306
15	17.6865	19.4310	21.4065	23.6535	15	26.2230	29.1780	32.5935	36.5685
16	18.8656	20.7264	22.8336	25.2304	16	27.9712	31.1232	34.7664	39.0064
17	20.0447	22.0218	24.2607	26.8073	17	29.7194	33.0684	36.9393	41.4443
18	21.2238	23.3172	25.6878	28.3842	18	31.4676	35.0136	39.1122	43.8822
19	22.4029	24.6126	27.1149	29.9611	19	33.2158	36.9588	41.2851	46.3201
20	23.5820	25.9080	28.5420	31.5380	20	34.9640	38.9040	43.4580	48.7580

SOMMES versées	50 ANS.	51 ANS.	52 ANS.	53 ANS.	SOMMES versées	54 ANS.	55 ANS.	56 ANS.	57 ANS.
1	0.7875	0.8513	0.9218	0.9998	1	1.0864	1.1828	1.2903	1.4108
2	1.5750	1.7026	1.8436	1.9996	2	2.1728	2.3656	2.5806	2.8216
3	2.3625	2.5539	2.7654	2.9994	3	3.2592	3.5484	3.8709	4.2324
4	3.1500	3.4052	3.6872	3.9992	4	4.3456	4.7312	5.1612	5.6432
5	3.9375	4.2565	4.6090	4.9990	5	5.4320	5.9140	6.4515	7.0540
6	4.7250	5.1078	5.5308	5.9988	6	6.5184	7.0968	7.7418	8.4648
7	5.5125	5.9591	6.4526	6.9986	7	7.6048	8.2796	9.0321	9.8756
8	6.3000	6.8104	7.3744	7.9984	8	8.6912	9.4624	10.3224	11.2864
9	7.0875	7.6617	8.2962	8.9982	9	9.7776	10.6452	11.6127	12.6972
10	7.8750	8.5130	9.2180	9.9980	10	10.8640	11.8280	12.9030	14.1080
11	8.6625	9.3643	10.1398	10.9978	11	11.9504	13.0108	14.1933	15.5188
12	9.4500	10.2156	11.0616	11.9976	12	13.0368	14.1936	15.4836	16.9296
13	10.2375	11.0669	11.9834	12.9974	13	14.1232	15.3764	16.7739	18.3404
14	11.0250	11.9182	12.9052	13.9972	14	15.2096	16.5592	18.0642	19.7512
15	11.8125	12.7695	13.8270	14.9970	15	16.2960	17.7420	19.3545	21.1620
16	12.6000	13.6208	14.7488	15.9968	16	17.3824	18.9248	20.6448	22.5728
17	13.3875	14.4721	15.6706	16.9966	17	18.4688	20.1076	21.9351	23.9836
18	14.1750	15.3234	16.5924	17.9964	18	19.5552	21.2904	23.2254	25.3944
19	14.9625	16.1747	17.5142	18.9962	19	20.6416	22.4732	24.5157	26.8052
20	15.7500	17.0260	18.4360	19.9960	20	21.7280	23.6560	25.8060	28.2160

SOMMES versées	58 ANS.	59 ANS.	60 ANS.	61 ANS.	SOMMES versées	62 ANS.	63 ANS.	64 ANS.	65 ANS.
1	1.5462	1.6987	1.8714	2.0078	1	2.2925	2.5508	2.8493	3.1909
2	3.0924	3.3974	3.7428	4.1356	2	4.5850	5.1016	5.6986	6.3038
3	4.6386	5.0961	5.6142	6.2034	3	6.8775	7.6524	8.5479	9.5907
4	6.1848	6.7948	7.4856	8.2712	4	9.1700	10.2032	11.3072	12.7876
5	7.7310	8.4935	9.3570	10.3390	5	11.4625	12.7540	14.2465	15.9845
6	9.2772	10.1922	11.2284	12.4068	6	13.7550	15.3048	17.0958	19.1814
7	10.8234	11.8909	13.0998	14.4746	7	16.0475	17.8556	19.9451	22.3783
8	12.3696	13.5896	14.9712	16.5424	8	18.3400	20.4064	22.7944	25.5752
9	13.9158	15.2883	16.8426	18.6102	9	20.6325	22.9572	25.6437	28.7721
10	15.4620	16.9870	18.7140	20.6780	10	22.9250	25.5080	28.4930	31.9690
11	17.0082	18.6857	20.5854	22.7458	11	25.2175	28.0588	31.3423	35.1659
12	18.5544	20.3844	22.4568	24.8136	12	27.5100	30.6096	34.1916	38.3628
13	20.1006	22.0831	24.3282	26.8814	13	29.8025	33.1604	37.0409	41.5597
14	21.6468	23.7818	26.1996	28.9492	14	32.0950	35.7112	39.8902	44.7566
15	23.1930	25.4805	28.0710	31.0170	15	34.3875	38.2620	42.7395	47.9535
16	24.7392	27.1792	29.9424	33.0848	16	36.6800	40.8128	45.5888	51.1504
17	26.2854	28.8779	31.8138	35.1526	17	38.9725	43.3636	48.4381	54.3473
18	27.8316	30.5766	33.6852	37.2204	18	41.2650	45.9144	51.2874	57.5442
19	29.3778	32.2753	35.5566	39.2882	19	43.5575	48.4652	54.1367	60.7411
20	30.9240	33.9740	37.4280	41.3560	20	45.8500	51.0160	56.9860	63.9380

SOMMES versées.	50 ANS.	51 ANS.	52 ANS.	53 ANS.	SOMMES versées.	54 ANS.	55 ANS.	56 ANS.	57 ANS.
1	0.5926	0.6407	0.6937	0.7524	1	0.8176	0.8901	0.9711	1.0617
2	1.1852	1.2814	1.3874	1.5048	2	1.6352	1.7802	1.9422	2.1234
3	1.7778	1.9221	2.0811	2.2572	3	2.4528	2.6703	2.9133	3.1851
4	2.3704	2.5628	2.7748	3.0096	4	3.2704	3.5604	3.8844	4.2468
5	2.9630	3.2035	3.4685	3.7620	5	4.0880	4.4505	4.8555	5.3085
6	3.5556	3.8442	4.1622	4.5144	6	4.9056	5.3406	5.8266	6.3702
7	4.1482	4.4849	4.8559	5.2668	7	5.7232	6.2307	6.7977	7.4319
8	4.7408	5.1256	5.5496	6.0192	8	6.5408	7.1208	7.7688	8.4936
9	5.3334	5.7663	6.2433	6.7716	9	7.3584	8.0109	8.7399	9.5553
10	5.9260	6.4070	6.9370	7.5240	10	8.1760	8.9010	9.7110	10.6170
11	6.5186	7.0477	7.6307	8.2764	11	8.9936	9.7911	10.6821	11.6787
12	7.1112	7.6884	8.3244	9.0288	12	9.8112	10.6812	11.6532	12.7404
13	7.7038	8.3291	9.0181	9.7812	13	10.6288	11.5713	12.6243	13.8021
14	8.2964	8.9698	9.7118	10.5336	14	11.4464	12.4614	13.5954	14.8638
15	8.8890	9.6105	10.4055	11.2860	15	12.2640	13.3515	14.5665	15.9255
16	9.4816	10.2512	11.0092	12.0384	16	13.0816	14.2416	15.5376	16.9872
17	10.0742	10.8919	11.7929	12.7908	17	13.8992	15.1317	16.5087	18.0489
18	10.6668	11.5326	12.4866	13.5432	18	14.7168	16.0218	17.4798	19.1106
19	11.2594	12.1733	13.1803	14.2956	19	15.5344	16.9119	18.4509	20.1723
20	11.8520	12.8140	13.8740	15.0480	20	16.3520	17.8020	19.4220	21.2340

SOMMES versées.	58 ANS.	59 ANS.	60 ANS.	61 ANS.	SOMMES versées.	62 ANS.	63 ANS.	64 ANS.	65 ANS.
1	1.1630	1.2784	1.4083	1.5562	1	1.7253	1.9197	2.1443	2.4059
2	2.3272	2.5508	2.8166	3.1124	2	3.4506	3.8394	4.2886	4.8118
3	3.4908	3.8352	4.2240	4.6686	3	5.1759	5.7591	6.4329	7.2177
4	4.6544	5.1130	5.6332	6.2248	4	6.9012	7.6788	8.5772	9.6236
5	5.8180	6.3920	7.0415	7.7810	5	8.6265	9.5985	10.7215	12.0295
6	6.9816	7.6704	8.4498	9.3372	6	10.3518	11.5182	12.8658	14.4354
7	8.1452	8.9488	9.8581	10.8934	7	12.0771	13.4379	15.0101	16.8413
8	9.3088	10.2272	11.2664	12.4496	8	13.8024	15.3576	17.1544	19.2472
9	10.4724	11.5050	12.6747	14.0058	9	15.5277	17.2773	19.2987	21.6531
10	11.6360	12.7840	14.0830	15.5620	10	17.2530	19.1970	21.4430	24.0590
11	12.7996	14.0624	15.4913	17.1182	11	18.9783	21.1167	23.5873	26.4649
12	13.9632	15.3408	16.8996	18.6744	12	20.7036	23.0364	25.7316	28.8708
13	15.1268	16.6192	18.3079	20.2306	13	22.4289	24.9561	27.8759	31.2767
14	16.2904	17.8976	19.7162	21.7868	14	24.1542	26.8758	30.0202	33.6826
15	17.4540	19.1760	21.1245	23.3430	15	25.8795	28.7955	32.1645	36.0885
16	18.6176	20.4544	22.5328	24.8992	16	27.6048	30.7152	34.3088	38.4944
17	19.7812	21.7328	23.9411	26.4554	17	29.3301	32.6349	36.4531	40.9003
18	20.9448	23.0112	25.3494	28.0116	18	31.0554	34.5546	38.5974	43.3062
19	22.1084	24.2896	26.7577	29.5678	19	32.7807	36.4743	40.7417	45.7121
20	23.2720	25.5680	28.1660	31.1240	20	34.5060	38.3940	42.8860	48.1180

SOMMES versées.	50 ANS.	51 ANS.	52 ANS.	53 ANS.	SOMMES versées.	54 ANS.	55 ANS.	56 ANS.	57 ANS.
1	0.7753	0.8381	0.9075	0.9843	1	1.0095	1.1644	1.2703	1.3889
2	1.5506	1.6762	1.8150	1.9686	2	2.1390	2.3288	2.5406	2.7778
3	2.3259	2.5143	2.7225	2.9529	3	3.2085	3.4932	3.8109	4.1667
4	3.1012	3.3524	3.6300	3.9372	4	4.2780	4.6576	5.0812	5.5550
5	3.8765	4.1905	4.5375	4.9215	5	5.3475	5.8220	6.3515	6.9445
6	4.6518	5.0286	5.4450	5.9058	6	6.4170	6.9864	7.6218	8.3334
7	5.4271	5.8667	6.3525	6.8901	7	7.4865	8.1508	8.8921	9.7223
8	6.2024	6.7048	7.2600	7.8744	8	8.5560	9.3152	10.1624	11.1112
9	6.9777	7.5429	8.1675	8.8587	9	9.6255	10.4796	11.4327	12.5001
10	7.7530	8.3810	9.0750	9.8430	10	10.6950	11.6440	12.7030	13.8890
11	8.5283	9.2191	9.9825	10.8273	11	11.7645	12.8084	13.9733	15.2779
12	9.3036	10.0572	10.8900	11.8116	12	12.8340	13.9728	15.2436	16.6668
13	10.0789	10.8953	11.7975	12.7959	13	13.9035	15.1372	16.5139	18.0557
14	10.8542	11.7334	12.7050	13.7802	14	14.9730	16.3016	17.7842	19.4446
15	11.6295	12.5715	13.6125	14.7645	15	16.0425	17.4660	19.0545	20.8335
16	12.4048	13.4096	14.5200	15.7488	16	17.1120	18.6304	20.3248	22.2224
17	13.1801	14.2477	15.4275	16.7331	17	18.1815	19.7948	21.5951	23.6113
18	13.9554	15.0858	16.3350	17.7174	18	19.2510	20.9592	22.8654	25.0002
19	14.7307	15.9239	17.2425	18.7017	19	20.3205	22.1236	24.1357	26.3891
20	15.5060	16.7620	18.1500	19.6860	20	21.3900	23.2880	25.4060	27.7780

SOMMES versées.	58 ANS.	59 ANS.	60 ANS.	61 ANS.	SOMMES versées.	62 ANS.	63 ANS.	64 ANS.	65 ANS.
1	1.5222	1.6724	1.8423	2.0357	1	2.2569	2.5113	2.8052	3.1473
2	3.0444	3.3448	3.6846	4.0714	2	4.5138	5.0226	5.6104	6.2946
3	4.5666	5.0172	5.5269	6.1071	3	6.7707	7.5339	8.4156	9.4419
4	6.0888	6.6896	7.3692	8.1428	4	9.0276	10.0452	11.2208	12.5892
5	7.6110	8.3620	9.2115	10.1785	5	11.2845	12.5565	14.0260	15.7365
6	9.1332	10.0344	11.0538	12.2142	6	13.5414	15.0678	16.8312	18.8838
7	10.6554	11.7068	12.8961	14.2499	7	15.7983	17.5791	19.6364	22.0311
8	12.1776	13.3792	14.7384	16.2856	8	18.0552	20.0904	22.4416	25.1784
9	13.6998	15.0516	16.5807	18.3213	9	20.3121	22.6017	25.2468	28.3257
10	15.2220	16.7240	18.4230	20.3570	10	22.5690	25.1130	28.0520	31.4730
11	16.7442	18.3964	20.2653	22.3927	11	24.8259	27.6243	30.8572	34.6203
12	18.2664	20.0688	22.1076	24.4284	12	27.0828	30.1356	33.6624	37.7676
13	19.7886	21.7412	23.9499	26.4641	13	29.3397	32.6469	36.4676	40.9149
14	21.3108	23.4136	25.7922	28.4998	14	31.5966	35.1582	39.2728	44.0022
15	22.8330	25.0860	27.6345	30.5355	15	33.8535	37.6695	42.0780	47.2095
16	24.3552	26.7584	29.4768	32.5712	16	36.1104	40.1808	44.8832	50.3508
17	25.8774	28.4308	31.3191	34.6069	17	38.3673	42.6921	47.6884	53.5041
18	27.3996	30.1032	33.1614	36.6426	18	40.6242	45.2034	50.4936	56.6514
19	28.9218	31.7756	35.0037	38.6783	19	42.8811	47.7147	53.2988	59.7987
20	30.4440	33.4480	36.8460	40.7140	20	45.1380	50.2260	56.1040	62.9460

SOMMES versées	50 ANS	51 ANS	52 ANS	53 ANS	SOMMES versées	54 ANS	55 ANS	56 ANS	57 ANS
1	0.5849	0.6323	0.6846	0.7425	1	0.8069	0.8785	0.9584	1.0478
2	1.1698	1.2646	1.3692	1.4850	2	1.6138	1.7570	1.9168	2.0956
3	1.7547	1.8969	2.0538	2.2275	3	2.4207	2.6355	2.8752	3.1434
4	2.3396	2.5292	2.7384	2.9700	4	3.2276	3.5140	3.8336	4.1912
5	2.9245	3.1615	3.4230	3.7125	5	4.0345	4.3925	4.7920	5.2390
6	3.5094	3.7938	4.1076	4.4550	6	4.8414	5.2710	5.7504	6.2868
7	4.0943	4.4261	4.7922	5.1975	7	5.6483	6.1495	6.7088	7.3346
8	4.6792	5.0584	5.4768	5.9400	8	6.4552	7.0280	7.6672	8.3824
9	5.2641	5.6907	6.1614	6.6825	9	7.2621	7.9065	8.6256	9.4302
10	5.8490	6.3230	6.8460	7.4250	10	8.0690	8.7850	9.5840	10.4780
11	6.4330	6.9553	7.5306	8.1675	11	8.8759	9.6635	10.5424	11.5258
12	7.0188	7.5876	8.2152	8.9100	12	9.6828	10.5420	11.5008	12.5736
13	7.6037	8.2199	8.8998	9.6525	13	10.4897	11.4205	12.4592	13.6214
14	8.1886	8.8522	9.5844	10.3950	14	11.2966	12.2990	13.4176	14.6692
15	8.7735	9.4845	10.2690	11.1375	15	12.1035	13.1775	14.3760	15.7170
16	9.3584	10.1168	10.9536	11.8800	16	12.9104	14.0560	15.3344	16.7648
17	9.9433	10.7491	11.6382	12.6225	17	13.7173	14.9345	16.2928	17.8126
18	10.5282	11.3814	12.3228	13.3650	18	14.5242	15.8130	17.2512	18.8604
19	11.1131	12.0137	13.0074	14.1075	19	15.3311	16.6915	18.2096	19.9082
20	11.6980	12.6460	13.6920	14.8500	20	16.1380	17.5700	19.1680	20.9560

SOMMES versées	58 ANS	59 ANS	60 ANS	61 ANS	SOMMES versées	62 ANS	63 ANS	64 ANS	65 ANS
1	1.1484	1.2617	1.3899	1.5358	1	1.7027	1.8945	2.1163	2.3744
2	2.2968	2.5234	2.7798	3.0716	2	3.4054	3.7890	4.2326	4.7488
3	3.4452	3.7851	4.1697	4.6074	3	5.1081	5.6835	6.3489	7.1232
4	4.5936	5.0468	5.5596	6.1432	4	6.8108	7.5780	8.4652	9.4976
5	5.7420	6.3085	6.9495	7.6790	5	8.5135	9.4725	10.5815	11.8720
6	6.8904	7.5702	8.3394	9.2148	6	10.2162	11.3670	12.6978	14.2464
7	8.0388	8.8319	9.7293	10.7506	7	11.9189	13.2615	14.8141	16.6208
8	9.1872	10.0936	11.1192	12.2864	8	13.6216	15.1560	16.9304	18.9952
9	10.3356	11.3553	12.5091	13.8222	9	15.3243	17.0505	19.0467	21.3696
10	11.4840	12.6170	13.8990	15.3580	10	17.0270	18.9450	21.1630	23.7440
11	12.6324	13.8787	15.2889	16.8938	11	18.7297	20.8395	23.2793	26.1184
12	13.7808	15.1404	16.6788	18.4296	12	20.4324	22.7340	25.3956	28.4928
13	14.9292	16.4021	18.0687	19.9654	13	22.1351	24.6285	27.5119	30.8672
14	16.0776	17.6638	19.4586	21.5012	14	23.8378	26.5230	29.6282	33.2416
15	17.2260	18.9255	20.8485	23.0370	15	25.5405	28.4175	31.7445	35.6160
16	18.3744	20.1872	22.2384	24.5728	16	27.2432	30.3120	33.8608	37.9904
17	19.5228	21.4489	23.6283	26.1086	17	28.9459	32.2065	35.9771	40.3648
18	20.6712	22.7106	25.0182	27.6444	18	30.6486	34.1010	38.0934	42.7392
19	21.8196	23.9723	26.4081	29.1802	19	32.3513	35.9955	40.2097	45.1136
20	22.9680	25.2340	27.7980	30.7160	20	34.0540	37.8900	42.3260	47.4880

SOMMES versées	50 ANS.	51 ANS.	52 ANS.	53 ANS.	SOMMES versées	54 ANS.	55 ANS.	56 ANS.	57 ANS.
1	0.7032	0.8251	0.8034	0.9690	1	1.0529	1.1403	1.2506	1.3674
2	1.5204	1.6502	1.7808	1.9380	2	2.1058	2.2920	2.5012	2.7348
3	2.2896	2.4753	2.0802	2.9070	3	3.1587	3.4389	3.7518	4.1022
4	3.0528	3.3004	3.5730	3.8760	4	4.2116	4.5852	5.0024	5.4696
5	3.8100	4.1255	4.4670	4.8450	5	5.2645	5.7315	6.2530	6.8370
6	4.5702	4.9500	5.3004	5.8140	6	6.3174	6.8778	7.5036	8.2044
7	5.3424	5.7757	0.2538	6.7830	7	7.3703	8.0241	8.7542	9.5718
8	0.1050	0.0008	7.1472	7.7520	8	8.4232	9.1704	10.0048	10.9392
9	6.8688	7.4259	8.0406	8.7210	9	9.4761	10.3167	11.2554	12.3066
10	7.6320	8.2510	8.9340	9.6900	10	10.5290	11.4030	12.5060	13.6740
11	8.3952	9.0761	0.8274	10.6590	11	11.5819	12.6093	13.7566	15.0414
12	9.1584	9.9012	10.7208	11.6280	12	12.6348	13.7556	15.0072	16.4088
13	9.9216	10.7263	11.6142	12.5970	13	13.6877	14.9019	16.2578	17.7762
14	10.6848	11.5514	12.5076	13.5660	14	14.7406	16.0482	17.5084	19.1436
15	11.4480	12.3765	13.4010	14.5350	15	15.7935	17.1945	18.7590	20.5110
16	12.2112	13.2016	14.2944	15.5040	16	16.8464	18.3408	20.0096	21.8784
17	12.9744	14.0267	15.1878	16.4730	17	17.8993	19.4871	21.2602	23.2458
18	13.7376	14.8518	16.0812	17.4420	18	18.9522	20.6334	22.5108	24.6132
19	14.5008	15.6769	16.9746	18.4110	19	20.0051	21.7797	23.7614	25.9806
20	15.2640	16.5020	17.8680	19.3800	20	21.0580	22.9260	25.0120	27.3480

SOMMES versées	58 ANS.	59 ANS.	60 ANS.	61 ANS.	SOMMES versées	62 ANS.	63 ANS.	64 ANS.	65 ANS.
1	1.4986	1.6464	1.8137	2.0041	1	2.2219	2.4722	2.7616	3.0984
2	2.9972	3.2928	3.6274	4.0082	2	4.4438	4.9444	5.5232	6.1968
3	4.4958	4.9392	5.4411	6.0123	3	6.6657	7.4166	8.2848	9.2952
4	5.9944	6.5856	7.2548	8.0164	4	8.8876	9.8888	11.0464	12.3936
5	7.4930	8.2320	9.0685	10.0205	5	11.1095	12.3610	13.8080	15.4920
6	8.9916	9.8784	10.8822	12.0246	6	13.3314	14.8332	16.5696	18.5904
7	10.4902	11.5248	12.6959	14.0287	7	15.5533	17.3054	19.3312	21.6888
8	11.9888	13.1712	14.5096	16.0328	8	17.7752	19.7776	22.0928	24.7872
9	13.4874	14.8176	16.3233	18.0369	9	19.9971	22.2498	24.8544	27.8856
10	14.9860	16.4640	18.1370	20.0410	10	22.2190	24.7220	27.6160	30.9840
11	16.4846	18.1104	19.9507	22.0451	11	24.4409	27.1942	30.3776	34.0824
12	17.9832	19.7568	21.7644	24.0492	12	26.6628	29.6664	33.1392	37.1808
13	19.4818	21.4032	23.5781	26.0533	13	28.8847	32.1386	35.9008	40.2792
14	20.9804	23.0496	25.3918	28.0574	14	31.1066	34.6108	38.6624	43.3776
15	22.4790	24.6960	27.2055	30.0615	15	33.3285	37.0830	41.4240	46.4760
16	23.9776	26.3424	29.0192	32.0656	16	35.5504	39.5552	44.1856	49.5744
17	25.4762	27.9888	30.8329	34.0697	17	37.7723	42.0274	46.9472	52.6728
18	26.9748	29.6352	32.6466	36.0738	18	39.9942	44.4996	49.7088	55.7712
19	28.4734	31.2816	34.4603	38.0779	19	42.2161	46.9718	52.4704	58.8696
20	29.9720	32.9280	36.2740	40.0820	20	44.4380	49.4440	55.2320	61.9680

SOMMES versées	50 ANS.	51 ANS.	52 ANS.	53 ANS.	SOMMES versées	54 ANS.	55 ANS.	56 ANS.	57 ANS.
1	0.5772	0.6240	0.6757	0.7328	1	0.7903	0.8670	0.9458	1.0342
2	1.1544	1.2480	1.3514	1.4656	2	1.5920	1.7340	1.8916	2.0684
3	1.7316	1.8720	2.0271	2.1984	3	2.3889	2.6010	2.8374	3.1026
4	2.3088	2.4960	2.7028	2.9312	4	3.1852	3.4680	3.7832	4.1368
5	2.8860	3.1200	3.3785	3.6640	5	3.9815	4.3350	4.7290	5.1710
6	3.4632	3.7440	4.0542	4.3968	6	4.7778	5.2020	5.6748	6.2052
7	4.0404	4.3680	4.7299	5.1296	7	5.5741	6.0690	6.6206	7.2394
8	4.6176	4.9920	5.4056	5.8624	8	6.3704	6.9360	7.5664	8.2736
9	5.1948	5.6160	6.0813	6.5952	9	7.1667	7.8030	8.5122	9.3078
10	5.7720	6.2400	6.7570	7.3280	10	7.9630	8.6700	9.4580	10.3420
11	6.3492	6.8640	7.4327	8.0608	11	8.7593	9.5370	10.4038	11.3762
12	6.9264	7.4880	8.1084	8.7936	12	9.5556	10.4040	11.3496	12.4104
13	7.5036	8.1120	8.7841	9.5264	13	10.3519	11.2710	12.2954	13.4446
14	8.0808	8.7360	9.4598	10.2592	14	11.1482	12.1380	13.2412	14.4788
15	8.6580	9.3600	10.1355	10.9920	15	11.9445	13.0050	14.1870	15.5130
16	9.2352	9.9840	10.8112	11.7248	16	12.7408	13.8720	15.1328	16.5472
17	9.8124	10.6080	11.4869	12.4576	17	13.5371	14.7390	16.0786	17.5814
18	10.3896	11.2320	12.1626	13.1904	18	14.3334	15.6060	17.0244	18.6156
19	10.9668	11.8560	12.8383	13.9232	19	15.1297	16.4730	17.9702	19.6498
20	11.5440	12.4800	13.5140	14.6560	20	15.9260	17.3400	18.9160	20.6840

SOMMES versées	58 ANS.	59 ANS.	60 ANS.	61 ANS.	SOMMES versées	62 ANS.	63 ANS.	64 ANS.	65 ANS.
1	1.1334	1.2452	1.3718	1.5157	1	1.6804	1.8698	2.0886	2.3434
2	2.2668	2.4904	2.7436	3.0314	2	3.3608	3.7396	4.1772	4.6868
3	3.4002	3.7356	4.1154	4.5471	3	5.0412	5.6094	6.2658	7.0302
4	4.5336	4.9808	5.4872	6.0628	4	6.7216	7.4792	8.3544	9.3736
5	5.6670	6.2260	6.8590	7.5785	5	8.4020	9.3490	10.4430	11.7170
6	6.8004	7.4712	8.2308	9.0942	6	10.0824	11.2188	12.5316	14.0604
7	7.9338	8.7164	9.6026	10.6099	7	11.7628	13.0886	14.6202	16.4038
8	9.0672	9.9616	10.9744	12.1256	8	13.4432	14.9584	16.7088	18.7472
9	10.2006	11.2068	12.3462	13.6413	9	15.1236	16.8282	18.7974	21.0906
10	11.3340	12.4520	13.7180	15.1570	10	16.8040	18.6980	20.8860	23.4340
11	12.4674	13.6972	15.0898	16.6727	11	18.4844	20.5678	22.9746	25.7774
12	13.6008	14.9424	16.4616	18.1884	12	20.1648	22.4376	25.0632	28.1208
13	14.7342	16.1876	17.8334	19.7041	13	21.8452	24.3074	27.1518	30.4642
14	15.8676	17.4328	19.2052	21.2198	14	23.5256	26.1772	29.2404	32.8076
15	17.0010	18.6780	20.5770	22.7355	15	25.2060	28.0470	31.3290	35.1510
16	18.1344	19.9232	21.9488	24.2512	16	26.8864	29.9168	33.4176	37.4944
17	19.2678	21.1684	23.3206	25.7669	17	28.5668	31.7866	35.5062	39.8378
18	20.4012	22.4136	24.6924	27.2826	18	30.2472	33.6564	37.5948	42.1812
19	21.5346	23.6588	26.0642	28.7983	19	31.9276	35.5262	39.6834	44.5246
20	22.6680	24.9040	27.4360	30.3140	20	33.6080	37.3960	41.7720	46.8680

Sommes versées	50 ANS.	51 ANS.	52 ANS.	53 ANS.	Sommes versées	54 ANS.	55 ANS.	56 ANS.	57 ANS.
1	0.7514	0.8122	0.8705	0.9539	1	1.0365	1.1285	1.2311	1.3461
2	1.5028	1.6244	1.7590	1.9078	2	2.0730	2.2570	2.4622	2.6922
3	2.2542	2.4366	2.6385	2.8017	3	3.1095	3.3855	3.6933	4.0383
4	3.0056	3.2488	3.5180	3.8156	4	4.1460	4.5140	4.9244	5.3844
5	3.7570	4.0610	4.3975	4.7695	5	5.1825	5.6425	6.1555	6.7305
6	4.5084	4.8732	5.2770	5.7234	6	6.2190	6.7710	7.3866	8.0766
7	5.2598	5.6854	6.1565	6.6773	7	7.2555	7.8995	8.6177	9.4227
8	6.0112	6.4976	7.0360	7.6312	8	8.2920	9.0280	9.8488	10.7688
9	6.7626	7.3098	7.9155	8.5851	9	9.3285	10.1565	11.0799	12.1149
10	7.5140	8.1220	8.7950	9.5390	10	10.3650	11.2850	12.3110	13.4610
11	8.2654	8.9342	9.6745	10.4929	11	11.4015	12.4135	13.5421	14.8071
12	9.0168	9.7464	10.5540	11.4468	12	12.4380	13.5420	14.7732	16.1532
13	9.7682	10.5586	11.4335	12.4007	13	13.4745	14.6705	16.0043	17.4993
14	10.5196	11.3708	12.3130	13.3546	14	14.5110	15.7990	17.2354	18.8454
15	11.2710	12.1830	13.1925	14.3085	15	15.5475	16.9275	18.4665	20.1915
16	12.0224	12.9952	14.0720	15.2624	16	16.5840	18.0560	19.6976	21.5376
17	12.7738	13.8074	14.9515	16.2163	17	17.6205	19.1845	20.9287	22.8837
18	13.5252	14.6196	15.8310	17.1702	18	18.6570	20.3130	22.1598	24.2298
19	14.2766	15.4318	16.7105	18.1241	19	19.6935	21.4415	23.3909	25.5759
20	15.0280	16.2440	17.5900	19.0780	20	20.7300	22.5700	24.6220	26.9220

Sommes versées	58 ANS.	59 ANS.	60 ANS.	61 ANS.	Sommes versées	62 ANS.	63 ANS.	64 ANS.	65 ANS.
1	1.4752	1.6208	1.7855	1.9729	1	2.1873	2.4338	2.7186	3.0502
2	2.9504	3.2416	3.5710	3.9458	2	4.3746	4.8676	5.4372	6.1004
3	4.4256	4.8624	5.3565	5.9187	3	6.5619	7.3014	8.1558	9.1506
4	5.9008	6.4832	7.1420	7.8916	4	8.7492	9.7352	10.8744	12.2008
5	7.3760	8.1040	8.9275	9.8645	5	10.9365	12.1690	13.5930	15.2510
6	8.8512	9.7248	10.7130	11.8374	6	13.1238	14.6028	16.3116	18.3012
7	10.3204	11.3456	12.4985	13.8103	7	15.3111	17.0366	19.0302	21.3514
8	11.8016	12.9664	14.2840	15.7832	8	17.4984	19.4704	21.7488	24.4016
9	13.2768	14.5872	16.0695	17.7561	9	19.6857	21.9042	24.4674	27.4518
10	14.7520	16.2080	17.8550	19.7290	10	21.8730	24.3380	27.1860	30.5020
11	16.2272	17.8288	19.6405	21.7019	11	24.0603	26.7718	29.9046	33.5522
12	17.7024	19.4496	21.4260	23.6748	12	26.2476	29.2056	32.6232	36.6024
13	19.1776	21.0704	23.2115	25.6477	13	28.4349	31.6394	35.3418	39.6526
14	20.6528	22.6912	24.9970	27.6206	14	30.6222	34.0732	38.0604	42.7028
15	22.1280	24.3120	26.7825	29.5935	15	32.8095	36.5070	40.7790	45.7530
16	23.6032	25.9328	28.5680	31.5664	16	34.9968	38.9408	43.4976	48.8032
17	25.0784	27.5536	30.3535	33.5393	17	37.1841	41.3746	46.2162	51.8534
18	26.5536	29.1744	32.1390	35.5122	18	39.3714	43.8084	48.9348	54.9036
19	28.0288	30.7952	33.9245	37.4851	19	41.5587	46.2422	51.6534	57.9538
20	29.5040	32.4160	35.7100	39.4580	20	43.7460	48.6760	54.3720	61.0040

SOMMES versées	50 ANS.	51 ANS.	52 ANS.	53 ANS.	SOMMES versées	54 ANS.	55 ANS.	56 ANS.	57 ANS.
1	0.5697	0.6159	0.6669	0.7233	1	0.7800	0.8557	0.9335	1.0207
2	1.1394	1.2318	1.3338	1.4466	2	1.5720	1.7114	1.8670	2.0414
3	1.7091	1.8477	2.0007	2.1699	3	2.3580	2.5671	2.8005	3.0621
4	2.2788	2.4636	2.6676	2.8932	4	3.1440	3.4228	3.7340	4.0828
5	2.8485	3.0795	3.3345	3.6165	5	3.9300	4.2785	4.6675	5.1035
6	3.4182	3.6954	4.0014	4.3398	6	4.7160	5.1342	5.6010	6.1242
7	3.9879	4.3113	4.6683	5.0631	7	5.5020	5.9899	6.5345	7.1449
8	4.5576	4.9272	5.3352	5.7864	8	6.2880	6.8456	7.4680	8.1656
9	5.1273	5.5431	6.0021	6.5097	9	7.0740	7.7013	8.4015	9.1863
10	5.6970	6.1590	6.6690	7.2330	10	7.8600	8.5570	9.3350	10.2070
11	6.2667	6.7749	7.3359	7.9563	11	8.6460	9.4127	10.2685	11.2277
12	6.8364	7.3908	8.0028	8.6796	12	9.4320	10.2684	11.2020	12.2484
13	7.4061	8.0067	8.6697	9.4029	13	10.2180	11.1241	12.1355	13.2691
14	7.9758	8.6226	9.3366	10.1262	14	11.0040	11.9798	13.0690	14.2898
15	8.5455	9.2385	10.0035	10.8495	15	11.7900	12.8355	14.0025	15.3105
16	9.1152	9.8544	10.6704	11.5728	16	12.5760	13.6912	14.9360	16.3312
17	9.6849	10.4703	11.3373	12.2961	17	13.3620	14.5469	15.8695	17.3519
18	10.2546	11.0862	12.0042	13.0194	18	14.1480	15.4026	16.8030	18.3726
19	10.8243	11.7021	12.6711	13.7427	19	14.9340	16.2583	17.7365	19.3933
20	11.3940	12.3180	13.3380	14.4660	20	15.7200	17.1140	18.6700	20.4140

SOMMES versées	58 ANS.	59 ANS.	60 ANS.	61 ANS.	SOMMES versées	62 ANS.	63 ANS.	64 ANS.	65 ANS.
1	1.1180	1.2290	1.3530	1.4900	1	1.6586	1.8454	2.0614	2.3129
2	2.2372	2.4580	2.7078	2.9920	2	3.3172	3.6908	4.1228	4.6258
3	3.3558	3.6870	4.0617	4.4880	3	4.9758	5.5362	6.1842	6.9387
4	4.4744	4.9160	5.4150	5.9840	4	6.6344	7.3816	8.2456	9.2516
5	5.5930	6.1450	6.7695	7.4800	5	8.2930	9.2270	10.3070	11.5645
6	6.7116	7.3740	8.1234	8.9760	6	9.9516	11.0724	12.3684	13.8774
7	7.8302	8.6030	9.4773	10.4720	7	11.6102	12.9178	14.4298	16.1903
8	8.9488	9.8320	10.8312	11.9680	8	13.2688	14.7632	16.4912	18.5032
9	10.0674	11.0610	12.1851	13.4640	9	14.9274	16.6086	18.5526	20.8161
10	11.1860	12.2900	13.5390	14.9600	10	16.5860	18.4540	20.6140	23.1290
11	12.3046	13.5190	14.8929	16.4560	11	18.2446	20.2994	22.6754	25.4419
12	13.4232	14.7480	16.2468	17.9520	12	19.9032	22.1448	24.7368	27.7548
13	14.5418	15.9770	17.6007	19.4480	13	21.5618	23.9902	26.7982	30.0677
14	15.6604	17.2060	18.9546	20.9440	14	23.2204	25.8356	28.8596	32.3800
15	16.7790	18.4350	20.3085	22.4400	15	24.8790	27.6810	30.9210	34.6935
16	17.8976	19.6640	21.6624	23.9360	16	26.5376	29.5264	32.9824	37.0064
17	19.0162	20.8930	23.0163	25.4320	17	28.1962	31.3718	35.0438	39.3193
18	20.1348	22.1220	24.3702	26.9280	18	29.8548	33.2172	37.1052	41.6322
19	21.2534	23.3510	25.7241	28.4240	19	31.5134	35.0626	39.1666	43.9451
20	22.3720	24.5800	27.0780	29.9200	20	33.1720	36.9080	41.2280	46.2580

SOMMES versées	50 ANS.	51 ANS.	52 ANS.	53 ANS.	SOMMES versées	54 ANS.	55 ANS.	56 ANS.	57 ANS.
1	0.7404	0.8004	0.8667	0.9400	1	1.0214	1.1121	1.2132	1.3265
2	1.4808	1.6008	1.7334	1.8800	2	2.0428	2.2242	2.4264	2.6530
3	2.2212	2.4012	2.6001	2.8200	3	3.0642	3.3363	3.6396	3.9795
4	2.9616	3.2016	3.4668	3.7600	4	4.0856	4.4484	4.8528	5.3060
5	3.7020	4.0020	4.3335	4.7000	5	5.1070	5.5605	6.0660	6.6325
6	4.4424	4.8024	5.2002	5.6400	6	6.1284	6.6726	7.2792	7.9590
7	5.1828	5.6028	6.0669	6.5800	7	7.1498	7.7847	8.4924	9.2855
8	5.9232	6.4032	6.9336	7.5200	8	8.1712	8.8968	9.7056	10.6120
9	6.6636	7.2036	7.8003	8.4000	9	9.1926	10.0089	10.9188	11.9385
10	7.4040	8.0040	8.6670	9.4000	10	10.2140	11.1210	12.1320	13.2650
11	8.1444	8.8044	9.5337	10.3400	11	11.2354	12.2331	13.3452	14.5915
12	8.8848	9.6048	10.4004	11.2800	12	12.2568	13.3452	14.5584	15.9180
13	9.6252	10.4052	11.2671	12.2200	13	13.2782	14.4573	15.7716	17.2445
14	10.3656	11.2056	12.1338	13.1600	14	14.2996	15.5694	16.9848	18.5710
15	11.1060	12.0060	13.0005	14.1000	15	15.3210	16.6815	18.1980	19.8975
16	11.8464	12.8064	13.8672	15.0400	16	16.3424	17.7936	19.4112	21.2240
17	12.5868	13.6068	14.7339	15.9800	17	17.3638	18.9057	20.6244	22.5505
18	13.3272	14.4072	15.6006	16.9200	18	18.3852	20.0178	21.8376	23.8770
19	14.0676	15.2076	16.4673	17.8600	19	19.4066	21.1299	23.0508	25.2035
20	14.8080	16.0080	17.3340	18.8000	20	20.4280	22.2420	24.2640	26.5300

SOMMES versées	58 ANS.	59 ANS.	60 ANS.	61 ANS.	SOMMES versées	62 ANS.	63 ANS.	64 ANS.	65 ANS.
1	1.4538	1.5972	1.7595	1.9442	1	2.1555	2.3984	2.6791	3.0058
2	2.9076	3.1944	3.5190	3.8884	2	4.3110	4.7968	5.3582	6.0116
3	4.3614	4.7916	5.2785	5.8326	3	6.4665	7.1952	8.0373	9.0174
4	5.8152	6.3888	7.0380	7.7768	4	8.6220	9.5936	10.7164	12.0232
5	7.2690	7.9860	8.7975	9.7210	5	10.7775	11.9920	13.3955	15.0290
6	8.7228	9.5832	10.5570	11.6652	6	12.9330	14.3904	16.0746	18.0348
7	10.1766	11.1804	12.3165	13.6094	7	15.0885	16.7888	18.7537	21.0406
8	11.6304	12.7776	14.0760	15.5536	8	17.2440	19.1872	21.4328	24.0464
9	13.0842	14.3748	15.8355	17.4978	9	19.3995	21.5856	24.1119	27.0522
10	14.5380	15.9720	17.5950	19.4420	10	21.5550	23.9840	26.7910	30.0580
11	15.9918	17.5692	19.3545	21.3862	11	23.7105	26.3824	29.4701	33.0638
12	17.4456	19.1664	21.1140	23.3304	12	25.8660	28.7808	32.1492	36.0696
13	18.8994	20.7636	22.8735	25.2746	13	28.0215	31.1792	34.8283	39.0754
14	20.3532	22.3608	24.6330	27.2188	14	30.1770	33.5776	37.5074	42.0812
15	21.8070	23.9580	26.3925	29.1630	15	32.3325	35.9760	40.1865	45.0870
16	23.2608	25.5552	28.1520	31.1072	16	34.4880	38.3744	42.8656	48.0928
17	24.7146	27.1524	29.9115	33.0514	17	36.6435	40.7728	45.5447	51.0986
18	26.1684	28.7496	31.6710	34.9956	18	38.7990	43.1712	48.2238	54.1044
19	27.6222	30.3468	33.4305	36.9398	19	40.9545	45.5696	50.9029	57.1102
20	29.0760	31.9440	35.1900	38.8840	20	43.1100	47.9680	53.5820	60.1160

SOMMES versées	50 ANS.	51 ANS.	52 ANS.	53 ANS.	SOMMES versées	54 ANS.	55 ANS.	56 ANS.	57 ANS.
1	0.5023	0.6079	0.6582	0.7139	1	0.7757	0.8446	0.9214	1.0074
2	1.1246	1.2158	1.3164	1.4278	2	1.5514	1.6892	1.8428	2.0148
3	1.6869	1.8237	1.9746	2.1417	3	2.3271	2.5338	2.7642	3.0222
4	2.2492	2.4316	2.6328	2.8556	4	3.1028	3.3784	3.6856	4.0296
5	2.8115	3.0395	3.2910	3.5695	5	3.8785	4.2230	4.6070	5.0370
6	3.3738	3.6474	3.9492	4.2834	6	4.6542	5.0676	5.5284	6.0444
7	3.9361	4.2553	4.6074	4.9973	7	5.4299	5.9122	6.4498	7.0518
8	4.4984	4.8632	5.2656	5.7112	8	6.2056	6.7568	7.3712	8.0592
9	5.0607	5.4711	5.9238	6.4251	9	6.9813	7.6014	8.2920	9.0666
10	5.6230	6.0790	6.5820	7.1390	10	7.7570	8.4460	9.2140	10.0740
11	6.1853	6.6869	7.2402	7.8529	11	8.5327	9.2906	10.1354	11.0814
12	6.7476	7.2948	7.8984	8.5668	12	9.3084	10.1352	11.0568	12.0888
13	7.3099	7.9027	8.5566	9.2807	13	10.0841	10.9798	11.9782	13.0962
14	7.8722	8.5106	9.2148	9.9946	14	10.8598	11.8244	12.8996	14.1036
15	8.4345	9.1185	9.8730	10.7085	15	11.6355	12.6690	13.8210	15.1110
16	8.9968	9.7264	10.5312	11.4224	16	12.4112	13.5136	14.7424	16.1184
17	9.5591	10.3343	11.1894	12.1363	17	13.1869	14.3582	15.6638	17.1258
18	10.1214	10.9422	11.8476	12.8502	18	13.9626	15.2028	16.5852	18.1332
19	10.6837	11.5501	12.5058	13.5641	19	14.7383	16.0474	17.5066	19.1406
20	11.2460	12.1580	13.1640	14.2780	20	15.5140	16.8920	18.4280	20.1480

SOMMES versées	58 ANS.	59 ANS.	60 ANS.	61 ANS.	SOMMES versées	62 ANS.	63 ANS.	64 ANS.	65 ANS.
1	1.1041	1.2130	1.3363	1.4766	1	1.6370	1.8215	2.0340	2.2828
2	2.2082	2.4260	2.6726	2.9532	2	3.2740	3.6430	4.0692	4.5656
3	3.3123	3.6390	4.0089	4.4298	3	4.9110	5.4645	6.1038	6.8484
4	4.4164	4.8520	5.3452	5.9064	4	6.5480	7.2860	8.1384	9.1312
5	5.5205	6.0650	6.6815	7.3830	5	8.1850	9.1075	10.1730	11.4140
6	6.6246	7.2780	8.0178	8.8596	6	9.8220	10.9290	12.2076	13.6968
7	7.7287	8.4910	9.3541	10.3362	7	11.4590	12.7505	14.2422	15.9796
8	8.8328	9.7040	10.6904	11.8128	8	13.0960	14.5720	16.2768	18.2624
9	9.9369	10.9170	12.0267	13.2894	9	14.7330	16.3935	18.3114	20.5452
10	11.0410	12.1300	13.3630	14.7660	10	16.3700	18.2150	20.3460	22.8280
11	12.1451	13.3430	14.6993	16.2426	11	18.0070	20.0365	22.3806	25.1108
12	13.2492	14.5560	16.0356	17.7192	12	19.6440	21.8580	24.4152	27.3936
13	14.3533	15.7690	17.3719	19.1958	13	21.2810	23.6795	26.4498	29.6764
14	15.4574	16.9820	18.7082	20.6724	14	22.9180	25.5010	28.4844	31.9592
15	16.5615	18.1950	20.0445	22.1490	15	24.5550	27.3225	30.5190	34.2420
16	17.6656	19.4080	21.3808	23.6256	16	26.1920	29.1440	32.5536	36.5248
17	18.7697	20.6210	22.7171	25.1022	17	27.8290	30.9655	34.5882	38.8076
18	19.8738	21.8340	24.0534	26.5788	18	29.4660	32.7870	36.6228	41.0904
19	20.9779	23.0470	25.3897	28.0554	19	31.1030	34.6085	38.6574	43.3732
20	22.0820	24.2600	26.7260	29.5320	20	32.7400	36.4300	40.6920	45.6560

SOMMES versées	50 ANS	51 ANS	52 ANS	53 ANS	SOMMES versées	54 ANS	55 ANS	56 ANS	57 ANS
1	0.7296	0.7887	0.8540	0.9203	1	1.0066	1.0959	1.1955	1.3072
2	1.4592	1.5774	1.7080	1.8526	2	2.0132	2.1918	2.3910	2.0144
3	2.1888	2.3601	2.5620	2.7789	3	3.0198	3.2877	3.5865	3.9216
4	2.9184	3.1548	3.4160	3.7052	4	4.0264	4.3836	4.7820	5.2288
5	3.6480	3.9435	4.2700	4.6315	5	5.0330	5.4795	5.9775	0.5300
6	4.3776	4.7322	5.1240	5.5578	6	0.0396	6.5754	7.1730	7.8432
7	5.1072	5.5209	5.9780	6.4841	7	7.0462	7.6713	8.3085	0.1504
8	5.8368	0.3096	6.8320	7.4104	8	8.0528	8.7672	9.5640	10.4576
9	6.5664	7.0983	7.6860	8.3367	9	9.0594	9.8631	10.7595	11.7648
10	7.2960	7.8870	8.5400	9.2630	10	10.0660	10.9590	11.9550	13.0720
11	8.0256	8.6757	9.3940	10.1893	11	11.0726	12.0549	13.1505	14.3792
12	8.7552	9.4644	10.2480	11.1156	12	12.0792	13.1508	14.3460	15.6864
13	9.4848	10.2531	11.1020	12.0419	13	13.0858	14.2467	15.5415	16.9936
14	10.2144	11.0418	11.9500	12.9682	14	14.0924	15.3426	16.7370	18.3008
15	10.9440	11.8305	12.8100	13.8945	15	15.0990	16.4385	17.9325	19.6080
16	11.6736	12.6192	13.6640	14.8208	16	16.1056	17.5344	19.1280	20.9152
17	12.4032	13.4079	14.5180	15.7471	17	17.1122	18.6303	20.3235	22.2224
18	13.1328	14.1966	15.3720	16.6734	18	18.1188	19.7262	21.5190	23.5296
19	13.8624	14.9853	16.2260	17.5997	19	19.1254	20.8221	22.7145	24.8368
20	14.5920	15.7740	17.0800	18.5260	20	20.1320	21.9180	23.9100	26.1440

SOMMES versées	58 ANS	59 ANS	60 ANS	61 ANS	SOMMES versées	62 ANS	63 ANS	64 ANS	65 ANS
1	1.4326	1.5739	1.7339	1.9159	1	2.1241	2.3634	2.6400	2.9020
2	2.8652	3.1478	3.4678	3.8318	2	4.2482	4.7268	5.2800	5.9240
3	4.2978	4.7217	5.2017	5.7477	3	6.3723	7.0902	7.9200	8.8830
4	5.7304	6.2956	6.9356	7.6636	4	8.4964	9.4536	10.5600	11.8430
5	7.1630	7.8695	8.6695	9.5795	5	10.6205	11.8170	13.2000	14.8100
6	8.5956	9.4434	10.4034	11.4954	6	12.7446	14.1804	15.8400	17.7720
7	10.0282	11.0173	12.1373	13.4113	7	14.8687	16.5438	18.4800	20.7340
8	11.4608	12.5912	13.8712	15.3272	8	16.9928	18.9072	21.1200	23.6960
9	12.8934	14.1051	15.6051	17.2431	9	19.1169	21.2706	23.7600	26.6580
10	14.3260	15.7390	17.3390	19.1590	10	21.2410	23.6340	26.4000	29.6200
11	15.7586	17.3129	19.0729	21.0749	11	23.3651	25.9974	29.0400	32.5820
12	17.1912	18.8868	20.8008	22.9908	12	25.4892	28.3608	31.6800	35.5440
13	18.6238	20.4607	22.5407	24.9067	13	27.6133	30.7242	34.3200	38.5060
14	20.0564	22.0346	24.2746	26.8226	14	29.7374	33.0876	36.9600	41.4680
15	21.4890	23.6085	26.0085	28.7385	15	31.8615	35.4510	39.6000	44.4300
16	22.9216	25.1824	27.7424	30.0544	16	33.9856	37.8144	42.2400	47.3920
17	24.3542	26.7563	29.4763	32.5703	17	36.1097	40.1778	44.8800	50.3540
18	25.7868	28.3302	31.2102	34.4862	18	38.2338	42.5412	47.5200	53.3160
19	27.2194	29.9041	32.9441	36.4021	19	40.3579	44.9046	50.1600	56.2780
20	28.6520	31.4780	34.6780	38.3180	20	42.4820	4.72680	52.8000	59.2400

SOMMES versées.	50 ANS.	51 ANS.	52 ANS.	53 ANS.	SOMMES versées.	54 ANS.	55 ANS.	56 ANS.	57 ANS.
1	0.5550	0.0000	0.6497	0.7046	1	0.7657	0.8336	0.9094	0.9944
2	1.1100	1.2000	1.2994	1.4092	2	1.5314	1.6672	1.8188	1.9888
3	1.6650	1.8000	1.9491	2.1138	3	2.2971	2.5008	2.7282	2.9832
4	2.2200	2.4000	2.5988	2.8184	4	3.0628	3.3344	3.6376	3.9776
5	2.7750	3.0000	3.2485	3.5230	5	3.8285	4.1680	4.5470	4.9720
6	3.3300	3.6000	3.8982	4.2276	6	4.5942	5.0016	5.4564	5.9664
7	3.8850	4.2000	4.5479	4.9322	7	5.3599	5.8352	6.3658	6.9608
8	4.4400	4.8000	5.1976	5.6368	8	6.1256	6.6688	7.2752	7.9552
9	4.9950	5.4000	5.8473	6.3414	9	6.8913	7.5024	8.1846	8.9496
10	5.5500	6.0000	6.4970	7.0460	10	7.6570	8.3360	9.0940	9.9440
11	6.1050	6.6000	7.1467	7.7506	11	8.4227	9.1696	10.0034	10.9384
12	6.6600	7.2000	7.7964	8.4552	12	9.1884	10.0032	10.9128	11.9328
13	7.2150	7.8000	8.4461	9.1598	13	9.9541	10.8368	11.8222	12.9272
14	7.7700	8.4000	9.0958	9.8644	14	10.7198	11.6704	12.7316	13.9216
15	8.3250	9.0000	9.7455	10.5690	15	11.4855	12.5040	13.6410	14.9160
16	8.8800	9.6000	10.3952	11.2736	16	12.2512	13.3376	14.5504	15.9104
17	9.4350	10.2000	11.0449	11.9782	17	13.0169	14.1712	15.4598	16.9048
18	9.9900	10.8000	11.6946	12.6828	18	13.7826	15.0048	16.3692	17.8992
19	10.5450	11.4000	12.3443	13.3874	19	14.5483	15.8384	17.2786	18.8936
20	11.1000	12.0000	12.9940	14.0920	20	15.3140	16.6720	18.1880	19.8880

SOMMES versées.	58 ANS.	59 ANS.	60 ANS.	61 ANS.	SOMMES versées.	62 ANS.	63 ANS.	64 ANS.	65 ANS.
1	1.0898	1.1973	1.3190	1.4574	1	1.6158	1.7978	2.0082	2.2532
2	2.1796	2.3946	2.6380	2.9148	2	3.2316	3.5956	4.0164	4.5064
3	3.2694	3.5919	3.9570	4.3722	3	4.8474	5.3934	6.0246	6.7596
4	4.3592	4.7892	5.2760	5.8296	4	6.4632	7.1912	8.0328	9.0128
5	5.4490	5.9865	6.5950	7.2870	5	8.0790	8.9890	10.0410	11.2660
6	6.5388	7.1838	7.9140	8.7444	6	9.6948	10.7868	12.0492	13.5192
7	7.6286	8.3811	9.2330	10.2018	7	11.3106	12.5846	14.0574	15.7724
8	8.7184	9.5784	10.5520	11.6592	8	12.9264	14.3824	16.0656	18.0256
9	9.8082	10.7757	11.8710	13.1166	9	14.5422	16.1802	18.0738	20.2788
10	10.8980	11.9730	13.1900	14.5740	10	16.1580	17.9780	20.0820	22.5320
11	11.9878	13.1703	14.5090	16.0314	11	17.7738	19.7758	22.0902	24.7852
12	13.0776	14.3676	15.8280	17.4888	12	19.3896	21.5736	24.0984	27.0384
13	14.1674	15.5649	17.1470	18.9462	13	21.0054	23.3714	26.1066	29.2916
14	15.2572	16.7622	18.4660	20.4036	14	22.6212	25.1692	28.1148	31.5448
15	16.3470	17.9595	19.7850	21.8610	15	24.2370	26.9670	30.1230	33.7980
16	17.4368	19.1568	21.1040	23.3184	16	25.8528	28.7648	32.1312	36.0512
17	18.5266	20.3541	22.4230	24.7758	17	27.4686	30.5626	34.1394	38.3044
18	19.6164	21.5514	23.7420	26.2332	18	29.0844	32.3604	36.1476	40.5576
19	20.7062	22.7487	25.0610	27.6906	19	30.7002	34.1582	38.1558	42.8108
20	21.7960	23.9460	26.3800	29.1480	20	32.3160	35.9560	40.1640	45.0640

SOMMES versées.	50 ANS.	51 ANS.	52 ANS.	53 ANS.	SOMMES versées.	54 ANS.	55 ANS.	56 ANS.	57 ANS.
1	0.7190	0.7772	0.8410	0.9128	1	0.9919	1.0799	1.1781	1.2881
2	1.4380	1.5544	1.6832	1.8256	2	1.9838	2.1598	2.3562	2.5702
3	2.1570	2.3316	2.5248	2.7384	3	2.9757	3.2307	3.5343	3.8043
4	2.8760	3.1088	3.3664	3.6512	4	3.9676	4.3196	4.7124	5.1524
5	3.5950	3.8800	4.2080	4.5640	5	4.9595	5.3995	5.8905	6.4405
6	4.3140	4.6632	5.0496	5.4768	6	5.9514	6.4794	7.0686	7.7286
7	5.0330	5.4404	5.8912	6.3896	7	6.9433	7.5593	8.2467	9.0167
8	5.7520	6.2176	6.7328	7.3024	8	7.9352	8.6392	9.4248	10.3048
9	6.4710	6.9948	7.5744	8.2152	9	8.9271	9.7191	10.6029	11.5929
10	7.1900	7.7720	8.4160	9.1280	10	9.9190	10.7990	11.7810	12.8810
11	7.9090	8.5492	9.2576	10.0408	11	10.9109	11.8789	12.9591	14.1691
12	8.6280	9.3264	10.0992	10.9536	12	11.9028	12.9588	14.1372	15.4572
13	9.3470	10.1036	10.9408	11.8664	13	12.8947	14.0387	15.3153	16.7453
14	10.0660	10.8808	11.7824	12.7792	14	13.8866	15.1186	16.4934	18.0334
15	10.7850	11.6580	12.6240	13.6920	15	14.8785	16.1985	17.6715	19.3215
16	11.5040	12.4352	13.4656	14.6048	16	15.8704	17.2784	18.8496	20.6096
17	12.2230	13.2124	14.3072	15.5176	17	16.8623	18.3583	20.0277	21.8977
18	12.9420	13.9896	15.1488	16.4304	18	17.8542	19.4382	21.2058	23.1858
19	13.6610	14.7668	15.9904	17.3432	19	18.8461	20.5181	22.3839	24.4739
20	14.3800	15.5440	16.8320	18.2560	20	19.8380	21.5980	23.5620	25.7620

SOMMES versées.	58 ANS.	59 ANS.	60 ANS.	61 ANS.	SOMMES versées.	62 ANS.	63 ANS.	64 ANS.	65 ANS.
1	1.4117	1.5509	1.7086	1.8879	1	2.0931	2.3289	2.6015	2.9188
2	2.8234	3.1018	3.4172	3.7758	2	4.1862	4.6578	5.2030	5.8376
3	4.2351	4.6527	5.1258	5.6637	3	6.2793	6.9867	7.8045	8.7564
4	5.6468	6.2036	6.8344	7.5516	4	8.3724	9.3156	10.4060	11.6752
5	7.0585	7.7545	8.5430	9.4395	5	10.4655	11.6445	13.0075	14.5940
6	8.4702	9.3054	10.2516	11.3274	6	12.5586	13.9734	15.6090	17.5128
7	9.8819	10.8563	11.9602	13.2153	7	14.6517	16.3023	18.2105	20.4316
8	11.2936	12.4072	13.6688	15.1032	8	16.7448	18.6312	20.8120	23.3504
9	12.7053	13.9581	15.3774	16.9911	9	18.8379	20.9601	23.4135	26.2692
10	14.1170	15.5090	17.0860	18.8790	10	20.9310	23.2890	26.0150	29.1880
11	15.5287	17.0599	18.7946	20.7669	11	23.0241	25.6179	28.6165	32.1068
12	16.9404	18.6108	20.5032	22.6548	12	25.1172	27.9468	31.2180	35.0256
13	18.3521	20.1617	22.2118	24.5427	13	27.2103	30.2757	33.8195	37.9444
14	19.7638	21.7126	23.9204	26.4306	14	29.3034	32.6046	36.4210	40.8632
15	21.1755	23.2635	25.6290	28.3185	15	31.3965	34.9335	39.0225	43.7820
16	22.5872	24.8144	27.3376	30.2064	16	33.4896	37.2624	41.6240	46.7008
17	23.9989	26.3653	29.0462	32.0943	17	35.5827	39.5913	44.2255	49.6196
18	25.4106	27.9162	30.7548	33.9822	18	37.6758	41.9202	46.8270	52.5384
19	26.8223	29.4671	32.4634	35.8701	19	39.7689	44.2491	49.4285	55.4572
20	28.2340	31.0180	34.1720	37.7580	20	41.8620	46.5780	52.0300	58.3760

SOMMES versées	50 ANS.	51 ANS.	52 ANS.	53 ANS.	SOMMES versées	54 ANS.	55 ANS.	56 ANS.	57 ANS.
1	0.5478	0.5922	0.6413	0.6955	1	0.7558	0.8228	0.8977	0.9815
2	1.0956	1.1844	1.2826	1.3910	2	1.5116	1.6456	1.7954	1.9630
3	1.6434	1.7766	1.9239	2.0865	3	2.2674	2.4684	2.6931	2.9445
4	2.1912	2.3688	2.5652	2.7820	4	3.0232	3.2912	3.5908	3.9260
5	2.7390	2.9610	3.2065	3.4775	5	3.7790	4.1140	4.4885	4.9075
6	3.2868	3.5532	3.8478	4.1730	6	4.5348	4.9368	5.3862	5.8890
7	3.8346	4.1454	4.4891	4.8685	7	5.2906	5.7596	6.2839	6.8705
8	4.3824	4.7376	5.1304	5.5640	8	6.0464	6.5824	7.1816	7.8520
9	4.9302	5.3298	5.7717	6.2595	9	6.8022	7.4052	8.0793	8.8335
10	5.4780	5.9220	6.4130	6.9550	10	7.5580	8.2280	8.9770	9.8150
11	6.0258	6.5142	7.0543	7.6505	11	8.3138	9.0508	9.8747	10.7965
12	6.5736	7.1064	7.6956	8.3460	12	9.0696	9.8736	10.7724	11.7780
13	7.1214	7.6986	8.3369	9.0415	13	9.8254	10.6964	11.6701	12.7595
14	7.6692	8.2908	8.9782	9.7370	14	10.5812	11.5192	12.5678	13.7410
15	8.2170	8.8830	9.6195	10.4325	15	11.3370	12.3420	13.4655	14.7225
16	8.7648	9.4752	10.2608	11.1280	16	12.0928	13.1648	14.3632	15.7040
17	9.3126	10.0674	10.9021	11.8235	17	12.8486	13.9876	15.2609	16.6855
18	9.8604	10.6596	11.5434	12.5190	18	13.6044	14.8104	16.1586	17.6670
19	10.4082	11.2518	12.1847	13.2145	19	14.3602	15.6332	17.0563	18.6485
20	10.9560	11.8440	12.8260	13.9100	20	15.1160	16.4560	17.9540	19.6300

SOMMES versées	58 ANS.	59 ANS.	60 ANS.	61 ANS.	SOMMES versées	62 ANS.	63 ANS.	64 ANS.	65 ANS.
1	1.0756	1.1818	1.3019	1.4385	1	1.5948	1.7745	1.9822	2.2240
2	2.1512	2.3636	2.6038	2.8770	2	3.1896	3.5490	3.9644	4.4480
3	3.2268	3.5454	3.9057	4.3155	3	4.7844	5.3235	5.9466	6.6720
4	4.3024	4.7272	5.2076	5.7540	4	6.3792	7.0980	7.9288	8.8960
5	5.3780	5.9090	6.5095	7.1925	5	7.9740	8.8725	9.9110	11.1200
6	6.4536	7.0908	7.8114	8.6310	6	9.5688	10.6470	11.8932	13.3440
7	7.5292	8.2726	9.1133	10.0695	7	11.1636	12.4215	13.8754	15.5680
8	8.6048	9.4544	10.4152	11.5080	8	12.7584	14.1960	15.8576	17.7920
9	9.6804	10.6362	11.7171	12.9465	9	14.3532	15.9705	17.8398	20.0160
10	10.7560	11.8180	13.0190	14.3850	10	15.9480	17.7450	19.8220	22.2400
11	11.8316	12.9998	14.3209	15.8235	11	17.5428	19.5195	21.8042	24.4640
12	12.9072	14.1816	15.6228	17.2620	12	19.1376	21.2940	23.7864	26.6880
13	13.9828	15.3634	16.9247	18.7005	13	20.7324	23.0685	25.7686	28.9120
14	15.0584	16.5452	18.2266	20.1390	14	22.3272	24.8430	27.7508	31.1360
15	16.1340	17.7270	19.5285	21.5775	15	23.9220	26.6175	29.7330	33.3600
16	17.2096	18.9088	20.8304	23.0160	16	25.5168	28.3920	31.7152	35.5840
17	18.2852	20.0906	22.1323	24.4545	17	27.1116	30.1665	33.6974	37.8080
18	19.3608	21.2724	23.4342	25.8930	18	28.7064	31.9410	35.6796	40.0320
19	20.4364	22.4542	24.7361	27.3315	19	30.3012	33.7155	37.6618	42.2560
20	21.5120	23.6360	26.0380	28.7700	20	31.8960	35.4900	39.6440	44.4800

SOMMES versées	50 ANS.	51 ANS.	52 ANS.	53 ANS.	SOMMES versées	54 ANS.	55 ANS.	56 ANS.	57 ANS.
1	0.7085	0.7659	0.8203	0.8994	1	0.9774	1.0041	1.1609	1.2693
2	1.4170	1.5318	1.6586	1.7988	2	1.9548	2.1282	2.3218	2.5386
3	2.1255	2.2977	2.4870	2.6982	3	2.9322	3.1923	3.4827	3.8079
4	2.8340	3.0036	3.3172	3.5976	4	3.9096	4.2564	4.6436	5.0772
5	3.5425	3.8295	4.1465	4.4970	5	4.8870	5.3205	5.8045	6.3465
6	4.2510	4.5954	4.9758	5.3964	6	5.8644	6.3846	6.9654	7.6158
7	4.9595	5.3613	5.8051	6.2958	7	6.8418	7.4487	8.1263	8.8851
8	5.6680	6.1272	6.6344	7.1952	8	7.8192	8.5128	9.2872	10.1544
9	6.3765	6.8931	7.4037	8.0946	9	8.7966	9.5769	10.4481	11.4237
10	7.0850	7.6590	8.2930	8.9940	10	9.7740	10.6410	11.6090	12.6930
11	7.7935	8.4249	9.1223	9.8934	11	10.7514	11.7051	12.7699	13.9623
12	8.5020	9.1908	9.9516	10.7928	12	11.7288	12.7692	13.9308	15.2316
13	9.2105	9.9567	10.7809	11.6922	13	12.7062	13.8333	15.0917	16.5009
14	9.9190	10.7226	11.6102	12.5916	14	13.6836	14.8974	16.2526	17.7702
15	10.6275	11.4885	12.4395	13.4910	15	14.6610	15.9615	17.4135	19.0395
16	11.3360	12.2544	13.2688	14.3904	16	15.6384	17.0256	18.5744	20.3088
17	12.0445	13.0203	14.0981	15.2898	17	16.6158	18.0897	19.7353	21.5781
18	12.7530	13.7862	14.9274	16.1892	18	17.5932	19.1538	20.8962	22.8474
19	13.4615	14.5521	15.7567	17.0886	19	18.5706	20.2179	22.0571	24.1167
20	14.1700	15.3180	16.5860	17.9880	20	19.5480	21.2820	23.2180	25.3860

SOMMES versées	58 ANS.	59 ANS.	60 ANS.	61 ANS.	SOMMES versées	62 ANS.	63 ANS.	64 ANS.	65 ANS.
1	1.3910	1.5282	1.6836	1.8603	1	2.0625	2.2948	2.5634	2.8761
2	2.7820	3.0564	3.3672	3.7206	2	4.1250	4.5896	5.1268	5.7522
3	4.1730	4.5846	5.0508	5.5809	3	6.1875	6.8844	7.6902	8.6283
4	5.5640	6.1128	6.7344	7.4412	4	8.2500	9.1792	10.2536	11.5044
5	6.9550	7.6410	8.4180	9.3015	5	10.3125	11.4740	12.8170	14.3805
6	8.3460	9.1692	10.1016	11.1618	6	12.3750	13.7688	15.3804	17.2566
7	9.7370	10.6974	11.7852	13.0221	7	14.4375	16.0636	17.9438	20.1327
8	11.1280	12.2256	13.4688	14.8824	8	16.5000	18.3584	20.5072	23.0088
9	12.5190	13.7538	15.1524	16.7427	9	18.5625	20.6532	23.0706	25.8849
10	13.9100	15.2820	16.8360	18.6030	10	20.6250	22.9480	25.6340	28.7610
11	15.3010	16.8102	18.5196	20.4633	11	22.6875	25.2428	28.1974	31.6371
12	16.6920	18.3384	20.2032	22.3236	12	24.7500	27.5376	30.7008	34.5132
13	18.0830	19.8666	21.8868	24.1839	13	26.8125	29.8324	33.3242	37.3803
14	19.4740	21.3948	23.5704	26.0442	14	28.8750	32.1272	35.8876	40.2054
15	20.8650	22.9230	25.2540	27.9045	15	30.9375	34.4220	38.4510	43.1415
16	22.2560	24.4512	26.9376	29.7648	16	33.0000	36.7168	41.0144	46.0176
17	23.6470	25.9794	28.6212	31.6251	17	35.0625	39.0116	43.5778	48.8937
18	25.0380	27.5076	30.3048	33.4854	18	37.1250	41.3064	46.1412	51.7698
19	26.4290	29.0358	31.9884	35.3457	19	39.1875	43.6012	48.7046	54.6459
20	27.8200	30.5640	33.6720	37.2060	20	41.2500	45.8960	51.2680	57.5220

SOMMES versées.	50 ANS.	51 ANS.	52 ANS.	53 ANS.	SOMMES versées.	54 ANS.	55 ANS.	56 ANS.	57 ANS.
1	0.5408	0.5846	0.6330	0.6865	1	0.7400	0.8122	0.8801	0.9088
2	1.0816	1.1692	1.2660	1.3730	2	1.4920	1.6244	1.7722	1.9376
3	1.6224	1.7538	1.8990	2.0595	3	2.2380	2.4366	2.6583	2.9064
4	2.1632	2.3384	2.5320	2.7460	4	2.9840	3.2488	3.5444	3.8752
5	2.7040	2.9230	3.1650	3.4325	5	3.7300	4.0610	4.4305	4.8440
6	3.2448	3.5076	3.7980	4.1190	6	4.4760	4.8732	5.3166	5.8128
7	3.7856	4.0922	4.4310	4.8055	7	5.2220	5.6854	6.2027	6.7816
8	4.3264	4.6768	5.0640	5.4920	8	5.9680	6.4976	7.0888	7.7504
9	4.8672	5.2614	5.6970	6.1785	9	6.7140	7.3098	7.9749	8.7192
10	5.4080	5.8460	6.3300	6.8650	10	7.4600	8.1220	8.8610	9.6880
11	5.9488	6.4300	6.9630	7.5515	11	8.2060	8.9342	9.7471	10.6568
12	6.4896	7.0152	7.5960	8.2380	12	8.9520	9.7464	10.6332	11.6256
13	7.0304	7.5998	8.2290	8.9245	13	9.6980	10.5586	11.5193	12.5944
14	7.5712	8.1844	8.8620	9.6110	14	10.4440	11.3708	12.4054	13.5632
15	8.1120	8.7690	9.4950	10.2975	15	11.1900	12.1830	13.2915	14.5320
16	8.6528	9.3536	10.1280	10.9840	16	11.9360	12.9952	14.1776	15.5008
17	9.1936	9.9382	10.7610	11.6705	17	12.6820	13.8074	15.0637	16.4696
18	9.7344	10.5228	11.3940	12.3570	18	13.4280	14.6196	15.9498	17.4384
19	10.2752	11.1074	12.0270	13.0435	19	14.1740	15.4318	16.8359	18.4072
20	10.8160	11.6920	12.6600	13.7300	20	14.9200	16.2440	17.7220	19.3760

SOMMES versées.	58 ANS.	59 ANS.	60 ANS.	61 ANS.	SOMMES versées.	62 ANS.	63 ANS.	64 ANS.	65 ANS.
1	1.0617	1.1665	1.2850	1.4199	1	1.5742	1.7510	1.9566	2.1953
2	2.1234	2.3330	2.5700	2.8398	2	3.1484	3.5032	3.9132	4.3906
3	3.1851	3.4995	3.8550	4.2597	3	4.7226	5.2548	5.8698	6.5859
4	4.2468	4.6660	5.1400	5.6796	4	6.2968	7.0064	7.8264	8.7812
5	5.3085	5.8325	6.4250	7.0995	5	7.8710	8.7580	9.7830	10.9765
6	6.3702	6.9990	7.7100	8.5194	6	9.4452	10.5096	11.7396	13.1718
7	7.4319	8.1655	8.9950	9.9393	7	11.0194	12.2612	13.6962	15.3671
8	8.4936	9.3320	10.2800	11.3592	8	12.5936	14.0128	15.6528	17.5624
9	9.5553	10.4985	11.5650	12.7791	9	14.1678	15.7644	17.6094	19.7577
10	10.6170	11.6650	12.8500	14.1990	10	15.7420	17.5160	19.5660	21.9530
11	11.6787	12.8315	14.1350	15.6189	11	17.3162	19.2676	21.5226	24.1483
12	12.7404	13.9980	15.4200	17.0388	12	18.8904	21.0192	23.4792	26.3436
13	13.8021	15.1645	16.7050	18.4587	13	20.4646	22.7708	25.4358	28.5389
14	14.8638	16.3310	17.9900	19.8786	14	22.0388	24.5224	27.3924	30.7342
15	15.9255	17.4975	19.2750	21.2985	15	23.6130	26.2740	29.3490	32.9295
16	16.9872	18.6640	20.5600	22.7184	16	25.1872	28.0256	31.3056	35.1248
17	18.0489	19.8305	21.8450	24.1383	17	26.7614	29.7772	33.2622	37.3201
18	19.1106	20.9970	23.1300	25.5582	18	28.3356	31.5288	35.2188	39.5154
19	20.1723	22.1635	24.4150	26.9781	19	29.9098	33.2804	37.1754	41.7107
20	21.2340	23.3300	25.7000	28.3980	20	31.4840	35.0320	39.1320	43.9060

SOMMES versées.	50 ANS.	51 ANS.	52 ANS.	53 ANS.	SOMMES versées.	54 ANS.	55 ANS.	56 ANS.	57 ANS.
1	0.6987	0.7553	0.8178	0.8870	1	0.9638	1.0494	1.1448	1.2517
2	1.3974	1.5100	1.6356	1.7740	2	1.9270	2.0988	2.2896	2.5034
3	2.0961	2.2659	2.4534	2.6610	3	2.8914	3.1482	3.4344	3.7551
4	2.7948	3.0212	3.2712	3.5480	4	3.8552	4.1976	4.5792	5.0068
5	3.4935	3.7765	4.0890	4.4350	5	4.8190	5.2470	5.7240	6.2585
6	4.1922	4.5318	4.9068	5.3220	6	5.7828	6.2964	6.8688	7.5102
7	4.8909	5.2871	5.7246	6.2090	7	6.7466	7.3458	8.0136	8.7619
8	5.5896	6.0424	6.5424	7.0960	8	7.7104	8.3952	9.1584	10.0136
9	6.2883	6.7977	7.3602	7.9830	9	8.6742	9.4446	10.3032	11.2653
10	6.9870	7.5530	8.1780	8.8700	10	9.6380	10.4940	11.4480	12.5170
11	7.6857	8.3083	8.9958	9.7570	11	10.6018	11.5434	12.5928	13.7687
12	8.3844	9.0636	9.8136	10.6440	12	11.5656	12.5928	13.7376	15.0204
13	9.0831	9.8189	10.6314	11.5310	13	12.5294	13.6422	14.8824	16.2721
14	9.7818	10.5742	11.4492	12.4180	14	13.4932	14.6916	16.0272	17.5238
15	10.4805	11.3295	12.2670	13.3050	15	14.4570	15.7410	17.1720	18.7755
16	11.1792	12.0848	13.0848	14.1920	16	15.4208	16.7904	18.3168	20.0272
17	11.8779	12.8401	13.9026	15.0790	17	16.3846	17.8398	19.4616	21.2789
18	12.5766	13.5954	14.7204	15.9660	18	17.3484	18.8892	20.6064	22.5306
19	13.2753	14.3507	15.5382	16.8530	19	18.3122	19.9386	21.7512	23.7823
20	13.9740	15.1060	16.3560	17.7400	20	19.2760	20.9880	22.8960	25.0340

SOMMES versées.	58 ANS.	59 ANS.	60 ANS.	61 ANS.	SOMMES versées.	62 ANS.	63 ANS.	64 ANS.	65 ANS.
1	1.3718	1.5071	1.6603	1.8345	1	2.0339	2.2631	2.5270	2.8363
2	2.7436	3.0142	3.3206	3.6690	2	4.0678	4.5262	5.0558	5.6726
3	4.1154	4.5213	4.9809	5.5035	3	6.1017	6.7893	7.5837	8.5089
4	5.4872	6.0284	6.6412	7.3380	4	8.1356	9.0524	10.1116	11.3452
5	6.8590	7.5355	8.3015	9.1725	5	10.1695	11.3155	12.6395	14.1815
6	8.2308	9.0426	9.9618	11.0070	6	12.2034	13.5786	15.1674	17.0178
7	9.6026	10.5497	11.6221	12.8415	7	14.2373	15.8417	17.6953	19.8541
8	10.9744	12.0568	13.2824	14.6760	8	16.2712	18.1048	20.2232	22.6904
9	12.3462	13.5639	14.9427	16.5105	9	18.3051	20.3679	22.7511	25.5267
10	13.7180	15.0710	16.6030	18.3450	10	20.3390	22.6310	25.2790	28.3630
11	15.0898	16.5781	18.2633	20.1795	11	22.3729	24.8941	27.8069	31.1993
12	16.4616	18.0852	19.9236	22.0140	12	24.4068	27.1572	30.3348	34.0356
13	17.8334	19.5923	21.5839	23.8485	13	26.4407	29.4203	32.8627	36.8719
14	19.2052	21.0994	23.2442	25.6830	14	28.4746	31.6834	35.3906	39.7082
15	20.5770	22.6065	24.9045	27.5175	15	30.5085	33.9465	37.9185	42.5445
16	21.9488	24.1136	26.5648	29.3520	16	32.5424	36.2096	40.4464	45.3808
17	23.3206	25.6207	28.2251	31.1865	17	34.5763	38.4727	42.9743	48.2171
18	24.6924	27.1278	29.8854	33.0210	18	36.6102	40.7358	45.5022	51.0534
19	26.0642	28.6349	31.5457	34.8555	19	38.6441	42.9989	48.0301	53.8897
20	27.4360	30.1420	33.2060	36.6900	20	40.6780	45.2620	50.5580	56.7260

SOMMES versées	50 ANS.	51 ANS.	52 ANS.	53 ANS.	SOMMES versées	54 ANS.	55 ANS.	56 ANS.	57 ANS.
1	0.5338	0.5770	0.6248	0.6777	1	0.7364	0.8017	0.8746	0.9503
2	1.0676	1.1540	1.2496	1.3554	2	1.4728	1.6034	1.7492	1.9126
3	1.6014	1.7310	1.8744	2.0331	3	2.2092	2.4051	2.6238	2.8689
4	2.1352	2.3080	2.4992	2.7108	4	2.9456	3.2068	3.4984	3.8252
5	2.6690	2.8850	3.1240	3.3885	5	3.6820	4.0085	4.3730	4.7815
6	3.2028	3.4620	3.7488	4.0662	6	4.4184	4.8102	5.2476	5.7378
7	3.7366	4.0390	4.3736	4.7439	7	5.1548	5.6119	6.1222	6.6941
8	4.2704	4.6160	4.9984	5.4216	8	5.8912	6.4136	6.9968	7.6504
9	4.8042	5.1930	5.6232	6.0993	9	6.6276	7.2153	7.8714	8.6067
10	5.3380	5.7700	6.2480	6.7770	10	7.3640	8.0170	8.7460	9.5630
11	5.8718	6.3470	6.8728	7.4547	11	8.1004	8.8187	9.6206	10.5193
12	6.4056	6.9240	7.4976	8.1324	12	8.8368	9.6204	10.4952	11.4756
13	6.9394	7.5010	8.1224	8.8101	13	9.5732	10.4221	11.3698	12.4319
14	7.4732	8.0780	8.7472	9.4878	14	10.3096	11.2238	12.2444	13.3882
15	8.0070	8.6550	9.3720	10.1655	15	11.0460	12.0255	13.1190	14.3445
16	8.5408	9.2320	9.9968	10.8432	16	11.7824	12.8272	13.9936	15.3008
17	9.0746	9.8090	10.6216	11.5209	17	12.5188	13.6289	14.8682	16.2571
18	9.6084	10.3860	11.2464	12.1986	18	13.2552	14.4306	15.7428	17.2134
19	10.1422	10.9630	11.8712	12.8763	19	13.9916	15.2323	16.6174	18.1697
20	10.6760	11.5400	12.4960	13.5540	20	14.7280	16.0340	17.4920	19.1260

SOMMES versées	58 ANS.	59 ANS.	60 ANS.	61 ANS.	SOMMES versées	62 ANS.	63 ANS.	64 ANS.	65 ANS.
1	1.0480	1.1514	1.2685	1.4016	1	1.5539	1.7290	1.9314	2.1669
2	2.0960	2.3028	2.5370	2.8032	2	3.1078	3.4580	3.8628	4.3338
3	3.1440	3.4542	3.8055	4.2048	3	4.6617	5.1870	5.7942	6.5007
4	4.1920	4.6056	5.0740	5.6064	4	6.2156	6.9160	7.7256	8.6676
5	5.2400	5.7570	6.3425	7.0080	5	7.7695	8.6450	9.6570	10.8345
6	6.2880	6.9084	7.6110	8.4096	6	9.3234	10.3740	11.5884	13.0014
7	7.3360	8.0598	8.8795	9.8112	7	10.8773	12.1030	13.5198	15.1683
8	8.3840	9.2112	10.1480	11.2128	8	12.4312	13.8320	15.4512	17.3352
9	9.4320	10.3626	11.4165	12.6144	9	13.9851	15.5610	17.3826	19.5021
10	10.4800	11.5140	12.6850	14.0160	10	15.5390	17.2900	19.3140	21.6690
11	11.5280	12.6654	13.9535	15.4176	11	17.0929	19.0190	21.2454	23.8359
12	12.5760	13.8168	15.2220	16.8192	12	18.6468	20.7480	23.1768	26.0028
13	13.6240	14.9682	16.4905	18.2208	13	20.2007	22.4770	25.1082	28.1697
14	14.6720	16.1196	17.7590	19.6224	14	21.7546	24.2060	27.0396	30.3366
15	15.7200	17.2710	19.0275	21.0240	15	23.3085	25.9350	28.9710	32.5035
16	16.7680	18.4224	20.2960	22.4256	16	24.8624	27.6640	30.9024	34.6704
17	17.8160	19.5738	21.5645	23.8272	17	26.4163	29.3930	32.8338	36.8373
18	18.8640	20.7252	22.8330	25.2288	18	27.9702	31.1220	34.7652	39.0042
19	19.9120	21.8766	24.1015	26.6304	19	29.5241	32.8510	36.6966	41.1711
20	20.9600	23.0280	25.3700	28.0320	20	31.0780	34.5800	38.6280	43.3380

SOMMES versées	50 ANS.	51 ANS.	52 ANS.	53 ANS.	SOMMES versées	54 ANS.	55 ANS.	56 ANS.	57 ANS.
1	0.6890	0.7448	0.8065	0.8747	1	0.9505	1.0348	1.1280	1.2343
2	1.3780	1.4896	1.6130	1.7494	2	1.9010	2.0696	2.2578	2.4686
3	2.0670	2.2344	2.4195	2.6241	3	2.8515	3.1044	3.3867	3.7029
4	2.7560	2.9792	3.2260	3.4988	4	3.8020	4.1392	4.5156	4.9372
5	3.4450	3.7240	4.0325	4.3735	5	4.7525	5.1740	5.6445	6.1715
6	4.1340	4.4688	4.8390	5.2482	6	5.7030	6.2088	6.7734	7.4058
7	4.8230	5.2136	5.6455	6.1229	7	6.6535	7.2436	7.9023	8.6401
8	5.5120	5.9584	6.4520	6.9976	8	7.6040	8.2784	9.0312	9.8744
9	6.2010	6.7032	7.2585	7.8723	9	8.5545	9.3132	10.1601	11.1087
10	6.8900	7.4480	8.0650	8.7470	10	9.5050	10.3480	11.2890	12.3430
11	7.5790	8.1928	8.8715	9.6217	11	10.4555	11.3828	12.4179	13.5773
12	8.2680	8.9376	9.6780	10.4964	12	11.4060	12.4176	13.5468	14.8116
13	8.9570	9.6824	10.4845	11.3711	13	12.3565	13.4524	14.0757	16.0459
14	9.6460	10.4272	11.2910	12.2458	14	13.3070	14.4872	15.8046	17.2802
15	10.3350	11.1720	12.0975	13.1205	15	14.2575	15.5220	16.9335	18.5145
16	11.0240	11.9168	12.9040	13.9952	16	15.2080	16.5568	18.0624	19.7488
17	11.7130	12.6616	13.7105	14.8699	17	16.1585	17.5910	19.1913	20.9831
18	12.4020	13.4064	14.5170	15.7446	18	17.1090	18.6264	20.3202	22.2174
19	13.0910	14.1512	15.3235	16.6193	19	18.0595	19.6612	21.4491	23.4517
20	13.7800	14.8960	16.1300	17.4940	20	19.0100	20.6960	22.5780	24.6860

SOMMES versées	58 ANS.	59 ANS.	60 ANS.	61 ANS.	SOMMES versées	62 ANS.	63 ANS.	64 ANS.	65 ANS.
1	1.3528	1.4862	1.6373	1.8091	1	2.0057	2.2317	2.4929	2.7970
2	2.7056	2.9724	3.2746	3.6182	2	4.0114	4.4634	4.9858	5.5940
3	4.0584	4.4586	4.9119	5.4273	3	6.0171	6.6951	7.4787	8.3910
4	5.4112	5.9448	6.5492	7.2364	4	8.0228	8.9268	9.9716	11.1880
5	6.7640	7.4310	8.1865	9.0455	5	10.0285	11.1585	12.4645	13.9850
6	8.1168	8.9172	9.8238	10.8546	6	12.0342	13.3902	14.9574	16.7820
7	9.4696	10.4034	11.4611	12.6637	7	14.0399	15.6219	17.4503	19.5790
8	10.8224	11.8896	13.0984	14.4728	8	16.0456	17.8536	19.9432	22.3760
9	12.1752	13.3758	14.7357	16.2819	9	18.0513	20.0853	22.4361	25.1730
10	13.5280	14.8620	16.3730	18.0910	10	20.0570	22.3170	24.9290	27.9700
11	14.8808	16.3482	18.0103	19.9001	11	22.0627	24.5487	27.4219	30.7670
12	16.2336	17.8344	19.6476	21.7092	12	24.0684	26.7804	29.9148	33.5640
13	17.5864	19.3206	21.2849	23.5183	13	26.0741	29.0121	32.4077	36.3610
14	18.9392	20.8068	22.9222	25.3274	14	28.0798	31.2438	34.9006	39.1580
15	20.2920	22.2930	24.5595	27.1365	15	30.0855	33.4755	37.3935	41.9550
16	21.6448	23.7792	26.1968	28.9456	16	32.0912	35.7072	39.8864	44.7520
17	22.9976	25.2654	27.8341	30.7547	17	34.0969	37.9389	42.3793	47.5490
18	24.3504	26.7516	29.4714	32.5638	18	36.1026	40.1706	44.8722	50.3460
19	25.7032	28.2378	31.1087	34.3729	19	38.1083	42.4023	47.3651	53.1430
20	27.0560	29.7240	32.7460	36.1820	20	40.1140	44.6340	49.8580	55.9400

SOMMES versées	50 ANS	51 ANS	52 ANS	55 ANS	SOMMES versées	54 ANS	55 ANS	56 ANS	57 ANS
1	0.5269	0.5696	0.6167	0.6689	1	0.7269	0.7914	0.8633	0.9440
2	1.0538	1.1392	1.2334	1.3378	2	1.4538	1.5828	1.7266	1.8880
3	1.5807	1.7088	1.8501	2.0067	3	2.1807	2.3742	2.5899	2.8320
4	2.1076	2.2784	2.4668	2.6756	4	2.9076	3.1656	3.4532	3.7760
5	2.6345	2.8480	3.0835	3.3445	5	3.6345	3.9570	4.3165	4.7200
6	3.1614	3.4176	3.7002	4.0134	6	4.3014	4.7484	5.1798	5.6640
7	3.6883	3.9872	4.3169	4.6823	7	5.0883	5.5398	6.0431	6.6080
8	4.2152	4.5568	4.9336	5.3512	8	5.8152	6.3312	6.9064	7.5520
9	4.7421	5.1264	5.5503	6.0201	9	6.5421	7.1226	7.7697	8.4960
10	5.2690	5.6960	6.1670	6.6890	10	7.2690	7.9140	8.6330	9.4400
11	5.7959	6.2656	6.7837	7.3579	11	7.9959	8.7054	9.4903	10.3840
12	6.3228	6.8352	7.4004	8.0268	12	8.7228	9.4968	10.3596	11.3280
13	6.8497	7.4048	8.0171	8.6957	13	9.4497	10.2882	11.2220	12.2720
14	7.3766	7.9744	8.6338	9.3646	14	10.1766	11.0796	12.0862	13.2160
15	7.9035	8.5440	9.2505	10.0335	15	10.9035	11.8710	12.9495	14.1600
16	8.4304	9.1136	9.8672	10.7024	16	11.6304	12.6624	13.8128	15.1040
17	8.9573	9.6832	10.4839	11.3713	17	12.3573	13.4538	14.6761	16.0480
18	9.4842	10.2528	11.1006	12.0402	18	13.0842	14.2452	15.5394	16.9920
19	10.0111	10.8224	11.7173	12.7091	19	13.8111	15.0366	16.4027	17.9360
20	10.5380	11.3920	12.3340	13.3780	20	14.5380	15.8280	17.2660	18.8800

SOMMES versées	58 ANS	59 ANS	60 ANS	61 ANS	SOMMES versées	62 ANS	63 ANS	64 ANS	65 ANS
1	1.0345	1.1366	1.2521	1.3835	1	1.5339	1.7067	1.9064	2.1390
2	2.0690	2.2732	2.5042	2.7670	2	3.0678	3.4134	3.8128	4.2780
3	3.1035	3.4098	3.7563	4.1505	3	4.6017	5.1201	5.7192	6.4170
4	4.1380	4.5464	5.0084	5.5340	4	6.1356	6.8268	7.6256	8.5560
5	5.1725	5.6830	6.2605	6.9175	5	7.6695	8.5335	9.5320	10.6950
6	6.2070	6.8196	7.5126	8.3010	6	9.2034	10.2402	11.4384	12.8340
7	7.2415	7.9562	8.7647	9.6845	7	10.7373	11.9469	13.3448	14.9730
8	8.2760	9.0928	10.0168	11.0680	8	12.2712	13.6536	15.2512	17.1120
9	9.3105	10.2294	11.2689	12.4515	9	13.8051	15.3603	17.1576	19.2510
10	10.3450	11.3660	12.5210	13.8350	10	15.3390	17.0670	19.0640	21.3900
11	11.3795	12.5026	13.7731	15.2185	11	16.8729	18.7737	20.9704	23.5290
12	12.4140	13.6392	15.0252	16.6020	12	18.4068	20.4804	22.8768	25.6680
13	13.4485	14.7758	16.2773	17.9855	13	19.9407	22.1871	24.7832	27.8070
14	14.4830	15.9124	17.5294	19.3690	14	21.4746	23.8938	26.6896	29.9460
15	15.5175	17.0490	18.7815	20.7525	15	23.0085	25.6005	28.5960	32.0850
16	16.5520	18.1856	20.0336	22.1360	16	24.5424	27.3072	30.5024	34.2240
17	17.5865	19.3222	21.2857	23.5195	17	26.0763	29.0139	32.4088	36.3630
18	18.6210	20.4588	22.5378	24.9030	18	27.6102	30.7206	34.3152	38.5020
19	19.6555	21.5954	23.7899	26.2865	19	29.1441	32.4273	36.2216	40.6410
20	20.6900	22.7320	25.0420	27.6700	20	30.6780	34.1340	38.1280	42.7800

SOMMES versées.	50 ANS.	51 ANS.	52 ANS.	53 ANS.	SOMMES versées.	54 ANS.	55 ANS.	56 ANS.	57 ANS.
1	0.0794	0.7345	0.7953	0.8026	1	0.9373	1.0204	1.1133	1.2172
2	1.3588	1.4690	1.5906	1.7252	2	1.8746	2.0408	2.2266	2.4344
3	2.0382	2.2035	2.3859	2.5878	3	2.8119	3.0612	3.3399	3.6516
4	2.7176	2.9380	3.1812	3.4504	4	3.7492	4.0816	4.4532	4.8688
5	3.3970	3.6725	3.9765	4.3130	5	4.6865	5.1020	5.5665	6.0860
6	4.0764	4.4070	4.7718	5.1756	6	5.6238	6.1224	6.6798	7.3032
7	4.7558	5.1415	5.5671	6.0382	7	6.5611	7.1428	7.7931	8.5204
8	5.4352	5.8760	6.3624	6.9008	8	7.4984	8.1632	8.9064	9.7376
9	6.1146	6.6105	7.1577	7.7634	9	8.4357	9.1836	10.0197	10.9548
10	6.7940	7.3450	7.9530	8.6260	10	9.3730	10.2040	11.1330	12.1720
11	7.4734	8.0795	8.7483	9.4886	11	10.3103	11.2244	12.2463	13.3892
12	8.1528	8.8140	9.5436	10.3512	12	11.2476	12.2448	13.3596	14.6064
13	8.8322	9.5485	10.3389	11.2138	13	12.1849	13.2652	14.4729	15.8236
14	9.5116	10.2830	11.1342	12.0764	14	13.1222	14.2856	15.5862	17.0408
15	10.1910	11.0175	11.9295	12.9390	15	14.0595	15.3060	16.6995	18.2580
16	10.8704	11.7520	12.7248	13.8016	16	14.9968	16.3264	17.8128	19.4752
17	11.5498	12.4865	13.5201	14.6642	17	15.9341	17.3468	18.9261	20.6924
18	12.2292	13.2210	14.3154	15.5268	18	16.8714	18.3672	20.0394	21.9096
19	12.9086	13.9555	15.1107	16.3894	19	17.8087	19.3876	21.1527	23.1268
20	13.5880	14.6900	15.9060	17.2520	20	18.7460	20.4080	22.2660	24.3440

SOMMES versées.	58 ANS.	59 ANS.	60 ANS.	61 ANS.	SOMMES versées.	62 ANS.	63 ANS.	64 ANS.	65 ANS.
1	1.3340	1.4656	1.6145	1.7840	1	1.9770	2.2007	2.4583	2.7582
2	2.6680	2.9312	3.2290	3.5680	2	3.9558	4.4014	4.9166	5.5164
3	4.0020	4.3968	4.8435	5.3520	3	5.9337	6.6021	7.3749	8.2746
4	5.3360	5.8624	6.4580	7.1360	4	7.9116	8.8028	9.8332	11.0328
5	6.6700	7.3280	8.0725	8.9200	5	9.8895	11.0035	12.2915	13.7910
6	8.0040	8.7936	9.6870	10.7040	6	11.8674	13.2042	14.7498	16.5492
7	9.3380	10.2592	11.3015	12.4880	7	13.8453	15.4049	17.2081	19.3074
8	10.6720	11.7248	12.9160	14.2720	8	15.8232	17.6056	19.6664	22.0656
9	12.0060	13.1904	14.5305	16.0560	9	17.8011	19.8063	22.1247	24.8238
10	13.3400	14.6560	16.1450	17.8400	10	19.7790	22.0070	24.5830	27.5820
11	14.6740	16.1216	17.7595	19.6240	11	21.7569	24.2077	27.0413	30.3402
12	16.0080	17.5872	19.3740	21.4080	12	23.7348	26.4084	29.4996	33.0984
13	17.3420	19.0528	20.9885	23.1920	13	25.7127	28.6091	31.9579	35.8566
14	18.6760	20.5184	22.6030	24.9760	14	27.6906	30.8098	34.4162	38.6148
15	20.0100	21.9840	24.2175	26.7600	15	29.6685	33.0105	36.8745	41.3730
16	21.3440	23.4496	25.8320	28.5440	16	31.6464	35.2112	39.3328	44.1312
17	22.6780	24.9152	27.4465	30.3280	17	33.6243	37.4119	41.7911	46.8894
18	24.0120	26.3808	29.0610	32.1120	18	35.6022	39.6126	44.2494	49.6476
19	25.3460	27.8464	30.6755	33.8960	19	37.5801	41.8133	46.7077	52.4058
20	26.6800	29.3120	32.2900	35.6800	20	39.5580	44.0140	49.1660	55.1640

SOMMES versées	50 ANS.	51 ANS.	52 ANS.	53 ANS.	SOMMES versées	54 ANS.	55 ANS.	56 ANS.	57 ANS.
1	0.5201	0.5622	0.6088	0.6603	1	0.7175	0.7812	0.8522	0.9318
2	1.0402	1.1244	1.2176	1.3206	2	1.4350	1.5624	1.7044	1.8636
3	1.5603	1.6800	1.8264	1.9809	3	2.1525	2.3436	2.5566	2.7954
4	2.0804	2.2488	2.4352	2.6412	4	2.8700	3.1248	3.4088	3.7272
5	2.6005	2.8110	3.0440	3.3015	5	3.5875	3.9060	4.2610	4.6590
6	3.1200	3.3732	3.6528	3.9618	6	4.3050	4.6872	5.1132	5.5908
7	3.6407	3.9354	4.2616	4.6221	7	5.0225	5.4684	5.9654	6.5226
8	4.1608	4.4976	4.8704	5.2824	8	5.7400	6.2496	6.8176	7.4544
9	4.6809	5.0598	5.4792	5.9427	9	6.4575	7.0308	7.6698	8.3862
10	5.2010	5.6220	6.0880	6.6030	10	7.1750	7.8120	8.5220	9.3180
11	5.7211	6.1842	6.6908	7.2633	11	7.8925	8.5932	9.3742	10.2498
12	6.2412	6.7464	7.3056	7.9236	12	8.6100	9.3744	10.2264	11.1816
13	6.7613	7.3086	7.9144	8.5839	13	9.3275	10.1556	11.0786	12.1134
14	7.2814	7.8708	8.5232	9.2442	14	10.0450	10.9368	11.9308	13.0452
15	7.8015	8.4330	9.1320	9.9045	15	10.7625	11.7180	12.7830	13.9770
16	8.3216	8.9952	9.7408	10.5648	16	11.4800	12.4992	13.6352	14.9088
17	8.8417	9.5574	10.3496	11.2251	17	12.1975	13.2804	14.4874	15.8406
18	9.3618	10.1196	10.9584	11.8854	18	12.9150	14.0616	15.3396	16.7724
19	9.8819	10.6818	11.5672	12.5457	19	13.6325	14.8428	16.1918	17.7042
20	10.4020	11.2440	12.1760	13.2060	20	14.3500	15.6240	17.0440	18.6360

SOMMES versées	58 ANS.	59 ANS.	60 ANS.	61 ANS.	SOMMES versées	62 ANS.	63 ANS.	64 ANS.	65 ANS.
1	1.0212	1.1219	1.2360	1.3657	1	1.5141	1.6847	1.8819	2.1114
2	2.0424	2.2438	2.4720	2.7314	2	3.0282	3.3694	3.7638	4.2228
3	3.0636	3.3657	3.7080	4.0971	3	4.5423	5.0541	5.6457	6.3342
4	4.0848	4.4876	4.9440	5.4628	4	6.0564	6.7388	7.5276	8.4456
5	5.1060	5.6095	6.1800	6.8285	5	7.5705	8.4235	9.4095	10.5570
6	6.1272	6.7314	7.4160	8.1942	6	9.0846	10.1082	11.2914	12.6684
7	7.1484	7.8533	8.6520	9.5599	7	10.5987	11.7929	13.1733	14.7798
8	8.1696	8.9752	9.8880	10.9256	8	12.1128	13.4776	15.0552	16.8912
9	9.1908	10.0971	11.1240	12.2913	9	13.6269	15.1623	16.9371	19.0026
10	10.2120	11.2190	12.3600	13.6570	10	15.1410	16.8470	18.8190	21.1140
11	11.2332	12.3409	13.5960	15.0227	11	16.6551	18.5317	20.7009	23.2254
12	12.2544	13.4628	14.8320	16.3884	12	18.1692	20.2164	22.5828	25.3368
13	13.2756	14.5847	16.0680	17.7541	13	19.6833	21.9011	24.4647	27.4482
14	14.2968	15.7066	17.3040	19.1198	14	21.1974	23.5858	26.3466	29.5596
15	15.3180	16.8285	18.5400	20.4855	15	22.7115	25.2705	28.2285	31.6710
16	16.3392	17.9504	19.7760	21.8512	16	24.2256	26.9552	30.1104	33.7824
17	17.3604	19.0723	21.0120	23.2169	17	25.7397	28.6399	31.9923	35.8938
18	18.3816	20.1942	22.2480	24.5826	18	27.2538	30.3246	33.8742	38.0052
19	19.4028	21.3161	23.4840	25.9483	19	28.7679	32.0093	35.7561	40.1166
20	20.4240	22.4380	24.7200	27.3140	20	30.2820	33.6940	37.6380	42.2280

SOMMES versées	50 ANS.	51 ANS.	52 ANS.	53 ANS.	SOMMES versées	54 ANS.	55 ANS.	56 ANS.	57 ANS.
1	0.0700	0.7243	0.7842	0.8500	1	0.9243	1.0063	1.0978	1.2003
2	1.3400	1.4486	1.5684	1.7012	2	1.8486	2.0126	2.1956	2.4006
3	2.0100	2.1729	2.3526	2.5518	3	2.7729	3.0189	3.2934	3.6009
4	2.6800	2.8972	3.1368	3.4024	4	3.6972	4.0252	4.3912	4.8012
5	3.3500	3.6215	3.9210	4.2530	5	4.6215	5.0315	5.4890	6.0015
6	4.0200	4.3458	4.7052	5.1036	6	5.5458	6.0378	6.5868	7.2018
7	4.6900	5.0701	5.4894	5.9542	7	6.4701	7.0441	7.6846	8.4021
8	5.3600	5.7944	6.2736	6.8048	8	7.3944	8.0504	8.7824	9.6024
9	6.0300	6.5187	7.0578	7.6554	9	8.3187	9.0567	9.8802	10.8027
10	6.7000	7.2430	7.8420	8.5000	10	9.2430	10.0630	10.9780	12.0030
11	7.3700	7.9673	8.6262	9.3506	11	10.1673	11.0693	12.0758	13.2033
12	8.0400	8.6916	9.4104	10.2072	12	11.0916	12.0756	13.1736	14.4036
13	8.7100	9.4159	10.1946	11.0578	13	12.0159	13.0819	14.2714	15.6039
14	9.3800	10.1402	10.9788	11.9084	14	12.9402	14.0882	15.3692	16.8042
15	10.0500	10.8645	11.7630	12.7590	15	13.8645	15.0945	16.4670	18.0045
16	10.7200	11.5888	12.5472	13.6096	16	14.7888	16.1008	17.5648	19.2048
17	11.3900	12.3131	13.3314	14.4602	17	15.7131	17.1071	18.6626	20.4051
18	12.0600	13.0374	14.1156	15.3108	18	16.6374	18.1134	19.7604	21.6054
19	12.7300	13.7617	14.8998	16.1614	19	17.5617	19.1197	20.8582	22.8057
20	13.4000	14.4860	15.6840	17.0120	20	18.4860	20.1260	21.9560	24.0060

SOMMES versées	58 ANS.	59 ANS.	60 ANS.	61 ANS.	SOMMES versées	62 ANS.	63 ANS.	64 ANS.	65 ANS.
1	1.3154	1.4452	1.5921	1.7592	1	1.9504	2.1702	2.4242	2.7198
2	2.6308	2.8904	3.1842	3.5184	2	3.9008	4.3404	4.8484	5.4396
3	3.9462	4.3356	4.7763	5.2776	3	5.8512	6.5106	7.2726	8.1594
4	5.2616	5.7808	6.3684	7.0368	4	7.8016	8.6808	9.6968	10.8792
5	6.5770	7.2260	7.9605	8.7960	5	9.7520	10.8510	12.1210	13.5990
6	7.8924	8.6712	9.5526	10.5552	6	11.7024	13.0212	14.5452	16.3188
7	9.2078	10.1164	11.1447	12.3144	7	13.6528	15.1914	16.9694	19.0386
8	10.5232	11.5616	12.7368	14.0736	8	15.6032	17.3616	19.3936	21.7584
9	11.8386	13.0068	14.3289	15.8328	9	17.5536	19.5318	21.8178	24.4782
10	13.1540	14.4520	15.9210	17.5920	10	19.5040	21.7020	24.2420	27.1980
11	14.4694	15.8972	17.5131	19.3512	11	21.4544	23.8722	26.6662	29.9178
12	15.7848	17.3424	19.1052	21.1104	12	23.4048	26.0424	29.0904	32.6376
13	17.1002	18.7876	20.6973	22.8696	13	25.3552	28.2126	31.5146	35.3574
14	18.4156	20.2328	22.2894	24.6288	14	27.3056	30.3828	33.9388	38.0772
15	19.7310	21.6780	23.8815	26.3880	15	29.2560	32.5530	36.3630	40.7970
16	21.0464	23.1232	25.4736	28.1472	16	31.2064	34.7232	38.7872	43.5168
17	22.3618	24.5684	27.0657	29.9064	17	33.1568	36.8934	41.2114	46.2366
18	23.6772	26.0136	28.6578	31.6656	18	35.1072	39.0636	43.6356	48.9564
19	24.9926	27.4588	30.2499	33.4248	19	37.0576	41.2338	46.0598	51.6762
20	26.3080	28.9040	31.8420	35.1840	20	39.0080	43.4040	48.4840	54.3960

SOMMES versées.	50 ANS.	51 ANS.	52 ANS.	53 ANS.	SOMMES versées.	54 ANS.	55 ANS.	56 ANS.	57 ANS.
1	0.5134	0.5550	0.6010	0.6518	1	0.7083	0.7711	0.8412	0.9198
2	1.0268	1.1100	1.2020	1.3036	2	1.4166	1.5422	1.6824	1.8396
3	1.5402	1.6650	1.8030	1.9554	3	2.1249	2.3133	2.5236	2.7594
4	2.0536	2.2200	2.4040	2.6072	4	2.8332	3.0844	3.3648	3.6792
5	2.5670	2.7750	3.0050	3.2590	5	3.5415	3.8555	4.2060	4.5990
6	3.0804	3.3300	3.6060	3.9108	6	4.2498	4.6266	5.0472	5.5188
7	3.5938	3.8850	4.2070	4.5626	7	4.9581	5.3977	5.8884	6.4386
8	4.1072	4.4400	4.8080	5.2144	8	5.6664	6.1688	6.7296	7.3584
9	4.6206	4.9950	5.4090	5.8662	9	6.3747	6.9399	7.5708	8.2782
10	5.1340	5.5500	6.0100	6.5180	10	7.0830	7.7110	8.4120	9.1980
11	5.6474	6.1050	6.6110	7.1698	11	7.7913	8.4821	9.2532	10.1178
12	6.1608	6.6600	7.2120	7.8216	12	8.4996	9.2532	10.0944	11.0376
13	6.6742	7.2150	7.8130	8.4734	13	9.2079	10.0243	10.9356	11.9574
14	7.1876	7.7700	8.4140	9.1252	14	9.9162	10.7954	11.7768	12.8772
15	7.7010	8.3250	9.0150	9.7770	15	10.6245	11.5665	12.6180	13.7970
16	8.2144	8.8800	9.6160	10.4288	16	11.3328	12.3376	13.4592	14.7168
17	8.7278	9.4350	10.2170	11.0800	17	12.0411	13.1087	14.3004	15.6366
18	9.2412	9.9900	10.8180	11.7324	18	12.7494	13.8798	15.1416	16.5564
19	9.7546	10.5450	11.4190	12.3842	19	13.4577	14.6509	15.9828	17.4762
20	10.2680	11.1000	12.0200	13.0360	20	14.1660	15.4220	16.8240	18.3960

SOMMES versées.	58 ANS.	59 ANS.	60 ANS.	61 ANS.	SOMMES versées.	62 ANS.	63 ANS.	64 ANS.	65 ANS.
1	1.0080	1.1075	1.2201	1.3481	1	1.4946	1.6630	1.8577	2.0842
2	2.0160	2.2150	2.4402	2.6962	2	2.9892	3.3260	3.7154	4.1684
3	3.0240	3.3225	3.6603	4.0443	3	4.4838	4.9890	5.5731	6.2526
4	4.0320	4.4300	4.8804	5.3924	4	5.9784	6.6520	7.4308	8.3368
5	5.0400	5.5375	6.1005	6.7405	5	7.4730	8.3150	9.2885	10.4210
6	6.0480	6.6450	7.3206	8.0886	6	8.9676	9.9780	11.1462	12.5052
7	7.0560	7.7525	8.5407	9.4367	7	10.4622	11.6410	13.0039	14.5894
8	8.0640	8.8600	9.7608	10.7848	8	11.9568	13.3040	14.8016	16.6736
9	9.0720	9.9675	10.9809	12.1329	9	13.4514	14.9670	16.7193	18.7578
10	10.0800	11.0750	12.2010	13.4810	10	14.9460	16.6300	18.5770	20.8420
11	11.0880	12.1825	13.4211	14.8291	11	16.4406	18.2930	20.4347	22.9262
12	12.0960	13.2900	14.6412	16.1772	12	17.9352	19.9560	22.2924	25.0104
13	13.1040	14.3975	15.8613	17.5253	13	19.4298	21.6190	24.1501	27.0946
14	14.1120	15.5050	17.0814	18.8734	14	20.9244	23.2820	26.0078	29.1788
15	15.1200	16.6125	18.3015	20.2215	15	22.4190	24.9450	27.8655	31.2630
16	16.1280	17.7200	19.5216	21.5696	16	23.9136	26.6080	29.7232	33.3472
17	17.1360	18.8275	20.7417	22.9177	17	25.4082	28.2710	31.5809	35.4314
18	18.1440	19.9350	21.9618	24.2658	18	26.9028	29.9340	33.4386	37.5156
19	19.1520	21.0425	23.1819	25.6139	19	28.3974	31.5970	35.2963	39.5998
20	20.1600	22.1500	24.4020	26.9620	20	29.8920	33.2600	37.1540	41.6840

SOMMES versées	50 ANS	51 ANS	52 ANS	53 ANS	SOMMES versées	54 ANS	55 ANS	56 ANS	57 ANS
1	0.6610	0.7146	0.7737	0.8392	1	0.9119	0.9928	1.0831	1.1842
2	1.3220	1.4292	1.5474	1.6784	2	1.8238	1.9850	2.1662	2.3684
3	1.9830	2.1438	2.3211	2.5176	3	2.7357	2.9784	3.2493	3.5526
4	2.6440	2.8584	3.0948	3.3568	4	3.6476	3.9712	4.3324	4.7368
5	3.3050	3.5730	3.8685	4.1960	5	4.5595	4.9640	5.4155	5.9210
6	3.9660	4.2876	4.6422	5.0352	6	5.4714	5.9568	6.4986	7.1052
7	4.6270	5.0022	5.4159	5.8744	7	6.3833	6.9496	7.5817	8.2894
8	5.2880	5.7168	6.1896	6.7136	8	7.2952	7.9424	8.6648	9.4736
9	5.9490	6.4314	6.9633	7.5528	9	8.2071	8.9352	9.7479	10.6578
10	6.6100	7.1460	7.7370	8.3920	10	9.1190	9.9280	10.8310	11.8420
11	7.2710	7.8606	8.5107	9.2312	11	10.0309	10.9208	11.9141	13.0262
12	7.9320	8.5752	9.2844	10.0704	12	10.9428	11.9136	12.9972	14.2104
13	8.5930	9.2898	10.0581	10.9096	13	11.8547	12.9064	14.0803	15.3946
14	9.2540	10.0044	10.8318	11.7488	14	12.7666	13.8992	15.1634	16.5788
15	9.9150	10.7190	11.6055	12.5880	15	13.6785	14.8920	16.2465	17.7630
16	10.5760	11.4336	12.3792	13.4272	16	14.5904	15.8848	17.3296	18.9472
17	11.2370	12.1482	13.1529	14.2664	17	15.5023	16.8776	18.4127	20.1314
18	11.8980	12.8628	13.9266	15.1056	18	16.4142	17.8704	19.4958	21.3156
19	12.5590	13.5774	14.7003	15.9448	19	17.3261	18.8632	20.5789	22.4998
20	13.2200	14.2920	15.4740	16.7840	20	18.2380	19.8560	21.6620	23.6840

SOMMES versées	58 ANS	59 ANS	60 ANS	61 ANS	SOMMES versées	62 ANS	63 ANS	64 ANS	65 ANS
1	1.2979	1.4259	1.5708	1.7357	1	1.9243	2.1411	2.3917	2.6835
2	2.5958	2.8518	3.1416	3.4714	2	3.8486	4.2822	4.7834	5.3670
3	3.8937	4.2777	4.7124	5.2071	3	5.7729	6.4233	7.1751	8.0505
4	5.1916	5.7036	6.2832	6.9428	4	7.6972	8.5644	9.5668	10.7340
5	6.4895	7.1295	7.8540	8.6785	5	9.6215	10.7055	11.9585	13.4175
6	7.7874	8.5554	9.4248	10.4142	6	11.5458	12.8466	14.3502	16.1010
7	9.0853	9.9813	10.9956	12.1499	7	13.4701	14.9877	16.7419	18.7845
8	10.3832	11.4072	12.5664	13.8856	8	15.3944	17.1288	19.1336	21.4680
9	11.6811	12.8331	14.1372	15.6213	9	17.3187	19.2699	21.5253	24.1515
10	12.9790	14.2590	15.7080	17.3570	10	19.2430	21.4110	23.9170	26.8350
11	14.2769	15.6849	17.2788	19.0927	11	21.1673	23.5521	26.3087	29.5185
12	15.5748	17.1108	18.8496	20.8284	12	23.0916	25.6932	28.7004	32.2020
13	16.8727	18.5367	20.4204	22.5641	13	25.0159	27.8343	31.0921	34.8855
14	18.1706	19.9626	21.9912	24.2998	14	26.9402	29.9754	33.4838	37.5690
15	19.4685	21.3885	23.5620	26.0355	15	28.8645	32.1165	35.8755	40.2525
16	20.7664	22.8144	25.1328	27.7712	16	30.7888	34.2576	38.2672	42.9360
17	22.0643	24.2403	26.7036	29.5069	17	32.7131	36.3987	40.6589	45.6195
18	23.3622	25.6662	28.2744	31.2426	18	34.6374	38.5398	43.0506	48.3030
19	24.6601	27.0921	29.8452	32.9783	19	36.5617	40.6809	45.4423	50.9865
20	25.9580	28.5180	31.4160	34.7140	20	38.4860	42.8220	47.8340	53.6700

SOMMES versées	50 ANS.	51 ANS.	52 ANS.	53 ANS.	SOMMES versées	54 ANS.	55 ANS.	56 ANS.	57 ANS.
1	0.5068	0.5479	0.5932	0.6434	1	0.6992	0.7612	0.8304	0.9080
2	1.0136	1.0958	1.1864	1.2868	2	1.3984	1.5224	1.6608	1.8160
3	1.5204	1.6437	1.7796	1.9302	3	2.0976	2.2836	2.4912	2.7240
4	2.0272	2.1916	2.3728	2.5736	4	2.7968	3.0448	3.3216	3.6320
5	2.5340	2.7395	2.9660	3.2170	5	3.4960	3.8000	4.1520	4.5400
6	3.0408	3.2874	3.5592	3.8604	6	4.1952	4.5672	4.9824	5.4480
7	3.5476	3.8353	4.1524	4.5038	7	4.8944	5.3284	5.8128	6.3560
8	4.0544	4.3832	4.7456	5.1472	8	5.5936	6.0896	6.6432	7.2640
9	4.5612	4.9311	5.3388	5.7906	9	6.2928	6.8508	7.4736	8.1720
10	5.0680	5.4790	5.9320	6.4340	10	6.9920	7.6120	8.3040	9.0800
11	5.5748	6.0269	6.5252	7.0774	11	7.6912	8.3732	9.1344	9.9880
12	6.0816	6.5748	7.1184	7.7208	12	8.3904	9.1344	9.9648	10.8960
13	6.5884	7.1227	7.7116	8.3642	13	9.0896	9.8956	10.7952	11.8040
14	7.0952	7.6706	8.3048	9.0076	14	9.7888	10.6568	11.6256	12.7120
15	7.6020	8.2185	8.8980	9.6510	15	10.4880	11.4180	12.4560	13.6200
16	8.1088	8.7664	9.4912	10.2944	16	11.1872	12.1792	13.2864	14.5280
17	8.6156	9.3143	10.0844	10.9378	17	11.8864	12.9404	14.1168	15.4360
18	9.1224	9.8622	10.6776	11.5812	18	12.5856	13.7016	14.9472	16.3440
19	9.6292	10.4101	11.2708	12.2246	19	13.2848	14.4628	15.7776	17.2520
20	10.1360	10.9580	11.8640	12.8680	20	13.9840	15.2240	16.6080	18.1600

SOMMES versées	58 ANS.	59 ANS.	60 ANS.	61 ANS.	SOMMES versées	62 ANS.	63 ANS.	64 ANS.	65 ANS.
1	0.9951	1.0932	1.2044	1.3308	1	1.4754	1.6410	1.8338	2.0574
2	1.9902	2.1864	2.4088	2.6616	2	2.9508	3.2832	3.6676	4.1148
3	2.9853	3.2796	3.6132	3.9924	3	4.4202	4.9248	5.5014	6.1722
4	3.9804	4.3728	4.8176	5.3232	4	5.8956	6.5664	7.3352	8.2296
5	4.9755	5.4660	6.0220	6.6540	5	7.3770	8.2080	9.1690	10.2870
6	5.9706	6.5592	7.2264	7.9848	6	8.8524	9.8496	11.0028	12.3444
7	6.9657	7.6524	8.4308	9.3156	7	10.3278	11.4912	12.8366	14.4018
8	7.9608	8.7456	9.6352	10.6464	8	11.8032	13.1328	14.6704	16.4592
9	8.9559	9.8388	10.8396	11.9772	9	13.2786	14.7744	16.5042	18.5166
10	9.9510	10.9320	12.0440	13.3080	10	14.7540	16.4160	18.3380	20.5740
11	10.9461	12.0252	13.2484	14.6388	11	16.2294	18.0576	20.1718	22.6314
12	11.9412	13.1184	14.4528	15.9696	12	17.7048	19.6992	22.0056	24.6888
13	12.9363	14.2116	15.6572	17.3004	13	19.1802	21.3408	23.8394	26.7462
14	13.9314	15.3048	16.8016	18.6312	14	20.6556	22.9824	25.6732	28.8036
15	14.9265	16.3980	18.0660	19.9620	15	22.1310	24.6240	27.5070	30.8610
16	15.9216	17.4912	19.2704	21.2928	16	23.6064	26.2656	29.3408	32.9184
17	16.9167	18.5844	20.4748	22.6236	17	25.0818	27.9072	31.1746	34.9758
18	17.9118	19.6776	21.6792	23.9544	18	26.5572	29.5488	33.0084	37.0332
19	18.9069	20.7708	22.8836	25.2852	19	28.0326	31.1904	34.8422	39.0906
20	19.9020	21.8640	24.0880	26.6160	20	29.5080	32.8320	36.0760	41.1480

SOMMES versées.	50 ANS.	51 ANS.	52 ANS.	53 ANS.	SOMMES versées.	54 ANS.	55 ANS.	56 ANS.	57 ANS.
1	0.6522	0.7050	0.7634	0.8280	1	0.8997	0.9795	1.0686	1.1684
2	1.3044	1.4100	1.5268	1.6560	2	1.7994	1.9590	2.1372	2.3368
3	1.9566	2.1150	2.2902	2.4840	3	2.6991	2.9385	3.2058	3.5052
4	2.6088	2.8200	3.0536	3.3120	4	3.5988	3.9180	4.2744	4.6736
5	3.2610	3.5250	3.8170	4.1400	5	4.4985	4.8975	5.3430	5.8420
6	3.9132	4.2300	4.5804	4.9680	6	5.3982	5.8770	6.4116	7.0104
7	4.5654	4.9350	5.3438	5.7960	7	6.2979	6.8565	7.4802	8.1788
8	5.2176	5.6400	6.1072	6.6240	8	7.1976	7.8360	8.5488	9.3472
9	5.8698	6.3450	6.8706	7.4520	9	8.0973	8.8155	9.6174	10.5156
10	6.5220	7.0500	7.6340	8.2800	10	8.9970	9.7950	10.6860	11.6840
11	7.1742	7.7550	8.3974	9.1080	11	9.8967	10.7745	11.7546	12.8524
12	7.8264	8.4600	9.1608	9.9360	12	10.7964	11.7540	12.8232	14.0208
13	8.4786	9.1650	9.9242	10.7640	13	11.6961	12.7335	13.8918	15.1892
14	9.1308	9.8700	10.6876	11.5920	14	12.5958	13.7130	14.9604	16.3576
15	9.7830	10.5750	11.4510	12.4200	15	13.4955	14.6925	16.0290	17.5260
16	10.4352	11.2800	12.2144	13.2480	16	14.3952	15.6720	17.0976	18.6944
17	11.0874	11.9850	12.9778	14.0760	17	15.2949	16.6515	18.1662	19.8628
18	11.7396	12.6900	13.7412	14.9040	18	16.1946	17.6310	19.2348	21.0312
19	12.3918	13.3950	14.5046	15.7320	19	17.0943	18.6105	20.3034	22.1996
20	13.0440	14.1000	15.2680	16.5600	20	17.9940	19.5900	21.3720	23.3680

SOMMES versées.	58 ANS.	59 ANS.	60 ANS.	61 ANS.	SOMMES versées.	62 ANS.	63 ANS.	64 ANS.	65 ANS.
1	1.2805	1.4068	1.5408	1.7125	1	1.8986	2.1125	2.3597	2.6476
2	2.5610	2.8136	3.0996	3.4250	2	3.7972	4.2250	4.7194	5.2952
3	3.8415	4.2204	4.6494	5.1375	3	5.6958	6.3375	7.0791	7.9428
4	5.1220	5.6272	6.1992	6.8500	4	7.5944	8.4500	9.4388	10.5904
5	6.4025	7.0340	7.7490	8.5625	5	9.4930	10.5625	11.7985	13.2380
6	7.6830	8.4408	9.2988	10.2750	6	11.3916	12.6750	14.1582	15.8856
7	8.9635	9.8476	10.8486	11.9875	7	13.2902	14.7875	16.5179	18.5332
8	10.2440	11.2544	12.3984	13.7000	8	15.1888	16.9000	18.8776	21.1808
9	11.5245	12.6612	13.9482	15.4125	9	17.0874	19.0125	21.2373	23.8284
10	12.8050	14.0680	15.4980	17.1250	10	18.9860	21.1250	23.5970	26.4760
11	14.0855	15.4748	17.0478	18.8375	11	20.8846	23.2375	25.9567	29.1236
12	15.3660	16.8816	18.5976	20.5500	12	22.7832	25.3500	28.3164	31.7712
13	16.6465	18.2884	20.1474	22.2625	13	24.6818	27.4625	30.6761	34.4188
14	17.9270	19.6952	21.6972	23.9750	14	26.5804	29.5750	33.0358	37.0664
15	19.2075	21.1020	23.2470	25.6875	15	28.4790	31.6875	35.3955	39.7140
16	20.4880	22.5088	24.7968	27.4000	16	30.3776	33.8000	37.7552	42.3616
17	21.7685	23.9156	26.3466	29.1125	17	32.2762	35.9125	40.1149	45.0092
18	23.0490	25.3224	27.8964	30.8250	18	34.1748	38.0250	42.4746	47.6568
19	24.3295	26.7292	29.4462	32.5375	19	36.0734	40.1375	44.8343	50.3044
20	25.6100	28.1360	30.9960	34.2500	20	37.9720	42.2500	47.1940	52.9520

SOMMES versées.	50 ANS.	51 ANS.	52 ANS.	53 ANS.	SOMMES versées.	54 ANS.	55 ANS.	56 ANS.	57 ANS.
1	0.5003	0.5408	0.5856	0.6352	1	0.6902	0.7514	0.8198	0.8963
2	1.0006	1.0816	1.1712	1.2704	2	1.3804	1.5028	1.6396	1.7926
3	1.5009	1.6224	1.7568	1.9056	3	2.0706	2.2542	2.4594	2.6889
4	2.0012	2.1632	2.3424	2.5408	4	2.7608	3.0056	3.2792	3.5852
5	2.5015	2.7040	2.9280	3.1760	5	3.4510	3.7570	4.0990	4.4815
6	3.0018	3.2448	3.5136	3.8112	6	4.1412	4.5084	4.9188	5.3778
7	3.5021	3.7856	4.0992	4.4464	7	4.8314	5.2598	5.7386	6.2741
8	4.0024	4.3264	4.6848	5.0816	8	5.5216	6.0112	6.5584	7.1704
9	4.5027	4.8672	5.2704	5.7168	9	6.2118	6.7626	7.3782	8.0667
10	5.0030	5.4080	5.8560	6.3520	10	6.9020	7.5140	8.1980	8.9630
11	5.5033	5.9488	6.4416	6.9872	11	7.5922	8.2654	9.0178	9.8593
12	6.0036	6.4896	7.0272	7.6224	12	8.2824	9.0168	9.8376	10.7556
13	6.5039	7.0304	7.6128	8.2576	13	8.9726	9.7682	10.6574	11.6519
14	7.0042	7.5712	8.1984	8.8928	14	9.6628	10.5196	11.4772	12.5482
15	7.5045	8.1120	8.7840	9.5280	15	10.3530	11.2710	12.2970	13.4445
16	8.0048	8.6528	9.3696	10.1632	16	11.0432	12.0224	13.1168	14.3408
17	8.5051	9.1936	9.9552	10.7084	17	11.7334	12.7738	13.9366	15.2371
18	9.0054	9.7344	10.5408	11.4336	18	12.4236	13.5252	14.7564	16.1334
19	9.5057	10.2752	11.1264	12.0688	19	13.1138	14.2766	15.5762	17.0297
20	10.0060	10.8160	11.7120	12.7040	20	13.8040	15.0280	16.3960	17.9260

SOMMES versées.	58 ANS.	59 ANS.	60 ANS.	61 ANS.	SOMMES versées.	62 ANS.	63 ANS.	64 ANS.	65 ANS.
1	0.9823	1.0792	1.1889	1.3137	1	1.4564	1.6205	1.8102	2.0310
2	1.9646	2.1584	2.3778	2.6274	2	2.9128	3.2410	3.6204	4.0620
3	2.9469	3.2376	3.5667	3.9411	3	4.3692	4.8615	5.4306	6.0930
4	3.9292	4.3168	4.7556	5.2548	4	5.8256	6.4820	7.2408	8.1240
5	4.9115	5.3960	5.9445	6.5685	5	7.2820	8.1025	9.0510	10.1550
6	5.8938	6.4752	7.1334	7.8822	6	8.7384	9.7230	10.8612	12.1860
7	6.8761	7.5544	8.3223	9.1959	7	10.1948	11.3435	12.6714	14.2170
8	7.8584	8.6336	9.5112	10.5096	8	11.6512	12.9640	14.4816	16.2480
9	8.8407	9.7128	10.7001	11.8233	9	13.1076	14.5845	16.2918	18.2790
10	9.8230	10.7920	11.8890	13.1370	10	14.5640	16.2050	18.1020	20.3100
11	10.8053	11.8712	13.0779	14.4507	11	16.0204	17.8255	19.9122	22.3410
12	11.7876	12.9504	14.2668	15.7644	12	17.4768	19.4460	21.7224	24.3720
13	12.7699	14.0296	15.4557	17.0781	13	18.9332	21.0665	23.5326	26.4030
14	13.7522	15.1088	16.6446	18.3918	14	20.3896	22.6870	25.3428	28.4340
15	14.7345	16.1880	17.8335	19.7055	15	21.8460	24.3075	27.1530	30.4650
16	15.7168	17.2672	19.0224	21.0192	16	23.3024	25.9280	28.9632	32.4960
17	16.6991	18.3464	20.2113	22.3329	17	24.7588	27.5485	30.7734	34.5270
18	17.6814	19.4256	21.4002	23.6466	18	26.2152	29.1690	32.5836	36.5580
19	18.6637	20.5048	22.5891	24.9603	19	27.6716	30.7895	34.3938	38.5890
20	19.6460	21.5840	23.7780	26.2740	20	29.1280	32.4100	36.2040	40.6200

SOMMES versées	50 ANS	51 ANS	52 ANS	53 ANS	SOMMES versées	54 ANS	55 ANS	56 ANS	57 ANS
1	0.6434	0.6950	0.7531	0.8160	1	0.8876	0.9664	1.0543	1.1527
2	1.2868	1.3912	1.5062	1.6338	2	1.7752	1.9328	2.1086	2.3054
3	1.9302	2.0868	2.2593	2.4507	3	2.6628	2.8992	3.1629	3.4581
4	2.5736	2.7824	3.0124	3.2676	4	3.5504	3.8656	4.2172	4.6108
5	3.2170	3.4780	3.7655	4.0845	5	4.4380	4.8320	5.2715	5.7635
6	3.8604	4.1736	4.5186	4.9014	6	5.3256	5.7984	6.3258	6.9162
7	4.5038	4.8692	5.2717	5.7183	7	6.2132	6.7648	7.3801	8.0689
8	5.1472	5.5648	6.0248	6.5352	8	7.1008	7.7312	8.4344	9.2216
9	5.7906	6.2604	6.7779	7.3521	9	7.9884	8.6976	9.4887	10.3743
10	6.4340	6.9560	7.5310	8.1690	10	8.8760	9.6640	10.5430	11.5270
11	7.0774	7.6516	8.2841	8.9859	11	9.7636	10.0304	11.5073	12.6797
12	7.7208	8.3472	9.0372	9.8028	12	10.6512	11.5908	12.6516	13.8324
13	8.3642	9.0428	9.7903	10.6197	13	11.5388	12.5032	13.7059	14.9851
14	9.0076	9.7384	10.5434	11.4366	14	12.4264	13.5296	14.7602	16.1378
15	9.6510	10.4340	11.2965	12.2535	15	13.3140	14.4960	15.8145	17.2905
16	10.2944	11.1296	12.0496	13.0704	16	14.2016	15.4624	16.8688	18.4432
17	10.9378	11.8252	12.8027	13.8873	17	15.0892	16.4288	17.9231	19.5959
18	11.5812	12.5208	13.5558	14.7042	18	15.9768	17.3952	18.9774	20.7486
19	12.2246	13.2164	14.3089	15.5211	19	16.8644	18.3616	20.0317	21.9013
20	12.8680	13.9120	15.0620	16.3380	20	17.7520	19.3280	21.0860	23.0540

SOMMES versées	58 ANS	59 ANS	60 ANS	61 ANS	SOMMES versées	62 ANS	63 ANS	64 ANS	65 ANS
1	1.2633	1.3880	1.5290	1.6895	1	1.8731	2.0842	2.3281	2.6121
2	2.5266	2.7760	3.0580	3.3790	2	3.7462	4.1684	4.6562	5.2242
3	3.7899	4.1640	4.5870	5.0685	3	5.6193	6.2526	6.9843	7.8363
4	5.0532	5.5520	6.1160	6.7580	4	7.4924	8.3368	9.3124	10.4484
5	6.3165	6.9400	7.6450	8.4475	5	9.3655	10.4210	11.6405	13.0605
6	7.5798	8.3280	9.1740	10.1370	6	11.2386	12.5052	13.9686	15.6726
7	8.8431	9.7160	10.7030	11.8265	7	13.1117	14.5894	16.2967	18.2847
8	10.1064	11.1040	12.2320	13.5160	8	14.9848	16.6736	18.6248	20.8968
9	11.3697	12.4920	13.7610	15.2055	9	16.8579	18.7578	20.9529	23.5089
10	12.6330	13.8800	15.2900	16.8950	10	18.7310	20.8420	23.2810	26.1210
11	13.8963	15.2680	16.8190	18.5845	11	20.6041	22.9262	25.6091	28.7331
12	15.1596	16.6560	18.3480	20.2740	12	22.4772	25.0104	27.9372	31.3452
13	16.4229	18.0440	19.8770	21.9635	13	24.3503	27.0946	30.2653	33.9573
14	17.6862	19.4320	21.4060	23.6530	14	26.2234	29.1788	32.5934	36.5694
15	18.9495	20.8200	22.9350	25.3425	15	28.0965	31.2630	34.9215	39.1815
16	20.2128	22.2080	24.4640	27.0320	16	29.9696	33.3472	37.2496	41.7936
17	21.4761	23.5960	25.9930	28.7215	17	31.8427	35.4314	39.5777	44.4057
18	22.7394	24.9840	27.5220	30.4110	18	33.7158	37.5156	41.9058	47.0178
19	24.0027	26.3720	29.0510	32.1005	19	35.5889	39.5998	44.2339	49.6299
20	25.2660	27.7600	30.5800	33.7900	20	37.4620	41.6840	46.5620	52.2420

SOMMES versées	50 ANS	51 ANS	52 ANS	53 ANS	SOMMES versées	54 ANS	55 ANS	56 ANS	57 ANS
1	0.4939	0.5339	0.5781	0.6270	1	0.6813	0.7418	0.8092	0.8848
2	0.9878	1.0678	1.1502	1.2540	2	1.3626	1.4836	1.6184	1.7696
3	1.4817	1.6017	1.7343	1.8810	3	2.0439	2.2254	2.4276	2.6544
4	1.9756	2.1356	2.3124	2.5080	4	2.7252	2.9672	3.2368	3.5392
5	2.4695	2.6695	2.8905	3.1350	5	3.4065	3.7090	4.0460	4.4240
6	2.9634	3.2034	3.4686	3.7620	6	4.0878	4.4508	4.8552	5.3088
7	3.4573	3.7373	4.0467	4.3800	7	4.7691	5.1926	5.6644	6.1936
8	3.9512	4.2712	4.6248	5.0100	8	5.4504	5.9344	6.4736	7.0784
9	4.4451	4.8051	5.2029	5.6430	9	6.1317	6.6762	7.2828	7.9632
10	4.9390	5.3390	5.7810	6.2700	10	6.8130	7.4180	8.0920	8.8480
11	5.4329	5.8729	6.3591	6.8970	11	7.4943	8.1598	8.9012	9.7328
12	5.9268	6.4068	6.9372	7.5240	12	8.1756	8.9016	9.7104	10.6176
13	6.4207	6.9407	7.5153	8.1510	13	8.8569	9.6434	10.5196	11.5024
14	6.9146	7.4746	8.0934	8.7780	14	9.5382	10.3852	11.3288	12.3872
15	7.4085	8.0085	8.6715	9.4050	15	10.2195	11.1270	12.1380	13.2720
16	7.9024	8.5424	9.2496	10.0320	16	10.9008	11.8688	12.9472	14.1568
17	8.3963	9.0763	9.8277	10.6590	17	11.5821	12.6106	13.7564	15.0416
18	8.8902	9.6102	10.4058	11.2860	18	12.2634	13.3524	14.5656	15.9264
19	9.3841	10.1441	10.9830	11.9130	19	12.9447	14.0942	15.3748	16.8112
20	9.8780	10.6780	11.5620	12.5400	20	13.6200	14.8360	16.1840	17.6900

SOMMES versées	58 ANS	59 ANS	60 ANS	61 ANS	SOMMES versées	62 ANS	63 ANS	64 ANS	65 ANS
1	0.9697	1.0653	1.1730	1.2908	1	1.4377	1.5997	1.7870	2.0049
2	1.9394	2.1306	2.3472	2.5936	2	2.8754	3.1994	3.5740	4.0098
3	2.9091	3.1959	3.5208	3.8904	3	4.3131	4.7991	5.3610	6.0147
4	3.8788	4.2612	4.6944	5.1872	4	5.7508	6.3988	7.1480	8.0196
5	4.8485	5.3265	5.8680	6.4840	5	7.1885	7.9985	8.9350	10.0245
6	5.8182	6.3918	7.0416	7.7808	6	8.6262	9.5982	10.7220	12.0294
7	6.7879	7.4571	8.2152	9.0776	7	10.0639	11.1979	12.5090	14.0343
8	7.7576	8.5224	9.3888	10.3744	8	11.5016	12.7976	14.2960	16.0392
9	8.7273	9.5877	10.5624	11.6712	9	12.9393	14.3973	16.0830	18.0441
10	9.6970	10.6530	11.7360	12.9680	10	14.3770	15.9970	17.8700	20.0490
11	10.6667	11.7183	12.9096	14.2648	11	15.8147	17.5967	19.6570	22.0539
12	11.6364	12.7836	14.0832	15.5616	12	17.2524	19.1964	21.4440	24.0588
13	12.6061	13.8489	15.2568	16.8584	13	18.6901	20.7961	23.2310	26.0637
14	13.5758	14.9142	16.4304	18.1552	14	20.1278	22.3958	25.0180	28.0686
15	14.5455	15.9795	17.6040	19.4520	15	21.5655	23.9955	26.8050	30.0735
16	15.5152	17.0448	18.7776	20.7488	16	23.0032	25.5952	28.5920	32.0784
17	16.4849	18.1101	19.9512	22.0456	17	24.4409	27.1949	30.3790	34.0833
18	17.4546	19.1754	21.1248	23.3424	18	25.8786	28.7946	32.1660	36.0882
19	18.4243	20.2407	22.2984	24.6392	19	27.3163	30.3943	33.9530	38.0931
20	19.3940	21.3060	23.4720	25.9360	20	28.7540	31.9940	35.7400	40.0980

SOMMES versées.	50 ANS.	51 ANS.	52 ANS.	53 ANS.	SOMMES versées.	54 ANS.	55 ANS.	56 ANS.	57 ANS.
1	0.6348	0.6862	0.7431	0.8059	1	0.8757	0.9535	1.0402	1.1373
2	1.2696	1.3724	1.4862	1.6118	2	1.7514	1.9070	2.0804	2.2746
3	1.9044	2.0586	2.2293	2.4177	3	2.6271	2.8605	3.1206	3.4119
4	2.5392	2.7448	2.9724	3.2236	4	3.5028	3.8140	4.1608	4.5492
5	3.1740	3.4310	3.7155	4.0295	5	4.3785	4.7675	5.2010	5.6865
6	3.8088	4.1172	4.4586	4.8354	6	5.2542	5.7210	6.2412	6.8238
7	4.4436	4.8034	5.2017	5.6413	7	6.1299	6.6745	7.2814	7.9611
8	5.0784	5.4896	5.9448	6.4472	8	7.0056	7.6280	8.3216	9.0984
9	5.7132	6.1758	6.6879	7.2531	9	7.8813	8.5815	9.3618	10.2357
10	6.3480	6.8620	7.4310	8.0590	10	8.7570	9.5350	10.4020	11.3730
11	6.9828	7.5482	8.1741	8.8649	11	9.6327	10.4885	11.4422	12.5103
12	7.6176	8.2344	8.9172	9.6708	12	10.5084	11.4420	12.4824	13.6476
13	8.2524	8.9206	9.6603	10.4767	13	11.3841	12.3955	13.5226	14.7849
14	8.8872	9.6068	10.4034	11.2826	14	12.2598	13.3490	14.5628	15.9222
15	9.5220	10.2930	11.1465	12.0885	15	13.1355	14.3025	15.6030	17.0595
16	10.1568	10.9792	11.8896	12.8944	16	14.0112	15.2560	16.6432	18.1968
17	10.7916	11.6654	12.6327	13.7003	17	14.8869	16.2095	17.6834	19.3341
18	11.4264	12.3516	13.3758	14.5062	18	15.7626	17.1630	18.7236	20.4714
19	12.0612	13.0378	14.1189	15.3121	19	16.6383	18.1165	19.7638	21.6087
20	12.6960	13.7240	14.8620	16.1180	20	17.5140	19.0700	20.8040	22.7460

SOMMES versées.	58 ANS.	59 ANS.	60 ANS.	61 ANS.	SOMMES versées.	62 ANS.	63 ANS.	64 ANS.	65 ANS.
1	1.2464	1.3694	1.5085	1.6669	1	1.8480	2.0563	2.2969	2.5771
2	2.4928	2.7388	3.0170	3.3338	2	3.6960	4.1126	4.5938	5.1542
3	3.7392	4.1082	4.5255	5.0007	3	5.5440	6.1689	6.8907	7.7313
4	4.9856	5.4776	6.0340	6.6676	4	7.3920	8.2252	9.1876	10.3084
5	6.2320	6.8470	7.5425	8.3345	5	9.2400	10.2815	11.4845	12.8855
6	7.4784	8.2164	9.0510	10.0014	6	11.0880	12.3378	13.7814	15.4626
7	8.7248	9.5858	10.5595	11.6683	7	12.9360	14.3941	16.0783	18.0397
8	9.9712	10.9552	12.0680	13.3352	8	14.7840	16.4504	18.3752	20.6168
9	11.2176	12.3246	13.5705	15.0021	9	16.6320	18.5067	20.6721	23.1939
10	12.4640	13.6940	15.0850	16.6690	10	18.4800	20.5630	22.9690	25.7710
11	13.7104	15.0634	16.5935	18.3359	11	20.3280	22.6193	25.2659	28.3481
12	14.9568	16.4328	18.1020	20.0028	12	22.1760	24.6756	27.5628	30.9252
13	16.2032	17.8022	19.6105	21.6697	13	24.0240	26.7319	29.8597	33.5023
14	17.4496	19.1716	21.1190	23.3366	14	25.8720	28.7882	32.1566	36.0794
15	18.6960	20.5410	22.6275	25.0035	15	27.7200	30.8445	34.4535	38.6565
16	19.9424	21.9104	24.1360	26.6704	16	29.5680	32.9008	36.7504	41.2336
17	21.1888	23.2798	25.6445	28.3373	17	31.4160	34.9571	39.0473	43.8107
18	22.4352	24.6492	27.1530	30.0042	18	33.2640	37.0134	41.3442	46.3878
19	23.6816	26.0186	28.6615	31.6711	19	35.1120	39.0697	43.6411	48.9649
20	24.9280	27.3880	30.1700	33.3380	20	36.9600	41.1260	45.9380	51.5420

SOMMES versées	50 ANS.	51 ANS.	52 ANS.	53 ANS.	SOMMES versées	54 ANS.	55 ANS.	56 ANS.	57 ANS.
1	0.4875	0.5270	0.5707	0.6190	1	0.6726	0.7322	0.7988	0.8734
2	0.9750	1.0540	1.1414	1.2380	2	1.3452	1.4644	1.5976	1.7468
3	1.4625	1.5810	1.7121	1.8570	3	2.0178	2.1966	2.3964	2.6202
4	1.9500	2.1080	2.2828	2.4760	4	2.6904	2.9288	3.1952	3.4936
5	2.4375	2.6350	2.8535	3.0950	5	3.3630	3.6610	3.9940	4.3670
6	2.9250	3.1620	3.4242	3.7140	6	4.0356	4.3932	4.7928	5.2404
7	3.4125	3.6890	3.9949	4.3330	7	4.7082	5.1254	5.5916	6.1138
8	3.9000	4.2160	4.5656	4.9520	8	5.3808	5.8576	6.3904	6.9872
9	4.3875	4.7430	5.1363	5.5710	9	6.0534	6.5898	7.1892	7.8606
10	4.8750	5.2700	5.7070	6.1900	10	6.7200	7.3220	7.9880	8.7340
11	5.3625	5.7970	6.2777	6.8090	11	7.3986	8.0542	8.7868	9.6074
12	5.8500	6.3240	6.8484	7.4280	12	8.0712	8.7864	9.5856	10.4808
13	6.3375	6.8510	7.4191	8.0470	13	8.7438	9.5186	10.3844	11.3542
14	6.8250	7.3780	7.9898	8.6660	14	9.4164	10.2508	11.1832	12.2276
15	7.3125	7.9050	8.5605	9.2850	15	10.0890	10.9830	11.9820	13.1010
16	7.8000	8.4320	9.1312	9.9040	16	10.7616	11.7152	12.7808	13.9744
17	8.2875	8.9590	9.7019	10.5230	17	11.4342	12.4474	13.5796	14.8478
18	8.7750	9.4860	10.2726	11.1420	18	12.1068	13.1796	14.3784	15.7212
19	9.2625	10.0130	10.8433	11.7610	19	12.7794	13.9118	15.1772	16.5946
20	9.7500	10.5400	11.4140	12.3800	20	13.4520	14.6440	15.9760	17.4680

SOMMES versées	58 ANS.	59 ANS.	60 ANS.	61 ANS.	SOMMES versées	62 ANS.	63 ANS.	64 ANS.	65 ANS.
1	0.9572	1.0517	1.1580	1.2802	1	1.4193	1.5792	1.7640	1.9792
2	1.9144	2.1034	2.3172	2.5604	2	2.8386	3.1584	3.5280	3.9584
3	2.8716	3.1551	3.4758	3.8406	3	4.2579	4.7376	5.2920	5.9376
4	3.8288	4.2068	4.6344	5.1208	4	5.6772	6.3168	7.0560	7.9168
5	4.7860	5.2585	5.7930	6.4010	5	7.0965	7.8960	8.8200	9.8960
6	5.7432	6.3102	6.9516	7.6812	6	8.5158	9.4752	10.5840	11.8752
7	6.7004	7.3619	8.1102	8.9614	7	9.9351	11.0544	12.3480	13.8544
8	7.6576	8.4136	9.2688	10.2416	8	11.3544	12.6336	14.1120	15.8336
9	8.6148	9.4653	10.4274	11.5218	9	12.7737	14.2128	15.8760	17.8128
10	9.5720	10.5170	11.5860	12.8020	10	14.1930	15.7920	17.6400	19.7920
11	10.5292	11.5687	12.7446	14.0822	11	15.6123	17.3712	19.4040	21.7712
12	11.4864	12.6204	13.9032	15.3624	12	17.0316	18.9504	21.1680	23.7504
13	12.4436	13.6721	15.0618	16.6426	13	18.4509	20.5296	22.9320	25.7296
14	13.4008	14.7238	16.2204	17.9228	14	19.8702	22.1088	24.6960	27.7088
15	14.3580	15.7755	17.3790	19.2030	15	21.2895	23.6880	26.4600	29.6880
16	15.3152	16.8272	18.5376	20.4832	16	22.7088	25.2672	28.2240	31.6672
17	16.2724	17.8789	19.6962	21.7634	17	24.1281	26.8464	29.9880	33.6464
18	17.2296	18.9306	20.8548	23.0436	18	25.5474	28.4256	31.7520	35.6256
19	18.1868	19.9823	22.0134	24.3238	19	26.9667	30.0048	33.5160	37.6048
20	19.1440	21.0340	23.1720	25.6040	20	28.3860	31.5840	35.2800	39.5840

SOMMES versées.	50 ANS.	51 ANS.	52 ANS.	53 ANS.	SOMMES versées.	54 ANS.	55 ANS.	56 ANS.	57 ANS.
1	0.6265	0.6772	0.7333	0.7953	1	0.8642	0.9409	1.0265	1.1223
2	1.2530	1.3544	1.4666	1.5906	2	1.7284	1.8818	2.0530	2.2446
3	1.8795	2.0316	2.1999	2.3859	3	2.5926	2.8227	3.0795	3.3669
4	2.5060	2.7088	2.9332	3.1812	4	3.4568	3.7636	4.1060	4.4892
5	3.1325	3.3860	3.6665	3.9765	5	4.3210	4.7045	5.1325	5.6115
6	3.7590	4.0632	4.3998	4.7718	6	5.1852	5.6454	6.1590	6.7338
7	4.3855	4.7404	5.1331	5.5671	7	6.0494	6.5863	7.1855	7.8561
8	5.0120	5.4176	5.8664	6.3624	8	6.9136	7.5272	8.2120	8.9784
9	5.6385	6.0948	6.5997	7.1577	9	7.7778	8.4681	9.2385	10.1007
10	6.2650	6.7720	7.3330	7.9530	10	8.6420	9.4090	10.2650	11.2230
11	6.8915	7.4492	8.0663	8.7483	11	9.5062	10.3499	11.2915	12.3453
12	7.5180	8.1264	8.7996	9.5436	12	10.3704	11.2908	12.3180	13.4676
13	8.1445	8.8036	9.5329	10.3389	13	11.2346	12.2317	13.3445	14.5899
14	8.7710	9.4808	10.2662	11.1342	14	12.0988	13.1726	14.3710	15.7122
15	9.3975	10.1580	10.9995	11.9295	15	12.9630	14.1135	15.3975	16.8345
16	10.0240	10.8352	11.7328	12.7248	16	13.8272	15.0544	16.4240	17.9568
17	10.6505	11.5124	12.4661	13.5201	17	14.6914	15.9953	17.4505	19.0791
18	11.2770	12.1896	13.1994	14.3154	18	15.5556	16.9362	18.4770	20.2014
19	11.9035	12.8668	13.9327	15.1107	19	16.4198	17.8771	19.5035	21.3237
20	12.5300	13.5440	14.6660	15.9060	20	17.2840	18.8180	20.5300	22.4460

SOMMES versées.	58 ANS.	59 ANS.	60 ANS.	61 ANS.	SOMMES versées.	62 ANS.	63 ANS.	64 ANS.	65 ANS.
1	1.2300	1.3514	1.4887	1.6450	1	1.8237	2.0292	2.2667	2.5432
2	2.4600	2.7028	2.9774	3.2900	2	3.6474	4.0584	4.5334	5.0864
3	3.6900	4.0542	4.4661	4.9350	3	5.4711	6.0876	6.8001	7.6296
4	4.9200	5.4056	5.9548	6.5800	4	7.2948	8.1168	9.0668	10.1728
5	6.1500	6.7570	7.4435	8.2250	5	9.1185	10.1460	11.3335	12.7160
6	7.3800	8.1084	8.9322	9.8700	6	10.9422	12.1752	13.6002	15.2592
7	8.6100	9.4598	10.4209	11.5150	7	12.7659	14.2044	15.8669	17.8024
8	9.8400	10.8112	11.9096	13.1600	8	14.5896	16.2336	18.1336	20.3456
9	11.0700	12.1626	13.3983	14.8050	9	16.4133	18.2628	20.4003	22.8888
10	12.3000	13.5140	14.8870	16.4500	10	18.2370	20.2920	22.6670	25.4320
11	13.5300	14.8654	16.3757	18.0950	11	20.0607	22.3212	24.9337	27.9752
12	14.7600	16.2168	17.8644	19.7400	12	21.8844	24.3504	27.2004	30.5184
13	15.9900	17.5682	19.3531	21.3850	13	23.7081	26.3796	29.4671	33.0616
14	17.2200	18.9196	20.8418	23.0300	14	25.5318	28.4088	31.7338	35.6048
15	18.4500	20.2710	22.3305	24.6750	15	27.3555	30.4380	34.0005	38.1480
16	19.6800	21.6224	23.8192	26.3200	16	29.1792	32.4672	36.2672	40.6912
17	20.9100	22.9738	25.3079	27.9650	17	31.0029	34.4964	38.5339	43.2344
18	22.1400	24.3252	26.7966	29.6100	18	32.8266	36.5256	40.8006	45.7776
19	23.3700	25.6766	28.2853	31.2550	19	34.6503	38.5548	43.0673	48.3208
20	24.6000	27.0280	29.7740	32.9000	20	36.4740	40.5840	45.3340	50.8640

SOMMES versées	50 ANS.	51 ANS.	52 ANS.	53 ANS.	SOMMES versées	54 ANS.	55 ANS.	56 ANS.	57 ANS.
1	0.4813	0.5203	0.5633	0.6110	1	0.6639	0.7229	0.7886	0.8622
2	0.9626	1.0406	1.1266	1.2220	2	1.3278	1.4458	1.5772	1.7244
3	1.4439	1.5609	1.6899	1.8330	3	1.9917	2.1687	2.3658	2.5866
4	1.9252	2.0812	2.2532	2.4440	4	2.6556	2.8916	3.1544	3.4488
5	2.4065	2.6015	2.8165	3.0550	5	3.3195	3.6145	3.9430	4.3110
6	2.8878	3.1218	3.3798	3.6660	6	3.9834	4.3374	4.7316	5.1732
7	3.3691	3.6421	3.9431	4.2770	7	4.6473	5.0603	5.5202	6.0354
8	3.8504	4.1624	4.5064	4.8880	8	5.3112	5.7832	6.3088	6.8976
9	4.3317	4.6827	5.0697	5.4990	9	5.9751	6.5061	7.0974	7.7598
10	4.8130	5.2030	5.6330	6.1100	10	6.6390	7.2290	7.8860	8.6220
11	5.2943	5.7233	6.1963	6.7210	11	7.3029	7.9519	8.6746	9.4842
12	5.7756	6.2436	6.7596	7.3320	12	7.9668	8.6748	9.4632	10.3464
13	6.2569	6.7639	7.3229	7.9430	13	8.6307	9.3977	10.2518	11.2086
14	6.7382	7.2842	7.8862	8.5540	14	9.2946	10.1206	11.0404	12.0708
15	7.2195	7.8045	8.4495	9.1650	15	9.9585	10.8435	11.8290	12.9330
16	7.7008	8.3248	9.0128	9.7760	16	10.6224	11.5664	12.6176	13.7952
17	8.1821	8.8451	9.5761	10.3870	17	11.2863	12.2893	13.4062	14.6574
18	8.6634	9.3654	10.1394	10.9980	18	11.9502	13.0122	14.1948	15.5196
19	9.1447	9.8857	10.7027	11.6090	19	12.6141	13.7351	14.9834	16.3818
20	9.6260	10.4060	11.2660	12.2200	20	13.2780	14.4580	15.7720	17.2440

SOMMES versées	58 ANS.	59 ANS.	60 ANS.	61 ANS.	SOMMES versées	62 ANS.	63 ANS.	64 ANS.	65 ANS.
1	0.9450	1.0382	1.1437	1.2637	1	1.4011	1.5589	1.7414	1.9538
2	1.8900	2.0764	2.2874	2.5274	2	2.8022	3.1178	3.4828	3.9076
3	2.8350	3.1146	3.4311	3.7911	3	4.2033	4.6767	5.2242	5.8614
4	3.7800	4.1528	4.5748	5.0548	4	5.6044	6.2356	6.9656	7.8152
5	4.7250	5.1910	5.7185	6.3185	5	7.0055	7.7945	8.7070	9.7690
6	5.6700	6.2292	6.8622	7.5822	6	8.4066	9.3534	10.4484	11.7228
7	6.6150	7.2674	8.0059	8.8459	7	9.8077	10.9123	12.1898	13.6766
8	7.5600	8.3056	9.1496	10.1096	8	11.2088	12.4712	13.9312	15.6304
9	8.5050	9.3438	10.2933	11.3733	9	12.6099	14.0301	15.6726	17.5842
10	9.4500	10.3820	11.4370	12.6370	10	14.0110	15.5890	17.4140	19.5380
11	10.3950	11.4202	12.5807	13.9007	11	15.4121	17.1479	19.1554	21.4918
12	11.3400	12.4584	13.7244	15.1644	12	16.8132	18.7068	20.8968	23.4456
13	12.2850	13.4966	14.8681	16.4281	13	18.2143	20.2657	22.6382	25.3994
14	13.2300	14.5348	16.0118	17.6918	14	19.6154	21.8246	24.3796	27.3532
15	14.1750	15.5730	17.1555	18.9555	15	21.0165	23.3835	26.1210	29.3070
16	15.1200	16.6112	18.2992	20.2192	16	22.4176	24.9424	27.8624	31.2608
17	16.0650	17.6494	19.4429	21.4829	17	23.8187	26.5013	29.6038	33.2146
18	17.0100	18.6876	20.5866	22.7466	18	25.2198	28.0602	31.3452	35.1684
19	17.9550	19.7258	21.7303	24.0103	19	26.6209	29.6191	33.0866	37.1222
20	18.9000	20.7640	22.8740	25.2740	20	28.0220	31.1780	34.8280	39.0760

SOMMES versées	50 ANS.	51 ANS.	52 ANS.	53 ANS.	SOMMES versées	54 ANS.	55 ANS.	56 ANS.	57 ANS.
1	0.6182	0.6683	0.7230	0.7840	1	0.8529	0.9285	1.0130	1.1076
2	1.2364	1.3366	1.4472	1.5698	2	1.7058	1.8570	2.0260	2.2152
3	1.8546	2.0049	2.1708	2.3547	3	2.5587	2.7855	3.0390	3.3228
4	2.4728	2.6732	2.8944	3.1396	4	3.4116	3.7140	4.0520	4.4304
5	3.0910	3.3415	3.6180	3.9245	5	4.2645	4.6425	5.0650	5.5380
6	3.7092	4.0098	4.3416	4.7094	6	5.1174	5.5710	6.0780	6.6456
7	4.3274	4.6781	5.0652	5.4943	7	5.9703	6.4995	7.0910	7.7532
8	4.9456	5.3464	5.7888	6.2792	8	6.8232	7.4280	8.1040	8.8608
9	5.5638	6.0147	6.5124	7.0641	9	7.6761	8.3565	9.1170	9.9684
10	6.1820	6.6830	7.2360	7.8490	10	8.5290	9.2850	10.1300	11.0760
11	6.8002	7.3513	7.9596	8.6339	11	9.3819	10.2135	11.1430	12.1836
12	7.4184	8.0196	8.6832	9.4188	12	10.2348	11.1420	12.1560	13.2912
13	8.0366	8.6879	9.4068	10.2037	13	11.0877	12.0705	13.1690	14.3988
14	8.6548	9.3562	10.1304	10.9886	14	11.9406	12.9990	14.1820	15.5064
15	9.2730	10.0245	10.8540	11.7735	15	12.7935	13.9275	15.1950	16.6140
16	9.8912	10.6928	11.5776	12.5584	16	13.6464	14.8560	16.2080	17.7216
17	10.5094	11.3611	12.3012	13.3433	17	14.4993	15.7845	17.2210	18.8292
18	11.1276	12.0294	13.0248	14.1282	18	15.3522	16.7130	18.2340	19.9368
19	11.7458	12.6977	13.7484	14.9131	19	16.2051	17.6415	19.2470	21.0444
20	12.3640	13.3660	14.4720	15.6980	20	17.0580	18.5700	20.2600	22.1520

SOMMES versées	58 ANS.	59 ANS.	60 ANS.	61 ANS.	SOMMES versées	62 ANS.	63 ANS.	64 ANS.	65 ANS.
1	1.2138	1.3336	1.4691	1.6233	1	1.7997	2.0025	2.2369	2.5097
2	2.4276	2.6672	2.9382	3.2466	2	3.5994	4.0050	4.4738	5.0194
3	3.6414	4.0008	4.4073	4.8699	3	5.3991	6.0075	6.7107	7.5291
4	4.8552	5.3344	5.8764	6.4932	4	7.1988	8.0100	8.9476	10.0388
5	6.0690	6.6680	7.3455	8.1165	5	8.9985	10.0125	11.1845	12.5485
6	7.2828	8.0016	8.8146	9.7398	6	10.7982	12.0150	13.4214	15.0582
7	8.4966	9.3352	10.2837	11.3031	7	12.5979	14.0175	15.6583	17.5679
8	9.7104	10.6688	11.7528	12.9864	8	14.3976	16.0200	17.8952	20.0776
9	10.9242	12.0024	13.2219	14.6097	9	16.1973	18.0225	20.1321	22.5873
10	12.1380	13.3360	14.6910	16.2330	10	17.9970	20.0250	22.3690	25.0970
11	13.3518	14.6696	16.1601	17.8563	11	19.7967	22.0275	24.6059	27.6067
12	14.5656	16.0032	17.6292	19.4796	12	21.5964	24.0300	26.8428	30.1164
13	15.7794	17.3368	19.0983	21.1029	13	23.3961	26.0325	29.0797	32.6261
14	16.9932	18.6704	20.5674	22.7262	14	25.1958	28.0350	31.3166	35.1358
15	18.2070	20.0040	22.0365	24.3495	15	26.9955	30.0375	33.5535	37.6455
16	19.4208	21.3376	23.5056	25.9728	16	28.7952	32.0400	35.7904	40.1552
17	20.6346	22.6712	24.9747	27.5961	17	30.5949	34.0425	38.0273	42.6649
18	21.8484	24.0048	26.4438	29.2194	18	32.3946	36.0450	40.2642	45.1746
19	23.0622	25.3384	27.9129	30.8427	19	34.1943	38.0475	42.5011	47.6843
20	24.2760	26.6720	29.3820	32.4660	20	35.9940	40.0500	44.7380	50.1940

SOMMES VERSÉES	50 ANS.	51 ANS.	52 ANS.	53 ANS.	SOMMES VERSÉES	54 ANS.	55 ANS.	56 ANS.	57 ANS.
1	0.4751	0.5136	0.5561	0.6032	1	0.6554	0.7136	0.7785	0.8512
2	0.9502	1.0272	1.1122	1.2064	2	1.3108	1.4272	1.5570	1.7024
3	1.4253	1.5408	1.6683	1.8096	3	1.9662	2.1408	2.3355	2.5536
4	1.9004	2.0544	2.2244	2.4128	4	2.6216	2.8544	3.1140	3.4048
5	2.3755	2.5680	2.7805	3.0160	5	3.2770	3.5680	3.8925	4.2560
6	2.8506	3.0816	3.3366	3.6192	6	3.9324	4.2816	4.6710	5.1072
7	3.3257	3.5952	3.8927	4.2224	7	4.5878	4.9952	5.4495	5.9584
8	3.8008	4.1088	4.4488	4.8256	8	5.2432	5.7088	6.2280	6.8096
9	4.2759	4.6224	5.0049	5.4288	9	5.8986	6.4224	7.0065	7.6608
10	4.7510	5.1360	5.5610	6.0320	10	6.5540	7.1360	7.7850	8.5120
11	5.2261	5.6496	6.1171	6.6352	11	7.2094	7.8496	8.5635	9.3632
12	5.7012	6.1632	6.6732	7.2384	12	7.8648	8.5632	9.3420	10.2144
13	6.1763	6.6768	7.2293	7.8416	13	8.5202	9.2768	10.1205	11.0656
14	6.6514	7.1904	7.7854	8.4448	14	9.1756	9.9904	10.8990	11.9168
15	7.1265	7.7040	8.3415	9.0480	15	9.8310	10.7040	11.6775	12.7680
16	7.6016	8.2176	8.8976	9.6512	16	10.4864	11.4176	12.4560	13.6192
17	8.0767	8.7312	9.4537	10.2544	17	11.1418	12.1312	13.2345	14.4704
18	8.5518	9.2448	10.0098	10.8576	18	11.7972	12.8448	14.0130	15.3216
19	9.0269	9.7584	10.5659	11.4608	19	12.4526	13.5584	14.7915	16.1728
20	9.5020	10.2720	11.1220	12.0640	20	13.1080	14.2720	15.5700	17.0240

SOMMES VERSÉES	58 ANS.	59 ANS.	60 ANS.	61 ANS.	SOMMES VERSÉES	62 ANS.	63 ANS.	64 ANS.	65 ANS.
1	0.9328	1.0249	1.1290	1.2475	1	1.3831	1.5389	1.7101	1.9287
2	1.8656	2.0498	2.2580	2.4950	2	2.7662	3.0778	3.4382	3.8574
3	2.7984	3.0747	3.3870	3.7425	3	4.1493	4.6167	5.1573	5.7861
4	3.7312	4.0996	4.5160	4.9900	4	5.5324	6.1556	6.8704	7.7148
5	4.6640	5.1245	5.6450	6.2375	5	6.9155	7.6945	8.5955	9.6435
6	5.5968	6.1494	6.7740	7.4850	6	8.2986	9.2334	10.3146	11.5722
7	6.5296	7.1743	7.9030	8.7325	7	9.6817	10.7723	12.0337	13.5009
8	7.4624	8.1992	9.0320	9.9800	8	11.0648	12.3112	13.7528	15.4296
9	8.3952	9.2241	10.1610	11.2275	9	12.4479	13.8501	15.4719	17.3583
10	9.3280	10.2490	11.2900	12.4750	10	13.8310	15.3890	17.1910	19.2870
11	10.2608	11.2739	12.4190	13.7225	11	15.2141	16.9279	18.9101	21.2157
12	11.1936	12.2988	13.5480	14.9700	12	16.5972	18.4668	20.6292	23.1444
13	12.1264	13.3237	14.6770	16.2175	13	17.9803	20.0057	22.3483	25.0731
14	13.0592	14.3486	15.8060	17.4650	14	19.3634	21.5446	24.0674	27.0018
15	13.9920	15.3735	16.9350	18.7125	15	20.7465	23.0835	25.7865	28.9305
16	14.9248	16.3984	18.0640	19.9600	16	22.1296	24.6224	27.5056	30.8592
17	15.8576	17.4233	19.1930	21.2075	17	23.5127	26.1613	29.2247	32.7879
18	16.7904	18.4482	20.3220	22.4550	18	24.8958	27.7002	30.9438	34.7166
19	17.7232	19.4731	21.4510	23.7025	19	26.2789	29.2391	32.6629	36.6453
20	18.6560	20.4980	22.5800	24.9500	20	27.6620	30.7780	34.3820	38.5740

SOMMES versées.	50 ANS.	51 ANS.	52 ANS.	53 ANS.	SOMMES versées.	54 ANS.	55 ANS.	56 ANS.	57 ANS.
1	0.6101	0.6595	0.7141	0.7745	1	0.8416	0.9163	0.9996	1.0930
2	1.2202	1.3190	1.4282	1.5490	2	1.6832	1.8326	1.9992	2.1860
3	1.8303	1.9785	2.1423	2.3235	3	2.5248	2.7489	2.9988	3.2790
4	2.4404	2.6380	2.8564	3.0980	4	3.3664	3.6652	3.9984	4.3720
5	3.0505	3.2975	3.5705	3.8725	5	4.2080	4.5815	4.9980	5.4650
6	3.6606	3.9570	4.2846	4.6470	6	5.0496	5.4978	5.9976	6.5580
7	4.2707	4.6165	4.9987	5.4215	7	5.8912	6.4141	6.9972	7.6510
8	4.8808	5.2760	5.7128	6.1960	8	6.7328	7.3304	7.9968	8.7440
9	5.4909	5.9355	6.4269	6.9705	9	7.5744	8.2467	8.9964	9.8370
10	6.1010	6.5950	7.1410	7.7450	10	8.4160	9.1630	9.9960	10.9300
11	6.7111	7.2545	7.8551	8.5195	11	9.2576	10.0793	10.9956	12.0230
12	7.3212	7.9140	8.5692	9.2940	12	10.0992	10.9956	11.9952	13.1160
13	7.9313	8.5735	9.2833	10.0685	13	10.9408	11.9119	12.9948	14.2090
14	8.5414	9.2330	9.9974	10.8430	14	11.7824	12.8282	13.9944	15.3020
15	9.1515	9.8925	10.7115	11.6175	15	12.6240	13.7445	14.9940	16.3950
16	9.7616	10.5520	11.4256	12.3920	16	13.4656	14.6608	15.9936	17.4880
17	10.3717	11.2115	12.1397	13.1665	17	14.3072	15.5771	16.9932	18.5810
18	10.9818	11.8710	12.8538	13.9410	18	15.1488	16.4934	17.9928	19.6740
19	11.5919	12.5305	13.5679	14.7155	19	15.9904	17.4097	18.9924	20.7670
20	12.2020	13.1900	14.2820	15.4900	20	16.8320	18.3260	19.9920	21.8600

SOMMES versées.	58 ANS.	59 ANS.	60 ANS.	61 ANS.	SOMMES versées.	62 ANS.	63 ANS.	64 ANS.	65 ANS.
1	1.1978	1.3160	1.4498	1.6020	1	1.7760	1.9762	2.2074	2.4767
2	2.3956	2.6320	2.8996	3.2040	2	3.5520	3.9524	4.4148	4.9534
3	3.5934	3.9480	4.3494	4.8000	3	5.3280	5.9280	6.6222	7.4301
4	4.7912	5.2640	5.7992	6.4080	4	7.1040	7.9048	8.8296	9.9068
5	5.9890	6.5800	7.2490	8.0100	5	8.8800	9.8810	11.0370	12.3835
6	7.1868	7.8960	8.6988	9.6120	6	10.6560	11.8572	13.2444	14.8602
7	8.3846	9.2120	10.1486	11.2140	7	12.4320	13.8334	15.4518	17.3369
8	9.5824	10.5280	11.5984	12.8160	8	14.2080	15.8096	17.6592	19.8136
9	10.7802	11.8440	13.0482	14.4180	9	15.9840	17.7858	19.8666	22.2903
10	11.9780	13.1600	14.4980	16.0200	10	17.7600	19.7620	22.0740	24.7670
11	13.1758	14.4760	15.9478	17.6220	11	19.5360	21.7382	24.2814	27.2437
12	14.3736	15.7920	17.3976	19.2240	12	21.3120	23.7144	26.4888	29.7204
13	15.5714	17.1080	18.8474	20.8260	13	23.0880	25.6906	28.6962	32.1971
14	16.7692	18.4240	20.2972	22.4280	14	24.8640	27.6668	30.9036	34.6738
15	17.9670	19.7400	21.7470	24.0300	15	26.6400	29.6430	33.1110	37.1505
16	19.1648	21.0560	23.1968	25.6320	16	28.4160	31.6192	35.3184	39.6272
17	20.3626	22.3720	24.6466	27.2340	17	30.1920	33.5954	37.5258	42.1039
18	21.5604	23.6880	26.0964	28.8360	18	31.9680	35.5716	39.7332	44.5806
19	22.7582	25.0040	27.5462	30.4380	19	33.7440	37.5478	41.9406	47.0573
20	23.9560	26.3200	28.9960	32.0400	20	35.5200	39.5240	44.1480	49.5340

SOMMES versées.	50 ANS.	51 ANS.	52 ANS.	53 ANS.	SOMMES versées.	54 ANS.	55 ANS.	56 ANS.	57 ANS.
1	0.4690	0.5070	0.5490	0.5954	1	0.6470	0.7044	0.7685	0.8403
2	0.9380	1.0140	1.0980	1.1908	2	1.2940	1.4088	1.5370	1.6806
3	1.4070	1.5210	1.6470	1.7862	3	1.9410	2.1132	2.3055	2.5209
4	1.8760	2.0280	2.1960	2.3816	4	2.5880	2.8176	3.0740	3.3612
5	2.3450	2.5350	2.7450	2.9770	5	3.2350	3.5220	3.8425	4.2015
6	2.8140	3.0420	3.2940	3.5724	6	3.8820	4.2264	4.6110	5.0418
7	3.2830	3.5490	3.8430	4.1678	7	4.5290	4.9308	5.3795	5.8821
8	3.7520	4.0560	4.3920	4.7632	8	5.1760	5.6352	6.1480	6.7224
9	4.2210	4.5630	4.9410	5.3586	9	5.8230	6.3396	6.9165	7.5627
10	4.6900	5.0700	5.4900	5.9540	10	6.4700	7.0440	7.6850	8.4030
11	5.1590	5.5770	6.0390	6.5494	11	7.1170	7.7484	8.4535	9.2433
12	5.6280	6.0840	6.5880	7.1448	12	7.7640	8.4528	9.2220	10.0836
13	6.0970	6.5910	7.1370	7.7402	13	8.4110	9.1572	9.9905	10.9239
14	6.5660	7.0980	7.6860	8.3356	14	9.0580	9.8616	10.7590	11.7642
15	7.0350	7.6050	8.2350	8.9310	15	9.7050	10.5660	11.5275	12.6045
16	7.5040	8.1120	8.7840	9.5204	16	10.3520	11.2704	12.2960	13.4448
17	7.9730	8.6190	9.3330	10.1218	17	10.9990	11.9748	13.0645	14.2851
18	8.4420	9.1260	9.8820	10.7172	18	11.6460	12.6792	13.8330	15.1254
19	8.9110	9.6330	10.4310	11.3126	19	12.2930	13.3836	14.6015	15.9657
20	9.3800	10.1400	10.9800	11.9080	20	12.9400	14.0880	15.3700	16.8060

SOMMES versées.	58 ANS.	59 ANS.	60 ANS.	61 ANS.	SOMMES versées.	62 ANS.	63 ANS.	64 ANS.	65 ANS.
1	0.9209	1.0117	1.1146	1.2315	1	1.3654	1.5192	1.6970	1.9040
2	1.8418	2.0234	2.2292	2.4630	2	2.7308	3.0384	3.3940	3.8080
3	2.7627	3.0351	3.3438	3.6945	3	4.0962	4.5576	5.0910	5.7120
4	3.6836	4.0468	4.4584	4.9260	4	5.4616	6.0768	6.7880	7.6160
5	4.6045	5.0585	5.5730	6.1575	5	6.8270	7.5960	8.4850	9.5200
6	5.5254	6.0702	6.6876	7.3890	6	8.1924	9.1152	10.1820	11.4240
7	6.4463	7.0819	7.8022	8.6205	7	9.5578	10.6344	11.8790	13.3280
8	7.3672	8.0936	8.9168	9.8520	8	10.9232	12.1536	13.5760	15.2320
9	8.2881	9.1053	10.0314	11.0835	9	12.2886	13.6728	15.2730	17.1360
10	9.2090	10.1170	11.1460	12.3150	10	13.6540	15.1920	16.9700	19.0400
11	10.1299	11.1287	12.2606	13.5465	11	15.0194	16.7112	18.6670	20.9440
12	11.0508	12.1404	13.3752	14.7780	12	16.3848	18.2304	20.3640	22.8480
13	11.9717	13.1521	14.4898	16.0095	13	17.7502	19.7496	22.0610	24.7520
14	12.8926	14.1638	15.6044	17.2410	14	19.1156	21.2688	23.7580	26.6560
15	13.8135	15.1755	16.7190	18.4725	15	20.4810	22.7880	25.4550	28.5600
16	14.7344	16.1872	17.8336	19.7040	16	21.8464	24.3072	27.1520	30.4640
17	15.6553	17.1989	18.9482	20.9355	17	23.2118	25.8264	28.8490	32.3680
18	16.5762	18.2106	20.0628	22.1670	18	24.5772	27.3456	30.5460	34.2720
19	17.4971	19.2223	21.1774	23.3985	19	25.9426	28.8648	32.2430	36.1760
20	18.4180	20.2340	22.2920	24.6300	20	27.3080	30.3840	33.9400	38.0800

4

SOMMES versées.	50 ANS.	51 ANS.	52 ANS.	53 ANS.	SOMMES versées.	54 ANS.	55 ANS.	56 ANS.	57 ANS.
1	0.6020	0.6508	0.7017	0.7643	1	0.8305	0.9042	0.9865	1.0786
2	1.2040	1.3010	1.4094	1.5286	2	1.6610	1.8084	1.9730	2.1572
3	1.8060	1.9524	2.1141	2.2929	3	2.4915	2.7126	2.9595	3.2358
4	2.4080	2.6032	2.8188	3.0572	4	3.3220	3.6168	3.9460	4.3144
5	3.0100	3.2540	3.5235	3.8215	5	4.1525	4.5210	4.9325	5.3930
6	3.6120	3.9048	4.2282	4.5858	6	4.9830	5.4252	5.9190	6.4716
7	4.2140	4.5556	4.9329	5.3501	7	5.8135	6.3294	6.9055	7.5502
8	4.8160	5.2064	5.6376	6.1144	8	6.6440	7.2336	7.8920	8.6288
9	5.4180	5.8572	6.3423	6.8787	9	7.4745	8.1378	8.8785	9.7074
10	6.0200	6.5080	7.0470	7.6430	10	8.3050	9.0420	9.8650	10.7860
11	6.6220	7.1588	7.7517	8.4073	11	9.1355	9.9462	10.8515	11.8646
12	7.2240	7.8096	8.4564	9.1716	12	9.9660	10.8504	11.8380	12.9432
13	7.8260	8.4604	9.1611	9.9359	13	10.7965	11.7546	12.8245	14.0218
14	8.4280	9.1112	9.8658	10.7002	14	11.6270	12.6588	13.8110	15.1004
15	9.0300	9.7620	10.5705	11.4645	15	12.4575	13.5630	14.7975	16.1790
16	9.6320	10.4128	11.2752	12.2288	16	13.2880	14.4672	15.7840	17.2576
17	10.2340	11.0636	11.9799	12.9931	17	14.1185	15.3714	16.7705	18.3362
18	10.8360	11.7144	12.6846	13.7574	18	14.9490	16.2756	17.7570	19.4148
19	11.4380	12.3652	13.3893	14.5217	19	15.7795	17.1798	18.7435	20.4934
20	12.0400	13.0160	14.0940	15.2860	20	16.6100	18.0840	19.7300	21.5720

SOMMES versées.	58 ANS.	59 ANS.	60 ANS.	61 ANS.	SOMMES versées.	62 ANS.	63 ANS.	64 ANS.	65 ANS.
1	1.1821	1.2987	1.4307	1.5808	1	1.7526	1.9501	2.1784	2.4440
2	2.3642	2.5974	2.8614	3.1616	2	3.5052	3.9002	4.3568	4.8880
3	3.5463	3.8961	4.2921	4.7424	3	5.2578	5.8503	6.5352	7.3320
4	4.7284	5.1948	5.7228	6.3232	4	7.0104	7.8004	8.7136	9.7760
5	5.9105	6.4935	7.1535	7.9040	5	8.7630	9.7505	10.8920	12.2200
6	7.0926	7.7922	8.5842	9.4848	6	10.5156	11.7006	13.0704	14.6640
7	8.2747	9.0909	10.0149	11.0056	7	12.2682	13.6507	15.2488	17.1080
8	9.4568	10.3896	11.4456	12.6464	8	14.0208	15.6008	17.4272	19.5520
9	10.6389	11.6883	12.8763	14.2272	9	15.7734	17.5509	19.6056	21.9960
10	11.8210	12.9870	14.3070	15.8080	10	17.5260	19.5010	21.7840	24.4400
11	13.0031	14.2857	15.7377	17.3888	11	19.2786	21.4511	23.9624	26.8840
12	14.1852	15.5844	17.1684	18.9696	12	21.0312	23.4012	26.1408	29.3280
13	15.3673	16.8831	18.5991	20.5504	13	22.7838	25.3513	28.3192	31.7720
14	16.5494	18.1818	20.0298	22.1312	14	24.5364	27.3014	30.4976	34.2160
15	17.7315	19.4805	21.4605	23.7120	15	26.2890	29.2515	32.6760	36.6600
16	18.9136	20.7792	22.8912	25.2928	16	28.0416	31.2016	34.8544	39.1040
17	20.0957	22.0779	24.3219	26.8736	17	29.7942	33.1517	37.0328	41.5480
18	21.2778	23.3766	25.7526	28.4544	18	31.5468	35.1018	39.2112	43.9920
19	22.4599	24.6753	27.1833	30.0352	19	33.2994	37.0519	41.3896	46.4360
20	23.6420	25.9740	28.6140	31.6160	20	35.0520	39.0020	43.5680	48.8800

SOMMES versées	50 ANS.	51 ANS.	52 ANS.	53 ANS.	SOMMES versées	54 ANS.	55 ANS.	56 ANS.	57 ANS.
1	0.4630	0.5005	0.5419	0.5878	1	0.6387	0.0954	0.7587	0.8295
2	0.9260	1.0010	1.0838	1.1756	2	1.2774	1.3908	1.5174	1.6590
3	1.3890	1.5015	1.0257	1.7634	3	1.9161	2.0862	2.2761	2.4885
4	1.8520	2.0020	2.1676	2.3512	4	2.5548	2.7816	3.0348	3.3180
5	2.3150	2.5025	2.7095	2.9390	5	3.1935	3 4770	3.7035	4.1475
6	2.7780	3.0030	3.2514	3.5268	6	3.8322	4.1724	4.5522	4.9770
7	3.2410	3.5035	3.7933	4.1146	7	4.4709	4.8678	5.3109	5.8065
8	3.7040	4.0040	4.3352	4.7024	8	5.1096	5.5032	6.0096	6.0360
9	4.1670	4.5045	4.8771	5.2902	9	5.7483	6.2586	6.8283	7.4655
10	4.6300	5.0050	5.4190	5.8780	10	6.3870	6.9540	7.5870	8.2950
11	5.0930	5.5055	5.9609	6.4658	11	7.0257	7 6494	8.3457	9.1245
12	5.5560	6.0060	6.5028	7.0536	12	7.6644	8.3448	9.1044	9.9540
13	6.0190	6.5065	7.0447	7.6414	13	8.3031	9.0402	9.8031	10.7835
14	6.4820	7.0070	7.5866	8.2292	14	8.9418	9.7356	10.6218	11.6130
15	6.9450	7.5075	8.1285	8.8170	15	9.5805	10.4310	11.3805	12.4425
16	7.4080	8.0080	8.6704	9.4048	16	10.2192	11.1264	12.1392	13.2720
17	7.8710	8.5085	9.2123	9.9926	17	10.8579	11.8218	12.8979	14.1015
18	8.3340	9.0090	9.7542	10.5804	18	11.4966	12.5172	13.6566	14.9310
19	8.7970	9.5095	10.2961	11.1682	19	12.1353	13.2126	14.4153	15.7605
20	9.2600	10.0100	10.8380	11.7560	20	12.7740	13.9080	15.1740	16.5900

SOMMES versées	58 ANS.	59 ANS.	60 ANS.	61 ANS.	SOMMES versées	62 ANS.	63 ANS.	64 ANS.	65 ANS.
1	0.9091	0.9988	1.1003	1.2158	1	1.3479	1.4997	1.0753	1.8796
2	1.8182	1.9976	2.2006	2.4316	2	2.6958	2.9994	3.3506	3.7592
3	2.7273	2.9964	3.3009	3.6474	3	4.0437	4.4991	5.0259	5.6388
4	3.6364	3.9952	4.4012	4.8632	4	5.3916	5.9988	6.7012	7.5184
5	4.5455	4.9940	5.5015	6.0790	5	6.7395	7.4985	8.3765	9.3980
6	5.4546	5.9928	6.6018	7.2948	6	8.0874	8.9982	10.0518	11.2770
7	6.3637	6.9916	7.7021	8.5106	7	9.4353	10.4979	11.7271	13.1572
8	7.2728	7.9904	8.8024	9.7264	8	10.7832	11.9976	13.4024	15.0368
9	8.1819	8.9892	9.9027	10.9422	9	12.1311	13.4973	15.0777	16.9164
10	9.0910	9 9880	11.0030	12.1580	10	13.4790	14.9970	16.7530	18.7960
11	10.0001	10.9868	12.1033	13.3738	11	14.8269	16.4967	18.4283	20.6756
12	10.9092	11.9856	13.2036	14.5896	12	16.1748	17.9964	20.1036	22.5552
13	11.8183	12.9844	14.3039	15.8054	13	17.5227	19.4961	21.7789	24.4348
14	12.7274	13.9832	15.4042	17.0212	14	18.8706	20.9958	23.4542	26.3144
15	13.6365	14.9820	16.5045	18.2370	15	20.2185	22.4955	25.1295	28.1940
16	14.5456	15.9808	17.6048	19.4528	16	21.5664	23.9952	26.8048	30.0736
17	15.4547	16.9796	18.7051	20.6680	17	22.9143	25.4949	28.4801	31.9532
18	16.3638	17.9784	19.8054	21.8844	18	24.2622	26.9946	30.1554	33.8328
19	17.2729	18.9772	20.9057	23.1002	19	25.6101	28.4943	31.8307	35.7124
20	18.1820	19.9760	22.0000	24.3160	20	26.9580	29.9940	33.5060	37.5920

SOMMES versées.	50 ANS.	51 ANS.	52 ANS.	53 ANS.	SOMMES versées.	54 ANS.	55 ANS.	56 ANS.	57 ANS.
1	0,5944	0,6420	0,6958	0,7547	1	0,8200	0,8928	0,9740	1,0650
2	1.1888	1.2852	1.3916	1.5094	2	1.6400	1.7856	1.9480	2.1300
3	1.7832	1.9278	2.0874	2.2641	3	2.4600	2.6784	2.9220	3.1950
4	2.3776	2.5704	2.7832	3.0188	4	3.2800	3.5712	3.8960	4.2600
5	2.9720	3.2130	3.4790	3.7735	5	4.1000	4.4640	4.8700	5.3250
6	3.5664	3.8556	4.1748	4.5282	6	4.9200	5.3568	5.8440	6.3900
7	4.1608	4.4982	4.8706	5.2829	7	5.7400	6.2496	6.8180	7.4550
8	4.7552	5.1408	5.5664	6.0376	8	6.5600	7.1424	7.7920	8.5200
9	5.3496	5.7834	6.2622	6.7923	9	7.3800	8.0352	8.7660	9.5850
10	5.9440	6.4260	6.9580	7.5470	10	8.2000	8.9280	9.7400	10.6500
11	6.5384	7.0686	7.6538	8.3017	11	9.0200	9.8208	10.7140	11.7150
12	7.1328	7.7112	8.3496	9.0564	12	9.8400	10.7136	11.6880	12.7800
13	7.7272	8.3538	9.0454	9.8111	13	10.6600	11.6064	12.6620	13.8450
14	8.3216	8.9964	9.7412	10.5658	14	11.4800	12.4992	13.6360	14.9100
15	8.9160	9.6390	10.4370	11.3205	15	12.3000	13.3920	14.6100	15.9750
16	9.5104	10.2816	11.1328	12.0752	16	13.1200	14.2848	15.5840	17.0400
17	10.1048	10.9242	11.8286	12.8299	17	13.9400	15.1776	16.5580	18.1050
18	10.6992	11.5668	12.5244	13.5846	18	14.7600	16.0704	17.5320	19.1700
19	11.2936	12.2094	13.2202	14.3393	19	15.5800	16.9632	18.5060	20.2350
20	11.8880	12.8520	13.9160	15.0940	20	16.4000	17.8560	19.4800	21.3000

SOMMES versées.	58 ANS.	59 ANS.	60 ANS.	61 ANS.	SOMMES versées.	62 ANS.	63 ANS.	64 ANS.	65 ANS.
1	1.1671	1.2823	1.4126	1.5609	1	1.7305	1.9255	2.1508	2.4132
2	2.3342	2.5646	2.8252	3.1218	2	3.4610	3.8510	4.3016	4.8264
3	3.5013	3.8469	4.2378	4.6827	3	5.1915	5.7705	6.4524	7.2396
4	4.6684	5.1292	5.6504	6.2436	4	6.9220	7.7020	8.6032	9.6528
5	5.8355	6.4115	7.0630	7.8045	5	8.6525	9.6275	10.7540	12.0660
6	7.0026	7.6938	8.4756	9.3654	6	10.3830	11.5530	12.9048	14.4792
7	8.1697	8.9761	9.8882	10.9263	7	12.1135	13.4785	15.0556	16.8924
8	9.3368	10.2584	11.3008	12.4872	8	13.8440	15.4040	17.2064	19.3056
9	10.5039	11.5407	12.7134	14.0481	9	15.5745	17.3295	19.3572	21.7188
10	11.6710	12.8230	14.1260	15.6090	10	17.3050	19.2550	21.5080	24.1320
11	12.8381	14.1053	15.5386	17.1699	11	19.0355	21.1805	23.6588	26.5452
12	14.0052	15.3876	16.9512	18.7308	12	20.7660	23.1060	25.8096	28.9584
13	15.1723	16.6699	18.3638	20.2917	13	22.4965	25.0315	27.9604	31.3716
14	16.3394	17.9522	19.7764	21.8526	14	24.2270	26.9570	30.1112	33.7848
15	17.5065	19.2345	21.1890	23.4135	15	25.9575	28.8825	32.2620	36.1980
16	18.6736	20.5168	22.6016	24.9744	16	27.6880	30.8080	34.4128	38.6112
17	19.8407	21.7991	24.0142	26.5353	17	29.4185	32.7335	36.5636	41.0244
18	21.0078	23.0814	25.4268	28.0962	18	31.1490	34.6590	38.7144	43.4376
19	22.1749	24.3637	26.8394	29.6571	19	32.8795	36.5845	40.8652	45.8508
20	23.3420	25.6460	28.2520	31.2180	20	34.6100	38.5100	43.0160	48.2640

SOMMES versées	50 ANS.	51 ANS.	52 ANS.	53 ANS.	SOMMES versées	54 ANS.	55 ANS.	56 ANS.	57 ANS.
1	0.4571	0.4941	0.5350	0.5803	1	0.6305	0.6805	0.7480	0.8189
2	0.9142	0.9882	1.0700	1.1606	2	1.2610	1.3730	1.4978	1.6378
3	1.3713	1.4823	1.6050	1.7409	3	1.8915	2.0595	2.2467	2.4567
4	1.8284	1.9764	2.1400	2.3212	4	2.5220	2.7460	2.9956	3.2756
5	2.2855	2.4705	2.6750	2.9015	5	3.1525	3.4325	3.7445	4.0945
6	2.7426	2.9646	3.2100	3.4818	6	3.7830	4.1190	4.4934	4.9134
7	3.1997	3.4587	3.7450	4.0021	7	4.4135	4.8055	5.2423	5.7323
8	3.6508	3.9528	4.2800	4.6424	8	5.0440	5.4920	5.9912	6.5512
9	4.1139	4.4469	4.8150	5.2227	9	5.6745	6.1785	6.7401	7.3701
10	4.5710	4.9410	5.3500	5.8030	10	6.3050	6.8650	7.4890	8.1890
11	5.0281	5.4351	5.8850	6.3833	11	6.9355	7.5515	8.2379	9.0079
12	5.4852	5.9292	6.4200	6.9636	12	7.5660	8.2380	8.9868	9.8268
13	5.9423	6.4233	6.9550	7.5439	13	8.1965	8.9245	9.7357	10.6457
14	6.3994	6.9174	7.4900	8.1242	14	8.8270	9.6110	10.4846	11.4646
15	6.8565	7.4115	8.0250	8.7045	15	9.4575	10.2975	11.2335	12.2835
16	7.3136	7.9056	8.5600	9.2848	16	10.0880	10.9840	11.9824	13.1024
17	7.7707	8.3997	9.0950	9.8651	17	10.7185	11.6705	12.7313	13.9213
18	8.2278	8.8938	9.6300	10.4454	18	11.3490	12.3570	13.4802	14.7402
19	8.6849	9.3879	10.1650	11.0257	19	11.9795	13.0435	14.2291	15.5591
20	9.1420	9.8820	10.7000	11.6060	20	12.6100	13.7300	14.9780	16.3780

SOMMES versées	58 ANS.	59 ANS.	60 ANS.	61 ANS.	SOMMES versées	62 ANS.	63 ANS.	64 ANS.	65 ANS.
1	0.8974	0.9860	1.0862	1.2002	1	1.3300	1.4805	1.6538	1.8555
2	1.7948	1.9720	2.1724	2.4004	2	2.6012	2.9610	3.3076	3.7110
3	2.6922	2.9580	3.2586	3.6006	3	3.9918	4.4415	4.9614	5.5665
4	3.5896	3.9440	4.3448	4.8008	4	5.3224	5.9220	6.6152	7.4220
5	4.4870	4.9300	5.4310	6.0010	5	6.6530	7.4025	8.2690	9.2775
6	5.3844	5.9160	6.5172	7.2012	6	7.9836	8.8830	9.9228	11.1330
7	6.2818	6.9020	7.6034	8.4014	7	9.3142	10.3635	11.5766	12.9885
8	7.1792	7.8880	8.6896	9.6016	8	10.6448	11.8440	13.2304	14.8440
9	8.0766	8.8740	9.7758	10.8018	9	11.9754	13.3245	14.8842	16.6995
10	8.9740	9.8600	10.8620	12.0020	10	13.3000	14.8050	16.5380	18.5550
11	9.8714	10.8400	11.9482	13.2022	11	14.6306	16.2855	18.1918	20.4105
12	10.7688	11.8320	13.0344	14.4024	12	15.9612	17.7660	19.8456	22.2660
13	11.6662	12.8180	14.1206	15.6026	13	17.2978	19.2465	21.4994	24.1215
14	12.5636	13.8040	15.2068	16.8028	14	18.6284	20.7270	23.1532	25.9770
15	13.4610	14.7900	16.2930	18.0030	15	19.9590	22.2075	24.8070	27.8325
16	14.3584	15.7760	17.3792	19.2032	16	21.2896	23.6880	26.4608	29.6880
17	15.2558	16.7620	18.4654	20.4034	17	22.6202	25.1685	28.1146	31.5435
18	16.1532	17.7480	19.5516	21.6036	18	23.9508	26.6490	29.7684	33.3990
19	17.0506	18.7340	20.6378	22.8038	19	25.2814	28.1295	31.4222	35.2545
20	17.9480	19.7200	21.7240	24.0040	20	26.6120	29.6100	33.0760	37.1100

SOMMES versées.	50 ANS.	51 ANS.	52 ANS.	53 ANS.	SOMMES versées.	54 ANS.	55 ANS.	56 ANS.	57 ANS.
1	0.5869	0.6345	0.6870	0.7451	1	0.8097	0.8815	0.9617	1.0515
2	1.1738	1.2690	1.3740	1.4902	2	1.6194	1.7630	1.9234	2.1030
3	1.7607	1.9035	2.0610	2.2353	3	2.4291	2.6445	2.8851	3.1545
4	2.3476	2.5380	2.7480	2.9804	4	3.2388	3.5260	3.8468	4.2060
5	2.9345	3.1725	3.4350	3.7255	5	4.0485	4.4075	4.8085	5.2575
6	3.5214	3.8070	4.1220	4.4706	6	4.8582	5.2890	5.7702	6.3090
7	4.1083	4.4415	4.8090	5.2157	7	5.6679	6.1705	6.7319	7.3605
8	4.6952	5.0760	5.4960	5.9608	8	6.4776	7.0520	7.6936	8.4120
9	5.2821	5.7105	6.1830	6.7059	9	7.2873	7.9335	8.6553	9.4635
10	5.8690	6.3450	6.8700	7.4510	10	8.0970	8.8150	9.6170	10.5150
11	6.4559	6.9795	7.5570	8.1961	11	8.9067	9.6965	10.5787	11.5665
12	7.0428	7.6140	8.2440	8.9412	12	9.7164	10.5780	11.5404	12.6180
13	7.6297	8.2485	8.9310	9.6863	13	10.5261	11.4595	12.5021	13.6695
14	8.2166	8.8830	9.6180	10.4314	14	11.3358	12.3410	13.4638	14.7210
15	8.8035	9.5175	10.3050	11.1765	15	12.1455	13.2225	14.4255	15.7725
16	9.3904	10.1520	10.9920	11.9216	16	12.9552	14.1040	15.3872	16.8240
17	9.9773	10.7865	11.6790	12.6667	17	13.7649	14.9855	16.3489	17.8755
18	10.5642	11.4210	12.3660	13.4118	18	14.5746	15.8670	17.3106	18.9270
19	11.1511	12.0555	13.0530	14.1569	19	15.3843	16.7485	18.2723	19.9785
20	11.7380	12.6900	13.7400	14.9020	20	16.1940	17.6300	19.2340	21.0300

SOMMES versées.	58 ANS.	59 ANS.	60 ANS.	61 ANS.	SOMMES versées.	62 ANS.	63 ANS.	64 ANS.	65 ANS.
1	1.1524	1.2661	1.3947	1.5411	1	1.7086	1.9011	2.1236	2.3827
2	2.3048	2.5322	2.7894	3.0822	2	3.4172	3.8022	4.2472	4.7654
3	3.4572	3.7983	4.1841	4.6233	3	5.1258	5.7033	6.3708	7.1481
4	4.6096	5.0644	5.5788	6.1644	4	6.8344	7.6044	8.4944	9.5308
5	5.7620	6.3305	6.9735	7.7055	5	8.5430	9.5055	10.6180	11.9135
6	6.9144	7.5966	8.3682	9.2466	6	10.2516	11.4066	12.7416	14.2962
7	8.0668	8.8627	9.7629	10.7877	7	11.9602	13.3077	14.8652	16.6789
8	9.2192	10.1288	11.1576	12.3288	8	13.6688	15.2088	16.9888	19.0616
9	10.3716	11.3949	12.5523	13.8699	9	15.3774	17.1099	19.1124	21.4443
10	11.5240	12.6610	13.9470	15.4110	10	17.0860	19.0110	21.2360	23.8270
11	12.6764	13.9271	15.3417	16.9521	11	18.7946	20.9121	23.3596	26.2097
12	13.8288	15.1932	16.7364	18.4932	12	20.5032	22.8132	25.4832	28.5924
13	14.9812	16.4593	18.1311	20.0343	13	22.2118	24.7143	27.6068	30.9751
14	16.1336	17.7254	19.5258	21.5754	14	23.9204	26.6154	29.7304	33.3578
15	17.2860	18.9915	20.9205	23.1165	15	25.6290	28.5165	31.8540	35.7405
16	18.4384	20.2576	22.3152	24.6576	16	27.3376	30.4176	33.9776	38.1232
17	19.5908	21.5237	23.7099	26.1987	17	29.0462	32.3187	36.1012	40.5059
18	20.7432	22.7898	25.1046	27.7398	18	30.7548	34.2198	38.2248	42.8886
19	21.8956	24.0559	26.4993	29.2809	19	32.4634	36.1209	40.3484	45.2713
20	23.0480	25.3220	27.8940	30.8220	20	34.1720	38.0220	42.4720	47.6540

SOMMES versées	50 ANS.	51 ANS.	52 ANS.	53 ANS.	SOMMES versées	54 ANS.	55 ANS.	56 ANS.	57 ANS.
1	0.4512	0.4878	0.5282	0.5728	1	0.6225	0.6777	0.7393	0.8084
2	0.9024	0.9756	1.0564	1.1456	2	1.2450	1.3554	1.4786	1.6168
3	1.3536	1.4634	1.5846	1.7184	3	1.8675	2.0331	2.2179	2.4252
4	1.8048	1.9512	2.1128	2.2912	4	2.4900	2.7108	2.9572	3.2336
5	2.2560	2.4390	2.6410	2.8640	5	3.1125	3.3885	3.6965	4.0420
6	2.7072	2.9268	3.1692	3.4368	6	3.7350	4.0662	4.4358	4.8504
7	3.1584	3.4146	3.6974	4.0096	7	4.3575	4.7439	5.1751	5.6588
8	3.6096	3.9024	4.2256	4.5824	8	4.9800	5.4216	5.9144	6.4672
9	4.0008	4.3902	4.7538	5.1552	9	5.6025	6.0993	6.6537	7.2756
10	4.5120	4.8780	5.2820	5.7280	10	6.2250	6.7770	7.3930	8.0840
11	4.9632	5.3658	5.8102	6.3008	11	6.8475	7.4547	8.1323	8.8924
12	5.4144	5.8536	6.3384	6.8736	12	7.4700	8.1324	8.8710	9.7008
13	5.8656	6.3414	6.8666	7.4464	13	8.0925	8.8101	9.6109	10.5092
14	6.3168	6.8292	7.3948	8.0192	14	8.7150	9.4878	10.3502	11.3176
15	6.7680	7.3170	7.9230	8.5920	15	9.3375	10.1655	11.0895	12.1260
16	7.2192	7.8048	8.4512	9.1648	16	9.9600	10.8432	11.8288	12.9344
17	7.6704	8.2926	8.9794	9.7376	17	10.5825	11.5209	12.5681	13.7428
18	8.1216	8.7804	9.5076	10.3104	18	11.2050	12.1986	13.3074	14.5512
19	8.5728	9.2682	10.0358	10.8832	19	11.8275	12.8763	14.0467	15.3596
20	9.0240	9.7560	10.5640	11.4560	20	12.4500	13.5540	14.7860	16.1680

SOMMES versées	58 ANS.	59 ANS.	60 ANS.	61 ANS.	SOMMES versées	62 ANS.	63 ANS.	64 ANS.	65 ANS.
1	0.8859	0.9733	1.0723	1.1848	1	1.3130	1.4616	1.6326	1.8318
2	1.7718	1.9466	2.1446	2.3696	2	2.6272	2.9232	3.2652	3.6636
3	2.6577	2.9199	3.2169	3.5544	3	3.9408	4.3848	4.8978	5.4954
4	3.5436	3.8932	4.2892	4.7392	4	5.2544	5.8464	6.5304	7.3272
5	4.4295	4.8665	5.3615	5.9240	5	6.5680	7.3080	8.1630	9.1590
6	5.3154	5.8398	6.4338	7.1088	6	7.8816	8.7696	9.7956	10.9908
7	6.2013	6.8131	7.5061	8.2936	7	9.1952	10.2312	11.4282	12.8226
8	7.0872	7.7864	8.5784	9.4784	8	10.5088	11.6928	13.0608	14.6544
9	7.9731	8.7597	9.6507	10.6032	9	11.8224	13.1544	14.6934	16.4862
10	8.8590	9.7330	10.7230	11.8480	10	13.1360	14.6160	16.3260	18.3180
11	9.7449	10.7063	11.7953	13.0328	11	14.4496	16.0776	17.9586	20.1498
12	10.6308	11.6796	12.8676	14.2176	12	15.7632	17.5392	19.5912	21.9816
13	11.5167	12.6529	13.9399	15.4024	13	17.0768	19.0008	21.2238	23.8134
14	12.4026	13.6262	15.0122	16.5872	14	18.3904	20.4624	22.8564	25.6452
15	13.2885	14.5995	16.0845	17.7720	15	19.7040	21.9240	24.4890	27.4770
16	14.1744	15.5728	17.1568	18.9568	16	21.0176	23.3856	26.1216	29.3088
17	15.0603	16.5461	18.2291	20.1416	17	22.3312	24.8472	27.7542	31.1406
18	15.9462	17.5194	19.3014	21.3264	18	23.6448	26.3088	29.3868	32.9724
19	16.8321	18.4927	20.3737	22.5112	19	24.9584	27.7704	31.0194	34.8042
20	17.7180	19.4660	21.4460	23.6960	20	26.2720	29.2320	32.6520	36.6360

Sommes versées	50 ANS	51 ANS	52 ANS	53 ANS	Sommes versées	54 ANS	55 ANS	56 ANS	57 ANS
1	0.5705	0.6204	0.6783	0.7357	1	0.7904	0.8704	0.9495	1.0382
2	1.1590	1.2528	1.3566	1.4714	2	1.5988	1.7408	1.8990	2.0764
3	1.7385	1.8702	2.0349	2.2071	3	2.3982	2.6112	2.8485	3.1146
4	2.3180	2.5056	2.7132	2.9428	4	3.1976	3.4816	3.7980	4.1528
5	2.8975	3.1320	3.3915	3.6785	5	3.9970	4.3520	4.7475	5.1910
6	3.4770	3.7584	4.0698	4.4142	6	4.7964	5.2224	5.6970	6.2292
7	4.0565	4.3848	4.7481	5.1499	7	5.5958	6.0928	6.6465	7.2674
8	4.6360	5.0112	5.4264	5.8856	8	6.3952	6.9632	7.5960	8.3056
9	5.2155	5.6376	6.1047	6.6213	9	7.1946	7.8336	8.5455	9.3438
10	5.7950	6.2640	6.7830	7.3570	10	7.9940	8.7040	9.4950	10.3820
11	6.3745	6.8904	7.4613	8.0927	11	8.7934	9.5744	10.4445	11.4202
12	6.9540	7.5168	8.1396	8.8284	12	9.5928	10.4448	11.3940	12.4584
13	7.5335	8.1432	8.8179	9.5641	13	10.3922	11.3152	12.3435	13.4966
14	8.1130	8.7696	9.4962	10.2998	14	11.1916	12.1856	13.2930	14.5348
15	8.6925	9.3960	10.1745	11.0355	15	11.9910	13.0560	14.2425	15.5730
16	9.2720	10.0224	10.8528	11.7712	16	12.7904	13.9264	15.1920	16.6112
17	9.8515	10.6488	11.5311	12.5069	17	13.5898	14.7968	16.1415	17.6494
18	10.4310	11.2752	12.2094	13.2426	18	14.3892	15.6672	17.0910	18.6876
19	11.0105	11.9016	12.8877	13.9783	19	15.1886	16.5376	18.0405	19.7258
20	11.5900	12.5280	13.5660	14.7140	20	15.9880	17.4080	18.9900	20.7640

Sommes versées	58 ANS	59 ANS	60 ANS	61 ANS	Sommes versées	62 ANS	63 ANS	64 ANS	65 ANS
1	1.1378	1.2500	1.3771	1.5216	1	1.6870	1.8771	2.0908	2.3525
2	2.2756	2.5000	2.7542	3.0432	2	3.3740	3.7542	4.1036	4.7050
3	3.4134	3.7500	4.1313	4.5648	3	5.0610	5.6313	6.2904	7.0575
4	4.5512	5.0000	5.5084	6.0864	4	6.7480	7.5084	8.3872	9.4100
5	5.6890	6.2500	6.8855	7.6080	5	8.4350	9.3855	10.4840	11.7625
6	6.8268	7.5000	8.2626	9.1296	6	10.1220	11.2626	12.5808	14.1150
7	7.9646	8.7500	9.6397	10.6512	7	11.8090	13.1397	14.6776	16.4675
8	9.1024	10.0000	11.0168	12.1728	8	13.4960	15.0168	16.7744	18.8200
9	10.2402	11.2500	12.3939	13.6944	9	15.1830	16.8939	18.8712	21.1725
10	11.3780	12.5000	13.7710	15.2160	10	16.8700	18.7710	20.9680	23.5250
11	12.5158	13.7500	15.1481	16.7376	11	18.5570	20.6481	23.0648	25.8775
12	13.6536	15.0000	16.5252	18.2592	12	20.2440	22.5252	25.1616	28.2300
13	14.7914	16.2500	17.9023	19.7808	13	21.9310	24.4023	27.2584	30.5825
14	15.9292	17.5000	19.2794	21.3024	14	23.6180	26.2794	29.3552	32.9350
15	17.0670	18.7500	20.6565	22.8240	15	25.3050	28.1565	31.4520	35.2875
16	18.2048	20.0000	22.0336	24.3456	16	26.9920	30.0336	33.5488	37.6400
17	19.3426	21.2500	23.4107	25.8672	17	28.6790	31.9107	35.6456	39.9925
18	20.4804	22.5000	24.7878	27.3888	18	30.3660	33.7878	37.7424	42.3450
19	21.6182	23.7500	26.1649	28.9104	19	32.0530	35.6649	39.8392	44.6975
20	22.7560	25.0000	27.5420	30.4320	20	33.7400	37.5420	41.9360	47.0500

SOMMES versées	50 ANS	51 ANS	52 ANS	53 ANS	SOMMES versées	54 ANS	55 ANS	56 ANS	57 ANS
1	0.4454	0.4815	0.5214	0.5655	1	0.6145	0.6690	0.7299	0.7980
2	0.8908	0.9630	1.0428	1.1310	2	1.2290	1.3380	1.4598	1.5960
3	1.3362	1.4445	1.5642	1.6905	3	1.8435	2.0070	2.1897	2.3940
4	1.7816	1.9260	2.0856	2.2620	4	2.4580	2.6760	2.9196	3.1920
5	2.2270	2.4075	2.6070	2.8275	5	3.0725	3.3450	3.6495	3.9900
6	2.6724	2.8890	3.1284	3.3930	6	3.6870	4.0140	4.3794	4.7880
7	3.1178	3.3705	3.6498	3.9585	7	4.3015	4.6830	5.1093	5.5860
8	3.5632	3.8520	4.1712	4.5240	8	4.9160	5.3520	5.8392	6.3840
9	4.0086	4.3335	4.6926	5.0895	9	5.5305	6.0210	6.5691	7.1820
10	4.4540	4.8150	5.2140	5.6550	10	6.1450	6.6900	7.2990	7.9800
11	4.8994	5.2965	5.7354	6.2205	11	6.7595	7.3590	8.0289	8.7780
12	5.3448	5.7780	6.2568	6.7860	12	7.3740	8.0280	8.7588	9.5760
13	5.7902	6.2595	6.7782	7.3515	13	7.9885	8.6970	9.4887	10.3740
14	6.2356	6.7410	7.2996	7.9170	14	8.6030	9.3660	10.2186	11.1720
15	6.6810	7.2225	7.8210	8.4825	15	9.2175	10.0350	10.9485	11.9700
16	7.1264	7.7040	8.3424	9.0480	16	9.8320	10.7040	11.6784	12.7680
17	7.5718	8.1855	8.8638	9.6135	17	10.4465	11.3730	12.4083	13.5660
18	8.0172	8.6670	9.3852	10.1790	18	11.0610	12.0420	13.1382	14.3640
19	8.4626	9.1485	9.9066	10.7445	19	11.6755	12.7110	13.8681	15.1620
20	8.9080	9.6300	10.4280	11.3100	20	12.2900	13.3800	14.5980	15.9600

SOMMES versées	58 ANS	59 ANS	60 ANS	61 ANS	SOMMES versées	62 ANS	63 ANS	64 ANS	65 ANS
1	0.8746	0.9609	1.0585	1.1696	1	1.2967	1.4428	1.6117	1.8083
2	1.7492	1.9218	2.1170	2.3392	2	2.5934	2.8856	3.2234	3.6166
3	2.6238	2.8827	3.1755	3.5088	3	3.8901	4.3284	4.8351	5.4249
4	3.4984	3.8436	4.2340	4.6784	4	5.1868	5.7712	6.4468	7.2332
5	4.3730	4.8045	5.2925	5.8480	5	6.4835	7.2140	8.0585	9.0415
6	5.2476	5.7654	6.3510	7.0176	6	7.7802	8.6568	9.6702	10.8498
7	6.1222	6.7263	7.4095	8.1872	7	9.0769	10.0996	11.2819	12.6581
8	6.9968	7.6872	8.4680	9.3568	8	10.3736	11.5424	12.8936	14.4664
9	7.8714	8.6481	9.5265	10.5264	9	11.6703	12.9852	14.5053	16.2747
10	8.7460	9.6090	10.5850	11.6960	10	12.9670	14.4280	16.1170	18.0830
11	9.6206	10.5699	11.6435	12.8656	11	14.2637	15.8708	17.7287	19.8913
12	10.4952	11.5308	12.7020	14.0352	12	15.5604	17.3136	19.3404	21.6996
13	11.3698	12.4917	13.7605	15.2048	13	16.8571	18.7564	20.9521	23.5079
14	12.2444	13.4526	14.8190	16.3744	14	18.1538	20.1992	22.5638	25.3162
15	13.1190	14.4135	15.8775	17.5440	15	19.4505	21.6420	24.1755	27.1245
16	13.9936	15.3744	16.9360	18.7136	16	20.7472	23.0848	25.7872	28.9328
17	14.8682	16.3353	17.9945	19.8832	17	22.0439	24.5276	27.3989	30.7411
18	15.7428	17.2962	19.0530	21.0528	18	23.3406	25.9704	29.0106	32.5494
19	16.6174	18.2571	20.1115	22.2224	19	24.6373	27.4132	30.6223	34.3577
20	17.4920	19.2180	21.1700	23.3920	20	25.9340	28.8560	32.2340	36.1660

SOMMES versées	50 ANS.	51 ANS.	52 ANS.	53 ANS.	SOMMES versées	54 ANS.	55 ANS.	56 ANS.	57 ANS.
1	0.5722	0.6185	0.6607	0.7204	1	0.7893	0.8504	0.9375	1.0251
2	1.1444	1.2370	1.3304	1.4528	2	1.5786	1.7188	1.8750	2.0502
3	1.7166	1.8555	2.0001	2.1702	3	2.3679	2.5782	2.8125	3.0753
4	2.2888	2.4740	2.6788	2.9050	4	3.1572	3.4376	3.7500	4.1004
5	2.8610	3.0925	3.3485	3.6320	5	3.9465	4.2970	4.6875	5.1255
6	3.4332	3.7110	4.0182	4.3584	6	4.7358	5.1564	5.0250	6.1506
7	4.0054	4.3295	4.6870	5.0848	7	5.5251	6.0158	6.5625	7.1757
8	4.5776	4.9480	5.3576	5.8112	8	6.3144	6.8752	7.5000	8.2008
9	5.1408	5.5665	6.0273	6.5376	9	7.1037	7.7346	8.4375	9.2259
10	5.7220	6.1850	6.6970	7.2640	10	7.8930	8.5940	9.3750	10.2510
11	6.2942	6.8035	7.3667	7.9904	11	8.6823	9.4534	10.3125	11.2761
12	6.8664	7.4220	8.0364	8.7168	12	9.4716	10.3128	11.2500	12.3012
13	7.4386	8.0405	8.7061	9.4432	13	10.2609	11.1722	12.1875	13.3263
14	8.0108	8.6590	9.3758	10.1696	14	11.0502	12.0316	13.1250	14.3514
15	8.5830	9.2775	10.0455	10.8960	15	11.8395	12.8910	14.0625	15.3765
16	9.1552	9.8960	10.7152	11.6224	16	12.6288	13.7504	15.0000	16.4016
17	9.7274	10.5145	11.3849	12.3488	17	13.4181	14.6098	15.9375	17.4267
18	10.2996	11.1330	12.0546	13.0752	18	14.2074	15.4692	16.8750	18.4518
19	10.8718	11.7515	12.7243	13.8016	19	14.9967	16.3286	17.8125	19.4769
20	11.4440	12.3700	13.3940	14.5280	20	15.7860	17.1880	18.7500	20.5020

SOMMES versées	58 ANS.	59 ANS.	60 ANS.	61 ANS.	SOMMES versées	62 ANS.	63 ANS.	64 ANS.	65 ANS.
1	1.1234	1.2342	1.3507	1.5024	1	1.6656	1.8533	2.0702	2.3227
2	2.2468	2.4684	2.7104	3.0048	2	3.3312	3.7066	4.1404	4.6454
3	3.3702	3.7026	4.0701	4.5072	3	4.9968	5.5599	6.2106	6.9681
4	4.4936	4.9368	5.4388	6.0096	4	6.6624	7.4132	8.2808	9.2908
5	5.6170	6.1710	6.7985	7.5120	5	8.3280	9.2665	10.3510	11.6135
6	6.7404	7.4052	8.1582	9.0144	6	9.9936	11.1198	12.4212	13.9362
7	7.8638	8.6394	9.5179	10.5168	7	11.6592	12.9731	14.4914	16.2589
8	8.9872	9.8736	10.8776	12.0192	8	13.3248	14.8264	16.5616	18.5816
9	10.1106	11.1078	12.2373	13.5216	9	14.9904	16.6797	18.6318	20.9043
10	11.2340	12.3420	13.5970	15.0240	10	16.6560	18.5330	20.7020	23.2270
11	12.3574	13.5762	14.9567	16.5264	11	18.3216	20.3863	22.7722	25.5497
12	13.4808	14.8104	16.3164	18.0288	12	19.9872	22.2396	24.8424	27.8724
13	14.6042	16.0446	17.6761	19.5312	13	21.6528	24.0929	26.9126	30.1951
14	15.7276	17.2788	19.0358	21.0336	14	23.3184	25.9462	28.9828	32.5178
15	16.8510	18.5130	20.3955	22.5360	15	24.9840	27.7995	31.0530	34.8405
16	17.9744	19.7472	21.7552	24.0384	16	26.6496	29.6528	33.1232	37.1632
17	19.0978	20.9814	23.1149	25.5408	17	28.3152	31.5061	35.1934	39.4859
18	20.2212	22.2156	24.4746	27.0432	18	29.9808	33.3594	37.2636	41.8086
19	21.3446	23.4498	25.8343	28.5456	19	31.6464	35.2127	39.3338	44.1313
20	22.4680	24.6840	27.1940	30.0480	20	33.3120	37.0660	41.4040	46.4540

SOMMES versées	50 ANS.	51 ANS.	52 ANS.	53 ANS.	SOMMES versées	54 ANS.	55 ANS.	56 ANS.	57 ANS.
1	0.4307	0.4753	0.5147	0.5583	1	0.6006	0.6604	0.7205	0.7878
2	0.8794	0.9506	1.0204	1.1166	2	1.2132	1.3208	1.4410	1.5756
3	1.3101	1.4259	1.5441	1.6749	3	1.8198	1.9812	2.1615	2.3034
4	1.7588	1.9012	2.0588	2.2332	4	2.4264	2.6416	2.8820	3.1512
5	2.1985	2.3765	2.5735	2.7915	5	3.0330	3.3020	3.6025	3.9390
6	2.6382	2.8518	3.0882	3.3498	6	3.6396	3.9624	4.3230	4.7268
7	3.0779	3.3271	3.6029	3.9081	7	4.2462	4.6228	5.0435	5.5146
8	3.5176	3.8024	4.1176	4.4664	8	4.8528	5.2832	5.7640	6.3024
9	3.9573	4.2777	4.6323	5.0247	9	5.4594	5.9436	6.4845	7.0902
10	4.3970	4.7530	5.1470	5.5830	10	6.0660	6.6040	7.2050	7.8780
11	4.8367	5.2283	5.6617	6.1413	11	6.6720	7.2644	7.9255	8.6658
12	5.2764	5.7036	6.1764	6.6996	12	7.2792	7.9248	8.6460	9.4536
13	5.7161	6.1789	6.6911	7.2579	13	7.8858	8.5852	9.3665	10.2414
14	6.1558	6.6542	7.2058	7.8162	14	8.4924	9.2456	10.0870	11.0292
15	6.5955	7.1295	7.7205	8.3745	15	9.0990	9.9060	10.8075	11.8170
16	7.0352	7.6048	8.2352	8.9328	16	9.7056	10.5664	11.5280	12.6048
17	7.4749	8.0801	8.7499	9.4911	17	10.3122	11.2268	12.2485	13.3926
18	7.9146	8.5554	9.2646	10.0494	18	10.9188	11.8872	12.9690	14.1804
19	8.3543	9.0307	9.7793	10.6077	19	11.5254	12.5476	13.6895	14.9682
20	8.7940	9.5060	10.2940	11.1660	20	12.1320	13.2080	14.4100	15.7560

SOMMES versées	58 ANS.	59 ANS.	60 ANS.	61 ANS.	SOMMES versées	62 ANS.	63 ANS.	64 ANS.	65 ANS.
1	0.8034	0.9485	1.0440	1.1546	1	1.2801	1.4213	1.5910	1.7851
2	1.7208	1.8970	2.0808	2.3092	2	2.5602	2.8486	3.1820	3.5702
3	2.5902	2.8455	3.1347	3.4638	3	3.8403	4.2729	4.7730	5.3553
4	3.4536	3.7940	4.1796	4.6184	4	5.1204	5.6972	6.3640	7.1404
5	4.3170	4.7425	5.2245	5.7730	5	6.4005	7.1215	7.9550	8.9255
6	5.1804	5.6910	6.2694	6.9276	6	7.6806	8.5458	9.5460	10.7106
7	6.0438	6.6395	7.3143	8.0822	7	8.9607	9.9701	11.1370	12.4957
8	6.9072	7.5880	8.3592	9.2368	8	10.2408	11.3944	12.7280	14.2808
9	7.7706	8.5365	9.4041	10.3914	9	11.5209	12.8187	14.3190	16.0659
10	8.6340	9.4850	10.4490	11.5460	10	12.8010	14.2430	15.9100	17.8510
11	9.4974	10.4335	11.4030	12.7006	11	14.0811	15.6673	17.5010	19.6361
12	10.3608	11.3820	12.5388	13.8552	12	15.3612	17.0916	19.0920	21.4212
13	11.2242	12.3305	13.5837	15.0098	13	16.6413	18.5159	20.0830	23.2063
14	12.0876	13.2790	14.6286	16.1644	14	17.9214	19.9402	22.2740	24.9914
15	12.9510	14.2275	15.6735	17.3190	15	19.2015	21.3645	23.8650	26.7765
16	13.8144	15.1760	16.7184	18.4736	16	20.4816	22.7888	25.4560	28.5610
17	14.6778	16.1245	17.7633	19.6282	17	21.7617	24.2131	27.0470	30.3467
18	15.5412	17.0730	18.8082	20.7828	18	23.0418	25.6374	28.6380	32.1318
19	16.4046	18.0215	19.8531	21.9374	19	24.3219	27.0617	30.2290	33.9169
20	17.2680	18.9700	20.8980	23.0920	20	25.6020	28.4860	31.8200	35.7020

SOMMES versées	50 ANS	51 ANS	52 ANS	53 ANS	SOMMES versées	54 ANS	55 ANS	56 ANS	57 ANS
1	0.5652	0.6110	0.6616	0.7176	1	0.7798	0.8490	0.9262	1.0120
2	1.1304	1.2220	1.3232	1.4352	2	1.5596	1.6980	1.8524	2.0252
3	1.6956	1.8330	1.9848	2.1528	3	2.3394	2.5470	2.7786	3.0378
4	2.2608	2.4440	2.6464	2.8704	4	3.1192	3.3960	3.7048	4.0504
5	2.8260	3.0550	3.3080	3.5880	5	3.8990	4.2450	4.6310	5.0630
6	3.3912	3.6660	3.9696	4.3056	6	4.6788	5.0940	5.5572	6.0756
7	3.9564	4.2770	4.6312	5.0232	7	5.4586	5.9430	6.4834	7.0882
8	4.5216	4.8880	5.2928	5.7408	8	6.2384	6.7920	7.4096	8.1008
9	5.0868	5.4990	5.9544	6.4584	9	7.0182	7.6410	8.3358	9.1134
10	5.6520	6.1100	6.6160	7.1760	10	7.7980	8.4900	9.2620	10.1260
11	6.2172	6.7210	7.2776	7.8936	11	8.5778	9.3390	10.1882	11.1386
12	6.7824	7.3320	7.9392	8.6112	12	9.3576	10.1880	11.1144	12.1512
13	7.3476	7.9430	8.6008	9.3288	13	10.1374	11.0370	12.0406	13.1638
14	7.9128	8.5540	9.2624	10.0464	14	10.9172	11.8860	12.9668	14.1764
15	8.4780	9.1650	9.9240	10.7640	15	11.6970	12.7350	13.8930	15.1890
16	9.0432	9.7760	10.5856	11.4816	16	12.4768	13.5840	14.8192	16.2016
17	9.6084	10.3870	11.2472	12.1992	17	13.2566	14.4330	15.7454	17.2142
18	10.1736	10.9980	11.9088	12.9168	18	14.0364	15.2820	16.6716	18.2268
19	10.7388	11.6090	12.5704	13.6344	19	14.8162	16.1310	17.5978	19.2394
20	11.3040	12.2200	13.2320	14.3520	20	15.5960	16.9800	18.5240	20.2520

SOMMES versées	58 ANS	59 ANS	60 ANS	61 ANS	SOMMES versées	62 ANS	63 ANS	64 ANS	65 ANS
1	1.1008	1.2193	1.3432	1.4842	1	1.6455	1.8300	2.0452	2.2946
2	2.2016	2.4386	2.6864	2.9684	2	3.2910	3.6618	4.0904	4.5892
3	3.3024	3.6579	4.0296	4.4526	3	4.9365	5.4927	6.1356	6.8838
4	4.4032	4.8772	5.3728	5.9368	4	6.5820	7.3236	8.1808	9.1784
5	5.5040	6.0965	6.7160	7.4210	5	8.2275	9.1545	10.2260	11.4730
6	6.6588	7.3158	8.0592	8.9052	6	9.8730	10.9854	12.2712	13.7676
7	7.7056	8.5351	9.4024	10.3894	7	11.5185	12.8163	14.3164	16.0622
8	8.8784	9.7544	10.7456	11.8736	8	13.1640	14.6472	16.3616	18.3568
9	9.9882	10.9737	12.0888	13.3578	9	14.8095	16.4781	18.4068	20.6514
10	11.0980	12.1930	13.4320	14.8420	10	16.4550	18.3090	20.4520	22.9460
11	12.2078	13.4123	14.7752	16.3262	11	18.1005	20.1399	22.4972	25.2406
12	13.3176	14.6316	16.1184	17.8104	12	19.7460	21.9708	24.5424	27.5352
13	14.4274	15.8509	17.4616	19.2946	13	21.3915	23.8017	26.5876	29.8298
14	15.5372	17.0702	18.8048	20.7788	14	23.0370	25.6326	28.6328	32.1244
15	16.6470	18.2895	20.1480	22.2630	15	24.6825	27.4635	30.6780	34.4190
16	17.7568	19.5088	21.4912	23.7472	16	26.3280	29.2944	32.7232	36.7136
17	18.8666	20.7281	22.8344	25.2314	17	27.9735	31.1253	34.7684	39.0082
18	19.9764	21.9474	24.1776	26.7156	18	29.6190	32.9562	36.8136	41.3028
19	21.0862	23.1667	25.5208	28.1998	19	31.2645	34.7871	38.8588	43.5974
20	22.1960	24.3860	26.8640	29.6840	20	32.9100	36.6180	40.9040	45.8920

SOMMES versées.	50 ANS.	51 ANS.	52 ANS.	53 ANS.	SOMMES versées.	54 ANS.	55 ANS.	56 ANS.	57 ANS.
1	0.4341	0.4693	0.5081	0.5511	1	0.5988	0.6520	0.7113	0.7777
2	0.8682	0.9386	1.0162	1.1022	2	1.1976	1.3040	1.4226	1.5554
3	1.3023	1.4079	1.5243	1.6533	3	1.7964	1.9560	2.1339	2.3331
4	1.7364	1.8772	2.0324	2.2044	4	2.3952	2.6080	2.8452	3.1108
5	2.1705	2.3465	2.5405	2.7555	5	2.9940	3.2600	3.5565	3.8885
6	2.6046	2.8158	3.0486	3.3066	6	3.5928	3.9120	4.2078	4.6662
7	3.0387	3.2851	3.5567	3.8577	7	4.1916	4.5640	4.9791	5.4439
8	3.4728	3.7544	4.0648	4.4088	8	4.7904	5.2160	5.6904	6.2216
9	3.9069	4.2237	4.5729	4.9599	9	5.3892	5.8680	6.4017	6.9993
10	4.3410	4.6930	5.0810	5.5110	10	5.9880	6.5200	7.1130	7.7770
11	4.7751	5.1623	5.5891	6.0621	11	6.5868	7.1720	7.8243	8.5547
12	5.2092	5.6316	6.0972	6.6132	12	7.1856	7.8240	8.5356	9.3324
13	5.6433	6.1009	6.6053	7.1643	13	7.7844	8.4760	9.2469	10.1101
14	6.0774	6.5702	7.1134	7.7154	14	8.3832	9.1280	9.9582	10.8878
15	6.5115	7.0395	7.6215	8.2665	15	8.9820	9.7800	10.6695	11.6655
16	6.9456	7.5088	8.1296	8.8176	16	9.5808	10.4320	11.3808	12.4432
17	7.3797	7.9781	8.6377	9.3687	17	10.1796	11.0840	12.0921	13.2209
18	7.8138	8.4474	9.1458	9.9198	18	10.7784	11.7360	12.8034	13.9986
19	8.2479	8.9167	9.6539	10.4709	19	11.3772	12.3880	13.5147	14.7763
20	8.6820	9.3860	10.1620	11.0220	20	11.9760	13.0400	14.2260	15.5540

SOMMES versées.	58 ANS.	59 ANS.	60 ANS.	61 ANS.	SOMMES versées.	62 ANS.	63 ANS.	64 ANS.	65 ANS.
1	0.8523	0.9364	1.0316	1.1398	1	1.2637	1.4061	1.5706	1.7622
2	1.7046	1.8728	2.0632	2.2796	2	2.5274	2.8122	3.1412	3.5244
3	2.5569	2.8092	3.0948	3.4194	3	3.7911	4.2183	4.7118	5.2866
4	3.4092	3.7456	4.1264	4.5592	4	5.0548	5.6244	6.2824	7.0488
5	4.2615	4.6820	5.1580	5.6990	5	6.3185	7.0305	7.8530	8.8110
6	5.1138	5.6184	6.1896	6.8388	6	7.5822	8.4366	9.4236	10.5732
7	5.9661	6.5548	7.2212	7.9786	7	8.8459	9.8427	10.9942	12.3354
8	6.8184	7.4912	8.2528	9.1184	8	10.1096	11.2488	12.5648	14.0976
9	7.6707	8.4276	9.2844	10.2582	9	11.3733	12.6549	14.1354	15.8598
10	8.5230	9.3640	10.3160	11.3980	10	12.6370	14.0610	15.7060	17.6220
11	9.3753	10.3004	11.3476	12.5378	11	13.9007	15.4671	17.2766	19.3842
12	10.2276	11.2368	12.3792	13.6776	12	15.1644	16.8732	18.8472	21.1464
13	11.0799	12.1732	13.4108	14.8174	13	16.4281	18.2793	20.4178	22.9086
14	11.9322	13.1096	14.4424	15.9572	14	17.6918	19.6854	21.9884	24.6708
15	12.7845	14.0460	15.4740	17.0970	15	18.9555	21.0915	23.5590	26.4330
16	13.6368	14.9824	16.5056	18.2368	16	20.2192	22.4976	25.1296	28.1952
17	14.4891	15.9188	17.5372	19.3766	17	21.4829	23.9037	26.7002	29.9574
18	15.3414	16.8552	18.5688	20.5164	18	22.7466	25.3098	28.2708	31.7196
19	16.1937	17.7916	19.6004	21.6562	19	24.0103	26.7159	29.8414	33.4818
20	17.0460	18.7280	20.6320	22.7960	20	25.2740	28.1220	31.4120	35.2440

SOMMES versées	50 ANS.	51 ANS.	52 ANS.	53 ANS.	SOMMES versées	54 ANS.	55 ANS.	56 ANS.	57 ANS.
1	0.5584	0.6036	0.6536	0.7089	1	0.7703	0.8387	0.9150	1.0004
2	1.1168	1.2072	1.3072	1.4178	2	1.5406	1.6774	1.8300	2.0008
3	1.6752	1.8108	1.9608	2.1267	3	2.3109	2.5161	2.7450	3.0012
4	2.2336	2.4144	2.6144	2.8356	4	3.0812	3.3548	3.6600	4.0016
5	2.7920	3.0180	3.2680	3.5445	5	3.8515	4.1935	4.5750	5.0020
6	3.3504	3.6216	3.9216	4.2534	6	4.6218	5.0322	5.4900	6.0024
7	3.9088	4.2252	4.5752	4.9623	7	5.3921	5.8709	6.4050	7.0028
8	4.4672	4.8288	5.2288	5.6712	8	6.1624	6.7096	7.3200	8.0032
9	5.0256	5.4324	5.8824	6.3801	9	6.9327	7.5483	8.2350	9.0036
10	5.5840	6.0360	6.5360	7.0890	10	7.7030	8.3870	9.1500	10.0040
11	6.1424	6.6396	7.1896	7.7979	11	8.4733	9.2257	10.0650	11.0044
12	6.7008	7.2432	7.8432	8.5068	12	9.2436	10.0644	10.9800	12.0048
13	7.2592	7.8468	8.4968	9.2157	13	10.0139	10.9031	11.8950	13.0052
14	7.8176	8.4504	9.1504	9.9246	14	10.7842	11.7418	12.8100	14.0056
15	8.3760	9.0540	9.8040	10.6335	15	11.5545	12.5805	13.7250	15.0060
16	8.9344	9.6576	10.4576	11.3424	16	12.3248	13.4192	14.6400	16.0064
17	9.4928	10.2612	11.1112	12.0513	17	13.0951	14.2579	15.5550	17.0068
18	10.0512	10.8648	11.7648	12.7602	18	13.8654	15.0966	16.4700	18.0072
19	10.6096	11.4684	12.4184	13.4691	19	14.6357	15.9353	17.3850	19.0076
20	11.1680	12.0720	13.0720	14.1780	20	15.4060	16.7740	18.3000	20.0080

SOMMES versées	58 ANS.	59 ANS.	60 ANS.	61 ANS.	SOMMES versées	62 ANS.	63 ANS.	64 ANS.	65 ANS.
1	1.0964	1.2045	1.3270	1.4662	1	1.6256	1.8087	2.0204	2.2669
2	2.1928	2.4090	2.6540	2.9324	2	3.2512	3.6174	4.0408	4.5338
3	3.2892	3.6135	3.9810	4.3986	3	4.8768	5.4261	6.0612	6.8007
4	4.3856	4.8180	5.3080	5.8648	4	6.5024	7.2348	8.0816	9.0676
5	5.4820	6.0225	6.6350	7.3310	5	8.1280	9.0435	10.1020	11.3345
6	6.5784	7.2270	7.9620	8.7972	6	9.7536	10.8522	12.1224	13.6014
7	7.6748	8.4315	9.2890	10.2634	7	11.3792	12.6609	14.1428	15.8683
8	8.7712	9.6360	10.6160	11.7296	8	13.0048	14.4696	16.1632	18.1352
9	9.8676	10.8405	11.9430	13.1958	9	14.6304	16.2783	18.1836	20.4021
10	10.9640	12.0450	13.2700	14.6620	10	16.2560	18.0870	20.2040	22.6690
11	12.0604	13.2495	14.5970	16.1282	11	17.8816	19.8957	22.2244	24.9359
12	13.1568	14.4540	15.9240	17.5944	12	19.5072	21.7044	24.2448	27.2028
13	14.2532	15.6585	17.2510	19.0606	13	21.1328	23.5131	26.2652	29.4697
14	15.3496	16.8630	18.5780	20.5268	14	22.7584	25.3218	28.2856	31.7366
15	16.4460	18.0675	19.9050	21.9930	15	24.3840	27.1305	30.3060	34.0035
16	17.5424	19.2720	21.2320	23.4592	16	26.0096	28.9392	32.3264	36.2704
17	18.6388	20.4765	22.5590	24.9254	17	27.6352	30.7479	34.3468	38.5373
18	19.7352	21.6810	23.8860	26.3916	18	29.2608	32.5566	36.3672	40.8042
19	20.8316	22.8855	25.2130	27.8578	19	30.8864	34.3653	38.3876	43.0711
20	21.9280	24.0900	26.5400	29.3240	20	32.5120	36.1740	40.4080	45.3380

SOMMES versées	50 ANS	51 ANS	52 ANS	53 ANS	SOMMES versées	54 ANS	55 ANS	56 ANS	57 ANS
1	0.4285	0.4632	0.5016	0.5440	1	0.5912	0.6436	0.7021	0.7677
2	0.8570	0.9264	1.0032	1.0880	2	1.1824	1.2872	1.4042	1.5354
3	1.2855	1.3896	1.5048	1.6320	3	1.7736	1.9308	2.1063	2.3031
4	1.7140	1.8528	2.0064	2.1760	4	2.3648	2.5744	2.8084	3.0708
5	2.1425	2.3160	2.5080	2.7200	5	2.9560	3.2180	3.5105	3.8385
6	2.5710	2.7792	3.0096	3.2640	6	3.5472	3.8610	4.2126	4.6062
7	2.9995	3.2424	3.5112	3.8080	7	4.1384	4.5052	4.9147	5.3739
8	3.4280	3.7056	4.0128	4.3520	8	4.7296	5.1488	5.6168	6.1416
9	3.8565	4.1688	4.5144	4.8960	9	5.3208	5.7924	6.3189	6.9093
10	4.2850	4.6320	5.0160	5.4400	10	5.9120	6.4360	7.0210	7.6770
11	4.7135	5.0952	5.5176	5.9840	11	6.5032	7.0796	7.7231	8.4447
12	5.1420	5.5584	6.0192	6.5280	12	7.0944	7.7232	8.4252	9.2124
13	5.5705	6.0216	6.5208	7.0720	13	7.6856	8.3668	9.1273	9.9801
14	5.9990	6.4848	7.0224	7.6160	14	8.2768	9.0104	9.8294	10.7478
15	6.4275	6.9480	7.5240	8.1600	15	8.8680	9.6540	10.5315	11.5155
16	6.8560	7.4112	8.0256	8.7040	16	9.4592	10.2976	11.2336	12.2832
17	7.2845	7.8744	8.5272	9.2480	17	10.0504	10.9412	11.9357	13.0509
18	7.7130	8.3376	9.0288	9.7920	18	10.6416	11.5848	12.6378	13.8186
19	8.1415	8.8008	9.5304	10.3360	19	11.2328	12.2284	13.3399	14.5863
20	8.5700	9.2640	10.0320	10.8800	20	11.8240	12.8720	14.0420	15.3540

SOMMES versées	58 ANS	59 ANS	60 ANS	61 ANS	SOMMES versées	62 ANS	63 ANS	64 ANS	65 ANS
1	0.8414	0.9244	1.0183	1.1252	1	1.2475	1.3880	1.5505	1.7396
2	1.6828	1.8488	2.0366	2.2504	2	2.4950	2.7760	3.1010	3.4792
3	2.5242	2.7732	3.0549	3.3756	3	3.7425	4.1640	4.6515	5.2188
4	3.3656	3.6976	4.0732	4.5008	4	4.9900	5.5520	6.2020	6.9584
5	4.2070	4.6220	5.0915	5.6260	5	6.2375	6.9400	7.7525	8.6980
6	5.0484	5.5464	6.1098	6.7512	6	7.4850	8.3280	9.3030	10.4376
7	5.8898	6.4708	7.1281	7.8764	7	8.7325	9.7160	10.8535	12.1772
8	6.7312	7.3952	8.1464	9.0016	8	9.9800	11.1040	12.4040	13.9168
9	7.5726	8.3196	9.1647	10.1268	9	11.2275	12.4920	13.9545	15.6564
10	8.4140	9.2440	10.1830	11.2520	10	12.4750	13.8800	15.5050	17.3960
11	9.2554	10.1684	11.2013	12.3772	11	13.7225	15.2680	17.0555	19.1356
12	10.0968	11.0928	12.2196	13.5024	12	14.9700	16.6560	18.6060	20.8752
13	10.9382	12.0172	13.2379	14.6276	13	16.2175	18.0440	20.1565	22.6148
14	11.7796	12.9416	14.2562	15.7528	14	17.4650	19.4320	21.7070	24.3544
15	12.6210	13.8660	15.2745	16.8780	15	18.7125	20.8200	23.2575	26.0940
16	13.4624	14.7904	16.2928	18.0032	16	19.9600	22.2080	24.8080	27.8336
17	14.3038	15.7148	17.3111	19.1284	17	21.2075	23.5960	26.3585	29.5732
18	15.1452	16.6392	18.3294	20.2536	18	22.4550	24.9840	27.9090	31.3128
19	15.9866	17.5636	19.3477	21.3788	19	23.7025	26.3720	29.4595	33.0524
20	16.8280	18.4880	20.3660	22.5040	20	24.9500	27.7600	31.0100	34.7920

SOMMES VERSÉES	50 ANS.	51 ANS.	52 ANS.	53 ANS.	SOMMES VERSÉES	54 ANS.	55 ANS.	56 ANS.	57 ANS.
1	0.5516	0.5903	0.6457	0.7003	1	0.7610	0.8285	0.9039	0.9883
2	1.1032	1.1026	1.2914	1.4006	2	1.5220	1.6570	1.8078	1.9766
3	1.6548	1.7889	1.9371	2.1009	3	2.2830	2.4855	2.7117	2.9649
4	2.2064	2.3852	2.5828	2.8012	4	3.0440	3.3140	3.6156	3.9532
5	2.7580	2.9815	3.2285	3.5015	5	3.8050	4.1425	4.5195	4.9415
6	3.3096	3.5778	3.8742	4.2018	6	4.5660	4.9710	5.4234	5.9298
7	3.8612	4.1741	4.5199	4.9021	7	5.3270	5.7995	6.3273	6.9181
8	4.4128	4.7704	5.1656	5.6024	8	6.0880	6.6280	7.2312	7.9064
9	4.9644	5.3667	5.8113	6.3027	9	6.8490	7.4565	8.1351	8.8947
10	5.5160	5.9630	6.4570	7.0030	10	7.6100	8.2850	9.0390	9.8830
11	6.0676	6.5593	7.1027	7.7033	11	8.3710	9.1135	9.9429	10.8713
12	6.6192	7.1556	7.7484	8.4036	12	9.1320	9.9420	10.8468	11.8596
13	7.1708	7.7519	8.3941	9.1039	13	9.8930	10.7705	11.7507	12.8479
14	7.7224	8.3482	9.0398	9.8042	14	10.6540	11.5990	12.6546	13.8362
15	8.2740	8.9445	9.6855	10.5045	15	11.4150	12.4275	13.5585	14.8245
16	8.8256	9.5408	10.3312	11.2048	16	12.1760	13.2560	14.4624	15.8128
17	9.3772	10.1371	10.9769	11.9051	17	12.9370	14.0845	15.3663	16.8011
18	9.9288	10.7334	11.6226	12.6054	18	13.6980	14.9130	16.2702	17.7894
19	10.4804	11.3297	12.2683	13.3057	19	14.4590	15.7415	17.1741	18.7777
20	11.0320	11.9260	12.9140	14.0060	20	15.2200	16.5700	18.0780	19.7660

SOMMES VERSÉES	58 ANS.	59 ANS.	60 ANS.	61 ANS.	SOMMES VERSÉES	62 ANS.	63 ANS.	64 ANS.	65 ANS.
1	1.0831	1.1899	1.3109	1.4485	1	1.6050	1.7808	1.9959	2.2394
2	2.1662	2.3798	2.6218	2.8970	2	3.2118	3.5730	3.9918	4.4788
3	3.2493	3.5697	3.9327	4.3455	3	4.8177	5.3604	5.9877	6.7182
4	4.3324	4.7596	5.2436	5.7940	4	6.4236	7.1472	7.9836	8.9576
5	5.4155	5.9495	6.5545	7.2425	5	8.0295	8.9340	9.9795	11.1970
6	6.4986	7.1394	7.8654	8.6910	6	9.6354	10.7208	11.9754	13.4364
7	7.5817	8.3293	9.1763	10.1395	7	11.2413	12.5076	13.9713	15.6758
8	8.6648	9.5192	10.4872	11.5880	8	12.8472	14.2944	15.9672	17.9152
9	9.7479	10.7091	11.7981	13.0365	9	14.4531	16.0812	17.9631	20.1546
10	10.8310	11.8990	13.1090	14.4850	10	16.0590	17.8680	19.9590	22.3940
11	11.9141	13.0889	14.4199	15.9335	11	17.6649	19.6548	21.9549	24.6334
12	12.9972	14.2788	15.7308	17.3820	12	19.2708	21.4416	23.9508	26.8728
13	14.0803	15.4687	17.0417	18.8305	13	20.8767	23.2284	25.9467	29.1122
14	15.1634	16.6586	18.3526	20.2790	14	22.4826	25.0152	27.9426	31.3516
15	16.2465	17.8485	19.6635	21.7275	15	24.0885	26.8020	29.9385	33.5910
16	17.3296	19.0384	20.9744	23.1760	16	25.6944	28.5888	31.9344	35.8304
17	18.4127	20.2283	22.2853	24.6245	17	27.3003	30.3756	33.9303	38.0698
18	19.4958	21.4182	23.5962	26.0730	18	28.9062	32.1624	35.9262	40.3092
19	20.5789	22.6081	24.9071	27.5215	19	30.5121	33.9492	37.9221	42.5486
20	21.6620	23.7980	26.2180	28.9700	20	32.1180	35.7360	39.9180	44.7880

SOMMES versées	50 ANS	51 ANS	52 ANS	53 ANS	SOMMES versées	54 ANS	55 ANS	56 ANS	57 ANS
1	0.4230	0.4573	0.4951	0.5370	1	0.5836	0.0353	0.6931	0.7579
2	0.8460	0.9146	0.9902	1.0740	2	1.1672	1.2706	1.3862	1.5158
3	1.2690	1.3719	1.4853	1.6110	3	1.7508	1.9059	2.0793	2.2737
4	1.6920	1.8292	1.9804	2.1480	4	2.3344	2.5412	2.7724	3.0316
5	2.1150	2.2865	2.4755	2.6850	5	2.9180	3.1765	3.4655	3.7895
6	2.5380	2.7438	2.9706	3.2220	6	3.5010	3.8118	4.1586	4.5474
7	2.9610	3.2011	3.4657	3.7590	7	4.0852	4.4471	4.8517	5.3053
8	3.3840	3.6584	3.9608	4.2960	8	4.6688	5.0824	5.5448	6.0632
9	3.8070	4.1157	4.4559	4.8330	9	5.2524	5.7177	6.2379	6.8211
10	4.2300	4.5730	4.9510	5.3700	10	5.8360	6.3530	6.9310	7.5790
11	4.6530	5.0303	5.4461	5.9070	11	6.4196	6.9883	7.6241	8.3369
12	5.0760	5.4876	5.9412	6.4440	12	7.0032	7.6236	8.3172	9.0948
13	5.4990	5.9449	6.4363	6.9810	13	7.5808	8.2589	9.0103	9.8527
14	5.9220	6.4022	6.9314	7.5180	14	8.1704	8.8942	9.7034	10.6106
15	6.3450	6.8595	7.4265	8.0550	15	8.7540	9.5295	10.3965	11.3685
16	6.7680	7.3168	7.9216	8.5920	16	9.3376	10.1648	11.0896	12.1264
17	7.1910	7.7741	8.4167	9.1290	17	9.9212	10.8001	11.7827	12.8843
18	7.6140	8.2314	8.9118	9.6660	18	10.5048	11.4354	12.4758	13.6422
19	8.0370	8.6887	9.4069	10.2030	19	11.0884	12.0707	13.1689	14.4001
20	8.4600	9.1460	9.9020	10.7400	20	11.6720	12.7060	13.8620	15.1580

SOMMES versées	58 ANS	59 ANS	60 ANS	61 ANS	SOMMES versées	62 ANS	63 ANS	64 ANS	65 ANS
1	0.8306	0.9125	1.0052	1.1108	1	1.2315	1.3702	1.5306	1.7173
2	1.6612	1.8250	2.0104	2.2216	2	2.4630	2.7404	3.0612	3.4346
3	2.4918	2.7375	3.0156	3.3324	3	3.6945	4.1106	4.5918	5.1519
4	3.3224	3.6500	4.0208	4.4432	4	4.9260	5.4808	6.1224	6.8692
5	4.1530	4.5625	5.0260	5.5540	5	6.1575	6.8510	7.6530	8.5865
6	4.9836	5.4750	6.0312	6.6648	6	7.3890	8.2212	9.1836	10.3038
7	5.8142	6.3875	7.0364	7.7756	7	8.6205	9.5914	10.7142	12.0211
8	6.6448	7.3000	8.0416	8.8864	8	9.8520	10.9616	12.2448	13.7384
9	7.4754	8.2125	9.0468	9.9972	9	11.0835	12.3318	13.7754	15.4557
10	8.3060	9.1250	10.0520	11.1080	10	12.3150	13.7020	15.3060	17.1730
11	9.1366	10.0375	11.0572	12.2188	11	13.5465	15.0722	16.8366	18.8903
12	9.9672	10.9500	12.0624	13.3296	12	14.7780	16.4424	18.3672	20.6076
13	10.7978	11.8625	13.0676	14.4404	13	16.0095	17.8126	19.8978	22.3249
14	11.6284	12.7750	14.0728	15.5512	14	17.2410	19.1828	21.4284	24.0422
15	12.4590	13.6875	15.0780	16.6620	15	18.4725	20.5530	22.9590	25.7595
16	13.2896	14.6000	16.0832	17.7728	16	19.7040	21.9232	24.4896	27.4768
17	14.1202	15.5125	17.0884	18.8836	17	20.9355	23.2934	26.0202	29.1941
18	14.9508	16.4250	18.0936	19.9944	18	22.1670	24.6636	27.5508	30.9114
19	15.7814	17.3375	19.0988	21.1052	19	23.3985	26.0338	29.0814	32.6287
20	16.6120	18.2500	20.1040	22.2160	20	24.6300	27.4040	30.6120	34.3460

SOMMES versées.	50 ANS.	51 ANS.	52 ANS.	53 ANS.	SOMMES versées.	54 ANS.	55 ANS.	56 ANS.	57 ANS.
1	0.5449	0.5801	0.6379	0.6918	1	0.7518	0.8185	0.8929	0.9763
2	1.0898	1.1782	1.2758	1.3836	2	1.5036	1.6370	1.7858	1.9526
3	1.6347	1.7673	1.9137	2.0754	3	2.2554	2.4555	2.6787	2.9289
4	2.1796	2.3564	2.5516	2.7672	4	3.0072	3.2740	3.5716	3.9052
5	2.7245	2.9455	3.1895	3.4590	5	3.7590	4.0925	4.4645	4.8815
6	3.2694	3.5346	3.8274	4.1508	6	4.5108	4.9110	5.3574	5.8578
7	3.8143	4.1237	4.4653	4.8426	7	5.2626	5.7295	6.2503	6.8341
8	4.3592	4.7128	5.1032	5.5344	8	6.0144	6.5480	7.1432	7.8104
9	4.9041	5.3019	5.7411	6.2262	9	6.7662	7.3665	8.0301	8.7867
10	5.4490	5.8910	6.3790	6.9180	10	7.5180	8.1850	8.9290	9.7630
11	5.9939	6.4801	7.0169	7.6008	11	8.2698	9.0035	9.8210	10.7393
12	6.5388	7.0692	7.6548	8.3016	12	9.0216	9.8220	10.7148	11.7156
13	7.0837	7.6583	8.2927	8.9934	13	9.7734	10.6405	11.6077	12.6919
14	7.6286	8.2474	8.9306	9.6852	14	10.5252	11.4590	12.5006	13.6682
15	8.1735	8.8365	9.5685	10.3770	15	11.2770	12.2775	13.3935	14.6445
16	8.7184	9.4256	10.2064	11.0688	16	12.0288	13.0960	14.2864	15.6208
17	9.2633	10.0147	10.8443	11.7606	17	12.7806	13.9145	15.1703	16.5971
18	9.8082	10.6038	11.4822	12.4524	18	13.5324	14.7330	16.0722	17.5734
19	10.3531	11.1929	12.1201	13.1442	19	14.2842	15.5515	16.9651	18.5407
20	10.8980	11.7820	12.7580	13.8300	20	15.0360	16.3700	17.8580	19.5260

SOMMES versées.	58 ANS.	59 ANS.	60 ANS.	61 ANS.	SOMMES versées.	62 ANS.	63 ANS.	64 ANS.	65 ANS.
1	1.0700	1.1755	1.2950	1.4300	1	1.5864	1.7652	1.9718	2.2123
2	2.1400	2.3510	2.5900	2.8618	2	3.1728	3.5304	3.9436	4.4246
3	3.2100	3.5265	3.8850	4.2927	3	4.7592	5.2956	5.9154	6.6369
4	4.2800	4.7020	5.1800	5.7236	4	6.3456	7.0608	7.8872	8.8492
5	5.3500	5.8775	6.4750	7.1545	5	7.9320	8.8260	9.8590	11.0615
6	6.4200	7.0530	7.7700	8.5854	6	9.5184	10.5912	11.8308	13.2738
7	7.4900	8.2285	9.0650	10.0163	7	11.1048	12.3564	13.8026	15.4861
8	8.5600	9.4040	10.3600	11.4472	8	12.6912	14.1216	15.7744	17.6984
9	9.6300	10.5795	11.6550	12.8781	9	14.2776	15.8808	17.7462	19.9107
10	10.7000	11.7550	12.9500	14.3000	10	15.8640	17.6520	19.7180	22.1230
11	11.7700	12.9305	14.2450	15.7399	11	17.4504	19.4172	21.6898	24.3353
12	12.8400	14.1060	15.5400	17.1708	12	19.0368	21.1824	23.6016	26.5476
13	13.9100	15.2815	16.8350	18.6017	13	20.6232	22.9476	25.6334	28.7509
14	14.9800	16.4570	18.1300	20.0326	14	22.2096	24.7128	27.6052	30.9722
15	16.0500	17.6325	19.4250	21.4635	15	23.7960	26.4780	29.5770	33.1845
16	17.1200	18.8080	20.7200	22.8944	16	25.3824	28.2432	31.5488	35.3968
17	18.1900	19.9835	22.0150	24.3253	17	26.9688	30.0084	33.5206	37.0091
18	19.2600	21.1590	23.3100	25.7562	18	28.5552	31.7736	35.4924	39.8214
19	20.3300	22.3345	24.6050	27.1871	19	30.1416	33.5388	37.4642	42.0337
20	21.4000	23.5100	25.0000	28.6180	20	31.7280	35.3040	39.4360	44.2460

SOMMES versées	50 ANS.	51 ANS.	52 ANS.	53 ANS.	SOMMES versées	54 ANS.	55 ANS.	56 ANS.	57 ANS.
1	0.4176	0.4514	0.4888	0.5301	1	0.5761	0.6272	0.6842	0.7481
2	0.8352	0.9028	0.9770	1.0602	2	1.1522	1.2544	1.3684	1.4962
3	1.2528	1.3542	1.4664	1.5903	3	1.7283	1.8816	2.0526	2.2443
4	1.6704	1.8056	1.9552	2.1204	4	2.3044	2.5088	2.7368	2.9924
5	2.0880	2.2570	2.4440	2.6505	5	2.8805	3.1360	3.4210	3.7405
6	2.5056	2.7084	2.9328	3.1806	6	3.4566	3.7632	4.1052	4.4886
7	2.9232	3.1598	3.4216	3.7107	7	4.0327	4.3904	4.7894	5.2367
8	3.3408	3.6112	3.9104	4.2408	8	4.6088	5.0176	5.4736	5.9848
9	3.7584	4.0626	4.3992	4.7709	9	5.1849	5.6448	6.1578	6.7329
10	4.1760	4.5140	4.8880	5.3010	10	5.7610	6.2720	6.8420	7.4810
11	4.5936	4.9654	5.3768	5.8311	11	6.3371	6.8992	7.5202	8.2291
12	5.0112	5.4168	5.8650	6.3612	12	6.9132	7.5204	8.2104	8.9772
13	5.4288	5.8682	6.3544	6.8913	13	7.4893	8.1536	8.8946	9.7253
14	5.8464	6.3196	6.8432	7.4214	14	8.0654	8.7808	9.5788	10.4734
15	6.2640	6.7710	7.3320	7.9515	15	8.6415	9.4080	10.2630	11.2215
16	6.6816	7.2224	7.8208	8.4816	16	9.2176	10.0352	10.9472	11.9696
17	7.0992	7.6738	8.3096	9.0117	17	9.7937	10.6624	11.6314	12.7177
18	7.5168	8.1252	8.7984	9.5418	18	10.3698	11.2896	12.3156	13.4658
19	7.9344	8.5766	9.2872	10.0719	19	10.9459	11.9168	12.9998	14.2139
20	8.3520	9.0280	9.7760	10.6020	20	11.5220	12.5440	13.6840	14.9620

SOMMES versées	58 ANS.	59 ANS.	60 ANS.	61 ANS.	SOMMES versées	62 ANS.	63 ANS.	64 ANS.	65 ANS.
1	0.8109	0.9008	0.9923	1.0965	1	1.2156	1.3526	1.5109	1.6952
2	1.6308	1.8016	1.9846	2.1930	2	2.4312	2.7052	3.0218	3.3904
3	2.4597	2.7024	2.9769	3.2895	3	3.6468	4.0578	4.5327	5.0856
4	3.2736	3.6032	3.9692	4.3860	4	4.8624	5.4104	6.0436	6.7808
5	4.0995	4.5040	4.9615	5.4825	5	6.0780	6.7630	7.5545	8.4760
6	4.9194	5.4048	5.9538	6.5790	6	7.2936	8.1156	9.0654	10.1712
7	5.7393	6.3056	6.9461	7.6755	7	8.5092	9.4682	10.5763	11.8664
8	6.5592	7.2064	7.9384	8.7720	8	9.7248	10.8208	12.0872	13.5616
9	7.3791	8.1072	8.9307	9.8685	9	10.9404	12.1734	13.5981	15.2568
10	8.1990	9.0080	9.9230	10.9650	10	12.1560	13.5260	15.1090	16.9520
11	9.0189	9.9088	10.9153	12.0615	11	13.3716	14.8786	16.6199	18.6472
12	9.8388	10.8096	11.9076	13.1580	12	14.5872	16.2312	18.1308	20.3424
13	10.6587	11.7104	12.8999	14.2545	13	15.8028	17.5838	19.6417	22.0376
14	11.4786	12.6112	13.8922	15.3510	14	17.0184	18.9364	21.1526	23.7328
15	12.2985	13.5120	14.8845	16.4475	15	18.2340	20.2890	22.6635	25.4280
16	13.1184	14.4128	15.8768	17.5440	16	19.4496	21.6416	24.1744	27.1232
17	13.9383	15.3136	16.8691	18.6405	17	20.6652	22.9942	25.6853	28.8184
18	14.7582	16.2144	17.8614	19.7370	18	21.8808	24.3468	27.1962	30.5136
19	15.5781	17.1152	18.8537	20.8335	19	23.0964	25.6994	28.7071	32.2088
20	16.3980	18.0160	19.8460	21.9300	20	24.3120	27.0520	30.2180	33.9040

SOMMES VERSÉES.	50 ANS.	51 ANS.	52 ANS.	53 ANS.	SOMMES VERSÉES.	54 ANS.	55 ANS.	56 ANS.	57 ANS.
1	0.5386	0.5823	0.6305	0.6838	1	0.7431	0.8090	0.8820	0.9650
2	1.0772	1.1646	1.2610	1.3676	2	1.4862	1.6180	1.7652	1.9300
3	1.6158	1.7469	1.8915	2.0514	3	2.2203	2.4270	2.6478	2.8950
4	2.1544	2.3292	2.5220	2.7352	4	2.9724	3.2360	3.5304	3.8600
5	2.6930	2.9115	3.1525	3.4190	5	3.7155	4.0450	4.4130	4.8250
6	3.2316	3.4938	3.7830	4.1028	6	4.4586	4.8540	5.2056	5.7000
7	3.7702	4.0761	4.4135	4.7866	7	5.2017	5.6630	6.1782	6.7550
8	4.3088	4.6584	5.0440	5.4704	8	5.9448	6.4720	7.0608	7.7200
9	4.8474	5.2407	5.6745	6.1542	9	6.6879	7.2810	7.9434	8.6850
10	5.3860	5.8230	6.3050	6.8380	10	7.4310	8.0900	8.8260	9.6500
11	5.9246	6.4053	6.9355	7.5218	11	8.1741	8.8990	9.7086	10.6150
12	6.4632	6.9876	7.5660	8.2056	12	8.9172	9.7080	10.5912	11.5800
13	7.0018	7.5699	8.1965	8.8894	13	9.6603	10.5170	11.4738	12.5450
14	7.5404	8.1522	8.8270	9.5732	14	10.4034	11.3260	12.3564	13.5100
15	8.0790	8.7345	9.4575	10.2570	15	11.1465	12.1350	13.2390	14.4750
16	8.6176	9.3168	10.0880	10.9408	16	11.8896	12.9440	14.1216	15.4400
17	9.1562	9.8991	10.7185	11.6246	17	12.6327	13.7530	15.0042	16.4050
18	9.6948	10.4814	11.3490	12.3084	18	13.3758	14.5620	15.8868	17.3700
19	10.2334	11.0637	11.9795	12.9922	19	14.1189	15.3710	16.7694	18.3350
20	10.7720	11.6460	12.6100	13.6760	20	14.8620	16.1800	17.6520	19.3000

SOMMES VERSÉES.	58 ANS.	59 ANS.	60 ANS.	61 ANS.	SOMMES VERSÉES.	62 ANS.	63 ANS.	64 ANS.	65 ANS.
1	1.0576	1.1619	1.2800	1.4144	1	1.5681	1.7448	1.9490	2.1867
2	2.1152	2.3238	2.5600	2.8288	2	3.1362	3.4896	3.8980	4.3734
3	3.1728	3.4857	3.8400	4.2432	3	4.7043	5.2344	5.8470	6.5601
4	4.2304	4.6476	5.1200	5.6576	4	6.2724	6.9792	7.7960	8.7468
5	5.2880	5.8095	6.4000	7.0720	5	7.8405	8.7240	9.7450	10.9335
6	6.3456	6.9714	7.6800	8.4864	6	9.4086	10.4688	11.6940	13.1202
7	7.4032	8.1333	8.9600	9.9008	7	10.9767	12.2136	13.6430	15.3069
8	8.4608	9.2952	10.2400	11.3152	8	12.5448	13.9584	15.5920	17.4936
9	9.5184	10.4571	11.5200	12.7296	9	14.1129	15.7032	17.5410	19.6803
10	10.5760	11.6190	12.8000	14.1440	10	15.6810	17.4480	19.4900	21.8670
11	11.6336	12.7800	14.0800	15.5584	11	17.2491	19.1928	21.4390	24.0537
12	12.6912	13.9428	15.3600	16.9728	12	18.8172	20.9376	23.3880	26.2404
13	13.7488	15.1047	16.6400	18.3872	13	20.3853	22.6824	25.3370	28.4271
14	14.8064	16.2666	17.9200	19.8016	14	21.9534	24.4272	27.2860	30.6138
15	15.8640	17.4285	19.2000	21.2160	15	23.5215	26.1720	29.2350	32.8005
16	16.9216	18.5904	20.4800	22.6304	16	25.0896	27.9168	31.1840	34.9872
17	17.9792	19.7523	21.7600	24.0448	17	26.6577	29.6616	33.1330	37.1739
18	19.0368	20.9142	23.0400	25.4592	18	28.2258	31.4064	35.0820	39.3606
19	20.0944	22.0761	24.3200	26.8736	19	29.7939	33.1512	37.0310	41.5473
20	21.1520	23.2380	25.6000	28.2880	20	31.3620	34.8960	38.9800	43.7340

SOMMES versées.	50 ANS.	51 ANS.	52 ANS.	53 ANS.	SOMMES versées.	54 ANS.	55 ANS.	56 ANS.	57 ANS.
1	0.4122	0.4456	0.4825	0.5233	1	0.5087	0.6101	0.6754	0.7385
2	0.8244	0.8912	0.9650	1.0466	2	1.1374	1.2382	1.3508	1.4770
3	1.2366	1.3368	1.4475	1.5699	3	1.7061	1.8573	2.0262	2.2155
4	1.6488	1.7824	1.9300	2.0932	4	2.2748	2.4704	2.7016	2.9540
5	2.0610	2.2280	2.4125	2.6165	5	2.8435	3.0955	3.3770	3.6925
6	2.4732	2.6736	2 8950	3.1398	6	3.4122	3.7146	4.0524	4.4310
7	2.8854	3.1192	3.3775	3.6631	7	3.9809	4.3337	4.7278	5.1695
8	3.2976	3.5648	3.8600	4.1864	8	4.5496	4.9528	5.4032	5.9080
9	3.7098	4.0104	4.3425	4.7097	9	5.1183	5.5719	6.0786	6.6465
10	4.1220	4.4560	4.8250	5.2330	10	5.6870	6.1910	6.7540	7.3850
11	4.5342	4.9016	5.3075	5.7563	11	6 2557	6.8101	7.4294	8.1235
12	4.9464	5.3472	5.7900	6.2796	12	6.8244	7.4292	8.1048	8.8620
13	5.3586	5.7928	6.2725	6.8029	13	7.3931	8.0483	8.7802	9.6005
14	5.7708	6.2384	6.7550	7.3262	14	7.9618	8.6674	9.4556	10.3390
15	6.1830	6.6840	7.2375	7.8495	15	8.5305	9.2865	10.1310	11.0775
16	6.5952	7.1296	7.7200	8.3728	16	9.0992	9.9056	10.8064	11.8160
17	7.0074	7.5752	8.2025	8.8961	17	9.6679	10.5247	11.4818	12.5545
18	7.4196	8.0208	8.6850	9.4194	18	10.2366	11.1438	12.1572	13.2930
19	7.8318	8.4664	9.1675	9.9427	19	10.8053	11.7629	12.8326	14.0315
20	8.2440	8.9120	9.6500	10.4660	20	11.3740	12.3820	13.5080	14.7700

SOMMES versées.	58 ANS.	59 ANS.	60 ANS.	61 ANS.	SOMMES versées.	62 ANS.	63 ANS.	64 ANS.	65 ANS.
1	0.8003	0.8892	0.9706	1.0824	1	1.2000	1.3352	1.4915	1.6734
2	1.6186	1.7784	1.9502	2.1648	2	2.4000	2.6704	2.9830	3.3468
3	2.4270	2.6676	2.9388	3.2472	3	3.6000	4.0056	4.4745	5.0202
4	3.2372	3.5568	3.9184	4.3296	4	4.8000	5.3408	5.9660	6.6936
5	4.0465	4.4460	4.8980	5.4120	5	6.0000	6.6760	7.4575	8.3670
6	4.8558	5.3352	5.8776	6.4944	6	7.2000	8.0112	8.9490	10.0404
7	5.6651	6.2244	6.8572	7.5768	7	8.4000	9.3464	10.4405	11.7138
8	6.4744	7.1136	7.8368	8.6592	8	9.6000	10.6816	11.9320	13.3872
9	7.2837	8.0028	8.8164	9.7416	9	10.8000	12.0168	13.4235	15.0606
10	8.0930	8.8920	9.7960	10.8240	10	12.0000	13.3520	14.9150	16.7340
11	8.9023	9.7812	10.7756	11.9064	11	13.2000	14.6872	16.4065	18.4074
12	9.7116	10.6704	11.7552	12.9888	12	14.4000	16.0224	17.8980	20.0808
13	10.5209	11.5596	12.7348	14.0712	13	15.6000	17.3576	19.3895	21.7542
14	11.3302	12.4488	13.7144	15.1536	14	16.8000	18.6928	20.8810	23.4276
15	12.1395	13.3380	14.6940	16.2360	15	18.0000	20.0280	22.3725	25.1010
16	12.9488	14.2272	15.6736	17.3184	16	19.2000	21.3632	23.8640	26.7744
17	13.7581	15.1164	16.6532	18.4008	17	20.4000	22.6984	25.3555	28.4478
18	14.5674	16.0056	17.6328	19.4832	18	21.6000	24.0336	26.8470	30.1212
19	15.3767	16.8948	18.6124	20.5656	19	22.8000	25.3688	28.3385	31.7946
20	16.1860	17.7840	19.5920	21.6480	20	24.0000	26.7040	29.8300	33.4680

SOMMES versées.	50 ANS.	51 ANS.	52 ANS.	53 ANS.	SOMMES versées.	54 ANS.	55 ANS.	56 ANS.	57 ANS.
1	0.5324	0.5756	0.6232	0.6759	1	0.7345	0.7997	0.8724	0.9539
2	1.0648	1.1512	1.2464	1.3518	2	1.4690	1.5994	1.7448	1.9078
3	1.5972	1.7268	1.8696	2.0277	3	2.2035	2.3991	2.6172	2.8617
4	2.1296	2.3024	2.4928	2.7036	4	2.9380	3.1988	3.4896	3.8156
5	2.6620	2.8780	3.1160	3.3795	5	3.6725	3.9985	4.3620	4.7695
6	3.1944	3.4536	3.7392	4.0554	6	4.4070	4.7982	5.2344	5.7234
7	3.7268	4.0292	4.3624	4.7313	7	5.1415	5.5979	6.1008	6.6773
8	4.2592	4.6048	4.9856	5.4072	8	5.8760	6.3976	6.9792	7.6312
9	4.7916	5.1804	5.6088	6.0831	9	6.6105	7.1973	7.8516	8.5851
10	5.3240	5.7560	6.2320	6.7590	10	7.3450	7.9970	8.7240	9.5390
11	5.8564	6.3316	6.8552	7.4349	11	8.0795	8.7967	9.5964	10.4929
12	6.3888	6.9072	7.4784	8.1108	12	8.8140	9.5964	10.4688	11.4468
13	6.9212	7.4828	8.1016	8.7807	13	9.5485	10.3961	11.3412	12.4007
14	7.4536	8.0584	8.7248	9.4626	14	10.2830	11.1958	12.2136	13.3546
15	7.9860	8.6340	9.3480	10.1385	15	11.0175	11.9955	13.0860	14.3085
16	8.5184	9.2096	9.9712	10.8144	16	11.7520	12.7952	13.9584	15.2624
17	9.0508	9.7852	10.5944	11.4903	17	12.4865	13.5949	14.8308	16.2163
18	9.5832	10.3608	11.2176	12.1662	18	13.2210	14.3946	15.7032	17.1702
19	10.1156	10.9364	11.8408	12.8421	19	13.9555	15.1943	16.5756	18.1241
20	10.6480	11.5120	12.4640	13.5180	20	14.6900	15.9940	17.4480	19.0780

SOMMES versées.	58 ANS.	59 ANS.	60 ANS.	61 ANS.	SOMMES versées.	62 ANS.	63 ANS.	64 ANS.	65 ANS.
1	1.0454	1.1485	1.2652	1.3980	1	1.5500	1.7240	1.9204	2.1614
2	2.0908	2.2970	2.5304	2.7960	2	3.1000	3.4492	3.8528	4.3228
3	3.1362	3.4455	3.7956	4.1940	3	4.6500	5.1738	5.7702	6.4842
4	4.1816	4.5940	5.0608	5.5920	4	6.2000	6.8984	7.7056	8.6456
5	5.2270	5.7425	6.3260	6.9900	5	7.7500	8.6230	9.6320	10.8070
6	6.2724	6.8910	7.5912	8.3880	6	9.3000	10.3470	11.5584	12.9684
7	7.3178	8.0395	8.8564	9.7860	7	10.8500	12.0722	13.4848	15.1298
8	8.3632	9.1880	10.1216	11.1840	8	12.4000	13.7968	15.4112	17.2912
9	9.4086	10.3365	11.3868	12.5820	9	13.9500	15.5214	17.3376	19.4526
10	10.4540	11.4850	12.6520	13.9800	10	15.5000	17.2460	19.2640	21.6140
11	11.4994	12.6335	13.9172	15.3780	11	17.0500	18.9706	21.1904	23.7754
12	12.5448	13.7820	15.1824	16.7760	12	18.6000	20.6952	23.1168	25.9368
13	13.5902	14.9305	16.4476	18.1740	13	20.1500	22.4198	25.0432	28.0982
14	14.6356	16.0790	17.7128	19.5720	14	21.7000	24.1444	26.9696	30.2596
15	15.6810	17.2275	18.9780	20.9700	15	23.2500	25.8690	28.8960	32.4210
16	16.7264	18.3760	20.2432	22.3680	16	24.8000	27.5936	30.8224	34.5824
17	17.7718	19.5245	21.5084	23.7660	17	26.3500	29.3182	32.7488	36.7438
18	18.8172	20.6730	22.7736	25.1640	18	27.9000	31.0428	34.6752	38.9052
19	19.8626	21.8215	24.0388	26.5620	19	29.4500	32.7674	36.6016	41.0666
20	20.9080	22.9700	25.3040	27.9600	20	31.0000	34.4920	38.5280	43.2280

SOMMES versées	50 ANS.	51 ANS.	52 ANS.	53 ANS.	SOMMES versées	54 ANS.	55 ANS.	56 ANS.	57 ANS.
1	0.4069	0.4399	0.4703	0.5166	1	0.5013	0.6112	0.6667	0.7290
2	0.8138	0.8798	0.9520	1.0332	2	1.1226	1.2224	1.3334	1.4580
3	1.2207	1.3197	1.4289	1.5498	3	1.6839	1.8336	2.0001	2.1870
4	1.6276	1.7596	1.9052	2.0664	4	2.2452	2.4448	2.6668	2.9160
5	2.0345	2.1995	2.3815	2.5830	5	2.8065	3.0560	3.3335	3.6450
6	2.4414	2.6394	2.8578	3.0996	6	3.3678	3.6672	4.0002	4.3740
7	2.8483	3.0793	3.3341	3.6162	7	3.9291	4.2784	4.6669	5.1030
8	3.2552	3.5192	3.8104	4.1328	8	4.4904	4.8896	5.3336	5.8320
9	3.6621	3.9591	4.2867	4.6494	9	5.0517	5.5008	6.0003	6.5610
10	4.0690	4.3990	4.7630	5.1660	10	5.6130	6.1120	6.6670	7.2900
11	4.4759	4.8389	5.2393	5.6826	11	6.1743	6.7232	7.3337	8.0190
12	4.8828	5.2788	5.7156	6.1992	12	6.7356	7.3344	8.0004	8.7480
13	5.2897	5.7187	6.1919	6.7158	13	7.2969	7.9456	8.6671	9.4770
14	5.6966	6.1586	6.6682	7.2324	14	7.8582	8.5568	9.3338	10.2060
15	6.1035	6.5985	7.1445	7.7490	15	8.4195	9.1680	10.0005	10.9350
16	6.5104	7.0384	7.6208	8.2656	16	8.9808	9.7792	10.6672	11.6640
17	6.9173	7.4783	8.0971	8.7822	17	9.5421	10.3904	11.3339	12.3930
18	7.3242	7.9182	8.5734	9.2988	18	10.1034	11.0016	12.0006	13.1220
19	7.7311	8.3581	9.0497	9.8154	19	10.6647	11.6128	12.6673	13.8510
20	8.1380	8.7980	9.5260	10.3320	20	11.2260	12.2240	13.3340	14.5800

SOMMES versées	58 ANS.	59 ANS.	60 ANS.	61 ANS.	SOMMES versées	62 ANS.	63 ANS.	64 ANS.	65 ANS.
1	0.7989	0.8777	0.9670	1.0685	1	1.1840	1.3180	1.4723	1.6519
2	1.5978	1.7554	1.9340	2.1370	2	2.3682	2.6360	2.9446	3.3038
3	2.3967	2.6331	2.9010	3.2055	3	3.5538	3.9540	4.4169	4.9557
4	3.1956	3.5108	3.8680	4.2740	4	4.7384	5.2720	5.8892	6.6076
5	3.9945	4.3885	4.8350	5.3425	5	5.9230	6.5900	7.3615	8.2595
6	4.7934	5.2662	5.8020	6.4110	6	7.1076	7.9080	8.8338	9.9114
7	5.5923	6.1439	6.7690	7.4795	7	8.2922	9.2260	10.3061	11.5633
8	6.3912	7.0216	7.7360	8.5480	8	9.4768	10.5440	11.7784	13.2152
9	7.1901	7.8993	8.7030	9.6165	9	10.6614	11.8620	13.2507	14.8671
10	7.9890	8.7770	9.6700	10.6850	10	11.8460	13.1800	14.7230	16.5190
11	8.7879	9.6547	10.6370	11.7535	11	13.0306	14.4980	16.1953	18.1709
12	9.5868	10.5324	11.6040	12.8220	12	14.2152	15.8160	17.6676	19.8228
13	10.3857	11.4101	12.5710	13.8905	13	15.3998	17.1340	19.1399	21.4747
14	11.1846	12.2878	13.5380	14.9590	14	16.5844	18.4520	20.6122	23.1266
15	11.9835	13.1655	14.5050	16.0275	15	17.7690	19.7700	22.0845	24.7785
16	12.7824	14.0432	15.4720	17.0960	16	18.9536	21.0880	23.5568	26.4304
17	13.5813	14.9209	16.4390	18.1645	17	20.1382	22.4060	25.0291	28.0823
18	14.3802	15.7986	17.4060	19.2330	18	21.3228	23.7240	26.5014	29.7342
19	15.1791	16.6763	18.3730	20.3015	19	22.5074	25.0420	27.9737	31.3861
20	15.9780	17.5540	19.3400	21.3700	20	23.6920	26.3600	29.4460	33.0380

SOMMES versées.	50 ANS.	51 ANS.	52 ANS.	53 ANS.	SOMMES versées.	54 ANS.	55 ANS.	56 ANS.	57 ANS.
1	0.5263	0.5689	0.6160	0.6681	1	0.7260	0.7904	0.8623	0.9428
2	1.0526	1.1378	1.2320	1.3362	2	1.4520	1.5808	1.7240	1.8856
3	1.5789	1.7067	1.8480	2.0043	3	2.1780	2.3712	2.5860	2.8284
4	2.1052	2.2756	2.4640	2.6724	4	2.9040	3.1616	3.4492	3.7712
5	2.6315	2.8445	3.0800	3.3405	5	3.6300	3.9520	4.3115	4.7140
6	3.1578	3.4134	3.6960	4.0086	6	4.3560	4.7424	5.1738	5.6568
7	3.6841	3.9823	4.3120	4.6767	7	5.0820	5.5328	6.0361	6.5996
8	4.2104	4.5512	4.9280	5.3448	8	5.8080	6.3232	6.8084	7.5424
9	4.7367	5.1201	5.5440	6.0129	9	6.5340	7.1136	7.7607	8.4852
10	5.2630	5.6890	6.1600	6.6810	10	7.2600	7.9040	8.6230	9.4280
11	5.7893	6.2579	6.7760	7.3491	11	7.9860	8.6944	9.4853	10.3708
12	6.3156	6.8268	7.3920	8.0172	12	8.7120	9.4848	10.3476	11.3136
13	6.8419	7.3957	8.0080	8.6853	13	9.4380	10.2752	11.2099	12.2564
14	7.3682	7.9646	8.6240	9.3534	14	10.1640	11.0656	12.0722	13.1992
15	7.8945	8.5335	9.2400	10.0215	15	10.8900	11.8560	12.9345	14.1420
16	8.4208	9.1024	9.8560	10.6896	16	11.6160	12.6464	13.7968	15.0848
17	8.9471	9.6713	10.4720	11.3577	17	12.3420	13.4368	14.6591	16.0276
18	9.4734	10.2402	11.0880	12.0258	18	13.0680	14.2272	15.5214	16.9704
19	9.9997	10.8091	11.7040	12.6939	19	13.7940	15.0176	16.3837	17.9132
20	10.5260	11.3780	12.3200	13.3620	20	14.5200	15.8080	17.2460	18.8560

SOMMES versées.	58 ANS.	59 ANS.	60 ANS.	61 ANS.	SOMMES versées.	62 ANS.	63 ANS.	64 ANS.	65 ANS.
1	1.0333	1.1352	1.2500	1.3810	1	1.5320	1.7047	1.9042	2.1364
2	2.0666	2.2704	2.5012	2.7638	2	3.0640	3.4094	3.8084	4.2728
3	3.0999	3.4056	3.7518	4.1457	3	4.5960	5.1141	5.7126	6.4092
4	4.1332	4.5408	5.0024	5.5276	4	6.1280	6.8188	7.6168	8.5456
5	5.1665	5.6760	6.2530	6.9095	5	7.6600	8.5235	9.5210	10.6820
6	6.1998	6.8112	7.5036	8.2914	6	9.1920	10.2282	11.4252	12.8184
7	7.2331	7.9464	8.7542	9.6733	7	10.7240	11.9329	13.3294	14.9548
8	8.2664	9.0816	10.0048	11.0552	8	12.2560	13.6376	15.2336	17.0912
9	9.2997	10.2168	11.2554	12.4371	9	13.7880	15.3423	17.1378	19.2276
10	10.3330	11.3520	12.5060	13.8190	10	15.3200	17.0470	19.0420	21.3640
11	11.3663	12.4872	13.7500	15.2000	11	16.8520	18.7517	20.9462	23.5004
12	12.3996	13.6224	15.0072	16.5828	12	18.3840	20.4564	22.8504	25.6368
13	13.4329	14.7576	16.2578	17.9647	13	19.9160	22.1611	24.7546	27.7732
14	14.4662	15.8928	17.5084	19.3466	14	21.4480	23.8658	26.6588	29.9096
15	15.4995	17.0280	18.7590	20.7285	15	22.9800	25.5705	28.5630	32.0460
16	16.5328	18.1632	20.0096	22.1104	16	24.5120	27.2752	30.4672	34.1824
17	17.5661	19.2984	21.2602	23.4923	17	26.0440	28.9799	32.3714	36.3188
18	18.5994	20.4336	22.5108	24.8742	18	27.5760	30.6846	34.2756	38.4552
19	19.6327	21.5688	23.7614	26.2561	19	29.1080	32.3893	36.1798	40.5916
20	20.6660	22.7040	25.0120	27.6380	20	30.6400	34.0940	38.0840	42.7280

SOMMES versées	50 ANS	51 ANS	52 ANS	53 ANS	SOMMES versées	54 ANS	55 ANS	56 ANS	57 ANS
1	0.4017	0.4342	0.4701	0.5099	1	0.5541	0.6033	0.6581	0.7190
2	0.8034	0.8684	0.9402	1.0198	2	1.1082	1.2066	1.3162	1.4392
3	1.2051	1.3026	1.4103	1.5297	3	1.6623	1.8099	1.9743	2.1588
4	1.6068	1.7368	1.8804	2.0396	4	2.2164	2.4132	2.6324	2.8784
5	2.0085	2.1710	2.3505	2.5495	5	2.7705	3.0165	3.2905	3.5980
6	2.4102	2.6052	2.8206	3.0594	6	3.3246	3.6198	3.9486	4.3176
7	2.8119	3.0394	3.2907	3.5693	7	3.8787	4.2231	4.6067	5.0372
8	3.2136	3.4736	3.7608	4.0792	8	4.4328	4.8264	5.2648	5.7568
9	3.6153	3.9078	4.2309	4.5891	9	4.9869	5.4297	5.9229	6.4764
10	4.0170	4.3420	4.7010	5.0990	10	5.5410	6.0330	6.5810	7.1960
11	4.4187	4.7762	5.1711	5.6080	11	6.0951	6.6363	7.2391	7.9156
12	4.8204	5.2104	5.6412	6.1188	12	6.6492	7.2396	7.8972	8.6352
13	5.2221	5.6446	6.1113	6.6287	13	7.2033	7.8429	8.5553	9.3548
14	5.6238	6.0788	6.5814	7.1386	14	7.7574	8.4462	9.2134	10.0744
15	6.0255	6.5130	7.0515	7.6485	15	8.3115	9.0495	9.8715	10.7940
16	6.4272	6.9472	7.5216	8.1584	16	8.8656	9.6528	10.5296	11.5136
17	6.8289	7.3814	7.9917	8.6683	17	9.4197	10.2561	11.1877	12.2332
18	7.2306	7.8156	8.4618	9.1782	18	9.9738	10.8594	11.8458	12.9528
19	7.6323	8.2498	8.9319	9.6881	19	10.5279	11.4627	12.5039	13.6724
20	8.0340	8.6840	9.4020	10.1980	20	11.0820	12.0660	13.1620	14.3920

SOMMES versées	58 ANS	59 ANS	60 ANS	61 ANS	SOMMES versées	62 ANS	63 ANS	64 ANS	65 ANS
1	0.7886	0.8664	0.9545	1.0547	1	1.1693	1.3010	1.4533	1.6306
2	1.5772	1.7328	1.9090	2.1094	2	2.3386	2.6020	2.9066	3.2612
3	2.3658	2.5992	2.8635	3.1641	3	3.5079	3.9030	4.3599	4.8918
4	3.1544	3.4656	3.8180	4.2188	4	4.6772	5.2040	5.8132	6.5224
5	3.9430	4.3320	4.7725	5.2735	5	5.8465	6.5050	7.2665	8.1530
6	4.7316	5.1984	5.7270	6.3282	6	7.0158	7.8060	8.7198	9.7836
7	5.5202	6.0648	6.6815	7.3829	7	8.1851	9.1070	10.1731	11.4142
8	6.3088	6.9312	7.6360	8.4376	8	9.3544	10.4080	11.6264	13.0448
9	7.0974	7.7976	8.5905	9.4923	9	10.5237	11.7090	13.0797	14.6754
10	7.8860	8.6640	9.5450	10.5470	10	11.6930	13.0100	14.5330	16.3060
11	8.6746	9.5304	10.4995	11.6017	11	12.8623	14.3110	15.9863	17.9366
12	9.4632	10.3968	11.4540	12.6564	12	14.0316	15.6120	17.4396	19.5672
13	10.2518	11.2632	12.4085	13.7111	13	15.2009	16.9130	18.8929	21.1978
14	11.0404	12.1296	13.3630	14.7658	14	16.3702	18.2140	20.3462	22.8284
15	11.8290	12.9960	14.3175	15.8205	15	17.5395	19.5150	21.7995	24.4590
16	12.6176	13.8624	15.2720	16.8752	16	18.7088	20.8160	23.2528	26.0896
17	13.4062	14.7288	16.2265	17.9299	17	19.8781	22.1170	24.7061	27.7202
18	14.1948	15.5952	17.1810	18.9846	18	21.0474	23.4180	26.1594	29.3508
19	14.9834	16.4616	18.1355	20.0393	19	22.2167	24.7190	27.6127	30.9814
20	15.7720	17.3280	19.0900	21.0940	20	23.3860	26.0200	29.0660	32.6120

SOMMES versées	30 ANS.	31 ANS.	32 ANS.	33 ANS.	SOMMES versées	34 ANS.	35 ANS.	36 ANS.	37 ANS.
1	0.5202	0.5623	0.6089	0.6604	1	0.7176	0.7813	0.8523	0.9319
2	1.0404	1.1246	1.2178	1.3208	2	1.4352	1.5626	1.7046	1.8638
3	1.5606	1.6869	1.8267	1.9812	3	2.1528	2.3439	2.5569	2.7957
4	2.0808	2.2492	2.4356	2.6416	4	2.8704	3.1252	3.4092	3.7276
5	2.6010	2.8115	3.0445	3.3020	5	3.5880	3.9065	4.2615	4.6595
6	3.1212	3.3738	3.6534	3.9624	6	4.3056	4.6878	5.1138	5.5914
7	3.6414	3.9361	4.2623	4.6228	7	5.0232	5.4691	5.9661	6.5233
8	4.1616	4.4984	4.8712	5.2832	8	5.7408	6.2504	6.8184	7.4552
9	4.6818	5.0607	5.4801	5.9436	9	6.4584	7.0317	7.6707	8.3871
10	5.2020	5.6230	6.0890	6.6040	10	7.1760	7.8130	8.5230	9.3190
11	5.7222	6.1853	6.6979	7.2644	11	7.8936	8.5943	9.3753	10.2509
12	6.2424	6.7476	7.3068	7.9248	12	8.6112	9.3756	10.2276	11.1828
13	6.7626	7.3099	7.9157	8.5852	13	9.3288	10.1569	11.0799	12.1147
14	7.2828	7.8722	8.5246	9.2456	14	10.0464	10.9382	11.9322	13.0466
15	7.8030	8.4345	9.1335	9.9060	15	10.7640	11.7195	12.7845	13.9785
16	8.3232	8.9968	9.7424	10.5664	16	11.4816	12.5008	13.6368	14.9104
17	8.8434	9.5591	10.3513	11.2268	17	12.1992	13.2821	14.4891	15.8423
18	9.3636	10.1214	10.9602	11.8872	18	12.9168	14.0634	15.3414	16.7742
19	9.8838	10.6837	11.5691	12.5476	19	13.6344	14.8447	16.1937	17.7061
20	10.4040	11.2460	12.1780	13.2080	20	14.3520	15.6260	17.0460	18.6380

SOMMES versées	58 ANS.	59 ANS.	60 ANS.	61 ANS.	SOMMES versées	62 ANS.	63 ANS.	64 ANS.	65 ANS.
1	1.0213	1.1221	1.2361	1.3650	1	1.5143	1.6849	1.8822	2.1117
2	2.0426	2.2442	2.4722	2.7318	2	3.0286	3.3698	3.7644	4.2234
3	3.0639	3.3663	3.7083	4.0977	3	4.5429	5.0547	5.6466	6.3351
4	4.0852	4.4884	4.9444	5.4636	4	6.0572	6.7396	7.5288	8.4468
5	5.1065	5.6105	6.1805	6.8295	5	7.5715	8.4245	9.4110	10.5585
6	6.1278	6.7326	7.4166	8.1954	6	9.0858	10.1094	11.2932	12.6702
7	7.1491	7.8547	8.6527	9.5613	7	10.6001	11.7943	13.1754	14.7819
8	8.1704	8.9768	9.8888	10.9272	8	12.1144	13.4792	15.0576	16.8936
9	9.1917	10.0989	11.1249	12.2931	9	13.6287	15.1641	16.9398	19.0053
10	10.2130	11.2210	12.3610	13.6590	10	15.1430	16.8490	18.8220	21.1170
11	11.2343	12.3431	13.5971	15.0249	11	16.6573	18.5339	20.7042	23.2287
12	12.2556	13.4652	14.8332	16.3908	12	18.1716	20.2188	22.5864	25.3404
13	13.2769	14.5873	16.0693	17.7567	13	19.6859	21.9037	24.4686	27.4521
14	14.2982	15.7094	17.3054	19.1226	14	21.2002	23.5886	26.3508	29.5638
15	15.3195	16.8315	18.5415	20.4885	15	22.7145	25.2735	28.2330	31.6755
16	16.3408	17.9536	19.7776	21.8544	16	24.2288	26.9584	30.1152	33.7872
17	17.3621	19.0757	21.0137	23.2203	17	25.7431	28.6433	31.9974	35.8989
18	18.3834	20.1978	22.2498	24.5862	18	27.2574	30.3282	33.8796	38.0106
19	19.4047	21.3199	23.4859	25.9521	19	28.7717	32.0131	35.7618	40.1223
20	20.4260	22.4420	24.7220	27.3180	20	30.2860	33.6980	37.6440	42.2340

SOMMES versées	50 ANS	51 ANS	52 ANS	53 ANS	SOMMES versées	54 ANS	55 ANS	56 ANS	57 ANS
1	0.3965	0.4286	0.4641	0.5033	1	0.5470	0.5955	0.6496	0.7103
2	0.7930	0.8572	0.9282	1.0066	2	1.0940	1.1910	1.2992	1.4206
3	1.1895	1.2858	1.3923	1.5099	3	1.6410	1.7865	1.9488	2.1309
4	1.5860	1.7144	1.8564	2.0132	4	2.1880	2.3820	2.5984	2.8412
5	1.9825	2.1430	2.3205	2.5165	5	2.7350	2.9775	3.2480	3.5515
6	2.3790	2.5716	2.7846	3.0198	6	3.2820	3.5730	3.8976	4.2618
7	2.7755	3.0002	3.2487	3.5231	7	3.8290	4.1685	4.5472	4.9721
8	3.1720	3.4288	3.7128	4.0264	8	4.3760	4.7640	5.1968	5.6824
9	3.5685	3.8574	4.1769	4.5297	9	4.9230	5.3595	5.8464	6.3927
10	3.9650	4.2860	4.6410	5.0330	10	5.4700	5.9550	6.4960	7.1030
11	4.3615	4.7146	5.1051	5.5363	11	6.0170	6.5505	7.1456	7.8133
12	4.7580	5.1432	5.5692	6.0396	12	6.5640	7.1460	7.7952	8.5236
13	5.1545	5.5718	6.0333	6.5429	13	7.1110	7.7415	8.4448	9.2339
14	5.5510	6.0004	6.4974	7.0462	14	7.6580	8.3370	9.0944	9.9442
15	5.9475	6.4290	6.9615	7.5495	15	8.2050	8.9325	9.7440	10.6545
16	6.3440	6.8576	7.4256	8.0528	16	8.7520	9.5280	10.3936	11.3648
17	6.7405	7.2862	7.8897	8.5561	17	9.2990	10.1235	11.0432	12.0751
18	7.1370	7.7148	8.3538	9.0594	18	9.8460	10.7190	11.6928	12.7854
19	7.5335	8.1434	8.8179	9.5627	19	10.3930	11.3145	12.3424	13.4957
20	7.9300	8.5720	9.2820	10.0660	20	10.9400	11.9100	12.9920	14.2060

SOMMES versées	58 ANS	59 ANS	60 ANS	61 ANS	SOMMES versées	62 ANS	63 ANS	64 ANS	65 ANS
1	0.7784	0.8552	0.9422	1.0411	1	1.1542	1.2842	1.4346	1.6095
2	1.5568	1.7104	1.8844	2.0822	2	2.3084	2.5684	2.8692	3.2190
3	2.3352	2.5656	2.8266	3.1233	3	3.4626	3.8526	4.3038	4.8285
4	3.1136	3.4208	3.7688	4.1644	4	4.6168	5.1368	5.7384	6.4380
5	3.8920	4.2760	4.7110	5.2055	5	5.7710	6.4210	7.1730	8.0475
6	4.6704	5.1312	5.6532	6.2466	6	6.9252	7.7052	8.6076	9.6570
7	5.4488	5.9864	6.5954	7.2877	7	8.0794	8.9894	10.0422	11.2665
8	6.2272	6.8416	7.5376	8.3288	8	9.2336	10.2736	11.4768	12.8760
9	7.0056	7.6968	8.4798	9.3699	9	10.3878	11.5578	12.9114	14.4855
10	7.7840	8.5520	9.4220	10.4110	10	11.5420	12.8420	14.3460	16.0950
11	8.5624	9.4072	10.3642	11.4521	11	12.6962	14.1262	15.7806	17.7045
12	9.3408	10.2624	11.3064	12.4932	12	13.8504	15.4104	17.2152	19.3140
13	10.1192	11.1176	12.2486	13.5343	13	15.0046	16.6946	18.6498	20.9235
14	10.8976	11.9728	13.1908	14.5754	14	16.1588	17.9788	20.0844	22.5330
15	11.6760	12.8280	14.1330	15.6165	15	17.3130	19.2630	21.5190	24.1425
16	12.4544	13.6832	15.0752	16.6576	16	18.4672	20.5472	22.9536	25.7520
17	13.2328	14.5384	16.0174	17.6987	17	19.6214	21.8314	24.3882	27.3615
18	14.0112	15.3936	16.9596	18.7398	18	20.7756	23.1156	25.8228	28.9710
19	14.7896	16.2488	17.9018	19.7809	19	21.9298	24.3998	27.2574	30.5805
20	15.5680	17.1040	18.8440	20.8220	20	23.0840	25.6840	28.6920	32.1900

SOMMES VERSÉES	50 ANS.	51 ANS.	52 ANS.	53 ANS.	SOMMES VERSÉES	54 ANS.	55 ANS.	56 ANS.	57 ANS.
1	0.5142	0.5558	0.6018	0.6528	1	0.7003	0.7722	0.8425	0.9211
2	1.0284	1.1116	1.2036	1.3056	2	1.4186	1.5444	1.6850	1.8422
3	1.5426	1.6674	1.8054	1.9584	3	2.1279	2.3166	2.5275	2.7633
4	2.0568	2.2232	2.4072	2.6112	4	2.8372	3.0888	3.3700	3.6844
5	2.5710	2.7790	3.0090	3.2640	5	3.5465	3.8610	4.2125	4.6055
6	3.0852	3.3348	3.6108	3.9168	6	4.2558	4.6332	5.0550	5.5266
7	3.5994	3.8906	4.2126	4.5696	7	4.9651	5.4054	5.8975	6.4477
8	4.1136	4.4464	4.8144	5.2224	8	5.6744	6.1776	6.7400	7.3688
9	4.6278	5.0022	5.4162	5.8752	9	6.3837	6.9498	7.5825	8.2899
10	5.1420	5.5580	6.0180	6.5280	10	7.0930	7.7220	8.4250	9.2110
11	5.6562	6.1138	6.6198	7.1808	11	7.8023	8.4942	9.2675	10.1321
12	6.1704	6.6696	7.2216	7.8336	12	8.5116	9.2664	10.1100	11.0532
13	6.6846	7.2254	7.8234	8.4864	13	9.2209	10.0386	10.9525	11.9743
14	7.1988	7.7812	8.4252	9.1392	14	9.9302	10.8108	11.7950	12.8954
15	7.7130	8.3370	9.0270	9.7920	15	10.6395	11.5830	12.6375	13.8165
16	8.2272	8.8928	9.6288	10.4448	16	11.3488	12.3552	13.4800	14.7376
17	8.7414	9.4486	10.2306	11.0976	17	12.0581	13.1274	14.3225	15.6587
18	9.2556	10.0044	10.8324	11.7504	18	12.7674	13.8996	15.1650	16.5708
19	9.7698	10.5602	11.4342	12.4032	19	13.4767	14.6718	16.0075	17.5009
20	10.2840	11.1160	12.0360	13.0560	20	14.1860	15.4440	16.8500	18.4220

SOMMES VERSÉES	58 ANS.	59 ANS.	60 ANS.	61 ANS.	SOMMES VERSÉES	62 ANS.	63 ANS.	64 ANS.	65 ANS.
1	1.0095	1.1091	1.2218	1.3501	1	1.4068	1.6655	1.8604	2.0873
2	2.0190	2.2182	2.4436	2.7002	2	2.9936	3.3310	3.7208	4.1746
3	3.0285	3.3273	3.6654	4.0503	3	4.4904	4.9965	5.5812	6.2619
4	4.0380	4.4364	4.8872	5.4004	4	5.9872	6.6620	7.4416	8.3492
5	5.0475	5.5455	6.1090	6.7505	5	7.4840	8.3275	9.3020	10.4365
6	6.0570	6.6546	7.3308	8.1006	6	8.9808	9.9930	11.1624	12.5238
7	7.0665	7.7637	8.5526	9.4507	7	10.4776	11.6585	13.0228	14.6111
8	8.0760	8.8728	9.7744	10.8008	8	11.9744	13.3240	14.8832	16.6984
9	9.0855	9.9819	10.9962	12.1509	9	13.4712	14.9895	16.7436	18.7857
10	10.0950	11.0910	12.2180	13.5010	10	14.9680	16.6550	18.6040	20.8730
11	11.1045	12.2001	13.4398	14.8511	11	16.4648	18.3205	20.4644	22.9603
12	12.1140	13.3092	14.6616	16.2012	12	17.9616	19.9860	22.3248	25.0476
13	13.1235	14.4183	15.8834	17.5513	13	19.4584	21.6515	24.1852	27.1349
14	14.1330	15.5274	17.1052	18.9014	14	20.9552	23.3170	26.0456	29.2222
15	15.1425	16.6365	18.3270	20.2515	15	22.4520	24.9825	27.9060	31.3095
16	16.1520	17.7456	19.5488	21.6016	16	23.9488	26.6480	29.7664	33.3968
17	17.1615	18.8547	20.7700	22.9517	17	25.4456	28.3135	31.6268	35.4841
18	18.1710	19.9638	21.9924	24.3018	18	26.9424	29.9790	33.4872	37.5714
19	19.1805	21.0720	23.2142	25.6510	19	28.4392	31.6445	35.3476	39.6587
20	20.1900	22.1820	24.4360	27.0020	20	29.9360	33.3100	37.2080	41.7460

SOMMES versées	50 ANS	51 ANS	52 ANS	53 ANS	SOMMES versées	54 ANS	55 ANS	56 ANS	57 ANS
1	0.3913	0.4231	0.4581	0.4908	1	0.5399	0.5878	0.6412	0.7011
2	0.7826	0.8462	0.9162	0.9930	2	1.0798	1.1756	1.2824	1.4022
3	1.1739	1.2693	1.3743	1.4904	3	1.6197	1.7634	1.9236	2.1033
4	1.5652	1.6924	1.8324	1.9872	4	2.1596	2.3512	2.5648	2.8044
5	1.9565	2.1155	2.2905	2.4840	5	2.6995	2.9390	3.2060	3.5055
6	2.3478	2.5386	2.7486	2.9808	6	3.2394	3.5268	3.8472	4.2066
7	2.7391	2.9617	3.2067	3.4776	7	3.7793	4.1146	4.4884	4.9077
8	3.1304	3.3848	3.6648	3.9744	8	4.3192	4.7024	5.1296	5.6088
9	3.5217	3.8079	4.1229	4.4712	9	4.8591	5.2902	5.7708	6.3099
10	3.9130	4.2310	4.5810	4.9680	10	5.3990	5.8780	6.4120	7.0110
11	4.3043	4.6541	5.0391	5.4648	11	5.9389	6.4658	7.0532	7.7121
12	4.6956	5.0772	5.4972	5.9616	12	6.4788	7.0536	7.6944	8.4132
13	5.0869	5.5003	5.9553	6.4584	13	7.0187	7.6414	8.3356	9.1143
14	5.4782	5.9234	6.4134	6.9552	14	7.5586	8.2292	8.9768	9.8154
15	5.8695	6.3465	6.8715	7.4520	15	8.0985	8.8170	9.6180	10.5165
16	6.2608	6.7696	7.3296	7.9488	16	8.6384	9.4048	10.2592	11.2176
17	6.6521	7.1927	7.7877	8.4456	17	9.1783	9.9926	10.9004	11.9187
18	7.0434	7.6158	8.2458	8.9424	18	9.7182	10.5804	11.5416	12.6198
19	7.4347	8.0389	8.7039	9.4392	19	10.2581	11.1682	12.1828	13.3209
20	7.8260	8.4620	9.1620	9.9360	20	10.7980	11.7560	12.8240	14.0220

SOMMES versées	58 ANS	59 ANS	60 ANS	61 ANS	SOMMES versées	62 ANS	63 ANS	64 ANS	65 ANS
1	0.7684	0.8442	0.9300	1.0270	1	1.1303	1.2676	1.4160	1.5887
2	1.5368	1.6884	1.8600	2.0552	2	2.2786	2.5352	2.8320	3.1774
3	2.3052	2.5326	2.7900	3.0828	3	3.4170	3.8028	4.2480	4.7661
4	3.0736	3.3768	3.7200	4.1104	4	4.5572	5.0704	5.6640	6.3548
5	3.8420	4.2210	4.6500	5.1380	5	5.6905	6.3380	7.0800	7.9435
6	4.6104	5.0652	5.5800	6.1656	6	6.8358	7.6056	8.4960	9.5322
7	5.3788	5.9094	6.5100	7.1932	7	7.9751	8.8732	9.9120	11.1209
8	6.1472	6.7536	7.4400	8.2208	8	9.1144	10.1408	11.3280	12.7096
9	6.9156	7.5978	8.3700	9.2484	9	10.2537	11.4084	12.7440	14.2983
10	7.6840	8.4420	9.3000	10.2760	10	11.3930	12.6760	14.1600	15.8870
11	8.4524	9.2862	10.2300	11.3036	11	12.5323	13.9436	15.5760	17.4757
12	9.2208	10.1304	11.1600	12.3312	12	13.6716	15.2112	17.0020	19.0644
13	9.9892	10.9746	12.0900	13.3588	13	14.8100	16.4788	18.4080	20.6531
14	10.7576	11.8188	13.0200	14.3864	14	15.9502	17.7464	19.8240	22.2418
15	11.5260	12.6630	13.9500	15.4140	15	17.0895	19.0140	21.2400	23.8305
16	12.2944	13.5072	14.8800	16.4416	16	18.2288	20.2816	22.6560	25.4192
17	13.0628	14.3514	15.8100	17.4692	17	19.3681	21.5492	24.0720	27.0079
18	13.8312	15.1956	16.7400	18.4968	18	20.5074	22.8108	25.4880	28.5966
19	14.5996	16.0398	17.6700	19.5244	19	21.6467	24.0844	26.9040	30.1853
20	15.3680	16.8840	18.6000	20.5520	20	22.7860	25.3520	28.3200	31.7740

SOMMES versées	50 ANS.	51 ANS.	52 ANS.	53 ANS.	SOMMES versées	54 ANS.	55 ANS.	56 ANS.	57 ANS.
1	0.5082	0.5494	0.5949	0.6452	1	0.7011	0.7633	0.8327	0.9105
2	1.0164	1.0988	1.1898	1.2904	2	1.4022	1.5266	1.6654	1.8210
3	1.5246	1.6482	1.7847	1.9356	3	2.1033	2.2899	2.4981	2.7315
4	2.0328	2.1976	2.3796	2.5808	4	2.8044	3.0532	3.3308	3.6420
5	2.5410	2.7470	2.9745	3.2260	5	3.5055	3.8165	4.1635	4.5525
6	3.0492	3.2964	3.5694	3.8712	6	4.2066	4.5798	4.9962	5.4630
7	3.5574	3.8458	4.1643	4.5164	7	4.9077	5.3431	5.8289	6.3735
8	4.0656	4.3952	4.7592	5.1616	8	5.6088	6.1064	6.6616	7.2840
9	4.5738	4.9446	5.3541	5.8068	9	6.3099	6.8697	7.4943	8.1945
10	5.0820	5.4940	5.9490	6.4520	10	7.0110	7.6330	8.3270	9.1050
11	5.5902	6.0434	6.5439	7.0972	11	7.7121	8.3963	9.1597	10.0155
12	6.0984	6.5928	7.1388	7.7424	12	8.4132	9.1596	9.9924	10.9260
13	6.6066	7.1422	7.7337	8.3876	13	9.1143	9.9229	10.8251	11.8365
14	7.1148	7.6916	8.3286	9.0328	14	9.8154	10.6862	11.6578	12.7470
15	7.6230	8.2410	8.9235	9.6780	15	10.5165	11.4495	12.4905	13.6575
16	8.1312	8.7904	9.5184	10.3232	16	11.2176	12.2128	13.3232	14.5680
17	8.6394	9.3398	10.1133	10.9684	17	11.9187	12.9761	14.1559	15.4785
18	9.1476	9.8892	10.7082	11.6136	18	12.6198	13.7394	14.9886	16.3890
19	9.6558	10.4386	11.3031	12.2588	19	13.3209	14.5027	15.8213	17.2995
20	10.1640	10.9880	11.8980	12.9040	20	14.0220	15.2660	16.6540	18.2100

SOMMES versées	58 ANS.	59 ANS.	60 ANS.	61 ANS.	SOMMES versées	62 ANS.	63 ANS.	64 ANS.	65 ANS.
1	0.9978	1.0963	1.2077	1.3345	1	1.4705	1.6462	1.8389	2.0631
2	1.9956	2.1926	2.4154	2.6690	2	2.9590	3.2924	3.6778	4.1262
3	2.9934	3.2889	3.6231	4.0035	3	4.4385	4.9386	5.5167	6.1893
4	3.9912	4.3852	4.8308	5.3380	4	5.9180	6.5848	7.3556	8.2524
5	4.9890	5.4815	6.0385	6.6725	5	7.3975	8.2310	9.1945	10.3155
6	5.9868	6.5778	7.2462	8.0070	6	8.8770	9.8772	11.0334	12.3786
7	6.9846	7.6741	8.4539	9.3415	7	10.3565	11.5234	12.8723	14.4417
8	7.9824	8.7704	9.6616	10.6760	8	11.8360	13.1696	14.7112	16.5048
9	8.9802	9.8667	10.8693	12.0105	9	13.3155	14.8158	16.5501	18.5679
10	9.9780	10.9630	12.0770	13.3450	10	14.7950	16.4620	18.3890	20.6310
11	10.9758	12.0593	13.2847	14.6795	11	16.2745	18.1082	20.2279	22.6941
12	11.9736	13.1556	14.4924	16.0140	12	17.7540	19.7544	22.0668	24.7572
13	12.9714	14.2519	15.7001	17.3485	13	19.2335	21.4006	23.9057	26.8203
14	13.9692	15.3482	16.9078	18.6830	14	20.7130	23.0468	25.7446	28.8834
15	14.9670	16.4445	18.1155	20.0175	15	22.1925	24.6930	27.5835	30.9465
16	15.9648	17.5408	19.3232	21.3520	16	23.6720	26.3392	29.4224	33.0096
17	16.9626	18.6371	20.5309	22.6865	17	25.1515	27.9854	31.2613	35.0727
18	17.9604	19.7334	21.7386	24.0210	18	26.6310	29.6316	33.1002	37.1358
19	18.9582	20.8297	22.9463	25.3555	19	28.1105	31.2778	34.9391	39.1989
20	19.9560	21.9260	24.1540	26.6900	20	29.5900	32.9240	36.7780	41.2620

SOMMES versées	50 ANS	51 ANS	52 ANS	53 ANS	SOMMES versées	54 ANS	55 ANS	56 ANS	57 ANS
1	0.3863	0.4176	0.4521	0.4904	1	0.5329	0.5802	0.6329	0.6920
2	0.7726	0.8352	0.9042	0.9808	2	1.0658	1.1604	1.2658	1.3840
3	1.1589	1.2528	1.3563	1.4712	3	1.5987	1.7406	1.8987	2.0760
4	1.5452	1.6704	1.8084	1.9616	4	2.1316	2.3208	2.5316	2.7680
5	1.9315	2.0880	2.2605	2.4520	5	2.6645	2.9010	3.1045	3.4600
6	2.3178	2.5056	2.7126	2.9424	6	3.1974	3.4812	3.7974	4.1520
7	2.7041	2.9232	3.1647	3.4328	7	3.7303	4.0614	4.4303	4.8440
8	3.0904	3.3408	3.6168	3.9232	8	4.2632	4.6416	5.0632	5.5360
9	3.4767	3.7584	4.0689	4.4136	9	4.7961	5.2218	5 6961	6.2280
10	3.8630	4.1760	4.5210	4.9040	10	5.3290	5.8020	6.3290	6.9200
11	4.2493	4.5936	4.9731	5.3944	11	5.8619	6.3822	6.9619	7.6120
12	4.6356	5.0112	5.4252	5.8848	12	6.3948	6.9624	7.5948	8.3040
13	5.0219	5.4288	5.8773	6.3752	13	6.9277	7.5426	8.2277	8.9960
14	5.4082	5.8464	6.3294	6.8656	14	7.4606	8.1228	8.8606	9.6880
15	5.7945	6.2640	6.7815	7.3560	15	7.9935	8.7030	9.4935	10.3800
16	6.1808	6.6816	7.2336	7.8464	16	8.5264	9.2832	10.1264	11.0720
17	6.5671	7.0992	7.6857	8.3368	17	9.0593	9.8634	10.7593	11.7640
18	6.9534	7 5168	8.1378	8.8272	18	9.5922	10.4436	11.3922	12.4560
19	7.3397	7.9344	8.5899	9.3176	19	10.1251	11.0238	12.0251	13.1480
20	7.7260	8.3520	9.0420	9.8080	20	10.6580	11.6040	12.6580	13.8400

SOMMES versées	58 ANS	59 ANS	60 ANS	61 ANS	SOMMES versées	62 ANS	63 ANS	64 ANS	65 ANS
1	0.7584	0.8333	0.9180	1.0143	1	1.1245	1.2512	1.3977	1.5682
2	1.5168	1.6666	1.8360	2.0286	2	2.2490	2.5024	2.7954	3.1364
3	2.2752	2.4999	2.7540	3.0429	3	3.3735	3.7536	4.1931	4.7046
4	3.0336	3.3332	3.6720	4.0572	4	4.4980	5.0048	5.5908	6.2728
5	3.7920	4.1665	4.5900	5.0715	5	5.6225	6.2560	6.9885	7.8410
6	4.5504	4.9998	5.5080	6.0858	6	6.7470	7.5072	8.3862	9.4092
7	5.3088	5.8331	6.4260	7.1001	7	7.8715	8.7584	9.7830	10.9774
8	6.0672	6.6664	7.3440	8.1144	8	8.9960	10.0096	11.1816	12.5456
9	6.8256	7.4997	8.2620	9.1287	9	10.1205	11.2608	12.5793	14.1138
10	7.5840	8.3330	9.1800	10.1430	10	11.2450	12.5120	13.9770	15.6820
11	8.3424	9.1663	10 0980	11.1573	11	12.3695	13.7632	15.3747	17.2502
12	9.1008	9.9996	11.0160	12.1716	12	13.4940	15.0144	16.7724	18.8184
13	9.8592	10.8329	11.9340	13.1859	13	14.6185	16.2656	18.1701	20.3866
14	10.6176	11.6662	12.8520	14.2002	14	15.7430	17.5168	19.5678	21.9548
15	11.3760	12.4995	13.7700	15.2145	15	16.8675	18.7680	20.9655	23.5230
16	12.1344	13.3328	14.6880	16.2288	16	17.9920	20.0192	22.3632	25.0912
17	12.8928	14.1661	15.6060	17.2431	17	19.1165	21.2704	23.7600	26.6594
18	13.6512	14.9994	16.5240	18.2574	18	20.2410	22.5216	25.1586	28.2276
19	14.4096	15.8327	17.4420	19.2717	19	21.3655	23.7728	26.5563	29.7958
20	15.1680	16.6660	18.3600	20.2800	20	22.4900	25.0240	27.9540	31.3640

SOMMES versées	50 ANS.	51 ANS.	52 ANS.	53 ANS.	SOMMES versées	54 ANS.	55 ANS.	56 ANS.	57 ANS.
1	0.5023	0.5430	0.5880	0.6377	1	0.6930	0.7545	0.8231	0.9000
2	1.0046	1.0860	1.1760	1.2754	2	1.3860	1.5090	1.6462	1.8000
3	1.5069	1.6290	1.7640	1.9131	3	2.0790	2.2635	2.4693	2.7000
4	2.0092	2.1720	2.3520	2.5508	4	2.7720	3.0180	3.2924	3.6000
5	2.5115	2.7150	2.9400	3.1885	5	3.4650	3.7725	4.1155	4.5000
6	3.0138	3.2580	3.5280	3.8262	6	4.1580	4.5270	4.9386	5.4000
7	3.5161	3.8010	4.1160	4.4639	7	4.8510	5.2815	5.7617	6.3000
8	4.0184	4.3440	4.7040	5.1016	8	5.5440	6.0360	6.5848	7.2000
9	4.5207	4.8870	5.2920	5.7393	9	6.2370	6.7905	7.4079	8.1000
10	5.0230	5.4300	5.8800	6.3770	10	6.9300	7.5450	8.2310	9.0000
11	5.5253	5.9730	6.4680	7.0147	11	7.6230	8.2995	9.0541	9.9000
12	6.0276	6.5160	7.0560	7.6524	12	8.3160	9.0540	9.8772	10.8000
13	6.5299	7.0590	7.6440	8.2901	13	9.0090	9.8085	10.7003	11.7000
14	7.0322	7.6020	8.2320	8.9278	14	9.7020	10.5630	11.5234	12.6000
15	7.5345	8.1450	8.8200	9.5655	15	10.3950	11.3175	12.3465	13.5000
16	8.0368	8.6880	9.4080	10.2032	16	11.0880	12.0720	13.1696	14.4000
17	8.5391	9.2310	9.9960	10.8409	17	11.7810	12.8265	13.9927	15.3000
18	9.0414	9.7740	10.5840	11.4786	18	12.4740	13.5810	14.8158	16.2000
19	9.5437	10.3170	11.1720	12.1163	19	13.1670	14.3355	15.6389	17.1000
20	10.0460	10.8600	11.7600	12.7540	20	13.8600	15.0900	16.4620	18.0000

SOMMES versées	58 ANS.	59 ANS.	60 ANS.	61 ANS.	SOMMES versées	62 ANS.	63 ANS.	64 ANS.	65 ANS.
1	0.9863	1.0836	1.1937	1.3190	1	1.4624	1.6271	1.8176	2.0393
2	1.9726	2.1672	2.3874	2.6380	2	2.9248	3.2542	3.6352	4.0786
3	2.9589	3.2508	3.5811	3.9570	3	4.3872	4.8813	5.4528	6.1179
4	3.9452	4.3344	4.7748	5.2760	4	5.8496	6.5084	7.2704	8.1572
5	4.9315	5.4180	5.9685	6.5950	5	7.3120	8.1355	9.0880	10.1965
6	5.9178	6.5016	7.1622	7.9140	6	8.7744	9.7626	10.9056	12.2358
7	6.9041	7.5852	8.3559	9.2330	7	10.2368	11.3897	12.7232	14.2751
8	7.8904	8.6688	9.5496	10.5520	8	11.6992	13.0168	14.5408	16.3144
9	8.8767	9.7524	10.7433	11.8710	9	13.1616	14.6439	16.3584	18.3537
10	9.8630	10.8360	11.9370	13.1900	10	14.6240	16.2710	18.1760	20.3930
11	10.8493	11.9196	13.1307	14.5090	11	16.0864	17.8981	19.9936	22.4323
12	11.8356	13.0032	14.3244	15.8280	12	17.5488	19.5252	21.8112	24.4716
13	12.8219	14.0868	15.5181	17.1470	13	19.0112	21.1523	23.6288	26.5109
14	13.8082	15.1704	16.7118	18.4660	14	20.4736	22.7794	25.4464	28.5502
15	14.7945	16.2540	17.9055	19.7850	15	21.9360	24.4065	27.2640	30.5895
16	15.7808	17.3376	19.0992	21.1040	16	23.3984	26.0336	29.0816	32.6288
17	16.7671	18.4212	20.2929	22.4230	17	24.8608	27.6607	30.8992	34.6681
18	17.7534	19.5048	21.4866	23.7420	18	26.3232	29.2878	32.7168	36.7074
19	18.7397	20.5884	22.6803	25.0610	19	27.7856	30.9149	34.5344	38.7467
20	19.7260	21.6720	23.8740	26.3800	20	29.2480	32.5420	36.3520	40.7860

SOMMES versées	50 ANS.	51 ANS.	52 ANS.	53 ANS.	SOMMES versées	54 ANS.	55 ANS.	56 ANS.	57 ANS.
1	0.3813	0.4122	0.4403	0.4841	1	0.5260	0.5727	0.6247	0.6831
2	0.7626	0.8244	0.8926	0.9682	2	1.0520	1.1454	1.2494	1.3662
3	1.1439	1.2366	1.3389	1.4523	3	1.5780	1.7181	1.8741	2.0493
4	1.5252	1.6488	1.7852	1.9364	4	2.1040	2.2908	2.4988	2.7324
5	1.9065	2.0610	2.2315	2.4205	5	2.6300	2.8635	3.1235	3.4155
6	2.2878	2.4732	2.6778	2.9046	6	3.1560	3.4362	3.7482	4.0986
7	2.6691	2.8854	3.1241	3.3887	7	3.6820	4.0089	4.3729	4.7817
8	3.0504	3.2976	3.5704	3.8728	8	4.2080	4.5816	4.9976	5.4648
9	3.4317	3.7098	4.0167	4.3569	9	4.7340	5.1543	5.6223	6.1479
10	3.8130	4.1220	4.4630	4.8410	10	5.2600	5.7270	6.2470	6.8310
11	4.1943	4.5342	4.9093	5.3251	11	5.7860	6.2997	6.8717	7.5141
12	4.5756	4.9464	5.3556	5.8092	12	6.3120	6.8724	7.4964	8.1972
13	4.9569	5.3586	5.8019	6.2933	13	6.8380	7.4451	8.1211	8.8803
14	5.3382	5.7708	6.2482	6.7774	14	7.3640	8.0178	8.7458	9.5634
15	5.7195	6.1830	6.6945	7.2615	15	7.8900	8.5905	9.3705	10.2465
16	6.1008	6.5952	7.1408	7.7456	16	8.4100	9.1632	9.9952	10.9296
17	6.4821	7.0074	7.5871	8.2297	17	8.9420	9.7359	10.6199	11.6127
18	6.8034	7.4190	8.0334	8.7138	18	9.4680	10.3086	11.2446	12.2958
19	7.2447	7.8318	8.4797	9.1979	19	9.9940	10.8813	11.8693	12.9789
20	7.6260	8.2440	8.9260	9.6820	20	10.5200	11.4540	12.4940	13.6620

SOMMES versées	58 ANS.	59 ANS.	60 ANS.	61 ANS.	SOMMES versées	62 ANS.	63 ANS.	64 ANS.	65 ANS.
1	0.7480	0.8225	0.9061	1.0012	1	1.1090	1.2350	1.3790	1.5478
2	1.4972	1.6450	1.8122	2.0024	2	2.2198	2.4700	2.7592	3.0956
3	2.2458	2.4675	2.7183	3.0036	3	3.3297	3.7050	4.1388	4.6434
4	2.9944	3.2900	3.6244	4.0048	4	4.4396	4.9400	5.5184	6.1912
5	3.7430	4.1125	4.5305	5.0060	5	5.5495	6.1750	6.8980	7.7390
6	4.4916	4.9350	5.4366	6.0072	6	6.6594	7.4100	8.2776	9.2868
7	5.2402	5.7575	6.3427	7.0084	7	7.7693	8.6450	9.6572	10.8346
8	5.9888	6.5800	7.2488	8.0096	8	8.8792	9.8800	11.0368	12.3824
9	6.7374	7.4025	8.1549	9.0108	9	9.9891	11.1150	12.4164	13.9302
10	7.4860	8.2250	9.0610	10.0120	10	11.0990	12.3500	13.7000	15.4780
11	8.2346	9.0475	9.9671	11.0132	11	12.2089	13.5850	15.1756	17.0258
12	8.9832	9.8700	10.8732	12.0144	12	13.3188	14.8200	16.5552	18.5736
13	9.7318	10.6925	11.7793	13.0156	13	14.4287	16.0550	17.9348	20.1214
14	10.4804	11.5150	12.6854	14.0168	14	15.5386	17.2900	19.3144	21.6692
15	11.2290	12.3375	13.5915	15.0180	15	16.6485	18.5250	20.6940	23.2170
16	11.9776	13.1600	14.4976	16.0192	16	17.7584	19.7600	22.0736	24.7648
17	12.7262	13.9825	15.4037	17.0204	17	18.8683	20.9950	23.4532	26.3126
18	13.4748	14.8050	16.3098	18.0216	18	19.9782	22.2300	24.8328	27.8604
19	14.2234	15.6275	17.2159	19.0228	19	21.0881	23.4650	26.2124	29.4082
20	14.9720	16.4500	18.1220	20.0240	20	22.1980	24.7000	27.5020	30.9560

SOMMES versées	50 ANS.	51 ANS.	52 ANS.	53 ANS.	SOMMES versées	54 ANS.	55 ANS.	56 ANS.	57 ANS.
1	0.4965	0.5367	0.5812	0.6304	1	0.6850	0.7457	0.8130	0.8895
2	0.9930	1.0734	1.1624	1.2608	2	1.3700	1.4914	1.6272	1.7700
3	1.4895	1.6101	1.7436	1.8912	3	2.0550	2.2371	2.4408	2.6685
4	1.9860	2.1468	2.3248	2.5216	4	2.7400	2.9828	3.2544	3.5580
5	2.4825	2.6835	2.9060	3.1520	5	3.4250	3.7285	4.0680	4.4475
6	2.9790	3.2202	3.4872	3.7824	6	4.1100	4.4742	4.8816	5.3370
7	3.4755	3.7569	4.0684	4.4128	7	4.7950	5.2199	5.6952	6.2265
8	3.9720	4.2936	4.6496	5.0432	8	5.4800	5.9656	6.5088	7.1160
9	4.4685	4.8303	5.2308	5.6736	9	6.1650	6.7113	7.3224	8.0055
10	4.9650	5.3670	5.8120	6.3040	10	6.8500	7.4570	8.1360	8.8950
11	5.4615	5.9037	6.3932	6.9344	11	7.5350	8.2027	8.9496	9.7845
12	5.9580	6.4404	6.9744	7.5648	12	8.2200	8.9484	9.7632	10.6740
13	6.4545	6.9771	7.5556	8.1952	13	8.9050	9.6941	10.5768	11.5635
14	6.9510	7.5138	8.1368	8.8256	14	9.5900	10.4398	11.3904	12.4530
15	7.4475	8.0505	8.7180	9.4560	15	10.2750	11.1855	12.2040	13.3425
16	7.9440	8.5872	9.2992	10.0864	16	10.9600	11.9312	13.0176	14.2320
17	8.4405	9.1239	9.8804	10.7168	17	11.6450	12.6769	13.8312	15.1215
18	8.9370	9.6606	10.4616	11.3472	18	12.3300	13.4226	14.6448	16.0110
19	9.4335	10.1973	11.0428	11.9776	19	13.0150	14.1683	15.4584	16.9005
20	9.9300	10.7340	11.6240	12.6080	20	13.7000	14.9140	16.2720	17.7000

SOMMES versées	58 ANS.	59 ANS.	60 ANS.	61 ANS.	SOMMES versées	62 ANS.	63 ANS.	64 ANS.	65 ANS.
1	0.9749	1.0710	1.1799	1.3038	1	1.4454	1.6083	1.7965	2.0157
2	1.9498	2.1420	2.3598	2.6076	2	2.8908	3.2166	3.5930	4.0314
3	2.9247	3.2130	3.5397	3.9114	3	4.3362	4.8249	5.3895	6.0471
4	3.8996	4.2840	4.7196	5.2152	4	5.7816	6.4332	7.1860	8.0628
5	4.8745	5.3550	5.8995	6.5190	5	7.2270	8.0415	8.9825	10.0785
6	5.8494	6.4260	7.0794	7.8228	6	8.6724	9.6498	10.7790	12.0942
7	6.8243	7.4970	8.2593	9.1266	7	10.1178	11.2581	12.5755	14.1099
8	7.7992	8.5680	9.4392	10.4304	8	11.5632	12.8664	14.3720	16.1256
9	8.7741	9.6390	10.6191	11.7342	9	13.0080	14.4747	16.1685	18.1413
10	9.7490	10.7100	11.7990	13.0380	10	14.4540	16.0830	17.9650	20.1570
11	10.7239	11.7810	12.9780	14.3418	11	15.8994	17.6913	19.7615	22.1727
12	11.6988	12.8520	14.1588	15.6456	12	17.3448	19.2996	21.5580	24.1884
13	12.6737	13.9230	15.3387	16.9494	13	18.7902	20.9079	23.3545	26.2041
14	13.6486	14.9940	16.5186	18.2532	14	20.2356	22.5162	25.1510	28.2198
15	14.6235	16.0650	17.6985	19.5570	15	21.6810	24.1245	26.9475	30.2355
16	15.5984	17.1360	18.8784	20.8608	16	23.1264	25.7328	28.7440	32.2512
17	16.5733	18.2070	20.0583	22.1646	17	24.5718	27.3411	30.5405	34.2669
18	17.5482	19.2780	21.2382	23.4684	18	26.0172	28.9494	32.3370	36.2826
19	18.5231	20.3490	22.4181	24.7722	19	27.4626	30.5577	34.1335	38.2983
20	19.4980	21.4200	23.5980	26.0760	20	28.9080	32.1660	35.9300	40.3140

SOMMES versées	50 ANS.	51 ANS.	52 ANS.	53 ANS.	SOMMES versées	54 ANS.	55 ANS.	56 ANS.	57 ANS.
1	0.3703	0.4008	0.4405	0.4778	1	0.5192	0.5652	0.6106	0.6742
2	0.7526	0.8136	0.8810	0.9556	2	1.0384	1.1304	1.2332	1.3484
3	1.1289	1.2204	1.3215	1.4334	3	1.5576	1.6956	1.8498	2.0220
4	1.5052	1.6272	1.7620	1.9112	4	2.0768	2.2608	2.4664	2.6908
5	1.8815	2.0340	2.2025	2.3890	5	2.5960	2.8260	3.0830	3.3710
6	2.2578	2.4408	2.6430	2.8668	6	3.1152	3.3912	3.6996	4.0452
7	2.6341	2.8476	3.0835	3.3446	7	3.6344	3.9564	4.3162	4.7194
8	3.0104	3.2544	3.5240	3.8224	8	4.1536	4.5216	4.9328	5.3936
9	3.3867	3.6612	3.9645	4.3002	9	4.6728	5.0868	5.5494	6.0678
10	3.7630	4.0080	4.4050	4.7780	10	5.1920	5.6520	6.1660	6.7420
11	4.1303	4.4748	4.8455	5.2558	11	5.7112	6.2172	6.7820	7.4162
12	4.5156	4.8816	5.2860	5.7336	12	6.2304	6.7824	7.3992	8.0904
13	4.8919	5.2884	5.7265	6.2114	13	6.7496	7.3476	8.0158	8.7646
14	5.2682	5.6952	6.1670	6.6892	14	7.2688	7.9128	8.6324	9.4388
15	5.6445	6.1020	6.6075	7.1670	15	7.7880	8.4780	9.2490	10.1130
16	6.0208	6.5088	7.0480	7.6448	16	8.3072	9.0432	9.8656	10.7872
17	6.3971	6.9156	7.4885	8.1226	17	8.8264	9.6084	10.4822	11.4614
18	6.7734	7.3224	7.9290	8.6004	18	9.3456	10.1736	11.0988	12.1356
19	7.1497	7.7292	8.3695	9.0782	19	9.8648	10.7388	11.7154	12.8098
20	7.5260	8.1360	8.8100	9.5560	20	10.3840	11.3040	12.3320	13.4840

SOMMES versées	58 ANS.	59 ANS.	60 ANS.	61 ANS.	SOMMES versées	62 ANS.	63 ANS.	64 ANS.	65 ANS.
1	0.7389	0.8118	0.8943	0.9882	1	1.0955	1.2190	1.3617	1.5277
2	1.4778	1.6236	1.7886	1.9764	2	2.1910	2.4380	2.7234	3.0554
3	2.2167	2.4354	2.6829	2.9646	3	3.2865	3.6570	4.0851	4.5831
4	2.9556	3.2472	3.5772	3.9528	4	4.3820	4.8760	5.4468	6.1108
5	3.6945	4.0590	4.4715	4.9410	5	5.4775	6.0950	6.8085	7.6385
6	4.4334	4.8708	5.3658	5.9292	6	6.5730	7.3140	8.1702	9.1662
7	5.1723	5.6826	6.2601	6.9174	7	7.6685	8.5330	9.5319	10.6939
8	5.9112	6.4944	7.1544	7.9056	8	8.7640	9.7520	10.8936	12.2216
9	6.6501	7.3062	8.0487	8.8938	9	9.8595	10.9710	12.2553	13.7493
10	7.3890	8.1180	8.9430	9.8820	10	10.9550	12.1900	13.6170	15.2770
11	8.1279	8.9298	9.8373	10.8702	11	12.0505	13.4090	14.9787	16.8047
12	8.8668	9.7416	10.7316	11.8584	12	13.1460	14.6280	16.3404	18.3324
13	9.6057	10.5534	11.6259	12.8466	13	14.2415	15.8470	17.7021	19.8601
14	10.3446	11.3652	12.5202	13.8348	14	15.3370	17.0660	19.0638	21.3878
15	11.0835	12.1770	13.4145	14.8230	15	16.4325	18.2850	20.4255	22.9155
16	11.8224	12.9888	14.3088	15.8112	16	17.5280	19.5040	21.7872	24.4432
17	12.5613	13.8006	15.2031	16.7994	17	18.6235	20.7230	23.1489	25.9700
18	13.3002	14.6124	16.0974	17.7876	18	19.7190	21.9420	24.5106	27.4986
19	14.0391	15.4242	16.9917	18.7758	19	20.8145	23.1610	25.8723	29.0263
20	14.7780	16.2360	17.8860	19.7640	20	21.9100	24.3800	27.2340	30.5540

SOMMES versées	50 ANS.	51 ANS.	52 ANS.	53 ANS.	SOMMES versées	54 ANS.	55 ANS.	56 ANS.	57 ANS.
1	0.4908	0.5305	0.5744	0.6231	1	0.6770	0.7371	0.8041	0.8792
2	0.9816	1.0610	1.1488	1.2462	2	1.3540	1.4742	1.6082	1.7584
3	1.4724	1.5915	1.7232	1.8693	3	2.0310	2.2113	2.4123	2.6376
4	1.9632	2.1220	2.2976	2.4924	4	2.7080	2.9484	3.2164	3.5168
5	2.4540	2.6525	2.8720	3.1155	5	3.3850	3.6855	4.0205	4.3960
6	2.9448	3.1830	3.4464	3.7386	6	4.0620	4.4226	4.8246	5.2752
7	3.4356	3.7135	4.0208	4.3617	7	4.7390	5.1597	5.6287	6.1544
8	3.9264	4.2440	4.5952	4.9848	8	5.4160	5.8968	6.4328	7.0336
9	4.4172	4.7745	5.1696	5.6079	9	6.0930	6.6339	7.2369	7.9128
10	4.9080	5.3050	5.7440	6.2310	10	6.7700	7.3710	8.0410	8.7920
11	5.3988	5.8355	6.3184	6.8541	11	7.4470	8.1081	8.8451	9.6712
12	5.8896	6.3660	6.8928	7.4772	12	8.1240	8.8452	9.6492	10.5504
13	6.3804	6.8965	7.4672	8.1003	13	8.8010	9.5823	10.4533	11.4296
14	6.8712	7.4270	8.0416	8.7234	14	9.4780	10.3194	11.2574	12.3088
15	7.3620	7·9575	8.6160	9.3465	15	10.1550	11.0565	12.0615	13.1880
16	7.8528	8.4880	9.1904	9.9696	16	10.8320	11.7936	12.8656	14.0672
17	8.3436	9.0185	9.7648	10.5927	17	11.5090	12.5307	13.6697	14.9464
18	8.8344	9.5490	10.3392	11.2158	18	12.1860	13.2678	14.4738	15.8256
19	9.3252	10.0795	10.9136	11.8389	19	12.8630	14.0049	15.2779	16.7048
20	9.8160	10.6100	11.4880	12.4620	20	13.5400	14.7420	16.0820	17.5840

SOMMES versées	58 ANS.	59 ANS.	60 ANS.	61 ANS.	SOMMES versées	62 ANS.	63 ANS.	64 ANS.	65 ANS.
1	0.9636	1.0586	1.1662	1.2887	1	1.4287	1.5897	1.7757	1.9923
2	1.9272	2.1172	2.3324	2.5774	2	2.8574	3.1794	3.5514	3.9846
3	2.8908	3.1758	3.4986	3.8661	3	4.2861	4.7691	5.3271	5.9769
4	3.8544	4.2344	4.6648	5.1548	4	5.7148	6.3588	7.1028	7.9692
5	4.8180	5.2930	5.8310	6.4435	5	7.1435	7.9485	8.8785	9.9615
6	5.7816	6.3516	6.9972	7.7322	6	8.5722	9.5382	10.6542	11.9538
7	6.7452	7.4102	8.1634	9.0209	7	10.0009	11.1279	12.4299	13.9461
8	7.7088	8.4688	9.3296	10.3096	8	11.4296	12.7176	14.2056	15.9384
9	8.6724	9.5274	10.4958	11.5983	9	12.8583	14.3073	15.9813	17.9307
10	9.6360	10.5860	11.6620	12.8870	10	14.2870	15.8970	17.7570	19.9230
11	10.5996	11.6446	12.8282	14.1757	11	15.7157	17.4867	19.5327	21.9153
12	11.5632	12.7032	13.9944	15.4644	12	17.1444	19.0764	21.3084	23.9076
13	12.5268	13.7618	15.1606	16.7531	13	18.5731	20.6661	23.0841	25.8999
14	13.4904	14.8204	16.3268	18.0418	14	20.0018	22.2558	24.8598	27.8922
15	14.4540	15.8790	17.4930	19.3305	15	21.4305	23.8455	26.6355	29.8845
16	15.4176	16.9376	18.6592	20.6192	16	22.8592	25.4352	28.4112	31.8768
17	16.3812	17.9962	19.8254	21.9079	17	24.2879	27.0249	30.1869	33.8691
18	17.3448	19.0548	20.9916	23.1966	18	25.7166	28.6146	31.9626	35.8614
19	18.3084	20.1134	22.1578	24.4853	19	27.1453	30.2043	33.7383	37.8537
20	19.2720	21.1720	23.3240	25.7740	20	28.5740	31.7940	35.5140	39.8460

SOMMES versées	50 ANS.	51 ANS.	52 ANS.	53 ANS.	SOMMES versées	54 ANS.	55 ANS.	56 ANS.	57 ANS.
1	0.3714	0.4015	0.4348	0.4716	1	0.5124	0.5570	0.6086	0.6654
2	0.7428	0.8030	0.8696	0.9432	2	1.0248	1.1158	1.2172	1.3308
3	1.1142	1.2045	1.3044	1.4148	3	1.5372	1.6737	1.8258	1.9962
4	1.4856	1.6060	1.7392	1.8864	4	2.0496	2.2316	2.4344	2.6616
5	1.8570	2.0075	2.1740	2.3580	5	2.5620	2.7895	3.0430	3.3270
6	2.2284	2.4090	2.6088	2.8296	6	3.0744	3.3474	3.6516	3.9924
7	2.5998	2.8105	3.0436	3.3012	7	3.5868	3.9053	4.2602	4.6578
8	2.9712	3.2120	3.4784	3.7728	8	4.0992	4.4632	4.8688	5.3232
9	3.3426	3.6135	3.9132	4.2444	9	4.6116	5.0211	5.4774	5.9886
10	3.7140	4.0150	4.3480	4.7160	10	5.1240	5.5790	6.0860	6.6540
11	4.0854	4.4165	4.7828	5.1876	11	5.6364	6.1369	6.6946	7.3194
12	4.4568	4.8180	5.2176	5.6592	12	6.1488	6.6948	7.3032	7.9848
13	4.8282	5.2195	5.6524	6.1308	13	6.6612	7.2527	7.9118	8.6502
14	5.1996	5.6210	6.0872	6.6024	14	7.1736	7.8106	8.5204	9.3156
15	5.5710	6.0225	6.5220	7.0740	15	7.6860	8.3685	9.1290	9.9810
16	5.9424	6.4240	6.9568	7.5456	16	8.1984	8.9264	9.7376	10.6464
17	6.3138	6.8255	7.3916	8.0172	17	8.7108	9.4843	10.3462	11.3118
18	6.6852	7.2270	7.8264	8.4888	18	9.2232	10.0422	10.9548	11.9772
19	7.0566	7.6285	8.2612	8.9604	19	9.7356	10.6001	11.5634	12.6426
20	7.4280	8.0300	8.6960	9.4320	20	10.2480	11.1580	12.1720	13.3080

SOMMES versées	58 ANS.	59 ANS.	60 ANS.	61 ANS.	SOMMES versées	62 ANS.	63 ANS.	64 ANS.	65 ANS.
1	0.7293	0.8012	0.8827	0.9753	1	1.0813	1.2031	1.3440	1.5079
2	1.4586	1.6024	1.7654	1.9506	2	2.1626	2.4062	2.6880	3.0158
3	2.1879	2.4036	2.6481	2.9259	3	3.2439	3.6093	4.0320	4.5237
4	2.9172	3.2048	3.5308	3.9012	4	4.3252	4.8124	5.3760	6.0316
5	3.6465	4.0060	4.4135	4.8765	5	5.4065	6.0155	6.7200	7.5395
6	4.3758	4.8072	5.2962	5.8518	6	6.4878	7.2186	8.0640	9.0474
7	5.1051	5.6084	6.1789	6.8271	7	7.5691	8.4217	9.4080	10.5553
8	5.8344	6.4096	7.0616	7.8024	8	8.6504	9.6248	10.7520	12.0632
9	6.5637	7.2108	7.9443	8.7777	9	9.7317	10.8279	12.0960	13.5711
10	7.2930	8.0120	8.8270	9.7530	10	10.8130	12.0310	13.4400	15.0790
11	8.0223	8.8132	9.7097	10.7283	11	11.8943	13.2341	14.7840	16.5869
12	8.7516	9.6144	10.5924	11.7036	12	12.9756	14.4372	16.1280	18.0948
13	9.4809	10.4156	11.4751	12.6789	13	14.0569	15.6403	17.4720	19.6027
14	10.2102	11.2168	12.3578	13.6542	14	15.1382	16.8434	18.8160	21.1106
15	10.9395	12.0180	13.2405	14.6295	15	16.2195	18.0465	20.1600	22.6185
16	11.6688	12.8192	14.1232	15.6048	16	17.3008	19.2496	21.5040	24.1264
17	12.3981	13.6204	15.0059	16.5801	17	18.3821	20.4527	22.8480	25.6343
18	13.1274	14.4216	15.8886	17.5554	18	19.4634	21.6558	24.1920	27.1422
19	13.8567	15.2228	16.7713	18.5307	19	20.5447	22.8589	25.5360	28.6501
20	14.5860	16.0240	17.6540	19.5060	20	21.6260	24.0620	26.8800	30.1580

SOMMES versées.	50 ANS.	51 ANS.	52 ANS.	53 ANS.	SOMMES versées.	54 ANS.	55 ANS.	56 ANS.	57 ANS.
1	0.4851	0.5244	0.5678	0.6158	1	0.6692	0.7286	0.7948	0.8690
2	0.9702	1.0488	1.1356	1.2316	2	1.3384	1.4572	1.5896	1.7380
3	1.4553	1.5732	1.7034	1.8474	3	2.0076	2.1858	2.3844	2.6070
4	1.9404	2.0976	2.2712	2.4632	4	2.6768	2.9144	3.1792	3.4760
5	2.4255	2.6220	2.8390	3.0790	5	3.3460	3.6430	3.9740	4.3450
6	2.9106	3.1464	3.4068	3.6948	6	4.0152	4.3716	4.7688	5.2140
7	3.3957	3.6708	3.9746	4.3106	7	4.6844	5.1002	5.5636	6.0830
8	3.8808	4.1952	4.5424	4.9264	8	5.3536	5.8288	6.3584	6.9520
9	4.3659	4.7196	5.1102	5.5422	9	6.0228	6.5574	7.1532	7.8210
10	4.8510	5.2440	5.6780	6.1580	10	6.6920	7.2860	7.9480	8.6900
11	5.3361	5.7684	6.2458	6.7738	11	7.3612	8.0146	8.7428	9.5590
12	5.8212	6.2928	6.8136	7.3896	12	8.0304	8.7432	9.5376	10.4280
13	6.3063	6.8172	7.3814	8.0054	13	8.6996	9.4718	10.3324	11.2970
14	6.7914	7.3416	7.9492	8.6212	14	9.3688	10.2004	11.1272	12.1660
15	7.2765	7.8660	8.5170	9.2370	15	10.0380	10.9290	11.9220	13.0350
16	7.7616	8.3904	9.0848	9.8528	16	10.7072	11.6576	12.7168	13.9040
17	8.2467	8.9148	9.6526	10.4686	17	11.3764	12.3862	13.5116	14.7730
18	8.7318	9.4392	10.2204	11.0844	18	12.0456	13.1148	14.3064	15.6420
19	9.2169	9.9636	10.7882	11.7002	19	12.7148	13.8434	15.1012	16.5110
20	9.7020	10.4880	11.3560	12.3160	20	13.3840	14.5720	15.8960	17.3800

SOMMES versées.	58 ANS.	59 ANS.	60 ANS.	61 ANS.	SOMMES versées.	62 ANS.	63 ANS.	64 ANS.	65 ANS.
1	0.9524	1.0464	1.1527	1.2737	1	1.4121	1.5713	1.7552	1.9692
2	1.9048	2.0928	2.3054	2.5474	2	2.8242	3.1426	3.5104	3.9384
3	2.8572	3.1392	3.4581	3.8211	3	4.2363	4.7139	5.2656	5.9076
4	3.8096	4.1856	4.6108	5.0948	4	5.6484	6.2852	7.0208	7.8768
5	4.7620	5.2320	5.7635	6.3685	5	7.0605	7.8565	8.7760	9.8460
6	5.7144	6.2784	6.9162	7.6422	6	8.4726	9.4278	10.5312	11.8152
7	6.6668	7.3248	8.0689	8.9159	7	9.8847	10.9991	12.2864	13.7844
8	7.6192	8.3712	9.2216	10.1896	8	11.2968	12.5704	14.0416	15.7536
9	8.5716	9.4176	10.3743	11.4633	9	12.7089	14.1417	15.7968	17.7228
10	9.5240	10.4640	11.5270	12.7370	10	14.1210	15.7130	17.5520	19.6920
11	10.4764	11.5104	12.6797	14.0107	11	15.5331	17.2843	19.3072	21.6612
12	11.4288	12.5568	13.8324	15.2844	12	16.9452	18.8556	21.0624	23.6304
13	12.3812	13.6032	14.9851	16.5581	13	18.3573	20.4269	22.8176	25.5996
14	13.3336	14.6496	16.1378	17.8318	14	19.7694	21.9982	24.5728	27.5688
15	14.2860	15.6960	17.2905	19.1055	15	21.1815	23.5695	26.3280	29.5380
16	15.2384	16.7424	18.4432	20.3792	16	22.5936	25.1408	28.0832	31.5072
17	16.1908	17.7888	19.5959	21.6529	17	24.0057	26.7121	29.8384	33.4764
18	17.1432	18.8352	20.7486	22.9266	18	25.4178	28.2834	31.5936	35.4456
19	18.0956	19.8816	21.9013	24.2003	19	26.8299	29.8547	33.3488	37.4148
20	19.0480	20.9280	23.0540	25.4740	20	28.2420	31.4260	35.1040	39.3840

SOMMES VERSÉES	50 ANS.	51 ANS.	52 ANS.	53 ANS.	SOMMES VERSÉES	54 ANS.	55 ANS.	56 ANS.	57 ANS.
1	0.3666	0.3963	0.4291	0.4654	1	0.5057	0.5506	0.6007	0.6568
2	0.7332	0.7926	0.8582	0.9308	2	1.0114	1.1012	1.2014	1.3136
3	1.0998	1.1889	1.2873	1.3962	3	1.5171	1.6518	1.8021	1.9704
4	1.4664	1.5852	1.7164	1.8616	4	2.0228	2.2024	2.4028	2.6272
5	1.8330	1.9815	2.1455	2.3270	5	2.5285	2.7530	3.0035	3.2840
6	2.1996	2.3778	2.5746	2.7924	6	3.0342	3.3036	3.6042	3.9408
7	2.5662	2.7741	3.0037	3.2578	7	3.5399	3.8542	4.2049	4.5976
8	2.9328	3.1704	3.4328	3.7232	8	4.0456	4.4048	4.8056	5.2544
9	3.2994	3.5667	3.8619	4.1886	9	4.5513	4.9554	5.4063	5.9112
10	3.6660	3.9630	4.2910	4.6540	10	5.0570	5.5060	6.0070	6.5680
11	4.0326	4.3593	4.7201	5.1194	11	5.5627	6.0566	6.6077	7.2248
12	4.3992	4.7556	5.1492	5.5848	12	6.0684	6.6072	7.2084	7.8816
13	4.7658	5.1519	5.5783	6.0502	13	6.5741	7.1578	7.8091	8.5384
14	5.1324	5.5482	6.0074	6.5156	14	7.0798	7.7084	8.4098	9.1952
15	5.4990	5.9445	6.4365	6.9810	15	7.5855	8.2590	9.0105	9.8520
16	5.8656	6.3408	6.8656	7.4464	16	8.0912	8.8096	9.6112	10.5088
17	6.2322	6.7371	7.2947	7.9118	17	8.5969	9.3602	10.2119	11.1656
18	6.5988	7.1334	7.7238	8.3772	18	9.1026	9.9108	10.8126	11.8224
19	6.9654	7.5297	8.1529	8.8426	19	9.6083	10.4614	11.4133	12.4792
20	7.3320	7.9260	8.5820	9.3080	20	10.1140	11.0120	12.0140	13.1360

SOMMES VERSÉES	58 ANS.	59 ANS.	60 ANS.	61 ANS.	SOMMES VERSÉES	62 ANS.	63 ANS.	64 ANS.	65 ANS.
1	0.7198	0.7908	0.8712	0.9626	1	1.0672	1.1875	1.3265	1.4882
2	1.4396	1.5816	1.7424	1.9252	2	2.1344	2.3750	2.6530	2.9764
3	2.1594	2.3724	2.6136	2.8878	3	3.2016	3.5625	3.9795	4.4646
4	2.8792	3.1632	3.4848	3.8504	4	4.2688	4.7500	5.3060	5.0528
5	3.5990	3.9540	4.3560	4.8130	5	5.3360	5 9375	6.6325	7.4410
6	4.3188	4.7448	5.2272	5.7756	6	6.4032	7.1250	7.9590	8.9292
7	5.0386	5.5356	6.0984	6.7382	7	7.4704	8.3125	9.2855	10.4174
8	5.7584	6.3264	6.9696	7.7008	8	8.5376	9.5000	10.6120	11.9056
9	6.4782	7.1172	7.8408	8.6634	9	9.6048	10.6875	11.9385	13.3938
10	7.1980	7.9080	8.7120	9.6260	10	10.6720	11.8750	13.2650	14.8820
11	7.9178	8.6988	9.5832	10.5886	11	11.7392	13.0625	14.5915	16.3702
12	8.6376	9.4896	10.4544	11.5512	12	12.8064	14.2500	15.9180	17.8584
13	9.3574	10.2804	11.3256	12.5138	13	13.8736	15.4375	17.2445	19.3466
14	10.0772	11.0712	12.1968	13.4764	14	14.9408	16.6250	18.5710	20.8348
15	10.7970	11.8620	13.0680	14.4390	15	16.0080	17.8125	19.8975	22.3230
16	11.5168	12.6528	13.9392	15.4016	16	17.0752	19.0000	21.2240	23.8112
17	12.2366	13.4436	14.8104	16.3642	17	18.1424	20.1875	22.5505	25.2994
18	12.9564	14.2344	15.6816	17.3268	18	19.2096	21.3750	23.8770	26.7876
19	13.6762	15.0252	16.5528	18.2894	19	20.2768	22.5625	25.2035	28.2758
20	14.3960	15.8160	17.4240	19.2520	20	21.3440	23.7500	26.5300	29.7640

SOMMES versées	50 ANS.	51 ANS.	52 ANS.	53 ANS.	SOMMES versées	54 ANS.	55 ANS.	56 ANS.	57 ANS.
1	0.4705	0.5183	0.5612	0.6087	1	0.6614	0.7201	0.7856	0.8590
2	0.9590	1.0366	1.1224	1.2174	2	1.3228	1.4402	1.5712	1.7180
3	1.4385	1.5549	1.6836	1.8261	3	1.9842	2.1603	2.3568	2.5770
4	1.9180	2.0732	2.2448	2.4348	4	2.6456	2.8804	3.1424	3.4300
5	2.3975	2.5915	2.8000	3.0435	5	3.3070	3.6005	3.9280	4.2950
6	2.8770	3.1098	3.3672	3.6522	6	3.9684	4.3206	4.7136	5.1540
7	3.3565	3.6281	3.9284	4.2609	7	4.6298	5.0407	5.4992	6.0130
8	3.8360	4.1464	4.4896	4.8696	8	5.2912	5.7608	6.2848	6.8720
9	4.3155	4.6647	5.0508	5.4783	9	5.9526	6.4809	7.0704	7.7310
10	4.7950	5.1830	5.6120	6.0870	10	6.6140	7.2010	7.8560	8.5900
11	5.2745	5.7013	6.1732	6.6957	11	7.2754	7.9211	8.6416	9.4490
12	5.7540	6.2196	6.7344	7.3044	12	7.9368	8.6412	9.4272	10.3080
13	6.2335	6.7379	7.2956	7.9131	13	8.5982	9.3613	10.2128	11.1670
14	6.7130	7.2562	7.8568	8.5218	14	9.2596	10.0814	10.9984	12.0260
15	7.1925	7.7745	8.4180	9.1305	15	9.9210	10.8015	11.7840	12.8850
16	7.6720	8.2928	8.9792	9.7392	16	10.5824	11.5216	12.5696	13.7440
17	8.1515	8.8111	9.5404	10.3479	17	11.2438	12.2417	13.3552	14.6030
18	8.6310	9.3294	10.1016	10.9566	18	11.9052	12.9618	14.1408	15.4620
19	9.1105	9.8477	10.6628	11.5653	19	12.5666	13.6819	14.9264	16.3210
20	9.5900	10.3660	11.2240	12.1740	20	13.2280	14.4020	15.7120	17.1800

SOMMES versées	58 ANS.	59 ANS.	60 ANS.	61 ANS.	SOMMES versées	62 ANS.	63 ANS.	64 ANS.	65 ANS.
1	0.9414	1.0343	1.1394	1.2590	1	1.3958	1.5531	1.7348	1.9464
2	1.8828	2.0686	2.2788	2.5180	2	2.7916	3.1062	3.4696	3.8928
3	2.8242	3.1029	3.4182	3.7770	3	4.1874	4.6593	5.2044	5.8392
4	3.7656	4.1372	4.5576	5.0360	4	5.5832	6.2124	6.9392	7.7856
5	4.7070	5.1715	5.6970	6.2950	5	6.9790	7.7655	8.6740	9.7320
6	5.6484	6.2058	6.8304	7.5540	6	8.3748	9.3186	10.4088	11.6784
7	6.5898	7.2401	7.9758	8.8130	7	9.7706	10.8717	12.1436	13.6248
8	7.5312	8.2744	9.1152	10.0720	8	11.1664	12.4248	13.8784	15.5712
9	8.4726	9.3087	10.2546	11.3310	9	12.5622	13.9779	15.6132	17.5176
10	9.4140	10.3430	11.3940	12.5900	10	13.9580	15.5310	17.3480	19.4640
11	10.3554	11.3773	12.5334	13.8490	11	15.3538	17.0841	19.0828	21.4104
12	11.2968	12.4116	13.6728	15.1080	12	16.7496	18.6372	20.8176	23.3568
13	12.2382	13.4459	14.8122	16.3670	13	18.1454	20.1903	22.5524	25.3032
14	13.1796	14.4802	15.9516	17.6260	14	19.5412	21.7434	24.2872	27.2496
15	14.1210	15.5145	17.0910	18.8850	15	20.9370	23.2965	26.0220	29.1960
16	15.0624	16.5488	18.2304	20.1440	16	22.3328	24.8496	27.7568	31.1424
17	16.0038	17.5831	19.3698	21.4030	17	23.7286	26.4027	29.4916	33.0888
18	16.9452	18.6174	20.5092	22.6620	18	25.1244	27.9558	31.2264	35.0352
19	17.8866	19.6517	21.6486	23.9210	19	26.5202	29.5089	32.9612	36.9816
20	18.8280	20.6860	22.7880	25.1800	20	27.9160	31.0620	34.6960	38.9280

SOMMES versées.	50 ANS.	51 ANS.	52 ANS.	53 ANS.	SOMMES versées.	54 ANS.	55 ANS.	56 ANS.	57 ANS.
1	0.3618	0.3911	0.4235	0.4594	1	0.4991	0.5434	0.5929	0.6482
2	0.7236	0.7822	0.8470	0.9188	2	0.9982	1.0868	1.1858	1.2964
3	1.0854	1.1733	1.2705	1.3782	3	1.4973	1.6302	1.7787	1.9446
4	1.4472	1.5644	1.6940	1.8376	4	1.9964	2.1736	2.3716	2.5928
5	1.8090	1.9555	2.1175	2.2970	5	2.4955	2.7170	2.9645	3.2410
6	2.1708	2.3466	2.5410	2.7564	6	2.9946	3.2604	3.5574	3.8892
7	2.5326	2.7377	2.9645	3.2158	7	3.4937	3.8038	4.1503	4.5374
8	2.8944	3.1288	3.3880	3.6752	8	3.9928	4.3472	4.7432	5.1856
9	3.2562	3.5199	3.8115	4.1346	9	4.4919	4.8906	5.3361	5.8338
10	3.6180	3.9110	4.2350	4.5940	10	4.9910	5.4340	5.9290	6.4820
11	3.9798	4.3021	4.6585	5.0534	11	5.4901	5.9774	6.5219	7.1302
12	4.3416	4.6932	5.0820	5.5128	12	5.9892	6.5208	7.1148	7.7784
13	4.7034	5.0843	5.5055	5.9722	13	6.4883	7.0642	7.7077	8.4266
14	5.0652	5.4754	5.9290	6.4316	14	6.9874	7.6076	8.3006	9.0748
15	5.4270	5.8665	6.3525	6.8910	15	7.4865	8.1510	8.8935	9.7230
16	5.7888	6.2576	6.7760	7.3504	16	7.9856	8.6944	9.4864	10.3712
17	6.1506	6.6487	7.1995	7.8098	17	8.4847	9.2378	10.0793	11.0194
18	6.5124	7.0398	7.6230	8.2692	18	8.9838	9.7812	10.6722	11.6676
19	6.8742	7.4309	8.0465	8.7286	19	9.4829	10.3246	11.2651	12.3158
20	7.2360	7.8220	8.4700	9.1880	20	9.9820	10.8680	11.8580	12.9640

SOMMES versées.	58 ANS.	59 ANS.	60 ANS.	61 ANS.	SOMMES versées.	62 ANS.	63 ANS.	64 ANS.	65 ANS.
1	0.7104	0.7805	0.8598	0.9501	1	1.0533	1.1720	1.3092	1.4688
2	1.4208	1.5610	1.7196	1.9002	2	2.1066	2.3440	2.6184	2.9376
3	2.1312	2.3415	2.5794	2.8503	3	3.1599	3.5160	3.9276	4.4064
4	2.8416	3.1220	3.4392	3.8004	4	4.2132	4.6880	5.2368	5.8752
5	3.5520	3.9025	4.2990	4.7505	5	5.2665	5.8600	6.5460	7.3440
6	4.2624	4.6830	5.1588	5.7006	6	6.3198	7.0320	7.8552	8.8128
7	4.9728	5.4635	6.0186	6.6507	7	7.3731	8.2040	9.1644	10.2816
8	5.6832	6.2440	6.8784	7.6008	8	8.4264	9.3760	10.4736	11.7504
9	6.3936	7.0245	7.7382	8.5509	9	9.4797	10.5480	11.7828	13.2192
10	7.1040	7.8050	8.5980	9.5010	10	10.5330	11.7200	13.0920	14.6880
11	7.8144	8.5855	9.4578	10.4511	11	11.5863	12.8920	14.4012	16.1568
12	8.5248	9.3660	10.3176	11.4012	12	12.6396	14.0640	15.7104	17.6256
13	9.2352	10.1465	11.1774	12.3513	13	13.6929	15.2360	17.0196	19.0944
14	9.9456	10.9270	12.0372	13.3014	14	14.7462	16.4080	18.3288	20.5632
15	10.6560	11.7075	12.8970	14.2515	15	15.7995	17.5800	19.6380	22.0320
16	11.3664	12.4880	13.7568	15.2016	16	16.8528	18.7520	20.9472	23.5008
17	12.0768	13.2685	14.6166	16.1517	17	17.9061	19.9240	22.2564	24.9696
18	12.7872	14.0490	15.4764	17.1018	18	18.9594	21.0960	23.5656	26.4384
19	13.4976	14.8295	16.3362	18.0519	19	20.0127	22.2680	24.8748	27.9072
20	14.2080	15.6100	17.1960	19.0020	20	21.0660	23.4400	26.1840	29.3760

SOMMES VERSÉES	50 ANS.	51 ANS.	52 ANS.	53 ANS.	SOMMES VERSÉES	54 ANS.	55 ANS.	56 ANS.	57 ANS.
1	0.4730	0.5123	0.5547	0.6017	1	0.6538	0.7118	0.7705	0.8490
2	0.9478	1.0246	1.1094	1.2034	2	1.3076	1.4230	1.5530	1.6980
3	1.4217	1.5369	1.6641	1.8051	3	1.9014	2.1354	2.3295	2.5470
4	1.8956	2.0492	2.2188	2.4068	4	2.6152	2.8472	3.1060	3.3960
5	2.3695	2.5615	2.7735	3.0085	5	3.2690	3.5590	3.8825	4.2450
6	2.8434	3.0738	3.3282	3.6102	6	3.9228	4.2708	4.6590	5.0940
7	3.3173	3.5861	3.8829	4.2119	7	4.5766	4.9826	5.4355	5.9430
8	3.7912	4.0984	4.4376	4.8136	8	5.2304	5.6944	6.2120	6.7920
9	4.2651	4.6107	4.9923	5.4153	9	5.8842	6.4062	6.9885	7.6410
10	4.7390	5.1230	5.5470	6.0170	10	6.5380	7.1180	7.7650	8.4900
11	5.2129	5.6353	6.1017	6.6187	11	7.1918	7.8298	8.5415	9.3390
12	5.6868	6.1476	6.6564	7.2204	12	7.8456	8.5416	9.3180	10.1880
13	6.1607	6.6599	7.2111	7.8221	13	8.4994	9.2534	10.0945	11.0370
14	6.6346	7.1722	7.7658	8.4238	14	9.1532	9.9652	10.8710	11.8860
15	7.1085	7.6845	8.3205	9.0255	15	9.8070	10.6770	11.6475	12.7350
16	7.5824	8.1968	8.8752	9.6272	16	10.4608	11.3888	12.4240	13.5840
17	8.0563	8.7091	9.4299	10.2289	17	11.1146	12.1006	13.2005	14.4330
18	8.5302	9.2214	9.9846	10.8306	18	11.7684	12.8124	13.9770	15.2820
19	9.0041	9.7337	10.5393	11.4323	19	12.4222	13.5242	14.7535	16.1310
20	9.4780	10.2460	11.0940	12.0340	20	13.0760	14.2360	15.5300	16.9800

SOMMES VERSÉES	58 ANS.	59 ANS.	60 ANS.	61 ANS.	SOMMES VERSÉES	62 ANS.	63 ANS.	64 ANS.	65 ANS.
1	0.9305	1.0223	1.1202	1.2444	1	1.3796	1.5351	1.7147	1.9239
2	1.8610	2.0446	2.2524	2.4888	2	2.7592	3.0702	3.4294	3.8478
3	2.7915	3.0669	3.3786	3.7332	3	4.1388	4.6053	5.1441	5.7717
4	3.7220	4.0892	4.5048	4.9776	4	5.5184	6.1404	6.8588	7.6956
5	4.6525	5.1115	5.6310	6.2220	5	6.8980	7.6755	8.5735	9.6195
6	5.5830	6.1338	6.7572	7.4664	6	8.2776	9.2106	10.2882	11.5434
7	6.5135	7.1561	7.8834	8.7108	7	9.6572	10.7457	12.0029	13.4673
8	7.4440	8.1784	9.0096	9.9552	8	11.0368	12.2808	13.7176	15.3912
9	8.3745	9.2007	10.1358	11.1996	9	12.4164	13.8159	15.4323	17.3151
10	9.3050	10.2230	11.2620	12.4440	10	13.7960	15.3510	17.1470	19.2390
11	10.2355	11.2453	12.3882	13.6884	11	15.1756	16.8861	18.8617	21.1629
12	11.1660	12.2676	13.5144	14.9328	12	16.5552	18.4212	20.5764	23.0868
13	12.0965	13.2899	14.6406	16.1772	13	17.9348	19.9563	22.2911	25.0107
14	13.0270	14.3122	15.7668	17.4216	14	19.3144	21.4914	24.0058	26.9346
15	13.9575	15.3345	16.8930	18.6660	15	20.6940	23.0265	25.7205	28.8585
16	14.8880	16.3568	18.0192	19.9104	16	22.0736	24.5616	27.4352	30.7824
17	15.8185	17.3791	19.1454	21.1548	17	23.4532	26.0967	29.1499	32.7063
18	16.7490	18.4014	20.2716	22.3992	18	24.8328	27.6318	30.8646	34.6302
19	17.6795	19.4237	21.3978	23.6436	19	26.2124	29.1669	32.5793	36.5541
20	18.6100	20.4460	22.5240	24.8880	20	27.5920	30.7020	34.2940	38.4780

SOMMES versées	50 ANS.	51 ANS.	52 ANS.	53 ANS.	SOMMES versées	54 ANS.	55 ANS.	56 ANS.	57 ANS.
1	0.3571	0.3860	0.4180	0.4534	1	0.4926	0.5363	0.5851	0.6398
2	0.7142	0.7720	0.8360	0.9068	2	0.9852	1.0726	1.1702	1.2796
3	1.0713	1.1580	1.2540	1.3602	3	1.4778	1.6089	1.7553	1.9194
4	1.4284	1.5440	1.6720	1.8136	4	1.9704	2.1452	2.3404	2.5592
5	1.7855	1.9300	2.0900	2.2670	5	2.4630	2.6815	2.9255	3.1990
6	2.1426	2.3160	2.5080	2.7204	6	2.9556	3.2178	3.5106	3.8388
7	2.4997	2.7020	2.9260	3.1738	7	3.4482	3.7541	4.0957	4.4786
8	2.8568	3.0880	3.3440	3.6272	8	3.9408	4.2904	4.6808	5.1184
9	3.2139	3.4740	3.7620	4.0806	9	4.4334	4.8267	5.2659	5.7582
10	3.5710	3.8600	4.1800	4.5340	10	4.9260	5.3630	5.8510	6.3980
11	3.9281	4.2460	4.5980	4.9874	11	5.4186	5.8993	6.4361	7.0378
12	4.2852	4.6320	5.0160	5.4408	12	5.9112	6.4356	7.0212	7.6776
13	4.6423	5.0180	5.4340	5.8942	13	6.4038	6.9719	7.6063	8.3174
14	4.9994	5.4040	5.8520	6.3476	14	6.8964	7.5082	8.1914	8.9572
15	5.3565	5.7900	6.2700	6.8010	15	7.3890	8.0445	8.7765	9.5970
16	5.7136	6.1760	6.6880	7.2544	16	7.8816	8.5808	9.3616	10.2368
17	6.0707	6.5620	7.1060	7.7078	17	8.3742	9.1171	9.9467	10.8766
18	6.4278	6.9480	7.5240	8.1612	18	8.8668	9.6534	10.5318	11.5164
19	6.7849	7.3340	7.9420	8.6146	19	9.3594	10.1897	11.1169	12.1562
20	7.1420	7.7200	8.3600	9.0680	20	9.8520	10.7260	11.7020	12.7960

SOMMES versées	58 ANS.	59 ANS.	60 ANS.	61 ANS.	SOMMES versées	62 ANS.	63 ANS.	64 ANS.	65 ANS.
1	0.7011	0.7703	0.8486	0.9377	1	1.0396	1.1567	1.2920	1.4497
2	1.4022	1.5406	1.6972	1.8754	2	2.0792	2.3134	2.5840	2.8994
3	2.1033	2.3109	2.5458	2.8131	3	3.1188	3.4701	3.8760	4.3491
4	2.8044	3.0812	3.3944	3.7508	4	4.1584	4.6268	5.1680	5.7988
5	3.5055	3.8515	4.2430	4.6885	5	5.1980	5.7835	6.4600	7.2485
6	4.2066	4.6218	5.0916	5.6262	6	6.2376	6.9402	7.7520	8.6982
7	4.9077	5.3921	5.9402	6.5639	7	7.2772	8.0969	9.0440	10.1470
8	5.6088	6.1624	6.7888	7.5016	8	8.3168	9.2536	10.3360	11.5976
9	6.3099	6.9327	7.6374	8.4393	9	9.3564	10.4103	11.6280	13.0473
10	7.0110	7.7030	8.4860	9.3770	10	10.3960	11.5670	12.9200	14.4970
11	7.7121	8.4733	9.3346	10.3147	11	11.4356	12.7237	14.2120	15.9467
12	8.4132	9.2436	10.1832	11.2524	12	12.4752	13.8804	15.5040	17.3964
13	9.1143	10.0139	11.0318	12.1901	13	13.5148	15.0371	16.7960	18.8461
14	9.8154	10.7842	11.8804	13.1278	14	14.5544	16.1938	18.0880	20.2958
15	10.5165	11.5545	12.7290	14.0655	15	15.5940	17.3505	19.3800	21.7455
16	11.2176	12.3248	13.5776	15.0032	16	16.6336	18.5072	20.6720	23.1952
17	11.9187	13.0951	14.4262	15.9409	17	17.6732	19.6639	21.9640	24.6449
18	12.6198	13.8654	15.2748	16.8786	18	18.7128	20.8206	23.2560	26.0946
19	13.3209	14.6357	16.1234	17.8163	19	19.7524	21.9773	24.5480	27.5443
20	14.0220	15.4060	16.9720	18.7540	20	20.7920	23.1340	25.8400	28.9940

SOMMES versées.	50 ANS.	51 ANS.	52 ANS.	53 ANS.	SOMMES versées.	54 ANS.	55 ANS.	56 ANS.	57 ANS.
1	0.4684	0.5064	0.5483	0.5947	1	0.6462	0.7035	0.7675	0.8392
2	0.9368	1.0128	1.0966	1.1894	2	1.2924	1.4070	1.5350	1.0784
3	1.4052	1.5192	1.6449	1.7841	3	1.9386	2.1105	2.3025	2.5176
4	1.8736	2.0256	2.1932	2.3788	4	2.5848	2.8140	3.0700	3.3568
5	2.3420	2.5320	2.7415	2.9735	5	3.2310	3.5175	3.8375	4.1960
6	2.8104	3.0384	3.2898	3.5682	6	3.8772	4.2210	4.6050	5.0352
7	3.2788	3.5448	3.8381	4.1629	7	4.5234	4.9245	5.3725	5.8744
8	3.7472	4.0512	4.3864	4.7576	8	5.1696	5.6280	6.1400	6.7136
9	4.2156	4.5576	4.9347	5.3523	9	5.8158	6.3315	6.9075	7.5528
10	4.6840	5.0640	5.4830	5.9470	10	6.4620	7.0350	7.6750	8.3920
11	5.1524	5.5704	6.0313	6.5417	11	7.1082	7.7385	8.4425	9.2312
12	5.6208	6.0768	6.5796	7.1364	12	7.7544	8.4420	9.2100	10.0704
13	6.0892	6.5832	7.1279	7.7311	13	8.4006	9.1455	9.9775	10.9096
14	6.5576	7.0896	7.6762	8.3258	14	9.0468	9.8490	10.7450	11.7488
15	7.0260	7.5960	8.2245	8.9205	15	9.6930	10.5525	11.5125	12.5880
16	7.4944	8.1024	8.7728	9.5152	16	10.3392	11.2560	12.2800	13.4272
17	7.9628	8.6088	9.3211	10.1099	17	10.9854	11.9595	13.0475	14.2664
18	8.4312	9.1152	9.8694	10.7046	18	11.6316	12.6630	13.8150	15.1056
19	8.8996	9.6216	10.4177	11.2993	19	12.2778	13.3665	14.5825	15.9448
20	9.3680	10.1280	10.9660	11.8940	20	12.9240	14.0700	15.3500	16.7840

SOMMES versées.	58 ANS.	59 ANS.	60 ANS.	61 ANS.	SOMMES versées.	62 ANS.	63 ANS.	64 ANS.	65 ANS.
1	0.9197	1.0104	1.1131	1.2300	1	1.3636	1.5173	1.6949	1.9016
2	1.8394	2.0208	2.2262	2.4600	2	2.7272	3.0346	3.3898	3.8032
3	2.7591	3.0312	3.3393	3.6900	3	4.0908	4.5519	5.0847	5.7048
4	3.6788	4.0416	4.4524	4.9200	4	5.4544	6.0692	6.7796	7.6064
5	4.5985	5.0520	5.5655	6.1500	5	6.8180	7.5865	8.4745	9.5080
6	5.5182	6.0624	6.6786	7.3800	6	8.1816	9.1038	10.1694	11.4096
7	6.4379	7.0728	7.7917	8.6100	7	9.5452	10.6211	11.8643	13.3112
8	7.3576	8.0832	8.9048	9.8400	8	10.9088	12.1384	13.5592	15.2128
9	8.2773	9.0936	10.0179	11.0700	9	12.2724	13.6557	15.2541	17.1144
10	9.1970	10.1040	11.1310	12.3000	10	13.6360	15.1730	16.9490	19.0160
11	10.1167	11.1144	12.2441	13.5300	11	14.9996	16.6903	18.6439	20.9176
12	11.0364	12.1248	13.3572	14.7600	12	16.3632	18.2076	20.3388	22.8192
13	11.9561	13.1352	14.4703	15.9900	13	17.7268	19.7249	22.0337	24.7208
14	12.8758	14.1456	15.5834	17.2200	14	19.0904	21.2422	23.7286	26.6224
15	13.7955	15.1560	16.6965	18.4500	15	20.4540	22.7595	25.4235	28.5240
16	14.7152	16.1664	17.8096	19.6800	16	21.8176	24.2768	27.1184	30.4256
17	15.6349	17.1768	18.9227	20.9100	17	23.1812	25.7941	28.8133	32.3272
18	16.5546	18.1872	20.0358	22.1400	18	24.5448	27.3114	30.5082	34.2288
19	17.4743	19.1976	21.1489	23.3700	19	25.9084	28.8287	32.2031	36.1304
20	18.3940	20.2080	22.2620	24.6000	20	27.2720	30.3460	33.8980	38.0320

Sommes versées	50 ANS	51 ANS	52 ANS	53 ANS	Sommes versées	54 ANS	55 ANS	56 ANS	57 ANS
1	0.3524	0.3810	0.4125	0.4474	1	0.4862	0.5293	0.5775	0.6314
2	0.7048	0.7620	0.8250	0.8948	2	0.9724	1.0586	1.1550	1.2628
3	1.0572	1.1430	1.2375	1.3422	3	1.4586	1.5879	1.7325	1.8942
4	1.4096	1.5240	1.6500	1.7896	4	1.9448	2.1172	2.3100	2.5256
5	1.7620	1.9050	2.0625	2.2370	5	2.4310	2.6465	2.8875	3.1570
6	2.1144	2.2860	2.4750	2.6844	6	2.9172	3.1758	3.4650	3.7884
7	2.4668	2.6670	2.8875	3.1318	7	3.4034	3.7051	4.0425	4.4198
8	2.8192	3.0480	3.3000	3.5792	8	3.8896	4.2344	4.6200	5.0512
9	3.1716	3.4290	3.7125	4.0266	9	4.3758	4.7637	5.1975	5.6826
10	3.5240	3.8100	4.1250	4.4740	10	4.8620	5.2930	5.7750	6.3140
11	3.8764	4.1910	4.5375	4.9214	11	5.3482	5.8223	6.3525	6.9454
12	4.2288	4.5720	4.9500	5.3688	12	5.8344	6.3516	6.9300	7.5768
13	4.5812	4.9530	5.3625	5.8162	13	6.3206	6.8809	7.5075	8.2082
14	4.9336	5.3340	5.7750	6.2636	14	6.8068	7.4102	8.0850	8.8396
15	5.2860	5.7150	6.1875	6.7110	15	7.2930	7.9395	8.6625	9.4710
16	5.6384	6.0960	6.6000	7.1584	16	7.7792	8.4688	9.2400	10.1024
17	5.9908	6.4770	7.0125	7.6058	17	8.2654	8.9981	9.8175	10.7338
18	6.3432	6.8580	7.4250	8.0532	18	8.7516	9.5274	10.3950	11.3652
19	6.6956	7.2390	7.8375	8.5006	19	9.2378	10.0567	10.9725	11.9966
20	7.0480	7.6200	8.2500	8.9480	20	9.7240	10.5860	11.5500	12.6280

Sommes versées	58 ANS	59 ANS	60 ANS	61 ANS	Sommes versées	62 ANS	63 ANS	64 ANS	65 ANS
1	0.6920	0.7602	0.8375	0.9254	1	1.0260	1.1416	1.2752	1.4307
2	1.3840	1.5204	1.6750	1.8508	2	2.0520	2.2832	2.5504	2.8614
3	2.0760	2.2806	2.5125	2.7762	3	3.0780	3.4248	3.8256	4.2921
4	2.7680	3.0408	3.3500	3.7016	4	4.1040	4.5664	5.1008	5.7228
5	3.4600	3.8010	4.1875	4.6270	5	5.1300	5.7080	6.3760	7.1535
6	4.1520	4.5612	5.0250	5.5524	6	6.1560	6.8496	7.6512	8.5842
7	4.8440	5.3214	5.8625	6.4778	7	7.1820	7.9912	8.9264	10.0149
8	5.5360	6.0816	6.7000	7.4032	8	8.2080	9.1328	10.2016	11.4456
9	6.2280	6.8418	7.5375	8.3286	9	9.2340	10.2744	11.4768	12.8763
10	6.9200	7.6020	8.3750	9.2540	10	10.2600	11.4160	12.7520	14.3070
11	7.6120	8.3622	9.2125	10.1794	11	11.2860	12.5576	14.0272	15.7377
12	8.3040	9.1224	10.0500	11.1048	12	12.3120	13.6992	15.3024	17.1684
13	8.9960	9.8826	10.8875	12.0302	13	13.3380	14.8408	16.5776	18.5991
14	9.6880	10.6428	11.7250	12.9556	14	14.3640	15.9824	17.8528	20.0298
15	10.3800	11.4030	12.5625	13.8810	15	15.3900	17.1240	19.1280	21.4605
16	11.0720	12.1632	13.4000	14.8064	16	16.4160	18.2656	20.4032	22.8912
17	11.7640	12.9234	14.2375	15.7318	17	17.4420	19.4072	21.6784	24.3219
18	12.4560	13.6836	15.0750	16.6572	18	18.4680	20.5488	22.9536	25.7526
19	13.1480	14.4438	15.9125	17.5826	19	19.4940	21.6904	24.2288	27.1833
20	13.8400	15.2040	16.7500	18.5080	20	20.5200	22.8320	25.5040	28.6140

SOMMES versées.	50 ANS.	51 ANS.	52 ANS.	53 ANS.	SOMMES versées.	54 ANS.	55 ANS.	56 ANS.	57 ANS.
1	0.4630	0.5005	0.5419	0.5878	1	0.6387	0.6954	0.7580	0.8295
2	0.9260	1.0010	1.0838	1.1756	2	1.2774	1.3908	1.5172	1.6590
3	1.3890	1.5015	1.6257	1.7634	3	1.9161	2.0862	2.2758	2.4885
4	1.8520	2.0020	2.1676	2.3512	4	2.5548	2.7816	3.0344	3.3180
5	2.3150	2.5025	2.7095	2.9390	5	3.1935	3.4770	3.7930	4.1475
6	2.7780	3.0030	3.2514	3.5268	6	3.8322	4.1724	4.5516	4.9770
7	3.2410	3.5035	3.7933	4.1146	7	4.4709	4.8678	5.3102	5.8065
8	3.7040	4.0040	4.3352	4.7024	8	5.1096	5.5632	6.0688	6.6360
9	4.1670	4.5045	4.8771	5.2902	9	5.7483	6.2586	6.8274	7.4655
10	4.6300	5.0050	5.4190	5.8780	10	6.3870	6.9540	7.5860	8.2950
11	5.0930	5.5055	5.9609	6.4658	11	7.0257	7.6494	8.3446	9.1245
12	5.5560	6.0060	6.5028	7.0536	12	7.6644	8.3448	9.1032	9.9540
13	6.0190	6.5065	7.0447	7.6414	13	8.3031	9.0402	9.8618	10.7835
14	6.4820	7.0070	7.5866	8.2292	14	8.9418	9.7356	10.6204	11.6130
15	6.9450	7.5075	8.1285	8.8170	15	9.5805	10.4310	11.3790	12.4425
16	7.4080	8.0080	8.6704	9.4048	16	10.2192	11.1264	12.1376	13.2720
17	7.8710	8.5085	9.2123	9.9926	17	10.8579	11.8218	12.8962	14.1015
18	8.3340	9.0090	9.7542	10.5804	18	11.4966	12.5172	13.6548	14.9310
19	8.7970	9.5095	10.2961	11.1682	19	12.1353	13.2126	14.4134	15.7605
20	9.2600	10.0100	10.8380	11.7560	20	12.7740	13.9080	15.1720	16.5900

SOMMES versées.	58 ANS.	59 ANS.	60 ANS.	61 ANS.	SOMMES versées.	62 ANS.	63 ANS.	64 ANS.	65 ANS.
1	0.9090	0.9987	1.1002	1.2157	1	1.3478	1.4997	1.6752	1.8795
2	1.8180	1.9974	2.2004	2.4314	2	2.6956	2.9994	3.3504	3.7590
3	2.7270	2.9961	3.3006	3.6471	3	4.0434	4.4991	5.0256	5.6385
4	3.6360	3.9948	4.4008	4.8628	4	5.3912	5.9988	6.7008	7.5180
5	4.5450	4.9935	5.5010	6.0785	5	6.7390	7.4985	8.3760	9.3975
6	5.4540	5.9922	6.6012	7.2942	6	8.0868	8.9982	10.0512	11.2770
7	6.3630	6.9909	7.7014	8.5099	7	9.4346	10.4979	11.7264	13.1565
8	7.2720	7.9896	8.8016	9.7256	8	10.7824	11.9976	13.4016	15.0360
9	8.1810	8.9883	9.9018	10.9413	9	12.1302	13.4973	15.0768	16.9155
10	9.0900	9.9870	11.0020	12.1570	10	13.4780	14.9970	16.7520	18.7950
11	9.9990	10.9857	12.1022	13.3727	11	14.8258	16.4967	18.4272	20.6745
12	10.9080	11.9844	13.2024	14.5884	12	16.1736	17.9964	20.1024	22.5540
13	11.8170	12.9831	14.3026	15.8041	13	17.5214	19.4961	21.7776	24.4335
14	12.7260	13.9818	15.4028	17.0198	14	18.8692	20.9958	23.4528	26.3130
15	13.6350	14.9805	16.5030	18.2355	15	20.2170	22.4955	25.1280	28.1925
16	14.5440	15.9792	17.6032	19.4512	16	21.5648	23.9952	26.8032	30.0720
17	15.4530	16.9779	18.7034	20.6669	17	22.9126	25.4949	28.4784	31.9515
18	16.3620	17.9766	19.8036	21.8826	18	24.2604	26.9946	30.1536	33.8310
19	17.2710	18.9753	20.9038	23.0983	19	25.6082	28.4943	31.8288	35.7105
20	18.1800	19.9740	22.0040	24.3140	20	26.9560	29.9940	33.5040	37.5900

SOMMES versées	50 ANS.	51 ANS.	52 ANS.	53 ANS.	SOMMES versées	54 ANS.	55 ANS.	56 ANS.	57 ANS.
1	0.3478	0.3700	0.4071	0.4410	1	0.4798	0.5224	0.5699	0.6231
2	0.6956	0.7520	0.8142	0.8832	2	0.9596	1.0448	1.1398	1.2462
3	1.0434	1.1280	1.2213	1.3248	3	1.4394	1.5672	1.7097	1.8693
4	1.3912	1.5040	1.6284	1.7664	4	1.9192	2.0896	2.2796	2.4924
5	1.7390	1.8800	2.0355	2.2080	5	2.3990	2.6120	2.8495	3.1155
6	2.0868	2.2560	2.4426	2.6496	6	2.8788	3.1344	3.4194	3.7386
7	2.4346	2.6320	2.8497	3.0912	7	3.3586	3.6568	3.9893	4.3617
8	2.7824	3.0080	3.2508	3.5328	8	3.8384	4.1792	4.5592	4.9848
9	3.1302	3.3840	3.6639	3.9744	9	4.3182	4.7016	5.1291	5.6070
10	3.4780	3.7600	4.0710	4.4160	10	4.7980	5.2240	5.6990	6.2310
11	3.8258	4.1360	4.4781	4.8576	11	5.2778	5.7464	6.2689	6.8541
12	4.1736	4.5120	4.8852	5.2992	12	5.7576	6.2688	6.8388	7.4772
13	4.5214	4.8880	5.2923	5.7408	13	6.2374	6.7912	7.4087	8.1003
14	4.8692	5.2640	5.6994	6.1824	14	6.7172	7.3136	7.9786	8.7234
15	5.2170	5.6400	6.1065	6.6240	15	7.1970	7.8360	8.5485	9.3465
16	5.5648	6.0160	6.5136	7.0656	16	7.6768	8.3584	9.1184	9.9696
17	5.9126	6.3920	6.9207	7.5072	17	8.1566	8.8808	9.6883	10.5927
18	6.2604	6.7680	7.3278	7.9488	18	8.6364	9.4032	10.2582	11.2158
19	6.6082	7.1440	7.7349	8.3904	19	9.1162	9.9256	10.8281	11.8389
20	6.9560	7.5200	8.1420	8.8320	20	9.5960	10.4480	11.3980	12.4620

SOMMES versées	58 ANS.	59 ANS.	60 ANS.	61 ANS.	SOMMES versées	62 ANS.	63 ANS.	64 ANS.	65 ANS.
1	0.6820	0.7503	0.8205	0.9133	1	1.0125	1.1266	1.2585	1.4120
2	1.3658	1.5006	1.6530	1.8266	2	2.0250	2.2532	2.5170	2.8240
3	2.0487	2.2509	2.4705	2.7399	3	3.0375	3.3798	3.7755	4.2360
4	2.7316	3.0012	3.3060	3.6532	4	4.0500	4.5064	5.0340	5.6480
5	3.4145	3.7515	4.1325	4.5665	5	5.0625	5.6330	6.2925	7.0600
6	4.0974	4.5018	4.9590	5.4798	6	6.0750	6.7596	7.5510	8.4720
7	4.7803	5.2521	5.7855	6.3931	7	7.0875	7.8862	8.8095	9.8840
8	5.4632	6.0024	6.6120	7.3064	8	8.1000	9.0128	10.0680	11.2960
9	6.1461	6.7527	7.4385	8.2197	9	9.1125	10.1394	11.3265	12.7080
10	6.8290	7.5030	8.2650	9.1330	10	10.1250	11.2660	12.5850	14.1200
11	7.5119	8.2533	9.0915	10.0463	11	11.1375	12.3926	13.8435	15.5320
12	8.1948	9.0036	9.9180	10.9596	12	12.1500	13.5192	15.1020	16.9440
13	8.8777	9.7539	10.7445	11.8729	13	13.1625	14.6458	16.3605	18.3560
14	9.5606	10.5042	11.5710	12.7862	14	14.1750	15.7724	17.0190	19.7680
15	10.2435	11.2545	12.3975	13.6995	15	15.1875	16.8990	18.8775	21.1800
16	10.9264	12.0048	13.2240	14.6128	16	16.2000	18.0256	20.1360	22.5920
17	11.6093	12.7551	14.0505	15.5261	17	17.2125	19.1522	21.3945	24.0040
18	12.2922	13.5054	14.8770	16.4394	18	18.2250	20.2788	22.6530	25.4160
19	12.9751	14.2557	15.7035	17.3527	19	19.2375	21.4054	23.9115	26.8280
20	13.6580	15.0060	16.5300	18.2660	20	20.2500	22.5320	25.1700	28.2400

SOMMES versées	50 ANS.	51 ANS.	52 ANS.	53 ANS.	SOMMES versées	54 ANS.	55 ANS.	56 ANS.	57 ANS.
1	0.4576	0.4947	0.5356	0.5810	1	0.6313	0.6873	0.7498	0.8198
2	0.9152	0.9894	1.0712	1.1620	2	1.2626	1.3746	1.4996	1.6396
3	1.3728	1.4841	1.6068	1.7430	3	1.8939	2.0619	2.2494	2.4594
4	1.8304	1.9788	2.1424	2.3240	4	2.5252	2.7492	2.9992	3.2792
5	2.2880	2.4735	2.6780	2.9050	5	3.1565	3.4365	3.7490	4.0990
6	2.7456	2.9682	3.2136	3.4860	6	3.7878	4.1238	4.4988	4.9188
7	3.2032	3.4629	3.7492	4.0670	7	4.4191	4.8111	5.2486	5.7386
8	3.6608	3.9576	4.2848	4.6480	8	5.0504	5.4984	5.9984	6.5584
9	4.1184	4.4523	4.8204	5.2290	9	5.6817	6.1857	6.7482	7.3782
10	4.5760	4.9470	5.3560	5.8100	10	6.3130	6.8730	7.4980	8.1980
11	5.0336	5.4417	5.8916	6.3910	11	6.9443	7.5603	8.2478	9.0178
12	5.4912	5.9364	6.4272	6.9720	12	7.5756	8.2476	8.9976	9.8376
13	5.9488	6.4311	6.9628	7.5530	13	8.2069	8.9349	9.7474	10.6574
14	6.4064	6.9258	7.4984	8.1340	14	8.8382	9.6222	10.4972	11.4772
15	6.8640	7.4205	8.0340	8.7150	15	9.4695	10.3095	11.2470	12.2970
16	7.3216	7.9152	8.5696	9.2960	16	10.1008	10.9968	11.9968	13.1168
17	7.7792	8.4099	9.1052	9.8770	17	10.7321	11.6841	12.7466	13.9366
18	8.2368	8.9046	9.6408	10.4580	18	11.3634	12.3714	13.4964	14.7564
19	8.6944	9.3993	10.1764	11.0390	19	11.9947	13.0587	14.2462	15.5762
20	9.1520	9.8940	10.7120	11.6200	20	12.6260	13.7460	14.9960	16.3960

SOMMES versées	58 ANS.	59 ANS.	60 ANS.	61 ANS.	SOMMES versées	62 ANS.	63 ANS.	64 ANS.	65 ANS.
1	0.8985	0.9871	1.0875	1.2016	1	1.3322	1.4823	1.6558	1.8577
2	1.7970	1.9742	2.1750	2.4032	2	2.6644	2.9646	3.3116	3.7154
3	2.6955	2.9613	3.2625	3.6048	3	3.9966	4.4469	4.9674	5.5731
4	3.5940	3.9484	4.3500	4.8064	4	5.3288	5.9292	6.6232	7.4308
5	4.4925	4.9355	5.4375	6.0080	5	6.6610	7.4115	8.2790	9.2885
6	5.3910	5.9226	6.5250	7.2096	6	7.9932	8.8938	9.9348	11.1462
7	6.2895	6.9097	7.6125	8.4112	7	9.3254	10.3761	11.5906	13.0039
8	7.1880	7.8968	8.7000	9.6128	8	10.6576	11.8584	13.2464	14.8616
9	8.0865	8.8839	9.7875	10.8144	9	11.9898	13.3407	14.9022	16.7193
10	8.9850	9.8710	10.8750	12.0160	10	13.3220	14.8230	16.5580	18.5770
11	9.8835	10.8581	11.9625	13.2176	11	14.6542	16.3053	18.2138	20.4347
12	10.7820	11.8452	13.0500	14.4192	12	15.9864	17.7876	19.8696	22.2924
13	11.6805	12.8323	14.1375	15.6208	13	17.3186	19.2699	21.5254	24.1501
14	12.5790	13.8194	15.2250	16.8224	14	18.6508	20.7522	23.1812	26.0078
15	13.4775	14.8065	16.3125	18.0240	15	19.9830	22.2345	24.8370	27.8655
16	14.3760	15.7936	17.4000	19.2256	16	21.3152	23.7168	26.4928	29.7232
17	15.2745	16.7807	18.4875	20.4272	17	22.6474	25.1991	28.1486	31.5809
18	16.1730	17.7678	19.5750	21.6288	18	23.9796	26.6814	29.8044	33.4386
19	17.0715	18.7549	20.6625	22.8304	19	25.3118	28.1637	31.4602	35.2963
20	17.9700	19.7420	21.7500	24.0320	20	26.6440	29.6460	33.1160	37.1540

SOMMES versées.	50 ANS.	51 ANS.	52 ANS.	53 ANS.	SOMMES versées.	54 ANS.	55 ANS.	56 ANS.	57 ANS.
1	0.3433	0.3711	0.4018	0.4358	1	0.4735	0.5155	0.5624	0.6149
2	0.6866	0.7422	0.8036	0.8716	2	0.9470	1.0310	1.1248	1.2298
3	1.0299	1.1133	1.2054	1.3074	3	1.4205	1.5465	1.6872	1.8447
4	1.3732	1.4844	1.6072	1.7432	4	1.8940	2.0620	2.2496	2.4596
5	1.7165	1.8555	2.0090	2.1790	5	2.3675	2.5775	2.8120	3.0745
6	2.0598	2.2266	2.4108	2.6148	6	2.8410	3.0930	3.3744	3.6894
7	2.4031	2.5977	2.8126	3.0506	7	3.3145	3.6085	3.9368	4.3043
8	2.7466	2.9688	3.2144	3.4864	8	3.7880	4.1240	4.4992	4.9192
9	3.0897	3.3399	3.6162	3.9222	9	4.2615	4.6395	5.0616	5.5341
10	3.4330	3.7110	4.0180	4.3580	10	4.7350	5.1550	5.6240	6.1490
11	3.7763	4.0821	4.4198	4.7938	11	5.2085	5.6705	6.1864	6.7639
12	4.1196	4.4532	4.8216	5.2296	12	5.6820	6.1860	6.7488	7.3788
13	4.4629	4.8243	5.2234	5.6654	13	6.1555	6.7015	7.3112	7.9937
14	4.8062	5.1954	5.6252	6.1012	14	6.6290	7.2170	7.8736	8.6086
15	5.1495	5.5665	6.0270	6.5370	15	7.1025	7.7325	8.4360	9.2235
16	5.4928	5.9376	6.4288	6.9728	16	7.5760	8.2480	8.9984	9.8384
17	5.8361	6.3087	6.8306	7.4086	17	8.0495	8.7635	9.5608	10.4533
18	6.1794	6.6798	7.2324	7.8444	18	8.5230	9.2790	10.1232	11.0082
19	6.5227	7.0509	7.6342	8.2802	19	8.9965	9.7945	10.6856	11.6831
20	6.8600	7.4220	8.0360	8.7160	20	9.4700	10.3100	11.2480	12.2980

SOMMES versées.	58 ANS.	59 ANS.	60 ANS.	61 ANS.	SOMMES versées.	62 ANS.	63 ANS.	64 ANS.	65 ANS.
1	0.6739	0.7404	0.8157	0.9013	1	0.9993	1.1118	1.2420	1.3935
2	1.3478	1.4808	1.6314	1.8026	2	1.9986	2.2236	2.4840	2.7870
3	2.0217	2.2212	2.4471	2.7039	3	2.9979	3.3354	3.7260	4.1805
4	2.6956	2.9616	3.2628	3.6052	4	3.9972	4.4472	4.9680	5.5740
5	3.3695	3.7020	4.0785	4.5065	5	4.9965	5.5590	6.2100	6.9675
6	4.0434	4.4424	4.8942	5.4078	6	5.9958	6.6708	7.4520	8.3610
7	4.7173	5.1828	5.7099	6.3091	7	6.9951	7.7826	8.6940	9.7545
8	5.3912	5.9232	6.5256	7.2104	8	7.9944	8.8944	9.9360	11.1480
9	6.0651	6.6636	7.3413	8.1117	9	8.9937	10.0062	11.1780	12.5415
10	6.7390	7.4040	8.1570	9.0130	10	9.9930	11.1180	12.4200	13.9350
11	7.4129	8.1444	8.9727	9.9143	11	10.9923	12.2298	13.6620	15.3285
12	8.0868	8.8848	9.7884	10.8156	12	11.9916	13.3416	14.9040	16.7220
13	8.7607	9.6252	10.6041	11.7169	13	12.9909	14.4534	16.1460	18.1155
14	9.4346	10.3656	11.4198	12.6182	14	13.9902	15.5652	17.3880	19.5090
15	10.1085	11.1060	12.2355	13.5195	15	14.9895	16.6770	18.6300	20.9025
16	10.7824	11.8464	13.0512	14.4208	16	15.9888	17.7888	19.8720	22.2960
17	11.4563	12.5868	13.8669	15.3221	17	16.9881	18.9006	21.1140	23.6895
18	12.1302	13.3272	14.6826	16.2234	18	17.9874	20.0124	22.3560	25.0830
19	12.8041	14.0676	15.4983	17.1247	19	18.9867	21.1242	23.5980	26.4765
20	13.4780	14.8080	16.3140	18.0260	20	19.9860	22.2360	24.8400	27.8700

NOMBRES versées.	50 ANS.	51 ANS.	52 ANS.	53 ANS.	NOMBRES versées.	54 ANS.	55 ANS.	56 ANS.	57 ANS.
1	0.4523	0.4889	0.5204	0.5712	1	0.6240	0.6793	0.7411	0.8103
2	0.9046	0.9778	1.0588	1.1484	2	1.2480	1.3586	1.4822	1.6206
3	1.3569	1.4667	1.5882	1.7226	3	1.8720	2.0379	2.2233	2.4309
4	1.8092	1.9556	2.1176	2.2968	4	2.4960	2.7172	2.9644	3.2412
5	2.2615	2.4445	2.6470	2.8710	5	3.1200	3.3965	3.7055	4.0515
6	2.7138	2.9334	3.1764	3.4452	6	3.7440	4.0758	4.4466	4.8618
7	3.1661	3.4223	3.7058	4.0194	7	4.3680	4.7551	5.1877	5.6721
8	3.6184	3.9112	4.2352	4.5936	8	4.9920	5.4344	5.9288	6.4824
9	4.0707	4.4001	4.7646	5.1678	9	5.6160	6.1137	6.6699	7.2927
10	4.5230	4.8890	5.2940	5.7420	10	6.2400	6.7930	7.4110	8.1030
11	4.9753	5.3779	5.8234	6.3162	11	6.8640	7.4723	8.1521	8.9133
12	5.4276	5.8668	6.3528	6.8904	12	7.4880	8.1516	8.8032	9.7236
13	5.8799	6.3557	6.8822	7.4646	13	8.1120	8.8309	9.6343	10.5339
14	6.3322	6.8446	7.4116	8.0388	14	8.7360	9.5102	10.3754	11.3442
15	6.7845	7.3335	7.9410	8.6130	15	9.3600	10.1895	11.1165	12.1545
16	7.2368	7.8224	8.4704	9.1872	16	9.9840	10.8688	11.8576	12.9048
17	7.6891	8.3113	8.9998	9.7614	17	10.6080	11.5481	12.5987	13.7751
18	8.1414	8.8002	9.5292	10.3356	18	11.2320	12.2274	13.3398	14.5854
19	8.5937	9.2891	10.0586	10.9098	19	11.8560	12.9067	14.0809	15.3957
20	9.0460	9.7780	10.5880	11.4840	20	12.4800	13.5860	14.8220	16.2060

NOMBRES versées.	58 ANS.	59 ANS.	60 ANS.	61 ANS.	NOMBRES versées.	62 ANS.	63 ANS.	64 ANS.	65 ANS.
1	0.8881	0.9757	1.0748	1.1877	1	1.3167	1.4651	1.6366	1.8302
2	1.7762	1.9514	2.1496	2.3754	2	2.6334	2.9302	3.2732	3.6724
3	2.6643	2.9271	3.2244	3.5631	3	3.9501	4.3953	4.9098	5.5086
4	3.5524	3.9028	4.2992	4.7508	4	5.2668	5.8604	6.5464	7.3448
5	4.4405	4.8785	5.3740	5.9385	5	6.5835	7.3255	8.1830	9.1810
6	5.3286	5.8542	6.4488	7.1262	6	7.9002	8.7906	9.8196	11.0172
7	6.2167	6.8299	7.5236	8.3139	7	9.2169	10.2557	11.4562	12.8534
8	7.1048	7.8056	8.5984	9.5016	8	10.5336	11.7208	13.0928	14.6896
9	7.9929	8.7813	9.6732	10.6893	9	11.8503	13.1859	14.7294	16.5258
10	8.8810	9.7570	10.7480	11.8770	10	13.1670	14.6510	16.3660	18.3620
11	9.7691	10.7327	11.8228	13.0647	11	14.4837	16.1161	18.0026	20.1982
12	10.6572	11.7084	12.8976	14.2524	12	15.8004	17.5812	19.6392	22.0344
13	11.5453	12.6841	13.9724	15.4401	13	17.1171	19.0463	21.2758	23.8706
14	12.4334	13.6598	15.0472	16.6278	14	18.4338	20.5114	22.9124	25.7068
15	13.3215	14.6355	16.1220	17.8155	15	19.7505	21.9765	24.5490	27.5430
16	14.2096	15.6112	17.1968	19.0032	16	21.0672	23.4416	26.1856	29.3792
17	15.0977	16.5869	18.2716	20.1909	17	22.3839	24.9067	27.8222	31.2154
18	15.9858	17.5626	19.3464	21.3786	18	23.7006	26.3718	29.4588	33.0516
19	16.8739	18.5383	20.4212	22.5663	19	25.0173	27.8369	31.0954	34.8878
20	17.7620	19.5140	21.4960	23.7540	20	26.3340	29.3020	32.7320	36.7240

SOMMES versées	50 ANS.	51 ANS.	52 ANS.	53 ANS.	SOMMES versées	54 ANS.	55 ANS.	56 ANS.	57 ANS.
1	0.3387	0.3662	0.3965	0.4301	1	0.4673	0.5088	0.5550	0.6069
2	0.6774	0.7324	0.7930	0.8602	2	0.9346	1.0176	1.1100	1.2138
3	1.0161	1.0986	1.1895	1.2903	3	1.4019	1.5264	1.6650	1.8207
4	1.3548	1.4648	1.5860	1.7204	4	1.8692	2.0352	2.2200	2.4276
5	1.6935	1.8310	1.9825	2.1505	5	2.3365	2.5440	2.7750	3.0345
6	2.0322	2.1972	2.3790	2.5806	6	2.8038	3.0528	3.3300	3.6414
7	2.3709	2.5634	2.7755	3.0107	7	3.2711	3.5616	3.8850	4.2483
8	2.7096	2.9296	3.1720	3.4408	8	3.7384	4.0704	4.4400	4.8552
9	3.0483	3.2958	3.5685	3.8709	9	4.2057	4.5792	4.9950	5.4621
10	3.3870	3.6620	3.9650	4.3010	10	4.6730	5.0880	5.5500	6.0690
11	3.7257	4.0282	4.3615	4.7311	11	5.1403	5.5968	6.1050	6.6759
12	4.0644	4.3944	4.7580	5.1612	12	5.6076	6.1056	6.6600	7.2828
13	4.4031	4.7606	5.1545	5.5913	13	6.0749	6.6144	7.2150	7.8897
14	4.7418	5.1268	5.5510	6.0214	14	6.5422	7.1232	7.7700	8.4966
15	5.0805	5.4930	5.9475	6.4515	15	7.0095	7.6320	8.3250	9.1035
16	5.4192	5.8592	6.3440	6.8816	16	7.4768	8.1408	8.8800	9.7104
17	5.7579	6.2254	6.7405	7.3117	17	7.9441	8.6496	9.4350	10.3173
18	6.0966	6.5916	7.1370	7.7418	18	8.4114	9.1584	9.9900	10.9242
19	6.4353	6.9578	7.5335	8.1719	19	8.8787	9.6672	10.5450	11.5311
20	6.7740	7.3240	7.9300	8.6020	20	9.3460	10.1760	11.1000	12.1380

SOMMES versées	58 ANS.	59 ANS.	60 ANS.	61 ANS.	SOMMES versées	62 ANS.	63 ANS.	64 ANS.	65 ANS.
1	0.6651	0.7307	0.8050	0.8895	1	0.9861	1.0972	1.2257	1.3752
2	1.3302	1.4614	1.6100	1.7790	2	1.9722	2.1944	2.4514	2.7504
3	1.9953	2.1921	2.4150	2.6685	3	2.9583	3.2916	3.6771	4.1256
4	2.6604	2.9228	3.2200	3.5580	4	3.9444	4.3888	4.9028	5.5008
5	3.3255	3.6535	4.0250	·4.4475	5	4.9305	5.4860	6.1285	6.8760
6	3.9906	4.3842	4.8300	5.3370	6	5.9166	6.5832	7.3542	8.2512
7	4.6557	5.1149	5.6350	6.2265	7	6.9027	7.6804	8.5799	9.6264
8	5.3208	5.8456	6.4400	7.1160	8	7.8888	8.7776	9.8056	11.0016
9	5.9859	6.5763	7.2450	8.0055	9	8.8749	9.8743	11.0313	12.3768
10	6.6510	7.3070	8.0500	8.8950	10	9.8610	10.9720	12.2570	13.7520
11	7.3161	8.0377	8.8550	9.7845	11	10.8471	12.0692	13.4827	15.1272
12	7.9812	8.7684	9.6600	10.6740	12	11.8332	13.1664	14.7084	16.5024
13	8.6463	9.4991	10.4650	11.5635	13	12.8193	14.2636	15.9341	17.8776
14	9.3114	10.2298	11.2700	12.4530	14	13.8054	15.3608	17.1598	19.2528
15	9.9765	10.9605	12.0750	13.3425	15	14.7915	16.4580	18.3855	20.6280
16	10.6416	11.6912	12.8800	14.2320	16	15.7776	17.5552	19.6112	22.0032
17	11.3067	12.4219	13.6850	15.1215	17	16.7637	18.6524	20.8369	23.3784
18	11.9718	13.1526	14.4900	16.0110	18	17.7498	19.7496	22.0626	24.7536
19	12.6369	13.8833	15.2950	16.9005	19	18.7359	20.8468	23.2883	26.1288
20	13.3020	14.6140	16.1000	17.7900	20	19.7220	21.9440	24.5140	27.5040

SOMMES versées.	50 ANS.	51 ANS.	52 ANS.	53 ANS.	SOMMES versées.	54 ANS.	55 ANS.	56 ANS.	57 ANS.
1	0.4471	0.4833	0.5233	0.5670	1	0.6167	0.6715	0.7325	0.8009
2	0.8942	0.9666	1.0466	1.1352	2	1.2334	1.3430	1.4650	1.6018
3	1.3413	1.4499	1.5699	1.7028	3	1.8501	2.0145	2.1975	2.4027
4	1.7884	1.9332	2.0932	2.2704	4	2.4668	2.6860	2.9300	3.2036
5	2.2355	2.4165	2.6165	2.8380	5	3.0835	3.3575	3.6625	4.0045
6	2.6826	2.8998	3.1308	3.4056	6	3.7002	4.0290	4.3950	4.8054
7	3.1297	3.3831	3.6631	3.9732	7	4.3169	4.7005	5.1275	5.6063
8	3.5768	3.8664	4.1864	4.5408	8	4.9336	5.3720	5.8600	6.4072
9	4.0239	4.3497	4.7097	5.1084	9	5.5503	6.0435	6.5925	7.2081
10	4.4710	4.8330	5.2330	5.6760	10	6.1670	6.7150	7.3250	8.0090
11	4.9181	5.3163	5.7563	6.2436	11	6.7837	7.3865	8.0575	8.8099
12	5.3652	5.7996	6.2796	6.8112	12	7.4004	8.0580	8.7900	9.6108
13	5.8123	6.2829	6.8029	7.3788	13	8.0171	8.7295	9.5225	10.4117
14	6.2594	6.7662	7.3262	7.9464	14	8.6338	9.4010	10.2550	11.2126
15	6.7065	7.2495	7.8495	8.5140	15	9.2505	10.0725	10.9875	12.0135
16	7.1536	7.7328	8.3728	9.0816	16	9.8672	10.7440	11.7200	12.8144
17	7.6007	8.2161	8.8961	9.6492	17	10.4839	11.4155	12.4525	13.6153
18	8.0478	8.6994	9.4194	10.2168	18	11.1006	12.0870	13.1850	14.4162
19	8.4949	9.1827	9.9427	10.7844	19	11.7173	12.7585	13.9175	15.2171
20	8.9420	9.6660	10.4660	11.3520	20	12.3340	13.4300	14.6500	16.0180

SOMMES versées.	38 ANS.	39 ANS.	60 ANS.	61 ANS.	SOMMES versées.	62 ANS.	63 ANS.	64 ANS.	65 ANS.
1	0.8778	0.9644	1.0624	1.1730	1	1.3014	1.4481	1.6176	1.8149
2	1.7556	1.9288	2.1248	2.3478	2	2.6028	2.8962	3.2352	3.6298
3	2.6334	2.8932	3.1872	3.5217	3	3.9042	4.3443	4.8528	5.4447
4	3.5112	3.8576	4.2496	4.6956	4	5.2056	5.7924	6.4704	7.2596
5	4.3890	4.8220	5.3120	5.8695	5	6.5070	7.2405	8.0880	9.0745
6	5.2668	5.7864	6.3744	7.0434	6	7.8084	8.6886	9.7056	10.8894
7	6.1446	6.7508	7.4368	8.2173	7	9.1098	10.1367	11.3232	12.7043
8	7.0224	7.7152	8.4992	9.3912	8	10.4112	11.5848	12.9408	14.5192
9	7.9002	8.6796	9.5616	10.5651	9	11.7126	13.0329	14.5584	16.3341
10	8.7780	9.6440	10.6240	11.7390	10	13.0140	14.4810	16.1760	18.1490
11	9.6558	10.6084	11.6864	12.9129	11	14.3154	15.9291	17.7936	19.9639
12	10.5336	11.5728	12.7488	14.0868	12	15.6168	17.3772	19.4112	21.7788
13	11.4114	12.5372	13.8112	15.2607	13	16.9182	18.8253	21.0288	23.5937
14	12.2892	13.5016	14.8736	16.4346	14	18.2196	20.2734	22.6464	25.4086
15	13.1670	14.4660	15.9360	17.6085	15	19.5210	21.7215	24.2640	27.2235
16	14.0448	15.4304	16.9984	18.7824	16	20.8224	23.1696	25.8816	29.0384
17	14.9226	16.3948	18.0608	19.9563	17	22.1238	24.6177	27.4992	30.8533
18	15.8004	17.3592	19.1232	21.1302	18	23.4252	26.0658	29.1168	32.6682
19	16.6782	18.3236	20.1856	22.3041	19	24.7266	27.5139	30.7344	34.4831
20	17.5560	19.2880	21.2480	23.4780	20	26.0280	28.9620	32.3520	36.2980

SOMMES versées	50 ANS.	51 ANS.	52 ANS.	53 ANS.	SOMMES versées	54 ANS.	55 ANS.	56 ANS.	57 ANS.
1	0.3343	0.3614	0.3913	0.4244	1	0.4612	0.5021	0.5477	0.5989
2	0.6686	0.7228	0.7826	0.8488	2	0.9224	1.0042	1.0954	1.1978
3	1.0029	1.0842	1.1739	1.2732	3	1.3836	1.5063	1.6431	1.7967
4	1.3372	1.4456	1.5652	1.6976	4	1.8448	2.0084	2.1908	2.3956
5	1.6715	1.8070	1.9565	2.1220	5	2.3060	2.5105	2.7385	2.9945
6	2.0058	2.1684	2.3478	2.5464	6	2.7672	3.0126	3.2862	3.5934
7	2.3401	2.5298	2.7391	2.9708	7	3.2284	3.5147	3.8339	4.1923
8	2.6744	2.8912	3.1304	3.3952	8	3.6896	4.0168	4.3816	4.7912
9	3.0087	3.2526	3.5217	3.8196	9	4.1508	4.5189	4.9293	5.3901
10	3.3430	3.6140	3.9130	4.2440	10	4.6120	5.0210	5.4770	5.9890
11	3.6773	3.9754	4.3043	4.6684	11	5.0732	5.5231	6.0247	6.5879
12	4.0116	4.3368	4.6956	5.0928	12	5.5344	6.0252	6.5724	7.1808
13	4.3459	4.6982	5.0869	5.5172	13	5.9956	6.5273	7.1201	7.7857
14	4.6802	5.0596	5.4782	5.9416	14	6.4568	7.0294	7.6678	8.3846
15	5.0145	5.4210	5.8695	6.3660	15	6.9180	7.5315	8.2155	8.9835
16	5.3488	5.7824	6.2608	6.7904	16	7.3792	8.0336	8.7632	9.5824
17	5.6831	6.1438	6.6521	7.2148	17	7.8404	8.5357	9.3109	10.1813
18	6.0174	6.5052	7.0434	7.6392	18	8.3016	9.0378	9.8586	10.7802
19	6.3517	6.8666	7.4347	8.0636	19	8.7628	9.5399	10.4063	11.3791
20	6.6860	7.2280	7.8260	8.4880	20	9.2240	10.0420	10.9540	11.9780

SOMMES versées	58 ANS.	59 ANS.	60 ANS.	61 ANS.	SOMMES versées	62 ANS.	63 ANS.	64 ANS.	65 ANS.
1	0.6563	0.7211	0.7944	0.8778	1	0.9732	1.0828	1.2095	1.3571
2	1.3126	1.4422	1.5888	1.7556	2	1.9464	2.1656	2.4190	2.7142
3	1.9689	2.1633	2.3832	2.6334	3	2.9196	3.2484	3.6285	4.0713
4	2.6252	2.8844	3.1776	3.5112	4	3.8928	4.3312	4.8380	5.4284
5	3.2815	3.6055	3.9720	4.3890	5	4.8660	5.4140	6.0475	6.7855
6	3.9378	4.3266	4.7664	5.2668	6	5.8392	6.4968	7.2570	8.1426
7	4.5941	5.0477	5.5608	6.1446	7	6.8124	7.5796	8.4665	9.4997
8	5.2504	5.7688	6.3552	7.0224	8	7.7856	8.6624	9.6760	10.8568
9	5.9067	6.4899	7.1496	7.9002	9	8.7588	9.7452	10.8855	12.2139
10	6.5630	7.2110	7.9440	8.7780	10	9.7320	10.8280	12.0950	13.5710
11	7.2193	7.9321	8.7384	9.6558	11	10.7052	11.9108	13.3045	14.9281
12	7.8756	8.6532	9.5328	10.5336	12	11.6784	12.9936	14.5140	16.2852
13	8.5319	9.3743	10.3272	11.4114	13	12.6516	14.0764	15.7235	17.6423
14	9.1882	10.0954	11.1216	12.2892	14	13.6248	15.1592	16.9330	18.9994
15	9.8445	10.8165	11.9160	13.1670	15	14.5980	16.2420	18.1425	20.3565
16	10.5008	11.5376	12.7104	14.0448	16	15.5712	17.3248	19.3520	21.7136
17	11.1571	12.2587	13.5048	14.9226	17	16.5444	18.4076	20.5615	23.0707
18	11.8134	12.9798	14.2992	15.8004	18	17.5176	19.4904	21.7710	24.4278
19	12.4697	13.7009	15.0936	16.6782	19	18.4908	20.5732	22.9805	25.7849
20	13.1260	14.4220	15.8880	17.5560	20	19.4640	21.6560	24.1900	27.1420

SOMMES versées	50 ANS.	51 ANS.	52 ANS.	53 ANS.	SOMMES versées	54 ANS.	55 ANS.	56 ANS.	57 ANS.
1	0.4419	0.4777	0.5172	0.5610	1	0.6096	0.6637	0.7240	0.7916
2	0.8838	0.9554	1.0344	1.1220	2	1.2192	1.3274	1.4480	1.5832
3	1.3257	1.4331	1.5516	1.6830	3	1.8288	1.9911	2.1720	2.3748
4	1.7676	1.9108	2.0688	2.2440	4	2.4384	2.6548	2.8960	3.1664
5	2.2095	2.3885	2.5860	2.8050	5	3.0480	3.3185	3.6200	3.9580
6	2.6514	2.8662	3.1032	3.3660	6	3.6576	3.9822	4.3440	4.7496
7	3.0933	3.3439	3.6204	3.9270	7	4.2672	4.6459	5.0680	5.5412
8	3.5352	3.8216	4.1376	4.4880	8	4.8768	5.3096	5.7920	6.3328
9	3.9771	4.2993	4.6548	5.0490	9	5.4864	5.9733	6.5160	7.1244
10	4.4190	4.7770	5.1720	5.6100	10	6.0960	6.6370	7.2400	7.9160
11	4.8609	5.2547	5.6892	6.1710	11	6.7056	7.3007	7.9640	8.7076
12	5.3028	5.7324	6.2064	6.7320	12	7.3152	7.9644	8.6880	9.4992
13	5.7447	6.2101	6.7236	7.2930	13	7.9248	8.6281	9.4120	10.2908
14	6.1866	6.6878	7.2408	7.8540	14	8.5344	9.2918	10.1360	11.0824
15	6.6285	7.1655	7.7580	8.4150	15	9.1440	9.9555	10.8600	11.8740
16	7.0704	7.6432	8.2752	8.9760	16	9.7536	10.6192	11.5840	12.6656
17	7.5123	8.1209	8.7924	9.5370	17	10.3632	11.2829	12.3080	13.4572
18	7.9542	8.5986	9.3096	10.0980	18	10.9728	11.9466	13.0320	14.2488
19	8.3961	9.0763	9.8268	10.6590	19	11.5824	12.6103	13.7560	15.0404
20	8.8380	9.5540	10.3440	11.2200	20	12.1920	13.2740	14.4800	15.8320

SOMMES versées	58 ANS.	59 ANS.	60 ANS.	61 ANS.	SOMMES versées	62 ANS.	63 ANS.	64 ANS.	65 ANS.
1	0.8676	0.9532	1.0500	1.1603	1	1.2863	1.4313	1.5988	1.7938
2	1.7352	1.9064	2.1000	2.3206	2	2.5720	2.8620	3.1970	3.5870
3	2.6028	2.8596	3.1500	3.4809	3	3.8589	4.2939	4.7004	5.3814
4	3.4704	3.8128	4.2000	4.6412	4	5.1452	5.7252	6.3952	7.1752
5	4.3380	4.7660	5.2500	5.8015	5	6.4315	7.1565	7.9940	8.9690
6	5.2056	5.7192	6.3000	6.9618	6	7.7178	8.5878	9.5928	10.7628
7	6.0732	6.6724	7.3500	8.1221	7	9.0041	10.0191	11.1916	12.5566
8	6.9408	7.6256	8.4000	9.2824	8	10.2904	11.4504	12.7904	14.3504
9	7.8084	8.5788	9.4500	10.4427	9	11.5767	12.8817	14.3892	16.1442
10	8.6760	9.5320	10.5000	11.6030	10	12.8630	14.3130	15.9880	17.9380
11	9.5436	10.4852	11.5500	12.7633	11	14.1493	15.7443	17.5868	19.7318
12	10.4112	11.4384	12.6000	13.9236	12	15.4356	17.1756	19.1856	21.5256
13	11.2788	12.3916	13.6500	15.0839	13	16.7219	18.6069	20.7844	23.3194
14	12.1464	13.3448	14.7000	16.2442	14	18.0082	20.0382	22.3832	25.1132
15	13.0140	14.2980	15.7500	17.4045	15	19.2945	21.4695	23.9820	26.9070
16	13.8816	15.2512	16.8000	18.5648	16	20.5808	22.9008	25.5808	28.7008
17	14.7492	16.2044	17.8500	19.7251	17	21.8671	24.3321	27.1796	30.4946
18	15.6168	17.1576	18.9000	20.8854	18	23.1534	25.7634	28.7784	32.2884
19	16.4844	18.1108	19.9500	22.0457	19	24.4397	27.1947	30.3772	34.0822
20	17.3520	19.0640	21.0000	23.2060	20	25.7260	28.6260	31.9760	35.8700

SOMMES versées	50 ANS	51 ANS	52 ANS	53 ANS	SOMMES versées	54 ANS	55 ANS	56 ANS	57 ANS
1	0.3299	0.3566	0.3861	0.4188	1	0.4551	0.4955	0.5405	0.5910
2	0.6598	0.7132	0.7722	0.8376	2	0.9102	0.9910	1.0810	1.1820
3	0.9897	1.0698	1.1583	1.2564	3	1.3653	1.4865	1.6215	1.7730
4	1.3196	1.4264	1.5444	1.6752	4	1.8204	1.9820	2.1620	2.3640
5	1.6495	1.7830	1.9305	2.0940	5	2.2755	2.4775	2.7025	2.9550
6	1.9794	2.1396	2.3166	2.5128	6	2.7306	2.9730	3.2430	3.5460
7	2.3093	2.4962	2.7027	2.9316	7	3.1857	3.4685	3.7835	4.1370
8	2.6392	2.8528	3.0888	3.3504	8	3.6408	3.9640	4.3240	4.7280
9	2.9691	3.2094	3.4749	3.7692	9	4.0959	4.4595	4.8645	5.3190
10	3.2990	3.5660	3.8610	4.1880	10	4.5510	4.9550	5.4050	5.9100
11	3.6289	3.9226	4.2471	4.6068	11	5.0061	5.4505	5.9455	6.5010
12	3.9588	4.2792	4.6332	5.0256	12	5.4612	5.9460	6.4860	7.0920
13	4.2887	4.6358	5.0193	5.4444	13	5.9163	6.4415	7.0265	7.6830
14	4.6186	4.9924	5.4054	5.8632	14	6.3714	6.9370	7.5670	8.2740
15	4.9485	5.3490	5.7915	6.2820	15	6.8265	7.4325	8.1075	8.8650
16	5.2784	5.7056	6.1776	6.7008	16	7.2816	7.9280	8.6480	9.4560
17	5.6083	6.0622	6.5637	7.1196	17	7.7367	8.4235	9.1885	10.0470
18	5.9382	6.4188	6.9498	7.5384	18	8.1918	8.9190	9.7290	10.6380
19	6.2681	6.7754	7.3359	7.9572	19	8.6469	9.4145	10.2695	11.2290
20	6.5980	7.1320	7.7220	8.3760	20	9.1020	9.9100	10.8100	11.8200

SOMMES versées	58 ANS	59 ANS	60 ANS	61 ANS	SOMMES versées	62 ANS	63 ANS	64 ANS	65 ANS
1	0.6477	0.7116	0.7839	0.8662	1	0.9603	1.0685	1.1936	1.3392
2	1.2954	1.4232	1.5678	1.7324	2	1.9206	2.1370	2.3872	2.6784
3	1.9431	2.1348	2.3517	2.5986	3	2.8809	3.2055	3.5808	4.0176
4	2.5908	2.8464	3.1356	3.4648	4	3.8412	4.2740	4.7744	5.3568
5	3.2385	3.5580	3.9195	4.3310	5	4.8015	5.3425	5.9680	6.6960
6	3.8862	4.2696	4.7034	5.1972	6	5.7618	6.4110	7.1616	8.0352
7	4.5339	4.9812	5.4873	6.0634	7	6.7221	7.4795	8.3552	9.3744
8	5.1816	5.6928	6.2712	6.9296	8	7.6824	8.5480	9.5488	10.7136
9	5.8293	6.4044	7.0551	7.7958	9	8.6427	9.6165	10.7424	12.0528
10	6.4770	7.1160	7.8390	8.6620	10	9.6030	10.6850	11.9360	13.3920
11	7.1247	7.8276	8.6229	9.5282	11	10.5633	11.7535	13.1296	14.7312
12	7.7724	8.5392	9.4068	10.3944	12	11.5236	12.8220	14.3232	16.0704
13	8.4201	9.2508	10.1907	11.2606	13	12.4839	13.8905	15.5168	17.4096
14	9.0678	9.9624	10.9746	12.1268	14	13.4442	14.9590	16.7104	18.7488
15	9.7155	10.6740	11.7585	12.9930	15	14.4045	16.0275	17.9040	20.0880
16	10.3632	11.3856	12.5424	13.8592	16	15.3648	17.0960	19.0976	21.4272
17	11.0109	12.0972	13.3263	14.7254	17	16.3251	18.1645	20.2912	22.7664
18	11.6586	12.8088	14.1102	15.5916	18	17.2854	19.2330	21.4848	24.1056
19	12.3063	13.5204	14.8941	16.4578	19	18.2457	20.3015	22.6784	25.4448
20	12.9540	14.2320	15.6780	17.3240	20	19.2060	21.3700	23.8720	26.7840

SOMMES versées	50 ANS.	51 ANS.	52 ANS.	53 ANS.	SOMMES versées	54 ANS.	55 ANS.	56 ANS.	57 ANS.
1	0.4367	0.4721	0.5112	0.5545	1	0.6025	0.6560	0.7156	0.7824
2	0.8734	0.9442	1.0224	1.1090	2	1.2050	1.3120	1.4312	1.5648
3	1.3101	1.4163	1.5336	1.6635	3	1.8075	1.9680	2.1468	2.3472
4	1.7468	1.8884	2.0448	2.2180	4	2.4100	2.6240	2.8624	3.1296
5	2.1835	2.3605	2.5560	2.7725	5	3.0125	3.2800	3.5780	3.9120
6	2.6202	2.8326	3.0672	3.3270	6	3.6150	3.9360	4.2936	4.6944
7	3.0569	3.3047	3.5784	3.8815	7	4.2175	4.5920	5.0092	5.4768
8	3.4936	3.7768	4.0890	4.4360	8	4.8200	5.2480	5.7248	6.2592
9	3.9303	4.2489	4.6008	4.9905	9	5.4225	5.9040	6.4404	7.0416
10	4.3670	4.7210	5.1120	5.5450	10	6.0250	6.5600	7.1560	7.8240
11	4.8037	5.1931	5.6232	6.0995	11	6.6275	7.2160	7.8716	8.6064
12	5.2404	5.6652	6.1344	6.6540	12	7.2300	7.8720	8.5872	9.3888
13	5.6771	6.1373	6.6456	7.2085	13	7.8325	8.5280	9.3028	10.1712
14	6.1138	6.6094	7.1568	7.7630	14	8.4350	9.1840	10.0184	10.9536
15	6.5505	7.0815	7.6680	8.3175	15	9.0375	9.8400	10.7340	11.7360
16	6.9872	7.5536	8.1792	8.8720	16	9.6400	10.4960	11.4496	12.5184
17	7.4239	8.0257	8.6904	9.4265	17	10.2425	11.1520	12.1652	13.3008
18	7.8606	8.4978	9.2016	9.9810	18	10.8450	11.8080	12.8808	14.0832
19	8.2973	8.9699	9.7128	10.5355	19	11.4475	12.4640	13.5964	14.8656
20	8.7340	9.4420	10.2240	11.0900	20	12.0500	13.1200	14.3120	15.6480

SOMMES versées	58 ANS.	59 ANS.	60 ANS.	61 ANS.	SOMMES versées	62 ANS.	63 ANS.	64 ANS.	65 ANS.
1	0.8575	0.9421	1.0379	1.1468	1	1.2714	1.4147	1.5802	1.7730
2	1.7150	1.8842	2.0758	2.2936	2	2.5428	2.8294	3.1604	3.5460
3	2.5725	2.8263	3.1137	3.4404	3	3.8142	4.2441	4.7406	5.3190
4	3.4300	3.7684	4.1516	4.5872	4	5.0856	5.6588	6.3208	7.0920
5	4.2875	4.7105	5.1895	5.7340	5	6.3570	7.0735	7.9010	8.8650
6	5.1450	5.6526	6.2274	6.8808	6	7.6284	8.4882	9.4812	10.6380
7	6.0025	6.5947	7.2653	8.0276	7	8.8998	9.9029	11.0014	12.4110
8	6.8600	7.5368	8.3032	9.1744	8	10.1712	11.3176	12.6416	14.1840
9	7.7175	8.4789	9.3411	10.3212	9	11.4426	12.7323	14.2218	15.9570
10	8.5750	9.4210	10.3790	11.4680	10	12.7140	14.1470	15.8020	17.7300
11	9.4325	10.3631	11.4169	12.6148	11	13.9854	15.5617	17.3822	19.5030
12	10.2900	11.3052	12.4548	13.7616	12	15.2568	16.9764	18.9624	21.2760
13	11.1475	12.2473	13.4927	14.9084	13	16.5282	18.3911	20.5426	23.0490
14	12.0050	13.1894	14.5306	16.0552	14	17.7996	19.8058	22.1228	24.8220
15	12.8625	14.1315	15.5685	17.2020	15	19.0710	21.2205	23.7030	26.5950
16	13.7200	15.0736	16.6064	18.3488	16	20.3424	22.6352	25.2832	28.3680
17	14.5775	16.0157	17.6443	19.4956	17	21.6138	24.0499	26.8634	30.1410
18	15.4350	16.9578	18.6822	20.6424	18	22.8852	25.4646	28.4436	31.9140
19	16.2925	17.8999	19.7201	21.7892	19	24.1566	26.8793	30.0238	33.6870
20	17.1500	18.8420	20.7580	22.9360	20	25.4280	28.2940	31.6040	35.4600

SOMMES versées.	50 ANS.	51 ANS.	52 ANS.	53 ANS.	SOMMES versées.	54 ANS.	55 ANS.	56 ANS.	57 ANS.
1	0.3255	0.3519	0.3810	0.4133	1	0.4491	0.4889	0.5334	0.5832
2	0.6510	0.7038	0.7620	0.8266	2	0.8982	0.9778	1.0668	1.1664
3	0.9765	1.0557	1.1430	1.2399	3	1.3473	1.4667	1.6002	1.7496
4	1.3020	1.4076	1.5240	1.6532	4	1.7964	1.9556	2.1336	2.3328
5	1.6275	1.7595	1.9050	2.0665	5	2.2455	2.4445	2.6670	2.9160
6	1.9530	2.1114	2.2860	2.4798	6	2.6946	2.9334	3.2004	3.4992
7	2.2785	2.4633	2.6670	2.8931	7	3.1437	3.4223	3.7338	4.0824
8	2.6040	2.8152	3.0480	3.3064	8	3.5928	3.9112	4.2672	4.6656
9	2.9295	3.1671	3.4290	3.7197	9	4.0419	4.4001	4.8006	5.2488
10	3.2550	3.5190	3.8100	4.1330	10	4.4910	4.8890	5.3340	5.8320
11	3.5805	3.8709	4.1910	4.5463	11	4.9401	5.3779	5.8674	6.4152
12	3.9060	4.2228	4.5720	4.9596	12	5.3892	5.8668	6.4008	6.9984
13	4.2315	4.5747	4.9530	5.3729	13	5.8383	6.3557	6.9342	7.5816
14	4.5570	4.9266	5.3340	5.7862	14	6.2874	6.8446	7.4676	8.1648
15	4.8825	5.2785	5.7150	6.1995	15	6.7365	7.3335	8.0010	8.7480
16	5.2080	5.6304	6.0960	6.6128	16	7.1856	7.8224	8.5344	9.3312
17	5.5335	5.9823	6.4770	7.0261	17	7.6347	8.3113	9.0678	9.9144
18	5.8590	6.3342	6.8580	7.4394	18	8.0838	8.8002	9.6012	10.4976
19	6.1845	6.6861	7.2390	7.8527	19	8.5329	9.2891	10.1346	11.0808
20	6.5100	7.0380	7.6200	8.2660	20	8.9820	9.7780	10.6680	11.6640

SOMMES versées.	58 ANS.	59 ANS.	60 ANS.	61 ANS.	SOMMES versées.	62 ANS.	63 ANS.	64 ANS.	65 ANS.
1	0.6391	0.7022	0.7736	0.8548	1	0.9477	1.0544	1.1778	1.3215
2	1.2782	1.4044	1.5472	1.7096	2	1.8954	2.1088	2.3556	2.6430
3	1.9173	2.1066	2.3208	2.5644	3	2.8431	3.1632	3.5334	3.9645
4	2.5564	2.8088	3.0944	3.4192	4	3.7908	4.2176	4.7112	5.2860
5	3.1955	3.5110	3.8680	4.2740	5	4.7385	5.2720	5.8890	6.6075
6	3.8346	4.2132	4.6416	5.1288	6	5.6862	6.3264	7.0668	7.9290
7	4.4737	4.9154	5.4152	5.9836	7	6.6339	7.3808	8.2446	9.2505
8	5.1128	5.6176	6.1888	6.8384	8	7.5816	8.4352	9.4224	10.5720
9	5.7519	6.3198	6.9624	7.6932	9	8.5293	9.4896	10.6002	11.8935
10	6.3910	7.0220	7.7360	8.5480	10	9.4770	10.5440	11.7780	13.2150
11	7.0301	7.7242	8.5096	9.4028	11	10.4247	11.5984	12.9558	14.5365
12	7.6692	8.4264	9.2832	10.2576	12	11.3724	12.6528	14.1336	15.8580
13	8.3083	9.1286	10.0568	11.1124	13	12.3201	13.7072	15.3114	17.1705
14	8.9474	9.8308	10.8304	11.9672	14	13.2678	14.7616	16.4892	18.5010
15	9.5865	10.5330	11.6040	12.8220	15	14.2155	15.8160	17.6670	19.8225
16	10.2256	11.2352	12.3776	13.6768	16	15.1632	16.8704	18.8448	21.1440
17	10.8647	11.9374	13.1512	14.5316	17	16.1109	17.9248	20.0226	22.4655
18	11.5038	12.6396	13.9248	15.3864	18	17.0586	18.9792	21.2004	23.7870
19	12.1429	13.3418	14.6984	16.2412	19	18.0063	20.0336	22.3782	25.1085
20	12.7820	14.0440	15.4720	17.0960	20	18.9540	21.0880	23.5560	26.4300

SOMMES versées	50 ANS	51 ANS	52 ANS	53 ANS	SOMMES versées	54 ANS	55 ANS	56 ANS	57 ANS
1	0.4317	0.4666	0.5053	0.5480	1	0.5955	0.6483	0.7073	0.7733
2	0.8634	0.9332	1.0106	1.0960	2	1.1910	1.2966	1.4146	1.5466
3	1.2951	1.3998	1.5159	1.6440	3	1.7865	1.9449	2.1219	2.3199
4	1.7268	1.8664	2.0212	2.1920	4	2.3820	2.5932	2.8292	3.0932
5	2.1585	2.3330	2.5265	2.7400	5	2.9775	3.2415	3.5365	3.8665
6	2.5902	2.7996	3.0318	3.2880	6	3.5730	3.8898	4.2438	4.6398
7	3.0219	3.2662	3.5371	3.8360	7	4.1685	4.5381	4.9511	5.4131
8	3.4536	3.7328	4.0424	4.3840	8	4.7640	5.1864	5.6584	6.1864
9	3.8853	4.1994	4.5477	4.9320	9	5.3595	5.8347	6.3657	6.9597
10	4.3170	4.6660	5.0530	5.4800	10	5.9550	6.4830	7.0730	7.7330
11	4.7487	5.1326	5.5583	6.0280	11	6.5505	7.1313	7.7803	8.5063
12	5.1804	5.5992	6.0636	6.5760	12	7.1460	7.7796	8.4876	9.2796
13	5.6121	6.0058	6.5689	7.1240	13	7.7415	8.4279	9.1949	10.0529
14	6.0438	6.5324	7.0742	7.6720	14	8.3370	9.0762	9.9022	10.8262
15	6.4755	6.9990	7.5795	8.2200	15	8.9325	9.7245	10.6095	11.5995
16	6.9072	7.4656	8.0848	8.7680	16	9.5280	10.3728	11.3168	12.3728
17	7.3389	7.9322	8.5901	9.3160	17	10.1235	11.0211	12.0241	13.1461
18	7.7706	8.3988	9.0954	9.8640	18	10.7190	11.6694	12.7314	13.9194
19	8.2023	8.8654	9.6007	10.4120	19	11.3145	12.3177	13.4387	14.6927
20	8.6340	9.3320	10.1060	10.9600	20	11.9100	12.9660	14.1460	15.4660

SOMMES versées	58 ANS	59 ANS	60 ANS	61 ANS	SOMMES versées	62 ANS	63 ANS	64 ANS	65 ANS
1	0.8475	0.9312	1.0258	1.1335	1	1.2566	1.3982	1.5619	1.7524
2	1.6950	1.8624	2.0516	2.2670	2	2.5132	2.7964	3.1238	3.5048
3	2.5425	2.7936	3.0774	3.4005	3	3.7698	4.1946	4.6857	5.2572
4	3.3900	3.7248	4.1032	4.5340	4	5.0264	5.5928	6.2476	7.0096
5	4.2375	4.6560	5.1290	5.6675	5	6.2830	6.9910	7.8095	8.7620
6	5.0850	5.5872	6.1548	6.8010	6	7.5396	8.3892	9.3714	10.5144
7	5.9325	6.5184	7.1806	7.9345	7	8.7962	9.7874	10.9333	12.2668
8	6.7800	7.4496	8.2064	9.0680	8	10.0528	11.1856	12.4952	14.0192
9	7.6275	8.3808	9.2322	10.2015	9	11.3094	12.5838	14.0571	15.7716
10	8.4750	9.3120	10.2580	11.3350	10	12.5660	13.9820	15.6190	17.5240
11	9.3225	10.2432	11.2838	12.4685	11	13.8226	15.3802	17.1809	19.2764
12	10.1700	11.1744	12.3096	13.6020	12	15.0792	16.7784	18.7428	21.0288
13	11.0175	12.1056	13.3354	14.7355	13	16.3358	18.1766	20.3047	22.7812
14	11.8650	13.0368	14.3612	15.8690	14	17.5924	19.5748	21.8666	24.5336
15	12.7125	13.9080	15.3870	17.0025	15	18.8490	20.9730	23.4285	26.2860
16	13.5600	14.8092	16.4128	18.1360	16	20.1056	22.3712	24.9904	28.0384
17	14.4075	15.8304	17.4386	19.2695	17	21.3622	23.7694	26.5523	29.7908
18	15.2550	16.7616	18.4644	20.4030	18	22.6188	25.1676	28.1142	31.5432
19	16.1025	17.6928	19.4902	21.5365	19	23.8754	26.5658	29.6761	33.2956
20	16.9500	18.6240	20.5160	22.6700	20	25.1320	27.9640	31.2380	35.0480

SOMMES versées.	50 ANS.	51 ANS.	52 ANS.	53 ANS.	SOMMES versées.	54 ANS.	55 ANS.	56 ANS.	57 ANS.
1	0.3212	0.3473	0.3760	0.4078	1	0.4431	0.4825	0.5263	0.5755
2	0.6424	0.6946	0.7520	0.8156	2	0.8862	0.9650	1.0526	1.1510
3	0.9636	1.0419	1.1280	1.2234	3	1.3293	1.4475	1.5789	1.7265
4	1.2848	1.3892	1.5040	1.6312	4	1.7724	1.9300	2.1052	2.3020
5	1.6060	1.7365	1.8800	2.0390	5	2.2155	2.4125	2.6315	2.8775
6	1.9272	2.0838	2.2560	2.4468	6	2.6586	2.8950	3.1578	3.4530
7	2.2484	2.4311	2.6320	2.8546	7	3.1017	3.3775	3.6841	4.0285
8	2.5696	2.7784	3.0080	3.2624	8	3.5448	3.8600	4.2104	4.6040
9	2.8908	3.1257	3.3840	3.6702	9	3.9879	4.3425	4.7367	5.1795
10	3.2120	3.4730	3.7600	4.0780	10	4.4310	4.8250	5.2630	5.7550
11	3.5332	3.8203	4.1360	4.4858	11	4.8741	5.3075	5.7893	6.3305
12	3.8544	4.1676	4.5120	4.8936	12	5.3172	5.7900	6.3156	6.9060
13	4.1756	4.5149	4.8880	5.3014	13	5.7603	6.2725	6.8419	7.4815
14	4.4968	4.8622	5.2640	5.7092	14	6.2034	6.7550	7.3682	8.0570
15	4.8180	5.2095	5.6400	6.1170	15	6.6465	7.2375	7.8945	8.6325
16	5.1392	5.5568	6.0160	6.5248	16	7.0896	7.7200	8.4208	9.2080
17	5.4604	5.9041	6.3920	6.9326	17	7.5327	8.2025	8.9471	9.7835
18	5.7816	6.2514	6.7680	7.3404	18	7.9758	8.6850	9.4734	10.3590
19	6.1028	6.5987	7.1440	7.7482	19	8.4189	9.1675	9.9997	10.9345
20	6.4240	6.9460	7.5200	8.1560	20	8.8620	9.6500	10.5260	11.5100

SOMMES versées.	58 ANS.	59 ANS.	60 ANS.	61 ANS.	SOMMES versées.	62 ANS.	63 ANS.	64 ANS.	65 ANS.
1	0.6307	0.6929	0.7634	0.8435	1	0.9351	1.0405	1.1623	1.3040
2	1.2614	1.3858	1.5268	1.6870	2	1.8702	2.0810	2.3246	2.6080
3	1.8921	2.0787	2.2902	2.5305	3	2.8053	3.1215	3.4869	3.9120
4	2.5228	2.7716	3.0536	3.3740	4	3.7404	4.1620	4.6492	5.2160
5	3.1535	3.4645	3.8170	4.2175	5	4.6755	5.2025	5.8115	6.5200
6	3.7842	4.1574	4.5804	5.0610	6	5.6106	6.2430	6.9738	7.8240
7	4.4149	4.8503	5.3438	5.9045	7	6.5457	7.2835	8.1361	9.1280
8	5.0456	5.5432	6.1072	6.7480	8	7.4808	8.3240	9.2984	10.4320
9	5.6763	6.2361	6.8706	7.5915	9	8.4159	9.3645	10.4607	11.7360
10	6.3070	6.9290	7.6340	8.4350	10	9.3510	10.4050	11.6230	13.0400
11	6.9377	7.6219	8.3974	9.2785	11	10.2861	11.4455	12.7853	14.3440
12	7.5684	8.3148	9.1608	10.1220	12	11.2212	12.4860	13.9476	15.6480
13	8.1991	9.0077	9.9242	10.9655	13	12.1563	13.5265	15.1099	16.9520
14	8.8298	9.7006	10.6876	11.8090	14	13.0914	14.5670	16.2722	18.2560
15	9.4605	10.3935	11.4510	12.6525	15	14.0265	15.6075	17.4345	19.5600
16	10.0912	11.0864	12.2144	13.4960	16	14.9616	16.6480	18.5968	20.8640
17	10.7219	11.7793	12.9778	14.3395	17	15.8967	17.6885	19.7591	22.1680
18	11.3526	12.4722	13.7412	15.1830	18	16.8318	18.7290	20.9214	23.4720
19	11.9833	13.1651	14.5046	16.0265	19	17.7669	19.7695	22.0837	24.7760
20	12.6140	13.8580	15.2680	16.8700	20	18.7020	20.8100	23.2460	26.0800

SOMMES versées.	50 ANS.	51 ANS.	52 ANS.	53 ANS.	SOMMES versées.	54 ANS.	55 ANS.	56 ANS.	57 ANS.
1	0.4265	0.4611	0.4992	0.5415	1	0.5884	0.6406	0.6989	0.7641
2	0.8530	0.9222	0.9984	1.0830	2	1.1768	1.2812	1.3978	1.5282
3	1.2795	1.3833	1.4976	1.6245	3	1.7652	1.9218	2.0967	2.2923
4	1.7060	1.8444	1.9968	2.1660	4	2.3536	2.5624	2.7956	3.0564
5	2.1325	2.3055	2.4960	2.7075	5	2.9420	3.2030	3.4945	3.8205
6	2.5590	2.7666	2.9952	3.2490	6	3.5304	3.8436	4.1934	4.5846
7	2.9855	3.2277	3.4944	3.7905	7	4.1188	4.4842	4.8923	5.3487
8	3.4120	3.6888	3.9936	4.3320	8	4.7072	5.1248	5.5912	6.1128
9	3.8385	4.1499	4.4928	4.8735	9	5.2956	5.7654	6.2901	6.8769
10	4.2650	4.6110	4.9920	5.4150	10	5.8840	6.4060	6.9890	7.6410
11	4.6915	5.0721	5.4912	5.9565	11	6.4724	7.0466	7.6879	8.4051
12	5.1180	5.5332	5.9904	6.4980	12	7.0608	7.6872	8.3868	9.1692
13	5.5445	5.9943	6.4896	7.0395	13	7.6492	8.3278	9.0857	9.9333
14	5.9710	6.4554	6.9888	7.5810	14	8.2376	8.9684	9.7846	10.6974
15	6.3975	6.9165	7.4880	8.1225	15	8.8260	9.6090	10.4835	11.4615
16	6.8240	7.3776	7.9872	8.6640	16	9.4144	10.2496	11.1824	12.2256
17	7.2505	7.8387	8.4864	9.2055	17	10.0028	10.8902	11.8813	12.9897
18	7.6770	8.2998	8.9856	9.7470	18	10.5912	11.5308	12.5802	13.7538
19	8.1035	8.7609	9.4848	10.2885	19	11.1796	12.1714	13.2791	14.5179
20	8.5300	9.2220	9.9840	10.8300	20	11.7680	12.8120	13.9780	15.2820

SOMMES versées.	58 ANS.	59 ANS.	60 ANS.	61 ANS.	SOMMES versées.	62 ANS.	63 ANS.	64 ANS.	65 ANS.
1	0.8374	0.9201	1.0136	1.1200	1	1.2417	1.3816	1.5433	1.7315
2	1.6748	1.8402	2.0272	2.2400	2	2.4834	2.7632	3.0866	3.4630
3	2.5122	2.7603	3.0408	3.3600	3	3.7251	4.1448	4.6299	5.1945
4	3.3496	3.6804	4.0544	4.4800	4	4.9668	5.5264	6.1732	6.9260
5	4.1870	4.6005	5.0680	5.6000	5	6.2085	6.9080	7.7165	8.6575
6	5.0244	5.5206	6.0816	6.7200	6	7.4502	8.2896	9.2598	10.3890
7	5.8618	6.4407	7.0952	7.8400	7	8.6919	9.6712	10.8031	12.1205
8	6.6992	7.3608	8.1088	8.9600	8	9.9336	11.0528	12.3464	13.8520
9	7.5366	8.2809	9.1224	10.0800	9	11.1753	12.4344	13.8897	15.5835
10	8.3740	9.2010	10.1360	11.2000	10	12.4170	13.8160	15.4330	17.3150
11	9.2114	10.1211	11.1496	12.3200	11	13.6587	15.1976	16.9763	19.0465
12	10.0488	11.0412	12.1632	13.4400	12	14.9004	16.5792	18.5196	20.7780
13	10.8862	11.9613	13.1768	14.5600	13	16.1421	17.9608	20.0629	22.5095
14	11.7236	12.8814	14.1904	15.6800	14	17.3838	19.3424	21.6062	24.2410
15	12.5610	13.8015	15.2040	16.8000	15	18.6255	20.7240	23.1495	25.9725
16	13.3984	14.7216	16.2176	17.9200	16	19.8672	22.1056	24.6928	27.7040
17	14.2358	15.6417	17.2312	19.0400	17	21.1089	23.4872	26.2361	29.4355
18	15.0732	16.5618	18.2448	20.1600	18	22.3506	24.8688	27.7794	31.1670
19	15.9106	17.4819	19.2584	21.2800	19	23.5923	26.2504	29.3227	32.8985
20	16.7480	18.4020	20.2720	22.4000	20	24.8340	27.6320	30.8660	34.6300

SOMMES versées	50 ANS.	51 ANS.	52 ANS.	53 ANS.	SOMMES versées	54 ANS.	55 ANS.	56 ANS.	57 ANS.
1	0.3170	0.3427	0.3710	0.4024	1	0.4373	0.4761	0.5194	0.5679
2	0.6340	0.6854	0.7420	0.8048	2	0.8746	0.9522	1.0388	1.1358
3	0.9510	1.0281	1.1130	1.2072	3	1.3119	1.4283	1.5582	1.7037
4	1.2680	1.3708	1.4840	1.6096	4	1.7492	1.9044	2.0776	2.2716
5	1.5850	1.7135	1.8550	2.0120	5	2.1865	2.3805	2.5970	2.8395
6	1.9020	2.0562	2.2260	2.4144	6	2.6238	2.8566	3.1164	3.4074
7	2.2190	2.3989	2.5970	2.8168	7	3.0611	3.3327	3.6358	3.9753
8	2.5360	2.7416	2.9080	3.2192	8	3.4984	3.8088	4.1552	4.5432
9	2.8530	3.0843	3.3390	3.6216	9	3.9357	4.2849	4.6746	5.1111
10	3.1700	3.4270	3.7100	4.0240	10	4.3730	4.7610	5.1940	5.6790
11	3.4870	3.7697	4.0810	4.4264	11	4.8103	5.2371	5.7134	6.2469
12	3.8040	4.1124	4.4520	4.8288	12	5.2476	5.7132	6.2328	6.8148
13	4.1210	4.4551	4.8230	5.2312	13	5.6849	6.1893	6.7522	7.3827
14	4.4380	4.7978	5.1940	5.6336	14	6.1222	6.6654	7.2716	7.9506
15	4.7550	5.1405	5.5650	6.0360	15	6.5595	7.1415	7.7910	8.5185
16	5.0720	5.4832	5.9360	6.4384	16	6.9968	7.6176	8.3104	9.0864
17	5.3890	5.8259	6.3070	6.8408	17	7.4341	8.0937	8.8298	9.6543
18	5.7060	6.1686	6.6780	7.2432	18	7.8714	8.5698	9.3492	10.2222
19	6.0230	6.5113	7.0490	7.6456	19	8.3087	9.0459	9.8686	10.7901
20	6.3400	6.8540	7.4200	8.0480	20	8.7460	9.5220	10.3880	11.3580

SOMMES versées	58 ANS.	59 ANS.	60 ANS.	61 ANS.	SOMMES versées	62 ANS.	63 ANS.	64 ANS.	65 ANS.
1	0.6223	0.6837	0.7532	0.8323	1	0.9227	1.0207	1.1469	1.2868
2	1.2446	1.3674	1.5064	1.6646	2	1.8454	2.0534	2.2938	2.5736
3	1.8669	2.0511	2.2596	2.4969	3	2.7681	3.0801	3.4407	3.8604
4	2.4892	2.7348	3.0128	3.3292	4	3.6908	4.1068	4.5876	5.1472
5	3.1115	3.4185	3.7660	4.1615	5	4.6135	5.1335	5.7345	6.4340
6	3.7338	4.1022	4.5192	4.9938	6	5.5362	6.1602	6.8814	7.7208
7	4.3561	4.7859	5.2724	5.8261	7	6.4589	7.1869	8.0283	9.0076
8	4.9784	5.4696	6.0256	6.6584	8	7.3816	8.2136	9.1752	10.2944
9	5.6007	6.1533	6.7788	7.4907	9	8.3043	9.2403	10.3221	11.5812
10	6.2230	6.8370	7.5320	8.3230	10	9.2270	10.2670	11.4690	12.8680
11	6.8453	7.5207	8.2852	9.1553	11	10.1497	11.2937	12.6159	14.1548
12	7.4676	8.2044	9.0384	9.9876	12	11.0724	12.3204	13.7628	15.4416
13	8.0899	8.8881	9.7916	10.8199	13	11.9951	13.3471	14.9097	16.7284
14	8.7122	9.5718	10.5448	11.6522	14	12.9178	14.3738	16.0566	18.0152
15	9.3345	10.2555	11.2980	12.4845	15	13.8405	15.4005	17.2035	19.3020
16	9.9568	10.9392	12.0512	13.3168	16	14.7632	16.4272	18.3504	20.5888
17	10.5791	11.6229	12.8044	14.1491	17	15.6859	17.4539	19.4973	21.8756
18	11.2014	12.3066	13.5576	14.9814	18	16.6086	18.4806	20.6442	23.1624
19	11.8237	12.9903	14.3108	15.8137	19	17.5313	19.5073	21.7911	24.4492
20	12.4460	13.6740	15.0640	16.6460	20	18.4540	20.5340	22.9380	25.7360

SOMMES versées.	50 ANS.	51 ANS.	52 ANS.	53 ANS.	SOMMES versées.	54 ANS.	55 ANS.	56 ANS.	57 ANS.
1	0.4214	0.4550	0.4933	0.5350	1	0.5814	0.6330	0.6906	0.7550
2	0.8428	0.9112	0.9866	1.0700	2	1.1628	1.2660	1.3812	1.5100
3	1.2642	1.3668	1.4799	1.6050	3	1.7442	1.8990	2.0718	2.2650
4	1.6856	1.8224	1.9732	2.1400	4	2.3256	2.5320	2.7024	3.0200
5	2.1070	2.2780	2.4665	2.6750	5	2.9070	3.1650	3.4530	3.7750
6	2.5284	2.7336	2.9598	3.2100	6	3.4884	3.7980	4.1436	4.5300
7	2.9498	3.1892	3.4531	3.7450	7	4.0698	4.4310	4.8342	5.2850
8	3.3712	3.6448	3.9464	4.2800	8	4.6512	5.0640	5.5248	6.0400
9	3.7926	4.1004	4.4397	4.8150	9	5.2326	5.6970	6.2154	6.7950
10	4.2140	4.5560	4.9330	5.3500	10	5.8140	6.3300	6.9060	7.5500
11	4.6354	5.0116	5.4263	5.8850	11	6.3954	6.9630	7.5966	8.3050
12	5.0568	5.4672	5.9196	6.4200	12	6.9768	7.5960	8.2872	9.0600
13	5.4782	5.9228	6.4129	6.9550	13	7.5582	8.2290	8.9778	9.8150
14	5.8996	6.3784	6.9062	7.4900	14	8.1396	8.8620	9.6684	10.5700
15	6.3210	6.8340	7.3995	8.0250	15	8.7210	9.4950	10.3590	11.3250
16	6.7424	7.2896	7.8928	8.5600	16	9.3024	10.1280	11.0496	12.0800
17	7.1638	7.7452	8.3861	9.0950	17	9.8838	10.7610	11.7402	12.8350
18	7.5852	8.2008	8.8794	9.6300	18	10.4652	11.3940	12.4308	13.5900
19	8.0066	8.6564	9.3727	10.1650	19	11.0466	12.0270	13.1214	14.3450
20	8.4280	9.1120	9.8660	10.7000	20	11.6280	12.6600	13.8120	15.1000

SOMMES versées.	58 ANS.	59 ANS.	60 ANS.	61 ANS.	SOMMES versées.	62 ANS.	63 ANS.	64 ANS.	65 ANS.
1	0.8275	0.9091	1.0015	1.1066	1	1.2269	1.3651	1.5249	1.7109
2	1.6550	1.8182	2.0030	2.2132	2	2.4538	2.7302	3.0498	3.4218
3	2.4825	2.7273	3.0045	3.3198	3	3.6807	4.0953	4.5747	5.1327
4	3.3100	3.6364	4.0000	4.4264	4	4.9076	5.4604	6.0996	6.8436
5	4.1375	4.5455	5.0075	5.5330	5	6.1345	6.8255	7.6245	8.5545
6	4.9650	5.4546	6.0090	6.6396	6	7.3614	8.1906	9.1494	10.2654
7	5.7925	6.3637	7.0105	7.7462	7	8.5883	9.5557	10.6743	11.9763
8	6.6200	7.2728	8.0120	8.8528	8	9.8152	10.9208	12.1992	13.6872
9	7.4475	8.1819	9.0135	9.9594	9	11.0421	12.2859	13.7241	15.3981
10	8.2750	9.0910	10.0150	11.0660	10	12.2690	13.6510	15.2490	17.1090
11	9.1025	10.0001	11.0165	12.1726	11	13.4959	15.0161	16.7739	18.8199
12	9.9300	10.9092	12.0180	13.2792	12	14.7228	16.3812	18.2988	20.5308
13	10.7575	11.8183	13.0195	14.3858	13	15.9497	17.7463	19.8237	22.2417
14	11.5850	12.7274	14.0210	15.4924	14	17.1766	19.1114	21.3486	23.9526
15	12.4125	13.6365	15.0225	16.5990	15	18.4035	20.4765	22.8735	25.6635
16	13.2400	14.5456	16.0240	17.7056	16	19.6304	21.8416	24.3984	27.3744
17	14.0675	15.4547	17.0255	18.8122	17	20.8573	23.2067	25.9233	29.0853
18	14.8950	16.3638	18.0270	19.9188	18	22.0842	24.5718	27.4482	30.7962
19	15.7225	17.2729	19.0285	21.0254	19	23.3111	25.9369	28.9731	32.5071
20	16.5500	18.1820	20.0300	22.1320	20	24.5380	27.3020	30.4980	34.2180

SOMMES versées.	50 ANS.	51 ANS.	52 ANS.	53 ANS.	SOMMES versées.	54 ANS.	55 ANS.	56 ANS.	57 ANS.
1	0.3128	0.3381	0.3661	0.3971	1	0.4315	0.4698	0.5125	0.5603
2	0.6256	0.6702	0.7322	0.7942	2	0.8630	0.9396	1.0250	1.1206
3	0.9384	1.0143	1.0983	1.1913	3	1.2945	1.4094	1.5375	1.6809
4	1.2512	1.3524	1.4644	1.5884	4	1.7260	1.8792	2.0500	2.2412
5	1.5640	1.6905	1.8305	1.9855	5	2.1575	2.3400	2.5625	2.8015
6	1.8768	2.0286	2.1966	2.3826	6	2.5890	2.8188	3.0750	3.3618
7	2.1896	2.3667	2.5627	2.7797	7	3.0205	3.2886	3.5875	3.9221
8	2.5024	2.7048	2.9288	3.1768	8	3.4520	3.7584	4.1000	4.4824
9	2.8152	3.0429	3.2949	3.5739	9	3.8835	4.2282	4.6125	5.0427
10	3.1280	3.3810	3.6610	3.9710	10	4.3150	4.6980	5.1250	5.6030
11	3.4408	3.7191	4.0271	4.3681	11	4.7465	5.1678	5.6375	6.1633
12	3.7536	4.0572	4.3932	4.7652	12	5.1780	5.6376	6.1500	6.7236
13	4.0664	4.3953	4.7593	5.1623	13	5.6095	6.1074	6.6625	7.2839
14	4.3792	4.7334	5.1254	5.5594	14	6.0410	6.5772	7.1750	7.8442
15	4.6920	5.0715	5.4915	5.9565	15	6.4725	7.0470	7.6875	8.4045
16	5.0048	5.4096	5.8576	6.3536	16	6.9040	7.5168	8.2000	8.9648
17	5.3176	5.7477	6.2237	6.7507	17	7.3355	7.9866	8.7125	9.5251
18	5.6304	6.0858	6.5898	7.1478	18	7.7670	8.4564	9.2250	10.0854
19	5.9432	6.4239	6.9559	7.5449	19	8.1985	8.9262	9.7375	10.6457
20	6.2500	6.7620	7.3220	7.9420	20	8.6300	9.3960	10.2500	11.2060

SOMMES versées.	58 ANS.	59 ANS.	60 ANS.	61 ANS.	SOMMES versées.	62 ANS.	63 ANS.	64 ANS.	65 ANS.
1	0.6141	0.6747	0.7433	0.8213	1	0.9105	1.0131	1.1317	1.2697
2	1.2282	1.3494	1.4866	1.6426	2	1.8210	2.0202	2.2634	2.5394
3	1.8423	2.0241	2.2299	2.4639	3	2.7315	3.0393	3.3951	3.8091
4	2.4564	2.6988	2.9732	3.2852	4	3.6420	4.0524	4.5268	5.0788
5	3.0705	3.3735	3.7165	4.1065	5	4.5525	5.0655	5.6585	6.3485
6	3.6846	4.0482	4.4598	4.9278	6	5.4630	6.0786	6.7902	7.6182
7	4.2987	4.7229	5.2031	5.7491	7	6.3735	7.0917	7.9219	8.8879
8	4.9128	5.3976	5.9464	6.5704	8	7.2840	8.1048	9.0536	10.1576
9	5.5269	6.0723	6.6897	7.3917	9	8.1945	9.1179	10.1853	11.4273
10	6.1410	6.7470	7.4330	8.2130	10	9.1050	10.1310	11.3170	12.6970
11	6.7551	7.4217	8.1763	9.0343	11	10.0155	11.1441	12.4487	13.9667
12	7.3692	8.0964	8.9196	9.8556	12	10.9260	12.1572	13.5804	15.2364
13	7.9833	8.7711	9.6629	10.6769	13	11.8365	13.1703	14.7121	16.5061
14	8.5974	9.4458	10.4062	11.4982	14	12.7470	14.1834	15.8438	17.7758
15	9.2115	10.1205	11.1495	12.3195	15	13.6575	15.1965	16.9755	19.0455
16	9.8256	10.7952	11.8928	13.1408	16	14.5680	16.2096	18.1072	20.3152
17	10.4397	11.4699	12.6361	13.9621	17	15.4785	17.2227	19.2389	21.5849
18	11.0538	12.1446	13.3794	14.7834	18	16.3890	18.2358	20.3706	22.8546
19	11.6679	12.8193	14.1227	15.6047	19	17.2995	19.2489	21.5023	24.1243
20	12.2820	13.4940	14.8660	16.4260	20	18.2100	20.2620	22.6340	25.3940

SOMMES versées.	30 ANS.	51 ANS.	52 ANS.	53 ANS.	SOMMES versées.	34 ANS.	35 ANS.	36 ANS.	37 ANS.
1	0.4164	0.4562	0.4874	0.5287	1	0.5745	0.6254	0.6823	0.7460
2	0.8328	0.9004	0.9748	1.0574	2	1.1490	1.2508	1.3646	1.4920
3	1.2492	1.3506	1.4622	1.5861	3	1.7235	1.8762	2.0469	2.2380
4	1.6656	1.8008	1.9496	2.1148	4	2.2980	2.5016	2.7292	2.9840
5	2.0820	2.2510	2.4370	2.6435	5	2.8725	3.1270	3.4115	3.7300
6	2.4984	2.7012	2.9244	3.1722	6	3.4470	3.7524	4.0938	4.4760
7	2.9148	3.1514	3.4118	3.7009	7	4.0215	4.3778	4.7761	5.2220
8	3.3312	3.6016	3.8992	4.2296	8	4.5960	5.0032	5.4584	5.9680
9	3.7476	4.0518	4.3866	4.7583	9	5.1705	5.6286	6.1407	6.7140
10	4.1640	4.5020	4.8740	5.2870	10	5.7450	6.2540	6.8230	7.4600
11	4.5804	4.9522	5.3614	5.8157	11	6.3195	6.8794	7.5053	8.2060
12	4.9968	5.4024	5.8488	6.3444	12	6.8940	7.5048	8.1876	8.9520
13	5.4132	5.8526	6.3362	6.8731	13	7.4685	8.1302	8.8699	9.6980
14	5.8296	6.3028	6.8236	7.4018	14	8.0430	8.7556	9.5522	10.4440
15	6.2460	6.7530	7.3110	7.9305	15	8.6175	9.3810	10.2345	11.1900
16	6.6624	7.2032	7.7984	8.4592	16	9.1920	10.0064	10.9168	11.9360
17	7.0788	7.6534	8.2858	8.9879	17	9.7665	10.6318	11.5991	12.6820
18	7.4952	8.1036	8.7732	9.5166	18	10.3410	11.2572	12.2814	13.4280
19	7.9116	8.5538	9.2606	10.0453	19	10.9155	11.8826	12.9637	14.1740
20	8.3280	9.0040	9.7480	10.5740	20	11.4900	12.5080	13.6460	14.9200

SOMMES versées.	58 ANS.	59 ANS.	60 ANS.	61 ANS.	SOMMES versées.	62 ANS.	63 ANS.	64 ANS.	65 ANS.
1	0.8170	0.8983	0.9896	1.0934	1	1.2123	1.3488	1.5007	1.6905
2	1.6352	1.7966	1.9792	2.1868	2	2.4246	2.6976	3.0134	3.3810
3	2.4528	2.6949	2.9688	3.2802	3	3.6369	4.0464	4.5201	5.0715
4	3.2704	3.5932	3.9584	4.3736	4	4.8492	5.3952	6.0268	6.7620
5	4.0880	4.4915	4.9480	5.4670	5	6.0615	6.7440	7.5335	8.4525
6	4.9056	5.3898	5.9376	6.5604	6	7.2738	8.0928	9.0402	10.1430
7	5.7232	6.2881	6.9272	7.6538	7	8.4861	9.4416	10.5469	11.8335
8	6.5408	7.1864	7.9168	8.7472	8	9.6984	10.7904	12.0536	13.5240
9	7.3584	8.0847	8.9064	9.8406	9	10.9107	12.1392	13.5603	15.2145
10	8.1760	8.9830	9.8960	10.9340	10	12.1230	13.4880	15.0670	16.9050
11	8.9936	9.8813	10.8856	12.0274	11	13.3353	14.8368	16.5737	18.5955
12	9.8112	10.7796	11.8752	13.1208	12	14.5476	16.1856	18.0804	20.2860
13	10.6288	11.6779	12.8648	14.2142	13	15.7599	17.5344	19.5871	21.9765
14	11.4464	12.5762	13.8544	15.3076	14	16.9722	18.8832	21.0938	23.6670
15	12.2640	13.4745	14.8440	16.4010	15	18.1845	20.2320	22.6005	25.3575
16	13.0816	14.3728	15.8336	17.4944	16	19.3968	21.5808	24.1072	27.0480
17	13.8992	15.2711	16.8232	18.5878	17	20.6091	22.9296	25.6139	28.7385
18	14.7168	16.1694	17.8128	19.6812	18	21.8214	24.2784	27.1206	30.4290
19	15.5344	17.0677	18.8024	20.7746	19	23.0337	25.6272	28.6273	32.1195
20	16.3520	17.9660	19.7920	21.8680	20	24.2460	26.9760	30.1340	33.8100

SOMMES versées.	50 ANS.	51 ANS.	52 ANS.	53 ANS.	SOMMES versées.	54 ANS.	55 ANS.	56 ANS.	57 ANS.
1	0.3086	0.3336	0.3612	0.3918	1	0.4257	0.4635	0.5057	0.5529
2	0.6172	0.6672	0.7224	0.7836	2	0.8514	0.9270	1.0114	1.1058
3	0.9258	1.0008	1.0836	1.1754	3	1.2771	1.3905	1.5171	1.6587
4	1.2344	1.3344	1.4448	1.5672	4	1.7028	1.8540	2.0228	2.2116
5	1.5430	1.6680	1.8060	1.9500	5	2.1285	2.3175	2.5285	2.7645
6	1.8516	2.0016	2.1672	2.3508	6	2.5542	2.7810	3.0342	3.3174
7	2.1602	2.3352	2.5284	2.7426	7	2.9799	3.2445	3.5399	3.8703
8	2.4688	2.6688	2.8896	3.1344	8	3.4056	3.7080	4.0456	4.4232
9	2.7774	3.0024	3.2508	3.5262	9	3.8313	4.1715	4.5513	4.9761
10	3.0860	3.3360	3.6120	3.9180	10	4.2570	4.6350	5.0570	5.5290
11	3.3946	3.6696	3.9732	4.3098	11	4.6827	5.0985	5.5627	6.0819
12	3.7032	4.0032	4.3344	4.7016	12	5.1084	5.5620	6.0684	6.6348
13	4.0118	4.3368	4.6956	5.0934	13	5.5341	6.0255	6.5741	7.1877
14	4.3204	4.6704	5.0568	5.4852	14	5.9598	6.4890	7.0798	7.7406
15	4.6290	5.0040	5.4180	5.8770	15	6.3855	6.9525	7.5855	8.2935
16	4.9376	5.3376	5.7792	6.2688	16	6.8112	7.4160	8.0912	8.8464
17	5.2462	5.6712	6.1404	6.6606	17	7.2369	7.8795	8.5969	9.3993
18	5.5548	6.0048	6.5016	7.0524	18	7.6626	8.3430	9.1026	9.9522
19	5.8634	6.3384	6.8628	7.4442	19	8.0883	8.8065	9.6083	10.5051
20	6.1720	6.6720	7.2240	7.8360	20	8.5140	9.2700	10.1140	11.0580

SOMMES versées.	58 ANS.	59 ANS.	60 ANS.	61 ANS.	SOMMES versées.	62 ANS.	63 ANS.	64 ANS.	65 ANS.
1	0.6059	0.6657	0.7334	0.8104	1	0.8984	0.9997	1.1167	1.2520
2	1.2118	1.3314	1.4668	1.6208	2	1.7968	1.9994	2.2334	2.5058
3	1.8177	1.9971	2.2002	2.4312	3	2.6952	2.9991	3.3501	3.7587
4	2.4236	2.6628	2.9336	3.2416	4	3.5936	3.9988	4.4668	5.0116
5	3.0295	3.3285	3.6670	4.0520	5	4.4920	4.9985	5.5835	6.2645
6	3.6354	3.9942	4.4004	4.8624	6	5.3904	5.9982	6.7002	7.5174
7	4.2413	4.6599	5.1338	5.6728	7	6.2888	6.9979	7.8169	8.7703
8	4.8472	5.3256	5.8672	6.4832	8	7.1872	7.9976	8.9336	10.0232
9	5.4531	5.9913	6.6006	7.2936	9	8.0856	8.9973	10.0503	11.2761
10	6.0590	6.6570	7.3340	8.1040	10	8.9840	9.9970	11.1070	12.5290
11	6.6649	7.3227	8.0674	8.9144	11	9.8824	10.9967	12.2837	13.7819
12	7.2708	7.9884	8.8008	9.7248	12	10.7808	11.9964	13.4004	15.0348
13	7.8767	8.6541	9.5342	10.5352	13	11.6792	12.9961	14.5171	16.2877
14	8.4826	9.3198	10.2676	11.3456	14	12.5776	13.9958	15.6338	17.5406
15	9.0885	9.9855	11.0010	12.1560	15	13.4760	14.9955	16.7505	18.7935
16	9.6944	10.6512	11.7344	12.9664	16	14.3744	15.9952	17.8672	20.0464
17	10.3003	11.3169	12.4678	13.7768	17	15.2728	16.9949	18.9839	21.2993
18	10.9062	11.9826	13.2012	14.5872	18	16.1712	17.9946	20.1006	22.5522
19	11.5121	12.6483	13.9346	15.3976	19	17.0696	18.9943	21.2173	23.8051
20	12.1180	13.3140	14.6680	16.2080	20	17.9680	19.9940	22.3340	25.0580

SOMMES versées.	50 ANS.	51 ANS.	52 ANS.	53 ANS.	SOMMES versées.	54 ANS.	55 ANS.	56 ANS.	57 ANS.
1	0.4115	0.4448	0.4810	0.5224	1	0.5676	0.6180	0.6742	0.7371
2	0.8230	0.8896	0.9632	1.0448	2	1.1352	1.2360	1.3484	1.4742
3	1.2345	1.3344	1.4448	1.5672	3	1.7028	1.8540	2.0226	2.2113
4	1.6460	1.7792	1.9264	2.0896	4	2.2704	2.4720	2.6968	2.9484
5	2.0575	2.2240	2.4080	2.6120	5	2.8380	3.0900	3.3710	3.6855
6	2.4690	2.6688	2.8896	3.1344	6	3.4056	3.7080	4.0452	4.4226
7	2.8805	3.1136	3.3712	3.6568	7	3.9732	4.3260	4.7194	5.1597
8	3.2920	3.5584	3.8528	4.1792	8	4.5408	4.9440	5.3936	5.8968
9	3.7035	4.0032	4.3344	4.7016	9	5.1084	5.5620	6.0678	6.6339
10	4.1150	4.4480	4.8160	5.2240	10	5.6760	6.1800	6.7420	7.3710
11	4.5265	4.8928	5.2976	5.7464	11	6.2436	6.7980	7.4162	8.1081
12	4.9380	5.3376	5.7792	6.2688	12	6.8112	7.4160	8.0904	8.8452
13	5.3495	5.7824	6.2608	6.7912	13	7.3788	8.0340	8.7646	9.5823
14	5.7610	6.2272	6.7424	7.3136	14	7.9464	8.6520	9.4388	10.3194
15	6.1725	6.6720	7.2240	7.8360	15	8.5140	9.2700	10.1130	11.0565
16	6.5840	7.1168	7.7056	8.3584	16	9.0816	9.8880	10.7872	11.7936
17	6.9955	7.5616	8.1872	8.8808	17	9.6492	10.5060	11.4614	12.5307
18	7.4070	8.0064	8.6688	9.4032	18	10.2168	11.1240	12.1356	13.2678
19	7.8185	8.4512	9.1504	9.9256	19	10.7844	11.7420	12.8098	14.0049
20	8.2300	8.8960	9.6320	10.4480	20	11.3520	12.3600	13.4840	14.7420

SOMMES versées.	58 ANS.	59 ANS.	60 ANS.	61 ANS.	SOMMES versées.	62 ANS.	63 ANS.	64 ANS.	65 ANS.
1	0.8079	0.8876	0.9778	1.0804	1	1.1978	1.3328	1.4888	1.6703
2	1.6158	1.7752	1.9556	2.1608	2	2.3956	2.6656	2.9776	3.3406
3	2.4237	2.6628	2.9334	3.2412	3	3.5934	3.9984	4.4664	5.0109
4	3.2316	3.5504	3.9112	4.3216	4	4.7912	5.3312	5.9552	6.6812
5	4.0395	4.4380	4.8890	5.4020	5	5.9890	6.6640	7.4440	8.3515
6	4.8474	5.3256	5.8668	6.4824	6	7.1868	7.9968	8.9328	10.0218
7	5.6553	6.2132	6.8446	7.5628	7	8.3846	9.3296	10.4216	11.6921
8	6.4632	7.1008	7.8224	8.6432	8	9.5824	10.6624	11.9104	13.3624
9	7.2711	7.9884	8.8002	9.7236	9	10.7802	11.9952	13.3992	15.0327
10	8.0790	8.8760	9.7780	10.8040	10	11.9780	13.3280	14.8880	16.7030
11	8.8869	9.7636	10.7558	11.8844	11	13.1758	14.6608	16.3768	18.3733
12	9.6948	10.6512	11.7336	12.9648	12	14.3736	15.9936	17.8656	20.0436
13	10.5027	11.5388	12.7114	14.0452	13	15.5714	17.3264	19.3544	21.7139
14	11.3106	12.4264	13.6892	15.1256	14	16.7692	18.6592	20.8432	23.3842
15	12.1185	13.3140	14.6670	16.2060	15	17.9670	19.9920	22.3320	25.0545
16	12.9264	14.2016	15.6448	17.2864	16	19.1648	21.3248	23.8208	26.7248
17	13.7343	15.0892	16.6226	18.3668	17	20.3626	22.6576	25.3096	28.3951
18	14.5422	15.9768	17.6004	19.4472	18	21.5604	23.9904	26.7984	30.0654
19	15.3501	16.8644	18.5782	20.5276	19	22.7582	25.3232	28.2872	31.7357
20	16.1580	17.7520	19.5560	21.6080	20	23.9560	26.6560	29.7760	33.4060

SOMMES versées	50 ANS.	51 ANS.	52 ANS.	53 ANS.	SOMMES versées	54 ANS.	55 ANS.	56 ANS.	57 ANS.
1	0.3045	0.3292	0.3564	0.3866	1	0.4201	0.4574	0.4990	0.5456
2	0.6090	0.6584	0.7128	0.7732	2	0.8402	0.9148	0.9980	1.0912
3	0.9135	0.9876	1.0692	1.1598	3	1.2603	1.3722	1.4970	1.6368
4	1.2180	1.3168	1.4256	1.5464	4	1.6804	1.8296	1.9960	2.1824
5	1.5225	1.6460	1.7820	1.9330	5	2.1005	2.2870	2.4950	2.7280
6	1.8270	1.9752	2.1384	2.3196	6	2.5206	2.7444	2.9940	3.2736
7	2.1315	2.3044	2.4948	2.7062	7	2.9407	3.2018	3.4930	3.8192
8	2.4360	2.6336	2.8512	3.0928	8	3.3608	3.6592	3.9920	4.3648
9	2.7405	2.9628	3.2076	3.4794	9	3.7809	4.1166	4.4910	4.9104
10	3.0450	3.2920	3.5640	3.8660	10	4.2010	4.5740	4.9900	5.4560
11	3.3495	3.6212	3.9204	4.2526	11	4.6211	5.0314	5.4890	6.0016
12	3.6540	3.9504	4.2768	4.6392	12	5.0412	5.4888	5.9880	6.5472
13	3.9585	4.2796	4.6332	5.0258	13	5.4613	5.9462	6.4870	7.0928
14	4.2630	4.6088	4.9896	5.4124	14	5.8814	6.4036	6.9860	7.6384
15	4.5675	4.9380	5.3460	5.7990	15	6.3015	6.8610	7.4850	8.1840
16	4.8720	5.2672	5.7024	6.1856	16	6.7216	7.3184	7.9840	8.7296
17	5.1765	5.5964	6.0588	6.5722	17	7.1417	7.7758	8.4830	9.2752
18	5.4810	5.9256	6.4152	6.9588	18	7.5618	8.2332	8.9820	9.8208
19	5.7855	6.2548	6.7716	7.3454	19	7.9819	8.6906	9.4810	10.3664
20	6.0900	6.5840	7.1280	7.7320	20	8.4020	9.1480	9.9800	10.9120

SOMMES versées	58 ANS.	59 ANS.	60 ANS.	61 ANS.	SOMMES versées	62 ANS.	63 ANS.	64 ANS.	65 ANS.
1	0.5970	0.6569	0.7236	0.7990	1	0.8865	0.9864	1.1018	1.2362
2	1.1958	1.3138	1.4472	1.5992	2	1.7730	1.9728	2.2030	2.4724
3	1.7937	1.9707	2.1708	2.3988	3	2.6595	2.9592	3.3054	3.7086
4	2.3916	2.6276	2.8944	3.1984	4	3.5460	3.9450	4.4072	4.9448
5	2.9895	3.2845	3.6180	3.9980	5	4.4325	4.9320	5.5090	6.1810
6	3.5874	3.9414	4.3416	4.7976	6	5.3190	5.9184	6.6108	7.4172
7	4.1853	4.5983	5.0652	5.5972	7	6.2055	6.9048	7.7126	8.6534
8	4.7832	5.2552	5.7888	6.3968	8	7.0920	7.8912	8.8144	9.8896
9	5.3811	5.9121	6.5124	7.1964	9	7.9785	8.8776	9.9162	11.1258
10	5.9790	6.5690	7.2360	7.9960	10	8.8650	9.8640	11.0180	12.3620
11	6.5769	7.2259	7.9596	8.7956	11	9.7515	10.8504	12.1198	13.5982
12	7.1748	7.8828	8.6832	9.5952	12	10.6380	11.8368	13.2216	14.8344
13	7.7727	8.5397	9.4068	10.3948	13	11.5245	12.8232	14.3234	16.0706
14	8.3706	9.1966	10.1304	11.1944	14	12.4110	13.8096	15.4252	17.3068
15	8.9685	9.8535	10.8540	11.9940	15	13.2975	14.7960	16.5270	18.5430
16	9.5664	10.5104	11.5776	12.7936	16	14.1840	15.7824	17.6288	19.7792
17	10.1643	11.1673	12.3012	13.5932	17	15.0705	16.7688	18.7306	21.0154
18	10.7622	11.8242	13.0248	14.3928	18	15.9570	17.7552	19.8324	22.2516
19	11.3601	12.4811	13.7484	15.1924	19	16.8435	18.7416	20.9342	23.4878
20	11.9580	13.1380	14.4720	15.9920	20	17.7300	19.7280	22.0360	24.7240

SOMMES versées.	50 ANS.	51 ANS.	52 ANS.	53 ANS.	SOMMES versées.	54 ANS.	55 ANS.	56 ANS.	57 ANS.
1	0.4065	0.4395	0.4759	0.5101	1	0.5608	0.6106	0.6661	0.7283
2	0.8130	0.8790	0.9518	1.0322	2	1.1216	1.2212	1.3322	1.4506
3	1.2195	1.3185	1.4277	1.5483	3	1.6824	1.8318	1.9983	2.1819
4	1.6260	1.7580	1.9030	2.0644	4	2.2432	2.4424	2.6644	2.9132
5	2.0325	2.1975	2.3795	2.5805	5	2.8040	3.0530	3.3305	3.6415
6	2.4390	2.6370	2.8554	3.0966	6	3.3648	3.6636	3.9966	4.3698
7	2.8455	3.0705	3.3313	3.6127	7	3.9256	4.2742	4.6627	5.0981
8	3.2520	3.5160	3.8072	4.1288	8	4.4864	4.8848	5.3288	5.8264
9	3.6585	3.9555	4.2831	4.6449	9	5.0472	5.4954	5.9949	6.5547
10	4.0650	4.3950	4.7590	5.1610	10	5.6080	6.1060	6.6610	7.2830
11	4.4715	4.8345	5.2349	5.6771	11	6.1688	6.7166	7.3271	8.0113
12	4.8780	5.2740	5.7108	6.1932	12	6.7296	7.3272	7.9932	8.7396
13	5.2845	5.7135	6.1867	6.7093	13	7.2904	7.9378	8.6593	9.4679
14	5.6910	6.1530	6.6626	7.2254	14	7.8512	8.5484	9.3254	10.1962
15	6.0975	6.5925	7.1385	7.7415	15	8.4120	9.1590	9.9915	10.9245
16	6.5040	7.0320	7.6144	8.2576	16	8.9728	9.7696	10.6576	11.6528
17	6.9105	7.4715	8.0903	8.7737	17	9.5336	10.3802	11.3237	12.3811
18	7.3170	7.9110	8.5662	9.2898	18	10.0944	10.9908	11.9898	13.1094
19	7.7235	8.3505	9.0421	9.8059	19	10.6552	11.6014	12.6559	13.8377
20	8.1300	8.7900	9.5180	10.3220	20	11.2160	12.2120	13.3220	14.5660

SOMMES versées.	58 ANS.	59 ANS.	60 ANS.	61 ANS.	SOMMES versées.	62 ANS.	63 ANS.	64 ANS.	65 ANS.
1	0.7982	0.8770	0.9661	1.0675	1	1.1835	1.3169	1.4710	1.6504
2	1.5964	1.7540	1.9322	2.1350	2	2.3670	2.6338	2.9420	3.3008
3	2.3946	2.6310	2.8983	3.2025	3	3.5505	3.9507	4.4130	4.9512
4	3.1928	3.5080	3.8644	4.2700	4	4.7340	5.2676	5.8840	6.6016
5	3.9910	4.3850	4.8305	5.3375	5	5.9175	6.5845	7.3550	8.2520
6	4.7892	5.2620	5.7966	6.4050	6	7.1010	7.9014	8.8260	9.9024
7	5.5874	6.1390	6.7627	7.4725	7	8.2845	9.2183	10.2970	11.5528
8	6.3856	7.0160	7.7288	8.5400	8	9.4680	10.5352	11.7680	13.2032
9	7.1838	7.8930	8.6949	9.6075	9	10.6515	11.8521	13.2390	14.8536
10	7.9820	8.7700	9.6610	10.6750	10	11.8350	13.1690	14.7100	16.5040
11	8.7802	9.6470	10.6271	11.7425	11	13.0185	14.4859	16.1810	18.1544
12	9.5784	10.5240	11.5932	12.8100	12	14.2020	15.8028	17.6520	19.8048
13	10.3766	11.4010	12.5593	13.8775	13	15.3855	17.1197	19.1230	21.4552
14	11.1748	12.2780	13.5254	14.9450	14	16.5690	18.4366	20.5940	23.1056
15	11.9730	13.1550	14.4915	16.0125	15	17.7525	19.7535	22.0650	24.7560
16	12.7712	14.0320	15.4576	17.0800	16	18.9360	21.0704	23.5360	26.4064
17	13.5694	14.9090	16.4237	18.1475	17	20.1195	22.3873	25.0070	28.0568
18	14.3676	15.7860	17.3898	19.2150	18	21.3030	23.7042	26.4780	29.7072
19	15.1658	16.6630	18.3559	20.2825	19	22.4865	25.0211	27.9490	31.3576
20	15.9640	17.5400	19.3220	21.3500	20	23.6700	26.3380	29.4200	33.0081

SOMMES versées.	50 ANS.	51 ANS.	52 ANS	53 ANS.	SOMMES versées.	54 ANS.	55 ANS.	56 ANS.	57 ANS.
1	0.3005	0.3248	0.3517	0.3815	1	0.4145	0.4513	0.4923	0.5383
2	0.6010	0.6496	0.7034	0.7630	2	0.8290	0.9026	0.9846	1.0766
3	0.9015	0.9744	1.0551	1.1445	3	1.2435	1.3539	1.4769	1.6149
4	1.2020	1.2992	1.4068	1.5260	4	1.6580	1.8052	1.9692	2.1532
5	1.5025	1.6240	1.7585	1.9075	5	2.0725	2.2565	2.4615	2.6915
6	1.8030	1.9488	2.1102	2.2890	6	2.4870	2.7078	2.9538	3.2298
7	2.1035	2.2736	2.4619	2.6705	7	2.9015	3.1591	3.4461	3.7681
8	2.4040	2.5984	2.8136	3.0520	8	3.3160	3.6104	3.9384	4.3064
9	2.7045	2.9232	3.1653	3.4335	9	3.7305	4.0617	4.4307	4.8447
10	3.0050	3.2480	3.5170	3.8150	10	4.1450	4.5130	4.9230	5.3830
11	3.3055	3.5728	3.8687	4.1965	11	4.5595	4.9643	5.4153	5.9213
12	3.6060	3.8976	4.2204	4.5780	12	4.9740	5.4156	5.9076	6.4596
13	3.9065	4.2224	4.5721	4.9595	13	5.3885	5.8669	6.3999	6.9979
14	4.2070	4.5472	4.9238	5.3410	14	5.8030	6.3182	6.8922	7.5362
15	4.5075	4.8720	5.2755	5.7225	15	6.2175	6.7695	7.3845	8.0745
16	4.8080	5.1968	5.6272	6.1040	16	6.6320	7.2208	7.8768	8.6128
17	5.1085	5.5216	5.9789	6.4855	17	7.0465	7.6721	8.3691	9.1511
18	5.4090	5.8464	6.3306	6.8670	18	7.4610	8.1234	8.8614	9.6894
19	5.7095	6.1712	6.6823	7.2485	19	7.8755	8.5747	9.3537	10.2277
20	6.0100	6.4960	7.0340	7.6300	20	8.2900	9.0260	9.8460	10.7660

SOMMES versées.	58 ANS.	59 ANS.	60 ANS.	61 ANS.	SOMMES versées.	62 ANS.	63 ANS.	64 ANS.	65 ANS.
1	0.5899	0.6481	0.7140	0.7890	1	0.8747	0.9732	1.0872	1.2197
2	1.1798	1.2960	1.4280	1.5780	2	1.7494	1.9464	2.1744	2.4394
3	1.7697	1.9443	2.1420	2.3670	3	2.6241	2.9196	3.2616	3.6591
4	2.3596	2.5924	2.8560	3.1560	4	3.4988	3.8928	4.3488	4.8788
5	2.9495	3.2405	3.5700	3.9450	5	4.3735	4.8660	5.4360	6.0985
6	3.5394	3.8886	4.2840	4.7340	6	5.2482	5.8392	6.5232	7.3182
7	4.1293	4.5367	4.9980	5.5230	7	6.1229	6.8124	7.6104	8.5379
8	4.7192	5.1848	5.7120	6.3120	8	6.9976	7.7856	8.6976	9.7576
9	5.3091	5.8329	6.4260	7.1010	9	7.8723	8.7588	9.7848	10.9773
10	5.8990	6.4810	7.1400	7.8900	10	8.7470	9.7320	10.8720	12.1970
11	6.4889	7.1291	7.8540	8.6790	11	9.6217	10.7052	11.9592	13.4167
12	7.0788	7.7772	8.5680	9.4680	12	10.4964	11.6784	13.0464	14.6364
13	7.6687	8.4253	9.2820	10.2570	13	11.3711	12.6516	14.1336	15.8561
14	8.2586	9.0734	9.9960	11.0460	14	12.2458	13.6248	15.2208	17.0758
15	8.8485	9.7215	10.7100	11.8350	15	13.1205	14.5980	16.3080	18.2955
16	9.4384	10.3696	11.4240	12.6240	16	13.9952	15.5712	17.3952	19.5152
17	10.0283	11.0177	12.1380	13.4130	17	14.8699	16.5444	18.4824	20.7349
18	10.6182	11.6658	12.8520	14.2020	18	15.7446	17.5176	19.5696	21.9546
19	11.2081	12.3139	13.5660	14.9910	19	16.6193	18.4908	20.6568	23.1743
20	11.7980	12.9620	14.2800	15.7800	20	17.4940	19.4640	21.7440	24.3940

SOMMES versées.	50 ANS.	51 ANS.	52 ANS.	53 ANS.	SOMMES versées.	54 ANS.	55 ANS.	56 ANS.	57 ANS.
1	0.4017	0.4342	0.4702	0.5100	1	0.5542	0.6033	0.6582	0.7197
2	0.8034	0.8684	0.9404	1.0200	2	1.1084	1.2066	1.3164	1.4394
3	1.2051	1.3026	1.4106	1.5300	3	1.6626	1.8099	1.9746	2.1591
4	1.6068	1.7368	1.8808	2.0400	4	2.2168	2.4132	2.6328	2.8788
5	2.0085	2.1710	2.3510	2.5500	5	2.7710	3.0165	3.2910	3.5985
6	2.4102	2.6052	2.8212	3.0600	6	3.3252	3.6198	3.9492	4.3182
7	2.8119	3.0394	3.2914	3.5700	7	3.8794	4.2231	4.6074	5.0379
8	3.2136	3.4736	3.7616	4.0800	8	4.4336	4.8264	5.2656	5.7576
9	3.6153	3.9078	4.2318	4.5900	9	4.9878	5.4297	5.9238	6.4773
10	4.0170	4.3420	4.7020	5.1000	10	5.5420	6.0330	6.5820	7.1970
11	4.4187	4.7762	5.1722	5.6100	11	6.0962	6.6363	7.2402	7.9167
12	4.8204	5.2104	5.6424	6.1200	12	6.6504	7.2396	7.8984	8.6364
13	5.2221	5.6446	6.1126	6.6300	13	7.2046	7.8429	8.5566	9.3561
14	5.6238	6.0788	6.5828	7.1400	14	7.7588	8.4462	9.2148	10.0758
15	6.0255	6.5130	7.0530	7.6500	15	8.3130	9.0495	9.8730	10.7955
16	6.4272	6.9472	7.5232	8.1600	16	8.8672	9.6528	10.5312	11.5152
17	6.8289	7.3814	7.9934	8.6700	17	9.4214	10.2561	11.1894	12.2349
18	7.2306	7.8156	8.4636	9.1800	18	9.9756	10.8594	11.8476	12.9546
19	7.6323	8.2498	8.9338	9.6900	19	10.5298	11.4627	12.5058	13.6743
20	8.0340	8.6840	9.4040	10.2000	20	11.0840	12.0660	13.1640	14.3940

SOMMES versées.	58 ANS.	59 ANS.	60 ANS.	61 ANS.	SOMMES versées.	62 ANS.	63 ANS.	64 ANS.	65 ANS.
1	0.7887	0.8665	0.9546	1.0548	1	1.1694	1.3012	1.4534	1.6307
2	1.5774	1.7330	1.9092	2.1096	2	2.3388	2.6024	2.9068	3.2614
3	2.3661	2.5995	2.8638	3.1644	3	3.5082	3.9036	4.3602	4.8921
4	3.1548	3.4660	3.8184	4.2192	4	4.6776	5.2048	5.8136	6.5228
5	3.9435	4.3325	4.7730	5.2740	5	5.8470	6.5060	7.2670	8.1535
6	4.7322	5.1990	5.7276	6.3288	6	7.0164	7.8072	8.7204	9.7842
7	5.5209	6.0655	6.6822	7.3836	7	8.1858	9.1084	10.1738	11.4149
8	6.3096	6.9320	7.6368	8.4384	8	9.3552	10.4096	11.6272	13.0456
9	7.0983	7.7985	8.5914	9.4932	9	10.5246	11.7108	13.0806	14.6763
10	7.8870	8.6650	9.5460	10.5480	10	11.6940	13.0120	14.5340	16.3070
11	8.6757	9.5315	10.5006	11.6028	11	12.8634	14.3132	15.9874	17.9377
12	9.4644	10.3980	11.4552	12.6576	12	14.0328	15.6144	17.4408	19.5684
13	10.2531	11.2645	12.4098	13.7124	13	15.2022	16.9156	18.8942	21.1991
14	11.0418	12.1310	13.3644	14.7672	14	16.3716	18.2168	20.3476	22.8298
15	11.8305	12.9975	14.3190	15.8220	15	17.5410	19.5180	21.8010	24.4605
16	12.6192	13.8640	15.2736	16.8768	16	18.7104	20.8192	23.2544	26.0912
17	13.4079	14.7305	16.2282	17.9316	17	19.8798	22.1204	24.7078	27.7219
18	14.1966	15.5970	17.1828	18.9864	18	21.0492	23.4216	26.1612	29.3526
19	14.9853	16.4635	18.1374	20.0412	19	22.2186	24.7228	27.6146	30.9833
20	15.7740	17.3300	19.0920	21.0960	20	23.3880	26.0240	29.0680	32.6140

SOMMES versées	50 ANS.	51 ANS.	52 ANS.	53 ANS.	SOMMES versées	54 ANS.	55 ANS.	56 ANS.	57 ANS.
1	0.2965	0.3205	0.3470	0.3704	1	0.4090	0.4453	0.4858	0.5311
2	0.5930	0.6410	0.6940	0.7528	2	0.8180	0.8906	0.9716	1.0622
3	0.8895	0.9615	1.0410	1.1292	3	1.2270	1.3359	1.4574	1.5933
4	1.1860	1.2820	1.3880	1.5056	4	1.6360	1.7812	1.9432	2.1244
5	1.4825	1.6025	1.7350	1.8820	5	2.0450	2.2265	2.4290	2.6555
6	1.7790	1.9230	2.0820	2.2584	6	2.4540	2.6718	2.9148	3.1866
7	2.0755	2.2435	2.4290	2.6348	7	2.8630	3.1171	3.4006	3.7177
8	2.3720	2.5640	2.7760	3.0112	8	3.2720	3.5624	3.8864	4.2488
9	2.6685	2.8845	3.1230	3.3876	9	3.6810	4.0077	4.3722	4.7799
10	2.9650	3.2050	3.4700	3.7640	10	4.0900	4.4530	4.8580	5.3110
11	3.2615	3.5255	3.8170	4.1404	11	4.4990	4.8983	5.3438	5.8421
12	3.5580	3.8460	4.1640	4.5168	12	4.9080	5.3436	5.8296	6.3732
13	3.8545	4.1665	4.5110	4.8932	13	5.3170	5.7889	6.3154	6.9043
14	4.1510	4.4870	4.8580	5.2696	14	5.7260	6.2342	6.8012	7.4354
15	4.4475	4.8075	5.2050	5.6460	15	6.1350	6.6795	7.2870	7.9665
16	4.7440	5.1280	5.5520	6.0224	16	6.5440	7.1248	7.7728	8.4976
17	5.0405	5.4485	5.8990	6.3988	17	6.9530	7.5701	8.2586	9.0287
18	5.3370	5.7690	6.2460	6.7752	18	7.3620	8.0154	8.7444	9.5598
19	5.6335	6.0895	6.5930	7.1516	19	7.7710	8.4607	9.2302	10.0909
20	5.9300	6.4100	6.9400	7.5280	20	8.1800	8.9060	9.7160	10.6220

SOMMES versées	58 ANS.	59 ANS.	60 ANS.	61 ANS.	SOMMES versées	62 ANS.	63 ANS.	64 ANS.	65 ANS.
1	0.5821	0.6305	0.7045	0.7784	1	0.8630	0.9603	1.0727	1.2035
2	1.1642	1.2790	1.4090	1.5568	2	1.7260	1.9206	2.1454	2.4070
3	1.7463	1.9185	2.1135	2.3352	3	2.5890	2.8809	3.2181	3.6105
4	2.3284	2.5580	2.8180	3.1136	4	3.4520	3.8412	4.2908	4.8140
5	2.9105	3.1975	3.5225	3.8920	5	4.3150	4.8015	5.3635	6.0175
6	3.4926	3.8370	4.2270	4.6704	6	5.1780	5.7618	6.4362	7.2210
7	4.0747	4.4765	4.9315	5.4488	7	6.0410	6.7221	7.5089	8.4245
8	4.6568	5.1160	5.6360	6.2272	8	6.9040	7.6824	8.5816	9.6280
9	5.2389	5.7555	6.3405	7.0056	9	7.7670	8.6427	9.6543	10.8315
10	5.8210	6.3950	7.0450	7.7840	10	8.6300	9.6030	10.7270	12.0350
11	6.4031	7.0345	7.7495	8.5624	11	9.4930	10.5633	11.7997	13.2385
12	6.9852	7.6740	8.4540	9.3408	12	10.3560	11.5236	12.8724	14.4420
13	7.5673	8.3135	9.1585	10.1192	13	11.2190	12.4839	13.9451	15.6455
14	8.1494	8.9530	9.8630	10.8976	14	12.0820	13.4442	15.0178	16.8490
15	8.7315	9.5925	10.5675	11.6760	15	12.9450	14.4045	16.0905	18.0525
16	9.3136	10.2320	11.2720	12.4544	16	13.8080	15.3648	17.1632	19.2560
17	9.8957	10.8715	11.9765	13.2328	17	14.6710	16.3251	18.2359	20.4595
18	10.4778	11.5110	12.6810	14.0112	18	15.5340	17.2854	19.3086	21.6630
19	11.0599	12.1505	13.3855	14.7896	19	16.3970	18.2457	20.3813	22.8665
20	11.6420	12.7900	14.0900	15.5680	20	17.2600	19.2060	21.4540	24.0700

SOMMES versées.	50 ANS.	51 ANS.	52 ANS.	53 ANS.	SOMMES versées.	54 ANS.	55 ANS.	56 ANS.	57 ANS.
1	0.3969	0.4291	0.4646	0.5039	1	0.5475	0.5961	0.6503	0.7111
2	0.7938	0.8582	0.9292	1.0078	2	1.0950	1.1922	1.3006	1.4222
3	1.1907	1.2873	1.3938	1.5117	3	1.6425	1.7883	1.9509	2.1333
4	1.5876	1.7104	1.8584	2.0156	4	2.1900	2.3844	2.6012	2.8444
5	1.9845	2.1455	2.3230	2.5195	5	2.7375	2.9805	3.2515	3.5555
6	2.3814	2.5746	2.7876	3.0234	6	3.2850	3.5766	3.9018	4.2666
7	2.7783	3.0037	3.2522	3.5273	7	3.8325	4.1727	4.5521	4.9777
8	3.1752	3.4328	3.7168	4.0312	8	4.3800	4.7688	5.2024	5.6888
9	3.5721	3.8619	4.1814	4.5351	9	4.9275	5.3649	5.8527	6.3999
10	3.9690	4.2910	4.6460	5.0390	10	5.4750	5.9610	6.5030	7.1110
11	4.3659	4.7201	5.1106	5.5429	11	6.0225	6.5571	7.1533	7.8221
12	4.7628	5.1492	5.5752	6.0468	12	6.5700	7.1532	7.8036	8.5332
13	5.1597	5.5783	6.0398	6.5507	13	7.1175	7.7493	8.4539	9.2443
14	5.5566	6.0074	6.5044	7.0546	14	7.6650	8.3454	9.1042	9.9554
15	5.9535	6.4365	6.9690	7.5585	15	8.2125	8.9415	9.7545	10.6665
16	6.3504	6.8656	7.4336	8.0624	16	8.7600	9.5376	10.4048	11.3776
17	6.7473	7.2947	7.8982	8.5663	17	9.3075	10.1337	11.0551	12.0887
18	7.1442	7.7238	8.3628	9.0702	18	9.8550	10.7298	11.7054	12.7998
19	7.5411	8.1529	8.8274	9.5741	19	10.4025	11.3259	12.3557	13.5109
20	7.9380	8.5820	9.2920	10.0780	20	10.9500	11.9220	13.0060	14.2220

SOMMES versées.	58 ANS.	59 ANS.	60 ANS.	61 ANS.	SOMMES versées.	62 ANS.	63 ANS.	64 ANS.	65 ANS.
1	0.7793	0.8562	0.9432	1.0422	1	1.1554	1.2856	1.4361	1.6113
2	1.5586	1.7124	1.8864	2.0844	2	2.3108	2.5712	2.8722	3.2226
3	2.3379	2.5686	2.8296	3.1266	3	3.4662	3.8568	4.3083	4.8339
4	3.1172	3.4248	3.7728	4.1688	4	4.6216	5.1424	5.7444	6.4452
5	3.8965	4.2810	4.7160	5.2110	5	5.7770	6.4280	7.1805	8.0565
6	4.6758	5.1372	5.6592	6.2532	6	6.9324	7.7136	8.6166	9.6678
7	5.4551	5.9934	6.6024	7.2954	7	8.0878	8.9992	10.0527	11.2791
8	6.2344	6.8496	7.5456	8.3376	8	9.2432	10.2848	11.4888	12.8904
9	7.0137	7.7058	8.4888	9.3798	9	10.3986	11.5704	12.9249	14.5017
10	7.7930	8.5620	9.4320	10.4220	10	11.5540	12.8560	14.3610	16.1130
11	8.5723	9.4182	10.3752	11.4642	11	12.7094	14.1416	15.7971	17.7243
12	9.3516	10.2744	11.3184	12.5064	12	13.8648	15.4272	17.2332	19.3356
13	10.1309	11.1306	12.2616	13.5486	13	15.0202	16.7128	18.6693	20.9469
14	10.9102	11.9868	13.2048	14.5908	14	16.1756	17.9984	20.1054	22.5582
15	11.6895	12.8430	14.1480	15.6330	15	17.3310	19.2840	21.5415	24.1695
16	12.4688	13.6992	15.0912	16.6752	16	18.4864	20.5696	22.9776	25.7808
17	13.2481	14.5554	16.0344	17.7174	17	19.6418	21.8552	24.4137	27.3921
18	14.0274	15.4116	16.9776	18.7596	18	20.7972	23.1408	25.8498	29.0034
19	14.8067	16.2678	17.9208	19.8018	19	21.9526	24.4264	27.2859	30.6147
20	15.5860	17.1240	18.8640	20.8440	20	23.1080	25.7120	28.7220	32.2260

SOMMES versées.	50 ANS.	51 ANS.	52 ANS.	53 ANS.	SOMMES versées.	54 ANS.	55 ANS.	56 ANS.	57 ANS.
1	0.2025	0.3102	0.3424	0.3713	1	0.4035	0.4393	0.4703	0.5240
2	0.5850	0.6324	0.6848	0.7420	2	0.8070	0.8786	0.9586	1.0480
3	0.8775	0.9486	1.0272	1.1139	3	1.2105	1.3179	1.4379	1.5720
4	1.1700	1.2648	1.3696	1.4852	4	1.6140	1.7572	1.9172	2.0960
5	1.4625	1.5810	1.7120	1.8565	5	2.0175	2.1965	2.3965	2.6200
6	1.7550	1.8972	2.0544	2.2278	6	2.4210	2.6358	2.8758	3.1440
7	2.0475	2.2134	2.3968	2.5991	7	2.8245	3.0751	3.3551	3.6680
8	2.3400	2.5296	2.7392	2.9704	8	3.2280	3.5144	3.8344	4.1920
9	2.6325	2.8458	3.0816	3.3417	9	3.6315	3.9537	4.3137	4.7160
10	2.9250	3.1620	3.4240	3.7130	10	4.0350	4.3930	4.7930	5.2400
11	3.2175	3.4782	3.7664	4.0843	11	4.4385	4.8323	5.2723	5.7640
12	3.5100	3.7944	4.1088	4.4556	12	4.8420	5.2716	5.7516	6.2880
13	3.8025	4.1106	4.4512	4.8269	13	5.2455	5.7109	6.2309	6.8120
14	4.0950	4.4268	4.7936	5.1982	14	5.6490	6.1502	6.7102	7.3360
15	4.3875	4.7430	5.1360	5.5695	15	6.0525	6.5895	7.1895	7.8600
16	4.6800	5.0592	5.4784	5.9408	16	6.4560	7.0288	7.6688	8.3840
17	4.9725	5.3754	5.8208	6.3121	17	6.8595	7.4681	8.1481	8.9080
18	5.2650	5.6916	6.1632	6.6834	18	7.2630	7.9074	8.6274	9.4320
19	5.5575	6.0078	6.5056	7.0547	19	7.6665	8.3467	9.1067	9.9560
20	5.8500	6.3240	6.8480	7.4260	20	8.0700	8.7860	9.5860	10.4800

SOMMES versées.	58 ANS.	59 ANS.	60 ANS.	61 ANS.	SOMMES versées.	62 ANS.	63 ANS.	64 ANS.	65 ANS.
1	0.5743	0.6310	0.6951	0.7680	1	0.8515	0.9474	1.0583	1.1874
2	1.1486	1.2620	1.3902	1.5360	2	1.7030	1.8948	2.1166	2.3748
3	1.7229	1.8930	2.0853	2.3040	3	2.5545	2.8422	3.1749	3.5622
4	2.2972	2.5240	2.7804	3.0720	4	3.4060	3.7896	4.2332	4.7496
5	2.8715	3.1550	3.4755	3.8400	5	4.2575	4.7370	5.2915	5.9370
6	3.4458	3.7860	4.1706	4.6080	6	5.1090	5.6844	6.3498	7.1244
7	4.0201	4.4170	4.8657	5.3760	7	5.9605	6.6318	7.4081	8.3118
8	4.5944	5.0480	5.5608	6.1440	8	6.8120	7.5792	8.4664	9.4992
9	5.1687	5.6790	6.2559	6.9120	9	7.6635	8.5266	9.5247	10.6866
10	5.7430	6.3100	6.9510	7.6800	10	8.5150	9.4740	10.5830	11.8740
11	6.3173	6.9410	7.6461	8.4480	11	9.3665	10.4214	11.6413	13.0614
12	6.8916	7.5720	8.3412	9.2160	12	10.2180	11.3688	12.6996	14.2488
13	7.4659	8.2030	9.0363	9.9840	13	11.0695	12.3162	13.7579	15.4362
14	8.0402	8.8340	9.7314	10.7520	14	11.9210	13.2636	14.8162	16.6236
15	8.6145	9.4650	10.4265	11.5200	15	12.7725	14.2110	15.8745	17.8110
16	9.1888	10.0960	11.1216	12.2880	16	13.6240	15.1584	16.9328	18.9984
17	9.7631	10.7270	11.8167	13.0560	17	14.4755	16.1058	17.9911	20.1858
18	10.3374	11.3580	12.5118	13.8240	18	15.3270	17.0532	19.0494	21.3732
19	10.9117	11.9890	13.2069	14.5920	19	16.1785	18.0006	20.1077	22.5606
20	11.4860	12.6200	13.9020	15.3600	20	17.0300	18.9480	21.1660	23.7480

SOMMES versées	50 ANS.	51 ANS.	52 ANS.	53 ANS.	SOMMES versées	54 ANS.	55 ANS.	56 ANS.	57 ANS.
1	0.3922	0.4230	0.4590	0.4970	1	0.5410	0.5890	0.6426	0.7026
2	0.7844	0.8478	0.9180	0.9958	2	1.0820	1.1780	1.2852	1.4052
3	1.1700	1.2717	1.3770	1.4937	3	1.6230	1.7070	1.9278	2.1078
4	1.5688	1.6956	1.8360	1.9916	4	2.1640	2.3560	2.5704	2.8104
5	1.9610	2.1195	2.2950	2.4895	5	2.7050	2.9450	2.2130	3.5130
6	2.3532	2.5434	2.7540	2.9874	6	3.2460	3.5340	3.8556	4.2156
7	2.7454	2.9673	3.2130	3.4853	7	3.7870	4.1230	4.4982	4.9182
8	3.1376	3.3912	3.6720	3.9832	8	4.3280	4.7120	5.1408	5.6208
9	3.5298	3.8151	4.1310	4.4811	9	4.8690	5.3010	5.7834	6.3234
10	3.9220	4.2390	4.5900	4.9790	10	5.4100	5.8900	6.4260	7.0260
11	4.3142	4.6629	5.0490	5.4769	11	5.9510	6.4790	7.0686	7.7286
12	4.7064	5.0868	5.5080	5.9748	12	6.4920	7.0680	7.7112	8.4312
13	5.0986	5.5107	5.9670	6.4727	13	7.0330	7.6570	8.3538	9.1338
14	5.4908	5.9346	6.4260	6.9706	14	7.5740	8.2460	8.9964	9.8364
15	5.8830	6.3585	6.8850	7.4685	15	8.1150	8.8350	9.6390	10.5390
16	6.2752	6.7824	7.3440	7.9664	16	8.6560	9.4240	10.2816	11.2416
17	6.6674	7.2063	7.8030	8.4643	17	9.1970	10.0130	10.9242	11.9442
18	7.0596	7.6302	8.2620	8.9622	18	9.7380	10.6020	11.5668	12.6468
19	7.4518	8.0541	8.7210	9.4601	19	10.2790	11.1910	12.2094	13.3494
20	7.8440	8.4780	9.1800	9.9580	20	10.8200	11.7800	12.8520	14.0520

SOMMES versées	58 ANS.	59 ANS.	60 ANS.	61 ANS.	SOMMES versées	62 ANS.	63 ANS.	64 ANS.	65 ANS.
1	0.7700	0.8459	0.9319	1.0297	1	1.1416	1.2703	1.4189	1.5920
2	1.5400	1.6918	1.8638	2.0594	2	2.2832	2.5406	2.8378	3.1840
3	2.3100	2.5377	2.7957	3.0891	3	3.4248	3.8100	4.2567	4.7760
4	3.0800	3.3836	3.7276	4.1188	4	4.5664	5.0812	5.6756	6.3680
5	3.8500	4.2295	4.6595	5.1485	5	5.7080	6.3515	7.0945	7.9600
6	4.6200	5.0754	5.5914	6.1782	6	6.8496	7.6218	8.5134	9.5520
7	5.3900	5.9213	6.5233	7.2079	7	7.9912	8.8921	9.9323	11.1440
8	6.1600	6.7672	7.4552	8.2376	8	9.1328	10.1624	11.3512	12.7360
9	6.9300	7.6131	8.3871	9.2673	9	10.2744	11.4327	12.7701	14.3280
10	7.7000	8.4590	9.3190	10.2970	10	11.4160	12.7030	14.1890	15.9200
11	8.4700	9.3049	10.2509	11.3267	11	12.5576	13.9733	15.6079	17.5120
12	9.2400	10.1508	11.1828	12.3564	12	13.6992	15.2436	17.0268	19.1040
13	10.0100	10.9967	12.1147	13.3861	13	14.8408	16.5139	18.4457	20.6960
14	10.7800	11.8426	13.0466	14.4158	14	15.9824	17.7842	19.8646	22.2880
15	11.5500	12.6885	13.9785	15.4455	15	17.1240	19.0545	21.2835	23.8800
16	12.3200	13.5344	14.9104	16.4752	16	18.2656	20.3248	22.7024	25.4720
17	13.0900	14.3803	15.8423	17.5049	17	19.4072	21.5951	24.1213	27.0640
18	13.8600	15.2262	16.7742	18.5346	18	20.5488	22.8654	25.5402	28.6560
19	14.6300	16.0721	17.7061	19.5643	19	21.6904	24.1357	26.9591	30.2480
20	15.4000	16.9180	18.6380	20.5940	20	22.8320	25.4060	28.3780	31.8400

SOMMES versées	50 ANS.	51 ANS.	52 ANS.	53 ANS.	SOMMES versées	54 ANS.	55 ANS.	56 ANS.	57 ANS.
1	0.2886	0.3120	0.3378	0.3664	1	0.3981	0.4334	0.4729	0.5170
2	0.5772	0.6240	0.6756	0.7328	2	0.7962	0.8668	0.9458	1.0340
3	0.8658	0.9360	1.0134	1.0992	3	1.1943	1.3002	1.4187	1.5510
4	1.1544	1.2480	1.3512	1.4656	4	1.5924	1.7336	1.8916	2.0680
5	1.4430	1.5600	1.6890	1.8320	5	1.9905	2.1670	2.3645	2.5850
6	1.7316	1.8720	2.0268	2.1984	6	2.3886	2.6004	2.8374	3.1020
7	2.0202	2.1840	2.3646	2.5648	7	2.7867	3.0338	3.3103	3.6190
8	2.3088	2.4960	2.7024	2.9312	8	3.1848	3.4672	3.7832	4.1360
9	2.5974	2.8080	3.0402	3.2976	9	3.5829	3.9006	4.2561	4.6530
10	2.8860	3.1200	3.3780	3.6640	10	3.9810	4.3340	4.7290	5.1700
11	3.1746	3.4320	3.7158	4.0304	11	4.3791	4.7674	5.2019	5.6870
12	3.4632	3.7440	4.0536	4.3968	12	4.7772	5.2008	5.6748	6.2040
13	3.7518	4.0560	4.3914	4.7632	13	5.1753	5.6342	6.1477	6.7210
14	4.0404	4.3680	4.7292	5.1296	14	5.5734	6.0676	6.6206	7.2380
15	4.3290	4.6800	5.0670	5.4960	15	5.9715	6.5010	7.0935	7.7550
16	4.6176	4.9920	5.4048	5.8624	16	6.3696	6.9344	7.5664	8.2720
17	4.9062	5.3040	5.7426	6.2288	17	6.7677	7.3678	8.0393	8.7890
18	5.1948	5.6160	6.0804	6.5952	18	7.1658	7.8012	8.5122	9.3060
19	5.4834	5.9280	6.4182	6.9616	19	7.5639	8.2346	8.9851	9.8230
20	5.7720	6.2400	6.7560	7.3280	20	7.9620	8.6680	9.4580	10.3400

SOMMES versées	58 ANS.	59 ANS.	60 ANS.	61 ANS.	SOMMES versées	62 ANS.	63 ANS.	64 ANS.	65 ANS.
1	0.5666	0.6225	0.6858	0.7578	1	0.8401	0.9348	1.0442	1.1715
2	1.1332	1.2450	1.3716	1.5156	2	1.6802	1.8696	2.0884	2.3430
3	1.6998	1.8675	2.0574	2.2734	3	2.5203	2.8044	3.1326	3.5145
4	2.2664	2.4900	2.7432	3.0312	4	3.3604	3.7392	4.1768	4.6860
5	2.8330	3.1125	3.4290	3.7890	5	4.2005	4.6740	5.2210	5.8575
6	3.3996	3.7350	4.1148	4.5468	6	5.0406	5.6088	6.2652	7.0290
7	3.9662	4.3575	4.8006	5.3046	7	5.8807	6.5436	7.3094	8.2005
8	4.5328	4.9800	5.4864	6.0624	8	6.7208	7.4784	8.3536	9.3720
9	5.0994	5.6025	6.1722	6.8202	9	7.5609	8.4132	9.3978	10.5435
10	5.6660	6.2250	6.8580	7.5780	10	8.4010	9.3480	10.4420	11.7150
11	6.2326	6.8475	7.5438	8.3358	11	9.2411	10.2828	11.4862	12.8865
12	6.7992	7.4700	8.2296	9.0936	12	10.0812	11.2176	12.5304	14.0580
13	7.3658	8.0925	8.9154	9.8514	13	10.9213	12.1524	13.5746	15.2295
14	7.9324	8.7150	9.6012	10.6092	14	11.7614	13.0872	14.6188	16.4010
15	8.4990	9.3375	10.2870	11.3670	15	12.6015	14.0220	15.6630	17.5725
16	9.0656	9.9600	10.9728	12.1248	16	13.4416	14.9568	16.7072	18.7440
17	9.6322	10.5825	11.6586	12.8826	17	14.2817	15.8916	17.7514	19.9155
18	10.1988	11.2050	12.3444	13.6404	18	15.1218	16.8264	18.7956	21.0870
19	10.7654	11.8275	13.0302	14.3982	19	15.9619	17.7612	19.8398	22.2585
20	11.3320	12.4500	13.7160	15.1560	20	16.8020	18.6960	20.8840	23.4300

SOMMES versées.	50 ANS.	51 ANS.	52 ANS.	53 ANS.	SOMMES versées.	54 ANS.	55 ANS.	56 ANS.	57 ANS.
1	0.3875	0.4189	0.4535	0.4910	1	0.5345	0.5820	0.6349	0.6942
2	0.7750	0.8378	0.9070	0.9838	2	1.0690	1.1640	1.2698	1.3884
3	1.1625	1.2567	1.3605	1.4757	3	1.6035	1.7460	1.9047	2.0826
4	1.5500	1.6756	1.8140	1.9676	4	2.1380	2.3280	2.5396	2.7768
5	1.9375	2.0945	2.2675	2.4595	5	2.6725	2.9100	3.1745	3.4710
6	2.3250	2.5134	2.7210	2.9514	6	3.2070	3.4920	3.8094	4.1652
7	2.7125	2.9323	3.1745	3.4433	7	3.7415	4.0740	4.4443	4.8594
8	3.1000	3.3512	3.6280	3.9352	8	4.2760	4.6560	5.0792	5.5530
9	3.4875	3.7701	4.0815	4.4271	9	4.8105	5.2380	5.7141	6.2478
10	3.8750	4.1890	4.5350	4.9190	10	5.3450	5.8200	6.3490	6.9420
11	4.2625	4.6079	4.9885	5.4109	11	5.8795	6.4020	6.9839	7.6362
12	4.6500	5.0268	5.4420	5.9028	12	6.4140	6.9840	7.6188	8.3304
13	5.0375	5.4457	5.8955	6.3947	13	6.9485	7.5660	8.2537	9.0246
14	5.4250	5.8646	6.3490	6.8866	14	7.4830	8.1480	8.8886	9.7188
15	5.8125	6.2835	6.8025	7.3785	15	8.0175	8.7300	9.5235	10.4130
16	6.2000	6.7024	7.2560	7.8704	16	8.5520	9.3120	10.1584	11.1072
17	6.5875	7.1213	7.7095	8.3623	17	9.0865	9.8940	10.7933	11.8014
18	6.9750	7.5402	8.1630	8.8542	18	9.6210	10.4760	11.4282	12.4956
19	7.3625	7.9591	8.6165	9.3461	19	10.1555	11.0580	12.0631	13.1898
20	7.7500	8.3780	9.0700	9.8380	20	10.6900	11.6400	12.6980	13.8840

SOMMES versées.	58 ANS.	59 ANS.	60 ANS.	61 ANS.	SOMMES versées.	62 ANS.	63 ANS.	64 ANS.	65 ANS.
1	0.7608	0.8358	0.9208	1.0174	1	1.1280	1.2551	1.4020	1.5730
2	1.5216	1.6716	1.8416	2.0348	2	2.2560	2.5102	2.8040	3.1460
3	2.2824	2.5074	2.7624	3.0522	3	3.3840	3.7653	4.2060	4.7190
4	3.0432	3.3432	3.6832	4.0696	4	4.5120	5.0204	5.6080	6.2920
5	3.8040	4.1790	4.6040	5.0870	5	5.6400	6.2755	7.0100	7.8650
6	4.5648	5.0148	5.5248	6.1044	6	6.7680	7.5306	8.4120	9.4380
7	5.3256	5.8506	6.4456	7.1218	7	7.8960	8.7857	9.8140	11.0110
8	6.0864	6.6864	7.3664	8.1392	8	9.0240	10.0408	11.2160	12.5840
9	6.8472	7.5222	8.2872	9.1566	9	10.1520	11.2959	12.6180	14.1570
10	7.6080	8.3580	9.2080	10.1740	10	11.2800	12.5510	14.0200	15.7300
11	8.3688	9.1938	10.1288	11.1914	11	12.4080	13.8061	15.4220	17.3030
12	9.1296	10.0296	11.0496	12.2088	12	13.5360	15.0612	16.8240	18.8760
13	9.8904	10.8654	11.9704	13.2262	13	14.6640	16.3163	18.2260	20.4490
14	10.6512	11.7012	12.8912	14.2436	14	15.7920	17.5714	19.6280	22.0220
15	11.4120	12.5370	13.8120	15.2610	15	16.9200	18.8265	21.0300	23.5950
16	12.1728	13.3728	14.7328	16.2784	16	18.0480	20.0816	22.4320	25.1680
17	12.9336	14.2086	15.6536	17.2958	17	19.1760	21.3367	23.8340	26.7410
18	13.6944	15.0444	16.5744	18.3132	18	20.3040	22.5918	25.2360	28.3140
19	14.4552	15.8802	17.4952	19.3306	19	21.4320	23.8469	26.6380	29.8870
20	15.2160	16.7160	18.4160	20.3480	20	22.5600	25.1020	28.0400	31.4600

SOMMES versées	50 ANS	51 ANS	52 ANS	53 ANS	SOMMES versées	54 ANS	55 ANS	56 ANS	57 ANS
1	0.2847	0.3078	0.3333	0.3615	1	0.3928	0.4270	0.4665	0.5101
2	0.5694	0.6156	0.6666	0.7230	2	0.7856	0.8552	0.9330	1.0202
3	0.8541	0.9234	0.9999	1.0845	3	1.1784	1.2828	1.3995	1.5303
4	1.1388	1.2312	1.3332	1.4460	4	1.5712	1.7104	1.8660	2.0404
5	1.4235	1.5390	1.6665	1.8075	5	1.9640	2.1380	2.3325	2.5505
6	1.7082	1.8468	1.9998	2.1690	6	2.3568	2.5656	2.7990	3.0606
7	1.9929	2.1546	2.3331	2.5305	7	2.7496	2.9932	3.2655	3.5707
8	2.2776	2.4624	2.6664	2.8020	8	3.1424	3.4208	3.7320	4.0808
9	2.5623	2.7702	2.9997	3.2535	9	3.5352	3.8484	4.1985	4.5909
10	2.8470	3.0780	3.3330	3.6150	10	3.9280	4.2760	4.6650	5.1010
11	3.1317	3.3858	3.6663	3.9765	11	4.3208	4.7036	5.1315	5.6111
12	3.4164	3.6936	3.9996	4.3380	12	4.7136	5.1312	5.5980	6.1212
13	3.7011	4.0014	4.3329	4.6995	13	5.1064	5.5588	6.0645	6.6313
14	3.9858	4.3092	4.6662	5.0610	14	5.4992	5.9864	6.5310	7.1414
15	4.2705	4.6170	4.9995	5.4225	15	5.8920	6.4140	6.9975	7.6515
16	4.5552	4.9248	5.3328	5.7840	16	6.2848	6.8410	7.4640	8.1616
17	4.8399	5.2326	5.6661	6.1455	17	6.6776	7.2692	7.9305	8.6717
18	5.1246	5.5404	5.9994	6.5070	18	7.0704	7.6968	8.3970	9.1818
19	5.4093	5.8482	6.3327	6.8685	19	7.4632	8.1244	8.8635	9.6919
20	5.6940	6.1560	6.6660	7.2300	20	7.8560	8.5520	9.3300	10.2020

SOMMES versées	58 ANS	59 ANS	60 ANS	61 ANS	SOMMES versées	62 ANS	63 ANS	64 ANS	65 ANS
1	0.5590	0.6142	0.6766	0.7476	1	0.8289	0.9223	1.0302	1.1559
2	1.1180	1.2284	1.3532	1.4952	2	1.6578	1.8446	2.0604	2.3118
3	1.6770	1.8426	2.0298	2.2428	3	2.4867	2.7669	3.0906	3.4677
4	2.2360	2.4568	2.7064	2.9904	4	3.3156	3.6892	4.1208	4.6236
5	2.7950	3.0710	3.3830	3.7380	5	4.1445	4.6115	5.1510	5.7795
6	3.3540	3.6852	4.0596	4.4856	6	4.9734	5.5338	6.1812	6.9354
7	3.9130	4.2994	4.7362	5.2332	7	5.8023	6.4561	7.2114	8.0913
8	4.4720	4.9136	5.4128	5.9808	8	6.6312	7.3784	8.2416	9.2472
9	5.0310	5.5278	6.0894	6.7284	9	7.4601	8.3007	9.2718	10.4031
10	5.5900	6.1420	6.7660	7.4760	10	8.2890	9.2230	10.3020	11.5590
11	6.1490	6.7562	7.4426	8.2236	11	9.1179	10.1453	11.3322	12.7149
12	6.7080	7.3704	8.1192	8.9712	12	9.9468	11.0676	12.3624	13.8708
13	7.2670	7.9846	8.7958	9.7188	13	10.7757	11.9890	13.3926	15.0267
14	7.8260	8.5988	9.4724	10.4664	14	11.6046	12.9122	14.4228	16.1826
15	8.3850	9.2130	10.1490	11.2140	15	12.4335	13.8345	15.4530	17.3385
16	8.9440	9.8272	10.8256	11.9616	16	13.2624	14.7568	16.4832	18.4944
17	9.5030	10.4414	11.5022	12.7092	17	14.0913	15.6791	17.5134	19.6503
18	10.0620	11.0556	12.1788	13.4568	18	14.9202	16.0014	18.5436	20.8062
19	10.6210	11.6698	12.8554	14.2044	19	15.7491	17.5237	19.5738	21.9621
20	11.1800	12.2840	13.5320	14.9520	20	16.5780	18.4460	20.6040	23.1180

SOMMES versées	50 ANS	51 ANS	52 ANS	53 ANS	SOMMES versées	54 ANS	55 ANS	56 ANS	57 ANS
1	0.3828	0.4139	0.4431	0.4860	1	0.5282	0.5750	0.6273	0.6859
2	0.7656	0.8278	0.8962	0.9720	2	1.0564	1.1500	1.2546	1.3718
3	1.1484	1.2417	1.3443	1.4580	3	1.5846	1.7250	1.8819	2.0577
4	1.5312	1.6556	1.7924	1.9440	4	2.1128	2.3000	2.5092	2.7436
5	1.9140	2.0695	2.2405	2.4300	5	2.6410	2.8750	3.1365	3.4295
6	2.2968	2.4834	2.6886	2.9160	6	3.1692	3.4500	3.7638	4.1154
7	2.6796	2.8973	3.1367	3.4020	7	3.6974	4.0250	4.3911	4.8013
8	3.0624	3.3112	3.5848	3.8880	8	4.2256	4.6000	5.0184	5.4872
9	3.4452	3.7251	4.0329	4.3740	9	4.7538	5.1750	5.6457	6.1731
10	3.8280	4.1390	4.4810	4.8600	10	5.2820	5.7500	6.2730	6.8590
11	4.2108	4.5529	4.9291	5.3460	11	5.8102	6.3250	6.9003	7.5449
12	4.5936	4.9668	5.3772	5.8320	12	6.3384	6.9000	7.5276	8.2308
13	4.9764	5.3807	5.8253	6.3180	13	6.8666	7.4750	8.1549	8.9167
14	5.3592	5.7946	6.2734	6.8040	14	7.3948	8.0500	8.7822	9.6026
15	5.7420	6.2085	6.7215	7.2900	15	7.9230	8.6250	9.4095	10.2885
16	6.1248	6.6224	7.1696	7.7760	16	8.4512	9.2000	10.0368	10.9744
17	6.5076	7.0363	7.6177	8.2620	17	8.9794	9.7750	10.6641	11.6603
18	6.8904	7.4502	8.0658	8.7480	18	9.5076	10.3500	11.2914	12.3462
19	7.2732	7.8641	8.5139	9.2340	19	10.0358	10.9250	11.9187	13.0321
20	7.6560	8.2780	8.9620	9.7200	20	10.5640	11.5000	12.5460	13.7180

SOMMES versées	38 ANS	59 ANS	60 ANS	61 ANS	SOMMES versées	62 ANS	63 ANS	64 ANS	65 ANS
1	0.7517	0.8258	0.9098	1.0053	1	1.1145	1.2401	1.3852	1.5542
2	1.5034	1.6516	1.8196	2.0106	2	2.2290	2.4802	2.7704	3.1084
3	2.2551	2.4774	2.7294	3.0159	3	3.3435	3.7203	4.1556	4.6626
4	3.0068	3.3032	3.6392	4.0212	4	4.4580	4.9604	5.5408	6.2168
5	3.7585	4.1290	4.5490	5.0265	5	5.5725	6.2005	6.9260	7.7710
6	4.5102	4.9548	5.4588	6.0318	6	6.6870	7.4406	8.3112	9.3252
7	5.2619	5.7806	6.3686	7.0371	7	7.8015	8.6807	9.6964	10.8794
8	6.0136	6.6064	7.2784	8.0424	8	8.9160	9.9208	11.0816	12.4336
9	6.7653	7.4322	8.1882	9.0477	9	10.0305	11.1609	12.4668	13.9878
10	7.5170	8.2580	9.0980	10.0530	10	11.1450	12.4010	13.8520	15.5420
11	8.2687	9.0838	10.0078	11.0583	11	12.2595	13.6411	15.2372	17.0962
12	9.0204	9.9096	10.9176	12.0636	12	13.3740	14.8812	16.6224	18.6504
13	9.7721	10.7354	11.8274	13.0689	13	14.4885	16.1213	18.0076	20.2046
14	10.5238	11.5612	12.7372	14.0742	14	15.6030	17.3614	19.3928	21.7588
15	11.2755	12.3870	13.6470	15.0795	15	16.7175	18.6015	20.7780	23.3130
16	12.0272	13.2128	14.5568	16.0848	16	17.8320	19.8416	22.1632	24.8672
17	12.7789	14.0386	15.4666	17.0901	17	18.9465	21.0817	23.5484	26.4214
18	13.5306	14.8644	16.3764	18.0954	18	20.0610	22.3218	24.9336	27.9756
19	14.2823	15.6902	17.2862	19.1007	19	21.1755	23.5619	26.3188	29.5298
20	15.0340	16.5160	18.1960	20.1060	20	22.2900	24.8020	27.7040	31.0840

SOMMES versées	50 ANS	51 ANS	52 ANS	53 ANS	SOMMES versées	54 ANS	55 ANS	56 ANS	57 ANS
1	0.2809	0.3037	0.3288	0.3560	1	0.3875	0.4219	0.4603	0.5033
2	0.5618	0.6074	0.6576	0.7132	2	0.7750	0.8438	0.9206	1.0066
3	0.8427	0.9111	0.9864	1.0698	3	1.1625	1.2657	1.3809	1.5099
4	1.1236	1.2148	1.3152	1.4264	4	1.5500	1.6876	1.8412	2.0132
5	1.4045	1.5185	1.6440	1.7830	5	1.9375	2.1095	2.3015	2.5165
6	1.6854	1.8222	1.9728	2.1396	6	2.3250	2.5314	2.7618	3.0198
7	1.9663	2.1259	2.3016	2.4962	7	2.7125	2.9533	3.2221	3.5231
8	2.2472	2.4296	2.6304	2.8528	8	3.1000	3.3752	3.6824	4.0264
9	2.5281	2.7333	2.9592	3.2094	9	3.4875	3.7971	4.1427	4.5297
10	2.8090	3.0370	3.2880	3.5660	10	3.8750	4.2190	4.6030	5.0330
11	3.0899	3.3407	3.6168	3.9226	11	4.2625	4.6409	5.0633	5.5363
12	3.3708	3.6444	3.9456	4.2792	12	4.6500	5.0628	5.5236	6.0396
13	3.6517	3.9481	4.2744	4.6358	13	5.0375	5.4847	5.9839	6.5429
14	3.9326	4.2518	4.6032	4.9924	14	5.4250	5.9066	6.4442	7.0462
15	4.2135	4.5555	4.9320	5.3490	15	5.8125	6.3285	6.9045	7.5495
16	4.4944	4.8592	5.2608	5.7056	16	6.2000	6.7504	7.3648	8.0528
17	4.7753	5.1629	5.5896	6.0622	17	6.5875	7.1723	7.8251	8.5561
18	5.0562	5.4666	5.9184	6.4188	18	6.9750	7.5942	8.2854	9.0594
19	5.3371	5.7703	6.2472	6.7754	19	7.3625	8.0161	8.7457	9.5627
20	5.6180	6.0740	6.5760	7.1320	20	7.7500	8.4380	9.2060	10.0660

SOMMES versées	58 ANS	59 ANS	60 ANS	61 ANS	SOMMES versées	62 ANS	63 ANS	64 ANS	65 ANS
1	0.5515	0.6059	0.6675	0.7376	1	0.8178	0.9099	1.0164	1.1404
2	1.1030	1.2118	1.3350	1.4752	2	1.6356	1.8198	2.0328	2.2808
3	1.6545	1.8177	2.0025	2.2128	3	2.4534	2.7297	3.0492	3.4212
4	2.2060	2.4236	2.6700	2.9504	4	3.2712	3.6396	4.0656	4.5616
5	2.7575	3.0295	3.3375	3.6880	5	4.0890	4.5495	5.0820	5.7020
6	3.3090	3.6354	4.0050	4.4256	6	4.9068	5.4594	6.0984	6.8424
7	3.8605	4.2413	4.6725	5.1632	7	5.7246	6.3693	7.1148	7.9828
8	4.4120	4.8472	5.3400	5.9008	8	6.5424	7.2792	8.1312	9.1232
9	4.9635	5.4531	6.0075	6.6384	9	7.3602	8.1891	9.1476	10.2636
10	5.5150	6.0590	6.6750	7.3760	10	8.1780	9.0990	10.1640	11.4040
11	6.0665	6.6649	7.3425	8.1136	11	8.9958	10.0089	11.1804	12.5444
12	6.6180	7.2708	8.0100	8.8512	12	9.8136	10.9188	12.1968	13.6848
13	7.1695	7.8767	8.6775	9.5888	13	10.6314	11.8287	13.2132	14.8252
14	7.7210	8.4826	9.3450	10.3264	14	11.4492	12.7386	14.2296	15.9656
15	8.2725	9.0885	10.0125	11.0640	15	12.2670	13.6485	15.2460	17.1060
16	8.8240	9.6944	10.6800	11.8016	16	13.0848	14.5584	16.2624	18.2464
17	9.3755	10.3003	11.3475	12.5392	17	13.9026	15.4683	17.2788	19.3868
18	9.9270	10.9062	12.0150	13.2768	18	14.7204	16.3782	18.2952	20.5272
19	10.4785	11.5121	12.6825	14.0144	19	15.5382	17.2881	19.3116	21.6676
20	11.0300	12.1180	13.3500	14.7520	20	16.3560	18.1980	20.3280	22.8080

SOMMES versées.	50 ANS.	51 ANS.	52 ANS.	53 ANS.	SOMMES versées.	54 ANS.	55 ANS.	56 ANS.	57 ANS.
1	0.3783	0.4089	0.4428	0.4802	1	0.5218	0.5681	0.6198	0.6777
2	0.7566	0.8178	0.8856	0.9604	2	1.0436	1.1362	1.2396	1.3554
3	1.1349	1.2267	1.3284	1.4406	3	1.5654	1.7043	1.8594	2.0331
4	1.5132	1.6356	1.7712	1.9208	4	2.0872	2.2724	2.4792	2.7108
5	1.8915	2.0445	2.2140	2.4010	5	2.6090	2.8405	3.0990	3.3885
6	2.2698	2.4534	2.6568	2.8812	6	3.1308	3.4086	3.7188	4.0662
7	2.6481	2.8623	3.0996	3.3614	7	3.6526	3.9767	4.3386	4.7439
8	3.0264	3.2712	3.5424	3.8416	8	4.1744	4.5448	4.9584	5.4216
9	3.4047	3.6801	3.9852	4.3218	9	4.6962	5.1129	5.5782	6.0993
10	3.7830	4.0890	4.4280	4.8020	10	5.2180	5.6810	6.1980	6.7770
11	4.1613	4.4979	4.8708	5.2822	11	5.7398	6.2491	6.8178	7.4547
12	4.5396	4.9068	5.3136	5.7624	12	6.2616	6.8172	7.4376	8.1324
13	4.9179	5.3157	5.7564	6.2426	13	6.7834	7.3853	8.0574	8.8101
14	5.2962	5.7246	6.1992	6.7228	14	7.3052	7.9534	8.6772	9.4878
15	5.6745	6.1335	6.6420	7.2030	15	7.8270	8.5215	9.2970	10.1655
16	6.0528	6.5424	7.0848	7.6832	16	8.3488	9.0896	9.9168	10.8432
17	6.4311	6.9513	7.5276	8.1634	17	8.8706	9.6577	10.5366	11.5209
18	6.8094	7.3602	7.9704	8.6436	18	9.3924	10.2258	11.1564	12.1986
19	7.1877	7.7691	8.4132	9.1238	19	9.9142	10.7939	11.7762	12.8763
20	7.5660	8.1780	8.8560	9.6040	20	10.4360	11.3620	12.3960	13.5540

SOMMES versées.	58 ANS.	59 ANS.	60 ANS.	61 ANS.	SOMMES versées.	62 ANS.	63 ANS.	64 ANS.	65 ANS.
1	0.7427	0.8160	0.8989	0.9933	1	1.1012	1.2253	1.3687	1.5356
2	1.4854	1.6320	1.7078	1.9866	2	2.2024	2.4506	2.7374	3.0712
3	2.2281	2.4480	2.6907	2.9799	3	3.3036	3.6759	4.1061	4.6068
4	2.9708	3.2640	3.5956	3.9732	4	4.4048	4.9012	5.4748	6.1424
5	3.7135	4.0800	4.4945	4.9665	5	5.5060	6.1265	6.8435	7.6780
6	4.4562	4.8960	5.3934	5.9598	6	6.6072	7.3518	8.2122	9.2136
7	5.1989	5.7120	6.2923	6.9531	7	7.7084	8.5771	9.5809	10.7492
8	5.9416	6.5280	7.1912	7.9464	8	8.8096	9.8024	10.9496	12.2848
9	6.6843	7.3440	8.0901	8.9397	9	9.9108	11.0277	12.3183	13.8204
10	7.4270	8.1600	8.9890	9.9330	10	11.0120	12.2530	13.6870	15.3560
11	8.1697	8.9760	9.8870	10.9263	11	12.1132	13.4783	15.0557	16.8916
12	8.9124	9.7020	10.7808	11.9196	12	13.2144	14.7036	16.4244	18.4272
13	9.6551	10.6080	11.6857	12.9129	13	14.3156	15.9289	17.7931	19.9628
14	10.3978	11.4240	12.5846	13.9062	14	15.4168	17.1542	19.1618	21.4984
15	11.1405	12.2400	13.4835	14.8995	15	16.5180	18.3795	20.5305	23.0340
16	11.8832	13.0560	14.3824	15.8928	16	17.6192	19.6048	21.8992	24.5696
17	12.6259	13.8720	15.2813	16.8861	17	18.7204	20.8301	23.2679	26.1052
18	13.3686	14.6880	16.1802	17.8794	18	19.8216	22.0554	24.6366	27.6408
19	14.1113	15.5040	17.0791	18.8727	19	20.9228	23.2807	26.0053	29.1764
20	14.8540	16.3200	17.9780	19.8660	20	22.0240	24.5060	27.3740	30.7120

SOMMES versées	50 ANS	51 ANS	52 ANS	53 ANS	SOMMES versées	54 ANS	55 ANS	56 ANS	57 ANS
1	0.2771	0.2996	0.3244	0.3518	1	0.3823	0.4102	0.4541	0.4065
2	0.5542	0.5992	0.6488	0.7036	2	0.7646	0.8324	0.9082	0.9930
5	0.8313	0.8988	0.9732	1.0554	5	1.1469	1.2486	1.3623	1.4895
4	1.1084	1.1984	1.2976	1.4072	4	1.5292	1.6648	1.8164	1.9860
5	1.3855	1.4980	1.6220	1.7590	5	1.9115	2.0810	2.2705	2.4825
6	1.6626	1.7976	1.9464	2.1108	6	2.2938	2.4972	2.7246	2.9790
7	1.9397	2.0972	2.2708	2.4626	7	2.6761	2.9134	3.1787	3.4755
8	2.2168	2.3968	2.5952	2.8144	8	3.0584	3.3296	3.6328	3.9720
9	2.4939	2.6964	2.9196	3.1662	9	3.4407	3.7458	4.0869	4.4685
10	2.7710	2.9960	3.2440	3.5180	10	3.8230	4.1620	4.5410	4.9650
11	3.0481	3.2956	3.5684	3.8698	11	4.2053	4.5782	4.9951	5.4615
12	3.3252	3.5952	3.8928	4.2216	12	4.5876	4.9944	5.4492	5.9580
15	3.6023	3.8948	4.2172	4.5734	15	4.9699	5.4106	5.9033	6.4545
14	3.8794	4.1944	4.5416	4.9252	14	5.3522	5.8268	6.3574	6.9510
15	4.1565	4.4940	4.8660	5.2770	15	5.7345	6.2430	6.8115	7.4475
16	4.4336	4.7936	5.1904	5.6288	16	6.1168	6.6592	7.2656	7.9440
17	4.7107	5.0932	5.5148	5.9806	17	6.4991	7.0754	7.7197	8.4405
18	4.9878	5.3928	5.8392	6.3324	18	6.8814	7.4916	8.1738	8.9370
19	5.2649	5.6924	6.1636	6.6842	19	7.2637	7.9078	8.6279	9.4335
20	5.5420	5.9920	6.4880	7.0360	20	7.6460	8.3240	9.0820	9.9300

SOMMES versées	58 ANS	59 ANS	60 ANS	61 ANS	SOMMES versées	62 ANS	63 ANS	64 ANS	65 ANS
1	0.5441	0.5978	0.6586	0.7277	1	0.8068	0.8977	1.0027	1.1251
2	1.0882	1.1956	1.3172	1.4554	2	1.6136	1.7954	2.0054	2.2502
5	1.6323	1.7934	1.9758	2.1831	5	2.4204	2.6931	3.0081	3.3753
4	2.1764	2.3912	2.6344	2.9108	4	3.2272	3.5908	4.0108	4.5004
5	2.7205	2.9890	3.2930	3.6385	5	4.0340	4.4885	5.0135	5.6255
6	3.2646	3.5868	3.9516	4.3662	6	4.8408	5.3862	6.0162	6.7506
7	3.8087	4.1846	4.6102	5.0939	7	5.6476	6.2839	7.0189	7.8757
8	4.3528	4.7824	5.2688	5.8216	8	6.4544	7.1816	8.0216	9.0008
9	4.8969	5.3802	5.9274	6.5493	9	7.2612	8.0793	9.0243	10.1259
10	5.4410	5.9780	6.5860	7.2770	10	8.0680	8.9770	10.0270	11.2510
11	5.9851	6.5758	7.2446	8.0047	11	8.8748	9.8747	11.0297	12.3761
12	6.5292	7.1736	7.9032	8.7324	12	9.6816	10.7724	12.0324	13.5012
15	7.0733	7.7714	8.5618	9.4601	15	10.4884	11.6701	13.0351	14.6263
14	7.6174	8.3692	9.2204	10.1878	14	11.2952	12.5678	14.0378	15.7514
15	8.1615	8.9670	9.8790	10.9155	15	12.1020	13.4655	15.0405	16.8765
16	8.7056	9.5648	10.5376	11.6432	16	12.9088	14.3632	16.0432	18.0016
17	9.2497	10.1626	11.1962	12.3709	17	13.7156	15.2609	17.0459	19.1267
18	9.7938	10.7604	11.8548	13.0986	18	14.5224	16.1586	18.0486	20.2518
19	10.3379	11.3582	12.5134	13.8263	19	15.3292	17.0563	19.0513	21.3769
20	10.8820	11.9560	13.1720	14.5540	20	16.1360	17.9540	20.0540	22.5020

SOMMES versées	50 ANS.	51 ANS.	52 ANS.	53 ANS.	SOMMES versées	54 ANS.	55 ANS.	56 ANS.	57 ANS.
1	0.3737	0.4040	0.4375	0.4745	1	0.5156	0.5613	0.6124	0.6696
2	0.7474	0.8080	0.8750	0.9490	2	1.0312	1.1226	1.2248	1.3392
3	1.1211	1.2120	1.3125	1.4235	3	1.5468	1.6839	1.8372	2.0088
4	1.4948	1.6160	1.7500	1.8080	4	2.0624	2.2452	2.4496	2.6784
5	1.8685	2.0200	2.1875	2.3725	5	2.5780	2.8065	3.0620	3.3480
6	2.2422	2.4240	2.6250	2.8470	6	3.0936	3.3678	3.6744	4.0176
7	2.6159	2.8280	3.0625	3.3215	7	3.6092	3.9291	4.2868	4.6872
8	2.9896	3.2320	3.5000	3.7960	8	4.1248	4.4904	4.8992	5.3568
9	3.3633	3.6360	3.9375	4.2705	9	4.6404	5.0517	5.5116	6.0264
10	3.7370	4.0400	4.3750	4.7450	10	5.1500	5.6130	6.1240	6.6960
11	4.1107	4.4440	4.8125	5.2195	11	5.6716	6.1743	6.7364	7.3656
12	4.4844	4.8480	5.2500	5.6940	12	6.1872	6.7356	7.3488	8.0352
13	4.8581	5.2520	5.6875	6.1685	13	6.7028	7.2969	7.9612	8.7048
14	5.2318	5.6560	6.1250	6.6430	14	7.2184	7.8582	8.5736	9.3744
15	5.6055	6.0600	6.5625	7.1175	15	7.7340	8.4195	9.1860	10.0440
16	5.9792	6.4640	7.0000	7.5920	16	8.2496	8.9808	9.7984	10.7136
17	6.3529	6.8680	7.4375	8.0665	17	8.7652	9.5421	10.4108	11.3832
18	6.7266	7.2720	7.8750	8.5410	18	9.2808	10.1034	11.0232	12.0528
19	7.1003	7.6760	8.3125	9.0155	19	9.7964	10.6647	11.6356	12.7224
20	7.4740	8.0800	8.7500	9.4900	20	10.3120	11.2260	12.2480	13.3920

SOMMES versées	58 ANS.	59 ANS.	60 ANS.	61 ANS.	SOMMES versées	62 ANS.	63 ANS.	64 ANS.	65 ANS.
1	0.7338	0.8062	0.8882	0.9814	1	1.0880	1.2106	1.3523	1.5173
2	1.4676	1.6124	1.7764	1.9628	2	2.1760	2.4212	2.7046	3.0346
3	2.2014	2.4186	2.6646	2.9442	3	3.2640	3.6318	4.0569	4.5519
4	2.9352	3.2248	3.5528	3.9256	4	4.3520	4.8424	5.4092	6.0692
5	3.6690	4.0310	4.4410	4.9070	5	5.4400	6.0530	6.7615	7.5865
6	4.4028	4.8372	5.3292	5.8884	6	6.5280	7.2636	8.1138	9.1038
7	5.1366	5.6434	6.2174	6.8698	7	7.6160	8.4742	9.4661	10.6211
8	5.8704	6.4496	7.1056	7.8512	8	8.7040	9.6848	10.8184	12.1384
9	6.6042	7.2558	7.9938	8.8326	9	9.7920	10.8954	12.1707	13.6557
10	7.3380	8.0620	8.8820	9.8140	10	10.8800	12.1060	13.5230	15.1730
11	8.0718	8.8682	9.7702	10.7954	11	11.9680	13.3160	14.8753	16.6903
12	8.8056	9.6744	10.6584	11.7768	12	13.0560	14.5272	16.2276	18.2076
13	9.5394	10.4806	11.5466	12.7582	13	14.1440	15.7378	17.5709	19.7249
14	10.2732	11.2868	12.4348	13.7396	14	15.2320	16.9484	18.0322	21.2422
15	11.0070	12.0930	13.3230	14.7210	15	16.3200	18.1590	20.2845	22.7595
16	11.7408	12.8992	14.2112	15.7024	16	17.4080	19.3696	21.6368	24.2768
17	12.4746	13.7054	15.0994	16.6838	17	18.4960	20.5802	22.9891	25.7941
18	13.2084	14.5116	15.9876	17.6652	18	19.5840	21.7908	24.3414	27.3114
19	13.9422	15.3178	16.8758	18.6466	19	20.6720	23.0014	25.6937	28.8287
20	14.6760	16.1240	17.7640	19.6280	20	21.7600	24.2120	27.0460	30.3460

SOMMES versées.	30 ANS.	31 ANS.	52 ANS.	53 ANS.	SOMMES versées.	54 ANS.	55 ANS.	56 ANS.	57 ANS.
1	0.2734	0.2956	0.3200	0.3471	1	0.3772	0.4106	0.4480	0.4898
2	0.5468	0.5912	0.6400	0.6942	2	0.7544	0.8212	0.8960	0.9796
3	0.8202	0.8868	0.9600	1.0413	3	1.1316	1.2318	1.3440	1.4694
4	1.0936	1.1824	1.2800	1.3884	4	1.5088	1.6424	1.7920	1.9592
5	1.3670	1.4780	1.6000	1.7355	5	1.8860	2.0530	2.2400	2.4490
6	1.6404	1.7736	1.9200	2.0826	6	2.2632	2.4636	2.6880	2.9388
7	1.9138	2.0692	2.2400	2.4297	7	2.6404	2.8742	3.1360	3.4286
8	2.1872	2.3648	2.5600	2.7768	8	3.0176	3.2848	3.5840	3.9184
9	2.4000	2.6604	2.8800	3.1239	9	3.3948	3.6954	4.0320	4.4082
10	2.7340	2.9560	3.2000	3.4710	10	3.7720	4.1000	4.4800	4.8980
11	3.0074	3.2516	3.5200	3.8181	11	4.1492	4.5100	4.9280	5.3878
12	3.2808	3.5472	3.8400	4.1652	12	4.5264	4.9272	5.3760	5.8776
13	3.5542	3.8428	4.1600	4.5123	13	4.9036	5.3378	5.8240	6.3674
14	3.8276	4.1384	4.4800	4.8594	14	5.2808	5.7484	6.2720	6.8572
15	4.1010	4.4340	4.8000	5.2065	15	5.6580	6.1590	6.7200	7.3470
16	4.3744	4.7296	5.1200	5.5536	16	6.0352	6.5696	7.1680	7.8368
17	4.6478	5.0252	5.4400	5.9007	17	6.4124	6.9802	7.6160	8.3266
18	4.9212	5.3208	5.7600	6.2478	18	6.7896	7.3908	8.0640	8.8164
19	5.1946	5.6164	6.0800	6.5949	19	7.1668	7.8014	8.5120	9.3062
20	5.4680	5.9120	6.4000	6.9420	20	7.5440	8.2120	8.9000	9.7960

SOMMES versées.	38 ANS.	39 ANS.	60 ANS.	61 ANS.	SOMMES versées.	62 ANS.	63 ANS.	64 ANS.	65 ANS.
1	0.5368	0.5898	0.6497	0.7179	1	0.7659	0.8856	0.9893	1.1000
2	1.0736	1.1796	1.2994	1.4358	2	1.5318	1.7712	1.9786	2.2198
3	1.6104	1.7694	1.9491	2.1537	3	2.3877	2.6568	2.9679	3.3297
4	2.1472	2.3592	2.5988	2.8716	4	3.1830	3.5424	3.9572	4.4396
5	2.6840	2.9490	3.2485	3.5895	5	3.9705	4.4280	4.9465	5.5495
6	3.2208	3.5388	3.8982	4.3074	6	4.7754	5.3136	5.9358	6.6594
7	3.7576	4.1286	4.5479	5.0253	7	5.5713	6.1992	6.9251	7.7693
8	4.2944	4.7184	5.1976	5.7432	8	6.3672	7.0848	7.9144	8.8792
9	4.8312	5.3082	5.8473	6.4611	9	7.1631	7.9704	8.9037	9.9891
10	5.3680	5.8980	6.4970	7.1790	10	7.9590	8.8560	9.8930	11.0990
11	5.9048	6.4878	7.1467	7.8969	11	8.7549	9.7416	10.8823	12.2089
12	6.4416	7.0776	7.7964	8.6148	12	9.5508	10.6272	11.8716	13.3188
13	6.9784	7.6674	8.4461	9.3327	13	10.3467	11.5128	12.8609	14.4287
14	7.5152	8.2572	9.0958	10.0506	14	11.1426	12.3984	13.8502	15.5386
15	8.0520	8.8470	9.7455	10.7685	15	11.9385	13.2840	14.8395	16.6485
16	8.5888	9.4368	10.3952	11.4864	16	12.7344	14.1696	15.8288	17.7584
17	9.1256	10.0266	11.0449	12.2043	17	13.5303	15.0552	16.8181	18.8683
18	9.6624	10.6164	11.6946	12.9222	18	14.3262	15.9408	17.8074	19.9782
19	10.1992	11.2062	12.3443	13.6401	19	15.1221	16.8264	18.7967	21.0881
20	10.7360	11.7960	12.9940	14.3580	20	15.9180	17.7120	19.7860	22.1980

SOMMES versées.	50 ANS.	51 ANS.	52 ANS.	53 ANS.	SOMMES versées.	54 ANS.	55 ANS.	56 ANS.	57 ANS.
1	0.3693	0.3992	0.4322	0.4688	1	0.5094	0.5546	0.6051	0.6616
2	0.7386	0.7984	0.8644	0.9376	2	1.0188	1.1092	1.2102	1.3232
3	1.1079	1.1976	1.2966	1.4064	3	1.5282	1.6638	1.8153	1.9848
4	1.4772	1.5968	1.7288	1.8752	4	2.0376	2.2184	2.4204	2.6464
5	1.8465	1.9960	2.1610	2.3440	5	2.5470	2.7730	3.0255	3.3080
6	2.2158	2.3052	2.5932	2.8128	6	3.0564	3.3276	3.6306	3.9696
7	2.5851	2.7944	3.0254	3.2816	7	3.5658	3.8822	4.2357	4.6312
8	2.9544	3.1936	3.4576	3.7504	8	4.0752	4.4368	4.8408	5.2928
9	3.3237	3.5928	3.8898	4.2192	9	4.5846	4.9914	5.4459	5.9544
10	3.6930	3.9920	4.3220	4.6880	10	5.0940	5.5460	6.0510	6.6160
11	4.0623	4.3912	4.7542	5.1568	11	5.6034	6.1006	6.6561	7.2776
12	4.4316	4.7904	5.1864	5.6256	12	6.1128	6.6552	7.2612	7.9392
13	4.8009	5.1896	5.6186	6.0944	13	6.6222	7.2098	7.8663	8.6008
14	5.1702	5.5888	6.0508	6.5632	14	7.1316	7.7644	8.4714	9.2624
15	5.5395	5.9880	6.4830	7.0320	15	7.6410	8.3190	9.0765	9.9240
16	5.9088	6.3872	6.9152	7.5008	16	8.1504	8.8736	9.6816	10.5856
17	6.2781	6.7864	7.3474	7.9696	17	8.6598	9.4282	10.2867	11.2472
18	6.6474	7.1856	7.7796	8.4384	18	9.1692	9.9828	10.8918	11.9088
19	7.0167	7.5848	8.2118	8.9072	19	9.6786	10.5374	11.4969	12.5704
20	7.3860	7.9840	8.6440	9.3760	20	10.1880	11.0920	12.1020	13.2320

SOMMES versées.	58 ANS.	59 ANS.	60 ANS.	61 ANS.	SOMMES versées.	62 ANS.	63 ANS.	64 ANS.	65 ANS.
1	0.7250	0.7966	0.8775	0.9696	1	1.0750	1.1961	1.3361	1.4991
2	1.4500	1.5932	1.7550	1.9392	2	2.1500	2.3922	2.6722	2.9982
3	2.1750	2.3898	2.6325	2.9088	3	3.2250	3.5883	4.0083	4.4973
4	2.9000	3.1864	3.5100	3.8784	4	4.3000	4.7844	5.3444	5.9064
5	3.6250	3.9830	4.3875	4.8480	5	5.3750	5.9805	6.6805	7.4955
6	4.3500	4.7796	5.2650	5.8170	6	6.4500	7.1766	8.0166	8.9946
7	5.0750	5.5762	6.1425	6.7872	7	7.5250	8.3727	9.3527	10.4937
8	5.8000	6.3728	7.0200	7.7568	8	8.6000	9.5688	10.6888	11.9928
9	6.5250	7.1694	7.8975	8.7264	9	9.6750	10.7649	12.0249	13.4919
10	7.2500	7.9660	8.7750	9.6960	10	10.7500	11.9610	13.3610	14.9910
11	7.9750	8.7626	9.6525	10.6656	11	11.8250	13.1571	14.6971	16.4901
12	8.7000	9.5592	10.5300	11.6352	12	12.9000	14.3532	16.0332	17.9892
13	9.4250	10.3558	11.4075	12.6048	13	13.9750	15.5493	17.3693	19.4883
14	10.1500	11.1524	12.2850	13.5744	14	15.0500	16.7454	18.7054	20.9874
15	10.8750	11.9490	13.1625	14.5440	15	16.1250	17.9415	20.0415	22.4865
16	11.6000	12.7456	14.0400	15.5136	16	17.2000	19.1376	21.3776	23.9856
17	12.3250	13.5422	14.9175	16.4832	17	18.2750	20.3337	22.7137	25.4847
18	13.0500	14.3388	15.7950	17.4528	18	19.3500	21.5298	24.0498	26.9838
19	13.7750	15.1354	16.6725	18.4224	19	20.4250	22.7259	25.3859	28.4829
20	14.5000	15.9320	17.5500	19.3920	20	21.5000	23.9220	26.7220	29.9820

SOMMES versées	50 ANS	51 ANS	52 ANS	53 ANS	SOMMES versées	54 ANS	55 ANS	56 ANS	57 ANS
1	0.2697	0.2916	0.3157	0.3424	1	0.3721	0.4051	0.4420	0.4832
2	0.5394	0.5832	0.6314	0.6848	2	0.7442	0.8102	0.8840	0.9664
3	0.8091	0.8748	0.9471	1.0272	3	1.1163	1.2153	1.3260	1.4496
4	1.0788	1.1664	1.2628	1.3696	4	1.4884	1.6204	1.7680	1.9328
5	1.3485	1.4580	1.5785	1.7120	5	1.8605	2.0255	2.2100	2.4160
6	1.6182	1.7496	1.8942	2.0544	6	2.2326	2.4306	2.6520	2.8992
7	1.8879	2.0412	2.2099	2.3968	7	2.6047	2.8357	3.0940	3.3824
8	2.1576	2.3328	2.5256	2.7392	8	2.9768	3.2408	3.5360	3.8656
9	2.4273	2.6244	2.8413	3.0816	9	3.3489	3.6459	3.9780	4.3488
10	2.6970	2.9160	3.1570	3.4240	10	3.7210	4.0510	4.4200	4.8320
11	2.9667	3.2076	3.4727	3.7664	11	4.0931	4.4561	4.8620	5.3152
12	3.2364	3.4992	3.7884	4.1088	12	4.4652	4.8612	5.3040	5.7984
13	3.5061	3.7908	4.1041	4.4512	13	4.8373	5.2663	5.7460	6.2816
14	3.7758	4.0824	4.4198	4.7936	14	5.2094	5.6714	6.1880	6.7648
15	4.0455	4.3740	4.7355	5.1360	15	5.5815	6.0765	6.6300	7.2480
16	4.3152	4.6656	5.0512	5.4784	16	5.9536	6.4816	7.0720	7.7312
17	4.5849	4.9572	5.3669	5.8208	17	6.3257	6.8867	7.5140	8.2144
18	4.8546	5.2488	5.6826	6.1632	18	6.6978	7.2918	7.9560	8.6976
19	5.1243	5.5404	5.9983	6.5056	19	7.0699	7.6969	8.3980	9.1808
20	5.3940	5.8320	6.3140	6.8480	20	7.4420	8.1020	8.8400	9.6640

SOMMES versées	38 ANS	39 ANS	60 ANS	61 ANS	SOMMES versées	62 ANS	63 ANS	64 ANS	65 ANS
1	0.5296	0.5818	0.6410	0.7082	1	0.7852	0.8737	0.9759	1.0950
2	1.0592	1.1636	1.2820	1.4164	2	1.5704	1.7474	1.9518	2.1900
3	1.5888	1.7454	1.9230	2.1246	3	2.3556	2.6211	2.9277	3.2850
4	2.1184	2.3272	2.5640	2.8328	4	3.1408	3.4948	3.9036	4.3800
5	2.6480	2.9090	3.2050	3.5410	5	3.9260	4.3685	4.8795	5.4750
6	3.1776	3.4908	3.8460	4.2492	6	4.7112	5.2422	5.8554	6.5700
7	3.7072	4.0726	4.4870	4.9574	7	5.4964	6.1159	6.8313	7.6650
8	4.2368	4.6544	5.1280	5.6656	8	6.2816	6.9896	7.8072	8.7600
9	4.7664	5.2362	5.7690	6.3738	9	7.0668	7.8633	8.7831	9.8550
10	5.2960	5.8180	6.4100	7.0820	10	7.8520	8.7370	9.7590	10.9500
11	5.8256	6.3998	7.0510	7.7902	11	8.6372	9.6107	10.7349	12.0450
12	6.3552	6.9816	7.6920	8.4984	12	9.4224	10.4844	11.7108	13.1400
13	6.8848	7.5634	8.3330	9.2066	13	10.2076	11.3581	12.6867	14.2350
14	7.4144	8.1452	8.9740	9.9148	14	10.9928	12.2318	13.6626	15.3300
15	7.9440	8.7270	9.6150	10.6230	15	11.7780	13.1055	14.6385	16.4250
16	8.4736	9.3088	10.2560	11.3312	16	12.5632	13.9792	15.6144	17.5200
17	9.0032	9.8906	10.8970	12.0394	17	13.3484	14.8529	16.5903	18.6150
18	9.5328	10.4724	11.5380	12.7476	18	14.1336	15.7266	17.5662	19.7100
19	10.0624	11.0542	12.1790	13.4558	19	14.9188	16.6003	18.5421	20.8050
20	10.5920	11.6360	12.8200	14.1640	20	15.7040	17.4740	19.5180	21.0000

SOMMES versées.	30 ANS.	31 ANS.	52 ANS.	53 ANS.	SOMMES versées.	54 ANS.	55 ANS.	56 ANS.	57 ANS.
1	0.3649	0.3944	0.4271	0.4632	1	0.5033	0.5480	0.5978	0.6537
2	0.7298	0.7888	0.8542	0.9264	2	1.0066	1.0960	1.1956	1.3074
3	1.0947	1.1832	1.2813	1.3896	3	1.5099	1.6440	1.7934	1.9611
4	1.4596	1.5776	1.7084	1.8528	4	2.0132	2.1920	2.3912	2.6148
5	1.8245	1.9720	2.1355	2.3160	5	2.5165	2.7400	2.9890	3.2685
6	2.1894	2.3664	2.5626	2.7792	6	3.0198	3.2880	3.5808	3.9222
7	2.5543	2.7608	2.9897	3.2424	7	3.5231	3.8360	4.1846	4.5759
8	2.9192	3.1552	3.4168	3.7056	8	4.0264	4.3840	4.7824	5.2296
9	3.2841	3.5496	3.8439	4.1688	9	4.5297	4.9320	5.3802	5.8833
10	3.6490	3.9440	4.2710	4.6320	10	5.0330	5.4800	5.9780	6.5370
11	4.0139	4.3384	4.6981	5.0952	11	5.5363	6.0280	6.5758	7.1907
12	4.3788	4.7328	5.1252	5.5584	12	6.0396	6.5760	7.1736	7.8444
13	4.7437	5.1272	5.5523	6.0216	13	6.5429	7.1240	7.7714	8.4981
14	5.1086	5.5216	5.9794	6.4848	14	7.0462	7.6720	8.3692	9.1518
15	5.4735	5.9160	6.4065	6.9480	15	7.5495	8.2200	8.9670	9.8055
16	5.8384	6.3104	6.8336	7.4112	16	8.0528	8.7680	9.5648	10.4592
17	6.2033	6.7048	7.2607	7.8744	17	8.5561	9.3160	10.1626	11.1129
18	6.5682	7.0992	7.6878	8.3376	18	9.0594	9.8640	10.7604	11.7666
19	6.9331	7.4936	8.1149	8.8008	19	9.5627	10.4120	11.3582	12.4203
20	7.2980	7.8880	8.5420	9.2640	20	10.0660	10.9600	11.9560	13.0740

SOMMES versées.	38 ANS.	39 ANS.	60 ANS.	61 ANS.	SOMMES versées.	62 ANS.	63 ANS.	64 ANS.	65 ANS.
1	0.7164	0.7870	0.8670	0.9580	1	1.0621	1.1818	1.3201	1.4812
2	1.4328	1.5740	1.7340	1.9160	2	2.1242	2.3636	2.6402	2.9624
3	2.1492	2.3610	2.6010	2.8740	3	3.1863	3.5454	3.9603	4.4436
4	2.8656	3.1480	3.4680	3.8320	4	4.2484	4.7272	5.2804	5.9248
5	3.5820	3.9350	4.3350	4.7000	5	5.3105	5.9090	6.6005	7.4060
6	4.2984	4.7220	5.2020	5.7480	6	6.3726	7.0908	7.9206	8.8872
7	5.0148	5.5090	6.0690	6.7060	7	7.4347	8.2726	9.2407	10.3684
8	5.7312	6.2900	6.9360	7.6640	8	8.4968	9.4544	10.5608	11.8496
9	6.4476	7.0830	7.8030	8.6220	9	9.5589	10.6362	11.8809	13.3308
10	7.1640	7.8700	8.6700	9.5800	10	10.6210	11.8180	13.2010	14.8120
11	7.8804	8.6570	9.5370	10.5380	11	11.6831	12.9998	14.5211	16.2932
12	8.5968	9.4440	10.4040	11.4960	12	12.7452	14.1816	15.8412	17.7744
13	9.3132	10.2310	11.2710	12.4540	13	13.8073	15.3634	17.1613	19.2556
14	10.0296	11.0180	12.1380	13.4120	14	14.8694	16.5452	18.4814	20.7368
15	10.7460	11.8050	13.0050	14.3700	15	15.9315	17.7270	19.8015	22.2180
16	11.4624	12.5920	13.8720	15.3280	16	16.9936	18.9088	21.1216	23.6992
17	12.1788	13.3790	14.7390	16.2860	17	18.0557	20.0906	22.4417	25.1804
18	12.8952	14.1660	15.6060	17.2440	18	19.1178	21.2724	23.7618	26.6616
19	13.6116	14.9530	16.4730	18.2020	19	20.1799	22.4542	25.0819	28.1428
20	14.3280	15.7400	17.3400	19.1600	20	21.2420	23.6360	26.4020	29.6240

SOMMES versées	50 ANS.	51 ANS.	52 ANS.	53 ANS.	SOMMES versées	54 ANS.	55 ANS.	56 ANS.	57 ANS.
1	0.2661	0.2876	0.3115	0.3378	1	0.3671	0.3996	0.4360	0.4767
2	0.5322	0.5752	0.6230	0.6756	2	0.7342	0.7992	0.8720	0.9534
3	0.7983	0.8628	0.9345	1.0134	3	1.1013	1.1988	1.3080	1.4301
4	1.0644	1.1504	1.2460	1.3512	4	1.4684	1.5984	1.7440	1.9068
5	1.3305	1.4380	1.5575	1.6890	5	1.8355	1.9980	2.1800	2.3835
6	1.5966	1.7256	1.8690	2.0268	6	2.2026	2.3976	2.6160	2.8602
7	1.8627	2.0132	2.1805	2.3646	7	2.5697	2.7972	3.0520	3.3369
8	2.1288	2.3008	2.4920	2.7024	8	2.9368	3.1968	3.4880	3.8136
9	2.3949	2.5884	2.8035	3.0402	9	3.3039	3.5964	3.9240	4.2903
10	2.6610	2.8760	3.1150	3.3780	10	3.6710	3.9960	4.3600	4.7670
11	2.9271	3.1636	3.4265	3.7158	11	4.0381	4.3956	4.7960	5.2437
12	3.1932	3.4512	3.7380	4.0536	12	4.4052	4.7952	5.2320	5.7204
13	3.4593	3.7388	4.0495	4.3914	13	4.7723	5.1948	5.6680	6.1971
14	3.7254	4.0264	4.3610	4.7292	14	5.1394	5.5944	6.1040	6.6738
15	3.9915	4.3140	4.6725	5.0670	15	5.5065	5.9940	6.5400	7.1505
16	4.2576	4.6016	4.9840	5.4048	16	5.8736	6.3936	6.9760	7.6272
17	4.5237	4.8892	5.2955	5.7426	17	6.2407	6.7932	7.4120	8.1039
18	4.7898	5.1768	5.6070	6.0804	18	6.6078	7.1928	7.8480	8.5806
19	5.0559	5.4644	5.9185	6.4182	19	6.9749	7.5924	8.2840	9.0573
20	5.3220	5.7520	6.2300	6.7560	20	7.3420	7.9920	8.7200	9.5340

SOMMES versées	58 ANS.	59 ANS.	60 ANS.	61 ANS.	SOMMES versées	62 ANS.	63 ANS.	64 ANS.	65 ANS.
1	0.5224	0.5740	0.6323	0.6987	1	0.7740	0.8619	0.9628	1.0802
2	1.0448	1.1480	1.2646	1.3974	2	1.5492	1.7238	1.9256	2.1604
3	1.5672	1.7220	1.8969	2.0961	3	2.3238	2.5857	2.8884	3.2406
4	2.0896	2.2900	2.5292	2.7948	4	3.0984	3.4476	3.8512	4.3208
5	2.6120	2.8700	3.1615	3.4935	5	3.8730	4.3095	4.8140	5.4010
6	3.1344	3.4440	3.7938	4.1922	6	4.6476	5.1714	5.7768	6.4812
7	3.6568	4.0180	4.4261	4.8909	7	5.4222	6.0333	6.7396	7.5614
8	4.1792	4.5920	5.0584	5.5896	8	6.1968	6.8952	7.7024	8.6416
9	4.7016	5.1660	5.6907	6.2883	9	6.9714	7.7571	8.6652	9.7218
10	5.2240	5.7400	6.3230	6.9870	10	7.7460	8.6190	9.6280	10.8020
11	5.7464	6.3140	6.9553	7.6857	11	8.5206	9.4809	10.5908	11.8822
12	6.2688	6.8880	7.5876	8.3844	12	9.2952	10.3428	11.5536	12.9624
13	6.7912	7.4620	8.2199	9.0831	13	10.0698	11.2047	12.5164	14.0426
14	7.3136	8.0360	8.8522	9.7818	14	10.8444	12.0666	13.4792	15.1228
15	7.8360	8.6100	9.4845	10.4805	15	11.6190	12.9285	14.4420	16.2030
16	8.3584	9.1840	10.1168	11.1792	16	12.3936	13.7904	15.4048	17.2832
17	8.8808	9.7580	10.7491	11.8779	17	13.1682	14.6523	16.3676	18.3634
18	9.4032	10.3320	11.3814	12.5766	18	13.9428	15.5142	17.3304	19.4436
19	9.9256	10.9060	12.0137	13.2753	19	14.7174	16.3761	18.2932	20.5238
20	10.4480	11.4800	12.6460	13.9740	20	15.4920	17.2380	19.2560	21.6040

SOMMES versées.	50 ANS.	51 ANS.	52 ANS.	53 ANS.	SOMMES versées.	54 ANS.	55 ANS.	56 ANS.	57 ANS.
1	0.3605	0.3897	0.4220	0.4577	1	0.4973	0.5414	0.5907	0.6458
2	0.7210	0.7794	0.8440	0.9154	2	0.9946	1.0828	1.1814	1.2916
3	1.0815	1.1691	1.2660	1.3731	3	1.4919	1.6242	1.7721	1.9374
4	1.4420	1.5588	1.6880	1.8308	4	1.9892	2.1656	2.3628	2.5832
5	1.8025	1.9485	2.1100	2.2885	5	2.4865	2.7070	2.9535	3.2290
6	2.1630	2.3382	2.5320	2.7462	6	2.9838	3.2484	3.5442	3.8748
7	2.5235	2.7279	2.9540	3.2039	7	3.4811	3.7898	4.1349	4.5206
8	2.8840	3.1176	3.3760	3.6616	8	3.9784	4.3312	4.7256	5.1664
9	3.2445	3.5073	3.7980	4.1193	9	4.4757	4.8726	5.3163	5.8122
10	3.6050	3.8970	4.2200	4.5770	10	4.9730	5.4140	5.9070	6.4580
11	3.9655	4.2867	4.6420	5.0347	11	5.4703	5.9554	6.4977	7.1038
12	4.3260	4.6764	5.0640	5.4924	12	5.9676	6.4968	7.0884	7.7496
13	4.6865	5.0661	5.4860	5.9501	13	6.4649	7.0382	7.6791	8.3954
14	5.0470	5.4558	5.9080	6.4078	14	6.9622	7.5796	8.2698	9.0412
15	5.4075	5.8455	6.3300	6.8655	15	7.4595	8.1210	8.8605	9.6870
16	5.7680	6.2352	6.7520	7.3232	16	7.9568	8.6624	9.4512	10.3328
17	6.1285	6.6249	7.1740	7.7800	17	8.4541	9.2038	10.0419	10.9786
18	6.4890	7.0146	7.5960	8.2386	18	8.9514	9.7452	10.6326	11.6244
19	6.8495	7.4043	8.0180	8.6963	19	9.4487	10.2866	11.2233	12.2702
20	7.2100	7.7940	8.4400	9.1540	20	9.9460	10.8280	11.8140	12.9160

SOMMES versées.	58 ANS.	59 ANS.	60 ANS.	61 ANS.	SOMMES versées.	62 ANS.	63 ANS.	64 ANS.	65 ANS.
1	0.7078	0.7776	0.8567	0.9466	1	1.0494	1.1677	1.3043	1.4634
2	1.4156	1.5552	1.7134	1.8932	2	2.0988	2.3354	2.6086	2.9268
3	2.1234	2.3328	2.5701	2.8398	3	3.1482	3.5031	3.9129	4.3902
4	2.8312	3.1104	3.4268	3.7864	4	4.1976	4.6708	5.2172	5.8536
5	3.5390	3.8880	4.2835	4.7330	5	5.2470	5.8385	6.5215	7.3170
6	4.2468	4.6656	5.1402	5.6796	6	6.2964	7.0062	7.8258	8.7804
7	4.9546	5.4432	5.9969	6.6262	7	7.3458	8.1739	9.1301	10.2438
8	5.6624	6.2208	6.8536	7.5728	8	8.3952	9.3416	10.4344	11.7072
9	6.3702	6.9984	7.7103	8.5194	9	9.4446	10.5093	11.7387	13.1706
10	7.0780	7.7760	8.5670	9.4660	10	10.4940	11.6770	13.0430	14.6340
11	7.7858	8.5536	9.4237	10.4126	11	11.5434	12.8447	14.3473	16.0974
12	8.4936	9.3312	10.2804	11.3592	12	12.5928	14.0124	15.6516	17.5608
13	9.2014	10.1088	11.1371	12.3058	13	13.6422	15.1801	16.9559	19.0242
14	9.9092	10.8864	11.9938	13.2524	14	14.6916	16.3478	18.2602	20.4876
15	10.6170	11.6640	12.8505	14.1990	15	15.7410	17.5155	19.5645	21.9510
16	11.3248	12.4416	13.7072	15.1456	16	16.7904	18.6832	20.8688	23.4144
17	12.0326	13.2192	14.5639	16.0922	17	17.8398	19.8509	22.1731	24.8778
18	12.7404	13.9968	15.4206	17.0388	18	18.8892	21.0186	23.4774	26.3412
19	13.4482	14.7744	16.2773	17.9854	19	19.9386	22.1863	24.7817	27.8046
20	14.1560	15.5520	17.1340	18.9320	20	20.9880	23.3540	26.0860	29.2680

SOMMES versées.	30 ANS.	31 ANS.	52 ANS.	53 ANS.	SOMMES versées.	54 ANS.	55 ANS.	56 ANS.	57 ANS.
1	0.2625	0.2838	0.3072	0.3332	1	0.3621	0.3942	0.4301	0.4703
2	0.5250	0.5676	0.6144	0.6664	2	0.7242	0.7884	0.8602	0.9406
3	0.7875	0.8514	0.9216	0.9996	3	1.0863	1.1826	1.2903	1.4109
4	1.0500	1.1352	1.2288	1.3328	4	1.4484	1.5768	1.7204	1.8812
5	1.3125	1.4190	1.5360	1.6660	5	1.8105	1.9710	2.1505	2.3515
6	1.5750	1.7028	1.8432	1.9992	6	2.1726	2.3652	2.5806	2.8218
7	1.8375	1.9866	2.1504	2.3324	7	2.5347	2.7594	3.0107	3.2921
8	2.1000	2.2704	2.4576	2.6656	8	2.8968	3.1536	3.4408	3.7624
9	2.3625	2.5542	2.7648	2.9988	9	3.2589	3.5478	3.8709	4.2327
10	2.6250	2.8380	3.0720	3.3320	10	3.6210	3.9420	4.3010	4.7030
11	2.8875	3.1218	3.3792	3.6652	11	3.9831	4.3362	4.7311	5.1733
12	3.1500	3.4056	3.6864	3.9984	12	4.3452	4.7304	5.1612	5.6436
13	3.4125	3.6894	3.9936	4.3316	13	4.7073	5.1246	5.5913	6.1139
14	3.6750	3.9732	4.3008	4.6648	14	5.0694	5.5188	6.0214	6.5842
15	3.9375	4.2570	4.6080	4.9980	15	5.4315	5.9130	6.4515	7.0545
16	4.2000	4.5408	4.9152	5.3312	16	5.7936	6.3072	6.8816	7.5248
17	4.4625	4.8246	5.2224	5.6644	17	6.1557	6.7014	7.3117	7.9951
18	4.7250	5.1084	5.5296	5.9976	18	6.5178	7.0956	7.7418	8.4654
19	4.9875	5.3922	5.8368	6.3308	19	6.8799	7.4898	8.1719	8.9357
20	5.2500	5.6760	6.1440	6.6640	20	7.2420	7.8840	8.6020	9.4060

SOMMES versées.	58 ANS.	59 ANS.	60 ANS.	61 ANS.	SOMMES versées.	62 ANS.	63 ANS.	64 ANS.	65 ANS.
1	0.5154	0.5662	0.6238	0.6893	1	0.7642	0.8503	0.9498	1.0656
2	1.0308	1.1324	1.2476	1.3786	2	1.5284	1.7006	1.8996	2.1312
3	1.5462	1.6986	1.8714	2.0679	3	2.2926	2.5509	2.8494	3.1968
4	2.0616	2.2648	2.4952	2.7572	4	3.0568	3.4012	3.7992	4.2624
5	2.5770	2.8310	3.1190	3.4465	5	3.8210	4.2515	4.7490	5.3280
6	3.0924	3.3972	3.7428	4.1358	6	4.5852	5.1018	5.6988	6.3936
7	3.6078	3.9634	4.3666	4.8251	7	5.3494	5.9521	6.6486	7.4592
8	4.1232	4.5296	4.9904	5.5144	8	6.1136	6.8024	7.5984	8.5248
9	4.6386	5.0958	5.6142	6.2037	9	6.8778	7.6527	8.5482	9.5904
10	5.1540	5.6620	6.2380	6.8930	10	7.6420	8.5030	9.4980	10.6560
11	5.6694	6.2282	6.8618	7.5823	11	8.4062	9.3533	10.4478	11.7216
12	6.1848	6.7944	7.4856	8.2716	12	9.1704	10.2036	11.3976	12.7872
13	6.7002	7.3606	8.1094	8.9609	13	9.9346	11.0539	12.3474	13.8528
14	7.2156	7.9268	8.7332	9.6502	14	10.6988	11.9042	13.2972	14.9184
15	7.7310	8.4930	9.3570	10.3395	15	11.4630	12.7545	14.2470	15.9840
16	8.2464	9.0592	9.9808	11.0288	16	12.2272	13.6048	15.1968	17.0496
17	8.7618	9.6254	10.6046	11.7181	17	12.9914	14.4551	16.1466	18.1152
18	9.2772	10.1916	11.2284	12.4074	18	13.7556	15.3054	17.0964	19.1808
19	9.7926	10.7578	11.8522	13.0967	19	14.5198	16.1557	18.0462	20.2464
20	10.3080	11.3240	12.4760	13.7860	20	15.2840	17.0060	18.9960	21.3120

SOMMES versées	30 ANS.	31 ANS.	32 ANS.	33 ANS.	SOMMES versées	34 ANS.	35 ANS.	36 ANS.	37 ANS.
1	0.3562	0.3850	0.4169	0.4522	1	0.4913	0.5349	0.5836	0.6381
2	0.7124	0.7700	0.8338	0.9044	2	0.9826	1.0698	1.1672	1.2762
3	1.0686	1.1550	1.2507	1.3566	3	1.4739	1.6047	1.7508	1.9143
4	1.4248	1.5400	1.6676	1.8088	4	1.9652	2.1396	2.3344	2.5524
5	1.7810	1.9250	2.0845	2.2610	5	2.4565	2.6745	2.9180	3.1905
6	2.1372	2.3100	2.5014	2.7132	6	2.9478	3.2094	3.5016	3.8286
7	2.4934	2.6950	2.9183	3.1654	7	3.4391	3.7443	4.0852	4.4667
8	2.8496	3.0800	3.3352	3.6176	8	3.9304	4.2792	4.6688	5.1048
9	3.2058	3.4650	3.7521	4.0698	9	4.4217	4.8141	5.2524	5.7429
10	3.5620	3.8500	4.1690	4.5220	10	4.9130	5.3490	5.8360	6.3810
11	3.9182	4.2350	4.5859	4.9742	11	5.4043	5.8839	6.4106	7.0191
12	4.2744	4.6200	5.0028	5.4264	12	5.8956	6.4188	7.0032	7.6572
13	4.6306	5.0050	5.4197	5.8786	13	6.3869	6.9537	7.5868	8.2953
14	4.9868	5.3900	5.8366	6.3308	14	6.8782	7.4886	8.1704	8.9334
15	5.3430	5.7750	6.2535	6.7830	15	7.3695	8.0235	8.7540	9.5715
16	5.6992	6.1600	6.6704	7.2352	16	7.8608	8.5584	9.3376	10.2096
17	6.0554	6.5450	7.0873	7.6874	17	8.3521	9.0933	9.9212	10.8477
18	6.4116	6.9300	7.5042	8.1396	18	8.8434	9.6282	10.5048	11.4858
19	6.7678	7.3150	7.9211	8.5918	19	9.3347	10.1631	11.0884	12.1239
20	7.1240	7.7000	8.3380	9.0440	20	9.8260	10.6980	11.6720	12.7620

SOMMES versées	58 ANS.	59 ANS.	60 ANS.	61 ANS.	SOMMES versées	62 ANS.	63 ANS.	64 ANS.	65 ANS.
1	0.6993	0.7683	0.8464	0.9352	1	1.0369	1.1537	1.2887	1.4459
2	1.3986	1.5366	1.6928	1.8704	2	2.0738	2.3074	2.5774	2.8918
3	2.0979	2.3049	2.5392	2.8056	3	3.1107	3.4611	3.8661	4.3377
4	2.7972	3.0732	3.3856	3.7408	4	4.1476	4.6148	5.1548	5.7836
5	3.4965	3.8415	4.2320	4.6760	5	5.1845	5.7685	6.4435	7.2295
6	4.1958	4.6098	5.0784	5.6112	6	6.2214	6.9222	7.7322	8.6754
7	4.8951	5.3781	5.9248	6.5464	7	7.2583	8.0759	9.0209	10.1213
8	5.5944	6.1464	6.7712	7.4816	8	8.2952	9.2296	10.3096	11.5672
9	6.2937	6.9147	7.6176	8.4168	9	9.3321	10.3833	11.5983	13.0131
10	6.9930	7.6830	8.4640	9.3520	10	10.3690	11.5370	12.8870	14.4590
11	7.6923	8.4513	9.3104	10.2872	11	11.4059	12.6907	14.1757	15.9049
12	8.3916	9.2196	10.1568	11.2224	12	12.4428	13.8444	15.4644	17.3508
13	9.0909	9.9879	11.0032	12.1576	13	13.4797	14.9981	16.7531	18.7967
14	9.7902	10.7562	11.8496	13.0928	14	14.5166	16.1518	18.0418	20.2426
15	10.4895	11.5245	12.6960	14.0280	15	15.5535	17.3055	19.3305	21.6885
16	11.1888	12.2928	13.5424	14.9632	16	16.5904	18.4592	20.6192	23.1344
17	11.8881	13.0611	14.3888	15.8984	17	17.6273	19.6129	21.0070	24.5803
18	12.5874	13.8294	15.2352	16.8336	18	18.6642	20.7666	23.1966	26.0262
19	13.2867	14.5977	16.0816	17.7688	19	19.7011	21.9203	24.4853	27.4721
20	13.9860	15.3660	16.9280	18.7040	20	20.7380	23.0740	25.7740	28.9180

SOMMES versées	30 ANS.	31 ANS.	32 ANS.	33 ANS.	SOMMES versées	34 ANS.	35 ANS.	36 ANS.	37 ANS.
1	0.2589	0.2799	0.3031	0.3287	1	0.3572	0.3889	0.4243	0.4639
2	0.5178	0.5598	0.6062	0.6574	2	0.7144	0.7778	0.8486	0.9278
3	0.7767	0.8397	0.9093	0.9861	3	1.0716	1.1667	1.2729	1.3917
4	1.0356	1.1196	1.2124	1.3148	4	1.4288	1.5556	1.6972	1.8556
5	1.2945	1.3995	1.5155	1.6435	5	1.7860	1.9445	2.1215	2.3195
6	1.5534	1.6794	1.8186	1.9722	6	2.1432	2.3334	2.5458	2.7834
7	1.8123	1.9593	2.1217	2.3009	7	2.5004	2.7223	2.9701	3.2473
8	2.0712	2.2392	2.4248	2.6296	8	2.8576	3.1112	3.3944	3.7112
9	2.3301	2.5191	2.7279	2.9583	9	3.2148	3.5001	3.8187	4.1751
10	2.5890	2.7990	3 0310	3.2870	10	3.5720	3.8890	4.2430	4.6390
11	2.8479	3.0789	3.3341	3.6157	11	3.9292	4.2779	4.6673	5.1029
12	3.1068	3.3588	3.6372	3.9444	12	4.2864	4.6668	5.0916	5.5668
13	3.3657	3.6387	3.9403	4.2731	13	4.6436	5.0557	5.5159	6.0307
14	3.6246	3.9186	4.2434	4.6018	14	5.0008	5.4446	5.9402	6.4946
15	3.8835	4.1985	4.5465	4.9305	15	5.3580	5.8335	6.3645	6.9585
16	4.1424	4.4784	4.8496	5.2592	16	5.7152	6.2224	6.7888	7.4224
17	4.4013	4.7583	5.1527	5.5879	17	6.0724	6.6113	7.2131	7.8863
18	4.6602	5.0382	5.4558	5.9166	18	6.4296	7.0002	7.6374	8.3502
19	4.9191	5.3181	5.7589	6.2453	19	6.7868	7.3891	8.0617	8.8141
20	5.1780	5.5980	6.0620	6.5740	20	7.1440	7.7780	8.4860	9.2780

SOMMES versées	58 ANS.	59 ANS.	60 ANS.	61 ANS.	SOMMES versées	62 ANS.	63 ANS.	64 ANS.	65 ANS.
1	0.5084	0.5586	0,6153	0.6799	1	0.7538	0.8387	0.9369	1.0512
2	1.0168	1.1172	1.2306	1.3598	2	1.5076	1.6774	1.8738	2.1024
3	1.5252	1.6758	1.8459	2.0397	3	2.2614	2.5161	2.8107	3.1536
4	2.0336	2.2344	2.4012	2.7196	4	3.0152	3.3548	3.7476	4.2048
5	2.5420	2.7930	3.0765	3.3995	5	3.7690	4.1935	4.6845	5.2560
6	3.0504	3.3516	3.6918	4.0794	6	4.5228	5.0322	5.6214	6.3072
7	3.5588	3.9102	4.3071	4.7593	7	5.2766	5.8709	6.5583	7.3584
8	4.0672	4.4688	4.9224	5.4392	8	6.0304	6.7096	7.4952	8.4096
9	4.5756	5.0274	5.5377	6.1191	9	6.7842	7.5483	8.4321	9.4608
10	5.0840	5.5860	6.1530	6.7990	10	7.5380	8.3870	9.3690	10.5120
11	5.5924	6.1446	6.7683	7.4789	11	8.2918	9.2257	10.3059	11.5632
12	6.1008	6.7032	7.3836	8.1588	12	9.0456	10.0644	11.2428	12.6144
13	6.6092	7.2618	7.9989	8.8387	13	9.7994	10.9031	12.1797	13.6656
14	7.1176	7.8204	8.6142	9.5186	14	10.5532	11.7418	13.1166	14.7168
15	7.6260	8.3790	9.2295	10.1985	15	11.3070	12.5805	14.0535	15.7680
16	8.1344	8.9376	9.8448	10.8784	16	12.0608	13.4192	14.9904	16.8192
17	8.6428	9.4962	10.4601	11.5583	17	12.8146	14.2579	15.9273	17.8704
18	9.1512	10.0548	11.0754	12.2382	18	13.5684	15.0966	16.8642	18.9216
19	9.6596	10.6134	11.6907	12.9181	19	14.3222	15.9353	17.8011	19.9728
20	10.1680	11.1720	12.3060	13.5980	20	15.0760	16.7740	18.7380	21.0240

SOMMES versées.	50 ANS.	51 ANS.	52 ANS.	53 ANS.	SOMMES versées.	54 ANS.	55 ANS.	56 ANS.	57 ANS.
1	0.3518	0.3803	0.4118	0.4466	1	0.4853	0.5284	0.5764	0.6303
2	0.7036	0.7606	0.8236	0.8932	2	0.9706	1.0568	1.1528	1.2606
3	1.0554	1.1409	1.2354	1.3398	3	1.4559	1.5852	1.7292	1.8909
4	1.4072	1.5212	1.6472	1.7864	4	1.9412	2.1136	2.3056	2.5212
5	1.7590	1.9015	2.0590	2.2330	5	2.4265	2.6420	2.8820	3.1515
6	2.1108	2.2818	2.4708	2.6796	6	2.9118	3.1704	3.4584	3.7818
7	2.4626	2.6621	2.8826	3.1262	7	3.3971	3.6988	4.0348	4.4121
8	2.8144	3.0424	3.2944	3.5728	8	3.8824	4.2272	4.6112	5.0424
9	3.1662	3.4227	3.7062	4.0194	9	4.3677	4.7556	5.1876	5.6727
10	3.5180	3.8030	4.1180	4.4660	10	4.8530	5.2840	5.7640	6.3030
11	3.8698	4.1833	4.5298	4.9126	11	5.3383	5.8124	6.3404	6.9333
12	4.2216	4.5636	4.9410	5.3592	12	5.8236	6.3408	6.9168	7.5636
13	4.5734	4.9439	5.3534	5.8058	13	6.3089	6.8692	7.4932	8.1930
14	4.9252	5.3242	5.7652	6.2524	14	6.7942	7.3976	8.0696	8.8242
15	5.2770	5.7045	6.1770	6.6990	15	7.2795	7.9260	8.6460	9.4545
16	5.6288	6.0848	6.5888	7.1456	16	7.7648	8.4544	9.2224	10.0848
17	5.9806	6.4651	7.0006	7.5922	17	8.2501	8.9828	9.7988	10.7151
18	6.3324	6.8454	7.4124	8.0388	18	8.7354	9.5112	10.3752	11.3454
19	6.6842	7.2257	7.8242	8.4854	19	9.2207	10.0396	10.9516	11.9757
20	7.0360	7.6060	8.2360	8.9320	20	9.7060	10.5680	11.5280	12.6060

SOMMES versées.	58 ANS.	59 ANS.	60 ANS.	61 ANS.	SOMMES versées.	62 ANS.	63 ANS.	64 ANS.	65 ANS.
1	0.6907	0.7589	0.8360	0.9237	1	1.0241	1.1395	1.2720	1.4281
2	1.3814	1.5178	1.6720	1.8474	2	2.0482	2.2790	2.5458	2.8562
3	2.0721	2.2767	2.5080	2.7711	3	3.0723	3.4185	3.8187	4.2843
4	2.7628	3.0356	3.3440	3.6948	4	4.0964	4.5580	5.0916	5.7124
5	3.4535	3.7945	4.1800	4.6185	5	5.1205	5.6975	6.3645	7.1405
6	4.1442	4.5534	5.0160	5.5422	6	6.1446	6.8370	7.6374	8.5686
7	4.8349	5.3123	5.8520	6.4659	7	7.1687	7.9765	8.9103	9.9967
8	5.5256	6.0712	6.6880	7.3896	8	8.1928	9.1160	10.1832	11.4248
9	6.2163	6.8301	7.5240	8.3133	9	9.2169	10.2555	11.4561	12.8529
10	6.9070	7.5890	8.3600	9.2370	10	10.2410	11.3950	12.7290	14.2810
11	7.5977	8.3479	9.1960	10.1607	11	11.2651	12.5345	14.0019	15.7091
12	8.2884	9.1068	10.0320	11.0844	12	12.2892	13.6740	15.2748	17.1372
13	8.9791	9.8657	10.8680	12.0081	13	13.3133	14.8135	16.5477	18.5653
14	9.6698	10.6246	11.7040	12.9318	14	14.3374	15.9530	17.8206	19.9934
15	10.3605	11.3835	12.5400	13.8555	15	15.3615	17.0925	19.0935	21.4215
16	11.0512	12.1424	13.3760	14.7792	16	16.3856	18.2320	20.3664	22.8496
17	11.7419	13.0013	14.2120	15.7029	17	17.4097	19.3715	21.6393	24.2777
18	12.4326	13.6602	15.0480	16.6266	18	18.4338	20.5110	22.9122	25.7058
19	13.1233	14.4191	15.8840	17.5503	19	19.4579	21.6505	24.1851	27.1339
20	13.8140	15.1780	16.7200	18.4740	20	20.4820	22.7900	25.4580	28.5620

SOMMES versées.	30 ANS.	31 ANS.	32 ANS.	33 ANS.	SOMMES versées.	34 ANS.	35 ANS.	36 ANS.	37 ANS.
1	0.2554	0.2761	0.2990	0.3243	1	0.3524	0.3836	0.4185	0.4576
2	0.5108	0.5522	0.5980	0.6486	2	0.7048	0.7672	0.8370	0.9152
3	0.7662	0.8283	0.8970	0.9729	3	1.0572	1.1508	1.2555	1.3728
4	1.0216	1.1044	1.1960	1.2972	4	1.4096	1.5344	1.6740	1.8304
5	1.2770	1.3805	1.4950	1.6215	5	1.7620	1.9180	2.0925	2.2880
6	1.5324	1.6566	1.7940	1.9458	6	2.1144	2.3016	2.5110	2.7456
7	1.7878	1.9327	2.0930	2.2701	7	2.4668	2.6852	2.9295	3.2032
8	2.0432	2.2088	2.3920	2.5944	8	2.8192	3.0688	3.3480	3.6608
9	2.2986	2.4849	2.6910	2.9187	9	3.1716	3.4524	3.7665	4.1184
10	2.5540	2.7610	2.9900	3.2430	10	3.5240	3.8360	4.1850	4.5760
11	2.8094	3.0371	3.2890	3.5673	11	3.8764	4.2196	4.6035	5.0336
12	3.0648	3.3132	3.5880	3.8916	12	4.2288	4.6032	5.0220	5.4912
13	3.3202	3.5893	3.8870	4.2159	13	4.5812	4.9868	5.4405	5.9488
14	3.5756	3.8654	4.1860	4.5402	14	4.9336	5.3704	5.8590	6.4064
15	3.8310	4.1415	4.4850	4.8645	15	5.2860	5.7540	6.2775	6.8640
16	4.0864	4.4176	4.7840	5.1888	16	5.6384	6.1376	6.6960	7.3216
17	4.3418	4.6937	5.0830	5.5131	17	5.9908	6.5212	7.1145	7.7792
18	4.5972	4.9698	5.3820	5.8374	18	6.3432	6.9048	7.5330	8.2368
19	4.8526	5.2459	5.6810	6.1617	19	6.6956	7.2884	7.9515	8.6944
20	5.1080	5.5220	5.9800	6.4860	20	7.0480	7.6720	8.3700	9.1520

SOMMES versées.	38 ANS.	39 ANS.	60 ANS.	61 ANS.	SOMMES versées.	62 ANS.	63 ANS.	64 ANS.	65 ANS.
1	0.5015	0.5510	0.6070	0.6707	1	0.7436	0.8274	0.9242	1.0369
2	1.0030	1.1020	1.2140	1.3414	2	1.4872	1.6548	1.8484	2.0738
3	1.5045	1.6530	1.8210	2.0121	3	2.2308	2.4822	2.7726	3.1107
4	2.0060	2.2040	2.4280	2.6828	4	2.9744	3.3096	3.6968	4.1476
5	2.5075	2.7550	3.0350	3.3535	5	3.7180	4.1370	4.6210	5.1845
6	3.0090	3.3060	3.6420	4.0242	6	4.4616	4.9644	5.5452	6.2214
7	3.5105	3.8570	4.2490	4.6949	7	5.2052	5.7918	6.4694	7.2583
8	4.0120	4.4080	4.8560	5.3656	8	5.9488	6.6192	7.3936	8.2952
9	4.5135	4.9590	5.4630	6.0363	9	6.6924	7.4466	8.3178	9.3321
10	5.0150	5.5100	6.0700	6.7070	10	7.4360	8.2740	9.2420	10.3690
11	5.5165	6.0610	6.6770	7.3777	11	8.1796	9.1014	10.1662	11.4059
12	6.0180	6.6120	7.2840	8.0484	12	8.9232	9.9288	11.0904	12.4428
13	6.5195	7.1630	7.8910	8.7191	13	9.6668	10.7562	12.0146	13.4797
14	7.0210	7.7140	8.4980	9.3898	14	10.4104	11.5836	12.9388	14.5166
15	7.5225	8.2650	9.1050	10.0605	15	11.1540	12.4110	13.8630	15.5535
16	8.0240	8.8160	9.7120	10.7312	16	11.8976	13.2384	14.7872	16.5904
17	8.5255	9.3670	10.3190	11.4019	17	12.6412	14.0658	15.7114	17.6273
18	9.0270	9.9180	10.9260	12.0726	18	13.3848	14.8932	16.6356	18.6642
19	9.5285	10.4690	11.5330	12.7433	19	14.1284	15.7206	17.5598	19.7011
20	10.0300	11.0200	12.1400	13.4140	20	14.8720	16.5480	18.4840	20.7380

SOMMES VERSÉES	50 ANS.	51 ANS.	52 ANS.	53 ANS.	SOMMES VERSÉES	54 ANS.	55 ANS.	56 ANS.	57 ANS.
1	0.3475	0.3756	0.4007	0.4411	1	0.4703	0.5210	0.5693	0.6325
2	0.6950	0.7512	0.8134	0.8822	2	0.9586	1.0438	1.1386	1.2450
3	1.0425	1.1268	1.2201	1.3233	3	1.4379	1.5657	1.7070	1.8675
4	1.3900	1.5024	1.6268	1.7644	4	1.9172	2.0876	2.2772	2.4900
5	1.7375	1.8780	2.0335	2.2055	5	2.3965	2.6095	2.8465	3.1125
6	2.0850	2.2536	2.4402	2.6466	6	2.8758	3.1314	3.4158	3.7350
7	2.4325	2.6292	2.8469	3.0877	7	3.3551	3.6533	3.9851	4.3575
8	2.7800	3.0048	3.2536	3.5288	8	3.8344	4.1752	4.5544	4.9800
9	3.1275	3.3804	3.6603	3.9699	9	4.3137	4.6971	5.1237	5.6025
10	3.4750	3.7560	4.0670	4.4110	10	4.7930	5.2190	5.6930	6.2250
11	3.8225	4.1316	4.4737	4.8521	11	5.2723	5.7409	6.2623	6.8475
12	4.1700	4.5072	4.8804	5.2932	12	5.7516	6.2628	6.8316	7.4700
13	4.5175	4.8828	5.2871	5.7343	13	6.2309	6.7847	7.4009	8.0925
14	4.8650	5.2584	5.6938	6.1754	14	6.7102	7.3066	7.9702	8.7150
15	5.2125	5.6340	6.1005	6.6165	15	7.1895	7.8285	8.5395	9.3375
16	5.5000	6.0096	6.5072	7.0576	16	7.6688	8.3504	9.1088	9.9600
17	5.9075	6.3852	6.9139	7.4987	17	8.1481	8.8723	9.6781	10.5825
18	6.2550	6.7608	7.3206	7.9398	18	8.6274	9.3942	10.2474	11.2050
19	6.6025	7.1364	7.7273	8.3809	19	9.1067	9.9161	10.8167	11.8275
20	6.9500	7.5120	8.1340	8.8220	20	9.5860	10.4380	11.3860	12.4500

SOMMES VERSÉES	58 ANS.	59 ANS.	60 ANS.	61 ANS.	SOMMES VERSÉES	62 ANS.	63 ANS.	64 ANS.	65 ANS.
1	0.6822	0.7493	0.8257	0.9124	1	1.0115	1.1255	1.2572	1.4100
2	1.3644	1.4990	1.6514	1.8248	2	2.0230	2.2510	2.5144	2.8212
3	2.0466	2.2485	2.4771	2.7372	3	3.0345	3.3765	3.7716	4.2318
4	2.7288	2.9980	3.3028	3.6496	4	4.0460	4.5020	5.0288	5.6424
5	3.4110	3.7475	4.1285	4.5620	5	5.0575	5.6275	6.2860	7.0530
6	4.0932	4.4970	4.9542	5.4744	6	6.0690	6.7530	7.5432	8.4636
7	4.7754	5.2465	5.7799	6.3868	7	7.0805	7.8785	8.8004	9.8742
8	5.4576	5.9960	6.6056	7.2992	8	8.0920	9.0040	10.0576	11.2848
9	6.1398	6.7455	7.4313	8.2116	9	9.1035	10.1295	11.3148	12.6954
10	6.8220	7.4950	8.2570	9.1240	10	10.1150	11.2550	12.5720	14.1060
11	7.5042	8.2445	9.0827	10.0364	11	11.1265	12.3805	13.8292	15.5166
12	8.1864	8.9940	9.9084	10.9488	12	12.1380	13.5060	15.0864	16.9272
13	8.8686	9.7435	10.7341	11.8612	13	13.1495	14.6315	16.3436	18.3378
14	9.5508	10.4930	11.5598	12.7736	14	14.1610	15.7570	17.6008	19.7484
15	10.2330	11.2425	12.3855	13.6860	15	15.1725	16.8825	18.8580	21.1590
16	10.9152	11.9920	13.2112	14.5984	16	16.1840	18.0080	20.1152	22.5696
17	11.5974	12.7415	14.0369	15.5108	17	17.1955	19.1335	21.3724	23.9802
18	12.2796	13.4910	14.8626	16.4232	18	18.2070	20.2590	22.6296	25.3908
19	12.9618	14.2405	15.6883	17.3356	19	19.2185	21.3845	23.8868	26.8014
20	13.6440	14.9900	16.5140	18.2480	20	20.2300	22.5100	25.1440	28.2120

SOMMES versées	30 ANS.	51 ANS.	52 ANS.	53 ANS.	SOMMES versées	54 ANS.	55 ANS.	56 ANS.	57 ANS.
1	0.2520	0.2724	0.2949	0.3199	1	0.3476	0.3784	0.4129	0.4514
2	0.5040	0.5448	0.5898	0.6308	2	0.6952	0.7568	0.8258	0.9028
3	0.7560	0.8172	0.8847	0.9507	3	1.0428	1.1352	1.2387	1.3542
4	1.0080	1.0896	1.1796	1.2706	4	1.3904	1.5136	1.6516	1.8056
5	1.2600	1.3620	1.4745	1.5905	5	1.7380	1.8920	2.0645	2.2570
6	1.5120	1.6344	1.7694	1.9104	6	2.0856	2.2704	2.4774	2.7084
7	1.7640	1.9068	2.0643	2.2393	7	2.4332	2.6488	2.8903	3.1598
8	2.0160	2.1792	2.3592	2.5592	8	2.7808	3.0272	3.3032	3.6112
9	2.2680	2.4516	2.6541	2.8791	9	3.1284	3.4056	3.7161	4.0626
10	2.5200	2.7240	2.9490	3.1990	10	3.4760	3.7840	4.1290	4.5140
11	2.7720	2.9964	3.2439	3.5189	11	3.8236	4.1624	4.5419	4.9654
12	3.0240	3.2688	3.5388	3.8388	12	4.1712	4.5408	4.9548	5.4108
13	3.2760	3.5412	3.8337	4.1587	13	4.5188	4.9192	5.3677	5.8682
14	3.5280	3.8136	4.1286	4.4780	14	4.8664	5.2976	5.7806	6.3196
15	3.7800	4.0860	4.4235	4.7985	15	5.2140	5.6760	6.1935	6.7710
16	4.0320	4.3584	4.7184	5.1184	16	5.5616	6.0544	6.6064	7.2224
17	4.2840	4.6308	5.0133	5.4383	17	5.9092	6.4328	7.0193	7.6738
18	4.5360	4.9032	5.3082	5.7582	18	6.2568	6.8112	7.4322	8.1252
19	4.7880	5.1756	5.6031	6.0781	19	6.6044	7.1896	7.8451	8.5766
20	5.0400	5.4480	5.8980	6.3980	20	6.9520	7.5680	8.2580	9.0280

SOMMES versées	58 ANS.	59 ANS.	60 ANS.	61 ANS.	SOMMES versées	62 ANS.	63 ANS.	64 ANS.	65 ANS.
1	0.4947	0.5435	0.5988	0.6616	1	0.7335	0.8162	0.9117	1.0229
2	0.9894	1.0870	1.1976	1.3232	2	1.4670	1.6324	1.8234	2.0458
3	1.4841	1.6305	1.7964	1.9848	3	2.2005	2.4486	2.7351	3.0687
4	1.9788	2.1740	2.3952	2.6464	4	2.9340	3.2648	3.6468	4.0916
5	2.4735	2.7175	2.9940	3.3080	5	3.6675	4.0810	4.5585	5.1145
6	2.9682	3.2610	3.5928	3.9696	6	4.4010	4.8972	5.4702	6.1374
7	3.4629	3.8045	4.1916	4.6312	7	5.1345	5.7134	6.3819	7.1603
8	3.9576	4.3480	4.7904	5.2928	8	5.8680	6.5296	7.2936	8.1832
9	4.4523	4.8915	5.3892	5.9544	9	6.6015	7.3458	8.2053	9.2061
10	4.9470	5.4350	5.9880	6.6160	10	7.3350	8.1620	9.1170	10.2290
11	5.4417	5.9785	6.5868	7.2776	11	8.0685	8.9782	10.0287	11.2519
12	5.9364	6.5220	7.1856	7.9392	12	8.8020	9.7944	10.9404	12.2748
13	6.4311	7.0655	7.7844	8.6008	13	9.5355	10.6100	11.8521	13.2977
14	6.9258	7.6090	8.3832	9.2624	14	10.2690	11.4208	12.7038	14.3206
15	7.4205	8.1525	8.9820	9.9240	15	11.0025	12.2430	13.6755	15.3435
16	7.9152	8.6900	9.5808	10.5856	16	11.7360	13.0592	14.5872	16.3664
17	8.4099	9.2395	10.1796	11.2472	17	12.4695	13.8754	15.4989	17.3893
18	8.9046	9.7830	10.7784	11.9088	18	13.2030	14.6916	16.4106	18.4122
19	9.3993	10.3265	11.3772	12.5704	19	13.9365	15.5078	17.3223	19.4351
20	9.8940	10.8700	11.9760	13.2320	20	14.6700	16.3240	18.2340	20.4580

Sommes versées	30 ANS.	31 ANS.	32 ANS.	33 ANS.	Sommes versées	34 ANS.	35 ANS.	36 ANS.	37 ANS.
1	0.3432	0.3710	0.4017	0.4357	1	0.4735	0.5155	0.5623	0.6149
2	0.6864	0.7420	0.8034	0.8714	2	0.9470	1.0310	1.1246	1.2208
3	1.0296	1.1130	1.2051	1.3071	3	1.4205	1.5465	1.6869	1.8447
4	1.3728	1.4840	1.6068	1.7428	4	1.8940	2.0620	2.2492	2.4596
5	1.7160	1.8550	2.0085	2.1785	5	2.3675	2.5775	2.8115	3.0745
6	2.0592	2.2260	2.4102	2.6142	6	2.8410	3.0930	3.3738	3.6894
7	2.4024	2.5970	2.8119	3.0499	7	3.3145	3.6085	3.9361	4.3043
8	2.7456	2.9680	3.2136	3.4850	8	3.7880	4.1240	4.4984	4.9192
9	3.0888	3.3390	3.6153	3.9213	9	4.2615	4.6395	5.0607	5.5341
10	3.4320	3.7100	4.0170	4.3570	10	4.7350	5.1550	5.6230	6.1490
11	3.7752	4.0810	4.4187	4.7027	11	5.2085	5.6705	6.1853	6.7039
12	4.1184	4.4520	4.8204	5.2284	12	5.6820	6.1860	6.7476	7.3788
13	4.4616	4.8230	5.2221	5.6641	13	6.1555	6.7015	7.3099	7.9937
14	4.8048	5.1940	5.6238	6.0998	14	6.6290	7.2170	7.8722	8.6086
15	5.1480	5.5650	6.0255	6.5355	15	7.1025	7.7325	8.4345	9.2235
16	5.4912	5.9360	6.4272	6.9712	16	7.5760	8.2480	8.9968	9.8384
17	5.8344	6.3070	6.8289	7.4069	17	8.0495	8.7635	9.5591	10.4533
18	6.1776	6.6780	7.2306	7.8426	18	8.5230	9.2790	10.1214	11.0682
19	6.5208	7.0490	7.6323	8.2783	19	8.9965	9.7945	10.6837	11.6831
20	6.8640	7.4200	8.0340	8.7140	20	9.4700	10.3100	11.2460	12.2980

Sommes versées	58 ANS.	59 ANS.	60 ANS.	61 ANS.	Sommes versées	62 ANS.	63 ANS.	64 ANS.	65 ANS.
1	0.6738	0.7403	0.8156	0.9012	1	0.9991	1.1117	1.2418	1.3932
2	1.3476	1.4806	1.6312	1.8024	2	1.9982	2.2234	2.4836	2.7864
3	2.0214	2.2209	2.4468	2.7036	3	2.9073	3.3351	3.7254	4.1796
4	2.6952	2.9612	3.2624	3.6048	4	3.9964	4.4468	4.9672	5.5728
5	3.3690	3.7015	4.0780	4.5060	5	4.9955	5.5585	6.2090	6.9660
6	4.0428	4.4418	4.8936	5.4072	6	5.9946	6.6702	7.4508	8.3592
7	4.7166	5.1821	5.7092	6.3084	7	6.9937	7.7819	8.6926	9.7524
8	5.3904	5.9224	6.5248	7.2096	8	7.9928	8.8936	9.9344	11.1456
9	6.0642	6.6627	7.3404	8.1108	9	8.9019	10.0053	11.1762	12.5388
10	6.7380	7.4030	8.1560	9.0120	10	9.0010	11.1170	12.4180	13.9320
11	7.4118	8.1433	8.9716	9.9132	11	10.9901	12.2287	13.6598	15.3252
12	8.0856	8.8836	9.7872	10.8144	12	11.9892	13.3404	14.9016	16.7184
13	8.7594	9.6239	10.6028	11.7156	13	12.9883	14.4521	16.1434	18.1116
14	9.4332	10.3642	11.4184	12.6168	14	13.9874	15.5638	17.3852	19.5048
15	10.1070	11.1045	12.2340	13.5180	15	14.9865	16.6755	18.6270	20.8980
16	10.7808	11.8448	13.0496	14.4192	16	15.9856	17.7872	19.8688	22.2912
17	11.4546	12.5851	13.8652	15.3204	17	16.9847	18.8989	21.1106	23.6844
18	12.1284	13.3254	14.6808	16.2216	18	17.9838	20.0106	22.3524	25.0776
19	12.8022	14.0657	15.4964	17.1228	19	18.9829	21.1223	23.5942	26.4708
20	13.4760	14.8060	16.3120	18.0240	20	19.9820	22.2340	24.8360	27.8640

SOMMES versées	50 ANS.	51 ANS.	52 ANS.	53 ANS.	SOMMES versées	54 ANS.	55 ANS.	56 ANS.	57 ANS.
1	0.2485	0.2687	0.2909	0.3155	1	0.3429	0.3733	0.4072	0.4453
2	0.4970	0.5374	0.5818	0.6310	2	0.6858	0.7466	0.8144	0.8906
3	0.7455	0.8061	0.8727	0.9465	3	1.0287	1.1199	1.2216	1.3359
4	0.9940	1.0748	1.1636	1.2020	4	1.3716	1.4932	1.6288	1.7812
5	1.2425	1.3435	1.4545	1.5775	5	1.7145	1.8665	2.0360	2.2265
6	1.4910	1.6122	1.7454	1.8030	6	2.0574	2.2398	2.4432	2.6718
7	1.7395	1.8809	2.0363	2.2085	7	2.4003	2.6131	2.8504	3.1171
8	1.9880	2.1496	2.3272	2.5240	8	2.7432	2.9864	3.2576	3.5624
9	2.2365	2.4183	2.6181	2.8395	9	3.0861	3.3597	3.6648	4.0077
10	2.4850	2.6870	2.9090	3.1550	10	3.4290	3.7330	4.0720	4.4530
11	2.7335	2.9557	3.1999	3.4705	11	3.7719	4.1063	4.4792	4.8983
12	2.9820	3.2244	3.4908	3.7860	12	4.1148	4.4796	4.8864	5.3436
13	3.2305	3.4931	3.7817	4.1015	13	4.4577	4.8529	5.2936	5.7889
14	3.4790	3.7618	4.0726	4.4170	14	4.8006	5.2262	5.7008	6.2342
15	3.7275	4.0305	4.3035	4.7325	15	5.1435	5.5995	6.1080	6.6795
16	3.9760	4.2992	4.6544	5.0480	16	5.4864	5.9728	6.5152	7.1248
17	4.2245	4.5679	4.9453	5.3635	17	5.8293	6.3461	6.9224	7.5701
18	4.4730	4.8366	5.2362	5.6790	18	6.1722	6.7194	7.3296	8.0154
19	4.7215	5.1053	5.5271	5.9945	19	6.5151	7.0927	7.7368	8.4607
20	4.9700	5.3740	5.8180	6.3100	20	6.8580	7.4660	8.1440	8.9060

SOMMES versées	58 ANS.	59 ANS.	60 ANS.	61 ANS.	SOMMES versées	62 ANS.	63 ANS.	64 ANS.	65 ANS.
1	0.4880	0.5361	0.5906	0.6526	1	0.7235	0.8051	0.8993	1.0090
2	0.9760	1.0722	1.1812	1.3052	2	1.4470	1.6102	1.7986	2.0180
3	1.4640	1.6083	1.7718	1.9578	3	2.1705	2.4153	2.6979	3.0270
4	1.9520	2.1444	2.3624	2.6104	4	2.8940	3.2204	3.5972	4.0360
5	2.4400	2.6805	2.9530	3.2630	5	3.6175	4.0255	4.4965	5.0450
6	2.9280	3.2166	3.5436	3.9156	6	4.3410	4.8306	5.3958	6.0540
7	3.4160	3.7527	4.1342	4.5682	7	5.0645	5.6357	6.2951	7.0630
8	3.9040	4.2888	4.7248	5.2208	8	5.7880	6.4408	7.1944	8.0720
9	4.3920	4.8249	5.3154	5.8734	9	6.5115	7.2459	8.0937	9.0810
10	4.8800	5.3610	5.9060	6.5260	10	7.2350	8.0510	8.9930	10.0900
11	5.3680	5.8971	6.4966	7.1786	11	7.9585	8.8561	9.8923	11.0990
12	5.8500	6.4332	7.0872	7.8312	12	8.6820	9.6612	10.7916	12.1080
13	6.3440	6.9693	7.6778	8.4838	13	9.4055	10.4663	11.6909	13.1170
14	6.8320	7.5054	8.2684	9.1364	14	10.1290	11.2714	12.5902	14.1260
15	7.3200	8.0415	8.8590	9.7890	15	10.8525	12.0765	13.4895	15.1350
16	7.8080	8.5776	9.4496	10.4416	16	11.5760	12.8816	14.3888	16.1440
17	8.2960	9.1137	10.0402	11.0942	17	12.2995	13.6867	15.2881	17.1530
18	8.7840	9.6498	10.6308	11.7468	18	13.0230	14.4918	16.1874	18.1620
19	9.2720	10.1859	11.2214	12.3994	19	13.7465	15.2969	17.0867	19.1710
20	9.7600	10.7220	11.8120	13.0520	20	14.4700	16.1020	17.9860	20.1800

SOMMES versées	50 ANS.	51 ANS.	52 ANS.	53 ANS.	SOMMES versées	54 ANS.	55 ANS.	56 ANS.	57 ANS.
1	0.3390	0.3664	0.3908	0.4303	1	0.4676	0.5091	0.5554	0.6073
2	0.6780	0.7328	0.7936	0.8606	2	0.9352	1.0182	1.1108	1.2146
3	1.0170	1.0992	1.1904	1.2909	3	1.4028	1.5273	1.6662	1.8219
4	1.3560	1.4656	1.5872	1.7212	4	1.8704	2.0364	2.2216	2.4292
5	1.6950	1.8320	1.9840	2.1515	5	2.3380	2.5455	2.7770	3.0365
6	2.0340	2.1984	2.3808	2.5818	6	2.8056	3.0546	3.3324	3.6438
7	2.3730	2.5648	2.7776	3.0121	7	3.2732	3.5637	3.8878	4.2511
8	2.7120	2.9312	3.1744	3.4424	8	3.7408	4.0728	4.4432	4.8584
9	3.0510	3.2976	3.5712	3.8727	9	4.2084	4.5819	4.9986	5.4657
10	3.3900	3.6640	3.9680	4.3030	10	4.6760	5.0910	5.5540	6.0730
11	3.7290	4.0304	4.3648	4.7333	11	5.1436	5.6001	6.1094	6.6803
12	4.0680	4.3968	4.7616	5.1636	12	5.6112	6.1092	6.6648	7.2876
13	4.4070	4.7632	5.1584	5.5939	13	6.0788	6.6183	7.2202	7.8949
14	4.7460	5.1296	5.5552	6.0242	14	6.5464	7.1274	7.7756	8.5022
15	5.0850	5.4960	5.9520	6.4545	15	7.0140	7.6365	8.3310	9.1095
16	5.4240	5.8624	6.3488	6.8848	16	7.4816	8.1456	8.8864	9.7168
17	5.7630	6.2288	6.7456	7.3151	17	7.9492	8.6547	9.4418	10.3241
18	6.1020	6.5952	7.1424	7.7454	18	8.4168	9.1638	9.9972	10.9314
19	6.4410	6.9616	7.5392	8.1757	19	8.8844	9.6729	10.5526	11.5387
20	6.7800	7.3280	7.9360	8.6060	20	9.3520	10.1820	11.1080	12.1460

SOMMES versées	58 ANS.	59 ANS.	60 ANS.	61 ANS.	SOMMES versées	62 ANS.	63 ANS.	64 ANS.	65 ANS.
1	0.6656	0.7312	0.8055	0.8901	1	0.9868	1.0980	1.2265	1.3761
2	1.3312	1.4624	1.6110	1.7802	2	1.9736	2.1960	2.4530	2.7522
3	1.9968	2.1936	2.4165	2.6703	3	2.9604	3.2940	3.6795	4.1283
4	2.6624	2.9248	3.2220	3.5604	4	3.9472	4.3920	4.9060	5.5044
5	3.3280	3.6560	4.0275	4.4505	5	4.9340	5.4900	6.1325	6.8805
6	3.9936	4.3872	4.8330	5.3406	6	5.9208	6.5880	7.3590	8.2566
7	4.6592	5.1184	5.6385	6.2307	7	6.9076	7.6860	8.5855	9.6327
8	5.3248	5.8496	6.4440	7.1208	8	7.8944	8.7840	9.8120	11.0088
9	5.9904	6.5808	7.2495	8.0109	9	8.8812	9.8820	11.0385	12.3849
10	6.6560	7.3120	8.0550	8.9010	10	9.8680	10.9800	12.2650	13.7610
11	7.3216	8.0432	8.8605	9.7911	11	10.8548	12.0780	13.4915	15.1371
12	7.9872	8.7744	9.6660	10.6812	12	11.8416	13.1760	14.7180	16.5132
13	8.6528	9.5056	10.4715	11.5713	13	12.8284	14.2740	15.9445	17.8893
14	9.3184	10.2368	11.2770	12.4614	14	13.8152	15.3720	17.1710	19.2654
15	9.9840	10.9680	12.0825	13.3515	15	14.8020	16.4700	18.3975	20.6415
16	10.6496	11.6992	12.8880	14.2416	16	15.7888	17.5680	19.6240	22.0176
17	11.3152	12.4304	13.6935	15.1317	17	16.7756	18.6660	20.8505	23.3937
18	11.9808	13.1616	14.4990	16.0218	18	17.7624	19.7640	22.0770	24.7698
19	12.6464	13.8928	15.3045	16.9119	19	18.7492	20.8620	23.3035	26.1459
20	13.3120	14.6240	16.1100	17.8020	20	19.7360	21.9600	24.5300	27.5220

SOMMES versées	50 ANS.	51 ANS.	52 ANS.	53 ANS.	SOMMES versées	54 ANS.	55 ANS.	56 ANS.	57 ANS.
1	0.2452	0.2650	0.2870	0.3112	1	0.3382	0.3682	0.4017	0.4392
2	0.4904	0.5300	0.5740	0.6224	2	0.6764	0.7364	0.8034	0.8784
3	0.7356	0.7950	0.8610	0.9336	3	1.0146	1.1046	1.2051	1.3176
4	0.9808	1.0000	1.1480	1.2448	4	1.3528	1.4728	1.6068	1.7568
5	1.2260	1.3250	1.4350	1.5560	5	1.6910	1.8410	2.0085	2.1960
6	1.4712	1.5900	1.7220	1.8672	6	2.0292	2.2092	2.4102	2.6352
7	1.7164	1.8550	2.0090	2.1784	7	2.3674	2.5774	2.8119	3.0744
8	1.9616	2.1200	2.2960	2.4896	8	2.7056	2.9456	3.2136	3.5136
9	2.2068	2.3850	2.5830	2.8008	9	3.0438	3.3138	3.6153	3.9528
10	2.4520	2.6500	2.8700	3.1120	10	3.3820	3.6820	4.0170	4.3920
11	2.6972	2.9150	3.1570	3.4232	11	3.7202	4.0502	4.4187	4.8312
12	2.9424	3.1800	3.4440	3.7344	12	4.0584	4.4184	4.8204	5.2704
13	3.1876	3.4450	3.7310	4.0456	13	4.3966	4.7866	5.2221	5.7096
14	3.4328	3.7100	4.0180	4.3508	14	4.7348	5.1548	5.6238	6.1488
15	3.6780	3.9750	4.3050	4.6680	15	5.0730	5.5230	6.0255	6.5880
16	3.9232	4.2400	4.5920	4.9792	16	5.4112	5.8912	6.4272	7.0272
17	4.1684	4.5050	4.8790	5.2904	17	5.7494	6.2594	6.8289	7.4664
18	4.4136	4.7700	5.1660	5.6016	18	6.0876	6.6276	7.2306	7.9056
19	4.6588	5.0350	5.4530	5.9128	19	6.4258	6.9958	7.6323	8.3448
20	4.9040	5.3000	5.7400	6.2240	20	6.7640	7.3640	8.0340	8.7840

SOMMES versées	58 ANS.	59 ANS.	60 ANS.	61 ANS.	SOMMES versées	62 ANS.	63 ANS.	64 ANS.	65 ANS.
1	0.4814	0.5288	0.5826	0.6437	1	0.7137	0.7941	0.8871	0.9953
2	0.9628	1.0576	1.1652	1.2874	2	1.4274	1.5882	1.7742	1.9906
3	1.4442	1.5864	1.7478	1.9311	3	2.1411	2.3823	2.6613	2.9859
4	1.9256	2.1152	2.3304	2.5748	4	2.8548	3.1764	3.5484	3.9812
5	2.4070	2.6440	2.9130	3.2185	5	3.5685	3.9705	4.4355	4.9765
6	2.8884	3.1728	3.4956	3.8622	6	4.2822	4.7646	5.3226	5.9718
7	3.3698	3.7016	4.0782	4.5059	7	4.9959	5.5587	6.2097	6.9671
8	3.8512	4.2304	4.6608	5.1496	8	5.7096	6.3528	7.0968	7.9624
9	4.3326	4.7592	5.2434	5.7933	9	6.4233	7.1469	7.9839	8.9577
10	4.8140	5.2880	5.8260	6.4370	10	7.1370	7.9410	8.8710	9.9530
11	5.2954	5.8168	6.4086	7.0807	11	7.8507	8.7351	9.7581	10.9483
12	5.7768	6.3456	6.9912	7.7244	12	8.5644	9.5292	10.6452	11.9436
13	6.2582	6.8744	7.5738	8.3681	13	9.2781	10.3233	11.5323	12.9389
14	6.7396	7.4032	8.1564	9.0118	14	9.9918	11.1174	12.4194	13.9342
15	7.2210	7.9320	8.7390	9.6555	15	10.7055	11.9115	13.3065	14.9295
16	7.7024	8.4608	9.3216	10.2992	16	11.4192	12.7056	14.1936	15.9248
17	8.1838	8.9896	9.9042	10.9429	17	12.1329	13.4997	15.0807	16.9201
18	8.6652	9.5184	10.4868	11.5866	18	12.8466	14.2938	15.9678	17.9154
19	9.1466	10.0472	11.0694	12.2303	19	13.5603	15.0879	16.8549	18.9107
20	9.6280	10.5760	11.6520	12.8740	20	14.2740	15.8820	17.7420	19.9060

SOMMES versées.	50 ANS.	51 ANS.	52 ANS.	53 ANS.	SOMMES versées.	54 ANS.	55 ANS.	56 ANS.	57 ANS.
1	0.3348	0.3619	0.3919	0.4251	1	0.4619	0.5029	0.5486	0.5998
2	0.6696	0.7238	0.7838	0.8502	2	0.9238	1.0058	1.0972	1.1996
3	1.0044	1.0857	1.1757	1.2753	3	1.3857	1.5087	1.6458	1.7994
4	1.3392	1.4476	1.5676	1.7004	4	1.8476	2.0116	2.1944	2.3992
5	1.6740	1.8095	1.9595	2.1255	5	2.3095	2.5145	2.7430	2.9990
6	2.0088	2.1714	2.3514	2.5506	6	2.7714	3.0174	3.2916	3.5988
7	2.3436	2.5333	2.7433	2.9757	7	3.2333	3.5203	3.8402	4.1986
8	2.6784	2.8952	3.1352	3.4008	8	3.6952	4.0232	4.3888	4.7984
9	3.0132	3.2571	3.5271	3.8259	9	4.1571	4.5261	4.9374	5.3982
10	3.3480	3.6190	3.9190	4.2510	10	4.6190	5.0290	5.4800	5.9980
11	3.6828	3.9809	4.3109	4.6701	11	5.0800	5.5319	6.0346	6.5978
12	4.0176	4.3428	4.7028	5.1012	12	5.5428	6.0348	6.5832	7.1976
13	4.3524	4.7047	5.0947	5.5263	13	6.0047	6.5377	7.1318	7.7974
14	4.6872	5.0666	5.4866	5.9514	14	6.4666	7.0406	7.6804	8.3972
15	5.0220	5.4285	5.8785	6.3765	15	6.9285	7.5435	8.2290	8.9970
16	5.3568	5.7904	6.2704	6.8016	16	7.3904	8.0464	8.7776	9.5968
17	5.6916	6.1523	6.6623	7.2267	17	7.8523	8.5493	9.3262	10.1966
18	6.0264	6.5142	7.0542	7.6518	18	8.3142	9.0522	9.8748	10.7964
19	6.3612	6.8701	7.4461	8.0769	19	8.7761	9.5551	10.4234	11.3962
20	6.6960	7.2380	7.8380	8.5020	20	9.2380	10.0580	10.9720	11.9960

SOMMES versées.	58 ANS.	59 ANS.	60 ANS.	61 ANS.	SOMMES versées.	62 ANS.	63 ANS.	64 ANS.	65 ANS.
1	0.6574	0.7222	0.7956	0.8791	1	0.9747	1.0845	1.2114	1.3592
2	1.3148	1.4444	1.5912	1.7582	2	1.9494	2.1690	2.4228	2.7184
3	1.9722	2.1666	2.3868	2.6373	3	2.9241	3.2535	3.6342	4.0776
4	2.6296	2.8888	3.1824	3.5164	4	3.8988	4.3380	4.8456	5.4368
5	3.2870	3.6110	3.9780	4.3955	5	4.8735	5.4225	6.0570	6.7960
6	3.9444	4.3332	4.7736	5.2746	6	5.8482	6.5070	7.2684	8.1552
7	4.6018	5.0554	5.5692	6.1537	7	6.8229	7.5915	8.4798	9.5144
8	5.2592	5.7776	6.3648	7.0328	8	7.7976	8.6760	9.6912	10.8736
9	5.9166	6.4998	7.1604	7.9119	9	8.7723	9.7605	10.9026	12.2328
10	6.5740	7.2220	7.9560	8.7910	10	9.7470	10.8450	12.1140	13.5920
11	7.2314	7.9442	8.7516	9.6701	11	10.7217	11.9295	13.3254	14.9512
12	7.8888	8.6664	9.5472	10.5492	12	11.6964	13.0140	14.5368	16.3104
13	8.5462	9.3886	10.3428	11.4283	13	12.6711	14.0985	15.7482	17.6696
14	9.2036	10.1108	11.1384	12.3074	14	13.6458	15.1830	16.9596	19.0288
15	9.8610	10.8330	11.9340	13.1865	15	14.6205	16.2675	18.1710	20.3880
16	10.5184	11.5552	12.7296	14.0656	16	15.5952	17.3520	19.3824	21.7472
17	11.1758	12.2774	13.5252	14.9447	17	16.5699	18.4365	20.5938	23.1064
18	11.8332	12.9996	14.3208	15.8238	18	17.5446	19.5210	21.8052	24.4656
19	12.4906	13.7218	15.1164	16.7029	19	18.5193	20.6055	23.0166	25.8248
20	13.1480	14.4440	15.9120	17.5820	20	19.4940	21.6900	24.2280	27.1840

SOMMES versées.	50 ANS.	51 ANS.	52 ANS.	53 ANS.	SOMMES versées.	54 ANS.	55 ANS.	56 ANS.	57 ANS.
1	0.2418	0.2614	0.2831	0.3070	1	0.3336	0.3632	0.3962	0.4332
2	0.4836	0.5228	0.5662	0.6140	2	0.6672	0.7264	0.7924	0.8664
3	0.7254	0.7842	0.8493	0.9210	3	1.0008	1.0896	1.1886	1.2996
4	0.9672	1.0456	1.1324	1.2280	4	1.3344	1.4528	1.5848	1.7328
5	1.2090	1.3070	1.4155	1.5350	5	1.6680	1.8160	1.9810	2.1660
6	1.4508	1.5684	1.6986	1.8420	6	2.0016	2.1792	2.3772	2.5992
7	1.6926	1.8298	1.9817	2.1490	7	2.3352	2.5424	2.7734	3.0324
8	1.9344	2.0912	2.2648	2.4560	8	2.6688	2.9056	3.1696	3.4656
9	2.1762	2.3526	2.5479	2.7630	9	3.0024	3.2688	3.5658	3.8988
10	2.4180	2.6140	2.8310	3.0700	10	3.3360	3.6320	3.9620	4.3320
11	2.6598	2.8754	3.1141	3.3770	11	3.6696	3.9952	4.3582	4.7652
12	2.9016	3.1368	3.3972	3.6840	12	4.0032	4.3584	4.7544	5.1984
13	3.1434	3.3982	3.6803	3.9910	13	4.3368	4.7216	5.1506	5.6316
14	3.3852	3.6596	3.9634	4.2980	14	4.6704	5.0848	5.5468	6.0648
15	3.6270	3.9210	4.2465	4.6050	15	5.0040	5.4480	5.9430	6.4980
16	3.8688	4.1824	4.5296	4.9120	16	5.3376	5.8112	6.3392	6.9312
17	4.1106	4.4438	4.8127	5.2190	17	5.6712	6.1744	6.7354	7.3644
18	4.3524	4.7052	5.0958	5.5260	18	6.0048	6.5376	7.1316	7.7976
19	4.5942	4.9666	5.3789	5.8330	19	6.3384	6.9008	7.5278	8.2308
20	4.8360	5.2280	5.6620	6.1400	20	6.6720	7.2640	7.9240	8.6640

SOMMES versées.	58 ANS.	59 ANS.	60 ANS.	61 ANS.	SOMMES versées.	62 ANS.	63 ANS.	64 ANS.	65 ANS.
1	0.4748	0.5216	0.5747	0.6350	1	0.7040	0.7833	0.8750	0.9817
2	0.9496	1.0432	1.1494	1.2700	2	1.4080	1.5666	1.7500	1.9034
3	1.4244	1.5648	1.7241	1.9050	3	2.1120	2.3499	2.6250	2.9451
4	1.8992	2.0864	2.2988	2.5400	4	2.8160	3.1332	3.5000	3.9268
5	2.3740	2.6080	2.8735	3.1750	5	3.5200	3.9165	4.3750	4.9085
6	2.8488	3.1296	3.4482	3.8100	6	4.2240	4.6998	5.2500	5.8902
7	3.3236	3.6512	4.0229	4.4450	7	4.9280	5.4831	6.1250	6.8719
8	3.7984	4.1728	4.5976	5.0800	8	5.6320	6.2664	7.0000	7.8536
9	4.2732	4.6944	5.1723	5.7150	9	6.3360	7.0497	7.8750	8.8353
10	4.7480	5.2160	5.7470	6.3500	10	7.0400	7.8330	8.7500	9.8170
11	5.2228	5.7376	6.3217	6.9850	11	7.7440	8.6163	9.6250	10.7987
12	5.6976	6.2592	6.8964	7.6200	12	8.4480	9.3996	10.5000	11.7804
13	6.1724	6.7808	7.4711	8.2550	13	9.1520	10.1829	11.3750	12.7621
14	6.6472	7.3024	8.0458	8.8900	14	9.8560	10.9662	12.2500	13.7438
15	7.1220	7.8240	8.6205	9.5250	15	10.5600	11.7495	13.1250	14.7255
16	7.5968	8.3456	9.1952	10.1600	16	11.2640	12.5328	14.0000	15.7072
17	8.0716	8.8672	9.7699	10.7950	17	11.9680	13.3161	14.8750	16.6889
18	8.5464	9.3888	10.3446	11.4300	18	12.6720	14.0994	15.7500	17.6706
19	9.0212	9.9104	10.9193	12.0650	19	13.3760	14.8827	16.6250	18.6523
20	9.4960	10.4320	11.4940	12.7000	20	14.0800	15.6660	17.5000	19.6340

SOMMES VERSÉES.	50 ANS.	51 ANS.	52 ANS.	53 ANS.	SOMMES VERSÉES.	54 ANS.	55 ANS.	56 ANS.	57 ANS.
1	0.3307	0.3575	0.3871	0.4198	1	0.4562	0.4967	0.5418	0.5924
2	0.6614	0.7150	0.7742	0.8396	2	0.9124	0.9934	1.0830	1.1848
3	0.9921	1.0725	1.1613	1.2594	3	1.3686	1.4901	1.6254	1.7772
4	1.3228	1.4300	1.5484	1.6792	4	1.8248	1.9868	2.1672	2.3696
5	1.6535	1.7875	1.9355	2.0990	5	2.2810	2.4835	2.7090	2.9620
6	1.9842	2.1450	2.3226	2.5188	6	2.7372	2.9802	3.2508	3.5544
7	2.3149	2.5025	2.7097	2.9386	7	3.1934	3.4769	3.7926	4.1468
8	2.6456	2.8600	3.0968	3.3584	8	3.6496	3.9736	4.3344	4.7392
9	2.9763	3.2175	3.4839	3.7782	9	4.1058	4.4703	4.8762	5.3316
10	3.3070	3.5750	3.8710	4.1980	10	4.5620	4.9670	5.4180	5.9240
11	3.6377	3.9325	4.2581	4.6178	11	5.0182	5.4637	5.9598	6.5164
12	3.9684	4.2900	4.6452	5.0376	12	5.4744	5.9604	6.5016	7.1088
13	4.2991	4.6475	5.0323	5.4574	13	5.9306	6.4571	7.0434	7.7012
14	4.6298	5.0050	5.4194	5.8772	14	6.3868	6.9538	7.5852	8.2936
15	4.9605	5.3625	5.8065	6.2970	15	6.8430	7.4505	8.1270	8.8860
16	5.2912	5.7200	6.1936	6.7168	16	7.2992	7.9472	8.6688	9.4784
17	5.6219	6.0775	6.5807	7.1366	17	7.7554	8.4439	9.2106	10.0708
18	5.9526	6.4350	6.9678	7.5564	18	8.2116	8.9406	9.7524	10.6632
19	6.2833	6.7925	7.3549	7.9762	19	8.6678	9.4373	10.2942	11.2556
20	6.6140	7.1500	7.7420	8.3960	20	9.1240	9.9340	10.8360	11.8480

SOMMES VERSÉES.	58 ANS.	59 ANS.	60 ANS.	61 ANS.	SOMMES VERSÉES.	62 ANS.	63 ANS.	64 ANS.	65 ANS.
1	0.6493	0.7133	0.7858	0.8683	1	0.9627	1.0711	1.1965	1.3424
2	1.2986	1.4266	1.5716	1.7366	2	1.9254	2.1422	2.3930	2.6848
3	1.9479	2.1399	2.3574	2.6049	3	2.8881	3.2133	3.5895	4.0272
4	2.5972	2.8532	3.1432	3.4732	4	3.8508	4.2844	4.7860	5.3696
5	3.2465	3.5665	3.9290	4.3415	5	4.8135	5.3555	5.9825	6.7120
6	3.8958	4.2798	4.7148	5.2098	6	5.7762	6.4266	7.1790	8.0544
7	4.5451	4.9931	5.5006	6.0781	7	6.7389	7.4977	8.3755	9.3968
8	5.1944	5.7064	6.2864	6.9464	8	7.7016	8.5688	9.5720	10.7392
9	5.8437	6.4197	7.0722	7.8147	9	8.6643	9.6399	10.7685	12.0816
10	6.4930	7.1330	7.8580	8.6830	10	9.6270	10.7110	11.9650	13.4240
11	7.1423	7.8463	8.6438	9.5513	11	10.5897	11.7821	13.1615	14.7664
12	7.7916	8.5596	9.4296	10.4196	12	11.5524	12.8532	14.3580	16.1088
13	8.4409	9.2729	10.2154	11.2879	13	12.5151	13.9243	15.5545	17.4512
14	9.0902	9.9862	11.0012	12.1562	14	13.4778	14.9954	16.7510	18.7936
15	9.7395	10.6995	11.7870	13.0245	15	14.4405	16.0665	17.9475	20.1360
16	10.3888	11.4128	12.5728	13.8928	16	15.4032	17.1376	19.1440	21.4784
17	11.0381	12.1261	13.3586	14.7611	17	16.3659	18.2087	20.3405	22.8208
18	11.6874	12.8394	14.1444	15.6294	18	17.3286	19.2798	21.5370	24.1632
19	12.3367	13.5527	14.9302	16.4977	19	18.2913	20.3509	22.7335	25.5056
20	12.9860	14.2660	15.7160	17.3660	20	19.2540	21.4220	23.9300	26.8480

SOMMES versées.	50 ANS.	51 ANS.	52 ANS.	53 ANS.	SOMMES versées.	54 ANS.	55 ANS.	56 ANS.	57 ANS.
1	0.2385	0.2578	0.2702	0.3028	1	0.3290	0.3582	0.3908	0.4273
2	0.4770	0.5156	0.5584	0.6056	2	0.6580	0.7164	0.7816	0.8546
3	0.7155	0.7734	0.8376	0.9084	3	0.9870	1.0746	1.1724	1.2819
4	0.9540	1.0312	1.1168	1.2112	4	1.3160	1.4328	1.5632	1.7092
5	1.1925	1.2890	1.3960	1.5140	5	1.6450	1.7910	1.9540	2.1365
6	1.4310	1.5468	1.6752	1.8168	6	1.9740	2.1492	2.3448	2.5638
7	1.6695	1.8046	1.9544	2.1196	7	2.3030	2.5074	2.7356	2.9911
8	1.9080	2.0624	2.2336	2.4224	8	2.6320	2.8656	3.1264	3.4184
9	2.1465	2.3202	2.5128	2.7252	9	2.9610	3.2238	3.5172	3.8457
10	2.3850	2.5780	2.7920	3.0280	10	3.2900	3.5820	3.9080	4.2730
11	2.6235	2.8358	3.0712	3.3308	11	3.6190	3.9402	4.2988	4.7003
12	2.8620	3.0936	3.3504	3.6336	12	3.9480	4.2984	4.6896	5.1276
13	3.1005	3.3514	3.6296	3.9364	13	4.2770	4.6566	5.0804	5.5549
14	3.3390	3.6092	3.9088	4.2392	14	4.6060	5.0148	5.4712	5.9822
15	3.5775	3.8670	4.1880	4.5420	15	4.9350	5.3730	5.8620	6.4095
16	3.8160	4.1248	4.4672	4.8448	16	5.2640	5.7312	6.2528	6.8368
17	4.0545	4.3826	4.7464	5.1476	17	5.5930	6.0894	6.6436	7.2641
18	4.2930	4.6404	5.0256	5.4504	18	5.9220	6.4476	7.0344	7.6914
19	4.5315	4.8982	5.3048	5.7532	19	6.2510	6.8058	7.4252	8.1187
20	4.7700	5.1560	5.5840	6.0560	20	6.5800	7.1640	7.8160	8.5460

SOMMES versées.	58 ANS.	59 ANS.	60 ANS.	61 ANS.	SOMMES versées.	62 ANS.	63 ANS.	64 ANS.	65 ANS.
1	0.4683	0.5145	0.5668	0.6263	1	0.6944	0.7726	0.8630	0.9683
2	0.9366	1.0290	1.1336	1.2526	2	1.3888	1.5452	1.7260	1.9366
3	1.4049	1.5435	1.7004	1.8789	3	2.0832	2.3178	2.5890	2.9049
4	1.8732	2.0580	2.2672	2.5052	4	2.7776	3.0904	3.4520	3.8732
5	2.3415	2.5725	2.8340	3.1315	5	3.4720	3.8630	4.3150	4.8415
6	2.8098	3.0870	3.4008	3.7578	6	4.1664	4.6356	5.1780	5.8098
7	3.2781	3.6015	3.9676	4.3841	7	4.8608	5.4082	6.0410	6.7781
8	3.7464	4.1160	4.5344	5.0104	8	5.5552	6.1808	6.9040	7.7464
9	4.2147	4.6305	5.1012	5.6367	9	6.2496	6.9534	7.7670	8.7147
10	4.6830	5.1450	5.6680	6.2630	10	6.9440	7.7260	8.6300	9.6830
11	5.1513	5.6595	6.2348	6.8893	11	7.6384	8.4986	9.4930	10.6513
12	5.6196	6.1740	6.8016	7.5156	12	8.3328	9.2712	10.3560	11.6196
13	6.0879	6.6885	7.3684	8.1419	13	9.0272	10.0438	11.2190	12.5879
14	6.5562	7.2030	7.9352	8.7682	14	9.7216	10.8164	12.0820	13.5562
15	7.0245	7.7175	8.5020	9.3945	15	10.4160	11.5890	12.9450	14.5245
16	7.4928	8.2320	9.0688	10.0208	16	11.1104	12.3616	13.8080	15.4928
17	7.9611	8.7465	9.6356	10.6471	17	11.8048	13.1342	14.6710	16.4611
18	8.4294	9.2610	10.2024	11.2734	18	12.4992	13.9068	15.5340	17.4294
19	8.8977	9.7755	10.7692	11.8997	19	13.1936	14.6794	16.3970	18.3977
20	9.3660	10.2900	11.3360	12.5260	20	13.8880	15.4520	17.2600	19.3660

SOMMES versées.	50 ANS.	51 ANS.	52 ANS.	53 ANS.	SOMMES versées.	54 ANS.	55 ANS.	56 ANS.	57 ANS.
1	0.3266	0.3531	0.3823	0.4146	1	0.4506	0.4905	0.5352	0.5851
2	0.6532	0.7062	0.7646	0.8292	2	0.9012	0.9810	1.0704	1.1702
3	0.9798	1.0593	1.1469	1.2438	3	1.3518	1.4715	1.6056	1.7553
4	1.3004	1.4124	1.5292	1.6584	4	1.8024	1.9620	2.1408	2.3404
5	1.6330	1.7655	1.9115	2.0730	5	2.2530	2.4525	2.6760	2.9255
6	1.9596	2.1186	2.2938	2.4876	6	2.7036	2.9430	3.2112	3.5106
7	2.2862	2.4717	2.6761	2.9022	7	3.1542	3.4335	3.7464	4.0957
8	2.6128	2.8248	3.0584	3.3168	8	3.6048	3.9240	4.2816	4.6808
9	2.9394	3.1770	3.4407	3.7314	9	4.0554	4.4145	4.8168	5.2659
10	3.2660	3.5310	3.8230	4.1460	10	4.5060	4.9050	5.3520	5.8510
11	3.5926	3.8841	4.2053	4.5606	11	4.9566	5.3955	5.8872	6.4361
12	3.9192	4.2372	4.5876	4.9752	12	5.4072	5.8860	6.4224	7.0212
13	4.2458	4.5903	4.9699	5.3898	13	5.8578	6.3765	6.9576	7.6063
14	4.5724	4.9434	5.3522	5.8044	14	6.3084	6.8670	7.4928	8.1914
15	4.8990	5.2965	5.7345	6.2190	15	6.7590	7.3575	8.0280	8.7765
16	5.2256	5.6496	6.1168	6.6336	16	7.2096	7.8480	8.5632	9.3616
17	5.5522	6.0027	6.4991	7.0482	17	7.6602	8.3385	9.0984	9.9467
18	5.8788	6.3558	6.8814	7.4628	18	8.1108	8.8290	9.6336	10.5318
19	6.2054	6.7089	7.2637	7.8774	19	8.5614	9.3195	10.1688	11.1169
20	6.5320	7.0620	7.6460	8.2920	20	9.0120	9.8100	10.7040	11.7020

SOMMES versées.	58 ANS.	59 ANS.	60 ANS.	61 ANS.	SOMMES versées.	62 ANS.	63 ANS.	64 ANS.	65 ANS.
1	0.6413	0.7045	0.7761	0.8576	1	0.9508	1.0579	1.1817	1.3259
2	1.2826	1.4090	1.5522	1.7152	2	1.9016	2.1158	2.3634	2.6518
3	1.9239	2.1135	2.3283	2.5728	3	2.8524	3.1737	3.5451	3.9777
4	2.5652	2.8180	3.1044	3.4304	4	3.8032	4.2316	4.7268	5.3036
5	3.2065	3.5225	3.8805	4.2880	5	4.7540	5.2895	5.9085	6.6295
6	3.8478	4.2270	4.6566	5.1456	6	5.7048	6.3474	7.0902	7.9554
7	4.4891	4.9315	5.4327	6.0032	7	6.6556	7.4053	8.2719	9.2813
8	5.1304	5.6360	6.2088	6.8608	8	7.6064	8.4632	9.4536	10.6072
9	5.7717	6.3405	6.9849	7.7184	9	8.5572	9.5211	10.6353	11.9331
10	6.4130	7.0450	7.7610	8.5760	10	9.5080	10.5790	11.8170	13.2590
11	7.0543	7.7495	8.5371	9.4336	11	10.4588	11.6369	12.9987	14.5849
12	7.6956	8.4540	9.3132	10.2912	12	11.4096	12.6948	14.1804	15.9108
13	8.3369	9.1585	10.0893	11.1488	13	12.3604	13.7527	15.3621	17.2367
14	8.9782	9.8630	10.8654	12.0064	14	13.3112	14.8106	16.5438	18.5626
15	9.6195	10.5675	11.6415	12.8640	15	14.2620	15.8685	17.7255	19.8885
16	10.2608	11.2720	12.4170	13.7216	16	15.2128	16.9264	18.9072	21.2144
17	10.9021	11.9765	13.1937	14.5702	17	16.1636	17.9843	20.0889	22.5403
18	11.5434	12.6810	13.9698	15.4368	18	17.1144	19.0422	21.2706	23.8662
19	12.1847	13.3855	14.7459	16.2944	19	18.0652	20.1001	22.4523	25.1921
20	12.8260	14.0900	15.5220	17.1520	20	19.0160	21.1580	23.6340	26.5180

SOMMES versées.	50 ANS.	51 ANS.	52 ANS.	53 ANS.	SOMMES versées.	54 ANS.	55 ANS.	56 ANS.	57 ANS.
1	0.2353	0.2543	0.2754	0.2087	1	0.3246	0.3534	0.3855	0.4215
2	0.4706	0.5086	0.5508	0.5974	2	0.6492	0.7068	0.7710	0.8430
3	0.7059	0.7629	0.8262	0.8961	3	0.9738	1.0602	1.1565	1.2645
4	0.9412	1.0172	1.1016	1.1948	4	1.2984	1.4136	1.5420	1.6860
5	1.1765	1.2715	1.3770	1.4935	5	1.6230	1.7670	1.9275	2.1075
6	1.4118	1.5258	1.6524	1.7922	6	1.9476	2.1204	2.3130	2.5290
7	1.6471	1.7801	1.9278	2.0909	7	2.2722	2.4738	2.6985	2.9505
8	1.8824	2.0344	2.2032	2.3896	8	2.5968	2.8272	3.0840	3.3720
9	2.1177	2.2887	2.4786	2.6883	9	2.9214	3.1806	3.4695	3.7935
10	2.3530	2.5430	2.7540	2.9870	10	3.2400	3.5340	3.8550	4.2150
11	2.5883	2.7973	3.0294	3.2857	11	3.5706	3.8874	4.2405	4.6365
12	2.8236	3.0516	3.3048	3.5844	12	3.8952	4.2408	4.6260	5.0580
13	3.0589	3.3059	3.5802	3.8831	13	4.2198	4.5942	5.0115	5.4705
14	3.2942	3.5602	3.8556	4.1818	14	4.5444	4.9476	5.3970	5.9010
15	3.5295	3.8145	4.1310	4.4805	15	4.8690	5.3010	5.7825	6.3225
16	3.7648	4.0688	4.4064	4.7792	16	5.1936	5.6544	6.1680	6.7440
17	4.0001	4.3231	4.6818	5.0779	17	5.5182	6.0078	6.5535	7.1655
18	4.2354	4.5774	4.9572	5.3766	18	5.8428	6.3612	6.9390	7.5870
19	4.4707	4.8317	5.2326	5.6753	19	6.1674	6.7146	7.3245	8.0085
20	4.7060	5.0860	5.5080	5.9740	20	6.4920	7.0680	7.7100	8.4300

SOMMES versées.	58 ANS.	59 ANS.	60 ANS.	61 ANS.	SOMMES versées.	62 ANS.	63 ANS.	64 ANS.	65 ANS.
1	0.4619	0.5075	0.5591	0.6178	1	0.6849	0.7621	0.8512	0.9551
2	0.9238	1.0150	1.1182	1.2356	2	1.3698	1.5242	1.7024	1.9102
3	1.3857	1.5225	1.6773	1.8534	3	2.0547	2.2863	2.5536	2.8653
4	1.8476	2.0300	2.2364	2.4712	4	2.7396	3.0484	3.4048	3.8204
5	2.3095	2.5375	2.7955	3.0890	5	3.4245	3.8105	4.2560	4.7755
6	2.7714	3.0450	3.3546	3.7068	6	4.1094	4.5726	5.1072	5.7306
7	3.2333	3.5525	3.9137	4.3246	7	4.7943	5.3347	5.9584	6.6857
8	3.6952	4.0600	4.4728	4.9424	8	5.4792	6.0968	6.8096	7.6408
9	4.1571	4.5675	5.0319	5.5602	9	6.1641	6.8589	7.6608	8.5959
10	4.6190	5.0750	5.5910	6.1780	10	6.8490	7.6210	8.5120	9.5510
11	5.0809	5.5825	6.1501	6.7958	11	7.5339	8.3831	9.3632	10.5061
12	5.5428	6.0900	6.7092	7.4136	12	8.2188	9.1452	10.2144	11.4612
13	6.0047	6.5975	7.2683	8.0314	13	8.9037	9.9073	11.0656	12.4163
14	6.4666	7.1050	7.8274	8.6492	14	9.5886	10.6694	11.9168	13.3714
15	6.9285	7.6125	8.3865	9.2670	15	10.2735	11.4315	12.7680	14.3265
16	7.3904	8.1200	8.9456	9.8848	16	10.9584	12.1936	13.6192	15.2816
17	7.8523	8.6275	9.5047	10.5026	17	11.6433	12.9557	14.4704	16.2367
18	8.3142	9.1350	10.0638	11.1204	18	12.3282	13.7178	15.3216	17.1918
19	8.7761	9.6425	10.6229	11.7382	19	13.0131	14.4799	16.1728	18.1469
20	9.2380	10.1500	11.1820	12.3560	20	13.6980	15.2420	17.0240	19.1020

SOMMES versées.	50 ANS.	51 ANS.	52 ANS.	53 ANS.	SOMMES versées.	54 ANS.	55 ANS.	56 ANS.	57 ANS.
1	0.3226	0.3487	0.3770	0.4095	1	0.4450	0.4845	0.5280	0.5770
2	0.6452	0.6974	0.7552	0.8190	2	0.8900	0.9690	1.0572	1.1558
3	0.9678	1.0461	1.1328	1.2285	3	1.3350	1.4535	1.5858	1.7337
4	1.2904	1.3948	1.5104	1.6380	4	1.7800	1.9380	2.1144	2.3116
5	1.6130	1.7435	1.8880	2.0475	5	2.2250	2.4225	2.6430	2.8895
6	1.9350	2.0922	2.2656	2.4570	6	2.6700	2.9070	3.1716	3.4674
7	2.2582	2.4409	2.6432	2.8665	7	3.1150	3.3915	3.7002	4.0453
8	2.5808	2.7896	3.0208	3.2760	8	3.5600	3.8760	4.2288	4.6232
9	2.9034	3.1383	3.3984	3.6855	9	4.0050	4.3605	4.7574	5.2011
10	3.2260	3.4870	3.7700	4.0950	10	4.4500	4.8450	5.2860	5.7790
11	3.5486	3.8357	4.1536	4.5045	11	4.8950	5.3295	5.8146	6.3569
12	3.8712	4.1844	4.5312	4.9140	12	5.3400	5.8140	6.3432	6.9348
13	4.1938	4.5331	4.9088	5.3235	13	5.7850	6.2985	6.8718	7.5127
14	4.5164	4.8818	5.2864	5.7330	14	6.2300	6.7830	7.4004	8.0906
15	4.8390	5.2305	5.6640	6.1425	15	6.6750	7.2675	7.9290	8.6685
16	5.1616	5.5792	6.0416	6.5520	16	7.1200	7.7520	8.4576	9.2464
17	5.4842	5.9279	6.4192	6.9615	17	7.5650	8.2365	8.9862	9.8243
18	5.8068	6.2766	6.7968	7.3710	18	8.0100	8.7210	9.5148	10.4022
19	6.1294	6.6253	7.1744	7.7805	19	8.4550	9.2055	10.0434	10.9801
20	6.4520	6.9740	7.5520	8.1900	20	8.9000	9.6900	10.5720	11.5580

SOMMES versées.	58 ANS.	59 ANS.	60 ANS.	61 ANS.	SOMMES versées.	62 ANS.	63 ANS.	64 ANS.	65 ANS.
1	0.6334	0.6958	0.7666	0.8470	1	0.9391	1.0449	1.1672	1.3095
2	1.2668	1.3916	1.5332	1.6940	2	1.8782	2.0898	2.3344	2.6190
3	1.9002	2.0874	2.2998	2.5410	3	2.8173	3.1347	3.5016	3.9285
4	2.5336	2.7832	3.0664	3.3880	4	3.7564	4.1796	4.6688	5.2380
5	3.1670	3.4790	3.8330	4.2350	5	4.6955	5.2245	5.8360	6.5475
6	3.8004	4.1748	4.5996	5.0820	6	5.6346	6.2694	7.0032	7.8570
7	4.4338	4.8706	5.3662	5.9290	7	6.5737	7.3143	8.1704	9.1665
8	5.0672	5.5664	6.1328	6.7760	8	7.5128	8.3592	9.3376	10.4760
9	5.7006	6.2622	6.8994	7.6230	9	8.4519	9.4041	10.5048	11.7855
10	6.3340	6.9580	7.6660	8.4700	10	9.3910	10.4490	11.6720	13.0950
11	6.9674	7.6538	8.4326	9.3170	11	10.3301	11.4939	12.8392	14.4045
12	7.6008	8.3496	9.1992	10.1640	12	11.2692	12.5388	14.0064	15.7140
13	8.2342	9.0454	9.9658	11.0110	13	12.2083	13.5837	15.1736	17.0235
14	8.8676	9.7412	10.7324	11.8580	14	13.1474	14.6286	16.3408	18.3330
15	9.5010	10.4370	11.4990	12.7050	15	14.0865	15.6735	17.5080	19.6425
16	10.1344	11.1328	12.2656	13.5520	16	15.0256	16.7184	18.6752	20.9520
17	10.7678	11.8286	13.0322	14.3990	17	15.9647	17.7633	19.8424	22.2615
18	11.4012	12.5244	13.7988	15.2460	18	16.9038	18.8082	21.0096	23.5710
19	12.0346	13.2202	14.5654	16.0930	19	17.8429	19.8531	22.1768	24.8805
20	12.6680	13.9160	15.3320	16.9400	20	18.7820	20.8980	23.3440	26.1900

SOMMES versées.	50 ANS.	51 ANS.	52 ANS.	53 ANS.	SOMMES versées.	54 ANS.	55 ANS.	56 ANS.	57 ANS.
1	0.2320	0.2508	0.2716	0.2946	1	0.3201	0.3485	0.3802	0.4157
2	0.4640	0.5016	0.5432	0.5892	2	0.6402	0.6970	0.7604	0.8314
3	0.6960	0.7524	0.8148	0.8838	3	0.9603	1.0455	1.1406	1.2471
4	0.9280	1.0032	1.0864	1.1784	4	1.2804	1.3940	1.5208	1.6628
5	1.1600	1.2540	1.3580	1.4730	5	1.6005	1.7425	1.9010	2.0785
6	1.3920	1.5048	1.6296	1.7676	6	1.9206	2.0910	2.2812	2.4942
7	1.6240	1.7556	1.9012	2.0622	7	2.2407	2.4395	2.6614	2.9099
8	1.8560	2.0064	2.1728	2.3568	8	2.5608	2.7880	3.0416	3.3256
9	2.0880	2.2572	2.4444	2.6514	9	2.8809	3.1365	3.4218	3.7413
10	2.3200	2.5080	2.7160	2.9460	10	3.2010	3.4850	3.8020	4.1570
11	2.5520	2.7588	2.9876	3.2406	11	3.5211	3.8335	4.1822	4.5727
12	2.7840	3.0096	3.2592	3.5352	12	3.8412	4.1820	4.5624	4.9884
13	3.0160	3.2604	3.5308	3.8298	13	4.1613	4.5305	4.9426	5.4041
14	3.2480	3.5112	3.8024	4.1244	14	4.4814	4.8790	5.3228	5.8198
15	3.4800	3.7620	4.0740	4.4190	15	4.8015	5.2275	5.7030	6.2355
16	3.7120	4.0128	4.3456	4.7136	16	5.1216	5.5760	6.0832	6.6512
17	3.9440	4.2636	4.6172	5.0082	17	5.4417	5.9245	6.4634	7.0669
18	4.1760	4.5144	4.8888	5.3028	18	5.7618	6.2730	6.8436	7.4826
19	4.4080	4.7652	5.1604	5.5974	19	6.0819	6.6215	7.2238	7.8983
20	4.6400	5.0160	5.4320	5.8920	20	6.4020	6.9700	7.6040	8.3140

SOMMES versées.	58 ANS.	59 ANS.	60 ANS.	61 ANS.	SOMMES versées.	62 ANS.	63 ANS.	64 ANS.	65 ANS.
1	0.4556	0.5005	0.5514	0.6093	1	0.6755	0.7516	0.8396	0.9420
2	0.9112	1.0010	1.1028	1.2186	2	1.3510	1.5032	1.6792	1.8840
3	1.3668	1.5015	1.6542	1.8279	3	2.0265	2.2548	2.5188	2.8260
4	1.8224	2.0020	2.2056	2.4372	4	2.7020	3.0064	3.3584	3.7680
5	2.2780	2.5025	2.7570	3.0465	5	3.3775	3.7580	4.1980	4.7100
6	2.7336	3.0030	3.3084	3.6558	6	4.0530	4.5096	5.0376	5.6520
7	3.1892	3.5035	3.8598	4.2651	7	4.7285	5.2612	5.8772	6.5940
8	3.6448	4.0040	4.4112	4.8744	8	5.4040	6.0128	6.7168	7.5360
9	4.1004	4.5045	4.9626	5.4837	9	6.0795	6.7644	7.5564	8.4780
10	4.5560	5.0050	5.5140	6.0930	10	6.7550	7.5160	8.3960	9.4200
11	5.0116	5.5055	6.0654	6.7023	11	7.4305	8.2676	9.2356	10.3620
12	5.4672	6.0060	6.6168	7.3116	12	8.1060	9.0192	10.0752	11.3040
13	5.9228	6.5065	7.1682	7.9209	13	8.7815	9.7708	10.9148	12.2460
14	6.3784	7.0070	7.7196	8.5302	14	9.4570	10.5224	11.7544	13.1880
15	6.8340	7.5075	8.2710	9.1395	15	10.1325	11.2740	12.5940	14.1300
16	7.2896	8.0080	8.8224	9.7488	16	10.8080	12.0256	13.4336	15.0720
17	7.7452	8.5085	9.3738	10.3581	17	11.4835	12.7772	14.2732	16.0140
18	8.2008	9.0090	9.9252	10.9674	18	12.1590	13.5288	15.1128	16.9560
19	8.6564	9.5095	10.4766	11.5767	19	12.8345	14.2804	15.9524	17.8980
20	9.1120	10.0100	11.0280	12.1860	20	13.5100	15.0320	16.7920	18.8400

SOMMES versées.	50 ANS.	51 ANS.	52 ANS.	53 ANS.	SOMMES versées.	54 ANS.	55 ANS.	56 ANS.	57 ANS.
1	0.3186	0.3444	0.3729	0.4045	1	0.4395	0.4785	0.5220	0.5708
2	0.6372	0.6888	0.7458	0.8090	2	0.8790	0.9570	1.0440	1.1410
3	0.9558	1.0332	1.1187	1.2135	3	1.3185	1.4355	1.5660	1.7124
4	1.2744	1.3776	1.4916	1.6180	4	1.7580	1.9140	2.0880	2.2832
5	1.5930	1.7220	1.8645	2.0225	5	2.1975	2.3925	2.6100	2.8540
6	1.9116	2.0664	2.2374	2.4270	6	2.6370	2.8710	3.1320	3.4248
7	2.2302	2.4108	2.6103	2.8315	7	3.0765	3.3495	3.6540	3.9956
8	2.5488	2.7552	2.9832	3.2360	8	3.5160	3.8280	4.1760	4.5664
9	2.8674	3.0996	3.3561	3.6405	9	3.9555	4.3065	4.6980	5.1372
10	3.1860	3.4440	3.7290	4.0450	10	4.3950	4.7850	5.2200	5.7080
11	3.5046	3.7884	4.1019	4.4495	11	4.8345	5.2635	5.7420	6.2788
12	3.8232	4.1328	4.4748	4.8540	12	5.2740	5.7420	6.2640	6.8496
13	4.1418	4.4772	4.8477	5.2585	13	5.7135	6.2205	6.7860	7.4204
14	4.4604	4.8216	5.2206	5.6630	14	6.1530	6.6990	7.3080	7.9912
15	4.7790	5.1660	5.5935	6.0675	15	6.5925	7.1775	7.8300	8.5620
16	5.0976	5.5104	5.9664	6.4720	16	7.0320	7.6560	8.3520	9.1328
17	5.4162	5.8548	6.3393	6.8765	17	7.4715	8.1345	8.8740	9.7036
18	5.7348	6.1992	6.7122	7.2810	18	7.9110	8.6130	9.3960	10.2744
19	6.0534	6.5436	7.0851	7.6855	19	8.3505	9.0915	9.9180	10.8452
20	6.3720	6.8880	7.4580	8.0900	20	8.7900	9.5700	10.4400	11.4160

SOMMES versées.	58 ANS.	59 ANS.	60 ANS.	61 ANS.	SOMMES versées.	62 ANS.	63 ANS.	64 ANS.	65 ANS.
1	0.6255	0.6873	0.7571	0.8366	1	0.9275	1.0320	1.1528	1.2934
2	1.2510	1.3746	1.5142	1.6732	2	1.8550	2.0640	2.3056	2.5868
3	1.8765	2.0619	2.2713	2.5098	3	2.7825	3.0960	3.4584	3.8802
4	2.5020	2.7492	3.0284	3.3464	4	3.7100	4.1280	4.6112	5.1736
5	3.1275	3.4365	3.7855	4.1830	5	4.6375	5.1600	5.7640	6.4670
6	3.7530	4.1238	4.5426	5.0196	6	5.5650	6.1920	6.9168	7.7604
7	4.3785	4.8111	5.2997	5.8562	7	6.4925	7.2240	8.0696	9.0538
8	5.0040	5.4984	6.0568	6.6928	8	7.4200	8.2560	9.2224	10.3472
9	5.6295	6.1857	6.8139	7.5294	9	8.3475	9.2880	10.3752	11.6406
10	6.2550	6.8730	7.5710	8.3660	10	9.2750	10.3200	11.5280	12.9340
11	6.8805	7.5603	8.3281	9.2026	11	10.2025	11.3520	12.6808	14.2274
12	7.5060	8.2476	9.0852	10.0392	12	11.1300	12.3840	13.8336	15.5208
13	8.1315	8.9349	9.8423	10.8758	13	12.0575	13.4160	14.9864	16.8142
14	8.7570	9.6222	10.5994	11.7124	14	12.9850	14.4480	16.1392	18.1076
15	9.3825	10.3095	11.3565	12.5490	15	13.9125	15.4800	17.2920	19.4010
16	10.0080	10.9968	12.1136	13.3856	16	14.8400	16.5120	18.4448	20.6944
17	10.6335	11.6841	12.8707	14.2222	17	15.7675	17.5440	19.5976	21.9878
18	11.2590	12.3714	13.6278	15.0588	18	16.6950	18.5760	20.7504	23.2812
19	11.8845	13.0587	14.3849	15.8954	19	17.6225	19.6080	21.9032	24.5746
20	12.5100	13.7460	15.1420	16.7320	20	18.5500	20.6400	23.0560	25.8680

Sommes versées	50 ANS	51 ANS	52 ANS	53 ANS	Sommes versées	54 ANS	55 ANS	56 ANS	57 ANS
1	0.2289	0.2474	0.2679	0.2906	1	0.3157	0.3437	0.3750	0.4100
2	0.4578	0.4948	0.5358	0.5812	2	0.6314	0.6874	0.7500	0.8200
3	0.6867	0.7422	0.8037	0.8718	3	0.9471	1.0311	1.1250	1.2300
4	0.9156	0.9896	1.0716	1.1624	4	1.2628	1.3748	1.5000	1.6400
5	1.1445	1.2370	1.3395	1.4530	5	1.5785	1.7185	1.8750	2.0500
6	1.3734	1.4844	1.6074	1.7436	6	1.8942	2.0622	2.2500	2.4600
7	1.6023	1.7318	1.8753	2.0342	7	2.2099	2.4059	2.6250	2.8700
8	1.8312	1.9792	2.1432	2.3248	8	2.5256	2.7496	3.0000	3.2800
9	2.0601	2.2266	2.4111	2.6154	9	2.8413	3.0933	3.3750	3.6900
10	2.2890	2.4740	2.6790	2.9060	10	3.1570	3.4370	3.7500	4.1000
11	2.5179	2.7214	2.9469	3.1966	11	3.4727	3.7807	4.1250	4.5100
12	2.7468	2.9688	3.2148	3.4872	12	3.7884	4.1244	4.5000	4.9200
13	2.9757	3.2162	3.4827	3.7778	13	4.1041	4.4681	4.8750	5.3300
14	3.2046	3.4636	3.7506	4.0684	14	4.4198	4.8118	5.2500	5.7400
15	3.4335	3.7110	4.0185	4.3590	15	4.7355	5.1555	5.6250	6.1500
16	3.6024	3.9584	4.2864	4.6496	16	5.0512	5.4992	6.0000	6.5600
17	3.8913	4.2058	4.5543	4.9402	17	5.3669	5.8429	6.3750	6.9700
18	4.1202	4.4532	4.8222	5.2308	18	5.6826	6.1866	6.7500	7.3800
19	4.3491	4.7006	5.0901	5.5214	19	5.9983	6.5303	7.1250	7.7900
20	4.5780	4.9480	5.3580	5.8120	20	6.3140	6.8740	7.5000	8.2000

Sommes versées	58 ANS	59 ANS	60 ANS	61 ANS	Sommes versées	62 ANS	63 ANS	64 ANS	65 ANS
1	0.4494	0.4937	0.5439	0.6010	1	0.6663	0.7413	0.8281	0.9291
2	0.8988	0.9874	1.0878	1.2020	2	1.3326	1.4826	1.6562	1.8582
3	1.3482	1.4811	1.6317	1.8030	3	1.9989	2.2239	2.4843	2.7873
4	1.7976	1.9748	2.1756	2.4040	4	2.6652	2.9652	3.3124	3.7164
5	2.2470	2.4685	2.7195	3.0050	5	3.3315	3.7005	4.1405	4.6455
6	2.6964	2.9622	3.2634	3.6060	6	3.9978	4.4478	4.9686	5.5746
7	3.1458	3.4559	3.8073	4.2070	7	4.6641	5.1891	5.7967	6.5037
8	3.5952	3.9496	4.3512	4.8080	8	5.3304	5.9304	6.6248	7.4328
9	4.0446	4.4433	4.8951	5.4090	9	5.9967	6.6717	7.4529	8.3619
10	4.4940	4.9370	5.4390	6.0100	10	6.6630	7.4130	8.2810	9.2910
11	4.9434	5.4307	5.9829	6.6110	11	7.3293	8.1543	9.1091	10.2201
12	5.3028	5.9244	6.5268	7.2120	12	7.9956	8.8956	9.9372	11.1492
13	5.8422	6.4181	7.0707	7.8130	13	8.6619	9.6369	10.7653	12.0783
14	6.2916	6.9118	7.6146	8.4140	14	9.3282	10.3782	11.5934	13.0074
15	6.7410	7.4055	8.1585	9.0150	15	9.9945	11.1195	12.4215	13.9365
16	7.1904	7.8992	8.7024	9.6160	16	10.6608	11.8608	13.2496	14.8656
17	7.6398	8.3929	9.2463	10.2170	17	11.3271	12.6021	14.0777	15.7947
18	8.0892	8.8866	9.7902	10.8180	18	11.9934	13.3434	14.9058	16.7238
19	8.5386	9.3803	10.3341	11.4190	19	12.6507	14.0847	15.7339	17.6529
20	8.9880	9.8740	10.8780	12.0200	20	13.3260	14.8260	16.5620	18.5820

SOMMES versées.	50 ANS.	51 ANS.	52 ANS.	53 ANS.	SOMMES versées.	54 ANS.	55 ANS.	56 ANS.	57 ANS.
1	0.3147	0.3402	0.3683	0.3995	1	0.4341	0.4726	0.5156	0.5637
2	0.6294	0.6804	0.7366	0.7990	2	0.8682	0.9452	1.0312	1.1274
3	0.9441	1.0206	1.1049	1.1985	3	1.3023	1.4178	1.5468	1.6911
4	1.2588	1.3608	1.4732	1.5980	4	1.7364	1.8904	2.0624	2.2548
5	1.5735	1.7010	1.8415	1.9975	5	2.1705	2 3630	2.5780	2.8185
6	1.8882	2.0412	2.2098	2.3970	6	2.6046	2.8356	3.0936	3.3822
7	2.2029	2.3814	2.5781	2.7965	7	3.0387	3.3082	3.6092	3.9459
8	2.5176	2.7216	2.9464	3.1960	8	3.4728	3.7808	4.1248	4.5096
9	2.8323	3.0018	3.3147	3.5955	9	3.9069	4.2534	4.6404	5.0733
10	3.1470	3.4020	3.6830	3.9950	10	4.3410	4.7260	5.1560	5.6370
11	3.4617	3.7422	4.0513	4.3945	11	4.7751	5.1986	5.6716	6.2007
12	3.7764	4.0824	4.4196	4.7940	12	5.2092	5.6712	6.1872	6.7644
13	4.0911	4.4226	4.7879	5.1935	13	5.6433	6.1438	6.7028	7.3281
14	4.4058	4.7628	5.1562	5.5930	14	6.0774	6.6164	7.2184	7.8918
15	4.7205	5.1030	5.5245	5.9925	15	6.5115	7.0890	7.7340	8.4555
16	5.0352	5.4432	5.8928	6.3920	16	6.9456	7.5616	8.2496	9.0192
17	5.3499	5.7834	6.2611	6.7915	17	7.3797	8.0342	8.7652	9.5820
18	5.6646	6.1236	6.6294	7.1910	18	7.8138	8.5068	9.2808	10.1460
19	5 9793	6.4638	6.9977	7.5905	19	8.2479	8.9794	9.7964	10.7103
20	6.2940	6.8040	7.3660	7.9900	20	8.6820	9.4520	10.3120	11.2740

SOMMES versées.	58 ANS.	59 ANS.	60 ANS.	61 ANS.	SOMMES versées.	62 ANS.	63 ANS.	64 ANS.	65 ANS.
1	0.6178	0.6788	0.7478	0.8263	1	0.9160	1.0193	1.1386	1.2774
2	1.2356	1.3576	1.4956	1.6526	2	1.8320	2.0386	2.2772	2.5548
3	1.8534	2.0364	2.2434	2.4789	3	2.7480	3.0579	3.4158	3.8322
4	2.4712	2.7152	2.9912	3.3052	4	3.6640	4.0772	4.5544	5.1096
5	3.0890	3.3940	3.7390	4.1315	5	4 5800	5.0965	5.6930	6.3870
6	3.7068	4.0728	4.4868	4.9578	6	5.4960	6.1158	6.8316	7.6644
7	4.3246	4.7516	5.2346	5.7841	7	6.4120	7.1351	7.9702	8.9418
8	4.9424	5.4304	5.9824	6.6104	8	7.3280	8.1544	9.1088	10.2192
9	5.5602	6.1092	6.7302	7.4367	9	8.2440	9.1737	10.2474	11.4966
10	6.1780	6.7880	7.4780	8.2630	10	9.1600	10.1930	11.3860	12.7740
11	6.7958	7.4668	8.2258	9.0893	11	10.0760	11.2123	12.5246	14.0514
12	7.4136	8.1456	8.9736	9.9156	12	10.9920	12.2316	13.6632	15.3288
13	8.0314	8.8244	9.7214	10.7419	13	11.9080	13.2509	14.8018	16.6062
14	8.6492	9.5032	10.4692	11.5682	14	12.8240	14.2702	15.9404	17.8836
15	9.2670	10.1820	11.2170	12.3945	15	13.7400	15.2895	17.0790	19.1610
16	9.8848	10.8608	11.9648	13.2208	16	14.6560	16.3088	18.2176	20.4384
17	10.5026	11.5396	12.7126	14.0471	17	15.5720	17.3281	19.3562	21.7158
18	11.1204	12.2184	13.4604	14.8734	18	16.4880	18.3474	20.4948	22.9932
19	11.7382	12.8972	14.2082	15.6997	19	17.4040	19.3667	21.6334	24.2706
20	12.3560	13.5760	14.9560	16.5260	20	18.3200	20.3860	22.7720	25.5480

SOMMES versées	50 ANS	51 ANS	52 ANS	53 ANS	SOMMES versées	54 ANS	55 ANS	56 ANS	57 ANS
1	0.2257	0.2440	0.2642	0.2866	1	0.3114	0.3390	0.3609	0.4044
2	0.4514	0.4880	0.5284	0.5732	2	0.6228	0.6780	0.7398	0.8088
3	0.6771	0.7320	0.7926	0.8598	3	0.9342	1.0170	1.1007	1.2132
4	0.9028	0.9760	1.0568	1.1464	4	1.2456	1.3560	1.4706	1.6176
5	1.1285	1.2200	1.3210	1.4330	5	1.5570	1.6950	1.8495	2.0220
6	1.3542	1.4640	1.5852	1.7196	6	1.8684	2.0340	2.2194	2.4264
7	1.5799	1.7080	1.8494	2.0062	7	2.1798	2.3730	2.5893	2.8308
8	1.8056	1.9520	2.1136	2.2928	8	2.4912	2.7120	2.9592	3.2352
9	2.0313	2.1960	2.3778	2.5794	9	2.8026	3.0510	3.3291	3.6396
10	2.2570	2.4400	2.6420	2.8660	10	3.1140	3.3900	3.6990	4.0440
11	2.4827	2.6840	2.9062	3.1526	11	3.4254	3.7290	4.0689	4.4484
12	2.7084	2.9280	3.1704	3.4392	12	3.7368	4.0680	4.4388	4.8528
13	2.9341	3.1720	3.4346	3.7258	13	4.0482	4.4070	4.8087	5.2572
14	3.1598	3.4160	3.6988	4.0124	14	4.3596	4.7460	5.1786	5.6616
15	3.3855	3.6600	3.9630	4.2990	15	4.6710	5.0850	5.5485	6.0660
16	3.6112	3.9040	4.2272	4.5856	16	4.9824	5.4240	5.9184	6.4704
17	3.8369	4.1480	4.4914	4.8722	17	5.2938	5.7630	6.2883	6.8748
18	4.0626	4.3920	4.7556	5.1588	18	5.6052	6.1020	6.6582	7.2792
19	4.2883	4.6360	5.0198	5.4454	19	5.9166	6.4410	7.0281	7.6836
20	4.5140	4.8800	5.2840	5.7320	20	6.2280	6.7800	7.3980	8.0880

SOMMES versées	58 ANS	59 ANS	60 ANS	61 ANS	SOMMES versées	62 ANS	63 ANS	64 ANS	65 ANS
1	0.4432	0.4869	0.5364	0.5927	1	0.6571	0.7312	0.8167	0.9164
2	0.8864	0.9738	1.0728	1.1854	2	1.3142	1.4624	1.6334	1.8328
3	1.3296	1.4607	1.6092	1.7781	3	1.9713	2.1936	2.4501	2.7492
4	1.7728	1.9476	2.1456	2.3708	4	2.6284	2.9248	3.2668	3.6656
5	2.2160	2.4345	2.6820	2.9635	5	3.2855	3.6560	4.0835	4.5820
6	2.6592	2.9214	3.2184	3.5562	6	3.9426	4.3872	4.9002	5.4984
7	3.1024	3.4083	3.7548	4.1489	7	4.5997	5.1184	5.7169	6.4148
8	3.5456	3.8952	4.2912	4.7416	8	5.2568	5.8496	6.5336	7.3312
9	3.9888	4.3821	4.8276	5.3343	9	5.9139	6.5808	7.3503	8.2476
10	4.4320	4.8690	5.3640	5.9270	10	6.5710	7.3120	8.1670	9.1640
11	4.8752	5.3559	5.9004	6.5197	11	7.2281	8.0432	8.9837	10.0804
12	5.3184	5.8428	6.4368	7.1124	12	7.8852	8.7744	9.8004	10.9968
13	5.7616	6.3297	6.9732	7.7051	13	8.5423	9.5056	10.6171	11.9132
14	6.2048	6.8166	7.5096	8.2978	14	9.1994	10.2368	11.4338	12.8296
15	6.6480	7.3035	8.0460	8.8905	15	9.8565	10.9680	12.2505	13.7460
16	7.0912	7.7904	8.5824	9.4832	16	10.5136	11.6992	13.0672	14.6624
17	7.5344	8.2773	9.1188	10.0759	17	11.1707	12.4304	13.8839	15.5788
18	7.9776	8.7642	9.6552	10.6686	18	11.8278	13.1616	14.7006	16.4952
19	8.4208	9.2511	10.1916	11.2613	19	12.4849	13.8928	15.5173	17.4116
20	8.8640	9.7380	10.7280	11.8540	20	13.1420	14.6240	16.3340	18.3280

SOMMES versées.	50 ANS.	51 ANS.	52 ANS.	53 ANS.	SOMMES versées.	54 ANS.	55 ANS.	56 ANS.	57 ANS.
1	0.3108	0.3360	0.3638	0.3946	1	0.4287	0.4668	0.5092	0.5568
2	0.6216	0.6720	0.7276	0.7892	2	0.8574	0.9336	1.0184	1.1136
3	0.9324	1.0080	1.0914	1.1838	3	1.2861	1.4004	1.5276	1.6704
4	1.2432	1.3440	1.4552	1.5784	4	1.7148	1.8672	2.0368	2.2272
5	1.5540	1.6800	1.8190	1.9730	5	2.1435	2.3340	2.5460	2.7840
6	1.8648	2.0160	2.1828	2.3676	6	2.5722	2.8008	3.0552	3.3408
7	2.1756	2.3520	2.5466	2.7622	7	3.0009	3.2676	3.5644	3.8976
8	2.4864	2.6880	2.9104	3.1568	8	3.4296	3.7344	4.0736	4.4544
9	2.7972	3.0240	3.2742	3.5514	9	3.8583	4.2012	4.5828	5.0112
10	3.1080	3.3600	3.6380	3.9460	10	4.2870	4.6680	5.0920	5.5680
11	3.4188	3.6960	4.0018	4.3406	11	4.7157	5.1348	5.6012	6.1248
12	3.7296	4.0320	4.3656	4.7352	12	5.1444	5.6016	6.1104	6.6816
13	4.0404	4.3680	4.7294	5.1298	13	5.5731	6.0684	6.6196	7.2384
14	4.3512	4.7040	5.0932	5.5244	14	6.0018	6.5352	7.1288	7.7952
15	4.6620	5.0400	5.4570	5.9190	15	6.4305	7.0020	7.6380	8.3520
16	4.9728	5.3760	5.8208	6.3136	16	6.8592	7.4688	8.1472	8.9088
17	5.2836	5.7120	6.1846	6.7082	17	7.2879	7.9356	8.6564	9.4656
18	5.5944	6.0480	6.5484	7.1028	18	7.7166	8.4024	9.1656	10.0224
19	5.9052	6.3840	6.9122	7.4974	19	8.1453	8.8692	9.6748	10.5702
20	6.2160	6.7200	7.2760	7.8920	20	8.5740	9.3360	10.1840	11.1360

SOMMES versées.	58 ANS.	59 ANS.	60 ANS.	61 ANS.	SOMMES versées.	62 ANS.	63 ANS.	64 ANS.	65 ANS.
1	0.6102	0.6704	0.7385	0.8161	1	0.9047	1.0067	1.1245	1.2617
2	1.2204	1.3408	1.4770	1.6322	2	1.8094	2.0134	2.2490	2.5234
3	1.8306	2.0112	2.2155	2.4483	3	2.7141	3.0201	3.3735	3.7851
4	2.4408	2.6816	2.9540	3.2644	4	3.6188	4.0268	4.4980	5.0468
5	3.0510	3.3520	3.6925	4.0805	5	4.5235	5.0335	5.6225	6.3085
6	3.6612	4.0224	4.4310	4.8966	6	5.4282	6.0402	6.7470	7.5702
7	4.2714	4.6928	5.1695	5.7127	7	6.3329	7.0469	7.8715	8.8319
8	4.8816	5.3632	5.9080	6.5288	8	7.2376	8.0536	8.9960	10.0936
9	5.4918	6.0336	6.6465	7.3449	9	8.1423	9.0603	10.1205	11.3553
10	6.1020	6.7040	7.3850	8.1610	10	9.0470	10.0670	11.2450	12.6170
11	6.7122	7.3744	8.1235	8.9771	11	9.9517	11.0737	12.3695	13.8787
12	7.3224	8.0448	8.8620	9.7932	12	10.8564	12.0804	13.4940	15.1404
13	7.9326	8.7152	9.6005	10.6093	13	11.7611	13.0871	14.6185	16.4021
14	8.5428	9.3856	10.3390	11.4254	14	12.6658	14.0938	15.7430	17.6638
15	9.1530	10.0560	11.0775	12.2415	15	13.5705	15.1005	16.8675	18.9255
16	9.7632	10.7264	11.8160	13.0576	16	14.4752	16.1072	17.9920	20.1872
17	10.3734	11.3968	12.5545	13.8737	17	15.3799	17.1139	19.1165	21.4489
18	10.9836	12.0672	13.2930	14.6898	18	16.2846	18.1206	20.2410	22.7106
19	11.5938	12.7376	14.0315	15.5059	19	17.1893	19.1273	21.3655	23.9723
20	12.2040	13.4080	14.7700	16.3220	20	18.0940	20.1340	22.4900	25.2340

SOMMES versées	50 ANS.	51 ANS.	52 ANS.	53 ANS.	SOMMES versées	54 ANS.	55 ANS.	56 ANS.	57 ANS.
1	0.2226	0.2407	0.2606	0.2826	1	0.3071	0.3344	0.3648	0.3988
2	0.4452	0.4814	0.5212	0.5652	2	0.6142	0.6688	0.7296	0.7976
3	0.6678	0.7221	0.7818	0.8478	3	0.9213	1.0032	1.0944	1.1964
4	0.8904	0.9628	1.0424	1.1304	4	1.2284	1.3376	1.4592	1.5952
5	1.1130	1.2035	1.3030	1.4130	5	1.5355	1.6720	1.8240	1.9940
6	1.3356	1.4442	1.5636	1.6956	6	1.8426	2.0064	2.1888	2.3928
7	1.5582	1.6840	1.8242	1.9782	7	2.1497	2.3408	2.5536	2.7916
8	1.7808	1.9256	2.0848	2.2608	8	2.4568	2.6752	2.9184	3.1904
9	2.0034	2.1663	2.3454	2.5434	9	2.7639	3.0096	3.2832	3.5892
10	2.2260	2.4070	2.6060	2.8260	10	3.0710	3.3440	3.6480	3.9880
11	2.4486	2.6477	2.8666	3.1086	11	3.3781	3.6784	4.0128	4.3868
12	2.6712	2.8884	3.1272	3.3912	12	3.6852	4.0128	4.3776	4.7856
13	2.8938	3.1291	3.3878	3.6738	13	3.9923	4.3472	4.7424	5.1844
14	3.1164	3.3698	3.6484	3.9564	14	4.2994	4.6816	5.1072	5.5832
15	3.3390	3.6105	3.9090	4.2300	15	4.6065	5.0160	5.4720	5.9820
16	3.5616	3.8512	4.1696	4.5216	16	4.9136	5.3504	5.8368	6.3808
17	3.7842	4.0919	4.4302	4.8042	17	5.2207	5.6848	6.2016	6.7796
18	4.0068	4.3326	4.6908	5.0868	18	5.5278	6.0192	6.5664	7.1784
19	4.2294	4.5733	4.9514	5.3694	19	5.8349	6.3536	6.9312	7.5772
20	4.4520	4.8140	5.2120	5.6520	20	6.1420	6.6880	7.2960	7.9760

SOMMES versées	58 ANS.	59 ANS.	60 ANS.	61 ANS.	SOMMES versées	62 ANS.	63 ANS.	64 ANS.	65 ANS.
1	0.4371	0.4802	0.5290	0.5846	1	0.6481	0.7211	0.8055	0.9038
2	0.8742	0.9604	1.0580	1.1692	2	1.2962	1.4422	1.6110	1.8076
3	1.3113	1.4406	1.5870	1.7538	3	1.9443	2.1633	2.4165	2.7114
4	1.7484	1.9208	2.1160	2.3384	4	2.5924	2.8844	3.2220	3.6152
5	2.1855	2.4010	2.6450	2.9230	5	3.2405	3.6055	4.0275	4.5190
6	2.6226	2.8812	3.1740	3.5076	6	3.8886	4.3266	4.8330	5.4228
7	3.0597	3.3614	3.7030	4.0922	7	4.5367	5.0477	5.6385	6.3266
8	3.4968	3.8416	4.2320	4.6768	8	5.1848	5.7688	6.4440	7.2304
9	3.9339	4.3218	4.7610	5.2614	9	5.8329	6.4899	7.2495	8.1342
10	4.3710	4.8020	5.2900	5.8460	10	6.4810	7.2110	8.0550	9.0380
11	4.8081	5.2822	5.8190	6.4306	11	7.1291	7.9321	8.8605	9.9418
12	5.2452	5.7624	6.3480	7.0152	12	7.7772	8.6532	9.6660	10.8456
13	5.6823	6.2426	6.8770	7.5998	13	8.4253	9.3743	10.4715	11.7494
14	6.1194	6.7228	7.4060	8.1844	14	9.0734	10.0954	11.2770	12.6532
15	6.5565	7.2030	7.9350	8.7690	15	9.7215	10.8165	12.0825	13.5570
16	6.9936	7.6832	8.4640	9.3536	16	10.3696	11.5376	12.8880	14.4608
17	7.4307	8.1634	8.9930	9.9382	17	11.0177	12.2587	13.6935	15.3646
18	7.8678	8.6436	9.5220	10.5228	18	11.6658	12.9798	14.4990	16.2684
19	8.3049	9.1238	10.0510	11.1074	19	12.3139	13.7009	15.3045	17.1722
20	8.7420	9.6040	10.5800	11.6920	20	12.9620	14.4220	16.1100	18.0760

SOMMES versées.	50 ANS.	51 ANS.	52 ANS.	53 ANS.	SOMMES versées.	54 ANS.	55 ANS.	56 ANS.	57 ANS.
1	0.3069	0.3318	0.3593	0.3897	1	0.4234	0.4610	0.5029	0.5499
2	0.6138	0.6636	0.7186	0.7794	2	0.8468	0.9220	1.0058	1.0998
3	0.9207	0.9954	1.0779	1.1691	3	1.2702	1.3830	1.5087	1.6497
4	1.2276	1.3272	1.4372	1.5588	4	1.6936	1.8440	2.0116	2.1996
5	1.5345	1.6590	1.7965	1.9485	5	2.1170	2.3050	2.5145	2.7495
6	1.8414	1.9908	2.1558	2.3382	6	2.5404	2.7660	3.0174	3.2994
7	2.1483	2.3226	2.5151	2.7279	7	2.9638	3.2270	3.5203	3.8493
8	2.4552	2.6544	2.8744	3.1176	8	3.3872	3.6880	4.0232	4.3992
9	2.7621	2.9862	3.2337	3.5073	9	3.8106	4.1490	4.5261	4.9491
10	3.0690	3.3180	3.5930	3.8970	10	4.2340	4.6100	5.0290	5.4990
11	3.3759	3.6498	3.9523	4.2867	11	4.6574	5.0710	5.5319	6.0489
12	3.6828	3.9816	4.3116	4.6764	12	5.0808	5.5320	6.0348	6.5988
13	3.9897	4.3134	4.6709	5.0661	13	5.5042	5.9930	6.5377	7.1487
14	4.2966	4.6452	5.0302	5.4558	14	5.9276	6.4540	7.0406	7.6986
15	4.6035	4.9770	5.3895	5.8455	15	6.3510	6.9150	7.5435	8.2485
16	4.9104	5.3088	5.7488	6.2352	16	6.7744	7.3760	8.0464	8.7984
17	5.2173	5.6406	6.1081	6.6249	17	7.1978	7.8370	8.5403	9.3483
18	5.5242	5.9724	6.4674	7.0146	18	7.6212	8.2080	9.0522	9.8982
19	5.8311	6.3042	6.8267	7.4043	19	8.0446	8.7590	9.5551	10.4481
20	6.1380	6.6360	7.1860	7.7940	20	8.4680	9.2200	10.0580	10.9980

SOMMES versées.	58 ANS.	59 ANS.	60 ANS.	61 ANS.	SOMMES versées.	62 ANS.	63 ANS.	64 ANS.	65 ANS.
1	0.6027	0.6621	0.7294	0.8060	1	0.8936	0.9942	1.1106	1.2461
2	1.2054	1.3242	1.4588	1.6120	2	1.7872	1.9884	2.2212	2.4922
3	1.8081	1.9863	2.1882	2.4180	3	2.6808	2.9826	3.3318	3.7383
4	2.4108	2.6484	2.9176	3.2240	4	3.5744	3.9768	4.4424	4.9844
5	3.0135	3.3105	3.6470	4.0300	5	4.4680	4.9710	5.5530	6.2305
6	3.6162	3.9726	4.3764	4.8360	6	5.3616	5.9652	6.6636	7.4766
7	4.2189	4.6347	5.1058	5.6420	7	6.2552	6.9594	7.7742	8.7227
8	4.8216	5.2968	5.8352	6.4480	8	7.1488	7.9536	8.8848	9.9688
9	5.4243	5.9589	6.5646	7.2540	9	8.0424	8.9478	9.9954	11.2149
10	6.0270	6.6210	7.2940	8.0600	10	8.9360	9.9420	11.1060	12.4610
11	6.6297	7.2831	8.0234	8.8660	11	9.8296	10.9362	12.2166	13.7071
12	7.2324	7.9452	8.7528	9.6720	12	10.7232	11.9304	13.3272	14.9532
13	7.8351	8.6073	9.4822	10.4780	13	11.6168	12.9246	14.4378	16.1993
14	8.4378	9.2694	10.2116	11.2840	14	12.5104	13.9188	15.5484	17.4454
15	9.0405	9.9315	10.9410	12.0900	15	13.4040	14.9130	16.6590	18.6915
16	9.6432	10.5936	11.6704	12.8960	16	14.2976	15.9072	17.7696	19.9376
17	10.2459	11.2557	12.3998	13.7020	17	15.1912	16.9014	18.8802	21.1837
18	10.8486	11.9178	13.1292	14.5080	18	16.0848	17.8956	19.9908	22.4298
19	11.4513	12.5799	13.8586	15.3140	19	16.9784	18.8898	21.1014	23.6759
20	12.0540	13.2420	14.5880	16.1200	20	17.8720	19.8840	22.2120	24.9220

SOMMES versées	50 ANS	51 ANS	52 ANS	53 ANS	SOMMES versées	54 ANS	55 ANS	56 ANS	57 ANS
1	0.2196	0.2374	0.2570	0.2788	1	0.3020	0.3298	0.3598	0.3934
2	0.4392	0.4748	0.5140	0.5576	2	0.6058	0.6596	0.7196	0.7868
3	0.6588	0.7122	0.7710	0.8364	3	0.9087	0.9894	1.0794	1.1802
4	0.8784	0.9496	1.0280	1.1152	4	1.2116	1.3192	1.4392	1.5736
5	1.0980	1.1870	1.2850	1.3940	5	1.5145	1.6490	1.7990	1.9670
6	1.3176	1.4244	1.5420	1.6728	6	1.8174	1.9788	2.1588	2.3604
7	1.5372	1.6618	1.7990	1.9516	7	2.1203	2.3086	2.5186	2.7538
8	1.7568	1.8992	2.0560	2.2304	8	2.4232	2.6384	2.8784	3.1472
9	1.9764	2.1366	2.3130	2.5092	9	2.7261	2.9682	3.2382	3.5406
10	2.1960	2.3740	2.5700	2.7880	10	3.0290	3.2980	3.5980	3.9340
11	2.4156	2.6114	2.8270	3.0668	11	3.3319	3.6278	3.9578	4.3274
12	2.6352	2.8488	3.0840	3.3456	12	3.6348	3.9576	4.3176	4.7208
13	2.8548	3.0862	3.3410	3.6244	13	3.9377	4.2874	4.6774	5.1142
14	3.0744	3.3236	3.5980	3.9032	14	4.2406	4.6172	5.0372	5.5076
15	3.2940	3.5610	3.8550	4.1820	15	4.5435	4.9470	5.3970	5.9010
16	3.5136	3.7984	4.1120	4.4608	16	4.8464	5.2768	5.7568	6.2944
17	3.7332	4.0358	4.3690	4.7396	17	5.1493	5.6066	6.1166	6.6878
18	3.9528	4.2732	4.6260	5.0184	18	5.4522	5.9364	6.4764	7.0812
19	4.1724	4.5106	4.8830	5.2972	19	5.7551	6.2662	6.8362	7.4746
20	4.3920	4.7480	5.1400	5.5760	20	6.0580	6.5960	7.1960	7.8680

SOMMES versées	58 ANS	59 ANS	60 ANS	61 ANS	SOMMES versées	62 ANS	63 ANS	64 ANS	65 ANS
1	0.4311	0.4736	0.5218	0.5765	1	0.6392	0.7112	0.7945	0.8914
2	0.8622	0.9472	1.0436	1.1530	2	1.2784	1.4224	1.5890	1.7828
3	1.2933	1.4208	1.5654	1.7295	3	1.9176	2.1336	2.3835	2.6742
4	1.7244	1.8944	2.0872	2.3060	4	2.5568	2.8448	3.1780	3.5656
5	2.1555	2.3680	2.6090	2.8825	5	3.1960	3.5560	3.9725	4.4570
6	2.5866	2.8416	3.1308	3.4590	6	3.8352	4.2672	4.7670	5.3484
7	3.0177	3.3152	3.6526	4.0355	7	4.4744	4.9784	5.5615	6.2398
8	3.4488	3.7888	4.1744	4.6120	8	5.1136	5.6896	6.3560	7.1312
9	3.8799	4.2624	4.6962	5.1885	9	5.7528	6.4008	7.1505	8.0226
10	4.3110	4.7360	5.2180	5.7650	10	6.3920	7.1120	7.9450	8.9140
11	4.7421	5.2096	5.7398	6.3415	11	7.0312	7.8232	8.7395	9.8054
12	5.1732	5.6832	6.2616	6.9180	12	7.6704	8.5344	9.5340	10.6968
13	5.6043	6.1568	6.7834	7.4945	13	8.3096	9.2456	10.3285	11.5882
14	6.0354	6.6304	7.3052	8.0710	14	8.9488	9.9568	11.1230	12.4796
15	6.4665	7.1040	7.8270	8.6475	15	9.5880	10.6680	11.9175	13.3710
16	6.8976	7.5776	8.3488	9.2240	16	10.2272	11.3792	12.7120	14.2624
17	7.3287	8.0512	8.8706	9.8005	17	10.8664	12.0904	13.5065	15.1538
18	7.7598	8.5248	9.3924	10.3770	18	11.5056	12.8016	14.3010	16.0452
19	8.1909	8.9984	9.9142	10.9535	19	12.1448	13.5128	15.0955	16.9366
20	8.6220	9.4720	10.4360	11.5300	20	12.7840	14.2240	15.8000	17.8280

SOMMES versées	50 ANS	51 ANS	52 ANS	53 ANS	SOMMES versées	54 ANS	55 ANS	56 ANS	57 ANS
1	0.3032	0.3277	0.3548	0.3849	1	0.4182	0.4553	0.4967	0.5431
2	0.6064	0.6554	0.7096	0.7698	2	0.8364	0.9106	0.9934	1.0862
3	0.9096	0.9831	1.0644	1.1547	3	1.2546	1.3659	1.4901	1.6293
4	1.2128	1.3108	1.4192	1.5396	4	1.6728	1.8212	1.9868	2.1724
5	1.5160	1.6385	1.7740	1.9245	5	2.0910	2.2765	2.4835	2.7155
6	1.8192	1.9662	2.1288	2.3094	6	2.5092	2.7318	2.9802	3.2586
7	2.1224	2.2939	2.4836	2.6943	7	2.9274	3.1871	3.4769	3.8017
8	2.4256	2.6216	2.8384	3.0792	8	3.3456	3.6424	3.9736	4.3448
9	2.7288	2.9493	3.1932	3.4641	9	3.7638	4.0977	4.4703	4.8879
10	3.0320	3.2770	3.5480	3.8490	10	4.1820	4.5530	4.9670	5.4310
11	3.3352	3.6047	3.9028	4.2339	11	4.6002	5.0083	5.4637	5.9741
12	3.6384	3.9324	4.2576	4.6188	12	5.0184	5.4636	5.9604	6.5172
13	3.9416	4.2601	4.6124	5.0037	13	5.4366	5.9189	6.4571	7.0603
14	4.2448	4.5878	4.9672	5.3886	14	5.8548	6.3742	6.9538	7.6034
15	4.5480	4.9155	5.3220	5.7735	15	6.2730	6.8295	7.4505	8.1465
16	4.8512	5.2432	5.6768	6.1584	16	6.6912	7.2848	7.9472	8.6896
17	5.1544	5.5709	6.0316	6.5433	17	7.1094	7.7401	8.4439	9.2327
18	5.4576	5.8986	6.3864	6.9282	18	7.5276	8.1954	8.9406	9.7758
19	5.7608	6.2263	6.7412	7.3131	19	7.9458	8.6507	9.4373	10.3189
20	6.0640	6.5540	7.0960	7.6980	20	8.3640	9.1060	9.9340	10.8620

SOMMES versées	58 ANS	59 ANS	60 ANS	61 ANS	SOMMES versées	62 ANS	63 ANS	64 ANS	65 ANS
1	0.5952	0.6539	0.7204	0.7960	1	0.8825	0.9820	1.0969	1.2307
2	1.1904	1.3078	1.4408	1.5920	2	1.7650	1.9640	2.1938	2.4614
3	1.7856	1.9617	2.1612	2.3880	3	2.6475	2.9460	3.2907	3.6921
4	2.3808	2.6156	2.8816	3.1840	4	3.5300	3.9280	4.3876	4.9228
5	2.9760	3.2695	3.6020	3.9800	5	4.4125	4.9100	5.4845	6.1535
6	3.5712	3.9234	4.3224	4.7760	6	5.2950	5.8920	6.5814	7.3842
7	4.1664	4.5773	5.0428	5.5720	7	6.1775	6.8740	7.6783	8.6149
8	4.7616	5.2312	5.7632	6.3680	8	7.0600	7.8560	8.7752	9.8456
9	5.3568	5.8851	6.4836	7.1640	9	7.9425	8.8380	9.8721	11.0763
10	5.9520	6.5390	7.2040	7.9600	10	8.8250	9.8200	10.9690	12.3070
11	6.5472	7.1929	7.9244	8.7560	11	9.7075	10.8020	12.0659	13.5377
12	7.1424	7.8468	8.6448	9.5520	12	10.5900	11.7840	13.1628	14.7684
13	7.7376	8.5007	9.3652	10.3480	13	11.4725	12.7660	14.2597	15.9991
14	8.3328	9.1546	10.0856	11.1440	14	12.3550	13.7480	15.3566	17.2298
15	8.9280	9.8085	10.8060	11.9400	15	13.2375	14.7300	16.4535	18.4605
16	9.5232	10.4624	11.5264	12.7360	16	14.1200	15.7120	17.5504	19.6912
17	10.1184	11.1163	12.2468	13.5320	17	15.0025	16.6940	18.6473	20.9219
18	10.7136	11.7702	12.9672	14.3280	18	15.8850	17.6760	19.7442	22.1526
19	11.3088	12.4241	13.6876	15.1240	19	16.7675	18.6580	20.8411	23.3833
20	11.9040	13.0780	14.4080	15.9200	20	17.6500	19.6400	21.9380	24.6140

SOMMES versées.	50 ANS.	51 ANS.	52 ANS.	53 ANS.	SOMMES versées.	54 ANS.	55 ANS.	56 ANS.	57 ANS.
1	0.2165	0.2341	0.2535	0.2749	1	0.2987	0.3252	0.3548	0.3870
2	0.4330	0.4682	0.5070	0.5498	2	0.5974	0.6504	0.7096	0.7758
3	0.6495	0.7023	0.7605	0.8247	3	0.8961	0.9756	1.0644	1.1037
4	0.8660	0.9364	1.0140	1.0996	4	1.1948	1.3008	1.4192	1.5516
5	1.0825	1.1705	1.2675	1.3745	5	1.4935	1.6260	1.7740	1.9395
6	1.2990	1.4046	1.5210	1.6494	6	1.7922	1.9512	2.1288	2.3274
7	1.5155	1.6387	1.7745	1.9243	7	2.0909	2.2764	2.4836	2.7153
8	1.7320	1.8728	2.0280	2.1992	8	2.3896	2.6016	2.8384	3.1032
9	1.9485	2.1069	2.2815	2.4741	9	2.6883	2.9268	3.1932	3.4911
10	2.1650	2.3410	2.5350	2.7490	10	2.9870	3.2520	3.5480	3.8700
11	2.3815	2.5751	2.7885	3.0239	11	3.2857	3.5772	3.9028	4.2669
12	2.5980	2.8092	3.0420	3.2988	12	3.5844	3.9024	4.2576	4.6548
13	2.8145	3.0433	3.2955	3.5737	13	3.8831	4.2276	4.6124	5.0427
14	3.0310	3.2774	3.5490	3.8486	14	4.1818	4.5528	4.9672	5.4306
15	3.2475	3.5115	3.8025	4.1235	15	4.4805	4.8780	5.3220	5.8185
16	3.4640	3.7450	4.0560	4.3984	16	4.7702	5.2032	5.6768	6.2064
17	3.6805	3.9797	4.3095	4.6733	17	5.0779	5.5284	6.0316	6.5943
18	3.8970	4.2138	4.5630	4.9482	18	5.3766	5.8536	6.3864	6.9822
19	4.1135	4.4479	4.8165	5.2231	19	5.6753	6.1788	6.7412	7.3701
20	4.3300	4.6820	5.0700	5.4980	20	5.9740	6.5040	7.0960	7.7580

SOMMES versées.	58 ANS.	59 ANS.	60 ANS.	61 ANS.	SOMMES versées.	62 ANS.	63 ANS.	64 ANS.	65 ANS.
1	0.4252	0.4671	0.5146	0.5686	1	0.6304	0.7014	0.7835	0.8791
2	0.8504	0.9342	1.0292	1.1372	2	1.2608	1.4028	1.5670	1.7582
3	1.2756	1.4013	1.5438	1.7058	3	1.8912	2.1042	2.3505	2.6373
4	1.7008	1.8684	2.0584	2.2744	4	2.5216	2.8056	3.1340	3.5164
5	2.1260	2.3355	2.5730	2.8430	5	3.1520	3.5070	3.9175	4.3955
6	2.5512	2.8026	3.0876	3.4116	6	3.7824	4.2084	4.7010	5.2746
7	2.9764	3.2697	3.6022	3.9802	7	4.4128	4.9098	5.4845	6.1537
8	3.4016	3.7368	4.1168	4.5488	8	5.0432	5.6112	6.2680	7.0328
9	3.8268	4.2039	4.6314	5.1174	9	5.6736	6.3126	7.0515	7.9119
10	4.2520	4.6710	5.1460	5.6860	10	6.3040	7.0140	7.8350	8.7910
11	4.6772	5.1381	5.6606	6.2546	11	6.9344	7.7154	8.6185	9.6701
12	5.1024	5.6052	6.1752	6.8232	12	7.5648	8.4168	9.4020	10.5492
13	5.5276	6.0723	6.6898	7.3918	13	8.1952	9.1182	10.1855	11.4283
14	5.9528	6.5394	7.2044	7.9604	14	8.8256	9.8196	10.9690	12.3074
15	6.3780	7.0065	7.7190	8.5290	15	9.4560	10.5210	11.7525	13.1865
16	6.8032	7.4730	8.2336	9.0976	16	10.0864	11.2224	12.5360	14.0656
17	7.2284	7.9407	8.7482	9.6662	17	10.7168	11.9238	13.3195	14.9447
18	7.6536	8.4078	9.2628	10.2348	18	11.3472	12.6252	14.1030	15.8238
19	8.0788	8.8749	9.7774	10.8034	19	11.9776	13.3266	14.8865	16.7029
20	8.5040	9.3420	10.2920	11.3720	20	12.6080	14.0280	15.6700	17.5820

SOMMES versées	50 ANS.	51 ANS.	52 ANS.	53 ANS.	SOMMES versées	54 ANS.	55 ANS.	56 ANS.	57 ANS.
1	0.2904	0.3237	0.3505	0.3801	1	0.4130	0.4497	0.4906	0.5364
2	0.5988	0.6474	0.7010	0.7602	2	0.8260	0.8994	0.9812	1.0728
3	0.8982	0.9711	1.0515	1.1403	3	1.2390	1.3491	1.4718	1.6092
4	1.1976	1.2948	1.4020	1.5204	4	1.6520	1.7988	1.9624	2.1456
5	1.4970	1.6185	1.7525	1.9005	5	2.0650	2.2485	2.4530	2.6820
6	1.7964	1.9422	2.1030	2.2806	6	2.4780	2.6982	2.9436	3.2184
7	2.0958	2.2659	2.4535	2.6607	7	2.8910	3.1479	3.4342	3.7548
8	2.3952	2.5896	2.8040	3.0408	8	3.3040	3.5976	3.9248	4.2912
9	2.6946	2.9133	3.1545	3.4209	9	3.7170	4.0473	4.4154	4.8276
10	2.9940	3.2370	3.5050	3.8010	10	4.1300	4.4970	4.9060	5.3640
11	3.2934	3.5607	3.8555	4.1811	11	4.5430	4.9467	5.3966	5.9004
12	3.5928	3.8844	4.2060	4.5612	12	4.9560	5.3964	5.8872	6.4368
13	3.8922	4.2081	4.5565	4.9413	13	5.3690	5.8461	6.3778	6.9732
14	4.1916	4.5318	4.9070	5.3214	14	5.7820	6.2958	6.8684	7.5096
15	4.4910	4.8555	5.2575	5.7015	15	6.1950	6.7455	7.3590	8.0460
16	4.7904	5.1792	5.6080	6.0816	16	6.6080	7.1952	7.8496	8.5824
17	5.0898	5.5029	5.9585	6.4617	17	7.0210	7.6449	8.3402	9.1188
18	5.3892	5.8266	6.3090	6.8418	18	7.4340	8.0946	8.8308	9.0552
19	5.6886	6.1503	6.6595	7.2219	19	7.8470	8.5443	9.3214	10.1916
20	5.9880	6.4740	7.0100	7.6020	20	8.2600	8.9940	9.8120	10.7280

SOMMES versées	58 ANS.	59 ANS.	60 ANS.	61 ANS.	SOMMES versées	62 ANS.	63 ANS.	64 ANS.	65 ANS.
1	0.5879	0.6458	0.7115	0.7862	1	0.8716	0.9698	1.0833	1.2155
2	1.1758	1.2916	1.4230	1.5724	2	1.7432	1.9396	2.1666	2.4310
3	1.7637	1.9374	2.1345	2.3586	3	2.6148	2.9094	3.2499	3.6465
4	2.3516	2.5832	2.8460	3.1448	4	3.4804	3.8792	4.3332	4.8620
5	2.9395	3.2290	3.5575	3.9310	5	4.3580	4.8490	5.4165	6.0775
6	3.5274	3.8748	4.2690	4.7172	6	5.2296	5.8188	6.4998	7.2930
7	4.1153	4.5206	4.9805	5.5034	7	6.1012	6.7886	7.5831	8.5085
8	4.7032	5.1664	5.6920	6.2896	8	6.9728	7.7584	8.6664	9.7240
9	5.2911	5.8122	6.4035	7.0758	9	7.8444	8.7282	9.7497	10.9395
10	5.8790	6.4580	7.1150	7.8620	10	8.7160	9.6980	10.8330	12.1550
11	6.4669	7.1038	7.8265	8.6482	11	9.5876	10.6678	11.9163	13.3705
12	7.0548	7.7496	8.5380	9.4344	12	10.4592	11.6376	12.9996	14.5860
13	7.6427	8.3954	9.2495	10.2206	13	11.3308	12.6074	14.0829	15.8015
14	8.2306	9.0412	9.9610	11.0068	14	12.2024	13.5772	15.1662	17.0170
15	8.8185	9.6870	10.6725	11.7930	15	13.0740	14.5470	16.2495	18.2325
16	9.4064	10.3328	11.3840	12.5792	16	13.9456	15.5168	17.3328	19.4480
17	9.9943	10.9786	12.0955	13.3654	17	14.8172	16.4866	18.4161	20.6635
18	10.5822	11.6244	12.8070	14.1516	18	15.6888	17.4564	19.4994	21.8790
19	11.1701	12.2702	13.5185	14.9378	19	16.5604	18.4262	20.5827	23.0945
20	11.7580	12.9160	14.2300	15.7240	20	17.4320	19.3960	21.6660	24.3100

Sommes versées	50 ANS	51 ANS	52 ANS	53 ANS	Sommes versées	54 ANS	55 ANS	56 ANS	57 ANS
1	0.2136	0.2309	0.2500	0.2711	1	0.2946	0.3207	0.3499	0.3826
2	0.4272	0.4618	0.5000	0.5422	2	0.5892	0.6414	0.6998	0.7652
3	0.6408	0.6927	0.7500	0.8133	3	0.8838	0.9621	1.0497	1.1478
4	0.8544	0.9236	1.0000	1.0844	4	1.1784	1.2828	1.3996	1.5304
5	1.0680	1.1545	1.2500	1.3555	5	1.4730	1.6035	1.7495	1.9130
6	1.2816	1.3854	1.5000	1.6266	6	1.7676	1.9242	2.0994	2.2956
7	1.4952	1.6163	1.7500	1.8977	7	2.0622	2.2449	2.4403	2.6782
8	1.7088	1.8472	2.0000	2.1688	8	2.3568	2.5656	2.7992	3.0008
9	1.9224	2.0781	2.2500	2.4399	9	2.6514	2.8863	3.1491	3.4434
10	2.1360	2.3090	2.5000	2.7110	10	2.9460	3.2070	3.4990	3.8260
11	2.3496	2.5309	2.7500	2.9821	11	3.2406	3.5277	3.8489	4.2086
12	2.5632	2.7708	3.0000	3.2532	12	3.5352	3.8484	4.1988	4.5912
13	2.7768	3.0017	3.2500	3.5243	13	3.8298	4.1691	4.5487	4.9738
14	2.9904	3.2326	3.5000	3.7954	14	4.1244	4.4898	4.8986	5.3564
15	3.2040	3.4635	3.7500	4.0665	15	4.4190	4.8105	5.2485	5.7390
16	3.4176	3.6944	4.0000	4.3376	16	4.7136	5.1312	5.5984	6.1216
17	3.6312	3.9253	4.2500	4.6087	17	5.0082	5.4519	5.9483	6.5042
18	3.8448	4.1562	4.5000	4.8798	18	5.3028	5.7726	6.2982	6.8868
19	4.0584	4.3871	4.7500	5.1509	19	5.5974	6.0033	6.6481	7.2694
20	4.2720	4.6180	5.0000	5.4220	20	5.8920	6.4140	6.9980	7.6520

Sommes versées	58 ANS	59 ANS	60 ANS	61 ANS	Sommes versées	62 ANS	63 ANS	64 ANS	65 ANS
1	0.4193	0.4607	0.5075	0.5608	1	0.6217	0.6917	0.7727	0.8669
2	0.8386	0.9214	1.0150	1.1216	2	1.2434	1.3834	1.5454	1.7338
3	1.2579	1.3821	1.5225	1.6824	3	1.8651	2.0751	2.3181	2.6007
4	1.6772	1.8428	2.0300	2.2432	4	2.4868	2.7668	3.0908	3.4676
5	2.0965	2.3035	2.5375	2.8040	5	3.1085	3.4585	3.8635	4.3345
6	2.5158	2.7642	3.0450	3.3648	6	3.7302	4.1502	4.6362	5.2014
7	2.9351	3.2249	3.5525	3.9256	7	4.3519	4.8419	5.4089	6.0683
8	3.3544	3.6856	4.0600	4.4864	8	4.9736	5.5336	6.1816	6.9352
9	3.7737	4.1463	4.5675	5.0472	9	5.5953	6.2253	6.9543	7.8021
10	4.1930	4.6070	5.0750	5.6080	10	6.2170	6.9170	7.7270	8.6690
11	4.6123	5.0677	5.5825	6.1688	11	6.8387	7.6087	8.4997	9.5359
12	5.0316	5.5284	6.0000	6.7296	12	7.4604	8.3004	9.2724	10.4028
13	5.4509	5.9891	6.5975	7.2904	13	8.0821	8.9921	10.0451	11.2697
14	5.8702	6.4498	7.1050	7.8512	14	8.7038	9.6838	10.8178	12.1366
15	6.2895	6.9105	7.6125	8.4120	15	9.3255	10.3755	11.5905	13.0035
16	6.7088	7.3712	8.1200	8.9728	16	9.9472	11.0672	12.3632	13.8704
17	7.1281	7.8319	8.6275	9.5336	17	10.5689	11.7589	13.1359	14.7373
18	7.5474	8.2926	9.1350	10.0944	18	11.1906	12.4506	13.9086	15.6042
19	7.9667	8.7533	9.6425	10.6552	19	11.8123	13.1423	14.6813	16.4711
20	8.3860	9.2140	10.1500	11.2160	20	12.4340	13.8340	15.4540	17.3380

SOMMES versées.	50 ANS.	51 ANS.	52 ANS.	53 ANS.	SOMMES versées.	54 ANS.	55 ANS.	56 ANS.	57 ANS.
1	0.2957	0.3197	0.3461	0.3754	1	0.4079	0.4441	0.4845	0.5298
2	0.5914	0.6394	0.6922	0.7508	2	0.8158	0.8882	0.9690	1.0596
3	0.8871	0.9591	1.0383	1.1262	3	1.2237	1.3323	1.4535	1.5894
4	1.1828	1.2788	1.3844	1.5016	4	1.6316	1.7764	1.9380	2.1192
5	1.4785	1.5985	1.7305	1.8770	5	2.0395	2.2205	2.4225	2.6490
6	1.7742	1.9182	2.0766	2.2524	6	2.4474	2.6646	2.9070	3.1788
7	2.0699	2.2379	2.4227	2.6278	7	2.8553	3.1087	3.3915	3.7086
8	2.3656	2.5576	2.7688	3.0032	8	3.2632	3.5528	3.8760	4.2384
9	2.6613	2.8773	3.1149	3.3786	9	3.6711	3.9969	4.3605	4.7682
10	2.9570	3.1970	3.4610	3.7540	10	4.0790	4.4410	4.8450	5.2980
11	3.2527	3.5167	3.8071	4.1294	11	4.4869	4.8851	5.3295	5.8278
12	3.5484	3.8364	4.1532	4.5048	12	4.8948	5.3292	5.8140	6.3576
13	3.8441	4.1561	4.4993	4.8802	13	5.3027	5.7733	6.2985	6.8874
14	4.1398	4.4758	4.8454	5.2556	14	5.7106	6.2174	6.7830	7.4172
15	4.4355	4.7955	5.1915	5.6310	15	6.1185	6.6615	7.2675	7.9470
16	4.7312	5.1152	5.5376	6.0064	16	6.5264	7.1056	7.7520	8.4768
17	5.0269	5.4349	5.8837	6.3818	17	6.9343	7.5497	8.2365	9.0066
18	5.3226	5.7546	6.2298	6.7572	18	7.3422	7.9938	8.7210	9.5364
19	5.6183	6.0743	6.5759	7.1326	19	7.7501	8.4379	9.2055	10.0662
20	5.9140	6.3940	6.9220	7.5080	20	8.1580	8.8820	9.6900	10.5960

SOMMES versées.	58 ANS.	59 ANS.	60 ANS.	61 ANS.	SOMMES versées.	62 ANS.	63 ANS.	64 ANS.	65 ANS.
1	0.5806	0.6379	0.7027	0.7764	1	0.8608	0.9578	1.0699	1.2004
2	1.1612	1.2758	1.4054	1.5528	2	1.7216	1.9156	2.1398	2.4008
3	1.7418	1.9137	2.1081	2.3292	3	2.5824	2.8734	3.2097	3.6012
4	2.3224	2.5516	2.8108	3.1056	4	3.4432	3.8312	4.2796	4.8016
5	2.9030	3.1895	3.5135	3.8820	5	4.3040	4.7890	5.3495	6.0020
6	3.4836	3.8274	4.2162	4.6584	6	5.1648	5.7468	6.4194	7.2024
7	4.0642	4.4653	4.9189	5.4348	7	6.0256	6.7046	7.4893	8.4028
8	4.6448	5.1032	5.6216	6.2112	8	6.8864	7.6624	8.5592	9.6032
9	5.2254	5.7411	6.3243	6.9876	9	7.7472	8.6202	9.6291	10.8036
10	5.8060	6.3790	7.0270	7.7640	10	8.6080	9.5780	10.6990	12.0040
11	6.3866	7.0169	7.7297	8.5404	11	9.4688	10.5358	11.7689	13.2044
12	6.9672	7.6548	8.4324	9.3168	12	10.3296	11.4936	12.8388	14.4048
13	7.5478	8.2927	9.1351	10.0932	13	11.1904	12.4514	13.9087	15.6052
14	8.1284	8.9306	9.8378	10.8696	14	12.0512	13.4092	14.9786	16.8056
15	8.7090	9.5685	10.5405	11.6460	15	12.9120	14.3670	16.0485	18.0060
16	9.2896	10.2064	11.2432	12.4224	16	13.7728	15.3248	17.1184	19.2064
17	9.8702	10.8443	11.9459	13.1988	17	14.6336	16.2826	18.1883	20.4068
18	10.4508	11.4822	12.6486	13.9752	18	15.4944	17.2404	19.2582	21.6072
19	11.0314	12.1201	13.3513	14.7516	19	16.3552	18.1982	20.3281	22.8076
20	11.6120	12.7580	14.0540	15.5280	20	17.2160	19.1560	21.3980	24.0080

SOMMES versées.	50 ANS.	51 ANS.	52 ANS.	53 ANS.	SOMMES versées.	54 ANS.	55 ANS.	56 ANS.	57 ANS.
1	0.2106	0.2277	0.2465	0.2674	1	0.2905	0.3163	0.3451	0.3773
2	0.4212	0.4554	0.4930	0.5348	2	0.5810	0.6326	0.6902	0.7546
3	0.6318	0.6831	0.7395	0.8022	3	0.8715	0.9489	1.0353	1.1319
4	0.8424	0.9108	0.9860	1.0696	4	1.1620	1.2652	1.3804	1.5092
5	1.0530	1.1385	1.2325	1.3370	5	1.4525	1.5815	1.7255	1.8865
6	1.2636	1.3662	1.4790	1.6044	6	1.7430	1.8978	2.0706	2.2638
7	1.4742	1.5939	1.7255	1.8718	7	2.0335	2.2141	2.4157	2.6411
8	1.6848	1.8216	1.9720	2.1392	8	2.3240	2.5304	2.7608	3.0184
9	1.8954	2.0493	2.2185	2.4066	9	2.6145	2.8467	3.1059	3.3957
10	2.1000	2.2770	2.4650	2.6740	10	2.9050	3.1630	3.4510	3.7730
11	2.3166	2.5047	2.7115	2.9414	11	3.1955	3.4793	3.7961	4.1503
12	2.5272	2.7324	2.9580	3.2088	12	3.4860	3.7956	4.1412	4.5276
13	2.7378	2.9601	3.2045	3.4762	13	3.7765	4.1119	4.4863	4.9049
14	2.9484	3.1878	3.4510	3.7436	14	4.0670	4.4282	4.8314	5.2822
15	3.1590	3.4155	3.6975	4.0110	15	4.3575	4.7445	5.1765	5.6595
16	3.3696	3.6432	3.9440	4.2784	16	4.6480	5.0608	5.5216	6.0368
17	3.5802	3.8709	4.1905	4.5458	17	4.9385	5.3771	5.8667	6.4141
18	3.7908	4.0986	4.4370	4.8132	18	5.2290	5.6934	6.2118	6.7914
19	4.0014	4.3263	4.6835	5.0806	19	5.5195	6.0097	6.5569	7.1687
20	4.2120	4.5540	4.9300	5.3486	20	5.8100	6.3260	6.9020	7.5460

SOMMES versées.	58 ANS.	59 ANS.	60 ANS.	61 ANS.	SOMMES versées.	62 ANS.	63 ANS.	64 ANS.	65 ANS.
1	0.4135	0.4543	0.5005	0.5530	1	0.6131	0.6822	0.7620	0.8550
2	0.8270	0.9086	1.0010	1.1060	2	1.2262	1.3644	1.5240	1.7100
3	1.2405	1.3629	1.5015	1.6590	3	1.8393	2.0466	2.2860	2.5650
4	1.6540	1.8172	2.0020	2.2120	4	2.4524	2.7288	3.0480	3.4200
5	2.0675	2.2715	2.5025	2.7650	5	3.0655	3.4110	3.8100	4.2750
6	2.4810	2.7258	3.0030	3.3180	6	3.6786	4.0932	4.5720	5.1300
7	2.8945	3.1801	3.5035	3.8710	7	4.2917	4.7754	5.3340	5.9850
8	3.3080	3.6344	4.0040	4.4240	8	4.9048	5.4576	6.0960	6.8400
9	3.7215	4.0887	4.5045	4.9770	9	5.5179	6.1398	6.8580	7.6950
10	4.1350	4.5430	5.0050	5.5300	10	6.1310	6.8220	7.6200	8.5500
11	4.5485	4.9973	5.5055	6.0830	11	6.7441	7.5042	8.3820	9.4050
12	4.9620	5.4516	6.0060	6.6360	12	7.3572	8.1864	9.1440	10.2600
13	5.3755	5.9059	6.5065	7.1890	13	7.9703	8.8686	9.9060	11.1150
14	5.7890	6.3602	7.0070	7.7420	14	8.5834	9.5508	10.6680	11.9700
15	6.2025	6.8145	7.5075	8.2950	15	9.1965	10.2330	11.4300	12.8250
16	6.6160	7.2688	8.0080	8.8480	16	9.8096	10.9152	12.1920	13.6800
17	7.0295	7.7231	8.5085	9.4010	17	10.4227	11.5974	12.9540	14.5350
18	7.4430	8.1774	9.0090	9.9540	18	11.0358	12.2796	13.7160	15.3900
19	7.8565	8.6317	9.5095	10.5070	19	11.6489	12.9618	14.4780	16.2450
20	8.2700	9.0860	10.0100	11.0600	20	12.2620	13.6440	15.2400	17.1000

SOMMES versées	50 ANS.	51 ANS.	52 ANS.	53 ANS.	SOMMES versées	54 ANS.	55 ANS.	56 ANS.	57 ANS.
1	0.2020	0.3157	0.3418	0.3708	1	0.4029	0.4386	0.4785	0.5232
2	0.5840	0.6314	0.6836	0.7416	2	0.8058	0.8772	0.9570	1.0464
3	0.8760	0.9471	1.0254	1.1124	3	1.2087	1.3158	1.4355	1.5696
4	1.1680	1.2628	1.3672	1.4832	4	1.6116	1.7544	1.9140	2.0928
5	1.4600	1.5785	1.7090	1.8540	5	2.0145	2.1930	2.3925	2.6160
6	1.7520	1.8942	2.0508	2.2248	6	2.4174	2.6316	2.8710	3.1392
7	2.0440	2.2099	2.3926	2.5956	7	2.8203	3.0702	3.3495	3.6624
8	2.3360	2.5256	2.7344	2.9664	8	3.2232	3.5088	3.8280	4.1856
9	2.6280	2.8413	3.0762	3.3372	9	3.6261	3.9474	4.3065	4.7088
10	2.9200	3.1570	3.4180	3.7080	10	4.0290	4.3860	4.7850	5.2320
11	3.2120	3.4727	3.7598	4.0788	11	4.4319	4.8246	5.2635	5.7552
12	3.5040	3.7884	4.1016	4.4496	12	4.8348	5.2632	5.7420	6.2784
13	3.7960	4.1041	4.4434	4.8204	13	5.2377	5.7018	6.2205	6.8016
14	4.0880	4.4198	4.7852	5.1912	14	5.6406	6.1404	6.6990	7.3248
15	4.3800	4.7355	5.1270	5.5620	15	6.0435	6.5790	7.1775	7.8480
16	4.6720	5.0512	5.4688	5.9328	16	6.4464	7.0176	7.6560	8.3712
17	4.9640	5.3669	5.8106	6.3036	17	6.8493	7.4562	8.1345	8.8944
18	5.2560	5.6826	6.1524	6.6744	18	7.2522	7.8948	8.6130	9.4176
19	5.5480	5.9983	6.4942	7.0452	19	7.6551	8.3334	9.0915	9.9408
20	5.8400	6.3140	6.8360	7.4160	20	8.0580	8.7720	9.5700	10.4640

SOMMES versées	58 ANS.	59 ANS.	60 ANS.	61 ANS.	SOMMES versées	62 ANS.	63 ANS.	64 ANS.	65 ANS.
1	0.5734	0.6300	0.6940	0.7668	1	0.8502	0.9460	1.0567	1.1856
2	1.1468	1.2600	1.3880	1.5336	2	1.7004	1.8920	2.1134	2.3712
3	1.7202	1.8900	2.0820	2.3004	3	2.5506	2.8380	3.1701	3.5568
4	2.2936	2.5200	2.7760	3.0672	4	3.4008	3.7840	4.2268	4.7424
5	2.8670	3.1500	3.4700	3.8340	5	4.2510	4.7300	5.2835	5.9280
6	3.4404	3.7800	4.1640	4.6008	6	5.1012	5.6760	6.3402	7.1136
7	4.0138	4.4100	4.8580	5.3676	7	5.9514	6.6220	7.3969	8.2992
8	4.5872	5.0400	5.5520	6.1344	8	6.8016	7.5680	8.4536	9.4848
9	5.1606	5.6700	6.2460	6.9012	9	7.6518	8.5140	9.5103	10.6704
10	5.7340	6.3000	6.9400	7.6680	10	8.5020	9.4600	10.5670	11.8560
11	6.3074	6.9300	7.6340	8.4348	11	9.3522	10.4060	11.6237	13.0416
12	6.8808	7.5600	8.3280	9.2016	12	10.2024	11.3520	12.6804	14.2272
13	7.4542	8.1900	9.0220	9.9684	13	11.0526	12.2980	13.7371	15.4128
14	8.0276	8.8200	9.7160	10.7352	14	11.9028	13.2440	14.7938	16.5984
15	8.6010	9.4500	10.4100	11.5020	15	12.7530	14.1900	15.8505	17.7840
16	9.1744	10.0800	11.1040	12.2688	16	13.6032	15.1360	16.9072	18.9696
17	9.7478	10.7100	11.7980	13.0356	17	14.4534	16.0820	17.9630	20.1552
18	10.3212	11.3400	12.4920	13.8024	18	15.3036	17.0280	19.0206	21.3408
19	10.8946	11.9700	13.1860	14.5692	19	16.1538	17.9740	20.0773	22.5264
20	11.4680	12.6000	13.8800	15.3360	20	17.0040	18.9200	21.1340	23.7120

SOMMES versées	50 ANS.	51 ANS.	52 ANS.	53 ANS.	SOMMES versées	54 ANS.	55 ANS.	56 ANS.	57 ANS.
1	0.2077	0.2245	0.2431	0.2637	1	0.2865	0.3119	0.3403	0.3721
2	0.4154	0.4490	0.4662	0.5274	2	0.5730	0.6238	0.6806	0.7442
3	0.6231	0.6735	0.7293	0.7911	3	0.8595	0.9357	1.0209	1.1163
4	0.8308	0.8980	0.9724	1.0548	4	1.1460	1.2476	1.3012	1.4884
5	1.0385	1.1225	1.2155	1.3185	5	1.4325	1.5595	1.7015	1.8605
6	1.2462	1.3470	1.4586	1.5822	6	1.7190	1.8714	2.0418	2.2326
7	1.4539	1.5715	1.7017	1.8459	7	2.0055	2.1833	2.3821	2.6047
8	1.6616	1.7960	1.9448	2.1096	8	2.2920	2.4952	2.7224	2.9768
9	1.8693	2.0205	2.1879	2.3733	9	2.5785	2.8071	3.0027	3.3489
10	2.0770	2.2450	2.4310	2.6370	10	2.8650	3.1190	3.4030	3.7210
11	2.2847	2.4695	2.6741	2.9007	11	3.1515	3.4309	3.7433	4.0931
12	2.4924	2.6940	2.9172	3.1644	12	3.4380	3.7428	4.0836	4.4652
13	2.7001	2.9185	3.1603	3.4281	13	3.7245	4.0547	4.4239	4.8373
14	2.9078	3.1430	3.4034	3.6918	14	4.0110	4.3666	4.7642	5.2004
15	3.1155	3.3675	3.6465	3.9555	15	4.2975	4.6785	5.1045	5.5815
16	3.3232	3.5920	3.8896	4.2192	16	4.5840	4.9904	5.4448	5.9536
17	3.5309	3.8165	4.1327	4.4829	17	4.8705	5.3023	5.7851	6.3257
18	3.7386	4.0410	4.3758	4.7466	18	5.1570	5.6142	6.1254	6.6978
19	3.9463	4.2655	4.6189	5.0103	19	5.4435	5.9261	6.4057	7.0699
20	4.1540	4.4900	4.8620	5.2740	20	5.7300	6.2380	6.8060	7.4420

SOMMES versées	58 ANS.	59 ANS.	60 ANS.	61 ANS.	SOMMES versées	62 ANS.	63 ANS.	64 ANS.	65 ANS.
1	0.4078	0.4480	0.4930	0.5454	1	0.6010	0.6727	0.7515	0.8431
2	0.8156	0.8960	0.9872	1.0908	2	1.2092	1.3454	1.5030	1.6862
3	1.2234	1.3440	1.4808	1.6362	3	1.8138	2.0181	2.2545	2.5293
4	1.6312	1.7920	1.9744	2.1816	4	2.4184	2.6908	3.0060	3.3724
5	2.0390	2.2400	2.4680	2.7270	5	3.0230	3.3635	3.7575	4.2155
6	2.4468	2.6880	2.9616	3.2724	6	3.6276	4.0362	4.5090	5.0586
7	2.8546	3.1360	3.4552	3.8178	7	4.2322	4.7089	5.2605	5.9017
8	3.2624	3.5840	3.9488	4.3632	8	4.8368	5.3816	6.0120	6.7448
9	3.6702	4.0320	4.4424	4.9086	9	5.4414	6.0543	6.7635	7.5879
10	4.0780	4.4800	4.9360	5.4540	10	6.0460	6.7270	7.5150	8.4310
11	4.4858	4.9280	5.4296	5.9994	11	6.6506	7.3997	8.2665	9.2741
12	4.8936	5.3760	5.9232	6.5448	12	7.2552	8.0724	9.0180	10.1172
13	5.3014	5.8240	6.4168	7.0902	13	7.8598	8.7451	9.7695	10.9603
14	5.7092	6.2720	6.9104	7.6356	14	8.4644	9.4178	10.5210	11.8034
15	6.1170	6.7200	7.4040	8.1810	15	9.0690	10.0905	11.2725	12.6465
16	6.5248	7.1680	7.8976	8.7264	16	9.6736	10.7632	12.0240	13.4896
17	6.9326	7.6160	8.3912	9.2718	17	10.2782	11.4359	12.7755	14.3327
18	7.3404	8.0640	8.8848	9.8172	18	10.8828	12.1086	13.5270	15.1758
19	7.7482	8.5120	9.3784	10.3626	19	11.4874	12.7813	14.2785	16.0189
20	8.1560	8.9600	9.8720	10.9080	20	12.0920	13.4540	15.0300	16.8620

SOMMES versées.	50 ANS.	51 ANS.	52 ANS.	53 ANS.	SOMMES versées.	54 ANS.	55 ANS.	56 ANS.	57 ANS.
1	0.2884	0.3118	0.3376	0.3662	1	0.3979	0.4332	0.4726	0.5167
2	0.5768	0.6236	0.6752	0.7324	2	0.7958	0.8664	0.9452	1.0334
3	0.8652	0.9354	1.0128	1.0986	3	1.1937	1.2996	1.4178	1.5501
4	1.1536	1.2472	1.3504	1.4648	4	1.5916	1.7328	1.8904	2.0668
5	1.4420	1.5590	1.6880	1.8310	5	1.9895	2.1660	2.3630	2.5835
6	1.7304	1.8708	2.0256	2.1972	6	2.3874	2.5992	2.8356	3.1002
7	2.0188	2.1826	2.3632	2.5634	7	2.7853	3.0324	3.3082	3.6169
8	2.3072	2.4944	2.7008	2.9296	8	3.1832	3.4656	3.7808	4.1336
9	2.5956	2.8062	3.0384	3.2958	9	3.5811	3.8988	4.2534	4.6503
10	2.8840	3.1180	3.3760	3.6620	10	3.9790	4.3320	4.7260	5.1670
11	3.1724	3.4298	3.7136	4.0282	11	4.3769	4.7652	5.1986	5.6837
12	3.4608	3.7416	4.0512	4.3944	12	4.7748	5.1984	5.6712	6.2004
13	3.7492	4.0534	4.3888	4.7606	13	5.1727	5.6316	6.1438	6.7171
14	4.0376	4.3652	4.7264	5.1268	14	5.5706	6.0648	6.6164	7.2338
15	4.3260	4.6770	5.0640	5.4930	15	5.9685	6.4980	7.0890	7.7505
16	4.6144	4.9888	5.4016	5.8592	16	6.3664	6.9312	7.5616	8.2672
17	4.9028	5.3006	5.7392	6.2254	17	6.7643	7.3644	8.0342	8.7839
18	5.1912	5.6124	6.0768	6.5916	18	7.1622	7.7976	8.5068	9.3006
19	5.4796	5.9242	6.4144	6.9578	19	7.5601	8.2308	8.9794	9.8173
20	5.7680	6.2360	6.7520	7.3240	20	7.9580	8.6640	9.4520	10.3340

SOMMES versées.	58 ANS.	59 ANS.	60 ANS.	61 ANS.	SOMMES versées.	62 ANS.	63 ANS.	64 ANS.	65 ANS.
1	0.5663	0.6222	0.6854	0.7573	1	0.8396	0.9342	1.0436	1.1700
2	1.1326	1.2444	1.3708	1.5146	2	1.6792	1.8684	2.0872	2.3418
3	1.6989	1.8666	2.0562	2.2719	3	2.5188	2.8026	3.1308	3.5127
4	2.2652	2.4888	2.7416	3.0292	4	3.3584	3.7308	4.1744	4.6836
5	2.8315	3.1110	3.4270	3.7865	5	4.1980	4.6710	5.2180	5.8545
6	3.3978	3.7332	4.1124	4.5438	6	5.0376	5.6052	6.2616	7.0254
7	3.9641	4.3554	4.7978	5.3011	7	5.8772	6.5394	7.3052	8.1963
8	4.5304	4.9776	5.4832	6.0584	8	6.7168	7.4736	8.3488	9.3672
9	5.0967	5.5998	6.1686	6.8157	9	7.5564	8.4078	9.3924	10.5381
10	5.6630	6.2220	6.8540	7.5730	10	8.3960	9.3420	10.4360	11.7090
11	6.2293	6.8442	7.5394	8.3303	11	9.2356	10.2762	11.4796	12.8799
12	6.7956	7.4664	8.2248	9.0876	12	10.0752	11.2104	12.5232	14.0508
13	7.3619	8.0886	8.9102	9.8449	13	10.9148	12.1446	13.5668	15.2217
14	7.9282	8.7108	9.5956	10.6022	14	11.7544	13.0788	14.6104	16.3926
15	8.4945	9.3330	10.2810	11.3595	15	12.5940	14.0130	15.6540	17.5635
16	9.0608	9.9552	10.9664	12.1168	16	13.4336	14.9472	16.6976	18.7344
17	9.6271	10.5774	11.6518	12.8741	17	14.2732	15.8814	17.7412	19.9053
18	10.1934	11.1996	12.3372	13.6314	18	15.1128	16.8156	18.7848	21.0762
19	10.7597	11.8218	13.0226	14.3887	19	15.9524	17.7498	19.8284	22.2471
20	11.3260	12.4440	13.7080	15.1460	20	16.7920	18.6840	20.8720	23.4180

SOMMES VERSÉES	50 ANS.	51 ANS.	52 ANS.	53 ANS.	SOMMES VERSÉES	54 ANS.	55 ANS.	56 ANS.	57 ANS.
1	0.2048	0.2214	0.2397	0.2600	1	0.2825	0.3076	0.3356	0.3669
2	0.4096	0.4428	0.4794	0.5200	2	0.5650	0.6152	0.6712	0.7338
3	0.6144	0.6642	0.7191	0.7800	3	0.8475	0.9228	1.0068	1.1007
4	0.8192	0.8856	0.9588	1.0400	4	1.1300	1.2304	1.3424	1.4676
5	1.0240	1.1070	1.1985	1.3000	5	1.4125	1.5380	1.6780	1.8345
6	1.2288	1.3284	1.4382	1.5600	6	1.6950	1.8456	2.0136	2.2014
7	1.4336	1.5498	1.6779	1.8200	7	1.9775	2.1532	2.3492	2.5683
8	1.6384	1.7712	1.9176	2.0800	8	2.2600	2.4608	2.6848	2.9352
9	1.8432	1.9926	2.1573	2.3400	9	2.5425	2.7684	3.0204	3.3021
10	2.0480	2.2140	2.3970	2.6000	10	2.8250	3.0760	3.3560	3.6690
11	2.2528	2.4354	2.6367	2.8600	11	3.1075	3.3836	3.6916	4.0359
12	2.4576	2.6568	2.8764	3.1200	12	3.3900	3.6912	4.0272	4.4028
13	2.6624	2.8782	3.1161	3.3800	13	3.6725	3.9988	4.3628	4.7697
14	2.8672	3.0996	3.3558	3.6400	14	3.9550	4.3064	4.6984	5.1366
15	3.0720	3.3210	3.5955	3.9000	15	4.2375	4.6140	5.0340	5.5035
16	3.2768	3.5424	3.8352	4.1600	16	4.5200	4.9216	5.3696	5.8704
17	3.4816	3.7638	4.0749	4.4200	17	4.8025	5.2292	5.7052	6.2373
18	3.6864	3.9852	4.3146	4.6800	18	5.0850	5.5368	6.0408	6.6042
19	3.8912	4.2066	4.5543	4.9400	19	5.3675	5.8444	6.3764	6.9711
20	4.0960	4.4280	4.7940	5.2000	20	5.6500	6.1520	6.7120	7.3380

SOMMES VERSÉES	58 ANS.	59 ANS.	60 ANS.	61 ANS.	SOMMES VERSÉES	62 ANS.	63 ANS.	64 ANS.	65 ANS.
1	0.4021	0.4418	0.4807	0.5378	1	0.5962	0.6634	0.7411	0.8315
2	0.8042	0.8836	0.9734	1.0756	2	1.1924	1.3268	1.4822	1.6630
3	1.2063	1.3254	1.4601	1.6134	3	1.7886	1.9902	2.2233	2.4945
4	1.6084	1.7672	1.9468	2.1512	4	2.3848	2.6536	2.9044	3.3260
5	2.0105	2.2090	2.4335	2.6890	5	2.9810	3.3170	3.7055	4.1575
6	2.4126	2.6508	2.9202	3.2268	6	3.5772	3.9804	4.4466	4.9890
7	2.8147	3.0926	3.4069	3.7646	7	4.1734	4.6438	5.1877	5.8205
8	3.2168	3.5344	3.8936	4.3024	8	4.7696	5.3072	5.9288	6.6520
9	3.6189	3.9762	4.3803	4.8402	9	5.3658	5.9706	6.6699	7.4835
10	4.0210	4.4180	4.8670	5.3780	10	5.9620	6.6340	7.4110	8.3150
11	4.4231	4.8598	5.3537	5.9158	11	6.5582	7.2974	8.1521	9.1465
12	4.8252	5.3016	5.8404	6.4536	12	7.1544	7.9608	8.8932	9.9780
13	5.2273	5.7434	6.3271	6.9914	13	7.7506	8.6242	9.6343	10.8095
14	5.6294	6.1852	6.8138	7.5292	14	8.3468	9.2876	10.3754	11.6410
15	6.0315	6.6270	7.3005	8.0670	15	8.9430	9.9510	11.1165	12.4725
16	6.4336	7.0688	7.7872	8.6048	16	9.5392	10.6144	11.8576	13.3040
17	6.8357	7.5106	8.2739	9.1426	17	10.1354	11.2778	12.5987	14.1355
18	7.2378	7.9524	8.7606	9.6804	18	10.7316	11.9412	13.3398	14.9670
19	7.6399	8.3942	9.2473	10.2182	19	11.3278	12.6046	14.0809	15.7985
20	8.0420	8.8360	9.7340	10.7560	20	11.9240	13.2680	14.8220	16.6300

SOMMES versées.	50 ANS.	51 ANS.	52 ANS.	53 ANS.	SOMMES versées.	54 ANS.	55 ANS.	56 ANS.	57 ANS.
1	0.2848	0.3079	0.3334	0.3616	1	0.3930	0.4278	0.4667	0.5103
2	0.5696	0.6158	0.6668	0.7232	2	0.7860	0.8556	0.9334	1.0206
3	0.8544	0.9237	1.0002	1.0848	3	1.1790	1.2834	1.4001	1.5309
4	1.1392	1.2316	1.3336	1.4464	4	1.5720	1.7112	1.8668	2.0412
5	1.4240	1.5395	1.6670	1.8080	5	1.9650	2.1390	2.3335	2.5515
6	1.7088	1.8474	2.0004	2.1696	6	2.3580	2.5668	2.8002	3.0618
7	1.9936	2.1553	2.3338	2.5312	7	2.7510	2.9946	3.2669	3.5721
8	2.2784	2.4632	2.6672	2.8928	8	3.1440	3.4224	3.7336	4.0824
9	2.5632	2.7711	3.0006	3.2544	9	3.5370	3.8502	4.2003	4.5927
10	2.8480	3.0790	3.3340	3.6160	10	3.9300	4.2780	4.6670	5.1030
11	3.1328	3.3869	3.6674	3.9776	11	4.3230	4.7058	5.1337	5.6133
12	3.4176	3.6948	4.0008	4.3392	12	4.7160	5.1336	5.6004	6.1236
13	3.7024	4.0027	4.3342	4.7008	13	5.1090	5.5614	6.0671	6.6339
14	3.9872	4.3106	4.6676	5.0624	14	5.5020	5.9892	6.5338	7.1442
15	4.2720	4.6185	5.0010	5.4240	15	5.8950	6.4170	7.0005	7.6545
16	4.5568	4.9264	5.3344	5.7856	16	6.2880	6.8448	7.4672	8.1648
17	4.8416	5.2343	5.6678	6.1472	17	6.6810	7.2726	7.9339	8.6751
18	5.1264	5.5422	6.0012	6.5088	18	7.0740	7.7004	8.4006	9.1854
19	5.4112	5.8501	6.3346	6.8704	19	7.4670	8.1282	8.8673	9.6957
20	5.6960	6.1580	6.6680	7.2320	20	7.8600	8.5560	9.3340	10.2060

SOMMES versées.	58 ANS.	59 ANS.	60 ANS.	61 ANS.	SOMMES versées.	62 ANS.	63 ANS.	64 ANS.	65 ANS.
1	0.5593	0.6144	0.6769	0.7480	1	0.8292	0.9227	1.0307	1.1564
2	1.1186	1.2288	1.3538	1.4960	2	1.6584	1.8454	2.0614	2.3128
3	1.6779	1.8432	2.0307	2.2440	3	2.4876	2.7681	3.0921	3.4692
4	2.2372	2.4576	2.7076	2.9920	4	3.3168	3.6908	4.1228	4.6256
5	2.7965	3.0720	3.3845	3.7400	5	4.1460	4.6135	5.1535	5.7820
6	3.3558	3.6864	4.0614	4.4880	6	4.9752	5.5362	6.1842	6.9384
7	3.9151	4.3008	4.7383	5.2360	7	5.8044	6.4589	7.2149	8.0948
8	4.4744	4.9152	5.4152	5.9840	8	6.6336	7.3816	8.2456	9.2512
9	5.0337	5.5296	6.0921	6.7320	9	7.4628	8.3043	9.2763	10.4076
10	5.5930	6.1440	6.7690	7.4800	10	8.2920	9.2270	10.3070	11.5640
11	6.1523	6.7584	7.4459	8.2280	11	9.1212	10.1497	11.3377	12.7204
12	6.7116	7.3728	8.1228	8.9760	12	9.9504	11.0724	12.3684	13.8768
13	7.2709	7.9872	8.7997	9.7240	13	10.7796	11.9951	13.3991	15.0332
14	7.8302	8.6016	9.4766	10.4720	14	11.6088	12.9178	14.4298	16.1896
15	8.3895	9.2160	10.1535	11.2200	15	12.4380	13.8405	15.4605	17.3460
16	8.9488	9.8304	10.8304	11.9680	16	13.2672	14.7632	16.4912	18.5024
17	9.5081	10.4448	11.5073	12.7160	17	14.0964	15.6859	17.5219	19.6588
18	10.0674	11.0592	12.1842	13.4640	18	14.9256	16.6086	18.5520	20.8152
19	10.6267	11.6736	12.8611	14.2120	19	15.7548	17.5313	19.5833	21.9716
20	11.1860	12.2880	13.5380	14.9600	20	16.5840	18.4540	20.6140	23.1280

SOMMES VERSÉES	50 ANS.	51 ANS.	52 ANS.	53 ANS.	SOMMES VERSÉES	54 ANS.	55 ANS.	56 ANS.	57 ANS.
1	0.2020	0.2183	0.2364	0.2564	1	0.2786	0.3034	0.3309	0.3618
2	0.4040	0.4366	0.4728	0.5128	2	0.5572	0.6008	0.6618	0.7236
3	0.6060	0.6549	0.7092	0.7692	3	0.8358	0.9102	0.9927	1.0854
4	0.8080	0.8732	0.9456	1.0256	4	1.1144	1.2136	1.3236	1.4472
5	1.0100	1.0915	1.1820	1.2820	5	1.3930	1.5170	1.6545	1.8090
6	1.2120	1.3098	1.4184	1.5384	6	1.6716	1.8204	1.9854	2.1708
7	1.4140	1.5281	1.6548	1.7948	7	1.9502	2.1238	2.3163	2.5326
8	1.6160	1.7464	1.8912	2.0512	8	2.2288	2.4272	2.6472	2.8944
9	1.8180	1.9647	2.1276	2.3076	9	2.5074	2.7306	2.9781	3.2562
10	2.0200	2.1830	2.3640	2.5640	10	2.7860	3.0340	3.3090	3.6180
11	2.2220	2.4013	2.6004	2.8204	11	3.0646	3.3374	3.6399	3.9798
12	2.4240	2.6196	2.8368	3.0768	12	3.3432	3.6408	3.9708	4.3416
13	2.6260	2.8379	3.0732	3.3332	13	3.6218	3.9442	4.3017	4.7034
14	2.8280	3.0562	3.3096	3.5896	14	3.9004	4.2476	4.6326	5.0652
15	3.0300	3.2745	3.5460	3.8460	15	4.1790	4.5510	4.9635	5.4270
16	3.2320	3.4928	3.7824	4.1024	16	4.4576	4.8544	5.2944	5.7888
17	3.4340	3.7111	4.0188	4.3588	17	4.7362	5.1578	5.6253	6.1506
18	3.6360	3.9294	4.2552	4.6152	18	5.0148	5.4612	5.9562	6.5124
19	3.8380	4.1477	4.4916	4.8716	19	5.2934	5.7646	6.2871	6.8742
20	4.0400	4.3660	4.7280	5.1280	20	5.5720	6.0680	6.6180	7.2360

SOMMES VERSÉES	58 ANS.	59 ANS.	60 ANS.	61 ANS.	SOMMES VERSÉES	62 ANS.	63 ANS.	64 ANS.	65 ANS.
1	0.3966	0.4357	0.4800	0.5303	1	0.5880	0.6542	0.7308	0.8199
2	0.7932	0.8714	0.9600	1.0606	2	1.1760	1.3084	1.4616	1.6308
3	1.1898	1.3071	1.4400	1.5909	3	1.7640	1.9626	2.1924	2.4597
4	1.5864	1.7428	1.9200	2.1212	4	2.3520	2.6168	2.9232	3.2796
5	1.9830	2.1785	2.4000	2.6515	5	2.9400	3.2710	3.6540	4.0995
6	2.3796	2.6142	2.8800	3.1818	6	3.5280	3.9252	4.3848	4.9194
7	2.7762	3.0499	3.3600	3.7121	7	4.1160	4.5794	5.1156	5.7393
8	3.1728	3.4856	3.8400	4.2424	8	4.7040	5.2336	5.8464	6.5592
9	3.5694	3.9213	4.3200	4.7727	9	5.2920	5.8878	6.5772	7.3791
10	3.9660	4.3570	4.8000	5.3030	10	5.8800	6.5420	7.3080	8.1990
11	4.3626	4.7927	5.2800	5.8333	11	6.4680	7.1962	8.0388	9.0189
12	4.7592	5.2284	5.7600	6.3636	12	7.0560	7.8504	8.7696	9.8388
13	5.1558	5.6641	6.2400	6.8939	13	7.6440	8.5046	9.5004	10.6587
14	5.5524	6.0998	6.7200	7.4242	14	8.2320	9.1588	10.2312	11.4786
15	5.9490	6.5355	7.2000	7.9545	15	8.8200	9.8130	10.9620	12.2985
16	6.3456	6.9712	7.6800	8.4848	16	9.4080	10.4672	11.6928	13.1184
17	6.7422	7.4069	8.1600	9.0151	17	9.9960	11.1214	12.4236	13.9383
18	7.1388	7.8426	8.6400	9.5454	18	10.5840	11.7756	13.1544	14.7582
19	7.5354	8.2783	9.1200	10.0757	19	11.1720	12.4298	13.8852	15.5781
20	7.9320	8.7140	9.6000	10.6060	20	11.7600	13.0840	14.6160	16.3980

SOMMES versées	50 ANS.	51 ANS.	52 ANS.	53 ANS.	SOMMES versées	54 ANS.	55 ANS.	56 ANS.	57 ANS.
1	0.2813	0.3041	0.3293	0.3571	1	0.3881	0.4225	0.4609	0.5040
2	0.5626	0.6082	0.6586	0.7142	2	0.7762	0.8450	0.9218	1.0080
3	0.8439	0.9123	0.9879	1.0713	3	1.1643	1.2675	1.3827	1.5120
4	1.1252	1.2164	1.3172	1.4284	4	1.5524	1.6900	1.8436	2.0160
5	1.4065	1.5205	1.6465	1.7855	5	1.9405	2.1125	2.3045	2.5200
6	1.6878	1.8246	1.9758	2.1426	6	2.3286	2.5350	2.7654	3.0240
7	1.9691	2.1287	2.3051	2.4997	7	2.7167	2.9575	3.2263	3.5280
8	2.2504	2.4328	2.6344	2.8568	8	3.1048	3.3800	3.6872	4.0320
9	2.5317	2.7369	2.9637	3.2139	9	3.4929	3.8025	4.1481	4.5360
10	2.8130	3.0410	3.2930	3.5710	10	3.8810	4.2250	4.6090	5.0400
11	3.0943	3.3451	3.6223	3.9281	11	4.2691	4.6475	5.0699	5.5440
12	3.3756	3.6492	3.9516	4.2852	12	4.6572	5.0700	5.5308	6.0480
13	3.6569	3.9533	4.2809	4.6423	13	5.0453	5.4925	5.9917	6.5520
14	3.9382	4.2574	4.6102	4.9994	14	5.4334	5.9150	6.4526	7.0560
15	4.2195	4.5615	4.9395	5.3565	15	5.8215	6.3375	6.9135	7.5600
16	4.5008	4.8656	5.2688	5.7136	16	6.2096	6.7600	7.3744	8.0640
17	4.7821	5.1697	5.5981	6.0707	17	6.5977	7.1825	7.8353	8.5680
18	5.0634	5.4738	5.9274	6.4278	18	6.9858	7.6050	8.2962	9.0720
19	5.3447	5.7779	6.2567	6.7849	19	7.3739	8.0275	8.7571	9.5760
20	5.6260	6.0820	6.5860	7.1420	20	7.7620	8.4500	9.2180	10.0800

SOMMES versées	58 ANS.	59 ANS.	60 ANS.	61 ANS.	SOMMES versées	62 ANS.	63 ANS.	64 ANS.	65 ANS.
1	0.5523	0.6068	0.6685	0.7387	1	0.8189	0.9112	1.0170	1.1420
2	1.1046	1.2136	1.3370	1.4774	2	1.6378	1.8224	2.0358	2.2840
3	1.6569	1.8204	2.0055	2.2161	3	2.4567	2.7336	3.0537	3.4260
4	2.2092	2.4272	2.6740	2.9548	4	3.2756	3.6448	4.0716	4.5680
5	2.7615	3.0340	3.3425	3.6935	5	4.0945	4.5560	5.0895	5.7100
6	3.3138	3.6408	4.0110	4.4322	6	4.9134	5.4672	6.1074	6.8520
7	3.8661	4.2476	4.6795	5.1709	7	5.7323	6.3784	7.1253	7.9940
8	4.4184	4.8544	5.3480	5.9096	8	6.5512	7.2896	8.1432	9.1360
9	4.9707	5.4612	6.0165	6.6483	9	7.3701	8.2008	9.1611	10.2780
10	5.5230	6.0680	6.6850	7.3870	10	8.1890	9.1120	10.1790	11.4200
11	6.0753	6.6748	7.3535	8.1257	11	9.0079	10.0232	11.1969	12.5620
12	6.6276	7.2816	8.0220	8.8644	12	9.8268	10.9344	12.2148	13.7040
13	7.1799	7.8884	8.6905	9.6031	13	10.6457	11.8456	13.2327	14.8460
14	7.7322	8.4952	9.3590	10.3418	14	11.4646	12.7568	14.2506	15.9880
15	8.2845	9.1020	10.0275	11.0805	15	12.2835	13.6680	15.2685	17.1300
16	8.8368	9.7088	10.6960	11.8192	16	13.1024	14.5792	16.2864	18.2720
17	9.3891	10.3156	11.3645	12.5579	17	13.9213	15.4904	17.3043	19.4140
18	9.9414	10.9224	12.0330	13.2966	18	14.7402	16.4016	18.3222	20.5560
19	10.4937	11.5292	12.7015	14.0353	19	15.5591	17.3128	19.3401	21.6980
20	11.0460	12.1360	13.3700	14.7740	20	16.3780	18.2240	20.3580	22.8400

SOMMES versées	50 ANS	51 ANS	52 ANS	53 ANS	SOMMES versées	54 ANS	55 ANS	56 ANS	57 ANS
1	0.1902	0.2153	0.2331	0.2520	1	0.2748	0.2991	0.3263	0.3568
2	0.3804	0.4306	0.4662	0.5058	2	0.5496	0.5982	0.6526	0.7136
3	0.5976	0.6459	0.6993	0.7587	3	0.8244	0.8973	0.9789	1.0704
4	0.7968	0.8612	0.9324	1.0116	4	1.0992	1.1964	1.3052	1.4272
5	0.9960	1.0765	1.1655	1.2645	5	1.3740	1.4955	1.6315	1.7840
6	1.1052	1.2918	1.3986	1.5174	6	1.6488	1.7946	1.9578	2.1408
7	1.3944	1.5071	1.6317	1.7703	7	1.9236	2.0937	2.2841	2.4976
8	1.5936	1.7224	1.8648	2.0232	8	2.1984	2.3928	2.6104	2.8544
9	1.7928	1.9377	2.0979	2.2761	9	2.4732	2.6919	2.9367	3.2112
10	1.9920	2.1530	2.3310	2.5290	10	2.7480	2.9910	3.2630	3.5680
11	2.1912	2.3683	2.5641	2.7819	11	3.0228	3.2901	3.5893	3.9248
12	2.3904	2.5836	2.7972	3.0348	12	3.2976	3.5892	3.9156	4.2816
13	2.5896	2.7989	3.0303	3.2877	13	3.5724	3.8883	4.2419	4.6384
14	2.7888	3.0142	3.2634	3.5406	14	3.8472	4.1874	4.5682	4.9952
15	2.9880	3.2295	3.4965	3.7935	15	4.1220	4.4865	4.8945	5.3520
16	3.1872	3.4448	3.7296	4.0464	16	4.3968	4.7856	5.2208	5.7088
17	3.3864	3.6601	3.9627	4.2993	17	4.6716	5.0847	5.5471	6.0656
18	3.5856	3.8754	4.1958	4.5522	18	4.9464	5.3838	5.8734	6.4224
19	3.7848	4.0907	4.4289	4.8051	19	5.2212	5.6829	6.1997	6.7792
20	3.9840	4.3060	4.6620	5.0580	20	5.4960	5.9820	6.5260	7.1360

SOMMES versées	58 ANS	59 ANS	60 ANS	61 ANS	SOMMES versées	62 ANS	63 ANS	64 ANS	65 ANS
1	0.3910	0.4296	0.4733	0.5230	1	0.5798	0.6451	0.7206	0.8085
2	0.7820	0.8592	0.9466	1.0460	2	1.1596	1.2902	1.4412	1.6170
3	1.1730	1.2888	1.4199	1.5690	3	1.7394	1.9353	2.1618	2.4255
4	1.5640	1.7184	1.8932	2.0920	4	2.3192	2.5804	2.8824	3.2340
5	1.9550	2.1480	2.3665	2.6150	5	2.8990	3.2255	3.6030	4.0425
6	2.3460	2.5776	2.8398	3.1380	6	3.4788	3.8706	4.3236	4.8510
7	2.7370	3.0072	3.3131	3.6610	7	4.0586	4.5157	5.0442	5.6595
8	3.1280	3.4368	3.7864	4.1840	8	4.6384	5.1608	5.7648	6.4680
9	3.5190	3.8664	4.2597	4.7070	9	5.2182	5.8059	6.4854	7.2765
10	3.9100	4.2960	4.7330	5.2300	10	5.7980	6.4510	7.2060	8.0850
11	4.3010	4.7256	5.2063	5.7530	11	6.3778	7.0961	7.9266	8.8935
12	4.6920	5.1552	5.6796	6.2760	12	6.9576	7.7412	8.6472	9.7020
13	5.0830	5.5848	6.1529	6.7990	13	7.5374	8.3863	9.3678	10.5105
14	5.4740	6.0144	6.6262	7.3220	14	8.1172	9.0314	10.0884	11.3190
15	5.8650	6.4440	7.0995	7.8450	15	8.6970	9.6765	10.8090	12.1275
16	6.2560	6.8736	7.5728	8.3680	16	9.2768	10.3216	11.5296	12.9360
17	6.6470	7.3032	8.0461	8.8910	17	9.8566	10.9667	12.2502	13.7445
18	7.0380	7.7328	8.5194	9.4140	18	10.4364	11.6118	12.9708	14.5530
19	7.4290	8.1624	8.9927	9.9370	19	11.0162	12.2569	13.6914	15.3615
20	7.8200	8.5920	9.4660	10.4600	20	11.5960	12.9020	14.4120	16.1700

SOMMES versées.	50 ANS.	51 ANS.	52 ANS.	53 ANS.	SOMMES versées.	54 ANS.	55 ANS.	56 ANS.	57 ANS.
1	0.2778	0.3003	0.3252	0.3527	1	0.3833	0.4173	0.4552	0.4977
2	0.5556	0.6006	0.6504	0.7054	2	0.7666	0.8346	0.9104	0.9954
3	0.8334	0.9009	0.9756	1.0581	3	1.1499	1.2519	1.3656	1.4931
4	1.1112	1.2012	1.3008	1.4108	4	1.5332	1.6692	1.8208	1.9908
5	1.3890	1.5015	1.6260	1.7635	5	1.9165	2.0865	2.2760	2.4885
6	1.6668	1.8018	1.9512	2.1162	6	2.2998	2.5038	2.7312	2.9862
7	1.9446	2.1021	2.2764	2.4689	7	2.6831	2.9211	3.1864	3.4839
8	2.2224	2.4024	2.6016	2.8216	8	3.0664	3.3384	3.6416	3.9816
9	2.5002	2.7027	2.9268	3.1743	9	3.4497	3.7557	4.0968	4.4793
10	2.7780	3.0030	3.2520	3.5270	10	3.8330	4.1730	4.5520	4.9770
11	3.0558	3.3033	3.5772	3.8797	11	4.2163	4.5903	5.0072	5.4747
12	3.3336	3.6036	3.9024	4.2324	12	4.5996	5.0076	5.4624	5.9724
13	3.6114	3.9039	4.2276	4.5851	13	4.9829	5.4249	5.9176	6.4701
14	3.8892	4.2042	4.5528	4.9378	14	5.3662	5.8422	6.3728	6.9678
15	4.1670	4.5045	4.8780	5.2905	15	5.7495	6.2595	6.8280	7.4655
16	4.4448	4.8048	5.2032	5.6432	16	6.1328	6.6768	7.2832	7.9632
17	4.7226	5.1051	5.5284	5.9959	17	6.5161	7.0941	7.7384	8.4609
18	5.0004	5.4054	5.8536	6.3486	18	6.8994	7.5114	8.1936	8.9586
19	5.2782	5.7057	6.1788	6.7013	19	7.2827	7.9287	8.6488	9.4563
20	5.5560	6.0060	6.5040	7.0540	20	7.6660	8.3460	9.1040	9.9540

SOMMES versées.	58 ANS.	59 ANS.	60 ANS.	61 ANS.	SOMMES versées.	62 ANS.	63 ANS.	64 ANS.	65 ANS.
1	0.5455	0.5993	0.6602	0.7295	1	0.8088	0.8999	1.0053	1.1270
2	1.0910	1.1986	1.3204	1.4590	2	1.6176	1.7998	2.0106	2.2558
3	1.6365	1.7979	1.9806	2.1885	3	2.4264	2.6997	3.0159	3.3837
4	2.1820	2.3972	2.6408	2.9180	4	3.2352	3.5996	4.0212	4.5116
5	2.7275	2.9965	3.3010	3.6475	5	4.0440	4.4995	5.0265	5.6395
6	3.2730	3.5958	3.9612	4.3770	6	4.8528	5.3994	6.0318	6.7674
7	3.8185	4.1951	4.6214	5.1065	7	5.6616	6.2993	7.0371	7.8953
8	4.3640	4.7944	5.2816	5.8360	8	6.4704	7.1992	8.0424	9.0232
9	4.9095	5.3937	5.9418	6.5655	9	7.2792	8.0991	9.0477	10.1511
10	5.4550	5.9930	6.6020	7.2950	10	8.0880	8.9990	10.0530	11.2790
11	6.0005	6.5923	7.2622	8.0245	11	8.8968	9.8989	11.0583	12.4069
12	6.5460	7.1916	7.9224	8.7540	12	9.7056	10.7988	12.0636	13.5348
13	7.0915	7.7909	8.5826	9.4835	13	10.5144	11.6987	13.0689	14.6627
14	7.6370	8.3902	9.2428	10.2130	14	11.3232	12.5986	14.0742	15.7906
15	8.1825	8.9895	9.9030	10.9425	15	12.1320	13.4985	15.0795	16.9185
16	8.7280	9.5888	10.5632	11.6720	16	12.9408	14.3984	16.0848	18.0464
17	9.2735	10.1881	11.2234	12.4015	17	13.7496	15.2983	17.0901	19.1743
18	9.8190	10.7874	11.8836	13.1310	18	14.5584	16.1982	18.0954	20.3022
19	10.3645	11.3867	12.5438	13.8605	19	15.3672	17.0981	19.1007	21.4301
20	10.9100	11.9860	13.2040	14.5900	20	16.1760	17.9980	20.1060	22.5580

SOMMES versées	50 ANS	51 ANS	52 ANS	53 ANS	SOMMES versées	54 ANS	55 ANS	56 ANS	57 ANS
1	0.1964	0.2123	0.2299	0.2493	1	0.2709	0.2950	0.3218	0.3519
2	0.3928	0.4246	0.4598	0.4986	2	0.5418	0.5900	0.6436	0.7038
3	0.5892	0.6369	0.6897	0.7479	3	0.8127	0.8850	0.9654	1.0557
4	0.7856	0.8492	0.9196	0.9972	4	1.0836	1.1800	1.2872	1.4076
5	0.9820	1.0615	1.1495	1.2465	5	1.3545	1.4750	1.6090	1.7595
6	1.1784	1.2738	1.3794	1.4958	6	1.6254	1.7700	1.9308	2.1114
7	1.3748	1.4861	1.6093	1.7451	7	1.8963	2.0650	2.2526	2.4633
8	1.5712	1.6984	1.8392	1.9944	8	2.1672	2.3600	2.5744	2.8152
9	1.7676	1.9107	2.0691	2.2437	9	2.4381	2.6550	2.8962	3.1671
10	1.9640	2.1230	2.2990	2.4930	10	2.7090	2.9500	3·2180	3.5190
11	2.1604	2.3353	2.5289	2.7423	11	2.9799	3.2450	3.5398	3.8709
12	2.3568	2.5476	2.7588	2.9916	12	3.2508	3.5400	3.8616	4.2228
13	2.5532	2.7599	2.9887	3.2409	13	3.5217	3.8350	4.1834	4.5747
14	2.7496	2.9722	3.2186	3.4902	14	3.7926	4.1300	4.5052	4.9266
15	2.9460	3.1845	3.4485	3.7395	15	4.0635	4.4250	4.8270	5.2785
16	3.1424	3.3968	3.6784	3.9888	16	4.3344	4.7200	5.1488	5.6304
17	3.3388	3.6091	3.9083	4.2381	17	4.6053	5.0150	5.4700	5.9823
18	3.5352	3.8214	4.1382	4.4874	18	4.8762	5.3100	5.7924	6.3342
19	3.7316	4.0337	4.3681	4.7367	19	5.1471	5.6050	6.1142	6.6861
20	3.9280	4.2460	4.5980	4.9860	20	5.4180	5.9000	6.4360	7.0380

SOMMES versées	58 ANS	59 ANS	60 ANS	61 ANS	SOMMES versées	62 ANS	63 ANS	64 ANS	65 ANS
1	0.3856	0.4236	0.4667	0.5157	1	0.5717	0.6362	0.7100	0.7973
2	0.7712	0.8472	0.9334	1.0314	2	1.1434	1.2724	1.4212	1.5946
3	1.1568	1.2708	1.4001	1.5471	3	1.7151	1.9086	2.1318	2.3919
4	1.5424	1.6944	1.8668	2.0628	4	2.2868	2.5448	2.8424	3.1892
5	1.9280	2.1180	2.3335	2.5785	5	2.8585	3.1810	3.5530	3.9865
6	2.3136	2.5416	2.8002	3.0942	6	3.4302	3.8172	4.2636	4.7838
7	2.6992	2.9652	3.2669	3.6099	7	4.0019	4.4534	4.9742	5.5811
8	3.0848	3.3888	3.7336	4.1256	8	4.5736	5.0896	5.6848	6.3784
9	3.4704	3.8124	4.2003	4.6413	9	5.1453	5.7258	6.3954	7.1757
10	3.8560	4.2360	4.6670	5.1570	10	5.7170	6.3620	7.1060	7.9730
11	4.2416	4.6596	5.1337	5.6727	11	6.2887	6.9982	7.8166	8.7703
12	4.6272	5.0832	5.6004	6.1884	12	6.8604	7.6344	8.5272	9.5676
13	5.0128	5.5068	6.0671	6.7041	13	7.4321	8.2706	9.2378	10.3649
14	5.3984	5.9304	6.5338	7.2198	14	8.0038	8.9068	9.9484	11.1622
15	5.7840	6.3540	7.0005	7.7355	15	8.5755	9.5430	10.6590	11.9595
16	6.1696	6.7776	7.4672	8.2512	16	9.1472	10.1792	11.3696	12.7568
17	6.5552	7.2012	7.9339	8.7669	17	9.7189	10.8154	12.0802	13.5541
18	6.9408	7.6248	8.4006	9.2826	18	10.2906	11.4516	12.7908	14.3514
19	7.3264	8.0484	8.8673	9.7983	19	10.8623	12.0878	13.5014	15.1487
20	7.7120	8.4720	9.3340	10.3140	20	11.4340	12.7240	14.2120	15.9460

SOMMES versées	50 ANS.	51 ANS.	52 ANS.	53 ANS.	SOMMES versées	54 ANS.	55 ANS.	56 ANS.	57 ANS.
1	0.2744	0.2966	0.3212	0.3483	1	0.3785	0.4121	0.4490	0.4916
2	0.5488	0.5932	0.6424	0.6966	2	0.7570	0.8242	0.8992	0.9832
3	0.8232	0.8898	0.9636	1.0449	3	1.1355	1.2363	1.3488	1.4748
4	1.0976	1.1864	1.2848	1.3932	4	1.5140	1.6484	1.7984	1.9664
5	1.3720	1.4830	1.6060	1.7415	5	1.8925	2.0605	2.2480	2.4580
6	1.6464	1.7796	1.9272	2.0898	6	2.2710	2.4720	2.6976	2.9496
7	1.9208	2.0762	2.2484	2.4381	7	2.6495	2.8847	3.1472	3.4412
8	2.1952	2.3728	2.5696	2.7864	8	3.0280	3.2908	3.5968	3.9328
9	2.4696	2.6694	2.8908	3.1347	9	3.4065	3.7089	4.0464	4.4244
10	2.7440	2.9660	3.2120	3.4830	10	3.7850	4.1210	4.4960	4.9160
11	3.0184	3.2626	3.5332	3.8313	11	4.1635	4.5331	4.9456	5.4076
12	3.2928	3.5592	3.8544	4.1796	12	4.5420	4.9452	5.3952	5.8992
13	3.5672	3.8558	4.1756	4.5279	13	4.9205	5.3573	5.8448	6.3908
14	3.8416	4.1524	4.4968	4.8702	14	5.2990	5.7694	6.2944	6.8824
15	4.1160	4.4490	4.8180	5.2245	15	5.6775	6.1815	6.7440	7.3740
16	4.3904	4.7456	5.1392	5.5728	16	6.0560	6.5936	7.1936	7.8656
17	4.6648	5.0422	5.4604	5.9211	17	6.4345	7.0057	7.6432	8.3572
18	4.9392	5.3388	5.7816	6.2694	18	6.8130	7.4178	8.0928	8.8488
19	5.2136	5.6354	6.1028	6.6177	19	7.1915	7.8299	8.5424	9.3404
20	5.4880	5.9320	6.4240	6.9660	20	7.5700	8.2420	8.9920	9.8320

SOMMES versées	58 ANS.	59 ANS.	60 ANS.	61 ANS.	SOMMES versées	62 ANS.	63 ANS.	64 ANS.	65 ANS.
1	0.5387	0.5919	0.6520	0.7205	1	0.7988	0.8888	0.9928	1.1139
2	1.0774	1.1838	1.3040	1.4410	2	1.5976	1.7776	1.9856	2.2278
3	1.6161	1.7757	1.9560	2.1615	3	2.3964	2.6664	2.9784	3.3417
4	2.1548	2.3676	2.6080	2.8820	4	3.1952	3.5552	3.9712	4.4556
5	2.6935	2.9595	3.2600	3.6025	5	3.9940	4.4440	4.9640	5.5695
6	3.2322	3.5514	3.9120	4.3230	6	4.7928	5.3328	5.9568	6.6834
7	3.7709	4.1433	4.5640	5.0435	7	5.5916	6.2216	6.9496	7.7973
8	4.3096	4.7352	5.2160	5.7640	8	6.3904	7.1104	7.9424	8.9112
9	4.8483	5.3271	5.8680	6.4845	9	7.1892	7.9992	8.9352	10.0251
10	5.3870	5.9190	6.5200	7.2050	10	7.9880	8.8880	9.9280	11.1390
11	5.9257	6.5109	7.1720	7.9255	11	8.7868	9.7768	10.9208	12.2529
12	6.4644	7.1028	7.8240	8.6460	12	9.5856	10.6656	11.9136	13.3668
13	7.0031	7.6947	8.4760	9.3665	13	10.3844	11.5544	12.9064	14.4807
14	7.5418	8.2866	9.1280	10.0870	14	11.1832	12.4432	13.8992	15.5946
15	8.0805	8.8785	9.7800	10.8075	15	11.9820	13.3320	14.8920	16.7085
16	8.6192	9.4704	10.4320	11.5280	16	12.7808	14.2208	15.8848	17.8224
17	9.1579	10.0623	11.0840	12.2485	17	13.5796	15.1096	16.8776	18.9363
18	9.6966	10.6542	11.7360	12.9690	18	14.3784	15.9984	17.8704	20.0502
19	10.2353	11.2461	12.3880	13.6895	19	15.1772	16.8872	18.8632	21.1641
20	10.7740	11.8380	13.0400	14.4100	20	15.9760	17.7760	19.8560	22.2780

SOMMES versées.	50 ANS.	51 ANS.	52 ANS.	53 ANS.	SOMMES versées.	54 ANS.	55 ANS.	56 ANS.	57 ANS.
1	0.1937	0.2093	0.2267	0.2459	1	0.2672	0.2909	0.3173	0.3469
2	0.3874	0.4186	0.4534	0.4918	2	0.5344	0.5818	0.6346	0.6938
3	0.5811	0.6279	0.6801	0.7377	3	0.8016	0.8727	0.9519	1.0407
4	0.7748	0.8372	0.9068	0.9836	4	1.0688	1.1636	1.2692	1.3876
5	0.9685	1.0465	1.1335	1.2295	5	1.3360	1.4545	1.5865	1.7345
6	1.1622	1.2558	1.3602	1.4754	6	1.6032	1.7454	1.9038	2.0814
7	1.3559	1.4651	1.5869	1.7213	7	1.8704	2.0363	2.2211	2.4283
8	1.5496	1.6744	1.8136	1.9672	8	2.1376	2.3272	2.5384	2.7752
9	1.7433	1.8837	2.0403	2.2131	9	2.4048	2.6181	2.8557	3.1221
10	1.9370	2.0930	2.2670	2.4590	10	2.6720	2.9090	3.1730	3.4690
11	2.1307	2.3023	2.4937	2.7049	11	2.9392	3.1999	3.4903	3.8159
12	2.3244	2.5116	2.7204	2.9508	12	3.2064	3.4908	3.8076	4.1628
13	2.5181	2.7209	2.9471	3.1967	13	3.4736	3.7817	4.1249	4.5097
14	2.7118	2.9302	3.1738	3.4426	14	3.7408	4.0726	4.4422	4.8566
15	2.9055	3.1395	3.4005	3.6885	15	4.0080	4.3635	4.7595	5.2035
16	3.0992	3.3488	3.6272	3.9344	16	4.2752	4.6544	5.0768	5.5504
17	3.2929	3.5581	3.8539	4.1803	17	4.5424	4.9453	5.3941	5.8973
18	3.4866	3.7674	4.0806	4.4262	18	4.8096	5.2362	5.7114	6.2442
19	3.6803	3.9767	4.3073	4.6721	19	5.0768	5.5271	6.0287	6.5911
20	3.8740	4.1860	4.5340	4.9180	20	5.3440	5.8180	6.3460	6.9380

SOMMES versées.	58 ANS.	59 ANS.	60 ANS.	61 ANS.	SOMMES versées.	62 ANS.	63 ANS.	64 ANS.	65 ANS.
1	0.3802	0.4177	0.4602	0.5085	1	0.5638	0.6273	0.7007	0.7862
2	0.7604	0.8354	0.9204	1.0170	2	1.1276	1.2546	1.4014	1.5724
3	1.1406	1.2531	1.3806	1.5255	3	1.6914	1.8819	2.1021	2.3586
4	1.5208	1.6708	1.8408	2.0340	4	2.2552	2.5092	2.8028	3.1448
5	1.9010	2.0885	2.3010	2.5425	5	2.8190	3.1365	3.5035	3.9310
6	2.2812	2.5062	2.7612	3.0510	6	3.3828	3.7638	4.2042	4.7172
7	2.6614	2.9239	3.2214	3.5595	7	3.9466	4.3911	4.9049	5.5034
8	3.0416	3.3416	3.6816	4.0680	8	4.5104	5.0184	5.6056	6.2896
9	3.4218	3.7593	4.1418	4.5765	9	5.0742	5.6457	6.3063	7.0758
10	3.8020	4.1770	4.6020	5.0850	10	5.6380	6.2730	7.0070	7.8620
11	4.1822	4.5947	5.0622	5.5935	11	6.2018	6.9003	7.7077	8.6482
12	4.5624	5.0124	5.5224	6.1020	12	6.7656	7.5276	8.4084	9.4344
13	4.9426	5.4301	5.9826	6.6105	13	7.3294	8.1549	9.1091	10.2206
14	5.3228	5.8478	6.4428	7.1190	14	7.8932	8.7822	9.8098	11.0068
15	5.7030	6.2655	6.9030	7.6275	15	8.4570	9.4095	10.5105	11.7930
16	6.0832	6.6832	7.3632	8.1360	16	9.0208	10.0368	11.2112	12.5792
17	6.4634	7.1009	7.8234	8.6445	17	9.5846	10.6641	11.9119	13.3654
18	6.8436	7.5186	8.2836	9.1530	18	10.1484	11.2914	12.6126	14.1516
19	7.2238	7.9363	8.7438	9.6615	19	10.7122	11.9187	13.3133	14.9378
20	7.6040	8.3540	9.2040	10.1700	20	11.2760	12.5460	14.0140	15.7240

SOMMES versées	50 ANS	51 ANS	52 ANS	53 ANS	SOMMES versées	54 ANS	55 ANS	56 ANS	57 ANS
1	0.2710	0.2920	0.3172	0.3440	1	0.3738	0.4070	0.4440	0.4855
2	0.5420	0.5858	0.6344	0.6880	2	0.7476	0.8140	0.8880	0.9710
3	0.8130	0.8787	0.9516	1.0320	3	1.1214	1.2210	1.3320	1.4565
4	1.0840	1.1710	1.2688	1.3760	4	1.4952	1.6280	1.7760	1.9420
5	1.3550	1.4645	1.5860	1.7200	5	1.8690	2.0350	2.2200	2.4275
6	1.6260	1.7574	1.9032	2.0640	6	2.2428	2.4420	2.6640	2.9130
7	1.8970	2.0503	2.2204	2.4080	7	2.6166	2.8400	3.1080	3.3985
8	2.1680	2.3432	2.5376	2.7520	8	2.9904	3.2560	3.5520	3.8840
9	2.4390	2.6361	2.8548	3.0960	9	3.3642	3.6630	3.9960	4.3695
10	2.7100	2.9290	3.1720	3.4400	10	3.7380	4.0700	4.4400	4.8550
11	2.9810	3.2210	3.4892	3.7840	11	4.1118	4.4770	4.8840	5.3405
12	3.2520	3.5148	3.8064	4.1280	12	4.4856	4.8840	5.3280	5.8260
13	3.5230	3.8077	4.1236	4.4720	13	4.8594	5.2910	5.7720	6.3115
14	3.7940	4.1006	4.4408	4.8160	14	5.2332	5.6980	6.2160	6.7970
15	4.0650	4.3935	4.7580	5.1600	15	5.6070	6.1050	6.6600	7.2825
16	4.3360	4.6864	5.0752	5.5040	16	5.9808	6.5120	7.1040	7.7680
17	4.6070	4.9793	5.3924	5.8480	17	6.3546	6.9190	7.5480	8.2535
18	4.8780	5.2722	5.7096	6.1920	18	6.7284	7.3260	7.9920	8.7390
19	5.1490	5.5651	6.0268	6.5360	19	7.1022	7.7330	8.4360	9.2245
20	5.4200	5.8580	6.3440	6.8800	20	7.4760	8.1400	8.8800	9.7100

SOMMES versées	58 ANS	59 ANS	60 ANS	61 ANS	SOMMES versées	62 ANS	63 ANS	64 ANS	65 ANS
1	0.5320	0.5845	0.6439	0.7115	1	0.7888	0.8777	0.9804	1.1000
2	1.0640	1.1690	1.2878	1.4230	2	1.5776	1.7554	1.9608	2.2000
3	1.5960	1.7535	1.9317	2.1345	3	2.3664	2.6331	2.9412	3.3000
4	2.1280	2.3380	2.5756	2.8460	4	3.1552	3.5108	3.9216	4.4000
5	2.6600	2.9225	3.2195	3.5575	5	3.9440	4.3885	4.9020	5.5000
6	3.1920	3.5070	3.8634	4.2690	6	4.7328	5.2662	5.8824	6.6000
7	3.7240	4.0915	4.5073	4.9805	7	5.5216	6.1439	6.8628	7.7000
8	4.2560	4.6760	5.1512	5.6920	8	6.3104	7.0216	7.8432	8.8000
9	4.7880	5.2605	5.7951	6.4035	9	7.0992	7.8993	8.8236	9.9000
10	5.3200	5.8450	6.4390	7.1150	10	7.8880	8.7770	9.8040	11.0000
11	5.8520	6.4295	7.0829	7.8265	11	8.6768	9.6547	10.7844	12.1000
12	6.3840	7.0140	7.7268	8.5380	12	9.4656	10.5324	11.7648	13.2000
13	6.9160	7.5985	8.3707	9.2495	13	10.2544	11.4101	12.7452	14.3000
14	7.4480	8.1830	9.0146	9.9610	14	11.0432	12.2878	13.7256	15.4000
15	7.9800	8.7675	9.6585	10.6725	15	11.8320	13.1655	14.7060	16.5000
16	8.5120	9.3520	10.3024	11.3840	16	12.6208	14.0432	15.6864	17.6000
17	9.0440	9.9365	10.9463	12.0955	17	13.4096	14.9209	16.6668	18.7000
18	9.5760	10.5210	11.5902	12.8070	18	14.1984	15.7986	17.6472	19.8000
19	10.1080	11.1055	12.2341	13.5185	19	14.9872	16.6763	18.6276	20.9000
20	10.6400	11.6900	12.8780	14.2300	20	15.7760	17.5540	19.6080	22.0000

SOMMES versées	50 ANS.	51 ANS.	52 ANS.	53 ANS.	SOMMES versées	54 ANS.	55 ANS.	56 ANS.	57 ANS.
1	0.1910	0.2064	0.2235	0.2424	1	0.2634	0.2868	0.3129	0.3421
2	0.3820	0.4128	0.4470	0.4848	2	0.5268	0.5736	0.6258	0.6842
3	0.5730	0.6192	0.6705	0.7272	3	0.7902	0.8604	0.9387	1.0263
4	0.7640	0.8256	0.8940	0.9696	4	1.0536	1.1472	1.2516	1.3684
5	0.9550	1.0320	1.1175	1.2120	5	1.3170	1.4340	1.5645	1.7105
6	1.1460	1.2384	1.3410	1.4544	6	1.5804	1.7208	1.8774	2.0526
7	1.3370	1.4448	1.5645	1.6968	7	1.8438	2.0076	2.1903	2.3947
8	1.5280	1.6512	1.7880	1.9392	8	2.1072	2.2944	2.5032	2.7368
9	1.7190	1.8576	2.0115	2.1816	9	2.3706	2.5812	2.8161	3.0789
10	1.9100	2.0640	2.2350	2.4240	10	2.6340	2.8680	3.1290	3.4210
11	2.1010	2.2704	2.4585	2.6664	11	2.8974	3.1548	3.4419	3.7631
12	2.2920	2.4768	2.6820	2.9088	12	3.1608	3.4416	3.7548	4.1052
13	2.4830	2.6832	2.9055	3.1512	13	3.4242	3.7284	4.0677	4.4473
14	2.6740	2.8896	3.1290	3.3936	14	3.6876	4.0152	4.3806	4.7894
15	2.8650	3.0960	3.3525	3.6360	15	3.9510	4.3020	4.6935	5.1315
16	3.0560	3.3024	3.5760	3.8784	16	4.2144	4.5888	5.0004	5.4736
17	3.2470	3.5088	3.7995	4.1208	17	4.4778	4.8756	5.3193	5.8157
18	3.4380	3.7152	4.0230	4.3632	18	4.7412	5.1624	5.6322	6.1578
19	3.6290	3.9216	4.2465	4.6056	19	5.0046	5.4492	5.9451	6.4999
20	3.8200	4.1280	4.4700	4.8480	20	5.2680	5.7360	6.2580	6.8420

SOMMES versées	38 ANS.	39 ANS.	60 ANS.	61 ANS.	SOMMES versées	62 ANS.	63 ANS.	64 ANS.	65 ANS.
1	0.3749	0.4110	0.4538	0.5014	1	0.5559	0.6185	0.6909	0.7752
2	0.7498	0.8238	0.9076	1.0028	2	1.1118	1.2370	1.3818	1.5504
3	1.1247	1.2357	1.3614	1.5042	3	1.6677	1.8555	2.0727	2.3256
4	1.4996	1.6476	1.8152	2.0056	4	2.2236	2.4740	2.7636	3.1008
5	1.8745	2.0595	2.2690	2.5070	5	2.7795	3.0925	3.4545	3.8760
6	2.2494	2.4714	2.7228	3.0084	6	3.3354	3.7110	4.1454	4.6512
7	2.6243	2.8833	3.1766	3.5098	7	3.8913	4.3295	4.8363	5.4264
8	2.9992	3.2952	3.6304	4.0112	8	4.4472	4.9480	5.5272	6.2016
9	3.3741	3.7071	4.0842	4.5126	9	5.0031	5.5665	6.2181	6.9768
10	3.7490	4.1190	4.5380	5.0140	10	5.5590	6.1850	6.9090	7.7520
11	4.1239	4.5309	4.9918	5.5154	11	6.1149	6.8035	7.5999	8.5272
12	4.4988	4.9428	5.4456	6.0168	12	6.6708	7.4220	8.2908	9.3024
13	4.8737	5.3547	5.8994	6.5182	13	7.2267	8.0405	8.9817	10.0776
14	5.2486	5.7666	6.3532	7.0196	14	7.7826	8.6590	9.6726	10.8528
15	5.6235	6.1785	6.8070	7.5210	15	8.3385	9.2775	10.3635	11.6280
16	5.9984	6.5904	7.2608	8.0224	16	8.8944	9.8960	11.0544	12.4032
17	6.3733	7.0023	7.7146	8.5238	17	9.4503	10.5145	11.7453	13.1784
18	6.7482	7.4142	8.1684	9.0252	18	10.0062	11.1330	12.4362	13.9536
19	7.1231	7.8261	8.6222	9.5266	19	10.5621	11.7515	13.1271	14.7288
20	7.4980	8.2380	9.0760	10.0280	20	11.1180	12.3700	13.8180	15.5040

SOMMES versées.	50 ANS.	51 ANS.	52 ANS.	53 ANS.	SOMMES versées.	54 ANS.	55 ANS.	56 ANS.	57 ANS.
1	0.2676	0.2893	0.3132	0.3397	1	0.3692	0.4019	0.4385	0.4794
2	0.5352	0.5786	0.6264	0.6794	2	0.7384	0.8038	0.8770	0.9588
3	0.8028	0.8679	0.9396	1.0191	3	1.1076	1.2057	1.3155	1.4382
4	1.0704	1.1572	1.2528	1.3588	4	1.4768	1.6076	1.7540	1.9176
5	1.3380	1.4465	1.5660	1.6985	5	1.8460	2.0095	2.1925	2.3970
6	1.6056	1.7358	1.8792	2.0382	6	2.2152	2.4114	2.6310	2.8764
7	1.8732	2.0251	2.1924	2.3779	7	2.5844	2.8133	3.0095	3.3558
8	2.1408	2.3144	2.5056	2.7176	8	2.9536	3.2152	3.5080	3.8352
9	2.4084	2.6037	2.8188	3.0573	9	3.3228	3.6171	3.9405	4.3146
10	2.6760	2.8930	3.1320	3.3970	10	3.6920	4.0190	4.3850	4.7940
11	2.9436	3.1823	3.4452	3.7367	11	4.0612	4.4209	4.8235	5.2734
12	3.2112	3.4716	3.7584	4.0764	12	4.4304	4.8228	5.2620	5.7528
13	3.4788	3.7609	4.0716	4.4161	13	4.7996	5.2247	5.7005	6.2322
14	3.7464	4.0502	4.3848	4.7558	14	5.1688	5.6266	6.1390	6.7116
15	4.0140	4.3395	4.6980	5.0955	15	5.5380	6.0285	6.5775	7.1910
16	4.2816	4.6288	5.0112	5.4352	16	5.9072	6.4304	7.0160	7.6704
17	4.5492	4.9181	5.3244	5.7749	17	6.2764	6.8323	7.4545	8.1498
18	4.8168	5.2074	5.6376	6.1146	18	6.6456	7.2342	7.8930	8.6292
19	5.0844	5.4967	5.9508	6.4543	19	7.0148	7.6361	8.3315	9.1086
20	5.3520	5.7860	6.2640	6.7940	20	7.3840	8.0380	8.7700	9.5880

SOMMES versées.	58 ANS.	59 ANS.	60 ANS.	61 ANS.	SOMMES versées.	62 ANS.	63 ANS.	64 ANS.	65 ANS.
1	0.5254	0.5773	0.6359	0.7027	1	0.7790	0.8668	0.9683	1.0864
2	1.0508	1.1546	1.2718	1.4054	2	1.5580	1.7336	1.9366	2.1728
3	1.5762	1.7319	1.9077	2.1081	3	2.3370	2.6004	2.9049	3.2592
4	2.1016	2.3092	2.5436	2.8108	4	3.1160	3.4672	3.8732	4.3456
5	2.6270	2.8865	3.1795	3.5135	5	3.8950	4.3340	4.8415	5.4320
6	3.1524	3.4638	3.8154	4.2162	6	4.6740	5.2008	5.8098	6.5184
7	3.6778	4.0411	4.4513	4.9189	7	5.4530	6.0676	6.7781	7.6048
8	4.2032	4.6184	5.0872	5.6216	8	6.2320	6.9344	7.7464	8.6912
9	4.7286	5.1957	5.7231	6.3243	9	7.0110	7.8012	8.7147	9.7776
10	5.2540	5.7730	6.3590	7.0270	10	7.7900	8.6680	9.6830	10.8640
11	5.7794	6.3503	6.9949	7.7297	11	8.5690	9.5348	10.6513	11.9504
12	6.3048	6.9276	7.6308	8.4324	12	9.3480	10.4016	11.6196	13.0368
13	6.8302	7.5049	8.2667	9.1351	13	10.1270	11.2684	12.5879	14.1232
14	7.3556	8.0822	8.9026	9.8378	14	10.9060	12.1352	13.5562	15.2096
15	7.8810	8.6595	9.5385	10.5405	15	11.6850	13.0020	14.5245	16.2960
16	8.4064	9.2368	10.1744	11.2432	16	12.4640	13.8688	15.4928	17.3824
17	8.9318	9.8141	10.8103	11.9459	17	13.2430	14.7356	16.4611	18.4688
18	9.4572	10.3914	11.4462	12.6486	18	14.0220	15.6024	17.4294	19.5552
19	9.9826	10.9687	12.0821	13.3513	19	14.8010	16.4692	18.3977	20.6416
20	10.5080	11.5460	12.7180	14.0540	20	15.5800	17.3360	19.3660	21.7280

SOMMES versées	50 ANS.	51 ANS.	52 ANS.	53 ANS.	SOMMES versées	54 ANS.	55 ANS.	56 ANS.	57 ANS.
1	0.1883	0.2035	0.2204	0.2390	1	0.2597	0.2828	0.3085	0.3373
2	0.3766	0.4070	0.4408	0.4780	2	0.5194	0.5656	0.6170	0.6746
3	0.5649	0.6105	0.6612	0.7170	3	0.7791	0.8484	0.9255	1.0119
4	0.7532	0.8140	0.8816	0.9560	4	1.0388	1.1312	1.2340	1.3492
5	0.9415	1.0175	1.1020	1.1950	5	1.2985	1.4140	1.5425	1.6865
6	1.1298	1.2210	1.3224	1.4340	6	1.5582	1.6968	1.8510	2.0238
7	1.3181	1.4245	1.5428	1.6730	7	1.8179	1.9796	2.1595	2.3611
8	1.5064	1.6280	1.7632	1.9120	8	2.0776	2.2624	2.4680	2.6984
9	1.6947	1.8315	1.9836	2.1510	9	2.3373	2.5452	2.7765	3.0357
10	1.8830	2.0350	2.2040	2.3900	10	2.5970	2.8280	3.0850	3.3730
11	2.0713	2.2385	2.4244	2.6290	11	2.8567	3.1108	3.3935	3.7103
12	2.2596	2.4420	2.6448	2.8680	12	3.1164	3.3936	3.7020	4.0476
13	2.4479	2.6455	2.8652	3.1070	13	3.3761	3.6764	4.0105	4.3849
14	2.6362	2.8490	3.0856	3.3460	14	3.6358	3.9592	4.3190	4.7222
15	2.8245	3.0525	3.3060	3.5850	15	3.8955	4.2420	4.6275	5.0595
16	3.0128	3.2560	3.5264	3.8240	16	4.1552	4.5248	4.9360	5.3968
17	3.2011	3.4595	3.7468	4.0630	17	4.4149	4.8076	5.2445	5.7341
18	3.3894	3.6630	3.9672	4.3020	18	4.6746	5.0904	5.5530	6.0714
19	3.5777	3.8665	4.1876	4.5410	19	4.9343	5.3732	5.8615	6.4087
20	3.7660	4.0700	4.4080	4.7800	20	5.1940	5.6560	6.1700	6.7460

SOMMES versées	58 ANS.	59 ANS.	60 ANS.	61 ANS.	SOMMES versées	62 ANS.	63 ANS.	64 ANS.	65 ANS.
1	0.3697	0.4062	0.4474	0.4944	1	0.5481	0.6099	0.6813	0.7644
2	0.7394	0.8124	0.8948	0.9888	2	1.0962	1.2198	1.3626	1.5288
3	1.1091	1.2186	1.3422	1.4832	3	1.6443	1.8297	2.0439	2.2932
4	1.4788	1.6248	1.7896	1.9776	4	2.1924	2.4396	2.7252	3.0576
5	1.8485	2.0310	2.2370	2.4720	5	2.7405	3.0495	3.4065	3.8220
6	2.2182	2.4372	2.6844	2.9664	6	3.2886	3.6594	4.0878	4.5864
7	2.5879	2.8434	3.1318	3.4608	7	3.8367	4.2693	4.7691	5.3508
8	2.9576	3.2496	3.5792	3.9552	8	4.3848	4.8792	5.4504	6.1152
9	3.3273	3.6558	4.0266	4.4496	9	4.9329	5.4891	6.1317	6.8796
10	3.6970	4.0620	4.4740	4.9440	10	5.4810	6.0990	6.8130	7.6440
11	4.0667	4.4682	4.9214	5.4384	11	6.0291	6.7089	7.4943	8.4084
12	4.4364	4.8744	5.3688	5.9328	12	6.5772	7.3188	8.1756	9.1728
13	4.8061	5.2806	5.8162	6.4272	13	7.1253	7.9287	8.8569	9.9372
14	5.1758	5.6868	6.2636	6.9216	14	7.6734	8.5386	9.5382	10.7016
15	5.5455	6.0930	6.7110	7.4160	15	8.2215	9.1485	10.2195	11.4660
16	5.9152	6.4992	7.1584	7.9104	16	8.7696	9.7584	10.9008	12.2304
17	6.2849	6.9054	7.6058	8.4048	17	9.3177	10.3683	11.5821	12.9948
18	6.6546	7.3116	8.0532	8.8992	18	9.8658	10.9782	12.2634	13.7592
19	7.0243	7.7178	8.5006	9.3936	19	10.4139	11.5881	12.9447	14.5236
20	7.3940	8.1240	8.9480	9.8880	20	10.9620	12.1980	13.6260	15.2880

SOMMES versées.	50 ANS.	51 ANS.	52 ANS.	53 ANS.	SOMMES versées.	54 ANS.	55 ANS.	56 ANS.	57 ANS.
1	0.2643	0.2857	0.3093	0.3355	1	0.3646	0.3969	0.4330	0.4735
2	0.5286	0.5714	0.6186	0.6710	2	0.7292	0.7938	0.8600	0.9470
3	0.7929	0.8571	0.9279	1.0065	3	1.0938	1.1907	1.2990	1.4205
4	1.0572	1.1428	1.2372	1.3420	4	1.4584	1.5876	1.7320	1.8940
5	1.3215	1.4285	1.5465	1.6775	5	1.8230	1.9845	2.1650	2.3675
6	1.5858	1.7142	1.8558	2.0130	6	2.1876	2.3814	2.5980	2.8410
7	1.8501	1.9999	2.1651	2.3485	7	2.5522	2.7783	3.0310	3.3145
8	2.1144	2.2856	2.4744	2.6840	8	2.9168	3.1752	3.4640	3.7880
9	2.3787	2.5713	2.7837	3.0195	9	3.2814	3.5721	3.8970	4.2615
10	2.6430	2.8570	3.0930	3.3550	10	3.6460	3.9690	4.3300	4.7350
11	2.9073	3.1427	3.4023	3.6905	11	4.0100	4.3659	4.7630	5.2085
12	3.1716	3.4284	3.7116	4.0260	12	4.3752	4.7628	5.1960	5.6820
13	3.4359	3.7141	4.0209	4.3615	13	4.7398	5.1597	5.6290	6.1555
14	3.7002	3.9998	4.3302	4.6970	14	5.1044	5.5566	6.0620	6.6290
15	3.9645	4.2855	4.6395	5.0325	15	5.4690	5.9535	6.4950	7.1025
16	4.2288	4.5712	4.9488	5.3680	16	5.8336	6.3504	6.9280	7.5760
17	4.4931	4.8569	5.2581	5.7035	17	6.1982	6.7473	7.3610	8.0495
18	4.7574	5.1426	5.5674	6.0390	18	6.5628	7.1442	7.7940	8.5230
19	5.0217	5.4283	5.8767	6.3745	19	6.9274	7.5411	8.2270	8.9965
20	5.2860	5.7140	6.1860	6.7100	20	7.2920	7.9380	8.6600	9.4700

SOMMES versées.	58 ANS.	59 ANS.	60 ANS.	61 ANS.	SOMMES versées.	62 ANS.	63 ANS.	64 ANS.	65 ANS.
1	0.5189	0.5701	0.6280	0.6939	1	0.7693	0.8560	0.9562	1.0729
2	1.0378	1.1402	1.2560	1.3878	2	1.5386	1.7120	1.9124	2.1458
3	1.5567	1.7103	1.8840	2.0817	3	2.3079	2.5680	2.8686	3.2187
4	2.0756	2.2804	2.5120	2.7756	4	3.0772	3.4240	3.8248	4.2916
5	2.5945	2.8505	3.1400	3.4695	5	3.8465	4.2800	4.7810	5.3645
6	3.1134	3.4206	3.7680	4.1634	6	4.6158	5.1360	5.7372	6.4374
7	3.6323	3.9907	4.3960	4.8573	7	5.3851	5.9920	6.6934	7.5103
8	4.1512	4.5608	5.0240	5.5512	8	6.1544	6.8480	7.6496	8.5832
9	4.6701	5.1309	5.6520	6.2451	9	6.9237	7.7040	8.6058	9.6561
10	5.1890	5.7010	6.2800	6.9390	10	7.6930	8.5600	9.5620	10.7290
11	5.7079	6.2711	6.9080	7.6329	11	8.4623	9.4160	10.5182	11.8019
12	6.2268	6.8412	7.5360	8.3268	12	9.2316	10.2720	11.4744	12.8748
13	6.7457	7.4113	8.1640	9.0207	13	10.0009	11.1280	12.4306	13.9477
14	7.2646	7.9814	8.7920	9.7146	14	10.7702	11.9840	13.3868	15.0206
15	7.7835	8.5515	9.4200	10.4085	15	11.5395	12.8400	14.3430	16.0935
16	8.3024	9.1216	10.0480	11.1024	16	12.3088	13.6960	15.2992	17.1664
17	8.8213	9.6917	10.6760	11.7963	17	13.0781	14.5520	16.2554	18.2393
18	9.3402	10.2618	11.3040	12.4902	18	13.8474	15.4080	17.2116	19.3122
19	9.8591	10.8319	11.9320	13.1841	19	14.6167	16.2640	18.1678	20.3851
20	10.3780	11.4020	12.5600	13.8780	20	15.3860	17.1200	19.1240	21.4580

	50 ANS.	31 ANS.	52 ANS.	53 ANS.		34 ANS.	55 ANS.	56 ANS.	57 ANS.
1	0.1856	0.2007	0.2173	0.2357	1	0.2561	0.2788	0.3042	0.3326
2	0.3712	0.4014	0.4346	0.4714	2	0.5122	0.5576	0.6084	0.6652
3	0.5568	0.6021	0.6519	0.7071	3	0.7683	0.8364	0.9126	0.9978
4	0.7424	0.8028	0.8692	0.9428	4	1.0244	1.1152	1.2168	1.3304
5	0.9280	1.0035	1.0865	1.1785	5	1.2805	1.3940	1.5210	1.6630
6	1.1136	1.2042	1.3038	1.4142	6	1.5366	1.6728	1.8252	1.9956
7	1.2992	1.4049	1.5211	1.6499	7	1.7927	1.9516	2.1294	2.3282
8	1.4848	1.6056	1.7384	1.8856	8	2.0488	2.2304	2.4336	2.6608
9	1.6704	1.8063	1.9557	2.1213	9	2.3049	2.5092	2.7378	2.9934
10	1.8560	2.0070	2.1730	2.3570	10	2.5610	2.7880	3.0420	3.3260
11	2.0416	2.2077	2.3903	2.5927	11	2.8171	3.0668	3.3462	3.6586
12	2.2272	2.4084	2.6076	2.8284	12	3.0732	3.3456	3.6504	3.9912
13	2.4128	2.6091	2.8249	3.0641	13	3.3293	3.6244	3.9546	4.3238
14	2.5984	2.8098	3.0422	3.2998	14	3.5854	3.9032	4.2588	4.6564
15	2.7840	3.0105	3.2595	3.5355	15	3.8415	4.1820	4.5630	4.9890
16	2.9696	3.2112	3.4768	3.7712	16	4.0976	4.4608	4.8672	5.3216
17	3.1552	3.4119	3.6941	4.0069	17	4.3537	4.7396	5.1714	5.6542
18	3.3408	3.6126	3.9114	4.2426	18	4.6098	5.0184	5.4756	5.9868
19	3.5264	3.8133	4.1287	4.4783	19	4.8659	5.2972	5.7798	6.3194
20	3.7120	4.0140	4.3460	4.7140	20	5.1220	5.5760	6.0840	6.6520

	58 ANS.	59 ANS.	60 ANS.	61 ANS.		62 ANS.	63 ANS.	64 ANS.	65 ANS.
1	0.3645	0.4005	0.4412	0.4875	1	0.5404	0.6013	0.6717	0.7537
2	0.7290	0.8010	0.8824	0.9750	2	1.0808	1.2026	1.3434	1.5074
3	1.0935	1.2015	1.3236	1.4625	3	1.6212	1.8039	2.0151	2.2611
4	1.4580	1.6020	1.7648	1.9500	4	2.1616	2.4052	2.6868	3.0148
5	1.8225	2.0025	2.2060	2.4375	5	2.7020	3.0065	3.3585	3.7685
6	2.1870	2.4030	2.6472	2.9250	6	3.2424	3.6078	4.0302	4.5222
7	2.5515	2.8035	3.0884	3.4125	7	3.7828	4.2091	4.7019	5.2759
8	2.9160	3.2040	3.5296	3.9000	8	4.3232	4.8104	5.3736	6.0296
9	3.2805	3.6045	3.9708	4.3875	9	4.8636	5.4117	6.0453	6.7833
10	3.6450	4.0050	4.4120	4.8750	10	5.4040	6.0130	6.7170	7.5370
11	4.0095	4.4055	4.8532	5.3625	11	5.9444	6.6143	7.3887	8.2907
12	4.3740	4.8060	5.2944	5.8500	12	6.4848	7.2156	8.0604	9.0444
13	4.7385	5.2065	5.7356	6.3375	13	7.0252	7.8169	8.7321	9.7981
14	5.1030	5.6070	6.1768	6.8250	14	7.5656	8.4182	9.4038	10.5518
15	5.4675	6.0075	6.6180	7.3125	15	8.1060	9.0195	10.0755	11.3055
16	5.8320	6.4080	7.0592	7.8000	16	8.6464	9.6208	10.7472	12.0592
17	6.1965	6.8085	7.5004	8.2875	17	9.1868	10.2221	11.4189	12.8129
18	6.5610	7.2090	7.9416	8.7750	18	9.7272	10.8234	12.0906	13.5666
19	6.9255	7.6095	8.3828	9.2625	19	10.2676	11.4247	12.7623	14.3203
20	7.2900	8.0100	8.8240	9.7500	20	10.8080	12.0260	13.4340	15.0740

SOMMES versées	50 ANS.	51 ANS.	52 ANS.	53 ANS.	SOMMES versées	54 ANS.	55 ANS.	56 ANS.	57 ANS.
1	0.2610	0.2821	0.3055	0.3313	1	0.3600	0.3920	0.4276	0.4676
2	0.5220	0.5642	0.6110	0.6626	2	0.7200	0.7840	0.8552	0.9352
3	0.7830	0.8463	0.9165	0.9939	3	1.0800	1.1760	1.2828	1.4028
4	1.0440	1.1284	1.2220	1.3252	4	1.4400	1.5680	1.7104	1.8704
5	1.3050	1.4105	1.5275	1.6565	5	1.8000	1.9600	2.1380	2.3380
6	1.5660	1.6926	1.8330	1.9878	6	2.1600	2.3520	2.5656	2.8056
7	1.8270	1.9747	2.1385	2.3191	7	2.5200	2.7440	2.9932	3.2732
8	2.0880	2.2568	2.4440	2.6504	8	2.8800	3.1360	3.4208	3.7408
9	2.3490	2.5389	2.7495	2.9817	9	3.2400	3.5280	3.8484	4.2084
10	2.6100	2.8210	3.0550	3.3130	10	3.6000	3.9200	4.2760	4.6760
11	2.8710	3.1031	3.3605	3.6443	11	3.9600	4.3120	4.7036	5.1436
12	3.1320	3.3852	3.6660	3.9756	12	4.3200	4.7040	5.1312	5.6112
13	3.3930	3.6673	3.9715	4.3069	13	4.6800	5.0960	5.5588	6.0788
14	3.6540	3.9494	4.2770	4.6382	14	5.0400	5.4880	5.9864	6.5464
15	3.9150	4.2315	4.5825	4.9695	15	5.4000	5.8800	6.4140	7.0140
16	4.1760	4.5136	4.8880	5.3008	16	5.7600	6.2720	6.8416	7.4816
17	4.4370	4.7957	5.1935	5.6321	17	6.1200	6.6640	7.2692	7.9492
18	4.6980	5.0778	5.4990	5.9634	18	6.4800	7.0560	7.6968	8.4168
19	4.9590	5.3599	5.8045	6.2947	19	6.8400	7.4480	8.1244	8.8844
20	5.2200	5.6420	6.1100	6.6260	20	7.2000	7.8400	8.5520	9.3520

SOMMES versées	58 ANS.	59 ANS.	60 ANS.	61 ANS.	SOMMES versées	62 ANS.	63 ANS.	64 ANS.	65 ANS.
1	0.5124	0.5630	0.6202	0.6853	1	0.7598	0.8454	0.9443	1.0595
2	1.0248	1.1260	1.2404	1.3706	2	1.5196	1.6908	1.8886	2.1190
3	1.5372	1.6890	1.8606	2.0559	3	2.2794	2.5362	2.8329	3.1785
4	2.0496	2.2520	2.4808	2.7412	4	3.0392	3.3816	3.7772	4.2380
5	2.5620	2.8150	3.1010	3.4265	5	3.7990	4.2270	4.7215	5.2975
6	3.0744	3.3780	3.7212	4.1118	6	4.5588	5.0724	5.6658	6.3570
7	3.5868	3.9410	4.3414	4.7971	7	5.3186	5.9178	6.6101	7.4165
8	4.0992	4.5040	4.9616	5.4824	8	6.0784	6.7632	7.5544	8.4760
9	4.6116	5.0670	5.5818	6.1677	9	6.8382	7.6086	8.4987	9.5355
10	5.1240	5.6300	6.2020	6.8530	10	7.5980	8.4540	9.4430	10.5950
11	5.6364	6.1930	6.8222	7.5383	11	8.3578	9.2994	10.3873	11.6545
12	6.1488	6.7560	7.4424	8.2236	12	9.1176	10.1448	11.3316	12.7140
13	6.6612	7.3190	8.0626	8.9089	13	9.8774	10.9902	12.2759	13.7735
14	7.1736	7.8820	8.6828	9.5942	14	10.6372	11.8356	13.2202	14.8330
15	7.6860	8.4450	9.3030	10.2795	15	11.3970	12.6810	14.1645	15.8925
16	8.1984	9.0080	9.9232	10.9648	16	12.1568	13.5264	15.1088	16.9520
17	8.7108	9.5710	10.5434	11.6501	17	12.9166	14.3718	16.0531	18.0115
18	9.2232	10.1340	11.1636	12.3354	18	13.6764	15.2172	16.9974	19.0710
19	9.7356	10.6970	11.7838	13.0207	19	14.4362	16.0626	17.9417	20.1305
20	10.2480	11.2600	12.4040	13.7060	20	15.1960	16.9080	18.8860	21.1900

SOMMES versées	50 ANS.	51 ANS.	52 ANS.	53 ANS.	SOMMES versées	54 ANS.	55 ANS.	56 ANS.	57 ANS.
1	0.1830	0.1979	0.2143	0.2324	1	0.2525	0.2749	0.2999	0.3270
2	0.3660	0.3958	0.4286	0.4648	2	0.5050	0.5498	0.5998	0.6558
3	0.5490	0.5937	0.6429	0.6972	3	0.7575	0.8247	0.8997	0.9837
4	0.7320	0.7916	0.8572	0.9296	4	1.0100	1.0996	1.1996	1.3116
5	0.9150	0.9895	1.0715	1.1620	5	1.2625	1.3745	1.4995	1.6395
6	1.0980	1.1874	1.2858	1.3944	6	1.5150	1.6494	1.7994	1.9674
7	1.2810	1.3853	1.5001	1.6268	7	1.7675	1.924	2.0993	2.2953
8	1.4640	1.5832	1.7144	1.8592	8	2.0200	2.1992	2.3992	2.6232
9	1.6470	1.7811	1.9287	2.0916	9	2.2725	2.4741	2.6991	2.9511
10	1.8300	1.9790	2.1430	2.3240	10	2.5250	2.7490	2.9990	3.2790
11	2.0130	2.1769	2.3573	2.5564	11	2.7775	3.0239	3.2989	3.6069
12	2.1960	2.3748	2.5716	2.7888	12	3.0300	3.2988	3.5988	3.9348
13	2.3790	2.5727	2.7859	3.0212	13	3.2825	3.5737	3.8987	4.2627
14	2.5620	2.7706	3.0002	3.2536	14	3.5350	3.8486	4.1986	4.5906
15	2.7450	2.9685	3.2145	3.4860	15	3.7875	4.1235	4.4985	4.9185
16	2.9280	3.1664	3.4288	3.7184	16	4.0400	4.3984	4.7984	5.2464
17	3.1110	3.3643	3.6431	3.9508	17	4.2925	4.6733	5.0983	5.5743
18	3.2940	3.5622	3.8574	4.1832	18	4.5450	4.9482	5.3982	5.9022
19	3.4770	3.7601	4.0717	4.4156	19	4.7975	5.2231	5.6981	6.2301
20	3.6600	3.9580	4.2860	4.6480	20	5.0500	5.4980	5.9980	6.5580

SOMMES versées	58 ANS.	59 ANS.	60 ANS.	61 ANS.	SOMMES versées	62 ANS.	63 ANS.	64 ANS.	65 ANS.
1	0.3594	0.3948	0.4350	0.4806	1	0.5329	0.5929	0.6623	0.7431
2	0.7188	0.7896	0.8700	0.9612	2	1.0658	1.1858	1.3246	1.4862
3	1.0782	1.1844	1.3050	1.4418	3	1.5987	1.7787	1.9869	2.2293
4	1.4376	1.5792	1.7400	1.9224	4	2.1316	2.3716	2.6492	2.9724
5	1.7970	1.9740	2.1750	2.4030	5	2.6645	2.9645	3.3115	3.7155
6	2.1564	2.3688	2.6100	2.8836	6	3.1974	3.5574	3.9738	4.4586
7	2.5158	2.7636	3.0450	3.3642	7	3.7303	4.1503	4.6361	5.2017
8	2.8752	3.1584	3.4800	3.8448	8	4.2632	4.7432	5.2984	5.9448
9	3.2346	3.5532	3.9150	4.3254	9	4.7961	5.3361	5.9607	6.6879
10	3.5940	3.9480	4.3500	4.8060	10	5.3290	5.9290	6.6230	7.4310
11	3.9534	4.3428	4.7850	5.2866	11	5.8619	6.5219	7.2853	8.1741
12	4.3128	4.7376	5.2200	5.7672	12	6.3948	7.1148	7.9476	8.9172
13	4.6722	5.1324	5.6550	6.2478	13	6.9277	7.7077	8.6099	9.6603
14	5.0316	5.5272	6.0000	6.7284	14	7.4606	8.3006	9.2722	10.4034
15	5.3910	5.9220	6.5250	7.2090	15	7.9035	8.8935	9.9345	11.1465
16	5.7504	6.3168	6.9000	7.6896	16	8.5264	9.4804	10.5968	11.8896
17	6.1098	6.7116	7.3950	8.1702	17	9.0593	10.0793	11.2591	12.6327
18	6.4692	7.1064	7.8300	8.6508	18	9.5922	10.6722	11.9214	13.3758
19	6.8286	7.5012	8.2650	9.1314	19	10.1251	11.2051	12.5837	14.1189
20	7.1880	7.8960	8.7000	9.6120	20	10.6580	11.8580	13.2460	14.8620

SOMMES versées.	50 ANS.	51 ANS.	52 ANS.	53 ANS.	SOMMES versées.	54 ANS.	55 ANS.	56 ANS.	57 ANS.
1	0.2577	0.2786	0.3017	0.3272	1	0.3556	0.3871	0.4223	0.4618
2	0.5154	0.5572	0.6034	0.6544	2	0.7112	0.7742	0.8446	0.9236
3	0.7731	0.8358	0.9051	0.9816	3	1.0668	1.1613	1.2669	1.3854
4	1.0308	1.1144	1.2068	1.3088	4	1.4224	1.5484	1.6892	1.8472
5	1.2885	1.3930	1.5085	1.6360	5	1.7780	1.9355	2.1115	2.3090
6	1.5462	1.6716	1.8102	1.9632	6	2.1336	2.3226	2.5338	2.7708
7	1.8039	1.9502	2.1119	2.2904	7	2.4892	2.7097	2.9561	3.2326
8	2.0616	2.2288	2.4136	2.6176	8	2.8448	3.0968	3.3784	3.6944
9	2.3193	2.5074	2.7153	2.9448	9	3.2004	3.4839	3.8007	4.1562
10	2.5770	2.7860	3.0170	3.2720	10	3.5560	3.8710	4.2230	4.6180
11	2.8347	3.0646	3.3187	3.5992	11	3.9116	4.2581	4.6453	5.0798
12	3.0924	3.3432	3.6204	3.9264	12	4.2672	4.6452	5.0676	5.5416
13	3.3501	3.6218	3.9221	4.2536	13	4.6228	5.0323	5.4899	6.0034
14	3.6078	3.9004	4.2238	4.5808	14	4.9784	5.4194	5.9122	6.4652
15	3.8655	4.1790	4.5255	4.9080	15	5.3340	5.8065	6.3345	6.9270
16	4.1232	4.4576	4.8272	5.2352	16	5.6896	6.1936	6.7568	7.3888
17	4.3809	4.7362	5.1289	5.5624	17	6.0452	6.5807	7.1791	7.8506
18	4.6386	5.0148	5.4306	5.8896	18	6.4008	6.9678	7.6014	8.3124
19	4.8963	5.2934	5.7323	6.2168	19	6.7564	7.3549	8.0237	8.7742
20	5.1540	5.5720	6.0340	6.5440	20	7.1120	7.7420	8.4460	9.2360

SOMMES versées.	58 ANS.	59 ANS.	60 ANS.	61 ANS.	SOMMES versées.	62 ANS.	63 ANS.	64 ANS.	65 ANS.
1	0.5061	0.5560	0.6125	0.6768	1	0.7503	0.8349	0.9326	1.0463
2	1.0122	1.1120	1.2250	1.3536	2	1.5006	1.6698	1.8652	2.0926
3	1.5183	1.6680	1.8375	2.0304	3	2.2509	2.5047	2.7978	3.1389
4	2.0244	2.2240	2.4500	2.7072	4	3.0012	3.3396	3.7304	4.1852
5	2.5305	2.7800	3.0625	3.3840	5	3.7515	4.1745	4.6630	5.2315
6	3.0366	3.3360	3.6750	4.0608	6	4.5018	5.0094	5.5956	6.2778
7	3.5427	3.8920	4.2875	4.7376	7	5.2521	5.8443	6.5282	7.3241
8	4.0488	4.4480	4.9000	5.4144	8	6.0024	6.6792	7.4608	8.3704
9	4.5549	5.0040	5.5125	6.0912	9	6.7527	7.5141	8.3934	9.4167
10	5.0610	5.5600	6.1250	6.7680	10	7.5030	8.3490	9.3260	10.4630
11	5.5671	6.1160	6.7375	7.4448	11	8.2533	9.1839	10.2586	11.5093
12	6.0732	6.6720	7.3500	8.1216	12	9.0036	10.0188	11.1912	12.5556
13	6.5793	7.2280	7.9625	8.7984	13	9.7539	10.8537	12.1238	13.6019
14	7.0854	7.7840	8.5750	9.4752	14	10.5042	11.6886	13.0564	14.6482
15	7.5915	8.3400	9.1875	10.1520	15	11.2545	12.5235	13.9890	15.6945
16	8.0976	8.8960	9.8000	10.8288	16	12.0048	13.3584	14.9216	16.7408
17	8.6037	9.4520	10.4125	11.5056	17	12.7551	14.1933	15.8542	17.7871
18	9.1098	10.0080	11.0250	12.1824	18	13.5054	15.0282	16.7868	18.8334
19	9.6159	10.5640	11.6375	12.8592	19	14.2557	15.8631	17.7194	19.8797
20	10.1220	11.1200	12.2500	13.5360	20	15.0060	16.6980	18.6520	20.9260

SOMMES versées	50 ANS.	51 ANS.	52 ANS.	53 ANS.	SOMMES versées	54 ANS.	55 ANS.	56 ANS.	57 ANS.
1	0.1805	0.1951	0.2112	0.2291	1	0.2490	0.2711	0.2957	0.3233
2	0.3610	0.3902	0.4224	0.4582	2	0.4980	0.5422	0.5914	0.6466
3	0.5415	0.5853	0.6336	0.6873	3	0.7470	0.8133	0.8871	0.9699
4	0.7220	0.7804	0.8448	0.9164	4	0.9960	1.0844	1.1828	1.2932
5	0.9025	0.9755	1.0560	1.1455	5	1.2450	1.3555	1.4785	1.6165
6	1.0830	1.1706	1.2672	1.3746	6	1.4940	1.6266	1.7742	1.9398
7	1.2635	1.3657	1.4784	1.6037	7	1.7430	1.8977	2.0699	2.2631
8	1.4440	1.5608	1.6896	1.8328	8	1.9920	2.1688	2.3656	2.5864
9	1.6245	1.7559	1.9008	2.0619	9	2.2410	2.4399	2.6613	2.9097
10	1.8050	1.9510	2.1120	2.2910	10	2.4900	2.7110	2.9570	3.2330
11	1.9855	2.1461	2.3232	2.5201	11	2.7390	2.9821	3.2527	3.5563
12	2.1660	2.3412	2.5344	2.7492	12	2.9880	3.2532	3.5484	3.8796
13	2.3465	2.5363	2.7456	2.9783	13	3.2370	3.5243	3.8441	4.2029
14	2.5270	2.7314	2.9568	3.2074	14	3.4860	3.7954	4.1398	4.5262
15	2.7075	2.9265	3.1680	3.4365	15	3.7350	4.0665	4.4355	4.8495
16	2.8880	3.1216	3.3792	3.6656	16	3.9840	4.3376	4.7312	5.1728
17	3.0685	3.3167	3.5904	3.8947	17	4.2330	4.6087	5.0269	5.4961
18	3.2490	3.5118	3.8016	4.1238	18	4.4820	4.8798	5.3226	5.8194
19	3.4295	3.7069	4.0128	4.3529	19	4.7310	5.1509	5.6183	6.1427
20	3.6100	3.9020	4.2240	4.5820	20	4.9800	5.4220	5.9140	6.4660

SOMMES versées	58 ANS.	59 ANS.	60 ANS.	61 ANS.	SOMMES versées	62 ANS.	63 ANS.	64 ANS.	65 ANS.
1	0.3543	0.3893	0.4280	0.4739	1	0.5254	0.5846	0.6530	0.7326
2	0.7086	0.7786	0.8578	0.9478	2	1.0508	1.1692	1.3060	1.4652
3	1.0629	1.1679	1.2867	1.4217	3	1.5762	1.7538	1.9590	2.1978
4	1.4172	1.5572	1.7156	1.8956	4	2.1016	2.3384	2.6120	2.9304
5	1.7715	1.9465	2.1445	2.3695	5	2.6270	2.9230	3.2650	3.6630
6	2.1258	2.3358	2.5734	2.8434	6	3.1524	3.5076	3.9180	4.3956
7	2.4801	2.7251	3.0023	3.3173	7	3.6778	4.0922	4.5710	5.1282
8	2.8344	3.1144	3.4312	3.7912	8	4.2032	4.6768	5.2240	5.8608
9	3.1887	3.5037	3.8601	4.2651	9	4.7286	5.2614	5.8770	6.5934
10	3.5430	3.8930	4.2890	4.7390	10	5.2540	5.8460	6.5300	7.3260
11	3.8973	4.2823	4.7179	5.2129	11	5.7794	6.4300	7.1830	8.0586
12	4.2516	4.6716	5.1468	5.6868	12	6.3048	7.0152	7.8300	8.7912
13	4.6059	5.0609	5.5757	6.1607	13	6.8302	7.5998	8.4890	9.5238
14	4.9602	5.4502	6.0046	6.6346	14	7.3556	8.1844	9.1420	10.2564
15	5.3145	5.8395	6.4335	7.1085	15	7.8810	8.7690	9.7950	10.9890
16	5.6688	6.2288	6.8624	7.5824	16	8.4064	9.3530	10.4480	11.7216
17	6.0231	6.6181	7.2913	8.0563	17	8.9318	9.9382	11.1010	12.4542
18	6.3774	7.0074	7.7202	8.5302	18	9.4572	10.5228	11.7540	13.1868
19	6.7317	7.3967	8.1491	9.0041	19	9.9826	11.1074	12.4070	13.9194
20	7.0860	7.7860	8.5780	9.4780	20	10.5080	11.6920	13.0600	14.6520

SOMMES versées	50 ANS	51 ANS	52 ANS	53 ANS	SOMMES versées	54 ANS	55 ANS	56 ANS	57 ANS
1	0.2545	0.2752	0.2979	0.3231	1	0.3511	0.3823	0.4171	0.4560
2	0.5090	0.5504	0.5958	0.6462	2	0.7022	0.7646	0.8342	0.9120
3	0.7635	0.8256	0.8937	0.9693	3	1.0533	1.1469	1.2513	1.3680
4	1.0180	1.1008	1.1916	1.2924	4	1.4044	1.5292	1.6684	1.8240
5	1.2725	1.3760	1.4895	1.6155	5	1.7555	1.9115	2.0855	2.2800
6	1.5270	1.6512	1.7874	1.9386	6	2.1066	2.2938	2.5026	2.7360
7	1.7815	1.9264	2.0853	2.2617	7	2.4577	2.6761	2.9197	3.1920
8	2.0360	2.2016	2.3832	2.5848	8	2.8088	3.0584	3.3368	3.6480
9	2.2905	2.4768	2.6811	2.9079	9	3.1599	3.4407	3.7539	4.1040
10	2.5450	2.7520	2.9790	3.2310	10	3.5110	3 8230	4.1710	4.5600
11	2.7995	3.0272	3.2769	3.5541	11	3.8621	4.2053	4.5881	5.0160
12	3.0540	3.3024	3.5748	3.8772	12	4.2132	4.5876	5.0052	5.4720
13	3.3085	3.5776	3.8727	4.2003	13	4.5643	4.9699	5.4223	5.9280
14	3.5630	3.8528	4.1706	4.5234	14	4.9154	5.3522	5.8394	6.3840
15	3.8175	4.1280	4.4685	4.8465	15	5.2665	5 7345	6.2565	6.8400
16	4.0720	4.4032	4.7664	5.1696	16	5.6176	6.1168	6.6736	7.2960
17	4.3265	4.6784	5.0643	5.4927	17	5.9687	6.4991	7.0907	7.7520
18	4.5810	4.9536	5.3622	5.8158	18	6.3198	6 8814	7.5078	8.2080
19	4.8355	5.2288	5.6601	6.1389	19	6.6709	7.2637	7.9249	8.6640
20	5.0900	5.5040	5.9580	6.4620	20	7.0220	7.6460	8.3420	9.1200

SOMMES versées	58 ANS	59 ANS	60 ANS	61 ANS	SOMMES versées	62 ANS	63 ANS	64 ANS	65 ANS
1	0.4998	0.5491	0.6049	0.6684	1	0.7410	0.8245	0.9210	1.0333
2	0.9996	1.0982	1.2098	1.3368	2	1.4820	1.6490	1.8420	2.0666
3	1.4994	1.6473	1.8147	2.0052	3	2.2230	2.4735	2.7630	3.0999
4	1.9992	2.1964	2.4196	2.6736	4	2.9640	3.2980	3.6840	4.1332
5	2.4990	2.7455	3.0245	3.3420	5	3.7050	4.1225	4.6050	5.1665
6	2.9988	3.2946	3.6294	4.0104	6	4.4460	4.9470	5.5260	6.1998
7	3.4986	3.8437	4.2343	4.6788	7	5.1870	5.7715	6.4470	7.2331
8	3.9984	4.3928	4.8392	5.3472	8	5.9280	6.5960	7.3680	8.2664
9	4.4982	4.9419	5.4441	6.0156	9	6.6690	7.4205	8.2890	9.2997
10	4.9980	5.4910	6.0490	6.6840	10	7.4100	8.2450	9.2100	10.3330
11	5.4978	6.0401	6.6539	7.3524	11	8.1510	9.0695	10.1310	11.3663
12	5.9976	6.5892	7.2588	8.0208	12	8 8920	9.8940	11.0520	12.3996
13	6.4974	7.1383	7.8637	8.6892	13	9.6330	10.7185	11.9730	13.4329
14	6.9972	7.6874	8.4686	9.3576	14	10.3740	11.5430	12.8940	14.4662
15	7.4970	8.2365	9.0735	10.0260	15	11.1150	12.3675	13.8150	15.4995
16	7.9968	8.7856	9.6784	10.6944	16	11.8560	13.1920	14.7360	16.5328
17	8.4966	9.3347	10.2833	11.3628	17	12 5970	14.0165	15.6570	17.5661
18	8.9964	9.8838	10.8882	12.0312	18	13.3380	14.8410	16.5780	18.5994
19	9.4962	10.4329	11.4931	12.6996	19	14.0790	15.6655	17.4990	19.6327
20	9.9960	10.9820	12.0980	13.3680	20	14.8200	16.4900	18.4200	20.6660

SOMMES versées.	50 ANS.	51 ANS.	52 ANS.	53 ANS.	SOMMES versées.	54 ANS.	55 ANS.	56 ANS.	57 ANS.
1	0.1779	0.1923	0.2083	0.2259	1	0.2455	0.2672	0.2916	0.3188
2	0.3558	0.3846	0.4166	0.4518	2	0.4910	0.5344	0.5832	0.6376
3	0.5337	0.5769	0.6249	0.6777	3	0.7365	0.8016	0.8748	0.9564
4	0.7116	0.7692	0.8332	0.9036	4	0.9820	1.0688	1.1664	1.2752
5	0.8895	0.9615	1.0415	1.1295	5	1.2275	1.3360	1.4580	1.5940
6	1.0674	1.1538	1.2498	1.3554	6	1.4730	1.6032	1.7496	1.9128
7	1.2453	1.3461	1.4581	1.5813	7	1.7185	1.8704	2.0412	2.2316
8	1.4232	1.5384	1.6664	1.8072	8	1.9640	2.1376	2.3328	2.5504
9	1.6011	1.7307	1.8747	2.0331	9	2.2095	2.4048	2.6244	2.8692
10	1.7790	1.9230	2.0830	2.2590	10	2.4550	2.6720	2.9160	3.1880
11	1.9569	2.1153	2.2913	2.4849	11	2.7005	2.9392	3.2076	3.5068
12	2.1348	2.3076	2.4996	2.7108	12	2.9460	3.2064	3.4992	3.8256
13	2.3127	2.4999	2.7079	2.9367	13	3.1915	3.4736	3.7908	4.1444
14	2.4906	2.6922	2.9162	3.1626	14	3.4370	3.7408	4.0824	4.4632
15	2.6685	2.8845	3.1245	3.3885	15	3.6825	4.0080	4.3740	4.7820
16	2.8464	3.0768	3.3328	3.6144	16	3.9280	4.2752	4.6656	5.1008
17	3.0243	3.2691	3.5411	3.8403	17	4.1735	4.5424	4.9572	5.4196
18	3.2022	3.4614	3.7494	4.0662	18	4.4190	4.8096	5.2488	5.7384
19	3.3801	3.6537	3.9577	4.2921	19	4.6645	5.0768	5.5404	6.0572
20	3.5580	3.8460	4.1660	4.5180	20	4.9100	5.3440	5.8320	6.3760

SOMMES versées.	58 ANS.	59 ANS.	60 ANS.	61 ANS.	SOMMES versées.	62 ANS.	63 ANS.	64 ANS.	65 ANS.
1	0.3494	0.3838	0.4228	0.4672	1	0.5180	0.5764	0.6438	0.7223
2	0.6988	0.7676	0.8456	0.9344	2	1.0360	1.1528	1.2876	1.4446
3	1.0482	1.1514	1.2684	1.4016	3	1.5540	1.7292	1.9314	2.1669
4	1.3976	1.5352	1.6912	1.8688	4	2.0720	2.3056	2.5752	2.8892
5	1.7470	1.9190	2.1140	2.3360	5	2.5900	2.8820	3.2190	3.6115
6	2.0964	2.3028	2.5368	2.8032	6	3.1080	3.4584	3.8628	4.3338
7	2.4458	2.6866	2.9596	3.2704	7	3.6260	4.0348	4.5066	5.0561
8	2.7952	3.0704	3.3824	3.7376	8	4.1440	4.6112	5.1504	5.7784
9	3.1446	3.4542	3.8052	4.2048	9	4.6620	5.1876	5.7942	6.5007
10	3.4940	3.8380	4.2280	4.6720	10	5.1800	5.7640	6.4380	7.2230
11	3.8434	4.2218	4.6508	5.1392	11	5.6980	6.3404	7.0818	7.9453
12	4.1928	4.6056	5.0736	5.6064	12	6.2160	6.9168	7.7256	8.6676
13	4.5422	4.9894	5.4964	6.0736	13	6.7340	7.4932	8.3694	9.3899
14	4.8916	5.3732	5.9192	6.5408	14	7.2520	8.0696	9.0132	10.1122
15	5.2410	5.7570	6.3420	7.0080	15	7.7700	8.6460	9.6570	10.8345
16	5.5904	6.1408	6.7648	7.4752	16	8.2880	9.2224	10.3008	11.5568
17	5.9398	6.5246	7.1876	7.9424	17	8.8060	9.7988	10.9446	12.2791
18	6.2892	6.9084	7.6104	8.4096	18	9.3240	10.3752	11.5884	13.0014
19	6.6386	7.2922	8.0332	8.8768	19	9.8420	10.9516	12.2322	13.7237
20	6.9880	7.6760	8.4560	9.3440	20	10.3600	11.5280	12.8760	14.4460

13

SOMMES versées	50 ANS.	51 ANS.	52 ANS.	53 ANS.	SOMMES versées	54 ANS.	55 ANS.	56 ANS.	57 ANS.
1	0.2514	0.2717	0.2942	0.3191	1	0.3468	0.3775	0.4119	0.4503
2	0.5028	0.5434	0.5884	0.6382	2	0.6936	0.7550	0.8238	0.9006
3	0.7542	0.8151	0.8826	0.9573	3	1.0404	1.1325	1.2357	1.3509
4	1.0056	1.0868	1.1768	1.2764	4	1.3872	1.5100	1.6476	1.8012
5	1.2570	1.3585	1.4710	1.5955	5	1.7340	1.8875	2.0595	2.2515
6	1.5084	1.6302	1.7652	1.9146	6	2.0808	2.2650	2.4714	2.7018
7	1.7598	1.9019	2.0594	2.2337	7	2.4276	2.6425	2.8833	3.1521
8	2.0112	2.1736	2.3536	2.5528	8	2.7744	3.0200	3.2952	3.6024
9	2.2626	2.4453	2.6478	2.8719	9	3.1212	3.3975	3.7071	4.0527
10	2.5140	2.7170	2.9420	3.1910	10	3.4680	3.7750	4.1190	4.5030
11	2.7654	2.9887	3.2362	3.5101	11	3.8148	4.1525	4.5309	4.9533
12	3.0168	3.2604	3.5304	3.8292	12	4.1616	4.5300	4.9428	5.4036
13	3.2682	3.5321	3.8246	4.1483	13	4.5084	4.9075	5.3547	5.8539
14	3.5196	3.8038	4.1188	4.4674	14	4.8552	5.2850	5.7666	6.3042
15	3.7710	4.0755	4.4130	4.7865	15	5.2020	5.6625	6.1785	6.7545
16	4.0224	4.3472	4.7072	5.1056	16	5.5488	6.0400	6.5904	7.2048
17	4.2738	4.6189	5.0014	5.4247	17	5.8956	6.4175	7.0023	7.6551
18	4.5252	4.8906	5.2956	5.7438	18	6.2424	6.7950	7.4142	8.1054
19	4.7766	5.1623	5.5898	6.0629	19	6.5892	7.1725	7.8261	8.5557
20	5.0280	5.4340	5.8840	6.3820	20	6.9360	7.5500	8.2380	9.0000

SOMMES versées	58 ANS.	59 ANS.	60 ANS.	61 ANS.	SOMMES versées	62 ANS.	63 ANS.	64 ANS.	65 ANS.
1	0.4935	0.5422	0.5973	0.6600	1	0.7318	0.8142	0.9095	1.0204
2	0.9870	1.0844	1.1946	1.3200	2	1.4636	1.6284	1.8190	2.0408
3	1.4805	1.6266	1.7919	1.9800	3	2.1954	2.4426	2.7285	3.0612
4	1.9740	2.1688	2.3892	2.6400	4	2.9272	3.2568	3.6380	4.0816
5	2.4675	2.7110	2.9865	3.3000	5	3.6590	4.0710	4.5475	5.1020
6	2.9610	3.2532	3.5838	3.9600	6	4.3908	4.8852	5.4570	6.1224
7	3.4545	3.7954	4.1811	4.6200	7	5.1226	5.6994	6.3665	7.1428
8	3.9480	4.3376	4.7784	5.2800	8	5.8544	6.5136	7.2760	8.1632
9	4.4415	4.8798	5.3757	5.9400	9	6.5862	7.3278	8.1855	9.1836
10	4.9350	5.4220	5.9730	6.6000	10	7.3180	8.1420	9.0950	10.2040
11	5.4285	5.9642	6.5703	7.2600	11	8.0498	8.9562	10.0045	11.2244
12	5.9220	6.5064	7.1676	7.9200	12	8.7816	9.7704	10.9140	12.2448
13	6.4155	7.0486	7.7649	8.5800	13	9.5134	10.5846	11.8235	13.2652
14	6.9090	7.5908	8.3622	9.2400	14	10.2452	11.3988	12.7330	14.2856
15	7.4025	8.1330	8.9595	9.9000	15	10.9770	12.2130	13.6425	15.3060
16	7.8960	8.6752	9.5568	10.5600	16	11.7088	13.0272	14.5520	16.3264
17	8.3895	9.2174	10.1541	11.2200	17	12.4406	13.8414	15.4615	17.3468
18	8.8830	9.7596	10.7514	11.8800	18	13.1724	14.6556	16.3710	18.3672
19	9.3765	10.3018	11.3487	12.5400	19	13.9042	15.4698	17.2805	19.3876
20	9.8700	10.8440	11.9460	13.2000	20	14.6360	16.2840	18.1900	20.4080

SOMMES versées	30 ANS.	31 ANS.	32 ANS.	33 ANS.	SOMMES versées	34 ANS.	35 ANS.	36 ANS.	37 ANS.
1	0.1754	0.1896	0.2053	0.2227	1	0.2420	0.2635	0.2874	0.3143
2	0.3508	0.3792	0.4106	0.4454	2	0.4840	0.5270	0.5748	0.6286
3	0.5262	0.5688	0.6159	0.6681	3	0.7260	0.7905	0.8622	0.9429
4	0.7016	0.7584	0.8212	0.8908	4	0.9680	1.0540	1.1496	1.2572
5	0.8770	0.9480	1.0205	1.1135	5	1.2100	1.3175	1.4370	1.5715
6	1.0524	1.1376	1.2318	1.3362	6	1.4520	1.5810	1.7244	1.8858
7	1.2278	1.3272	1.4371	1.5589	7	1.6940	1.8445	2.0118	2.2001
8	1.4032	1.5168	1.6424	1.7816	8	1.9360	2.1080	2.2992	2.5144
9	1.5786	1.7064	1.8477	2.0043	9	2.1780	2.3715	2.5866	2.8287
10	1.7540	1.8960	2.0530	2.2270	10	2.4200	2.6350	2.8740	3.1430
11	1.9294	2.0856	2.2583	2.4497	11	2.6620	2.8985	3.1614	3.4573
12	2.1048	2.2752	2.4636	2.6724	12	2.9040	3.1620	3.4488	3.7716
13	2.2802	2.4648	2.6689	2.8951	13	3.1460	3.4255	3.7362	4.0859
14	2.4556	2.6544	2.8742	3.1178	14	3.3880	3.6890	4.0236	4.4002
15	2.6310	2.8440	3.0795	3.3405	15	3.6300	3.9525	4.3110	4.7145
16	2.8064	3.0336	3.2848	3.5632	16	3.8720	4.2160	4.5984	5.0288
17	2.9818	3.2232	3.4901	3.7859	17	4.1140	4.4795	4.8858	5.3431
18	3.1572	3.4128	3.6954	4.0086	18	4.3560	4.7430	5.1732	5.6574
19	3.3326	3.6024	3.9007	4.2313	19	4.5980	5.0065	5.4606	5.9717
20	3.5080	3.7920	4.1060	4.4540	20	4.8400	5.2700	5.7480	6.2860

SOMMES versées	58 ANS.	59 ANS.	60 ANS.	61 ANS.	SOMMES versées	62 ANS.	63 ANS.	64 ANS.	65 ANS.
1	0.3444	0.3784	0.4109	0.4606	1	0.5107	0.5682	0.6347	0.7122
2	0.6888	0.7568	0.8338	0.9212	2	1.0214	1.1364	1.2694	1.4244
3	1.0332	1.1352	1.2507	1.3818	3	1.5321	1.7046	1.9041	2.1366
4	1.3776	1.5136	1.6676	1.8424	4	2.0428	2.2728	2.5388	2.8488
5	1.7220	1.8920	2.0845	2.3030	5	2.5535	2.8410	3.1735	3.5610
6	2.0664	2.2704	2.5014	2.7636	6	3.0642	3.4092	3.8082	4.2732
7	2.4108	2.6488	2.9183	3.2242	7	3.5749	3.9774	4.4429	4.9854
8	2.7552	3.0272	3.3352	3.6848	8	4.0856	4.5456	5.0776	5.6976
9	3.0996	3.4056	3.7521	4.1454	9	4.5963	5.1138	5.7123	6.4098
10	3.4440	3.7840	4.1690	4.6060	10	5.1070	5.6820	6.3470	7.1220
11	3.7884	4.1624	4.5859	5.0666	11	5.6177	6.2502	6.9817	7.8342
12	4.1328	4.5408	5.0028	5.5272	12	6.1284	6.8184	7.6164	8.5464
13	4.4772	4.9192	5.4197	5.9878	13	6.6391	7.3866	8.2511	9.2586
14	4.8216	5.2976	5.8366	6.4484	14	7.1498	7.9548	8.8858	9.9708
15	5.1660	5.6760	6.2535	6.9090	15	7.6605	8.5230	9.5205	10.6830
16	5.5104	6.0544	6.6704	7.3696	16	8.1712	9.0912	10.1552	11.3952
17	5.8548	6.4328	7.0873	7.8302	17	8.6819	9.6594	10.7899	12.1074
18	6.1992	6.8112	7.5042	8.2908	18	9.1926	10.2276	11.4246	12.8196
19	6.5436	7.1896	7.9211	8.7514	19	9.7033	10.7958	12.0593	13.5318
20	6.8880	7.5680	8.3380	9.2120	20	10.2140	11.3640	12.6940	14.2440

SOMMES versées	50 ANS	51 ANS	52 ANS	53 ANS	SOMMES versées	54 ANS	55 ANS	56 ANS	57 ANS
1	0.2182	0.2683	0.2900	0.3151	1	0.3424	0.3728	0.4067	0.4447
2	0.4364	0.5366	0.5812	0.6302	2	0.6848	0.7456	0.8134	0.8894
3	0.7446	0.8049	0.8718	0.9453	3	1.0272	1.1184	1.2201	1.3341
4	0.9928	1.0732	1.1624	1.2604	4	1.3696	1.4912	1.6268	1.7788
5	1.2410	1.3415	1.4530	1.5755	5	1.7120	1.8640	2.0335	2.2235
6	1.4892	1.6098	1.7436	1.8906	6	2.0544	2.2368	2.4402	2.6682
7	1.7374	1.8781	2.0342	2.2057	7	2.3968	2.6096	2.8469	3.1129
8	1.9856	2.1464	2.3248	2.5208	8	2.7392	2.9824	3.2536	3.5576
9	2.2338	2.4147	2.6154	2.8359	9	3.0816	3.3552	3.6603	4.0023
10	2.4820	2.6830	2.9060	3.1510	10	3.4240	3.7280	4.0670	4.4470
11	2.7302	2.9513	3.1966	3.4661	11	3.7664	4.1008	4.4737	4.8917
12	2.9784	3.2196	3.4872	3.7812	12	4.1088	4.4736	4.8804	5.3364
13	3.2266	3.4879	3.7778	4.0963	13	4.4512	4.8464	5.2871	5.7811
14	3.4748	3.7562	4.0684	4.4114	14	4.7936	5.2192	5.6938	6.2258
15	3.7230	4.0245	4.3590	4.7265	15	5.1360	5.5920	6.1005	6.6705
16	3.9712	4.2928	4.6496	5.0416	16	5.4784	5.9648	6.5072	7.1152
17	4.2194	4.5611	4.9402	5.3567	17	5.8208	6.3376	6.9139	7.5599
18	4.4676	4.8294	5.2308	5.6718	18	6.1632	6.7104	7.3206	8.0046
19	4.7158	5.0977	5.5214	5.9869	19	6.5056	7.0832	7.7273	8.4493
20	4.9640	5.3660	5.8120	6.3020	20	6.8480	7.4560	8.1340	8.8940

SOMMES versées	58 ANS	59 ANS	60 ANS	61 ANS	SOMMES versées	62 ANS	63 ANS	64 ANS	65 ANS
1	0.4874	0.5355	0.5899	0.6518	1	0.7226	0.8041	0.8982	1.0077
2	0.9748	1.0710	1.1798	1.3036	2	1.4452	1.6082	1.7964	2.0154
3	1.4622	1.6065	1.7697	1.9554	3	2.1678	2.4123	2.6946	3.0231
4	1.9496	2.1420	2.3596	2.6072	4	2.8904	3.2164	3.5928	4.0308
5	2.4370	2.6775	2.9495	3.2590	5	3.6130	4.0205	4.4910	5.0385
6	2.9244	3.2130	3.5394	3.9108	6	4.3356	4.8246	5.3892	6.0462
7	3.4118	3.7485	4.1293	4.5626	7	5.0582	5.6287	6.2874	7.0539
8	3.8992	4.2840	4.7192	5.2144	8	5.7808	6.4328	7.1856	8.0616
9	4.3866	4.8195	5.3091	5.8662	9	6.5034	7.2369	8.0838	9.0693
10	4.8740	5.3550	5.8990	6.5180	10	7.2260	8.0410	8.9820	10.0770
11	5.3614	5.8905	6.4889	7.1698	11	7.9486	8.8451	9.8802	11.0847
12	5.8488	6.4260	7.0788	7.8216	12	8.6712	9.6492	10.7784	12.0924
13	6.3362	6.9615	7.6687	8.4734	13	9.3938	10.4533	11.6766	13.1001
14	6.8236	7.4970	8.2586	9.1252	14	10.1164	11.2574	12.5748	14.1078
15	7.3110	8.0325	8.8485	9.7770	15	10.8390	12.0615	13.4730	15.1155
16	7.7984	8.5680	9.4384	10.4288	16	11.5616	12.8656	14.3712	16.1232
17	8.2858	9.1035	10.0283	11.0806	17	12.2842	13.6697	15.2694	17.1309
18	8.7732	9.6390	10.6182	11.7324	18	13.0068	14.4738	16.1676	18.1386
19	9.2606	10.1745	11.2081	12.3842	19	13.7294	15.2779	17.0658	19.1463
20	9.7480	10.7100	11.7980	13.0360	20	14.4520	16.0820	17.9640	20.1540

SOMMES versées.	50 ANS.	51 ANS.	52 ANS.	53 ANS.	SOMMES versées.	54 ANS.	55 ANS.	56 ANS.	57 ANS.
1	0.1729	0.1870	0.2024	0.2196	1	0.2386	0.2598	0.2834	0.3098
2	0.3458	0.3740	0.4048	0.4392	2	0.4772	0.5196	0.5668	0.6196
3	0.5187	0.5610	0.6072	0.6588	3	0.7158	0.7794	0.8502	0.9294
4	0.6916	0.7480	0.8096	0.8784	4	0.9544	1,0392	1 1336	1.2392
5	0.8645	0.9350	1.0120	1.0980	5	1.1930	1.2990	1.4170	1.5490
6	1.0374	1.1220	1.2144	1.3176	6	1.4316	1.5588	1.7004	1.8588
7	1.2103	1.3090	1.4168	1.5372	7	1.6702	1.8186	1.9838	2.1686
8	1.3832	1.4960	1.6192	1.7568	8	1.9088	2.0784	2.2672	2.4784
9	1.5561	1.6830	1.8216	1.9764	9	2.1474	2.3382	2.5506	2.7882
10	1.7290	1.8700	2.0240	2.1960	10	2.3860	2,5980	2.8340	3.0980
11	1.9019	2.0570	2.2264	2.4156	11	2.6246	2.8578	3.1174	3.4078
12	2.0748	2.2440	2.4288	2.6352	12	2.8632	3.1176	3.4008	3.7176
13	2.2477	2.4310	2.6312	2.8548	13	3.1018	3.3774	3.6842	4.0274
14	2.4206	2.6180	2.8336	3.0744	14	3.3404	3.6372	3.9676	4.3372
15	2.5935	2.8050	3.0360	3.2940	15	3.5790	3.8970	4.2510	4.6470
16	2.7664	2.9920	3.2384	3.5136	16	3.8176	4.1568	4.5344	4.9568
17	2.9393	3.1790	3.4408	3.7332	17	4.0562	4.4166	4.8178	5.2666
18	3.1122	3.3660	3.6432	3.9528	18	4.2948	4.6764	5.1012	5.5764
19	3.2851	3.5530	3.8456	4.1724	19	4.5334	4.9362	5.3846	5.8862
20	3.4580	3.7400	4.0480	4.3920	20	4.7720	5.1960	5.6680	6.1960

SOMMES versées.	58 ANS.	59 ANS.	60 ANS.	61 ANS.	SOMMES versées.	62 ANS.	63 ANS.	64 ANS.	65 ANS.
1	0.3396	0.3731	0.4110	0.4541	1	0.5035	0.5602	0.6258	0.7021
2	0.6792	0.7462	0.8220	0.9082	2	1.0070	1.1204	1.2516	1.4042
3	1.0188	1.1193	1.2330	1.3623	3	1.5105	1.6806	1.8774	2.1063
4	1.3584	1.4924	1.6440	1.8164	4	2.0140	2.2408	2.5032	2.8084
5	1.6980	1 8655	2.0550	2.2705	5	2.5175	2.8010	3.1290	3.5105
6	2.0370	2.2386	2.4660	2.7246	6	3.0210	3.3612	3.7548	4.2126
7	2.3772	2.6117	2.8770	3.1787	7	3.5245	3.9214	4.3806	4.9147
8	2.7168	2.9848	3.2880	3.6328	8	4.0280	4.4816	5.0064	5.6168
9	3 0564	3.3579	3.6990	4.0869	9	4.5315	5.0418	5.6322	6.3189
10	3.3960	3.7310	4.1100	4 5410	10	5.0350	5.6020	6.2580	7.0210
11	3.7356	4.1041	4.5210	4.9951	11	5.5385	6.1622	6.8838	7.7231
12	4.0752	4.4772	4.9320	5.4492	12	6.0420	6.7224	7.5096	8.4252
13	4.4148	4.8503	5.3430	5.9033	13	6.5455	7.2826	8.1354	9.1273
14	4.7544	5.2234	5.7540	6.3574	14	7.0490	7.8428	8.7612	9.8294
15	5.0940	5.5965	6.1650	6.8115	15	7.5525	8.4030	9.3870	10.5315
16	5.4336	5.9696	6.5760	7.2656	16	8.0560	8.9632	10.0128	11.2336
17	5.7732	6.3427	6.9870	7.7197	17	8.5595	9.5234	10.6386	11.9357
18	6.1128	6.7158	7.3980	8.1738	18	9.0630	10.0836	11.2644	12.6378
19	6.4524	7.0889	7.8090	8.6279	19	9.5665	10.6438	11.8902	13.3399
20	6.7920	7.4620	8.2200	9.0820	20	10.0700	11.2040	12.5160	14.0420

SOMMES versées.	50 ANS.	51 ANS.	52 ANS.	53 ANS.	SOMMES versées.	54 ANS.	55 ANS.	56 ANS.	57 ANS.
1	0.2451	0.2650	0.2869	0.3112	1	0.3382	0.3682	0.4017	0.4392
2	0.4902	0.5300	0.5738	0.6224	2	0.6764	0.7364	0.8034	0.8784
3	0.7353	0.7950	0.8607	0.9336	3	1.0146	1.1046	1.2051	1.3176
4	0.9804	1.0600	1.1476	1.2448	4	1.3528	1.4728	1.6068	1.7568
5	1.2255	1.3250	1.4345	1.5560	5	1.6910	1.8410	2.0085	2.1960
6	1.4706	1.5900	1.7214	1.8672	6	2.0292	2.2092	2.4102	2.6352
7	1.7157	1.8550	2.0083	2.1784	7	2.3674	2.5774	2.8119	3.0744
8	1.9608	2.1200	2.2952	2.4896	8	2.7056	2.9456	3.2136	3.5136
9	2.2059	2.3850	2.5821	2.8008	9	3.0438	3.3138	3.6153	3.9528
10	2.4510	2.6500	2.8690	3.1120	10	3.3820	3.6820	4.0170	4.3920
11	2.6961	2.9150	3.1559	3.4232	11	3.7202	4.0502	4.4187	4.8312
12	2.9412	3.1800	3.4428	3.7344	12	4.0584	4.4184	4.8204	5.2704
13	3.1863	3.4450	3.7297	4.0456	13	4.3966	4.7866	5.2221	5.7096
14	3.4314	3.7100	4.0166	4.3568	14	4.7348	5.1548	5.6238	6.1488
15	3.6765	3.9750	4.3035	4.6680	15	5.0730	5.5230	6.0255	6.5880
16	3.9216	4.2400	4.5904	4.9792	16	5.4112	5.8912	6.4272	7.0272
17	4.1667	4.5050	4.8773	5.2904	17	5.7494	6.2594	6.8289	7.4664
18	4.4118	4.7700	5.1642	5.6016	18	6.0876	6.6276	7.2306	7.9056
19	4.6569	5.0350	5.4511	5.9128	19	6.4258	6.9958	7.6323	8.3448
20	4.9020	5.3000	5.7380	6.2240	20	6.7640	7.3640	8.0340	8.7840

SOMMES versées.	58 ANS.	59 ANS.	60 ANS.	61 ANS.	SOMMES versées.	62 ANS.	63 ANS.	64 ANS.	65 ANS.
1	0.4813	0.5288	0.5825	0.6437	1	0.7136	0.7940	0.8870	0.9951
2	0.9626	1.0576	1.1650	1.2874	2	1.4272	1.5880	1.7740	1.9902
3	1.4439	1.5864	1.7475	1.9311	3	2.1408	2.3820	2.6610	2.9853
4	1.9252	2.1152	2.3300	2.5748	4	2.8544	3.1760	3.5480	3.9804
5	2.4005	2.6440	2.9125	3.2185	5	3.5680	3.9700	4.4350	4.9755
6	2.8878	3.1728	3.4950	3.8622	6	4.2816	4.7640	5.3220	5.9706
7	3.3691	3.7016	4.0775	4.5059	7	4.9952	5.5580	6.2090	6.9657
8	3.8504	4.2304	4.6600	5.1496	8	5.7088	6.3520	7.0960	7.9608
9	4.3317	4.7592	5.2425	5.7933	9	6.4224	7.1460	7.9830	8.9559
10	4.8130	5.2880	5.8250	6.4370	10	7.1360	7.9400	8.8700	9.9510
11	5.2943	5.8168	6.4075	7.0807	11	7.8496	8.7340	9.7570	10.9461
12	5.7756	6.3456	6.9900	7.7244	12	8.5632	9.5280	10.6440	11.9412
13	6.2569	6.8744	7.5725	8.3681	13	9.2768	10.3220	11.5310	12.9363
14	6.7382	7.4032	8.1550	9.0118	14	9.9904	11.1160	12.4180	13.9314
15	7.2195	7.9320	8.7375	9.6555	15	10.7040	11.9100	13.3050	14.9265
16	7.7008	8.4608	9.3200	10.2992	16	11.4176	12.7040	14.1920	15.9216
17	8.1821	8.9896	9.9025	10.9429	17	12.1312	13.4980	15.0790	16.9167
18	8.6634	9.5184	10.4850	11.5866	18	12.8448	14.2920	15.9660	17.9118
19	9.1447	10.0472	11.0675	12.2303	19	13.5584	15.0860	16.8530	18.9069
20	9.6260	10.5760	11.6500	12.8740	20	14.2720	15.8800	17.7400	19.9020

SOMMES versées.	50 ANS.	51 ANS.	52 ANS.	53 ANS.	SOMMES versées.	54 ANS.	55 ANS.	56 ANS.	57 ANS.
1	0.1705	0.1843	0.1996	0.2165	1	0.2352	0.2561	0.2794	0.3055
2	0.3410	0.3686	0.3992	0.4330	2	0.4704	0.5122	0.5588	0.6110
3	0.5115	0.5529	0.5988	0.6495	3	0.7056	0.7683	0.8382	0.9165
4	0.6820	0.7372	0.7984	0.8660	4	0.9408	1.0244	1.1176	1.2220
5	0.8525	0.9215	0.9980	1.0825	5	1.1760	1.2805	1.3970	1.5275
6	1.0230	1.1058	1.1976	1.2990	6	1.4112	1.5366	1.6764	1.8330
7	1.1935	1.2901	1.3972	1.5155	7	1.6464	1.7927	1.9558	2.1385
8	1.3640	1.4744	1.5968	1.7320	8	1.8816	2.0488	2.2352	2.4440
9	1.5345	1.6587	1.7964	1.9485	9	2.1168	2.3049	2.5146	2.7495
10	1.7050	1.8430	1.9900	2.1650	10	2.3520	2.5610	2.7940	3.0550
11	1.8755	2.0273	2.1956	2.3815	11	2.5872	2.8171	3.0734	3.3605
12	2.0460	2.2116	2.3952	2.5980	12	2.8224	3.0732	3.3528	3.6660
13	2.2165	2.3959	2.5948	2.8145	13	3.0576	3.3293	3.6322	3.9715
14	2.3870	2.5802	2.7944	3.0310	14	3.2928	3.5854	3.9116	4.2770
15	2.5575	2.7645	2.9940	3.2475	15	3.5280	3.8415	4.1910	4.5825
16	2.7280	2.9488	3.1936	3.4640	16	3.7632	4.0976	4.4704	4.8880
17	2.8985	3.1331	3.3932	3.6805	17	3.9984	4.3537	4.7498	5.1935
18	3.0690	3.3174	3.5928	3.8970	18	4.2336	4.6098	5.0292	5.4990
19	3.2395	3.5017	3.7924	4.1135	19	4.4688	4.8659	5.3086	5.8045
20	3.4100	3.6860	3.9920	4.3300	20	4.7040	5.1220	5.5880	6.1100

SOMMES versées.	58 ANS.	59 ANS.	60 ANS.	61 ANS.	SOMMES versées.	62 ANS.	63 ANS.	64 ANS.	65 ANS.
1	0.3348	0.3678	0.4052	0.4477	1	0.4964	0.5523	0.6169	0.6922
2	0.6696	0.7356	0.8104	0.8954	2	0.9928	1.1046	1.2338	1.3844
3	1.0044	1.1034	1.2156	1.3431	3	1.4892	1.6569	1.8507	2.0766
4	1.3392	1.4712	1.6208	1.7908	4	1.9856	2.2092	2.4676	2.7688
5	1.6740	1.8390	2.0260	2.2385	5	2.4820	2.7615	3.0845	3.4610
6	2.0088	2.2068	2.4312	2.6862	6	2.9784	3.3138	3.7014	4.1532
7	2.3436	2.5746	2.8364	3.1339	7	3.4748	3.8661	4.3183	4.8454
8	2.6784	2.9424	3.2410	3.5816	8	3.9712	4.4184	4.9352	5.5376
9	3.0132	3.3102	3.6468	4.0293	9	4.4676	4.9707	5.5521	6.2298
10	3.3480	3.6780	4.0520	4.4770	10	4.9640	5.5230	6.1690	6.9220
11	3.6828	4.0458	4.4572	4.9247	11	5.4604	6.0753	6.7859	7.6142
12	4.0176	4.4136	4.8624	5.3724	12	5.9568	6.6276	7.4028	8.3064
13	4.3524	4.7814	5.2676	5.8201	13	6.4532	7.1799	8.0197	8.9986
14	4.6872	5.1492	5.6728	6.2678	14	6.9496	7.7322	8.6366	9.6908
15	5.0220	5.5170	6.0780	6.7155	15	7.4460	8.2845	9.2535	10.3830
16	5.3568	5.8848	6.4832	7.1632	16	7.9424	8.8368	9.8704	11.0752
17	5.6916	6.2526	6.8884	7.6109	17	8.4388	9.3891	10.4873	11.7674
18	6.0264	6.6204	7.2936	8.0586	18	8.9352	9.9414	11.1042	12.4596
19	6.3612	6.9882	7.6988	8.5063	19	9.4316	10.4937	11.7211	13.1518
20	6.6960	7.3560	8.1040	8.9540	20	9.9280	11.0460	12.3380	13.8440

SOMMES versées.	50 ANS.	51 ANS.	52 ANS.	53 ANS.	SOMMES versées.	54 ANS.	55 ANS.	56 ANS.	57 ANS.
1	0.2421	0.2617	0.2833	0.3073	1	0.3340	0.3636	0.3967	0.4337
2	0.4842	0.5234	0.5666	0.6146	2	0.6680	0.7272	0.7934	0.8674
3	0.7263	0.7851	0.8499	0.9219	3	1.0020	1.0908	1.1901	1.3011
4	0.9684	1.0468	1.1332	1.2292	4	1.3360	1.4544	1.5868	1.7348
5	1.2105	1.3085	1.4165	1.5365	5	1.6700	1.8180	1.9835	2.1685
6	1.4526	1.5702	1.6998	1.8438	6	2.0040	2.1816	2.3802	2.6022
7	1.6947	1.8319	1.9831	2.1511	7	2.3380	2.5452	2.7769	3.0359
8	1.9368	2.0936	2.2664	2.4584	8	2.6720	2.9088	3.1736	3.4696
9	2.1789	2.3553	2.5497	2.7657	9	3.0060	3.2724	3.5703	3.9033
10	2.4210	2.6170	2.8330	3.0730	10	3.3400	3.6360	3.9670	4.3370
11	2.6631	2.8787	3.1163	3.3803	11	3.6740	3.9996	4.3637	4.7707
12	2.9052	3.1404	3.3996	3.6876	12	4.0080	4.3632	4.7604	5.2044
13	3.1473	3.4021	3.6829	3.9949	13	4.3420	4.7268	5.1571	5.6381
14	3.3894	3.6638	3.9662	4.3022	14	4.6760	5.0904	5.5538	6.0718
15	3.6315	3.9255	4.2495	4.6095	15	5.0100	5.4540	5.9505	6.5055
16	3.8736	4.1872	4.5328	4.9168	16	5.3440	5.8176	6.3472	6.9392
17	4.1157	4.4489	4.8161	5.2241	17	5.6780	6.1812	6.7439	7.3729
18	4.3578	4.7106	5.0994	5.5314	18	6.0120	6.5448	7.1406	7.8066
19	4.5999	4.9723	5.3827	5.8387	19	6.3460	6.9084	7.5373	8.2403
20	4.8420	5.2340	5.6660	6.1460	20	6.6800	7.2720	7.9340	8.6740

SOMMES versées.	58 ANS.	59 ANS.	60 ANS.	61 ANS.	SOMMES versées.	62 ANS.	63 ANS.	64 ANS.	65 ANS.
1	0.4753	0.5222	0.5753	0.6350	1	0.7047	0.7841	0.8759	0.9827
2	0.9506	1.0444	1.1506	1.2712	2	1.4094	1.5682	1.7518	1.9654
3	1.4259	1.5666	1.7259	1.9068	3	2.1141	2.3523	2.6277	2.9481
4	1.9012	2.0888	2.3012	2.5424	4	2.8188	3.1364	3.5036	3.9308
5	2.3765	2.6110	2.8765	3.1780	5	3.5235	3.9205	4.3795	4.9135
6	2.8518	3.1332	3.4518	3.8136	6	4.2282	4.7046	5.2554	5.8962
7	3.3271	3.6554	4.0271	4.4492	7	4.9329	5.4887	6.1313	6.8789
8	3.8024	4.1776	4.6024	5.0848	8	5.6376	6.2728	7.0072	7.8616
9	4.2777	4.6998	5.1777	5.7204	9	6.3423	7.0569	7.8831	8.8443
10	4.7530	5.2220	5.7530	6.3560	10	7.0470	7.8410	8.7590	9.8270
11	5.2283	5.7442	6.3283	6.9916	11	7.7517	8.6251	9.6349	10.8097
12	5.7036	6.2664	6.9036	7.6272	12	8.4564	9.4092	10.5108	11.7924
13	6.1789	6.7886	7.4789	8.2628	13	9.1611	10.1933	11.3867	12.7751
14	6.6542	7.3108	8.0542	8.8984	14	9.8658	10.9774	12.2626	13.7578
15	7.1295	7.8330	8.6295	9.5340	15	10.5705	11.7615	13.1385	14.7405
16	7.6048	8.3552	9.2048	10.1696	16	11.2752	12.5456	14.0144	15.7232
17	8.0801	8.8774	9.7801	10.8052	17	11.9799	13.3297	14.8903	16.7059
18	8.5554	9.3996	10.3554	11.4408	18	12.6846	14.1138	15.7662	17.6886
19	9.0307	9.9218	10.9307	12.0764	19	13.3893	14.8979	16.6421	18.6713
20	9.5060	10.4440	11.5060	12.7120	20	14.0940	15.6820	17.5180	19.6540

SOMMES versées.	50 ANS.	51 ANS.	52 ANS.	53 ANS.	SOMMES versées.	54 ANS.	55 ANS.	56 ANS.	57 ANS.
1	0.1681	0.1817	0.1967	0.2134	1	0.2319	0.2525	0.2754	0.3011
2	0.3362	0.3634	0.3934	0.4268	2	0.4638	0.5050	0.5508	0.6022
3	0.5043	0.5451	0.5901	0.6402	3	0.6957	0.7575	0.8262	0.9033
4	0.6724	0.7268	0.7868	0.8536	4	0.9276	1.0100	1.1016	1.2044
5	0.8405	0.9085	0.9835	1.0670	5	1.1595	1.2625	1.3770	1.5055
6	1.0086	1.0902	1.1802	1.2804	6	1.3914	1.5150	1.6524	1.8066
7	1.1767	1.2719	1.3769	1.4938	7	1.6233	1.7675	1.9278	2.1077
8	1.3448	1.4536	1.5736	1.7072	8	1.8552	2.0200	2.2032	2.4088
9	1.5129	1.6353	1.7703	1.9206	9	2.0871	2.2725	2.4786	2.7099
10	1.6810	1.8170	1.9670	2.1340	10	2.3190	2.5250	2.7540	3.0110
11	1.8491	1.9987	2.1637	2.3474	11	2.5509	2.7775	3.0294	3.3121
12	2.0172	2.1804	2.3604	2.5608	12	2.7828	3.0300	3.3048	3.6132
13	2.1853	2.3621	2.5571	2.7742	13	3.0147	3.2825	3.5802	3.9143
14	2.3534	2.5438	2.7538	2.9876	14	3.2466	3.5350	3.8556	4.2154
15	2.5215	2.7255	2.9505	3.2010	15	3.4785	3.7875	4.1310	4.5165
16	2.6896	2.9072	3.1472	3.4144	16	3.7104	4.0400	4.4064	4.8176
17	2.8577	3.0889	3.3439	3.6278	17	3.9423	4.2925	4.6818	5.1187
18	3.0258	3.2706	3.5406	3.8412	18	4.1742	4.5450	4.9572	5.4198
19	3.1939	3.4523	3.7373	4.0546	19	4.4061	4.7975	5.2326	5.7209
20	3.3620	3.6340	3.9340	4.2680	20	4.6380	5.0500	5.5080	6.0220

SOMMES versées.	58 ANS.	59 ANS.	60 ANS.	61 ANS.	SOMMES versées.	62 ANS.	63 ANS.	64 ANS.	65 ANS.
1	0.3300	0.3626	0.3994	0.4414	1	0.4893	0.5445	0.6082	0.6824
2	0.6600	0.7252	0.7988	0.8828	2	0.9786	1.0890	1.2164	1.3648
3	0.9900	1.0878	1.1982	1.3242	3	1.4679	1.6335	1.8246	2.0472
4	1.3200	1.4504	1.5976	1.7656	4	1.9572	2.1780	2.4328	2.7296
5	1.6500	1.8130	1.9970	2.2070	5	2.4465	2.7225	3.0410	3.4120
6	1.9800	2.1756	2.3964	2.6484	6	2.9358	3.2670	3.6492	4.0944
7	2.3100	2.5382	2.7958	3.0898	7	3.4251	3.8115	4.2574	4.7768
8	2.6400	2.9008	3.1952	3.5312	8	3.9144	4.3560	4.8656	5.4592
9	2.9700	3.2634	3.5946	3.9726	9	4.4037	4.9005	5.4738	6.1416
10	3.3000	3.6260	3.9940	4.4140	10	4.8930	5.4450	6.0820	6.8240
11	3.6300	3.9886	4.3934	4.8554	11	5.3823	5.9895	6.6902	7.5064
12	3.9600	4.3512	4.7928	5.2968	12	5.8716	6.5340	7.2984	8.1888
13	4.2900	4.7138	5.1922	5.7382	13	6.3609	7.0785	7.9066	8.8712
14	4.6200	5.0764	5.5916	6.1796	14	6.8502	7.6230	8.5148	9.5536
15	4.9500	5.4390	5.9910	6.6210	15	7.3395	8.1675	9.1230	10.2360
16	5.2800	5.8016	6.3904	7.0624	16	7.8288	8.7120	9.7312	10.9184
17	5.6100	6.1642	6.7898	7.5038	17	8.3181	9.2565	10.3394	11.6008
18	5.9400	6.5268	7.1892	7.9452	18	8.8074	9.8010	10.9476	12.2832
19	6.2700	6.8894	7.5886	8.3866	19	9.2967	10.3455	11.5558	12.9656
20	6.6000	7.2520	7.9880	8.8280	20	9.7860	10.8900	12.1640	13.6480

SOMMES versées.	50 ANS.	51 ANS.	52 ANS.	53 ANS.	SOMMES versées.	54 ANS.	55 ANS.	56 ANS.	57 ANS.
1	0.2391	0.2584	0.2798	0.3035	1	0.3298	0.3590	0.3917	0.4283
2	0.4782	0.5168	0.5596	0.6070	2	0.6596	0.7180	0.7834	0.8566
3	0.7173	0.7752	0.8394	0.9105	3	0.9894	1.0770	1.1751	1.2849
4	0.9564	1.0336	1.1192	1.2140	4	1.3192	1.4360	1.5668	1.7132
5	1.1955	1.2920	1.3990	1.5175	5	1.6490	1.7950	1.9585	2.1415
6	1.4346	1.5504	1.6788	1.8210	6	1.9788	2.1540	2.3502	2.5698
7	1.6737	1.8088	1.9586	2.1245	7	2.3086	2.5130	2.7419	2.9981
8	1.9128	2.0672	2.2384	2.4280	8	2.6384	2.8720	3.1336	3.4264
9	2.1519	2.3256	2.5182	2.7315	9	2.9682	3.2310	3.5253	3.8547
10	2.3910	2.5840	2.7980	3.0350	10	3.2980	3.5900	3.9170	4.2830
11	2.6301	2.8424	3.0778	3.3385	11	3.6278	3.9490	4.3087	4.7113
12	2.8692	3.1008	3.3576	3.6420	12	3.9576	4.3080	4.7004	5.1396
13	3.1083	3.3592	3.6374	3.9455	13	4.2874	4.6670	5.0921	5.5679
14	3.3474	3.6176	3.9172	4.2490	14	4.6172	5.0260	5.4838	5.9962
15	3.5865	3.8760	4.1970	4.5525	15	4.9470	5.3850	5.8755	6.4245
16	3.8256	4.1344	4.4768	4.8560	16	5.2768	5.7440	6.2672	6.8528
17	4.0647	4.3928	4.7566	5.1595	17	5.6066	6.1030	6.6589	7.2811
18	4.3038	4.6512	5.0364	5.4630	18	5.9364	6.4620	7.0506	7.7094
19	4.5429	4.9096	5.3162	5.7665	19	6.2662	6.8210	7.4423	8.1377
20	4.7820	5.1680	5.5960	6.0700	20	6.5960	7.1800	7.8340	8.5660

SOMMES versées.	58 ANS.	59 ANS.	60 ANS.	61 ANS.	SOMMES versées.	62 ANS.	63 ANS.	64 ANS.	65 ANS.
1	0.4694	0.5157	0.5681	0.6277	1	0.6959	0.7743	0.8650	0.9705
2	0.9388	1.0314	1.1362	1.2554	2	1.3918	1.5486	1.7300	1.9410
3	1.4082	1.5471	1.7043	1.8831	3	2.0877	2.3229	2.5950	2.9115
4	1.8776	2.0628	2.2724	2.5108	4	2.7836	3.0972	3.4600	3.8820
5	2.3470	2.5785	2.8405	3.1385	5	3.4795	3.8715	4.3250	4.8525
6	2.8164	3.0942	3.4086	3.7662	6	4.1754	4.6458	5.1900	5.8230
7	3.2858	3.6099	3.9767	4.3939	7	4.8713	5.4201	6.0550	6.7935
8	3.7552	4.1256	4.5448	5.0216	8	5.5672	6.1944	6.9200	7.7640
9	4.2246	4.6413	5.1129	5.6493	9	6.2631	6.9687	7.7850	8.7345
10	4.6940	5.1570	5.6810	6.2770	10	6.9590	7.7430	8.6500	9.7050
11	5.1634	5.6727	6.2491	6.9047	11	7.6549	8.5173	9.5150	10.6755
12	5.6328	6.1884	6.8172	7.5324	12	8.3508	9.2916	10.3800	11.6460
13	6.1022	6.7041	7.3853	8.1601	13	9.0467	10.0659	11.2450	12.6165
14	6.5716	7.2198	7.9534	8.7878	14	9.7426	10.8402	12.1100	13.5870
15	7.0410	7.7355	8.5215	9.4155	15	10.4385	11.6145	12.9750	14.5575
16	7.5104	8.2512	9.0896	10.0432	16	11.1344	12.3888	13.8400	15.5280
17	7.9798	8.7669	9.6577	10.6709	17	11.8303	13.1631	14.7050	16.4985
18	8.4492	9.2826	10.2258	11.2986	18	12.5262	13.9374	15.5700	17.4690
19	8.9186	9.7983	10.7939	11.9263	19	13.2221	14.7117	16.4350	18.4395
20	9.3880	10.3140	11.3620	12.5540	20	13.9180	15.4860	17.3000	19.4100

SOMMES versées.	50 ANS.	51 ANS.	52 ANS.	53 ANS.	SOMMES versées.	54 ANS.	55 ANS.	56 ANS.	57 ANS.
1	0.1657	0.1791	0.1940	0.2104	1	0.2280	0.2489	0.2715	0.2969
2	0.3314	0.3582	0.3880	0.4208	2	0.4572	0.4978	0.5430	0.5938
3	0.4971	0.5373	0.5820	0.6312	3	0.6858	0.7467	0.8145	0.8907
4	0.6628	0.7164	0.7760	0.8416	4	0.9144	0.9956	1.0860	1.1876
5	0.8285	0.8955	0.9700	1.0520	5	1.1430	1.2445	1.3575	1.4845
6	0.9942	1.0746	1.1640	1.2624	6	1.3716	1.4934	1.6290	1.7814
7	1.1599	1.2537	1.3580	1.4728	7	1.6002	1.7423	1.9005	2.0783
8	1.3256	1.4328	1.5520	1.6832	8	1.8288	1.9912	2.1720	2.3752
9	1.4913	1.6119	1.7460	1.8936	9	2.0574	2.2401	2.4435	2.6721
10	1.6570	1.7910	1.9400	2.1040	10	2.2860	2.4890	2.7150	2.9690
11	1.8227	1.9701	2.1340	2.3144	11	2.5146	2.7379	2.9865	3.2659
12	1.9884	2.1492	2.3280	2.5248	12	2.7432	2.9868	3.2580	3.5628
13	2.1541	2.3283	2.5220	2.7352	13	2.9718	3.2357	3.5295	3.8597
14	2.3198	2.5074	2.7160	2.9456	14	3.2004	3.4846	3.8010	4.1566
15	2.4855	2.6865	2.9100	3.1560	15	3.4290	3.7335	4.0725	4.4535
16	2.6512	2.8656	3.1040	3.3664	16	3.6576	3.9824	4.3440	4.7504
17	2.8169	3.0447	3.2980	3.5768	17	3.8862	4.2313	4.6155	5.0473
18	2.9826	3.2238	3.4920	3.7872	18	4.1148	4.4802	4.8870	5.3442
19	3.1483	3.4029	3.6860	3.9976	19	4.3434	4.7291	5.1585	5.6411
20	3.3140	3.5820	3.8800	4.2080	20	4.5720	4.9780	5.4300	5.9380

SOMMES versées.	58 ANS.	59 ANS.	60 ANS.	61 ANS.	SOMMES versées.	62 ANS.	63 ANS.	64 ANS.	65 ANS.
1	0.3253	0.3574	0.3938	0.4351	1	0.4824	0.5307	0.5996	0.6727
2	0.6506	0.7148	0.7876	0.8702	2	0.9648	1.0734	1.1992	1.3454
3	0.9759	1.0722	1.1814	1.3053	3	1.4472	1.6101	1.7988	2.0181
4	1.3012	1.4296	1.5752	1.7404	4	1.9296	2.1468	2.3984	2.6908
5	1.6265	1.7870	1.9690	2.1755	5	2.4120	2.6835	2.9980	3.3635
6	1.9518	2.1444	2.3628	2.6106	6	2.8944	3.2202	3.5976	4.0362
7	2.2771	2.5018	2.7566	3.0457	7	3.3768	3.7569	4.1972	4.7089
8	2.6024	2.8592	3.1504	3.4808	8	3.8592	4.2936	4.7968	5.3816
9	2.9277	3.2166	3.5442	3.9159	9	4.3416	4.8303	5.3964	6.0543
10	3.2530	3.5740	3.9380	4.3510	10	4.8240	5.3670	5.9960	6.7270
11	3.5783	3.9314	4.3318	4.7861	11	5.3064	5.9037	6.5956	7.3997
12	3.9036	4.2888	4.7256	5.2212	12	5.7888	6.4404	7.1952	8.0724
13	4.2289	4.6462	5.1194	5.6563	13	6.2712	6.9771	7.7948	8.7451
14	4.5542	5.0036	5.5132	6.0914	14	6.7536	7.5138	8.3944	9.4178
15	4.8795	5.3610	5.9070	6.5265	15	7.2360	8.0505	8.9940	10.0905
16	5.2048	5.7184	6.3008	6.9616	16	7.7184	8.5872	9.5936	10.7632
17	5.5301	6.0758	6.6946	7.3967	17	8.2008	9.1239	10.1932	11.4359
18	5.8554	6.4332	7.0884	7.8318	18	8.6832	9.6606	10.7928	12.1086
19	6.1807	6.7906	7.4822	8.2669	19	9.1656	10.1973	11.3924	12.7813
20	6.5060	7.1480	7.8760	8.7020	20	9.6480	10.7340	11.9920	13.4540

SOMMES versées.	50 ANS.	51 ANS.	52 ANS.	53 ANS.	SOMMES versées.	54 ANS.	55 ANS.	56 ANS.	57 ANS.
1	0.2361	0.2552	0.2763	0.2997	1	0.3257	0.3546	0.3868	0.4229
2	0.4722	0.5104	0.5526	0.5994	2	0.6514	0.7092	0.7736	0.8458
3	0.7083	0.7656	0.8289	0.8991	3	0.9771	1.0638	1.1604	1.2687
4	0.9444	1.0208	1.1052	1.1988	4	1.3028	1.4184	1.5472	1.6916
5	1.1805	1.2760	1.3815	1.4985	5	1.6285	1.7730	1.9340	2.1145
6	1.4166	1.5312	1.6578	1.7982	6	1.9542	2.1276	2.3208	2.5374
7	1.6527	1.7864	1.9341	2.0979	7	2.2799	2.4822	2.7076	2.9603
8	1.8888	2.0416	2.2104	2.3976	8	2.6056	2.8368	3.0944	3.3832
9	2.1249	2.2968	2.4867	2.6973	9	2.9313	3.1914	3.4812	3.8061
10	2.3610	2.5520	2.7630	2.9970	10	3.2570	3.5460	3.8680	4.2290
11	2.5971	2.8072	3.0393	3.2967	11	3.5827	3.9006	4.2548	4.6519
12	2.8332	3.0624	3.3156	3.5964	12	3.9084	4.2552	4.6416	5.0748
13	3.0693	3.3176	3.5919	3.8961	13	4.2341	4.6098	5.0284	5.4977
14	3.3054	3.5728	3.8682	4.1958	14	4.5598	4.9644	5.4152	5.9206
15	3.5415	3.8280	4.1445	4.4955	15	4.8855	5.3190	5.8020	6.3435
16	3.7776	4.0832	4.4208	4.7952	16	5.2112	5.6736	6.1888	6.7664
17	4.0137	4.3384	4.6971	5.0949	17	5.5369	6.0282	6.5756	7.1893
18	4.2498	4.5936	4.9734	5.3946	18	5.8626	6.3828	6.9624	7.6122
19	4.4859	4.8488	5.2497	5.6943	19	6.1883	6.7374	7.3492	8.0351
20	4.7220	5.1040	5.5260	5.9940	20	6.5140	7.0920	7.7360	8.4580

SOMMES versées.	58 ANS.	59 ANS.	60 ANS.	61 ANS.	SOMMES versées.	62 ANS.	63 ANS.	64 ANS.	65 ANS.
1	0.4635	0.5092	0.5610	0.6199	1	0.6872	0.7647	0.8541	0.9583
2	0.9270	1.0184	1.1220	1.2398	2	1.3744	1.5294	1.7082	1.9166
3	1.3905	1.5276	1.6830	1.8597	3	2.0616	2.2941	2.5623	2.8749
4	1.8540	2.0368	2.2440	2.4796	4	2.7488	3.0588	3.4164	3.8332
5	2.3175	2.5460	2.8050	3.0995	5	3.4360	3.8235	4.2705	4.7915
6	2.7810	3.0552	3.3660	3.7194	6	4.1232	4.5882	5.1246	5.7498
7	3.2445	3.5644	3.9270	4.3393	7	4.8104	5.3529	5.9787	6.7081
8	3.7080	4.0736	4.4880	4.9592	8	5.4976	6.1176	6.8328	7.6664
9	4.1715	4.5828	5.0490	5.5791	9	6.1848	6.8823	7.6869	8.6247
10	4.6350	5.0920	5.6100	6.1990	10	6.8720	7.6470	8.5410	9.5830
11	5.0985	5.6012	6.1710	6.8189	11	7.5592	8.4117	9.3951	10.5413
12	5.5620	6.1104	6.7320	7.4388	12	8.2464	9.1764	10.2492	11.4996
13	6.0255	6.6196	7.2930	8.0587	13	8.9336	9.9411	11.1033	12.4579
14	6.4890	7.1288	7.8540	8.6786	14	9.6208	10.7058	11.9574	13.4162
15	6.9525	7.6380	8.4150	9.2985	15	10.3080	11.4705	12.8115	14.3745
16	7.4160	8.1472	8.9760	9.9184	16	10.9952	12.2352	13.6656	15.3328
17	7.8795	8.6564	9.5370	10.5383	17	11.6824	12.9999	14.5197	16.2911
18	8.3430	9.1656	10.0980	11.1582	18	12.3696	13.7646	15.3738	17.2494
19	8.8065	9.6748	10.6590	11.7781	19	13.0568	14.5293	16.2279	18.2077
20	9.2700	10.1840	11.2200	12.3980	20	13.7440	15.2940	17.0820	19.1660

SOMMES versées	50 ANS.	51 ANS.	52 ANS.	53 ANS.	SOMMES versées	54 ANS.	55 ANS.	56 ANS.	57 ANS.
1	0.1633	0.1766	0.1912	0.2074	1	0.2253	0.2453	0.2677	0.2926
2	0.3266	0.3532	0.3824	0.4148	2	0.4506	0.4906	0.5354	0.5852
3	0.4899	0.5298	0.5736	0.6222	3	0.6759	0.7359	0.8031	0.8778
4	0.6532	0.7064	0.7648	0.8296	4	0.9012	0.9812	1.0708	1.1704
5	0.8165	0.8830	0.9560	1.0370	5	1.1265	1.2265	1.3385	1.4630
6	0.9798	1.0596	1.1472	1.2444	6	1.3518	1.4718	1.6062	1.7550
7	1.1431	1.2362	1.3384	1.4518	7	1.5771	1.7171	1.8739	2.0482
8	1.3064	1.4128	1.5296	1.6592	8	1.8024	1.9624	2.1416	2.3408
9	1.4697	1.5894	1.7208	1.8666	9	2.0277	2.2077	2.4093	2.6334
10	1.6330	1.7660	1.9120	2.0740	10	2.2530	2.4530	2.6770	2.9260
11	1.7963	1.9426	2.1032	2.2814	11	2.4783	2.6983	2.9447	3.2186
12	1.9596	2.1192	2.2944	2.4888	12	2.7036	2.9436	3.2124	3.5112
13	2.1229	2.2958	2.4856	2.6962	13	2.9289	3.1889	3.4801	3.8038
14	2.2862	2.4724	2.6768	2.9036	14	3.1542	3.4342	3.7478	4.0964
15	2.4495	2.6490	2.8680	3.1110	15	3.3795	3.6795	4.0155	4.3890
16	2.6128	2.8256	3.0592	3.3184	16	3.6048	3.9248	4.2832	4.6816
17	2.7761	3.0022	3.2504	3.5258	17	3.8301	4.1701	4.5509	4.9742
18	2.9394	3.1788	3.4416	3.7332	18	4.0554	4.4154	4.8186	5.2668
19	3.1027	3.3554	3.6328	3.9406	19	4.2807	4.6607	5.0863	5.5594
20	3.2660	3.5320	3.8240	4.1480	20	4.5060	4.9000	5.3540	5.8520

SOMMES versées	58 ANS.	59 ANS.	60 ANS.	61 ANS.	SOMMES versées	62 ANS.	63 ANS.	64 ANS.	65 ANS.
1	0.3207	0.3524	0.3882	0.4289	1	0.4755	0.5201	0.5910	0.6631
2	0.6414	0.7048	0.7764	0.8578	2	0.9510	1.0582	1.1820	1.3262
3	0.9621	1.0572	1.1646	1.2867	3	1.4265	1.5873	1.7730	1.9893
4	1.2828	1.4096	1.5528	1.7156	4	1.9020	2.1164	2.3640	2.6524
5	1.6035	1.7620	1.9410	2.1445	5	2.3775	2.6455	2.9550	3.3155
6	1.9242	2.1144	2.3292	2.5734	6	2.8530	3.1746	3.5460	3.9786
7	2.2449	2.4668	2.7174	3.0023	7	3.3285	3.7037	4.1370	4.6417
8	2.5656	2.8192	3.1056	3.4312	8	3.8040	4.2328	4.7280	5.3048
9	2.8863	3.1716	3.4938	3.8601	9	4.2795	4.7619	5.3190	5.9679
10	3.2070	3.5240	3.8820	4.2890	10	4.7550	5.2910	5.9100	6.6310
11	3.5277	3.8764	4.2702	4.7179	11	5.2305	5.8201	6.5010	7.2941
12	3.8484	4.2288	4.6584	5.1468	12	5.7060	6.3492	7.0920	7.9572
13	4.1691	4.5812	5.0466	5.5757	13	6.1815	6.8783	7.6830	8.6203
14	4.4898	4.9336	5.4348	6.0046	14	6.6570	7.4074	8.2740	9.2834
15	4.8105	5.2860	5.8230	6.4335	15	7.1325	7.9365	8.8650	9.9465
16	5.1312	5.6384	6.2112	6.8624	16	7.6080	8.4656	9.4560	10.6096
17	5.4519	5.9908	6.5994	7.2913	17	8.0835	8.9947	10.0470	11.2727
18	5.7726	6.3432	6.9876	7.7202	18	8.5590	9.5238	10.6380	11.9358
19	6.0933	6.6956	7.3758	8.1491	19	9.0345	10.0529	11.2290	12.5980
20	6.4140	7.0480	7.7640	8.5780	20	9.5100	10.5820	11.8200	13.2620

SOMMES versées	50 ANS.	51 ANS.	52 ANS.	53 ANS.	SOMMES versées	54 ANS.	55 ANS.	56 ANS.	57 ANS.
1	0.2331	0.2520	0.2729	0.2960	1	0.3216	0.3501	0.3820	0.4176
2	0.4662	0.5040	0.5458	0.5920	2	0.6432	0.7002	0.7640	0.8352
3	0.6993	0.7560	0.8187	0.8880	3	0.9648	1.0503	1.1460	1.2528
4	0.9324	1.0080	1.0916	1.1840	4	1.2864	1.4004	1.5280	1.6704
5	1.1655	1.2600	1.3645	1.4800	5	1.6080	1.7505	1.9100	2.0880
6	1.3986	1.5120	1.6374	1.7760	6	1.9296	2.1006	2.2920	2.5056
7	1.6317	1.7640	1.9103	2.0720	7	2.2512	2.4507	2.6740	2.9232
8	1.8648	2.0160	2.1832	2.3680	8	2.5728	2.8008	3.0560	3.3408
9	2.0979	2.2680	2.4561	2.6640	9	2.8944	3.1509	3.4380	3.7584
10	2.3310	2.5200	2.7290	2.9600	10	3.2160	3.5010	3.8200	4.1760
11	2.5641	2.7720	3.0019	3.2560	11	3.5376	3.8511	4.2020	4.5936
12	2.7972	3.0240	3.2748	3.5520	12	3.8592	4.2012	4.5840	5.0112
13	3.0303	3.2760	3.5477	3.8480	13	4.1808	4.5513	4.9660	5.4288
14	3.2634	3.5280	3.8206	4.1440	14	4.5024	4.9014	5.3480	5.8464
15	3.4965	3.7800	4.0935	4.4400	15	4.8240	5.2515	5.7300	6.2640
16	3.7296	4.0320	4.3664	4.7360	16	5.1456	5.6016	6.1120	6.6816
17	3.9627	4.2840	4.6393	5.0320	17	5.4672	5.9517	6.4940	7.0992
18	4.1958	4.5360	4.9122	5.3280	18	5.7888	6.3018	6.8760	7.5168
19	4.4289	4.7880	5.1851	5.6240	19	6.1104	6.6519	7.2580	7.9344
20	4.6620	5.0400	5.4580	5.9200	20	6.4320	7.0020	7.6400	8.3520

SOMMES versées	58 ANS.	59 ANS.	60 ANS.	61 ANS.	SOMMES versées	62 ANS.	63 ANS.	64 ANS.	65 ANS.
1	0.4577	0.5029	0.5540	0.6121	1	0.6786	0.7551	0.8435	0.9464
2	0.9154	1.0058	1.1080	1.2242	2	1.3572	1.5102	1.6870	1.8928
3	1.3731	1.5087	1.6620	1.8363	3	2.0358	2.2653	2.5305	2.8392
4	1.8308	2.0116	2.2160	2.4484	4	2.7144	3.0204	3.3740	3.7856
5	2.2885	2.5145	2.7700	3.0605	5	3.3930	3.7755	4.2175	4.7320
6	2.7462	3.0174	3.3240	3.6726	6	4.0716	4.5306	5.0610	5.6784
7	3.2039	3.5203	3.8780	4.2847	7	4.7502	5.2857	5.9045	6.6248
8	3.6616	4.0232	4.4320	4.8968	8	5.4288	6.0408	6.7480	7.5712
9	4.1193	4.5261	4.9860	5.5089	9	6.1074	6.7959	7.5915	8.5176
10	4.5770	5.0290	5.5400	6.1210	10	6.7860	7.5510	8.4350	9.4640
11	5.0347	5.5319	6.0940	6.7331	11	7.4646	8.3061	9.2785	10.4104
12	5.4924	6.0348	6.6480	7.3452	12	8.1432	9.0612	10.1220	11.3568
13	5.9501	6.5377	7.2020	7.9573	13	8.8218	9.8163	10.9655	12.3032
14	6.4078	7.0406	7.7560	8.5694	14	9.5004	10.5714	11.8090	13.2496
15	6.8655	7.5435	8.3100	9.1815	15	10.1790	11.3265	12.6525	14.1960
16	7.3232	8.0464	8.8640	9.7936	16	10.8576	12.0816	13.4960	15.1424
17	7.7809	8.5493	9.4180	10.4057	17	11.5362	12.8367	14.3395	16.0888
18	8.2386	9.0522	9.9720	11.0178	18	12.2148	13.5918	15.1830	17.0352
19	8.6963	9.5551	10.5260	11.6299	19	12.8934	14.3469	16.0265	17.9816
20	9.1540	10.0580	11.0800	12.2420	20	13.5720	15.1020	16.8700	18.9280

SOMMES versées.	50 ANS.	51 ANS.	52 ANS.	53 ANS.	SOMMES versées.	54 ANS.	55 ANS.	56 ANS.	57 ANS.
1	0.1610	0.1741	0.1885	0.2044	1	0.2221	0.2418	0.2638	0.2885
2	0.3220	0.3482	0.3770	0.4088	2	0.4442	0.4836	0.5276	0.5770
3	0.4830	0.5223	0.5655	0.6132	3	0.6663	0.7254	0.7914	0.8655
4	0.6440	0.6964	0.7540	0.8176	4	0.8884	0.9672	1.0552	1.1540
5	0.8050	0.8705	0.9425	1.0220	5	1.1105	1.2090	1.3190	1.4425
6	0.9660	1.0446	1.1310	1.2264	6	1.3326	1.4508	1.5828	1.7310
7	1.1270	1.2187	1.3195	1.4308	7	1.5547	1.6926	1.8466	2.0195
8	1.2880	1.3928	1.5080	1.6352	8	1.7768	1.9344	2.1104	2.3080
9	1.4490	1.5669	1.6965	1.8396	9	1.9989	2.1762	2.3742	2.5965
10	1.6100	1.7410	1.8850	2.0440	10	2.2210	2.4180	2.6380	2.8850
11	1.7710	1.9151	2.0735	2.2484	11	2.4431	2.6598	2.9018	3.1735
12	1.9320	2.0892	2.2620	2.4528	12	2.6652	2.9016	3.1656	3.4620
13	2.0930	2.2633	2.4505	2.6572	13	2.8873	3.1434	3.4294	3.7505
14	2.2540	2.4374	2.6390	2.8616	14	3.1094	3.3852	3.6932	4.0390
15	2.4150	2.6115	2.8275	3.0660	15	3.3315	3.6270	3.9570	4.3275
16	2.5760	2.7856	3.0160	3.2704	16	3.5536	3.8688	4.2208	4.6160
17	2.7370	2.9597	3.2045	3.4748	17	3.7757	4.1106	4.4846	4.9045
18	2.8980	3.1338	3.3930	3.6792	18	3.9978	4.3524	4.7484	5.1930
19	3.0590	3.3079	3.5815	3.8836	19	4.2199	4.5942	5.0122	5.4815
20	3.2200	3.4820	3.7700	4.0880	20	4.4420	4.8360	5.2760	5.7700

SOMMES versées.	58 ANS.	59 ANS.	60 ANS.	61 ANS.	SOMMES versées.	62 ANS.	63 ANS.	64 ANS.	65 ANS.
1	0.3102	0.3473	0.3827	0.4228	1	0.4688	0.5210	0.5826	0.6537
2	0.6324	0.6946	0.7654	0.8456	2	0.9376	1.0432	1.1652	1.3074
3	0.9486	1.0419	1.1481	1.2684	3	1.4064	1.5648	1.7478	1.9611
4	1.2648	1.3892	1.5308	1.6912	4	1.8752	2.0864	2.3304	2.6148
5	1.5810	1.7365	1.9135	2.1140	5	2.3440	2.6080	2.9130	3.2685
6	1.8972	2.0838	2.2962	2.5368	6	2.8128	3.1296	3.4956	3.9222
7	2.2134	2.4311	2.6789	2.9596	7	3.2816	3.6512	4.0782	4.5759
8	2.5296	2.7784	3.0616	3.3824	8	3.7504	4.1728	4.6608	5.2296
9	2.8458	3.1257	3.4443	3.8052	9	4.2192	4.6944	5.2434	5.8833
10	3.1620	3.4730	3.8270	4.2280	10	4.6880	5.2160	5.8260	6.5370
11	3.4782	3.8203	4.2097	4.6508	11	5.1568	5.7376	6.4086	7.1907
12	3.7944	4.1676	4.5924	5.0736	12	5.6256	6.2592	6.9912	7.8444
13	4.1106	4.5149	4.9751	5.4964	13	6.0944	6.7808	7.5738	8.4981
14	4.4268	4.8622	5.3578	5.9192	14	6.5632	7.3024	8.1564	9.1518
15	4.7430	5.2095	5.7405	6.3420	15	7.0320	7.8240	8.7390	9.8055
16	5.0592	5.5568	6.1232	6.7648	16	7.5008	8.3456	9.3216	10.4592
17	5.3754	5.9041	6.5059	7.1876	17	7.9696	8.8672	9.9042	11.1129
18	5.6916	6.2514	6.8886	7.6104	18	8.4384	9.3888	10.4868	11.7666
19	6.0078	6.5987	7.2713	8.0332	19	8.9072	9.9104	11.0694	12.4203
20	6.3240	6.9460	7.6540	8.4560	20	9.3760	10.4320	11.6520	13.0740

SOMMES versées.	50 ANS.	51 ANS.	52 ANS.	53 ANS.	SOMMES versées.	54 ANS.	55 ANS.	56 ANS.	57 ANS.
1	0.2302	0.2488	0.2694	0.2923	1	0.3176	0.3457	0.3772	0.4124
2	0.4604	0.4976	0.5388	0.5846	2	0.6352	0.6914	0.7544	0.8248
3	0.6906	0.7464	0.8082	0.8769	3	0.9528	1.0371	1.1316	1.2372
4	0.9208	0.9952	1.0776	1.1692	4	1.2704	1.3828	1.5088	1.6496
5	1.1510	1.2440	1.3470	1.4615	5	1.5880	1.7285	1.8860	2.0620
6	1.3812	1.4928	1.6164	1,7538	6	1.9056	2.0742	2.2632	2.4744
7	1.6114	1.7416	1.8858	2.0461	7	2.2232	2.4199	2.6404	2.8868
8	1.8416	1.9904	2.1552	2.3384	8	2.5408	2.7656	3.0176	3.2992
9	2.0718	2.2392	2.4246	2.6307	9	2.8584	3.1113	3.3948	3.7116
10	2.3020	2.4880	2.6940	2.9230	10	3.1760	3.4570	3.7720	4.1240
11	2.5322	2.7368	2.9634	3.2153	11	3.4936	3.8027	4.1492	4.5364
12	2.7624	2.9856	3.2328	3.5076	12	3.8112	4.1484	4.5264	4.9488
13	2.9926	3.2344	3.5022	3.7999	13	4.1288	4.4941	4.9036	5.3612
14	3.2228	3.4832	3.7716	4.0922	14	4.4464	4.8398	5.2808	5.7736
15	3.4530	3.7320	4.0410	4.3845	15	4.7640	5.1855	5.6580	6.1800
16	3.6832	3.9808	4.3104	4.6768	16	5.0816	5.5312	6.0352	6.5984
17	3.9134	4.2296	4.5798	4.9691	17	5.3992	5.8769	6.4124	7.0108
18	4.1436	4.4784	4.8492	5.2614	18	5.7168	6.2226	6.7896	7.4232
19	4.3738	4.7272	5.1186	5.5537	19	6.0344	6.5683	7.1668	7.8356
20	4.6040	4.9760	5.3880	5.8460	20	6.3520	6.9140	7.5440	8.2480

SOMMES versées.	58 ANS.	59 ANS.	60 ANS.	61 ANS.	SOMMES versées.	62 ANS.	63 ANS.	64 ANS.	65 ANS.
1	0.4520	0.4966	0,5470	0.6045	1	0.6701	0.7457	0.8329	0.9345
2	0.9040	0.9932	1.0940	1.2090	2	1.3402	1.4914	1.6658	1.8690
3	1.3560	1.4898	1.6410	1.8135	3	2.0103	2.2371	2.4987	2.8035
4	1.8080	1.9864	2.1880	2.4180	4	2.6804	2.9828	3.3316	3.7380
5	2.2600	2.4830	2.7350	3.0225	5	3.3505	3.7285	4.1645	4.6725
6	2.7120	2.9796	3.2820	3.6270	6	4.0206	4.4742	4.9974	5.6070
7	3.1640	3.4762	3.8290	4.2315	7	4.6007	5.2199	5.8303	6.5415
8	3.6160	3.9728	4.3760	4.8360	8	5.3608	5.9656	6.6632	7.4760
9	4.0680	4.4694	4.9230	5.4405	9	6.0309	6.7113	7.4961	8.4105
10	4.5200	4.9660	5.4700	6.0450	10	6.7010	7.4570	8.3290	9.3450
11	4.9720	5.4626	6.0170	6.6495	11	7.3711	8.2027	9.1619	10.2795
12	5.4240	5.9592	6.5640	7.2540	12	8.0412	8.9484	9.9948	11.2140
13	5.8760	6.4558	7.1110	7.8585	13	8.7113	9.6941	10.8277	12.1485
14	6.3280	6.9524	7.6580	8.4630	14	9.3814	10.4398	11.6606	13.0830
15	6.7800	7.4490	8.2050	9.0675	15	10.0515	11.1855	12.4935	14.0175
16	7.2320	7.9456	8.7520	9.6720	16	10.7216	11.9312	13.3264	14.9520
17	7.6840	8.4422	9.2990	10.2765	17	11.3917	12.6769	14.1593	15.8865
18	8.1360	8.9388	9.8460	10.8810	18	12.0618	13.4226	14.9922	16.8210
19	8.5880	9.4354	10.3930	11.4855	19	12.7319	14.1683	15.8251	17.7555
20	9.0400	9.9320	10.9400	12.0000	20	13.4020	14.9140	16.6580	18.6000

SOMMES versées	50 ANS	51 ANS	52 ANS	53 ANS	SOMMES versées	54 ANS	55 ANS	56 ANS	57 ANS
1	0.1587	0.1716	0.1858	0.2015	1	0.2190	0.2384	0.2601	0.2844
2	0.3174	0.3432	0.3716	0.4030	2	0.4380	0.4768	0.5202	0.5688
3	0.4761	0.5148	0.5574	0.6045	3	0.6570	0.7152	0.7803	0.8532
4	0.6348	0.6864	0.7432	0.8060	4	0.8760	0.9536	1.0404	1.1376
5	0.7935	0.8580	0.9290	1.0075	5	1.0950	1.1920	1.3005	1.4220
6	0.9522	1.0296	1.1148	1.2090	6	1.3140	1.4304	1.5606	1.7064
7	1.1109	1.2012	1.3006	1.4105	7	1.5330	1.6688	1.8207	1.9908
8	1.2696	1.3728	1.4864	1.6120	8	1.7520	1.9072	2.0808	2.2752
9	1.4283	1.5444	1.6722	1.8135	9	1.9710	2.1456	2.3409	2.5596
10	1.5870	1.7160	1.8580	2.0150	10	2.1900	2.3840	2.6010	2.8440
11	1.7457	1.8876	2.0438	2.2165	11	2.4090	2.6224	2.8611	3.1284
12	1.9044	2.0592	2.2296	2.4180	12	2.6280	2.8608	3.1212	3.4128
13	2.0631	2.2308	2.4154	2.6195	13	2.8470	3.0992	3.3813	3.6972
14	2.2218	2.4024	2.6012	2.8210	14	3.0660	3.3376	3.6414	3.9816
15	2.3805	2.5740	2.7870	3.0225	15	3.2850	3.5760	3.9015	4.2660
16	2.5392	2.7456	2.9728	3.2240	16	3.5040	3.8144	4.1616	4.5504
17	2.6979	2.9172	3.1586	3.4255	17	3.7230	4.0528	4.4217	4.8348
18	2.8566	3.0888	3.3444	3.6270	18	3.9420	4.2912	4.6818	5.1192
19	3.0153	3.2604	3.5302	3.8285	19	4.1610	4.5296	4.9419	5.4036
20	3.1740	3.4320	3.7160	4.0300	20	4.3800	4.7680	5.2020	5.6880

SOMMES versées	58 ANS	59 ANS	60 ANS	61 ANS	SOMMES versées	62 ANS	63 ANS	64 ANS	65 ANS
1	0.3116	0.3424	0.3772	0.4168	1	0.4621	0.5141	0.5743	0.6444
2	0.6232	0.6848	0.7544	0.8336	2	0.9242	1.0282	1.1486	1.2888
3	0.9348	1.0272	1.1316	1.2504	3	1.3863	1.5423	1.7229	1.9332
4	1.2464	1.3696	1.5088	1.6672	4	1.8484	2.0564	2.2972	2.5776
5	1.5580	1.7120	1.8860	2.0840	5	2.3105	2.5705	2.8715	3.2220
6	1.8696	2.0544	2.2632	2.5008	6	2.7726	3.0846	3.4458	3.8664
7	2.1812	2.3968	2.6404	2.9176	7	3.2347	3.5987	4.0201	4.5108
8	2.4928	2.7392	3.0176	3.3344	8	3.6968	4.1128	4.5944	5.1552
9	2.8044	3.0816	3.3948	3.7512	9	4.1589	4.6269	5.1687	5.7996
10	3.1160	3.4240	3.7720	4.1680	10	4.6210	5.1410	5.7430	6.4440
11	3.4276	3.7664	4.1492	4.5848	11	5.0831	5.6551	6.3173	7.0884
12	3.7392	4.1088	4.5264	5.0016	12	5.5452	6.1692	6.8916	7.7328
13	4.0508	4.4512	4.9036	5.4184	13	6.0073	6.6833	7.4659	8.3772
14	4.3624	4.7936	5.2808	5.8352	14	6.4694	7.1974	8.0402	9.0216
15	4.6740	5.1360	5.6580	6.2520	15	6.9315	7.7115	8.6145	9.6660
16	4.9856	5.4784	6.0352	6.6688	16	7.3936	8.2256	9.1888	10.3104
17	5.2972	5.8208	6.4124	7.0856	17	7.8557	8.7397	9.7631	10.9548
18	5.6088	6.1632	6.7896	7.5024	18	8.3178	9.2538	10.3374	11.5992
19	5.9204	6.5056	7.1668	7.9192	19	8.7799	9.7679	10.9117	12.2436
20	6.2320	6.8480	7.5440	8.3360	20	9.2420	10.2820	11.4860	12.8880

SOMMES versées	50 ANS.	51 ANS.	52 ANS.	53 ANS.	SOMMES versées	54 ANS.	55 ANS.	56 ANS.	57 ANS.
1	0.2273	0.2457	0.2661	0.2886	1	0.3136	0.3414	0.3725	0.4073
2	0.4546	0.4914	0.5322	0.5772	2	0.6272	0.6828	0.7450	0.8146
3	0.6819	0.7371	0.7983	0.8658	3	0.9408	1.0242	1.1175	1.2219
4	0.9092	0.9828	1.0644	1.1544	4	1.2544	1.3656	1.4900	1.6292
5	1.1365	1.2285	1.3305	1.4430	5	1.5680	1.7070	1.8625	2.0365
6	1.3638	1.4742	1.5966	1.7316	6	1.8816	2.0484	2.2350	2.4438
7	1.5911	1.7199	1.8627	2.0202	7	2.1952	2.3898	2.6075	2.8511
8	1.8184	1.9656	2.1288	2.3088	8	2.5088	2.7312	2.9800	3.2584
9	2.0457	2.2113	2.3949	2.5974	9	2.8224	3.0726	3.3525	3.6657
10	2.2730	2.4570	2.6610	2.8860	10	3.1360	3.4140	3.7250	4.0730
11	2.5003	2.7027	2.9271	3.1746	11	3.4496	3.7554	4.0975	4.4803
12	2.7276	2.9484	3.1932	3.4632	12	3.7632	4.0968	4.4700	4.8876
13	2.9549	3.1941	3.4593	3.7518	13	4.0768	4.4382	4.8425	5.2949
14	3.1822	3.4398	3.7254	4.0404	14	4.3904	4.7796	5.2150	5.7022
15	3.4095	3.6855	3.9915	4.3290	15	4.7040	5.1210	5.5875	6.1095
16	3.6368	3.9312	4.2576	4.6176	16	5.0176	5.4624	5.9600	6.5168
17	3.8641	4.1769	4.5237	4.9062	17	5.3312	5.8038	6.3325	6.9241
18	4.0914	4.4226	4.7898	5.1948	18	5.6448	6.1452	6.7050	7.3314
19	4.3187	4.6683	5.0559	5.4834	19	5.9584	6.4866	7.0775	7.7387
20	4.5460	4.9140	5.3220	5.7720	20	6.2720	6.8280	7.4500	8.1460

SOMMES versées	58 ANS.	59 ANS.	60 ANS.	61 ANS.	SOMMES versées	62 ANS.	63 ANS.	64 ANS.	65 ANS.
1	0.4463	0.4904	0.5402	0.5969	1	0.6618	0.7363	0.8225	0.9228
2	0.8926	0.9808	1.0804	1.1938	2	1.3236	1.4726	1.6450	1.8456
3	1.3389	1.4712	1.6206	1.7907	3	1.9854	2.2089	2.4675	2.7684
4	1.7852	1.9616	2.1608	2.3876	4	2.6472	2.9452	3.2900	3.6912
5	2.2315	2.4520	2.7010	2.9845	5	3.3090	3.6815	4.1125	4.6140
6	2.6778	2.9424	3.2412	3.5814	6	3.9708	4.4178	4.9350	5.5368
7	3.1241	3.4328	3.7814	4.1783	7	4.6326	5.1541	5.7575	6.4596
8	3.5704	3.9232	4.3216	4.7752	8	5.2944	5.8904	6.5800	7.3824
9	4.0167	4.4136	4.8618	5.3721	9	5.9562	6.6267	7.4025	8.3052
10	4.4630	4.9040	5.4020	5.9690	10	6.6180	7.3630	8.2250	9.2280
11	4.9093	5.3944	5.9422	6.5659	11	7.2798	8.0993	9.0475	10.1508
12	5.3556	5.8848	6.4824	7.1628	12	7.9416	8.8356	9.8700	11.0736
13	5.8019	6.3752	7.0226	7.7597	13	8.6034	9.5719	10.6925	11.9964
14	6.2482	6.8656	7.5628	8.3566	14	9.2652	10.3082	11.5150	12.9192
15	6.6945	7.3560	8.1030	8.9535	15	9.9270	11.0445	12.3375	13.8420
16	7.1408	7.8464	8.6432	9.5504	16	10.5888	11.7808	13.1600	14.7648
17	7.5871	8.3368	9.1834	10.1473	17	11.2506	12.5171	13.9825	15.6876
18	8.0334	8.8272	9.7236	10.7442	18	11.9124	13.2534	14.8050	16.6104
19	8.4797	9.3176	10.2638	11.3411	19	12.5742	13.9897	15.0275	17.5332
20	8.9260	9.8080	10.8040	11.9380	20	13.2360	14.7260	16.4500	18.4500

SOMMES versées.	50 ANS.	51 ANS.	52 ANS.	53 ANS.	SOMMES versées.	54 ANS.	55 ANS.	56 ANS.	57 ANS.
1	0.1565	0.1691	0.1831	0.1986	1	0.2158	0.2350	0.2564	0.2803
2	0.3130	0.3382	0.3662	0.3972	2	0.4316	0.4700	0.5128	0.5606
3	0.4695	0.5073	0.5493	0.5958	3	0.6474	0.7050	0.7692	0.8409
4	0.6260	0.6764	0.7324	0.7944	4	0.8632	0.9400	1.0256	1.1212
5	0.7825	0.8455	0.9155	0.9930	5	1.0790	1.1750	1.2820	1.4015
6	0.9390	1.0146	1.0986	1.1916	6	1.2948	1.4100	1.5384	1.6818
7	1.0955	1.1837	1.2817	1.3902	7	1.5106	1.6450	1.7948	1.9621
8	1.2520	1.3528	1.4648	1.5888	8	1.7264	1.8800	2.0512	2.2424
9	1.4085	1.5219	1.6479	1.7874	9	1.9422	2.1150	2.3076	2.5227
10	1.5650	1.6910	1.8310	1.9860	10	2.1580	2.3500	2.5640	2.8030
11	1.7215	1.8601	2.0141	2.1846	11	2.3738	2.5850	2.8204	3.0833
12	1.8780	2.0292	2.1972	2.3832	12	2.5896	2.8200	3.0768	3.3636
13	2.0345	2.1983	2.3803	2.5818	13	2.8054	3.0550	3.3332	3.6439
14	2.1910	2.3674	2.5634	2.7804	14	3.0212	3.2900	3.5896	3.9242
15	2.3475	2.5365	2.7465	2.9790	15	3.2370	3.5250	3.8460	4.2045
16	2.5040	2.7056	2.9296	3.1776	16	3.4528	3.7600	4.1024	4.4848
17	2.6605	2.8747	3.1127	3.3762	17	3.6686	3.9950	4.3588	4.7651
18	2.8170	3.0438	3.2958	3.5748	18	3.8844	4.2300	4.6152	5.0454
19	2.9735	3.2129	3.4789	3.7734	19	4.1002	4.4650	4.8716	5.3257
20	3.1300	3.3820	3.6620	3.9720	20	4.3160	4.7000	5.1280	5.6060

SOMMES versées.	58 ANS.	59 ANS.	60 ANS.	61 ANS.	SOMMES versées.	62 ANS.	63 ANS.	64 ANS.	65 ANS.
1	0.3072	0.3375	0.3718	0.4108	1	0.4555	0.5068	0.5661	0.6352
2	0.6144	0.6750	0.7436	0.8216	2	0.9110	1.0136	1.1322	1.2704
3	0.9216	1.0125	1.1154	1.2324	3	1.3665	1.5204	1.6983	1.9056
4	1.2288	1.3500	1.4872	1.6432	4	1.8220	2.0272	2.2644	2.5408
5	1.5360	1.6875	1.8590	2.0540	5	2.2775	2.5340	2.8305	3.1760
6	1.8432	2.0250	2.2308	2.4648	6	2.7330	3.0408	3.3966	3.8112
7	2.1504	2.3625	2.6026	2.8756	7	3.1885	3.5476	3.9627	4.4464
8	2.4576	2.7000	2.9744	3.2864	8	3.6440	4.0544	4.5288	5.0816
9	2.7648	3.0375	3.3462	3.6972	9	4.0995	4.5612	5.0049	5.7168
10	3.0720	3.3750	3.7180	4.1080	10	4.5550	5.0680	5.6610	6.3520
11	3.3792	3.7125	4.0898	4.5188	11	5.0105	5.5748	6.2271	6.9872
12	3.6864	4.0500	4.4616	4.9296	12	5.4660	6.0816	6.7932	7.6224
13	3.9936	4.3875	4.8334	5.3404	13	5.9215	6.5884	7.3593	8.2576
14	4.3008	4.7250	5.2052	5.7512	14	6.3770	7.0952	7.9254	8.8928
15	4.6080	5.0625	5.5770	6.1620	15	6.8325	7.6020	8.4915	9.5280
16	4.9152	5.4000	5.9488	6.5728	16	7.2880	8.1088	9.0576	10.1632
17	5.2224	5.7375	6.3206	6.9836	17	7.7435	8.6156	9.6237	10.7984
18	5.5296	6.0750	6.6924	7.3944	18	8.1990	9.1224	10.1898	11.4336
19	5.8368	6.4125	7.0642	7.8052	19	8.6545	9.6292	10.7559	12.0688
20	6.1440	6.7500	7.4360	8.2160	20	9.1100	10.1360	11.3220	12.7040

SOMMES versées	50 ANS.	51 ANS.	52 ANS.	53 ANS.	SOMMES versées	54 ANS.	55 ANS.	56 ANS.	57 ANS.
1	0.2245	0.2427	0.2627	0.2850	1	0.3097	0.3371	0.3678	0.4022
2	0.4490	0.4854	0.5254	0.5700	2	0.6194	0.6742	0.7356	0.8044
3	0.6735	0.7281	0.7881	0.8550	3	0.9291	1.0113	1.1034	1.2066
4	0.8980	0.9708	1.0508	1.1400	4	1.2388	1.3484	1.4712	1.6088
5	1.1225	1.2135	1.3135	1.4250	5	1.5485	1.6855	1.8390	2.0110
6	1.3470	1.4562	1.5762	1.7100	6	1.8582	2.0226	2.2068	2.4132
7	1.5715	1.6989	1.8389	1.9950	7	2.1679	2.3597	2.5746	2.8154
8	1.7960	1.9416	2.1016	2.2800	8	2.4776	2.6968	2.9424	3.2176
9	2.0205	2.1843	2.3643	2.5650	9	2.7873	3.0339	3.3102	3.6198
10	2.2450	2.4270	2.6270	2.8500	10	3.0970	3.3710	3.6780	4.0220
11	2.4695	2.6697	2.8897	3.1350	11	3.4067	3.7081	4.0458	4.4242
12	2.6940	2.9124	3.1524	3.4200	12	3.7164	4.0452	4.4136	4.8264
13	2.9185	3.1551	3.4151	3.7050	13	4.0261	4.3823	4.7814	5.2286
14	3.1430	3.3978	3.6778	3.9900	14	4.3358	4.7194	5.1492	5.6308
15	3.3675	3.6405	3.9405	4.2750	15	4.6455	5.0565	5.5170	6.0330
16	3.5920	3.8832	4.2032	4.5600	16	4.9552	5.3936	5.8848	6.4352
17	3.8165	4.1259	4.4659	4.8450	17	5.2649	5.7307	6.2526	6.8374
18	4.0410	4.3686	4.7286	5.1300	18	5.5746	6.0678	6.6204	7.2396
19	4.2655	4.6113	4.9913	5.4150	19	5.8843	6.4049	6.9882	7.6418
20	4.4900	4.8540	5.2540	5.7000	20	6.1940	6.7420	7.3560	8.0440

SOMMES versées	58 ANS.	59 ANS.	60 ANS.	61 ANS.	SOMMES versées	62 ANS.	63 ANS.	64 ANS.	65 ANS.
1	0.4407	0.4842	0.5334	0.5894	1	0.6535	0.7271	0.8122	0.9113
2	0.8814	0.9684	1.0668	1.1788	2	1.3070	1.4542	1.6244	1.8226
3	1.3221	1.4526	1.6002	1.7682	3	1.9605	2.1813	2.4366	2.7339
4	1.7628	1.9368	2.1336	2.3576	4	2.6140	2.9084	3.2488	3.6452
5	2.2035	2.4210	2.6670	2.9470	5	3.2675	3.6355	4.0610	4.5565
6	2.6442	2.9052	3.2004	3.5364	6	3.9210	4.3626	4.8732	5.4678
7	3.0849	3.3894	3.7338	4.1258	7	4.5745	5.0897	5.6854	6.3791
8	3.5256	3.8736	4.2672	4.7152	8	5.2280	5.8168	6.4976	7.2904
9	3.9663	4.3578	4.8006	5.3046	9	5.8815	6.5439	7.3098	8.2017
10	4.4070	4.8420	5.3340	5.8940	10	6.5350	7.2710	8.1220	9.1130
11	4.8477	5.3262	5.8674	6.4834	11	7.1885	7.9981	8.9342	10.0243
12	5.2884	5.8104	6.4008	7.0728	12	7.8420	8.7252	9.7464	10.9356
13	5.7291	6.2946	6.9342	7.6622	13	8.4955	9.4523	10.5586	11.8469
14	6.1698	6.7788	7.4676	8.2516	14	9.1490	10.1794	11.3708	12.7582
15	6.6105	7.2630	8.0010	8.8410	15	9.8025	10.9065	12.1830	13.6695
16	7.0512	7.7472	8.5344	9.4304	16	10.4560	11.6336	12.9952	14.5808
17	7.4919	8.2314	9.0678	10.0198	17	11.1095	12.3607	13.8074	15.4921
18	7.9326	8.7156	9.6012	10.6092	18	11.7630	13.0878	14.6196	16.4034
19	8.3733	9.1998	10.1346	11.1986	19	12.4165	13.8149	15.4318	17.3147
20	8.8140	9.6840	10.6680	11.7880	20	13.0700	14.5420	16.2440	18.2260

SOMMES versées	50 ANS	51 ANS	52 ANS	53 ANS	SOMMES versées	54 ANS	55 ANS	56 ANS	57 ANS
1	0.1542	0.1667	0.1805	0.1958	1	0.2127	0.2316	0.2527	0.2703
2	0.3084	0.3334	0.3610	0.3916	2	0.4254	0.4632	0.5054	0.5526
3	0.4626	0.5001	0.5415	0.5874	3	0.6381	0.6948	0.7581	0.8289
4	0.6168	0.6668	0.7220	0.7832	4	0.8508	0.9264	1.0108	1.1052
5	0.7710	0.8335	0.9025	0.9790	5	1.0635	1.1580	1.2635	1.3815
6	0.9252	1.0002	1.0830	1.1748	6	1.2762	1.3896	1.5162	1.6578
7	1.0794	1.1669	1.2635	1.3706	7	1.4889	1.6212	1.7689	1.9341
8	1.2336	1.3336	1.4440	1.5664	8	1.7016	1.8528	2.0216	2.2104
9	1.3878	1.5003	1.6245	1.7622	9	1.9143	2.0844	2.2743	2.4867
10	1.5420	1.6670	1.8050	1.9580	10	2.1270	2.3160	2.5270	2.7630
11	1.6962	1.8337	1.9855	2.1538	11	2.3397	2.5476	2.7797	3.0393
12	1.8504	2.0004	2.1660	2.3496	12	2.5524	2.7792	3.0324	3.3156
13	2.0046	2.1671	2.3465	2.5454	13	2.7651	3.0108	3.2851	3.5919
14	2.1588	2.3338	2.5270	2.7412	14	2.9778	3.2424	3.5378	3.8682
15	2.3130	2.5005	2.7075	2.9370	15	3.1905	3.4740	3.7905	4.1445
16	2.4672	2.6672	2.8880	3.1328	16	3.4032	3.7056	4.0432	4.4208
17	2.6214	2.8339	3.0685	3.3286	17	3.6159	3.9372	4.2959	4.6971
18	2.7756	3.0006	3.2490	3.5244	18	3.8286	4.1688	4.5486	4.9734
19	2.9298	3.1673	3.4295	3.7202	19	4.0413	4.4004	4.8013	5.2497
20	3.0840	3.3340	3.6100	3.9160	20	4.2540	4.6320	5.0540	5.5260

SOMMES versées	58 ANS	59 ANS	60 ANS	61 ANS	SOMMES versées	62 ANS	63 ANS	64 ANS	65 ANS
1	0.3028	0.3327	0.3665	0.4049	1	0.4490	0.4995	0.5580	0.6261
2	0.6056	0.6654	0.7330	0.8098	2	0.8980	0.9990	1.1160	1.2522
3	0.9084	0.9981	1.0995	1.2147	3	1.3470	1.4985	1.6740	1.8783
4	1.2112	1.3308	1.4660	1.6196	4	1.7960	1.9980	2.2320	2.5044
5	1.5140	1.6635	1.8325	2.0245	5	2.2450	2.4975	2.7900	3.1305
6	1.8168	1.9962	2.1990	2.4294	6	2.6940	2.9970	3.3480	3.7566
7	2.1196	2.3289	2.5655	2.8343	7	3.1430	3.4965	3.9060	4.3827
8	2.4224	2.6616	2.9320	3.2392	8	3.5920	3.9960	4.4640	5.0088
9	2.7252	2.9943	3.2985	3.6441	9	4.0410	4.4955	5.0220	5.6349
10	3.0280	3.3270	3.6650	4.0490	10	4.4900	4.9950	5.5800	6.2610
11	3.3308	3.6597	4.0315	4.4539	11	4.9390	5.4945	6.1380	6.8871
12	3.6336	3.9924	4.3980	4.8588	12	5.3880	5.9940	6.6960	7.5132
13	3.9364	4.3251	4.7645	5.2637	13	5.8370	6.4935	7.2540	8.1393
14	4.2392	4.6578	5.1310	5.6686	14	6.2860	6.9930	7.8120	8.7654
15	4.5420	4.9905	5.4975	6.0735	15	6.7350	7.4925	8.3700	9.3915
16	4.8448	5.3232	5.8640	6.4784	16	7.1840	7.9920	8.9280	10.0176
17	5.1476	5.6559	6.2305	6.8833	17	7.6330	8.4915	9.4860	10.6437
18	5.4504	5.9886	6.5970	7.2882	18	8.0820	8.9910	10.0440	11.2698
19	5.7532	6.3213	6.9635	7.6931	19	8.5310	9.4905	10.6020	11.8959
20	6.0560	6.6540	7.3300	8.0980	20	8.9800	9.9900	11.1600	12.5220

SOMMES versées.	50 ANS.	51 ANS.	52 ANS.	53 ANS.	SOMMES versées.	54 ANS.	55 ANS.	56 ANS.	57 ANS.
1	0.2217	0.2396	0.2595	0.2814	1	0.3058	0.3329	0.3632	0.3971
2	0.4434	0.4792	0.5190	0.5628	2	0.6116	0.6658	0.7264	0.7942
3	0.6651	0.7188	0.7785	0.8442	3	0.9174	0.9987	1.0896	1.1913
4	0.8868	0.9584	1.0380	1.1256	4	1.2232	1.3316	1.4528	1.5884
5	1.1085	1.1980	1.2975	1.4070	5	1.5290	1.6645	1.8160	1.9855
6	1.3302	1.4376	1.5570	1.6884	6	1.8348	1.9974	2.1702	2.3826
7	1.5519	1.6772	1.8165	1.9698	7	2.1406	2.3303	2.5424	2.7797
8	1.7736	1.9108	2.0760	2.2512	8	2.4464	2.6632	2.9056	3.1768
9	1.9953	2.1564	2.3355	2.5326	9	2.7522	2.9961	3.2688	3.5739
10	2.2170	2.3960	2.5950	2.8140	10	3.0580	3.3290	3.6320	3.9710
11	2.4387	2.6356	2.8545	3.0954	11	3.3638	3.6619	3.9952	4.3681
12	2.6604	2.8752	3.1140	3.3768	12	3.6696	3.9948	4.3584	4.7652
13	2.8821	3.1148	3.3735	3.6582	13	3.9754	4.3277	4.7216	5.1623
14	3.1038	3.3544	3.6330	3.9396	14	4.2812	4.6606	5.0848	5.5594
15	3.3255	3.5940	3.8925	4.2210	15	4.5870	4.9935	5.4480	5.9565
16	3.5472	3.8336	4.1520	4.5024	16	4.8928	5.3264	5.8112	6.3536
17	3.7689	4.0732	4.4115	4.7838	17	5.1986	5.6593	6.1744	6.7507
18	3.9906	4.3128	4.6710	5.0652	18	5.5044	5.9922	6.5376	7.1478
19	4.2123	4.5524	4.9305	5.3466	19	5.8102	6.3251	6.9008	7.5449
20	4.4340	4.7920	5.1900	5.6280	20	6.1160	6.6580	7.2640	7.9420

SOMMES versées.	58 ANS.	59 ANS.	60 ANS.	61 ANS.	SOMMES versées.	62 ANS.	63 ANS.	64 ANS.	65 ANS.
1	0.4352	0.4781	0.5267	0.5820	1	0.6453	0.7180	0.8020	0.8998
2	0.8704	0.9562	1.0534	1.1640	2	1.2906	1.4360	1.6040	1.7996
3	1.3056	1.4343	1.5801	1.7460	3	1.9359	2.1540	2.4060	2.6994
4	1.7408	1.9124	2.1068	2.3280	4	2.5812	2.8720	3.2080	3.5992
5	2.1760	2.3905	2.6335	2.9100	5	3.2265	3.5900	4.0100	4.4990
6	2.6112	2.8686	3.1602	3.4920	6	3.8718	4.3080	4.8120	5.3988
7	3.0464	3.3467	3.6869	4.0740	7	4.5171	5.0260	5.6140	6.2986
8	3.4816	3.8248	4.2136	4.6560	8	5.1624	5.7440	6.4160	7.1984
9	3.9168	4.3029	4.7403	5.2380	9	5.8077	6.4620	7.2180	8.0982
10	4.3520	4.7810	5.2670	5.8200	10	6.4530	7.1800	8.0200	8.9980
11	4.7872	5.2591	5.7937	6.4020	11	7.0983	7.8980	8.8220	9.8978
12	5.2224	5.7372	6.3204	6.9840	12	7.7436	8.6160	9.6240	10.7976
13	5.6576	6.2153	6.8471	7.5660	13	8.3889	9.3340	10.4260	11.6974
14	6.0928	6.6934	7.3738	8.1480	14	9.0342	10.0520	11.2280	12.5972
15	6.5280	7.1715	7.9005	8.7300	15	9.6795	10.7700	12.0300	13.4970
16	6.9632	7.6496	8.4272	9.3120	16	10.3248	11.4880	12.8320	14.3968
17	7.3984	8.1277	8.9539	9.8940	17	10.9701	12.2060	13.6340	15.2966
18	7.8336	8.6058	9.4806	10.4760	18	11.6154	12.9240	14.4360	16.1964
19	8.2688	9.0839	10.0073	11.0580	19	12.2607	13.6420	15.2380	17.0962
20	8.7040	9.5620	10.5340	11.6400	20	12.9060	14.3600	16.0400	17.9900

SOMMES versées	50 ANS.	51 ANS.	52 ANS.	53 ANS.	SOMMES versées	54 ANS.	55 ANS.	56 ANS.	57 ANS.
1	0.1520	0.1643	0.1779	0.1930	1	0.2097	0.2283	0.2491	0.2723
2	0.3040	0.3286	0.3558	0.3860	2	0.4194	0.4566	0.4982	0.5446
3	0.4560	0.4929	0.5337	0.5790	3	0.6291	0.6849	0.7473	0.8169
4	0.6080	0.6572	0.7116	0.7720	4	0.8388	0.9132	0.9964	1.0892
5	0.7600	0.8215	0.8895	0.9650	5	1.0485	1.1415	1.2455	1.3615
6	0.9120	0.9858	1.0674	1.1580	6	1.2582	1.3698	1.4946	1.6338
7	1.0640	1.1501	1.2453	1.3510	7	1.4679	1.5981	1.7437	1.9061
8	1.2160	1.3144	1.4232	1.5440	8	1.6776	1.8264	1.9928	2.1784
9	1.3680	1.4787	1.6011	1.7370	9	1.8873	2.0547	2.2419	2.4507
10	1.5200	1.6430	1.7790	1.9300	10	2.0970	2.2830	2.4910	2.7230
11	1.6720	1.8073	1.9569	2.1230	11	2.3067	2.5113	2.7401	2.9953
12	1.8240	1.9716	2.1348	2.3160	12	2.5164	2.7396	2.9892	3.2676
13	1.9760	2.1359	2.3127	2.5090	13	2.7261	2.9679	3.2383	3.5399
14	2.1280	2.3002	2.4906	2.7020	14	2.9358	3.1962	3.4874	3.8122
15	2.2800	2.4645	2.6685	2.8950	15	3.1455	3.4245	3.7365	4.0845
16	2.4320	2.6288	2.8464	3.0880	16	3.3552	3.6528	3.9856	4.3568
17	2.5840	2.7931	3.0243	3.2810	17	3.5649	3.8811	4.2347	4.6291
18	2.7360	2.9574	3.2022	3.4740	18	3.7746	4.1094	4.4838	4.9014
19	2.8880	3.1217	3.3801	3.6670	19	3.9843	4.3377	4.7329	5.1737
20	3.0400	3.2860	3.5580	3.8600	20	4.1940	4.5660	4.9820	5.4460

SOMMES versées	58 ANS.	59 ANS.	60 ANS.	61 ANS.	SOMMES versées	62 ANS.	63 ANS.	64 ANS.	65 ANS.
1	0.2985	0.3279	0.3612	0.3991	1	0.4425	0.4924	0.5500	0.6171
2	0.5970	0.6558	0.7224	0.7982	2	0.8850	0.9848	1.1000	1.2342
3	0.8955	0.9837	1.0836	1.1973	3	1.3275	1.4772	1.6500	1.8513
4	1.1940	1.3116	1.4448	1.5964	4	1.7700	1.9696	2.2000	2.4684
5	1.4925	1.6395	1.8060	1.9955	5	2.2125	2.4620	2.7500	3.0855
6	1.7910	1.9674	2.1672	2.3946	6	2.6550	2.9544	3.3000	3.7026
7	2.0895	2.2953	2.5284	2.7937	7	3.0975	3.4468	3.8500	4.3197
8	2.3880	2.6232	2.8896	3.1928	8	3.5400	3.9392	4.4000	4.9368
9	2.6865	2.9511	3.2508	3.5919	9	3.9825	4.4316	4.9500	5.5539
10	2.9850	3.2790	3.6120	3.9910	10	4.4250	4.9240	5.5000	6.1710
11	3.2835	3.6069	3.9732	4.3901	11	4.8675	5.4164	6.0500	6.7881
12	3.5820	3.9348	4.3344	4.7892	12	5.3100	5.9088	6.6000	7.4052
13	3.8805	4.2627	4.6956	5.1883	13	5.7525	6.4012	7.1500	8.0223
14	4.1790	4.5906	5.0568	5.5874	14	6.1950	6.8936	7.7000	8.6394
15	4.4775	4.9185	5.4180	5.9865	15	6.6375	7.3860	8.2500	9.2565
16	4.7760	5.2464	5.7792	6.3856	16	7.0800	7.8784	8.8000	9.8736
17	5.0745	5.5743	6.1404	6.7847	17	7.5225	8.3708	9.3500	10.4907
18	5.3730	5.9022	6.5016	7.1838	18	7.9650	8.8632	9.9000	11.1078
19	5.6715	6.2301	6.8628	7.5829	19	8.4075	9.3556	10.4500	11.7249
20	5.9700	6.5580	7.2240	7.9820	20	8.8500	9.8480	11.0000	12.3420

SOMMES versées	50 ANS	51 ANS	52 ANS	53 ANS	SOMMES versées	54 ANS	55 ANS	56 ANS	57 ANS
1	0.2189	0.2366	0.2562	0.2779	1	0.3020	0.3287	0.3580	0.3921
2	0.4378	0.4732	0.5124	0.5558	2	0.6040	0.6574	0.7172	0.7842
3	0.6567	0.7098	0.7686	0.8337	3	0.9060	0.9861	1.0758	1.1703
4	0.8756	0.9464	1.0248	1.1116	4	1.2080	1.3148	1.4344	1.5684
5	1.0945	1.1830	1.2810	1.3895	5	1.5100	1.6435	1.7930	1.9605
6	1.3134	1.4196	1.5372	1.6674	6	1.8120	1.9722	2.1516	2.3526
7	1.5323	1.6562	1.7934	1.9453	7	2.1140	2.3009	2.5102	2.7447
8	1.7512	1.8928	2.0496	2.2232	8	2.4160	2.6296	2.8688	3.1368
9	1.9701	2.1294	2.3058	2.5011	9	2.7180	2.9583	3.2274	3.5289
10	2.1890	2.3660	2.5620	2.7790	10	3.0200	3.2870	3.5860	3.9210
11	2.4079	2.6026	2.8182	3.0569	11	3.3220	3.6157	3.9446	4.3131
12	2.6268	2.8392	3.0744	3.3348	12	3.6240	3.9444	4.3032	4.7052
13	2.8457	3.0758	3.3306	3.6127	13	3.9260	4.2731	4.6618	5.0973
14	3.0646	3.3124	3.5868	3.8906	14	4.2280	4.6018	5.0204	5.4894
15	3.2835	3.5490	3.8430	4.1685	15	4.5300	4.9305	5.3790	5.8815
16	3.5024	3.7856	4.0992	4.4464	16	4.8320	5.2592	5.7376	6.2736
17	3.7213	4.0222	4.3554	4.7243	17	5.1340	5.5879	6.0962	6.6657
18	3.9402	4.2588	4.6116	5.0022	18	5.4360	5.9166	6.4548	7.0578
19	4.1591	4.4954	4.8678	5.2801	19	5.7380	6.2453	6.8134	7.4499
20	4.3780	4.7320	5.1240	5.5580	20	6.0400	6.5740	7.1720	7.8420

SOMMES versées	58 ANS	59 ANS	60 ANS	61 ANS	SOMMES versées	62 ANS	63 ANS	64 ANS	65 ANS
1	0.4298	0.4722	0.5201	0.5747	1	0.6372	0.7090	0.7920	0.8886
2	0.8596	0.9444	1.0402	1.1494	2	1.2744	1.4180	1.5840	1.7772
3	1.2894	1.4166	1.5603	1.7241	3	1.9116	2.1270	2.3760	2.6658
4	1.7192	1.8888	2.0804	2.2988	4	2.5488	2.8360	3.1680	3.5544
5	2.1490	2.3610	2.6005	2.8735	5	3.1860	3.5450	3.9600	4.4430
6	2.5788	2.8332	3.1206	3.4482	6	3.8232	4.2540	4.7520	5.3316
7	3.0086	3.3054	3.6407	4.0229	7	4.4604	4.9630	5.5440	6.2202
8	3.4384	3.7776	4.1608	4.5976	8	5.0976	5.6720	6.3360	7.1088
9	3.8682	4.2498	4.6809	5.1723	9	5.7348	6.3810	7.1280	7.9974
10	4.2980	4.7220	5.2010	5.7470	10	6.3720	7.0900	7.9200	8.8860
11	4.7278	5.1942	5.7211	6.3217	11	7.0092	7.7990	8.7120	9.7746
12	5.1576	5.6664	6.2412	6.8964	12	7.6464	8.5080	9.5040	10.6632
13	5.5874	6.1386	6.7613	7.4711	13	8.2836	9.2170	10.2960	11.5518
14	6.0172	6.6108	7.2814	8.0458	14	8.9208	9.9260	11.0880	12.4404
15	6.4470	7.0830	7.8015	8.6205	15	9.5580	10.6350	11.8800	13.3290
16	6.8768	7.5552	8.3216	9.1952	16	10.1952	11.3440	12.6720	14.2176
17	7.3066	8.0274	8.8417	9.7699	17	10.8324	12.0530	13.4640	15.1062
18	7.7364	8.4996	9.3618	10.3446	18	11.4696	12.7620	14.2560	15.9948
19	8.1662	8.9718	9.8819	10.9193	19	12.1068	13.4710	15.0480	16.8834
20	8.5960	9.4440	10.4020	11.4940	20	12.7440	14.1800	15.8400	17.7720

SOMMES versées	50 ANS.	51 ANS.	52 ANS.	53 ANS.	SOMMES versées	54 ANS.	55 ANS.	56 ANS.	57 ANS.
1	0.1498	0.1620	0.1754	0.1902	1	0.2007	0.2250	0.2455	0.2684
2	0.2996	0.3240	0.3508	0.3804	2	0.4134	0.4500	0.4910	0.5368
3	0.4494	0.4860	0.5262	0.5706	3	0.6201	0.6750	0.7365	0.8052
4	0.5992	0.6480	0.7016	0.7608	4	0.8268	0.9000	0.9820	1.0736
5	0.7490	0.8100	0.8770	0.9510	5	1.0335	1.1250	1.2275	1.3420
6	0.8988	0.9720	1.0524	1.1412	6	1.2402	1.3500	1.4730	1.6104
7	1.0486	1.1340	1.2278	1.3314	7	1.4469	1.5750	1.7185	1.8788
8	1.1984	1.2960	1.4032	1.5210	8	1.6536	1.8000	1.9640	2.1472
9	1.3482	1.4580	1.5786	1.7118	9	1.8603	2.0250	2.2095	2.4156
10	1.4980	1.6200	1.7540	1.9020	10	2.0670	2.2500	2.4550	2.6840
11	1.6478	1.7820	1.9294	2.0922	11	2.2737	2.4750	2.7005	2.9524
12	1.7976	1.9440	2.1048	2.2824	12	2.4804	2.7000	2.9460	3.2208
13	1.9474	2.1060	2.2802	2.4726	13	2.6871	2.9250	3.1915	3.4892
14	2.0972	2.2680	2.4556	2.6628	14	2.8938	3.1500	3.4370	3.7576
15	2.2470	2.4300	2.6310	2.8530	15	3.1005	3.3750	3.6825	4.0260
16	2.3968	2.5920	2.8064	3.0432	16	3.3072	3.6000	3.9280	4.2944
17	2.5466	2.7540	2.9818	3.2334	17	3.5139	3.8250	4.1735	4.5628
18	2.6964	2.9160	3.1572	3.4236	18	3.7206	4.0500	4.4190	4.8312
19	2.8462	3.0780	3.3326	3.6138	19	3.9273	4.2750	4.6645	5.0996
20	2.9960	3.2400	3.5080	3.8040	20	4.1340	4.5000	4.9100	5.3680

SOMMES versées	58 ANS.	59 ANS.	60 ANS.	61 ANS.	SOMMES versées	62 ANS.	63 ANS.	64 ANS.	65 ANS.
1	0.2942	0.3232	0.3560	0.3934	1	0.4362	0.4853	0.5421	0.6082
2	0.5884	0.6464	0.7120	0.7868	2	0.8724	0.9706	1.0842	1.2164
3	0.8826	0.9696	1.0680	1.1802	3	1.3086	1.4559	1.6263	1.8246
4	1.1768	1.2928	1.4240	1.5736	4	1.7448	1.9412	2.1684	2.4328
5	1.4710	1.6160	1.7800	1.9670	5	2.1810	2.4265	2.7105	3.0410
6	1.7652	1.9392	2.1360	2.3604	6	2.6172	2.9118	3.2526	3.6492
7	2.0594	2.2624	2.4920	2.7538	7	3.0534	3.3971	3.7947	4.2574
8	2.3536	2.5856	2.8480	3.1472	8	3.4896	3.8824	4.3368	4.8656
9	2.6478	2.9088	3.2040	3.5406	9	3.9258	4.3677	4.8789	5.4738
10	2.9420	3.2320	3.5600	3.9340	10	4.3620	4.8530	5.4210	6.0820
11	3.2362	3.5552	3.9160	4.3274	11	4.7982	5.3383	5.9631	6.6902
12	3.5304	3.8784	4.2720	4.7208	12	5.2344	5.8236	6.5052	7.2984
13	3.8246	4.2016	4.6280	5.1142	13	5.6706	6.3089	7.0473	7.9066
14	4.1188	4.5248	4.9840	5.5076	14	6.1068	6.7942	7.5894	8.5148
15	4.4130	4.8480	5.3400	5.9010	15	6.5430	7.2795	8.1315	9.1230
16	4.7072	5.1712	5.6960	6.2944	16	6.9792	7.7648	8.6736	9.7312
17	5.0014	5.4944	6.0520	6.6878	17	7.4154	8.2501	9.2157	10.3394
18	5.2956	5.8176	6.4080	7.0812	18	7.8516	8.7354	9.7578	10.9476
19	5.5898	6.1408	6.7640	7.4746	19	8.2878	9.2207	10.2999	11.5558
20	5.8840	6.4640	7.1200	7.8680	20	8.7240	9.7000	10.8420	12.1640

SOMMES versées.	50 ANS.	51 ANS.	52 ANS.	53 ANS.	SOMMES versées.	54 ANS.	55 ANS.	56 ANS.	57 ANS.
1	0.2161	0.2330	0.2530	0.2744	1	0.2982	0.3246	0.3541	0.3872
2	0.4322	0.4672	0.5060	0.5488	2	0.5964	0.6492	0.7082	0.7744
3	0.6483	0.7008	0.7590	0.8232	3	0.8946	0.9738	1.0623	1.1616
4	0.8644	0.9344	1.0120	1.0976	4	1.1928	1.2984	1.4164	1.5488
5	1.0805	1.1680	1.2650	1.3720	5	1.4910	1.6230	1.7705	1.9360
6	1.2906	1.4016	1.5180	1.6464	6	1.7892	1.9476	2.1246	2.3232
7	1.5127	1.6352	1.7710	1.9208	7	2.0874	2.2722	2.4787	2.7104
8	1.7288	1.8688	2.0240	2.1952	8	2.3856	2.5968	2.8328	3.0976
9	1.9449	2.1024	2.2770	2.4696	9	2.6838	2.9214	3.1869	3.4848
10	2.1610	2.3360	2.5300	2.7440	10	2.9820	3.2460	3.5410	3.8720
11	2.3771	2.5696	2.7830	3.0184	11	3.2802	3.5706	3.8951	4.2592
12	2.5932	2.8032	3.0360	3.2928	12	3.5784	3.8952	4.2492	4.6464
13	2.8093	3.0368	3.2890	3.5672	13	3.8766	4.2198	4.6033	5.0336
14	3.0254	3.2704	3.5420	3.8416	14	4.1748	4.5444	4.9574	5.4208
15	3.2415	3.5040	3.7950	4.1160	15	4.4730	4.8690	5.3115	5.8080
16	3.4576	3.7376	4.0480	4.3904	16	4.7712	5.1936	5.6656	6.1952
17	3.6737	3.9712	4.3010	4.6648	17	5.0694	5.5182	6.0197	6.5824
18	3.8898	4.2048	4.5540	4.9392	18	5.3676	5.8428	6.3738	6.9696
19	4.1059	4.4384	4.8070	5.2136	19	5.6658	6.1674	6.7279	7.3568
20	4.3220	4.6720	5.0600	5.4880	20	5.9640	6.4920	7.0820	7.7440

SOMMES versées.	58 ANS.	59 ANS.	60 ANS.	61 ANS.	SOMMES versées.	62 ANS.	63 ANS.	64 ANS.	65 ANS.
1	0.4244	0.4662	0.5136	0.5675	1	0.6292	0.7001	0.7820	0.8774
2	0.8488	0.9324	1.0272	1.1350	2	1.2584	1.4002	1.5640	1.7548
3	1.2732	1.3986	1.5408	1.7025	3	1.8876	2.1003	2.3460	2.6322
4	1.6976	1.8648	2.0544	2.2700	4	2.5168	2.8004	3.1280	3.5096
5	2.1220	2.3310	2.5680	2.8375	5	3.1460	3.5005	3.9100	4.3870
6	2.5464	2.7972	3.0816	3.4050	6	3.7752	4.2006	4.6920	5.2644
7	2.9708	3.2634	3.5952	3.9725	7	4.4044	4.9007	5.4740	6.1418
8	3.3952	3.7296	4.1088	4.5400	8	5.0336	5.6008	6.2560	7.0192
9	3.8196	4.1958	4.6224	5.1075	9	5.6628	6.3009	7.0380	7.8966
10	4.2440	4.6620	5.1360	5.6750	10	6.2920	7.0010	7.8200	8.7740
11	4.6684	5.1282	5.6496	6.2425	11	6.9212	7.7011	8.6020	9.6514
12	5.0928	5.5944	6.1632	6.8100	12	7.5504	8.4012	9.3840	10.5288
13	5.5172	6.0606	6.6768	7.3775	13	8.1796	9.1013	10.1660	11.4062
14	5.9416	6.5268	7.1904	7.9450	14	8.8088	9.8014	10.9480	12.2836
15	6.3660	6.9930	7.7040	8.5125	15	9.4380	10.5015	11.7300	13.1610
16	6.7904	7.4592	8.2176	9.0800	16	10.0672	11.2016	12.5120	14.0384
17	7.2148	7.9254	8.7312	9.6475	17	10.6964	11.9017	13.2940	14.9158
18	7.6392	8.3916	9.2448	10.2150	18	11.3256	12.6018	14.0760	15.7932
19	8.0636	8.8578	9.7584	10.7825	19	11.9548	13.3019	14.8580	16.6706
20	8.4880	9.3240	10.2720	11.3500	20	12.5840	14.0020	15.6400	17.5480

SOMMES versées	50 ANS.	51 ANS.	52 ANS.	53 ANS.	SOMMES versées	54 ANS.	55 ANS.	56 ANS.	57 ANS.
1	0.1477	0.1596	0.1728	0.1875	1	0.2037	0.2218	0.2420	0.2640
2	0.2954	0.3192	0.3456	0.3750	2	0.4074	0.4436	0.4840	0.5292
3	0.4431	0.4788	0.5184	0.5625	3	0.6111	0.6654	0.7260	0.7938
4	0.5908	0.6384	0.6912	0.7500	4	0.8148	0.8872	0.9680	1.0584
5	0.7385	0.7980	0.8640	0.9375	5	1.0185	1.1090	1.2100	1.3230
6	0.8862	0.9576	1.0368	1.1250	6	1.2222	1.3308	1.4520	1.5876
7	1.0339	1.1172	1.2096	1.3125	7	1.4259	1.5526	1.6040	1.8522
8	1.1816	1.2768	1.3824	1.5000	8	1.6296	1.7744	1.9360	2.1168
9	1.3293	1.4364	1.5552	1.6875	9	1.8333	1.9962	2.1780	2.3814
10	1.4770	1.5960	1.7280	1.8750	10	2.0370	2.2180	2.4200	2.6460
11	1.6247	1.7556	1.9008	2.0625	11	2.2407	2.4398	2.6620	2.9106
12	1.7724	1.9152	2.0736	2.2500	12	2.4444	2.6616	2.9040	3.1752
13	1.9201	2.0748	2.2464	2.4375	13	2.6481	2.8834	3.1460	3.4398
14	2.0678	2.2344	2.4192	2.6250	14	2.8518	3.1052	3.3880	3.7044
15	2.2155	2.3940	2.5920	2.8125	15	3.0555	3.3270	3.6300	3.9690
16	2.3632	2.5536	2.7648	3.0000	16	3.2592	3.5488	3.8720	4.2336
17	2.5109	2.7132	2.9376	3.1875	17	3.4629	3.7706	4.1140	4.4982
18	2.6586	2.8728	3.1104	3.3750	18	3.6666	3.9924	4.3560	4.7628
19	2.8063	3.0324	3.2832	3.5625	19	3.8703	4.2142	4.5980	5.0274
20	2.9540	3.1920	3.4560	3.7500	20	4.0740	4.4360	4.8400	5.2020

SOMMES versées	58 ANS.	59 ANS.	60 ANS.	61 ANS.	SOMMES versées	62 ANS.	63 ANS.	64 ANS.	65 ANS.
1	0.2899	0.3185	0.3509	0.3877	1	0.4299	0.4783	0.5343	0.5995
2	0.5798	0.6370	0.7018	0.7754	2	0.8598	0.9566	1.0686	1.1990
3	0.8697	0.9555	1.0527	1.1631	3	1.2897	1.4349	1.6029	1.7985
4	1.1596	1.2740	1.4036	1.5508	4	1.7196	1.9132	2.1372	2.3980
5	1.4495	1.5925	1.7545	1.9385	5	2.1495	2.3915	2.6715	2.9975
6	1.7394	1.9110	2.1054	2.3262	6	2.5794	2.8698	3.2058	3.5970
7	2.0293	2.2295	2.4563	2.7139	7	3.0093	3.3481	3.7401	4.1905
8	2.3192	2.5480	2.8072	3.1016	8	3.4392	3.8264	4.2744	4.7960
9	2.6091	2.8665	3.1581	3.4893	9	3.8691	4.3047	4.8087	5.3955
10	2.8990	3.1850	3.5090	3.8770	10	4.2990	4.7830	5.3430	5.9950
11	3.1889	3.5035	3.8599	4.2647	11	4.7289	5.2613	5.8773	6.5945
12	3.4788	3.8220	4.2108	4.6524	12	5.1588	5.7396	6.4116	7.1940
13	3.7687	4.1405	4.5617	5.0401	13	5.5887	6.2179	6.9459	7.7935
14	4.0586	4.4590	4.9126	5.4278	14	6.0186	6.6962	7.4802	8.3030
15	4.3485	4.7775	5.2635	5.8155	15	6.4485	7.1745	8.0145	8.9925
16	4.6384	5.0960	5.6144	6.2032	16	6.8784	7.6528	8.5488	9.5920
17	4.9283	5.4145	5.9653	6.5909	17	7.3083	8.1311	9.0831	10.1915
18	5.2182	5.7330	6.3162	6.9786	18	7.7382	8.6094	9.6174	10.7910
19	5.5081	6.0515	6.6671	7.3663	19	8.1681	9.0877	10.1517	11.3905
20	5.7980	6.3700	7.0180	7.7540	20	8.5980	9.5660	10.6860	11.9900

SOMMES versées.	50 ANS.	51 ANS.	52 ANS.	53 ANS.	SOMMES versées.	54 ANS.	55 ANS.	56 ANS.	57 ANS.
1	0.2134	0.2307	0.2498	0.2710	1	0.2944	0.3206	0.3497	0.3824
2	0.4268	0.4614	0.4996	0.5420	2	0.5888	0.6412	0.6994	0.7648
3	0.6402	0.6921	0.7494	0.8130	3	0.8832	0.9618	1.0491	1.1472
4	0.8536	0.9228	0.9992	1.0840	4	1.1776	1.2824	1.3988	1.5296
5	1.0670	1.1535	1.2490	1.3550	5	1.4720	1.6030	1.7485	1.9120
6	1.2804	1.3842	1.4988	1.6260	6	1.7664	1.9236	2.0982	2.2944
7	1.4938	1.6149	1.7486	1.8970	7	2.0608	2.2442	2.4479	2.6768
8	1.7072	1.8456	1.9984	2.1680	8	2.3552	2.5648	2.7976	3.0592
9	1.9206	2.0763	2.2482	2.4390	9	2.6496	2.8854	3.1473	3.4416
10	2.1340	2.3070	2.4980	2.7100	10	2.9440	3.2060	3.4970	3.8240
11	2.3474	2.5377	2.7478	2.9810	11	3.2384	3.5266	3.8467	4.2064
12	2.5608	2.7684	2.9976	3.2520	12	3.5328	3.8472	4.1964	4.5888
13	2.7742	2.9991	3.2474	3.5230	13	3.8272	4.1678	4.5461	4.9712
14	2.9876	3.2298	3.4972	3.7940	14	4.1216	4.4884	4.8958	5.3536
15	3.2010	3.4605	3.7470	4.0650	15	4.4160	4.8090	5.2455	5.7360
16	3.4144	3.6912	3.9968	4.3360	16	4.7104	5.1296	5.5952	6.1184
17	3.6278	3.9219	4.2466	4.6070	17	5.0048	5.4502	5.9449	6.5008
18	3.8412	4.1526	4.4964	4.8780	18	5.2992	5.7708	6.2946	6.8832
19	4.0546	4.3833	4.7462	5.1490	19	5.5936	6.0914	6.6443	7.2656
20	4.2680	4.6140	4.9960	5.4200	20	5.8880	6.4120	6.9940	7.6480

SOMMES versées.	58 ANS.	59 ANS.	60 ANS.	61 ANS.	SOMMES versées.	62 ANS.	63 ANS.	64 ANS.	65 ANS.
1	0.4190	0.4604	0.5072	0.5604	1	0.6213	0.6913	0.7722	0.8664
2	0.8380	0.9208	1.0144	1.1208	2	1.2426	1.3826	1.5444	1.7328
3	1.2570	1.3812	1.5216	1.6812	3	1.8639	2.0739	2.3166	2.5992
4	1.6760	1.8416	2.0288	2.2416	4	2.4852	2.7652	3.0888	3.4656
5	2.0950	2.3020	2.5360	2.8020	5	3.1065	3.4565	3.8610	4.3320
6	2.5140	2.7624	3.0432	3.3624	6	3.7278	4.1478	4.6332	5.1984
7	2.9330	3.2228	3.5504	3.9228	7	4.3491	4.8391	5.4054	6.0648
8	3.3520	3.6832	4.0576	4.4832	8	4.9704	5.5304	6.1776	6.9312
9	3.7710	4.1436	4.5648	5.0436	9	5.5917	6.2217	6.9498	7.7976
10	4.1900	4.6040	5.0720	5.6040	10	6.2130	6.9130	7.7220	8.6640
11	4.6090	5.0644	5.5792	6.1644	11	6.8343	7.6043	8.4942	9.5304
12	5.0280	5.5248	6.0864	6.7248	12	7.4556	8.2956	9.2664	10.3968
13	5.4470	5.9852	6.5936	7.2852	13	8.0769	8.9869	10.0386	11.2632
14	5.8660	6.4456	7.1008	7.8456	14	8.6982	9.6782	10.8108	12.1296
15	6.2850	6.9060	7.6080	8.4060	15	9.3195	10.3695	11.5830	12.9960
16	6.7040	7.3664	8.1152	8.9664	16	9.9408	11.0608	12.3552	13.8624
17	7.1230	7.8268	8.6224	9.5268	17	10.5621	11.7521	13.1274	14.7288
18	7.5420	8.2872	9.1296	10.0872	18	11.1834	12.4434	13.8996	15.5952
19	7.9610	8.7476	9.6368	10.6476	19	11.8047	13.1347	14.6718	16.4616
20	8.3800	9.2080	10.1440	11.2080	20	12.4260	13.8260	15.4440	17.3280

SOMMES versées.	50 ANS.	51 ANS.	52 ANS.	53 ANS.	SOMMES versées.	54 ANS.	55 ANS.	56 ANS.	57 ANS.
1	0.1455	0.1573	0.1704	0.1848	1	0.2008	0.2186	0.2385	0.2607
2	0.2910	0.3146	0.3408	0.3696	2	0.4016	0.4372	0.4770	0.5214
3	0.4365	0.4719	0.5112	0.5544	3	0.6024	0.6558	0.7155	0.7821
4	0.5820	0.6292	0.6816	0.7392	4	0.8032	0.8744	0.9540	1.0428
5	0.7275	0.7865	0.8520	0.9240	5	1.0040	1.0930	1.1925	1.3035
6	0.8730	0.9438	1.0224	1.1088	6	1.2048	1.3116	1.4310	1.5642
7	1.0185	1.1011	1.1928	1.2936	7	1.4056	1.5302	1.6695	1.8249
8	1.1640	1.2584	1.3632	1.4784	8	1.6064	1.7488	1.9080	2.0856
9	1.3095	1.4157	1.5336	1.6632	9	1.8072	1.9674	2.1465	2.3463
10	1.4550	1.5730	1·7040	1.8480	10	2.0080	2.1860	2.3850	2.6070
11	1.6005	1.7303	1.8744	2.0328	11	2.2088	2.4046	2.6235	2.8677
12	1.7460	1.8876	2.0448	2.2176	12	2.4096	2.6232	2.8620	3.1284
13	1.8915	2.0449	2.2152	2.4024	13	2.6104	2.8418	3.1005	3.3891
14	2.0370	2.2022	2.3856	2.5872	14	2.8112	3.0604	3.3390	3.6498
15	2.1825	2.3595	2.5560	2.7720	15	3.0120	3.2790	3.5775	3.9105
16	2.3280	2.5168	2.7264	2.9568	16	3.2128	3.4976	3.8160	4.1712
17	2.4735	2.6741	2.8968	3.1416	17	3.4136	3.7162	4.0545	4.4319
18	2.6190	2.8314	3.0672	3.3264	18	3.6144	3.9348	4.2930	4.6926
19	2.7645	2.9887	3.2376	3.5112	19	3.8152	4.1534	4.5315	4.9533
20	2.9100	3.1460	3.4080	3.6960	20	4.0160	4.3720	4.7700	5.2140

SOMMES versées.	58 ANS.	59 ANS.	60 ANS.	61 ANS.	SOMMES versées.	62 ANS.	63 ANS.	64 ANS.	65 ANS.
1	0.2857	0.3139	0.3458	0.3822	1	0.4237	0.4714	0.5266	0.5908
2	0.5714	0.6278	0.6916	0.7644	2	0.8474	0.9428	1.0532	1.1816
3	0.8571	0.9417	1.0374	1.1466	3	1.2711	1.4142	1.5798	1.7724
4	1.1428	1.2556	1 3832	1.5288	4	1.6948	1.8856	2.1064	2.3632
5	1.4285	1.5695	1.7290	1.9110	5	2.1185	2.3570	2.6330	2.9540
6	1.7142	1.8834	2.0748	2.2932	6	2.5422	2.8284	3.1596	3.5448
7	1.9999	2.1973	2.4206	2.6754	7	2.9659	3.2998	3.6862	4.1356
8	2.2856	2.5112	2.7664	3.0576	8	3.3896	3.7712	4.2128	4.7264
9	2.5713	2.8251	3.1122	3.4398	9	3.8133	4.2426	4.7394	5.3172
10	2.8570	3.1390	3.4580	3.8220	10	4.2370	4.7140	5.2660	5.9080
11	3.1427	3.4529	3.8038	4.2042	11	4.6607	5.1854	5.7926	6.4988
12	3.4284	3.7668	4.1496	4.5864	12	5.0844	5.6568	6.3192	7.0896
13	3.7141	4.0807	4.4954	4.9686	13	5.5081	6.1282	6.8458	7.6804
14	3.9998	4.3946	4.8412	5.3508	14	5.9318	6.5996	7.3724	8.2712
15	4.2855	4.7085	5.1870	5.7330	15	6.3555	7.0710	7.8990	8.8620
16	4.5712	5.0224	5.5328	6.1152	16	6.7792	7.5424	8.4256	9.4528
17	4.8569	5.3363	5.8786	6.4974	17	7.2029	8.0138	8.9522	10.0436
18	5.1426	5.6502	6.2244	6.8796	18	7.6266	8.4852	9.4788	10.6344
19	5.4283	5.9641	6.5702	7.2618	19	8.0503	8.9566	10.0054	11.2252
20	5.7140	6.2780	6.9160	7.6440	20	8.4740	9.4280	10.5320	11.8160

SOMMES versées	50 ANS.	51 ANS.	52 ANS.	53 ANS.	SOMMES versées	54 ANS.	55 ANS.	56 ANS.	57 ANS.
1	0.2107	0.2278	0.2467	0.2675	1	0.2907	0.3105	0.3453	0.3770
2	0.4214	0.4556	0.4934	0.5350	2	0.5814	0.6330	0.6906	0.7552
3	0.6321	0.6834	0.7401	0.8025	3	0.8721	0.9495	1.0359	1.1328
4	0.8428	0.9112	0.9868	1.0700	4	1.1628	1.2660	1.3812	1.5104
5	1.0535	1.1390	1.2335	1.3375	5	1.4535	1.5825	1.7265	1.8880
6	1.2642	1.3668	1.4802	1.6050	6	1.7442	1.8990	2.0718	2.2656
7	1.4749	1.5946	1.7269	1.8725	7	2.0349	2.2155	2.4171	2.6432
8	1.6856	1.8224	1.9736	2.1400	8	2.3256	2.5320	2.7624	3.0208
9	1.8963	2.0502	2.2203	2.4075	9	2.6163	2.8485	3.1077	3.3984
10	2.1070	2.2780	2.4670	2.6750	10	2.9070	3.1650	3.4530	3.7760
11	2.3177	2.5058	2.7137	2.9425	11	3.1977	3.4815	3.7983	4.1536
12	2.5284	2.7336	2.9604	3.2100	12	3.4884	3.7980	4.1436	4.5312
13	2.7391	2.9614	3.2071	3.4775	13	3.7791	4.1145	4.4889	4.9088
14	2.9498	3.1892	3.4538	3.7450	14	4.0698	4.4310	4.8342	5.2864
15	3.1605	3.4170	3.7005	4.0125	15	4.3605	4.7475	5.1795	5.6640
16	3.3712	3.6448	3.9472	4.2800	16	4.6512	5.0640	5.5248	6.0416
17	3.5819	3.8726	4.1939	4.5475	17	4.9419	5.3805	5.8701	6.4192
18	3.7926	4.1004	4.4406	4.8150	18	5.2326	5.6970	6.2154	6.7968
19	4.0033	4.3282	4.6873	5.0825	19	5.5233	6.0135	6.5607	7.1744
20	4.2140	4.5560	4.9340	5.3500	20	5.8140	6.3300	6.9060	7.5520

SOMMES versées	58 ANS.	59 ANS.	60 ANS.	61 ANS.	SOMMES versées	62 ANS.	63 ANS.	64 ANS.	65 ANS.
1	0.4138	0.4546	0.5008	0.5534	1	0.6135	0.6826	0.7625	0.8555
2	0.8276	0.9092	1.0016	1.1068	2	1.2270	1.3652	1.5250	1.7110
3	1.2414	1.3638	1.5024	1.6602	3	1.8405	2.0478	2.2875	2.5665
4	1.6552	1.8184	2.0032	2.2136	4	2.4540	2.7304	3.0500	3.4220
5	2.0690	2.2730	2.5040	2.7670	5	3.0675	3.4130	3.8125	4.2775
6	2.4828	2.7276	3.0048	3.3204	6	3.6810	4.0956	4.5750	5.1330
7	2.8966	3.1822	3.5056	3.8738	7	4.2945	4.7782	5.3375	5.9885
8	3.3104	3.6368	4.0064	4.4272	8	4.9080	5.4608	6.1000	6.8440
9	3.7242	4.0914	4.5072	4.9806	9	5.5215	6.1434	6.8625	7.6995
10	4.1380	4.5460	5.0080	5.5340	10	6.1350	6.8260	7.6250	8.5550
11	4.5518	5.0006	5.5088	6.0874	11	6.7485	7.5086	8.3875	9.4105
12	4.9656	5.4552	6.0096	6.6408	12	7.3620	8.1912	9.1500	10.2660
13	5.3794	5.9098	6.5104	7.1942	13	7.9755	8.8738	9.9125	11.1215
14	5.7932	6.3644	7.0112	7.7476	14	8.5890	9.5564	10.6750	11.9770
15	6.2070	6.8190	7.5120	8.3010	15	9.2025	10.2390	11.4375	12.8325
16	6.6208	7.2736	8.0128	8.8544	16	9.8160	10.9216	12.2000	13.6880
17	7.0346	7.7282	8.5136	9.4078	17	10.4295	11.6042	12.9625	14.5435
18	7.4484	8.1828	9.0144	9.9612	18	11.0430	12.2868	13.7250	15.3990
19	7.8622	8.6374	9.5152	10.5146	19	11.6565	12.9694	14.4875	16.2545
20	8.2760	9.0920	10.0160	11.0680	20	12.2700	13.6520	15.2500	17.1100

SOMMES versées	50 ANS.	51 ANS.	52 ANS.	53 ANS.	SOMMES versées	54 ANS.	55 ANS.	56 ANS.	57 ANS.
1	0.1434	0.1551	0.1679	0.1821	1	0.1979	0.2154	0.2350	0.2570
2	0.2868	0.3102	0.3358	0.3642	2	0.3958	0.4308	0.4700	0.5140
3	0.4302	0.4653	0.5037	0.5463	3	0.5937	0.6462	0.7050	0.7710
4	0.5736	0.6204	0.6716	0.7284	4	0.7916	0.8616	0.9400	1.0280
5	0.7170	0.7755	0.8395	0.9105	5	0.9895	1.0770	1.1750	1.2850
6	0.8604	0.9306	1.0074	1.0926	6	1.1874	1.2924	1.4100	1.5420
7	1.0038	1.0857	1.1753	1.2747	7	1.3853	1.5078	1.6450	1.7990
8	1.1472	1.2408	1.3432	1.4568	8	1.5832	1.7232	1.8800	2.0560
9	1.2906	1.3959	1.5111	1.6389	9	1.7811	1.9386	2.1150	2.3130
10	1.4340	1.5510	1.6790	1.8210	10	1.9790	2.1540	2.3500	2.5700
11	1.5774	1.7061	1.8469	2.0031	11	2.1769	2.3694	2.5850	2.8270
12	1.7208	1.8612	2.0148	2.1852	12	2.3748	2.5848	2.8200	3.0840
13	1.8642	2.0163	2.1827	2.3673	13	2.5727	2.8002	3.0550	3.3410
14	2.0076	2.1714	2.3506	2.5494	14	2.7706	3.0156	3.2900	3.5980
15	2.1510	2.3265	2.5185	2.7315	15	2.9685	3.2310	3.5250	3.8550
16	2.2944	2.4816	2.6864	2.9136	16	3.1664	3.4464	3.7600	4.1120
17	2.4378	2.6367	2.8543	3.0957	17	3.3643	3.6618	3.9950	4.3690
18	2.5812	2.7918	3.0222	3.2778	18	3.5622	3.8772	4.2300	4.6260
19	2.7246	2.9469	3.1901	3.4599	19	3.7601	4.0926	4.4650	4.8830
20	2.8680	3.1020	3.3580	3.6420	20	3.9580	4.3080	4.7000	5.1400

SOMMES versées	58 ANS.	59 ANS.	60 ANS.	61 ANS.	SOMMES versées	62 ANS.	63 ANS.	64 ANS.	65 ANS.
1	0.2816	0.3094	0.3409	0.3766	1	0.4176	0.4646	0.5190	0.5823
2	0.5632	0.6188	0.6818	0.7532	2	0.8352	0.9292	1.0380	1.1646
3	0.8448	0.9282	1.0227	1.1298	3	1.2528	1.3938	1.5570	1.7469
4	1.1264	1.2376	1.3636	1.5064	4	1.6704	1.8584	2.0760	2.3292
5	1.4080	1.5470	1.7045	1.8830	5	2.0880	2.3230	2.5950	2.9115
6	1.6896	1.8564	2.0454	2.2596	6	2.5056	2.7876	3.1140	3.4938
7	1.9712	2.1658	2.3863	2.6362	7	2.9232	3.2522	3.6330	4.0761
8	2.2528	2.4752	2.7272	3.0128	8	3.3408	3.7168	4.1520	4.6584
9	2.5344	2.7846	3.0681	3.3894	9	3.7584	4.1814	4.6710	5.2407
10	2.8160	3.0940	3.4090	3.7660	10	4.1760	4.6460	5.1900	5.8230
11	3.0976	3.4034	3.7499	4.1426	11	4.5936	5.1106	5.7090	6.4053
12	3.3792	3.7128	4.0908	4.5192	12	5.0112	5.5752	6.2280	6.9876
13	3.6608	4.0222	4.4317	4.8958	13	5.4288	6.0398	6.7470	7.5699
14	3.9424	4.3316	4.7726	5.2724	14	5.8464	6.5044	7.2660	8.1522
15	4.2240	4.6410	5.1135	5.6490	15	6.2640	6.9690	7.7850	8.7345
16	4.5056	4.9504	5.4544	6.0256	16	6.6816	7.4336	8.3040	9.3168
17	4.7872	5.2598	5.7953	6.4022	17	7.0992	7.8982	8.8230	9.8991
18	5.0688	5.5692	6.1362	6.7788	18	7.5168	8.3628	9.3420	10.4814
19	5.3504	5.8786	6.4771	7.1554	19	7.9344	8.8274	9.8610	11.0637
20	5.6320	6.1880	6.8180	7.5320	20	8.3520	9.2920	10.3800	11.6460

SOMMES versées.	50 ANS.	51 ANS.	52 ANS.	53 ANS.	SOMMES versées.	54 ANS.	55 ANS.	56 ANS.	57 ANS.
1	0.2081	0.2250	0.2436	0.2642	1	0.2871	0.3125	0.3410	0.3728
2	0.4162	0.4500	0.4872	0.5284	2	0.5742	0.6250	0.6820	0.7456
3	0.6243	0.6750	0.7308	0.7926	3	0.8613	0.9375	1.0230	1.1184
4	0.8324	0.9000	0.9744	1.0568	4	1.1484	1.2500	1.3640	1.4912
5	1.0405	1.1250	1.2180	1.3210	5	1.4355	1.5625	1.7050	1.8640
6	1.2486	1.3500	1.4616	1.5852	6	1.7226	1.8750	2.0460	2.2368
7	1.4567	1.5750	1.7052	1.8494	7	2.0097	2.1875	2.3870	2.6096
8	1.6648	1.8000	1.9488	2.1136	8	2.2968	2.5000	2.7280	2.9824
9	1.8729	2.0250	2.1924	2.3778	9	2.5839	2.8125	3.0690	3.3552
10	2.0810	2.2500	2.4360	2.6420	10	2.8710	3.1250	3.4100	3.7280
11	2.2891	2.4750	2.6796	2.9062	11	3.1581	3.4375	3.7510	4.1008
12	2.4972	2.7000	2.9232	3.1704	12	3.4452	3.7500	4.0920	4.4736
13	2.7053	2.9250	3.1668	3.4346	13	3.7323	4.0625	4.4330	4.8464
14	2.9134	3.1500	3.4104	3.6988	14	4.0194	4.3750	4.7740	5.2192
15	3.1215	3.3750	3.6540	3.9630	15	4.3065	4.6875	5.1150	5.5920
16	3.3296	3.6000	3.8976	4.2272	16	4.5936	5.0000	5.4560	5.9648
17	3.5377	3.8250	4.1412	4.4914	17	4.8807	5.3125	5.7970	6.3376
18	3.7458	4.0500	4.3848	4.7556	18	5.1678	5.6250	6.1380	6.7104
19	3.9539	4.2750	4.6284	5.0198	19	5.4549	5.9375	6.4790	7.0832
20	4.1620	4.5000	4.8720	5.2840	20	5.7420	6.2500	6.8200	7.4560

SOMMES versées.	58 ANS.	59 ANS.	60 ANS.	61 ANS.	SOMMES versées.	62 ANS.	63 ANS.	64 ANS.	65 ANS.
1	0.4086	0.4489	0.4945	0.5464	1	0.6058	0.6741	0.7529	0.8448
2	0.8172	0.8978	0.9890	1.0928	2	1.2116	1.3482	1.5058	1.6896
3	1.2258	1.3467	1.4835	1.6392	3	1.8174	2.0223	2.2587	2.5344
4	1.6344	1.7956	1.9780	2.1856	4	2.4232	2.6964	3.0116	3.3792
5	2.0430	2.2445	2.4725	2.7320	5	3.0290	3.3705	3.7645	4.2240
6	2.4516	2.6934	2.9670	3.2784	6	3.6348	4.0446	4.5174	5.0688
7	2.8602	3.1423	3.4615	3.8248	7	4.2406	4.7187	5.2703	5.9136
8	3.2688	3.5912	3.9560	4.3712	8	4.8464	5.3928	6.0232	6.7584
9	3.6774	4.0401	4.4505	4.9176	9	5.4522	6.0669	6.7761	7.6032
10	4.0860	4.4890	4.9450	5.4640	10	6.0580	6.7410	7.5290	8.4480
11	4.4946	4.9379	5.4395	6.0104	11	6.6638	7.4151	8.2819	9.2928
12	4.9032	5.3868	5.9340	6.5568	12	7.2696	8.0892	9.0348	10.1376
13	5.3118	5.8357	6.4285	7.1032	13	7.8754	8.7633	9.7877	10.9824
14	5.7204	6.2846	6.9230	7.6496	14	8.4812	9.4374	10.5406	11.8272
15	6.1290	6.7335	7.4175	8.1960	15	9.0870	10.1115	11.2935	12.6720
16	6.5376	7.1824	7.9120	8.7424	16	9.6928	10.7856	12.0464	13.5168
17	6.9462	7.6313	8.4065	9.2888	17	10.2986	11.4597	12.7993	14.3616
18	7.3548	8.0802	8.9010	9.8352	18	10.9044	12.1338	13.5522	15.2064
19	7.7634	8.5291	9.3955	10.3816	19	11.5102	12.8079	14.3051	16.0512
20	8.1720	8.9780	9.8900	10.9280	20	12.1160	13.4820	15.0580	16.8960

SOMMES versées	50 ANS.	51 ANS.	52 ANS.	53 ANS.	SOMMES versées	54 ANS.	55 ANS.	56 ANS.	57 ANS.
1	0.1414	0.1528	0.1055	0.1795	1	0.1950	0.2123	0.2316	0.2532
2	0.2828	0.3056	0.3310	0.3590	2	0.3900	0.4246	0.4632	0.5064
3	0.4242	0.4584	0.4965	0.5385	3	0.5850	0.6369	0.6948	0.7596
4	0.5656	0.6112	0.6620	0.7180	4	0.7800	0.8492	0.9264	1.0128
5	0.7070	0.7640	0.8275	0.8975	5	0.9750	1.0615	1.1580	1.2660
6	0.8484	0.9168	0.9930	1.0770	6	1.1700	1.2738	1.3896	1.5192
7	0.9898	1.0696	1.1585	1.2565	7	1.3650	1.4861	1.6212	1.7724
8	1.1312	1.2224	1.3240	1.4360	8	1.5600	1.6984	1.8528	2.0256
9	1.2726	1.3752	1.4895	1.6155	9	1.7550	1.9107	2.0844	2.2788
10	1.4140	1.5280	1.6550	1.7950	10	1.9500	2.1230	2.3160	2.5320
11	1.5554	1.6808	1.8205	1.9745	11	2.1450	2.3353	2.5476	2.7852
12	1.6968	1.8336	1.9860	2.1540	12	2.3400	2.5476	2.7792	3.0384
13	1.8382	1.9864	2.1515	2.3335	13	2.5350	2.7599	3.0108	3.2916
14	1.9796	2.1392	2.3170	2.5130	14	2.7300	2.9722	3.2424	3.5448
15	2.1210	2.2920	2.4825	2.6925	15	2.9250	3.1845	3.4740	3.7980
16	2.2624	2.4448	2.6480	2.8720	16	3.1200	3.3968	3.7056	4.0512
17	2.4038	2.5976	2.8135	3.0515	17	3.3150	3.6091	3.9372	4.3044
18	2.5452	2.7504	2.9790	3.2310	18	3.5100	3.8214	4.1688	4.5576
19	2.6866	2.9032	3.1445	3.4105	19	3.7050	4.0337	4.4004	4.8108
20	2.8280	3.0560	3.3100	3.5900	20	3.9000	4.2460	4.6320	5.0640

SOMMES versées	58 ANS.	59 ANS.	60 ANS.	61 ANS.	SOMMES versées	62 ANS.	63 ANS.	64 ANS.	65 ANS.
1	0.2775	0.3049	0.3359	0.3712	1	0.4115	0.4579	0.5115	0.5739
2	0.5550	0.6098	0.6718	0.7424	2	0.8230	0.9158	1.0230	1.1478
3	0.8325	0.9147	1.0077	1.1136	3	1.2345	1.3737	1.5345	1.7217
4	1.1100	1.2196	1.3436	1.4848	4	1.6460	1.8316	2.0460	2.2956
5	1.3875	1.5245	1.6795	1.8560	5	2.0575	2.2895	2.5575	2.8695
6	1.6650	1.8294	2.0154	2.2272	6	2.4690	2.7474	3.0690	3.4434
7	1.9425	2.1343	2.3513	2.5984	7	2.8805	3.2053	3.5805	4.0173
8	2.2200	2.4392	2.6872	2.9696	8	3.2920	3.6632	4.0920	4.5912
9	2.4975	2.7441	3.0231	3.3408	9	3.7035	4.1211	4.6035	5.1651
10	2.7750	3.0490	3.3590	3.7120	10	4.1150	4.5790	5.1150	5.7390
11	3.0525	3.3539	3.6949	4.0832	11	4.5265	5.0369	5.6265	6.3129
12	3.3300	3.6588	4.0308	4.4544	12	4.9380	5.4948	6.1380	6.8868
13	3.6075	3.9637	4.3667	4.8256	13	5.3495	5.9527	6.6495	7.4607
14	3.8850	4.2686	4.7026	5.1968	14	5.7610	6.4106	7.1610	8.0346
15	4.1625	4.5735	5.0385	5.5680	15	6.1725	6.8685	7.6725	8.6085
16	4.4400	4.8784	5.3744	5.9392	16	6.5840	7.3264	8.1840	9.1824
17	4.7175	5.1833	5.7103	6.3104	17	6.9955	7.7843	8.6955	9.7563
18	4.9950	5.4882	6.0462	6.6816	18	7.4070	8.2422	9.2070	10.3302
19	5.2725	5.7931	6.3821	7.0528	19	7.8185	8.7001	9.7185	10.9041
20	5.5500	6.0980	6.7180	7.4240	20	8.2300	9.1580	10.2300	11.4780

15

SOMMES versées	50 ANS.	51 ANS.	52 ANS.	53 ANS.	SOMMES versées	54 ANS.	55 ANS.	56 ANS.	57 ANS.
1	0.2055	0.2221	0.2405	0.2600	1	0.2835	0.3086	0.3367	0.3681
2	0.4110	0.4442	0.4810	0.5218	2	0.5670	0.6172	0.6734	0.7362
3	0.6165	0.6663	0.7215	0.7827	3	0.8505	0.9258	1.0101	1.1043
4	0.8220	0.8884	0.9620	1.0436	4	1.1340	1.2344	1.3468	1.4724
5	1.0275	1.1105	1.2025	1.3045	5	1.4175	1.5430	1.6835	1.8405
6	1.2330	1.3326	1.4430	1.5654	6	1.7010	1.8516	2.0202	2.2086
7	1.4385	1.5547	1.6835	1.8263	7	1.9845	2.1602	2.3569	2.5767
8	1.6440	1.7768	1.9240	2.0872	8	2.2680	2.4688	2.6936	2.9448
9	1.8495	1.9989	2.1645	2.3481	9	2.5515	2.7774	3.0303	3.3129
10	2.0550	2.2210	2.4050	2.6090	10	2.8350	3.0860	3.3670	3.6810
11	2.2605	2.4431	2.6455	2.8699	11	3.1185	3.3946	3.7037	4.0491
12	2.4660	2.6652	2.8860	3.1308	12	3.4020	3.7032	4.0404	4.4172
13	2.6715	2.8873	3.1265	3.3917	13	3.6855	4.0118	4.3771	4.7853
14	2.8770	3.1094	3.3670	3.6526	14	3.9690	4.3204	4.7138	5.1534
15	3.0825	3.3315	3.6075	3.9135	15	4.2525	4.6290	5.0505	5.5215
16	3.2880	3.5536	3.8480	4.1744	16	4.5360	4.9376	5.3872	5.8896
17	3.4935	3.7757	4.0885	4.4353	17	4.8195	5.2462	5.7239	6.2577
18	3.6990	3.9978	4.3290	4.6962	18	5.1030	5.5548	6.0606	6.6258
19	3.9045	4.2199	4.5695	4.9571	19	5.3865	5.8634	6.3973	6.9939
20	4.1100	4.4420	4.8100	5.2180	20	5.6700	6.1720	6.7340	7.3620

SOMMES versées	58 ANS.	59 ANS.	60 ANS.	61 ANS.	SOMMES versées	62 ANS.	63 ANS.	64 ANS.	65 ANS.
1	0.4034	0.4432	0.4883	0.5395	1	0.5982	0.6656	0.7435	0.8342
2	0.8068	0.8864	0.9766	1.0790	2	1.1964	1.3312	1.4870	1.6684
3	1.2102	1.3296	1.4649	1.6185	3	1.7946	1.9968	2.2305	2.5026
4	1.6136	1.7728	1.9532	2.1580	4	2.3928	2.6624	2.9740	3.3368
5	2.0170	2.2160	2.4415	2.6975	5	2.9910	3.3280	3.7175	4.1710
6	2.4204	2.6592	2.9298	3.2370	6	3.5892	3.9936	4.4610	5.0052
7	2.8238	3.1024	3.4181	3.7765	7	4.1874	4.6592	5.2045	5.8394
8	3.2272	3.5456	3.9064	4.3160	8	4.7856	5.3248	5.9480	6.6736
9	3.6306	3.9888	4.3947	4.8555	9	5.3838	5.9904	6.6915	7.5078
10	4.0340	4.4320	4.8830	5.3950	10	5.9820	6.6560	7.4350	8.3420
11	4.4374	4.8752	5.3713	5.9345	11	6.5802	7.3216	8.1785	9.1762
12	4.8408	5.3184	5.8596	6.4740	12	7.1784	7.9872	8.9220	10.0104
13	5.2442	5.7616	6.3479	7.0135	13	7.7766	8.6528	9.6655	10.8446
14	5.6476	6.2048	6.8362	7.5530	14	8.3748	9.3184	10.4090	11.6788
15	6.0510	6.6480	7.3245	8.0925	15	8.9730	9.9840	11.1525	12.5130
16	6.4544	7.0912	7.8128	8.6320	16	9.5712	10.6496	11.8960	13.3472
17	6.8578	7.5344	8.3011	9.1715	17	10.1694	11.3152	12.6395	14.1814
18	7.2612	7.9776	8.7894	9.7110	18	10.7676	11.9808	13.3830	15.0156
19	7.6646	8.4208	9.2777	10.2505	19	11.3658	12.6464	14.1265	15.8498
20	8.0680	8.8640	9.7660	10.7900	20	11.9640	13.3120	14.8700	16.6840

SOMMES versées	50 ANS.	51 ANS.	52 ANS.	53 ANS.	SOMMES versées	54 ANS.	55 ANS.	56 ANS.	57 ANS.
1	0.1393	0.1506	0.1631	0.1769	1	0.1922	0.2092	0.2283	0.2496
2	0.2786	0.3012	0.3262	0.3538	2	0.3844	0.4184	0.4566	0.4992
3	0.4179	0.4518	0.4893	0.5307	3	0.5766	0.6276	0.6849	0.7488
4	0.5572	0.6024	0.6524	0.7076	4	0.7688	0.8368	0.9132	0.9984
5	0.6965	0.7530	0.8155	0.8845	5	0.9610	1.0460	1.1415	1.2480
6	0.8358	0.9036	0.9786	1.0614	6	1.1532	1.2552	1.3698	1.4976
7	0.9751	1.0542	1.1417	1.2383	7	1.3454	1.4644	1.5981	1.7472
8	1.1144	1.2048	1.3048	1.4152	8	1.5376	1.6736	1.8264	1.9968
9	1.2537	1.3554	1.4679	1.5921	9	1.7298	1.8828	2.0547	2.2464
10	1.3930	1.5060	1.6310	1.7690	10	1.9220	2.0920	2.2830	2.4960
11	1.5323	1.6566	1.7941	1.9459	11	2.1142	2.3012	2.5113	2.7456
12	1.6716	1.8072	1.9572	2.1228	12	2.3064	2.5104	2.7396	2.9952
13	1.8109	1.9578	2.1203	2.2997	13	2.4986	2.7196	2.9679	3.2448
14	1.9502	2.1084	2.2834	2.4766	14	2.6908	2.9288	3.1962	3.4944
15	2.0895	2.2590	2.4465	2.6535	15	2.8830	3.1380	3.4245	3.7440
16	2.2288	2.4096	2.6096	2.8304	16	3.0752	3.3472	3.6528	3.9936
17	2.3681	2.5602	2.7727	3.0073	17	3.2674	3.5564	3.8811	4.2432
18	2.5074	2.7108	2.9358	3.1842	18	3.4596	3.7656	4.1094	4.4928
19	2.6467	2.8614	3.0989	3.3611	19	3.6518	3.9748	4.3377	4.7424
20	2.7860	3.0120	3.2620	3.5380	20	3.8440	4.1840	4.5660	4.9920

SOMMES versées	58 ANS.	59 ANS.	60 ANS.	61 ANS.	SOMMES versées	62 ANS.	63 ANS.	64 ANS.	65 ANS.
1	0.2735	0.3005	0.3310	0.3658	1	0.4055	0.4512	0.5041	0.5655
2	0.5470	0.6010	0.6620	0.7316	2	0.8110	0.9024	1.0082	1.1310
3	0.8205	0.9015	0.9930	1.0974	3	1.2165	1.3536	1.5123	1.6965
4	1.0940	1.2020	1.3240	1.4632	4	1.6220	1.8048	2.0164	2.2620
5	1.3675	1.5025	1.6550	1.8290	5	2.0275	2.2560	2.5205	2.8275
6	1.6410	1.8030	1.9860	2.1948	6	2.4330	2.7072	3.0246	3.3930
7	1.9145	2.1035	2.3170	2.5606	7	2.8385	3.1584	3.5287	3.9585
8	2.1880	2.4040	2.6480	2.9264	8	3.2440	3.6096	4.0328	4.5240
9	2.4615	2.7045	2.9790	3.2922	9	3.6495	4.0608	4.5369	5.0895
10	2.7350	3.0050	3.3100	3.6580	10	4.0550	4.5120	5.0410	5.6550
11	3.0085	3.3055	3.6410	4.0238	11	4.4605	4.9632	5.5451	6.2205
12	3.2820	3.6060	3.9720	4.3896	12	4.8660	5.4144	6.0492	6.7860
13	3.5555	3.9065	4.3030	4.7554	13	5.2715	5.8656	6.5533	7.3515
14	3.8290	4.2070	4.6340	5.1212	14	5.6770	6.3168	7.0574	7.9170
15	4.1025	4.5075	4.9650	5.4870	15	6.0825	6.7680	7.5615	8.4825
16	4.3760	4.8080	5.2960	5.8528	16	6.4880	7.2192	8.0656	9.0480
17	4.6495	5.1085	5.6270	6.2186	17	6.8935	7.6704	8.5697	9.6135
18	4.9230	5.4090	5.9580	6.5844	18	7.2990	8.1216	9.0738	10.1790
19	5.1965	5.7095	6.2890	6.9502	19	7.7045	8.5728	9.5779	10.7445
20	5.4700	6.0100	6.6200	7.3160	20	8.1100	9.0240	10.0820	11.3100

SOMMES versées.	50 ANS.	51 ANS.	52 ANS.	53 ANS.	SOMMES versées.	54 ANS.	55 ANS.	56 ANS.	57 ANS.
1	0.2029	0.2193	0.2375	0.2576	1	0.2799	0.3047	0.3325	0.3635
2	0.4058	0.4386	0.4750	0.5152	2	0.5598	0.6094	0.6650	0.7270
3	0.6087	0.6579	0.7125	0.7728	3	0.8397	0.9141	0.9975	1.0905
4	0.8116	0.8772	0.9500	1.0304	4	1.1196	1.2188	1.3300	1.4540
5	1.0145	1.0965	1.1875	1.2880	5	1.3995	1.5235	1.6625	1.8175
6	1.2174	1.3158	1.4250	1.5456	6	1.6794	1.8282	1.9950	2.1810
7	1.4203	1.5351	1.6625	1.8032	7	1.9593	2.1329	2.3275	2.5445
8	1.6232	1.7544	1.9000	2.0608	8	2.2392	2.4376	2.6600	2.9080
9	1.8261	1.9737	2.1375	2.3184	9	2.5191	2.7423	2.9925	3.2715
10	2.0290	2.1930	2.3750	2.5760	10	2.7990	3.0470	3.3250	3.6350
11	2.2319	2.4123	2.6125	2.8336	11	3.0789	3.3517	3.6575	3.9985
12	2.4348	2.6316	2.8500	3.0912	12	3.3588	3.6564	3.9900	4.3620
13	2.6377	2.8509	3.0875	3.3488	13	3.6387	3.9611	4.3225	4.7255
14	2.8406	3.0702	3.3250	3.6064	14	3.9186	4.2658	4.6550	5.0890
15	3.0435	3.2895	3.5625	3.8640	15	4.1985	4.5705	4.9875	5.4525
16	3.2464	3.5088	3.8000	4.1216	16	4.4784	4.8752	5.3200	5.8160
17	3.4493	3.7281	4.0375	4.3792	17	4.7583	5.1799	5.6525	6.1795
18	3.6522	3.9474	4.2750	4.6368	18	5.0382	5.4846	5.9850	6.5430
19	3.8551	4.1667	4.5125	4.8944	19	5.3181	5.7893	-6.3175	6.9065
20	4.0580	4.3860	4.7500	5.1520	20	5.5980	6.0940	6.6500	7.2700

SOMMES versées.	58 ANS.	59 ANS.	60 ANS.	61 ANS.	SOMMES versées.	62 ANS.	63 ANS.	64 ANS.	65 ANS.
1	0.3984	0.4377	0.4822	0.5328	1	0.5907	0.6572	0.7341	0.8237
2	0.7968	0.8754	0.9644	1.0656	2	1.1814	1.3144	1.4682	1.6474
3	1.1952	1.3131	1.4466	1.5984	3	1.7721	1.9716	2.2023	2.4711
4	1.5936	1.7508	1.9288	2.1312	4	2.3628	2.6288	2.9364	3.2948
5	1.9920	2.1885	2.4110	2.6640	5	2.9535	3.2860	3.6705	4.1185
6	2.3904	2.6262	2.8932	3.1968	6	3.5442	3.9432	4.4046	4.9422
7	2.7888	3.0639	3.3754	3.7296	7	4.1349	4.6004	5.1387	5.7659
8	3.1872	3.5016	3.8576	4.2624	8	4.7256	5.2576	5.8728	6.5896
9	3.5856	3.9393	4.3398	4.7952	9	5.3163	5.9148	6.6069	7.4133
10	3.9840	4.3770	4.8220	5.3280	10	5.9070	6.5720	7.3410	8.2370
11	4.3824	4.8147	5.3042	5.8608	11	6.4977	7.2292	8.0751	9.0607
12	4.7808	5.2524	5.7864	6.3936	12	7.0884	7.8864	8.8092	9.8844
13	5.1792	5.6901	6.2686	6.9264	13	7.6791	8.5436	9.5433	10.7081
14	5.5776	6.1278	6.7508	7.4592	14	8.2698	9.2008	10.2774	11.5318
15	5.9760	6.5655	7.2330	7.9920	15	8.8605	9.8580	11.0115	12.3555
16	6.3744	7.0032	7.7152	8.5248	16	9.4512	10.5152	11.7456	13.1792
17	6.7728	7.4409	8.1974	9.0576	17	10.0419	11.1724	12.4797	14.0029
18	7.1712	7.8786	8.6796	9.5904	18	10.6326	11.8296	13.2138	14.8266
19	7.5696	8.3163	9.1618	10.1232	19	11.2233	12.4868	13.9479	15.6503
20	7.9680	8.7540	9.6440	10.6560	20	11.8140	13.1440	14.6820	16.4740

SOMMES versées	50 ANS.	51 ANS.	52 ANS.	53 ANS.	SOMMES versées	54 ANS.	55 ANS.	56 ANS.	57 ANS.
1	0.1373	0.1484	0.1607	0.1743	1	0.1894	0.2062	0.2249	0.2459
2	0.2746	0.2968	0.3214	0.3486	2	0.3788	0.4124	0.4498	0.4918
3	0.4119	0.4452	0.4821	0.5229	3	0.5682	0.6186	0.6747	0.7377
4	0.5492	0.5936	0.6428	0.6972	4	0.7576	0.8248	0.8996	0.9836
5	0.6865	0.7420	0.8035	0.8715	5	0.9470	1.0310	1.1245	1.2295
6	0.8238	0.8904	0.9642	1.0458	6	1.1364	1.2372	1.3494	1.4754
7	0.9611	1.0388	1.1249	1.2201	7	1.3258	1.4434	1.5743	1.7213
8	1.0984	1.1872	1.2856	1.3944	8	1.5152	1.6496	1.7992	1.9672
9	1.2357	1.3356	1.4463	1.5687	9	1.7046	1.8558	2.0241	2.2131
10	1.3730	1.4840	1.6070	1.7430	10	1.8940	2.0620	2.2490	2.4590
11	1.5103	1.6324	1.7677	1.9173	11	2.0834	2.2682	2.4739	2.7049
12	1.6476	1.7808	1.9284	2.0916	12	2.2728	2.4744	2.6988	2.9508
13	1.7849	1.9292	2.0891	2.2659	13	2.4622	2.6806	2.9237	3.1967
14	1.9222	2.0776	2.2498	2.4402	14	2.6516	2.8868	3.1436	3.4426
15	2.0595	2.2260	2.4105	2.6145	15	2.8410	3.0930	3.3735	3.6885
16	2.1968	2.3744	2.5712	2.7888	16	3.0304	3.2992	3.5984	3.9344
17	2.3341	2.5228	2.7319	2.9631	17	3.2198	3.5054	3.8233	4.1803
18	2.4714	2.6712	2.8926	3.1374	18	3.4092	3.7116	4.0482	4.4262
19	2.6087	2.8196	3.0533	3.3117	19	3.5986	3.9178	4.2731	4.6721
20	2.7460	2.9680	3.2140	3.4860	20	3.7880	4.1240	4.4980	4.9180

SOMMES versées	58 ANS.	59 ANS.	60 ANS.	61 ANS.	SOMMES versées	62 ANS.	63 ANS.	64 ANS.	65 ANS.
1	0.2695	0.2961	0.3202	0.3605	1	0.3997	0.4447	0.4967	0.5573
2	0.5390	0.5922	0.6524	0.7210	2	0.7994	0.8894	0.9934	1.1146
3	0.8085	0.8883	0.9786	1.0815	3	1.1991	1.3341	1.4901	1.6719
4	1.0780	1.1844	1.3048	1.4420	4	1.5988	1.7788	1.9868	2.2292
5	1.3475	1.4805	1.6310	1.8025	5	1.9985	2.2235	2.4835	2.7865
6	1.6170	1.7766	1.9572	2.1630	6	2.3982	2.6682	2.9802	3.3438
7	1.8865	2.0727	2.2834	2.5235	7	2.7979	3.1129	3.4769	3.9011
8	2.1560	2.3688	2.6096	2.8840	8	3.1976	3.5576	3.9736	4.4584
9	2.4255	2.6649	2.9358	3.2445	9	3.5973	4.0023	4.4703	5.0157
10	2.6950	2.9610	3.2620	3.6050	10	3.9970	4.4470	4.9670	5.5730
11	2.9645	3.2571	3.5882	3.9655	11	4.3967	4.8917	5.4637	6.1303
12	3.2340	3.5532	3.9144	4.3260	12	4.7964	5.3364	5.9604	6.6876
13	3.5035	3.8493	4.2406	4.6865	13	5.1961	5.7811	6.4571	7.2449
14	3.7730	4.1454	4.5668	5.0470	14	5.5958	6.2258	6.9538	7.8022
15	4.0425	4.4415	4.8930	5.4075	15	5.9955	6.6705	7.4505	8.3595
16	4.3120	4.7376	5.2192	5.7680	16	6.3952	7.1152	7.9472	8.9168
17	4.5815	5.0337	5.5454	6.1285	17	6.7949	7.5599	8.4439	9.4741
18	4.8510	5.3298	5.8716	6.4890	18	7.1946	8.0046	8.9406	10.0314
19	5.1205	5.6259	6.1978	6.8495	19	7.5943	8.4493	9.4373	10.5887
20	5.3900	5.9220	6.5240	7.2100	20	7.9940	8.8940	9.9340	11.1460

SOMMES versées	50 ANS.	51 ANS.	52 ANS.	53 ANS.	SOMMES versées	54 ANS.	55 ANS.	56 ANS.	57 ANS.
1	0.2003	0.2166	0.2345	0.2543	1	0.2764	0.3009	0.3283	0.3589
2	0.4006	0.4332	0.4690	0.5086	2	0.5528	0.6018	0.6566	0.7178
3	0.6009	0.6498	0.7035	0.7629	3	0.8292	0.9027	0.9849	1.0767
4	0.8012	0.8664	0.9380	1.0172	4	1.1056	1.2036	1.3132	1.4356
5	1.0015	1.0830	1.1725	1.2715	5	1.3820	1.5045	1.6415	1.7945
6	1.2018	1.2996	1.4070	1.5258	6	1.6584	1.8054	1.9698	2.1534
7	1.4021	1.5162	1.6415	1.7801	7	1.9348	2.1063	2.2981	2.5123
8	1.6024	1.7328	1.8760	2.0344	8	2.2112	2.4072	2.6264	2.8712
9	1.8027	1.9494	2.1105	2.2887	9	2.4876	2.7081	2.9547	3.2301
10	2.0030	2.1660	2.3450	2.5430	10	2.7640	3.0090	3.2830	3.5890
11	2.2033	2.3826	2.5795	2.7973	11	3.0404	3.3099	3.6113	3.9479
12	2.4036	2.5992	2.8140	3.0516	12	3.3168	3.6108	3.9396	4.3068
13	2.6039	2.8158	3.0485	3.3059	13	3.5932	3.9117	4.2679	4.6657
14	2.8042	3.0324	3.2830	3.5602	14	3.8696	4.2126	4.5962	5.0246
15	3.0045	3.2490	3.5175	3.8145	15	4.1460	4.5135	4.9245	5.3835
16	3.2048	3.4656	3.7520	4.0688	16	4.4224	4.8144	5.2528	5.7424
17	3.4051	3.6822	3.9865	4.3231	17	4.6988	5.1153	5.5811	6.1013
18	3.6054	3.8988	4.2210	4.5774	18	4.9752	5.4162	5.9094	6.4602
19	3.8057	4.1154	4.4555	4.8317	19	5.2516	5.7171	6.2377	6.8191
20	4.0060	4.3320	4.6900	5.0860	20	5.5280	6.0180	6.5660	7.1780

SOMMES versées	58 ANS.	59 ANS.	60 ANS.	61 ANS.	SOMMES versées	62 ANS.	63 ANS.	64 ANS.	65 ANS.
1	0.3934	0.4322	0.4761	0.5201	1	0.5832	0.6489	0.7249	0.8133
2	0.7868	0.8644	0.9522	1.0522	2	1.1664	1.2978	1.4498	1.6266
3	1.1802	1.2966	1.4283	1.5783	3	1.7496	1.9467	2.1747	2.4399
4	1.5736	1.7288	1.9044	2.1044	4	2.3328	2.5956	2.8996	3.2532
5	1.9670	2.1610	2.3805	2.6305	5	2.9160	3.2445	3.6245	4.0665
6	2.3604	2.5932	2.8566	3.1566	6	3.4992	3.8934	4.3494	4.8798
7	2.7538	3.0254	3.3327	3.6827	7	4.0824	4.5423	5.0743	5.6931
8	3.1472	3.4576	3.8088	4.2088	8	4.6656	5.1912	5.7992	6.5064
9	3.5406	3.8898	4.2849	4.7349	9	5.2488	5.8401	6.5241	7.3197
10	3.9340	4.3220	4.7610	5.2610	10	5.8320	6.4890	7.2490	8.1330
11	4.3274	4.7542	5.2371	5.7871	11	6.4152	7.1379	7.9739	8.9463
12	4.7208	5.1864	5.7132	6.3132	12	6.9984	7.7868	8.6988	9.7596
13	5.1142	5.6186	6.1893	6.8393	13	7.5816	8.4357	9.4237	10.5729
14	5.5076	6.0508	6.6654	7.3654	14	8.1648	9.0846	10.1486	11.3862
15	5.9010	6.4830	7.1415	7.8915	15	8.7480	9.7335	10.8735	12.1995
16	6.2944	6.9152	7.6176	8.4176	16	9.3312	10.3824	11.5984	13.0128
17	6.6878	7.3474	8.0937	8.9437	17	9.9144	11.0313	12.3233	13.8261
18	7.0812	7.7796	8.5698	9.4698	18	10.4976	11.6802	13.0482	14.6394
19	7.4746	8.2118	9.0459	9.9959	19	11.0808	12.3291	13.7731	15.4527
20	7.8680	8.6440	9.5220	10.5220	20	11.6640	12.9780	14.4980	16.2660

SOMMES versées	50 ANS.	51 ANS.	52 ANS.	53 ANS.	SOMMES versées	54 ANS.	55 ANS.	56 ANS.	57 ANS.
1	0.1353	0.1462	0.1584	0.1718	1	0.1866	0.2032	0.2217	0.2424
2	0.2706	0.2924	0.3168	0.3436	2	0.3732	0.4064	0.4434	0.4848
3	0.4059	0.4386	0.4752	0.5154	3	0.5598	0.6096	0.6651	0.7272
4	0.5412	0.5848	0.6336	0.6872	4	0.7464	0.8128	0.8868	0.9696
5	0.6765	0.7310	0.7920	0.8590	5	0.9330	1.0160	1.1085	1.2120
6	0.8118	0.8772	0.9504	1.0308	6	1.1196	1.2192	1.3302	1.4544
7	0.9471	1.0234	1.1088	1.2020	7	1.3062	1.4224	1.5519	1.6968
8	1.0824	1.1696	1.2672	1.3744	8	1.4928	1.6256	1.7736	1.9392
9	1.2177	1.3158	1.4256	1.5462	9	1.6794	1.8288	1.9953	2.1816
10	1.3530	1.4620	1.5840	1.7180	10	1.8660	2.0320	2.2170	2.4240
11	1.4883	1.6082	1.7424	1.8898	11	2.0526	2.2352	2.4387	2.6664
12	1.6236	1.7544	1.9008	2.0616	12	2.2392	2.4384	2.6604	2.9088
13	1.7589	1.9006	2.0592	2.2334	13	2.4258	2.6416	2.8821	3.1512
14	1.8942	2.0468	2.2176	2.4052	14	2.6124	2.8448	3.1038	3.3936
15	2.0295	2.1930	2.3760	2.5770	15	2.7990	3.0480	3.3255	3.6360
16	2.1648	2.3392	2.5344	2.7488	16	2.9856	3.2512	3.5472	3.8784
17	2.3001	2.4854	2.6928	2.9206	17	3.1722	3.4544	3.7689	4.1208
18	2.4354	2.6316	2.8512	3.0924	18	3.3588	3.6576	3.9906	4.3632
19	2.5707	2.7778	3.0096	3.2642	19	3.5454	3.8608	4.2123	4.6056
20	2.7060	2.9240	3.1680	3.4360	20	3.7320	4.0640	4.4340	4.8480

SOMMES versées	58 ANS.	59 ANS.	60 ANS.	61 ANS.	SOMMES versées	62 ANS.	63 ANS.	64 ANS.	65 ANS.
1	0.2656	0.2918	0.3215	0.3552	1	0.3938	0.4382	0.4895	0.5492
2	0.5312	0.5836	0.6430	0.7104	2	0.7876	0.8764	0.9790	1.0984
3	0.7968	0.8754	0.9645	1.0656	3	1.1814	1.3146	1.4685	1.6476
4	1.0624	1.1672	1.2860	1.4208	4	1.5752	1.7528	1.9580	2.1968
5	1.3280	1.4590	1.6075	1.7760	5	1.9690	2.1910	2.4475	2.7460
6	1.5936	1.7508	1.9290	2.1312	6	2.3628	2.6292	2.9370	3.2952
7	1.8592	2.0426	2.2505	2.4864	7	2.7566	3.0674	3.4265	3.8444
8	2.1248	2.3344	2.5720	2.8416	8	3.1504	3.5056	3.9160	4.3936
9	2.3904	2.6262	2.8935	3.1968	9	3.5442	3.9438	4.4055	4.9428
10	2.6560	2.9180	3.2150	3.5520	10	3.9380	4.3820	4.8950	5.4920
11	2.9216	3.2098	3.5365	3.9072	11	4.3318	4.8202	5.3845	6.0412
12	3.1872	3.5016	3.8580	4.2624	12	4.7256	5.2584	5.8740	6.5904
13	3.4528	3.7934	4.1795	4.6176	13	5.1194	5.6966	6.3035	7.1396
14	3.7184	4.0852	4.5010	4.9728	14	5.5132	6.1348	6.8530	7.6888
15	3.9840	4.3770	4.8225	5.3280	15	5.9070	6.5730	7.3425	8.2380
16	4.2496	4.6688	5.1440	5.6832	16	6.3008	7.0112	7.8320	8.7872
17	4.5152	4.9606	5.4655	6.0384	17	6.6946	7.4494	8.3215	9.3364
18	4.7808	5.2524	5.7870	6.3936	18	7.0884	7.8876	8.8110	9.8856
19	5.0464	5.5442	6.1085	6.7488	19	7.4822	8.3258	9.3005	10.4348
20	5.3120	5.8360	6.4300	7.1040	20	7.8760	8.7640	9.7900	10.9840

SOMMES versées.	50 ANS.	51 ANS.	52 ANS.	53 ANS.	SOMMES versées.	54 ANS.	55 ANS.	56 ANS.	57 ANS.
1	0.1978	0.2138	0.2315	0.2511	1	0.2729	0.2971	0.3241	0.3544
2	0.3956	0.4276	0.4630	0.5022	2	0.5458	0.5942	0.6482	0.7088
3	0.5934	0.6414	0.6945	0.7533	3	0.8187	0.8913	0.9723	1.0632
4	0.7912	0.8552	0.9260	1.0044	4	1.0916	1.1884	1.2964	1.4176
5	0.9890	1.0690	1.1575	1.2555	5	1.3645	1.4855	1.6205	1.7720
6	1.1868	1.2828	1.3890	1.5066	6	1.6374	1.7826	1.9446	2.1264
7	1.3846	1.4966	1.6205	1.7577	7	1.9103	2.0797	2.2687	2.4808
8	1.5824	1.7104	1.8520	2.0088	8	2.1832	2.3768	2.5928	2.8352
9	1.7802	1.9242	2.0835	2.2599	9	2.4561	2.6739	2.9169	3.1896
10	1.9780	2.1380	2.3150	2.5110	10	2.7290	2.9710	3.2410	3.5440
11	2.1758	2.3518	2.5465	2.7621	11	3.0019	3.2681	3.5651	3.8984
12	2.3736	2.5656	2.7780	3.0132	12	3.2748	3.5652	3.8892	4.2528
13	2.5714	2.7794	3.0095	3.2643	13	3.5477	3.8623	4.2133	4.6072
14	2.7692	2.9932	3.2410	3.5154	14	3.8206	4.1594	4.5374	4.9616
15	2.9670	3.2070	3.4725	3.7665	15	4.0935	4.4565	4.8615	5.3160
16	3.1648	3.4208	3.7040	4.0176	16	4.3664	4.7536	5.1856	5.6704
17	3.3626	3.6346	3.9355	4.2687	17	4.6393	5.0507	5.5097	6.0248
18	3.5604	3.8484	4.1670	4.5198	18	4.9122	5.3478	5.8338	6.3792
19	3.7582	4.0622	4.3985	4.7709	19	5.1851	5.6449	6.1579	6.7336
20	3.9560	4.2760	4.6300	5.0220	20	5.4580	5.9420	6.4820	7.0880

SOMMES versées.	58 ANS.	59 ANS.	60 ANS.	61 ANS.	SOMMES versées.	62 ANS.	63 ANS.	64 ANS.	65 ANS.
1	0.3884	0.4267	0.4701	0.5194	1	0.5759	0.6408	0.7158	0.8031
2	0.7768	0.8534	0.9402	1.0388	2	1.1518	1.2816	1.4316	1.6062
3	1.1652	1.2801	1.4103	1.5582	3	1.7277	1.9224	2.1474	2.4093
4	1.5536	1.7068	1.8804	2.0776	4	2.3036	2.5632	2.8632	3.2124
5	1.9420	2.1335	2.3505	2.5970	5	2.8795	3.2040	3.5790	4.0155
6	2.3304	2.5602	2.8206	3.1164	6	3.4554	3.8448	4.2948	4.8186
7	2.7188	2.9869	3.2907	3.6358	7	4.0313	4.4856	5.0106	5.6217
8	3.1072	3.4136	3.7608	4.1552	8	4.6072	5.1264	5.7264	6.4248
9	3.4956	3.8403	4.2309	4.6746	9	5.1831	5.7672	6.4422	7.2279
10	3.8840	4.2670	4.7010	5.1940	10	5.7590	6.4080	7.1580	8.0310
11	4.2724	4.6937	5.1711	5.7134	11	6.3349	7.0488	7.8738	8.8341
12	4.6608	5.1204	5.6412	6.2328	12	6.9108	7.6896	8.5896	9.6372
13	5.0492	5.5471	6.1113	6.7522	13	7.4867	8.3304	9.3054	10.4403
14	5.4376	5.9738	6.5814	7.2716	14	8.0626	8.9712	10.0212	11.2434
15	5.8260	6.4005	7.0515	7.7910	15	8.6385	9.6120	10.7370	12.0465
16	6.2144	6.8272	7.5216	8.3104	16	9.2144	10.2528	11.4528	12.8496
17	6.6028	7.2539	7.9917	8.8298	17	9.7903	10.8936	12.1686	13.6527
18	6.9912	7.6806	8.4618	9.3492	18	10.3662	11.5344	12.8844	14.4558
19	7.3796	8.1073	8.9319	9.8686	19	10.9421	12.1752	13.6002	15.2589
20	7.7680	8.5340	9.4020	10.3880	20	11.5180	12.8160	14.3160	16.0620

SOMMES versées.	50 ANS.	51 ANS.	52 ANS.	53 ANS.	SOMMES versées.	54 ANS.	55 ANS.	56 ANS.	57 ANS.
1	0.1333	0.1441	0.1560	0.1692	1	0.1839	0.2002	0.2184	0.2388
2	0.2666	0.2882	0.3120	0.3384	2	0.3678	0.4004	0.4368	0.4776
3	0.3999	0.4323	0.4680	0.5076	3	0.5517	0.6006	0.6552	0.7164
4	0.5332	0.5764	0.6240	0.6768	4	0.7356	0.8008	0.8736	0.9552
5	0.6665	0.7205	0.7800	0.8460	5	0.9195	1.0010	1.0920	1.1940
6	0.7998	0.8646	0.9360	1.0152	6	1.1034	1.2012	1.3104	1.4328
7	0.9331	1.0087	1.0920	1.1844	7	1.2873	1.4014	1.5288	1.6716
8	1.0664	1.1528	1.2480	1.3536	8	1.4712	1.6016	1.7472	1.9104
9	1.1997	1.2969	1.4040	1.5228	9	1.6551	1.8018	1.9656	2.1492
10	1.3330	1.4410	1.5600	1.6920	10	1.8390	2.0020	2.1840	2.3880
11	1.4663	1.5851	1.7160	1.8612	11	2.0229	2.2022	2.4024	2.6268
12	1.5996	1.7292	1.8720	2.0304	12	2.2068	2.4024	2.6208	2.8656
13	1.7329	1.8733	2.0280	2.1996	13	2.3907	2.6026	2.8392	3.1044
14	1.8662	2.0174	2.1840	2.3688	14	2.5746	2.8028	3.0576	3.3432
15	1.9995	2.1615	2.3400	2.5380	15	2.7585	3.0030	3.2760	3.5820
16	2.1328	2.3056	2.4960	2.7072	16	2.9424	3.2032	3.4944	3.8208
17	2.2661	2.4497	2.6520	2.8764	17	3.1263	3.4034	3.7128	4.0596
18	2.3994	2.5938	2.8080	3.0456	18	3.3102	3.6036	3.9312	4.2984
19	2.5327	2.7379	2.9640	3.2148	19	3.4941	3.8038	4.1496	4.5372
20	2.6660	2.8820	3.1200	3.3840	20	3.6780	4.0040	4.3680	4.7760

SOMMES versées.	58 ANS.	59 ANS.	60 ANS.	61 ANS.	SOMMES versées.	62 ANS.	63 ANS.	64 ANS.	65 ANS.
1	0.2617	0.2876	0.3168	0.3500	1	0.3881	0.4318	0.4824	0.5412
2	0.5234	0.5752	0.6336	0.7000	2	0.7762	0.8636	0.9648	1.0824
3	0.7851	0.8628	0.9504	1.0500	3	1.1643	1.2954	1.4472	1.6236
4	1.0468	1.1504	1.2672	1.4000	4	1.5524	1.7272	1.9296	2.1648
5	1.3085	1.4380	1.5840	1.7500	5	1.9405	2.1590	2.4120	2.7060
6	1.5702	1.7256	1.9008	2.1000	6	2.3286	2.5908	2.8944	3.2472
7	1.8319	2.0132	2.2176	2.4500	7	2.7167	3.0226	3.3768	3.7884
8	2.0936	2.3008	2.5344	2.8000	8	3.1048	3.4544	3.8592	4.3296
9	2.3553	2.5884	2.8512	3.1500	9	3.4929	3.8862	4.3416	4.8708
10	2.6170	2.8760	3.1680	3.5000	10	3.8810	4.3180	4.8240	5.4120
11	2.8787	3.1636	3.4848	3.8500	11	4.2691	4.7498	5.3064	5.9532
12	3.1404	3.4512	3.8016	4.2000	12	4.6572	5.1816	5.7888	6.4944
13	3.4021	3.7388	4.1184	4.5500	13	5.0453	5.6134	6.2712	7.0356
14	3.6638	4.0264	4.4352	4.9000	14	5.4334	6.0452	6.7536	7.5768
15	3.9255	4.3140	4.7520	5.2500	15	5.8215	6.4770	7.2360	8.1180
16	4.1872	4.6016	5.0688	5.6000	16	6.2096	6.9088	7.7184	8.6592
17	4.4489	4.8892	5.3856	5.9500	17	6.5977	7.3406	8.2008	9.2004
18	4.7106	5.1768	5.7024	6.3000	18	6.9858	7.7724	8.6832	9.7416
19	4.9723	5.4644	6.0192	6.6500	19	7.3739	8.2042	9.1656	10.2828
20	5.2340	5.7520	6.3360	7.0000	20	7.7620	8.6360	9.6480	10.8240

SOMMES versées.	50 ANS.	51 ANS.	52 ANS.	53 ANS.	SOMMES versées.	54 ANS.	55 ANS.	56 ANS.	57 ANS.
1	0.1953	0.2111	0.2286	0.2480	1	0.2695	0.2934	0.3200	0.3499
2	0.3906	0.4222	0.4572	0.4960	2	0.5390	0.5868	0.6400	0.6998
3	0.5859	0.6333	0.6858	0.7440	3	0.8085	0.8802	0.9600	1.0497
4	0.7812	0.8444	0.9144	0.9920	4	1.0780	1.1736	1.2800	1.3996
5	0.9765	1.0555	1.1430	1.2400	5	1.3475	1.4670	1.6000	1.7495
6	1.1718	1.2666	1.3716	1.4880	6	1.6170	1.7604	1.9200	2.0994
7	1.3671	1.4777	1.6002	1.7360	7	1.8865	2.0538	2.2400	2.4493
8	1.5624	1.6888	1.8288	1.9840	8	2.1560	2.3472	2.5600	2.7992
9	1.7577	1.8999	2.0574	2.2320	9	2.4255	2.6406	2.8800	3.1491
10	1.9530	2.1110	2.2860	2.4800	10	2.6950	2.9340	3.2000	3.4990
11	2.1483	2.3221	2.5146	2.7280	11	2.9645	3.2274	3.5200	3.8489
12	2.3436	2.5332	2.7432	2.9760	12	3.2340	3.5208	3.8400	4.1988
13	2.5389	2.7443	2.9718	3.2240	13	3.5035	3.8142	4.1600	4.5487
14	2.7342	2.9554	3.2004	3.4720	14	3.7730	4.1076	4.4800	4.8986
15	2.9295	3.1665	3.4290	3.7200	15	4.0425	4.4010	4.8000	5.2485
16	3.1248	3.3776	3.6576	3.9680	16	4.3120	4.6944	5.1200	5.5984
17	3.3201	3.5887	3.8862	4.2160	17	4.5815	4.9878	5.4400	5.9483
18	3.5154	3.7998	4.1148	4.4640	18	4.8510	5.2812	5.7600	6.2982
19	3.7107	4.0109	4.3434	4.7120	19	5.1205	5.5746	6.0800	6.6481
20	3.9060	4.2220	4.5720	4.9600	20	5.3900	5.8680	6.4000	6.9980

SOMMES versées.	58 ANS.	59 ANS.	60 ANS.	61 ANS.	SOMMES versées.	62 ANS.	63 ANS.	64 ANS.	65 ANS.
1	0.3835	0.4213	0.4642	0.5120	1	0.5680	0.6327	0.7067	0.7929
2	0.7670	0.8426	0.9284	1.0258	2	1.1372	1.2654	1.4134	1.5858
3	1.1505	1.2639	1.3926	1.5387	3	1.7058	1.8981	2.1201	2.3787
4	1.5340	1.6852	1.8568	2.0516	4	2.2744	2.5308	2.8268	3.1716
5	1.9175	2.1065	2.3210	2.5645	5	2.8430	3.1635	3.5335	3.9645
6	2.3010	2.5278	2.7852	3.0774	6	3.4116	3.7962	4.2402	4.7574
7	2.6845	2.9491	3.2494	3.5903	7	3.9802	4.4289	4.9469	5.5503
8	3.0680	3.3704	3.7136	4.1032	8	4.5488	5.0616	5.6536	6.3432
9	3.4515	3.7917	4.1778	4.6161	9	5.1174	5.6943	6.3603	7.1361
10	3.8350	4.2130	4.6420	5.1290	10	5.6860	6.3270	7.0670	7.9290
11	4.2185	4.6343	5.1062	5.6419	11	6.2546	6.9597	7.7737	8.7219
12	4.6020	5.0556	5.5704	6.1548	12	6.8232	7.5924	8.4804	9.5148
13	4.9855	5.4769	6.0346	6.6677	13	7.3918	8.2251	9.1871	10.3077
14	5.3690	5.8982	6.4988	7.1806	14	7.9604	8.8578	9.8938	11.1006
15	5.7525	6.3195	6.9630	7.6935	15	8.5290	9.4905	10.6005	11.8935
16	6.1360	6.7408	7.4272	8.2064	16	9.0976	10.1232	11.3072	12.6864
17	6.5195	7.1621	7.8914	8.7193	17	9.6662	10.7559	12.0139	13.4793
18	6.9030	7.5834	8.3556	9.2322	18	10.2348	11.3886	12.7206	14.2722
19	7.2865	8.0047	8.8198	9.7451	19	10.8034	12.0213	13.4273	15.0651
20	7.6700	8.4260	9.2840	10.2580	20	11.3720	12.6540	14.1340	15.8580

SOMMES versées.	50 ANS.	51 ANS.	52 ANS.	53 ANS.	SOMMES versées.	54 ANS.	55 ANS.	56 ANS.	57 ANS.
1	0.1314	0.1420	0.1538	0.1668	1	0.1812	0.1973	0.2152	0.2353
2	0.2028	0.2840	0.3076	0.3336	2	0.3624	0.3946	0.4304	0.4706
3	0.3942	0.4260	0.4614	0.5004	3	0.5436	0.5919	0.6456	0.7059
4	0.5256	0.5680	0.6152	0.6672	4	0.7248	0.7892	0.8608	0.9412
5	0.6570	0.7100	0.7690	0.8340	5	0.9060	0.9865	1.0760	1.1765
6	0.7884	0.8520	0.9228	1.0008	6	1.0872	1.1838	1.2912	1.4118
7	0.9198	0.9940	1.0766	1.1676	7	1.2684	1.3811	1.5064	1.6471
8	1.0512	1.1360	1.2304	1.3344	8	1.4496	1.5784	1.7216	1.8824
9	1.1826	1.2780	1.3842	1.5012	9	1.6308	1.7757	1.9368	2.1177
10	1.3140	1.4200	1.5380	1.6680	10	1.8120	1.9730	2.1520	2.3530
11	1.4454	1.5620	1.6918	1.8348	11	1.9932	2.1703	2.3672	2.5883
12	1.5768	1.7040	1.8456	2.0016	12	2.1744	2.3676	2.5824	2.8236
13	1.7082	1.8460	1.9994	2.1684	13	2.3556	2.5649	2.7976	3.0589
14	1.8396	1.9880	2.1532	2.3352	14	2.5368	2.7622	3.0128	3.2942
15	1.9710	2.1300	2.3070	2.5020	15	2.7180	2.9595	3.2280	3.5295
16	2.1024	2.2720	2.4608	2.6688	16	2.8992	3.1568	3.4432	3.7648
17	2.2338	2.4140	2.6146	2.8356	17	3.0804	3.3541	3.6584	4.0001
18	2.3652	2.5560	2.7684	3.0024	18	3.2616	3.5514	3.8736	4.2354
19	2.4966	2.6980	2.9222	3.1692	19	3.4428	3.7487	4.0888	4.4707
20	2.6280	2.8400	3.0760	3.3360	20	3.6240	3.9460	4.3040	4.7000

SOMMES versées.	58 ANS.	59 ANS.	60 ANS.	61 ANS.	SOMMES versées.	62 ANS.	63 ANS.	64 ANS.	65 ANS.
1	0.2579	0.2834	0.3122	0.3449	1	0.3824	0.4255	0.4753	0.5333
2	0.5158	0.5668	0.6244	0.6898	2	0.7648	0.8510	0.9506	1.0666
3	0.7737	0.8502	0.9366	1.0347	3	1.1472	1.2765	1.4259	1.5999
4	1.0316	1.1336	1.2488	1.3796	4	1.5296	1.7020	1.9012	2.1332
5	1.2895	1.4170	1.5610	1.7245	5	1.9120	2.1275	2.3765	2.6665
6	1.5474	1.7004	1.8732	2.0694	6	2.2944	2.5530	2.8518	3.1998
7	1.8053	1.9838	2.1854	2.4143	7	2.6768	2.9785	3.3271	3.7331
8	2.0632	2.2672	2.4976	2.7592	8	3.0592	3.4040	3.8024	4.2664
9	2.3211	2.5506	2.8098	3.1041	9	3.4416	3.8295	4.2777	4.7997
10	2.5790	2.8340	3.1220	3.4490	10	3.8240	4.2550	4.7530	5.3330
11	2.8369	3.1174	3.4342	3.7939	11	4.2064	4.6805	5.2283	5.8663
12	3.0948	3.4008	3.7464	4.1388	12	4.5888	5.1060	5.7036	6.3996
13	3.3527	3.6842	4.0586	4.4837	13	4.9712	5.5315	6.1789	6.9329
14	3.6106	3.9676	4.3708	4.8286	14	5.3536	5.9570	6.6542	7.4662
15	3.8685	4.2510	4.6830	5.1735	15	5.7360	6.3825	7.1295	7.9995
16	4.1264	4.5344	4.9952	5.5184	16	6.1184	6.8080	7.6048	8.5328
17	4.3843	4.8178	5.3074	5.8633	17	6.5008	7.2335	8.0801	9.0661
18	4.6422	5.1012	5.6196	6.2082	18	6.8832	7.6590	8.5554	9.5994
19	4.9001	5.3846	5.9318	6.5531	19	7.2656	8.0845	9.0307	10.1327
20	5.1580	5.6680	6.2440	6.8980	20	7.6480	8.5100	9.5060	10.6660

SOMMES versées.	50 ANS.	51 ANS.	52 ANS.	53 ANS.	SOMMES versées.	54 ANS.	55 ANS.	56 ANS.	57 ANS.
1	0.1929	0.2085	0.2257	0.2448	1	0.2601	0.2897	0.3160	0.3455
2	0.3858	0.4170	0.4514	0.4896	2	0.5322	0.5794	0.6320	0.6910
3	0.5787	0.6255	0.6771	0.7344	3	0.7983	0.8691	0.9480	1.0365
4	0.7716	0.8340	0.9028	0.9792	4	1.0044	1.1588	1.2040	1.3820
5	0.9645	1.0425	1.1285	1.2240	5	1.3305	1.4485	1.5800	1.7275
6	1.1574	1.2510	1.3542	1.4688	6	1.5966	1.7382	1.8960	2.0730
7	1.3503	1.4595	1.5799	1.7136	7	1.8627	2.0279	2.2120	2.4185
8	1.5432	1.6680	1.8056	1.9584	8	2.1288	2.3176	2.5280	2.7640
9	1.7361	1.8765	2.0313	2.2032	9	2.3949	2.6073	2.8440	3.1095
10	1.9290	2.0850	2.2570	2.4480	10	2.6610	2.8970	3.1600	3.4550
11	2.1219	2.2935	2.4827	2.6928	11	2.9271	3.1867	3.4760	3.8005
12	2.3148	2.5020	2.7084	2.9376	12	3.1932	3.4764	3.7920	4.1460
13	2.5077	2.7105	2.9341	3.1824	13	3.4593	3.7661	4.1080	4.4915
14	2.7006	2.9190	3.1598	3.4272	14	3.7254	4.0558	4.4240	4.8370
15	2.8935	3.1275	3.3855	3.6720	15	3.9915	4.3455	4.7400	5.1825
16	3.0864	3.3360	3.6112	3.9168	16	4.2576	4.6352	5.0560	5.5280
17	3.2793	3.5445	3.8369	4.1616	17	4.5237	4.9249	5.3720	5.8735
18	3.4722	3.7530	4.0626	4.4064	18	4.7898	5.2146	5.6880	6.2190
19	3.6651	3.9615	4.2883	4.6512	19	5.0559	5.5043	6.0040	6.5645
20	3.8580	4.1700	4.5140	4.8960	20	5.3220	5.7940	6.3200	6.9100

SOMMES versées.	58 ANS.	59 ANS.	60 ANS.	61 ANS.	SOMMES versées.	62 ANS.	63 ANS.	64 ANS.	65 ANS.
1	0.3787	0.4160	0.4583	0.5064	1	0.5614	0.6247	0.6978	0.7829
2	0.7574	0.8320	0.9166	1.0128	2	1.1228	1.2494	1.3956	1.5658
3	1.1361	1.2480	1.3749	1.5192	3	1.6842	1.8741	2.0934	2.3487
4	1.5148	1.6640	1.8332	2.0256	4	2.2456	2.4988	2.7912	3.1316
5	1.8935	2.0800	2.2915	2.5320	5	2.8070	3.1235	3.4890	3.9145
6	2.2722	2.4960	2.7498	3.0384	6	3.3684	3.7482	4.1868	4.6974
7	2.6509	2.9120	3.2081	3.5448	7	3.9298	4.3729	4.8846	5.4803
8	3.0296	3.3280	3.6664	4.0512	8	4.4912	4.9976	5.5824	6.2632
9	3.4083	3.7440	4.1247	4.5576	9	5.0526	5.6223	6.2802	7.0461
10	3.7870	4.1600	4.5830	5.0640	10	5.6140	6.2470	6.9780	7.8290
11	4.1657	4.5760	5.0413	5.5704	11	6.1754	6.8717	7.6758	8.6119
12	4.5444	4.9920	5.4996	6.0768	12	6.7368	7.4964	8.3736	9.3948
13	4.9231	5.4080	5.9579	6.5832	13	7.2982	8.1211	9.0714	10.1777
14	5.3018	5.8240	6.4162	7.0896	14	7.8596	8.7458	9.7692	10.9606
15	5.6805	6.2400	6.8745	7.5960	15	8.4210	9.3705	10.4670	11.7435
16	6.0592	6.6560	7.3328	8.1024	16	8.9824	9.9952	11.1648	12.5264
17	6.4379	7.0720	7.7911	8.6088	17	9.5438	10.6199	11.8626	13.3093
18	6.8166	7.4880	8.2494	9.1152	18	10.1052	11.2446	12.5604	14.0922
19	7.1953	7.9040	8.7077	9.6216	19	10.6666	11.8693	13.2582	14.8751
20	7.5740	8.3200	9.1660	10.1280	20	11.2280	12.4940	13.9560	15.6580

SOMMES versées.	50 ANS.	51 ANS.	52 ANS.	53 ANS.	SOMMES versées.	54 ANS.	55 ANS.	56 ANS.	57 ANS.
1	0.1204	0.1399	0.1515	0.1643	1	0.1786	0.1944	0.2121	0.2310
2	0.2588	0.2798	0.3030	0.3286	2	0.3572	0.3888	0.4242	0.4638
3	0.3882	0.4197	0.4545	0.4929	3	0.5358	0.5832	0.6363	0.6957
4	0.5176	0.5596	0.6060	0.6572	4	0.7144	0.7776	0.8484	0.9276
5	0.6470	0.6995	0.7575	0.8215	5	0.8930	0.9720	1.0605	1.1595
6	0.7764	0.8394	0.9090	0.9858	6	1.0716	1.1664	1.2726	1.3914
7	0.9058	0.9793	1.0605	1.1501	7	1.2502	1.3608	1.4847	1.6233
8	1.0352	1.1192	1.2120	1.3144	8	1.4288	1.5552	1.6968	1.8552
9	1.1646	1.2591	1.3635	1.4787	9	1.6074	1.7496	1.9089	2.0871
10	1.2940	1.3990	1.5150	1.6430	10	1.7860	1.9440	2.1210	2.3190
11	1.4234	1.5389	1.6665	1.8073	11	1.9646	2.1384	2.3331	2.5509
12	1.5528	1.6788	1.8180	1.9716	12	2.1432	2.3328	2.5452	2.7828
13	1.6822	1.8187	1.9695	2.1359	13	2.3218	2.5272	2.7573	3.0147
14	1.8116	1.9586	2.1210	2.3002	14	2.5004	2.7216	2.9694	3.2466
15	1.9410	2.0985	2.2725	2.4645	15	2.6790	2.9160	3.1815	3.4785
16	2.0704	2.2384	2.4240	2.6288	16	2.8576	3.1104	3.3936	3.7104
17	2.1998	2.3783	2.5755	2.7931	17	3.0362	3.3048	3.6057	3.9423
18	2.3292	2.5182	2.7270	2.9574	18	3.2148	3.4992	3.8178	4.1742
19	2.4586	2.6581	2.8785	3.1217	19	3.3934	3.6936	4.0299	4.4061
20	2.5880	2.7980	3.0300	3.2860	20	3.5720	3.8880	4.2420	4.6380

SOMMES versées.	58 ANS.	59 ANS.	60 ANS.	61 ANS.	SOMMES versées.	62 ANS.	63 ANS.	64 ANS.	65 ANS.
1	0.2541	0.2792	0.3076	0.3399	1	0.3768	0.4193	0.4683	0.5255
2	0.5082	0.5584	0.6152	0.6798	2	0.7536	0.8386	0.9366	1.0510
3	0.7623	0.8376	0.9228	1.0197	3	1.1304	1.2579	1.4049	1.5765
4	1.0164	1.1168	1.2304	1.3596	4	1.5072	1.6772	1.8732	2.1020
5	1.2705	1.3960	1.5380	1.6995	5	1.8840	2.0965	2.3415	2.6275
6	1.5246	1.6752	1.8456	2.0394	6	2.2608	2.5158	2.8098	3.1530
7	1.7787	1.9544	2.1532	2.3793	7	2.6376	2.9351	3.2781	3.6785
8	2.0328	2.2336	2.4608	2.7192	8	3.0144	3.3544	3.7464	4.2040
9	2.2869	2.5128	2.7684	3.0591	9	3.3912	3.7737	4.2147	4.7295
10	2.5410	2.7920	3.0760	3.3990	10	3.7680	4.1930	4.6830	5.2550
11	2.7951	3.0712	3.3836	3.7389	11	4.1448	4.6123	5.1513	5.7805
12	3.0492	3.3504	3.6912	4.0788	12	4.5216	5.0316	5.6196	6.3060
13	3.3033	3.6296	3.9988	4.4187	13	4.8984	5.4509	6.0879	6.8315
14	3.5574	3.9088	4.3064	4.7586	14	5.2752	5.8702	6.5562	7.3570
15	3.8115	4.1880	4.6140	5.0985	15	5.6520	6.2895	7.0245	7.8825
16	4.0656	4.4672	4.9216	5.4384	16	6.0288	6.7088	7.4928	8.4080
17	4.3197	4.7464	5.2292	5.7783	17	6.4056	7.1281	7.9611	8.9335
18	4.5738	5.0256	5.5368	6.1182	18	6.7824	7.5474	8.4294	9.4590
19	4.8279	5.3048	5.8444	6.4581	19	7.1592	7.9667	8.8977	9.9845
20	5.0820	5.5840	6.1520	6.7980	20	7.5360	8.3860	9.3660	10.5100

SOMMES versées	50 ANS.	51 ANS.	52 ANS.	53 ANS.	SOMMES versées	54 ANS.	55 ANS.	56 ANS.	57 ANS.
1	0.1904	0.2059	0.2229	0.2418	1	0.2627	0.2800	0.3120	0.3412
2	0.3808	0.4118	0.4458	0.4836	2	0.5254	0.5720	0.6240	0.6824
3	0.5712	0.6177	0.6687	0.7254	3	0.7881	0.8580	0.9360	1.0236
4	0.7616	0.8236	0.8916	0.9672	4	1.0508	1.1440	1.2480	1.3648
5	0.9520	1.0295	1.1145	1.2090	5	1.3135	1.4300	1.5600	1.7060
6	1.1424	1.2354	1.3374	1.4508	6	1.5762	1.7160	1.8720	2.0472
7	1.3328	1.4413	1.5603	1.6926	7	1.8389	2.0020	2.1840	2.3884
8	1.5232	1.6472	1.7832	1.9344	8	2.1016	2.2880	2.4960	2.7296
9	1.7136	1.8531	2.0061	2.1762	9	2.3643	2.5740	2.8080	3.0708
10	1.9040	2.0590	2.2290	2.4180	10	2.6270	2.8600	3.1200	3.4120
11	2.0944	2.2649	2.4519	2.6598	11	2.8897	3.1460	3.4320	3.7532
12	2.2848	2.4708	2.6748	2.9016	12	3.1524	3.4320	3.7440	4.0944
13	2.4752	2.6767	2.8977	3.1434	13	3.4151	3.7180	4.0560	4.4356
14	2.6656	2.8826	3.1206	3.3852	14	3.6778	4.0040	4.3680	4.7768
15	2.8560	3.0885	3.3435	3.6270	15	3.9405	4.2900	4.6800	5.1180
16	3.0464	3.2944	3.5664	3.8688	16	4.2032	4.5760	4.9920	5.4592
17	3.2368	3.5003	3.7893	4.1106	17	4.4659	4.8620	5.3040	5.8004
18	3.4272	3.7062	4.0122	4.3524	18	4.7286	5.1480	5.6160	6.1416
19	3.6176	3.9121	4.2351	4.5942	19	4.9913	5.4340	5.9280	6.4828
20	3.8080	4.1180	4.4580	4.8360	20	5.2540	5.7200	6.2400	6.8240

SOMMES versées	58 ANS.	59 ANS.	60 ANS.	61 ANS.	SOMMES versées	62 ANS.	63 ANS.	64 ANS.	65 ANS.
1	0.3739	0.4108	0.4525	0.5000	1	0.5544	0.6168	0.6890	0.7731
2	0.7478	0.8216	0.9050	1.0000	2	1.1088	1.2336	1.3780	1.5462
3	1.1217	1.2324	1.3575	1.5000	3	1.6632	1.8504	2.0670	2.3193
4	1.4956	1.6432	1.8100	2.0000	4	2.2176	2.4672	2.7560	3.0924
5	1.8695	2.0540	2.2625	2.5000	5	2.7720	3.0840	3.4450	3.8655
6	2.2434	2.4648	2.7150	3.0000	6	3.3264	3.7008	4.1340	4.6386
7	2.6173	2.8756	3.1675	3.5000	7	3.8808	4.3176	4.8230	5.4117
8	2.9912	3.2864	3.6200	4.0000	8	4.4352	4.9344	5.5120	6.1848
9	3.3651	3.6972	4.0725	4.5000	9	4.9896	5.5512	6.2010	6.9579
10	3.7390	4.1080	4.5250	5.0000	10	5.5440	6.1680	6.8900	7.7310
11	4.1129	4.5188	4.9775	5.5000	11	6.0984	6.7848	7.5790	8.5041
12	4.4868	4.9296	5.4300	6.0000	12	6.6528	7.4016	8.2680	9.2772
13	4.8607	5.3404	5.8825	6.5000	13	7.2072	8.0184	8.9570	10.0503
14	5.2346	5.7512	6.3350	7.0000	14	7.7616	8.6352	9.6460	10.8234
15	5.6085	6.1620	6.7875	7.5000	15	8.3160	9.2520	10.3350	11.5965
16	5.9824	6.5728	7.2400	8.0000	16	8.8704	9.8688	11.0240	12.3696
17	6.3563	6.9836	7.6925	8.5000	17	9.4248	10.4856	11.7130	13.1427
18	6.7302	7.3944	8.1450	9.0000	18	9.9792	11.1024	12.4020	13.9158
19	7.1041	7.8052	8.5975	9.5000	19	10.5336	11.7192	13.0910	14.6889
20	7.4780	8.2160	9.0500	10.0000	20	11.0880	12.3360	13.7800	15.4620

SOMMES versées.	50 ANS.	51 ANS.	52 ANS.	53 ANS.	SOMMES versées.	54 ANS.	55 ANS.	56 ANS.	57 ANS.
1	0.1275	0.1379	0.1493	0.1619	1	0.1759	0.1916	0.2090	0.2285
2	0.2550	0.2758	0.2986	0.3238	2	0.3518	0.3832	0.4180	0.4570
3	0.3825	0.4137	0.4479	0.4857	3	0.5277	0.5748	0.6270	0.6855
4	0.5100	0.5516	0.5972	0.6476	4	0.7036	0.7664	0.8360	0.9140
5	0.6375	0.6895	0.7465	0.8095	5	0.8795	0.9580	1.0450	1.1425
6	0.7050	0.8274	0.8958	0.9714	6	1.0554	1.1496	1.2540	1.3710
7	0.8025	0.9053	1.0451	1.1333	7	1.2313	1.3412	1.4630	1.5995
8	1.0200	1.1032	1.1944	1.2052	8	1.4072	1.5328	1.6720	1.8280
9	1.1475	1.2411	1.3437	1.4571	9	1.5831	1.7244	1.8810	2.0565
10	1.2750	1.3790	1.4930	1.6100	10	1.7590	1.9160	2.0900	2.2850
11	1.4025	1.5169	1.6423	1.7809	11	1.9349	2.1076	2.2990	2.5135
12	1.5300	1.6548	1.7916	1.9428	12	2.1108	2.2992	2.5080	2.7420
13	1.6575	1.7927	1.9409	2.1047	13	2.2867	2.4908	2.7170	2.9705
14	1.7850	1.9306	2.0902	2.2666	14	2.4626	2.6824	2.9260	3.1000
15	1.9125	2.0685	2.2395	2.4285	15	2.6385	2.8740	3.1350	3.4275
16	2.0400	2.2064	2.3888	2.5904	16	2.8144	3.0656	3.3440	3.6560
17	2.1675	2.3443	2.5381	2.7523	17	2.9903	3.2572	3.5530	3.8845
18	2.2950	2.4822	2.6874	2.9142	18	3.1662	3.4488	3.7620	4.1130
19	2.4225	2.6201	2.8367	3.0761	19	3.3421	3.6404	3.9710	4.3415
20	2.5500	2.7580	2.9860	3.2380	20	3.5180	3.8320	4.1800	4.5700

SOMMES versées.	58 ANS.	59 ANS.	60 ANS.	61 ANS.	SOMMES versées.	62 ANS.	63 ANS.	64 ANS.	65 ANS.
1	0.2504	0.2751	0.3031	0.3349	1	0.3713	0.4131	0.4615	0.5177
2	0.5008	0.5502	0.6062	0.6698	2	0.7426	0.8262	0.9230	1.0354
3	0.7512	0.8253	0.9093	1.0047	3	1.1139	1.2393	1.3845	1.5531
4	1.0016	1.1004	1.2124	1.3396	4	1.4852	1.6524	1.8460	2.0708
5	1.2520	1.3755	1.5155	1.6745	5	1.8565	2.0655	2.3075	2.5885
6	1.5024	1.6506	1.8186	2.0094	6	2.2278	2.4786	2.7690	3.1062
7	1.7528	1.9257	2.1217	2.3443	7	2.5991	2.8917	3.2305	3.6239
8	2.0032	2.2008	2.4248	2.6792	8	2.9704	3.3048	3.6920	4.1416
9	2.2536	2.4759	2.7279	3.0141	9	3.3417	3.7179	4.1535	4.6593
10	2.5040	2.7510	3.0310	3.3490	10	3.7130	4.1310	4.6150	5.1770
11	2.7544	3.0261	3.3341	3.6839	11	4.0843	4.5441	5.0765	5.6947
12	3.0048	3.3012	3.6372	4.0188	12	4.4556	4.9572	5.5380	6.2124
13	3.2552	3.5763	3.9403	4.3537	13	4.8269	5.3703	5.9995	6.7301
14	3.5056	3.8514	4.2434	4.6886	14	5.1982	5.7834	6.4610	7.2478
15	3.7560	4.1265	4.5465	5.0235	15	5.5695	6.1965	6.9225	7.7655
16	4.0064	4.4016	4.8496	5.3584	16	5.9408	6.6096	7.3840	8.2832
17	4.2568	4.6767	5.1527	5.6933	17	6.3121	7.0227	7.8455	8.8009
18	4.5072	4.9518	5.4558	6.0282	18	6.6834	7.4358	8.3070	9.3186
19	4.7576	5.2269	5.7589	6.3031	19	7.0547	7.8489	8.7685	9.8363
20	5.0080	5.5020	6.0020	6.6080	20	7.4260	8.2620	9.2300	10.3540

SOMMES versées.	50 ANS.	51 ANS.	52 ANS.	53 ANS.	SOMMES versées.	54 ANS.	55 ANS.	56 ANS.	57 ANS.
1	0.1904	0.2059	0.2229	0.2418	1	0.2027	0.2860	0.3120	0.3412
2	0.3808	0.4118	0.4458	0.4836	2	0.5254	0.5720	0.6240	0.6824
3	0.5712	0.6177	0.6687	0.7254	3	0.7881	0.8580	0.9360	1.0236
4	0.7616	0.8236	0.8916	0.9672	4	1.0508	1.1440	1.2480	1.3648
5	0.9520	1.0295	1.1145	1.2090	5	1.3135	1.4300	1.5600	1.7060
6	1.1424	1.2354	1.3374	1.4508	6	1.5762	1.7160	1.8720	2.0472
7	1.3328	1.4413	1.5603	1.6926	7	1.8389	2.0020	2.1840	2.3884
8	1.5232	1.6472	1.7832	1.9344	8	2.1016	2.2880	2.4960	2.7296
9	1.7136	1.8531	2.0061	2.1762	9	2.3643	2.5740	2.8080	3.0708
10	1.9040	2.0590	2.2290	2.4180	10	2.6270	2.8600	3.1200	3.4120
11	2.0944	2.2649	2.4519	2.6598	11	2.8897	3.1460	3.4320	3.7532
12	2.2848	2.4708	2.6748	2.9016	12	3.1524	3.4320	3.7440	4.0944
13	2.4752	2.6767	2.8977	3.1434	13	3.4151	3.7180	4.0560	4.4356
14	2.6656	2.8826	3.1206	3.3852	14	3.6778	4.0040	4.3680	4.7768
15	2.8560	3.0885	3.3435	3.6270	15	3.9405	4.2900	4.6800	5.1180
16	3.0464	3.2944	3.5664	3.8688	16	4.2032	4.5760	4.9920	5.4592
17	3.2368	3.5003	3.7893	4.1106	17	4.4659	4.8620	5.3040	5.8004
18	3.4272	3.7062	4.0122	4.3524	18	4.7286	5.1480	5.6160	6.1416
19	3.6176	3.9121	4.2351	4.5942	19	4.9913	5.4340	5.9280	6.4828
20	3.8080	4.1180	4.4580	4.8360	20	5.2540	5.7200	6.2400	6.8240

SOMMES versées.	58 ANS.	59 ANS.	60 ANS.	61 ANS.	SOMMES versées.	62 ANS.	63 ANS.	64 ANS.	65 ANS.
1	0.3739	0.4108	0.4525	0.5000	1	0.5544	0.6168	0.6890	0.7731
2	0.7478	0.8216	0.9050	1.0000	2	1.1088	1.2336	1.3780	1.5462
3	1.1217	1.2324	1.3575	1.5000	3	1.6632	1.8504	2.0670	2.3193
4	1.4956	1.6432	1.8100	2.0000	4	2.2176	2.4672	2.7560	3.0924
5	1.8695	2.0540	2.2625	2.5000	5	2.7720	3.0840	3.4450	3.8655
6	2.2434	2.4648	2.7150	3.0000	6	3.3264	3.7008	4.1340	4.6386
7	2.6173	2.8756	3.1675	3.5000	7	3.8808	4.3176	4.8230	5.4117
8	2.9912	3.2864	3.6200	4.0000	8	4.4352	4.9344	5.5120	6.1848
9	3.3651	3.6972	4.0725	4.5000	9	4.9896	5.5512	6.2010	6.9579
10	3.7390	4.1080	4.5250	5.0000	10	5.5440	6.1680	6.8900	7.7310
11	4.1129	4.5188	4.9775	5.5000	11	6.0984	6.7848	7.5790	8.5041
12	4.4868	4.9296	5.4300	6.0000	12	6.6528	7.4016	8.2680	9.2772
13	4.8607	5.3404	5.8825	6.5000	13	7.2072	8.0184	8.9570	10.0503
14	5.2346	5.7512	6.3350	7.0000	14	7.7616	8.6352	9.6460	10.8234
15	5.6085	6.1620	6.7875	7.5000	15	8.3160	9.2520	10.3350	11.5965
16	5.9824	6.5728	7.2400	8.0000	16	8.8704	9.8688	11.0240	12.3696
17	6.3563	6.9836	7.6925	8.5000	17	9.4248	10.4856	11.7130	13.1427
18	6.7302	7.3944	8.1450	9.0000	18	9.9792	11.1024	12.4020	13.9158
19	7.1041	7.8052	8.5975	9.5000	19	10.5336	11.7192	13.0910	14.6889
20	7.4780	8.2160	9.0500	10.0000	20	11.0880	12.3360	13.7800	15.4620

SOMMES versées	50 ANS.	51 ANS.	52 ANS.	53 ANS.	SOMMES versées	54 ANS.	55 ANS.	56 ANS.	57 ANS.
1	0.1275	0.1379	0.1493	0.1619	1	0.1759	0.1916	0.2000	0.2285
2	0.2550	0.2758	0.2986	0.3238	2	0.3518	0.3832	0.4180	0.4570
3	0.3825	0.4137	0.4479	0.4857	3	0.5277	0.5748	0.6270	0.6855
4	0.5100	0.5516	0.5972	0.6476	4	0.7036	0.7664	0.8360	0.9140
5	0.6375	0.6895	0.7465	0.8095	5	0.8795	0.9580	1.0450	1.1425
6	0.7650	0.8274	0.8958	0.9714	6	1.0554	1.1496	1.2540	1.3710
7	0.8925	0.9653	1.0451	1.1333	7	1.2313	1.3412	1.4030	1.5995
8	1.0200	1.1032	1.1944	1.2952	8	1.4072	1.5328	1.6720	1.8280
9	1.1475	1.2411	1.3437	1.4571	9	1.5831	1.7244	1.8810	2.0565
10	1.2750	1.3790	1.4930	1.6190	10	1.7590	1.9160	2.0900	2.2850
11	1.4025	1.5169	1.6423	1.7809	11	1.9349	2.1076	2.2990	2.5135
12	1.5300	1.6548	1.7916	1.9428	12	2.1108	2.2992	2.5080	2.7420
13	1.6575	1.7927	1.9409	2.1047	13	2.2867	2.4908	2.7170	2.9705
14	1.7850	1.9306	2.0902	2.2666	14	2.4626	2.6824	2.9260	3.1990
15	1.9125	2.0685	2.2395	2.4285	15	2.6385	2.8740	3.1350	3.4275
16	2.0400	2.2064	2.3888	2.5904	16	2.8144	3.0656	3.3440	3.6560
17	2.1675	2.3443	2.5381	2.7523	17	2.9903	3.2572	3.5530	3.8845
18	2.2950	2.4822	2.6874	2.9142	18	3.1662	3.4488	3.7620	4.1130
19	2.4225	2.6201	2.8367	3.0761	19	3.3421	3.6404	3.9710	4.3415
20	2.5500	2.7580	2.9860	3.2380	20	3.5180	3.8320	4.1800	4.5700

SOMMES versées	58 ANS.	59 ANS.	60 ANS.	61 ANS.	SOMMES versées	62 ANS.	63 ANS.	64 ANS.	65 ANS.
1	0.2504	0.2751	0.3031	0.3349	1	0.3713	0.4131	0.4615	0.5177
2	0.5008	0.5502	0.6062	0.6698	2	0.7426	0.8262	0.9230	1.0354
3	0.7512	0.8253	0.9093	1.0047	3	1.1139	1.2393	1.3845	1.5531
4	1.0016	1.1004	1.2124	1.3396	4	1.4852	1.6524	1.8460	2.0708
5	1.2520	1.3755	1.5155	1.6745	5	1.8565	2.0655	2.3075	2.5885
6	1.5024	1.6506	1.8186	2.0094	6	2.2278	2.4786	2.7690	3.1062
7	1.7528	1.9257	2.1217	2.3443	7	2.5991	2.8917	3.2305	3.6239
8	2.0032	2.2008	2.4248	2.6792	8	2.9704	3.3048	3.6920	4.1416
9	2.2536	2.4759	2.7279	3.0141	9	3.3417	3.7179	4.1535	4.6593
10	2.5040	2.7510	3.0310	3.3490	10	3.7130	4.1310	4.6150	5.1770
11	2.7544	3.0261	3.3341	3.6839	11	4.0843	4.5441	5.0765	5.6947
12	3.0048	3.3012	3.6372	4.0188	12	4.4556	4.9572	5.5380	6.2124
13	3.2552	3.5763	3.9403	4.3537	13	4.8269	5.3703	5.9995	6.7301
14	3.5056	3.8514	4.2434	4.6886	14	5.1982	5.7834	6.4610	7.2478
15	3.7560	4.1265	4.5465	5.0235	15	5.5695	6.1965	6.9225	7.7655
16	4.0064	4.4016	4.8496	5.3584	16	5.9408	6.6096	7.3840	8.2832
17	4.2568	4.6767	5.1527	5.6933	17	6.3121	7.0227	7.8455	8.8009
18	4.5072	4.9518	5.4558	6.0282	18	6.6834	7.4358	8.3070	9.3186
19	4.7576	5.2269	5.7589	6.3631	19	7.0547	7.8489	8.7685	9.8363
20	5.0080	5.5020	6.0620	6.6980	20	7.4260	8.2620	9.2300	10.3540

SOMMES versées	50 ANS	51 ANS	52 ANS	53 ANS	SOMMES versées	54 ANS	55 ANS	56 ANS	57 ANS
1	0.1904	0.2059	0.2229	0.2418	1	0.2627	0.2860	0.3120	0.3412
2	0.3808	0.4118	0.4458	0.4836	2	0.5254	0.5720	0.6240	0.6824
3	0.5712	0.6177	0.6687	0.7254	3	0.7881	0.8580	0.9360	1.0236
4	0.7616	0.8236	0.8916	0.9672	4	1.0508	1.1440	1.2480	1.3648
5	0.9520	1.0295	1.1145	1.2090	5	1.3135	1.4300	1.5600	1.7060
6	1.1424	1.2354	1.3374	1.4508	6	1.5762	1.7160	1.8720	2.0472
7	1.3328	1.4413	1.5603	1.6926	7	1.8389	2.0020	2.1840	2.3884
8	1.5232	1.6472	1.7832	1.9344	8	2.1016	2.2880	2.4960	2.7296
9	1.7136	1.8531	2.0061	2.1762	9	2.3643	2.5740	2.8080	3.0708
10	1.9040	2.0590	2.2290	2.4180	10	2.6270	2.8600	3.1200	3.4120
11	2.0944	2.2649	2.4519	2.6598	11	2.8897	3.1460	3.4320	3.7532
12	2.2848	2.4708	2.6748	2.9016	12	3.1524	3.4320	3.7440	4.0944
13	2.4752	2.6767	2.8977	3.1434	13	3.4151	3.7180	4.0560	4.4356
14	2.6656	2.8826	3.1206	3.3852	14	3.6778	4.0040	4.3680	4.7768
15	2.8560	3.0885	3.3435	3.6270	15	3.9405	4.2900	4.6800	5.1180
16	3.0464	3.2944	3.5664	3.8688	16	4.2032	4.5760	4.9920	5.4592
17	3.2368	3.5003	3.7893	4.1106	17	4.4659	4.8620	5.3040	5.8004
18	3.4272	3.7062	4.0122	4.3524	18	4.7286	5.1480	5.6160	6.1416
19	3.6176	3.9121	4.2351	4.5942	19	4.9913	5.4340	5.9280	6.4828
20	3.8080	4.1180	4.4580	4.8360	20	5.2540	5.7200	6.2400	6.8240

SOMMES versées	38 ANS	59 ANS	60 ANS	61 ANS	SOMMES versées	62 ANS	63 ANS	64 ANS	65 ANS
1	0.3739	0.4108	0.4525	0.5000	1	0.5544	0.6168	0.6890	0.7731
2	0.7478	0.8216	0.9050	1.0000	2	1.1088	1.2336	1.3780	1.5462
3	1.1217	1.2324	1.3575	1.5000	3	1.6632	1.8504	2.0670	2.3193
4	1.4956	1.6432	1.8100	2.0000	4	2.2176	2.4672	2.7560	3.0924
5	1.8695	2.0540	2.2625	2.5000	5	2.7720	3.0840	3.4450	3.8655
6	2.2434	2.4648	2.7150	3.0000	6	3.3264	3.7008	4.1340	4.6386
7	2.6173	2.8756	3.1675	3.5000	7	3.8808	4.3176	4.8230	5.4117
8	2.9912	3.2864	3.6200	4.0000	8	4.4352	4.9344	5.5120	6.1848
9	3.3651	3.6972	4.0725	4.5000	9	4.9896	5.5512	6.2010	6.9579
10	3.7390	4.1080	4.5250	5.0000	10	5.5440	6.1680	6.8900	7.7310
11	4.1129	4.5188	4.9775	5.5000	11	6.0984	6.7848	7.5790	8.5041
12	4.4868	4.9296	5.4300	6.0000	12	6.6528	7.4016	8.2680	9.2772
13	4.8607	5.3404	5.8825	6.5000	13	7.2072	8.0184	8.9570	10.0503
14	5.2346	5.7512	6.3350	7.0000	14	7.7616	8.6352	9.6460	10.8234
15	5.6085	6.1620	6.7875	7.5000	15	8.3160	9.2520	10.3350	11.5965
16	5.9824	6.5728	7.2400	8.0000	16	8.8704	9.8688	11.0240	12.3696
17	6.3563	6.9836	7.6925	8.5000	17	9.4248	10.4856	11.7130	13.1427
18	6.7302	7.3944	8.1450	9.0000	18	9.9792	11.1024	12.4020	13.9158
19	7.1041	7.8052	8.5975	9.5000	19	10.5336	11.7192	13.0910	14.6889
20	7.4780	8.2160	9.0500	10.0000	20	11.0880	12.3360	13.7800	15.4620

SOMMES versées	50 ANS.	51 ANS.	52 ANS.	53 ANS.	SOMMES versées	54 ANS.	55 ANS.	56 ANS.	57 ANS.
1	0.1275	0.1379	0.1493	0.1619	1	0.1759	0.1916	0.2090	0.2285
2	0.2550	0.2758	0.2986	0.3238	2	0.3518	0.3832	0.4180	0.4570
3	0.3825	0.4137	0.4479	0.4857	3	0.5277	0.5748	0.6270	0.6855
4	0.5100	0.5516	0.5972	0.6476	4	0.7036	0.7664	0.8360	0.9140
5	0.6375	0.6895	0.7465	0.8095	5	0.8795	0.9580	1.0450	1.1425
6	0.7650	0.8274	0.8958	0.9714	6	1.0554	1.1496	1.2540	1.3710
7	0.8925	0.9653	1.0451	1.1333	7	1.2313	1.3412	1.4630	1.5995
8	1.0200	1.1032	1.1944	1.2952	8	1.4072	1.5328	1.6720	1.8280
9	1.1475	1.2411	1.3437	1.4571	9	1.5831	1.7244	1.8810	2.0565
10	1.2750	1.3790	1.4930	1.6190	10	1.7590	1.9160	2.0900	2.2850
11	1.4025	1.5169	1.6423	1.7809	11	1.9349	2.1076	2.2990	2.5135
12	1.5300	1.6548	1.7916	1.9428	12	2.1108	2.2992	2.5080	2.7420
13	1.6575	1.7927	1.9409	2.1047	13	2.2867	2.4908	2.7170	2.9705
14	1.7850	1.9306	2.0902	2.2666	14	2.4626	2.6824	2.9260	3.1990
15	1.9125	2.0685	2.2395	2.4285	15	2.6385	2.8740	3.1350	3.4275
16	2.0400	2.2064	2.3888	2.5904	16	2.8144	3.0656	3.3440	3.6560
17	2.1675	2.3443	2.5381	2.7523	17	2.9903	3.2572	3.5530	3.8845
18	2.2950	2.4822	2.6874	2.9142	18	3.1662	3.4488	3.7620	4.1130
19	2.4225	2.6201	2.8367	3.0761	19	3.3421	3.6404	3.9710	4.3415
20	2.5500	2.7580	2.9860	3.2380	20	3.5180	3.8320	4.1800	4.5700

SOMMES versées	58 ANS.	59 ANS.	60 ANS.	61 ANS.	SOMMES versées	62 ANS.	63 ANS.	64 ANS.	65 ANS.
1	0.2504	0.2751	0.3031	0.3349	1	0.3713	0.4131	0.4615	0.5177
2	0.5008	0.5502	0.6062	0.6698	2	0.7426	0.8262	0.9230	1.0354
3	0.7512	0.8253	0.9093	1.0047	3	1.1139	1.2393	1.3845	1.5531
4	1.0016	1.1004	1.2124	1.3396	4	1.4852	1.6524	1.8460	2.0708
5	1.2520	1.3755	1.5155	1.6745	5	1.8565	2.0655	2.3075	2.5885
6	1.5024	1.6506	1.8186	2.0094	6	2.2278	2.4786	2.7690	3.1062
7	1.7528	1.9257	2.1217	2.3443	7	2.5991	2.8917	3.2305	3.6239
8	2.0032	2.2008	2.4248	2.6792	8	2.9704	3.3048	3.6920	4.1416
9	2.2536	2.4759	2.7279	3.0141	9	3.3417	3.7179	4.1535	4.6593
10	2.5040	2.7510	3.0310	3.3490	10	3.7130	4.1310	4.6150	5.1770
11	2.7544	3.0261	3.3341	3.6839	11	4.0843	4.5441	5.0765	5.6947
12	3.0048	3.3012	3.6372	4.0188	12	4.4556	4.9572	5.5380	6.2124
13	3.2552	3.5763	3.9403	4.3537	13	4.8269	5.3703	5.9995	6.7301
14	3.5056	3.8514	4.2434	4.6886	14	5.1982	5.7834	6.4610	7.2478
15	3.7560	4.1265	4.5465	5.0235	15	5.5695	6.1965	6.9225	7.7655
16	4.0064	4.4016	4.8496	5.3584	16	5.9408	6.6096	7.3840	8.2832
17	4.2568	4.6767	5.1527	5.6933	17	6.3121	7.0227	7.8455	8.8009
18	4.5072	4.9518	5.4558	6.0282	18	6.6834	7.4358	8.3070	9.3186
19	4.7576	5.2269	5.7589	6.3631	19	7.0547	7.8489	8.7685	9.8363
20	5.0080	5.5020	6.0620	6.6980	20	7.4260	8.2620	9.2300	10.3540

SOMMES versées.	50 ANS.	51 ANS.	52 ANS.	53 ANS.	SOMMES versées.	54 ANS.	55 ANS.	56 ANS.	57 ANS.
1	0.1880	0.2033	0.2201	0.2387	1	0.2594	0.2824	0.3081	0.3368
2	0.3760	0.4066	0.4402	0.4774	2	0.5188	0.5648	0.6162	0.6736
3	0.5640	0.6099	0.6603	0.7161	3	0.7782	0.8472	0.9243	1.0104
4	0.7520	0.8132	0.8804	0.9548	4	1.0376	1.1296	1.2324	1.3472
5	0.9400	1.0165	1.1005	1.1935	5	1.2970	1.4120	1.5405	1.6840
6	1.1280	1.2198	1.3206	1.4322	6	1.5564	1.6944	1.8486	2.0208
7	1.3160	1.4231	1.5407	1.6709	7	1.8158	1.9768	2.1567	2.3576
8	1.5040	1.6264	1.7608	1.9096	8	2.0752	2.2592	2.4648	2.6944
9	1.6920	1.8297	1.9809	2.1483	9	2.3346	2.5416	2.7729	3.0312
10	1.8800	2.0330	2.2010	2.3870	10	2.5940	2.8240	3.0810	3.3680
11	2.0680	2.2363	2.4211	2.6257	11	2.8534	3.1064	3.3891	3.7048
12	2.2560	2.4396	2.6412	2.8644	12	3.1128	3.3888	3.6972	4.0416
13	2.4440	2.6429	2.8613	3.1031	13	3.3722	3.6712	4.0053	4.3784
14	2.6320	2.8462	3.0814	3.3418	14	3.6316	3.9536	4.3134	4.7152
15	2.8200	3.0495	3.3015	3.5805	15	3.8910	4.2360	4.6215	5.0520
16	3.0080	3.2528	3.5216	3.8192	16	4.1504	4.5184	4.9296	5.3888
17	3.1960	3.4561	3.7417	4.0579	17	4.4098	4.8008	5.2377	5.7256
18	3.3840	3.6594	3.9618	4.2966	18	4.6692	5.0832	5.5458	6.0624
19	3.5720	3.8627	4.1819	4.5353	19	4.9286	5.3656	5.8539	6.3992
20	3.7600	4.0660	4.4020	4.7740	20	5.1880	5.6480	6.1620	6.7360

SOMMES versées.	58 ANS.	59 ANS.	60 ANS.	61 ANS.	SOMMES versées.	62 ANS.	63 ANS.	64 ANS.	65 ANS.
1	0.3692	0.4056	0.4468	0.4937	1	0.5474	0.6090	0.6803	0.7633
2	0.7384	0.8112	0.8936	0.9874	2	1.0948	1.2180	1.3606	1.5266
3	1.1076	1.2168	1.3404	1.4811	3	1.6422	1.8270	2.0409	2.2899
4	1.4768	1.6224	1.7872	1.9748	4	2.1896	2.4360	2.7212	3.0532
5	1.8460	2.0280	2.2340	2.4685	5	2.7370	3.0450	3.4015	3.8165
6	2.2152	2.4336	2.6808	2.9622	6	3.2844	3.6540	4.0818	4.5708
7	2.5844	2.8392	3.1276	3.4559	7	3.8318	4.2630	4.7621	5.3431
8	2.9536	3.2448	3.5744	3.9496	8	4.3792	4.8720	5.4424	6.1064
9	3.3228	3.6504	4.0212	4.4433	9	4.9266	5.4810	6.1227	6.8697
10	3.6920	4.0560	4.4680	4.9370	10	5.4740	6.0900	6.8030	7.6330
11	4.0612	4.4616	4.9148	5.4307	11	6.0214	6.6990	7.4833	8.3963
12	4.4304	4.8672	5.3616	5.9244	12	6.5688	7.3080	8.1636	9.1596
13	4.7996	5.2728	5.8084	6.4181	13	7.1162	7.9170	8.8439	9.9229
14	5.1688	5.6784	6.2552	6.9118	14	7.6636	8.5260	9.5242	10.6862
15	5.5380	6.0840	6.7020	7.4055	15	8.2110	9.1350	10.2045	11.4495
16	5.9072	6.4896	7.1488	7.8992	16	8.7584	9.7440	10.8848	12.2128
17	6.2764	6.8952	7.5956	8.3929	17	9.3058	10.3530	11.5651	12.9761
18	6.6456	7.3008	8.0424	8.8866	18	9.8532	10.9620	12.2454	13.7394
19	7.0148	7.7064	8.4892	9.3803	19	10.4006	11.5710	12.9257	14.5027
20	7.3840	8.1120	8.9360	9.8740	20	10.9480	12.1800	13.6060	15.2660

SOMMES versées	50 ANS.	51 ANS.	52 ANS.	53 ANS.	SOMMES versées	54 ANS.	55 ANS.	56 ANS.	57 ANS.
1	0.1257	0.1358	0.1471	0.1595	1	0.1734	0.1887	0.2050	0.2251
2	0.2514	0.2716	0.2942	0.3190	2	0.3468	0.3774	0.4118	0.4502
3	0.3771	0.4074	0.4413	0.4785	3	0.5202	0.5661	0.6177	0.6753
4	0.5028	0.5432	0.5884	0.6380	4	0.6936	0.7548	0.8236	0.9004
5	0.6285	0.6790	0.7355	0.7975	5	0.8670	0.9435	1.0205	1.1255
6	0.7542	0.8148	0.8826	0.9570	6	1.0404	1.1322	1.2354	1.3506
7	0.8799	0.9506	1.0297	1.1165	7	1.2138	1.3209	1.4413	1.5757
8	1.0056	1.0864	1.1768	1.2760	8	1.3872	1.5096	1.6472	1.8008
9	1.1313	1.2222	1.3239	1.4355	9	1.5606	1.6983	1.8531	2.0259
10	1.2570	1.3580	1.4710	1.5950	10	1.7340	1.8870	2.0590	2.2510
11	1.3827	1.4938	1.6181	1.7545	11	1.9074	2.0757	2.2649	2.4761
12	1.5084	1.6296	1.7652	1.9140	12	2.0808	2.2644	2.4708	2.7012
13	1.6341	1.7654	1.9123	2.0735	13	2.2542	2.4531	2.6767	2.9263
14	1.7598	1.9012	2.0594	2.2330	14	2.4276	2.6418	2.8826	3.1514
15	1.8855	2.0370	2.2065	2.3925	15	2.6010	2.8305	3.0885	3.3765
16	2.0112	2.1728	2.3536	2.5520	16	2.7744	3.0192	3.2944	3.6016
17	2.1369	2.3086	2.5007	2.7115	17	2.9478	3.2079	3.5003	3.8267
18	2.2626	2.4444	2.6478	2.8710	18	3.1212	3.3966	3.7062	4.0518
19	2.3883	2.5802	2.7949	3.0305	19	3.2946	3.5853	3.9121	4.2769
20	2.5140	2.7160	2.9420	3.1900	20	3.4680	3.7740	4.1180	4.5020

SOMMES versées	58 ANS.	59 ANS.	60 ANS.	61 ANS.	SOMMES versées	62 ANS.	63 ANS.	64 ANS.	65 ANS.
1	0.2467	0.2711	0.2986	0.3300	1	0.3658	0.4070	0.4547	0.5101
2	0.4934	0.5422	0.5972	0.6600	2	0.7316	0.8140	0.9094	1.0202
3	0.7401	0.8133	0.8958	0.9900	3	1.0974	1.2210	1.3641	1.5303
4	0.9868	1.0844	1.1944	1.3200	4	1.4632	1.6280	1.8188	2.0404
5	1.2335	1.3555	1.4930	1.6500	5	1.8290	2.0350	2.2735	2.5505
6	1.4802	1.6266	1.7916	1.9800	6	2.1948	2.4420	2.7282	3.0606
7	1.7269	1.8977	2.0902	2.3100	7	2.5606	2.8490	3.1829	3.5707
8	1.9736	2.1688	2.3888	2.6400	8	2.9264	3.2560	3.6376	4.0808
9	2.2203	2.4399	2.6874	2.9700	9	3.2922	3.6630	4.0923	4.5909
10	2.4670	2.7110	2.9860	3.3000	10	3.6580	4.0700	4.5470	5.1010
11	2.7137	2.9821	3.2846	3.6300	11	4.0238	4.4770	5.0017	5.6111
12	2.9604	3.2532	3.5832	3.9600	12	4.3896	4.8840	5.4564	6.1212
13	3.2071	3.5243	3.8818	4.2900	13	4.7554	5.2910	5.9111	6.6313
14	3.4538	3.7954	4.1804	4.6200	14	5.1212	5.6980	6.3658	7.1414
15	3.7005	4.0665	4.4790	4.9500	15	5.4870	6.1050	6.8205	7.6515
16	3.9472	4.3376	4.7776	5.2800	16	5.8528	6.5120	7.2752	8.1616
17	4.1939	4.6087	5.0762	5.6100	17	6.2186	6.9190	7.7299	8.6717
18	4.4406	4.8798	5.3748	5.9400	18	6.5844	7.3260	8.1846	9.1818
19	4.6873	5.1509	5.6734	6.2700	19	6.9502	7.7330	8.6393	9.6919
20	4.9340	5.4220	5.9720	6.6000	20	7.3160	8.1400	9.0940	10.2020

SOMMES versées.	50 ANS.	51 ANS.	52 ANS.	53 ANS.	SOMMES versées.	54 ANS.	55 ANS.	56 ANS.	57 ANS.
1	0.1856	0.2007	0.2173	0.2357	1	0.2561	0.2788	0.3042	0.3326
2	0.3712	0.4014	0.4346	0.4714	2	0.5122	0.5576	0.6084	0.6652
3	0.5568	0.6021	0.6519	0.7071	3	0.7683	0.8364	0.9126	0.9978
4	0.7424	0.8028	0.8692	0.9428	4	1.0244	1.1152	1.2168	1.3304
5	0.9280	1.0035	1.0865	1.1785	5	1.2805	1.3940	1.5210	1.6630
6	1.1136	1.2042	1.3038	1.4142	6	1.5366	1.6728	1.8252	1.9956
7	1.2992	1.4049	1.5211	1.6499	7	1.7927	1.9516	2.1294	2.3282
8	1.4848	1.6056	1.7384	1.8856	8	2.0488	2.2304	2.4336	2.6608
9	1.6704	1.8063	1.9557	2.1213	9	2.3049	2.5092	2.7378	2.9934
10	1.8560	2.0070	2.1730	2.3570	10	2.5610	2.7880	3.0420	3.3260
11	2.0416	2.2077	2.3903	2.5927	11	2.8171	3.0668	3.3462	3.6586
12	2.2272	2.4084	2.6076	2.8284	12	3.0732	3.3456	3.6504	3.9912
13	2.4128	2.6091	2.8249	3.0641	13	3.3293	3.6244	3.9546	4.3238
14	2.5984	2.8098	3.0422	3.2998	14	3.5854	3.9032	4.2588	4.6564
15	2.7840	3.0105	3.2595	3.5355	15	3.8415	4.1820	4.5630	4.9890
16	2.9696	3.2112	3.4768	3.7712	16	4.0976	4.4608	4.8672	5.3216
17	3.1552	3.4119	3.6941	4.0069	17	4.3537	4.7396	5.1714	5.6542
18	3.3408	3.6126	3.9114	4.2426	18	4.6098	5.0184	5.4756	5.9868
19	3.5264	3.8133	4.1287	4.4783	19	4.8659	5.2972	5.7798	6.3194
20	3.7120	4.0140	4.3460	4.7140	20	5.1220	5.5760	6.0840	6.6520

SOMMES versées.	58 ANS.	59 ANS.	60 ANS.	61 ANS.	SOMMES versées.	62 ANS.	63 ANS.	64 ANS.	65 ANS.
1	0.3645	0.4005	0.4412	0.4875	1	0.5404	0.6013	0.6717	0.7537
2	0.7290	0.8010	0.8824	0.9750	2	1.0808	1.2026	1.3434	1.5074
3	1.0935	1.2015	1.3236	1.4625	3	1.6212	1.8039	2.0151	2.2611
4	1.4580	1.6020	1.7648	1.9500	4	2.1616	2.4052	2.6868	3.0148
5	1.8225	2.0025	2.2060	2.4375	5	2.7020	3.0065	3.3585	3.7685
6	2.1870	2.4030	2.6472	2.9250	6	3.2424	3.6078	4.0302	4.5222
7	2.5515	2.8035	3.0884	3.4125	7	3.7828	4.2091	4.7019	5.2759
8	2.9160	3.2040	3.5296	3.9000	8	4.3232	4.8104	5.3736	6.0296
9	3.2805	3.6045	3.9708	4.3875	9	4.8636	5.4117	6.0453	6.7833
10	3.6450	4.0050	4.4120	4.8750	10	5.4040	6.0130	6.7170	7.5370
11	4.0095	4.4055	4.8532	5.3625	11	5.9444	6.6143	7.3887	8.2907
12	4.3740	4.8060	5.2944	5.8500	12	6.4848	7.2156	8.0604	9.0444
13	4.7385	5.2065	5.7356	6.3375	13	7.0252	7.8169	8.7321	9.7981
14	5.1030	5.6070	6.1768	6.8250	14	7.5656	8.4182	9.4038	10.5518
15	5.4675	6.0075	6.6180	7.3125	15	8.1060	9.0195	10.0755	11.3055
16	5.8320	6.4080	7.0592	7.8000	16	8.6464	9.6208	10.7472	12.0592
17	6.1965	6.8085	7.5004	8.2875	17	9.1868	10.2221	11.4189	12.8129
18	6.5610	7.2090	7.9416	8.7750	18	9.7272	10.8234	12.0906	13.5666
19	6.9255	7.6095	8.3828	9.2625	19	10.2676	11.4247	12.7623	14.3203
20	7.2900	8.0100	8.8240	9.7500	20	10.8080	12.0260	13.4340	15.0740

SOMMES versées	50 ANS.	51 ANS.	52 ANS.	53 ANS.	SOMMES versées	54 ANS.	55 ANS.	56 ANS.	57 ANS.
1	0.1238	0.1338	0.1449	0.1572	1	0.1708	0.1860	0.2029	0.2218
2	0.2476	0.2676	0.2898	0.3144	2	0.3416	0.3720	0.4058	0.4436
3	0.3714	0.4014	0.4347	0.4716	3	0.5124	0.5580	0.6087	0.6654
4	0.4952	0.5352	0.5796	0.6288	4	0.6832	0.7440	0.8116	0.8872
5	0.6190	0.6690	0.7245	0.7860	5	0.8540	0.9300	1.0145	1.1090
6	0.7428	0.8028	0.8694	0.9432	6	1.0248	1.1160	1.2174	1.3308
7	0.8666	0.9366	1.0143	1.1004	7	1.1956	1.3020	1.4203	1.5526
8	0.9904	1.0704	1.1592	1.2576	8	1.3664	1.4880	1.6232	1.7744
9	1.1142	1.2042	1.3041	1.4148	9	1.5372	1.6740	1.8261	1.9962
10	1.2380	1.3380	1.4490	1.5720	10	1.7080	1.8600	2.0290	2.2180
11	1.3618	1.4718	1.5939	1.7292	11	1.8788	2.0460	2.2319	2.4398
12	1.4856	1.6056	1.7388	1.8864	12	2.0496	2.2320	2.4348	2.6616
13	1.6094	1.7394	1.8837	2.0436	13	2.2204	2.4180	2.6377	2.8834
14	1.7332	1.8732	2.0286	2.2008	14	2.3912	2.6040	2.8406	3.1052
15	1.8570	2.0070	2.1735	2.3580	15	2.5620	2.7900	3.0435	3.3270
16	1.9808	2.1408	2.3184	2.5152	16	2.7328	2.9760	3.2464	3.5488
17	2.1046	2.2746	2.4633	2.6724	17	2.9036	3.1620	3.4493	3.7706
18	2.2284	2.4084	2.6082	2.8296	18	3.0744	3.3480	3.6522	3.9924
19	2.3522	2.5422	2.7531	2.9868	19	3.2452	3.5340	3.8551	4.2142
20	2.4760	2.6760	2.8980	3.1440	20	3.4160	3.7200	4.0580	4.4360

SOMMES versées	58 ANS.	59 ANS.	60 ANS.	61 ANS.	SOMMES versées	62 ANS.	63 ANS.	64 ANS.	65 ANS.
1	0.2431	0.2671	0.2942	0.3251	1	0.3604	0.4010	0.4480	0.5026
2	0.4862	0.5342	0.5884	0.6502	2	0.7208	0.8020	0.8960	1.0052
3	0.7293	0.8013	0.8826	0.9753	3	1.0812	1.2030	1.3440	1.5078
4	0.9724	1.0684	1.1768	1.3004	4	1.4416	1.6040	1.7920	2.0104
5	1.2155	1.3355	1.4710	1.6255	5	1.8020	2.0050	2.2400	2.5130
6	1.4586	1.6026	1.7652	1.9506	6	2.1624	2.4060	2.6880	3.0156
7	1.7017	1.8697	2.0594	2.2757	7	2.5228	2.8070	3.1360	3.5182
8	1.9448	2.1368	2.3536	2.6008	8	2.8832	3.2080	3.5840	4.0208
9	2.1879	2.4039	2.6478	2.9259	9	3.2436	3.6090	4.0320	4.5234
10	2.4310	2.6710	2.9420	3.2510	10	3.6040	4.0100	4.4800	5.0260
11	2.6741	2.9381	3.2362	3.5761	11	3.9644	4.4110	4.9280	5.5286
12	2.9172	3.2052	3.5304	3.9012	12	4.3248	4.8120	5.3760	6.0312
13	3.1603	3.4723	3.8246	4.2263	13	4.6852	5.2130	5.8240	6.5338
14	3.4034	3.7394	4.1188	4.5514	14	5.0456	5.6140	6.2720	7.0364
15	3.6465	4.0065	4.4130	4.8765	15	5.4060	6.0150	6.7200	7.5390
16	3.8896	4.2736	4.7072	5.2016	16	5.7664	6.4160	7.1680	8.0416
17	4.1327	4.5407	5.0014	5.5267	17	6.1268	6.8170	7.6160	8.5442
18	4.3758	4.8078	5.2956	5.8518	18	6.4872	7.2180	8.0640	9.0468
19	4.6189	5.0749	5.5898	6.1769	19	6.8476	7.6190	8.5120	9.5494
20	4.8620	5.3420	5.8840	6.5020	20	7.2080	8.0200	8.9600	10.0520

SOMMES versées	50 ANS.	51 ANS.	52 ANS.	53 ANS.	SOMMES versées	54 ANS.	55 ANS.	56 ANS.	57 ANS.
1	0.1833	0.1982	0.2146	0.2327	1	0.2529	0.2753	0.3003	0.3284
2	0.3666	0.3964	0.4292	0.4654	2	0.5058	0.5506	0.6006	0.6508
3	0.5499	0.5946	0.6438	0.6981	3	0.7587	0.8259	0.9009	0.9852
4	0.7332	0.7928	0.8584	0.9308	4	1.0116	1.1012	1.2012	1.3136
5	0.9165	0.9910	1.0730	1.1635	5	1.2645	1.3765	1.5015	1.6420
6	1.0998	1.1892	1.2876	1.3962	6	1.5174	1.6518	1.8018	1.9704
7	1.2831	1.3874	1.5022	1.6289	7	1.7703	1.9271	2.1021	2.2988
8	1.4664	1.5856	1.7168	1.8616	8	2.0232	2.2024	2.4024	2.6272
9	1.6497	1.7838	1.9314	2.0943	9	2.2761	2.4777	2.7027	2.9556
10	1.8330	1.9820	2.1460	2.3270	10	2.5290	2.7530	3.0030	3.2840
11	2.0163	2.1802	2.3606	2.5597	11	2.7819	3.0283	3.3033	3.6124
12	2.1996	2.3784	2.5752	2.7924	12	3.0348	3.3036	3.6036	3.9408
13	2.3829	2.5766	2.7898	3.0251	13	3.2877	3.5789	3.9039	4.2692
14	2.5662	2.7748	3.0044	3.2578	14	3.5406	3.8542	4.2042	4.5976
15	2.7495	2.9730	3.2190	3.4905	15	3.7935	4.1295	4.5045	4.9260
16	2.9328	3.1712	3.4336	3.7232	16	4.0464	4.4048	4.8048	5.2544
17	3.1161	3.3694	3.6482	3.9559	17	4.2993	4.6801	5.1051	5.5828
18	3.2994	3.5676	3.8628	4.1886	18	4.5522	4.9554	5.4054	5.9112
19	3.4827	3.7658	4.0774	4.4213	19	4.8051	5.2307	5.7057	6.2396
20	3.6660	3.9640	4.2920	4.6540	20	5.0580	5.5060	6.0060	6.5680

SOMMES versées	58 ANS.	59 ANS.	60 ANS.	61 ANS.	SOMMES versées	62 ANS.	63 ANS.	64 ANS.	65 ANS.
1	0.3599	0.3954	0.4356	0.4813	1	0.5336	0.5937	0.6632	0.7441
2	0.7198	0.7908	0.8712	0.9626	2	1.0672	1.1874	1.3264	1.4882
3	1.0797	1.1862	1.3068	1.4439	3	1.6008	1.7811	1.9896	2.2323
4	1.4396	1.5816	1.7424	1.9252	4	2.1344	2.3748	2.6528	2.9764
5	1.7995	1.9770	2.1780	2.4065	5	2.6680	2.9685	3.3160	3.7205
6	2.1594	2.3724	2.6136	2.8878	6	3.2016	3.5622	3.9792	4.4646
7	2.5193	2.7678	3.0492	3.3691	7	3.7352	4.1559	4.6424	5.2087
8	2.8792	3.1632	3.4848	3.8504	8	4.2688	4.7496	5.3056	5.9528
9	3.2391	3.5586	3.9204	4.3317	9	4.8024	5.3433	5.9688	6.6969
10	3.5990	3.9540	4.3560	4.8130	10	5.3360	5.9370	6.6320	7.4410
11	3.9589	4.3494	4.7916	5.2943	11	5.8696	6.5307	7.2952	8.1851
12	4.3188	4.7448	5.2272	5.7756	12	6.4032	7.1244	7.9584	8.9292
13	4.6787	5.1402	5.6628	6.2569	13	6.9368	7.7181	8.6216	9.6733
14	5.0386	5.5356	6.0984	6.7382	14	7.4704	8.3118	9.2848	10.4174
15	5.3985	5.9310	6.5340	7.2195	15	8.0010	8.9055	9.9480	11.1615
16	5.7584	6.3264	6.9696	7.7008	16	8.5376	9.4992	10.6112	11.9056
17	6.1183	6.7218	7.4052	8.1821	17	9.0712	10.0929	11.2744	12.6497
18	6.4782	7.1172	7.8408	8.6634	18	9.6048	10.6866	11.9376	13.3938
19	6.8381	7.5126	8.2764	9.1447	19	10.1384	11.2803	12.6008	14.1379
20	7.1980	7.9080	8.7120	9.6260	20	10.6720	11.8740	13.2640	14.8820

Sommes versées	50 ANS.	51 ANS.	52 ANS	53 ANS.	Sommes versées	54 ANS.	55 ANS.	56 ANS.	57 ANS.
1	0.1220	0.1319	0.1428	0.1549	1	0.1683	0.1832	0.1999	0.2185
2	0.2440	0.2638	0.2856	0.3098	2	0.3366	0.3664	0.3998	0.4370
3	0.3660	0.3957	0.4284	0.4647	3	0.5049	0.5496	0.5997	0.6555
4	0.4880	0.5276	0.5712	0.6196	4	0.6732	0.7328	0.7996	0.8740
5	0.6100	0.6595	0.7140	0.7745	5	0.8415	0.9160	0.9995	1.0925
6	0.7320	0.7914	0.8568	0.9294	6	1.0098	1.0992	1.1994	1.3110
7	0.8540	0.9233	0.9996	1.0843	7	1.1781	1.2824	1.3993	1.5295
8	0.9760	1.0552	1.1424	1.2392	8	1.3464	1.4656	1.5992	1.7480
9	1.0980	1.1871	1.2852	1.3941	9	1.5147	1.6488	1.7991	1.9665
10	1.2200	1.3190	1.4280	1.5490	10	1.6830	1.8320	1.9990	2.1850
11	1.3420	1.4509	1.5708	1.7039	11	1.8513	2.0152	2.1989	2.4035
12	1.4640	1.5828	1.7136	1.8588	12	2.0196	2.1984	2.3988	2.6220
13	1.5860	1.7147	1.8564	2.0137	13	2.1879	2.3816	2.5987	2.8405
14	1.7080	1.8466	1.9992	2.1686	14	2.3562	2.5648	2.7986	3.0590
15	1.8300	1.9785	2.1420	2.3235	15	2.5245	2.7480	2.9985	3.2775
16	1.9520	2.1104	2.2848	2.4784	16	2.6928	2.9312	3.1984	3.4960
17	2.0740	2.2423	2.4276	2.6333	17	2.8611	3.1144	3.3983	3.7145
18	2.1960	2.3742	2.5704	2.7882	18	3.0294	3.2976	3.5982	3.9330
19	2.3180	2.5061	2.7132	2.9431	19	3.1977	3.4808	3.7981	4.1515
20	2.4400	2.6380	2.8560	3.0980	20	3.3660	3.6640	3.9980	4.3700

Sommes versées	58 ANS.	59 ANS.	60 ANS.	61 ANS.	Sommes versées	62 ANS.	63 ANS.	64 ANS.	65 ANS.
1	0.2395	0.2631	0.2899	0.3203	1	0.3551	0.3951	0.4414	0.4952
2	0.4790	0.5262	0.5798	0.6406	2	0.7102	0.7902	0.8828	0.9904
3	0.7185	0.7893	0.8697	0.9609	3	1.0653	1.1853	1.3242	1.4856
4	0.9580	1.0524	1.1596	1.2812	4	1.4204	1.5804	1.7656	1.9808
5	1.1975	1.3155	1.4495	1.6015	5	1.7755	1.9755	2.2070	2.4760
6	1.4370	1.5786	1.7394	1.9218	6	2.1306	2.3706	2.6484	2.9712
7	1.6765	1.8417	2.0293	2.2421	7	2.4857	2.7657	3.0898	3.4664
8	1.9160	2.1048	2.3192	2.5624	8	2.8408	3.1608	3.5312	3.9616
9	2.1555	2.3679	2.6091	2.8827	9	3.1959	3.5559	3.9726	4.4568
10	2.3950	2.6310	2.8990	3.2030	10	3.5510	3.9510	4.4140	4.9520
11	2.6345	2.8941	3.1889	3.5233	11	3.9061	4.3461	4.8554	5.4472
12	2.8740	3.1572	3.4788	3.8436	12	4.2612	4.7412	5.2968	5.9424
13	3.1135	3.4203	3.7687	4.1639	13	4.6163	5.1363	5.7382	6.4376
14	3.3530	3.6834	4.0586	4.4842	14	4.9714	5.5314	6.1796	6.9328
15	3.5925	3.9465	4.3485	4.8045	15	5.3265	5.9265	6.6210	7.4280
16	3.8320	4.2096	4.6384	5.1248	16	5.6816	6.3216	7.0624	7.9232
17	4.0715	4.4727	4.9283	5.4451	17	6.0367	6.7167	7.5038	8.4184
18	4.3110	4.7358	5.2182	5.7654	18	6.3918	7.1118	7.9452	8.9136
19	4.5505	4.9989	5.5081	6.0857	19	6.7469	7.5069	8.3866	9.4088
20	4.7900	5.2620	5.7980	6.4060	20	7.1020	7.9020	8.8280	9.9040

SOMMES versées.	50 ANS.	51 ANS.	52 ANS.	53 ANS.	SOMMES versées.	54 ANS.	55 ANS.	56 ANS.	57 ANS.
1	0.1810	0.1956	0.2118	0.2298	1	0.2497	0.2718	0.2965	0.3242
2	0.3620	0.3912	0.4236	0.4596	2	0.4994	0.5436	0.5930	0.6484
3	0.5430	0.5868	0.6354	0.6894	3	0.7491	0.8154	0.8895	0.9726
4	0.7240	0.7824	0.8472	0.9192	4	0.9988	1.0872	1.1860	1.2968
5	0.9050	0.9780	1.0590	1.1490	5	1.2485	1.3590	1.4825	1.6210
6	1.0860	1.1736	1.2708	1.3788	6	1.4982	1.6308	1.7790	1.9452
7	1.2670	1.3692	1.4826	1.6086	7	1.7479	1.9026	2.0755	2.2694
8	1.4480	1.5648	1.6944	1.8384	8	1.9976	2.1744	2.3720	2.5936
9	1.6290	1.7604	1.9062	2.0682	9	2.2473	2.4462	2.6685	2.9178
10	1.8100	1.9560	2.1180	2.2980	10	2.4970	2.7180	2.9650	3.2420
11	1.9910	2.1516	2.3298	2.5278	11	2.7467	2.9898	3.2615	3.5662
12	2.1720	2.3472	2.5416	2.7576	12	2.9964	3.2616	3.5580	3.8904
13	2.3530	2.5428	2.7534	2.9874	13	3.2461	3.5334	3.8545	4.2146
14	2.5340	2.7384	2.9652	3.2172	14	3.4958	3.8052	4.1510	4.5388
15	2.7150	2.9340	3.1770	3.4470	15	3.7455	4.0770	4.4475	4.8630
16	2.8960	3.1296	3.3888	3.6768	16	3.9952	4.3488	4.7440	5.1872
17	3.0770	3.3252	3.6006	3.9066	17	4.2449	4.6206	5.0405	5.5114
18	3.2580	3.5208	3.8124	4.1364	18	4.4946	4.8924	5.3370	5.8356
19	3.4390	3.7164	4.0242	4.3662	19	4.7443	5.1642	5.6335	6.1598
20	3.6200	3.9120	4.2360	4.5960	20	4.9940	5.4360	5.9300	6.4840

SOMMES versées.	58 ANS.	59 ANS.	60 ANS.	61 ANS.	SOMMES versées.	62 ANS.	63 ANS.	64 ANS.	65 ANS.
1	0.3553	0.3904	0.4301	0.4752	1	0.5269	0.5862	0.6548	0.7347
2	0.7106	0.7808	0.8602	0.9504	2	1.0538	1.1724	1.3096	1.4694
3	1.0659	1.1712	1.2903	1.4256	3	1.5807	1.7586	1.9644	2.2041
4	1.4212	1.5616	1.7204	1.9008	4	2.1076	2.3448	2.6192	2.9388
5	1.7765	1.9520	2.1505	2.3760	5	2.6345	2.9310	3.2740	3.6735
6	2.1318	2.3424	2.5806	2.8512	6	3.1614	3.5172	3.9288	4.4082
7	2.4871	2.7328	3.0107	3.3264	7	3.6883	4.1034	4.5836	5.1429
8	2.8424	3.1232	3.4408	3.8016	8	4.2152	4.6896	5.2384	5.8776
9	3.1977	3.5136	3.8709	4.2768	9	4.7421	5.2758	5.8932	6.6123
10	3.5530	3.9040	4.3010	4.7520	10	5.2690	5.8620	6.5480	7.3470
11	3.9083	4.2944	4.7311	5.2272	11	5.7959	6.4482	7.2028	8.0817
12	4.2636	4.6848	5.1612	5.7024	12	6.3228	7.0344	7.8576	8.8164
13	4.6189	5.0752	5.5913	6.1776	13	6.8497	7.6206	8.5124	9.5511
14	4.9742	5.4656	6.0214	6.6528	14	7.3766	8.2068	9.1672	10.2858
15	5.3295	5.8560	6.4515	7.1280	15	7.9035	8.7930	9.8220	11.0205
16	5.6848	6.2464	6.8816	7.6032	16	8.4304	9.3792	10.4768	11.7552
17	6.0401	6.6368	7.3117	8.0784	17	8.9573	9.9654	11.1316	12.4899
18	6.3954	7.0272	7.7418	8.5536	18	9.4842	10.5516	11.7864	13.2246
19	6.7507	7.4176	8.1719	9.0288	19	10.0111	11.1378	12.4412	13.9593
20	7.1060	7.8080	8.6020	9.5040	20	10.5380	11.7240	13.0960	14.6940

SOMMES VERSÉES	50 ANS.	51 ANS.	52 ANS.	53 ANS.	SOMMES VERSÉES	54 ANS.	55 ANS.	56 ANS.	57 ANS.
1	0.1202	0.1299	0.1407	0.1526	1	0.1658	0.1805	0.1969	0.2153
2	0.2404	0.2598	0.2814	0.3052	2	0.3316	0.3610	0.3938	0.4306
3	0.3606	0.3897	0.4221	0.4578	3	0.4974	0.5415	0.5907	0.6459
4	0.4808	0.5196	0.5628	0.6104	4	0.6632	0.7220	0.7876	0.8612
5	0.6010	0.6495	0.7035	0.7630	5	0.8290	0.9025	0.9845	1.0765
6	0.7212	0.7794	0.8442	0.9156	6	0.9948	1.0830	1.1814	1.2918
7	0.8414	0.9093	0.9849	1.0682	7	1.1606	1.2635	1.3783	1.5071
8	0.9616	1.0392	1.1256	1.2208	8	1.3264	1.4440	1.5752	1.7224
9	1.0818	1.1691	1.2663	1.3734	9	1.4922	1.6245	1.7721	1.9377
10	1.2020	1.2990	1.4070	1.5260	10	1.6580	1.8050	1.9690	2.1530
11	1.3222	1.4289	1.5477	1.6786	11	1.8238	1.9855	2.1659	2.3683
12	1.4424	1.5588	1.6884	1.8312	12	1.9896	2.1660	2.3628	2.5836
13	1.5626	1.6887	1.8291	1.9838	13	2.1554	2.3465	2.5597	2.7989
14	1.6828	1.8186	1.9698	2.1364	14	2.3212	2.5270	2.7566	3.0142
15	1.8030	1.9485	2.1105	2.2890	15	2.4870	2.7075	2.9535	3.2295
16	1.9232	2.0784	2.2512	2.4416	16	2.6528	2.8880	3.1504	3.4448
17	2.0434	2.2083	2.3919	2.5942	17	2.8186	3.0685	3.3473	3.6601
18	2.1636	2.3382	2.5326	2.7468	18	2.9844	3.2490	3.5442	3.8754
19	2.2838	2.4681	2.6733	2.8994	19	3.1502	3.4295	3.7411	4.0907
20	2.4040	2.5980	2.8140	3.0520	20	3.3160	3.6100	3.9380	4.3060

SOMMES VERSÉES	58 ANS.	59 ANS.	60 ANS.	61 ANS.	SOMMES VERSÉES	62 ANS.	63 ANS.	64 ANS.	65 ANS.
1	0.2359	0.2592	0.2856	0.3156	1	0.3498	0.3893	0.4348	0.4879
2	0.4718	0.5184	0.5712	0.6312	2	0.6996	0.7786	0.8696	0.9758
3	0.7077	0.7776	0.8568	0.9468	3	1.0494	1.1679	1.3044	1.4637
4	0.9436	1.0368	1.1424	1.2624	4	1.3992	1.5572	1.7392	1.9516
5	1.1795	1.2960	1.4280	1.5780	5	1.7490	1.9465	2.1740	2.4395
6	1.4154	1.5552	1.7136	1.8936	6	2.0988	2.3358	2.6088	2.9274
7	1.6513	1.8144	1.9992	2.2092	7	2.4486	2.7251	3.0436	3.4153
8	1.8872	2.0736	2.2848	2.5248	8	2.7984	3.1144	3.4784	3.9032
9	2.1231	2.3328	2.5704	2.8404	9	3.1482	3.5037	3.9132	4.3911
10	2.3590	2.5920	2.8560	3.1560	10	3.4980	3.8930	4.3480	4.8790
11	2.5949	2.8512	3.1416	3.4716	11	3.8478	4.2823	4.7828	5.3669
12	2.8308	3.1104	3.4272	3.7872	12	4.1976	4.6716	5.2176	5.8548
13	3.0667	3.3696	3.7128	4.1028	13	4.5474	5.0609	5.6524	6.3427
14	3.3026	3.6288	3.9984	4.4184	14	4.8972	5.4502	6.0872	6.8306
15	3.5385	3.8880	4.2840	4.7340	15	5.2470	5.8395	6.5220	7.3185
16	3.7744	4.1472	4.5696	5.0496	16	5.5968	6.2288	6.9568	7.8064
17	4.0103	4.4064	4.8552	5.3652	17	5.9466	6.6181	7.3916	8.2943
18	4.2462	4.6656	5.1408	5.6808	18	6.2964	7.0074	7.8264	8.7822
19	4.4821	4.9248	5.4264	5.9964	19	6.6462	7.3967	8.2612	9.2701
20	4.7180	5.1840	5.7120	6.3120	20	6.9960	7.7860	8.6960	9.7580

SOMMES VERSÉES.	50 ANS.	51 ANS.	52 ANS.	53 ANS.	SOMMES VERSÉES.	54 ANS.	55 ANS.	56 ANS.	57 ANS.
1	0.1787	0.1932	0.2092	0.2269	1	0.2465	0.2684	0.2928	0.3201
2	0.3574	0.3864	0.4184	0.4538	2	0.4930	0.5368	0.5856	0.6402
3	0.5361	0.5796	0.6276	0.6807	3	0.7395	0.8052	0.8784	0.9603
4	0.7148	0.7728	0.8368	0.9076	4	0.9860	1.0736	1.1712	1.2804
5	0.8935	0.9660	1.0460	1.1345	5	1.2325	1.3420	1.4640	1.6005
6	1.0722	1.1592	1.2552	1.3614	6	1.4790	1.6104	1.7568	1.9206
7	1.2509	1.3524	1.4644	1.5883	7	1.7255	1.8788	2.0496	2.2407
8	1.4296	1.5456	1.6736	1.8152	8	1.9720	2.1472	2.3424	2.5608
9	1.6083	1.7388	1.8828	2.0421	9	2.2185	2.4156	2.6352	2.8809
10	1.7870	1.9320	2.0920	2.2690	10	2.4650	2.6840	2.9280	3.2010
11	1.9657	2.1252	2.3012	2.4959	11	2.7115	2.9524	3.2208	3.5211
12	2.1444	2.3184	2.5104	2.7228	12	2.9580	3.2208	3.5136	3.8412
13	2.3231	2.5116	2.7196	2.9497	13	3.2045	3.4892	3.8064	4.1613
14	2.5018	2.7048	2.9288	3.1766	14	3.4510	3.7576	4.0992	4.4814
15	2.6805	2.8980	3.1380	3.4035	15	3.6975	4.0260	4.3920	4.8015
16	2.8592	3.0912	3.3472	3.6304	16	3.9440	4.2944	4.6848	5.1216
17	3.0379	3.2844	3.5564	3.8573	17	4.1905	4.5628	4.9776	5.4417
18	3.2166	3.4776	3.7656	4.0842	18	4.4370	4.8312	5.2704	5.7618
19	3.3953	3.6708	3.9748	4.3111	19	4.6835	5.0996	5.5632	6.0819
20	3.5740	3.8640	4.1840	4.5380	20	4.9300	5.3680	5.8560	6.4020

SOMMES VERSÉES.	58 ANS.	59 ANS.	60 ANS.	61 ANS.	SOMMES VERSÉES.	62 ANS.	63 ANS.	64 ANS.	65 ANS.
1	0.3508	0.3855	0.4246	0.4692	1	0.5202	0.5788	0.6466	0.7254
2	0.7016	0.7710	0.8492	0.9384	2	1.0404	1.1576	1.2932	1.4508
3	1.0524	1.1565	1.2738	1.4076	3	1.5606	1.7364	1.9398	2.1762
4	1.4032	1.5420	1.6984	1.8768	4	2.0808	2.3152	2.5864	2.9016
5	1.7540	1.9275	2.1230	2.3460	5	2.6010	2.8940	3.2330	3.6270
6	2.1048	2.3130	2.5476	2.8152	6	3.1212	3.4728	3.8796	4.3524
7	2.4556	2.6985	2.9722	3.2844	7	3.6414	4.0516	4.5262	5.0778
8	2.8064	3.0840	3.3968	3.7536	8	4.1616	4.6304	5.1728	5.8032
9	3.1572	3.4695	3.8214	4.2228	9	4.6818	5.2092	5.8194	6.5286
10	3.5080	3.8550	4.2460	4.6920	10	5.2020	5.7880	6.4660	7.2540
11	3.8588	4.2405	4.6706	5.1612	11	5.7222	6.3668	7.1126	7.9794
12	4.2096	4.6260	5.0952	5.6304	12	6.2424	6.9456	7.7592	8.7048
13	4.5604	5.0115	5.5198	6.0996	13	6.7626	7.5244	8.4058	9.4302
14	4.9112	5.3970	5.9444	6.5688	14	7.2828	8.1032	9.0524	10.1556
15	5.2620	5.7825	6.3690	7.0380	15	7.8030	8.6820	9.6990	10.8810
16	5.6128	6.1680	6.7936	7.5072	16	8.3232	9.2608	10.3456	11.6064
17	5.9636	6.5535	7.2182	7.9764	17	8.8434	9.8396	10.9922	12.3318
18	6.3144	6.9390	7.6428	8.4456	18	9.3636	10.4184	11.6388	13.0572
19	6.6652	7.3245	8.0674	8.9148	19	9.8838	10.9972	12.2854	13.7826
20	7.0160	7.7100	8.4920	9.3840	20	10.4040	11.5760	12.9320	14.5080

NOMBRES versées	50 ANS.	51 ANS.	52 ANS.	53 ANS.	NOMBRES versées	54 ANS.	55 ANS.	56 ANS.	57 ANS.
1	0.1184	0.1280	0.1386	0.1503	1	0.1033	0.1778	0.1940	0.2121
2	0.2368	0.2560	0.2772	0.3006	2	0.3266	0.3556	0.3880	0.4242
3	0.3552	0.3840	0.4158	0.4509	3	0.4899	0.5334	0.5820	0.6363
4	0.4736	0.5120	0.5544	0.6012	4	0.6532	0.7112	0.7760	0.8484
5	0.5920	0.6400	0.6930	0.7515	5	0.8165	0.8890	0.9700	1.0605
6	0.7104	0.7680	0.8316	0.9018	6	0.9798	1.0668	1.1640	1.2726
7	0.8288	0.8960	0.9702	1.0521	7	1.1431	1.2446	1.3580	1.4847
8	0.9472	1.0240	1.1088	1.2024	8	1.3064	1.4224	1.5520	1.6968
9	1.0656	1.1520	1.2474	1.3527	9	1.4697	1.6002	1.7460	1.9089
10	1.1840	1.2800	1.3860	1.5030	10	1.6330	1.7780	1.9400	2.1210
11	1.3024	1.4080	1.5246	1.6533	11	1.7963	1.9558	2.1340	2.3331
12	1.4208	1.5360	1.6632	1.8036	12	1.9596	2.1336	2.3280	2.5452
13	1.5392	1.6640	1.8018	1.9539	13	2.1229	2.3114	2.5220	2.7573
14	1.6576	1.7920	1.9404	2.1042	14	2.2862	2.4892	2.7160	2.9694
15	1.7760	1.9200	2.0790	2.2545	15	2.4495	2.6670	2.9100	3.1815
16	1.8944	2.0480	2.2176	2.4048	16	2.6128	2.8448	3.1040	3.3936
17	2.0128	2.1760	2.3562	2.5551	17	2.7761	3.0226	3.2980	3.6057
18	2.1312	2.3040	2.4948	2.7054	18	2.9394	3.2004	3.4920	3.8178
19	2.2496	2.4320	2.6334	2.8557	19	3.1027	3.3782	3.6860	4.0299
20	2.3680	2.5600	2.7720	3.0060	20	3.2660	3.5560	3.8800	4.2420

NOMBRES versées	58 ANS.	59 ANS.	60 ANS.	61 ANS.	NOMBRES versées	62 ANS.	63 ANS.	64 ANS.	65 ANS.
1	0.2324	0.2554	0.2813	0.3109	1	0.3446	0.3835	0.4284	0.4806
2	0.4648	0.5108	0.5626	0.6218	2	0.6892	0.7670	0.8568	0.9612
3	0.6972	0.7662	0.8439	0.9327	3	1.0338	1.1505	1.2852	1.4418
4	0.9296	1.0216	1.1252	1.2436	4	1.3784	1.5340	1.7136	1.9224
5	1.1620	1.2770	1.4065	1.5545	5	1.7230	1.9175	2.1420	2.4030
6	1.3944	1.5324	1.6878	1.8654	6	2.0676	2.3010	2.5704	2.8836
7	1.6268	1.7878	1.9691	2.1763	7	2.4122	2.6845	2.9988	3.3642
8	1.8592	2.0432	2.2504	2.4872	8	2.7568	3.0680	3.4272	3.8448
9	2.0916	2.2986	2.5317	2.7981	9	3.1014	3.4515	3.8556	4.3254
10	2.3240	2.5540	2.8130	3.1090	10	3.4460	3.8350	4.2840	4.8060
11	2.5564	2.8094	3.0943	3.4199	11	3.7906	4.2185	4.7124	5.2866
12	2.7888	3.0648	3.3756	3.7308	12	4.1352	4.6020	5.1408	5.7672
13	3.0212	3.3202	3.6569	4.0417	13	4.4798	4.9855	5.5692	6.2478
14	3.2536	3.5756	3.9382	4.3526	14	4.8244	5.3690	5.9076	6.7284
15	3.4860	3.8310	4.2195	4.6635	15	5.1690	5.7525	6.4260	7.2090
16	3.7184	4.0864	4.5008	4.9744	16	5.5136	6.1360	6.8544	7.6896
17	3.9508	4.3418	4.7821	5.2853	17	5.8582	6.5195	7.2828	8.1702
18	4.1832	4.5972	5.0634	5.5962	18	6.2028	6.9030	7.7112	8.6508
19	4.4156	4.8526	5.3447	5.9071	19	6.5474	7.2865	8.1396	9.1314
20	4.6480	5.1080	5.6260	6.2180	20	6.8920	7.6700	8.5680	9.6120

SOMMES versées	50 ANS.	51 ANS.	52 ANS.	53 ANS.	SOMMES versées	54 ANS.	55 ANS.	56 ANS.	57 ANS.
1	0.1764	0.1907	0.2065	0.2240	1	0.2434	0.2650	0.2891	0.3161
2	0.3528	0.3814	0.4130	0.4480	2	0.4868	0.5300	0.5782	0.6322
3	0.5292	0.5721	0.6195	0.6720	3	0.7302	0.7950	0.8673	0.9483
4	0.7056	0.7628	0.8260	0.8960	4	0.9736	1.0600	1.1564	1.2644
5	0.8820	0.9535	1.0325	1.1200	5	1.2170	1.3250	1.4455	1.5805
6	1.0584	1.1442	1.2390	1.3440	6	1.4604	1.5900	1.7346	1.8966
7	1.2348	1.3349	1.4455	1.5680	7	1.7038	1.8550	2.0237	2.2127
8	1.4112	1.5256	1.6520	1.7920	8	1.9472	2.1200	2.3128	2.5288
9	1.5876	1.7163	1.8585	2.0160	9	2.1906	2.3850	2.6019	2.8449
10	1.7640	1.9070	2.0650	2.2400	10	2.4340	2.6500	2.8910	3.1610
11	1.9404	2.0977	2.2715	2.4640	11	2.6774	2.9150	3.1801	3.4771
12	2.1168	2.2884	2.4780	2.6880	12	2.9208	3.1800	3.4692	3.7032
13	2.2932	2.4791	2.6845	2.9120	13	3.1642	3.4450	3.7583	4.1093
14	2.4696	2.6698	2.8910	3.1360	14	3.4076	3.7100	4.0474	4.4254
15	2.6460	2.8605	3.0975	3.3600	15	3.6510	3.9750	4.3305	4.7415
16	2.8224	3.0512	3.3040	3.5840	16	3.8944	4.2400	4.6256	5.0576
17	2.9988	3.2419	3.5105	3.8080	17	4.1378	4.5050	4.9147	5.3737
18	3.1752	3.4326	3.7170	4.0320	18	4.3812	4.7700	5.2038	5.6898
19	3.3516	3.6233	3.9235	4.2560	19	4.6246	5.0350	5.4929	6.0059
20	3.5280	3.8140	4.1300	4.4800	20	4.8680	5.3000	5.7820	6.3220

SOMMES versées	58 ANS.	59 ANS.	60 ANS.	61 ANS.	SOMMES versées	62 ANS.	63 ANS.	64 ANS.	65 ANS.
1	0.3464	0.3806	0.4193	0.4633	1	0.5136	0.5715	0.6384	0.7162
2	0.6928	0.7612	0.8386	0.9266	2	1.0272	1.1430	1.2768	1.4324
3	1.0392	1.1418	1.2579	1.3899	3	1.5408	1.7145	1.9152	2.1486
4	1.3856	1.5224	1.6772	1.8532	4	2.0544	2.2860	2.5536	2.8648
5	1.7320	1.9030	2.0965	2.3165	5	2.5680	2.8575	3.1920	3.5810
6	2.0784	2.2836	2.5158	2.7798	6	3.0816	3.4290	3.8304	4.2972
7	2.4248	2.6642	2.9351	3.2431	7	3.5952	4.0005	4.4688	5.0134
8	2.7712	3.0448	3.3544	3.7064	8	4.1088	4.5720	5.1072	5.7296
9	3.1176	3.4254	3.7737	4.1697	9	4.6224	5.1435	5.7456	6.4458
10	3.4640	3.8060	4.1930	4.6330	10	5.1360	5.7150	6.3840	7.1620
11	3.8104	4.1866	4.6123	5.0963	11	5.6496	6.2865	7.0224	7.8782
12	4.1568	4.5672	5.0316	5.5596	12	6.1632	6.8580	7.6608	8.5944
13	4.5032	4.9478	5.4509	6.0229	13	6.6768	7.4295	8.2992	9.3106
14	4.8496	5.3284	5.8702	6.4862	14	7.1904	8.0010	8.9376	10.0268
15	5.1960	5.7090	6.2895	6.9495	15	7.7040	8.5725	9.5760	10.7430
16	5.5424	6.0896	6.7088	7.4128	16	8.2176	9.1440	10.2144	11.4592
17	5.8888	6.4702	7.1281	7.8761	17	8.7312	9.7155	10.8528	12.1754
18	6.2352	6.8508	7.5474	8.3394	18	9.2448	10.2870	11.4912	12.8916
19	6.5816	7.2314	7.9667	8.8027	19	9.7584	10.8585	12.1296	13.6078
20	6.9280	7.6120	8.3860	9.2660	20	10.2720	11.4300	12.7680	14.3240

SOMMES versées.	50 ANS.	51 ANS.	52 ANS.	53 ANS.	SOMMES versées.	54 ANS.	55 ANS.	56 ANS.	57 ANS.
1	0.1166	0.1261	0.1365	0.1481	1	0.1609	0.1752	0.1911	0.2089
2	0.2332	0.2522	0.2730	0.2962	2	0.3218	0.3504	0.3822	0.4178
3	0.3498	0.3783	0.4095	0.4443	3	0.4827	0.5256	0.5733	0.6267
4	0.4664	0.5044	0.5460	0.5924	4	0.6436	0.7008	0.7644	0.8356
5	0.5830	0.6305	0.6825	0.7405	5	0.8045	0.8760	0.9555	1.0445
6	0.6996	0.7566	0.8190	0.8886	6	0.9654	1.0512	1.1466	1.2534
7	0.8162	0.8827	0.9555	1.0367	7	1.1263	1.2264	1.3377	1.4623
8	0.9328	1.0088	1.0920	1.1848	8	1.2872	1.4016	1.5288	1.6712
9	1.0494	1.1349	1.2285	1.3329	9	1.4481	1.5768	1.7199	1.8801
10	1.1660	1.2610	1.3650	1.4810	10	1.6090	1.7520	1.9110	2.0890
11	1.2826	1.3871	1.5015	1.6291	11	1.7699	1.9272	2.1021	2.2979
12	1.3992	1.5132	1.6380	1.7772	12	1.9308	2.1024	2.2932	2.5068
13	1.5158	1.6393	1.7745	1.9253	13	2.0917	2.2776	2.4843	2.7157
14	1.6324	1.7654	1.9110	2.0734	14	2.2526	2.4528	2.6754	2.9246
15	1.7490	1.8915	2.0475	2.2215	15	2.4135	2.6280	2.8665	3.1335
16	1.8656	2.0176	2.1840	2.3696	16	2.5744	2.8032	3.0576	3.3424
17	1.9822	2.1437	2.3205	2.5177	17	2.7353	2.9784	3.2487	3.5513
18	2.0988	2.2698	2.4570	2.6658	18	2.8962	3.1536	3.4398	3.7602
19	2.2154	2.3959	2.5935	2.8139	19	3.0571	3.3288	3.6309	3.9691
20	2.3320	2.5220	2.7300	2.9620	20	3.2180	3.5040	3.8220	4.1780

SOMMES versées.	58 ANS.	59 ANS.	60 ANS.	61 ANS.	SOMMES versées.	62 ANS.	63 ANS.	64 ANS.	65 ANS.
1	0.2290	0.2516	0.2772	0.3062	1	0.3395	0.3778	0.4220	0.4735
2	0.4580	0.5032	0.5544	0.6124	2	0.6790	0.7556	0.8440	0.9470
3	0.6870	0.7548	0.8316	0.9186	3	1.0185	1.1334	1.2660	1.4205
4	0.9160	1.0064	1.1088	1.2248	4	1.3580	1.5112	1.6880	1.8040
5	1.1450	1.2580	1.3860	1.5310	5	1.6975	1.8890	2.1100	2.3675
6	1.3740	1.5096	1.6632	1.8372	6	2.0370	2.2668	2.5320	2.8410
7	1.6030	1.7612	1.9404	2.1434	7	2.3765	2.6446	2.9540	3.3145
8	1.8320	2.0128	2.2176	2.4496	8	2.7160	3.0224	3.3760	3.7880
9	2.0610	2.2644	2.4948	2.7558	9	3.0555	3.4002	3.7980	4.2615
10	2.2900	2.5160	2.7720	3.0620	10	3.3950	3.7780	4.2200	4.7350
11	2.5190	2.7676	3.0492	3.3682	11	3.7345	4.1558	4.6420	5.2085
12	2.7480	3.0192	3.3264	3.6744	12	4.0740	4.5336	5.0640	5.6820
13	2.9770	3.2708	3.6036	3.9806	13	4.4135	4.9114	5.4860	6.1555
14	3.2060	3.5224	3.8808	4.2868	14	4.7530	5.2892	5.9080	6.6290
15	3.4350	3.7740	4.1580	4.5930	15	5.0925	5.6670	6.3300	7.1025
16	3.6640	4.0256	4.4352	4.8992	16	5.4320	6.0448	6.7520	7.5760
17	3.8930	4.2772	4.7124	5.2054	17	5.7715	6.4226	7.1740	8.0495
18	4.1220	4.5288	4.9896	5.5116	18	6.1110	6.8004	7.5960	8.5230
19	4.3510	4.7804	5.2668	5.8178	19	6.4505	7.1782	8.0180	8.9965
20	4.5800	5.0320	5.5440	6.1240	20	6.7900	7.5560	8.4400	9.4700

SOMMES versées.	50 ANS.	51 ANS.	52 ANS.	53 ANS.	SOMMES versées.	54 ANS.	55 ANS.	56 ANS.	57 ANS.
1	0.1742	0.1883	0.2039	0.2211	1	0.2403	0.2616	0.2854	0.3121
2	0.3484	0.3766	0.4078	0.4422	2	0.4806	0.5232	0.5708	0.6242
3	0.5226	0.5649	0.6117	0.6633	3	0.7209	0.7848	0.8562	0.9363
4	0.6968	0.7532	0.8156	0.8844	4	0.9612	1.0464	1.1416	1.2484
5	0.8710	0.9415	1.0195	1.1055	5	1.2015	1.3080	1.4270	1.5605
6	1.0452	1.1298	1.2234	1.3266	6	1.4418	1.5696	1.7124	1.8726
7	1.2194	1.3181	1.4273	1.5477	7	1.6821	1.8312	1.9978	2.1847
8	1.3936	1.5064	1.6312	1.7688	8	1.9224	2.0928	2.2832	2.4968
9	1.5678	1.6947	1.8351	1.9899	9	2.1627	2.3544	2.5686	2.8089
10	1.7420	1.8830	2.0390	2.2110	10	2.4030	2.6160	2.8540	3.1210
11	1.9162	2.0713	2.2429	2.4321	11	2.6433	2.8776	3.1394	3.4331
12	2.0904	2.2596	2.4468	2.6532	12	2.8836	3.1392	3.4248	3.7452
13	2.2646	2.4470	2.6507	2.8743	13	3.1239	3.4008	3.7102	4.0573
14	2.4388	2.6362	2.8546	3.0954	14	3.3642	3.6624	3.9956	4.3694
15	2.6130	2.8245	3.0585	3.3165	15	3.6045	3.9240	4.2810	4.6815
16	2.7872	3.0128	3.2624	3.5376	16	3.8448	4.1856	4.5664	4.9936
17	2.9614	3.2011	3.4663	3.7587	17	4.0851	4.4472	4.8518	5.3057
18	3.1356	3.3894	3.6702	3.9798	18	4.3254	4.7088	5.1372	5.6178
19	3.3098	3.5777	3.8741	4.2009	19	4.5657	4.9704	5.4226	5.9299
20	3.4840	3.7660	4.0780	4.4220	20	4.8060	5.2320	5.7080	6.2420

SOMMES versées.	58 ANS.	59 ANS.	60 ANS.	61 ANS.	SOMMES versées.	62 ANS.	63 ANS.	64 ANS.	65 ANS.
1	0.3420	0.3758	0.4130	0.4574	1	0.5071	0.5642	0.6303	0.7071
2	0.6840	0.7516	0.8278	0.9148	2	1.0142	1.1284	1.2606	1.4142
3	1.0260	1.1274	1.2417	1.3722	3	1.5213	1.6926	1.8909	2.1213
4	1.3680	1.5032	1.6556	1.8296	4	2.0284	2.2568	2.5212	2.8284
5	1.7100	1.8790	2.0695	2.2870	5	2.5355	2.8210	3.1515	3.5355
6	2.0520	2.2548	2.4834	2.7444	6	3.0426	3.3852	3.7818	4.2426
7	2.3940	2.6306	2.8973	3.2018	7	3.5497	3.9494	4.4121	4.9497
8	2.7360	3.0064	3.3112	3.6592	8	4.0568	4.5136	5.0424	5.6568
9	3.0780	3.3822	3.7251	4.1166	9	4.5639	5.0778	5.6727	6.3039
10	3.4200	3.7580	4.1390	4.5740	10	5.0710	5.6420	6.3030	7.0710
11	3.7620	4.1338	4.5529	5.0314	11	5.5781	6.2062	6.9333	7.7781
12	4.1040	4.5096	4.9668	5.4888	12	6.0852	6.7704	7.5636	8.4852
13	4.4460	4.8854	5.3807	5.9462	13	6.5923	7.3346	8.1939	9.1923
14	4.7880	5.2612	5.7946	6.4036	14	7.0994	7.8988	8.8242	9.8994
15	5.1300	5.6370	6.2085	6.8610	15	7.6065	8.4630	9.4545	10.6065
16	5.4720	6.0128	6.6224	7.3184	16	8.1136	9.0272	10.0848	11.3136
17	5.8140	6.3886	7.0303	7.7758	17	8.6207	9.5914	10.7151	12.0207
18	6.1560	6.7644	7.4502	8.2332	18	9.1278	10.1556	11.3454	12.7278
19	6.4980	7.1402	7.8641	8.6906	19	9.6349	10.7198	11.9757	13.4349
20	6.8400	7.5160	8.2780	9.1480	20	10.1420	11.2840	12.6060	14.1420

SOMMES versées.	50 ANS.	51 ANS.	52 ANS.	53 ANS.	SOMMES versées.	54 ANS.	55 ANS.	56 ANS.	57 ANS.
1	0.1149	0.1242	0.1345	0.1459	1	0.1585	0.1726	0.1883	0.2058
2	0.2298	0.2484	0.2690	0.2918	2	0.3170	0.3452	0.3766	0.4116
3	0.3447	0.3726	0.4035	0.4377	3	0.4755	0.5178	0.5649	0.6174
4	0.4596	0.4968	0.5380	0.5836	4	0.6340	0.6904	0.7532	0.8232
5	0.5745	0.6210	0.6725	0.7295	5	0 7925	0.8630	0.9415	1.0290
6	0.6894	0.7452	0.8070	0.8754	6	0.9510	1.0356	1.1298	1.2348
7	0.8043	0.8694	0.9415	1.0213	7	1.1095	1.2082	1.3181	1.4406
8	0.9192	0.9936	1.0760	1.1672	8	1.2680	1.3808	1.5064	1.6464
9	1.0341	1.1178	1.2105	1.3131	9	1.4265	1.5534	1.6947	1.8522
10	1.1490	1.2420	1.3450	1.4590	10	1.5850	1.7260	1.8830	2.0580
11	1.2639	1.3662	1.4795	1.6049	11	1.7435	1.8986	2.0713	2.2638
12	1.3788	1.4904	1.6140	1.7508	12	1.9020	2.0712	2.2596	2.4696
13	1.4937	1.6146	1.7485	1.8967	13	2.0605	2.2438	2.4479	2.6754
14	1.6086	1.7388	1.8830	2.0426	14	2.2190	2.4164	2.6362	2.8812
15	1.7235	1.8630	2.0175	2.1885	15	2.3775	2.5890	2.8245	3.0870
16	1.8384	1.9872	2.1520	2.3344	16	2.5360	2.7610	3.0128	3.2928
17	1.9533	2.1114	2.2865	2.4803	17	2.6945	2.9342	3.2011	3.4986
18	2.0682	2.2356	2.4210	2.6262	18	2.8530	3.1068	3.3894	3.7044
19	2.1831	2.3598	2.5555	2.7721	19	3.0115	3.2794	3.5777	3.9102
20	2.2980	2.4840	2.6900	2.9180	20	3.1700	3.4520	3.7660	4.1160

SOMMES versées.	58 ANS.	59 ANS.	60 ANS.	61 ANS.	SOMMES versées.	62 ANS.	63 ANS.	64 ANS.	65 ANS.
1	0.2256	0.2478	0.2730	0.3017	1	0.3345	0.3722	0.4157	0.4664
2	0.4512	0.4956	0.5460	0.6034	2	0.6690	0.7444	0.8314	0.9328
3	0.6768	0.7434	0.8190	0.9051	3	1.0035	1.1166	1.2471	1.3992
4	0.9024	0.9912	1.0920	1.2068	4	1.3380	1.4888	1.6628	1.8656
5	1.1280	1.2390	1.3650	1.5085	5	1.6725	1.8610	2.0785	2.3320
6	1.3536	1.4868	1.6380	1.8102	6	2.0070	2.2332	2.4942	2.7984
7	1.5792	1.7346	1.9110	2.1119	7	2.3415	2.6054	2.9099	3.2648
8	1.8048	1.9824	2.1840	2.4136	8	2.6760	2.9776	3.3256	3.7312
9	2.0304	2.2302	2.4570	2.7153	9	3.0105	3.3498	3.7413	4.1976
10	2.2560	2.4780	2.7300	3.0170	10	3.3450	3.7220	4.1570	4.6640
11	2.4816	2.7258	3.0030	3.3187	11	3.6795	4.0942	4.5727	5.1304
12	2.7072	2.9736	3.2760	3.6204	12	4.0140	4.4664	4.9884	5.5968
13	2.9328	3.2214	3.5490	3.9221	13	4.3485	4.8386	5.4041	6.0632
14	3.1584	3.4692	3.8220	4.2238	14	4.6830	5.2108	5.8198	6.5296
15	3.3840	3.7170	4.0950	4.5255	15	5.0175	5.5830	6.2355	6.9960
16	3.6096	3.9648	4.3680	4.8272	16	5.3520	5.9552	6.6512	7.4624
17	3.8352	4.2126	4.6410	5.1289	17	5.6865	6.3274	7.0669	7.9288
18	4.0608	4.4604	4.9140	5.4306	18	6.0210	6.6996	7.4826	8.3952
19	4.2864	4.7082	5.1870	5.7323	19	6.3555	7.0718	7.8983	8.8616
20	4.5120	4.9560	5.4600	6.0340	20	6.6900	7.4440	8.3140	9.3280

SOMMES versées.	50 ANS.	51 ANS.	52 ANS.	53 ANS.	SOMMES versées.	54 ANS.	55 ANS.	56 ANS.	57 ANS.
1	0.1720	0.1859	0.2013	0.2183	1	0.2373	0.2583	0.2818	0.3081
2	0.3440	0.3718	0.4026	0.4366	2	0.4746	0.5166	0.5636	0.6162
3	0.5160	0.5577	0.6039	0.6549	3	0.7119	0.7749	0.8454	0.9243
4	0.6880	0.7436	0.8052	0.8732	4	0.9492	1.0332	1.1272	1.2324
5	0.8600	0.9295	1.0065	1.0915	5	1.1865	1.2915	1.4090	1.5405
6	1.0320	1.1154	1.2078	1.3098	6	1.4238	1.5498	1.6908	1.8486
7	1.2040	1.3013	1.4091	1.5281	7	1.6611	1.8081	1.9726	2.1567
8	1.3760	1.4872	1.6104	1.7464	8	1.8984	2.0664	2.2544	2.4648
9	1.5480	1.6731	1.8117	1.9647	9	2.1357	2.3247	2.5362	2.7729
10	1.7200	1.8590	2.0130	2.1830	10	2.3730	2.5830	2.8180	3.0810
11	1.8920	2.0449	2.2143	2.4013	11	2.6103	2.8413	3.0998	3.3891
12	2.0640	2.2308	2.4156	2.6196	12	2.8476	3.0996	3.3816	3.6972
13	2.2360	2.4167	2.6169	2.8379	13	3.0849	3.3579	3.6634	4.0053
14	2.4080	2.6026	2.8182	3.0562	14	3.3222	3.6162	3.9452	4.3134
15	2.5800	2.7885	3.0195	3.2745	15	3.5595	3.8745	4.2270	4.6215
16	2.7520	2.9744	3.2208	3.4928	16	3.7968	4.1328	4.5088	4.9296
17	2.9240	3.1603	3.4221	3.7111	17	4.0341	4.3911	4.7906	5.2377
18	3.0960	3.3462	3.6234	3.9294	18	4.2714	4.6494	5.0724	5.5458
19	3.2680	3.5321	3.8247	4.1477	19	4.5087	4.9077	5.3542	5.8539
20	3.4400	3.7180	4.0260	4.3660	20	4.7460	5.1660	5.6360	6.1620

SOMMES versées.	58 ANS.	59 ANS.	60 ANS.	61 ANS.	SOMMES versées.	62 ANS.	63 ANS.	64 ANS.	65 ANS.
1	0.3377	0.3710	0.4087	0.4516	1	0.5007	0.5571	0.6223	0.6982
2	0.6754	0.7420	0.8174	0.9032	2	1.0014	1.1142	1.2446	1.3964
3	1.0131	1.1130	1.2261	1.3548	3	1.5021	1.6713	1.8669	2.0946
4	1.3508	1.4840	1.6348	1.8064	4	2.0028	2.2284	2.4892	2.7928
5	1.6885	1.8550	2.0435	2.2580	5	2.5035	2.7855	3.1115	3.4910
6	2.0262	2.2260	2.4522	2.7096	6	3.0042	3.3426	3.7338	4.1892
7	2.3639	2.5970	2.8609	3.1612	7	3.5049	3.8997	4.3561	4.8874
8	2.7016	2.9680	3.2696	3.6128	8	4.0056	4.4568	4.9784	5.5856
9	3.0393	3.3390	3.6783	4.0644	9	4.5063	5.0139	5.6007	6.2838
10	3.3770	3.7100	4.0870	4.5160	10	5.0070	5.5710	6.2230	6.9820
11	3.7147	4.0810	4.4957	4.9676	11	5.5077	6.1281	6.8453	7.6802
12	4.0524	4.4520	4.9044	5.4192	12	6.0084	6.6852	7.4676	8.3784
13	4.3901	4.8230	5.3131	5.8708	13	6.5091	7.2423	8.0899	9.0766
14	4.7278	5.1940	5.7218	6.3224	14	7.0098	7.7994	8.7122	9.7748
15	5.0655	5.5650	6.1305	6.7740	15	7.5105	8.3565	9.3345	10.4730
16	5.4032	5.9360	6.5392	7.2256	16	8.0112	8.9136	9.9568	11.1712
17	5.7409	6.3070	6.9479	7.6772	17	8.5119	9.4707	10.5791	11.8694
18	6.0786	6.6780	7.3566	8.1288	18	9.0126	10.0278	11.2014	12.5676
19	6.4163	7.0490	7.7653	8.5804	19	9.5133	10.5849	11.8237	13.2658
20	6.7540	7.4200	8.1740	9.0320	20	10.0140	11.1420	12.4460	13.9640

SOMMES versées.	50 ANS.	51 ANS.	52 ANS.	53 ANS.	SOMMES versées.	54 ANS.	55 ANS.	56 ANS.	57 ANS.
1	0.1132	0.1223	0.1325	0.1437	1	0.1561	0.1700	0.1854	0.2028
2	0.2264	0.2446	0.2650	0.2874	2	0.3122	0.3400	0.3708	0.4056
3	0.3396	0.3669	0.3975	0.4311	3	0.4683	0.5100	0.5562	0.6084
4	0.4528	0.4892	0.5300	0.5748	4	0.6244	0.6800	0.7416	0.8112
5	0.5660	0.6115	0.6625	0.7185	5	0.7805	0.8500	0.9270	1.0140
6	0.6792	0.7338	0.7950	0.8622	6	0.9366	1.0200	1.1124	1.2168
7	0.7924	0.8561	0.9275	1.0059	7	1.0927	1.1900	1.2978	1.4196
8	0.9056	0.9784	1.0600	1.1496	8	1.2488	1.3600	1.4832	1.6224
9	1.0188	1.1007	1.1925	1.2933	9	1.4049	1.5300	1.6686	1.8252
10	1.1320	1.2230	1.3250	1.4370	10	1.5610	1.7000	1.8540	2.0280
11	1.2452	1.3453	1.4575	1.5807	11	1.7171	1.8700	2.0394	2.2308
12	1.3584	1.4676	1.5900	1.7244	12	1.8732	2.0400	2.2248	2.4336
13	1.4716	1.5899	1.7225	1.8681	13	2.0293	2.2100	2.4102	2.6364
14	1.5848	1.7122	1.8550	2.0118	14	2.1854	2.3800	2.5956	2.8392
15	1.6980	1.8345	1.9875	2.1555	15	2.3415	2.5500	2.7810	3.0420
16	1.8112	1.9568	2.1200	2.2992	16	2.4976	2.7200	2.9664	3.2448
17	1.9244	2.0791	2.2525	2.4429	17	2.6537	2.8900	3.1518	3.4476
18	2.0376	2.2014	2.3850	2.5866	18	2.8098	3.0600	3.3372	3.6504
19	2.1508	2.3237	2.5175	2.7303	19	2.9659	3.2300	3.5226	3.8532
20	2.2640	2.4460	2.6500	2.8740	20	3.1220	3.4000	3.7080	4.0560

SOMMES versées.	58 ANS.	59 ANS.	60 ANS.	61 ANS.	SOMMES versées.	62 ANS.	63 ANS.	64 ANS.	65 ANS.
1	0.2222	0.2441	0.2689	0.2972	1	0.3295	0.3666	0.4095	0.4594
2	0.4444	0.4882	0.5378	0.5944	2	0.6590	0.7332	0.8190	0.9188
3	0.6666	0.7323	0.8067	0.8916	3	0.9885	1.0998	1.2285	1.3782
4	0.8888	0.9764	1.0756	1.1888	4	1.3180	1.4664	1.6380	1.8376
5	1.1110	1.2205	1.3445	1.4860	5	1.6475	1.8330	2.0475	2.2970
6	1.3332	1.4646	1.6134	1.7832	6	1.9770	2.1996	2.4570	2.7564
7	1.5554	1.7087	1.8823	2.0804	7	2.3065	2.5662	2.8665	3.2158
8	1.7776	1.9528	2.1512	2.3776	8	2.6360	2.9328	3.2760	3.6752
9	1.9998	2.1969	2.4201	2.6748	9	2.9655	3.2994	3.6855	4.1346
10	2.2220	2.4410	2.6800	2.9720	10	3.2950	3.6660	4.0950	4.5940
11	2.4442	2.6851	2.9570	3.2692	11	3.6245	4.0326	4.5045	5.0534
12	2.6664	2.9292	3.2268	3.5664	12	3.9540	4.3992	4.9140	5.5128
13	2.8886	3.1733	3.4957	3.8636	13	4.2835	4.7658	5.3235	5.9722
14	3.1108	3.4174	3.7646	4.1608	14	4.6130	5.1324	5.7330	6.4316
15	3.3330	3.6615	4.0335	4.4580	15	4.9425	5.4990	6.1425	6.8910
16	3.5552	3.9056	4.3024	4.7552	16	5.2720	5.8656	6.5520	7.3504
17	3.7774	4.1497	4.5713	5.0524	17	5.6015	6.2322	6.9615	7.8098
18	3.9996	4.3938	4.8402	5.3496	18	5.9310	6.5988	7.3710	8.2692
19	4.2218	4.6379	5.1091	5.6468	19	6.2605	6.9654	7.7805	8.7286
20	4.4440	4.8820	5.3780	5.9440	20	6.5900	7.3320	8.1900	9.1880

SOMMES versées.	50 ANS.	51 ANS.	52 ANS.	53 ANS.	SOMMES versées.	54 ANS.	55 ANS.	56 ANS.	57 ANS.
1	0.1698	0.1836	0.1988	0.2156	1	0.2342	0.2550	0.2782	0.3042
2	0.3396	0.3672	0.3976	0.4312	2	0.4684	0.5100	0.5564	0.6084
3	0.5094	0.5508	0.5964	0.6468	3	0.7026	0.7650	0.8346	0.9126
4	0.6792	0.7344	0.7952	0.8624	4	0.9368	1.0200	1.1128	1.2168
5	0.8490	0.9180	0.9940	1.0780	5	1.1710	1.2750	1.3910	1.5210
6	1.0188	1.1016	1.1928	1.2936	6	1.4052	1.5300	1.6692	1.8252
7	1.1886	1.2852	1.3916	1.5092	7	1.6394	1.7850	1.9474	2.1294
8	1.3584	1.4688	1.5904	1.7248	8	1.8736	2.0400	2.2256	2.4336
9	1.5282	1.6524	1.7892	1.9404	9	2.1078	2.2950	2.5038	2.7378
10	1.6980	1.8360	1.9880	2.1560	10	2.3420	2.5500	2.7820	3.0420
11	1.8678	2.0196	2.1868	2.3716	11	2.5762	2.8050	3.0602	3.3462
12	2.0376	2.2032	2.3856	2.5872	12	2.8104	3.0600	3.3384	3.6504
13	2.2074	2.3868	2.5844	2.8028	13	3.0446	3.3150	3.6166	3.9546
14	2.3772	2.5704	2.7832	3.0184	14	3.2788	3.5700	3.8948	4.2588
15	2.5470	2.7540	2.9820	3.2340	15	3.5130	3.8250	4.1730	4.5630
16	2.7168	2.9376	3.1808	3.4496	16	3.7472	4.0800	4.4512	4.8672
17	2.8866	3.1212	3.3796	3.6652	17	3.9814	4.3350	4.7294	5.1714
18	3.0564	3.3048	3.5784	3.8808	18	4.2156	4.5900	5.0076	5.4756
19	3.2262	3.4884	3.7772	4.0964	19	4.4498	4.8450	5.2858	5.7798
20	3.3960	3.6720	3.9760	4.3120	20	4.6840	5.1000	5.5640	6.0840

SOMMES versées.	58 ANS.	59 ANS.	60 ANS.	61 ANS.	SOMMES versées.	62 ANS.	63 ANS.	64 ANS.	65 ANS.
1	0.3334	0.3663	0.4035	0.4459	1	0.4943	0.5500	0.6144	0.6893
2	0.6668	0.7326	0.8070	0.8918	2	0.9886	1.1000	1.2288	1.3786
3	1.0002	1.0989	1.2105	1.3377	3	1.4829	1.6500	1.8432	2.0679
4	1.3336	1.4652	1.6140	1.7836	4	1.9772	2.2000	2.4576	2.7572
5	1.6670	1.8315	2.0175	2.2295	5	2.4715	2.7500	3.0720	3.4465
6	2.0004	2.1978	2.4210	2.6754	6	2.9658	3.3000	3.6864	4.1358
7	2.3338	2.5641	2.8245	3.1213	7	3.4601	3.8500	4.3008	4.8251
8	2.6672	2.9304	3.2280	3.5672	8	3.9544	4.4000	4.9152	5.5144
9	3.0006	3.2967	3.6315	4.0131	9	4.4487	4.9500	5.5296	6.2037
10	3.3340	3.6630	4.0350	4.4590	10	4.9430	5.5000	6.1440	6.8930
11	3.6674	4.0293	4.4385	4.9049	11	5.4373	6.0500	6.7584	7.5823
12	4.0008	4.3956	4.8420	5.3508	12	5.9316	6.6000	7.3728	8.2716
13	4.3342	4.7619	5.2455	5.7967	13	6.4259	7.1500	7.9872	8.9609
14	4.6676	5.1282	5.6490	6.2426	14	6.9202	7.7000	8.6016	9.6502
15	5.0010	5.4945	6.0525	6.6885	15	7.4145	8.2500	9.2160	10.3395
16	5.3344	5.8608	6.4560	7.1344	16	7.9088	8.8000	9.8304	11.0288
17	5.6678	6.2271	6.8595	7.5803	17	8.4031	9.3500	10.4448	11.7181
18	6.0012	6.5934	7.2630	8.0262	18	8.8974	9.9000	11.0592	12.4074
19	6.3346	6.9597	7.6665	8.4721	19	9.3917	10.4500	11.6736	13.0967
20	6.6680	7.3260	8.0700	8.9180	20	9.8800	11.0000	12.2880	13.7860

SOMMES versées.	50 ANS.	51 ANS.	52 ANS.	53 ANS.	SOMMES versées.	54 ANS.	55 ANS.	56 ANS.	57 ANS.
1	0.1115	0.1205	0.1305	0.1415	1	0.1538	0.1674	0.1827	0.1997
2	0.2230	0.2410	0.2610	0.2830	2	0.3076	0.3348	0.3654	0.3994
3	0.3345	0.3615	0.3915	0.4245	3	0.4614	0.5022	0.5481	0.5991
4	0.4460	0.4820	0.5220	0.5660	4	0.6152	0.6696	0.7308	0.7988
5	0.5575	0.6025	0.6525	0.7075	5	0.7690	0.8370	0.9135	0.9985
6	0.6690	0.7230	0.7830	0.8490	6	0.9228	1.0044	1.0962	1.1982
7	0.7805	0.8435	0.9135	0.9905	7	1.0766	1.1718	1.2789	1.3979
8	0.8920	0.9640	1.0440	1.1320	8	1.2304	1.3392	1.4616	1.5976
9	1.0035	1.0845	1.1745	1.2735	9	1.3842	1.5066	1.6443	1.7973
10	1.1150	1.2050	1.3050	1.4150	10	1.5380	1.6740	1.8270	1.9970
11	1.2265	1.3255	1.4355	1.5565	11	1.6918	1.8414	2.0097	2.1967
12	1.3380	1.4460	1.5660	1.6980	12	1.8456	2.0088	2.1924	2.3964
13	1.4495	1.5665	1.6965	1.8395	13	1.9994	2.1762	2.3751	2.5961
14	1.5610	1.6870	1.8270	1.9810	14	2.1532	2.3436	2.5578	2.7958
15	1.6725	1.8075	1.9575	2.1225	15	2.3070	2.5110	2.7405	2.9955
16	1.7840	1.9280	2.0880	2.2640	16	2.4608	2.6784	2.9232	3.1952
17	1.8955	2.0485	2.2185	2.4055	17	2.6146	2.8458	3.1059	3.3949
18	2.0070	2.1690	2.3490	2.5470	18	2.7684	3.0132	3.2886	3.5946
19	2.1185	2.2895	2.4705	2.6885	19	2.9222	3.1806	3.4713	3.7943
20	2.2300	2.4100	2.6100	2.8300	20	3.0760	3.3480	3.6540	3.9940

SOMMES versées.	58 ANS.	59 ANS.	60 ANS.	61 ANS.	SOMMES versées.	62 ANS.	63 ANS.	64 ANS.	65 ANS.
1	0.2189	0.2405	0.2649	0.2927	1	0.3245	0.3611	0.4034	0.4526
2	0.4378	0.4810	0.5298	0.5854	2	0.6490	0.7222	0.8068	0.9052
3	0.6567	0.7215	0.7947	0.8781	3	0.9735	1.0833	1.2102	1.3578
4	0.8756	0.9620	1.0596	1.1708	4	1.2980	1.4444	1.6136	1.8104
5	1.0945	1.2025	1.3245	1.4635	5	1.6225	1.8055	2.0170	2.2630
6	1.3134	1.4430	1.5894	1.7562	6	1.9470	2.1666	2.4204	2.7156
7	1.5323	1.6835	1.8543	2.0489	7	2.2715	2.5277	2.8238	3.1682
8	1.7512	1.9240	2.1192	2.3416	8	2.5960	2.8888	3.2272	3.6208
9	1.9701	2.1645	2.3841	2.6343	9	2.9205	3.2499	3.6306	4.0734
10	2.1890	2.4050	2.6490	2.9270	10	3.2450	3.6110	4.0340	4.5260
11	2.4079	2.6455	2.9139	3.2197	11	3.5695	3.9721	4.4374	4.9786
12	2.6268	2.8860	3.1788	3.5124	12	3.8940	4.3332	4.8408	5.4312
13	2.8457	3.1265	3.4437	3.8051	13	4.2185	4.6943	5.2442	5.8838
14	3.0646	3.3670	3.7086	4.0978	14	4.5430	5.0554	5.6476	6.3364
15	3.2835	3.6075	3.9735	4.3905	15	4.8675	5.4165	6.0510	6.7890
16	3.5024	3.8480	4.2384	4.6832	16	5.1920	5.7770	6.4544	7.2416
17	3.7213	4.0885	4.5033	4.9759	17	5.5165	6.1387	6.8578	7.6942
18	3.9402	4.3290	4.7682	5.2686	18	5.8410	6.4998	7.2612	8.1468
19	4.1591	4.5695	5.0331	5.5613	19	6.1655	6.8609	7.6646	8.5994
20	4.3780	4.8100	5.2980	5.8540	20	6.4900	7.2220	8.0680	9.0520

SOMMES versées.	50 ANS.	51 ANS.	52 ANS.	53 ANS.	SOMMES versées.	54 ANS.	55 ANS.	56 ANS.	57 ANS.
1	0.1676	0.1812	0.1962	0.2128	1	0.2313	0.2518	0.2747	0.3003
2	0.3352	0.3624	0.3924	0.4256	2	0.4626	0.5036	0.5494	0.6006
3	0.5028	0.5436	0.5886	0.6384	3	0.6939	0.7554	0.8241	0.9009
4	0.6704	0.7248	0.7848	0.8512	4	0.9252	1.0072	1.0988	1.2012
5	0.8380	0.9060	0.9810	1.0640	5	1.1565	1.2590	1.3735	1.5015
6	1.0056	1.0872	1.1772	1.2768	6	1.3878	1.5108	1.6482	1.8018
7	1.1732	1.2684	1.3734	1.4896	7	1.6191	1.7626	1.9229	2.1021
8	1.3408	1.4496	1.5696	1.7024	8	1.8504	2.0144	2.1976	2.4024
9	1.5084	1.6308	1.7658	1.9152	9	2.0817	2.2662	2.4723	2.7027
10	1.6760	1.8120	1.9620	2.1280	10	2.3130	2.5180	2.7470	3.0030
11	1.8436	1.9932	2.1582	2.3408	11	2.5443	2.7698	3.0217	3.3033
12	2.0112	2.1744	2.3544	2.5536	12	2.7756	3.0216	3.2964	3.6036
13	2.1788	2.3556	2.5506	2.7664	13	3.0069	3.2734	3.5711	3.9039
14	2.3464	2.5368	2.7468	2.9792	14	3.2382	3.5252	3.8458	4.2042
15	2.5140	2.7180	2.9430	3.1920	15	3.4695	3.7770	4.1205	4.5045
16	2.6816	2.8992	3.1392	3.4048	16	3.7008	4.0288	4.3952	4.8048
17	2.8492	3.0804	3.3354	3.6176	17	3.9321	4.2806	4.6699	5.1051
18	3.0168	3.2616	3.5316	3.8304	18	4.1634	4.5324	4.9446	5.4054
19	3.1844	3.4428	3.7278	4.0432	19	4.3947	4.7842	5.2193	5.7057
20	3.3520	3.6240	3.9240	4.2560	20	4.6260	5.0360	5.4940	6.0060

SOMMES versées.	58 ANS.	59 ANS.	60 ANS.	61 ANS.	SOMMES versées.	62 ANS.	63 ANS.	64 ANS.	65 ANS.
1	0.3292	0.3616	0.3984	0.4402	1	0.4880	0.5430	0.6066	0.6806
2	0.6584	0.7232	0.7968	0.8804	2	0.9760	1.0860	1.2132	1.3612
3	0.9876	1.0848	1.1952	1.3206	3	1.4640	1.6290	1.8198	2.0418
4	1.3168	1.4464	1.5936	1.7608	4	1.9520	2.1720	2.4264	2.7224
5	1.6460	1.8080	1.9920	2.2010	5	2.4400	2.7150	3.0330	3.4030
6	1.9752	2.1696	2.3904	2.6412	6	2.9280	3.2580	3.6396	4.0836
7	2.3044	2.5312	2.7888	3.0814	7	3.4160	3.8010	4.2462	4.7642
8	2.6336	2.8928	3.1872	3.5216	8	3.9040	4.3440	4.8528	5.4448
9	2.9628	3.2544	3.5856	3.9618	9	4.3920	4.8870	5.4594	6.1254
10	3.2920	3.6160	3.9840	4.4020	10	4.8800	5.4300	6.0660	6.8060
11	3.6212	3.9776	4.3824	4.8422	11	5.3680	5.9730	6.6726	7.4866
12	3.9504	4.3392	4.7808	5.2824	12	5.8560	6.5160	7.2792	8.1672
13	4.2796	4.7008	5.1792	5.7226	13	6.3440	7.0590	7.8858	8.8478
14	4.6088	5.0624	5.5776	6.1628	14	6.8320	7.6020	8.4924	9.5284
15	4.9380	5.4240	5.9760	6.6030	15	7.3200	8.1450	9.0990	10.2090
16	5.2672	5.7856	6.3744	7.0432	16	7.8080	8.6880	9.7056	10.8896
17	5.5964	6.1472	6.7728	7.4834	17	8.2960	9.2310	10.3122	11.5702
18	5.9256	6.5088	7.1712	7.9236	18	8.7840	9.7740	10.9188	12.2508
19	6.2548	6.8704	7.5696	8.3638	19	9.2720	10.3170	11.5254	12.9314
20	6.5840	7.2320	7.9680	8.8040	20	9.7600	10.8600	12.1320	13.6120

SOMMES versées	50 ANS.	51 ANS.	52 ANS.	53 ANS.	SOMMES versées	54 ANS.	55 ANS.	56 ANS.	57 ANS.
1	0.1098	0.1187	0.1285	0.1394	1	0.1515	0.1649	0.1799	0.1967
2	0.2196	0.2374	0.2570	0.2788	2	0.3030	0.3298	0.3598	0.3934
3	0.3294	0.3561	0.3855	0.4182	3	0.4545	0.4947	0.5397	0.5901
4	0.4392	0.4748	0.5140	0.5576	4	0.6060	0.6596	0.7196	0.7868
5	0.5490	0.5935	0.6425	0.6970	5	0.7575	0.8245	0.8995	0.9835
6	0.6588	0.7122	0.7710	0.8364	6	0.9090	0.9894	1.0794	1.1802
7	0.7686	0.8309	0.8995	0.9758	7	1.0605	1.1543	1.2593	1.3769
8	0.8784	0.9496	1.0280	1.1152	8	1.2120	1.3192	1.4392	1.5736
9	0.9882	1.0683	1.1565	1.2546	9	1.3635	1.4841	1.6191	1.7703
10	1.0980	1.1870	1.2850	1.3940	10	1.5150	1.6490	1.7990	1.9670
11	1.2078	1.3057	1.4135	1.5334	11	1.6665	1.8139	1.9789	2.1637
12	1.3176	1.4244	1.5420	1.6728	12	1.8180	1.9788	2.1588	2.3604
13	1.4274	1.5431	1.6705	1.8122	13	1.9695	2.1437	2.3387	2.5571
14	1.5372	1.6618	1.7990	1.9516	14	2.1210	2.3086	2.5186	2.7538
15	1.6470	1.7805	1.9275	2.0910	15	2.2725	2.4735	2.6985	2.9505
16	1.7568	1.8992	2.0560	2.2304	16	2.4240	2.6384	2.8784	3.1472
17	1.8666	2.0179	2.1845	2.3698	17	2.5755	2.8033	3.0583	3.3439
18	1.9764	2.1366	2.3130	2.5092	18	2.7270	2.9682	3.2382	3.5406
19	2.0862	2.2553	2.4415	2.6486	19	2.8785	3.1331	3.4181	3.7373
20	2.1960	2.3740	2.5700	2.7880	20	3.0300	3.2980	3.5980	3.9340

SOMMES versées	58 ANS.	59 ANS.	60 ANS.	61 ANS.	SOMMES versées	62 ANS.	63 ANS.	64 ANS.	65 ANS.
1	0.2156	0.2369	0.2609	0.2883	1	0.3197	0.3557	0.3973	0.4458
2	0.4312	0.4738	0.5218	0.5766	2	0.6394	0.7114	0.7946	0.8916
3	0.6468	0.7107	0.7827	0.8649	3	0.9591	1.0671	1.1919	1.3374
4	0.8624	0.9476	1.0436	1.1532	4	1.2788	1.4228	1.5892	1.7832
5	1.0780	1.1845	1.3045	1.4415	5	1.5985	1.7785	1.9865	2.2290
6	1.2936	1.4214	1.5654	1.7298	6	1.9182	2.1342	2.3838	2.6748
7	1.5092	1.6583	1.8263	2.0181	7	2.2379	2.4899	2.7811	3.1206
8	1.7248	1.8952	2.0872	2.3064	8	2.5576	2.8456	3.1784	3.5664
9	1.9404	2.1321	2.3481	2.5947	9	2.8773	3.2013	3.5757	4.0122
10	2.1560	2.3690	2.6090	2.8830	10	3.1970	3.5570	3.9730	4.4580
11	2.3716	2.6059	2.8699	3.1713	11	3.5167	3.9127	4.3703	4.9038
12	2.5872	2.8428	3.1308	3.4596	12	3.8364	4.2684	4.7676	5.3496
13	2.8028	3.0797	3.3917	3.7479	13	4.1561	4.6241	5.1649	5.7954
14	3.0184	3.3166	3.6526	4.0362	14	4.4758	4.9798	5.5622	6.2412
15	3.2340	3.5535	3.9135	4.3245	15	4.7955	5.3355	5.9595	6.6870
16	3.4496	3.7904	4.1744	4.6128	16	5.1152	5.6912	6.3568	7.1328
17	3.6652	4.0273	4.4353	4.9011	17	5.4349	6.0469	6.7541	7.5786
18	3.8808	4.2642	4.6962	5.1894	18	5.7546	6.4026	7.1514	8.0244
19	4.0964	4.5011	4.9571	5.4777	19	6.0743	6.7583	7.5487	8.4702
20	4.3120	4.7380	5.2180	5.7660	20	6.3940	7.1140	7.9460	8.9160

SOMMES VERSÉES	50 ANS	51 ANS	52 ANS	53 ANS	SOMMES VERSÉES	54 ANS	55 ANS	56 ANS	57 ANS
1	0.1655	0.1789	0.1937	0.2101	1	0.2283	0.2486	0.2712	0.2965
2	0.3310	0.3578	0.3874	0.4202	2	0.4566	0.4972	0.5424	0.5930
3	0.4965	0.5367	0.5811	0.6303	3	0.6849	0.7458	0.8136	0.8895
4	0.6620	0.7156	0.7748	0.8404	4	0.9132	0.9944	1.0848	1.1860
5	0.8275	0.8945	0.9685	1.0505	5	1.1415	1.2430	1.3560	1.4825
6	0.9930	1.0734	1.1622	1.2606	6	1.3698	1.4916	1.6272	1.7790
7	1.1585	1.2523	1.3559	1.4707	7	1.5981	1.7402	1.8984	2.0755
8	1.3240	1.4312	1.5496	1.6808	8	1.8264	1.9888	2.1696	2.3720
9	1.4895	1.6101	1.7433	1.8909	9	2.0547	2.2374	2.4408	2.6685
10	1.6550	1.7890	1.9370	2.1010	10	2.2830	2.4860	2.7120	2.9650
11	1.8205	1.9679	2.1307	2.3111	11	2.5113	2.7346	2.9832	3.2615
12	1.9860	2.1468	2.3244	2.5212	12	2.7396	2.9832	3.2544	3.5580
13	2.1515	2.3257	2.5181	2.7313	13	2.9679	3.2318	3.5256	3.8545
14	2.3170	2.5046	2.7118	2.9414	14	3.1962	3.4804	3.7968	4.1510
15	2.4825	2.6835	2.9055	3.1515	15	3.4245	3.7290	4.0680	4.4475
16	2.6480	2.8624	3.0992	3.3610	16	3.6528	3.9776	4.3392	4.7440
17	2.8135	3.0413	3.2929	3.5717	17	3.8811	4.2262	4.6104	5.0405
18	2.9790	3.2202	3.4866	3.7818	18	4.1094	4.4748	4.8816	5.3370
19	3.1445	3.3991	3.6803	3.9919	19	4.3377	4.7234	5.1528	5.6335
20	3.3100	3.5780	3.8740	4.2020	20	4.5660	4.9720	5.4240	5.9300

SOMMES VERSÉES	58 ANS	59 ANS	60 ANS	61 ANS	SOMMES VERSÉES	62 ANS	63 ANS	64 ANS	65 ANS
1	0.3250	0.3570	0.3933	0.4340	1	0.4818	0.5361	0.5989	0.6719
2	0.6500	0.7140	0.7866	0.8692	2	0.9636	1.0722	1.1978	1.3438
3	0.9750	1.0710	1.1799	1.3038	3	1.4454	1.6083	1.7967	2.0157
4	1.3000	1.4280	1.5732	1.7384	4	1.9272	2.1444	2.3956	2.6876
5	1.6250	1.7850	1.9665	2.1730	5	2.4090	2.6805	2.9945	3.3595
6	1.9500	2.1420	2.3598	2.6076	6	2.8908	3.2166	3.5934	4.0314
7	2.2750	2.4990	2.7531	3.0422	7	3.3726	3.7527	4.1923	4.7033
8	2.6000	2.8560	3.1464	3.4768	8	3.8544	4.2888	4.7912	5.3752
9	2.9250	3.2130	3.5397	3.9114	9	4.3362	4.8249	5.3901	6.0471
10	3.2500	3.5700	3.9330	4.3460	10	4.8180	5.3610	5.9890	6.7190
11	3.5750	3.9270	4.3263	4.7806	11	5.2998	5.8971	6.5879	7.3909
12	3.9000	4.2840	4.7196	5.2152	12	5.7816	6.4332	7.1868	8.0628
13	4.2250	4.6410	5.1129	5.6498	13	6.2634	6.9693	7.7857	8.7347
14	4.5500	4.9980	5.5062	6.0844	14	6.7452	7.5054	8.3846	9.4066
15	4.8750	5.3550	5.8995	6.5190	15	7.2270	8.0415	8.9835	10.0785
16	5.2000	5.7120	6.2928	6.9536	16	7.7088	8.5776	9.5824	10.7504
17	5.5250	6.0690	6.6861	7.3882	17	8.1906	9.1137	10.1813	11.4223
18	5.8500	6.4260	7.0794	7.8228	18	8.6724	9.6498	10.7802	12.0942
19	6.1750	6.7830	7.4727	8.2574	19	9.1542	10.1859	11.3791	12.7661
20	6.5000	7.1400	7.8660	8.6920	20	9.6360	10.7220	11.9780	13.4380

SOMMES versées	50 ANS.	51 ANS.	52 ANS.	53 ANS.	SOMMES versées	54 ANS.	55 ANS.	56 ANS.	57 ANS.
1	0.1082	0.1169	0.1206	0 1373	1	0.1492	0.1624	0.1772	0.1938
2	0.2164	0.2338	0 2532	0.2746	2	0.2984	0.3248	0.3544	0.3876
3	0.3246	0.3507	0.3798	0 4119	3	0.4476	0.4872	0.5316	0.5814
4	0.4328	0.4676	0.5064	0.5492	4	0.5968	0.6496	0.7088	0.7752
5	0.5410	0.5845	0.6330	0.6865	5	0.7460	0.8120	0.8860	0.9690
6	0.6492	0.7014	0.7596	0.8238	6	0.8952	0.9744	1.0032	1.1628
7	0.7574	0.8183	0.8862	0.9611	7	1.0444	1.1368	1.2404	1.3566
8	0.8656	0.9352	1.0128	1.0984	8	1.1936	1.2992	1.4176	1.5504
9	0.9738	1.0521	1.1394	1.2357	9	1.3428	1.4616	1.5948	1.7442
10	1.0820	1.1690	1.2660	1.3730	10	1.4920	1.6240	1.7720	1.9380
11	1.1902	1.2859	1.3926	1.5103	11	1.6412	1.7864	1.9492	2.1318
12	1 2984	1.4028	1.5192	1.6476	12	1.7904	1.9488	2.1264	2.3256
13	1.4066	1.5197	1.6458	1.7849	13	1.9396	2.1112	2.3036	2.5194
14	1.5148	1.6366	1.7724	1.9222	14	2.0888	2.2736	2.4808	2.7132
15	1.6230	1.7535	1.8990	2.0595	15	2.2380	2.4360	2.6580	2.9070
16	1.7312	1.8704	2.0256	2.1968	16	2.3872	2.5984	2.8352	3.1008
17	1.8394	1.9873	2.1522	2.3341	17	2.5364	2.7608	3.0124	3.2946
18	1.9476	2.1042	2.2788	2.4714	18	2.6856	2.9232	3.1896	3.4884
19	2.0558	2.2211	2.4054	2.6087	19	2.8348	3.0856	3.3668	3.6822
20	2.1640	2.3380	2.5320	2.7460	20	2.9840	3.2480	3.5440	3.8760

SOMMES versées	38 ANS.	59 ANS.	60 ANS.	61 ANS.	SOMMES versées	62 ANS.	63 ANS.	64 ANS.	65 ANS.
1	0.2124	0.2333	0.2570	0.2840	1	0.3149	0.3503	0.3913	0.4391
2	0.4248	0.4666	0.5140	0.5680	2	0.6298	0.7006	0.7826	0.8782
3	0.6372	0.6999	0.7710	0.8520	3	0.9447	1.0509	1.1739	1.3173
4	0.8496	0.9332	1.0280	1.1360	4	1.2596	1.4012	1.5652	1.7564
5	1.0620	1.1665	1.2850	1.4200	5	1.5745	1.7515	1.9565	2.1955
6	1.2744	1.3998	1.5420	1.7040	6	1.8894	2.1018	2.3478	2.6346
7	1.4868	1.6331	1.7990	1.9880	7	2.2043	2.4521	2.7391	3.0737
8	1.6992	1.8664	2.0560	2.2720	8	2.5192	2.8024	3.1304	3.5128
9	1.9116	2.0997	2.3130	2.5560	9	2.8341	3.1527	3.5217	3.9519
10	2.1240	2.3330	2.5700	2.8400	10	3.1490	3.5030	3.9130	4.3910
11	2.3364	2.5663	2.8270	3.1240	11	3.4639	3.8533	4.3043	4.8301
12	2.5488	2.7996	3.0840	3.4080	12	3.7788	4.2036	4.6956	5.2692
13	2.7612	3.0329	3.3410	3.6920	13	4.0937	4.5539	5.0869	5.7083
14	2.9736	3.2662	3.5980	3.9760	14	4.4086	4.9042	5.4782	6.1474
15	3.1860	3.4995	3.8550	4.2600	15	4.7235	5.2545	5.8695	6.5865
16	3.3984	3.7328	4.1120	4.5440	16	5.0384	5.6048	6.2608	7.0256
17	3.6108	3.9661	4.3690	4.8280	17	5.3533	5.9551	6.6521	7.4647
18	3.8232	4.1994	4.6260	5.1120	18	5.6682	6.3054	7.0434	7.9038
19	4.0356	4.4327	4.8830	5.3960	19	5.9831	6.6557	7.4347	8.3429
20	4.2480	4.6660	5.1400	5.6800	20	6.2980	7.0060	7.8260	8.7820

SOMMES versées	50 ANS	51 ANS	52 ANS	53 ANS	SOMMES versées	54 ANS	55 ANS	56 ANS	57 ANS
1	0.1634	0.1766	0.1913	0.2075	1	0.2254	0.2454	0.2678	0.2928
2	0.3268	0.3532	0.3826	0.4150	2	0.4508	0.4908	0.5356	0.5856
3	0.4902	0.5298	0.5739	0.6225	3	0.6762	0.7362	0.8034	0.8784
4	0.6536	0.7064	0.7652	0.8300	4	0.9016	0.9816	1.0712	1.1712
5	0.8170	0.8830	0.9565	1.0375	5	1.1270	1.2270	1.3390	1.4640
6	0.9804	1.0596	1.1478	1.2450	6	1.3524	1.4724	1.6068	1.7568
7	1.1438	1.2362	1.3391	1.4525	7	1.5778	1.7178	1.8746	2.0496
8	1.3072	1.4128	1.5304	1.6600	8	1.8032	1.9632	2.1424	2.3424
9	1.4706	1.5894	1.7217	1.8675	9	2.0286	2.2086	2.4102	2.6352
10	1.6340	1.7660	1.9130	2.0750	10	2.2540	2.4540	2.6780	2.9280
11	1.7974	1.9426	2.1043	2.2825	11	2.4794	2.6904	2.9458	3.2208
12	1.9608	2.1192	2.2956	2.4900	12	2.7048	2.9448	3.2136	3.5136
13	2.1242	2.2958	2.4869	2.6975	13	2.9302	3.1992	3.4814	3.8064
14	2.2876	2.4724	2.6782	2.9050	14	3.1556	3.4356	3.7492	4.0992
15	2.4510	2.6490	2.8695	3.1125	15	3.3810	3.6810	4.0170	4.3920
16	2.6144	2.8256	3.0608	3.3200	16	3.6064	3.9264	4.2848	4.6848
17	2.7778	3.0022	3.2521	3.5275	17	3.8318	4.1718	4.5526	4.9776
18	2.9412	3.1788	3.4434	3.7350	18	4.0572	4.4172	4.8204	5.2704
19	3.1046	3.3554	3.6347	3.9425	19	4.2826	4.6626	5.0882	5.5632
20	3.2680	3.5320	3.8260	4.1500	20	4.5080	4.9080	5.3560	5.8560

SOMMES versées	58 ANS	59 ANS	60 ANS	61 ANS	SOMMES versées	62 ANS	63 ANS	64 ANS	65 ANS
1	0.3208	0.3525	0.3883	0.4291	1	0.4757	0.5293	0.5913	0.6634
2	0.6416	0.7050	0.7766	0.8582	2	0.9514	1.0586	1.1826	1.3268
3	0.9624	1.0575	1.1649	1.2873	3	1.4271	1.5879	1.7739	1.9902
4	1.2832	1.4100	1.5532	1.7164	4	1.9028	2.1172	2.3652	2.6536
5	1.6040	1.7625	1.9415	2.1455	5	2.3785	2.6465	2.9565	3.3170
6	1.9248	2.1150	2.3298	2.5746	6	2.8542	3.1758	3.5478	3.9804
7	2.2456	2.4675	2.7181	3.0037	7	3.3299	3.7051	4.1391	4.6438
8	2.5664	2.8200	3.1064	3.4328	8	3.8056	4.2344	4.7304	5.3072
9	2.8872	3.1725	3.4947	3.8619	9	4.2813	4.7637	5.3217	5.9706
10	3.2080	3.5250	3.8830	4.2910	10	4.7570	5.2930	5.9130	6.6340
11	3.5288	3.8775	4.2713	4.7201	11	5.2327	5.8223	6.5043	7.2974
12	3.8496	4.2300	4.6596	5.1492	12	5.7084	6.3516	7.0956	7.9608
13	4.1704	4.5825	5.0479	5.5783	13	6.1841	6.8809	7.6869	8.6242
14	4.4912	4.9350	5.4362	6.0074	14	6.6598	7.4102	8.2782	9.2876
15	4.8120	5.2875	5.8245	6.4365	15	7.1355	7.9395	8.8695	9.9510
16	5.1328	5.6400	6.2128	6.8656	16	7.6112	8.4688	9.4608	10.6144
17	5.4536	5.9925	6.6011	7.2947	17	8.0869	8.9981	10.0521	11.2778
18	5.7744	6.3450	6.9894	7.7238	18	8.5626	9.5274	10.6434	11.9412
19	6.0952	6.6975	7.3777	8.1529	19	9.0383	10.0567	11.2347	12.6046
20	6.4160	7.0500	7.7660	8.5820	20	9.5140	10.5860	11.8260	13.2680

SOMMES versées.	50 ANS.	51 ANS.	52 ANS.	53 ANS.	SOMMES versées.	54 ANS.	55 ANS.	56 ANS.	57 ANS.
1	0.1005	0.1152	0.1247	0.1352	1	0.1470	0.1600	0.1745	0.1908
2	0.2130	0.2304	0.2494	0.2704	2	0.2940	0.3200	0.3490	0.3816
3	0.3195	0.3456	0.3741	0.4056	3	0.4410	0.4800	0.5235	0.5724
4	0.4260	0.4608	0.4988	0.5408	4	0.5880	0.6400	0.6980	0.7632
5	0.5325	0.5760	0.6235	0.6760	5	0.7350	0.8000	0.8725	0.9540
6	0.6390	0.6912	0.7482	0.8112	6	0.8820	0.9600	1.0470	1.1448
7	0.7455	0.8064	0.8729	0.9464	7	1.0290	1.1200	1.2215	1.3356
8	0.8520	0.9216	0.9976	1.0816	8	1.1760	1.2800	1.3960	1.5264
9	0.9585	1.0368	1.1223	1.2168	9	1.3230	1.4400	1.5705	1.7172
10	1.0650	1.1520	1.2470	1.3520	10	1.4700	1.6000	1.7450	1.9080
11	1.1715	1.2672	1.3717	1.4872	11	1.6170	1.7600	1.9195	2.0988
12	1.2780	1.3824	1.4964	1.6224	12	1.7640	1.9200	2.0940	2.2896
13	1.3845	1.4976	1.6211	1.7576	13	1.9110	2.0800	2.2685	2.4804
14	1.4910	1.6128	1.7458	1.8928	14	2.0580	2.2400	2.4430	2.6712
15	1.5975	1.7280	1.8705	2.0280	15	2.2050	2.4000	2.6175	2.8620
16	1.7040	1.8432	1.9952	2.1632	16	2.3520	2.5600	2.7920	3.0528
17	1.8105	1.9584	2.1199	2.2984	17	2.4990	2.7200	2.9665	3.2436
18	1.9170	2.0736	2.2446	2.4336	18	2.6460	2.8800	3.1410	3.4344
19	2.0235	2.1888	2.3693	2.5688	19	2.7930	3.0400	3.3155	3.6252
20	2.1300	2.3040	2.4940	2.7040	20	2.9400	3.2000	3.4900	3.8160

SOMMES versées.	58 ANS.	59 ANS.	60 ANS.	61 ANS.	SOMMES versées.	62 ANS.	63 ANS.	64 ANS.	65 ANS.
1	0.2092	0.2298	0.2531	0.2797	1	0.3101	0.3451	0.3854	0.4324
2	0.4184	0.4596	0.5062	0.5594	2	0.6202	0.6902	0.7708	0.8648
3	0.6276	0.6894	0.7593	0.8391	3	0.9303	1.0353	1.1562	1.2972
4	0.8368	0.9192	1.0124	1.1188	4	1.2404	1.3804	1.5416	1.7296
5	1.0460	1.1490	1.2655	1.3985	5	1.5505	1.7255	1.9270	2.1620
6	1.2552	1.3788	1.5186	1.6782	6	1.8606	2.0706	2.3124	2.5944
7	1.4644	1.6086	1.7717	1.9579	7	2.1707	2.4157	2.6978	3.0268
8	1.6736	1.8384	2.0248	2.2376	8	2.4808	2.7608	3.0832	3.4592
9	1.8828	2.0682	2.2779	2.5173	9	2.7909	3.1059	3.4686	3.8916
10	2.0920	2.2980	2.5310	2.7970	10	3.1010	3.4510	3.8540	4.3240
11	2.3012	2.5278	2.7841	3.0767	11	3.4111	3.7961	4.2394	4.7564
12	2.5104	2.7576	3.0372	3.3564	12	3.7212	4.1412	4.6248	5.1888
13	2.7196	2.9874	3.2903	3.6361	13	4.0313	4.4863	5.0102	5.6212
14	2.9288	3.2172	3.5434	3.9158	14	4.3414	4.8314	5.3956	6.0536
15	3.1380	3.4470	3.7965	4.1955	15	4.6515	5.1765	5.7810	6.4860
16	3.3472	3.6768	4.0496	4.4752	16	4.9616	5.5216	6.1664	6.9184
17	3.5564	3.9066	4.3027	4.7549	17	5.2717	5.8667	6.5518	7.3508
18	3.7656	4.1364	4.5558	5.0346	18	5.5818	6.2118	6.9372	7.7832
19	3.9748	4.3662	4.8089	5.3143	19	5.8919	6.5569	7.3226	8.2156
20	4.1840	4.5960	5.0620	5.5940	20	6.2020	6.9020	7.7080	8.6480

SOMMES versées.	50 ANS.	51 ANS.	52 ANS.	53 ANS.	SOMMES versées.	54 ANS.	55 ANS.	56 ANS.	57 ANS.
1	0.1613	0.1744	0.1888	0.2048	1	0.2226	0.2423	0.2643	0.2890
2	0.3226	0.3488	0.3776	0.4096	2	0.4452	0.4846	0.5286	0.5780
3	0.4839	0.5232	0.5664	0.6144	3	0.6678	0.7269	0.7929	0.8670
4	0.6452	0.6976	0.7552	0.8192	4	0.8904	0.9692	1.0572	1.1560
5	0.8065	0.8720	0.9440	1.0240	5	1.1130	1.2115	1.3215	1.4450
6	0.9678	1.0464	1.1328	1.2288	6	1.3356	1.4538	1.5858	1.7340
7	1.1291	1.2208	1.3216	1.4336	7	1.5582	1.6961	1.8501	2.0230
8	1.2904	1.3952	1.5104	1.6384	8	1.7808	1.9384	2.1144	2.3120
9	1.4517	1.5696	1.6992	1.8432	9	2.0034	2.1807	2.3787	2.6010
10	1.6130	1.7440	1.8880	2.0480	10	2.2260	2.4230	2.6430	2.8900
11	1.7743	1.9184	2.0768	2.2528	11	2.4486	2.6653	2.9073	3.1790
12	1.9356	2.0928	2.2656	2.4576	12	2.6712	2.9076	3.1716	3.4680
13	2.0969	2.2672	2.4544	2.6624	13	2.8938	3.1499	3.4359	3.7570
14	2.2582	2.4416	2.6432	2.8672	14	3.1164	3.3922	3.7002	4.0460
15	2.4195	2.6160	2.8320	3.0720	15	3.3390	3.6345	3.9645	4.3350
16	2.5808	2.7904	3.0208	3.2768	16	3.5616	3.8768	4.2288	4.6240
17	2.7421	2.9648	3.2096	3.4816	17	3.7842	4.1191	4.4931	4.9130
18	2.9034	3.1392	3.3984	3.6864	18	4.0068	4.3614	4.7574	5.2020
19	3.0647	3.3136	3.5872	3.8912	19	4.2294	4.6037	5.0217	5.4910
20	3.2260	3.4880	3.7760	4.0960	20	4.4520	4.8460	5.2860	5.7800

SOMMES versées.	58 ANS.	59 ANS.	60 ANS.	61 ANS.	SOMMES versées.	62 ANS.	63 ANS.	64 ANS.	65 ANS.
1	0.3168	0.3480	0.3834	0.4236	1	0.4697	0.5226	0.5837	0.6549
2	0.6336	0.6960	0.7668	0.8472	2	0.9394	1.0452	1.1674	1.3098
3	0.9504	1.0440	1.1502	1.2708	3	1.4091	1.5678	1.7511	1.9647
4	1.2672	1.3920	1.5336	1.6944	4	1.8788	2.0904	2.3348	2.6196
5	1.5840	1.7400	1.9170	2.1180	5	2.3485	2.6130	2.9185	3.2745
6	1.9008	2.0880	2.3004	2.5416	6	2.8182	3.1356	3.5022	3.9294
7	2.2176	2.4360	2.6838	2.9652	7	3.2879	3.6582	4.0859	4.5843
8	2.5344	2.7840	3.0672	3.3888	8	3.7576	4.1808	4.6696	5.2392
9	2.8512	3.1320	3.4506	3.8124	9	4.2273	4.7034	5.2533	5.8941
10	3.1680	3.4800	3.8340	4.2360	10	4.6970	5.2260	5.8370	6.5490
11	3.4848	3.8280	4.2174	4.6596	11	5.1667	5.7486	6.4207	7.2039
12	3.8016	4.1760	4.6008	5.0832	12	5.6364	6.2712	7.0044	7.8588
13	4.1184	4.5240	4.9842	5.5068	13	6.1061	6.7938	7.5881	8.5137
14	4.4352	4.8720	5.3676	5.9304	14	6.5758	7.3104	8.1718	9.1686
15	4.7520	5.2200	5.7510	6.3540	15	7.0455	7.8390	8.7555	9.8235
16	5.0688	5.5680	6.1344	6.7770	16	7.5152	8.3616	9.3392	10.4784
17	5.3856	5.9160	6.5178	7.2012	17	7.9849	8.8842	9.9229	11.1333
18	5.7024	6.2640	6.9012	7.6248	18	8.4546	9.4068	10.5066	11.7882
19	6.0192	6.6120	7.2846	8.0484	19	8.9243	9.9294	11.0903	12.4431
20	6.3360	6.9600	7.6680	8.4720	20	9.3940	10.4520	11.6740	13.0980

SOMMES versées.	50 ANS.	51 ANS.	52 ANS.	53 ANS.	SOMMES versées.	54 ANS.	55 ANS.	56 ANS.	57 ANS.
1	0.1049	0.1134	0.1228	0.1332	1	0.1447	0.1570	0.1719	0.1880
2	0.2098	0.2208	0.2456	0.2664	2	0.2894	0.3152	0.3438	0.3760
3	0.3147	0.3402	0.3684	0.3996	3	0.4341	0.4728	0.5157	0.5640
4	0.4196	0.4536	0.4912	0.5328	4	0.5788	0.6304	0.6876	0.7520
5	0.5245	0.5670	0.6140	0.6660	5	0.7235	0.7880	0.8595	0.9400
6	0.6294	0.6804	0.7368	0.7992	6	0.8682	0.9456	1.0314	1.1280
7	0.7343	0.7938	0.8596	0.9324	7	1.0129	1.1032	1.2033	1.3160
8	0.8392	0.9072	0.9824	1.0656	8	1.1576	1.2608	1.3752	1.5040
9	0.9441	1.0206	1.1052	1.1988	9	1.3023	1.4184	1.5471	1.6920
10	1.0490	1.1340	1.2280	1.3320	10	1.4470	1.5760	1.7190	1.8800
11	1.1539	1.2474	1.3508	1.4652	11	1.5917	1.7336	1.8909	2.0680
12	1.2588	1.3608	1.4736	1.5984	12	1.7364	1.8912	2.0628	2.2560
13	1.3637	1.4742	1.5964	1.7316	13	1.8811	2.0488	2.2347	2.4440
14	1.4686	1.5876	1.7192	1.8648	14	2.0258	2.2064	2.4066	2.6320
15	1.5735	1.7010	1.8420	1.9980	15	2.1705	2.3640	2.5785	2.8200
16	1.6784	1.8144	1.9648	2.1312	16	2.3152	2.5216	2.7504	3.0080
17	1.7833	1.9278	2.0876	2.2644	17	2.4599	2.6792	2.9223	3.1960
18	1.8882	2.0412	2.2104	2.3976	18	2.6046	2.8368	3.0942	3.3840
19	1.9931	2.1546	2.3332	2.5308	19	2.7493	2.9944	3.2661	3.5720
20	2.0980	2.2680	2.4560	2.6640	20	2.8940	3.1520	3.4380	3.7600

SOMMES versées.	58 ANS.	59 ANS.	60 ANS.	61 ANS.	SOMMES versées.	62 ANS.	63 ANS.	64 ANS.	65 ANS.
1	0.2060	0.2263	0.2493	0.2755	1	0.3054	0.3398	0.3796	0.4259
2	0.4120	0.4526	0.4986	0.5510	2	0.6108	0.6796	0.7592	0.8518
3	0.6180	0.6789	0.7479	0.8265	3	0.9162	1.0194	1.1388	1.2777
4	0.8240	0.9052	0.9972	1.1020	4	1.2216	1.3592	1.5184	1.7036
5	1.0300	1.1315	1.2465	1.3775	5	1.5270	1.6990	1.8980	2.1295
6	1.2360	1.3578	1.4958	1.6530	6	1.8324	2.0388	2.2776	2.5554
7	1.4420	1.5841	1.7451	1.9285	7	2.1378	2.3786	2.6572	2.9813
8	1.6480	1.8104	1.9944	2.2040	8	2.4432	2.7184	3.0368	3.4072
9	1.8540	2.0367	2.2437	2.4795	9	2.7486	3.0582	3.4164	3.8331
10	2.0600	2.2630	2.4930	2.7550	10	3.0540	3.3980	3.7960	4.2590
11	2.2660	2.4893	2.7423	3.0305	11	3.3594	3.7378	4.1756	4.6849
12	2.4720	2.7156	2.9916	3.3060	12	3.6648	4.0776	4.5552	5.1108
13	2.6780	2.9419	3.2409	3.5815	13	3.9702	4.4174	4.9348	5.5367
14	2.8840	3.1682	3.4902	3.8570	14	4.2756	4.7572	5.3144	5.9626
15	3.0900	3.3945	3.7395	4.1325	15	4.5810	5.0970	5.6940	6.3885
16	3.2960	3.6208	3.9888	4.4080	16	4.8864	5.4368	6.0736	6.8144
17	3.5020	3.8471	4.2381	4.6835	17	5.1918	5.7766	6.4532	7.2403
18	3.7080	4.0734	4.4874	4.9590	18	5.4972	6.1164	6.8328	7.6662
19	3.9140	4.2997	4.7367	5.2345	19	5.8026	6.4562	7.2124	8.0921
20	4.1200	4.5260	4.9860	5.5100	20	6.1080	6.7960	7.5920	8.5180

SOMMES versées	50 ANS.	31 ANS.	52 ANS.	53 ANS.	SOMMES versées	54 ANS.	55 ANS.	56 ANS.	57 ANS.
1	0.1593	0.1722	0.1864	0.2022	1	0.2197	0.2392	0.2610	0.2854
2	0.3186	0.3444	0.3728	0.4044	2	0.4394	0.4784	0.5220	0.5708
3	0.4779	0.5166	0.5592	0.6066	3	0.6591	0.7176	0.7830	0.8562
4	0.6372	0.6888	0.7456	0.8088	4	0.8788	0.9568	1.0440	1.1416
5	0.7965	0.8610	0.9320	1.0110	5	1.0985	1.1960	1.3050	1.4270
6	0.9558	1.0332	1.1184	1.2132	6	1.3182	1.4352	1.5660	1.7124
7	1.1151	1.2054	1.3048	1.4154	7	1.5379	1.6744	1.8270	1.9978
8	1.2744	1.3776	1.4912	1.6176	8	1.7576	1.9136	2.0880	2.2832
9	1.4337	1.5498	1.6776	1.8198	9	1.9773	2.1528	2.3490	2.5686
10	1.5930	1.7220	1.8640	2.0220	10	2.1970	2.3920	2.6100	2.8540
11	1.7523	1.8942	2.0504	2.2242	11	2.4167	2.6312	2.8710	3.1394
12	1.9116	2.0664	2.2368	2.4264	12	2.6364	2.8704	3.1320	3.4248
13	2.0709	2.2386	2.4232	2.6286	13	2.8561	3.1096	3.3930	3.7102
14	2.2302	2.4108	2.6096	2.8308	14	3.0758	3.3488	3.6540	3.9956
15	2.3895	2.5830	2.7960	3.0330	15	3.2955	3.5880	3.9150	4.2810
16	2.5488	2.7552	2.9824	3.2352	16	3.5152	3.8272	4.1760	4.5664
17	2.7081	2.9274	3.1688	3.4374	17	3.7349	4.0664	4.4370	4.8518
18	2.8674	3.0996	3.3552	3.6396	18	3.9546	4.3056	4.6980	5.1372
19	3.0267	3.2718	3.5416	3.8418	19	4.1743	4.5448	4.9590	5.4220
20	3.1860	3.4440	3.7280	4.0440	20	4.3940	4.7840	5.2200	5.7080

SOMMES versées	58 ANS.	39 ANS.	60 ANS.	61 ANS.	SOMMES versées	62 ANS.	63 ANS.	64 ANS.	65 ANS.
1	0.3127	0.3430	0.3785	0.4182	1	0.4637	0.5159	0.5763	0.6466
2	0.6254	0.6872	0.7570	0.8364	2	0.9274	1.0318	1.1526	1.2932
3	0.9381	1.0308	1.1355	1.2546	3	1.3911	1.5477	1.7289	1.9398
4	1.2508	1.3744	1.5140	1.6728	4	1.8548	2.0636	2.3052	2.5864
5	1.5635	1.7180	1.8925	2.0910	5	2.3185	2.5795	2.8815	3.2330
6	1.8762	2.0616	2.2710	2.5092	6	2.7822	3.0954	3.4578	3.8796
7	2.1889	2.4052	2.6495	2.9274	7	3.2459	3.6113	4.0341	4.5262
8	2.5016	2.7488	3.0280	3.3456	8	3.7096	4.1272	4.6104	5.1728
9	2.8143	3.0924	3.4065	3.7638	9	4.1733	4.6431	5.1867	5.8194
10	3.1270	3.4360	3.7850	4.1820	10	4.6370	5.1590	5.7630	6.4660
11	3.4397	3.7796	4.1635	4.6002	11	5.1007	5.6749	6.3393	7.1126
12	3.7524	4.1232	4.5420	5.0184	12	5.5644	6.1908	6.9156	7.7592
13	4.0651	4.4668	4.9205	5.4366	13	6.0281	6.7067	7.4919	8.4058
14	4.3778	4.8104	5.2990	5.8548	14	6.4918	7.2226	8.0682	9.0524
15	4.6905	5.1540	5.6775	6.2730	15	6.9555	7.7385	8.6445	9.6990
16	5.0032	5.4976	6.0560	6.6912	16	7.4192	8.2544	9.2208	10.3456
17	5.3159	5.8412	6.4345	7.1094	17	7.8829	8.7703	9.7971	11.0022
18	5.6286	6.1848	6.8130	7.5276	18	8.3466	9.2862	10.3734	11.6388
19	5.9413	6.5284	7.1915	7.9458	19	8.8103	9.8021	10.9497	12.2854
20	6.2540	6.8720	7.5700	8.3640	20	9.2740	1.03180	11.5260	12.9320

Sommes versées	50 ANS.	51 ANS.	52 ANS.	53 ANS.	Sommes versées	54 ANS.	55 ANS.	56 ANS.	57 ANS.
1	0.1033	0.1117	0.1209	0.1312	1	0.1425	0.1552	0.1693	0.1851
2	0.2066	0.2234	0.2418	0.2624	2	0.2850	0.3104	0.3386	0.3702
3	0.3099	0.3351	0.3627	0.3936	3	0.4275	0.4656	0.5079	0.5553
4	0.4132	0.4468	0.4836	0.5248	4	0.5700	0.6208	0.6772	0.7404
5	0.5165	0.5585	0.6045	0.6560	5	0.7125	0.7760	0.8465	0.9255
6	0.6198	0.6702	0.7254	0.7872	6	0.8550	0.9312	1.0158	1.1106
7	0.7231	0.7819	0.8463	0.9184	7	0.9975	1.0864	1.1851	1.2957
8	0.8264	0.8936	0.9672	1.0496	8	1.1400	1.2416	1.3544	1.4808
9	0.9297	1.0053	1.0881	1.1808	9	1.2825	1.3968	1.5237	1.6659
10	1.0330	1.1170	1.2090	1.3120	10	1.4250	1.5520	1.6930	1.8510
11	1.1363	1.2287	1.3299	1.4432	11	1.5675	1.7072	1.8623	2.0361
12	1.2396	1.3404	1.4508	1.5744	12	1.7100	1.8624	2.0316	2.2212
13	1.3429	1.4521	1.5717	1.7056	13	1.8525	2.0176	2.2009	2.4063
14	1.4462	1.5638	1.6926	1.8368	14	1.9950	2.1728	2.3702	2.5914
15	1.5495	1.6755	1.8135	1.9680	15	2.1375	2.3280	2.5395	2.7765
16	1.6528	1.7872	1.9344	2.0992	16	2.2800	2.4832	2.7088	2.9616
17	1.7561	1.8989	2.0553	2.2304	17	2.4225	2.6384	2.8781	3.1467
18	1.8594	2.0106	2.1762	2.3616	18	2.5650	2.7936	3.0474	3.3318
19	1.9627	2.1223	2.2971	2.4928	19	2.7075	2.9488	3.2167	3.5169
20	2.0660	2.2340	2.4180	2.6240	20	2.8500	3.1040	3.3860	3.7020

Sommes versées	58 ANS.	59 ANS.	60 ANS.	61 ANS.	Sommes versées	62 ANS.	63 ANS.	64 ANS.	65 ANS.
1	0.2029	0.2229	0.2455	0.2713	1	0.3008	0.3347	0.3739	0.4195
2	0.4058	0.4458	0.4910	0.5426	2	0.6016	0.6694	0.7478	0.8390
3	0.6087	0.6687	0.7365	0.8139	3	0.9024	1.0041	1.1217	1.2585
4	0.8116	0.8916	0.9820	1.0852	4	1.2032	1.3388	1.4956	1.6780
5	1.0145	1.1145	1.2275	1.3565	5	1.5040	1.6735	1.8695	2.0975
6	1.2174	1.3374	1.4730	1.6278	6	1.8048	2.0082	2.2434	2.5170
7	1.4203	1.5603	1.7185	1.8991	7	2.1056	2.3429	2.6173	2.9365
8	1.6232	1.7832	1.9640	2.1704	8	2.4064	2.6776	2.9912	3.3560
9	1.8261	2.0061	2.2095	2.4417	9	2.7072	3.0123	3.3651	3.7755
10	2.0290	2.2290	2.4550	2.7130	10	3.0080	3.3470	3.7390	4.1950
11	2.2319	2.4519	2.7005	2.9843	11	3.3088	3.6817	4.1129	4.6145
12	2.4348	2.6748	2.9460	3.2556	12	3.6096	4.0164	4.4868	5.0340
13	2.6377	2.8977	3.1915	3.5269	13	3.9104	4.3511	4.8607	5.4535
14	2.8406	3.1206	3.4370	3.7982	14	4.2112	4.6858	5.2346	5.8730
15	3.0435	3.3435	3.6825	4.0695	15	4.5120	5.0205	5.6085	6.2925
16	3.2464	3.5664	3.9280	4.3408	16	4.8128	5.3552	5.9824	6.7120
17	3.4493	3.7893	4.1735	4.6121	17	5.1136	5.6899	6.3563	7.1315
18	3.6522	4.0122	4.4190	4.8834	18	5.4144	6.0246	6.7302	7.5510
19	3.8551	4.2351	4.6645	5.1547	19	5.7152	6.3593	7.1041	7.9705
20	4.0580	4.4580	4.9100	5.4260	20	6.0160	6.6940	7.4780	8.3900

SOMMES versées	50 ANS.	51 ANS.	52 ANS.	53 ANS.	SOMMES versées	54 ANS.	55 ANS.	56 ANS.	57 ANS.
1	0.1572	0.1700	0.1841	0.1996	1	0.2169	0.2362	0.2577	0.2817
2	0.3144	0.3400	0.3682	0.3992	2	0.4338	0.4724	0.5154	0.5634
3	0.4716	0.5100	0.5523	0.5988	3	0.6507	0.7086	0.7731	0.8451
4	0.6288	0.6800	0.7364	0.7984	4	0.8676	0.9448	1.0308	1.1268
5	0.7860	0.8500	0.9205	0.9980	5	1.0845	1.1810	1.2885	1.4085
6	0.9432	1.0200	1.1046	1.1976	6	1.3014	1.4172	1.5462	1.6902
7	1.1004	1.1900	1.2887	1.3972	7	1.5183	1.6534	1.8039	1.9719
8	1.2576	1.3600	1.4728	1.5968	8	1.7352	1.8896	2.0616	2.2536
9	1.4148	1.5300	1.6569	1.7964	9	1.9521	2.1258	2.3193	2.5353
10	1.5720	1.7000	1.8410	1.9960	10	2.1690	2.3620	2.5770	2.8170
11	1.7292	1.8700	2.0251	2.1956	11	2.3859	2.5982	2.8347	3.0987
12	1.8864	2.0400	2.2092	2.3952	12	2.6028	2.8344	3.0924	3.3804
13	2.0436	2.2100	2.3933	2.5948	13	2.8197	3.0706	3.3501	3.6621
14	2.2008	2.3800	2.5774	2.7944	14	3.0366	3.3068	3.6078	3.9438
15	2.3580	2.5500	2.7615	2.9940	15	3.2535	3.5430	3.8655	4.2255
16	2.5152	2.7200	2.9456	3.1936	16	3.4704	3.7792	4.1232	4.5072
17	2.6724	2.8900	3.1297	3.3032	17	3.6873	4.0154	4.3809	4.7889
18	2.8296	3.0600	3.3138	3.5028	18	3.9042	4.2516	4.6386	5.0706
19	2.9868	3.2300	3.4979	3.7924	19	4.1211	4.4878	4.8963	5.3523
20	3.1440	3.4000	3.6820	3.9920	20	4.3380	4.7240	5.1540	5.6340

SOMMES versées	58 ANS.	59 ANS.	60 ANS.	61 ANS.	SOMMES versées	62 ANS.	63 ANS.	64 ANS.	65 ANS.
1	0.3087	0.3392	0.3737	0.4129	1	0.4578	0.5094	0.5690	0.6384
2	0.6174	0.6784	0.7474	0.8258	2	0.9156	1.0188	1.1380	1.2768
3	0.9261	1.0176	1.1211	1.2387	3	1.3734	1.5282	1.7070	1.9152
4	1.2348	1.3568	1.4948	1.6516	4	1.8312	2.0376	2.2760	2.5536
5	1.5435	1.6960	1.8685	2.0645	5	2.2890	2.5470	2.8450	3.1920
6	1.8522	2.0352	2.2422	2.4774	6	2.7468	3.0564	3.4140	3.8304
7	2.1609	2.3744	2.6159	2.8903	7	3.2046	3.5658	3.9830	4.4688
8	2.4696	2.7136	2.9896	3.3032	8	3.6624	4.0752	4.5520	5.1072
9	2.7783	3.0528	3.3633	3.7161	9	4.1202	4.5846	5.1210	5.7456
10	3.0870	3.3920	3.7370	4.1290	10	4.5780	5.0940	5.6900	6.3840
11	3.3957	3.7312	4.1107	4.5419	11	5.0358	5.6034	6.2590	7.0224
12	3.7044	4.0704	4.4844	4.9548	12	5.4936	6.1128	6.8280	7.6608
13	4.0131	4.4096	4.8581	5.3677	13	5.9514	6.6222	7.3970	8.2992
14	4.3218	4.7488	5.2318	5.7806	14	6.4092	7.1316	7.9660	8.9376
15	4.6305	5.0880	5.6055	6.1935	15	6.8670	7.6410	8.5350	9.5760
16	4.9392	5.4272	5.9792	6.6064	16	7.3248	8.1504	9.1040	10.2144
17	5.2479	5.7664	6.3529	7.0193	17	7.7826	8.6598	9.6730	10.8528
18	5.5566	6.1056	6.7266	7.4322	18	8.2404	9.1692	10.2420	11.4912
19	5.8653	6.4448	7.1003	7.8451	19	8.6982	9.6786	10.8110	12.1296
20	6.1740	6.7840	7.4740	8.2580	20	9.1560	10.1880	11.3800	12.7680

SOMMES versées.	50 ANS.	51 ANS.	52 ANS.	53 ANS.	SOMMES versées.	54 ANS.	55 ANS.	56 ANS.	57 ANS.
1	0.1018	0.1100	0.1191	0.1292	1	0.1404	0.1528	0.1667	0.1823
2	0.2036	0.2200	0.2382	0.2584	2	0.2808	0.3056	0.3334	0.3646
3	0.3054	0.3300	0.3573	0.3876	3	0.4212	0.4584	0.5001	0.5469
4	0.4072	0.4400	0.4764	0.5168	4	0.5616	0.6112	0.6668	0.7292
5	0.5090	0.5500	0.5955	0.6460	5	0.7020	0.7640	0.8335	0.9115
6	0.6108	0.6600	0.7146	0.7752	6	0.8424	0.9168	1.0002	1.0938
7	0.7126	0.7700	0.8337	0.9044	7	0.9828	1.0696	1.1669	1.2761
8	0.8144	0.8800	0.9528	1.0336	8	1.1232	1.2224	1.3336	1.4584
9	0.9162	0.9900	1.0719	1.1628	9	1.2636	1.3752	1.5003	1.6407
10	1.0180	1.1000	1.1910	1.2920	10	1.4040	1.5280	1.6670	1.8230
11	1.1198	1.2100	1.3101	1.4212	11	1.5444	1.6808	1.8337	2.0053
12	1.2216	1.3200	1.4292	1.5504	12	1.6848	1.8336	2.0004	2.1876
13	1.3234	1.4300	1.5483	1.6796	13	1.8252	1.9864	2.1671	2.3699
14	1.4252	1.5400	1.6674	1.8088	14	1.9656	2.1392	2.3338	2.5522
15	1.5270	1.6500	1.7865	1.9380	15	2.1060	2.2920	2.5005	2.7345
16	1.6288	1.7600	1.9056	2.0672	16	2.2464	2.4448	2.6672	2.9168
17	1.7306	1.8700	2.0247	2.1964	17	2.3868	2.5976	2.8339	3.0991
18	1.8324	1.9800	2.1438	2.3256	18	2.5272	2.7504	3.0006	3.2814
19	1.9342	2.0900	2.2629	2.4548	19	2.6676	2.9032	3.1673	3.4637
20	2.0360	2.2000	2.3820	2.5840	20	2.8080	3.0560	3.3340	3.6460

SOMMES versées.	58 ANS.	59 ANS.	60 ANS.	61 ANS.	SOMMES versées.	62 ANS.	63 ANS	64 ANS.	65 ANS.
1	0.1998	0.2195	0.2418	0.2672	1	0.2962	0.3296	0.3682	0.4131
2	0.3996	0.4390	0.4836	0.5344	2	0.5924	0.6592	0.7364	0.8262
3	0.5994	0.6585	0.7254	0.8016	3	0.8886	0.9888	1.1046	1.2393
4	0.7992	0.8780	0.9672	1.0688	4	1.1848	1.3184	1.4728	1.6524
5	0.9990	1.0975	1.2090	1.3360	5	1.4810	1.6480	1.8410	2.0655
6	1.1988	1.3170	1.4508	1.6032	6	1.7772	1.9776	2.2092	2.4786
7	1.3986	1.5365	1.6926	1.8704	7	2.0734	2.3072	2.5774	2.8917
8	1.5984	1.7560	1.9344	2.1376	8	2.3696	2.6368	2.9456	3.3048
9	1.7982	1.9755	2.1762	2.4048	9	2.6658	2.9664	3.3138	3.7179
10	1.9980	2.1950	2.4180	2.6720	10	2.9620	3.2960	3.6820	4.1310
11	2.1978	2.4145	2.6598	2.9392	11	3.2582	3.6256	4.0502	4.5441
12	2.3976	2.6340	2.9016	3.2064	12	3.5544	3.9552	4.4184	4.9572
13	2.5974	2.8535	3.1434	3.4736	13	3.8506	4.2848	4.7866	5.3703
14	2.7972	3.0730	3.3852	3.7408	14	4.1468	4.6144	5.1548	5.7834
15	2.9970	3.2925	3.6270	4.0080	15	4.4430	4.9440	5.5230	6.1965
16	3.1968	3.5120	3.8688	4.2752	16	4.7392	5.2736	5.8912	6.6096
17	3.3966	3.7315	4.1106	4.5424	17	5.0354	5.6032	6.2594	7.0227
18	3.5964	3.9510	4.3524	4.8096	18	5.3316	5.9328	6.6276	7.4358
19	3.7962	4.1705	4.5942	5.0768	19	5.6278	6.2624	6.9958	7.8489
20	3.9960	4.3900	4.8360	5.3440	20	5.9240	6.5920	7.3640	8.2620

Sommes versées	50 ANS.	51 ANS.	52 ANS.	53 ANS.	Sommes versées	54 ANS.	55 ANS.	56 ANS.	57 ANS.
1	0.1552	0.1678	0.1817	0.1971	1	0.2142	0.2332	0.2544	0.2781
2	0.3104	0.3356	0.3634	0.3942	2	0.4284	0.4664	0.5088	0.5562
3	0.4656	0.5034	0.5451	0.5913	3	0.6426	0.6996	0.7632	0.8343
4	0.6208	0.6712	0.7268	0.7884	4	0.8568	0.9328	1.0176	1.1124
5	0.7760	0.8390	0.9085	0.9855	5	1.0710	1.1660	1.2720	1.3905
6	0.9312	1.0068	1.0902	1.1826	6	1.2852	1.3992	1.5264	1.6686
7	1.0864	1.1746	1.2719	1.3797	7	1.4994	1.6324	1.7808	1.9467
8	1.2416	1.3424	1.4536	1.5768	8	1.7136	1.8656	2.0352	2.2248
9	1.3968	1.5102	1.6353	1.7739	9	1.9278	2.0988	2.2896	2.5029
10	1.5520	1.6780	1.8170	1.9710	10	2.1420	2.3320	2.5440	2.7810
11	1.7072	1.8458	1.9987	2.1681	11	2.3562	2.5652	2.7984	3.0591
12	1.8624	2.0136	2.1804	2.3652	12	2.5704	2.7984	3.0528	3.3372
13	2.0176	2.1814	2.3621	2.5623	13	2.7846	3.0316	3.3072	3.6153
14	2.1728	2.3492	2.5438	2.7594	14	2.9988	3.2648	3.5616	3.8934
15	2.3280	2.5170	2.7255	2.9565	15	3.2130	3.4980	3.8160	4.1715
16	2.4832	2.6848	2.9072	3.1536	16	3.4272	3.7312	4.0704	4.4496
17	2.6384	2.8526	3.0889	3.3507	17	3.6414	3.9644	4.3248	4.7277
18	2.7936	3.0204	3.2706	3.5478	18	3.8556	4.1976	4.5792	5.0058
19	2.9488	3.1882	3.4523	3.7449	19	4.0698	4.4308	4.8336	5.2839
20	3.1040	3.3560	3.6340	3.9420	20	4.2840	4.6640	5.0880	5.5620

Sommes versées	58 ANS.	59 ANS.	60 ANS.	61 ANS.	Sommes versées	62 ANS.	63 ANS.	64 ANS.	65 ANS.
1	0.3048	0.3349	0.3689	0.4076	1	0.4519	0.5029	0.5617	0.6302
2	0.6096	0.6698	0.7378	0.8152	2	0.9038	1.0058	1.1234	1.2604
3	0.9144	1.0047	1.1067	1.2228	3	1.3557	1.5087	1.6851	1.8906
4	1.2192	1.3396	1.4756	1.6304	4	1.8076	2.0116	2.2468	2.5208
5	1.5240	1.6745	1.8445	2.0380	5	2.2595	2.5145	2.8085	3.1510
6	1.8288	2.0094	2.2134	2.4456	6	2.7114	3.0174	3.3702	3.7812
7	2.1336	2.3443	2.5823	2.8532	7	3.1633	3.5203	3.9319	4.4114
8	2.4384	2.6792	2.9512	3.2608	8	3.6152	4.0232	4.4936	5.0416
9	2.7432	3.0141	3.3201	3.6684	9	4.0671	4.5261	5.0553	5.6718
10	3.0480	3.3490	3.6890	4.0760	10	4.5190	5.0290	5.6170	6.3020
11	3.3528	3.6839	4.0579	4.4836	11	4.9709	5.5319	6.1787	6.9322
12	3.6576	4.0188	4.4268	4.8912	12	5.4228	6.0348	6.7404	7.5624
13	3.9624	4.3537	4.7957	5.2988	13	5.8747	6.5377	7.3021	8.1926
14	4.2672	4.6886	5.1646	5.7064	14	6.3266	7.0406	7.8638	8.8228
15	4.5720	5.0235	5.5335	6.1140	15	6.7785	7.5435	8.4255	9.4530
16	4.8768	5.3584	5.9024	6.5216	16	7.2304	8.0464	8.9872	10.0832
17	5.1816	5.6933	6.2713	6.9292	17	7.6823	8.5493	9.5489	10.7134
18	5.4864	6.0282	6.6402	7.3368	18	8.1342	9.0522	10.1106	11.3436
19	5.7912	6.3631	7.0091	7.7444	19	8.5861	9.5551	10.6723	11.9738
20	6.0960	6.6980	7.3780	8.1520	20	9.0380	10.0580	11.2340	12.6040

SOMMES versées	50 ANS.	51 ANS.	52 ANS.	53 ANS.	SOMMES versées	54 ANS.	55 ANS.	56 ANS.	57 ANS.
1	0.1002	0.1083	0.1173	0.1272	1	0.1382	0.1505	0.1642	0.1795
2	0.2004	0.2166	0.2346	0.2544	2	0.2764	0.3010	0.3284	0.3590
3	0.3006	0.3249	0.3519	0.3816	3	0.4146	0.4515	0.4920	0.5385
4	0.4008	0.4332	0.4692	0.5088	4	0.5528	0.6020	0.6568	0.7180
5	0.5010	0.5415	0.5865	0.6360	5	0.6910	0.7525	0.8210	0.8975
6	0.6012	0.6498	0.7038	0.7632	6	0.8292	0.9030	0.9852	1.0770
7	0.7014	0.7581	0.8211	0.8904	7	0.9674	1.0535	1.1494	1.2565
8	0.8016	0.8664	0.9384	1.0176	8	1.1056	1.2040	1.3136	1.4360
9	0.9018	0.9747	1.0557	1.1448	9	1.2438	1.3545	1.4778	1.6155
10	1.0020	1.0830	1.1730	1.2720	10	1.3820	1.5050	1.6420	1.7950
11	1.1022	1.1913	1.2903	1.3992	11	1.5202	1.6555	1.8062	1.9745
12	1.2024	1.2996	1.4076	1.5264	12	1.6584	1.8060	1.9704	2.1540
13	1.3026	1.4079	1.5249	1.6536	13	1.7966	1.9565	2.1346	2.3335
14	1.4028	1.5162	1.6422	1.7808	14	1.9348	2.1070	2.2988	2.5130
15	1.5030	1.6245	1.7595	1.9080	15	2.0730	2.2575	2.4630	2.6925
16	1.6032	1.7328	1.8768	2.0352	16	2.2112	2.4080	2.6272	2.8720
17	1.7034	1.8411	1.9941	2.1624	17	2.3494	2.5585	2.7914	3.0515
18	1.8036	1.9494	2.1114	2.2896	18	2.4876	2.7090	2.9556	3.2310
19	1.9038	2.0577	2.2287	2.4168	19	2.6258	2.8595	3.1198	3.4105
20	2.0040	2.1660	2.3460	2.5440	20	2.7640	3.0100	3.2840	3.5900

SOMMES versées	58 ANS.	59 ANS.	60 ANS.	61 ANS.	SOMMES versées	62 ANS.	63 ANS.	64 ANS.	65 ANS.
1	0.1967	0.2162	0.2381	0.2631	1	0.2917	0.3246	0.3626	0.4068
2	0.3934	0.4324	0.4762	0.5262	2	0.5834	0.6492	0.7252	0.8136
3	0.5901	0.6486	0.7143	0.7893	3	0.8751	0.9738	1.0878	1.2204
4	0.7868	0.8648	0.9524	1.0524	4	1.1668	1.2984	1.4504	1.6272
5	0.9835	1.0810	1.1905	1.3155	5	1.4585	1.6230	1.8130	2.0340
6	1.1802	1.2972	1.4286	1.5786	6	1.7502	1.9476	2.1756	2.4408
7	1.3769	1.5134	1.6667	1.8417	7	2.0419	2.2722	2.5382	2.8476
8	1.5736	1.7296	1.9048	2.1048	8	2.3336	2.5968	2.9008	3.2544
9	1.7703	1.9458	2.1429	2.3679	9	2.6253	2.9214	3.2634	3.6612
10	1.9670	2.1620	2.3810	2.6310	10	2.9170	3.2460	3.6260	4.0680
11	2.1637	2.3782	2.6191	2.8941	11	3.2087	3.5706	3.9886	4.4748
12	2.3604	2.5944	2.8572	3.1572	12	3.5004	3.8952	4.3512	4.8816
13	2.5571	2.8106	3.0953	3.4203	13	3.7921	4.2198	4.7138	5.2884
14	2.7538	3.0268	3.3334	3.6834	14	4.0838	4.5444	5.0764	5.6952
15	2.9505	3.2430	3.5715	3.9465	15	4.3755	4.8690	5.4390	6.1020
16	3.1472	3.4592	3.8096	4.2096	16	4.6672	5.1936	5.8016	6.5088
17	3.3439	3.6754	4.0477	4.4727	17	4.9589	5.5182	6.1642	6.9156
18	3.5406	3.8916	4.2858	4.7358	18	5.2506	5.8428	6.5268	7.3224
19	3.7373	4.1078	4.5239	4.9989	19	5.5423	6.1674	6.8894	7.7292
20	3.9340	4.3240	4.7620	5.2620	20	5.8340	6.4920	7.2520	8.1360

SOMMES versées.	50 ANS.	51 ANS.	52 ANS.	53 ANS.	SOMMES versées.	54 ANS.	55 ANS.	56 ANS.	57 ANS.
1	0.1533	0.1657	0.1794	0.1946	1	0.2114	0.2302	0.2511	0.2746
2	0.3066	0.3314	0.3588	0.3892	2	0.4228	0.4604	0.5022	0.5492
3	0.4599	0.4971	0.5382	0.5838	3	0.6342	0.6906	0.7533	0.8238
4	0.6132	0.6628	0.7176	0.7784	4	0.8456	0.9208	1.0044	1.0984
5	0.7665	0.8285	0.8970	0.9730	5	1.0570	1.1510	1.2555	1.3730
6	0.9198	0.9942	1.0764	1.1676	6	1.2684	1.3812	1.5066	1.6476
7	1.0731	1.1599	1.2558	1.3622	7	1.4798	1.6114	1.7577	1.9222
8	1.2264	1.3256	1.4352	1.5568	8	1.6912	1.8416	2.0088	2.1968
9	1.3797	1.4913	1.6146	1.7514	9	1.9026	2.0718	2.2599	2.4714
10	1.5330	1.6570	1.7940	1.9460	10	2.1140	2.3020	2.5110	2.7460
11	1.6863	1.8227	1.9734	2.1406	11	2.3254	2.5322	2.7621	3.0206
12	1.8396	1.9884	2.1528	2.3352	12	2.5368	2.7624	3.0132	3.2952
13	1.9929	2.1541	2.3322	2.5298	13	2.7482	2.9926	3.2643	3.5698
14	2.1462	2.3198	2.5116	2.7244	14	2.9596	3.2228	3.5154	3.8444
15	2.2995	2.4855	2.6910	2.9190	15	3.1710	3.4530	3.7665	4.1190
16	2.4528	2.6512	2.8704	3.1136	16	3.3824	3.6832	4.0176	4.3936
17	2.6061	2.8169	3.0498	3.3082	17	3.5938	3.9134	4.2687	4.6682
18	2.7594	2.9826	3.2292	3.5028	18	3.8052	4.1436	4.5198	4.9428
19	2.9127	3.1483	3.4086	3.6974	19	4.0166	4.3738	4.7709	5.2174
20	3.0660	3.3140	3.5880	3.8920	20	4.2280	4.6040	5.0220	5.4920

SOMMES versées.	58 ANS.	59 ANS.	60 ANS.	61 ANS.	SOMMES versées.	62 ANS.	63 ANS.	64 ANS.	65 ANS.
1	0.3000	0.3300	0.3642	0.4024	1	0.4462	0.4964	0.5545	0.6222
2	0.6018	0.6612	0.7284	0.8048	2	0.8924	0.9928	1.1090	1.2444
3	0.9027	0.9918	1.0926	1.2072	3	1.3386	1.4892	1.6635	1.8666
4	1.2036	1.3224	1.4568	1.6096	4	1.7848	1.9856	2.2180	2.4888
5	1.5045	1.6530	1.8210	2.0120	5	2.2310	2.4820	2.7725	3.1110
6	1.8054	1.9836	2.1852	2.4144	6	2.6772	2.9784	3.3270	3.7332
7	2.1063	2.3142	2.5494	2.8168	7	3.1234	3.4748	3.8815	4.3554
8	2.4072	2.6448	2.9136	3.2192	8	3.5696	3.9712	4.4360	4.9776
9	2.7081	2.9754	3.2778	3.6216	9	4.0158	4.4676	4.9905	5.5998
10	3.0090	3.3060	3.6420	4.0240	10	4.4620	4.9640	5.5450	6.2220
11	3.3099	3.6366	4.0062	4.4264	11	4.9082	5.4604	6.0995	6.8442
12	3.6108	3.9672	4.3704	4.8288	12	5.3544	5.9568	6.6540	7.4664
13	3.9117	4.2978	4.7346	5.2312	13	5.8006	6.4532	7.2085	8.0880
14	4.2126	4.6284	5.0088	5.6336	14	6.2468	6.9496	7.7630	8.7108
15	4.5135	4.9590	5.4630	6.0360	15	6.6930	7.4460	8.3175	9.3330
16	4.8144	5.2896	5.8272	6.4384	16	7.1392	7.9424	8.8720	9.9552
17	5.1153	5.6202	6.1914	6.8408	17	7.5854	8.4388	9.4265	10.5774
18	5.4162	5.9508	6.5556	7.2432	18	8.0316	8.9352	9.9810	11.1996
19	5.7171	6.2814	6.9198	7.6456	19	8.4778	9.4316	10.5355	11.8218
20	6.0180	6.6120	7.2840	8.0480	20	8.9240	9.9280	11.0000	12.4440

SOMMES versées	50 ANS.	51 ANS.	52 ANS.	53 ANS.	SOMMES versées	54 ANS.	55 ANS.	56 ANS.	57 ANS.
1	0.0987	0.1067	0.1155	0.1253	1	0.1361	0.1482	0.1617	0.1708
2	0.1974	0.2134	0.2310	0.2506	2	0.2722	0.2964	0.3234	0.3536
3	0.2961	0.3201	0.3465	0.3759	3	0.4083	0.4446	0.4851	0.5304
4	0.3948	0.4268	0.4620	0.5012	4	0.5444	0.5928	0.6468	0.7072
5	0.4935	0.5335	0.5775	0.6265	5	0.6805	0.7410	0.8085	0.8840
6	0.5922	0.6402	0.6930	0.7518	6	0.8166	0.8892	0.9702	1.0608
7	0.6909	0.7469	0.8085	0.8771	7	0.9527	1.0374	1.1319	1.2376
8	0.7896	0.8536	0.9240	1.0024	8	1.0888	1.1856	1.2936	1.4144
9	0.8883	0.9603	1.0395	1.1277	9	1.2249	1.3338	1.4553	1.5912
10	0.9870	1.0670	1.1550	1.2530	10	1.3610	1.4820	1.6170	1.7680
11	1.0857	1.1737	1.2705	1.3783	11	1.4971	1.6302	1.7787	1.9448
12	1.1844	1.2804	1.3860	1.5036	12	1.6332	1.7784	1.9404	2.1216
13	1.2831	1.3871	1.5015	1.6289	13	1.7693	1.9266	2.1021	2.2984
14	1.3818	1.4938	1.6170	1.7542	14	1.9054	2.0748	2.2638	2.4752
15	1.4805	1.6005	1.7325	1.8795	15	2.0415	2.2230	2.4255	2.6520
16	1.5792	1.7072	1.8480	2.0048	16	2.1776	2.3712	2.5872	2.8288
17	1.6779	1.8139	1.9635	2.1301	17	2.3137	2.5194	2.7489	3.0056
18	1.7766	1.9206	2.0790	2.2554	18	2.4498	2.6676	2.9106	3.1824
19	1.8753	2.0273	2.1945	2.3807	19	2.5859	2.8158	3.0723	3.3592
20	1.9740	2.1340	2.3100	2.5060	20	2.7220	2.9640	3.2340	3.5360

SOMMES versées	58 ANS.	59 ANS.	60 ANS.	61 ANS.	SOMMES versées	62 ANS.	63 ANS.	64 ANS.	65 ANS.
1	0.1937	0.2129	0.2345	0.2591	1	0.2873	0.3196	0.3570	0.4006
2	0.3874	0.4258	0.4690	0.5182	2	0.5746	0.6392	0.7140	0.8012
3	0.5811	0.6387	0.7035	0.7773	3	0.8619	0.9588	1.0710	1.2018
4	0.7748	0.8516	0.9380	1.0364	4	1.1492	1.2784	1.4280	1.6024
5	0.9685	1.0645	1.1725	1.2955	5	1.4365	1.5980	1.7850	2.0030
6	1.1622	1.2774	1.4070	1.5546	6	1.7238	1.9176	2.1420	2.4036
7	1.3559	1.4903	1.6415	1.8137	7	2.0111	2.2372	2.4990	2.8042
8	1.5496	1.7032	1.8760	2.0728	8	2.2984	2.5568	2.8560	3.2048
9	1.7433	1.9161	2.1105	2.3319	9	2.5857	2.8764	3.2130	3.6054
10	1.9370	2.1290	2.3450	2.5910	10	2.8730	3.1960	3.5700	4.0060
11	2.1307	2.3419	2.5795	2.8501	11	3.1603	3.5156	3.9270	4.4066
12	2.3244	2.5548	2.8140	3.1092	12	3.4476	3.8352	4.2840	4.8072
13	2.5181	2.7677	3.0485	3.3683	13	3.7349	4.1548	4.6410	5.2078
14	2.7118	2.9806	3.2830	3.6274	14	4.0222	4.4744	4.9980	5.6084
15	2.9055	3.1935	3.5175	3.8865	15	4.3095	4.7940	5.3550	6.0090
16	3.0992	3.4064	3.7520	4.1456	16	4.5968	5.1136	5.7120	6.4096
17	3.2929	3.6193	3.9865	4.4047	17	4.8841	5.4332	6.0690	6.8102
18	3.4866	3.8322	4.2210	4.6638	18	5.1714	5.7528	6.4260	7.2108
19	3.6803	4.0451	4.4555	4.9229	19	5.4587	6.0724	6.7830	7.6114
20	3.8740	4.2580	4.6900	5.1820	20	5.7460	6.3920	7.1400	8.0120

SOMMES versées.	50 ANS.	51 ANS.	52 ANS.	53 ANS.	SOMMES versées.	54 ANS.	55 ANS.	56 ANS.	57 ANS.
1	0.1513	0.1636	0.1771	0.1921	1	0.2087	0.2273	0.2479	0.2711
2	0.3026	0.3272	0.3542	0.3842	2	0.4174	0.4546	0.4958	0.5422
3	0.4539	0.4908	0.5313	0.5763	3	0.6261	0.6819	0.7437	0.8133
4	0.6052	0.6544	0.7084	0.7684	4	0.8348	0.9092	0.9916	1.0844
5	0.7505	0.8180	0.8855	0.9605	5	1.0435	1.1365	1.2395	1.3555
6	0.9078	0.9816	1.0626	1.1526	6	1.2522	1.3638	1.4874	1.6266
7	1.0591	1.1452	1.2397	1.3447	7	1.4609	1.5911	1.7353	1.8977
8	1.2104	1.3088	1.4168	1.5368	8	1.6696	1.8184	1.9832	2.1688
9	1.3617	1.4724	1.5939	1.7289	9	1.8783	2.0457	2.2311	2.4399
10	1.5130	1.6360	1.7710	1.9210	10	2.0870	2.2730	2.4790	2.7110
11	1.6643	1.7996	1.9481	2.1131	11	2.2957	2.5003	2.7269	2.9821
12	1.8156	1.9632	2.1252	2.3052	12	2.5044	2.7276	2.9748	3.2532
13	1.9669	2.1268	2.3023	2.4973	13	2.7131	2.9549	3.2227	3.5243
14	2.1182	2.2904	2.4794	2.6894	14	2.9218	3.1822	3.4706	3.7954
15	2.2695	2.4540	2.6565	2.8815	15	3.1305	3.4095	3.7185	4.0065
16	2.4208	2.6176	2.8336	3.0736	16	3.3392	3.6368	3.9664	4.3376
17	2.5721	2.7812	3.0107	3.2657	17	3.5479	3.8641	4.2143	4.6087
18	2.7234	2.9448	3.1878	3.4578	18	3.7566	4.0914	4.4622	4.8798
19	2.8747	3.1084	3.3649	3.6499	19	3.9653	4.3187	4.7101	5.1509
20	3.0260	3.2720	3.5420	3.8420	20	4.1740	4.5460	4.9580	5.4220

SOMMES versées.	58 ANS.	59 ANS.	60 ANS.	61 ANS.	SOMMES versées.	62 ANS.	63 ANS.	64 ANS.	65 ANS.
1	0.2971	0.3264	0.3590	0.3973	1	0.4405	0.4901	0.5475	0.6142
2	0.5942	0.6528	0.7192	0.7946	2	0.8810	0.9802	1.0950	1.2284
3	0.8913	0.9792	1.0788	1.1919	3	1.3215	1.4703	1.6425	1.8426
4	1.1884	1.3056	1.4384	1.5892	4	1.7620	1.9604	2.1900	2.4568
5	1.4855	1.6320	1.7980	1.9865	5	2.2025	2.4505	2.7375	3.0710
6	1.7826	1.9584	2.1576	2.3838	6	2.6430	2.9406	3.2850	3.6852
7	2.0797	2.2848	2.5172	2.7811	7	3.0835	3.4307	3.8325	4.2994
8	2.3768	2.6112	2.8768	3.1784	8	3.5240	3.9208	4.3800	4.9136
9	2.6739	2.9376	3.2364	3.5757	9	3.9645	4.4109	4.9275	5.5278
10	2.9710	3.2640	3.5960	3.9730	10	4.4050	4.9010	5.4750	6.1420
11	3.2681	3.5904	3.9556	4.3703	11	4.8455	5.3911	6.0225	6.7562
12	3.5652	3.9168	4.3152	4.7676	12	5.2860	5.8812	6.5700	7.3704
13	3.8623	4.2432	4.6748	5.1649	13	5.7265	6.3713	7.1175	7.9846
14	4.1594	4.5696	5.0344	5.5622	14	6.1670	6.8614	7.6650	8.5988
15	4.4565	4.8960	5.3940	5.9595	15	6.6075	7.3515	8.2125	9.2130
16	4.7536	5.2224	5.7536	6.3568	16	7.0480	7.8416	8.7600	9.8272
17	5.0507	5.5488	6.1132	6.7541	17	7.4885	8.3317	9.3075	10.4414
18	5.3478	5.8752	6.4728	7.1514	18	7.9290	8.8218	9.8550	11.0550
19	5.6449	6.2016	6.8324	7.5487	19	8.3695	9.3119	10.4025	11.6698
20	5.9420	6.5280	7.1920	7.9460	20	8.8100	9.8020	10.9500	12.2840

SOMMES versées	50 ANS.	51 ANS.	52 ANS.	53 ANS.	SOMMES versées	54 ANS.	55 ANS.	56 ANS.	57 ANS.
1	0.0972	0.1050	0.1137	0.1234	1	0.1340	0.1459	0.1592	0.1741
2	0.1944	0.2100	0.2274	0.2468	2	0.2680	0.2918	0.3184	0.3482
3	0.2916	0.3150	0.3411	0.3702	3	0.4020	0.4377	0.4770	0.5223
4	0.3888	0.4200	0.4548	0.4936	4	0.5360	0.5836	0.6368	0.6964
5	0.4860	0.5250	0.5685	0.6170	5	0.6700	0.7295	0.7960	0.8705
6	0.5832	0.6300	0.6822	0.7404	6	0.8040	0.8754	0.9552	1.0446
7	0.6804	0.7350	0.7959	0.8638	7	0.9380	1.0213	1.1144	1.2187
8	0.7776	0.8400	0.9096	0.9872	8	1.0720	1.1672	1.2736	1.3928
9	0.8748	0.9450	1.0233	1.1106	9	1.2060	1.3131	1.4328	1.5669
10	0.9720	1.0500	1.1370	1.2340	10	1.3400	1.4590	1.5920	1.7410
11	1.0692	1.1550	1.2507	1.3574	11	1.4740	1.6049	1.7512	1.9151
12	1.1664	1.2600	1.3644	1.4808	12	1.6080	1.7508	1.9104	2.0892
13	1.2636	1.3650	1.4781	1.6042	13	1.7420	1.8967	2.0696	2.2633
14	1.3608	1.4700	1.5918	1.7276	14	1.8760	2.0426	2.2288	2.4374
15	1.4580	1.5750	1.7055	1.8510	15	2.0100	2.1885	2.3880	2.6115
16	1.5552	1.6800	1.8192	1.9744	16	2.1440	2.3344	2.5472	2.7856
17	1.6524	1.7850	1.9329	2.0978	17	2.2780	2.4803	2.7064	2.9597
18	1.7496	1.8900	2.0466	2.2212	18	2.4120	2.6262	2.8656	3.1338
19	1.8468	1.9950	2.1603	2.3446	19	2.5460	2.7721	3.0248	3.3079
20	1.9440	2.1000	2.2740	2.4680	20	2.6800	2.9180	3.1840	3.4820

SOMMES versées	58 ANS.	59 ANS.	60 ANS.	61 ANS.	SOMMES versées	62 ANS.	63 ANS.	64 ANS.	65 ANS.
1	0.1908	0.2096	0.2309	0.2551	1	0.2829	0.3147	0.3516	0.3945
2	0.3816	0.4192	0.4618	0.5102	2	0.5658	0.6294	0.7032	0.7890
3	0.5724	0.6288	0.6927	0.7653	3	0.8487	0.9441	1.0548	1.1835
4	0.7632	0.8384	0.9236	1.0204	4	1.1316	1.2588	1.4064	1.5780
5	0.9540	1.0480	1.1545	1.2755	5	1.4145	1.5735	1.7580	1.9725
6	1.1448	1.2576	1.3854	1.5306	6	1.6974	1.8882	2.1096	2.3670
7	1.3356	1.4672	1.6163	1.7857	7	1.9803	2.2029	2.4612	2.7615
8	1.5264	1.6768	1.8472	2.0408	8	2.2632	2.5176	2.8128	3.1560
9	1.7172	1.8864	2.0781	2.2959	9	2.5461	2.8323	3.1644	3.5505
10	1.9080	2.0960	2.3090	2.5510	10	2.8290	3.1470	3.5160	3.9450
11	2.0988	2.3056	2.5399	2.8061	11	3.1119	3.4617	3.8676	4.3395
12	2.2896	2.5152	2.7708	3.0612	12	3.3948	3.7764	4.2192	4.7340
13	2.4804	2.7248	3.0017	3.3163	13	3.6777	4.0911	4.5708	5.1285
14	2.6712	2.9344	3.2326	3.5714	14	3.9606	4.4058	4.9224	5.5230
15	2.8620	3.1440	3.4635	3.8265	15	4.2435	4.7205	5.2740	5.9175
16	3.0528	3.3536	3.6944	4.0816	16	4.5264	5.0352	5.6256	6.3120
17	3.2436	3.5632	3.9253	4.3367	17	4.8093	5.3499	5.9772	6.7065
18	3.4344	3.7728	4.1562	4.5918	18	5.0922	5.6646	6.3288	7.1010
19	3.6252	3.9824	4.3871	4.8469	19	5.3751	5.9793	6.6804	7.4955
20	3.8160	4.1920	4.6180	5.1020	20	5.6580	6.2940	7.0320	7.8900

SOMMES versées.	50 ANS.	51 ANS.	52 ANS.	53 ANS.	SOMMES versées.	54 ANS.	55 ANS.	56 ANS.	57 ANS.
1	0.1494	0.1615	0.1749	0.1897	1	0.2061	0.2244	0.2448	0.2677
2	0.2988	0.3230	0.3498	0.3794	2	0.4122	0.4488	0.4896	0.5354
3	0.4482	0.4845	0.5247	0.5691	3	0.6183	0.6732	0.7344	0.8031
4	0.5976	0.6460	0.6996	0.7588	4	0.8244	0.8976	0.9792	1.0708
5	0.7470	0.8075	0.8745	0.9485	5	1.0305	1.1220	1.2240	1.3385
6	0.8964	0.9690	1.0494	1.1382	6	1.2366	1.3464	1.4688	1.6062
7	1.0458	1.1305	1.2243	1.3279	7	1.4427	1.5708	1.7136	1.8739
8	1.1952	1.2920	1.3992	1.5176	8	1.6488	1.7952	1.9584	2.1416
9	1.3446	1.4535	1.5741	1.7073	9	1.8549	2.0196	2.2032	2.4093
10	1.4940	1.6150	1.7490	1.8970	10	2.0610	2.2440	2.4480	2.6770
11	1.6434	1.7765	1.9239	2.0867	11	2.2671	2.4684	2.6928	2.9447
12	1.7928	1.9380	2.0988	2.2764	12	2.4732	2.6928	2.9376	3.2124
13	1.9422	2.0995	2.2737	2.4661	13	2.6793	2.9172	3.1824	3.4801
14	2.0916	2.2610	2.4486	2.6558	14	2.8854	3.1416	3.4272	3.7478
15	2.2410	2.4225	2.6235	2.8455	15	3.0915	3.3660	3.6720	4.0155
16	2.3904	2.5840	2.7984	3.0352	16	3.2976	3.5904	3.9168	4.2832
17	2.5398	2.7455	2.9733	3.2249	17	3.5037	3.8148	4.1616	4.5509
18	2.6892	2.9070	3.1482	3.4146	18	3.7098	4.0392	4.4064	4.8186
19	2.8386	3.0685	3.3231	3.6043	19	3.9159	4.2636	4.6512	5.0863
20	2.9880	3.2300	3.4980	3.7940	20	4.1220	4.4880	4.8960	5.3540

SOMMES versées.	58 ANS.	59 ANS.	60 ANS.	61 ANS.	SOMMES versées.	62 ANS.	63 ANS.	64 ANS.	65 ANS.
1	0.2934	0.3223	0.3551	0.3924	1	0.4350	0.4840	0.5407	0.6066
2	0.5868	0.6446	0.7102	0.7848	2	0.8700	0.9680	1.0814	1.2132
3	0.8802	0.9669	1.0653	1.1772	3	1.3050	1.4520	1.6221	1.8198
4	1.1736	1.2892	1.4204	1.96	4	1.7400	1.9360	2.1628	2.4264
5	1.4670	1.6115	1.7755	1.9620	5	2.1750	2.4200	2.7035	3.0330
6	1.7604	1.9338	2.1306	2.3544	6	2.6100	2.9040	3.2442	3.6396
7	2.0538	2.2561	2.4857	2.7468	7	3.0450	3.3880	3.7849	4.2462
8	2.3472	2.5784	2.8408	3.1392	8	3.4800	3.8720	4.3256	4.8528
9	2.6406	2.9007	3.1959	3.5316	9	3.9150	4.3560	4.8663	5.4594
10	2.9340	3.2230	3.5510	3.9240	10	4.3500	4.8400	5.4070	6.0660
11	3.2274	3.5453	3.9061	4.3164	11	4.7850	5.3240	5.9477	6.6726
12	3.5208	3.8676	4.2612	4.7088	12	5.2200	5.8080	6.4884	7.2792
13	3.8142	4.1899	4.6163	5.1012	13	5.6550	6.2920	7.0291	7.8858
14	4.1076	4.5122	4.9714	5.4936	14	6.0900	6.7760	7.5698	8.4924
15	4.4010	4.8345	5.3265	5.8860	15	6.5250	7.2600	8.1105	9.0990
16	4.6944	5.1568	5.6816	6.2784	16	6.9600	7.7440	8.6512	9.7056
17	4.9878	5.4791	6.0367	6.6708	17	7.3950	8.2280	9.1919	10.3122
18	5.2812	5.8014	6.3918	7.0632	18	7.8300	8.7120	9.7326	10.9188
19	5.5746	6.1237	6.7469	7.4556	19	8.2650	9.1960	10.2733	11.5254
20	5.8680	6.4460	7.1020	7.8480	20	8.7000	9.6800	10.8140	12.1320

SOMMES versées.	50 ANS.	51 ANS.	52 ANS.	53 ANS.	SOMMES versées.	54 ANS.	55 ANS.	56 ANS.	57 ANS.
1	0.0957	0.1034	0.1120	0.1215	1	0.1320	0.1437	0.1568	0.1714
2	0.1914	0.2068	0.2240	0.2430	2	0.2640	0.2874	0.3136	0.3428
3	0.2871	0.3102	0.3360	0.3645	3	0.3960	0.4311	0.4704	0.5142
4	0.3828	0.4136	0.4480	0.4860	4	0.5280	0.5748	0.6272	0.6856
5	0.4785	0.5170	0.5600	0.6075	5	0.6600	0.7185	0.7840	0.8570
6	0.5742	0.6204	0.6720	0.7290	6	0.7920	0.8622	0.9408	1.0284
7	0.6699	0.7238	0.7840	0.8505	7	0.9240	1.0059	1.0976	1.1998
8	0.7656	0.8272	0.8960	0.9720	8	1.0560	1.1496	1.2544	1.3712
9	0.8613	0.9306	1.0080	1.0935	9	1.1880	1.2933	1.4112	1.5426
10	0.9570	1.0340	1.1200	1.2150	10	1.3200	1.4370	1.5680	1.7140
11	1.0527	1.1374	1.2320	1.3365	11	1.4520	1.5807	1.7248	1.8854
12	1.1484	1.2408	1.3440	1.4580	12	1.5840	1.7244	1.8816	2.0568
13	1.2441	1.3442	1.4560	1.5795	13	1.7160	1.8681	2.0384	2.2282
14	1.3398	1.4476	1.5680	1.7010	14	1.8480	2.0118	2.1952	2.3996
15	1.4355	1.5510	1.6800	1.8225	15	1.9800	2.1555	2.3520	2.5710
16	1.5312	1.6544	1.7920	1.9440	16	2.1120	2.2992	2.5088	2.7424
17	1.6269	1.7578	1.9040	2.0655	17	2.2440	2.4429	2.6656	2.9138
18	1.7226	1.8612	2.0160	2.1870	18	2.3760	2.5866	2.8224	3.0852
19	1.8183	1.9646	2.1280	2.3085	19	2.5080	2.7303	2.9792	3.2566
20	1.9140	2.0680	2.2400	2.4300	20	2.6400	2.8740	3.1360	3.4280

SOMMES versées.	58 ANS.	59 ANS.	60 ANS.	61 ANS.	SOMMES versées.	62 ANS.	63 ANS.	64 ANS.	65 ANS.
1	0.1879	0.2064	0.2274	0.2512	1	0.2785	0.3099	0.3462	0.3884
2	0.3758	0.4128	0.4548	0.5024	2	0.5570	0.6198	0.6924	0.7768
3	0.5637	0.6192	0.6822	0.7536	3	0.8355	0.9297	1.0386	1.1652
4	0.7516	0.8256	0.9096	1.0048	4	1.1140	1.2396	1.3848	1.5536
5	0.9395	1.0320	1.1370	1.2560	5	1.3925	1.5495	1.7310	1.9420
6	1.1274	1.2384	1.3644	1.5072	6	1.6710	1.8594	2.0772	2.3304
7	1.3153	1.4448	1.5918	1.7584	7	1.9495	2.1693	2.4234	2.7188
8	1.5032	1.6512	1.8192	2.0096	8	2.2280	2.4792	2.7696	3.1072
9	1.6911	1.8576	2.0466	2.2608	9	2.5065	2.7891	3.1158	3.4956
10	1.8790	2.0640	2.2740	2.5120	10	2.7850	3.0990	3.4620	3.8840
11	2.0669	2.2704	2.5014	2.7632	11	3.0635	3.4089	3.8082	4.2724
12	2.2548	2.4768	2.7288	3.0144	12	3.3420	3.7188	4.1544	4.6608
13	2.4427	2.6832	2.9562	3.2656	13	3.6205	4.0287	4.5006	5.0492
14	2.6306	2.8896	3.1836	3.5168	14	3.8990	4.3386	4.8468	5.4376
15	2.8185	3.0960	3.4110	3.7680	15	4.1775	4.6485	5.1930	5.8260
16	3.0064	3.3024	3.6384	4.0192	16	4.4560	4.9584	5.5392	6.2144
17	3.1943	3.5088	3.8658	4.2704	17	4.7345	5.2683	5.8854	6.6028
18	3.3822	3.7152	4.0932	4.5216	18	5.0130	5.5782	6.2316	6.9912
19	3.5701	3.9216	4.3206	4.7728	19	5.2915	5.8881	6.5778	7.3796
20	3.7580	4.1280	4.5480	5.0240	20	5.5700	6.1980	6.9240	7.7680

SOMMES versées.	50 ANS.	51 ANS.	52 ANS.	53 ANS.	SOMMES versées.	54 ANS.	55 ANS.	56 ANS.	57 ANS.
1	0.1476	0.1595	0.1727	0.1874	1	0.2036	0.2210	0.2418	0.2644
2	0.2952	0.3190	0.3454	0.3748	2	0.4072	0.4432	0.4836	0.5288
3	0.4428	0.4785	0.5181	0.5622	3	0.6108	0.6648	0.7254	0.7932
4	0.5904	0.6380	0.6908	0.7496	4	0.8144	0.8864	0.9672	1.0576
5	0.7380	0.7975	0.8635	0.9370	5	1.0180	1.1080	1.2090	1.3220
6	0.8856	0.9570	1.0362	1.1244	6	1.2216	1.3296	1.4508	1.5864
7	1.0332	1.1165	1.2089	1.3118	7	1.4252	1.5512	1.6926	1.8508
8	1.1808	1.2760	1.3816	1.4992	8	1.6288	1.7728	1.9344	2.1152
9	1.3284	1.4355	1.5543	1.6866	9	1.8324	1.9944	2.1762	2.3796
10	1.4760	1.5950	1.7270	1.8740	10	2.0360	2.2160	2.4180	2.6440
11	1.6236	1.7545	1.8997	2.0614	11	2.2396	2.4376	2.6598	2.9084
12	1.7712	1.9140	2.0724	2.2488	12	2.4432	2.6592	2.9016	3.1728
13	1.9188	2.0735	2.2451	2.4362	13	2.6468	2.8808	3.1434	3.4372
14	2.0664	2.2330	2.4178	2.6236	14	2.8504	3.1024	3.3852	3.7016
15	2.2140	2.3925	2.5905	2.8110	15	3.0540	3.3240	3.6270	3.9660
16	2.3616	2.5520	2.7632	2.9984	16	3.2576	3.5456	3.8688	4.2304
17	2.5092	2.7115	2.9359	3.1858	17	3.4612	3.7672	4.1106	4.4948
18	2.6568	2.8710	3.1086	3.3732	18	3.6648	3.9888	4.3524	4.7592
19	2.8044	3.0305	3.2813	3.5606	19	3.8684	4.2104	4.5942	5.0236
20	2.9520	3.1900	3.4540	3.7480	20	4.0720	4.4320	4.8360	5.2880

SOMMES versées.	58 ANS.	59 ANS.	60 ANS.	61 ANS.	SOMMES versées.	62 ANS.	63 ANS.	64 ANS.	65 ANS.
1	0.2897	0.3183	0.3507	0.3875	1	0.4296	0.4780	0.5340	0.5991
2	0.5794	0.6366	0.7014	0.7750	2	0.8592	0.9560	1.0680	1.1982
3	0.8691	0.9549	1.0521	1.1625	3	1.2888	1.4340	1.6020	1.7973
4	1.1588	1.2732	1.4028	1.5500	4	1.7184	1.9120	2.1360	2.3964
5	1.4485	1.5915	1.7535	1.9375	5	2.1480	2.3900	2.6700	2.9955
6	1.7382	1.9098	2.1042	2.3250	6	2.5776	2.8680	3.2040	3.5946
7	2.0279	2.2281	2.4549	2.7125	7	3.0072	3.3460	3.7380	4.1937
8	2.3176	2.5464	2.8056	3.1000	8	3.4368	3.8240	4.2720	4.7928
9	2.6073	2.8647	3.1563	3.4875	9	3.8664	4.3020	4.8060	5.3919
10	2.8970	3.1830	3.5070	3.8750	10	4.2960	4.7800	5.3400	5.9910
11	3.1867	3.5013	3.8577	4.2625	11	4.7256	5.2580	5.8740	6.5901
12	3.4764	3.8196	4.2084	4.6500	12	5.1552	5.7360	6.4080	7.1892
13	3.7661	4.1379	4.5591	5.0375	13	5.5848	6.2140	6.9420	7.7883
14	4.0558	4.4562	4.9098	5.4250	14	6.0144	6.6920	7.4760	8.3874
15	4.3455	4.7745	5.2605	5.8125	15	6.4440	7.1700	8.0100	8.9865
16	4.6352	5.0928	5.6112	6.2000	16	6.8736	7.6480	8.5440	9.5856
17	4.9249	5.4111	5.9619	6.5875	17	7.3032	8.1260	9.0780	10.1847
18	5.2146	5.7294	6.3126	6.9750	18	7.7328	8.6040	9.6120	10.7838
19	5.5043	6.0477	6.6633	7.3625	19	8.1624	9.0820	10.1460	11.3829
20	5.7940	6.3660	7.0140	7.7500	20	8.5920	9.5600	10.6800	11.9820

SOMMES versées	50 ANS.	51 ANS.	52 ANS.	53 ANS.	SOMMES versées	54 ANS.	55 ANS.	56 ANS.	57 ANS.
1	0.0942	0.1018	0.1103	0.1196	1	0.1300	0.1415	0.1544	0.1688
2	0.1884	0.2036	0.2206	0.2392	2	0.2600	0.2830	0.3088	0.3376
3	0.2826	0.3054	0.3309	0.3588	3	0.3900	0.4245	0.4632	0.5064
4	0.3768	0.4072	0.4412	0.4784	4	0.5200	0.5660	0.6176	0.6752
5	0.4710	0.5090	0.5515	0.5980	5	0.6500	0.7075	0.7720	0.8440
6	0.5652	0.6108	0.6618	0.7176	6	0.7800	0.8490	0.9264	1.0128
7	0.6594	0.7126	0.7721	0.8372	7	0.9100	0.9905	1.0808	1.1816
8	0.7536	0.8144	0.8824	0.9568	8	1.0400	1.1320	1.2352	1.3504
9	0.8478	0.9162	0.9927	1.0764	9	1.1700	1.2735	1.3896	1.5192
10	0.9420	1.0180	1.1030	1.1960	10	1.3000	1.4150	1.5440	1.6880
11	1.0362	1.1198	1.2133	1.3156	11	1.4300	1.5565	1.6984	1.8568
12	1.1304	1.2216	1.3236	1.4352	12	1.5600	1.6980	1.8528	2.0256
13	1.2246	1.3234	1.4339	1.5548	13	1.6900	1.8395	2.0072	2.1944
14	1.3188	1.4252	1.5442	1.6744	14	1.8200	1.9810	2.1616	2.3632
15	1.4130	1.5270	1.6545	1.7940	15	1.9500	2.1225	2.3160	2.5320
16	1.5072	1.6288	1.7648	1.9136	16	2.0800	2.2640	2.4704	2.7008
17	1.6014	1.7306	1.8751	2.0332	17	2.2100	2.4055	2.6248	2.8696
18	1.6956	1.8324	1.9854	2.1528	18	2.3400	2.5470	2.7792	3.0384
19	1.7898	1.9342	2.0957	2.2724	19	2.4700	2.6885	2.9336	3.2072
20	1.8840	2.0360	2.2060	2.3920	20	2.6000	2.8300	3.0880	3.3760

SOMMES versées	58 ANS.	59 ANS.	60 ANS.	61 ANS.	SOMMES versées	62 ANS.	63 ANS.	64 ANS.	65 ANS.
1	0.1850	0.2032	0.2239	0.2474	1	0.2742	0.3051	0.3409	0.3824
2	0.3700	0.4004	0.4478	0.4948	2	0.5484	0.6102	0.6818	0.7648
3	0.5550	0.6096	0.6717	0.7422	3	0.8226	0.9153	1.0227	1.1472
4	0.7400	0.8128	0.8956	0.9896	4	1.0968	1.2204	1.3636	1.5296
5	0.9250	1.0160	1.1195	1.2370	5	1.3710	1.5255	1.7045	1.9120
6	1.1100	1.2192	1.3434	1.4844	6	1.6452	1.8306	2.0454	2.2944
7	1.2950	1.4224	1.5673	1.7318	7	1.9194	2.1357	2.3863	2.6768
8	1.4800	1.6256	1.7912	1.9792	8	2.1936	2.4408	2.7272	3.0592
9	1.6650	1.8288	2.0151	2.2266	9	2.4678	2.7459	3.0681	3.4416
10	1.8500	2.0320	2.2390	2.4740	10	2.7420	3.0510	3.4090	3.8240
11	2.0350	2.2352	2.4629	2.7214	11	3.0162	3.3561	3.7499	4.2064
12	2.2200	2.4384	2.6868	2.9688	12	3.2904	3.6612	4.0908	4.5888
13	2.4050	2.6416	2.9107	3.2162	13	3.5646	3.9663	4.4317	4.9712
14	2.5900	2.8448	3.1346	3.4636	14	3.8388	4.2714	4.7726	5.3536
15	2.7750	3.0480	3.3585	3.7110	15	4.1130	4.5765	5.1135	5.7360
16	2.9600	3.2512	3.5824	3.9584	16	4.3872	4.8816	5.4544	6.1184
17	3.1450	3.4544	3.8063	4.2058	17	4.6614	5.1867	5.7953	6.5008
18	3.3300	3.6576	4.0302	4.4532	18	4.9356	5.4918	6.1362	6.8832
19	3.5150	3.8608	4.2541	4.7006	19	5.2098	5.7969	6.4771	7.2656
20	3.7000	4.0640	4.4780	4.9480	20	5.4840	6.1020	6.8180	7.6480

SOMMES versées.	50 ANS.	51 ANS.	52 ANS.	53 ANS.	SOMMES versées.	54 ANS.	55 ANS.	56 ANS.	57 ANS.
1	0.1457	0.1575	0.1706	0.1850	1	0.2011	0.2189	0.2388	0.2611
2	0.2914	0.3150	0.3412	0.3700	2	0.4022	0.4378	0.4776	0.5222
3	0.4371	0.4725	0.5118	0.5550	3	0.6033	0.6567	0.7164	0.7833
4	0.5828	0.6300	0.6824	0.7400	4	0.8044	0.8756	0.9552	1.0444
5	0.7285	0.7875	0.8530	0.9250	5	1.0055	1.0945	1.1940	1.3055
6	0.8742	0.9450	1.0236	1.1100	6	1.2066	1.3134	1.4328	1.5666
7	1.0199	1.1025	1.1942	1.2950	7	1.4077	1.5323	1.6716	1.8277
8	1.1656	1.2600	1.3648	1.4800	8	1.6088	1.7512	1.9104	2.0888
9	1.3113	1.4175	1.5354	1.6650	9	1.8099	1.9701	2.1492	2.3499
10	1.4570	1.5750	1.7060	1.8500	10	2.0110	2.1890	2.3880	2.6110
11	1.6027	1.7325	1.8766	2.0350	11	2.2121	2.4079	2.6268	2.8721
12	1.7484	1.8900	2.0472	2.2200	12	2.4132	2.6268	2.8656	3.1332
13	1.8941	2.0475	2.2178	2.4050	13	2.6143	2.8457	3.1044	3.3943
14	2.0398	2.2050	2.3884	2.5900	14	2.8154	3.0046	3.3432	3.6554
15	2.1855	2.3025	2.5590	2.7750	15	3.0165	3.2835	3.5820	3.9165
16	2.3312	2.5200	2.7206	2.9600	16	3.2176	3.5024	3.8208	4.1776
17	2.4769	2.6775	2.9002	3.1450	17	3.4187	3.7213	4.0596	4.4387
18	2.6226	2.8350	3.0708	3.3300	18	3.6198	3.9402	4.2984	4.6998
19	2.7683	2.9925	3.2414	3.5150	19	3.8209	4.1591	4.5372	4.9609
20	2.9140	3.1500	3.4120	3.7000	20	4.0220	4.3780	4.7700	5.2220

SOMMES versées.	58 ANS.	59 ANS.	60 ANS.	61 ANS.	SOMMES versées.	62 ANS.	63 ANS.	64 ANS.	65 ANS.
1	0.2862	0.3144	0.3463	0.3827	1	0.4243	0.4721	0.5273	0.5916
2	0.5724	0.6288	0.6926	0.7654	2	0.8486	0.9442	1.0546	1.1832
3	0.8586	0.9432	1.0389	1.1481	3	1.2729	1.4163	1.5819	1.7748
4	1.1448	1.2576	1.3852	1.5308	4	1.6972	1.8884	2.1092	2.3664
5	1.4310	1.5720	1.7315	1.9135	5	2.1215	2.3605	2.6365	2.9580
6	1.7172	1.8864	2.0778	2.2962	6	2.5458	2.8326	3.1638	3.5496
7	2.0034	2.2008	2.4241	2.6789	7	2.9701	3.3047	3.6911	4.1412
8	2.2896	2.5152	2.7704	3.0616	8	3.3944	3.7768	4.2184	4.7328
9	2.5758	2.8296	3.1167	3.4443	9	3.8187	4.2489	4.7457	5.3244
10	2.8620	3.1440	3.4630	3.8270	10	4.2430	4.7210	5.2730	5.9160
11	3.1482	3.4584	3.8093	4.2097	11	4.6673	5.1931	5.8003	6.5076
12	3.4344	3.7728	4.1556	4.5924	12	5.0916	5.6652	6.3276	7.0992
13	3.7206	4.0872	4.5019	4.9751	13	5.5159	6.1373	6.8549	7.6908
14	4.0068	4.4016	4.8482	5.3578	14	5.9402	6.6094	7.3822	8.2824
15	4.2930	4.7160	5.1945	5.7405	15	6.3645	7.0815	7.9095	8.8740
16	4.5792	5.0304	5.5408	6.1232	16	6.7888	7.5530	8.4368	9.4656
17	4.8654	5.3448	5.8871	6.5059	17	7.2131	8.0257	8.9641	10.0572
18	5.1516	5.6592	6.2334	6.8886	18	7.6374	8.4978	9.4914	10.6488
19	5.4378	5.9736	6.5797	7.2713	19	8.0617	8.9699	10.0187	11.2404
20	5.7240	6.2880	6.9260	7.6540	20	8.4860	9.4420	10.5460	11.8320

SOMMES versées.	50 ANS.	51 ANS.	52 ANS.	53 ANS.	SOMMES versées.	54 ANS.	55 ANS.	56 ANS.	57 ANS.
1	0.0928	0.1003	0.1086	0.1178	1	0.1280	0.1393	0.1520	0.1662
2	0.1856	0.2006	0.2172	0.2356	2	0.2560	0.2786	0.3040	0.3324
3	0.2784	0.3009	0.3258	0.3534	3	0.3840	0.4179	0.4560	0.4986
4	0.3712	0.4012	0.4344	0.4712	4	0.5120	0.5572	0.6080	0.6648
5	0.4640	0.5015	0.5430	0.5890	5	0.6400	0.6965	0.7600	0.8310
6	0.5568	0.6018	0.6516	0.7068	6	0.7680	0.8358	0.9120	0.9972
7	0.6496	0.7021	0.7602	0.8246	7	0.8960	0.9751	1.0640	1.1634
8	0.7424	0.8024	0.8688	0.9424	8	1.0240	1.1144	1.2100	1.3296
9	0.8352	0.9027	0.9774	1.0602	9	1.1520	1.2537	1.3680	1.4958
10	0.9280	1.0030	1.0860	1.1780	10	1.2800	1.3930	1.5200	1.6620
11	1.0208	1.1033	1.1946	1.2958	11	1.4080	1.5323	1.6720	1.8282
12	1.1136	1.2036	1.3032	1.4136	12	1.5360	1.6716	1.8240	1.9944
13	1.2064	1.3039	1.4118	1.5314	13	1.6640	1.8109	1.9760	2.1606
14	1.2992	1.4042	1.5204	1.6492	14	1.7920	1.9502	2.1280	2.3268
15	1.3920	1.5045	1.6290	1.7670	15	1.9200	2.0895	2.2800	2.4930
16	1.4848	1.6048	1.7376	1.8848	16	2.0480	2.2288	2.4320	2.6592
17	1.5776	1.7051	1.8462	2.0026	17	2.1760	2.3681	2.5840	2.8254
18	1.6704	1.8054	1.9548	2.1204	18	2.3040	2.5074	2.7360	2.9916
19	1.7632	1.9057	2.0634	2.2382	19	2.4320	2.6467	2.8880	3.1578
20	1.8560	2.0060	2.1720	2.3560	20	2.5600	2.7860	3.0400	3.3240

SOMMES versées.	58 ANS.	59 ANS.	60 ANS.	61 ANS.	SOMMES versées.	62 ANS.	63 ANS.	64 ANS.	65 ANS.
1	0.1821	0.2001	0.2204	0.2435	1	0.2700	0.3004	0.3356	0.3765
2	0.3042	0.4002	0.4408	0.4870	2	0.5400	0.6008	0.6712	0.7530
3	0.5463	0.6003	0.6612	0.7305	3	0.8100	0.9012	1.0068	1.1295
4	0.7284	0.8004	0.8816	0.9740	4	1.0800	1.2016	1.3424	1.5060
5	0.9105	1.0005	1.1020	1.2175	5	1.3500	1.5020	1.6780	1.8825
6	1.0926	1.2006	1.3224	1.4610	6	1.6200	1.8024	2.0136	2.2590
7	1.2747	1.4007	1.5428	1.7045	7	1.8900	2.1028	2.3492	2.6355
8	1.4568	1.6008	1.7632	1.9480	8	2.1600	2.4032	2.6848	3.0120
9	1.6389	1.8009	1.9836	2.1915	9	2.4300	2.7036	3.0204	3.3885
10	1.8210	2.0010	2.2040	2.4350	10	2.7000	3.0040	3.3560	3.7650
11	2.0031	2.2011	2.4244	2.6785	11	2.9700	3.3044	3.6916	4.1415
12	2.1852	2.4012	2.6448	2.9220	12	3.2400	3.6048	4.0272	4.5180
13	2.3673	2.6013	2.8652	3.1655	13	3.5100	3.9052	4.3628	4.8945
14	2.5494	2.8014	3.0856	3.4090	14	3.7800	4.2056	4.6984	5.2710
15	2.7315	3.0015	3.3060	3.6525	15	4.0500	4.5060	5.0340	5.6475
16	2.9136	3.2016	3.5264	3.8960	16	4.3200	4.8064	5.3696	6.0240
17	3.0957	3.4017	3.7468	4.1395	17	4.5900	5.1068	5.7052	6.4005
18	3.2778	3.6018	3.9672	4.3830	18	4.8600	5.4072	6.0408	6.7770
19	3.4599	3.8019	4.1876	4.6265	19	5.1300	5.7076	6.3764	7.1535
20	3.6420	4.0020	4.4080	4.8700	20	5.4000	6.0080	6.7120	7.5300

SOMMES versées.	50 ANS.	51 ANS.	52 ANS.	53 ANS.	SOMMES versées.	54 ANS.	55 ANS.	56 ANS.	57 ANS.
1	0.1439	0.1556	0.1685	0.1827	1	0.1986	0.2162	0.2358	0.2579
2	0.2878	0.3112	0.3370	0.3654	2	0.3972	0.4324	0.4716	0.5158
3	0.4317	0.4668	0.5055	0.5481	3	0.5958	0.6486	0.7074	0.7737
4	0.5756	0.6224	0.6740	0.7308	4	0.7944	0.8648	0.9432	1.0316
5	0.7195	0.7780	0.8425	0.9135	5	0.9930	1.0810	1.1790	1.2895
6	0.8634	0.9336	1.0110	1.0962	6	1.1916	1.2972	1.4148	1.5474
7	1.0073	1.0892	1.1795	1.2789	7	1.3902	1.5134	1.6506	1.8053
8	1.1512	1.2448	1.3480	1.4616	8	1.5888	1.7296	1.8864	2.0632
9	1.2951	1.4004	1.5165	1.6443	9	1.7874	1.9458	2.1222	2.3211
10	1.4390	1.5560	1.6850	1.8270	10	1.9860	2.1620	2.3580	2.5790
11	1.5829	1.7116	1.8535	2.0097	11	2.1846	2.3782	2.5938	2.8369
12	1.7268	1.8672	2.0220	2.1924	12	2.3832	2.5944	2.8296	3.0948
13	1.8707	2.0228	2.1905	2.3751	13	2.5818	2.8106	3.0654	3.3527
14	2.0146	2.1784	2.3590	2.5578	14	2.7804	3.0268	3.3012	3.6106
15	2.1585	2.3340	2.5275	2.7405	15	2.9790	3.2430	3.5370	3.8685
16	2.3024	2.4896	2.6960	2.9232	16	3.1776	3.4592	3.7728	4.1264
17	2.4463	2.6452	2.8645	3.1059	17	3.3762	3.6754	4.0086	4.3843
18	2.5902	2.8008	3.0330	3.2886	18	3.5748	3.8916	4.2444	4.6422
19	2.7341	2.9564	3.2015	3.4713	19	3.7734	4.1078	4.4802	4.9001
20	2.8780	3.1120	3.3700	3.6540	20	3.9720	4.3240	4.7160	5.1580

SOMMES versées.	58 ANS.	59 ANS.	60 ANS.	61 ANS.	SOMMES versées.	62 ANS.	63 ANS.	64 ANS.	65 ANS.
1	0.2826	0.3105	0.3420	0.3779	1	0.4190	0.4662	0.5208	0.5843
2	0.5652	0.6210	0.6840	0.7558	2	0.8380	0.9324	1.0416	1.1686
3	0.8478	0.9315	1.0260	1.1337	3	1.2570	1.3986	1.5624	1.7529
4	1.1304	1.2420	1.3680	1.5116	4	1.6760	1.8648	2.0832	2.3372
5	1.4130	1.5525	1.7100	1.8895	5	2.0950	2.3310	2.6040	2.9215
6	1.6956	1.8630	2.0520	2.2674	6	2.5140	2.7972	3.1248	3.5058
7	1.9782	2.1735	2.3940	2.6453	7	2.9330	3.2634	3.6456	4.0901
8	2.2608	2.4840	2.7360	3.0232	8	3.3520	3.7296	4.1664	4.6744
9	2.5434	2.7945	3.0780	3.4011	9	3.7710	4.1958	4.6872	5.2587
10	2.8260	3.1050	3.4200	3.7790	10	4.1900	4.6620	5.2080	5.8430
11	3.1086	3.4155	3.7620	4.1569	11	4.6090	5.1282	5.7288	6.4273
12	3.3912	3.7260	4.1040	4.5348	12	5.0280	5.5944	6.2496	7.0116
13	3.6738	4.0365	4.4460	4.9127	13	5.4470	6.0606	6.7704	7.5959
14	3.9564	4.3470	4.7880	5.2906	14	5.8660	6.5268	7.2912	8.1802
15	4.2390	4.6575	5.1300	5.6685	15	6.2850	6.9930	7.8120	8.7645
16	4.5216	4.9680	5.4720	6.0464	16	6.7040	7.4592	8.3328	9.3488
17	4.8042	5.2785	5.8140	6.4243	17	7.1230	7.9254	8.8536	9.9331
18	5.0868	5.5890	6.1560	6.8022	18	7.5420	8.3916	9.3744	10.5174
19	5.3694	5.8995	6.4980	7.1801	19	7.9610	8.8578	9.8952	11.1017
20	5.6520	6.2100	6.8400	7.5580	20	8.3800	9.3240	10.4160	11.6860

SOMMES versées	30 ANS	31 ANS	32 ANS	33 ANS	SOMMES versées	34 ANS	35 ANS	36 ANS	37 ANS
1	0.0913	0.0987	0.1069	0.1159	1	0.1260	0.1371	0.1496	0.1636
2	0.1826	0.1974	0.2138	0.2318	2	0.2520	0.2742	0.2992	0.3272
3	0.2739	0.2961	0.3207	0.3477	3	0.3780	0.4113	0.4488	0.4908
4	0.3652	0.3948	0.4276	0.4636	4	0.5040	0.5484	0.5984	0.6544
5	0.4565	0.4935	0.5345	0.5795	5	0.6300	0.6855	0.7480	0.8180
6	0.5478	0.5922	0.6414	0.6954	6	0.7560	0.8226	0.8976	0.9816
7	0.6391	0.6909	0.7483	0.8113	7	0.8820	0.9597	1.0472	1.1452
8	0.7304	0.7896	0.8552	0.9272	8	1.0080	1.0968	1.1968	1.3088
9	0.8217	0.8883	0.9621	1.0431	9	1.1340	1.2339	1.3464	1.4724
10	0.9130	0.9870	1.0690	1.1590	10	1.2600	1.3710	1.4960	1.6360
11	1.0043	1.0857	1.1759	1.2749	11	1.3860	1.5081	1.6456	1.7996
12	1.0956	1.1844	1.2828	1.3908	12	1.5120	1.6452	1.7952	1.9632
13	1.1869	1.2831	1.3897	1.5067	13	1.6380	1.7823	1.9448	2.1268
14	1.2782	1.3818	1.4966	1.6226	14	1.7640	1.9194	2.0944	2.2904
15	1.3695	1.4805	1.6035	1.7385	15	1.8900	2.0565	2.2440	2.4540
16	1.4608	1.5792	1.7104	1.8544	16	2.0160	2.1936	2.3936	2.6176
17	1.5521	1.6779	1.8173	1.9703	17	2.1420	2.3307	2.5432	2.7812
18	1.6434	1.7766	1.9242	2.0862	18	2.2680	2.4678	2.6928	2.9448
19	1.7347	1.8753	2.0311	2.2021	19	2.3940	2.6049	2.8424	3.1084
20	1.8260	1.9740	2.1380	2.3180	20	2.5200	2.7420	2.9920	3.2720

SOMMES versées	58 ANS	59 ANS	60 ANS	61 ANS	SOMMES versées	62 ANS	63 ANS	64 ANS	65 ANS
1	0.1793	0.1970	0.2170	0.2398	1	0.2658	0.2958	0.3304	0.3707
2	0.3586	0.3940	0.4340	0.4796	2	0.5316	0.5916	0.6608	0.7414
3	0.5379	0.5910	0.6510	0.7194	3	0.7974	0.8874	0.9912	1.1121
4	0.7172	0.7880	0.8680	0.9592	4	1.0632	1.1832	1.3216	1.4828
5	0.8965	0.9850	1.0850	1.1990	5	1.3290	1.4790	1.6520	1.8535
6	1.0758	1.1820	1.3020	1.4388	6	1.5948	1.7748	1.9824	2.2242
7	1.2551	1.3790	1.5190	1.6786	7	1.8606	2.0706	2.3128	2.5949
8	1.4344	1.5760	1.7360	1.9184	8	2.1264	2.3664	2.6432	2.9656
9	1.6137	1.7730	1.9530	2.1582	9	2.3922	2.6622	2.9736	3.3363
10	1.7930	1.9700	2.1700	2.3980	10	2.6580	2.9580	3.3040	3.7070
11	1.9723	2.1670	2.3870	2.6378	11	2.9238	3.2538	3.6344	4.0777
12	2.1516	2.3640	2.6040	2.8776	12	3.1896	3.5496	3.9648	4.4484
13	2.3309	2.5610	2.8210	3.1174	13	3.4554	3.8454	4.2952	4.8191
14	2.5102	2.7580	3.0380	3.3572	14	3.7212	4.1412	4.6256	5.1898
15	2.6895	2.9550	3.2550	3.5970	15	3.9870	4.4370	4.9560	5.5605
16	2.8688	3.1520	3.4720	3.8368	16	4.2528	4.7328	5.2864	5.9312
17	3.0481	3.3490	3.6890	4.0766	17	4.5186	5.0286	5.6168	6.3019
18	3.2274	3.5460	3.9060	4.3164	18	4.7844	5.3244	5.9472	6.6726
19	3.4067	3.7430	4.1230	4.5562	19	5.0502	5.6202	6.2776	7.0433
20	3.5860	3.9400	4.3400	4.7960	20	5.3160	5.9160	6.6080	7.4140

SOMMES versées.	50 ANS.	51 ANS.	52 ANS.	53 ANS.	SOMMES versées.	54 ANS.	55 ANS.	56 ANS.	57 ANS.
1	0.1421	0.1537	0.1664	0.1805	1	0.1961	0.2135	0.2329	0.2546
2	0.2842	0.3074	0.3328	0.3610	2	0.3922	0.4270	0.4658	0.5092
3	0.4263	0.4611	0.4992	0.5415	3	0.5883	0.6405	0.6987	0.7638
4	0.5684	0.6148	0.6656	0.7220	4	0.7844	0.8540	0.9316	1.0184
5	0.7105	0.7685	0.8320	0.9025	5	0.9805	1.0675	1.1645	1.2730
6	0.8526	0.9222	0.9984	1.0830	6	1.1766	1.2810	1.3974	1.5276
7	0.9947	1.0759	1.1648	1.2635	7	1.3727	1.4945	1.6303	1.7822
8	1.1368	1.2296	1.3312	1.4440	8	1.5688	1.7080	1.8632	2.0368
9	1.2789	1.3833	1.4976	1.6245	9	1.7649	1.9215	2.0961	2.2914
10	1.4210	1.5370	1.6640	1.8050	10	1.9610	2.1350	2.3290	2.5460
11	1.5631	1.6907	1.8304	1.9855	11	2.1571	2.3485	2.5619	2.8006
12	1.7052	1.8444	1.9968	2.1660	12	2.3532	2.5620	2.7948	3.0552
13	1.8473	1.9981	2.1632	2.3465	13	2.5493	2.7755	3.0277	3.3098
14	1.9894	2.1518	2.3296	2.5270	14	2.7454	2.9890	3.2606	3.5644
15	2.1315	2.3055	2.4960	2.7075	15	2.9415	3.2025	3.4935	3.8190
16	2.2736	2.4592	2.6624	2.8880	16	3.1376	3.4160	3.7264	4.0736
17	2.4157	2.6129	2.8288	3.0685	17	3.3337	3.6295	3.9593	4.3282
18	2.5578	2.7666	2.9952	3.2490	18	3.5298	3.8430	4.1922	4.5828
19	2.6999	2.9203	3.1616	3.4295	19	3.7259	4.0565	4.4251	4.8374
20	2.8420	3.0740	3.3280	3.6100	20	3.9220	4.2700	4.6580	5.0920

SOMMES versées.	58 ANS.	59 ANS.	60 ANS.	61 ANS.	SOMMES versées.	62 ANS.	63 ANS.	64 ANS.	65 ANS.
1	0.2791	0.3066	0.3378	0.3732	1	0.4138	0.4604	0.5143	0.5770
2	0.5582	0.6132	0.6756	0.7464	2	0.8276	0.9208	1.0286	1.1540
3	0.8373	0.9198	1.0134	1.1196	3	1.2414	1.3812	1.5429	1.7310
4	1.1164	1.2264	1.3512	1.4928	4	1.6552	1.8416	2.0572	2.3080
5	1.3955	1.5330	1.6890	1.8660	5	2.0690	2.3020	2.5715	2.8850
6	1.6746	1.8396	2.0268	2.2392	6	2.4828	2.7624	3.0858	3.4620
7	1.9537	2.1462	2.3646	2.6124	7	2.8966	3.2228	3.6001	4.0390
8	2.2328	2.4528	2.7024	2.9856	8	3.3104	3.6832	4.1144	4.6160
9	2.5119	2.7594	3.0402	3.3588	9	3.7242	4.1436	4.6287	5.1930
10	2.7910	3.0660	3.3780	3.7320	10	4.1380	4.6040	5.1430	5.7700
11	3.0701	3.3726	3.7158	4.1052	11	4.5518	5.0644	5.6573	6.3470
12	3.3492	3.6792	4.0536	4.4784	12	4.9656	5.5248	6.1716	6.9240
13	3.6283	3.9858	4.3914	4.8516	13	5.3794	5.9852	6.6859	7.5010
14	3.9074	4.2924	4.7292	5.2248	14	5.7932	6.4456	7.2002	8.0780
15	4.1865	4.5990	5.0670	5.5980	15	6.2070	6.9060	7.7145	8.6550
16	4.4656	4.9056	5.4048	5.9712	16	6.6208	7.3664	8.2288	9.2320
17	4.7447	5.2122	5.7426	6.3444	17	7.0346	7.8268	8.7431	9.8090
18	5.0238	5.5188	6.0804	6.7176	18	7.4484	8.2872	9.2574	10.3860
19	5.3029	5.8254	6.4182	7.0908	19	7.8622	8.7476	9.7717	10.9630
20	5.5820	6.1320	6.7560	7.4640	20	8.2760	9.2080	10.2860	11.5400

SOMMES versées	50 ANS.	51 ANS.	52 ANS.	53 ANS.	SOMMES versées	54 ANS.	55 ANS.	56 ANS.	57 ANS.
1	0.0899	0.0972	0.1052	0.1141	1	0.1240	0.1350	0.1473	0.1611
2	0.1798	0.1944	0.2104	0.2282	2	0.2480	0.2700	0.2946	0.3222
3	0.2697	0.2916	0.3156	0.3423	3	0.3720	0.4050	0.4419	0.4833
4	0.3596	0.3888	0.4208	0.4564	4	0.4900	0.5400	0.5892	0.6444
5	0.4495	0.4860	0.5260	0.5705	5	0.6200	0.6750	0.7365	0.8055
6	0.5394	0.5832	0.6312	0.6846	6	0.7440	0.8100	0.8838	0.9666
7	0.6293	0.6804	0.7364	0.7987	7	0.8680	0.9450	1.0311	1.1277
8	0.7192	0.7776	0.8416	0.9128	8	0.9920	1.0800	1.1784	1.2888
9	0.8091	0.8748	0.9468	1.0269	9	1.1160	1.2150	1.3257	1.4499
10	0.8990	0.9720	1.0520	1.1410	10	1.2400	1.3500	1.4730	1.6110
11	0.9889	1.0692	1.1572	1.2551	11	1.3640	1.4850	1.6203	1.7721
12	1.0788	1.1664	1.2624	1.3692	12	1.4880	1.6200	1.7676	1.9332
13	1.1687	1.2636	1.3676	1.4833	13	1.6120	1.7550	1.9149	2.0943
14	1.2586	1.3608	1.4728	1.5974	14	1.7360	1.8900	2.0622	2.2554
15	1.3485	1.4580	1.5780	1.7115	15	1.8600	2.0250	2.2095	2.4165
16	1.4384	1.5552	1.6832	1.8256	16	1.9840	2.1600	2.3568	2.5776
17	1.5283	1.6524	1.7884	1.9397	17	2.1080	2.2950	2.5041	2.7387
18	1.6182	1.7496	1.8936	2.0538	18	2.2320	2.4300	2.6514	2.8998
19	1.7081	1.8468	1.9988	2.1679	19	2.3560	2.5650	2.7987	3.0609
20	1.7980	1.9440	2.1040	2.2820	20	2.4800	2.7000	2.9460	3.2220

SOMMES versées	58 ANS.	59 ANS.	60 ANS.	61 ANS.	SOMMES versées	62 ANS.	63 ANS.	64 ANS.	65 ANS.
1	0.1765	0.1939	0.2136	0.2361	1	0.2617	0.2912	0.3253	0.3649
2	0.3530	0.3878	0.4272	0.4722	2	0.5234	0.5824	0.6506	0.7298
3	0.5295	0.5817	0.6408	0.7083	3	0.7851	0.8736	0.9759	1.0947
4	0.7060	0.7756	0.8544	0.9444	4	1.0468	1.1648	1.3012	1.4596
5	0.8825	0.9695	1.0680	1.1805	5	1.3085	1.4560	1.6265	1.8245
6	1.0590	1.1634	1.2816	1.4166	6	1.5702	1.7472	1.9518	2.1894
7	1.2355	1.3573	1.4952	1.6527	7	1.8319	2.0384	2.2771	2.5543
8	1.4120	1.5512	1.7088	1.8888	8	2.0936	2.3296	2.6024	2.9192
9	1.5885	1.7451	1.9224	2.1249	9	2.3553	2.6208	2.9277	3.2841
10	1.7650	1.9390	2.1360	2.3610	10	2.6170	2.9120	3.2530	3.6490
11	1.9415	2.1329	2.3496	2.5971	11	2.8787	3.2032	3.5783	4.0139
12	2.1180	2.3268	2.5632	2.8332	12	3.1404	3.4944	3.9036	4.3788
13	2.2945	2.5207	2.7768	3.0693	13	3.4021	3.7856	4.2289	4.7437
14	2.4710	2.7146	2.9904	3.3054	14	3.6638	4.0768	4.5542	5.1086
15	2.6475	2.9085	3.2040	3.5415	15	3.9255	4.3680	4.8795	5.4735
16	2.8240	3.1024	3.4176	3.7776	16	4.1872	4.6592	5.2048	5.8384
17	3.0005	3.2963	3.6312	4.0137	17	4.4489	4.9504	5.5301	6.2033
18	3.1770	3.4902	3.8448	4.2498	18	4.7106	5.2416	5.8554	6.5682
19	3.3535	3.6841	4.0584	4.4859	19	4.9723	5.5328	6.1807	6.9331
20	3.5300	3.8780	4.2720	4.7220	20	5.2340	5.8240	6.5060	7.2980

SOMMES versées.	50 ANS.	51 ANS.	52 ANS.	53 ANS.	SOMMES versées.	54 ANS.	55 ANS.	56 ANS.	57 ANS.
1	0.1404	0.1517	0.1643	0.1782	1	0.1936	0.2108	0.2300	0.2515
2	0.2808	0.3034	0.3286	0.3564	2	0.3872	0.4216	0.4600	0.5030
3	0.4212	0.4551	0.4929	0.5346	3	0.5808	0.6324	0.6900	0.7545
4	0.5616	0.6068	0.6572	0.7128	4	0.7744	0.8432	0.9200	1.0000
5	0.7020	0.7585	0.8215	0.8910	5	0.9680	1.0540	1.1500	1.2575
6	0.8424	0.9102	0.9858	1.0692	6	1.1616	1.2648	1.3800	1.5090
7	0.9828	1.0619	1.1501	1.2474	7	1.3552	1.4756	1.6100	1.7605
8	1.1232	1.2136	1.3144	1.4256	8	1.5488	1.6864	1.8400	2.0120
9	1.2636	1.3653	1.4787	1.6038	9	1.7424	1.8972	2.0700	2.2635
10	1.4040	1.5170	1.6430	1.7820	10	1.9360	2.1080	2.3000	2.5150
11	1.5444	1.6687	1.8073	1.9602	11	2.1296	2.3188	2.5300	2.7665
12	1.6848	1.8204	1.9716	2.1384	12	2.3232	2.5296	2.7600	3.0180
13	1.8252	1.9721	2.1359	2.3166	13	2.5168	2.7404	2.9900	3.2695
14	1.9656	2.1238	2.3002	2.4948	14	2.7104	2.9512	3.2200	3.5210
15	2.1060	2.2755	2.4645	2.6730	15	2.9040	3.1620	3.4500	3.7725
16	2.2464	2.4272	2.6288	2.8512	16	3.0976	3.3728	3.6800	4.0240
17	2.3868	2.5789	2.7931	3.0294	17	3.2912	3.5836	3.9100	4.2755
18	2.5272	2.7306	2.9574	3.2076	18	3.4848	3.7944	4.1400	4.5270
19	2.6676	2.8823	3.1217	3.3858	19	3.6784	4.0052	4.3700	4.7785
20	2.8080	3.0340	3.2860	3.5640	20	3.8720	4.2160	4.6000	5.0300

SOMMES versées.	58 ANS.	59 ANS.	60 ANS.	61 ANS.	SOMMES versées.	62 ANS.	63 ANS.	64 ANS.	65 ANS.
1	0.2756	0.3028	0.3330	0.3686	1	0.4086	0.4547	0.5070	0.5699
2	0.5512	0.6056	0.6672	0.7372	2	0.8172	0.9094	1.0158	1.1398
3	0.8268	0.9084	1.0008	1.1058	3	1.2258	1.3641	1.5237	1.7097
4	1.1024	1.2112	1.3344	1.4744	4	1.6344	1.8188	2.0316	2.2796
5	1.3780	1.5140	1.6680	1.8430	5	2.0430	2.2735	2.5395	2.8495
6	1.6536	1.8168	2.0016	2.2116	6	2.4516	2.7282	3.0474	3.4194
7	1.9292	2.1196	2.3352	2.5802	7	2.8602	3.1829	3.5553	3.9893
8	2.2048	2.4224	2.6688	2.9488	8	3.2688	3.6376	4.0632	4.5592
9	2.4804	2.7252	3.0024	3.3174	9	3.6774	4.0923	4.5711	5.1291
10	2.7560	3.0280	3.3360	3.6860	10	4.0860	4.5470	5.0790	5.6990
11	3.0316	3.3308	3.6696	4.0546	11	4.4946	5.0017	5.5869	6.2689
12	3.3072	3.6336	4.0032	4.4232	12	4.9032	5.4564	6.0948	6.8388
13	3.5828	3.9364	4.3368	4.7018	13	5.3118	5.9111	6.6027	7.4087
14	3.8584	4.2392	4.6704	5.1604	14	5.7204	6.3658	7.1106	7.9786
15	4.1340	4.5420	5.0040	5.5290	15	6.1290	6.8205	7.6185	8.5485
16	4.4096	4.8448	5.3376	5.8976	16	6.5376	7.2752	8.1264	9.1184
17	4.6852	5.1476	5.6712	6.2662	17	6.9462	7.7299	8.6343	9.6883
18	4.9608	5.4504	6.0048	6.6348	18	7.3548	8.1846	9.1422	10.2582
19	5.2364	5.7532	6.3384	7.0034	19	7.7634	8.6393	9.6501	10.8281
20	5.5120	6.0560	6.6720	7.3720	20	8.1720	9.0940	10.1580	11.3980

Sommes versées.	50 ANS.	51 ANS.	52 ANS.	53 ANS.	Sommes versées.	54 ANS.	55 ANS.	56 ANS.	57 ANS.
1	0.0885	0.0957	0.1036	0.1124	1	0.1221	0.1329	0.1450	0.1585
2	0.1770	0.1914	0.2072	0.2248	2	0.2442	0.2658	0.2900	0.3170
3	0.2655	0.2871	0.3108	0.3372	3	0.3663	0.3987	0.4350	0.4755
4	0.3540	0.3828	0.4144	0.4496	4	0.4884	0.5316	0.5800	0.6340
5	0.4425	0.4785	0.5180	0.5620	5	0.6105	0.6645	0.7250	0.7925
6	0.5310	0.5742	0.6216	0.6714	6	0.7326	0.7974	0.8700	0.9510
7	0.6195	0.6699	0.7252	0.7868	7	0.8547	0.9303	1.0150	1.1095
8	0.7080	0.7656	0.8288	0.8992	8	0.9768	1.0632	1.1600	1.2680
9	0.7965	0.8613	0.9324	1.0116	9	1.0989	1.1961	1.3050	1.4265
10	0.8850	0.9570	1.0360	1.1240	10	1.2210	1.3290	1.4500	1.5850
11	0.9735	1.0527	1.1396	1.2364	11	1.3431	1.4619	1.5950	1.7435
12	1.0620	1.1484	1.2432	1.3488	12	1.4652	1.5948	1.7400	1.9020
13	1.1505	1.2441	1.3468	1.4612	13	1.5873	1.7277	1.8850	2.0605
14	1.2390	1.3398	1.4504	1.5736	14	1.7094	1.8606	2.0300	2.2190
15	1.3275	1.4355	1.5540	1.6860	15	1.8315	1.9935	2.1750	2.3775
16	1.4160	1.5312	1.6576	1.7984	16	1.9536	2.1264	2.3200	2.5360
17	1.5045	1.6269	1.7612	1.9108	17	2.0757	2.2593	2.4650	2.6945
18	1.5930	1.7226	1.8648	2.0232	18	2.1978	2.3922	2.6100	2.8530
19	1.6815	1.8183	1.9684	2.1356	19	2.319 ·	2.5251	2.7550	3.0115
20	1.7700	1.9140	2.0720	2.2480	20	2.4420	2.6580	2.9000	3.1700

Sommes versées.	58 ANS.	59 ANS.	60 ANS.	61 ANS.	Sommes versées.	62 ANS.	63 ANS.	64 ANS.	65 ANS.
1	0.1738	0.1909	0.2103	0.2324	1	0.2576	0.2867	0.3202	0.3593
2	0.3476	0.3818	0.4206	0.4648	2	0.5152	0.5734	0.6404	0.7186
3	0.5214	0.5727	0.6309	0.6972	3	0.7728	0.8601	0.9606	1.0779
4	0.6952	0.7636	0.8412	0.9296	4	1.0304	1.1468	1.2808	1.4372
5	0.8690	0.9545	1.0515	1.1620	5	1.2880	1.4335	1.6010	1.7965
6	1.0428	1.1454	1.2618	1.3944	6	1.5456	1.7202	1.9212	2.1558
7	1.2166	1.3363	1.4721	1.6268	7	1.8032	2.0069	2.2414	2.5151
8	1.3904	1.5272	1.6824	1.8592	8	2.0608	2.2936	2.5616	2.8744
9	1.5642	1.7181	1.8927	2.0916	9	2.3184	2.5803	2.8818	3.2337
10	1.7380	1.9090	2.1030	2.3240	10	2.5760	2.8670	3.2020	3.5930
11	1.9118	2.0999	2.3133	2.5564	11	2.8336	3.1537	3.5222	3.9523
12	2.0856	2.2908	2.5236	2.7888	12	3.0912	3.4404	3.8424	4.3116
13	2.2594	2.4817	2.7339	3.0212	13	3.3488	3.7271	4.1626	4.6709
14	2.4332	2.6726	2.9442	3.2536	14	3.6064	4.0138	4.4828	5.0302
15	2.6070	2.8635	3.1545	3.4860	15	3.8640	4.3005	4.8030	5.3895
16	2.7808	3.0544	3.3648	3.7184	16	4.1216	4.5872	5.1232	5.7488
17	2.9546	3.2453	3.5751	3.9508	17	4.3792	4.8739	5.4434	6.1081
18	3.1284	3.4362	3.7854	4.1832	18	4.6368	5.1606	5.7636	6.4674
19	3.3022	3.6271	3.9957	4.4156	19	4.8944	5.4473	6.0838	6.8267
20	3.4760	3.8180	4.2060	4.6480	20	5.1520	5.7340	6.4040	7.1860

SOMMES versées.	50 ANS.	51 ANS.	52 ANS.	53 ANS.	SOMMES versées.	54 ANS.	55 ANS.	56 ANS.	57 ANS.
1	0.1386	0.1499	0.1623	0.1760	1	0.1912	0.2082	0.2271	0.2484
2	0.2772	0.2998	0.3246	0.3520	2	0.3824	0.4164	0.4542	0.4968
3	0.4158	0.4497	0.4869	0.5280	3	0.5736	0.6246	0.6813	0.7452
4	0.5544	0.5996	0.6492	0.7040	4	0.7648	0.8328	0.9084	0.9936
5	0.6930	0.7495	0.8115	0.8800	5	0.9560	1.0410	1.1355	1.2420
6	0.8316	0.8994	0.9738	1.0560	6	1.1472	1.2492	1.3626	1.4904
7	0.9702	1.0493	1.1361	1.2320	7	1.3384	1.4574	1.5897	1.7388
8	1.1088	1.1992	1.2984	1.4080	8	1.5296	1.6656	1.8168	1.9872
9	1.2474	1.3491	1.4607	1.5840	9	1.7208	1.8738	2.0439	2.2356
10	1.3860	1.4990	1.6230	1.7600	10	1.9120	2.0820	2.2710	2.4840
11	1.5246	1.6489	1.7853	1.9360	11	2.1032	2.2902	2.4981	2.7324
12	1.6632	1.7988	1.9476	2.1120	12	2.2944	2.4984	2.7252	2.9808
13	1.8018	1.9487	2.1099	2.2880	13	2.4856	2.7066	2.9523	3.2292
14	1.9404	2.0986	2.2722	2.4640	14	2.6768	2.9148	3.1794	3.4770
15	2.0790	2.2485	2.4345	2.6400	15	2.8680	3.1230	3.4035	3.7260
16	2.2176	2.3984	2.5968	2.8160	16	3.0592	3.3312	3.6330	3.9744
17	2.3562	2.5483	2.7591	2.9920	17	3.2504	3.5394	3.8607	4.2228
18	2.4948	2.6982	2.9214	3.1680	18	3.4416	3.7476	4.0878	4.4712
19	2.6334	2.8481	3.0837	3.3440	19	3.6328	3.9558	4.3149	4.7196
20	2.7720	2.9980	3.2460	3.5200	20	3.8240	4.1640	4.5420	4.9680

SOMMES versées.	58 ANS.	59 ANS.	60 ANS.	61 ANS.	SOMMES versées.	62 ANS.	63 ANS.	64 ANS.	65 ANS.
1	0.2722	0.2990	0.3294	0.3640	1	0.4036	0.4490	0.5016	0.5628
2	0.5444	0.5980	0.6588	0.7280	2	0.8072	0.8980	1.0032	1.1256
3	0.8166	0.8970	0.9882	1.0920	3	1.2108	1.3470	1.5048	1.6884
4	1.0888	1.1960	1.3176	1.4560	4	1.6144	1.7960	2.0064	2.2512
5	1.3610	1.4950	1.6470	1.8200	5	2.0180	2.2450	2.5080	2.8140
6	1.6332	1.7940	1.9764	2.1840	6	2.4216	2.6940	3.0096	3.3768
7	1.9054	2.0930	2.3058	2.5480	7	2.8252	3.1430	3.5112	3.9396
8	2.1776	2.3920	2.6352	2.9120	8	3.2288	3.5920	4.0128	4.5024
9	2.4498	2.6910	2.9646	3.2760	9	3.6324	4.0410	4.5144	5.0652
10	2.7220	2.9900	3.2940	3.6400	10	4.0360	4.4900	5.0160	5.6280
11	2.9942	3.2890	3.6234	4.0040	11	4.4396	4.9390	5.5176	6.1908
12	3.2664	3.5880	3.9528	4.3680	12	4.8432	5.3880	6.0192	6.7536
13	3.5386	3.8870	4.2822	4.7320	13	5.2468	5.8370	6.5208	7.3164
14	3.8108	4.1860	4.6116	5.0960	14	5.6504	6.2860	7.0224	7.8792
15	4.0830	4.4850	4.9410	5.4600	15	6.0540	6.7350	7.5240	8.4420
16	4.3552	4.7840	5.2704	5.8240	16	6.4576	7.1840	8.0256	9.0048
17	4.6274	5.0830	5.5998	6.1880	17	6.8612	7.6330	8.5272	9.5676
18	4.8996	5.3820	5.9292	6.5520	18	7.2648	8.0820	9.0288	10.1304
19	5.1718	5.6810	6.2586	6.9160	19	7.6684	8.5310	9.5304	10.6932
20	5.4440	5.9800	6.5880	7.2800	20	8.0720	8.9800	10.0320	11.2560

SOMMES versées.	50 ANS.	51 ANS.	52 ANS.	53 ANS.	SOMMES versées.	54 ANS.	55 ANS.	56 ANS.	57 ANS.
1	0.0871	0.0942	0.1020	0.1106	1	0.1202	0.1308	0.1427	0.1561
2	0.1742	0.1884	0.2040	0.2212	2	0.2404	0.2616	0.2854	0.3122
3	0.2613	0.2826	0.3060	0.3318	3	0.3606	0.3924	0.4281	0.4683
4	0.3484	0.3768	0.4080	0.4424	4	0.4808	0.5232	0.5708	0.6244
5	0.4355	0.4710	0.5100	0.5530	5	0.6010	0.0540	0.7135	0.7805
6	0.5220	0.5652	0.6120	0.6636	6	0.7212	0.7848	0.8562	0.9366
7	0.6097	0.6594	0.7140	0.7742	7	0.8414	0.9156	0.9989	1.0927
8	0.6068	0.7536	0.8160	0.8848	8	0.9616	1.0464	1.1416	1.2488
9	0.7839	0.8478	0.9180	0.9954	9	1.0818	1.1772	1.2843	1.4049
10	0.8710	0.9420	1.0200	1.1060	10	1.2020	1.3080	1.4270	1.5610
11	0.9581	1.0362	1.1220	1.2166	11	1.3222	1.4388	1.5697	1.7171
12	1.0452	1.1304	1.2240	1.3272	12	1.4424	1.5696	1.7124	1.8732
13	1.1323	1.2246	1.3260	1.4378	13	1.5626	1.7004	1.8551	2.0293
14	1.2194	1.3188	1.4280	1.5484	14	1.6828	1.8312	1.9978	2.1854
15	1.3065	1.4130	1.5300	1.6590	15	1.8030	1.9620	2.1405	2.3415
16	1.3936	1.5072	1.6320	1.7696	16	1.9232	2.0928	2.2832	2.4976
17	1.4807	1.6014	1.7340	1.8802	17	2.0434	2.2236	2.4259	2.6537
18	1.5678	1.6956	1.8360	1.9908	18	2.1636	2.3544	2.5686	2.8098
19	1.6549	1.7898	1.9380	2.1014	19	2.2838	2.4852	2.7113	2.9659
20	1.7420	1.8840	2.0400	2.2120	20	2.4040	2.6160	2.8540	3.1220

SOMMES versées.	58 ANS.	59 ANS.	60 ANS.	61 ANS.	SOMMES versées.	62 ANS.	63 ANS.	64 ANS.	65 ANS.
1	0.1710	0.1879	0.2070	0.2287	1	0.2536	0.2822	0.3152	0.3536
2	0.3420	0.3758	0.4140	0.4574	2	0.5072	0.5644	0.6304	0.7072
3	0.5130	0.5637	0.6210	0.6861	3	0.7608	0.8466	0.9456	1.0608
4	0.6840	0.7516	0.8280	0.9148	4	1.0144	1.1288	1.2608	1.4144
5	0.8550	0.9395	1.0350	1.1435	5	1.2680	1.4110	1.5760	1.7680
6	1.0260	1.1274	1.2420	1.3722	6	1.5216	1.6932	1.8912	2.1216
7	1.1970	1.3153	1.4490	1.6009	7	1.7752	1.9754	2.2064	2.4752
8	1.3680	1.5032	1.6560	1.8296	8	2.0288	2.2576	2.5216	2.8288
9	1.5390	1.6911	1.8630	2.0583	9	2.2824	2.5398	2.8368	3.1824
10	1.7100	1.8790	2.0700	2.2870	10	2.5360	2.8220	3.1520	3.5360
11	1.8810	2.0669	2.2770	2.5157	11	2.7896	3.1042	3.4672	3.8896
12	2.0520	2.2548	2.4840	2.7444	12	3.0432	3.3864	3.7824	4.2432
13	2.2230	2.4427	2.6910	2.9731	13	3.2968	3.6686	4.0976	4.5968
14	2.3940	2.6306	2.8980	3.2018	14	3.5504	3.9508	4.4128	4.9504
15	2.5650	2.8185	3.1050	3.4305	15	3.8040	4.2330	4.7280	5.3040
16	2.7360	3.0064	3.3120	3.6592	16	4.0576	4.5152	5.0432	5.6576
17	2.9070	3.1943	3.5190	3.8879	17	4.3112	4.7974	5.3584	6.0112
18	3.0780	3.3822	3.7260	4.1166	18	4.5648	5.0796	5.6736	6.3648
19	3.2490	3.5701	3.9330	4.3453	19	4.8184	5.3618	5.9888	6.7184
20	3.4200	3.7580	4.1400	4.5740	20	5.0720	5.6440	6.3040	7.0720

SOMMES versées	50 ANS.	51 ANS.	52 ANS.	53 ANS.	SOMMES versées	54 ANS.	55 ANS.	56 ANS.	57 ANS.
1	0.1369	0.1480	0.1602	0.1738	1	0.1889	0.2056	0.2243	0.2453
2	0.2738	0.2960	0.3204	0.3476	2	0.3778	0.4112	0.4480	0.4906
3	0.4107	0.4440	0.4806	0.5214	3	0.5667	0.6168	0.6729	0.7359
4	0.5476	0.5920	0.6408	0.6952	4	0.7556	0.8224	0.8972	0.9812
5	0.6845	0.7400	0.8010	0.8690	5	0.9445	1.0280	1.1215	1.2265
6	0.8214	0.8880	0.9612	1.0428	6	1.1334	1.2336	1.3458	1.4718
7	0.9583	1.0360	1.1214	1.2166	7	1.3223	1.4392	1.5701	1.7171
8	1.0952	1.1840	1.2816	1.3904	8	1.5112	1.6448	1.7944	1.9624
9	1.2321	1.3320	1.4418	1.5642	9	1.7001	1.8504	2.0187	2.2077
10	1.3690	1.4800	1.6020	1.7380	10	1.8890	2.0560	2.2430	2.4530
11	1.5059	1.6280	1.7622	1.9118	11	2.0779	2.2616	2.4673	2.6983
12	1.6428	1.7760	1.9224	2.0856	12	2.2668	2.4672	2.6916	2.9436
13	1.7797	1.9240	2.0826	2.2594	13	2.4557	2.6728	2.9159	3.1889
14	1.9166	2.0720	2.2428	2.4332	14	2.6446	2.8784	3.1402	3.4342
15	2.0535	2.2200	2.4030	2.6070	15	2.8335	3.0840	3.3645	3.6795
16	2.1904	2.3680	2.5632	2.7808	16	3.0224	3.2896	3.5888	3.9248
17	2.3273	2.5160	2.7234	2.9546	17	3.2113	3.4952	3.8131	4.1701
18	2.4642	2.6640	2.8836	3.1284	18	3.4002	3.7008	4.0374	4.4154
19	2.6011	2.8120	3.0438	3.3022	19	3.5891	3.9064	4.2617	4.6607
20	2.7380	2.9600	3.2040	3.4760	20	3.7780	4.1120	4.4860	4.9060

SOMMES versées	58 ANS.	59 ANS.	60 ANS.	61 ANS.	SOMMES versées	62 ANS.	63 ANS.	64 ANS.	65 ANS.
1	0.2688	0.2953	0.3253	0.3595	1	0.3985	0.4434	0.4953	0.5557
2	0.5376	0.5906	0.6506	0.7190	2	0.7970	0.8868	0.9906	1.1114
3	0.8064	0.8859	0.9759	1.0785	3	1.1955	1.3302	1.4859	1.6671
4	1.0752	1.1812	1.3012	1.4380	4	1.5940	1.7736	1.9812	2.2228
5	1.3440	1.4765	1.6265	1.7975	5	1.9925	2.2170	2.4765	2.7785
6	1.6128	1.7718	1.9518	2.1570	6	2.3910	2.6604	2.9718	3.3342
7	1.8816	2.0671	2.2771	2.5165	7	2.7895	3.1038	3.4671	3.8899
8	2.1504	2.3624	2.6024	2.8760	8	3.1880	3.5472	3.9624	4.4456
9	2.4192	2.6577	2.9277	3.2355	9	3.5865	3.9906	4.4577	5.0013
10	2.6880	2.9530	3.2530	3.5950	10	3.9850	4.4340	4.9530	5.5570
11	2.9568	3.2483	3.5783	3.9545	11	4.3835	4.8774	5.4483	6.1127
12	3.2256	3.5436	3.9036	4.3140	12	4.7820	5.3208	5.9436	6.6684
13	3.4944	3.8389	4.2289	4.6735	13	5.1805	5.7642	6.4389	7.2241
14	3.7632	4.1342	4.5542	5.0330	14	5.5790	6.2076	6.9342	7.7798
15	4.0320	4.4295	4.8795	5.3925	15	5.9775	6.6510	7.4295	8.3355
16	4.3008	4.7248	5.2048	5.7520	16	6.3760	7.0944	7.9248	8.8912
17	4.5696	5.0201	5.5301	6.1115	17	6.7745	7.5378	8.4201	9.4469
18	4.8384	5.3154	5.8554	6.4710	18	7.1730	7.9812	8.9154	10.0026
19	5.1072	5.6107	6.1807	6.8305	19	7.5715	8.4246	9.4107	10.5583
20	5.3760	5.9060	6.5060	7.1900	20	7.9700	8.8680	9.9060	11.1140

SOMMES versées.	50 ANS.	51 ANS.	52 ANS.	53 ANS.	SOMMES versées.	54 ANS.	55 ANS.	56 ANS	57 ANS.
1	0.0857	0.0927	0.1004	0.1089	1	0.1183	0.1288	0.1405	0.1536
2	0.1714	0.1854	0.2008	0.2178	2	0.2366	0.2576	0.2810	0.3072
3	0.2571	0.2781	0.3012	0.3267	3	0.3549	0.3864	0.4215	0.4608
4	0.3428	0.3708	0.4016	0.4356	4	0.4732	0.5152	0.5620	0.6144
5	0.4285	0.4635	0.5020	0.5445	5	0.5915	0.6440	0.7025	0.7680
6	0.5142	0.5562	0.6024	0.6534	6	0.7098	0.7728	0.8430	0.9216
7	0.5999	0.6489	0.7028	0.7623	7	0.8281	0.9016	0.9835	1.0752
8	0.6856	0.7416	0.8032	0.8712	8	0.9464	1.0304	1.1240	1.2288
9	0.7713	0.8343	0.9036	0.9801	9	1.0647	1.1592	1.2645	1.3824
10	0.8570	0.9270	1.0040	1.0890	10	1.1830	1.2880	1.4050	1.5360
11	0.9427	1.0197	1.1044	1.1979	11	1.3013	1.4168	1.5455	1.6896
12	1.0284	1.1124	1.2048	1.3068	12	1.4196	1.5456	1.6860	1.8432
13	1.1141	1.2051	1.3052	1.4157	13	1.5379	1.6744	1.8265	1.9968
14	1.1998	1.2978	1.4056	1.5246	14	1.6562	1.8032	1.9670	2.1504
15	1.2855	1.3905	1.5060	1.6335	15	1.7745	1.9320	2.1075	2.3040
16	1.3712	1.4832	1.6064	1.7424	16	1.8928	2.0608	2.2480	2.4576
17	1.4569	1.5759	1.7068	1.8513	17	2.0111	2.1896	2.3885	2.6112
18	1.5426	1.6686	1.8072	1.9602	18	2.1294	2.3184	2.5290	2.7648
19	1.6283	1.7613	1.9076	2.0691	19	2.2477	2.4472	2.6695	2.9184
20	1.7140	1.8540	2.0080	2.1780	20	2.3660	2.5760	2.8100	3.0720

SOMMES versées.	58 ANS.	59 ANS.	60 ANS.	61 ANS.	SOMMES versées.	62 ANS.	63 ANS.	64 ANS.	65 ANS.
1	0.1684	0.1850	0.2038	0.2252	1	0.2496	0.2777	0.3103	0.3481
2	0.3368	0.3700	0.4076	0.4504	2	0.4992	0.5554	0.6206	0.6962
3	0.5052	0.5550	0.6114	0.6756	3	0.7488	0.8331	0.9309	1.0443
4	0.6736	0.7400	0.8152	0.9008	4	0.9984	1.1108	1.2412	1.3924
5	0.8420	0.9250	1.0190	1.1260	5	1.2480	1.3885	1.5515	1.7405
6	1.0104	1.1100	1.2228	1.3512	6	1.4976	1.6662	1.8618	2.0886
7	1.1788	1.2950	1.4266	1.5764	7	1.7472	1.9439	2.1721	2.4367
8	1.3472	1.4800	1.6304	1.8016	8	1.9968	2.2216	2.4824	2.7848
9	1.5156	1.6650	1.8342	2.0268	9	2.2464	2.4993	2.7927	3.1329
10	1.6840	1.8500	2.0380	2.2520	10	2.4960	2.7770	3.1030	3.4810
11	1.8524	2.0350	2.2418	2.4772	11	2.7456	3.0547	3.4133	3.8291
12	2.0208	2.2200	2.4456	2.7024	12	2.9952	3.3324	3.7236	4.1772
13	2.1892	2.4050	2.6494	2.9276	13	3.2448	3.6101	4.0339	4.5253
14	2.3576	2.5900	2.8532	3.1528	14	3.4944	3.8878	4.3442	4.8734
15	2.5260	2.7750	3.0570	3.3780	15	3.7440	4.1655	4.6545	5.2215
16	2.6944	2.9600	3.2608	3.6032	16	3.9936	4.4432	4.9648	5.5696
17	2.8628	3.1450	3.4646	3.8284	17	4.2432	4.7209	5.2751	5.9177
18	3.0312	3.3300	3.6684	4.0536	18	4.4928	4.9986	5.5854	6.2658
19	3.1996	3.5150	3.8722	4.2788	19	4.7424	5.2763	5.8957	6.6139
20	3.3680	3.7000	4.0760	4.5040	20	4.9920	5.5540	6.2060	6.9620

SOMMES versées.	50 ANS.	51 ANS.	52 ANS.	53 ANS.	SOMMES versées.	54 ANS.	55 ANS.	56 ANS.	57 ANS.
1	0.1352	0.1461	0.1582	0.1716	1	0.1865	0.2031	0.2215	0.2422
2	0.2704	0.2922	0.3164	0.3432	2	0.3730	0.4062	0.4430	0.4844
3	0.4056	0.4383	0.4746	0.5148	3	0.5595	0.6093	0.6645	0.7266
4	0.5408	0.5844	0.6328	0.6864	4	0.7460	0.8124	0.8860	0.9688
5	0.6760	0.7305	0.7910	0.8580	5	0.9325	1.0155	1.1075	1.2110
6	0.8112	0.8766	0.9492	1.0296	6	1.1190	1.2186	1.3290	1.4532
7	0.9464	1.0227	1.1074	1.2012	7	1.3055	1.4217	1.5505	1.6954
8	1.0816	1.1688	1.2656	1.3728	8	1.4920	1.6248	1.7720	1.9376
9	1.2168	1.3149	1.4238	1.5444	9	1.6785	1.8279	1.9935	2.1798
10	1.3520	1.4610	1.5820	1.7160	10	1.8650	2.0310	2.2150	2.4220
11	1.4872	1.6071	1.7402	1.8876	11	2.0515	2.2341	2.4365	2.6642
12	1.6224	1.7532	1.8984	2.0592	12	2.2380	2.4372	2.6580	2.9064
13	1.7576	1.8993	2.0566	2.2308	13	2.4245	2.6403	2.8795	3.1486
14	1.8928	2.0454	2.2148	2.4024	14	2.6110	2.8434	3.1010	3.3908
15	2.0280	2.1915	2.3730	2.5740	15	2.7975	3.0465	3.3225	3.6330
16	2.1632	2.3376	2.5312	2.7450	16	2.9840	3.2496	3.5440	3.8752
17	2.2984	2.4837	2.6894	2.9172	17	3.1705	3.4527	3.7655	4.1174
18	2.4330	2.6298	2.8476	3.0888	18	3.3570	3.6558	3.9870	4.3596
19	2.5688	2.7759	3.0058	3.2604	19	3.5435	3.8589	4.2085	4.6018
20	2.7040	2.9220	3.1640	3.4320	20	3.7300	4.0620	4.4300	4.8440

SOMMES versées.	58 ANS.	59 ANS.	60 ANS.	61 ANS.	SOMMES versées.	62 ANS.	63 ANS.	64 ANS.	65 ANS.
1	0.2654	0.2916	0.3213	0.3550	1	0.3936	0.4370	0.4892	0.5488
2	0.5308	0.5832	0.6426	0.7100	2	0.7872	0.8758	0.9784	1.0976
3	0.7962	0.8748	0.9639	1.0650	3	1.1808	1.3137	1.4676	1.6464
4	1.0616	1.1664	1.2852	1.4200	4	1.5744	1.7516	1.9568	2.1952
5	1.3270	1.4580	1.6065	1.7750	5	1.9680	2.1895	2.4460	2.7440
6	1.5924	1.7496	1.9278	2.1300	6	2.3616	2.6274	2.9352	3.2928
7	1.8578	2.0412	2.2491	2.4850	7	2.7552	3.0653	3.4244	3.8416
8	2.1232	2.3328	2.5704	2.8400	8	3.1488	3.5032	3.9136	4.3904
9	2.3886	2.6244	2.8917	3.1950	9	3.5424	3.9411	4.4028	4.9392
10	2.6540	2.9160	3.2130	3.5500	10	3.9360	4.3790	4.8920	5.4880
11	2.9194	3.2076	3.5343	3.9050	11	4.3296	4.8169	5.3812	6.0368
12	3.1848	3.4992	3.8556	4.2600	12	4.7232	5.2548	5.8704	6.5856
13	3.4502	3.7908	4.1769	4.6150	13	5.1168	5.6927	6.3596	7.1344
14	3.7156	4.0824	4.4982	4.9700	14	5.5104	6.1306	6.8488	7.6832
15	3.9810	4.3740	4.8195	5.3250	15	5.9040	6.5685	7.3380	8.2320
16	4.2464	4.6656	5.1408	5.6800	16	6.2976	7.0064	7.8272	8.7808
17	4.5118	4.9572	5.4621	6.0350	17	6.6912	7.4443	8.3164	9.3296
18	4.7772	5.2488	5.7834	6.3900	18	7.0848	7.8822	8.8056	9.8784
19	5.0426	5.5404	6.1047	6.7450	19	7.4784	8.3201	9.2948	10.4272
20	5.3080	5.8320	6.4260	7.1000	20	7.8720	8.7580	9.7840	10.9760

SOMMES versées.	50 ANS.	51 ANS.	52 ANS.	53 ANS.	SOMMES versées.	54 ANS.	55 ANS.	56 ANS.	57 ANS.
1	0.0844	0.0912	0.0988	0.1071	1	0.1164	0.1268	0.1383	0.1512
2	0.1688	0.1824	0.1976	0.2142	2	0.2328	0.2536	0.2766	0.3024
3	0.2532	0.2736	0.2964	0.3213	3	0.3492	0.3804	0.4149	0.4536
4	0.3376	0.3648	0.3952	0.4284	4	0.4656	0.5072	0.5532	0.6048
5	0.4220	0.4560	0.4940	0.5355	5	0.5820	0.6340	0.6915	0.7560
6	0.5064	0.5472	0.5928	0.6426	6	0.6984	0.7608	0.8298	0.9072
7	0.5908	0.6384	0.6916	0.7497	7	0.8148	0.8876	0.9681	1.0584
8	0.6752	0.7296	0.7904	0.8568	8	0.9312	1.0144	1.1064	1.2096
9	0.7596	0.8208	0.8892	0.9639	9	1.0476	1.1412	1.2447	1.3608
10	0.8440	0.9120	0.9880	1.0710	10	1.1640	1.2680	1.3830	1.5120
11	0.9284	1.0032	1.0868	1.1781	11	1.2804	1.3948	1.5213	1.6632
12	1.0128	1.0944	1.1856	1.2852	12	1.3968	1.5216	1.6596	1.8144
13	1.0972	1.1856	1.2844	1.3923	13	1.5132	1.6484	1.7979	1.9656
14	1.1816	1.2768	1.3832	1.4994	14	1.6296	1.7752	1.9362	2.1168
15	1.2660	1.3680	1.4820	1.6065	15	1.7460	1.9020	2.0745	2.2680
16	1.3504	1.4592	1.5808	1.7136	16	1.8624	2.0288	2.2128	2.4192
17	1.4348	1.5504	1.6796	1.8207	17	1.9788	2.1556	2.3511	2.5704
18	1.5192	1.6416	1.7784	1.9278	18	2.0952	2.2824	2.4894	2.7216
19	1.6036	1.7328	1.8772	2.0349	19	2.2116	2.4092	2.6277	2.8728
20	1.6880	1.8240	1.9760	2.1420	20	2.3280	2.5360	2.7660	3.0240

SOMMES versées.	58 ANS.	59 ANS.	60 ANS.	61 ANS.	SOMMES versées.	62 ANS.	63 ANS.	64 ANS.	65 ANS.
1	0.1657	0.1821	0.2006	0.2216	1	0.2457	0.2734	0.3054	0.3426
2	0.3314	0.3642	0.4012	0.4432	2	0.4914	0.5468	0.6108	0.6852
3	0.4971	0.5463	0.6018	0.6648	3	0.7371	0.8202	0.9162	1.0278
4	0.6628	0.7284	0.8024	0.8864	4	0.9828	1.0936	1.2216	1.3704
5	0.8285	0.9105	1.0030	1.1080	5	1.2285	1.3670	1.5270	1.7130
6	0.9942	1.0926	1.2036	1.3296	6	1.4742	1.6404	1.8324	2.0556
7	1.1599	1.2747	1.4042	1.5512	7	1.7199	1.9138	2.1378	2.3982
8	1.3256	1.4568	1.6048	1.7728	8	1.9656	2.1872	2.4432	2.7408
9	1.4913	1.6389	1.8054	1.9944	9	2.2113	2.4606	2.7486	3.0834
10	1.6570	1.8210	2.0060	2.2160	10	2.4570	2.7340	3.0540	3.4260
11	1.8227	2.0031	2.2066	2.4376	11	2.7027	3.0074	3.3594	3.7686
12	1.9884	2.1852	2.4072	2.6592	12	2.9484	3.2808	3.6648	4.1112
13	2.1541	2.3673	2.6078	2.8808	13	3.1941	3.5542	3.9702	4.4538
14	2.3198	2.5494	2.8084	3.1024	14	3.4398	3.8276	4.2756	4.7964
15	2.4855	2.7315	3.0090	3.3240	15	3.6855	4.1010	4.5810	5.1390
16	2.6512	2.9136	3.2096	3.5456	16	3.9312	4.3744	4.8864	5.4816
17	2.8169	3.0957	3.4102	3.7672	17	4.1769	4.6478	5.1918	5.8242
18	2.9826	3.2778	3.6108	3.9888	18	4.4226	4.9212	5.4972	6.1668
19	3.1483	3.4599	3.8114	4.2104	19	4.6683	5.1946	5.8026	6.5094
20	3.3140	3.6420	4.0120	4.4320	20	4.9140	5.4680	6.1080	6.8520

SOMMES versées	50 ANS.	51 ANS.	52 ANS.	53 ANS.	SOMMES versées	54 ANS.	55 ANS.	56 ANS.	57 ANS.
1	0.1335	0.1443	0.1563	0.1695	1	0.1842	0.2005	0.2188	0.2392
2	0.2670	0.2886	0.3126	0.3390	2	0.3684	0.4010	0.4376	0.4784
3	0.4005	0.4329	0.4689	0.5085	3	0.5526	0.6015	0.6564	0.7176
4	0.5340	0.5772	0.6252	0.6780	4	0.7368	0.8020	0.8752	0.9568
5	0.6675	0.7215	0.7815	0.8475	5	0.9210	1.0025	1.0940	1.1960
6	0.8010	0.8658	0.9378	1.0170	6	1.1052	1.2030	1.3128	1.4352
7	0.9345	1.0101	1.0941	1.1865	7	1.2894	1.4035	1.5316	1.6744
8	1.0680	1.1544	1.2504	1.3560	8	1.4736	1.6040	1.7504	1.9136
9	1.2015	1.2987	1.4067	1.5255	9	1.6578	1.8045	1.9692	2.1528
10	1.3350	1.4430	1.5630	1.6950	10	1.8420	2.0050	2.1880	2.3920
11	1.4685	1.5873	1.7193	1.8645	11	2.0262	2.2055	2.4068	2.6312
12	1.6020	1.7316	1.8756	2.0340	12	2.2104	2.4060	2.6256	2.8704
13	1.7355	1.8759	2.0319	2.2035	13	2.3946	2.6065	2.8444	3.1096
14	1.8690	2.0202	2.1882	2.3730	14	2.5788	2.8070	3.0632	3.3488
15	2.0025	2.1645	2.3445	2.5425	15	2.7630	3.0075	3.2820	3.5880
16	2.1360	2.3088	2.5008	2.7120	16	2.9472	3.2080	3.5008	3.8272
17	2.2695	2.4531	2.6571	2.8815	17	3.1314	3.4085	3.7196	4.0664
18	2.4030	2.5974	2.8134	3.0510	18	3.3156	3.6090	3.9384	4.3056
19	2.5365	2.7417	2.9697	3.2205	19	3.4998	3.8095	4.1572	4.5448
20	2.6700	2.8860	3.1260	3.3900	20	3.6840	4.0100	4.3760	4.7840

SOMMES versées	58 ANS.	59 ANS.	60 ANS.	61 ANS.	SOMMES versées	62 ANS.	63 ANS.	64 ANS.	65 ANS.
1	0.2621	0.2880	0.3173	0.3506	1	0.3887	0.4324	0.4831	0.5420
2	0.5242	0.5760	0.6346	0.7012	2	0.7774	0.8648	0.9662	1.0840
3	0.7863	0.8640	0.9519	1.0518	3	1.1661	1.2972	1.4493	1.6260
4	1.0484	1.1520	1.2692	1.4024	4	1.5548	1.7296	1.9324	2.1680
5	1.3105	1.4400	1.5865	1.7530	5	1.9435	2.1620	2.4155	2.7100
6	1.5726	1.7280	1.9038	2.1036	6	2.3322	2.5944	2.8986	3.2520
7	1.8347	2.0160	2.2211	2.4542	7	2.7209	3.0268	3.3817	3.7940
8	2.0968	2.3040	2.5384	2.8048	8	3.1096	3.4592	3.8648	4.3360
9	2.3589	2.5920	2.8557	3.1554	9	3.4983	3.8916	4.3479	4.8780
10	2.6210	2.8800	3.1730	3.5000	10	3.8870	4.3240	4.8310	5.4200
11	2.8831	3.1680	3.4903	3.8506	11	4.2757	4.7564	5.3141	5.9620
12	3.1452	3.4560	3.8076	4.2072	12	4.6644	5.1888	5.7972	6.5040
13	3.4073	3.7440	4.1249	4.5578	13	5.0531	5.6212	6.2803	7.0460
14	3.6694	4.0320	4.4422	4.9084	14	5.4418	6.0536	6.7634	7.5880
15	3.9315	4.3200	4.7595	5.2590	15	5.8305	6.4860	7.2465	8.1300
16	4.1936	4.6080	5.0768	5.6096	16	6.2192	6.9184	7.7296	8.6720
17	4.4557	4.8960	5.3941	5.9602	17	6.6079	7.3508	8.2127	9.2140
18	4.7178	5.1840	5.7114	6.3108	18	6.9966	7.7832	8.6958	9.7560
19	4.9799	5.4720	6.0287	6.6614	19	7.3853	8.2156	9.1789	10.2980
20	5.2420	5.7600	6.3460	7.0120	20	7.7740	8.6480	9.6620	10.8400

SOMMES versées.	50 ANS.	51 ANS.	52 ANS.	53 ANS.	SOMMES versées.	54 ANS.	55 ANS.	56 ANS.	57 ANS.
1	0.0831	0.0898	0.0972	0.1055	1	0.1146	0.1248	0.1361	0.1488
2	0.1662	0.1796	0.1944	0.2110	2	0.2292	0.2496	0.2722	0.2976
3	0.2493	0.2694	0.2916	0.3165	3	0.3438	0.3744	0.4083	0.4464
4	0.3324	0.3592	0.3888	0.4220	4	0.4584	0.4992	0.5444	0.5952
5	0.4155	0.4490	0.4860	0.5275	5	0.5730	0.6240	0.6805	0.7440
6	0.4986	0.5388	0.5832	0.6330	6	0.6876	0.7488	0.8166	0.8928
7	0.5817	0.6286	0.6804	0.7385	7	0.8022	0.8736	0.9527	1.0416
8	0.6648	0.7184	0.7776	0.8440	8	0.9168	0.9984	1.0888	1.1904
9	0.7479	0.8082	0.8748	0.9495	9	1.0314	1.1232	1.2249	1.3392
10	0.8310	0.8980	0.9720	1.0550	10	1.1460	1.2480	1.3610	1.4880
11	0.9141	0.9878	1.0692	1.1605	11	1.2606	1.3728	1.4971	1.6368
12	0.9972	1.0776	1.1664	1.2660	12	1.3752	1.4976	1.6332	1.7856
13	1.0803	1.1674	1.2636	1.3715	13	1.4898	1.6224	1.7693	1.9344
14	1.1634	1.2572	1.3608	1.4770	14	1.6044	1.7472	1.9054	2.0832
15	1.2465	1.3470	1.4580	1.5825	15	1.7190	1.8720	2.0415	2.2320
16	1.3296	1.4368	1.5552	1.6880	16	1.8336	1.9968	2.1776	2.3808
17	1.4127	1.5266	1.6524	1.7935	17	1.9482	2.1216	2.3137	2.5296
18	1.4958	1.6164	1.7496	1.8990	18	2.0628	2.2464	2.4498	2.6784
19	1.5789	1.7062	1.8468	2.0045	19	2.1774	2.3712	2.5859	2.8272
20	1.6620	1.7960	1.9440	2.1100	20	2.2920	2.4960	2.7220	2.9760

SOMMES versées.	58 ANS.	59 ANS.	60 ANS.	61 ANS.	SOMMES versées.	62 ANS.	63 ANS.	64 ANS.	65 ANS.
1	0.1631	0.1792	0.1974	0.2181	1	0.2418	0.2691	0.3006	0.3372
2	0.3262	0.3584	0.3948	0.4362	2	0.4836	0.5382	0.6012	0.6744
3	0.4893	0.5376	0.5922	0.6543	3	0.7254	0.8073	0.9018	1.0116
4	0.6524	0.7168	0.7896	0.8724	4	0.9672	1.0764	1.2024	1.3488
5	0.8155	0.8960	0.9870	1.0905	5	1.2090	1.3455	1.5030	1.6860
6	0.9786	1.0752	1.1844	1.3086	6	1.4508	1.6146	1.8036	2.0232
7	1.1417	1.2544	1.3818	1.5267	7	1.6926	1.8837	2.1042	2.3604
8	1.3048	1.4336	1.5792	1.7448	8	1.9344	2.1528	2.4048	2.6976
9	1.4679	1.6128	1.7766	1.9629	9	2.1762	2.4219	2.7054	3.0348
10	1.6310	1.7920	1.9740	2.1810	10	2.4180	2.6910	3.0060	3.3720
11	1.7941	1.9712	2.1714	2.3991	11	2.6598	2.9601	3.3066	3.7092
12	1.9572	2.1504	2.3688	2.6172	12	2.9016	3.2292	3.6072	4.0464
13	2.1203	2.3296	2.5662	2.8353	13	3.1434	3.4983	3.9078	4.3836
14	2.2834	2.5088	2.7636	3.0534	14	3.3852	3.7674	4.2084	4.7208
15	2.4465	2.6880	2.9610	3.2715	15	3.6270	4.0365	4.5090	5.0580
16	2.6096	2.8672	3.1584	3.4896	16	3.8688	4.3056	4.8096	5.3952
17	2.7727	3.0464	3.3558	3.7077	17	4.1106	4.5747	5.1102	5.7324
18	2.9358	3.2256	3.5532	3.9258	18	4.3524	4.8438	5.4108	6.0696
19	3.0989	3.4048	3.7506	4.1439	19	4.5942	5.1129	5.7114	6.4068
20	3.2620	3.5840	3.9480	4.3620	20	4.8360	5.3820	6.0120	6.7440

SOMMES versées.	50 ANS.	51 ANS.	52 ANS.	53 ANS.	SOMMES versées.	54 ANS.	55 ANS.	56 ANS.	57 ANS.
1	0.1318	0.1425	0.1543	0.1674	1	0.1819	0.1980	0.2160	0.2362
2	0.2636	0.2850	0.3086	0.3348	2	0.3638	0.3960	0.4320	0.4724
3	0.3954	0.4275	0.4629	0.5022	3	0.5457	0.5940	0.6480	0.7086
4	0.5272	0.5700	0.6172	0.6696	4	0.7276	0.7920	0.8640	0.9448
5	0.6590	0.7125	0.7715	0.8370	5	0.9095	0.9900	1.0800	1.1810
6	0.7908	0.8550	0.9258	1.0044	6	1.0914	1.1880	1.2960	1.4172
7	0.9226	0.9975	1.0801	1.1718	7	1.2733	1.3860	1.5120	1.6534
8	1.0544	1.1400	1.2344	1.3392	8	1.4552	1.5840	1.7280	1.8896
9	1.1862	1.2825	1.3887	1.5066	9	1.6371	1.7820	1.9440	2.1258
10	1.3180	1.4250	1.5430	1.6740	10	1.8190	1.9800	2.1600	2.3620
11	1.4498	1.5675	1.6973	1.8414	11	2.0009	2.1780	2.3760	2.5982
12	1.5816	1.7100	1.8516	2.0088	12	2.1828	2.3760	2.5920	2.8344
13	1.7134	1.8525	2.0059	2.1762	13	2.3647	2.5740	2.8080	3.0706
14	1.8452	1.9950	2.1602	2.3436	14	2.5466	2.7720	3.0240	3.3068
15	1.9770	2.1375	2.3145	2.5110	15	2.7285	2.9700	3.2400	3.5430
16	2.1088	2.2800	2.4688	2.6784	16	2.9104	3.1680	3.4560	3.7792
17	2.2406	2.4225	2.6231	2.8458	17	3.0923	3.3660	3.6720	4.0154
18	2.3724	2.5650	2.7774	3.0132	18	3.2742	3.5640	3.8880	4.2516
19	2.5042	2.7075	2.9317	3.1806	19	3.4561	3.7620	4.1040	4.4878
20	2.6360	2.8500	3.0860	3.3480	20	3.6380	3.9600	4.3200	4.7240

SOMMES versées.	58 ANS.	59 ANS.	60 ANS.	61 ANS.	SOMMES versées.	62 ANS.	63 ANS.	64 ANS.	65 ANS.
1	0.2589	0.2844	0.3133	0.3462	1	0.3838	0.4271	0.4770	0.5352
2	0.5178	0.5688	0.6266	0.6924	2	0.7676	0.8542	0.9540	1.0704
3	0.7767	0.8532	0.9399	1.0386	3	1.1514	1.2813	1.4310	1.6056
4	1.0356	1.1376	1.2532	1.3848	4	1.5352	1.7084	1.9080	2.1408
5	1.2945	1.4220	1.5665	1.7310	5	1.9190	2.1355	2.3850	2.6760
6	1.5534	1.7064	1.8798	2.0772	6	2.3028	2.5626	2.8620	3.2112
7	1.8123	1.9908	2.1931	2.4234	7	2.6866	2.9897	3.3390	3.7464
8	2.0712	2.2752	2.5064	2.7696	8	3.0704	3.4168	3.8160	4.2816
9	2.3301	2.5596	2.8197	3.1158	9	3.4542	3.8439	4.2930	4.8168
10	2.5890	2.8440	3.1330	3.4620	10	3.8380	4.2710	4.7700	5.3520
11	2.8479	3.1284	3.4463	3.8082	11	4.2218	4.6981	5.2470	5.8872
12	3.1068	3.4128	3.7596	4.1544	12	4.6056	5.1252	5.7240	6.4224
13	3.3657	3.6972	4.0729	4.5006	13	4.9894	5.5523	6.2010	6.9576
14	3.6246	3.9816	4.3862	4.8468	14	5.3732	5.9794	6.6780	7.4928
15	3.8835	4.2660	4.6995	5.1930	15	5.7570	6.4065	7.1550	8.0280
16	4.1424	4.5504	5.0128	5.5392	16	6.1408	6.8336	7.6320	8.5632
17	4.4013	4.8348	5.3261	5.8854	17	6.5246	7.2607	8.1090	9.0984
18	4.6602	5.1192	5.6394	6.2316	18	6.9084	7.6878	8.5860	9.6336
19	4.9191	5.4036	5.9527	6.5778	19	7.2922	8.1149	9.0630	10.1688
20	5.1780	5.6880	6.2660	6.9240	20	7.6760	8.5420	9.5400	10.7040

SOMMES versées	50 ANS.	51 ANS.	52 ANS.	53 ANS.	SOMMES versées	54 ANS.	55 ANS.	56 ANS.	57 ANS.
1	0.0818	0.0884	0.0957	0.1038	1	0.1128	0.1228	0.1340	0.1465
2	0.1636	0.1768	0.1914	0.2076	2	0.2256	0.2456	0.2680	0.2930
3	0.2454	0.2652	0.2871	0.3114	3	0.3384	0.3684	0.4020	0.4395
4	0.3272	0.3536	0.3828	0.4152	4	0.4512	0.4912	0.5360	0.5860
5	0.4090	0.4420	0.4785	0.5190	5	0.5640	0.6140	0.6700	0.7325
6	0.4908	0.5304	0.5742	0.6228	6	0.6768	0.7368	0.8040	0.8790
7	0.5726	0.6188	0.6699	0.7266	7	0.7896	0.8596	0.9380	1.0255
8	0.6544	0.7072	0.7656	0.8304	8	0.9024	0.9824	1.0720	1.1720
9	0.7362	0.7956	0.8613	0.9342	9	1.0152	1.1052	1.2060	1.3185
10	0.8180	0.8840	0.9570	1.0380	10	1.1280	1.2280	1.3400	1.4650
11	0.8998	0.9724	1.0527	1.1418	11	1.2408	1.3508	1.4740	1.6115
12	0.9816	1.0608	1.1484	1.2456	12	1.3536	1.4736	1.6080	1.7580
13	1.0634	1.1492	1.2441	1.3494	13	1.4664	1.5964	1.7420	1.9045
14	1.1452	1.2376	1.3398	1.4532	14	1.5792	1.7192	1.8760	2.0510
15	1.2270	1.3260	1.4355	1.5570	15	1.6920	1.8420	2.0100	2.1975
16	1.3088	1.4144	1.5312	1.6608	16	1.8048	1.9648	2.1440	2.3440
17	1.3906	1.5028	1.6269	1.7646	17	1.9176	2.0876	2.2780	2.4905
18	1.4724	1.5912	1.7226	1.8684	18	2.0304	2.2104	2.4120	2.6370
19	1.5542	1.6796	1.8183	1.9722	19	2.1432	2.3332	2.5460	2.7835
20	1.6360	1.7680	1.9140	2.0760	20	2.2560	2.4560	2.6800	2.9300

SOMMES versées	58 ANS.	59 ANS.	60 ANS.	61 ANS.	SOMMES versées	62 ANS.	63 ANS.	64 ANS.	65 ANS.
1	0.1605	0.1763	0.1943	0.2147	1	0.2380	0.2648	0.2958	0.3319
2	0.3210	0.3526	0.3886	0.4294	2	0.4760	0.5296	0.5916	0.6638
3	0.4815	0.5289	0.5829	0.6441	3	0.7140	0.7944	0.8874	0.9957
4	0.6420	0.7052	0.7772	0.8588	4	0.9520	1.0592	1.1832	1.3276
5	0.8025	0.8815	0.9715	1.0735	5	1.1900	1.3240	1.4790	1.6595
6	0.9630	1.0578	1.1658	1.2882	6	1.4280	1.5888	1.7748	1.9914
7	1.1235	1.2341	1.3601	1.5029	7	1.6660	1.8536	2.0706	2.3233
8	1.2840	1.4104	1.5544	1.7176	8	1.9040	2.1184	2.3664	2.6552
9	1.4445	1.5867	1.7487	1.9323	9	2.1420	2.3832	2.6622	2.9871
10	1.6050	1.7630	1.9430	2.1470	10	2.3800	2.6480	2.9580	3.3190
11	1.7655	1.9393	2.1373	2.3617	11	2.6180	2.9128	3.2538	3.6509
12	1.9260	2.1156	2.3316	2.5764	12	2.8560	3.1776	3.5496	3.9828
13	2.0805	2.2919	2.5259	2.7911	13	3.0940	3.4424	3.8454	4.3147
14	2.2470	2.4682	2.7202	3.0058	14	3.3320	3.7072	4.1412	4.6466
15	2.4075	2.6445	2.9145	3.2205	15	3.5700	3.9720	4.4370	4.9785
16	2.5680	2.8208	3.1088	3.4352	16	3.8080	4.2368	4.7328	5.3104
17	2.7285	2.9971	3.3031	3.6499	17	4.0460	4.5016	5.0286	5.6423
18	2.8890	3.1734	3.4974	3.8646	18	4.2840	4.7664	5.3244	5.9742
19	3.0495	3.3497	3.6917	4.0793	19	4.5220	5.0312	5.6202	6.3001
20	3.2100	3.5260	3.8860	4.2940	20	4.7600	5.2960	5.9160	6.6380

SOMMES versées.	50 ANS.	51 ANS.	52 ANS.	53 ANS.	SOMMES versées.	54 ANS.	55 ANS.	56 ANS.	57 ANS.
1	0.1302	0.1407	0.1524	0.1653	1	0.1796	0.1955	0.2133	0.2332
2	0.2604	0.2814	0.3048	0.3306	2	0.3592	0.3910	0.4266	0.4664
3	0.3906	0.4221	0.4572	0.4959	3	0.5388	0.5865	0.6399	0.6996
4	0.5208	0.5628	0.6096	0.6612	4	0.7184	0.7820	0.8532	0.9328
5	0.6510	0.7035	0.7620	0.8265	5	0.8980	0.9775	1.0665	1.1660
6	0.7812	0.8442	0.9144	0.9918	6	1.0776	1.1730	1.2798	1.3992
7	0.9114	0.9849	1.0668	1.1571	7	1.2572	1.3685	1.4931	1.6324
8	1.0416	1.1256	1.2192	1.3224	8	1.4368	1.5640	1.7064	1.8656
9	1.1718	1.2663	1.3716	1.4877	9	1.6164	1.7595	1.9197	2.0988
10	1.3020	1.4070	1.5240	1.6530	10	1.7960	1.9550	2.1330	2.3320
11	1.4322	1.5477	1.6764	1.8183	11	1.9756	2.1505	2.3463	2.5652
12	1.5624	1.6884	1.8288	1.9836	12	2.1552	2.3460	2.5596	2.7984
13	1.6926	1.8291	1.9812	2.1489	13	2.3348	2.5415	2.7729	3.0316
14	1.8228	1.9698	2.1336	2.3142	14	2.5144	2.7370	2.9862	3.2648
15	1.9530	2.1105	2.2860	2.4795	15	2.6940	2.9325	3.1995	3.4980
16	2.0832	2.2512	2.4384	2.6448	16	2.8736	3.1280	3.4128	3.7312
17	2.2134	2.3919	2.5908	2.8101	17	3.0532	3.3235	3.6261	3.9644
18	2.3436	2.5326	2.7432	2.9754	18	3.2328	3.5190	3.8394	4.1976
19	2.4738	2.6733	2.8956	3.1407	19	3.4124	3.7145	4.0527	4.4308
20	2.6040	2.8140	3.0480	3.3060	20	3.5920	3.9100	4.2660	4.6640

SOMMES versées.	58 ANS.	59 ANS.	60 ANS.	61 ANS.	SOMMES versées.	62 ANS.	63 ANS.	64 ANS.	65 ANS.
1	0.2556	0.2808	0.3094	0.3419	1	0.3790	0.4217	0.4711	0.5285
2	0.5112	0.5616	0.6188	0.6838	2	0.7580	0.8434	0.9422	1.0570
3	0.7608	0.8424	0.9282	1.0257	3	1.1370	1.2651	1.4133	1.5855
4	1.0224	1.1232	1.2376	1.3676	4	1.5160	1.6868	1.8844	2.1140
5	1.2780	1.4040	1.5470	1.7095	5	1.8950	2.1085	2.3555	2.6425
6	1.5336	1.6848	1.8564	2.0514	6	2.2740	2.5302	2.8266	3.1710
7	1.7892	1.9656	2.1658	2.3933	7	2.6530	2.9519	3.2977	3.6995
8	2.0448	2.2464	2.4752	2.7352	8	3.0320	3.3736	3.7688	4.2280
9	2.3004	2.5272	2.7846	3.0771	9	3.4110	3.7953	4.2399	4.7565
10	2.5560	2.8080	3.0940	3.4190	10	3.7900	4.2170	4.7110	5.2850
11	2.8116	3.0888	3.4034	3.7609	11	4.1690	4.6387	5.1821	5.8135
12	3.0672	3.3696	3.7128	4.1028	12	4.5480	5.0604	5.6532	6.3420
13	3.3228	3.6504	4.0222	4.4447	13	4.9270	5.4821	6.1243	6.8705
14	3.5784	3.9312	4.3316	4.7866	14	5.3060	5.9038	6.5954	7.3990
15	3.8340	4.2120	4.6410	5.1285	15	5.6850	6.3255	7.0665	7.9275
16	4.0896	4.4928	4.9504	5.4704	16	6.0640	6.7472	7.5376	8.4560
17	4.3452	4.7736	5.2598	5.8123	17	6.4430	7.1689	8.0087	8.9845
18	4.6008	5.0544	5.5692	6.1542	18	6.8220	7.5906	8.4798	9.5130
19	4.8564	5.3352	5.8786	6.4961	19	7.2010	8.0123	8.9509	10.0415
20	5.1120	5.6160	6.1880	6.8380	20	7.5800	8.4340	9.4220	10.5700

SOMMES versées	50 ANS.	51 ANS.	52 ANS.	53 ANS.	SOMMES versées	54 ANS.	55 ANS.	56 ANS.	57 ANS.
1	0.0805	0.0870	0.0942	0.1021	1	0.1110	0.1208	0.1318	0.1441
2	0.1610	0.1740	0.1884	0.2042	2	0.2220	0.2416	0.2636	0.2882
3	0.2415	0.2610	0.2826	0.3063	3	0.3330	0.3624	0.3954	0.4323
4	0.3220	0.3480	0.3768	0.4084	4	0.4440	0.4832	0.5272	0.5764
5	0.4025	0.4350	0.4710	0.5105	5	0.5550	0.6040	0.6590	0.7205
6	0.4830	0.5220	0.5652	0.6126	6	0.6660	0.7248	0.7908	0.8646
7	0.5635	0.6090	0.6594	0.7147	7	0.7770	0.8456	0.9226	1.0087
8	0.6440	0.6960	0.7536	0.8168	8	0.8880	0.9664	1.0544	1.1528
9	0.7245	0.7830	0.8478	0.9189	9	0.9990	1.0872	1.1862	1.2969
10	0.8050	0.8700	0.9420	1.0210	10	1.1100	1.2080	1.3180	1.4410
11	0.8855	0.9570	1.0362	1.1231	11	1.2210	1.3288	1.4498	1.5851
12	0.9660	1.0440	1.1304	1.2252	12	1.3320	1.4496	1.5816	1.7292
13	1.0465	1.1310	1.2246	1.3273	13	1.4430	1.5704	1.7134	1.8733
14	1.1270	1.2180	1.3188	1.4294	14	1.5540	1.6912	1.8452	2.0174
15	1.2075	1.3050	1.4130	1.5315	15	1.6650	1.8120	1.9770	2.1615
16	1.2880	1.3920	1.5072	1.6336	16	1.7760	1.9328	2.1088	2.3056
17	1.3685	1.4790	1.6014	1.7357	17	1.8870	2.0536	2.2406	2.4497
18	1.4490	1.5660	1.6956	1.8378	18	1.9980	2.1744	2.3724	2.5938
19	1.5295	1.6530	1.7898	1.9399	19	2.1090	2.2952	2.5042	2.7379
20	1.6100	1.7400	1.8840	2.0420	20	2.2200	2.4160	2.6360	2.8820

SOMMES versées	58 ANS.	59 ANS.	60 ANS.	61 ANS.	SOMMES versées	62 ANS.	63 ANS.	64 ANS.	65 ANS.
1	0.1580	0.1735	0.1912	0.2113	1	0.2342	0.2606	0.2911	0.3266
2	0.3160	0.3470	0.3824	0.4226	2	0.4684	0.5212	0.5822	0.6532
3	0.4740	0.5205	0.5736	0.6339	3	0.7026	0.7818	0.8733	0.9798
4	0.6320	0.6940	0.7648	0.8452	4	0.9368	1.0424	1.1644	1.3064
5	0.7900	0.8675	0.9560	1.0565	5	1.1710	1.3030	1.4555	1.6330
6	0.9480	1.0410	1.1472	1.2678	6	1.4052	1.5636	1.7466	1.9596
7	1.1060	1.2145	1.3384	1.4791	7	1.6394	1.8242	2.0377	2.2862
8	1.2640	1.3880	1.5296	1.6904	8	1.8736	2.0848	2.3288	2.6128
9	1.4220	1.5615	1.7208	1.9017	9	2.1078	2.3454	2.6199	2.9394
10	1.5800	1.7350	1.9120	2.1130	10	2.3420	2.6060	2.9110	3.2660
11	1.7380	1.9085	2.1032	2.3243	11	2.5762	2.8666	3.2021	3.5926
12	1.8960	2.0820	2.2944	2.5356	12	2.8104	3.1272	3.4932	3.9192
13	2.0540	2.2555	2.4856	2.7469	13	3.0446	3.3878	3.7843	4.2458
14	2.2120	2.4290	2.6768	2.9582	14	3.2788	3.6484	4.0754	4.5724
15	2.3700	2.6025	2.8680	3.1695	15	3.5130	3.9090	4.3665	4.8990
16	2.5280	2.7760	3.0592	3.3808	16	3.7472	4.1696	4.6576	5.2256
17	2.6860	2.9495	3.2504	3.5921	17	3.9814	4.4302	4.9487	5.5522
18	2.8440	3.1230	3.4416	3.8034	18	4.2156	4.6908	5.2398	5.8788
19	3.0020	3.2965	3.6328	4.0147	19	4.4498	4.9514	5.5309	6.2054
20	3.1600	3.4700	3.8240	4.2260	20	4.6840	5.2120	5.8220	6.5320

SOMMES versées	50 ANS.	51 ANS.	52 ANS.	53 ANS.	SOMMES versées	54 ANS.	55 ANS.	56 ANS.	57 ANS.
1	0.1286	0.1390	0.1505	0.1632	1	0.1774	0.1931	0.2107	0.2303
2	0.2572	0.2780	0.3010	0.3264	2	0.3548	0.3862	0.4214	0.4606
3	0.3858	0.4170	0.4515	0.4896	3	0.5322	0.5793	0.6321	0.6909
4	0.5144	0.5560	0.6020	0.6528	4	0.7096	0.7724	0.8428	0.9212
5	0.6430	0.6950	0.7525	0.8160	5	0.8870	0.9655	1.0535	1.1515
6	0.7716	0.8340	0.9030	0.9792	6	1.0644	1.1586	1.2642	1.3818
7	0.9002	0.9730	1.0535	1.1424	7	1.2418	1.3517	1.4749	1.6121
8	1.0288	1.1120	1.2040	1.3056	8	1.4192	1.5448	1.6856	1.8424
9	1.1574	1.2510	1.3545	1.4688	9	1.5966	1.7379	1.8963	2.0727
10	1.2860	1.3900	1.5050	1.6320	10	1.7740	1.9310	2.1070	2.3030
11	1.4146	1.5290	1.6555	1.7952	11	1.9514	2.1241	2.3177	2.5333
12	1.5432	1.6680	1.8060	1.9584	12	2.1288	2.3172	2.5284	2.7636
13	1.6718	1.8070	1.9565	2.1216	13	2.3062	2.5103	2.7391	2.9939
14	1.8004	1.9460	2.1070	2.2848	14	2.4836	2.7034	2.9498	3.2242
15	1.9290	2.0850	2.2575	2.4480	15	2.6610	2.8965	3.1605	3.4545
16	2.0576	2.2240	2.4080	2.6112	16	2.8384	3.0896	3.3712	3.6848
17	2.1862	2.3630	2.5585	2.7744	17	3.0158	3.2827	3.5819	3.9151
18	2.3148	2.5020	2.7090	2.9376	18	3.1932	3.4758	3.7926	4.1454
19	2.4434	2.6410	2.8595	3.1008	19	3.3706	3.6689	4.0033	4.3757
20	2.5720	2.7800	3.0100	3.2640	20	3.5480	3.8620	4.2140	4.6060

SOMMES versées	58 ANS.	59 ANS.	60 ANS.	61 ANS.	SOMMES versées	62 ANS.	63 ANS.	64 ANS.	65 ANS.
1	0.2524	0.2773	0.3055	0.3376	1	0.3743	0.4165	0.4652	0.5219
2	0.5048	0.5546	0.6110	0.6752	2	0.7486	0.8330	0.9304	1.0438
3	0.7572	0.8319	0.9165	1.0128	3	1.1229	1.2495	1.3956	1.5657
4	1.0096	1.1092	1.2220	1.3504	4	1.4972	1.6660	1.8608	2.0876
5	1.2620	1.3865	1.5275	1.6880	5	1.8715	2.0825	2.3260	2.6095
6	1.5144	1.6638	1.8330	2.0256	6	2.2458	2.4990	2.7912	3.1314
7	1.7668	1.9411	2.1385	2.3632	7	2.6201	2.9155	3.2564	3.6533
8	2.0192	2.2184	2.4440	2.7008	8	2.9944	3.3320	3.7216	4.1752
9	2.2716	2.4957	2.7495	3.0384	9	3.3687	3.7485	4.1868	4.6971
10	2.5240	2.7730	3.0550	3.3760	10	3.7430	4.1650	4.6520	5.2190
11	2.7764	3.0503	3.3605	3.7136	11	4.1173	4.5815	5.1172	5.7409
12	3.0288	3.3276	3.6660	4.0512	12	4.4916	4.9980	5.5824	6.2628
13	3.2812	3.6049	3.9715	4.3888	13	4.8659	5.4145	6.0476	6.7847
14	3.5336	3.8822	4.2770	4.7264	14	5.2402	5.8310	6.5128	7.3066
15	3.7860	4.1595	4.5825	5.0640	15	5.6145	6.2475	6.9780	7.8285
16	4.0384	4.4368	4.8880	5.4016	16	5.9888	6.6640	7.4432	8.3504
17	4.2908	4.7141	5.1935	5.7392	17	6.3631	7.0805	7.9084	8.8723
18	4.5432	4.9914	5.4990	6.0768	18	6.7374	7.4970	8.3736	9.3942
19	4.7956	5.2687	5.8045	6.4144	19	7.1117	7.9135	8.8388	9.9161
20	5.0480	5.5460	6.1100	6.7520	20	7.4860	8.3300	9.3040	10.4380

SOMMES versées.	50 ANS.	51 ANS.	52 ANS.	53 ANS.	SOMMES versées.	54 ANS.	55 ANS.	56 ANS.	57 ANS.
1	0.0792	0.0856	0.0927	0.1005	1	0.1092	0.1189	0.1297	0.1418
2	0.1584	0.1712	0.1854	0.2010	2	0.2184	0.2378	0.2594	0.2836
3	0.2376	0.2568	0.2781	0.3015	3	0.3276	0.3567	0.3891	0.4254
4	0.3168	0.3424	0.3708	0.4020	4	0.4368	0.4756	0.5188	0.5672
5	0.3960	0.4280	0.4635	0.5025	5	0.5460	0.5945	0.6485	0.7090
6	0.4752	0.5136	0.5562	0.6030	6	0.6552	0.7134	0.7782	0.8508
7	0.5544	0.5992	0.6489	0.7035	7	0.7644	0.8323	0.9079	0.9926
8	0.6336	0.6848	0.7416	0.8040	8	0.8736	0.9512	1.0376	1.1344
9	0.7128	0.7704	0.8343	0.9045	9	0.9828	1.0701	1.1673	1.2762
10	0.7920	0.8560	0.9270	1.0050	10	1.0920	1.1890	1.2970	1.4180
11	0.8712	0.9416	1.0197	1.1055	11	1.2012	1.3079	1.4267	1.5598
12	0.9504	1.0272	1.1124	1.2060	12	1.3104	1.4268	1.5564	1.7016
13	1.0296	1.1128	1.2051	1.3065	13	1.4196	1.5457	1.6861	1.8434
14	1.1088	1.1984	1.2978	1.4070	14	1.5288	1.6646	1.8158	1.9852
15	1.1880	1.2840	1.3905	1.5075	15	1.6380	1.7835	1.9455	2.1270
16	1.2672	1.3696	1.4832	1.6080	16	1.7472	1.9024	2.0752	2.2688
17	1.3464	1.4552	1.5759	1.7085	17	1.8564	2.0213	2.2049	2.4106
18	1.4256	1.5408	1.6686	1.8090	18	1.9656	2.1402	2.3346	2.5524
19	1.5048	1.6264	1.7613	1.9095	19	2.0748	2.2591	2.4643	2.6942
20	1.5840	1.7120	1.8540	2.0100	20	2.1840	2.3780	2.5940	2.8360

SOMMES versées.	58 ANS.	59 ANS.	60 ANS.	61 ANS.	SOMMES versées.	62 ANS.	63 ANS.	64 ANS.	65 ANS.
1	0.1554	0.1708	0.1881	0.2079	1	0.2305	0.2564	0.2865	0.3214
2	0.3108	0.3416	0.3762	0.4158	2	0.4610	0.5128	0.5730	0.6428
3	0.4662	0.5124	0.5643	0.6237	3	0.6915	0.7692	0.8595	0.9642
4	0.6216	0.6832	0.7524	0.8316	4	0.9220	1.0256	1.1460	1.2856
5	0.7770	0.8540	0.9405	1.0395	5	1.1525	1.2820	1.4325	1.6070
6	0.9324	1.0248	1.1286	1.2474	6	1.3830	1.5384	1.7190	1.9284
7	1.0878	1.1956	1.3167	1.4553	7	1.6135	1.7948	2.0055	2.2498
8	1.2432	1.3664	1.5048	1.6632	8	1.8440	2.0512	2.2920	2.5712
9	1.3986	1.5372	1.6929	1.8711	9	2.0745	2.3076	2.5785	2.8926
10	1.5540	1.7080	1.8810	2.0790	10	2.3050	2.5640	2.8650	3.2140
11	1.7094	1.8788	2.0691	2.2869	11	2.5355	2.8204	3.1515	3.5354
12	1.8648	2.0496	2.2572	2.4948	12	2.7660	3.0768	3.4380	3.8568
13	2.0202	2.2204	2.4453	2.7027	13	2.9965	3.3332	3.7245	4.1782
14	2.1756	2.3912	2.6334	2.9106	14	3.2270	3.5896	4.0110	4.4996
15	2.3310	2.5620	2.8215	3.1185	15	3.4575	3.8460	4.2975	4.8210
16	2.4864	2.7328	3.0096	3.3264	16	3.6880	4.1024	4.5840	5.1424
17	2.6418	2.9036	3.1977	3.5343	17	3.9185	4.3588	4.8705	5.4638
18	2.7972	3.0744	3.3858	3.7422	18	4.1490	4.6152	5.1570	5.7852
19	2.9526	3.2452	3.5739	3.9501	19	4.3795	4.8716	5.4435	6.1066
20	3.1080	3.4160	3.7620	4.1580	20	4.6100	5.1280	5.7300	6.4280

SOMMES versées.	50 ANS.	51 ANS.	52 ANS.	53 ANS.	SOMMES versées.	54 ANS.	55 ANS.	56 ANS.	57 ANS.
1	0.1270	0.1372	0.1486	0.1612	1	0.1751	0.1907	0.2080	0.2275
2	0.2540	0.2744	0.2972	0.3224	2	0.3502	0.3814	0.4160	0.4550
3	0.3810	0.4116	0.4458	0.4836	3	0.5253	0.5721	0.6240	0.6825
4	0.5080	0.5488	0.5944	0.6448	4	0.7004	0.7628	0.8320	0.9100
5	0.6350	0.6800	0.7430	0.8060	5	0.8755	0.9535	1.0400	1.1375
6	0.7620	0.8232	0.8916	0.9672	6	1.0506	1.1442	1.2480	1.3650
7	0.8890	0.9604	1.0402	1.1284	7	1.2257	1.3349	1.4560	1.5925
8	1.0160	1.0976	1.1888	1.2896	8	1.4008	1.5256	1.6640	1.8200
9	1.1430	1.2348	1.3374	1.4508	9	1.5759	1.7163	1.8720	2.0475
10	1.2700	1.3720	1.4860	1.6120	10	1.7510	1.9070	2.0800	2.2750
11	1.3970	1.5092	1.6346	1.7732	11	1.9261	2.0977	2.2880	2.5025
12	1.5240	1.6464	1.7832	1.9344	12	2.1012	2.2884	2.4960	2.7300
13	1.6510	1.7836	1.9318	2.0956	13	2.2763	2.4791	2.7040	2.9575
14	1.7780	1.9208	2.0804	2.2568	14	2.4514	2.6698	2.9120	3.1850
15	1.9050	2.0580	2.2290	2.4180	15	2.6265	2.8605	3.1200	3.4125
16	2.0320	2.1952	2.3776	2.5792	16	2.8016	3.0512	3.3280	3.6400
17	2.1590	2.3324	2.5262	2.7404	17	2.9767	3.2419	3.5360	3.8675
18	2.2860	2.4696	2.6748	2.9016	18	3.1518	3.4326	3.7440	4.0950
19	2.4130	2.6068	2.8234	3.0628	19	3.3269	3.6233	3.9520	4.3225
20	2.5400	2.7440	2.9720	3.2240	20	3.5020	3.8140	4.1600	4.5500

SOMMES versées.	58 ANS.	59 ANS.	60 ANS.	61 ANS.	SOMMES versées.	62 ANS.	63 ANS.	64 ANS.	65 ANS.
1	0.2493	0.2739	0.3017	0.3334	1	0.3696	0.4112	0.4594	0.5154
2	0.4986	0.5478	0.6034	0.6668	2	0.7392	0.8224	0.9188	1.0308
3	0.7479	0.8217	0.9051	1.0002	3	1.1088	1.2336	1.3782	1.5462
4	0.9972	1.0956	1.2068	1.3336	4	1.4784	1.6448	1.8376	2.0616
5	1.2465	1.3695	1.5085	1.6670	5	1.8480	2.0560	2.2970	2.5770
6	1.4958	1.6434	1.8102	2.0004	6	2.2176	2.4672	2.7564	3.0924
7	1.7451	1.9173	2.1119	2.3338	7	2.5872	2.8784	3.2158	3.6078
8	1.9944	2.1912	2.4136	2.6672	8	2.9568	3.2896	3.6752	4.1232
9	2.2437	2.4651	2.7153	3.0006	9	3.3264	3.7008	4.1346	4.6386
10	2.4930	2.7390	3.0170	3.3340	10	3.6960	4.1120	4.5940	5.1540
11	2.7423	3.0129	3.3187	3.6674	11	4.0656	4.5232	5.0534	5.6694
12	2.9916	3.2868	3.6204	4.0008	12	4.4352	4.9344	5.5128	6.1848
13	3.2409	3.5607	3.9221	4.3342	13	4.8048	5.3456	5.9722	6.7002
14	3.4902	3.8346	4.2238	4.6676	14	5.1744	5.7568	6.4316	7.2156
15	3.7395	4.1085	4.5255	5.0010	15	5.5440	6.1680	6.8910	7.7310
16	3.9888	4.3824	4.8272	5.3344	16	5.9136	6.5792	7.3504	8.2464
17	4.2381	4.6563	5.1289	5.6678	17	6.2832	6.9904	7.8098	8.7618
18	4.4874	4.9302	5.4306	6.0012	18	6.6528	7.4016	8.2692	9.2772
19	4.7367	5.2041	5.7323	6.3346	19	7.0224	7.8128	8.7286	9.7926
20	4.9860	5.4780	6.0340	6.6680	20	7.3920	8.2240	9.1880	10.3080

Sommes versées	50 ANS.	51 ANS.	52 ANS.	53 ANS.	Sommes versées	54 ANS.	55 ANS.	56 ANS.	57 ANS.
1	0.0779	0.0842	0.0912	0.0989	1	0.1075	0.1170	0.1276	0.1396
2	0.1558	0.1684	0.1824	0.1978	2	0.2150	0.2340	0.2552	0.2792
3	0.2337	0.2526	0.2736	0.2967	3	0.3225	0.3510	0.3828	0.4188
4	0.3116	0.3368	0.3648	0.3956	4	0.4300	0.4680	0.5104	0.5584
5	0.3895	0.4210	0.4560	0.4945	5	0.5375	0.5850	0.6380	0.6980
6	0.4674	0.5052	0.5472	0.5934	6	0.6450	0.7020	0.7656	0.8376
7	0.5453	0.5894	0.6384	0.6923	7	0.7525	0.8190	0.8932	0.9772
8	0.6232	0.6736	0.7296	0.7912	8	0.8600	0.9360	1.0208	1.1168
9	0.7011	0.7578	0.8208	0.8901	9	0.9675	1.0530	1.1484	1.2564
10	0.7790	0.8420	0.9120	0.9890	10	1.0750	1.1700	1.2760	1.3960
11	0.8569	0.9262	1.0032	1.0879	11	1.1825	1.2870	1.4036	1.5356
12	0.9348	1.0104	1.0944	1.1868	12	1.2900	1.4040	1.5312	1.6752
13	1.0127	1.0946	1.1856	1.2857	13	1.3975	1.5210	1.6588	1.8148
14	1.0906	1.1788	1.2768	1.3846	14	1.5050	1.6380	1.7864	1.9544
15	1.1685	1.2630	1.3680	1.4835	15	1.6125	1.7550	1.9140	2.0940
16	1.2464	1.3472	1.4592	1.5824	16	1.7200	1.8720	2.0416	2.2336
17	1.3243	1.4314	1.5504	1.6813	17	1.8275	1.9890	2.1692	2.3732
18	1.4022	1.5156	1.6416	1.7802	18	1.9350	2.1060	2.2968	2.5128
19	1.4801	1.5998	1.7328	1.8791	19	2.0425	2.2230	2.4244	2.6524
20	1.5580	1.6840	1.8240	1.9780	20	2.1500	2.3400	2.5520	2.7920

Sommes versées	58 ANS.	59 ANS.	60 ANS.	61 ANS.	Sommes versées	62 ANS.	63 ANS.	64 ANS.	65 ANS.
1	0.1530	0.1680	0.1851	0.2046	1	0.2268	0.2523	0.2819	0.3163
2	0.3060	0.3360	0.3702	0.4092	2	0.4536	0.5046	0.5638	0.6326
3	0.4590	0.5040	0.5553	0.6138	3	0.6804	0.7569	0.8457	0.9489
4	0.6120	0.6720	0.7404	0.8184	4	0.9072	1.0092	1.1276	1.2652
5	0.7650	0.8400	0.9255	1.0230	5	1.1340	1.2615	1.4095	1.5815
6	0.9180	1.0080	1.1106	1.2276	6	1.3608	1.5138	1.6914	1.8978
7	1.0710	1.1760	1.2957	1.4322	7	1.5876	1.7661	1.9733	2.2141
8	1.2240	1.3440	1.4808	1.6368	8	1.8144	2.0184	2.2552	2.5304
9	1.3770	1.5120	1.6659	1.8414	9	2.0412	2.2707	2.5371	2.8467
10	1.5300	1.6800	1.8510	2.0460	10	2.2680	2.5230	2.8190	3.1630
11	1.6830	1.8480	2.0361	2.2506	11	2.4948	2.7753	3.1009	3.4793
12	1.8360	2.0160	2.2212	2.4552	12	2.7216	3.0276	3.3828	3.7956
13	1.9890	2.1840	2.4063	2.6598	13	2.9484	3.2799	3.6647	4.1119
14	2.1420	2.3520	2.5914	2.8644	14	3.1752	3.5322	3.9466	4.4282
15	2.2950	2.5200	2.7765	3.0690	15	3.4020	3.7845	4.2285	4.7445
16	2.4480	2.6880	2.9616	3.2736	16	3.6288	4.0368	4.5104	5.0608
17	2.6010	2.8560	3.1467	3.4782	17	3.8556	4.2891	4.7923	5.3771
18	2.7540	3.0240	3.3318	3.6828	18	4.0824	4.5414	5.0742	5.6934
19	2.9070	3.1920	3.5169	3.8874	19	4.3092	4.7937	5.3561	6.0097
20	3.0600	3.3600	3.7020	4.0920	20	4.5360	5.0460	5.6380	6.3260

SOMMES versées.	50 ANS.	51 ANS.	52 ANS.	53 ANS.	SOMMES versées.	54 ANS.	55 ANS.	56 ANS.	57 ANS.
1	0.1254	0.1355	0.1468	0.1592	1	0.1730	0.1883	0.2054	0.2240
2	0.2508	0.2710	0.2936	0.3184	2	0.3460	0.3766	0.4108	0.4492
3	0.3762	0.4065	0.4404	0.4776	3	0.5190	0.5649	0.6162	0.6738
4	0.5016	0.5420	0.5872	0.6368	4	0.6920	0.7532	0.8216	0.8984
5	0.6270	0.6775	0.7340	0.7960	5	0.8650	0.9415	1.0270	1.1230
6	0.7524	0.8130	0.8808	0.9552	6	1.0380	1.1298	1.2324	1.3476
7	0.8778	0.9485	1.0276	1.1144	7	1.2110	1.3181	1.4378	1.5722
8	1.0032	1.0840	1.1744	1.2736	8	1.3840	1.5064	1.6432	1.7968
9	1.1286	1.2195	1.3212	1.4328	9	1.5570	1.6947	1.8486	2.0214
10	1.2540	1.3550	1.4680	1.5920	10	1.7300	1.8830	2.0540	2.2460
11	1.3794	1.4905	1.6148	1.7512	11	1.9030	2.0713	2.2594	2.4706
12	1.5048	1.6260	1.7616	1.9104	12	2.0760	2.2596	2.4648	2.6952
13	1.6302	1.7615	1.9084	2.0696	13	2.2490	2.4479	2.6702	2.9198
14	1.7556	1.8970	2.0552	2.2288	14	2.4220	2.6362	2.8756	3.1444
15	1.8810	2.0325	2.2020	2.3880	15	2.5950	2.8245	3.0810	3.3690
16	2.0064	2.1680	2.3488	2.5472	16	2.7680	3.0128	3.2864	3.5936
17	2.1318	2.3035	2.4956	2.7064	17	2.9410	3.2011	3.4918	3.8182
18	2.2572	2.4390	2.6424	2.8656	18	3.1140	3.3894	3.6972	4.0428
19	2.3826	2.5745	2.7892	3.0248	19	3.2870	3.5777	3.9026	4.2674
20	2.5080	2.7100	2.9360	3.1840	20	3.4600	3.7660	4.1080	4.4920

SOMMES versées.	58 ANS.	59 ANS.	60 ANS.	61 ANS.	SOMMES versées.	62 ANS.	63 ANS.	64 ANS.	65 ANS.
1	0.2462	0.2704	0.2979	0.3292	1	0.3650	0.4061	0.4530	0.5090
2	0.4924	0.5408	0.5958	0.6584	2	0.7300	0.8122	0.9072	1.0180
3	0.7386	0.8112	0.8937	0.9876	3	1.0950	1.2183	1.3608	1.5270
4	0.9848	1.0816	1.1916	1.3168	4	1.4600	1.6244	1.8144	2.0360
5	1.2310	1.3520	1.4895	1.6460	5	1.8250	2.0305	2.2680	2.5450
6	1.4772	1.6224	1.7874	1.9752	6	2.1900	2.4366	2.7216	3.0540
7	1.7234	1.8928	2.0853	2.3044	7	2.5550	2.8427	3.1752	3.5630
8	1.9696	2.1632	2.3832	2.6336	8	2.9200	3.2488	3.6288	4.0720
9	2.2158	2.4336	2.6811	2.9628	9	3.2850	3.6549	4.0824	4.5810
10	2.4620	2.7040	2.9790	3.2920	10	3.6500	4.0610	4.5360	5.0900
11	2.7082	2.9744	3.2769	3.6212	11	4.0150	4.4671	4.9896	5.5990
12	2.9544	3.2448	3.5748	3.9504	12	4.3800	4.8732	5.4432	6.1080
13	3.2006	3.5152	3.8727	4.2796	13	4.7450	5.2793	5.8968	6.6170
14	3.4468	3.7856	4.1706	4.6088	14	5.1100	5.6854	6.3504	7.1260
15	3.6930	4.0560	4.4685	4.9380	15	5.4750	6.0915	6.8040	7.6350
16	3.9392	4.3264	4.7664	5.2072	16	5.8400	6.4976	7.2576	8.1440
17	4.1854	4.5968	5.0643	5.5964	17	6.2050	6.9037	7.7112	8.6530
18	4.4316	4.8672	5.3622	5.9256	18	6.5700	7.3098	8.1648	9.1620
19	4.6778	5.1376	5.6601	6.2548	19	6.9350	7.7159	8.6184	9.6710
20	4.9240	5.4080	5.9580	6.5840	20	7.3000	8.1220	9.0720	10.1800

SOMMES versées	50 ANS	51 ANS	52 ANS	53 ANS	SOMMES versées	54 ANS	55 ANS	56 ANS	57 ANS
1	0.0767	0.0829	0.0897	0.0973	1	0.1057	0.1151	0.1256	0.1373
2	0.1534	0.1658	0.1794	0.1946	2	0.2114	0.2302	0.2512	0.2746
3	0.2301	0.2487	0.2691	0.2919	3	0.3171	0.3453	0.3768	0.4119
4	0.3068	0.3316	0.3588	0.3892	4	0.4228	0.4604	0.5024	0.5492
5	0.3835	0.4145	0.4485	0.4865	5	0.5285	0.5755	0.6280	0.6865
6	0.4602	0.4974	0.5382	0.5838	6	0.6342	0.6906	0.7536	0.8238
7	0.5369	0.5803	0.6279	0.6811	7	0.7399	0.8057	0.8792	0.9611
8	0.6136	0.6632	0.7176	0.7784	8	0.8456	0.9208	1.0048	1.0984
9	0.6903	0.7461	0.8073	0.8757	9	0.9513	1.0359	1.1304	1.2357
10	0.7670	0.8290	0.8970	0.9730	10	1.0570	1.1510	1.2560	1.3730
11	0.8437	0.9119	0.9867	1.0703	11	1.1627	1.2661	1.3816	1.5103
12	0.9204	0.9948	1.0764	1.1676	12	1.2684	1.3812	1.5072	1.6470
13	0.9971	1.0777	1.1661	1.2649	13	1.3741	1.4963	1.6328	1.7849
14	1.0738	1.1606	1.2558	1.3622	14	1.4798	1.6114	1.7584	1.9222
15	1.1505	1.2435	1.3455	1.4595	15	1.5855	1.7265	1.8840	2.0595
16	1.2272	1.3264	1.4352	1.5568	16	1.6912	1.8416	2.0096	2.1968
17	1.3039	1.4093	1.5249	1.6541	17	1.7969	1.9567	2.1352	2.3341
18	1.3806	1.4922	1.6146	1.7514	18	1.9026	2.0718	2.2608	2.4714
19	1.4573	1.5751	1.7043	1.8487	19	2.0083	2.1869	2.3864	2.6087
20	1.5340	1.6580	1.7940	1.9460	20	2.1140	2.3020	2.5120	2.7460

SOMMES versées	58 ANS	59 ANS	60 ANS	61 ANS	SOMMES versées	62 ANS	63 ANS	64 ANS	65 ANS
1	0.1505	0.1653	0.1822	0.2013	1	0.2231	0.2483	0.2773	0.3112
2	0.3010	0.3300	0.3644	0.4026	2	0.4462	0.4936	0.5546	0.6224
3	0.4515	0.4959	0.5466	0.6039	3	0.6693	0.7419	0.8319	0.9336
4	0.6020	0.6612	0.7288	0.8052	4	0.8924	0.9932	1.1092	1.2448
5	0.7525	0.8265	0.9110	1.0065	5	1.1155	1.2415	1.3865	1.5560
6	0.9030	0.9918	1.0932	1.2078	6	1.3386	1.4898	1.6638	1.8672
7	1.0535	1.1571	1.2754	1.4091	7	1.5617	1.7381	1.9411	2.1784
8	1.2040	1.3224	1.4576	1.6104	8	1.7848	1.9864	2.2184	2.4896
9	1.3545	1.4877	1.6398	1.8117	9	2.0079	2.2347	2.4957	2.8008
10	1.5050	1.6530	1.8220	2.0130	10	2.2310	2.4830	2.7730	3.1120
11	1.6555	1.8183	2.0042	2.2143	11	2.4541	2.7313	3.0503	3.4232
12	1.8060	1.9836	2.1864	2.4156	12	2.6772	2.9796	3.3276	3.7344
13	1.9565	2.1489	2.3686	2.6169	13	2.9003	3.2279	3.6049	4.0456
14	2.1070	2.3142	2.5508	2.8182	14	3.1234	3.4762	3.8822	4.3568
15	2.2575	2.4795	2.7330	3.0195	15	3.3465	3.7245	4.1595	4.6680
16	2.4080	2.6448	2.9152	3.2208	16	3.5696	3.9728	4.4368	4.9792
17	2.5585	2.8101	3.0974	3.4221	17	3.7927	4.2211	4.7141	5.2904
18	2.7090	2.9754	3.2796	3.6234	18	4.0158	4.4694	4.9914	5.6016
19	2.8595	3.1407	3.4618	3.8247	19	4.2389	4.7177	5.2687	5.9128
20	3.0100	3.3060	3.6440	4.0260	20	4.4620	4.9660	5.5460	6.2240

SOMMES versées	50 ANS.	51 ANS.	52 ANS.	53 ANS.	SOMMES versées	54 ANS.	55 ANS.	56 ANS.	57 ANS.
1	0.1238	0.1338	0.1449	0.1572	1	0.1708	0.1859	0.2029	0.2218
2	0.2476	0.2676	0.2898	0.3144	2	0.3416	0.3718	0.4058	0.4436
3	0.3714	0.4014	0.4347	0.4716	3	0.5124	0.5577	0.6087	0.6654
4	0.4952	0.5352	0.5790	0.6288	4	0.6832	0.7436	0.8116	0.8872
5	0.6190	0.6690	0.7245	0.7860	5	0.8540	0.9295	1.0145	1.1090
6	0.7428	0.8028	0.8694	0.9432	6	1.0248	1.1154	1.2174	1.3308
7	0.8666	0.9360	1.0143	1.1004	7	1.1956	1.3013	1.4203	1.5526
8	0.9904	1.0704	1.1592	1.2576	8	1.3664	1.4872	1.6232	1.7744
9	1.1142	1.2042	1.3041	1.4148	9	1.5372	1.6731	1.8261	1.9962
10	1.2380	1.3380	1.4490	1.5720	10	1.7080	1.8590	2.0290	2.2180
11	1.3618	1.4718	1.5939	1.7292	11	1.8788	2.0449	2.2319	2.4398
12	1.4856	1.6056	1.7388	1.8864	12	2.0496	2.2308	2.4348	2.6616
13	1.6094	1.7394	1.8837	2.0436	13	2.2204	2.4167	2.6377	2.8834
14	1.7332	1.8732	2.0286	2.2008	14	2.3912	2.6026	2.8406	3.1052
15	1.8570	2.0070	2.1735	2.3580	15	2.5620	2.7885	3.0435	3.3270
16	1.9808	2.1408	2.3184	2.5152	16	2.7328	2.9744	3.2464	3.5488
17	2.1046	2.2746	2.4633	2.6724	17	2.9036	3.1603	3.4493	3.7706
18	2.2284	2.4084	2.6082	2.8296	18	3.0744	3.3462	3.6522	3.9924
19	2.3522	2.5422	2.7531	2.9868	19	3.2452	3.5321	3.8551	4.2142
20	2.4760	2.6760	2.8980	3.1440	20	3.4160	3.7180	4.0580	4.4360

SOMMES versées	58 ANS.	59 ANS.	60 ANS.	61 ANS.	SOMMES versées	62 ANS.	63 ANS.	64 ANS.	65 ANS.
1	0.2431	0.2671	0.2942	0.3251	1	0.3604	0.4010	0.4480	0.5026
2	0.4862	0.5342	0.5884	0.6502	2	0.7208	0.8020	0.8960	1.0052
3	0.7293	0.8013	0.8826	0.9753	3	1.0812	1.2030	1.3440	1.5078
4	0.9724	1.0684	1.1768	1.3004	4	1.4416	1.6040	1.7920	2.0104
5	1.2155	1.3355	1.4710	1.6255	5	1.8020	2.0050	2.2400	2.5130
6	1.4586	1.6026	1.7652	1.9506	6	2.1624	2.4060	2.6880	3.0156
7	1.7017	1.8697	2.0594	2.2757	7	2.5228	2.8070	3.1360	3.5182
8	1.9448	2.1368	2.3536	2.6008	8	2.8832	3.2080	3.5840	4.0208
9	2.1879	2.4039	2.6478	2.9259	9	3.2436	3.6090	4.0320	4.5234
10	2.4310	2.6710	2.9420	3.2510	10	3.6040	4.0100	4.4800	5.0260
11	2.6741	2.9381	3.2362	3.5761	11	3.9644	4.4110	4.9280	5.5286
12	2.9172	3.2052	3.5304	3.9012	12	4.3248	4.8120	5.3760	6.0312
13	3.1603	3.4723	3.8246	4.2263	13	4.6852	5.2130	5.8240	6.5338
14	3.4034	3.7394	4.1188	4.5514	14	5.0456	5.6140	6.2720	7.0364
15	3.6465	4.0065	4.4130	4.8765	15	5.4060	6.0150	6.7200	7.5390
16	3.8896	4.2736	4.7072	5.2016	16	5.7664	6.4160	7.1680	8.0416
17	4.1327	4.5407	5.0014	5.5267	17	6.1268	6.8170	7.6160	8.5442
18	4.3758	4.8078	5.2956	5.8518	18	6.4872	7.2180	8.0640	9.0468
19	4.6189	5.0749	5.5898	6.1769	19	6.8476	7.6190	8.5120	9.5494
20	4.8620	5.3420	5.8840	6.5020	20	7.2080	8.0200	8.9600	10.0520

SOMMES versées	50 ANS.	51 ANS.	52 ANS.	53 ANS.	SOMMES versées	54 ANS.	55 ANS.	56 ANS.	57 ANS.
1	0.0754	0.0815	0.0883	0.0957	1	0.1040	0.1133	0.1236	0.1351
2	0.1508	0.1630	0.1766	0.1914	2	0.2080	0.2266	0.2472	0.2702
3	0.2262	0.2445	0.2649	0.2871	3	0.3120	0.3399	0.3708	0.4053
4	0.3016	0.3260	0.3532	0.3828	4	0.4100	0.4532	0.4944	0.5404
5	0.3770	0.4075	0.4415	0.4785	5	0.5200	0.5665	0.6180	0.6755
6	0.4524	0.4890	0.5298	0.5742	6	0.6240	0.6798	0.7416	0.8106
7	0.5278	0.5705	0.6181	0.6699	7	0.7280	0.7931	0.8652	0.9457
8	0.6032	0.6520	0.7064	0.7656	8	0.8320	0.9064	0.9888	1.0808
9	0.6786	0.7335	0.7947	0.8613	9	0.9360	1.0197	1.1124	1.2159
10	0.7540	0.8150	0.8830	0.9570	10	1.0400	1.1330	1.2360	1.3510
11	0.8294	0.8965	0.9713	1.0527	11	1.1440	1.2463	1.3596	1.4861
12	0.9048	0.9780	1.0596	1.1484	12	1.2480	1.3596	1.4832	1.6212
13	0.9802	1.0595	1.1479	1.2441	13	1.3520	1.4729	1.6068	1.7563
14	1.0556	1.1410	1.2362	1.3398	14	1.4560	1.5862	1.7304	1.8914
15	1.1310	1.2225	1.3245	1.4355	15	1.5600	1.6995	1.8540	2.0265
16	1.2064	1.3040	1.4128	1.5312	16	1.6640	1.8128	1.9776	2.1616
17	1.2818	1.3855	1.5011	1.6269	17	1.7680	1.9261	2.1012	2.2967
18	1.3572	1.4670	1.5894	1.7226	18	1.8720	2.0394	2.2248	2.4318
19	1.4326	1.5485	1.6777	1.8183	19	1.9760	2.1527	2.3484	2.5669
20	1.5080	1.6300	1.7660	1.9140	20	'2.0800	2.2660	2.4720	2.7020

SOMMES versées	58 ANS.	59 ANS.	60 ANS.	61 ANS.	SOMMES versées	62 ANS.	63 ANS.	64 ANS.	65 ANS.
1	0.1481	0.1627	0.1792	0.1980	1	0.2195	0.2443	0.2729	0.3062
2	0.2962	0.3254	0.3584	0.3960	2	0.4390	0.4886	0.5458	0.6124
3	0.4443	0.4881	0.5376	0.5940	3	0.6585	0.7329	0.8187	0.9186
4	0.5924	0.6508	0.7168	0.7920	4	0.8780	0.9772	1.0916	1.2248
5	0.7405	0.8135	0.8960	0.9900	5	1.0975	1.2215	1.3645	1.5310
6	0.8886	0.9762	1.0752	1.1880	6	1.3170	1.4658	1.6374	1.8372
7	1.0367	1.1389	1.2544	1.3860	7	1.5365	1.7101	1.9103	2.1434
8	1.1848	1.3016	1.4336	1.5840	8	1.7560	1.9544	2.1832	2.4496
9	1.3329	1.4643	1.6128	1.7820	9	1.9755	2.1987	2.4561	2.7558
10	1.4810	1.6270	1.7920	1.9800	10	2.1950	2.4430	2.7290	3.0620
11	1.6291	1.7897	1.9712	2.1780	11	2.4145	2.6873	3.0019	3.3682
12	1.7772	1.9524	2.1504	2.3760	12	2.6340	2.9316	3.2748	3.6744
13	1.9253	2.1151	2.3296	2.5740	13	2.8535	3.1759	3.5477	3.9806
14	2.0734	2.2778	2.5088	2.7720	14	3.0730	3.4202	3.8206	4.2868
15	2.2215	2.4405	2.6880	2.9700	15	3.2925	3.6645	4.0935	4.5930
16	2.3696	2.6032	2.8672	3.1680	16	3.5120	3.9088	4.3664	4.8992
17	2.5177	2.7659	3.0464	3.3660	17	3.7315	4.1531	4.6393	5.2054
18	2.6658	2.9286	3.2256	3.5640	18	3.9510	4.3974	4.9122	5.5116
19	2.8139	3.0913	3.4048	3.7620	19	4.1705	4.6417	5.1851	5.8178
20	2.9620	3.2540	3.5840	3.9600	20	4.3900	4.8860	5.4580	6.1240

SOMMES versées	50 ANS.	51 ANS.	52 ANS.	53 ANS.	SOMMES versées	54 ANS.	55 ANS.	56 ANS.	57 ANS.
1	0.1223	0.1322	0.1431	0.1552	1	0.1687	0.1836	0.2003	0.2190
2	0.2446	0.2644	0.2862	0.3104	2	0.3374	0.3672	0.4006	0.4380
3	0.3669	0.3966	0.4293	0.4650	3	0.5061	0.5508	0.6009	0.6570
4	0.4892	0.5288	0.5724	0.6208	4	0.6748	0.7344	0.8012	0.8760
5	0.6115	0.6610	0.7155	0.7760	5	0.8435	0.9180	1.0015	1.0950
6	0.7338	0.7932	0.8586	0.9312	6	1.0122	1.1016	1.2018	1.3140
7	0.8561	0.9254	1.0017	1.0864	7	1.1809	1.2852	1.4021	1.5330
8	0.9784	1.0576	1.1448	1.2416	8	1.3496	1.4688	1.6024	1.7520
9	1.1007	1.1898	1.2879	1.3968	9	1.5183	1.6524	1.8027	1.9710
10	1.2230	1.3220	1.4310	1.5520	10	1.6870	1.8360	2.0030	2.1900
11	1.3453	1.4542	1.5741	1.7072	11	1.8557	2.0196	2.2033	2.4090
12	1.4676	1.5864	1.7172	1.8624	12	2.0244	2.2032	2.4036	2.6280
13	1.5899	1.7186	1.8603	2.0176	13	2.1931	2.3868	2.6039	2.8470
14	1.7122	1.8508	2.0034	2.1728	14	2.3618	2.5704	2.8042	3.0660
15	1.8345	1.9830	2.1465	2.3280	15	2.5305	2.7540	3.0045	3.2850
16	1.9568	2.1152	2.2896	2.4832	16	2.6992	2.9376	3.2048	3.5040
17	2.0791	2.2474	2.4327	2.6384	17	2.8679	3.1212	3.4051	3.7230
18	2.2014	2.3796	2.5758	2.7936	18	3.0366	3.3048	3.6054	3.9420
19	2.3237	2.5118	2.7189	2.9488	19	3.2053	3.4884	3.8057	4.1610
20	2.4460	2.6440	2.8620	3.1040	20	3.3740	3.6720	4.0060	4.3800

SOMMES versées	58 ANS.	59 ANS.	60 ANS.	61 ANS.	SOMMES versées	62 ANS.	63 ANS.	64 ANS.	65 ANS.
1	0.2400	0.2637	0.2905	0.3210	1	0.3559	0.3960	0.4424	0.4963
2	0.4800	0.5274	0.5810	0.6420	2	0.7118	0.7920	0.8848	0.9926
3	0.7200	0.7911	0.8715	0.9630	3	1.0677	1.1880	1.3272	1.4889
4	0.9600	1.0548	1.1620	1.2840	4	1.4236	1.5840	1.7696	1.9852
5	1.2000	1.3185	1.4525	1.6050	5	1.7795	1.9800	2.2120	2.4815
6	1.4400	1.5822	1.7430	1.9260	6	2.1354	2.3760	2.6544	2.9778
7	1.6800	1.8459	2.0335	2.2470	7	2.4913	2.7720	3.0968	3.4741
8	1.9200	2.1096	2.3240	2.5680	8	2.8472	3.1680	3.5392	3.9704
9	2.1600	2.3733	2.6145	2.8890	9	3.2031	3.5640	3.9816	4.4667
10	2.4000	2.6370	2.9050	3.2100	10	3.5590	3.9600	4.4240	4.9630
11	2.6400	2.9007	3.1955	3.5310	11	3.9149	4.3560	4.8664	5.4593
12	2.8800	3.1644	3.4860	3.8520	12	4.2708	4.7520	5.3088	5.9556
13	3.1200	3.4281	3.7765	4.1730	13	4.6267	5.1480	5.7512	6.4519
14	3.3600	3.6918	4.0670	4.4940	14	4.9826	5.5440	6.1936	6.9482
15	3.6000	3.9555	4.3575	4.8150	15	5.3385	5.9400	6.6360	7.4445
16	3.8400	4.2192	4.6480	5.1360	16	5.6944	6.3360	7.0784	7.9408
17	4.0800	4.4829	4.9385	5.4570	17	6.0503	6.7320	7.5208	8.4371
18	4.3200	4.7466	5.2290	5.7780	18	6.4062	7.1280	7.9632	8.9334
19	4.5600	5.0103	5.5195	6.0990	19	6.7021	7.5240	8.4056	9.4297
20	4.8000	5.2740	5.8100	6.4200	20	7.1180	7.9200	8.8480	9.9260

SOMMES versées	50 ANS.	51 ANS.	52 ANS.	53 ANS.	SOMMES versées	54 ANS.	55 ANS.	56 ANS.	57 ANS.
1	0.0742	0.0802	0.0868	0.0942	1	0.1024	0.1114	0.1216	0.1329
2	0.1484	0.1604	0.1736	0.1884	2	0.2048	0.2228	0.2432	0.2658
3	0.2226	0.2406	0.2604	0.2826	3	0.3072	0.3342	0.3648	0.3987
4	0.2968	0.3208	0.3472	0.3768	4	0.4096	0.4456	0.4864	0.5316
5	0.3710	0.4010	0.4340	0.4710	5	0.5120	0.5570	0.6080	0.6645
6	0.4452	0.4812	0.5208	0.5652	6	0.6144	0.6684	0.7296	0.7974
7	0.5194	0.5614	0.6076	0.6594	7	0.7168	0.7798	0.8512	0.9303
8	0.5936	0.6416	0.6944	0.7536	8	0.8192	0.8912	0.9728	1.0632
9	0.6678	0.7218	0.7812	0.8478	9	0.9216	1.0026	1.0944	1.1961
10	0.7420	0.8020	0.8680	0.9420	10	1.0240	1.1140	1.2160	1.3290
11	0.8162	0.8822	0.9548	1.0362	11	1.1264	1.2254	1.3376	1.4619
12	0.8904	0.9624	1.0416	1.1304	12	1.2288	1.3368	1.4592	1.5948
13	0.9646	1.0426	1.1284	1.2246	13	1.3312	1.4482	1.5808	1.7277
14	1.0388	1.1228	1.2152	1.3188	14	1.4330	1.5596	1.7024	1.8606
15	1.1130	1.2030	1.3020	1.4130	15	1.5360	1.6710	1.8240	1.9935
16	1.1872	1.2832	1.3888	1.5072	16	1.6384	1.7824	1.9456	2.1264
17	1.2614	1.3634	1.4756	1.6014	17	1.7408	1.8938	2.0672	2.2593
18	1.3356	1.4436	1.5624	1.6956	18	1.8432	2.0052	2.1888	2.3922
19	1.4098	1.5238	1.6492	1.7898	19	1.9456	2.1166	2.3104	2.5251
20	1.4840	1.6040	1.7360	1.8840	20	2.0480	2.2280	2.4320	2.6580

SOMMES versées	58 ANS.	59 ANS.	60 ANS.	61 ANS.	SOMMES versées	62 ANS.	63 ANS.	64 ANS.	65 ANS.
1	0.1457	0.1601	0.1763	0.1948	1	0.2160	0.2403	0.2685	0.3012
2	0.2914	0.3202	0.3526	0.3896	2	0.4320	0.4806	0.5370	0.6024
3	0.4371	0.4803	0.5289	0.5844	3	0.6480	0.7209	0.8055	0.9036
4	0.5828	0.6404	0.7052	0.7792	4	0.8640	0.9612	1.0740	1.2048
5	0.7285	0.8005	0.8815	0.9740	5	1.0800	1.2015	1.3425	1.5060
6	0.8742	0.9606	1.0578	1.1688	6	1.2960	1.4418	1.6110	1.8072
7	1.0199	1.1207	1.2341	1.3636	7	1.5120	1.6821	1.8795	2.1084
8	1.1656	1.2808	1.4104	1.5584	8	1.7280	1.9224	2.1480	2.4096
9	1.3113	1.4409	1.5867	1.7532	9	1.9440	2.1627	2.4165	2.7108
10	1.4570	1.6010	1.7630	1.9480	10	2.1600	2.4030	2.6850	3.0120
11	1.6027	1.7611	1.9393	2.1428	11	2.3760	2.6433	2.9535	3.3132
12	1.7484	1.9212	2.1156	2.3376	12	2.5920	2.8836	3.2220	3.6144
13	1.8941	2.0813	2.2919	2.5324	13	2.8080	3.1239	3.4905	3.9156
14	2.0398	2.2414	2.4682	2.7272	14	3.0240	3.3642	3.7590	4.2168
15	2.1855	2.4015	2.6445	2.9220	15	3.2400	3.6045	4.0275	4.5180
16	2.3312	2.5616	2.8208	3.1168	16	3.4560	3.8448	4.2960	4.8192
17	2.4769	2.7217	2.9971	3.3116	17	3.6720	4.0851	4.5645	5.1204
18	2.6226	2.8818	3.1734	3.5064	18	3.8880	4.3254	4.8330	5.4216
19	2.7683	3.0419	3.3497	3.7012	19	4.1040	4.5657	5.1015	5.7228
20	2.9140	3.2020	3.5260	3.8960	20	4.3200	4.8060	5.3700	6.0240

SOMMES versées	50 ANS.	51 ANS.	52 ANS.	53 ANS.	SOMMES versées	54 ANS.	55 ANS.	56 ANS.	57 ANS.
1	0.1207	0.1305	0.1413	0.1533	1	0.1665	0.1813	0.1978	0.2163
2	0.2414	0.2610	0.2826	0.3066	2	0.3330	0.3626	0.3956	0.4326
3	0.3621	0.3915	0.4239	0.4599	3	0.4995	0.5439	0.5934	0.6489
4	0.4828	0.5220	0.5652	0.6132	4	0.6660	0.7252	0.7912	0.8652
5	0.6035	0.6525	0.7065	0.7665	5	0.8325	0.9065	0.9890	1.0815
6	0.7242	0.7830	0.8478	0.9198	6	0.9990	1.0878	1.1868	1.2978
7	0.8449	0.9135	0.9891	1.0731	7	1.1655	1.2691	1.3846	1.5141
8	0.9656	1.0440	1.1304	1.2264	8	1.3320	1.4504	1.5824	1.7304
9	1.0863	1.1745	1.2717	1.3797	9	1.4985	1.6317	1.7802	1.9467
10	1.2070	1.3050	1.4130	1.5330	10	1.6650	1.8130	1.9780	2.1630
11	1.3277	1.4355	1.5543	1.6863	11	1.8315	1.9943	2.1758	2.3793
12	1.4484	1.5660	1.6956	1.8396	12	1.9980	2.1756	2.3736	2.5956
13	1.5691	1.6965	1.8369	1.9929	13	2.1645	2.3569	2.5714	2.8119
14	1.6898	1.8270	1.9782	2.1462	14	2.3310	2.5382	2.7692	3.0282
15	1.8105	1.9575	2.1195	2.2995	15	2.4975	2.7195	2.9670	3.2445
16	1.9312	2.0880	2.2608	2.4528	16	2.6640	2.9008	3.1648	3.4608
17	2.0519	2.2185	2.4021	2.6061	17	2.8305	3.0821	3.3626	3.6771
18	2.1726	2.3490	2.5434	2.7594	18	2.9970	3.2634	3.5604	3.8934
19	2.2933	2.4795	2.6847	2.9127	19	3.1635	3.4447	3.7582	4.1097
20	2.4140	2.6100	2.8260	3.0660	20	3.3300	3.6260	3.9560	4.3260

SOMMES versées	58 ANS.	59 ANS.	60 ANS.	61 ANS.	SOMMES versées	62 ANS.	63 ANS.	64 ANS.	65 ANS.
1	0.2370	0.2604	0.2869	0.3170	1	0.3514	0.3910	0.4368	0.4901
2	0.4740	0.5208	0.5738	0.6340	2	0.7028	0.7820	0.8736	0.9802
3	0.7110	0.7812	0.8607	0.9510	3	1.0542	1.1730	1.3104	1.4703
4	0.9480	1.0416	1.1476	1.2680	4	1.4056	1.5640	1.7472	1.9604
5	1.1850	1.3020	1.4345	1.5850	5	1.7570	1.9550	2.1840	2.4505
6	1.4220	1.5624	1.7214	1.9020	6	2.1084	2.3460	2.6208	2.9406
7	1.6590	1.8228	2.0083	2.2190	7	2.4598	2.7370	3.0576	3.4307
8	1.8960	2.0832	2.2952	2.5360	8	2.8112	3.1280	3.4944	3.9208
9	2.1330	2.3436	2.5821	2.8530	9	3.1626	3.5190	3.9312	4.4109
10	2.3700	2.6040	2.8690	3.1700	10	3.5140	3.9100	4.3680	4.9010
11	2.6070	2.8644	3.1559	3.4870	11	3.8654	4.3010	4.8048	5.3911
12	2.8440	3.1248	3.4428	3.8040	12	4.2168	4.6920	5.2416	5.8812
13	3.0810	3.3852	3.7297	4.1210	13	4.5682	5.0830	5.6784	6.3713
14	3.3180	3.6456	4.0166	4.4380	14	4.9196	5.4740	6.1152	6.8614
15	3.5550	3.9060	4.3035	4.7550	15	5.2710	5.8650	6.5520	7.3515
16	3.7920	4.1664	4.5904	5.0720	16	5.6224	6.2560	6.9888	7.8416
17	4.0290	4.4268	4.8773	5.3890	17	5.9738	6.6470	7.4256	8.3317
18	4.2660	4.6872	5.1642	5.7060	18	6.3252	7.0380	7.8624	8.8218
19	4.5030	4.9476	5.4511	6.0230	19	6.6766	7.4290	8.2992	9.3119
20	4.7400	5.2080	5.7380	6.3400	20	7.0280	7.8200	8.7360	9.8020

SOMMES versées	50 ANS.	51 ANS.	52 ANS.	53 ANS.	SOMMES versées	54 ANS.	55 ANS.	56 ANS.	57 ANS.
1	0.0730	0.0789	0.0854	0.0927	1	0.1007	0.1096	0.1196	0.1308
2	0.1460	0.1578	0.1708	0.1854	2	0.2014	0.2192	0.2392	0.2616
3	0.2190	0.2367	0.2562	0.2781	3	0.3021	0.3288	0.3588	0.3924
4	0.2920	0.3156	0.3416	0.3708	4	0.4028	0.4384	0.4784	0.5232
5	0.3650	0.3945	0.4270	0.4635	5	0.5035	0.5480	0.5980	0.6540
6	0.4380	0.4734	0.5124	0.5562	6	0.6042	0.6576	0.7170	0.7848
7	0.5110	0.5523	0.5978	0.6489	7	0.7049	0.7672	0.8372	0.9156
8	0.5840	0.6312	0.6832	0.7416	8	0.8056	0.8768	0.9568	1.0464
9	0.6570	0.7101	0.7686	0.8343	9	0.9063	0.9864	1.0764	1.1772
10	0.7300	0.7890	0.8540	0.9270	10	1.0070	1.0960	1.1960	1.3080
11	0.8030	0.8679	0.9394	1.0197	11	1.1077	1.2056	1.3156	1.4388
12	0.8760	0.9468	1.0248	1.1124	12	1.2084	1.3152	1.4352	1.5696
13	0.9490	1.0257	1.1102	1.2051	13	1.3091	1.4248	1.5548	1.7004
14	1.0220	1.1046	1.1956	1.2978	14	1.4098	1.5344	1.6744	1.8312
15	1.0950	1.1835	1.2810	1.3905	15	1.5105	1.6440	1.7940	1.9620
16	1.1680	1.2624	1.3664	1.4832	16	1.6112	1.7536	1.9136	2.0928
17	1.2410	1.3413	1.4518	1.5759	17	1.7119	1.8632	2.0332	2.2236
18	1.3140	1.4202	1.5372	1.6686	18	1.8126	1.9728	2.1528	2.3544
19	1.3870	1.4991	1.6226	1.7613	19	1.9133	2.0824	2.2724	2.4852
20	1.4600	1.5780	1.7080	1.8540	20	2.0140	2.1920	2.3920	2.6160

SOMMES versées	58 ANS.	59 ANS.	60 ANS.	61 ANS.	SOMMES versées	62 ANS.	63 ANS.	64 ANS.	65 ANS.
1	0.1433	0.1575	0.1735	0.1917	1	0.2125	0.2364	0.2641	0.2963
2	0.2866	0.3150	0.3470	0.3834	2	0.4250	0.4728	0.5282	0.5926
3	0.4299	0.4725	0.5205	0.5751	3	0.6375	0.7092	0.7923	0.8889
4	0.5732	0.6300	0.6940	0.7668	4	0.8500	0.9456	1.0564	1.1852
5	0.7165	0.7875	0.8675	0.9585	5	1.0625	1.1820	1.3205	1.4815
6	0.8598	0.9450	1.0410	1.1502	6	1.2750	1.4184	1.5846	1.7778
7	1.0031	1.1025	1.2145	1.3419	7	1.4875	1.6548	1.8487	2.0741
8	1.1464	1.2600	1.3880	1.5336	8	1.7000	1.8912	2.1128	2.3704
9	1.2897	1.4175	1.5615	1.7253	9	1.9125	2.1276	2.3769	2.6667
10	1.4330	1.5750	1.7350	1.9170	10	2.1250	2.3640	2.6410	2.9630
11	1.5763	1.7325	1.9085	2.1087	11	2.3375	2.6004	2.9051	3.2593
12	1.7196	1.8900	2.0820	2.3004	12	2.5500	2.8368	3.1692	3.5556
13	1.8629	2.0475	2.2555	2.4921	13	2.7625	3.0732	3.4333	3.8519
14	2.0062	2.2050	2.4290	2.6838	14	2.9750	3.3096	3.6974	4.1482
15	2.1495	2.3625	2.6025	2.8755	15	3.1875	3.5460	3.9615	4.4445
16	2.2928	2.5200	2.7760	3.0672	16	3.4000	3.7824	4.2256	4.7408
17	2.4361	2.6775	2.9495	3.2589	17	3.6125	4.0188	4.4897	5.0371
18	2.5794	2.8350	3.1230	3.4506	18	3.8250	4.2552	4.7538	5.3334
19	2.7227	2.9925	3.2965	3.6423	19	4.0375	4.4916	5.0179	5.6297
20	2.8660	3.1500	3.4700	3.8340	20	4.2500	4.7280	5.2820	5.9260

SOMMES versées.	50 ANS.	51 ANS.	52 ANS.	53 ANS.	SOMMES versées.	54 ANS.	55 ANS.	56 ANS.	57 ANS.
1	0.1192	0.1280	0.1395	0.1513	1	0.1645	0.1790	0.1953	0.2130
2	0.2384	0.2578	0.2790	0.3026	2	0.3290	0.3580	0.3906	0.4272
3	0.3576	0.3867	0.4185	0.4539	3	0.4935	0.5370	0.5859	0.6408
4	0.4768	0.5156	0.5580	0.6052	4	0.6580	0.7160	0.7812	0.8544
5	0.5900	0.6445	0.6975	0.7505	5	0.8225	0.8950	0.9705	1.0680
6	0.7152	0.7734	0.8370	0.9078	6	0.9870	1.0740	1.1718	1.2810
7	0.8344	0.9023	0.9765	1.0591	7	1.1515	1.2530	1.3671	1.4952
8	0.9536	1.0312	1.1160	1.2104	8	1.3160	1.4320	1.5624	1.7088
9	1.0728	1.1601	1.2555	1.3617	9	1.4805	1.6110	1.7577	1.9224
10	1.1920	1.2890	1.3950	1.5130	10	1.6450	1.7900	1.9530	2.1360
11	1.3112	1.4179	1.5345	1.6643	11	1.8095	1.9690	2.1483	2.3496
12	1.4304	1.5468	1.6740	1.8156	12	1.9740	2.1480	2.3436	2.5632
13	1.5496	1.6757	1.8135	1.9669	13	2.1385	2.3270	2.5389	2.7768
14	1.6688	1.8046	1.9530	2.1182	14	2.3030	2.5060	2.7342	2.9904
15	1.7880	1.9335	2.0925	2.2695	15	2.4675	2.6850	2.9295	3.2040
16	1.9072	2.0624	2.2320	2.4208	16	2.6320	2.8640	3.1248	3.4176
17	2.0264	2.1913	2.3715	2.5721	17	2.7965	3.0430	3.3201	3.6312
18	2.1456	2.3202	2.5110	2.7234	18	2.9610	3.2220	3.5154	3.8448
19	2.2648	2.4491	2.6505	2.8747	19	3.1255	3.4010	3.7107	4.0584
20	2.3840	2.5780	2.7900	3.0260	20	3.2900	3.5800	3.9060	4.2720

SOMMES versées.	58 ANS.	59 ANS.	60 ANS.	61 ANS.	SOMMES versées.	62 ANS.	63 ANS.	64 ANS.	65 ANS.
1	0.2341	0.2572	0.2833	0.3130	1	0.3470	0.3861	0.4313	0.4839
2	0.4682	0.5144	0.5666	0.6260	2	0.6940	0.7722	0.8626	0.9678
3	0.7023	0.7716	0.8499	0.9390	3	1.0410	1.1583	1.2939	1.4517
4	0.9364	1.0288	1.1332	1.2520	4	1.3880	1.5444	1.7252	1.9356
5	1.1705	1.2860	1.4165	1.5650	5	1.7350	1.9305	2.1565	2.4195
6	1.4046	1.5432	1.6998	1.8780	6	2.0820	2.3166	2.5878	2.9034
7	1.6387	1.8004	1.9831	2.1910	7	2.4290	2.7027	3.0191	3.3873
8	1.8728	2.0576	2.2664	2.5040	8	2.7760	3.0888	3.4504	3.8712
9	2.1069	2.3148	2.5497	2.8170	9	3.1230	3.4749	3.8817	4.3551
10	2.3410	2.5720	2.8330	3.1300	10	3.4700	3.8610	4.3130	4.8390
11	2.5751	2.8292	3.1163	3.4430	11	3.8170	4.2471	4.7443	5.3229
12	2.8092	3.0864	3.3996	3.7560	12	4.1640	4.6332	5.1756	5.8068
13	3.0433	3.3436	3.6829	4.0690	13	4.5110	5.0193	5.6069	6.2907
14	3.2774	3.6008	3.9662	4.3820	14	4.8580	5.4054	6.0382	6.7746
15	3.5115	3.8580	4.2495	4.6950	15	5.2050	5.7915	6.4695	7.2585
16	3.7456	4.1152	4.5328	5.0080	16	5.5520	6.1776	6.9008	7.7424
17	3.9797	4.3724	4.8161	5.3210	17	5.8990	6.5637	7.3321	8.2203
18	4.2138	4.6296	5.0994	5.6340	18	6.2460	6.9498	7.7634	8.7102
19	4.4479	4.8868	5.3827	5.9470	19	6.5930	7.3359	8.1947	9.1941
20	4.6820	5.1440	5.6660	6.2600	20	6.9400	7.7220	8.6260	9.6780

SOMMES versées.	50 ANS.	51 ANS.	52 ANS.	53 ANS.	SOMMES versées.	54 ANS.	55 ANS.	56 ANS.	57 ANS.
1	0.0718	0.0776	0.0840	0.0912	1	0.0991	0.1078	0.1177	0.1286
2	0.1436	0.1552	0.1680	0.1824	2	0.1982	0.2156	0.2354	0.2572
3	0.2154	0.2328	0.2520	0.2736	3	0.2973	0.3234	0.3531	0.3858
4	0.2872	0.3104	0.3360	0.3648	4	0.3964	0.4312	0.4708	0.5144
5	0.3590	0.3880	0.4200	0.4560	5	0.4955	0.5390	0.5885	0.6430
6	0.4308	0.4656	0.5040	0.5472	6	0.5946	0.6468	0.7062	0.7716
7	0.5026	0.5432	0.5880	0.6384	7	0.6937	0.7546	0.8239	0.9002
8	0.5744	0.6208	0.6720	0.7296	8	0.7928	0.8624	0.9416	1.0288
9	0.6462	0.6984	0.7560	0.8208	9	0.8919	0.9702	1.0593	1.1574
10	0.7180	0.7760	0.8400	0.9120	10	0.9910	1.0780	1.1770	1.2860
11	0.7898	0.8536	0.9240	1.0032	11	1.0901	1.1858	1.2947	1.4146
12	0.8616	0.9312	1.0080	1.0944	12	1.1892	1.2936	1.4124	1.5432
13	0.9334	1.0088	1.0920	1.1856	13	1.2883	1.4014	1.5301	1.6718
14	1.0052	1.0864	1.1760	1.2768	14	1.3874	1.5092	1.6478	1.8004
15	1.0770	1.1640	1.2600	1.3680	15	1.4865	1.6170	1.7655	1.9290
16	1.1488	1.2416	1.3440	1.4592	16	1.5856	1.7248	1.8832	2.0576
17	1.2206	1.3192	1.4280	1.5504	17	1.6847	1.8326	2.0009	2.1862
18	1.2924	1.3968	1.5120	1.6416	18	1.7838	1.9404	2.1186	2.3148
19	1.3642	1.4744	1.5960	1.7328	19	1.8829	2.0482	2.2363	2.4434
20	1.4360	1.5520	1.6800	1.8240	20	1.9820	2.1560	2.3540	2.5720

SOMMES versées.	58 ANS.	59 ANS.	60 ANS.	61 ANS.	SOMMES versées.	62 ANS.	63 ANS.	64 ANS.	65 ANS.
1	0.1410	0.1549	0.1706	0.1885	1	0.2090	0.2326	0.2598	0.2915
2	0.2820	0.3098	0.3412	0.3770	2	0.4180	0.4652	0.5196	0.5830
3	0.4230	0.4647	0.5118	0.5655	3	0.6270	0.6978	0.7794	0.8745
4	0.5640	0.6196	0.6824	0.7540	4	0.8360	0.9304	1.0392	1.1660
5	0.7050	0.7745	0.8530	0.9425	5	1.0450	1.1630	1.2990	1.4575
6	0.8460	0.9294	1.0236	1.1310	6	1.2540	1.3956	1.5588	1.7490
7	0.9870	1.0843	1.1942	1.3195	7	1.4630	1.6282	1.8186	2.0405
8	1.1280	1.2392	1.3648	1.5080	8	1.6720	1.8608	2.0784	2.3320
9	1.2690	1.3941	1.5354	1.6965	9	1.8810	2.0934	2.3382	2.6235
10	1.4100	1.5490	1.7060	1.8850	10	2.0900	2.3260	2.5980	2.9150
11	1.5510	1.7039	1.8766	2.0735	11	2.2990	2.5586	2.8578	3.2065
12	1.6920	1.8588	2.0472	2.2620	12	2.5080	2.7912	3.1176	3.4980
13	1.8330	2.0137	2.2178	2.4505	13	2.7170	3.0238	3.3774	3.7895
14	1.9740	2.1686	2.3884	2.6390	14	2.9260	3.2564	3.6372	4.0810
15	2.1150	2.3235	2.5590	2.8275	15	3.1350	3.4890	3.8970	4.3725
16	2.2560	2.4784	2.7296	3.0160	16	3.3440	3.7216	4.1568	4.6640
17	2.3970	2.6333	2.9002	3.2045	17	3.5530	3.9542	4.4166	4.9555
18	2.5380	2.7882	3.0708	3.3930	18	3.7620	4.1868	4.6764	5.2470
19	2.6790	2.9431	3.2414	3.5815	19	3.9710	4.4194	4.9362	5.5385
20	2.8200	3.0980	3.4120	3.7700	20	4.1800	4.6520	5.1960	5.8300

SOMMES ver...és.	50 ANS.	51 ANS.	52 ANS.	53 ANS.	SOMMES versées.	54 ANS.	55 ANS.	56 ANS.	57 ANS.
1	0.1177	0.1273	0.1378	0.1494	1	0.1624	0.1768	0.1929	0.2100
2	0.2354	0.2546	0.2756	0.2988	2	0.3248	0.3536	0.3858	0.4218
3	0.3531	0.3819	0.4134	0.4482	3	0.4872	0.5304	0.5787	0.6327
4	0.4708	0.5092	0.5512	0.5976	4	0.6496	0.7072	0.7716	0.8436
5	0.5885	0.6365	0.6890	0.7470	5	0.8120	0.8840	0.9645	1.0545
6	0.7062	0.7638	0.8268	0.8964	6	0.9744	1.0608	1.1574	1.2654
7	0.8239	0.8911	0.9646	1.0458	7	1.1368	1.2376	1.3503	1.4763
8	0.9416	1.0184	1.1024	1.1952	8	1.2992	1.4144	1.5432	1.6872
9	1.0593	1.1457	1.2402	1.3446	9	1.4616	1.5912	1.7361	1.8981
10	1.1770	1.2730	1.3780	1.4940	10	1.6240	1.7680	1.9290	2.1090
11	1.2947	1.4003	1.5158	1.6434	11	1.7864	1.9448	2.1219	2.3199
12	1.4124	1.5276	1.6536	1.7928	12	1.9488	2.1216	2.3148	2.5308
13	1.5301	1.6549	1.7914	1.9422	13	2.1112	2.2984	2.5077	2.7417
14	1.6478	1.7822	1.9292	2.0916	14	2.2736	2.4752	2.7006	2.9526
15	1.7655	1.9095	2.0670	2.2410	15	2.4360	2.6520	2.8935	3.1635
16	1.8832	2.0368	2.2048	2.3904	16	2.5984	2.8288	3.0864	3.3744
17	2.0009	2.1641	2.3426	2.5398	17	2.7608	3.0056	3.2793	3.5853
18	2.1186	2.2914	2.4804	2.6892	18	2.9232	3.1824	3.4722	3.7962
19	2.2363	2.4187	2.6182	2.8386	19	3.0856	3.3592	3.6651	4.0071
20	2.3540	2.5460	2.7560	2.9880	20	3.2480	3.5360	3.8580	4.2180

SOMMES versées.	58 ANS.	59 ANS.	60 ANS.	61 ANS.	SOMMES versées.	62 ANS.	63 ANS.	64 ANS.	65 ANS.
1	0.2311	0.2539	0.2797	0.3091	1	0.3427	0.3813	0.4259	0.4779
2	0.4622	0.5078	0.5594	0.6182	2	0.6854	0.7626	0.8518	0.9558
3	0.6933	0.7617	0.8391	0.9273	3	1.0281	1.1439	1.2777	1.4337
4	0.9244	1.0156	1.1188	1.2364	4	1.3708	1.5252	1.7036	1.9116
5	1.1555	1.2695	1.3985	1.5455	5	1.7135	1.9065	2.1295	2.3895
6	1.3866	1.5234	1.6782	1.8546	6	2.0562	2.2878	2.5554	2.8674
7	1.6177	1.7773	1.9579	2.1637	7	2.3989	2.6691	2.9813	3.3453
8	1.8488	2.0312	2.2376	2.4728	8	2.7416	3.0504	3.4072	3.8232
9	2.0799	2.2851	2.5173	2.7819	9	3.0843	3.4317	3.8331	4.3011
10	2.3110	2.5390	2.7970	3.0910	10	3.4270	3.8130	4.2590	4.7790
11	2.5421	2.7929	3.0767	3.4001	11	3.7697	4.1943	4.6849	5.2569
12	2.7732	3.0468	3.3564	3.7092	12	4.1124	4.5756	5.1108	5.7348
13	3.0043	3.3007	3.6361	4.0183	13	4.4551	4.9569	5.5367	6.2127
14	3.2354	3.5546	3.9158	4.3274	14	4.7978	5.3382	5.9626	6.6906
15	3.4665	3.8085	4.1955	4.6365	15	5.1405	5.7195	6.3885	7.1685
16	3.6976	4.0624	4.4752	4.9456	16	5.4832	6.1008	6.8144	7.6464
17	3.9287	4.3163	4.7549	5.2547	17	5.8259	6.4821	7.2403	8.1243
18	4.1598	4.5702	5.0346	5.5638	18	6.1686	6.8634	7.6662	8.6022
19	4.3909	4.8241	5.3143	5.8729	19	6.5113	7.2447	8.0921	9.0801
20	4.6220	5.0780	5.5940	6.1820	20	6.8540	7.6260	8.5180	9.5580

SOMMES versées.	50 ANS.	51 ANS.	52 ANS.	53 ANS.	SOMMES versées.	54 ANS.	55 ANS.	56 ANS.	57 ANS.
1	0.0706	0.0764	0.0827	0.0897	1	0.0974	0.1061	0.1157	0.1265
2	0.1412	0.1528	0.1654	0.1794	2	0.1948	0.2122	0.2314	0.2530
3	0.2118	0.2292	0.2481	0.2691	3	0.2922	0.3183	0.3471	0.3795
4	0.2824	0.3056	0.3308	0.3588	4	0.3896	0.4244	0.4628	0.5060
5	0.3530	0.3820	0.4135	0.4485	5	0.4870	0.5305	0.5785	0.6325
6	0.4236	0.4584	0.4962	0.5382	6	0.5844	0.6366	0.6942	0.7590
7	0.4942	0.5348	0.5789	0.6279	7	0.6818	0.7427	0.8099	0.8855
8	0.5648	0.6112	0.6616	0.7176	8	0.7792	0.8488	0.9256	1.0120
9	0.6354	0.6876	0.7443	0.8073	9	0.8766	0.9549	1.0413	1.1385
10	0.7060	0.7640	0.8270	0.8970	10	0.9740	1.0610	1.1570	1.2650
11	0.7766	0.8404	0.9097	0.9867	11	1.0714	1.1671	1.2727	1.3915
12	0.8472	0.9168	0.9924	1.0764	12	1.1688	1.2732	1.3884	1.5180
13	0.9178	0.9932	1.0751	1.1661	13	1.2662	1.3793	1.5041	1.6445
14	0.9884	1.0696	1.1578	1.2558	14	1.3636	1.4854	1.6198	1.7710
15	1.0590	1.1460	1.2405	1.3455	15	1.4610	1.5915	1.7355	1.8975
16	1.1296	1.2224	1.3232	1.4352	16	1.5584	1.6976	1.8512	2.0240
17	1.2002	1.2988	1.4059	1.5249	17	1.6558	1.8037	1.9669	2.1505
18	1.2708	1.3752	1.4886	1.6146	18	1.7532	1.9098	2.0826	2.2770
19	1.3414	1.4516	1.5713	1.7043	19	1.8506	2.0159	2.1983	2.4035
20	1.4120	1.5280	1.6540	1.7940	20	1.9480	2.1220	2.3140	2.5300

SOMMES versées.	58 ANS.	59 ANS.	60 ANS.	61 ANS.	SOMMES versées.	62 ANS.	63 ANS.	64 ANS.	65 ANS.
1	0.1387	0.1524	0.1678	0.1855	1	0.2056	0.2288	0.2556	0.2867
2	0.2774	0.3048	0.3356	0.3710	2	0.4112	0.4576	0.5112	0.5734
3	0.4161	0.4572	0.5034	0.5565	3	0.6168	0.6864	0.7668	0.8601
4	0.5548	0.6096	0.6712	0.7420	4	0.8224	0.9152	1.0224	1.1468
5	0.6935	0.7620	0.8390	0.9275	5	1.0280	1.1440	1.2780	1.4335
6	0.8322	0.9144	1.0068	1.1130	6	1.2336	1.3728	1.5336	1.7202
7	0.9709	1.0668	1.1746	1.2985	7	1.4392	1.6016	1.7892	2.0069
8	1.1096	1.2192	1.3424	1.4840	8	1.6448	1.8304	2.0448	2.2936
9	1.2483	1.3716	1.5102	1.6695	9	1.8504	2.0592	2.3004	2.5803
10	1.3870	1.5240	1.6780	1.8550	10	2.0560	2.2880	2.5560	2.8670
11	1.5257	1.6764	1.8458	2.0405	11	2.2616	2.5168	2.8116	3.1537
12	1.6644	1.8288	2.0136	2.2260	12	2.4672	2.7456	3.0672	3.4404
13	1.8031	1.9812	2.1814	2.4115	13	2.6728	2.9744	3.3228	3.7271
14	1.9418	2.1336	2.3492	2.5970	14	2.8784	3.2032	3.5784	4.0138
15	2.0805	2.2860	2.5170	2.7825	15	3.0840	3.4320	3.8340	4.3005
16	2.2192	2.4384	2.6848	2.9680	16	3.2896	3.6608	4.0896	4.5872
17	2.3579	2.5908	2.8526	3.1535	17	3.4952	3.8896	4.3452	4.8739
18	2.4966	2.7432	3.0204	3.3390	18	3.7008	4.1184	4.6008	5.1606
19	2.6353	2.8956	3.1882	3.5245	19	3.9064	4.3472	4.8564	5.4473
20	2.7740	3.0480	3.3560	3.7100	20	4.1120	4.5760	5.1120	5.7340

SOMMES VERSÉES	30 ANS.	31 ANS.	32 ANS.	33 ANS.	SOMMES VERSÉES	34 ANS.	35 ANS.	36 ANS.	37 ANS.
1	0.1162	0.1257	0.1361	0.1476	1	0.1604	0.1746	0.1905	0.2082
2	0.2324	0.2514	0.2722	0.2952	2	0.3208	0.3492	0.3810	0.4164
3	0.3486	0.3771	0.4083	0.4428	3	0.4812	0.5238	0.5715	0.6246
4	0.4648	0.5028	0.5444	0.5904	4	0.6416	0.6984	0.7620	0.8328
5	0.5810	0.6285	0.6805	0.7380	5	0.8020	0.8730	0.9525	1.0410
6	0.6972	0.7542	0.8166	0.8856	6	0.9624	1.0476	1.1430	1.2492
7	0.8134	0.8799	0.9527	1.0332	7	1.1228	1.2222	1.3335	1.4574
8	0.9296	1.0056	1.0888	1.1808	8	1.2832	1.3968	1.5240	1.6656
9	1.0458	1.1313	1.2249	1.3284	9	1.4436	1.5714	1.7145	1.8738
10	1.1620	1.2570	1.3610	1.4760	10	1.6040	1.7460	1.9050	2.0820
11	1.2782	1.3827	1.4971	1.6236	11	1.7644	1.9206	2.0955	2.2902
12	1.3944	1.5084	1.6332	1.7712	12	1.9248	2.0952	2.2860	2.4984
13	1.5106	1.6341	1.7693	1.9188	13	2.0852	2.2698	2.4765	2.7066
14	1.6268	1.7598	1.9054	2.0664	14	2.2456	2.4444	2.6670	2.9148
15	1.7430	1.8855	2.0415	2.2140	15	2.4060	2.6190	2.8575	3.1230
16	1.8592	2.0112	2.1776	2.3616	16	2.5664	2.7936	3.0480	3.3312
17	1.9754	2.1369	2.3137	2.5092	17	2.7268	2.9682	3.2385	3.5394
18	2.0916	2.2626	2.4498	2.6568	18	2.8872	3.1428	3.4290	3.7476
19	2.2078	2.3883	2.5859	2.8044	19	3.0476	3.3174	3.6195	3.9558
20	2.3240	2.5140	2.7220	2.9520	20	3.2080	3.4920	3.8100	4.1640

SOMMES VERSÉES	58 ANS.	59 ANS.	60 ANS.	61 ANS.	SOMMES VERSÉES	62 ANS.	63 ANS.	64 ANS.	65 ANS.
1	0.2282	0.2507	0.2762	0.3052	1	0.33.?	0.3765	0.4206	0.4719
2	0.4564	0.5014	0.5524	0.6104	2	0.6708	0.7530	0.8412	0.9438
3	0.6846	0.7521	0.8286	0.9156	3	1.0152	1.1295	1.2618	1.4157
4	0.9128	1.0028	1.1048	1.2208	4	1.3536	1.5060	1.6824	1.8876
5	1.1410	1.2535	1.3810	1.5260	5	1.6920	1.8825	2.1030	2.3595
6	1.3692	1.5042	1.6572	1.8312	6	2.0304	2.2590	2.5236	2.8314
7	1.5974	1.7549	1.9334	2.1364	7	2.3688	2.6355	2.9442	3.3033
8	1.8256	2.0056	2.2096	2.4416	8	2.7072	3.0120	3.3648	3.7752
9	2.0538	2.2563	2.4858	2.7468	9	3.0456	3.3885	3.7854	4.2471
10	2.2820	2.5070	2.7620	3.0520	10	3.3840	3.7650	4.2060	4.7190
11	2.5102	2.7577	3.0382	3.3572	11	3.7224	4.1415	4.6266	5.1909
12	2.7384	3.0084	3.3144	3.6624	12	4.0608	4.5180	5.0472	5.6628
13	2.9666	3.2591	3.5906	3.9676	13	4.3992	4.8945	5.4678	6.1347
14	3.1948	3.5098	3.8668	4.2728	14	4.7376	5.2710	5.8884	6.6066
15	3.4230	3.7605	4.1430	4.5780	15	5.0760	5.6475	6.3090	7.0785
16	3.6512	4.0112	4.4192	4.8832	16	5.4144	6.0240	6.7296	7.5504
17	3.8794	4.2619	4.6954	5.1884	17	5.7528	6.4005	7.1502	8.0223
18	4.1076	4.5126	4.9716	5.4936	18	6.0912	6.7770	7.5708	8.4942
19	4.3358	4.7633	5.2478	5.7988	19	6.4296	7.1535	7.9914	8.9661
20	4.5640	5.0140	5.5240	6.1040	20	6.7680	7.5300	8.4120	9.4380

SOMMES versées	50 ANS.	51 ANS.	52 ANS.	53 ANS.	SOMMES versées	54 ANS.	55 ANS.	56 ANS.	57 ANS.
1	0.0695	0.0751	0.0813	0.0882	1	0.0958	0.1043	0.1138	0.1245
2	0.1390	0.1502	0.1626	0.1764	2	0.1916	0.2086	0.2276	0.2490
3	0.2085	0.2253	0.2439	0.2646	3	0.2874	0.3129	0.3414	0.3735
4	0.2780	0.3004	0.3252	0.3528	4	0.3832	0.4172	0.4552	0.4980
5	0.3475	0.3755	0.4065	0.4410	5	0.4790	0.5215	0.5690	0.6225
6	0.4170	0.4506	0.4878	0.5292	6	0.5748	0.6258	0.6828	0.7470
7	0.4865	0.5257	0.5691	0.6174	7	0.6706	0.7301	0.7966	0.8715
8	0.5560	0.6008	0.6504	0.7056	8	0.7664	0.8344	0.9104	0.9960
9	0.6255	0.6759	0.7317	0.7938	9	0.8622	0.9387	1.0242	1.1205
10	0.6950	0.7510	0.8130	0.8820	10	0.9580	1.0430	1.1380	1.2450
11	0.7645	0.8261	0.8943	0.9702	11	1.0538	1.1473	1.2518	1.3695
12	0.8340	0.9012	0.9756	1.0584	12	1.1496	1.2516	1.3656	1.4940
13	0.9035	0.9763	1.0569	1.1466	13	1.2454	1.3559	1.4794	1.6185
14	0.9730	1.0514	1.1382	1.2348	14	1.3412	1.4602	1.5932	1.7430
15	1.0425	1.1265	1.2195	1.3230	15	1.4370	1.5645	1.7070	1.8675
16	1.1120	1.2016	1.3008	1.4112	16	1.5328	1.6688	1.8208	1.9920
17	1.1815	1.2767	1.3821	1.4994	17	1.6286	1.7731	1.9346	2.1165
18	1.2510	1.3518	1.4634	1.5876	18	1.7244	1.8774	2.0484	2.2410
19	1.3205	1.4269	1.5447	1.6758	19	1.8202	1.9817	2.1622	2.3655
20	1.3900	1.5020	1.6260	1.7640	20	1.9160	2.0860	2.2760	2.4900

SOMMES versées	58 ANS.	59 ANS.	60 ANS.	61 ANS.	SOMMES versées	62 ANS.	63 ANS.	64 ANS.	65 ANS.
1	0.1364	0.1499	0.1651	0.1824	1	0.2022	0.2250	0.2514	0.2820
2	0.2728	0.2998	0.3302	0.3648	2	0.4044	0.4500	0.5028	0.5640
3	0.4092	0.4497	0.4953	0.5472	3	0.6066	0.6750	0.7542	0.8460
4	0.5456	0.5996	0.6604	0.7296	4	0.8088	0.9000	1.0056	1.1280
5	0.6820	0.7495	0.8255	0.9120	5	1.0110	1.1250	1.2570	1.4100
6	0.8184	0.8994	0.9906	1.0944	6	1.2132	1.3500	1.5084	1.6920
7	0.9548	1.0493	1.1557	1.2768	7	1.4154	1.5750	1.7598	1.9740
8	1.0912	1.1992	1.3208	1.4592	8	1.6176	1.8000	2.0112	2.2560
9	1.2276	1.3491	1.4859	1.6416	9	1.8198	2.0250	2.2626	2.5380
10	1.3640	1.4990	1.6510	1.8240	10	2.0220	2.2500	2.5140	2.8200
11	1.5004	1.6489	1.8161	2.0064	11	2.2242	2.4750	2.7654	3.1020
12	1.6368	1.7988	1.9812	2.1888	12	2.4264	2.7000	3.0168	3.3840
13	1.7732	1.9487	2.1463	2.3712	13	2.6286	2.9250	3.2682	3.6660
14	1.9096	2.0986	2.3114	2.5536	14	2.8308	3.1500	3.5196	3.9480
15	2.0460	2.2485	2.4765	2.7360	15	3.0330	3.3750	3.7710	4.2300
16	2.1824	2.3984	2.6416	2.9184	16	3.2352	3.6000	4.0224	4.5120
17	2.3188	2.5483	2.8067	3.1008	17	3.4374	3.8250	4.2738	4.7940
18	2.4552	2.6982	2.9718	3.2832	18	3.6396	4.0500	4.5252	5.0760
19	2.5916	2.8481	3.1369	3.4656	19	3.8418	4.2750	4.7766	5.3580
20	2.7280	2.9980	3.3020	3.6480	20	4.0440	4.5000	5.0280	5.6400

SOMMES VERSÉES	50 ANS.	51 ANS.	52 ANS.	53 ANS.	SOMMES VERSÉES	54 ANS.	55 ANS.	56 ANS.	57 ANS.
1	0.1148	0.1241	0.1344	0.1457	1	0.1583	0.1724	0.1881	0.2056
2	0.2296	0.2482	0.2688	0.2914	2	0.3166	0.3448	0.3762	0.4112
3	0.3444	0.3723	0.4032	0.4371	3	0.4749	0.5172	0.5643	0.6168
4	0.4592	0.4964	0.5376	0.5828	4	0.6332	0.6896	0.7524	0.8224
5	0.5740	0.6205	0.6720	0.7285	5	0.7915	0.8620	0.9405	1.0280
6	0.6888	0.7446	0.8064	0.8742	6	0.9498	1.0344	1.1286	1.2336
7	0.8036	0.8687	0.9408	1.0199	7	1.1081	1.2068	1.3167	1.4392
8	0.9184	0.9928	1.0752	1.1656	8	1.2664	1.3792	1.5048	1.6448
9	1.0332	1.1169	1.2096	1.3113	9	1.4247	1.5516	1.6929	1.8504
10	1.1480	1.2410	1.3440	1.4570	10	1.5830	1.7240	1.8810	2.0560
11	1.2628	1.3651	1.4784	1.6027	11	1.7413	1.8964	2.0691	2.2616
12	1.3776	1.4892	1.6128	1.7484	12	1.8996	2.0688	2.2572	2.4672
13	1.4924	1.6133	1.7472	1.8941	13	2.0579	2.2412	2.4453	2.6728
14	1.6072	1.7374	1.8816	2.0398	14	2.2162	2.4136	2.6334	2.8784
15	1.7220	1.8615	2.0160	2.1855	15	2.3745	2.5860	2.8215	3.0840
16	1.8368	1.9856	2.1504	2.3312	16	2.5328	2.7584	3.0096	3.2896
17	1.9516	2.1097	2.2848	2.4769	17	2.6911	2.9308	3.1977	3.4952
18	2.0664	2.2338	2.4192	2.6226	18	2.8494	3.1032	3.3858	3.7008
19	2.1812	2.3579	2.5536	2.7683	19	3.0077	3.2756	3.5739	3.9064
20	2.2960	2.4820	2.6880	2.9140	20	3.1660	3.4480	3.7620	4.1120

SOMMES VERSÉES	58 ANS.	59 ANS.	60 ANS.	61 ANS.	SOMMES VERSÉES	62 ANS.	63 ANS.	64 ANS.	65 ANS.
1	0.2254	0.2476	0.2728	0.3014	1	0.3341	0.3718	0.4153	0.4660
2	0.4508	0.4952	0.5456	0.6028	2	0.6682	0.7436	0.8306	0.9320
3	0.6762	0.7428	0.8184	0.9042	3	1.0023	1.1154	1.2459	1.3980
4	0.9016	0.9904	1.0912	1.2056	4	1.3364	1.4872	1.6612	1.8640
5	1.1270	1.2380	1.3640	1.5070	5	1.6705	1.8590	2.0765	2.3300
6	1.3524	1.4856	1.6368	1.8084	6	2.0046	2.2308	2.4918	2.7960
7	1.5778	1.7332	1.9096	2.1098	7	2.3387	2.6026	2.9071	3.2620
8	1.8032	1.9808	2.1824	2.4112	8	2.6728	2.9744	3.3224	3.7280
9	2.0286	2.2284	2.4552	2.7126	9	3.0069	3.3462	3.7377	4.1940
10	2.2540	2.4760	2.7280	3.0140	10	3.3410	3.7180	4.1530	4.6600
11	2.4794	2.7236	3.0008	3.3154	11	3.6751	4.0898	4.5683	5.1260
12	2.7048	2.9712	3.2736	3.6168	12	4.0092	4.4616	4.9836	5.5920
13	2.9302	3.2188	3.5464	3.9182	13	4.3433	4.8334	5.3989	6.0580
14	3.1556	3.4664	3.8192	4.2196	14	4.6774	5.2052	5.8142	6.5240
15	3.3810	3.7140	4.0920	4.5210	15	5.0115	5.5770	6.2295	6.9900
16	3.6064	3.9616	4.3648	4.8224	16	5.3456	5.9488	6.6448	7.4560
17	3.8318	4.2092	4.6376	5.1238	17	5.6797	6.3206	7.0601	7.9220
18	4.0572	4.4568	4.9104	5.4252	18	6.0138	6.6924	7.4754	8.3880
19	4.2826	4.7044	5.1832	5.7266	19	6.3479	7.0642	7.8907	8.8540
20	4.5080	4.9520	5.4560	6.0280	20	6.6820	7.4360	8.3060	9.3200

SOMMES versées.	50 ANS.	51 ANS.	52 ANS.	53 ANS.	SOMMES versées.	54 ANS.	55 ANS.	56 ANS.	57 ANS.
1	0.0683	0.0739	0.0800	0.0867	1	0.0943	0.1026	0.1120	0.1224
2	0.1366	0.1478	0.1600	0.1734	2	0.1886	0.2052	0.2240	0.2448
3	0.2049	0.2217	0.2400	0.2601	3	0.2829	0.3078	0.3360	0.3672
4	0.2732	0.2956	0.3200	0.3468	4	0.3772	0.4104	0.4480	0.4896
5	0.3415	0.3695	0.4000	0.4335	5	0.4715	0.5130	0.5600	0.6120
6	0.4098	0.4434	0.4800	0.5202	6	0.5658	0.6156	0.6720	0.7344
7	0.4781	0.5173	0.5600	0.6069	7	0.6601	0.7182	0.7840	0.8568
8	0.5464	0.5912	0.6400	0.6936	8	0.7544	0.8208	0.8960	0.9792
9	0.6147	0.6651	0.7200	0.7803	9	0.8487	0.9234	1.0080	1.1016
10	0.6830	0.7390	0.8000	0.8670	10	0.9430	1.0260	1.1200	1.2240
11	0.7513	0.8129	0.8800	0.9537	11	1.0373	1.1286	1.2320	1.3464
12	0.8196	0.8868	0.9600	1.0404	12	1.1316	1.2312	1.3440	1.4688
13	0.8879	0.9607	1.0400	1.1271	13	1.2259	1.3338	1.4560	1.5912
14	0.9562	1.0346	1.1200	1.2138	14	1.3202	1.4364	1.5680	1.7136
15	1.0245	1.1085	1.2000	1.3005	15	1.4145	1.5390	1.6800	1.8360
16	1.0928	1.1824	1.2800	1.3872	16	1.5088	1.6416	1.7920	1.9584
17	1.1611	1.2563	1.3600	1.4739	17	1.6031	1.7442	1.9040	2.0808
18	1.2294	1.3302	1.4400	1.5606	18	1.6974	1.8468	2.0160	2.2032
19	1.2977	1.4041	1.5200	1.6473	19	1.7917	1.9494	2.1280	2.3256
20	1.3660	1.4780	1.6000	1.7340	20	1.8860	2.0520	2.2400	2.4480

SOMMES versées.	58 ANS.	59 ANS.	60 ANS.	61 ANS.	SOMMES versées.	62 ANS.	63 ANS.	64 ANS.	65 ANS.
1	0.1341	0.1474	0.1624	0.1794	1	0.1980	0.2213	0.2472	0.2774
2	0.2682	0.2948	0.3248	0.3588	2	0.3978	0.4426	0.4944	0.5548
3	0.4023	0.4422	0.4872	0.5382	3	0.5967	0.6639	0.7416	0.8322
4	0.5364	0.5896	0.6496	0.7176	4	0.7956	0.8852	0.9888	1.1096
5	0.6705	0.7370	0.8120	0.8970	5	0.9945	1.1065	1.2360	1.3870
6	0.8046	0.8844	0.9744	1.0764	6	1.1934	1.3278	1.4832	1.6644
7	0.9387	1.0318	1.1368	1.2558	7	1.3923	1.5491	1.7304	1.9418
8	1.0728	1.1792	1.2992	1.4352	8	1.5912	1.7704	1.9776	2.2192
9	1.2069	1.3266	1.4616	1.6146	9	1.7901	1.9917	2.2248	2.4966
10	1.3410	1.4740	1.6240	1.7940	10	1.9890	2.2130	2.4720	2.7740
11	1.4751	1.6214	1.7864	1.9734	11	2.1879	2.4343	2.7192	3.0514
12	1.6092	1.7688	1.9488	2.1528	12	2.3868	2.6556	2.9664	3.3288
13	1.7433	1.9162	2.1112	2.3322	13	2.5857	2.8769	3.2136	3.6062
14	1.8774	2.0636	2.2736	2.5116	14	2.7846	3.0982	3.4608	3.8836
15	2.0115	2.2110	2.4360	2.6910	15	2.9835	3.3195	3.7080	4.1610
16	2.1456	2.3584	2.5984	2.8704	16	3.1824	3.5408	3.9552	4.4384
17	2.2797	2.5058	2.7608	3.0498	17	3.3813	3.7621	4.2024	4.7158
18	2.4138	2.6532	2.9232	3.2292	18	3.5802	3.9834	4.4496	4.9932
19	2.5479	2.8006	3.0856	3.4086	19	3.7791	4.2047	4.6968	5.2706
20	2.6820	2.9480	3.2480	3.5880	20	3.9780	4.4260	4.9440	5.5480

SOMMES versées	50 ANS.	51 ANS.	52 ANS.	53 ANS.	SOMMES versées	54 ANS.	55 ANS.	56 ANS.	57 ANS.
1	0.1133	0.1225	0.1327	0.1439	1	0.1564	0.1702	0.1857	0.2031
2	0.2266	0.2450	0.2654	0.2878	2	0.3128	0.3404	0.3714	0.4062
3	0.3399	0.3675	0.3981	0.4317	3	0.4692	0.5106	0.5571	0.6093
4	0.4532	0.4900	0.5308	0.5756	4	0.6256	0.6808	0.7428	0.8124
5	0.5665	0.6125	0.6635	0.7195	5	0.7820	0.8510	0.9285	1.0155
6	0.6798	0.7350	0.7962	0.8634	6	0.9384	1.0212	1.1142	1.2186
7	0.7931	0.8575	0.9289	1.0073	7	1.0948	1.1914	1.2999	1.4217
8	0.9064	0.9800	1.0616	1.1512	8	1.2512	1.3616	1.4856	1.6248
9	1.0197	1.1025	1.1943	1.2951	9	1.4076	1.5318	1.6713	1.8279
10	1.1330	1.2250	1.3270	1.4390	10	1.5640	1.7020	1.8570	2.0310
11	1.2463	1.3475	1.4597	1.5829	11	1.7204	1.8722	2.0427	2.2341
12	1.3596	1.4700	1.5924	1.7268	12	1.8768	2.0424	2.2284	2.4372
13	1.4729	1.5925	1.7251	1.8707	13	2.0332	2.2126	2.4141	2.6403
14	1.5862	1.7150	1.8578	2.0146	14	2.1896	2.3828	2.5998	2.8434
15	1.6995	1.8375	1.9905	2.1585	15	2.3460	2.5530	2.7855	3.0465
16	1.8128	1.9600	2.1232	2.3024	16	2.5024	2.7232	2.9712	3.2496
17	1.9261	2.0825	2.2559	2.4463	17	2.6588	2.8934	3.1569	3.4527
18	2.0394	2.2050	2.3886	2.5902	18	2.8152	3.0636	3.3426	3.6558
19	2.1527	2.3275	2.5213	2.7341	19	2.9716	3.2338	3.5283	3.8589
20	2.2660	2.4500	2.6540	2.8780	20	3.1280	3.4040	3.7140	4.0620

SOMMES versées	58 ANS.	59 ANS.	60 ANS.	61 ANS.	SOMMES versées	62 ANS.	63 ANS.	64 ANS.	65 ANS.
1	0.2225	0.2445	0.2693	0.2976	1	0.3299	0.3671	0.4101	0.4601
2	0.4450	0.4890	0.5386	0.5952	2	0.6598	0.7342	0.8202	0.9202
3	0.6675	0.7335	0.8079	0.8928	3	0.9897	1.1013	1.2303	1.3803
4	0.8900	0.9780	1.0772	1.1904	4	1.3196	1.4684	1.6404	1.8404
5	1.1125	1.2225	1.3465	1.4880	5	1.6495	1.8355	2.0505	2.3005
6	1.3350	1.4670	1.6158	1.7856	6	1.9794	2.2026	2.4606	2.7606
7	1.5575	1.7115	1.8851	2.0832	7	2.3093	2.5697	2.8707	3.2207
8	1.7800	1.9560	2.1544	2.3808	8	2.6392	2.9368	3.2808	3.6808
9	2.0025	2.2005	2.4237	2.6784	9	2.9691	3.3039	3.6909	4.1409
10	2.2250	2.4450	2.6930	2.9760	10	3.2990	3.6710	4.1010	4.6010
11	2.4475	2.6895	2.9623	3.2736	11	3.6289	4.0381	4.5111	5.0611
12	2.6700	2.9340	3.2316	3.5712	12	3.9588	4.4052	4.9212	5.5212
13	2.8925	3.1785	3.5009	3.8688	13	4.2887	4.7723	5.3313	5.9813
14	3.1150	3.4230	3.7702	4.1664	14	4.6186	5.1394	5.7414	6.4414
15	3.3375	3.6675	4.0395	4.4640	15	4.9485	5.5065	6.1515	6.9015
16	3.5600	3.9120	4.3088	4.7616	16	5.2784	5.8736	6.5616	7.3616
17	3.7825	4.1565	4.5781	5.0592	17	5.6083	6.2407	6.9717	7.8217
18	4.0050	4.4010	4.8474	5.3568	18	5.9382	6.6078	7.3818	8.2818
19	4.2275	4.6455	5.1167	5.6544	19	6.2681	6.9749	7.7919	8.7419
20	4.4500	4.8900	5.3860	5.9520	20	6.5980	7.3420	8.2020	9.2020

SOMMES versées	50 ANS.	51 ANS.	52 ANS.	53 ANS.	SOMMES versées	54 ANS.	55 ANS.	56 ANS.	57 ANS.
1	0.0672	0.0726	0.0786	0.0853	1	0.0927	0.1009	0.1101	0.1204
2	0.1344	0.1452	0.1572	0.1706	2	0.1854	0.2018	0.2202	0.2408
3	0.2016	0.2178	0.2358	0.2559	3	0.2781	0.3027	0.3303	0.3612
4	0.2688	0.2904	0.3144	0.3412	4	0.3708	0.4036	0.4404	0.4816
5	0.3360	0.3630	0.3930	0.4265	5	0.4635	0.5045	0.5505	0.6020
6	0.4032	0.4356	0.4716	0.5118	6	0.5562	0.6054	0.6606	0.7224
7	0.4704	0.5082	0.5502	0.5971	7	0.6489	0.7063	0.7707	0.8428
8	0.5376	0.5808	0.6288	0.6824	8	0.7416	0.8072	0.8808	0.9632
9	0.6048	0.6534	0.7074	0.7677	9	0.8343	0.9081	0.9909	1.0836
10	0.6720	0.7260	0.7860	0.8530	10	0.9270	1.0090	1.1010	1.2040
11	0.7392	0.7986	0.8646	0.9383	11	1.0197	1.1099	1.2111	1.3244
12	0.8064	0.8712	0.9432	1.0236	12	1.1124	1.2108	1.3212	1.4448
13	0.8736	0.9438	1.0218	1.1089	13	1.2051	1.3117	1.4313	1.5652
14	0.9408	1.0164	1.1004	1.1942	14	1.2978	1.4126	1.5414	1.6856
15	1.0080	1.0890	1.1790	1.2795	15	1.3905	1.5135	1.6515	1.8060
16	1.0752	1.1616	1.2576	1.3648	16	1.4832	1.6144	1.7616	1.9264
17	1.1424	1.2342	1.3362	1.4501	17	1.5759	1.7153	1.8717	2.0468
18	1.2096	1.3068	1.4148	1.5354	18	1.6686	1.8162	1.9818	2.1672
19	1.2768	1.3794	1.4934	1.6207	19	1.7613	1.9171	2.0919	2.2876
20	1.3440	1.4520	1.5720	1.7060	20	1.8540	2.0180	2.2020	2.4080

SOMMES versées	58 ANS.	59 ANS.	60 ANS.	61 ANS.	SOMMES versées	62 ANS.	63 ANS.	64 ANS.	65 ANS.
1	0.1310	0.1449	0.1597	0.1764	1	0.1956	0.2176	0.2431	0.2728
2	0.2638	0.2898	0.3194	0.3528	2	0.3912	0.4352	0.4802	0.5456
3	0.3957	0.4347	0.4791	0.5292	3	0.5868	0.6528	0.7293	0.8184
4	0.5276	0.5796	0.6388	0.7056	4	0.7824	0.8704	0.9724	1.0912
5	0.6595	0.7245	0.7985	0.8820	5	0.9780	1.0880	1.2155	1.3640
6	0.7914	0.8694	0.9582	1.0584	6	1.1736	1.3056	1.4586	1.6368
7	0.9233	1.0143	1.1179	1.2348	7	1.3692	1.5232	1.7017	1.9096
8	1.0552	1.1592	1.2776	1.4112	8	1.5648	1.7408	1.9448	2.1824
9	1.1871	1.3041	1.4373	1.5876	9	1.7604	1.9584	2.1879	2.4552
10	1.3190	1.4490	1.5970	1.7640	10	1.9560	2.1760	2.4310	2.7280
11	1.4509	1.5939	1.7567	1.9404	11	2.1516	2.3936	2.6741	3.0008
12	1.5828	1.7388	1.9164	2.1168	12	2.3472	2.6112	2.9172	3.2736
13	1.7147	1.8837	2.0761	2.2932	13	2.5428	2.8288	3.1603	3.5464
14	1.8466	2.0286	2.2358	2.4696	14	2.7384	3.0464	3.4034	3.8192
15	1.9785	2.1735	2.3955	2.6460	15	2.9340	3.2640	3.6465	4.0920
16	2.1104	2.3184	2.5552	2.8224	16	3.1296	3.4816	3.8896	4.3648
17	2.2423	2.4633	2.7149	2.9988	17	3.3252	3.6992	4.1327	4.6376
18	2.3742	2.6082	2.8746	3.1752	18	3.5208	3.9168	4.3758	4.9104
19	2.5061	2.7531	3.0343	3.3516	19	3.7164	4.1344	4.6189	5.1832
20	2.6380	2.8980	3.1940	3.5280	20	3.9120	4.3520	4.8620	5.4560

SOMMES versées.	50 ANS.	51 ANS.	52 ANS.	53 ANS.	SOMMES versées.	54 ANS.	55 ANS.	56 ANS.	57 ANS.
1	0.1119	0.1210	0.1310	0.1421	1	0.1544	0.1681	0.1834	0.2005
2	0.2238	0.2420	0.2620	0.2842	2	0.3088	0.3362	0.3668	0.4010
3	0.3357	0.3630	0.3930	0.4263	3	0.4632	0.5043	0.5502	0.6015
4	0.4476	0.4840	0.5240	0.5684	4	0.6176	0.6724	0.7336	0.8020
5	0.5595	0.6050	0.6550	0.7105	5	0.7720	0.8405	0.9170	1.0025
6	0.6714	0.7260	0.7860	0.8526	6	0.9264	1.0086	1.1004	1.2030
7	0.7833	0.8470	0.9170	0.9947	7	1.0808	1.1767	1.2838	1.4035
8	0.8952	0.9680	1.0480	1.1368	8	1.2352	1.3448	1.4672	1.6040
9	1.0071	1.0890	1.1790	1.2789	9	1.3896	1.5129	1.6506	1.8045
10	1.1190	1.2100	1.3100	1.4210	10	1.5440	1.6810	8340	2.0050
11	1.2309	1.3310	1.4410	1.5631	11	1.6984	1.8491	2.0174	2.2055
12	1.3428	1.4520	1.5720	1.7052	12	1.8528	2.0172	2.2008	2.4060
13	1.4547	1.5730	1.7030	1.8473	13	2.0072	2.1853	2.3842	2.6065
14	1.5666	1.6940	1.8340	1.9894	14	2.1616	2.3534	2.5676	2.8070
15	1.6785	1.8150	1.9650	2.1315	15	2.3160	2.5215	2.7510	3.0075
16	1.7904	1.9360	2.0960	2.2736	16	2.4704	2.6896	2.9344	3.2080
17	1.9023	2.0570	2.2270	2.4157	17	2.6248	2.8577	3.1178	3.4085
18	2.0142	2.1780	2.3580	2.5578	18	2.7792	3.0258	3.3012	3.6090
19	2.1261	2.2990	2.4890	2.6999	19	2.9336	3.1939	3.4846	3.8095
20	2.2380	2.4200	2.6200	2.8420	20	3.0880	3.3620	3.6680	4.0100

SOMMES versées.	58 ANS.	59 ANS.	60 ANS.	61 ANS.	SOMMES versées.	62 ANS.	63 ANS.	64 ANS.	65 ANS.
1	0.2197	0.2414	0.2659	0.2939	1	0.3258	0.3625	0.4049	0.4543
2	0.4394	0.4828	0.5318	0.5878	2	0.6516	0.7250	0.8008	0.9086
3	0.6591	0.7242	0.7077	0.8817	3	0.9774	1.0875	1.2147	1.3629
4	0.8788	0.9656	1.0636	1.1756	4	1.3032	1.4500	1.6196	1.8172
5	1.0985	1.2070	1.3295	1.4695	5	1.6290	1.8125	2.0245	2.2715
6	1.3182	1.4484	1.5954	1.7634	6	1.9548	2.1750	2.4294	2.7258
7	1.5379	1.6898	1.8613	2.0573	7	2.2806	2.5375	2.8343	3.1801
8	1.7576	1.9312	2.1272	2.3512	8	2.6064	2.9000	3.2392	3.0344
9	1.9773	2.1726	2.3931	2.6451	9	2.9322	3.2025	3.6441	4.0887
10	2.1070	2.4140	2.6590	2.9390	10	3.2580	3.6250	4.0490	4.5430
11	2.4167	2.6554	2.9249	3.2329	11	3.5838	3.9875	4.4539	4.9973
12	2.6364	2.8968	3.1908	3.5268	12	3.9096	4.3500	4.8588	5.4516
13	2.8561	3.1382	3.4567	3.8207	13	4.2354	4.7125	5.2637	5.9059
14	3.0758	3.3796	3.7226	4.1146	14	4.5612	5.0750	5.6686	6.3602
15	3.2955	3.6210	3.9885	4.4085	15	4.8870	5.4375	6.0735	6.8145
16	3.5152	3.8624	4.2544	4.7024	16	5.2128	5.8000	6.4784	7.2688
17	3.7349	4.1038	4.5203	4.9963	17	5.5386	6.1625	6.8833	7.7231
18	3.9546	4.3452	4.7862	5.2902	18	5.8644	6.5250	7.2882	8.1774
19	4.1743	4.5866	5.0521	5.5841	19	6.1902	6.8875	7.6931	8.6317
20	4.3940	4.8280	5.3180	5.8780	20	6.5160	7.2500	8.0980	9.0860

SOMMES versées.	50 ANS.	51 ANS.	52 ANS.	53 ANS.	SOMMES versées.	54 ANS.	55 ANS.	56 ANS.	57 ANS.
1	0.0661	0.0714	0.0773	0.0839	1	0.0912	0.0992	0.1083	0.1184
2	0.1322	0.1428	0.1546	0.1678	2	0.1824	0.1984	0.2166	0.2368
3	0.1983	0.2142	0.2319	0.2517	3	0.2736	0.2976	0.3249	0.3552
4	0.2644	0.2856	0.3092	0.3356	4	0.3648	0.3968	0.4332	0.4736
5	0.3305	0.3570	0.3865	0.4195	5	0.4560	0.4960	0.5415	0.5920
6	0.3966	0.4284	0.4638	0.5034	6	0.5472	0.5952	0.6498	0.7104
7	0.4627	0.4998	0.5411	0.5873	7	0.6384	0.6944	0.7581	0.8288
8	0.5288	0.5712	0.6184	0.6712	8	0.7296	0.7936	0.8664	0.9472
9	0.5949	0.6426	0.6957	0.7551	9	0.8208	0.8928	0.9747	1.0656
10	0.6610	0.7140	0.7730	0.8390	10	0.9120	0.9920	1.0830	1.1840
11	0.7271	0.7854	0.8503	0.9229	11	1.0032	1.0912	1.1913	1.3024
12	0.7932	0.8568	0.9276	1.0068	12	1.0944	1.1904	1.2996	1.4208
13	0.8593	0.9282	1.0049	1.0907	13	1.1856	1.2896	1.4079	1.5392
14	0.9254	0.9996	1.0822	1.1746	14	1.2768	1.3888	1.5162	1.6576
15	0.9915	1.0710	1.1595	1.2585	15	1.3680	1.4880	1.6245	1.7760
16	1.0576	1.1424	1.2368	1.3424	16	1.4592	1.5872	1.7328	1.8944
17	1.1237	1.2138	1.3141	1.4263	17	1.5504	1.6364	1.8411	2.0128
18	1.1898	1.2852	1.3914	1.5102	18	1.6416	1.7856	1.9494	2.1312
19	1.2559	1.3566	1.4687	1.5941	19	1.7328	1.8848	2.0577	2.2496
20	1.3220	1.4280	1.5460	1.6780	20	1.8240	1.9840	2.1660	2.3680

SOMMES versées.	58 ANS.	59 ANS.	60 ANS.	61 ANS.	SOMMES versées.	62 ANS.	63 ANS.	64 ANS.	65 ANS.
1	0.1297	0.1425	0.1570	0.1735	1	0.1924	0.2140	0.2391	0.2682
2	0.2594	0.2850	0.3140	0.3470	2	0.3848	0.4280	0.4782	0.5364
3	0.3891	0.4275	0.4710	0.5205	3	0.5772	0.6420	0.7173	0.8046
4	0.5188	0.5700	0.6280	0.6940	4	0.7696	0.8560	0.9564	1.0728
5	0.6485	0.7125	0.7850	0.8675	5	0.9620	1.0700	1.1955	1.3410
6	0.7782	0.8550	0.9420	1.0410	6	1.1544	1.2840	1.4346	1.6092
7	0.9079	0.9975	1.0990	1.2145	7	1.3468	1.4980	1.6737	1.8774
8	1.0376	1.1400	1.2560	1.3880	8	1.5392	1.7120	1.9128	2.1456
9	1.1673	1.2825	1.4130	1.5615	9	1.7316	1.9260	2.1519	2.4138
10	1.2970	1.4250	1.5700	1.7350	10	1.9240	2.1400	2.3910	2.6820
11	1.4267	1.5675	1.7270	1.9085	11	2.1164	2.3540	2.6301	2.9502
12	1.5564	1.7100	1.8840	2.0820	12	2.3088	2.5680	2.8692	3.2184
13	1.6861	1.8525	2.0410	2.2555	13	2.5012	2.7820	3.1083	3.4866
14	1.8158	1.9950	2.1980	2.4290	14	2.6936	2.9960	3.3474	3.7548
15	1.9455	2.1375	2.3550	2.6025	15	2.8860	3.2100	3.5865	4.0230
16	2.0752	2.2800	2.5120	2.7760	16	3.0784	3.4240	3.8256	4.2912
17	2.2049	2.4225	2.6690	2.9495	17	3.2708	3.6380	4.0647	4.5594
18	2.3346	2.5650	2.8260	3.1230	18	3.4632	3.8520	4.3038	4.8276
19	2.4643	2.7075	2.9830	3.2965	19	3.6556	4.0660	4.5429	5.0958
20	2.5940	2.8500	3.1400	3.4700	20	3.8480	4.2800	4.7820	5.3640

SOMMES versées.	50 ANS.	51 ANS.	52 ANS.	53 ANS.	SOMMES versées.	54 ANS.	55 ANS.	56 ANS.	57 ANS.
1	0.1105	0.1195	0.1293	0.1403	1	0.1524	0.1660	0.1811	0.1980
2	0.2210	0.2390	0.2586	0.2806	2	0.3048	0.3320	0.3622	0.3960
3	0.3315	0.3585	0.3879	0.4209	3	0.4572	0.4980	0.5433	0.5940
4	0.4420	0.4780	0.5172	0.5612	4	0.6096	0.6640	0.7244	0.7920
5	0.5525	0.5975	0.6465	0.7015	5	0.7620	0.8300	0.9055	0.9900
6	0.6630	0.7170	0.7758	0.8418	6	0.9144	0.9960	1.0866	1.1880
7	0.7735	0.8365	0.9051	0.9821	7	1.0668	1.1620	1.2677	1.3860
8	0.8840	0.9560	1.0344	1.1224	8	1.2192	1.3280	1.4488	1.5840
9	0.9945	1.0755	1.1037	1.2627	9	1.3716	1.4940	1.6299	1.7820
10	1.1050	1.1950	1.2030	1.4030	10	1.5240	1.6600	1.8110	1.9800
11	1.2155	1.3145	1.4223	1.5433	11	1.6764	1.8260	1.9921	2.1780
12	1.3260	1.4340	1.5516	1.6836	12	1.8288	1.9920	2.1732	2.3760
13	1.4365	1.5535	1.6809	1.8239	13	1.9812	2.1580	2.3543	2.5740
14	1.5470	1.6730	1.8102	1.9642	14	2.1336	2.3240	2.5354	2.7720
15	1.6575	1.7925	1.9395	2.1045	15	2.2860	2.4900	2.7165	2.9700
16	1.7680	1.9120	2.0688	2.2448	16	2.4384	2.6560	2.8976	3.1680
17	1.8785	2.0315	2.1981	2.3851	17	2.5908	2.8220	3.0787	3.3660
18	1.9890	2.1510	2.3274	2.5254	18	2.7432	2.9880	3.2598	3.5640
19	2.0995	2.2705	2.4567	2.6657	19	2.8956	3.1540	3.4409	3.7620
20	2.2100	2.3900	2.5860	2.8060	20	3.0480	3.3200	3.6220	3.9600

SOMMES versées.	58 ANS.	59 ANS.	60 ANS.	61 ANS.	SOMMES versées.	62 ANS.	63 ANS.	64 ANS.	65 ANS.
1	0.2170	0.2384	0.2626	0.2902	1	0.3217	0.3579	0.3998	0.4486
2	0.4340	0.4768	0.5252	0.5804	2	0.6434	0.7158	0.7996	0.8972
3	0.6510	0.7152	0.7878	0.8706	3	0.9651	1.0737	1.1994	1.3458
4	0.8680	0.9536	1.0504	1.1608	4	1.2868	1.4316	1.5992	1.7944
5	1.0850	1.1920	1.3130	1.4510	5	1.6085	1.7895	1.9990	2.2430
6	1.3020	1.4304	1.5756	1.7412	6	1.9302	2.1474	2.3988	2.6016
7	1.5190	1.6688	1.8382	2.0314	7	2.2519	2.5053	2.7986	3.1402
8	1.7360	1.9072	2.1008	2.3216	8	2.5736	2.8632	3.1984	3.5888
9	1.9530	2.1456	2.3634	2.6118	9	2.8953	3.2211	3.5982	4.0374
10	2.1700	2.3840	2.6260	2.9020	10	3.2170	3.5700	3.9980	4.4860
11	2.3870	2.6224	2.8886	3.1922	11	3.5387	3.9369	4.3978	4.9346
12	2.6040	2.8608	3.1512	3.4824	12	3.8604	4.2948	4.7976	5.3832
13	2.8210	3.0992	3.4138	3.7726	13	4.1821	4.6527	5.1974	5.8318
14	3.0380	3.3376	3.6764	4.0628	14	4.5038	5.0106	5.5972	6.2804
15	3.2550	3.5760	3.9390	4.3530	15	4.8255	5.3685	5.9970	6.7290
16	3.4720	3.8144	4.2016	4.6432	16	5.1472	5.7264	6.3968	7.1776
17	3.6890	4.0528	4.4642	4.9334	17	5.4689	6.0843	6.7966	7.6262
18	3.9060	4.2912	4.7268	5.2236	18	5.7906	6.4422	7.1964	8.0748
19	4.1230	4.5296	4.9894	5.5138	19	6.1123	6.8001	7.5962	8.5234
20	4.3400	4.7680	5.2520	5.8040	20	6.4340	7.1580	7.9960	8.9720

4 P. %. CAPITAL RÉSERVÉ. 43 ANS 3 MOIS.

SOMMES versées	50 ANS.	51 ANS.	52 ANS.	53 ANS.	SOMMES versées	54 ANS.	55 ANS.	56 ANS.	57 ANS.
1	0.0650	0.0702	0.0761	0.0825	1	0.0896	0.0976	0.1065	0.1164
2	0.1300	0.1404	0.1522	0.1650	2	0.1792	0.1952	0.2130	0.2328
3	0.1950	0.2106	0.2283	0.2475	3	0.2688	0.2928	0.3195	0.3492
4	0.2600	0.2808	0.3044	0.3300	4	0.3584	0.3904	0.4260	0.4656
5	0.3250	0.3510	0.3805	0.4125	5	0.4480	0.4880	0.5325	0.5820
6	0.3900	0.4212	0.4566	0.4950	6	0.5376	0.5856	0.6390	0.6984
7	0.4550	0.4914	0.5327	0.5775	7	0.6272	0.6832	0.7455	0.8148
8	0.5200	0.5616	0.6088	0.6600	8	0.7168	0.7808	0.8520	0.9312
9	0.5850	0.6318	0.6849	0.7425	9	0.8064	0.8784	0.9585	1.0476
10	0.6500	0.7020	0.7610	0.8250	10	0.8960	0.9760	1.0650	1.1640
11	0.7150	0.7722	0.8371	0.9075	11	0.9856	1.0736	1.1715	1.2804
12	0.7800	0.8424	0.9132	0.9900	12	1.0752	1.1712	1.2780	1.3968
13	0.8450	0.9126	0.9893	1.0725	13	1.1648	1.2688	1.3845	1.5132
14	0.9100	0.9828	1.0654	1.1550	14	1.2544	1.3664	1.4910	1.6296
15	0.9750	1.0530	1.1415	1.2375	15	1.3440	1.4640	1.5975	1.7460
16	1.0400	1.1232	1.2176	1.3200	16	1.4336	1.5616	1.7040	1.8624
17	1.1050	1.1934	1.2937	1.4025	17	1.5232	1.6592	1.8105	1.9788
18	1.1700	1.2636	1.3698	1.4850	18	1.6128	1.7568	1.9170	2.0952
19	1.2350	1.3338	1.4459	1.5675	19	1.7024	1.8544	2.0235	2.2116
20	1.3000	1.4040	1.5220	1.6500	20	1.7920	1.9520	2.1300	2.3280

SOMMES versées	58 ANS.	59 ANS.	60 ANS.	61 ANS.	SOMMES versées	62 ANS.	63 ANS.	64 ANS.	65 ANS.
1	0.1276	0.1402	0.1544	0.1706	1	0.1891	0.2105	0.2351	0.2638
2	0.2552	0.2804	0.3088	0.3412	2	0.3782	0.4210	0.4702	0.5276
3	0.3828	0.4206	0.4632	0.5118	3	0.5673	0.6315	0.7053	0.7914
4	0.5104	0.5608	0.6176	0.6824	4	0.7564	0.8420	0.9404	1.0552
5	0.6380	0.7010	0.7720	0.8530	5	0.9455	1.0525	1.1755	1.3190
6	0.7656	0.8412	0.9264	1.0236	6	1.1346	1.2630	1.4106	1.5828
7	0.8932	0.9814	1.0808	1.1942	7	1.3237	1.4735	1.6457	1.8466
8	1.0208	1.1216	1.2352	1.3648	8	1.5128	1.6840	1.8808	2.1104
9	1.1484	1.2618	1.3896	1.5354	9	1.7019	1.8945	2.1159	2.3742
10	1.2760	1.4020	1.5440	1.7060	10	1.8910	2.1050	2.3510	2.6380
11	1.4036	1.5422	1.6984	1.8766	11	2.0801	2.3155	2.5861	2.9018
12	1.5312	1.6824	1.8528	2.0472	12	2.2692	2.5260	2.8212	3.1656
13	1.6588	1.8226	2.0072	2.2178	13	2.4583	2.7365	3.0563	3.4294
14	1.7864	1.9628	2.1616	2.3884	14	2.6474	2.9470	3.2914	3.6932
15	1.9140	2.1030	2.3160	2.5590	15	2.8365	3.1575	3.5265	3.9570
16	2.0416	2.2432	2.4704	2.7296	16	3.0256	3.3680	3.7616	4.2208
17	2.1692	2.3834	2.6248	2.9002	17	3.2147	3.5785	3.9967	4.4846
18	2.2968	2.5236	2.7792	3.0708	18	3.4038	3.7890	4.2318	4.7484
19	2.4244	2.6638	2.9336	3.2414	19	3.5929	3.9995	4.4669	5.0122
20	2.5520	2.8040	3.0880	3.4120	20	3.7820	4.2100	4.7020	5.2760

SOMMES versées.	50 ANS.	51 ANS.	52 ANS.	53 ANS.	SOMMES versées.	54 ANS.	55 ANS.	56 ANS.	57 ANS.
1	0.1091	0.1180	0.1277	0.1385	1	0.1505	0.1639	0.1788	0.1955
2	0.2182	0.2360	0.2554	0.2770	2	0.3010	0.3278	0.3576	0.3910
3	0.3273	0.3540	0.3831	0.4155	3	0.4515	0.4917	0.5364	0.5865
4	0.4364	0.4720	0.5108	0.5540	4	0.6020	0.6556	0.7152	0.7820
5	0.5455	0.5900	0.6385	0.6925	5	0.7525	0.8195	0.8940	0.9775
6	0.6546	0.7080	0.7662	0.8310	6	0.9030	0.9834	1.0728	1.1730
7	0.7637	0.8260	0.8939	0.9695	7	1.0535	1.1473	1.2516	1.3685
8	0.8728	0.9440	1.0216	1.1080	8	1.2040	1.3112	1.4304	1.5640
9	0.9819	1.0620	1.1493	1.2465	9	1.3545	1.4751	1.6092	1.7595
10	1.0910	1.1800	1.2770	1.3850	10	1.5050	1.6390	1.7880	1.9550
11	1.2001	1.2980	1.4047	1.5235	11	1.6555	1.8029	1.9668	2.1505
12	1.3092	1.4160	1.5324	1.6620	12	1.8060	1.9668	2.1456	2.3460
13	1.4183	1.5340	1.6601	1.8005	13	1.9565	2.1307	2.3244	2.5415
14	1.5274	1.6520	1.7878	1.9390	14	2.1070	2.2946	2.5032	2.7370
15	1.6365	1.7700	1.9155	2.0775	15	2.2575	2.4585	2.6820	2.9325
16	1.7456	1.8880	2.0432	2.2160	16	2.4080	2.6224	2.8608	3.1280
17	1.8547	2.0060	2.1709	2.3545	17	2.5585	2.7863	3.0396	3.3235
18	1.9638	2.1240	2.2986	2.4930	18	2.7090	2.9502	3.2184	3.5190
19	2.0729	2.2420	2.4263	2.6315	19	2.8595	3.1141	3.3972	3.7145
20	2.1820	2.3600	2.5540	2.7700	20	3.0100	3.2780	3.5760	3.9100

SOMMES versées.	58 ANS.	59 ANS.	60 ANS.	61 ANS.	SOMMES versées.	62 ANS.	63 ANS.	64 ANS.	65 ANS.
1	0.2142	0.2354	0.2593	0.2865	1	0.3177	0.3534	0.3948	0.4430
2	0.4284	0.4708	0.5186	0.5730	2	0.6354	0.7068	0.7896	0.8860
3	0.6426	0.7062	0.7779	0.8595	3	0.9531	1.0602	1.1844	1.3290
4	0.8568	0.9416	1.0372	1.1460	4	1.2708	1.4136	1.5792	1.7720
5	1.0710	1.1770	1.2965	1.4325	5	1.5885	1.7670	1.9740	2.2150
6	1.2852	1.4124	1.5558	1.7190	6	1.9062	2.1204	2.3688	2.6580
7	1.4994	1.6478	1.8151	2.0055	7	2.2239	2.4738	2.7636	3.1010
8	1.7136	1.8832	2.0744	2.2920	8	2.5416	2.8272	3.1584	3.5440
9	1.9278	2.1186	2.3337	2.5785	9	2.8593	3.1806	3.5532	3.9870
10	2.1420	2.3540	2.5930	2.8650	10	3.1770	3.5340	3.9480	4.4300
11	2.3562	2.5894	2.8523	3.1515	11	3.4947	3.8874	4.3428	4.8730
12	2.5704	2.8248	3.1116	3.4380	12	3.8124	4.2408	4.7376	5.3160
13	2.7846	3.0602	3.3709	3.7245	13	4.1301	4.5942	5.1324	5.7590
14	2.9988	3.2956	3.6302	4.0110	14	4.4478	4.9476	5.5272	6.2020
15	3.2130	3.5310	3.8895	4.2975	15	4.7655	5.3010	5.9220	6.6450
16	3.4272	3.7664	4.1488	4.5840	16	5.0832	5.6544	6.3168	7.0880
17	3.6414	4.0018	4.4031	4.8705	17	5.4009	6.0078	6.7116	7.5310
18	3.8556	4.2372	4.6674	5.1570	18	5.7186	6.3612	7.1064	7.9740
19	4.0698	4.4726	4.9267	5.4435	19	6.0363	6.7146	7.5012	8.4170
20	4.2840	4.7080	5.1860	5.7300	20	6.3540	7.0680	7.8960	8.8600

SOMMES versées.	50 ANS.	51 ANS.	52 ANS.	53 ANS.	SOMMES versées.	54 ANS.	55 ANS.	56 ANS.	57 ANS.
1	0.0639	0.0691	0.0748	0.0811	1	0.0881	0.0960	0.1047	0.1145
2	0.1278	0.1382	0.1496	0.1622	2	0.1762	0.1920	0.2094	0.2290
3	0.1917	0.2073	0.2244	0.2433	3	0.2643	0.2880	0.3141	0.3435
4	0.2556	0.2764	0.2992	0.3244	4	0.3524	0.3840	0.4188	0.4580
5	0.3195	0.3455	0.3740	0.4055	5	0.4405	0.4800	0.5235	0.5725
6	0.3834	0.4146	0.4488	0.4866	6	0.5286	0.5700	0.6282	0.6870
7	0.4473	0.4837	0.5236	0.5677	7	0.6167	0.6720	0.7329	0.8015
8	0.5112	0.5528	0.5984	0.6488	8	0.7048	0.7680	0.8376	0.9160
9	0.5751	0.6219	0.6732	0.7299	9	0.7929	0.8640	0.9423	1.0305
10	0.6390	0.6910	0.7480	0.8110	10	0.8810	0.9600	1.0470	1.1450
11	0.7029	0.7601	0.8228	0.8921	11	0.9691	1.0560	1.1517	1.2595
12	0.7668	0.8292	0.8976	0.9732	12	1.0572	1.1520	1.2564	1.3740
13	0.8307	0.8983	0.972'	1.0543	13	1.1453	1.2480	1.3611	1.4885
14	0.8946	0.9674	1.04	1.1354	14	1.2334	1.3440	1.4658	1.6030
15	0.9585	1.0365	1.1220	1.2165	15	1.3215	1.4400	1.5705	1.7175
16	1.0224	1.1056	1.1968	1.2976	16	1.4090	1.5360	1.6752	1.8320
17	1.0863	1.1747	1.2716	1.3787	17	1.4977	1.6320	1.7799	1.9465
18	1.1502	1.2438	1.3464	1.4598	18	1.5858	1.7280	1.8846	2.0610
19	1.2141	1.3129	1.4212	1.5409	19	1.6739	1.8240	1.9893	2.1755
20	1.2780	1.3820	1.4960	1.6220	20	1.7620	1.9200	2.0940	2.2900

SOMMES versées.	58 ANS.	59 ANS.	60 ANS.	61 ANS.	SOMMES versées.	62 ANS.	63 ANS.	64 ANS.	65 ANS.
1	0.1254	0.1378	0.1518	0.1677	1	0.1860	0.2069	0.2312	0.2593
2	0.2508	0.2756	0.3036	0.3354	2	0.3720	0.4138	0.4624	0.5186
3	0.3762	0.4134	0.4554	0.5031	3	0.5580	0.6207	0.6936	0.7779
4	0.5016	0.5512	0.6072	0.6708	4	0.7440	0.8276	0.9248	1.0372
5	0.6270	0.6890	0.7590	0.8385	5	0.9300	1.0345	1.1560	1.2965
6	0.7524	0.8268	0.9108	1.0062	6	1.1160	1.2414	1.3872	1.5558
7	0.8778	0.9646	1.0626	1.1739	7	1.3020	1.4483	1.6184	1.8151
8	1.0032	1.1024	1.2144	1.3416	8	1.4880	1.6552	1.8496	2.0744
9	1.1286	1.2402	1.3662	1.5093	9	1.6740	1.8621	2.0808	2.3337
10	1.2540	1.3780	1.5180	1.6770	10	1.8600	2.0690	2.3120	2.5930
11	1.3794	1.5158	1.6698	1.8447	11	2.0460	2.2759	2.5432	2.8523
12	1.5048	1.6536	1.8216	2.0124	12	2.2320	2.4828	2.7744	3.1116
13	1.6302	1.7914	1.9734	2.1801	13	2.4180	2.6897	3.0056	3.3709
14	1.7556	1.9292	2.1252	2.3478	14	2.6040	2.8966	3.2368	3.6302
15	1.8810	2.0670	2.2770	2.5155	15	2.7900	3.1035	3.4680	3.8895
16	2.0064	2.2048	2.4288	2.6832	16	2.9760	3.3104	3.6992	4.1488
17	2.1318	2.3426	2.5806	2.8509	17	3.1620	3.5173	3.9304	4.4081
18	2.2572	2.4804	2.7324	3.0186	18	3.3480	3.7242	4.1616	4.6674
19	2.3826	2.6182	2.8842	3.1863	19	3.5340	3.9311	4.3928	4.9267
20	2·5080	2.7560	3.0360	3.3540	20	3.7200	4.1380	4.6240	5.1860

SOMMES versées.	50 ANS.	51 ANS.	52 ANS.	53 ANS.	SOMMES versées.	54 ANS.	55 ANS.	56 ANS.	57 ANS.
1	0.1077	0.1165	0.1261	0.1368	1	0.1486	0.1618	0.1765	0.1930
2	0.2154	0.2330	0.2522	0.2736	2	0.2972	0.3236	0.3530	0.3860
3	0.3231	0.3495	0.3783	0.4104	3	0.4458	0.4854	0.5295	0.5790
4	0.4308	0.4660	0.5044	0.5472	4	0.5944	0.6472	0.7060	0.7720
5	0.5385	0.5825	0.6305	0.6840	5	0.7430	0.8090	0.8825	0.9650
6	0.6462	0.6990	0.7566	0.8208	6	0.8916	0.9708	1.0590	1.1580
7	0.7539	0.8155	0.8827	0.9576	7	1.0402	1.1326	1.2355	1.3510
8	0.8616	0.9320	1.0088	1.0944	8	1.1888	1.2944	1.4120	1.5440
9	0.9693	1.0485	1.1349	1.2312	9	1.3374	1.4562	1.5885	1.7370
10	1.0770	1.1650	1.2610	1.3680	10	1.4860	1.6180	1.7650	1.9300
11	1.1847	1.2815	1.3871	1.5048	11	1.6346	1.7798	1.9415	2.1230
12	1.2924	1.3980	1.5132	1.6416	12	1.7832	1.9416	2.1180	2.3160
13	1.4001	1.5145	1.6393	1.7784	13	1.9318	2.1034	2.2945	2.5090
14	1.5078	1.6310	1.7654	1.9152	14	2.0804	2.2652	2.4710	2.7020
15	1.6155	1.7475	1.8915	2.0520	15	2.2290	2.4270	2.6475	2.8950
16	1.7232	1.8640	2.0176	2.1888	16	2.3770	2.5888	2.8240	3.0880
17	1.8309	1.9805	2.1437	2.3256	17	2.5262	2.7506	3.0005	3.2810
18	1.9386	2.0970	2.2698	2.4624	18	2.6748	2.9124	3.1770	3.4740
19	2.0463	2.2135	2.3959	2.5992	19	2.8234	3.0742	3.3535	3.6670
20	2.1540	2.3300	2.5220	2.7360	20	2.9720	3.2360	3.5300	3.8600

SOMMES versées.	58 ANS.	59 ANS.	60 ANS.	61 ANS.	SOMMES versées.	62 ANS.	63 ANS.	64 ANS.	65 ANS.
1	0.2115	0.2324	0.2560	0.2829	1	0.3137	0.3490	0.3898	0.4374
2	0.4230	0.4648	0.5120	0.5658	2	0.6274	0.6980	0.7796	0.8748
3	0.6345	0.6972	0.7680	0.8487	3	0.9411	1.0470	1.1694	1.3122
4	0.8460	0.9296	1.0240	1.1316	4	1.2548	1.3960	1.5592	1.7496
5	1.0575	1.1620	1.2800	1.4145	5	1.5685	1.7450	1.9490	2.1870
6	1.2690	1.3944	1.5360	1.6974	6	1.8822	2.0940	2.3388	2.6244
7	1.4805	1.6268	1.7920	1.9803	7	2.1959	2.4430	2.7286	3.0618
8	1.6920	1.8592	2.0480	2.2632	8	2.5096	2.7920	3.1184	3.4992
9	1.9035	2.0916	2.3040	2.5461	9	2.8233	3.1410	3.5082	3.9366
10	2.1150	2.3240	2.5600	2.8290	10	3.1370	3.4900	3.8980	4.3740
11	2.3265	2.5564	2.8160	3.1110	11	3.4507	3.8390	4.2878	4.8114
12	2.5380	2.7888	3.0720	3.3948	12	3.7644	4.1880	4.6770	5.2488
13	2.7495	3.0212	3.3280	3.6777	13	4.0781	4.5370	5.0674	5.6862
14	2.9610	3.2536	3.5840	3.9606	14	4.3918	4.8860	5.4572	6.1236
15	3.1725	3.4860	3.8400	4.2435	15	4.7055	5.2350	5.8470	6.5610
16	3.3840	3.7184	4.0960	4.5204	16	5.0192	5.5840	0.2368	6.9984
17	3.5955	3.9508	4.3520	4.8093	17	5.3329	5.9330	6.6266	7.4358
18	3.8070	4.1832	4.6080	5.0922	18	5.6466	6.2820	7.0164	7.8732
19	4.0185	4.4156	4.8640	5.3751	19	5.9603	6.0310	7.4062	8.3106
20	4.2300	4.6480	5.1200	5.6580	20	6.2740	6.9800	7.7960	8.7480

SOMMES versées.	50 ANS.	51 ANS.	52 ANS.	53 ANS.	SOMMES versées.	54 ANS.	55 ANS.	56 ANS.	57 ANS.
1	0.0628	0.0679	0.0735	0.0797	1	0.0866	0.0943	0.1029	0.1125
2	0.1256	0.1358	0 1470	0.1594	2	0.1732	0.1886	0.2058	0.2250
3	0.1884	0.2037	0.2205	0.2391	3	0.2598	0.2829	0.3087	0.3375
4	0.2512	0.2716	0.2940	0.3188	4	0.3464	0.3772	0.4116	0.4500
5	0.3140	0.3395	0.3675	0.3985	5	0.4330	0.4715	0.5145	0.5625
6	0.3768	0.4074	0.4410	0.4782	6	0.5196	0.5658	0.6174	0.6750
7	0.4396	0.4753	0.5145	0.5579	7	0.6062	0.6601	0.7203	0.7875
8	0.5024	0.5432	0.5880	0.6376	8	0.6928	0.7544	0.8232	0.9000
9	0.5652	0.6111	0.6615	0.7173	9	0.7794	0.8487	0.9261	1.0125
10	0.6280	0.6790	0.7350	0.7970	10	0.8660	0.9430	1.0290	1.1250
11	0.6908	0.7469	0.8085	0.8767	11	0.9526	1.0373	1.1319	1.2375
12	0.7536	0.8148	0.8820	0.9564	12	1.0392	1.1316	1.2348	1.3500
13	0.8164	0.8827	0.9555	1.0361	13	1.1258	1.2259	1.3377	1.4625
14	0.8792	0.9506	1.0290	1.1158	14	1.2124	1.3202	1.4406	1.5750
15	0.9420	1.0185	1.1025	1.1955	15	1.2990	1.4145	1.5435	1.6875
16	1.0048	1.0864	1.1760	1.2752	16	1.3856	1.5088	1.6464	1.8000
17	1.0676	1.1543	1.2495	1.3549	17	1.4722	1.6031	1.7493	1.9125
18	1.1304	1.2222	1.3230	1.4346	18	1.5588	1.6974	1.8522	2.0250
19	1.1932	1.2901	1.3965	1.5143	19	1.6454	1.7917	1.9551	2.1375
20	1.2560	1.3580	1.4700	1.5940	20	1.7320	1.8860	2.0580	2.2500

SOMMES versées.	58 ANS.	59 ANS.	60 ANS.	61 ANS.	SOMMES versées.	62 ANS.	63 ANS.	64 ANS.	65 ANS.
1	0.1233	0.1355	0.1493	0.1649	1	0.1828	0.2035	0.2273	0.2550
2	0.2466	0.2710	0.2986	0.3298	2	0.3656	0.4070	0.4546	0.5100
3	0.3699	0.4065	0.4479	0.4947	3	0.5484	0.6105	0.6819	0.7650
4	0.4932	0.5420	0.5972	0.6596	4	0.7312	0.8140	0.9092	1.0200
5	0.6165	0.6775	0.7465	0.8245	5	0.9140	1.0175	1.1365	1.2750
6	0.7398	0.8130	0.8958	0.9894	6	1.0968	1.2210	1.3638	1.5300
7	0.8631	0.9485	1.0451	1.1543	7	1.2796	1.4245	1.5911	1.7850
8	0.9864	1.0840	1.1944	1.3192	8	1.4624	1.6280	1.8184	2.0400
9	1.1097	1.2195	1.3437	1.4841	9	1.6452	1.8315	2.0457	2.2950
10	1.2330	1.3550	1.4930	1.6490	10	1.8280	2.0350	2 2730	2.5500
11	1.3563	1.4905	1.6423	1.8139	11	2.0108	2.2385	2.5003	2.8050
12	1.4790	1.6260	1.7916	1.9788	12	2.1936	2.4420	2.7276	3.0600
13	1.6029	1.7615	1.9409	2.1437	13	2.3764	2.6455	2.9549	3.3150
14	1.7262	1.8970	2.0902	2.3086	14	2.5592	2.8490	3.1822	3.5700
15	1.8495	2.0325	2.2395	2.4735	15	2.7420	3.0525	3.4095	3.8250
16	1.9728	2.1680	2.3888	2.6384	16	2.9248	3.2560	3.6368	4.0800
17	2.0961	2.3035	2.5381	2.8033	17	3.1076	3.4595	3.8641	4.3350
18	2.2194	2.4390	2.6874	2.9682	18	3.2904	3.6630	4.0914	4.5900
19	2.3427	2.5745	2.8367	3.1331	19	3.4732	3.8665	4.3187	4.8450
20	2.4660	2.7100	2.9860	3.2980	20	3.6560	4.0700	4.5460	5.1000

SOMMES versées	50 ANS.	51 ANS.	52 ANS.	53 ANS.	SOMMES versées	54 ANS.	55 ANS.	56 ANS.	57 ANS.
1	0.1064	0.1150	0.1245	0.1351	1	0.1468	0.1598	0.1743	0.1900
2	0.2128	0.2300	0.2490	0.2702	2	0.2936	0.3196	0.3480	0.3812
3	0.3192	0.3450	0.3735	0.4053	3	0.4404	0.4794	0.5229	0.5718
4	0.4256	0.4600	0.4980	0.5404	4	0.5872	0.6392	0.6972	0.7624
5	0.5320	0.5750	0.6225	0.6755	5	0.7340	0.7990	0.8715	0.9530
6	0.6384	0.6900	0.7470	0.8106	6	0.8808	0.9588	1.0458	1.1436
7	0.7448	0.8050	0.8715	0.9457	7	1.0276	1.1186	1.2201	1.3342
8	0.8512	0.9200	0.9960	1.0808	8	1.1744	1.2784	1.3944	1.5248
9	0.9576	1.0350	1.1205	1.2159	9	1.3212	1.4382	1.5687	1.7154
10	1.0640	1.1500	1.2450	1.3510	10	1.4680	1.5980	1.7430	1.9060
11	1.1704	1.2650	1.3695	1.4861	11	1.6148	1.7578	1.9173	2.0966
12	1.2768	1.3800	1.4940	1.6212	12	1.7616	1.9176	2.0916	2.2872
13	1.3832	1.4950	1.6185	1.7563	13	1.9084	2.0774	2.2659	2.4778
14	1.4896	1.6100	1.7430	1.8914	14	2.0552	2.2372	2.4402	2.6684
15	1.5960	1.7250	1.8675	2.0265	15	2.2020	2.3970	2.6145	2.8590
16	1.7024	1.8400	1.9920	2.1616	16	2.3488	2.5568	2.7888	3.0496
17	1.8088	1.9550	2.1165	2.2967	17	2.4956	2.7166	2.9631	3.2402
18	1.9152	2.0700	2.2410	2.4318	18	2.6424	2.8764	3.1374	3.4308
19	2.0216	2.1850	2.3655	2.5669	19	2.7892	3.0362	3.3117	3.6214
20	2.1280	2.3000	2.4900	2.7020	20	2.9360	3.1960	3.4860	3.8120

SOMMES versées	58 ANS.	59 ANS.	60 ANS.	61 ANS.	SOMMES versées	62 ANS.	63 ANS.	64 ANS.	65 ANS.
1	0.2089	0.2295	0.2528	0.2793	1	0.3097	0.3446	0.3849	0.4319
2	0.4178	0.4590	0.5056	0.5586	2	0.6194	0.6892	0.7698	0.8638
3	0.6267	0.6885	0.7584	0.8379	3	0.9291	1.0338	1.1547	1.2957
4	0.8356	0.9180	1.0112	1.1172	4	1.2388	1.3784	1.5396	1.7276
5	1.0445	1.1475	1.2640	1.3965	5	1.5485	1.7230	1.9245	2.1595
6	1.2534	1.3770	1.5168	1.6758	6	1.8582	2.0076	2.3094	2.5914
7	1.4623	1.6065	1.7696	1.9551	7	2.1679	2.4122	2.6943	3.0233
8	1.6712	1.8360	2.0224	2.2344	8	2.4776	2.7568	3.0792	3.4552
9	1.8801	2.0655	2.2752	2.5137	9	2.7873	3.1014	3.4641	3.8871
10	2.0890	2.2950	2.5280	2.7930	10	3.0970	3.4460	3.8490	4.3190
11	2.2979	2.5245	2.7808	3.0723	11	3.4067	3.7906	4.2339	4.7509
12	2.5068	2.7540	3.0336	3.3516	12	3.7164	4.1352	4.6188	5.1828
13	2.7157	2.9835	3.2864	3.6309	13	4.0261	4.4798	5.0037	5.6147
14	2.9246	3.2130	3.5392	3.9102	14	4.3358	4.8244	5.3886	6.0466
15	3.1335	3.4425	3.7920	4.1895	15	4.6455	5.1690	5.7735	6.4785
16	3.3424	3.6720	4.0448	4.4688	16	4.9552	5.5136	6.1584	6.9104
17	3.5513	3.9015	4.2976	4.7481	17	5.2649	5.8582	6.5433	7.3423
18	3.7602	4.1310	4.5504	5.0274	18	5.5746	6.2028	6.9282	7.7742
19	3.9691	4.3605	4.8032	5.3067	19	5.8843	6.5474	7.3131	8.2061
20	4.1780	4.5900	5.0560	5.5860	20	6.1940	6.8920	7.6980	8.6380

Sommes versées	50 ANS.	51 ANS.	52 ANS.	53 ANS.	Sommes versées	54 ANS.	55 ANS.	56 ANS.	57 ANS.
1	0.0617	0.0668	0.0723	0.0784	1	0.0852	0.0927	0.1012	0.1106
2	0.1234	0.1336	0.1446	0.1568	2	0.1704	0.1854	0.2024	0.2212
3	0.1851	0.2004	0.2169	0.2352	3	0.2556	0.2781	0.3036	0.3318
4	0.2468	0.2672	0.2892	0.3136	4	0.3408	0.3708	0.4048	0.4424
5	0.3085	0.3340	0.3615	0.3920	5	0.4260	0.4635	0.5060	0.5530
6	0.3702	0.4008	0.4338	0.4704	6	0.5112	0.5562	0.6072	0.6636
7	0.4319	0.4676	0.5061	0.5488	7	0.5964	0.6489	0.7084	0.7742
8	0.4936	0.5344	0.5784	0.6272	8	0.6816	0.7416	0.8096	0.8848
9	0.5553	0.6012	0.6507	0.7056	9	0.7668	0.8343	0.9108	0.9954
10	0.6170	0.6680	0.7230	0.7840	10	0.8520	0.9270	1.0120	1.1060
11	0.6787	0.7348	0.7953	0.8624	11	0.9372	1.0197	1.1132	1.2166
12	0.7404	0.8016	0.8676	0.9408	12	1.0224	1.1124	1.2144	1.3272
13	0.8021	0.8684	0.9399	1.0192	13	1.1076	1.2051	1.3156	1.4378
14	0.8638	0.9352	1.0122	1.0976	14	1.1928	1.2978	1.4168	1.5484
15	0.9255	1.0020	1.0845	1.1760	15	1.2780	1.3905	1.5180	1.6590
16	0.9872	1.0688	1.1568	1.2544	16	1.3632	1.4832	1.6192	1.7696
17	1.0489	1.1356	1.2291	1.3328	17	1.4484	1.5759	1.7204	1.8802
18	1.1106	1.2024	1.3014	1.4112	18	1.5336	1.6686	1.8216	1.9908
19	1.1723	1.2692	1.3737	1.4896	19	1.6188	1.7613	1.9228	2.1014
20	1.2340	1.3360	1.4460	1.5680	20	1.7040	1.8540	2.0240	2.2120

Sommes versées	58 ANS.	59 ANS.	60 ANS.	61 ANS.	Sommes versées	62 ANS.	63 ANS.	64 ANS.	65 ANS.
1	0.1212	0.1332	0.1467	0.1621	1	0.1798	0.2000	0.2234	0.2507
2	0.2424	0.2664	0.2934	0.3242	2	0.3596	0.4000	0.4468	0.5014
3	0.3636	0.3996	0.4401	0.4863	3	0.5394	0.6000	0.6702	0.7521
4	0.4848	0.5328	0.5868	0.6484	4	0.7192	0.8000	0.8936	1.0028
5	0.6060	0.6660	0.7335	0.8105	5	0.8990	1.0000	1.1170	1.2535
6	0.7272	0.7992	0.8802	0.9726	6	1.0788	1.2000	1.3404	1.5042
7	0.8484	0.9324	1.0269	1.1347	7	1.2586	1.4000	1.5638	1.7549
8	0.9696	1.0656	1.1736	1.2968	8	1.4384	1.6000	1.7872	2.0056
9	1.0908	1.1988	1.3203	1.4589	9	1.6182	1.8000	2.0106	2.2563
10	1.2120	1.3320	1.4670	1.6210	10	1.7980	2.0000	2.2340	2.5070
11	1.3332	1.4652	1.6137	1.7831	11	1.9778	2.2000	2.4574	2.7577
12	1.4544	1.5984	1.7604	1.9452	12	2.1576	2.4000	2.6808	3.0084
13	1.5756	1.7316	1.9071	2.1073	13	2.3374	2.6000	2.9042	3.2591
14	1.6968	1.8648	2.0538	2.2694	14	2.5172	2.8000	3.1276	3.5098
15	1.8180	1.9980	2.2005	2.4315	15	2.6970	3.0000	3.3510	3.7605
16	1.9392	2.1312	2.3472	2.5936	16	2.8768	3.2000	3.5744	4.0112
17	2.0604	2.2644	2.4939	2.7557	17	3.0566	3.4000	3.7978	4.2619
18	2.1816	2.3976	2.6406	2.9178	18	3.2364	3.6000	4.0212	4.5126
19	2.3028	2.5308	2.7873	3.0799	19	3.4162	3.8000	4.2446	4.7633
20	2.4240	2.6640	2.9340	3.2420	20	3.5960	4.0000	4.4680	5.0140

SOMMES versées	50 ANS.	51 ANS.	52 ANS.	53 ANS.	SOMMES versées	54 ANS.	55 ANS.	56 ANS.	57 ANS.
1	0.1050	0.1136	0.1230	0.1334	1	0.1449	0.1578	0.1721	0.1882
2	0.2100	0.2272	0.2460	0.2668	2	0.2898	0.3156	0.3442	0.3764
3	0.3150	0.3408	0.3690	0.4002	3	0.4347	0.4734	0.5163	0.5646
4	0.4200	0.4544	0.4920	0.5336	4	0.5796	0.6312	0.6884	0.7528
5	0.5250	0.5680	0.6150	0.6670	5	0.7245	0.7890	0.8605	0.9410
6	0.6300	0.6816	0.7380	0.8004	6	0.8694	0.9468	1.0326	1.1292
7	0.7350	0.7952	0.8610	0.9338	7	1.0143	1.1046	1.2047	1.3174
8	0.8400	0.9088	0.9840	1.0672	8	1.1592	1.2624	1.3768	1.5056
9	0.9450	1.0224	1.1070	1.2006	9	1.3041	1.4202	1.5489	1.6938
10	1.0500	1.1360	1.2300	1.3340	10	1.4490	1.5780	1.7210	1.8820
11	1.1550	1.2496	1.3530	1.4674	11	1.5939	1.7358	1.8931	2.0702
12	1.2600	1.3632	1.4760	1.6008	12	1.7388	1.8936	2.0652	2.2584
13	1.3650	1.4768	1.5990	1.7342	13	1.8837	2.0514	2.2373	2.4466
14	1.4700	1.5904	1.7220	1.8676	14	2.0286	2.2092	2.4094	2.6348
15	1.5750	1.7040	1.8450	2.0010	15	2.1735	2.3670	2.5815	2.8230
16	1.6800	1.8176	1.9680	2.1344	16	2.3184	2.5248	2.7536	3.0112
17	1.7850	1.9312	2.0910	2.2678	17	2.4633	2.6826	2.9257	3.1994
18	1.8900	2.0448	2.2140	2.4012	18	2.6082	2.8404	3.0978	3.3876
19	1.9950	2.1584	2.3370	2.5346	19	2.7531	2.9982	3.2699	3.5758
20	2.1000	2.2720	2.4600	2.6680	20	2.8980	3.1560	3.4420	3.7640

SOMMES versées	58 ANS.	59 ANS.	60 ANS.	61 ANS.	SOMMES versées	62 ANS.	63 ANS.	64 ANS.	65 ANS.
1	0.2062	0.2266	0.2496	0.2758	1	0.3058	0.3403	0.3801	0.4264
2	0.4124	0.4532	0.4992	0.5516	2	0.6116	0.6806	0.7602	0.8528
3	0.6186	0.6798	0.7488	0.8274	3	0.9174	1.0209	1.1403	1.2792
4	0.8248	0.9064	0.9984	1.1032	4	1.2232	1.3612	1.5204	1.7056
5	1.0310	1.1330	1.2480	1.3790	5	1.5290	1.7015	1.9005	2.1320
6	1.2372	1.3596	1.4976	1.6548	6	1.8348	2.0418	2.2806	2.5584
7	1.4434	1.5862	1.7472	1.9306	7	2.1406	2.3821	2.6607	2.9848
8	1.6496	1.8128	1.9968	2.2064	8	2.4464	2.7224	3.0408	3.4112
9	1.8558	2.0394	2.2464	2.4822	9	2.7522	3.0627	3.4209	3.8376
10	2.0620	2.2660	2.4960	2.7580	10	3.0580	3.4030	3.8010	4.2640
11	2.2682	2.4926	2.7456	3.0338	11	3.3638	3.7433	4.1811	4.6904
12	2.4744	2.7192	2.9952	3.3096	12	3.6696	4.0836	4.5612	5.1168
13	2.6806	2.9458	3.2448	3.5854	13	3.9754	4.4239	4.9413	5.5432
14	2.8868	3.1724	3.4944	3.8612	14	4.2812	4.7642	5.3214	5.9696
15	3.0930	3.3990	3.7440	4.1370	15	4.5870	5.1045	5.7015	6.3960
16	3.2992	3.6256	3.9936	4.4128	16	4.8928	5.4448	6.0816	6.8224
17	3.5054	3.8522	4.2432	4.6886	17	5.1986	5.7851	6.4617	7.2488
18	3.7116	4.0788	4.4928	4.9644	18	5.5044	6.1254	6.8418	7.6752
19	3.9178	4.3054	4.7424	5.2402	19	5.8102	6.4657	7.2210	8.1016
20	4.1240	4.5320	4.9920	5.5160	20	6.1160	6.8060	7.6020	8.5280

SOMMES versées.	50 ANS.	51 ANS.	52 ANS.	53 ANS.	SOMMES versées.	54 ANS.	55 ANS.	56 ANS.	57 ANS.
1	0.0607	0.0656	0.0710	0.0771	1	0.0837	0.0912	0.0995	0.1087
2	0.1214	0.1312	0.1420	0.1542	2	0.1674	0.1824	0.1990	0.2174
3	0.1821	0.1968	0.2130	0.2313	3	0.2511	0.2736	0.2985	0.3261
4	0.2428	0.2624	0.2840	0.3084	4	0.3348	0.3648	0.3980	0.4348
5	0.3035	0.3280	0.3550	0.3855	5	0.4185	0.4560	0.4975	0.5435
6	0.3642	0.3936	0.4260	0.4626	6	0.5022	0.5472	0.5970	0.6522
7	0.4249	0.4592	0.4970	0.5397	7	0.5859	0.6384	0.6965	0.7609
8	0.4856	0.5248	0.5680	0.6168	8	0.6696	0.7296	0.7960	0.8696
9	0.5463	0.5904	0.6390	0.6939	9	0.7533	0.8208	0.8955	0.9783
10	0.6070	0.6560	0.7100	0.7710	10	0.8370	0.9120	0.9950	1.0870
11	0.6677	0.7216	0.7810	0.8481	11	0.9207	1.0032	1.0945	1.1957
12	0.7284	0.7872	0.8520	0.9252	12	1.0044	1.0944	1.1940	1.3044
13	0.7891	0.8528	0.9230	1.0023	13	1.0881	1.1856	1.2935	1.4131
14	0.8498	0.9184	0.9940	1.0794	14	1.1718	1.2768	1.3930	1.5218
15	0.9105	0.9840	1.0650	1.1565	15	1.2555	1.3680	1.4925	1.6305
16	0.9712	1.0496	1.1360	1.2336	16	1.3392	1.4592	1.5920	1.7392
17	1.0319	1.1152	1.2070	1.3107	17	1.4229	1.5504	1.6915	1.8479
18	1.0926	1.1808	1.2780	1.3878	18	1.5066	1.6416	1.7910	1.9566
19	1.1533	1.2464	1.3490	1.4649	19	1.5903	1.7328	1.8905	2.0653
20	1.2140	1.3120	1.4200	1.5420	20	1.6740	1.8240	1.9900	2.1740

SOMMES versées.	58 ANS.	59 ANS.	60 ANS.	61 ANS.	SOMMES versées.	62 ANS.	63 ANS.	64 ANS.	65 ANS.
1	0.1192	0.1309	0.1442	0.1594	1	0.1767	0.1966	0.2196	0.2464
2	0.2384	0.2618	0.2884	0.3188	2	0.3534	0.3932	0.4392	0.4928
3	0.3576	0.3927	0.4326	0.4782	3	0.5301	0.5898	0.6588	0.7392
4	0.4768	0.5236	0.5768	0.6376	4	0.7068	0.7864	0.8784	0.9856
5	0.5960	0.6545	0.7210	0.7970	5	0.8835	0.9830	1.0980	1.2320
6	0.7152	0.7854	0.8652	0.9564	6	1.0602	1.1796	1.3176	1.4784
7	0.8344	0.9163	1.0094	1.1158	7	1.2369	1.3762	1.5372	1.7248
8	0.9536	1.0472	1.1536	1.2752	8	1.4136	1.5728	1.7568	1.9712
9	1.0728	1.1781	1.2978	1.4346	9	1.5903	1.7694	1.9764	2.2176
10	1.1920	1.3090	1.4420	1.5940	10	1.7670	1.9660	2.1960	2.4640
11	1.3112	1.4399	1.5862	1.7534	11	1.9437	2.1626	2.4156	2.7104
12	1.4304	1.5708	1.7304	1.9128	12	2.1204	2.3592	2.6352	2.9568
13	1.5496	1.7017	1.8746	2.0722	13	2.2971	2.5558	2.8548	3.2032
14	1.6688	1.8326	2.0188	2.2316	14	2.4738	2.7524	3.0744	3.4496
15	1.7880	1.9635	2.1630	2.3910	15	2.6505	2.9490	3.2940	3.6960
16	1.9072	2.0944	2.3072	2.5504	16	2.8272	3.1456	3.5136	3.9424
17	2.0264	2.2253	2.4514	2.7098	17	3.0039	3.3422	3.7332	4.1888
18	2.1456	2.3562	2.5956	2.8692	18	3.1806	3.5388	3.9528	4.4352
19	2.2648	2.4871	2.7398	3.0286	19	3.3573	3.7354	4.1724	4.6816
20	2.3840	2.6180	2.8840	3.1880	20	3.5340	3.9320	4.3920	4.9280

SOMMES versées	50 ANS.	51 ANS.	52 ANS.	53 ANS.	SOMMES versées	54 ANS.	55 ANS.	56 ANS.	57 ANS.
1	0.1037	0.1121	0.1214	0.1317	1	0.1431	0.1558	0.1699	0.1858
2	0.2074	0.2242	0.2428	0.2634	2	0.2862	0.3116	0.3398	0.3716
3	0.3111	0.3363	0.3642	0.3951	3	0.4293	0.4674	0.5097	0.5574
4	0.4148	0.4484	0.4856	0.5268	4	0.5724	0.6232	0.6796	0.7432
5	0.5185	0.5605	0.6070	0.6585	5	0.7155	0.7790	0.8495	0.9290
6	0.6222	0.6726	0.7284	0.7902	6	0.8586	0.9348	1.0194	1.1148
7	0.7259	0.7847	0.8498	0.9219	7	1.0017	1.0906	1.1893	1.3006
8	0.8296	0.8968	0.9712	1.0536	8	1.1448	1.2464	1.3592	1.4864
9	0.9333	1.0089	1.0926	1.1853	9	1.2879	1.4022	1.5291	1.6722
10	1.0370	1.1210	1.2140	1.3170	10	1.4310	1.5580	1.6990	1.8580
11	1.1407	1.2331	1.3354	1.4487	11	1.5741	1.7138	1.8689	2.0438
12	1.2444	1.3452	1.4568	1.5804	12	1.7172	1.8696	2.0388	2.2296
13	1.3481	1.4573	1.5782	1.7121	13	1.8603	2.0254	2.2087	2.4154
14	1.4518	1.5694	1.6996	1.8438	14	2.0034	2.1812	2.3786	2.6012
15	1.5555	1.6815	1.8210	1.9755	15	2.1465	2.3370	2.5485	2.7870
16	1.6592	1.7936	1.9424	2.1072	16	2.2896	2.4928	2.7184	2.9728
17	1.7629	1.9057	2.0638	2.2389	17	2.4327	2.6486	2.8883	3.1586
18	1.8666	2.0178	2.1852	2.3706	18	2.5758	2.8044	3.0582	3.3444
19	1.9703	2.1299	2.3066	2.5023	19	2.7189	2.9602	3.2281	3.5302
20	2.0740	2.2420	2.4280	2.6340	20	2.8620	3.1160	3.3980	3.7160

SOMMES versées	58 ANS.	59 ANS.	60 ANS.	61 ANS.	SOMMES versées	62 ANS.	63 ANS.	64 ANS.	65 ANS.
1	0.2036	0.2237	0.2465	0.2723	1	0.3019	0.3360	0.3753	0.4211
2	0.4072	0.4474	0.4930	0.5446	2	0.6038	0.6720	0.7506	0.8422
3	0.6108	0.6711	0.7395	0.8169	3	0.9057	1.0080	1.1259	1.2633
4	0.8144	0.8948	0.9860	1.0892	4	1.2076	1.3440	1.5012	1.6844
5	1.0180	1.1185	1.2325	1.3615	5	1.5095	1.6800	1.8765	2.1055
6	1.2210	1.3422	1.4790	1.6338	6	1.8114	2.0160	2.2518	2.5266
7	1.4252	1.5659	1.7255	1.9061	7	2.1133	2.3520	2.6271	2.9477
8	1.6288	1.7896	1.9720	2.1784	8	2.4152	2.6880	3.0024	3.3688
9	1.8324	2.0133	2.2185	2.4507	9	2.7171	3.0240	3.3777	3.7899
10	2.0360	2.2370	2.4650	2.7230	10	3.0190	3.3600	3.7530	4.2110
11	2.2396	2.4607	2.7115	2.9953	11	3.3209	3.6960	4.1283	4.6321
12	2.4432	2.6844	2.9580	3.2676	12	3.6228	4.0320	4.5036	5.0532
13	2.6468	2.9081	3.2045	3.5399	13	3.9247	4.3680	4.8789	5.4743
14	2.8504	3.1318	3.4510	3.8122	14	4.2266	4.7040	5.2542	5.8954
15	3.0540	3.3555	3.6975	4.0845	15	4.5285	5.0400	5.6295	6.3165
16	3.2576	3.5792	3.9440	4.3568	16	4.8304	5.3760	6.0048	6.7376
17	3.4612	3.8029	4.1905	4.6291	17	5.1323	5.7120	6.3801	7.1587
18	3.6648	4.0266	4.4370	4.9014	18	5.4342	6.0480	6.7554	7.5798
19	3.8684	4.2503	4.6835	5.1737	19	5.7361	6.3840	7.1307	8.0009
20	4.0720	4.4740	4.9300	5.4460	20	6.0380	6.7200	7.5060	8.4220

SOMMES versées.	50 ANS.	51 ANS.	52 ANS.	53 ANS.	SOMMES versées.	54 ANS.	55 ANS.	56 ANS.	57 ANS.
1	0.0597	0.0645	0.0698	0.0757	1	0.0823	0.0896	0.0978	0.1069
2	0.1194	0.1290	0.1396	0.1514	2	0.1646	0.1792	0.1956	0.2138
3	0.1791	0.1935	0.2094	0.2271	3	0.2469	0.2688	0.2934	0.3207
4	0.2388	0.2580	0.2792	0.3028	4	0.3292	0.3584	0.3912	0.4276
5	0.2985	0.3225	0.3490	0.3785	5	0.4115	0.4480	0.4890	0.5345
6	0.3582	0.3870	0.4188	0.4542	6	0.4938	0.5376	0.5868	0.6414
7	0.4179	0.4515	0.4886	0.5299	7	0.5761	0.6272	0.6846	0.7483
8	0.4776	0.5160	0.5584	0.6056	8	0.6584	0.7168	0.7824	0.8552
9	0.5373	0.5805	0.6282	0.6813	9	0.7407	0.8064	0.8802	0.9621
10	0.5970	0.6450	0.6980	0.7570	10	0.8230	0.8960	0.9780	1.0690
11	0.6567	0.7095	0.7678	0.8327	11	0.9053	0.9856	1.0758	1.1759
12	0.7164	0.7740	0.8376	0.9084	12	0.9876	1.0752	1.1736	1.2828
13	0.7761	0.8385	0.9074	0.9841	13	1.0699	1.1648	1.2714	1.3897
14	0.8358	0.9030	0.9772	1.0598	14	1.1522	1.2544	1.3692	1.4966
15	0.8955	0.9675	1.0470	1.1355	15	1.2345	1.3440	1.4670	1.6035
16	0.9552	1.0320	1.1168	1.2112	16	1.3168	1.4336	1.5648	1.7104
17	1.0149	1.0965	1.1866	1.2869	17	1.3991	1.5232	1.6626	1.8173
18	1.0746	1.1610	1.2564	1.3626	18	1.4814	1.6128	1.7604	1.9242
19	1.1343	1.2255	1.3262	1.4383	19	1.5637	1.7024	1.8582	2.0311
20	1.1940	1.2900	1.3960	1.5140	20	1.6460	1.7920	1.9560	2.1380

SOMMES versées.	58 ANS.	59 ANS.	60 ANS.	61 ANS.	SOMMES versées.	62 ANS.	63 ANS.	64 ANS.	65 ANS.
1	0.1171	0.1287	0.1418	0.1567	1	0.1737	0.1933	0.2159	0.2422
2	0.2342	0.2574	0.2836	0.3134	2	0.3474	0.3866	0.4318	0.4844
3	0.3513	0.3861	0.4254	0.4701	3	0.5211	0.5799	0.6477	0.7266
4	0.4684	0.5148	0.5672	0.6268	4	0.6948	0.7732	0.8636	0.9688
5	0.5855	0.6435	0.7090	0.7835	5	0.8685	0.9665	1.0795	1.2110
6	0.7026	0.7722	0.8508	0.9402	6	1.0422	1.1598	1.2954	1.4532
7	0.8197	0.9009	0.9926	1.0969	7	1.2159	1.3531	1.5113	1.6954
8	0.9368	1.0296	1.1344	1.2536	8	1.3896	1.5464	1.7272	1.9376
9	1.0539	1.1583	1.2762	1.4103	9	1.5633	1.7397	1.9431	2.1798
10	1.1710	1.2870	1.4180	1.5670	10	1.7370	1.9330	2.1590	2.4220
11	1.2881	1.4157	1.5598	1.7237	11	1.9107	2.1263	2.3749	2.6642
12	1.4052	1.5444	1.7016	1.8804	12	2.0844	2.3196	2.5908	2.9064
13	1.5223	1.6731	1.8434	2.0371	13	2.2581	2.5129	2.8067	3.1486
14	1.6394	1.8018	1.9852	2.1938	14	2.4318	2.7062	3.0226	3.3908
15	1.7565	1.9305	2.1270	2.3505	15	2.6055	2.8995	3.2385	3.6330
16	1.8736	2.0592	2.2688	2.5072	16	2.7792	3.0928	3.4544	3.8752
17	1.9907	2.1879	2.4106	2.6639	17	2.9529	3.2861	3.6703	4.1174
18	2.1078	2.3166	2.5524	2.8206	18	3.1266	3.4794	3.8862	4.3596
19	2.2249	2.4453	2.6942	2.9773	19	3.3003	3.6727	4.1021	4.6018
20	2.3420	2.5740	2.8360	3.1340	20	3.4740	3.8660	4.3180	4.8440

SOMMES VERSÉES	50 ANS.	51 ANS.	52 ANS.	53 ANS.	SOMMES VERSÉES	54 ANS.	55 ANS.	56 ANS.	57 ANS.
1	0.1024	0.1107	0.1199	0.1300	1	0.1413	0.1538	0.1678	0.1835
2	0.2048	0.2214	0.2398	0.2600	2	0.2826	0.3076	0.3356	0.3670
3	0.3072	0.3321	0.3597	0.3900	3	0.4239	0.4614	0.5034	0.5505
4	0.4096	0.4428	0.4796	0.5200	4	0.5652	0.6152	0.6712	0.7340
5	0.5120	0.5535	0.5995	0.6500	5	0.7005	0.7690	0.8390	0.9175
6	0.6144	0.6642	0.7194	0.7800	6	0.8478	0.9228	1.0068	1.1010
7	0.7168	0.7749	0.8393	0.9100	7	0.9891	1.0766	1.1746	1.2845
8	0.8192	0.8856	0.9592	1.0400	8	1.1304	1.2304	1.3424	1.4680
9	0.9216	0.9963	1.0791	1.1700	9	1.2717	1.3842	1.5102	1.6515
10	1.0240	1.1070	1.1990	1.3000	10	1.4130	1.5380	1.6780	1.8350
11	1.1264	1.2177	1.3189	1.4300	11	1.5543	1.6918	1.8458	2.0185
12	1.2288	1.3284	1.4388	1.5600	12	1.6956	1.8456	2.0136	2.2020
13	1.3312	1.4391	1.5587	1.6900	13	1.8369	1.9994	2.1814	2.3855
14	1.4336	1.5498	1.6786	1.8200	14	1.9782	2.1532	2.3492	2.5690
15	1.5360	1.6605	1.7985	1.9500	15	2.1195	2.3070	2.5170	2.7525
16	1.6384	1.7712	1.9184	2.0800	16	2.2608	2.4608	2.6848	2.9360
17	1.7408	1.8819	2.0383	2.2100	17	2.4021	2.6146	2.8526	3.1195
18	1.8432	1.9926	2.1582	2.3400	18	2.5434	2.7684	3.0204	3.3030
19	1.9456	2.1033	2.2781	2.4700	19	2.6847	2.9222	3.1882	3.4865
20	2.0480	2.2140	2.3980	2.6000	20	2.8260	3.0760	3.3560	3.6700

SOMMES VERSÉES	58 ANS.	59 ANS.	60 ANS.	61 ANS.	SOMMES VERSÉES	62 ANS.	63 ANS.	64 ANS.	65 ANS.
1	0.2011	0.2209	0.2434	0.2689	1	0.2981	0.3317	0.3705	0.4157
2	0.4022	0.4418	0.4868	0.5378	2	0.5962	0.6634	0.7410	0.8314
3	0.6033	0.6627	0.7302	0.8067	3	0.8943	0.9951	1.1115	1.2471
4	0.8044	0.8836	0.9736	1.0756	4	1.1924	1.3268	1.4820	1.6628
5	1.0055	1.1045	1.2170	1.3445	5	1.4905	1.6585	1.8525	2.0785
6	1.2066	1.3254	1.4604	1.6134	6	1.7886	1.9902	2.2230	2.4942
7	1.4077	1.5463	1.7038	1.8823	7	2.0867	2.3219	2.5935	2.9099
8	1.6088	1.7672	1.9472	2.1512	8	2.3848	2.6536	2.9640	3.3256
9	1.8099	1.9881	2.1906	2.4201	9	2.6829	2.9853	3.3345	3.7413
10	2.0110	2.2090	2.4340	2.6890	10	2.9810	3.3170	3.7050	4.1570
11	2.2121	2.4299	2.6774	2.9579	11	3.2791	3.6487	4.0755	4.5727
12	2.4132	2.6508	2.9208	3.2268	12	3.5772	3.9804	4.4460	4.9884
13	2.6143	2.8717	3.1642	3.4957	13	3.8753	4.3121	4.8165	5.4041
14	2.8154	3.0926	3.4076	3.7646	14	4.1734	4.6438	5.1870	5.8198
15	3.0165	3.3135	3.6510	4.0335	15	4.4715	4.9755	5.5575	6.2355
16	3.2176	3.5344	3.8944	4.3024	16	4.7696	5.3072	5.9280	6.6512
17	3.4187	3.7553	4.1378	4.5713	17	5.0077	5.6389	6.2985	7.0669
18	3.6198	3.9762	4.3812	4.8402	18	5.3658	5.9706	6.6690	7.4826
19	3.8209	4.1971	4.6246	5.1091	19	5.6639	6.3023	7.0395	7.8983
20	4.0220	4.4180	4.8680	5.3780	20	5.9620	6.6340	7.4100	8.3140

SOMMES versées.	50 ANS.	51 ANS.	52 ANS.	53 ANS.	SOMMES versées.	54 ANS.	55 ANS.	56 ANS.	57. ANS.
1	0.0586	0.0634	0.0686	0.0745	1	0.0809	0.0881	0.0961	0.1051
2	0.1172	0.1268	0.1372	0.1490	2	0.1618	0.1762	0.1922	0.2102
3	0.1758	0.1902	0.2058	0.2235	3	0.2427	0.2643	0.2883	0.3153
4	0.2344	0.2536	0.2744	0.2980	4	0.3236	0.3524	0.3844	0.4204
5	0.2930	0.3170	0.3430	0.3725	5	0.4045	0.4405	0.4805	0.5255
6	0.3516	0.3804	0.4116	0.4470	6	0.4854	0.5286	0.5766	0.6306
7	0.4102	0.4438	0.4802	0.5215	7	0.5663	0.6167	0.6727	0.7357
8	0.4688	0.5072	0.5488	0.5960	8	0.6472	0.7048	0.7688	0.8408
9	0.5274	0.5706	0.6174	0.6705	9	0.7281	0.7929	0.8649	0.9459
10	0.5860	0.6340	0.6860	0.7450	10	0.8090	0.8810	0.9610	1.0510
11	0.6446	0.6974	0.7546	0.8195	11	0.8899	0.9691	1.0571	1.1561
12	0.7032	0.7608	0.8232	0.8940	12	0.9708	1.0572	1.1532	1.2612
13	0.7618	0.8242	0.8918	0.9685	13	1.0517	1.1453	1.2493	1.3663
14	0.8204	0.8876	0.9604	1.0430	14	1.1326	1.2334	1.3454	1.4714
15	0.8790	0.9510	1.0290	1.1175	15	1.2135	1.3215	1.4415	1.5765
16	0.9376	1.0144	1.0976	1.1920	16	1.2944	1.4096	1.5376	1.6816
17	0.9962	1.0778	1.1662	1.2665	17	1.3753	1.4977	1.6337	1.7867
18	1.0548	1.1412	1.2348	1.3410	18	1.4562	1.5858	1.7298	1.8918
19	1.1134	1.2046	1.3034	1.4155	19	1.5371	1.6739	1.8259	1.9969
20	1.1720	1.2680	1.3720	1.4900	20	1.6180	1.7620	1.9220	2.1020

SOMMES versées.	58 ANS.	59 ANS.	60 ANS.	61 ANS.	SOMMES versées.	62 ANS.	63 ANS.	64 ANS.	65 ANS.
1	0.1151	0.1265	0.1394	0.1540	1	0.1707	0.1900	0.2122	0.2381
2	0.2302	0.2530	0.2788	0.3080	2	0.3414	0.3800	0.4244	0.4762
3	0.3453	0.3795	0.4182	0.4620	3	0.5121	0.5700	0.6366	0.7143
4	0.4604	0.5060	0.5576	0.6160	4	0.6828	0.7600	0.8488	0.9524
5	0.5755	0.6325	0.6970	0.7700	5	0.8535	0.9500	1.0610	1.1905
6	0.6900	0.7590	0.8364	0.9240	6	1.0242	1.1400	1.2732	1.4286
7	0.8057	0.8855	0.9758	1.0780	7	1.1949	1.3300	1.4854	1.6667
8	0.9208	1.0120	1.1152	1.2320	8	1.3656	1.5200	1.6976	1.9048
9	1.0359	1.1385	1.2546	1.3860	9	1.5363	1.7100	1.9098	2.1429
10	1.1510	1.2650	1.3940	1.5400	10	1.7070	1.9000	2.1220	2.3810
11	1.2661	1.3915	1.5334	1.6940	11	1.8777	2.0900	2.3342	2.6191
12	1.3812	1.5180	1.6728	1.8480	12	2.0484	2.2800	2.5464	2.8572
13	1.4963	1.6445	1.8122	2.0020	13	2.2191	2.4700	2.7586	3.0953
14	1.6114	1.7710	1.9516	2.1560	14	2.3898	2.6600	2.9708	3.3334
15	1.7265	1.8975	2.0910	2.3100	15	2.5605	2.8500	3.1830	3.5715
16	1.8416	2.0240	2.2304	2.4640	16	2.7312	3.0400	3.3952	3.8096
17	1.9567	2.1505	2.3698	2.6180	17	2.9019	3.2300	3.6074	4.0477
18	2.0718	2.2770	2.5092	2.7720	18	3.0726	3.4200	3.8196	4.2858
19	2.1869	2.4035	2.6486	2.9260	19	3.2433	3.6100	4.0318	4.5239
20	2.3020	2.5300	2.7880	3.0800	20	3.4140	3.8000	4.2440	4.7620

SOMMES versées.	50 ANS.	51 ANS.	52 ANS.	53 ANS.	SOMMES versées.	54 ANS.	55 ANS.	56 ANS.	57 ANS.
1	0.1011	0.1093	0.1184	0.1284	1	0.1395	0.1519	0.1657	0.1812
2	0.2022	0.2186	0.2368	0.2568	2	0.2790	0.3038	0.3314	0.3624
3	0.3033	0.3279	0.3552	0.3852	3	0.4185	0.4557	0.4971	0.5436
4	0.4044	0.4372	0.4736	0.5136	4	0.5580	0.6076	0.6628	0.7248
5	0.5055	0.5465	0.5920	0.6420	5	0.6975	0.7595	0.8285	0.9060
6	0.6066	0.6558	0.7104	0.7704	6	0.8370	0.9114	0.9942	1.0872
7	0.7077	0.7651	0.8288	0.8988	7	0.9765	1.0633	1.1599	1.2684
8	0.8088	0.8744	0.9472	1.0272	8	1.1160	1.2152	1.3256	1.4496
9	0.9099	0.9837	1.0656	1.1556	9	1.2555	1.3671	1.4913	1.6308
10	1.0110	1.0930	1.1840	1.2840	10	1.3950	1.5190	1.6570	1.8120
11	1.1121	1.2023	1.3024	1.4124	11	1.5345	1.6709	1.8227	1.9932
12	1.2132	1.3116	1.4208	1.5408	12	1.6740	1.8228	1.9884	2.1744
13	1.3143	1.4209	1.5392	1.6692	13	1.8135	1.9747	2.1541	2.3556
14	1.4154	1.5302	1.6576	1.7976	14	1.9530	2.1266	2.3198	2.5368
15	1.5165	1.6395	1.7760	1.9260	15	2.0925	2.2785	2.4855	2.7180
16	1.6176	1.7488	1.8944	2.0544	16	2.2320	2.4304	2.6512	2.8992
17	1.7187	1.8581	2.0128	2.1828	17	2.3715	2.5823	2.8169	3.0804
18	1.8198	1.9674	2.1312	2.3112	18	2.5110	2.7342	2.9826	3.2616
19	1.9209	2.0767	2.2496	2.4396	19	2.6505	2.8861	3.1483	3.4428
20	2.0220	2.1860	2.3680	2.5680	20	2.7900	3.0380	3.3140	3.6240

SOMMES versées.	58 ANS.	59 ANS.	60 ANS.	61 ANS.	SOMMES versées.	62 ANS.	63 ANS.	64 ANS.	65 ANS.
1	0.1985	0.2181	0.2403	0.2655	1	0.2944	0.3275	0.3659	0.4105
2	0.3970	0.4362	0.4806	0.5310	2	0.5888	0.6550	0.7318	0.8210
3	0.5955	0.6543	0.7209	0.7965	3	0.8832	0.9825	1.0977	1.2315
4	0.7940	0.8724	0.9612	1.0620	4	1.1776	1.3100	1.4636	1.6420
5	0.9925	1.0905	1.2015	1.3275	5	1.4720	1.6375	1.8295	2.0525
6	1.1910	1.3086	1.4418	1.5930	6	1.7664	1.9650	2.1954	2.4630
7	1.3895	1.5267	1.6821	1.8585	7	2.0608	2.2925	2.5613	2.8735
8	1.5880	1.7448	1.9224	2.1240	8	2.3552	2.6200	2.9272	3.2840
9	1.7865	1.9629	2.1627	2.3895	9	2.6496	2.9475	3.2931	3.6945
10	1.9850	2.1810	2.4030	2.6550	10	2.9440	3.2750	3.6590	4.1050
11	2.1835	2.3991	2.6433	2.9205	11	3.2384	3.6025	4.0249	4.5155
12	2.3820	2.6172	2.8836	3.1860	12	3.5328	3.9300	4.3908	4.9260
13	2.5805	2.8353	3.1239	3.4515	13	3.8272	4.2575	4.7567	5.3365
14	2.7790	3.0534	3.3642	3.7170	14	4.1216	4.5850	5.1226	5.7470
15	2.9775	3.2715	3.6045	3.9825	15	4.4160	4.9125	5.4885	6.1575
16	3.1760	3.4896	3.8448	4.2480	16	4.7104	5.2400	5.8544	6.5680
17	3.3745	3.7077	4.0851	4.5135	17	5.0048	5.5675	6.2203	6.9785
18	3.5730	3.9258	4.3254	4.7790	18	5.2992	5.8950	6.5862	7.3890
19	3.7715	4.1439	4.5657	5.0445	19	5.5936	6.2225	6.9521	7.7995
20	3.9700	4.3620	4.8060	5.3100	20	5.8880	6.5500	7.3180	8.2100

SOMMES versées.	50 ANS.	51 ANS.	52 ANS.	53 ANS.	SOMMES versées.	54 ANS.	55 ANS.	56 ANS.	57 ANS.
1	0.0576	0.0623	0.0675	0.0732	1	0.0795	0.0866	0.0944	0.1033
2	0.1152	0.1246	0.1350	0.1464	2	0.1590	0.1732	0.1888	0.2066
3	0.1728	0.1869	0.2025	0.2196	3	0.2385	0.2598	0.2832	0.3099
4	0.2304	0.2492	0.2700	0.2928	4	0.3180	0.3464	0.3776	0.4132
5	0.2880	0.3115	0.3375	0.3660	5	0.3975	0.4330	0.4720	0.5165
6	0.3456	0.3738	0.4050	0.4392	6	0.4770	0.5196	0.5664	0.6198
7	0.4032	0.4361	0.4725	0.5124	7	0.5565	0.6062	0.6608	0.7231
8	0.4608	0.4984	0.5400	0.5856	8	0.6360	0.6928	0.7552	0.8264
9	0.5184	0.5607	0.6075	0.6588	9	0.7155	0.7794	0.8496	0.9297
10	0.5760	0.6230	0.6750	0.7320	10	0.7950	0.8660	0.9440	1.0330
11	0.6336	0.6853	0.7425	0.8052	11	0.8745	0.9526	1.0384	1.1363
12	0.6912	0.7476	0.8100	0.8784	12	0.9540	1.0392	1.1328	1.2396
13	0.7488	0.8099	0.8775	0.9516	13	1.0335	1.1258	1.2272	1.3429
14	0.8064	0.8722	0.9450	1.0248	14	1.1130	1.2124	1.3216	1.4462
15	0.8640	0.9345	1.0125	1.0980	15	1.1925	1.2990	1.4160	1.5495
16	0.9216	0.9968	1.0800	1.1712	16	1.2720	1.3856	1.5104	1.6528
17	0.9792	1.0591	1.1475	1.2444	17	1.3515	1.4722	1.6048	1.7561
18	1.0368	1.1214	1.2150	1.3176	18	1.4310	1.5588	1.6992	1.8594
19	1.0944	1.1837	1.2825	1.3908	19	1.5105	1.6454	1.7936	1.9627
20	1.1520	1.2460	1.3500	1.4640	20	1.5900	1.7320	1.8880	2.0660

SOMMES versées.	58 ANS.	59 ANS.	60 ANS.	61 ANS.	SOMMES versées.	62 ANS.	63 ANS.	64 ANS.	65 ANS.
1	0.1132	0.1243	0.1370	0.1513	1	0.1678	0.1867	0.2085	0.2340
2	0.2264	0.2486	0.2740	0.3026	2	0.3356	0.3734	0.4170	0.4680
3	0.3396	0.3729	0.4110	0.4539	3	0.5034	0.5601	0.6255	0.7020
4	0.4528	0.4972	0.5480	0.6052	4	0.6712	0.7468	0.8340	0.9360
5	0.5660	0.6215	0.6850	0.7565	5	0.8390	0.9335	1.0425	1.1700
6	0.6792	0.7458	0.8220	0.9078	6	1.0068	1.1202	1.2510	1.4040
7	0.7924	0.8701	0.9590	1.0591	7	1.1746	1.3069	1.4595	1.6380
8	0.9056	0.9944	1.0960	1.2104	8	1.3424	1.4936	1.6680	1.8720
9	1.0188	1.1187	1.2330	1.3617	9	1.5102	1.6803	1.8765	2.1060
10	1.1320	1.2430	1.3700	1.5130	10	1.6780	1.8670	2.0850	2.3400
11	1.2452	1.3673	1.5070	1.6643	11	1.8458	2.0537	2.2935	2.5740
12	1.3584	1.4916	1.6440	1.8156	12	2.0136	2.2404	2.5020	2.8080
13	1.4716	1.6159	1.7810	1.9669	13	2.1814	2.4271	2.7105	3.0420
14	1.5848	1.7402	1.9180	2.1182	14	2.3492	2.6138	2.9190	3.2760
15	1.6980	1.8645	2.0550	2.2695	15	2.5170	2.8005	3.1275	3.5100
16	1.8112	1.9888	2.1920	2.4208	16	2.6848	2.9872	3.3360	3.7440
17	1.9244	2.1131	2.3290	2.5721	17	2.8526	3.1739	3.5445	3.9780
18	2.0376	2.2374	2.4660	2.7234	18	3.0204	3.3606	3.7530	4.2120
19	2.1508	2.3617	2.6030	2.8747	19	3.1882	3.5473	3.9615	4.4460
20	2.2640	2.4860	2.7400	3.0260	20	3.3560	3.7340	4.1700	4.6800

SOMMES versées.	50 ANS.	51 ANS.	52 ANS.	53 ANS.	SOMMES versées.	54 ANS.	55 ANS.	56 ANS.	57 ANS.
1	0.0998	0.1079	0.1169	0.1267	1	0.1377	0.1500	0.1636	0.1789
2	0.1996	0.2158	0.2338	0.2534	2	0.2754	0.3000	0.3272	0.3578
3	0.2994	0.3237	0.3507	0.3801	3	0.4131	0.4500	0.4908	0.5367
4	0.3992	0.4316	0.4676	0.5068	4	0.5508	0.6000	0.6544	0.7156
5	0.4990	0.5395	0.5845	0.6335	5	0.6885	0.7500	0.8180	0.8945
6	0.5988	0.6474	0.7014	0.7602	6	0.8262	0.9000	0.9816	1.0734
7	0.6986	0.7553	0.8183	0.8869	7	0.9639	1.0500	1.1452	1.2523
8	0.7984	0.8632	0.9352	1.0136	8	1.1016	1.2000	1.3088	1.4312
9	0.8982	0.9711	1.0521	1.1403	9	1.2393	1.3500	1.4724	1.6101
10	0.9980	1.0790	1.1690	1.2670	10	1.3770	1.5000	1.6360	1.7890
11	1.0978	1.1869	1.2859	1.3937	11	1.5147	1.6500	1.7996	1.9679
12	1.1976	1.2948	1.4028	1.5204	12	1.6524	1.8000	1.9632	2.1468
13	1.2974	1.4027	1.5197	1.6471	13	1.7901	1.9500	2.1268	2.3257
14	1.3972	1.5106	1.6366	1.7738	14	1.9278	2.1000	2.2904	2.5046
15	1.4970	1.6185	1.7535	1.9005	15	2.0655	2.2500	2.4540	2.6835
16	1.5968	1.7264	1.8704	2.0272	16	2.2032	2.4000	2.6176	2.8624
17	1.6966	1.8343	1.9873	2.1539	17	2.3409	2.5500	2.7812	3.0413
18	1.7964	1.9422	2.1042	2.2806	18	2.4786	2.7000	2.9448	3.2202
19	1.8962	2.0501	2.2211	2.4073	19	2.6163	2.8500	3.1084	3.3991
20	1.9960	2.1580	2.3380	2.5340	20	2.7540	3.0000	3.2720	3.5780

SOMMES versées.	58 ANS.	59 ANS.	60 ANS.	61 ANS.	SOMMES versées.	62 ANS.	63 ANS.	64 ANS.	65 ANS.
1	0.1960	0.2154	0.2373	0.2622	1	0.2906	0.3234	0.3612	0.4053
2	0.3920	0.4308	0.4746	0.5244	2	0.5812	0.6468	0.7224	0.8106
3	0.5880	0.6462	0.7119	0.7866	3	0.8718	0.9702	1.0836	1.2159
4	0.7840	0.8616	0.9492	1.0488	4	1.1624	1.2936	1.4448	1.6212
5	0.9800	1.0770	1.1865	1.3110	5	1.4530	1.6170	1.8060	2.0265
6	1.1760	1.2924	1.4238	1.5732	6	1.7436	1.9404	2.1672	2.4318
7	1.3720	1.5078	1.6611	1.8354	7	2.0342	2.2638	2.5284	2.8371
8	1.5680	1.7232	1.8984	2.0976	8	2.3248	2.5872	2.8896	3.2424
9	1.7640	1.9386	2.1357	2.3598	9	2.6154	2.9106	3.2508	3.6477
10	1.9600	2.1540	2.3730	2.6220	10	2.9060	3.2340	3.6120	4.0530
11	2.1560	2.3694	2.6103	2.8842	11	3.1966	3.5574	3.9732	4.4583
12	2.3520	2.5848	2.8476	3.1464	12	3.4872	3.8808	4.3344	4.8636
13	2.5480	2.8002	3.0849	3.4086	13	3.7778	4.2042	4.6956	5.2689
14	2.7440	3.0156	3.3222	3.6708	14	4.0684	4.5276	5.0568	5.6742
15	2.9400	3.2310	3.5595	3.9330	15	4.3590	4.8510	5.4180	6.0795
16	3.1360	3.4464	3.7968	4.1952	16	4.6496	5.1744	5.7792	6.4848
17	3.3320	3.6618	4.0341	4.4574	17	4.9402	5.4978	6.1404	6.8901
18	3.5280	3.8772	4.2714	4.7196	18	5.2308	5.8212	6.5016	7.2954
19	3.7240	4.0926	4.5087	4.9818	19	5.5214	6.1446	6.8628	7.7007
20	3.9200	4.3080	4.7460	5.2440	20	5.8120	6.4680	7.2240	8.1060

SOMMES versées.	50 ANS.	51 ANS.	52 ANS.	53 ANS.	SOMMES versées.	54 ANS.	55 ANS.	56 ANS.	57 ANS.
1	0.0566	0.0612	0.0663	0.0719	1	0.0781	0.0851	0.0928	0.1015
2	0.1132	0.1224	0.1326	0.1438	2	0.1562	0.1702	0.1856	0.2030
3	0.1698	0.1836	0.1989	0.2157	3	0.2343	0.2553	0.2784	0.3045
4	0.2264	0.2448	0.2652	0.2876	4	0.3124	0.3404	0.3712	0.4060
5	0.2830	0.3060	0.3315	0.3595	5	0.3905	0.4255	0.4640	0.5075
6	0.3396	0.3672	0.3978	0.4314	6	0.4686	0.5106	0.5568	0.6090
7	0.3962	0.4284	0.4641	0.5033	7	0.5467	0.5957	0.6496	0.7105
8	0.4528	0.4896	0.5304	0.5752	8	0.6248	0.6808	0.7424	0.8120
9	0.5094	0.5508	0.5967	0.6471	9	0.7029	0.7659	0.8352	0.9135
10	0.5660	0.6120	0.6630	0.7190	10	0.7810	0.8510	0.9280	1.0150
11	0.6226	0.6732	0.7293	0.7909	11	0.8591	0.9361	1.0208	1.1165
12	0.6792	0.7344	0.7956	0.8628	12	0.9372	1.0212	1.1136	1.2180
13	0.7358	0.7956	0.8619	0.9347	13	1.0153	1.1063	1.2064	1.3195
14	0.7924	0.8568	0.9282	1.0066	14	1.0934	1.1914	1.2992	1.4210
15	0.8490	0.9180	0.9945	1.0785	15	1.1715	1.2765	1.3920	1.5225
16	0.9056	0.9792	1.0608	1.1504	16	1.2496	1.3616	1.4848	1.6240
17	0.9622	1.0404	1.1271	1.2223	17	1.3277	1.4467	1.5776	1.7255
18	1.0188	1.1016	1.1934	1.2942	18	1.4058	1.5318	1.6704	1.8270
19	1.0754	1.1628	1.2597	1.3661	19	1.4839	1.6169	1.7632	1.9285
20	1.1320	1.2240	1.3260	1.4380	20	1.5620	1.7020	1.8560	2.0300

SOMMES versées.	58 ANS.	59 ANS.	60 ANS.	61 ANS.	SOMMES versées.	62 ANS.	63 ANS.	64 ANS.	65 ANS.
1	0.1112	0.1222	0.1346	0.1487	1	0.1649	0.1835	0.2049	0.2299
2	0.2224	0.2444	0.2692	0.2974	2	0.3298	0.3670	0.4098	0.4598
3	0.3336	0.3666	0.4038	0.4461	3	0.4947	0.5505	0.6147	0.6897
4	0.4448	0.4888	0.5384	0.5948	4	0.6596	0.7340	0.8196	0.9196
5	0.5560	0.6110	0.6730	0.7435	5	0.8245	0.9175	1.0245	1.1495
6	0.6672	0.7332	0.8076	0.8922	6	0.9894	1.1010	1.2294	1.3794
7	0.7784	0.8554	0.9422	1.0409	7	1.1543	1.2845	1.4343	1.6093
8	0.8896	0.9776	1.0768	1.1896	8	1.3192	1.4680	1.6392	1.8392
9	1.0008	1.0998	1.2114	1.3383	9	1.4841	1.6515	1.8441	2.0691
10	1.1120	1.2220	1.3460	1.4870	10	1.6490	1.8350	2.0490	2.2990
11	1.2232	1.3442	1.4806	1.6357	11	1.8139	2.0185	2.2539	2.5289
12	1.3344	1.4664	1.6152	1.7844	12	1.9788	2.2020	2.4588	2.7588
13	1.4456	1.5886	1.7498	1.9331	13	2.1437	2.3855	2.6637	2.9887
14	1.5568	1.7108	1.8844	2.0818	14	2.3086	2.5690	2.8686	3.2186
15	1.6680	1.8330	2.0190	2.2305	15	2.4735	2.7525	3.0735	3.4485
16	1.7792	1.9552	2.1536	2.3792	16	2.6384	2.9360	3.2784	3.6784
17	1.8904	2.0774	2.2882	2.5279	17	2.8033	3.1195	3.4833	3.9083
18	2.0016	2.1996	2.4228	2.6766	18	2.9682	3.3030	3.6882	4.1382
19	2.1128	2.3218	2.5574	2.8253	19	3.1331	3.4865	3.8931	4.3681
20	2.2240	2.4440	2.6920	2.9740	20	3.2980	3.6700	4.0980	4.5980

SOMMES versées.	50 ANS.	51 ANS.	52 ANS.	53 ANS.	SOMMES versées.	54 ANS.	55 ANS.	56 ANS.	57 ANS.
1	0.0986	0.1066	0.1154	0.1251	1	0.1360	0.1481	0.1615	0.1766
2	0.1972	0.2132	0.2308	0.2502	2	0.2720	0.2962	0.3230	0.3532
3	0.2958	0.3198	0.3462	0.3753	3	0.4080	0.4443	0.4845	0.5298
4	0.3944	0.4264	0.4616	0.5004	4	0.5440	0.5924	0.6460	0.7064
5	0.4930	0.5330	0.5770	0.6255	5	0.6800	0.7405	0.8075	0.8830
6	0.5916	0.6396	0.6924	0.7506	6	0.8160	0.8886	0.9690	1.0596
7	0.6902	0.7462	0.8078	0.8757	7	0.9520	1.0367	1.1305	1.2362
8	0.7888	0.8528	0.9232	1.0008	8	1.0880	1.1848	1.2920	1.4128
9	0.8874	0.9594	1.0386	1.1259	9	1.2240	1.3329	1.4535	1.5894
10	0.9860	1.0660	1.1540	1.2510	10	1.3600	1.4810	1.6150	1.7660
11	1.0846	1.1726	1.2694	1.3761	11	1.4960	1.6291	1.7765	1.9426
12	1.1832	1.2792	1.3848	1.5012	12	1.6320	1.7772	1.9380	2.1192
13	1.2818	1.3858	1.5002	1.6263	13	1.7680	1.9253	2.0995	2.2958
14	1.3804	1.4924	1.6156	1.7514	14	1.9040	2.0734	2.2610	2.4724
15	1.4790	1.5990	1.7310	1.8765	15	2.0400	2.2215	2.4225	2.6490
16	1.5776	1.7056	1.8464	2.0016	16	2.1760	2.3696	2.5840	2.8256
17	1.6762	1.8122	1.9618	2.1267	17	2.3120	2.5177	2.7455	3.0022
18	1.7748	1.9188	2.0772	2.2518	18	2.4480	2.6658	2.9070	3.1788
19	1.8734	2.0254	2.1926	2.3769	19	2.5840	2.8139	3.0685	3.3554
20	1.9720	2.1320	2.3080	2.5020	20	2.7200	2.9620	3.2300	3.5320

SOMMES versées.	58 ANS.	59 ANS.	60 ANS.	61 ANS.	SOMMES versées.	62 ANS.	63 ANS.	64 ANS.	65 ANS.
1	0.1035	0.2120	0.2342	0.2588	1	0.2870	0.3193	0.3567	0.4002
2	0.3870	0.4252	0.4684	0.5176	2	0.5740	0.6386	0.7134	0.8004
3	0.5805	0.6378	0.7026	0.7764	3	0.8610	0.9579	1.0701	1.2006
4	0.7740	0.8504	0.9368	1.0352	4	1.1480	1.2772	1.4268	1.6008
5	0.9675	1.0630	1.1710	1.2940	5	1.4350	1.5965	1.7835	2.0010
6	1.1610	1.2756	1.4052	1.5528	6	1.7220	1.9158	2.1402	2.4012
7	1.3545	1.4882	1.6394	1.8116	7	2.0090	2.2351	2.4969	2.8014
8	1.5480	1.7008	1.8736	2.0704	8	2.2960	2.5544	2.8536	3.2016
9	1.7415	1.9134	2.1078	2.3292	9	2.5830	2.8737	3.2103	3.6018
10	1.9350	2.1260	2.3420	2.5880	10	2.8700	3.1930	3.5670	4.0020
11	2.1285	2.3386	2.5762	2.8468	11	3.1570	3.5123	3.9237	4.4022
12	2.3220	2.5512	2.8104	3.1056	12	3.4440	3.8316	4.2804	4.8024
13	2.5155	2.7638	3.0446	3.3644	13	3.7310	4.1509	4.6371	5.2026
14	2.7090	2.9764	3.2788	3.6232	14	4.0180	4.4702	4.9938	5.6028
15	2.9025	3.1890	3.5130	3.8820	15	4.3050	4.7895	5.3505	6.0030
16	3.0960	3.4016	3.7472	4.1408	16	4.5920	5.1088	5.7072	6.4032
17	3.2895	3.6142	3.9814	4.3996	17	4.8790	5.4281	6.0639	6.8034
18	3.4830	3.8268	4.2156	4.6584	18	5.1660	5.7474	6.4206	7.2036
19	3.6765	4.0394	4.4498	4.9172	19	5.4530	6.0667	6.7773	7.6038
20	3.8700	4.2520	4.6840	5.1760	20	5.7400	6.3800	7.1340	8.0040

SOMMES VERSÉES	50 ANS.	51 ANS.	52 ANS.	53 ANS.	SOMMES VERSÉES	54 ANS.	55 ANS.	56 ANS.	57 ANS.
1	0.0557	0.0602	0.0651	0.0707	1	0.0768	0.0836	0.0912	0.0997
2	0.1114	0.1204	0.1302	0.1414	2	0.1536	0.1672	0.1824	0.1994
3	0.1671	0.1806	0.1953	0.2121	3	0.2304	0.2508	0.2736	0.2991
4	0.2228	0.2408	0.2604	0.2828	4	0.3072	0.3344	0.3648	0.3988
5	0.2785	0.3010	0.3255	0.3535	5	0.3840	0.4180	0.4560	0.4985
6	0.3342	0.3612	0.3906	0.4242	6	0.4608	0.5016	0.5472	0.5982
7	0.3899	0.4214	0.4557	0.4949	7	0.5376	0.5852	0.6384	0.6979
8	0.4456	0.4816	0.5208	0.5656	8	0.6144	0.6688	0.7296	0.7976
9	0.5013	0.5418	0.5859	0.6363	9	0.6912	0.7524	0.8208	0.8973
10	0.5570	0.6020	0.6510	0.7070	10	0.7680	0.8360	0.9120	0.9970
11	0.6127	0.6622	0.7161	0.7777	11	0.8448	0.9196	1.0032	1.0967
12	0.6684	0.7224	0.7812	0.8484	12	0.9216	1.0032	1.0944	1.1964
13	0.7241	0.7826	0.8463	0.9191	13	0.9984	1.0868	1.1856	1.2961
14	0.7798	0.8428	0.9114	0.9898	14	1.0752	1.1704	1.2768	1.3958
15	0.8355	0.9030	0.9765	1.0605	15	1.1520	1.2540	1.3680	1.4955
16	0.8912	0.9632	1.0416	1.1312	16	1.2288	1.3376	1.4592	1.5952
17	0.9469	1.0234	1.1007	1.2019	17	1.3056	1.4212	1.5504	1.6949
18	1.0026	1.0836	1.1718	1.2726	18	1.3824	1.5048	1.6416	1.7946
19	1.0583	1.1438	1.2369	1.3433	19	1.4592	1.5884	1.7328	1.8943
20	1.1140	1.2040	1.3020	1.4140	20	1.5360	1.6720	1.8240	1.9940

SOMMES VERSÉES	38 ANS.	59 ANS.	60 ANS.	61 ANS.	SOMMES VERSÉES	62 ANS.	63 ANS.	64 ANS.	65 ANS.
1	0.1093	0.1201	0.1323	0.1461	1	0.1620	0.1803	0.2014	0.2259
2	0.2186	0.2402	0.2646	0.2922	2	0.3240	0.3606	0.4028	0.4518
3	0.3279	0.3603	0.3969	0.4383	3	0.4860	0.5409	0.6042	0.6777
4	0.4372	0.4804	0.5292	0.5844	4	0.6480	0.7212	0.8056	0.9036
5	0.5465	0.6005	0.6615	0.7305	5	0.8100	0.9015	1.0070	1.1295
6	0.6558	0.7206	0.7938	0.8766	6	0.9720	1.0818	1.2084	1.3554
7	0.7651	0.8407	0.9261	1.0227	7	1.1340	1.2621	1.4098	1.5813
8	0.8744	0.9608	1.0584	1.1688	8	1.2960	1.4424	1.6112	1.8072
9	0.9837	1.0809	1.1907	1.3149	9	1.4580	1.6227	1.8126	2.0331
10	1.0930	1.2010	1.3230	1.4610	10	1.6200	1.8030	2.0140	2.2590
11	1.2023	1.3211	1.4553	1.6071	11	1.7820	1.9833	2.2154	2.4849
12	1.3116	1.4412	1.5876	1.7532	12	1.9440	2.1636	2.4168	2.7108
13	1.4209	1.5613	1.7199	1.8993	13	2.1060	2.3439	2.6182	2.9367
14	1.5302	1.6814	1.8522	2.0454	14	2.2680	2.5242	2.8196	3.1626
15	1.6395	1.8015	1.9845	2.1915	15	2.4300	2.7045	3.0210	3.3885
16	1.7488	1.9216	2.1168	2.3376	16	2.5920	2.8848	3.2224	3.6144
17	1.8581	2.0417	2.2491	2.4837	17	2.7540	3.0651	3.4238	3.8403
18	1.9674	2.1618	2.3814	2.6298	18	2.9160	3.2454	3.6252	4.0662
19	2.0767	2.2819	2.5137	2.7759	19	3.0780	3.4257	3.8266	4.2921
20	2.1860	2.4020	2.6460	2.9220	20	3.2400	3.6060	4.0280	4.5180

SOMMES versées.	50 ANS.	51 ANS.	52 ANS.	53 ANS.	SOMMES versées.	54 ANS.	55 ANS.	56 ANS.	57 ANS.
1	0.0973	0.1052	0.1139	0.1236	1	0.1343	0.1462	0.1595	0.1744
2	0.1946	0.2104	0.2278	0.2472	2	0.2686	0.2924	0.3190	0.3488
3	0.2919	0.3156	0.3417	0.3708	3	0.4029	0.4386	0.4785	0.5232
4	0.3892	0.4208	0.4556	0.4944	4	0.5372	0.5848	0.6380	0.6976
5	0.4865	0.5260	0.5695	0.6180	5	0.6715	0.7310	0.7975	0.8720
6	0.5838	0.6312	0.6834	0.7416	6	0.8058	0.8772	0.9570	1.0464
7	0.6811	0.7364	0.7973	0.8652	7	0.9401	1.0234	1.1165	1.2208
8	0.7784	0.8416	0.9112	0.9888	8	1.0744	1.1696	1.2760	1.3952
9	0.8757	0.9468	1.0251	1.1124	9	1.2087	1.3158	1.4355	1.5696
10	0.9730	1.0520	1.1390	1.2360	10	1.3430	1.4620	1.5950	1.7440
11	1.0703	1.1572	1.2529	1.3596	11	1.4773	1.6082	1.7545	1.9184
12	1.1676	1.2624	1.3668	1.4832	12	1.6116	1.7544	1.9140	2.0928
13	1.2649	1.3676	1.4807	1.6068	13	1.7459	1.9006	2.0735	2.2672
14	1.3622	1.4728	1.5946	1.7304	14	1.8802	2.0468	2.2330	2.4416
15	1.4595	1.5780	1.7085	1.8540	15	2.0145	2.1930	2.3925	2.6160
16	1.5568	1.6832	1.8224	1.9776	16	2.1488	2.3392	2.5520	2.7904
17	1.6541	1.7884	1.9363	2.1012	17	2.2831	2.4854	2.7115	2.9648
18	1.7514	1.8936	2.0502	2.2248	18	2.4174	2.6316	2.8710	3.1392
19	1.8487	1.9988	2.1641	2.3484	19	2.5517	2.7778	3.0305	3.3136
20	1.9460	2.1040	2.2780	2.4720	20	2.6860	2.9240	3.1900	3.4880

SOMMES versées.	58 ANS.	59 ANS.	60 ANS.	61 ANS.	SOMMES versées.	62 ANS.	63 ANS.	64 ANS.	65 ANS.
1	0.1911	0.2099	0.2313	0.2556	1	0.2833	0.3153	0.3522	0.3951
2	0.3822	0.4198	0.4626	0.5112	2	0.5666	0.6306	0.7044	0.7902
3	0.5733	0.6297	0.6939	0.7668	3	0.8499	0.9459	1.0566	1.1853
4	0.7644	0.8396	0.9252	1.0224	4	1.1332	1.2612	1.4088	1.5804
5	0.9555	1.0495	1.1565	1.2780	5	1.4165	1.5765	1.7610	1.9755
6	1.1466	1.2594	1.3878	1.5336	6	1.6998	1.8918	2.1132	2.3706
7	1.3377	1.4693	1.6191	1.7892	7	1.9831	2.2071	2.4654	2.7657
8	1.5288	1.6792	1.8504	2.0448	8	2.2664	2.5224	2.8176	3.1608
9	1.7199	1.8891	2.0817	2.3004	9	2.5497	2.8377	3.1698	3.5559
10	1.9110	2.0990	2.3130	2.5560	10	2.8330	3.1530	3.5220	3.9510
11	2.1021	2.3089	2.5443	2.8116	11	3.1163	3.4683	3.8742	4.3461
12	2.2932	2.5188	2.7756	3.0672	12	3.3996	3.7836	4.2264	4.7412
13	2.4843	2.7287	3.0069	3.3228	13	3.6829	4.0989	4.5786	5.1363
14	2.6754	2.9386	3.2382	3.5784	14	3.9662	4.4142	4.9308	5.5314
15	2.8665	3.1485	3.4695	3.8340	15	4.2495	4.7295	5.2830	5.9265
16	3.0576	3.3584	3.7008	4.0896	16	4.5328	5.0448	5.6352	6.3216
17	3.2487	3.5683	3.9321	4.3452	17	4.8161	5.3601	5.9874	6.7167
18	3.4398	3.7782	4.1634	4.6008	18	5.0994	5.6754	6.3396	7.1118
19	3.6309	3.9881	4.3947	4.8564	19	5.3827	5.9907	6.6918	7.5069
20	3.8220	4.1980	4.6260	5.1120	20	5.6660	6.3060	7.0440	7.9020

SOMMES versées.	50 ANS.	51 ANS.	52 ANS.	53 ANS.	SOMMES versées.	54 ANS.	55 ANS.	56 ANS.	57 ANS.
1	0.0547	0.0591	0.0640	0.0694	1	0.0754	0.0821	0.0896	0.0980
2	0.1094	0.1182	0.1280	0.1388	2	0.1508	0.1642	0.1792	0.1960
3	0.1641	0.1773	0.1920	0.2082	3	0.2262	0.2463	0.2688	0.2940
4	0.2188	0.2364	0.2560	0.2776	4	0.3016	0.3284	0.3584	0.3920
5	0.2735	0.2955	0.3200	0.3470	5	0.3770	0.4105	0.4480	0.4900
6	0.3282	0.3546	0.3840	0.4164	6	0.4524	0.4926	0.5376	0.5880
7	0.3829	0.4137	0.4480	0.4858	7	0.5278	0.5747	0.6272	0.6860
8	0.4376	0.4728	0.5120	0.5552	8	0.6032	0.6568	0.7168	0.7840
9	0.4923	0.5319	0.5760	0.6246	9	0.6786	0.7389	0.8064	0.8820
10	0.5470	0.5910	0.6400	0.6940	10	0.7540	0.8210	0.8960	0.9800
11	0.6017	0.6501	0.7040	0.7634	11	0.8294	0.9031	0.9856	1.0780
12	0.6564	0.7092	0.7680	0.8328	12	0.9048	0.9852	1.0752	1.1760
13	0.7111	0.7683	0.8320	0.9022	13	0.9802	1.0673	1.1648	1.2740
14	0.7658	0.8274	0.8960	0.9716	14	1.0556	1.1494	1.2544	1.3720
15	0.8205	0.8865	0.9600	1.0410	15	1.1310	1.2315	1.3440	1.4700
16	0.8752	0.9456	1.0240	1.1104	16	1.2064	1.3136	1.4336	1.5680
17	0.9299	1.0047	1.0880	1.1798	17	1.2818	1.3957	1.5232	1.6660
18	0.9846	1.0638	1.1520	1.2492	18	1.3572	1.4778	1.6128	1.7640
19	1.0393	1.1229	1.2160	1.3186	19	1.4326	1.5599	1.7024	1.8620
20	1.0940	1.1820	1.2800	1.3880	20	1.5080	1.6420	1.7920	1.9600

SOMMES versées.	58 ANS.	59 ANS.	60 ANS.	61 ANS.	SOMMES versées.	62 ANS.	63 ANS.	64 ANS.	65 ANS.
1	0.1074	0.1180	0.1299	0.1436	1	0.1592	0.1771	0.1979	0.2220
2	0.2148	0.2360	0.2598	0.2872	2	0.3184	0.3542	0.3958	0.4440
3	0.3222	0.3540	0.3897	0.4308	3	0.4776	0.5313	0.5937	0.6660
4	0.4296	0.4720	0.5196	0.5744	4	0.6368	0.7084	0.7916	0.8880
5	0.5370	0.5900	0.6495	0.7180	5	0.7960	0.8855	0.9895	1.1100
6	0.6444	0.7080	0.7794	0.8616	6	0.9552	1.0626	1.1874	1.3320
7	0.7518	0.8260	0.9093	1.0052	7	1.1144	1.2397	1.3853	1.5540
8	0.8592	0.9440	1.0392	1.1488	8	1.2736	1.4168	1.5832	1.7700
9	0.9666	1.0620	1.1691	1.2924	9	1.4328	1.5939	1.7811	1.9980
10	1.0740	1.1800	1.2990	1.4360	10	1.5920	1.7710	1.9790	2.2200
11	1.1814	1.2980	1.4289	1.5796	11	1.7512	1.9481	2.1769	2.4420
12	1.2888	1.4160	1.5588	1.7232	12	1.9104	2.1252	2.3748	2.6640
13	1.3962	1.5340	1.6887	1.8668	13	2.0696	2.3023	2.5727	2.8860
14	1.5036	1.6520	1.8186	2.0104	14	2.2288	2.4794	2.7706	3.1080
15	1.6110	1.7700	1.9485	2.1540	15	2.3880	2.6565	2.9685	3.3300
16	1.7184	1.8880	2.0784	2.2976	16	2.5472	2.8336	3.1664	3.5520
17	1.8258	2.0060	2.2083	2.4412	17	2.7064	3.0107	3.3643	3.7740
18	1.9332	2.1240	2.3382	2.5848	18	2.8656	3.1878	3.5622	3.9960
19	2.0406	2.2420	2.4681	2.7284	19	3.0248	3.3649	3.7601	4.2180
20	2.1480	2.3600	2.5980	2.8720	20	3.1840	3.5420	3.9580	4.4400

SOMMES versées.	50 ANS.	51 ANS.	52 ANS.	53 ANS.	SOMMES versées.	54 ANS.	55 ANS.	56 ANS.	57 ANS.
1	0.0961	0.1039	0.1125	0.1220	1	0.1326	0.1443	0.1575	0.1722
2	0.1922	0.2078	0.2250	0.2440	2	0.2652	0.2886	0.3150	0.3444
3	0.2883	0.3117	0.3375	0.3660	3	0.3978	0.4329	0.4725	0.5166
4	0.3844	0.4156	0.4500	0.4880	4	0.5304	0.5772	0.6300	0.6888
5	0.4805	0.5195	0.5625	0.6100	5	0.6630	0.7215	0.7875	0.8610
6	0.5766	0.6234	0.6750	0.7320	6	0.7956	0.8658	0.9450	1.0332
7	0.6727	0.7273	0.7875	0.8540	7	0.9282	1.0101	1.1025	1.2054
8	0.7688	0.8312	0.9000	0.9760	8	1.0608	1.1544	1.2600	1.3776
9	0.8649	0.9351	1.0125	1.0980	9	1.1934	1.2987	1.4175	1.5498
10	0.9610	1.0390	1.1250	1.2200	10	1.3260	1.4430	1.5750	1.7220
11	1.0571	1.1429	1.2375	1.3420	11	1.4586	1.5873	1.7325	1.8942
12	1.1532	1.2468	1.3500	1.4640	12	1.5912	1.7316	1.8900	2.0664
13	1.2493	1.3507	1.4625	1.5860	13	1.7238	1.8759	2.0475	2.2386
14	1.3454	1.4546	1.5750	1.7080	14	1.8564	2.0202	2.2050	2.4108
15	1.4415	1.5585	1.6875	1.8300	15	1.9890	2.1645	2.3625	2.5830
16	1.5376	1.6624	1.8000	1.9520	16	2.1216	2.3088	2.5200	2.7552
17	1.6337	1.7663	1.9125	2.0740	17	2.2542	2.4531	2.6775	2.9274
18	1.7298	1.8702	2.0250	2.1960	18	2.3868	2.5974	2.8350	3.0996
19	1.8259	1.9741	2.1375	2.3180	19	2.5194	2.7417	2.9925	3.2718
20	1.9220	2.0780	2.2500	2.4400	20	2.6520	2.8860	3.1500	3.4440

SOMMES versées.	58 ANS.	59 ANS.	60 ANS.	61 ANS.	SOMMES versées.	62 ANS.	63 ANS.	64 ANS.	65 ANS.
1	0.1887	0.2073	0.2284	0.2523	1	0.2797	0.3113	0.3477	0.3901
2	0.3774	0.4146	0.4568	0.5046	2	0.5594	0.6226	0.6954	0.7802
3	0.5661	0.6219	0.6852	0.7569	3	0.8391	0.9339	1.0431	1.1703
4	0.7548	0.8292	0.9136	1.0092	4	1.1188	1.2452	1.3908	1.5604
5	0.9435	1.0365	1.1420	1.2615	5	1.3985	1.5565	1.7385	1.9505
6	1.1322	1.2438	1.3704	1.5138	6	1.6782	1.8678	2.0862	2.3406
7	1.3209	1.4511	1.5988	1.7661	7	1.9579	2.1791	2.4339	2.7307
8	1.5096	1.6584	1.8272	2.0184	8	2.2376	2.4904	2.7816	3.1208
9	1.6983	1.8657	2.0556	2.2707	9	2.5173	2.8017	3.1293	3.5109
10	1.8870	2.0730	2.2840	2.5230	10	2.7970	3.1130	3.4770	3.9010
11	2.0757	2.2803	2.5124	2.7753	11	3.0767	3.4243	3.8247	4.2911
12	2.2644	2.4876	2.7408	3.0276	12	3.3564	3.7356	4.1724	4.6812
13	2.4531	2.6949	2.9692	3.2799	13	3.6361	4.0469	4.5201	5.0713
14	2.6418	2.9022	3.1976	3.5322	14	3.9158	4.3582	4.8678	5.4614
15	2.8305	3.1095	3.4260	3.7845	15	4.1955	4.6695	5.2155	5.8515
16	3.0192	3.3168	3.6544	4.0368	16	4.4752	4.9808	5.5632	6.2416
17	3.2079	3.5241	3.8828	4.2891	17	4.7549	5.2921	5.9109	6.6317
18	3.3966	3.7314	4.1112	4.5414	18	5.0346	5.6034	6.2586	7.0218
19	3.5853	3.9387	4.3396	4.7937	19	5.3143	5.9147	6.6063	7.4119
20	3.7740	4.1460	4.5680	5.0460	20	5.5940	6.2260	6.9540	7.8020

SOMMES versées	50 ANS.	51 ANS.	52 ANS.	53 ANS.	SOMMES versées	54 ANS.	55 ANS.	56 ANS.	57 ANS.
1	0.0537	0.0581	0.0629	0.0682	1	0.0741	0.0807	0.0880	0.0962
2	0.1074	0.1162	0.1258	0.1364	2	0.1482	0.1614	0.1760	0.1924
3	0.1611	0.1743	0.1887	0.2046	3	0.2223	0.2421	0.2640	0.2886
4	0.2148	0.2324	0.2516	0.2728	4	0.2964	0.3228	0.3520	0.3848
5	0.2685	0.2905	0.3145	0.3410	5	0.3705	0.4035	0.4400	0.4810
6	0.3222	0.3486	0.3774	0.4092	6	0.4446	0.4842	0.5280	0.5772
7	0.3759	0.4067	0.4403	0.4774	7	0.5187	0.5649	0.6160	0.6734
8	0.4296	0.4648	0.5032	0.5456	8	0.5928	0.6456	0.7040	0.7696
9	0.4833	0.5229	0.5661	0.6138	9	0.6669	0.7263	0.7920	0.8658
10	0.5370	0.5810	0.6290	0.6820	10	0.7410	0.8070	0.8800	0.9620
11	0.5907	0.6391	0.6919	0.7502	11	0.8151	0.8877	0.9680	1.0582
12	0.6444	0.6972	0.7548	0.8184	12	0.8892	0.9684	1.0560	1.1544
13	0.6981	0.7553	0.8177	0.8866	13	0.9633	1.0491	1.1440	1.2506
14	0.7518	0.8134	0.8806	0.9548	14	1.0374	1.1298	1.2320	1.3468
15	0.8055	0.8715	0.9435	1.0230	15	1.1115	1.2105	1.3200	1.4430
16	0.8592	0.9296	1.0064	1.0912	16	1.1856	1.2912	1.4080	1.5392
17	0.9129	0.9877	1.0693	1.1594	17	1.2597	1.3719	1.4960	1.6354
18	0.9666	1.0458	1.1322	1.2276	18	1.3338	1.4526	1.5840	1.7316
19	1.0203	1.1039	1.1951	1.2958	19	1.4079	1.5333	1.6720	1.8278
20	1.0740	1.1620	1.2580	1.3640	20	1.4820	1.6140	1.7600	1.9240

SOMMES versées	58 ANS.	59 ANS.	60 ANS.	61 ANS.	SOMMES versées	62 ANS.	63 ANS.	64 ANS.	65 ANS.
1	0.1055	0.1159	0.1277	0.1411	1	0.1564	0.1740	0.1944	0.2181
2	0.2110	0.2318	0.2554	0.2822	2	0.3128	0.3480	0.3888	0.4362
3	0.3165	0.3477	0.3831	0.4233	3	0.4692	0.5220	0.5832	0.6543
4	0.4220	0.4636	0.5108	0.5644	4	0.6256	0.6960	0.7776	0.8724
5	0.5275	0.5795	0.6385	0.7055	5	0.7820	0.8700	0.9720	1.0905
6	0.6330	0.6954	0.7662	0.8466	6	0.9384	1.0440	1.1664	1.3086
7	0.7385	0.8113	0.8939	0.9877	7	1.0948	1.2180	1.3608	1.5267
8	0.8440	0.9272	1.0216	1.1288	8	1.2512	1.3920	1.5552	1.7448
9	0.9495	1.0431	1.1493	1.2699	9	1.4076	1.5660	1.7496	1.9629
10	1.0550	1.1590	1.2770	1.4110	10	1.5640	1.7400	1.9440	2.1810
11	1.1605	1.2749	1.4047	1.5521	11	1.7204	1.9140	2.1384	2.3991
12	1.2660	1.3908	1.5324	1.6932	12	1.8768	2.0880	2.3328	2.6172
13	1.3715	1.5067	1.6601	1.8343	13	2.0332	2.2620	2.5272	2.8353
14	1.4770	1.6226	1.7878	1.9754	14	2.1896	2.4360	2.7216	3.0534
15	1.5825	1.7385	1.9155	2.1165	15	2.3460	2.6100	2.9160	3.2715
16	1.6880	1.8544	2.0432	2.2576	16	2.5024	2.7840	3.1104	3.4896
17	1.7935	1.9703	2.1709	2.3987	17	2.6588	2.9580	3.3048	3.7077
18	1.8990	2.0862	2.2986	2.5398	18	2.8152	3.1320	3.4992	3.9258
19	2.0045	2.2021	2.4263	2.6809	19	2.9716	3.3060	3.6936	4.1439
20	2.1100	2.3180	2.5540	2.8220	20	3.1280	3.4800	3.8880	4.3620

SOMMES versées.	50 ANS.	51 ANS.	52 ANS.	53 ANS.	SOMMES versées.	54 ANS.	55 ANS.	56 ANS.	57 ANS.
1	0.0948	0.1025	0.1110	0.1204	1	0.1308	0.1424	0.1554	0.1699
2	0.1896	0.2050	0.2220	0.2408	2	0.2616	0.2848	0.3108	0.3398
3	0.2844	0.3075	0.3330	0.3612	3	0.3924	0.4272	0.4662	0.5097
4	0.3792	0.4100	0.4440	0.4816	4	0.5232	0.5696	0.6216	0.6796
5	0.4740	0.5125	0.5550	0.6020	5	0.6540	0.7120	0.7770	0.8495
6	0.5688	0.6150	0.6660	0.7224	6	0.7848	0.8544	0.9324	1.0194
7	0.6636	0.7175	0.7770	0.8428	7	0.9156	0.9968	1.0878	1.1893
8	0.7584	0.8200	0.8880	0.9632	8	1.0464	1.1392	1.2432	1.3592
9	0.8532	0.9225	0.9990	1.0836	9	1.1772	1.2816	1.3986	1.5291
10	0.9480	1.0250	1.1100	1.2040	10	1.3080	1.4240	1.5540	1.6990
11	1.0428	1.1275	1.2210	1.3244	11	1.4388	1.5664	1.7094	1.8689
12	1.1376	1.2300	1.3320	1.4448	12	1.5696	1.7088	1.8648	2.0388
13	1.2324	1.3325	1.4430	1.5652	13	1.7004	1.8512	2.0202	2.2087
14	1.3272	1.4350	1.5540	1.6856	14	1.8312	1.9936	2.1756	2.3786
15	1.4220	1.5375	1.6650	1.8060	15	1.9620	2.1360	2.3310	2.5485
16	1.5168	1.6400	1.7760	1.9264	16	2.0928	2.2784	2.4864	2.7184
17	1.6116	1.7425	1.8870	2.0468	17	2.2236	2.4208	2.6418	2.8883
18	1.7064	1.8450	1.9980	2.1672	18	2.3544	2.5632	2.7972	3.0582
19	1.8012	1.9475	2.1090	2.2876	19	2.4852	2.7056	2.9526	3.2281
20	1.8960	2.0500	2.2200	2.4080	20	2.6160	2.8480	3.1080	3.3980

SOMMES versées.	58 ANS.	59 ANS.	60 ANS.	61 ANS.	SOMMES versées.	62 ANS.	63 ANS.	64 ANS.	65 ANS.
1	0.1862	0.2046	0.2254	0.2490	1	0.2761	0.3072	0.3432	0.3850
2	0.3724	0.4092	0.4508	0.4980	2	0.5522	0.6144	0.6864	0.7700
3	0.5586	0.6138	0.6762	0.7470	3	0.8283	0.9216	1.0296	1.1550
4	0.7448	0.8184	0.9016	0.9960	4	1.1044	1.2288	1.3728	1.5400
5	0.9310	1.0230	1.1270	1.2450	5	1.3805	1.5360	1.7160	1.9250
6	1.1172	1.2276	1.3524	1.4940	6	1.6566	1.8432	2.0592	2.3100
7	1.3034	1.4322	1.5778	1.7430	7	1.9327	2.1504	2.4024	2.6950
8	1.4896	1.6368	1.8032	1.9920	8	2.2088	2.4576	2.7456	3.0800
9	1.6758	1.8414	2.0286	2.2410	9	2.4849	2.7648	3.0888	3.4650
10	1.8620	2.0460	2.2540	2.4900	10	2.7610	3.0720	3.4320	3.8500
11	2.0482	2.2506	2.4794	2.7390	11	3.0371	3.3792	3.7752	4.2350
12	2.2344	2.4552	2.7048	2.9880	12	3.3132	3.6864	4.1184	4.6200
13	2.4206	2.6598	2.9302	3.2370	13	3.5893	3.9936	4.4616	5.0050
14	2.6068	2.8644	3.1556	3.4860	14	3.8654	4.3008	4.8048	5.3900
15	2.7930	3.0690	3.3810	3.7350	15	4.1415	4.6080	5.1480	5.7750
16	2.9792	3.2736	3.6064	3.9840	16	4.4176	4.9152	5.4912	6.1600
17	3.1654	3.4782	3.8318	4.2330	17	4.6937	5.2224	5.8344	6.5450
18	3.3516	3.6828	4.0572	4.4820	18	4.9698	5.5296	6.1776	6.9300
19	3.5378	3.8874	4.2826	4.7310	19	5.2459	5.8368	6.5208	7.3150
20	3.7240	4.0920	4.5080	4.9800	20	5.5230	6.1440	6.8640	7.7000

SOMMES versées.	50 ANS.	51 ANS.	52 ANS.	53 ANS.	SOMMES versées.	54 ANS.	55 ANS.	56 ANS.	57 ANS.
1	0.0528	0.0571	0.0618	0.0670	1	0.0728	0.0793	0.0865	0.0946
2	0.1056	0.1142	0.1236	0.1340	2	0.1456	0.1586	0.1730	0.1892
3	0.1584	0.1713	0.1854	0.2010	3	0.2184	0.2379	0.2595	0.2838
4	0.2112	0.2284	0.2472	0.2680	4	0.2912	0.3172	0.3460	0.3784
5	0.2640	0.2855	0.3090	0.3350	5	0.3640	0.3965	0.4325	0.4730
6	0.3168	0.3426	0.3708	0.4020	6	0.4368	0.4758	0.5190	0.5676
7	0.3696	0.3997	0.4326	0.4690	7	0.5096	0.5551	0.6055	0.6622
8	0.4224	0.4568	0.4944	0.5360	8	0.5824	0.6344	0.6920	0.7568
9	0.4752	0.5139	0.5562	0.6030	9	0.6552	0.7137	0.7785	0.8514
10	0.5280	0.5710	0.6180	0.6700	10	0.7280	0.7930	0.8650	0.9460
11	0.5808	0.6281	0.6798	0.7370	11	0.8008	0.8723	0.9515	1.0406
12	0.6336	0.6852	0.7416	0.8040	12	0.8736	0.9516	1.0380	1.1352
13	0.6864	0.7423	0.8034	0.8710	13	0.9464	1.0309	1.1245	1.2298
14	0.7392	0.7994	0.8652	0.9380	14	1.0192	1.1102	1.2110	1.3244
15	0.7920	0.8565	0.9270	1.0050	15	1.0920	1.1895	1.2975	1.4190
16	0.8448	0.9136	0.9888	1.0720	16	1.1648	1.2688	1.3840	1.5136
17	0.8976	0.9707	1.0506	1.1390	17	1.2376	1.3481	1.4705	1.6082
18	0.9504	1.0278	1.1124	1.2060	18	1.3104	1.4274	1.5570	1.7028
19	1.0032	1.0849	1.1742	1.2730	19	1.3832	1.5067	1.6435	1.7974
20	1.0560	1.1420	1.2360	1.3400	20	1.4560	1.5860	1.7300	1.8920

SOMMES versées.	58 ANS.	59 ANS.	60 ANS.	61 ANS.	SOMMES versées.	62 ANS.	63 ANS.	64 ANS.	65 ANS.
1	0.1036	0.1138	0.1254	0.1386	1	0.1536	0.1710	0.1910	0.2143
2	0.2072	0.2276	0.2508	0.2772	2	0.3072	0.3420	0.3820	0.4286
3	0.3108	0.3414	0.3762	0.4158	3	0.4608	0.5130	0.5730	0.6420
4	0.4144	0.4552	0.5016	0.5544	4	0.6144	0.6840	0.7640	0.8572
5	0.5180	0.5690	0.6270	0.6930	5	0.7680	0.8550	0.9550	1.0715
6	0.6216	0.6828	0.7524	0.8316	6	0.9216	1.0260	1.1460	1.2858
7	0.7252	0.7966	0.8778	0.9702	7	1.0752	1.1970	1.3370	1.5001
8	0.8288	0.9104	1.0032	1.1088	8	1.2288	1.3680	1.5280	1.7144
9	0.9324	1.0242	1.1286	1.2474	9	1.3824	1.5390	1.7190	1.9287
10	1.0360	1.1380	1.2540	1.3860	10	1.5360	1.7100	1.9100	2.1430
11	1.1396	1.2518	1.3794	1.5246	11	1.6890	1.8810	2.1010	2.3573
12	1.2432	1.3656	1.5048	1.6632	12	1.8432	2.0520	2.2920	2.5716
13	1.3468	1.4794	1.6302	1.8018	13	...68	2.2230	2.4830	2.7859
14	1.4504	1.5932	1.7556	1.9404	14	.....	2.3940	2.6740	3.0002
15	1.5540	1.7070	1.8810	2.0790	15	2.304.	2.5650	2.8650	3.2145
16	1.6570	1.8208	2.0064	2.2176	16	2.1576	2.7360	3.0560	3.4288
17	1.7612	1.9340	2.1318	2.3562	17	2.6112	2.9070	3.2470	3.6431
18	1.8648	2.0484	2.2572	2.4948	18	2.7648	3.0780	3.4380	3.8574
19	1.9684	2.1622	2.3826	2.6334	19	2.9184	3.2490	3.6290	4.0717
20	2.0720	2.2760	2.5080	2.7720	20	3.0720	3.4200	3.8200	4.2860

SOMMES versées.	50 ANS.	51 ANS.	52 ANS.	53 ANS.	SOMMES versées.	54 ANS.	55 ANS.	56 ANS.	57 ANS.
1	0.0936	0.1012	0.1096	0.1188	1	0.1291	0.1406	0.1534	0.1677
2	0.1872	0.2024	0.2192	0.2376	2	0.2582	0.2812	0.3068	0.3354
3	0.2808	0.3036	0.3288	0.3564	3	0.3873	0.4218	0.4602	0.5031
4	0.3744	0.4048	0.4384	0.4752	4	0.5164	0.5624	0.6136	0.6708
5	0.4680	0.5060	0.5480	0.5940	5	0.6455	0.7030	0.7670	0.8385
6	0.5616	0.6072	0.6576	0.7128	6	0.7746	0.8436	0.9204	1.0062
7	0.6552	0.7084	0.7672	0.8316	7	0.9037	0.9842	1.0738	1.1739
8	0.7488	0.8096	0.8768	0.9504	8	1.0328	1.1248	1.2272	1.3416
9	0.8424	0.9108	0.9864	1.0692	9	1.1619	1.2654	1.3806	1.5093
10	0.9360	1.0120	1.0960	1.1880	10	1.2910	1.4060	1.5340	1.6770
11	1.0296	1.1132	1.2056	1.3068	11	1.4201	1.5466	1.6874	1.8447
12	1.1232	1.2144	1.3152	1.4256	12	1.5492	1.6872	1.8408	2.0124
13	1.2168	1.3156	1.4248	1.5444	13	1.6783	1.8278	1.9942	2.1801
14	1.3104	1.4168	1.5344	1.6632	14	1.8074	1.9684	2.1476	2.3478
15	1.4040	1.5180	1.6440	1.7820	15	1.9365	2.1090	2.3010	2.5155
16	1.4976	1.6192	1.7536	1.9008	16	2.0656	2.2496	2.4544	2.6832
17	1.5912	1.7204	1.8632	2.0196	17	2.1947	2.3902	2.6078	2.8509
18	1.6848	1.8216	1.9728	2.1384	18	2.3238	2.5308	2.7612	3.0186
19	1.7784	1.9228	2.0824	2.2572	19	2.4529	2.6714	2.9146	3.1863
20	1.8720	2.0240	2.1920	2.3760	20	2.5820	2.8120	3.0680	3.3540

SOMMES versées.	58 ANS.	59 ANS.	60 ANS.	61 ANS.	SOMMES versées.	62 ANS.	63 ANS.	64 ANS.	65 ANS.
1	0.1838	0.2019	0.2224	0.2458	1	0.2725	0.3032	0.3387	0.3800
2	0.3676	0.4038	0.4448	0.4916	2	0.5450	0.6064	0.6774	0.7600
3	0.5514	0.6057	0.6672	0.7374	3	0.8175	0.9096	1.0161	1.1400
4	0.7352	0.8076	0.8896	0.9832	4	1.0900	1.2128	1.3548	1.5200
5	0.9190	1.0095	1.1120	1.2290	5	1.3625	1.5160	1.6935	1.9000
6	1.1028	1.2114	1.3344	1.4748	6	1.6350	1.8192	2.0322	2.2800
7	1.2866	1.4133	1.5568	1.7206	7	1.9075	2.1224	2.3709	2.6600
8	1.4704	1.6152	1.7792	1.9664	8	2.1800	2.4256	2.7096	3.0400
9	1.6542	1.8171	2.0016	2.2122	9	2.4525	2.7288	3.0483	3.4200
10	1.8380	2.0190	2.2240	2.4580	10	2.7250	3.0320	3.3870	3.8000
11	2.0218	2.2209	2.4464	2.7038	11	2.9975	3.3352	3.7257	4.1800
12	2.2056	2.4228	2.6688	2.9496	12	3.2700	3.6384	4.0644	4.5600
13	2.3894	2.6247	2.8912	3.1954	13	3.5425	3.9416	4.4031	4.9400
14	2.5732	2.8266	3.1136	3.4412	14	3.8150	4.2448	4.7418	5.3200
15	2.7570	3.0285	3.3360	3.6870	15	4.0875	4.5480	5.0805	5.7000
16	2.9408	3.2304	3.5584	3.9328	16	4.3600	4.8512	5.4192	6.0800
17	3.1246	3.4323	3.7808	4.1786	17	4.6325	5.1544	5.7579	6.4000
18	3.3084	3.6342	4.0032	4.4244	18	4.9050	5.4576	6.0966	6.8400
19	3.4922	3.8361	4.2256	4.6702	19	5.1775	5.7608	6.4353	7.2200
20	3.6760	4.0380	4.4480	4.9160	20	5.4500	6.0640	6.7740	7.6000

SOMMES versées	50 ANS	51 ANS	52 ANS	53 ANS	SOMMES versées	54 ANS	55 ANS	56 ANS	57 ANS
1	0.0518	0.0560	0.0607	0.0658	1	0.0715	0.0779	0.0849	0.0929
2	0.1036	0.1120	0.1214	0.1316	2	0.1430	0.1558	0.1698	0.1858
3	0.1554	0.1680	0.1821	0.1974	3	0.2145	0.2337	0.2547	0.2787
4	0.2072	0.2240	0.2428	0.2632	4	0.2860	0.3116	0.3396	0.3716
5	0.2590	0.2800	0.3035	0.3290	5	0.3575	0.3895	0.4245	0.4045
6	0.3108	0.3360	0.3642	0.3948	6	0.4290	0.4674	0.5094	0.5574
7	0.3626	0.3920	0.4249	0.4606	7	0.5005	0.5453	0.5943	0.6503
8	0.4144	0.4480	0.4856	0.5264	8	0.5720	0.6232	0.6792	0.7432
9	0.4662	0.5040	0.5463	0.5922	9	0.6435	0.7011	0.7641	0.8361
10	0.5180	0.5600	0.6070	0.6580	10	0.7150	0.7790	0.8490	0.9290
11	0.5698	0.6160	0.6677	0.7238	11	0.7865	0.8569	0.9339	1.0219
12	0.6216	0.6720	0.7284	0.7896	12	0.8580	0.9348	1.0188	1.1148
13	0.6734	0.7280	0.7891	0.8554	13	0.9295	1.0127	1.1037	1.2077
14	0.7252	0.7840	0.8498	0.9212	14	1.0010	1.0906	1.1886	1.3006
15	0.7770	0.8400	0.9105	0.9870	15	1.0725	1.1685	1.2735	1.3035
16	0.8288	0.8900	0.9712	1.0528	16	1.1440	1.2464	1.3584	1.4864
17	0.8806	0.9520	1.0319	1.1186	17	1.2155	1.3243	1.4433	1.5793
18	0.9324	1.0080	1.0926	1.1844	18	1.2870	1.4022	1.5282	1.6722
19	0.9842	1.0640	1.1533	1.2502	19	1.3585	1.4801	1.6131	1.7651
20	1.0360	1.1200	1.2140	1.3160	20	1.4300	1.5580	1.6980	1.8580

SOMMES versées	58 ANS	59 ANS	60 ANS	61 ANS	SOMMES versées	62 ANS	63 ANS	64 ANS	65 ANS
1	0.1018	0.1118	0.1232	0.1361	1	0.1509	0.1679	0.1876	0.2105
2	0.2036	0.2236	0.2404	0.2722	2	0.3018	0.3358	0.3752	0.4210
3	0.3054	0.3354	0.3696	0.4083	3	0.4527	0.5037	0.5628	0.6315
4	0.4072	0.4472	0.4928	0.5444	4	0.6036	0.6710	0.7504	0.8420
5	0.5090	0.5590	0.6160	0.6805	5	0.7545	0.8395	0.9380	1.0525
6	0.6108	0.6708	0.7392	0.8166	6	0.9054	1.0074	1.1256	1.2630
7	0.7126	0.7826	0.8624	0.9527	7	1.0563	1.1753	1.3132	1.4735
8	0.8144	0.8944	0.9856	1.0888	8	1.2072	1.3432	1.5008	1.6840
9	0.9162	1.0062	1.1088	1.2249	9	1.3581	1.5111	1.6884	1.8945
10	1.0180	1.1180	1.2320	1.3610	10	1.5090	1.6790	1.8760	2.1050
11	1.1198	1.2298	1.3552	1.4971	11	1.0599	1.8469	2.0636	2.3155
12	1.2216	1.3416	1.4784	1.6332	12	1.8108	2.0148	2.2512	2.5260
13	1.3234	1.4534	1.6016	1.7693	13	1.9617	2.1827	2.4388	2.7365
14	1.4252	1.5652	1.7248	1.9054	14	2.1126	2.3506	2.6264	2.9470
15	1.5270	1.6770	1.8480	2.0415	15	2.2635	2.5185	2.8140	3.1575
16	1.6288	1.7888	1.9712	2.1776	16	2.4144	2.6864	3.0016	3.3680
17	1.7306	1.9006	2.0944	2.3137	17	2.5653	2.8543	3.1892	3.5785
18	1.8324	2.0124	2.2176	2.4498	18	2.7162	3.0222	3.3768	3.7890
19	1.9342	2.1242	2.3408	2.5859	19	2.8671	3.1901	3.5644	3.9995
20	2.0360	2.2360	2.4640	2.7220	20	3.0180	3.3580	3.7520	4.2100

SOMMES versées.	30 ANS.	31 ANS.	32 ANS.	33 ANS.	SOMMES versées.	34 ANS.	35 ANS.	36 ANS.	37 ANS.
1	0.0924	0.0999	0.1081	0.1173	1	0.1274	0.1387	0.1514	0.1655
2	0.1848	0.1998	0.2162	0.2346	2	0.2548	0.2774	0.3028	0 3310
3	0.2772	0.2997	0.3243	0.3519	3	0.3822	0.4161	0.4542	0.4965
4	0.3696	0.3996	0.4324	0.4692	4	0.5096	0.5548	0.6056	0.6620
5	0.4620	0.4995	0.5405	0.5865	5	0.6370	0.6935	0.7570	0.8275
6	0.5544	0.5994	0.6486	0.7038	6	0.7644	0.8322	0.9084	0.9930
7	0.6468	0.6993	0.7567	0.8211	7	0.8918	0.9709	1.0598	1.1585
8	0.7392	0.7992	0.8648	0.9384	8	1.0192	1.1096	1.2112	1.3240
9	0.8316	0.8991	0.9729	1.0557	9	1.1466	1.2483	1.3626	1.4895
10	0.9240	0.9990	1.0810	1.1730	10	1.2740	1.3870	1.5140	1.6550
11	1.0164	1.0989	1.1891	1.2903	11	1.4014	1.5257	1.6654	1.8205
12	1.1088	1.1988	1.2972	1.4076	12	1.5288	1.6644	1.8168	1.9860
13	1.2012	1.2987	1.4053	1.5249	13	1.6562	1.8031	1.9682	2.1515
14	1.2936	1.3986	1.5134	1.6422	14	1.7830	1.9418	2.1196	2.3170
15	1.3860	1.4985	1.6215	1.7595	15	1.9110	2 0805	2.2710	2.4825
16	1.4784	1.5984	1.7296	1.8768	16	2.0384	2.2192	2.4224	2.6480
17	1.5708	1.6983	1.8377	1.9941	17	2.1658	2.3579	2.5738	2.8135
18	1.6632	1.7982	1.9458	2.1114	18	2.2932	2.4966	2.7252	2.9790
19	1.7556	1.8981	2.0539	2.2287	19	2.4206	2.6353	2.8766	3.1445
20	1.8480	1.9980	2.1620	2.3460	20	2.5480	2.7740	3.0280	3.3100

SOMMES versées.	58 ANS.	39 ANS.	60 ANS.	61 ANS.	SOMMES versées.	62 ANS.	63 ANS.	64 ANS.	65 ANS.
1	0.1814	0.1993	0.2195	0.2426	1	0.2689	0.2992	0.3342	0.3750
2	0.3628	0.3986	0.4390	0.4852	2	0.5378	0.5984	0.6684	0.7500
3	0.5442	0.5979	0.6585	0.7278	3	0.8067	0.8976	1.0026	1.1250
4	0.7256	0.7972	0.8780	0.9704	4	1.0756	1.1968	1.3368	1.5000
5	0.9070	0.9965	1.0975	1.2130	5	1.3445	1.4960	1.6710	1.8750
6	1.0884	1.1958	1.3170	1.4556	6	1.6134	1.7952	2.0052	2.2500
7	1.2698	1.3951	1.5365	1.6982	7	1.8823	2.0944	2.3394	2.6250
8	1.4512	1.5944	1.7560	1.9408	8	2.1512	2.3936	2.6736	3.0000
9	1.6326	1.7937	1.9755	2.1834	9	2.4201	2.6928	3.0078	3.3750
10	1.8140	1.9930	2.1950	2.4260	10	2.6890	2.9920	3.3420	3.7500
11	1.9954	2.1923	2.4145	2.6686	11	2.9579	3.2912	3.6762	4.1250
12	2.1768	2.3916	2.6340	2.9112	12	3 2268	3.5904	4.0104	4.5000
13	2.3582	2.5909	2.8535	3.1538	13	3.4957	3.8896	4.3446	4.8750
14	2.5396	2.7902	3.0730	3.3964	14	3.7646	4.1888	4.6788	5.2500
15	2.7210	2.9895	3.2925	3.6390	15	4.0335	4.4880	5.0130	5.6250
16	2.9024	3.1888	3.5120	3.8816	16	4.3024	4.7872	5.3472	6.0000
17	3.0838	3.3881	3.7315	4.1242	17	4 5713	5.0864	5.6814	6.3750
18	3.2652	3.5874	3.9510	4.3668	18	4.8402	5.3856	6.0156	6.7500
19	3.4466	3.7867	4.1705	4.6094	19	5.1091	5.6848	6.3498	7.1250
20	3.6280	3.9860	4.3900	4.8520	20	5.3780	5.9840	6.6840	7.5000

SOMMES versées	50 ANS.	51 ANS.	52 ANS.	53 ANS.	SOMMES versées	54 ANS.	55 ANS.	56 ANS.	57 ANS.
1	0.0509	0.0550	0.0596	0.0646	1	0.0702	0.0765	0.0834	0.0912
2	0.1018	0.1100	0.1192	0.1292	2	0.1404	0.1530	0.1668	0.1824
3	0.1527	0.1650	0.1788	0.1938	3	0.2106	0.2295	0.2502	0.2736
4	0.2036	0.2200	0.2384	0.2584	4	0.2808	0.3060	0.3336	0.3648
5	0.2545	0.2750	0.2980	0.3230	5	0.3510	0.3825	0.4170	0.4560
6	0.3054	0.3300	0.3576	0.3876	6	0.4212	0.4590	0.5004	0.5472
7	0.3563	0.3850	0.4172	0.4522	7	0.4914	0.5355	0.5838	0.6384
8	0.4072	0.4400	0.4768	0.5168	8	0.5616	0.6120	0.6672	0.7296
9	0.4581	0.4950	0.5364	0.5814	9	0.6318	0.6885	0.7506	0.8208
10	0.5090	0.5500	0.5960	0.6460	10	0.7020	0.7650	0.8340	0.9120
11	0.5599	0.6050	0.6556	0.7106	11	0.7722	0.8415	0.9174	1.0032
12	0.6108	0.6600	0.7152	0.7752	12	0.8424	0.9180	1.0008	1.0944
13	0.6617	0.7150	0.7748	0.8398	13	0.9126	0.9945	1.0842	1.1856
14	0.7126	0.7700	0.8344	0.9044	14	0.9828	1.0710	1.1676	1.2768
15	0.7635	0.8250	0.8940	0.9690	15	1.0530	1.1475	1.2510	1.3680
16	0.8144	0.8800	0.9536	1.0336	16	1.1232	1.2240	1.3344	1.4592
17	0.8653	0.9350	1.0132	1.0982	17	1.1934	1.3005	1.4178	1.5504
18	0.9162	0.9900	1.0728	1.1628	18	1.2636	1.3770	1.5012	1.6416
19	0.9671	1.0450	1.1324	1.2274	19	1.3338	1.4535	1.5846	1.7328
20	1.0180	1.1000	1.1920	1.2920	20	1.4040	1.5300	1.6680	1.8240

SOMMES versées	58 ANS.	59 ANS.	60 ANS.	61 ANS.	SOMMES versées	62 ANS.	63 ANS.	64 ANS.	65 ANS.
1	0.1000	0.1098	0.1210	0.1337	1	0.1482	0.1640	0.1842	0.2067
2	0.2000	0.2196	0.2420	0.2674	2	0.2964	0.3298	0.3684	0.4134
3	0.3000	0.3294	0.3630	0.4011	3	0.4446	0.4947	0.5526	0.6201
4	0.4000	0.4392	0.4840	0.5348	4	0.5928	0.6596	0.7368	0.8268
5	0.5000	0.5490	0.6050	0.6685	5	0.7410	0.8245	0.9210	1.0335
6	0.6000	0.6588	0.7260	0.8022	6	0.8892	0.9894	1.1052	1.2402
7	0.7000	0.7686	0.8470	0.9359	7	1.0374	1.1543	1.2894	1.4469
8	0.8000	0.8784	0.9680	1.0696	8	1.1856	1.3192	1.4736	1.6536
9	0.9000	0.9882	1.0890	1.2033	9	1.3338	1.4841	1.6578	1.8603
10	1.0000	1.0980	1.2100	1.3370	10	1.4820	1.6490	1.8420	2.0670
11	1.1000	1.2078	1.3310	1.4707	11	1.6302	1.8139	2.0262	2.2737
12	1.2000	1.3176	1.4520	1.6044	12	1.7784	1.9788	2.2104	2.4804
13	1.3000	1.4274	1.5730	1.7381	13	1.9266	2.1437	2.3946	2.6871
14	1.4000	1.5372	1.6940	1.8718	14	2.0748	2.3086	2.5788	2.8938
15	1.5000	1.6470	1.8150	2.0055	15	2.2230	2.4735	2.7630	3.1005
16	1.6000	1.7568	1.9360	2.1392	16	2.3712	2.6384	2.9472	3.3072
17	1.7000	1.8666	2.0570	2.2729	17	2.5194	2.8033	3.1314	3.5139
18	1.8000	1.9764	2.1780	2.4066	18	2.6676	2.9682	3.3156	3.7206
19	1.9000	2.0862	2.2990	2.5403	19	2.8158	3.1331	3.4998	3.9273
20	2.0000	2.1960	2.4200	2.6740	20	2.9640	3.2980	3.6840	4.1340

SOMMES versées	50 ANS.	51 ANS.	52 ANS.	53 ANS.	SOMMES versées	54 ANS.	55 ANS.	56 ANS.	57 ANS.
1	0.0912	0.0985	0.1067	0.1157	1	0.1258	0.1369	0.1494	0.1633
2	0.1824	0.1970	0.2134	0.2314	2	0.2516	0.2738	0.2988	0.3266
3	0.2736	0.2955	0.3201	0.3471	3	0.3774	0.4107	0.4482	0.4899
4	0.3648	0.3940	0.4268	0.4628	4	0.5032	0.5476	0.5976	0.6532
5	0.4560	0.4925	0.5335	0.5785	5	0.6290	0.6845	0.7470	0.8165
6	0.5472	0.5910	0.6402	0.6942	6	0.7548	0.8214	0.8964	0.9798
7	0.6384	0.6895	0.7469	0.8099	7	0.8806	0.9583	1.0458	1.1431
8	0.7296	0.7880	0.8536	0.9256	8	1.0064	1.0952	1.1952	1.3064
9	0.8208	0.8865	0.9603	1.0413	9	1.1322	1.2321	1.3446	1.4697
10	0.9120	0.9850	1.0670	1.1570	10	1.2580	1.3690	1.4940	1.6330
11	1.0032	1.0835	1.1737	1.2727	11	1.3838	1.5059	1.6434	1.7963
12	1.0944	1.1820	1.2804	1.3884	12	1.5096	1.6428	1.7928	1.9596
13	1.1856	1.2805	1.3871	1.5041	13	1.6354	1.7797	1.9422	2.1229
14	1.2768	1.3790	1.4938	1.6198	14	1.7612	1.9166	2.0916	2.2862
15	1.3680	1.4775	1.6005	1.7355	15	1.8870	2.0535	2.2410	2.4495
16	1.4592	1.5760	1.7072	1.8512	16	2.0128	2.1904	2.3904	2.6128
17	1.5504	1.6745	1.8139	1.9669	17	2.1386	2.3273	2.5398	2.7761
18	1.6416	1.7730	1.9206	2.0826	18	2.2644	2.4642	2.6892	2.9394
19	1.7328	1.8715	2.0273	2.1983	19	2.3902	2.6011	2.8386	3.1027
20	1.8240	1.9700	2.1340	2.3140	20	2.5160	2.7380	2.9880	3.2660

SOMMES versées	58 ANS.	59 ANS.	60 ANS.	61 ANS.	SOMMES versées	62 ANS.	63 ANS.	64 ANS.	65 ANS.
1	0.1790	0.1966	0.2166	0.2394	1	0.2654	0.2953	0.3298	0.3701
2	0.3580	0.3932	0.4332	0.4788	2	0.5308	0.5906	0.6596	0.7402
3	0.5370	0.5898	0.6498	0.7182	3	0.7962	0.8859	0.9894	1.1103
4	0.7160	0.7864	0.8664	0.9576	4	1.0616	1.1812	1.3192	1.4804
5	0.8950	0.9830	1.0830	1.1970	5	1.3270	1.4765	1.6490	1.8505
6	1.0740	1.1796	1.2996	1.4364	6	1.5924	1.7718	1.9788	2.2206
7	1.2530	1.3762	1.5162	1.6758	7	1.8578	2.0671	2.3086	2.5907
8	1.4320	1.5728	1.7328	1.9152	8	2.1232	2.3624	2.6384	2.9608
9	1.6110	1.7694	1.9494	2.1546	9	2.3886	2.6577	2.9082	3.3309
10	1.7900	1.9660	2.1660	2.3940	10	2.6540	2.9530	3.2980	3.7010
11	1.9690	2.1626	2.3826	2.6334	11	2.9194	3.2483	3.6278	4.0711
12	2.1480	2.3592	2.5992	2.8728	12	3.1848	3.5436	3.9576	4.4412
13	2.3270	2.5558	2.8158	3.1122	13	3.4502	3.8389	4.2874	4.8113
14	2.5060	2.7524	3.0324	3.3516	14	3.7156	4.1342	4.6172	5.1814
15	2.6850	2.9490	3.2490	3.5910	15	3.9810	4.4295	4.9470	5.5515
16	2.8640	3.1456	3.4656	3.8304	16	4.2464	4.7248	5.2768	5.9216
17	3.0430	3.3422	3.6822	4.0698	17	4.5118	5.0201	5.6066	6.2917
18	3.2220	3.5388	3.8988	4.3092	18	4.7772	5.3154	5.9364	6.6618
19	3.4010	3.7354	4.1154	4.5486	19	5.0426	5.6107	6.2662	7.0319
20	3.5800	3.9320	4.3320	4.7880	20	5.3080	5.9060	6.5960	7.4020

SOMMES versées	50 ANS.	51 ANS.	52 ANS.	53 ANS.	SOMMES versées	54 ANS.	55 ANS.	56 ANS.	57 ANS.
1	0.0500	0.0541	0.0585	0.0635	1	0.0690	0.0751	0.0819	0.0896
2	0.1000	0.1082	0.1170	0.1270	2	0.1380	0.1502	0.1638	0.1792
3	0.1500	0.1623	0.1755	0.1905	3	0.2070	0.2253	0.2457	0.2688
4	0.2000	0.2164	0.2340	0.2540	4	0.2760	0.3004	0.3276	0.3584
5	0.2500	0.2705	0.2925	0.3175	5	0.3450	0.3755	0.4095	0.4480
6	0.3000	0.3246	0.3510	0.3810	6	0.4140	0.4506	0.4914	0.5376
7	0.3500	0.3787	0.4095	0.4445	7	0.4830	0.5257	0.5733	0.6272
8	0.4000	0.4328	0.4680	0.5080	8	0.5520	0.6008	0.6552	0.7168
9	0.4500	0.4869	0.5265	0.5715	9	0.6210	0.6759	0.7371	0.8064
10	0.5000	0.5410	0.5850	0.6350	10	0.6900	0.7510	0.8190	0.8960
11	0.5500	0.5951	0.6435	0.6985	11	0.7590	0.8261	0.9009	0.9856
12	0.6000	0.6492	0.7020	0.7620	12	0.8280	0.9012	0.9828	1.0752
13	0.6500	0.7033	0.7605	0.8255	13	0.8970	0.9763	1.0647	1.1648
14	0.7000	0.7574	0.8190	0.8890	14	0.9660	1.0514	1.1466	1.2544
15	0.7500	0.8115	0.8775	0.9525	15	1.0350	1.1265	1.2285	1.3440
16	0.8000	0.8656	0.9360	1.0160	16	1.1040	1.2016	1.3104	1.4336
17	0.8500	0.9197	0.9945	1.0795	17	1.1730	1.2707	1.3923	1.5232
18	0.9000	0.9738	1.0530	1.1430	18	1.2420	1.3518	1.4742	1.6128
19	0.9500	1.0279	1.1115	1.2065	19	1.3110	1.4269	1.5561	1.7024
20	1.0000	1.0820	1.1700	1.2700	20	1.3800	1.5020	1.6380	1.7920

SOMMES versées	58 ANS.	59 ANS.	60 ANS.	61 ANS.	SOMMES versées	62 ANS.	63 ANS.	64 ANS.	65 ANS.
1	0.0982	0.1079	0.1188	0.1313	1	0.1456	0.1620	0.1810	0.2030
2	0.1964	0.2158	0.2376	0.2626	2	0.2912	0.3240	0.3620	0.4060
3	0.2946	0.3237	0.3564	0.3939	3	0.4368	0.4860	0.5430	0.6090
4	0.3928	0.4316	0.4752	0.5252	4	0.5824	0.6480	0.7240	0.8120
5	0.4910	0.5395	0.5940	0.6565	5	0.7280	0.8100	0.9050	1.0150
6	0.5892	0.6474	0.7128	0.7878	6	0.8736	0.9720	1.0860	1.2180
7	0.6874	0.7553	0.8316	0.9191	7	1.0192	1.1340	1.2670	1.4210
8	0.7856	0.8632	0.9504	1.0504	8	1.1648	1.2960	1.4480	1.6240
9	0.8838	0.9711	1.0692	1.1817	9	1.3104	1.4580	1.6290	1.8270
10	0.9820	1.0790	1.1880	1.3130	10	1.4560	1.6200	1.8100	2.0300
11	1.0802	1.1869	1.3068	1.4443	11	1.6016	1.7820	1.9910	2.2330
12	1.1784	1.2948	1.4256	1.5756	12	1.7472	1.9440	2.1720	2.4360
13	1.2766	1.4027	1.5444	1.7069	13	1.8928	2.1060	2.3530	2.6390
14	1.3748	1.5106	1.6632	1.8382	14	2.0384	2.2680	2.5340	2.8420
15	1.4730	1.6185	1.7820	1.9695	15	2.1840	2.4300	2.7150	3.0450
16	1.5712	1.7264	1.9008	2.1008	16	2.3296	2.5920	2.8960	3.2480
17	1.6694	1.8343	2.0196	2.2321	17	2.4752	2.7540	3.0770	3.4510
18	1.7676	1.9422	2.1384	2.3634	18	2.6208	2.9160	3.2580	3.6540
19	1.8658	2.0501	2.2572	2.4947	19	2.7664	3.0780	3.4390	3.8570
20	1.9640	2.1580	2.3760	2.6260	20	2.9120	3.2400	3.6200	4.0600

SOMMES versées.	50 ANS.	51 ANS.	52 ANS.	53 ANS.	SOMMES versées.	54 ANS.	55 ANS.	56 ANS.	57 ANS.
1	0.0900	0.0973	0.1053	0.1142	1	0.1241	0.1351	0.1474	0.1612
2	0.1800	0.1946	0.2106	0.2284	2	0.2482	0.2702	0.2948	0.3224
3	0.2700	0.2919	0.3159	0.3426	3	0.3723	0.4053	0.4422	0.4836
4	0.3600	0.3892	0.4212	0.4568	4	0.4964	0.5404	0.5896	0.6448
5	0.4500	0.4865	0.5265	0.5710	5	0.6205	0.6755	0.7370	0.8060
6	0.5400	0.5838	0.6318	0.6852	6	0.7446	0.8106	0.8844	0.9672
7	0.6300	0.6811	0.7371	0.7994	7	0.8687	0.9457	1.0318	1.1284
8	0.7200	0.7784	0.8424	0.9136	8	0.9928	1.0808	1.1792	1.2896
9	0.8100	0.8757	0.9477	1.0278	9	1.1169	1.2159	1.3266	1.4508
10	0.9000	0.9730	1.0530	1.1420	10	1.2410	1.3510	1.4740	1.6120
11	0.9900	1.0703	1.1583	1.2562	11	1.3651	1.4861	1.6214	1.7732
12	1.0800	1.1676	1.2636	1.3704	12	1.4892	1.6212	1.7688	1.9344
13	1.1700	1.2649	1.3689	1.4846	13	1.6133	1.7563	1.9162	2.0956
14	1.2600	1.3622	1.4742	1.5988	14	1.7374	1.8914	2.0636	2.2568
15	1.3500	1.4595	1.5795	1.7130	15	1.8615	2.0265	2.2110	2.4180
16	1.4400	1.5568	1.6848	1.8272	16	1.9856	2.1616	2.3584	2.5792
17	1.5300	1.6541	1.7901	1.9414	17	2.1097	2.2967	2.5058	2.7404
18	1.6200	1.7514	1.8954	2.0556	18	2.2338	2.4318	2.6532	2.9016
19	1.7100	1.8487	2.0007	2.1698	19	2.3579	2.5669	2.8006	3.0628
20	1.8000	1.9460	2.1060	2.2840	20	2.4820	2.7020	2.9480	3.2240

SOMMES versées.	58 ANS.	59 ANS.	60 ANS.	61 ANS.	SOMMES versées.	62 ANS.	63 ANS.	64 ANS.	65 ANS.
1	0.1766	0.1941	0.2133	0.2362	1	0.2619	0.2914	0.3255	0.3652
2	0.3532	0.3882	0.4276	0.4724	2	0.5238	0.5828	0.6510	0.7304
3	0.5298	0.5823	0.6414	0.7086	3	0.7857	0.8742	0.9765	1.0956
4	0.7064	0.7764	0.8552	0.9448	4	1.0476	1.1656	1.3020	1.4608
5	0.8830	0.9705	1.0690	1.1810	5	1.3095	1.4570	1.6275	1.8260
6	1.0596	1.1646	1.2828	1.4172	6	1.5714	1.7484	1.9530	2.1912
7	1.2362	1.3587	1.4966	1.6534	7	1.8333	2.0398	2.2785	2.5564
8	1.4128	1.5528	1.7104	1.8896	8	2.0952	2.3312	2.6040	2.9216
9	1.5894	1.7469	1.9242	2.1258	9	2.3571	2.6226	2.9295	3.2868
10	1.7660	1.9410	2.1380	2.3620	10	2.6190	2.9140	3.2550	3.6520
11	1.9426	2.1351	2.3518	2.5982	11	2.8809	3.2054	3.5805	4.0172
12	2.1192	2.3292	2.5656	2.8344	12	3.1428	3.4968	3.9060	4.3824
13	2.2958	2.5233	2.7794	3.0706	13	3.4047	3.7882	4.2315	4.7476
14	2.4724	2.7174	2.9932	3.3068	14	3.6666	4.0796	4.5570	5.1128
15	2.6490	2.9115	3.2070	3.5430	15	3.9285	4.3710	4.8825	5.4780
16	2.8256	3.1056	3.4208	3.7792	16	4.1904	4.6624	5.2080	5.8432
17	3.0022	3.2997	3.6346	4.0154	17	4.4523	4.9538	5.5335	6.2084
18	3.1788	3.4938	3.8484	4.2516	18	4.7142	5.2452	5.8590	6.5736
19	3.3554	3.6879	4.0622	4.4878	19	4.9761	5.5366	6.1845	6.9388
20	3.5320	3.8820	4.2760	4.7240	20	5.2380	5.8280	6.5100	7.3040

Sommes versées.	50 ANS.	51 ANS.	52 ANS.	53 ANS.	Sommes versées.	54 ANS.	55 ANS.	56 ANS.	57 ANS.
1	0.0491	0.0531	0.0575	0.0624	1	0.0678	0.0738	0.0805	0.0880
2	0.0982	0.1062	0.1150	0.1248	2	0.1356	0.1476	0.1610	0.1760
3	0.1473	0.1593	0.1725	0.1872	3	0.2034	0.2214	0.2415	0.2640
4	0.1964	0.2124	0.2300	0.2496	4	0.2712	0.2952	0.3220	0.3520
5	0.2455	0.2655	0.2875	0.3120	5	0.3390	0.3690	0.4025	0.4400
6	0.2946	0.3186	0.3450	0.3744	6	0.4068	0.4428	0.4830	0.5280
7	0.3437	0.3717	0.4025	0.4368	7	0.4746	0.5166	0.5635	0.6160
8	0.3928	0.4248	0.4600	0.4992	8	0.5424	0.5904	0.6440	0.7040
9	0.4419	0.4779	0.5175	0.5616	9	0.6102	0.6642	0.7245	0.7920
10	0.4910	0.5310	0.5750	0.6240	10	0.6780	0.7380	0.8050	0.8800
11	0.5401	0.5841	0.6325	0.6864	11	0.7458	0.8118	0.8855	0.9680
12	0.5892	0.6372	0.6900	0.7488	12	0.8136	0.8856	0.9660	1.0560
13	0.6383	0.6903	0.7475	0.8112	13	0.8814	0.9594	1.0465	1.1440
14	0.6874	0.7434	0.8050	0.8736	14	0.9492	1.0332	1.1270	1.2320
15	0.7365	0.7965	0.8625	0.9360	15	1.0170	1.1070	1.2075	1.3200
16	0.7856	0.8496	0.9200	0.9984	16	1.0848	1.1808	1.2880	1.4080
17	0.8347	0.9027	0.9775	1.0608	17	1.1526	1.2546	1.3685	1.4960
18	0.8838	0.9558	1.0350	1.1232	18	1.2204	1.3284	1.4490	1.5840
19	0.9329	1.0089	1.0925	1.1856	19	1.2882	1.4022	1.5295	1.6720
20	0.9820	1.0620	1.1500	1.2480	20	1.3560	1.4760	1.6100	1.7600

Sommes versées.	58 ANS.	59 ANS.	60 ANS.	61 ANS.	Sommes versées.	62 ANS.	63 ANS.	64 ANS.	65 ANS.
1	0.0964	0.1059	0.1167	0.1290	1	0.1430	0.1591	0.1777	0.1994
2	0.1928	0.2118	0.2334	0.2580	2	0.2860	0.3182	0.3554	0.3988
3	0.2892	0.3177	0.3501	0.3870	3	0.4290	0.4773	0.5331	0.5982
4	0.3856	0.4236	0.4668	0.5160	4	0.5720	0.6364	0.7108	0.7976
5	0.4820	0.5295	0.5835	0.6450	5	0.7150	0.7955	0.8885	0.9970
6	0.5784	0.6354	0.7002	0.7740	6	0.8580	0.9546	1.0662	1.1964
7	0.6748	0.7413	0.8169	0.9030	7	1.0010	1.1137	1.2439	1.3958
8	0.7712	0.8472	0.9336	1.0320	8	1.1440	1.2728	1.4216	1.5952
9	0.8676	0.9531	1.0503	1.1610	9	1.2870	1.4319	1.5993	1.7946
10	0.9640	1.0590	1.1670	1.2900	10	1.4300	1.5910	1.7770	1.9940
11	1.0604	1.1649	1.2837	1.4190	11	1.5730	1.7501	1.9547	2.1934
12	1.1568	1.2708	1.4004	1.5480	12	1.7160	1.9092	2.1324	2.3928
13	1.2532	1.3767	1.5171	1.6770	13	1.8590	2.0683	2.3101	2.5922
14	1.3496	1.4826	1.6338	1.8060	14	2.0020	2.2274	2.4878	2.7916
15	1.4460	1.5885	1.7505	1.9350	15	2.1450	2.3865	2.6655	2.9910
16	1.5424	1.6944	1.8672	2.0640	16	2.2880	2.5456	2.8432	3.1904
17	1.6388	1.8003	1.9839	2.1930	17	2.4310	2.7047	3.0209	3.3898
18	1.7352	1.9062	2.1006	2.3220	18	2.5740	2.8638	3.1986	3.5892
19	1.8316	2.0121	2.2173	2.4510	19	2.7170	3.0229	3.3763	3.7886
20	1.9280	2.1180	2.3340	2.5800	20	2.8600	3.1820	3.5540	3.9880

SOMMES versées.	50 ANS.	51 ANS.	52 ANS.	53 ANS.	SOMMES versées.	54 ANS.	55 ANS.	56 ANS.	57 ANS.
1	0.0888	0.0960	0.1039	0.1127	1	0.1225	0.1334	0.1455	0.1591
2	0.1776	0.1920	0.2078	0.2254	2	0.2450	0.2668	0.2910	0.3182
3	0.2664	0.2880	0.3117	0.3381	3	0.3675	0.4002	0.4365	0.4773
4	0.3552	0.3840	0.4156	0.4508	4	0.4900	0.5336	0.5820	0.6364
5	0.4440	0.4800	0.5195	0.5635	5	0.6125	0.6670	0.7275	0.7955
6	0.5328	0.5760	0.6234	0.6762	6	0.7350	0.8004	0.8730	0.9546
7	0.6216	0.6720	0.7273	0.7889	7	0.8575	0.9338	1.0185	1.1137
8	0.7104	0.7680	0.8312	0.9016	8	0.9800	1.0672	1.1640	1.2728
9	0.7992	0.8640	0.9351	1.0143	9	1.1025	1.2006	1.3095	1.4319
10	0.8880	0.9600	1.0390	1.1270	10	1.2250	1.3340	1.4550	1.5910
11	0.9768	1.0560	1.1429	1.2397	11	1.3475	1.4674	1.6005	1.7501
12	1.0656	1.1520	1.2468	1.3524	12	1.4700	1.6008	1.7460	1.9092
13	1.1544	1.2480	1.3507	1.4651	13	1.5925	1.7342	1.8915	2.0683
14	1.2432	1.3440	1.4546	1.5778	14	1.7150	1.8676	2.0370	2.2274
15	1.3320	1.4400	1.5585	1.6905	15	1.8375	2.0010	2.1825	2.3865
16	1.4208	1.5360	1.6624	1.8032	16	1.9600	2.1344	2.3280	2.5456
17	1.5096	1.6320	1.7663	1.9159	17	2.0825	2.2678	2.4735	2.7047
18	1.5984	1.7280	1.8702	2.0286	18	2.2050	2.4012	2.6190	2.8638
19	1.6872	1.8240	1.9741	2.1413	19	2.3275	2.5346	2.7645	3.0229
20	1.7760	1.9200	2.0780	2.2540	20	2.4500	2.6680	2.9100	3.1820

SOMMES versées.	58 ANS.	59 ANS.	60 ANS.	61 ANS.	SOMMES versées.	62 ANS.	63 ANS.	64 ANS.	65 ANS.
1	0.1743	0.1915	0.2110	0.2331	1	0.2585	0.2876	0.3212	0.3604
2	0.3486	0.3830	0.4220	0.4662	2	0.5170	0.5752	0.6424	0.7208
3	0.5229	0.5745	0.6330	0.6993	3	0.7755	0.8628	0.9636	1.0812
4	0.6972	0.7660	0.8440	0.9324	4	1.0340	1.1504	1.2848	1.4416
5	0.8715	0.9575	1.0550	1.1655	5	1.2925	1.4380	1.6060	1.8020
6	1.0458	1.1490	1.2660	1.3986	6	1.5510	1.7256	1.9272	2.1624
7	1.2201	1.3405	1.4770	1.6317	7	1.8095	2.0132	2.2484	2.5228
8	1.3944	1.5320	1.6880	1.8648	8	2.0680	2.3008	2.5696	2.8832
9	1.5687	1.7235	1.8990	2.0979	9	2.3265	2.5884	2.8908	3.2436
10	1.7430	1.9150	2.1100	2.3310	10	2.5850	2.8760	3.2120	3.6040
11	1.9173	2.1065	2.3210	2.5641	11	2.8435	3.1636	3.5332	3.9644
12	2.0916	2.2980	2.5320	2.7972	12	3.1020	3.4512	3.8544	4.3248
13	2.2659	2.4895	2.7430	3.0303	13	3.3605	3.7388	4.1756	4.6852
14	2.4402	2.6810	2.9540	3.2634	14	3.6190	4.0264	4.4968	5.0456
15	2.6145	2.8725	3.1650	3.4965	15	3.8775	4.3140	4.8180	5.4060
16	2.7888	3.0640	3.3760	3.7296	16	4.1360	4.6016	5.1392	5.7664
17	2.9631	3.2555	3.5870	3.9627	17	4.3945	4.8892	5.4604	6.1268
18	3.1374	3.4470	3.7980	4.1958	18	4.6530	5.1768	5.7816	6.4872
19	3.3117	3.6385	4.0090	4.4289	19	4.9115	5.4644	6.1028	6.8476
20	3.4860	3.8300	4.2200	4.6620	20	5.1700	5.7520	6.4240	7.2080

SOMMES versées	50 ANS.	51 ANS.	52 ANS.	53 ANS.	SOMMES versées	54 ANS.	55 ANS.	56 ANS.	57 ANS.
1	0.0482	0.0521	0.0564	0.0612	1	0.0665	0.0724	0.0790	0.0864
2	0.0964	0.1042	0.1128	0.1224	2	0.1330	0.1448	0.1580	0.1728
3	0.1446	0.1563	0.1692	0.1836	3	0.1995	0.2172	0.2370	0.2592
4	0.1928	0.2084	0.2256	0.2448	4	0.2660	0.2896	0.3160	0.3456
5	0.2410	0.2605	0.2820	0.3060	5	0.3325	0.3620	0.3950	0.4320
6	0.2892	0.3126	0.3384	0.3672	6	0.3990	0.4344	0.4740	0.5184
7	0.3374	0.3647	0.3948	0.4284	7	0.4655	0.5068	0.5530	0.6048
8	0.3856	0.4168	0.4512	0.4896	8	0.5320	0.5792	0.6320	0.6912
9	0.4338	0.4689	0.5076	0.5508	9	0.5985	0.6516	0.7110	0.7776
10	0.4820	0.5210	0.5640	0.6120	10	0.6650	0.7240	0.7900	0.8640
11	0.5302	0.5731	0.6204	0.6732	11	0.7315	0.7964	0.8690	0.9504
12	0.5784	0.6252	0.6768	0.7344	12	0.7980	0.8688	0.9480	1.0368
13	0.6266	0.6773	0.7332	0.7956	13	0.8645	0.9412	1.0270	1.1232
14	0.6748	0.7294	0.7896	0.8568	14	0.9310	1.0136	1.1060	1.2096
15	0.7230	0.7815	0.8460	0.9180	15	0.9975	1.0860	1.1850	1.2960
16	0.7712	0.8336	0.9024	0.9792	16	1.0640	1.1584	1.2640	1.3824
17	0.8194	0.8857	0.9588	1.0404	17	1.1305	1.2308	1.3430	1.4688
18	0.8676	0.9378	1.0152	1.1016	18	1.1970	1.3032	1.4220	1.5552
19	0.9158	0.9899	1.0716	1.1628	19	1.2635	1.3756	1.5010	1.6416
20	0.9640	1.0420	1.1280	1.2240	20	1.3300	1.4480	1.5800	1.7280

SOMMES versées	58 ANS.	59 ANS.	60 ANS.	61 ANS.	SOMMES versées	62 ANS.	63 ANS.	64 ANS.	65 ANS.
1	0.0947	0.1040	0.1146	0.1266	1	0.1404	0.1562	0.1745	0.1958
2	0.1894	0.2080	0.2292	0.2532	2	0.2808	0.3124	0.3490	0.3916
3	0.2841	0.3120	0.3438	0.3798	3	0.4212	0.4686	0.5235	0.5874
4	0.3788	0.4160	0.4584	0.5064	4	0.5616	0.6248	0.6980	0.7832
5	0.4735	0.5200	0.5730	0.6330	5	0.7020	0.7810	0.8725	0.9790
6	0.5682	0.6240	0.6876	0.7596	6	0.8424	0.9372	1.0470	1.1748
7	0.6629	0.7280	0.8022	0.8862	7	0.9828	1.0934	1.2215	1.3706
8	0.7576	0.8320	0.9168	1.0128	8	1.1232	1.2496	1.3960	1.5664
9	0.8523	0.9360	1.0314	1.1394	9	1.2636	1.4058	1.5705	1.7622
10	0.9470	1.0400	1.1460	1.2660	10	1.4040	1.5620	1.7450	1.9580
11	1.0417	1.1440	1.2606	1.3926	11	1.5444	1.7182	1.9195	2.1538
12	1.1364	1.2480	1.3752	1.5192	12	1.6848	1.8744	2.0940	2.3496
13	1.2311	1.3520	1.4898	1.6458	13	1.8252	2.0306	2.2685	2.5454
14	1.3258	1.4560	1.6044	1.7724	14	1.9656	2.1868	2.4430	2.7412
15	1.4205	1.5600	1.7190	1.8990	15	2.1060	2.3430	2.6175	2.9370
16	1.5152	1.6640	1.8336	2.0256	16	2.2464	2.4992	2.7920	3.1328
17	1.6099	1.7680	1.9482	2.1522	17	2.3868	2.6554	2.9665	3.3286
18	1.7046	1.8720	2.0628	2.2788	18	2.5272	2.8116	3.1410	3.5244
19	1.7993	1.9760	2.1774	2.4054	19	2.6676	2.9678	3.3155	3.7202
20	1.8940	2.0800	2.2920	2.5320	20	2.8080	3.1240	3.4900	3.9160

SOMMES versées.	50 ANS.	51 ANS.	52 ANS.	53 ANS.	SOMMES versées.	54 ANS.	55 ANS.	56 ANS.	57 ANS.
1	0.0876	0.0947	0.1026	0.1112	1	0.1209	0.1316	0.1436	0.1570
2	0.1752	0.1894	0.2052	0.2224	2	0.2418	0.2632	0.2872	0.3140
3	0.2628	0.2841	0.3078	0.3336	3	0.3627	0.3948	0.4308	0.4710
4	0.3504	0.3788	0.4104	0.4448	4	0.4836	0.5264	0.5744	0.6280
5	0.4380	0.4735	0.5130	0.5560	5	0.6045	0.6580	0.7180	0.7850
6	0.5256	0.5682	0.6156	0.6672	6	0.7254	0.7896	0.8616	0.9420
7	0.6132	0.6629	0.7182	0.7784	7	0.8463	0.9212	1.0052	1.0990
8	0.7008	0.7576	0.8208	0.8896	8	0.9672	1.0528	1.1488	1.2560
9	0.7884	0.8523	0.9234	1.0008	9	1.0881	1.1844	1.2924	1.4130
10	0.8760	0.9470	1.0260	1.1120	10	1.2090	1.3160	1.4360	1.5700
11	0.9636	1.0417	1.1286	1.2232	11	1.3299	1.4476	1.5796	1.7270
12	1.0512	1.1364	1.2312	1.3344	12	1.4508	1.5792	1.7232	1.8840
13	1.1388	1.2311	1.3338	1.4456	13	1.5717	1.7108	1.8668	2.0410
14	1.2264	1.3258	1.4364	1.5568	14	1.6926	1.8424	2.0104	2.1980
15	1.3140	1.4205	1.5390	1.6680	15	1.8135	1.9740	2.1540	2.3550
16	1.4016	1.5152	1.6416	1.7792	16	1.9344	2.1056	2.2976	2.5120
17	1.4892	1.6099	1.7442	1.8904	17	2.0553	2.2372	2.4412	2.6690
18	1.5768	1.7046	1.8468	2.0016	18	2.1762	2.3688	2.5848	2.8260
19	1.6644	1.7993	1.9494	2.1128	19	2.2971	2.5004	2.7284	2.9830
20	1.7520	1.8940	2.0520	2.2240	20	2.4180	2.6320	2.8720	3.1400

SOMMES versées.	58 ANS.	59 ANS.	60 ANS.	61 ANS.	SOMMES versées.	62 ANS.	63 ANS.	64 ANS.	65 ANS.
1	0.1720	0.1890	0.2082	0.2301	1	0.2551	0.2838	0.3170	0.3557
2	0.3440	0.3780	0.4164	0.4602	2	0.5102	0.5676	0.6340	0.7114
3	0.5160	0.5670	0.6246	0.6903	3	0.7653	0.8514	0.9510	1.0671
4	0.6880	0.7560	0.8328	0.9204	4	1.0204	1.1352	1.2680	1.4228
5	0.8600	0.9450	1.0410	1.1505	5	1.2755	1.4190	1.5850	1.7785
6	1.0320	1.1340	1.2492	1.3806	6	1.5306	1.7028	1.9020	2.1342
7	1.2040	1.3230	1.4574	1.6107	7	1.7857	1.9866	2.2190	2.4899
8	1.3760	1.5120	1.6656	1.8408	8	2.0408	2.2704	2.5360	2.8456
9	1.5480	1.7010	1.8738	2.0709	9	2.2959	2.5542	2.8530	3.2013
10	1.7200	1.8900	2.0820	2.3010	10	2.5510	2.8380	3.1700	3.5570
11	1.8920	2.0790	2.2902	2.5311	11	2.8061	3.1218	3.4870	3.9127
12	2.0640	2.2680	2.4984	2.7612	12	3.0612	3.4056	3.8040	4.2684
13	2.2360	2.4570	2.7066	2.9913	13	3.3163	3.6894	4.1210	4.6241
14	2.4080	2.6460	2.9148	3.2214	14	3.5714	3.9732	4.4380	4.9798
15	2.5800	2.8350	3.1230	3.4515	15	3.8265	4.2570	4.7550	5.3355
16	2.7520	3.0240	3.3312	3.6816	16	4.0816	4.5408	5.0720	5.6912
17	2.9240	3.2130	3.5394	3.9117	17	4.3367	4.8246	5.3890	6.0469
18	3.0960	3.4020	3.7476	4.1418	18	4.5918	5.1084	5.7060	6.4026
19	3.2680	3.5910	3.9558	4.3719	19	4.8469	5.3922	6.0230	6.7583
20	3.4400	3.7800	4.1640	4.6020	20	5.1020	5.6760	6.3400	7.1140

SOMMES versées	50 ANS.	51 ANS.	52 ANS.	53 ANS.	SOMMES versées	54 ANS.	55 ANS.	56 ANS.	57 ANS.
1	0.0474	0.0512	0.0554	0.0601	1	0.0653	0.0711	0.0776	0.0848
2	0.0948	0.1024	0.1108	0.1202	2	0.1306	0.1422	0.1552	0.1696
3	0.1422	0.1536	0.1662	0.1803	3	0.1959	0.2133	0.2328	0.2544
4	0.1896	0.2048	0.2216	0.2404	4	0.2612	0.2844	0.3104	0.3392
5	0.2370	0.2560	0.2770	0.3005	5	0.3265	0.3555	0.3880	0.4240
6	0.2844	0.3072	0.3324	0.3606	6	0.3918	0.4266	0.4656	0.5088
7	0.3318	0.3584	0.3878	0.4207	7	0.4571	0.4977	0.5432	0.5936
8	0.3792	0.4096	0.4432	0.4808	8	0.5224	0.5688	0.6208	0.6784
9	0.4266	0.4608	0.4986	0.5409	9	0.5877	0.6399	0.6984	0.7632
10	0.4740	0.5120	0.5540	0.6010	10	0.6530	0.7110	0.7760	0.8480
11	0.5214	0.5632	0.6094	0.6611	11	0.7183	0.7821	0.8536	0.9328
12	0.5688	0.6144	0.6648	0.7212	12	0.7836	0.8532	0.9312	1.0176
13	0.6162	0.6656	0.7202	0.7813	13	0.8489	0.9243	1.0088	1.1024
14	0.6636	0.7168	0.7756	0.8414	14	0.9142	0.9954	1.0864	1.1872
15	0.7110	0.7680	0.8310	0.9015	15	0.9795	1.0665	1.1640	1.2720
16	0.7584	0.8192	0.8864	0.9616	16	1.0443	1.1376	1.2416	1.3568
17	0.8058	0.8704	0.9418	1.0217	17	1.1101	1.2087	1.3192	1.4416
18	0.8532	0.9216	0.9972	1.0818	18	1.1754	1.2798	1.3968	1.5264
19	0.9006	0.9728	1.0526	1.1419	19	1.2407	1.3500	1.4744	1.6112
20	0.9480	1.0240	1.1080	1.2020	20	1.3060	1.4220	1.5520	1.6960

SOMMES versées	58 ANS.	59 ANS.	60 ANS.	61 ANS.	SOMMES versées	62 ANS.	63 ANS.	64 ANS.	65 ANS.
1	0.0930	0.1021	0.1125	0.1243	1	0.1378	0.1534	0.1713	0.1922
2	0.1860	0.2042	0.2250	0.2486	2	0.2756	0.3068	0.3426	0.3844
3	0.2790	0.3063	0.3375	0.3729	3	0.4134	0.4602	0.5139	0.5766
4	0.3720	0.4084	0.4500	0.4972	4	0.5512	0.6136	0.6852	0.7688
5	0.4650	0.5105	0.5625	0.6215	5	0.6890	0.7670	0.8565	0.9610
6	0.5580	0.6126	0.6750	0.7458	6	0.8268	0.9204	1.0278	1.1532
7	0.6510	0.7147	0.7875	0.8701	7	0.9646	1.0738	1.1991	1.3454
8	0.7440	0.8168	0.9000	0.9944	8	1.1024	1.2272	1.3704	1.5376
9	0.8370	0.9189	1.0125	1.1187	9	1.2402	1.3806	1.5417	1.7298
10	0.9300	1.0210	1.1250	1.2430	10	1.3780	1.5340	1.7130	1.9220
11	1.0230	1.1231	1.2375	1.3673	11	1.5158	1.6874	1.8843	2.1142
12	1.1160	1.2252	1.3500	1.4916	12	1.6536	1.8408	2.0556	2.3064
13	1.2090	1.3273	1.4625	1.6159	13	1.7914	1.9942	2.2269	2.4986
14	1.3020	1.4294	1.5750	1.7402	14	1.9292	2.1476	2.3982	2.6908
15	1.3950	1.5315	1.6875	1.8645	15	2.0670	2.3010	2.5695	2.8830
16	1.4880	1.6336	1.8000	1.9888	16	2.2048	2.4544	2.7408	3.0752
17	1.5810	1.7357	1.9125	2.1131	17	2.3426	2.6078	2.9121	3.2674
18	1.6740	1.8378	2.0250	2.2374	18	2.4804	2.7612	3.0834	3.4596
19	1.7670	1.9399	2.1375	2.3617	19	2.6182	2.9146	3.2547	3.6518
20	1.8600	2.0420	2.2500	2.4860	20	2.7560	3.0680	3.4260	3.8440

SOMMES versées.	50 ANS.	51 ANS.	52 ANS.	53 ANS.	SOMMES versées.	54 ANS.	55 ANS.	56 ANS.	57 ANS.
1	0.0865	0.0935	0.1012	0.1098	1	0.1193	0.1299	0.1417	0.1549
2	0.1730	0.1870	0.2024	0.2196	2	0.2386	0.2598	0.2834	0.3098
3	0.2595	0.2805	0.3036	0.3294	3	0.3579	0.3897	0.4251	0.4647
4	0.3460	0.3740	0.4048	0.4392	4	0.4772	0.5196	0.5668	0.6196
5	0.4325	0.4675	0.5060	0.5490	5	0.5965	0.6495	0.7085	0.7745
6	0.5190	0.5610	0.6072	0.6588	6	0.7158	0.7794	0.8502	0.9294
7	0.6055	0.6545	0.7084	0.7686	7	0.8351	0.9093	0.9919	1.0843
8	0.6920	0.7480	0.8096	0.8784	8	0.9544	1.0392	1.1336	1.2392
9	0.7785	0.8415	0.9108	0.9882	9	1.0737	1.1691	1.2753	1.3941
10	0.8650	0.9350	1.0120	1.0980	10	1.1930	1.2990	1.4170	1.5490
11	0.9515	1.0285	1.1132	1.2078	11	1.3123	1.4289	1.5587	1.7039
12	1.0380	1.1220	1.2144	1.3176	12	1.4316	1.5588	1.7004	1.8588
13	1.1245	1.2155	1.3156	1.4274	13	1.5509	1.6887	1.8421	2.0137
14	1.2110	1.3090	1.4168	1.5372	14	1.6702	1.8186	1.9838	2.1686
15	1.2975	1.4025	1.5180	1.6470	15	1.7895	1.9485	2.1255	2.3235
16	1.3840	1.4960	1.6192	1.7568	16	1.9088	2.0784	2.2672	2.4784
17	1.4705	1.5895	1.7204	1.8666	17	2.0281	2.2083	2.4089	2.6333
18	1.5570	1.6830	1.8216	1.9764	18	2.1474	2.3382	2.5506	2.7882
19	1.6435	1.7705	1.9228	2.0862	19	2.2667	2.4681	2.6923	2.9431
20	1.7300	1.8700	2.0240	2.1960	20	2.3860	2.5980	2.8340	3.0980

SOMMES versées.	58 ANS.	59 ANS.	60 ANS.	61 ANS.	SOMMES versées.	62 ANS.	63 ANS.	64 ANS.	65 ANS.
1	0.1698	0.1865	0.2055	0.2270	1	0.2517	0.2801	0.3129	0.3510
2	0.3390	0.3730	0.4110	0.4540	2	0.5034	0.5602	0.6258	0.7020
3	0.5094	0.5595	0.6165	0.6810	3	0.7551	0.8403	0.9387	1.0530
4	0.6792	0.7460	0.8220	0.9080	4	1.0068	1.1204	1.2516	1.4040
5	0.8490	0.9325	1.0275	1.1350	5	1.2585	1.4005	1.5645	1.7550
6	1.0188	1.1190	1.2330	1.3620	6	1.5102	1.6806	1.8774	2.1060
7	1.1886	1.3055	1.4385	1.5890	7	1.7619	1.9607	2.1903	2.4570
8	1.3584	1.4920	1.6440	1.8160	8	2.0136	2.2408	2.5032	2.8080
9	1.5282	1.6785	1.8495	2.0430	9	2.2653	2.5209	2.8161	3.1590
10	1.6980	1.8650	2.0550	2.2700	10	2.5170	2.8010	3.1290	3.5100
11	1.8678	2.0515	2.2605	2.4970	11	2.7687	3.0811	3.4419	3.8610
12	2.0376	2.2380	2.4660	2.7240	12	3.0204	3.3612	3.7548	4.2120
13	2.2074	2.4245	2.6715	2.9510	13	3.2721	3.6413	4.0077	4.5030
14	2.3772	2.6110	2.8770	3.1780	14	3.5238	3.9214	4.3806	4.9140
15	2.5470	2.7975	3.0825	3.4050	15	3.7755	4.2015	4.6935	5.2650
16	2.7168	2.9840	3.2880	3.6320	16	4.0272	4.4816	5.0064	5.6160
17	2.8866	3.1705	3.4935	3.8590	17	4.2789	4.7017	5.3193	5.9670
18	3.0564	3.3570	3.6990	4.0860	18	4.5306	5.0418	5.6322	6.3180
19	3.2262	3.5435	3.9045	4.3130	19	4.7823	5.3219	5.9451	6.6690
20	3.3960	3.7300	4.1100	4.5400	20	5.0340	5.6020	6.2580	7.0200

SOMMES versées	50 ANS	51 ANS	52 ANS	53 ANS	SOMMES versées	54 ANS	55 ANS	56 ANS	57 ANS
1	0.0465	0.0503	0.0544	0.0590	1	0.0641	0.0698	0.0762	0.0833
2	0.0930	0.1006	0.1088	0.1180	2	0.1282	0.1396	0.1524	0.1666
3	0.1395	0.1509	0.1632	0.1770	3	0.1923	0.2094	0.2286	0.2499
4	0.1860	0.2012	0.2176	0.2360	4	0.2564	0.2792	0.3048	0.3332
5	0.2325	0.2515	0.2720	0.2950	5	0.3205	0.3490	0.3810	0.4165
6	0.2790	0.3018	0.3264	0.3540	6	0.3846	0.4188	0.4572	0.4998
7	0.3255	0.3521	0.3808	0.4130	7	0.4487	0.4886	0.5334	0.5831
8	0.3720	0.4024	0.4352	0.4720	8	0.5128	0.5584	0.6096	0.6664
9	0.4185	0.4527	0.4896	0.5310	9	0.5769	0.6282	0.6858	0.7497
10	0.4650	0.5030	0.5440	0.5900	10	0.6410	0.6980	0.7620	0.8330
11	0.5115	0.5533	0.5984	0.6490	11	0.7051	0.7678	0.8382	0.9163
12	0.5580	0.6036	0.6528	0.7080	12	0.7692	0.8376	0.9144	0.9996
13	0.6045	0.6539	0.7072	0.7670	13	0.8333	0.9074	0.9906	1.0829
14	0.6510	0.7042	0.7616	0.8260	14	0.8974	0.9772	1.0668	1.1662
15	0.6975	0.7545	0.8160	0.8850	15	0.9615	1.0470	1.1430	1.2495
16	0.7440	0.8048	0.8704	0.9440	16	1.0256	1.1168	1.2192	1.3328
17	0.7905	0.8551	0.9248	1.0030	17	1.0897	1.1866	1.2954	1.4161
18	0.8370	0.9054	0.9792	1.0620	18	1.1538	1.2564	1.3716	1.4994
19	0.8835	0.9557	1.0336	1.1210	19	1.2179	1.3262	1.4478	1.5827
20	0.9300	1.0060	1.0880	1.1800	20	1.2820	1.3960	1.5240	1.6660

SOMMES versées	58 ANS	59 ANS	60 ANS	61 ANS	SOMMES versées	62 ANS	63 ANS	64 ANS	65 ANS
1	0.0913	0.1003	0.1105	0.1221	1	0.1353	0.1506	0.1682	0.1887
2	0.1826	0.2006	0.2210	0.2442	2	0.2706	0.3012	0.3364	0.3774
3	0.2739	0.3009	0.3315	0.3663	3	0.4059	0.4518	0.5046	0.5661
4	0.3652	0.4012	0.4420	0.4884	4	0.5412	0.6024	0.6728	0.7548
5	0.4565	0.5015	0.5525	0.6105	5	0.6765	0.7530	0.8410	0.9435
6	0.5478	0.6018	0.6630	0.7326	6	0.8118	0.9036	1.0092	1.1322
7	0.6391	0.7021	0.7735	0.8547	7	0.9471	1.0542	1.1774	1.3209
8	0.7304	0.8024	0.8840	0.9768	8	1.0824	1.2048	1.3456	1.5096
9	0.8217	0.9027	0.9945	1.0989	9	1.2177	1.3554	1.5138	1.6983
10	0.9130	1.0030	1.1050	1.2210	10	1.3530	1.5060	1.6820	1.8870
11	1.0043	1.1033	1.2155	1.3431	11	1.4883	1.6566	1.8502	2.0757
12	1.0956	1.2036	1.3260	1.4652	12	1.6236	1.8072	2.0184	2.2644
13	1.1869	1.3039	1.4365	1.5873	13	1.7589	1.9578	2.1866	2.4531
14	1.2782	1.4042	1.5470	1.7094	14	1.8942	2.1084	2.3548	2.6418
15	1.3695	1.5045	1.6575	1.8315	15	2.0295	2.2590	2.5230	2.8305
16	1.4608	1.6048	1.7680	1.9530	16	2.1648	2.4096	2.6912	3.0192
17	1.5521	1.7051	1.8785	2.0757	17	2.3001	2.5602	2.8594	3.2079
18	1.6434	1.8054	1.9890	2.1978	18	2.4354	2.7108	3.0276	3.3966
19	1.7347	1.9057	2.0995	2.3199	19	2.5707	2.8614	3.1958	3.5853
20	1.8260	2.0060	2.2100	2.4420	20	2.7060	3.0120	3.3640	3.7740

SOMMES versées.	50 ANS.	51 ANS.	52 ANS.	53 ANS.	SOMMES versées.	54 ANS.	55 ANS.	56 ANS.	57 ANS.
1	0.0853	0.0922	0.0998	0.1083	1	0.1177	0.1281	0.1398	0.1528
2	0.1700	0.1844	0.1996	0.2166	2	0.2354	0.2562	0.2796	0.3056
3	0.2559	0.2766	0.2994	0.3249	3	0.3531	0.3843	0.4194	0.4584
4	0.3412	0.3688	0.3992	0.4332	4	0.4708	0.5124	0.5592	0.6112
5	0.4265	0.4610	0.4990	0.5415	5	0.5885	0.6405	0.6990	0.7640
6	0.5118	0.5532	0.5988	0.6498	6	0.7062	0.7686	0.8388	0.9168
7	0.5971	0.6454	0.6986	0.7581	7	0.8239	0.8967	0.9786	1.0696
8	0.6824	0.7376	0.7984	0.8664	8	0.9416	1.0248	1.1184	1.2224
9	0.7677	0.8298	0.8982	0.9747	9	1.0593	1.1529	1.2582	1.3752
10	0.8530	0.9220	0.9980	1.0830	10	1.1770	1.2810	1.3980	1.5280
11	0.9383	1.0142	1.0978	1.1913	11	1.2947	1.4091	1.5378	1.6808
12	1.0236	1.1064	1.1976	1.2996	12	1.4124	1.5372	1.6776	1.8336
13	1.1089	1.1986	1.2974	1.4079	13	1.5301	1.6653	1.8174	1.9864
14	1.1942	1.2908	1.3972	1.5102	14	1.6478	1.7934	1.9572	2.1392
15	1.2795	1.3830	1.4970	1.6245	15	1.7655	1.9215	2.0970	2.2920
16	1.3648	1.4752	1.5968	1.7328	16	1.8832	2.0496	2.2368	2.4448
17	1.4501	1.5674	1.6966	1.8411	17	2.0009	2.1777	2.3766	2.5976
18	1.5354	1.6596	1.7964	1.9494	18	2.1186	2.3058	2.5104	2.7504
19	1.6207	1.7518	1.8962	2.0577	19	2.2363	2.4339	2.6502	2.9032
20	1.7060	1.8440	1.9960	2.1660	20	2.3540	2.5620	2.7900	3.0560

SOMMES versées.	58 ANS.	59 ANS.	60 ANS.	61 ANS.	SOMMES versées.	62 ANS.	63 ANS.	64 ANS.	65 ANS.
1	0.1675	0.1840	0.2027	0.2240	1	0.2483	0.2763	0.3086	0.3463
2	0.3350	0.3680	0.4054	0.4480	2	0.4966	0.5526	0.6172	0.6926
3	0.5025	0.5520	0.6081	0.6720	3	0.7449	0.8289	0.9258	1.0389
4	0.6700	0.7360	0.8108	0.8960	4	0.9932	1.1052	1.2344	1.3852
5	0.8375	0.9200	1.0135	1.1200	5	1.2415	1.3815	1.5430	1.7315
6	1.0050	1.1040	1.2162	1.3440	6	1.4898	1.6578	1.8516	2.0778
7	1.1725	1.2880	1.4189	1.5680	7	1.7381	1.9341	2.1602	2.4241
8	1.3400	1.4720	1.6216	1.7920	8	1.9864	2.2104	2.4688	2.7704
9	1.5075	1.6560	1.8243	2.0160	9	2.2347	2.4867	2.7774	3.1167
10	1.6750	1.8400	2.0270	2.2400	10	2.4830	2.7630	3.0860	3.4630
11	1.8425	2.0240	2.2297	2.4640	11	2.7313	3.0393	3.3946	3.8093
12	2.0100	2.2080	2.4324	2.6880	12	2.9796	3.3156	3.7032	4.1556
13	2.1775	2.3920	2.6351	2.9120	13	3.2279	3.5919	4.0118	4.5019
14	2.3450	2.5760	2.8378	3.1360	14	3.4702	3.8682	4.3204	4.8482
15	2.5125	2.7600	3.0405	3.3600	15	3.7245	4.1445	4.6290	5.1945
16	2.6800	2.9440	3.2432	3.5840	16	3.9728	4.4208	4.9376	5.5408
17	2.8475	3.1280	3.4459	3.8080	17	4.2211	4.6971	5.2462	5.8871
18	3.0150	3.3120	3.6486	4.0320	18	4.4694	4.9734	5.5548	6.2334
19	3.1825	3.4960	3.8513	4.2560	19	4.7177	5.2497	5.8634	6.5797
20	3.3500	3.6800	4.0540	4.4800	20	4.9660	5.5260	6.1720	6.9260

SOMMES versées.	50 ANS.	51 ANS.	52 ANS.	53 ANS.	SOMMES versées.	54 ANS.	55 ANS.	56 ANS.	57 ANS.
1	0.0456	0.0493	0.0534	0.0579	1	0.0630	0.0685	0.0748	0.0818
2	0.0912	0.0986	0.1068	0.1158	2	0.1260	0.1370	0.1496	0.1636
3	0.1368	0.1479	0.1602	0.1737	3	0.1890	0.2055	0.2244	0.2454
4	0.1824	0.1972	0.2136	0.2316	4	0.2520	0.2740	0.2992	0.3272
5	0.2280	0.2465	0.2670	0.2895	5	0.3150	0.3425	0.3740	0.4090
6	0.2736	0.2958	0.3204	0.3474	6	0.3780	0.4110	0.4488	0.4908
7	0.3192	0.3451	0.3738	0.4053	7	0.4410	0.4795	0.5236	0.5726
8	0.3648	0.3944	0.4272	0.4632	8	0.5040	0.5480	0.5984	0.6544
9	0.4104	0.4437	0.4806	0.5211	9	0.5670	0.6165	0.6732	0.7362
10	0.4560	0.4930	0.5340	0.5790	10	0.6300	0.6850	0.7480	0.8180
11	0.5016	0.5423	0.5874	0.6369	11	0.6930	0.7535	0.8228	0.8998
12	0.5472	0.5916	0.6408	0.6948	12	0.7560	0.8220	0.8976	0.9816
13	0.5928	0.6409	0.6942	0.7527	13	0.8190	0.8905	0.9724	1.0634
14	0.6384	0.6902	0.7476	0.8106	14	0.8820	0.9590	1.0472	1.1452
15	0.6840	0.7395	0.8010	0.8685	15	0.9450	1.0275	1.1220	1.2270
16	0.7296	0.7888	0.8544	0.9264	16	1.0080	1.0960	1.1968	1.3088
17	0.7752	0.8381	0.9078	0.9843	17	1.0710	1.1645	1.2716	1.3906
18	0.8208	0.8874	0.9612	1.0422	18	1.1340	1.2330	1.3464	1.4724
19	0.8664	0.9367	1.0146	1.1001	19	1.1970	1.3015	1.4212	1.5542
20	0.9120	0.9860	1.0680	1.1580	20	1.2600	1.3700	1.4960	1.6360

SOMMES versées.	58 ANS.	59 ANS.	60 ANS.	61 ANS.	SOMMES versées.	62 ANS.	63 ANS.	64 ANS.	65 ANS.
1	0.0896	0.0984	0.1084	0 1198	1	0.1329	0.1478	0.1651	0.1853
2	0.1792	0.1968	0.2168	0.2396	2	0.2658	0.2956	0.3302	0.3706
3	0.2688	0.2952	0.3252	0.3594	3	0.3987	0.4434	0.4953	0.5559
4	0.3584	0.3936	0.4336	0.4792	4	0.5316	0.5912	0.6604	0.7412
5	0.4480	0.4920	0.5420	0.5990	5	0.6645	0.7390	0.8255	0.9265
6	0.5376	0.5904	0.6504	0.7188	6	0.7974	0.8868	0.9906	1.1118
7	0 6272	0.6888	0.7588	0.8386	7	0.9303	1.0346	1.1557	1.2971
8	0.7168	0.7872	0.8672	0.9584	8	1.0032	1.1824	1.3208	1.4824
9	9.8064	0.8856	0.9756	1.0782	9	1.1961	1.3302	1.4859	1.6677
10	0.8960	0.9840	1.0840	1.1980	10	1.3290	1.4780	1.6510	1.8530
11	0.9856	1.0824	1.1924	1.3178	11	1.4619	1.6258	1.8161	2.0383
12	1.0752	1.1808	1.3008	1.4376	12	1.5948	1.7736	1.9812	2.2236
13	1.1648	1.2792	1.4092	1.5574	13	1.7277	1.9214	2.1463	2.4089
14	1.2544	1.3776	1.5176	1.6772	14	1.8606	2.0692	2.3114	2.5942
15	1.3440	1.4760	1.6260	1.7970	15	1.9935	2.2170	2.4765	2.7795
16	1.4336	1.5744	1.7344	1.9168	16	2.1264	2.3648	2.6416	2.9648
17	1.5232	1.6728	1.8428	2.0366	17	2.2593	2.5126	2.8067	3.1501
18	1.6128	1.7712	1.9512	2.1564	18	2.3922	2.6604	2.9718	3.3354
19	1.7024	1.8696	2.0596	2.2762	19	2 5251	2.8082	3.1369	3.5207
20	1.7920	1.9680	2.1680	2.3960	20	2.6580	2.9560	3.3020	3.7060

SOMMES versées.	50 ANS.	51 ANS.	52 ANS.	53 ANS.	SOMMES versées.	54 ANS.	55 ANS.	56 ANS.	57 ANS.
1	0.0841	0.0910	0.0985	0.1068	1	0.1161	0.1264	0.1379	0.1507
2	0.1682	0.1820	0.1970	0.2136	2	0.2322	0.2528	0.2758	0.3014
3	0.2523	0.2730	0.2955	0.3204	3	0.3483	0.3792	0.4137	0.4521
4	0.3364	0.3640	0.3940	0.4272	4	0.4644	0.5056	0.5516	0.6028
5	0.4205	0.4550	0.4925	0.5340	5	0.5805	0.6320	0.6895	0.7535
6	0.5046	0.5460	0.5910	0.6408	6	0.6966	0.7584	0.8274	0.9042
7	0.5887	0.6370	0.6895	0.7476	7	0.8127	0.8848	0.9653	1.0549
8	0.6728	0.7280	0.7880	0.8544	8	0.9288	1.0112	1.1032	1.2056
9	0.7569	0.8190	0.8865	0.9612	9	1.0449	1.1376	1.2411	1.3563
10	0.8410	0.9100	0.9850	1.0680	10	1.1610	1.2640	1.3790	1.5070
11	0.9251	1.0010	1.0835	1.1748	11	1.2771	1.3904	1.5169	1.6577
12	1.0092	1.0920	1.1820	1.2816	12	1.3932	1.5168	1.6548	1.8084
13	1.0933	1.1830	1.2805	1.3884	13	1.5093	1.6432	1.7927	1.9591
14	1.1774	1.2740	1.3790	1.4952	14	1.6254	1.7696	1.9306	2.1098
15	1.2615	1.3650	1.4775	1.6020	15	1.7415	1.8960	2.0685	2.2605
16	1.3456	1.4560	1.5760	1.7088	16	1.8576	2.0224	2.2064	2.4112
17	1.4297	1.5470	1.6745	1.8156	17	1.9737	2.1488	2.3443	2.5619
18	1.5138	1.6380	1.7730	1.9224	18	2.0898	2.2752	2.4822	2.7126
19	1.5979	1.7290	1.8715	2.0292	19	2.2059	2.4016	2.6201	2.8633
20	1.6820	1.8200	1.9700	2.1300	20	2.3220	2.5280	2.7580	3.0140

SOMMES versées.	58 ANS.	59 ANS.	60 ANS.	61 ANS.	SOMMES versées.	62 ANS.	63 ANS.	64 ANS.	65 ANS.
1	0.1652	0.1815	0.1999	0.2209	1	0.2449	0.2725	0.3044	0.3416
2	0.3304	0.3630	0.3998	0.4418	2	0.4898	0.5450	0.6088	0.6832
3	0.4956	0.5445	0.5997	0.6627	3	0.7347	0.8175	0.9132	1.0248
4	0.6608	0.7260	0.7996	0.8836	4	0.9796	1.0900	1.2176	1.3664
5	0.8260	0.9075	0.9995	1.1045	5	1.2245	1.3625	1.5220	1.7080
6	0.9912	1.0890	1.1994	1.3254	6	1.4694	1.6350	1.8264	2.0496
7	1.1564	1.2705	1.3993	1.5463	7	1.7143	1.9075	2.1308	2.3912
8	1.3216	1.4520	1.5992	1.7672	8	1.9592	2.1800	2.4352	2.7328
9	1.4868	1.6335	1.7991	1.9881	9	2.2041	2.4525	2.7396	3.0744
10	1.6520	1.8150	1.9990	2.2090	10	2.4490	2.7250	3.0440	3.4160
11	1.8172	1.9965	2.1989	2.4299	11	2.6939	2.9975	3.3484	3.7576
12	1.9824	2.1780	2.3988	2.6508	12	2.9388	3.2700	3.6528	4.0992
13	2.1476	2.3595	2.5987	2.8717	13	3.1837	3.5425	3.9572	4.4408
14	2.3128	2.5410	2.7986	3.0926	14	3.4286	3.8150	4.2616	4.7824
15	2.4780	2.7225	2.9985	3.3135	15	3.6735	4.0875	4.5660	5.1240
16	2.6432	2.9040	3.1984	3.5344	16	3.9184	4.3600	4.8704	5.4656
17	2.8084	3.0855	3.3983	3.7553	17	4.1633	4.6325	5.1748	5.8072
18	2.9736	3.2670	3.5982	3.9762	18	4.4082	4.9050	5.4792	6.1488
19	3.1388	3.4485	3.7981	4.1971	19	4.6531	5.1775	5.7836	6.4904
20	3.3040	3.6300	3.9980	4.4180	20	4.8980	5.4500	6.0880	6.8320

SOMMES versées.	30 ANS.	51 ANS.	52 ANS.	53 ANS.	SOMMES versées.	54 ANS.	55 ANS.	56 ANS.	57 ANS.
1	0.0448	0.0484	0.0524	0.0569	1	0.0618	0.0673	0.0734	0.0803
2	0.0896	0.0968	0.1048	0.1138	2	0.1236	0.1346	0.1468	0.1606
3	0.1344	0.1452	0.1572	0.1707	3	0.1854	0.2019	0.2202	0.2409
4	0.1792	0.1936	0.2096	0.2276	4	0.2472	0.2692	0.2936	0.3212
5	0.2240	0.2420	0.2620	0.2845	5	0.3090	0.3365	0.3670	0.4015
6	0.2688	0.2904	0.3144	0.3414	6	0.3708	0.4038	0.4404	0.4818
7	0.3136	0.3388	0.3668	0.3983	7	0.4326	0.4711	0.5138	0.5621
8	0.3584	0.3872	0.4192	0.4552	8	0.4944	0.5384	0.5872	0.6424
9	0.4032	0.4356	0.4716	0.5121	9	0.5562	0.6057	0.6606	0.7227
10	0.4480	0.4840	0.5240	0.5690	10	0.6180	0.6730	0.7340	0.8030
11	0.4928	0.5324	0.5764	0.6259	11	0.6798	0.7403	0.8074	0.8833
12	0.5376	0.5808	0.6288	0.6828	12	0.7416	0.8076	0.8808	0.9636
13	0.5824	0.6292	0.6812	0.7397	13	0.8034	0.8749	0.9542	1.0439
14	0.6272	0.6776	0.7336	0.7966	14	0.8652	0.9422	1.0276	1.1242
15	0.6720	0.7260	0.7860	0.8535	15	0.9270	1.0095	1.1010	1.2045
16	0.7168	0.7744	0.8384	0.9104	16	0.9888	1.0768	1.1744	1.2848
17	0.7616	0.8228	0.8908	0.9673	17	1.0506	1.1441	1.2478	1.3651
18	0.8064	0.8712	0.9432	1.0242	18	1.1124	1.2114	1.3212	1.4454
19	0.8512	0.9196	0.9956	1.0811	19	1.1742	1.2787	1.3946	1.5257
20	0.8960	0.9680	1.0480	1.1380	20	1.2360	1.3460	1.4680	1.6060

SOMMES versées.	58 ANS.	59 ANS.	60 ANS.	61 ANS.	SOMMES versées.	62 ANS.	63 ANS.	64 ANS.	65 ANS.
1	0.0880	0.0966	0.1065	0.1176	1	0.1304	0.1451	0.1621	0.1819
2	0.1760	0.1932	0.2130	0.2352	2	0.2608	0.2902	0.3242	0.3638
3	0.2640	0.2898	0.3195	0.3528	3	0.3912	0.4353	0.4863	0.5457
4	0.3520	0.3864	0.4260	0.4704	4	0.5216	0.5804	0.6484	0.7276
5	0.4400	0.4830	0.5325	0.5880	5	0.6520	0.7255	0.8105	0.9095
6	0.5280	0.5790	0.6390	0.7056	6	0.7824	0.8706	0.9726	1.0914
7	0.6160	0.6762	0.7455	0.8232	7	0.9128	1.0157	1.1347	1.2733
8	0.7040	0.7728	0.8520	0.9408	8	1.0432	1.1608	1.2968	1.4552
9	0.7920	0.8694	0.9585	1.0584	9	1.1736	1.3059	1.4589	1.6371
10	0.8800	0.9660	1.0650	1.1760	10	1.3040	1.4510	1.6210	1.8190
11	0.9680	1.0626	1.1715	1.2936	11	1.4344	1.5961	1.7831	2.0009
12	1.0560	1.1592	1.2780	1.4112	12	1.5648	1.7412	1.9452	2.1828
13	1.1440	1.2558	1.3845	1.5288	13	1.6952	1.8863	2.1073	2.3647
14	1.2320	1.3524	1.4910	1.6464	14	1.8256	2.0314	2.2694	2.5466
15	1.3200	1.4490	1.5975	1.7640	15	1.9560	2.1765	2.4315	2.7285
16	1.4080	1.5456	1.7040	1.8816	16	2.0864	2.3216	2.5936	2.9104
17	1.4960	1.6422	1.8105	1.9992	17	2.2168	2.4667	2.7557	3.0923
18	1.5840	1.7388	1.9170	2.1168	18	2.3472	2.6118	2.9178	3.2742
19	1.6720	1.8354	2.0235	2.2344	19	2.4776	2.7569	3.0799	3.4561
20	1.7600	1.9320	2.1300	2.3520	20	2.6080	2.9020	3.2420	3.6380

SOMMES versées.	50 ANS.	51 ANS.	52 ANS.	53 ANS.	SOMMES versées.	54 ANS.	55 ANS.	56 ANS.	57 ANS.
1	0.0830	0.0897	0.0971	0.1054	1	0.1145	0.1246	0.1360	0.1487
2	0.1660	0.1794	0.1942	0.2108	2	0.2290	0.2492	0.2720	0.2974
3	0.2490	0.2691	0.2913	0.3162	3	0.3435	0.3738	0.4080	0.4461
4	0.3320	0.3588	0.3884	0.4216	4	0.4580	0.4984	0.5440	0.5948
5	0.4150	0.4485	0.4855	0.5270	5	0.5725	0.6230	0.6800	0.7435
6	0.4980	0.5382	0.5826	0.6324	6	0.6870	0.7476	0.8160	0.8922
7	0.5810	0.6279	0.6797	0.7378	7	0.8015	0.8722	0.9520	1.0409
8	0.6640	0.7176	0.7768	0.8432	8	0.9160	0.9968	1.0880	1.1896
9	0.7470	0.8073	0.8739	0.9486	9	1.0305	1.1214	1.2240	1.3383
10	0.8300	0.8970	0.9710	1.0540	10	1.1450	1.2460	1.3600	1.4870
11	0.9130	0.9867	1.0681	1.1594	11	1.2595	1.3706	1.4960	1.6357
12	0.9960	1.0764	1.1652	1.2648	12	1.3740	1.4952	1.6320	1.7844
13	1.0790	1.1661	1.2623	1.3702	13	1.4885	1.6198	1.7680	1.9331
14	1.1620	1.2558	1.3594	1.4756	14	1.6030	1.7444	1.9040	2.0818
15	1.2450	1.3455	1.4565	1.5810	15	1.7175	1.8690	2.0400	2.2305
16	1.3280	1.4352	1.5536	1.6864	16	1.8320	1.9936	2.1760	2.3792
17	1.4110	1.5249	1.6507	1.7918	17	1.9465	2.1182	2.3120	2.5279
18	1.4940	1.6146	1.7478	1.8972	18	2.0610	2.2428	2.4480	2.6766
19	1.5770	1.7043	1.8449	2.0026	19	2.1755	2.3674	2.5840	2.8253
20	1.6600	1.7940	1.9420	2.1080	20	2.2900	2.4920	2.7200	2.9740

SOMMES versées.	58 ANS.	59 ANS.	60 ANS.	61 ANS.	SOMMES versées.	62 ANS.	63 ANS.	64 ANS.	65 ANS.
1	0.1629	0.1790	0.1972	0.2179	1	0.2416	0.2688	0.3003	0.3369
2	0.3258	0.3580	0.3944	0.4358	2	0.4832	0.5376	0.6006	0.6738
3	0.4887	5.5370	0.5916	0.6537	3	0.7248	0.8064	0.9009	1.0107
4	0.6516	0.7160	0.7888	0.8716	4	0.9664	1.0752	1.2012	1.3476
5	0.8145	0.8950	0.9860	1.0895	5	1.2080	1.3440	1.5015	1.6845
6	0.9774	1.0740	1.1832	1.3074	6	1.4496	1.6128	1.8018	2.0214
7	1.1403	1.2530	1.3804	1.5253	7	1.6912	1.8816	2.1021	2.3583
8	1.3032	1.4320	1.5776	1.7432	8	1.9328	2.1504	2.4024	2.6952
9	1.4661	1.6110	1.7748	1.9611	9	2.1744	2.4192	2.7027	3.0321
10	1.6290	1.7900	1.9720	2.1790	10	2.4160	2.6880	3.0030	3.3690
11	1.7919	1.9690	2.1692	2.3969	11	2.6576	2.9568	3.3033	3.7059
12	1.9548	2.1480	2.3664	2.6148	12	2.8992	3.2256	3.6036	4.0428
13	2.1177	2.3270	2.5636	2.8327	13	3.1408	3.4944	3.9039	4.3797
14	2.2806	2.5060	2.7608	3.0506	14	3.3824	3.7632	4.2042	4.7166
15	2.4435	2.6850	2.9580	3.2685	15	3.6240	4.0320	4.5045	5.0535
16	2.6064	2.8640	3.1552	3.4864	16	3.8656	4.3008	4.8048	5.3904
17	2.7693	3.0430	3.3524	3.7043	17	4.1072	4.5696	5.1051	5.7273
18	2.9322	3.2220	3.5496	3.9222	18	4.3488	4.8384	5.4054	6.0642
19	3.0951	3.4010	3.7468	4.1401	19	4.5904	5.1072	5.7057	6.4011
20	3.2580	3.5800	3.9440	4.3580	20	4.8320	5.3760	6.0000	6.7380

SOMMES versées	50 ANS.	51 ANS.	52 ANS.	53 ANS.	SOMMES versées	54 ANS.	55 ANS.	56 ANS.	57 ANS.
1	0.0440	0.0475	0.0515	0.0558	1	0.0607	0.0660	0.0720	0.0788
2	0.0880	0.0950	0.1030	0.1116	2	0.1214	0.1320	0.1440	0.1576
3	0.1320	0.1425	0.1545	0.1674	3	0.1821	0.1980	0.2160	0.2364
4	0.1760	0.1900	0.2060	0.2232	4	0.2428	0.2640	0.2880	0.3152
5	0.2200	0.2375	0.2575	0.2790	5	0.3035	0.3300	0.3600	0.3940
6	0.2640	0.2850	0.3090	0.3348	6	0.3642	0.3960	0.4320	0.4728
7	0.3080	0.3325	0.3605	0.3906	7	0.4249	0.4620	0.5040	0.5516
8	0.3520	0.3800	0.4120	0.4464	8	0.4856	0.5280	0.5760	0.6304
9	0.3960	0.4275	0.4635	0.5022	9	0.5463	0.5940	0.6480	0.7092
10	0.4400	0.4750	0.5150	0.5580	10	0.6070	0.6600	0.7200	0.7880
11	0.4840	0.5225	0.5665	0.6138	11	0.6677	0.7260	0.7920	0.8668
12	0.5280	0.5700	0.6180	0.6696	12	0.7284	0.7920	0.8640	0.9456
13	0.5720	0.6175	0.6695	0.7254	13	0.7891	0.8580	0.9360	1.0244
14	0.6160	0.6650	0.7210	0.7812	14	0.8498	0.9240	1.0080	1.1032
15	0.6600	0.7125	0.7725	0.8370	15	0.9105	0.9900	1.0800	1.1820
16	0.7040	0.7600	0.8240	0.8928	16	0.9712	1.0560	1.1520	1.2608
17	0.7480	0.8075	0.8755	0.9486	17	1.0319	1.1220	1.2240	1.3396
18	0.7920	0.8550	0.9270	1.0044	18	1.0926	1.1880	1.2960	1.4184
19	0.8360	0.9025	0.9785	1.0602	19	1.1533	1.2540	1.3680	1.4972
20	0.8800	0.9500	1.0300	1.1160	20	1.2140	1.3200	1.4400	1.5760

SOMMES versées	58 ANS.	59 ANS.	60 ANS.	61 ANS.	SOMMES versées	62 ANS.	63 ANS.	64 ANS.	65 ANS.
1	0.0863	0.0948	0.1045	0.1154	1	0.1280	0.1424	0.1591	0.1785
2	0.1726	0.1896	0.2090	0.2308	2	0.2560	0.2848	0.3182	0.3570
3	0.2589	0.2844	0.3135	0.3462	3	0.3840	0.4272	0.4773	0.5355
4	0.3452	0.3792	0.4180	0.4616	4	0.5120	0.5696	0.6364	0.7140
5	0.4315	0.4740	0.5225	0.5770	5	0.6400	0.7120	0.7955	0.8925
6	0.5178	0.5688	0.6270	0.6924	6	0.7680	0.8544	0.9546	1.0710
7	0.6041	0.6636	0.7315	0.8078	7	0.8960	0.9968	1.1137	1.2495
8	0.6904	0.7584	0.8360	0.9232	8	1.0240	1.1392	1.2728	1.4280
9	0.7767	0.8532	0.9405	1.0386	9	1.1520	1.2816	1.4319	1.6065
10	0.8630	0.9480	1.0450	1.1540	10	1.2800	1.4240	1.5910	1.7850
11	0.9493	1.0428	1.1495	1.2694	11	1.4080	1.5664	1.7501	1.9635
12	1.0356	1.1376	1.2540	1.3848	12	1.5360	1.7088	1.9092	2.1420
13	1.1219	1.2324	1.3585	1.5002	13	1.6640	1.8512	2.0683	2.3205
14	1.2082	1.3272	1.4630	1.6156	14	1.7920	1.9936	2.2274	2.4990
15	1.2945	1.4220	1.5675	1.7310	15	1.9200	2.1360	2.3865	2.6775
16	1.3808	1.5168	1.6720	1.8464	16	2.0480	2.2784	2.5456	2.8560
17	1.4671	1.6116	1.7765	1.9618	17	2.1760	2.4208	2.7047	3.0345
18	1.5534	1.7064	1.8810	2.0772	18	2.3040	2.5632	2.8638	3.2130
19	1.6397	1.8012	1.9855	2.1926	19	2.4320	2.7056	3.0229	3.3915
20	1.7260	1.8960	2.0900	2.3080	20	2.5600	2.8480	3.1820	3.5700

SOMMES versées	50 ANS.	51 ANS.	52 ANS.	53 ANS.	SOMMES versées	54 ANS.	55 ANS.	56 ANS.	57 ANS.
1	0.0819	0.0885	0.0958	0.1039	1	0.1129	0.1230	0.1341	0.1467
2	0.1638	0.1770	0.1916	0.2078	2	0.2258	0.2460	0.2682	0.2934
3	0.2457	0.2655	0.2874	0.3117	3	0.3387	0.3690	0.4023	0.4401
4	0.3276	0.3540	0.3832	0.4156	4	0.4516	0.4920	0.5364	0.5868
5	0.4095	0.4425	0.4790	0.5195	5	0.5645	0.6150	0.6705	0.7335
6	0.4914	0.5310	0.5748	0.6234	6	0.6774	0.7380	0.8046	0.8802
7	0.5733	0.6195	0.6706	0.7273	7	0.7903	0.8610	0.9387	1.0269
8	0.6552	0.7080	0.7664	0.8312	8	0.9032	0.9840	1.0728	1.1736
9	0.7371	0.7965	0.8622	0.9351	9	1.0161	1.1070	1.2069	1.3203
10	0.8190	0.8850	0.9580	1.0390	10	1.1290	1.2300	1.3410	1.4670
11	0.9009	0.9735	1.0538	1.1429	11	1.2419	1.3530	1.4751	1.6137
12	0.9828	1.0620	1.1496	1.2468	12	1.3548	1.4760	1.6092	1.7604
13	1.0647	1.1505	1.2454	1.3507	13	1.4677	1.5990	1.7433	1.9071
14	1.1466	1.2390	1.3412	1.4546	14	1.5806	1.7220	1.8774	2.0538
15	1.2285	1.3275	1.4370	1.5585	15	1.6935	1.8450	2.0115	2.2005
16	1.3104	1.4160	1.5328	1.6624	16	1.8064	1.9680	2.1456	2.3472
17	1.3923	1.5045	1.6286	1.7663	17	1.9193	2.0910	2.2797	2.4939
18	1.4742	1.5930	1.7244	1.8702	18	2.0322	2.2140	2.4138	2.6406
19	1.5561	1.6815	1.8202	1.9741	19	2.1451	2.3370	2.5479	2.7873
20	1.6380	1.7700	1.9160	2.0780	20	2.2580	2.4600	2.6820	2.9340

SOMMES versées	58 ANS.	59 ANS.	60 ANS.	61 ANS.	SOMMES versées	62 ANS.	63 ANS.	64 ANS.	65 ANS.
1	0.1607	0.1766	0.1945	0.2150	1	0.2383	0.2652	0.2962	0.3323
2	0.3214	0.3532	0.3890	0.4300	2	0.4766	0.5304	0.5924	0.6646
3	0.4821	0.5298	0.5835	0.6450	3	0.7149	0.7956	0.8886	0.9969
4	0.6428	0.7064	0.7780	0.8600	4	0.9532	1.0608	1.1848	1.3292
5	0.8035	0.8830	0.9725	1.0750	5	1.1915	1.3260	1.4810	1.6615
6	0.9642	1.0596	1.1670	1.2900	6	1.4298	1.5912	1.7772	1.9938
7	1.1249	1.2362	1.3615	1.5050	7	1.6681	1.8564	2.0734	2.3261
8	1.2856	1.4128	1.5560	1.7200	8	1.9064	2.1216	2.3696	2.6584
9	1.4463	1.5894	1.7505	1.9350	9	2.1447	2.3868	2.6658	2.9907
10	1.6070	1.7660	1.9450	2.1500	10	2.3830	2.6520	2.9620	3.3230
11	1.7677	1.9426	2.1395	2.3650	11	2.6213	2.9172	3.2582	3.6553
12	1.9284	2.1192	2.3340	2.5800	12	2.8596	3.1824	3.5544	3.9876
13	2.0891	2.2958	2.5285	2.7950	13	3.0979	3.4476	3.8506	4.3199
14	2.2498	2.4724	2.7230	3.0100	14	3.3362	3.7128	4.1468	4.6522
15	2.4105	2.6490	2.9175	3.2250	15	3.5745	3.9780	4.4430	4.9845
16	2.5712	2.8256	3.1120	3.4400	16	3.8128	4.2432	4.7392	5.3168
17	2.7319	3.0022	3.3065	3.6550	17	4.0511	4.5084	5.0354	5.6491
18	2.8926	3.1788	3.5010	3.8700	18	4.2894	4.7736	5.3316	5.9814
19	3.0533	3.3554	3.6955	4.0850	19	4.5277	5.0388	5.6278	6.3137
20	3.2140	3.5320	3.8900	4.3000	20	4.7660	5.3040	5.9240	6.6460

SOMMES versées	50 ANS.	51 ANS.	52 ANS.	53 ANS.	SOMMES versées	54 ANS.	55 ANS.	56 ANS.	57 ANS.
1	0.0431	0.0466	0.0505	0.0548	1	0.0595	0.0648	0.0707	0.0773
2	0.0862	0.0932	0.1010	0.1096	2	0.1190	0.1296	0.1414	0.1546
3	0.1293	0.1398	0.1515	0.1644	3	0.1785	0.1944	0.2121	0.2319
4	0.1724	0.1864	0.2020	0.2192	4	0.2380	0.2592	0.2828	0.3092
5	0.2155	0.2330	0.2525	0.2740	5	0.2975	0.3240	0.3535	0.3865
6	0.2586	0.2796	0.3030	0.3288	6	0.3570	0.3888	0.4242	0.4638
7	0.3017	0.3262	0.3535	0.3836	7	0.4165	0.4536	0.4949	0.5411
8	0.3448	0.3728	0.4040	0.4384	8	0.4760	0.5184	0.5656	0.6184
9	0.3879	0.4194	0.4545	0.4932	9	0.5355	0.5832	0.6363	0.6957
10	0.4310	0.4600	0.5050	0.5480	10	0.5950	0.6480	0.7070	0.7730
11	0.4741	0.5126	0.5555	0.6028	11	0.6545	0.7128	0.7777	0.8503
12	0.5172	0.5592	0.6060	0.6576	12	0.7140	0.7776	0.8484	0.9276
13	0.5603	0.6058	0.6565	0.7124	13	0.7735	0.8424	0.9191	1.0049
14	0.6034	0.6524	0.7070	0.7672	14	0.8330	0.9072	0.9898	1.0822
15	0.6465	0.6990	0.7575	0.8220	15	0.8925	0.9720	1.0605	1.1595
16	0.6896	0.7456	0.8080	0.8768	16	0.9520	1.0368	1.1312	1.2368
17	0.7327	0.7922	0.8585	0.9316	17	1.0115	1.1016	1.2019	1.3141
18	0.7758	0.8388	0.9090	0.9864	18	1.0710	1.1664	1.2726	1.3914
19	0.8189	0.8854	0.9595	1.0412	19	1.1305	1.2312	1.3433	1.4687
20	0.8620	0.9320	1.0100	1.0960	20	1.1900	1.2960	1.4140	1.5460

SOMMES versées	58 ANS.	59 ANS.	60 ANS.	61 ANS.	SOMMES versées	62 ANS.	63 ANS.	64 ANS.	65 ANS.
1	0.0847	0.0931	0.1025	0.1133	1	0.1256	0.1398	0.1561	0.1752
2	0.1694	0.1862	0.2050	0.2266	2	0.2512	0.2796	0.3122	0.3504
3	0.2541	0.2793	0.3075	0.3399	3	0.3768	0.4194	0.4683	0.5256
4	0.3388	0.3724	0.4100	0.4532	4	0.5024	0.5592	0.6244	0.7008
5	0.4235	0.4655	0.5125	0.5665	5	0.6280	0.6990	0.7805	0.8760
6	0.5082	0.5586	0.6150	0.6798	6	0.7536	0.8388	0.9366	1.0512
7	0.5929	0.6517	0.7175	0.7931	7	0.8792	0.9786	1.0927	1.2264
8	0.6776	0.7448	0.8200	0.9064	8	1.0048	1.1184	1.2488	1.4016
9	0.7623	0.8379	0.9225	1.0197	9	1.1304	1.2582	1.4049	1.5768
10	0.8470	0.9310	1.0250	1.1330	10	1.2560	1.3980	1.5610	1.7520
11	0.9317	1.0241	1.1275	1.2463	11	1.3816	1.5378	1.7171	1.9272
12	1.0164	1.1172	1.2300	1.3596	12	1.5072	1.6776	1.8732	2.1024
13	1.1011	1.2103	1.3325	1.4729	13	1.6328	1.8174	2.0293	2.2776
14	1.1858	1.3034	1.4350	1.5862	14	1.7584	1.9572	2.1854	2.4528
15	1.2705	1.3965	1.5375	1.6995	15	1.8840	2.0970	2.3415	2.6280
16	1.3552	1.4896	1.6400	1.8128	16	2.0096	2.2368	2.4976	2.8032
17	1.4399	1.5827	1.7425	1.9261	17	2.1352	2.3766	2.6537	2.9784
18	1.5246	1.6758	1.8450	2.0394	18	2.2608	2.5164	2.8098	3.1536
19	1.6093	1.7689	1.9475	2.1527	19	2.3864	2.6562	2.9659	3.3288
20	1.6940	1.8620	2.0500	2.2660	20	2.5120	2.7960	3.1220	3.5040

SOMMES versées.	50 ANS.	51 ANS.	52 ANS.	53 ANS.	SOMMES versées.	54 ANS.	55 ANS.	56 ANS.	57 ANS.
1	0.0807	0.0873	0.0945	0.1025	1	0.1114	0.1213	0.1323	0.1447
2	0.1614	0.1746	0.1890	0.2050	2	0.2228	0.2426	0.2646	0.2894
3	0.2421	0.2619	0.2835	0.3075	3	0.3342	0.3639	0.3969	0.4341
4	0.3228	0.3492	0.3780	0.4100	4	0.4456	0.4852	0.5292	0.5788
5	0.4035	0.4365	0.4725	0.5125	5	0.5570	0.6065	0.6615	0.7235
6	0.4842	0.5238	0.5670	0.6150	6	0.6684	0.7278	0.7938	0.8682
7	0.5649	0.6111	0.6615	0.7175	7	0.7798	0.8491	0.9261	1.0129
8	0.6456	0.6984	0.7560	0.8200	8	0.8912	0.9704	1.0584	1.1576
9	0.7263	0.7857	0.8505	0.9225	9	1.0026	1.0917	1.1907	1.3023
10	0.8070	0.8730	0.9450	1.0250	10	1.1140	1.2130	1.3230	1.4470
11	0.8877	0.9603	1.0395	1.1275	11	1.2254	1.3343	1.4553	1.5917
12	0.9684	1.0476	1.1340	1.2300	12	1.3368	1.4556	1.5876	1.7364
13	1.0491	1.1349	1.2285	1.3325	13	1.4482	1.5769	1.7199	1.8811
14	1.1298	1.2222	1.3230	1.4350	14	1.5596	1.6982	1.8522	2.0258
15	1.2105	1.3095	1.4175	1.5375	15	1.6710	1.8195	1.9845	2.1705
16	1.2912	1.3968	1.5120	1.6400	16	1.7824	1.9408	2.1168	2.3152
17	1.3719	1.4841	1.6065	1.7425	17	1.8938	2.0621	2.2491	2.4599
18	1.4526	1.5714	1.7010	1.8450	18	2.0052	2.1834	2.3814	2.6046
19	1.5333	1.6587	1.7955	1.9475	19	2.1166	2.3047	2.5137	2.7493
20	1.6140	1.7460	1.8900	2.0500	20	2.2280	2.4260	2.6460	2.8940

SOMMES versées.	58 ANS.	59 ANS.	60 ANS.	61 ANS.	SOMMES versées.	62 ANS.	63 ANS.	64 ANS.	65 ANS.
1	0.1585	0.1742	0.1919	0.2120	1	0.2351	0.2615	0.2922	0.3278
2	0.3170	0.3484	0.3838	0.4240	2	0.4702	0.5230	0.5844	0.6556
3	0.4755	0.5226	0.5757	0.6360	3	0.7053	0.7845	0.8766	0.9834
4	0.6340	0.6968	0.7676	0.8480	4	0.9404	1.0460	1.1688	1.3112
5	0.7925	0.8710	0.9595	1.0600	5	1.1755	1.3075	1.4610	1.6390
6	0.9510	1.0452	1.1514	1.2720	6	1.4106	1.5690	1.7532	1.9668
7	1.1095	1.2194	1.3433	1.4840	7	1.6457	1.8305	2.0454	2.2946
8	1.2680	1.3936	1.5352	1.6960	8	1.8808	2.0920	2.3376	2.6224
9	1.4265	1.5678	1.7271	1.9080	9	2.1159	2.3535	2.6298	2.9502
10	1.5850	1.7420	1.9190	2.1200	10	2.3510	2.6150	2.9220	3.2780
11	1.7435	1.9162	2.1109	2.3320	11	2.5861	2.8765	3.2142	3.6058
12	1.9020	2.0904	2.3028	2.5440	12	2.8212	3.1380	3.5064	3.9336
13	2.0605	2.2646	2.4947	2.7560	13	3.0563	3.3995	3.7986	4.2614
14	2.2190	2.4388	2.6866	2.9680	14	3.2914	3.6610	4.0908	4.5892
15	2.3775	2.6130	2.8785	3.1800	15	3.5265	3.9225	4.3830	4.9170
16	2.5360	2.7872	3.0704	3.3920	16	3.7616	4.1840	4.6752	5.2448
17	2.6945	2.9614	3.2623	3.6040	17	3.9967	4.4455	4.9674	5.5726
18	2.8530	3.1356	3.4542	3.8160	18	4.2318	4.7070	5.2596	5.9004
19	3.0115	3.3098	3.6461	4.0280	19	4.4669	4.9685	5.5518	6.2282
20	3.1700	3.4840	3.8380	4.2400	20	4.7020	5.2300	5.8440	6.5560

SOMMES versées.	50 ANS.	51 ANS.	52 ANS.	53 ANS.	SOMMES versées.	54 ANS.	55 ANS.	56 ANS.	57 ANS.
1	0.0423	0.0458	0.0496	0.0538	1	0.0584	0.0636	0.0694	0.0759
2	0.0846	0.0916	0.0992	0.1076	2	0.1168	0.1272	0.1388	0.1518
3	0.1269	0.1374	0.1488	0.1614	3	0.1752	0.1908	0.2082	0.2277
4	0.1692	0.1832	0.1984	0.2152	4	0.2336	0.2544	0.2776	0.3036
5	0.2115	0.2290	0.2480	0.2690	5	0.2920	0.3180	0.3470	0.3795
6	0.2538	0.2748	0.2976	0.3228	6	0.3504	0.3816	0.4164	0.4554
7	0.2961	0.3206	0.3472	0.3766	7	0.4088	0.4452	0.4858	0.5313
8	0.3384	0.3664	0.3968	0.4304	8	0.4672	0.5088	0.5552	0.6072
9	0.3807	0.4122	0.4464	0.4842	9	0.5256	0.5724	0.6246	0.6831
10	0.4230	0.4580	0.4960	0.5380	10	0.5840	0.6360	0.6940	0.7590
11	0.4653	0.5038	0.5456	0.5918	11	0.6424	0.6996	0.7634	0.8349
12	0.5076	0.5496	0.5952	0.6456	12	0.7008	0.7632	0.8328	0.9108
13	0.5499	0.5954	0.6448	0.6994	13	0.7592	0.8268	0.9022	0.9867
14	0.5922	0.6412	0.6944	0.7532	14	0.8176	0.8904	0.9716	1.0020
15	0.6345	0.6870	0.7440	0.8070	15	0.8760	0.9540	1.0410	1.1385
16	0.6768	0.7328	0.7936	0.8608	16	0.9344	1.0176	1.1104	1.2144
17	0.7191	0.7786	0.8432	0.9146	17	0.9928	1.0812	1.1798	1.2903
18	0.7614	0.8244	0.8928	0.9684	18	1.0512	1.1448	1.2492	1.3662
19	0.8037	0.8702	0.9424	1.0222	19	1.1096	1.2084	1.3186	1.4421
20	0.8460	0.9160	0.9920	1.0760	20	1.1680	1.2720	1.3880	1.5180

SOMMES versées.	58 ANS.	59 ANS.	60 ANS.	61 ANS.	SOMMES versées.	62 ANS.	63 ANS.	64 ANS.	65 ANS.
1	0.0831	0.0913	0.1006	0.1112	1	0.1233	0.1372	0.1532	0.1719
2	0.1662	0.1826	0.2012	0.2224	2	0.2466	0.2744	0.3064	0.3438
3	0.2493	0.2739	0.3018	0.3336	3	0.3699	0.4116	0.4596	0.5157
4	0.3324	0.3652	0.4024	0.4448	4	0.4932	0.5488	0.6128	0.6876
5	0.4155	0.4565	0.5030	0.5560	5	0.6165	0.6860	0.7660	0.8595
6	0.4986	0.5478	0.6036	0.6672	6	0.7398	0.8232	0.9192	1.0314
7	0.5817	0.6391	0.7042	0.7784	7	0.8631	0.9604	1.0724	1.2033
8	0.6648	0.7304	0.8048	0.8896	8	0.9864	1.0976	1.2256	1.3752
9	0.7479	0.8217	0.9054	1.0008	9	1.1097	1.2348	1.3788	1.5471
10	0.8310	0.9130	1.0060	1.1120	10	1.2330	1.3720	1.5320	1.7190
11	0.9141	1.0043	1.1066	1.2232	11	1.3563	1.5092	1.6852	1.8909
12	0.9972	1.0956	1.2072	1.3344	12	1.4796	1.6464	1.8384	2.0628
13	1.0803	1.1869	1.3078	1.4456	13	1.6029	1.7836	1.9916	2.2347
14	1.1634	1.2782	1.4084	1.5568	14	1.7262	1.9208	2.1448	2.4066
15	1.2465	1.3695	1.5090	1.6680	15	1.8495	2.0580	2.2980	2.5785
16	1.3296	1.4608	1.6096	1.7792	16	1.9728	2.1952	2.4512	2.7504
17	1.4127	1.5521	1.7102	1.8904	17	2.0961	2.3324	2.6044	2.9223
18	1.4958	1.6434	1.8108	2.0016	18	2.2194	2.4696	2.7576	3.0942
19	1.5789	1.7347	1.9114	2.1128	19	2.3427	2.6068	2.9108	3.2661
20	1.6620	1.8260	2.0120	2.2240	20	2.4660	2.7440	3.0640	3.4380

SOMMES versées	50 ANS	51 ANS	52 ANS	53 ANS	SOMMES versées	54 ANS	55 ANS	56 ANS	57 ANS
1	0.0796	0.0861	0.0932	0.1011	1	0.1099	0.1196	0.1305	0.1427
2	0.1592	0.1722	0.1864	0.2022	2	0.2198	0.2392	0.2610	0.2854
3	0.2388	0.2583	0.2796	0.3033	3	0.3297	0.3588	0.3915	0.4281
4	0.3184	0.3444	0.3728	0.4044	4	0.4396	0.4784	0.5220	0.5708
5	0.3980	0.4305	0.4660	0.5055	5	0 5495	0.5980	0.6525	0.7135
6	0.4776	0.5166	0.5592	0.6066	6	0.6594	0.7176	0.7830	0.8562
7	0.5572	0.6027	0.6524	0.7077	7	0.7693	0.8372	0.9135	0.9989
8	0.6368	0.6888	0.7456	0.8088	8	0.8792	0.9568	1.0440	1.1416
9	0.7164	0.7749	0.8388	0.9099	9	0.9891	1.0764	1.1745	1.2843
10	0.7960	0.8610	0.9320	1.0110	10	1.0990	1.1960	1.3050	1.4270
11	0.8756	0.9471	1.0252	1.1121	11	1.2089	1.3156	1.4355	1.5697
12	0.9552	1.0332	1.1184	1.2132	12	1.3188	1.4352	1.5660	1.7124
13	1.0348	1.1193	1.2116	1.3143	13	1.4287	1.5548	1.6965	1.8551
14	1.1144	1.2054	1.3048	1.4154	14	1.5386	1.6744	1.8270	1.9978
15	1.1940	1.2915	1.3980	1.5165	15	1.6485	1.7940	1.9575	2.1405
16	1.2736	1.3776	1.4912	1.6176	16	1.7584	1.9136	2.0880	2.2832
17	1.3532	1.4637	1.5844	1.7187	17	1.8683	2.0332	2.2185	2.4259
18	1.4328	1.5498	1.6776	1.8198	18	1.9782	2.1528	2.3490	2.5686
19	1.5124	1.6359	1.7708	1.9209	19	2.0881	2.2724	2.4795	2.7113
20	1.5920	1.7220	1.8640	2.0220	20	2.1980	2.3920	2.6100	2.8540

SOMMES versées	58 ANS	59 ANS	60 ANS	61 ANS	SOMMES versées	62 ANS	63 ANS	64 ANS	65 ANS
1	0.1504	0.1718	0.1893	0.2001	1	0.2319	0.2580	0.2882	0.3233
2	0.3128	0.3436	0.3786	0.4182	2	0.4638	0.5160	0.5764	0.6466
3	0.4692	0.5154	0.5679	0.6273	3	0.6957	0.7740	0.8646	0.9699
4	0.6256	0.6872	0.7572	0.8364	4	0.9276	1.0320	1.1528	1.2932
5	0.7820	0.8590	0.9465	1.0455	5	1.1595	1.2900	1.4410	1.6165
6	0.9384	1.0308	1.1358	1.2546	6	1.3914	1.5480	1.7292	1.9398
7	1.0948	1.2026	1.3251	1.4637	7	1.6233	1.8060	2.0174	2.2631
8	1.2512	1.3744	1.5144	1.6728	8	1.8552	2.0640	2.3056	2.5864
9	1.4076	1.5462	1.7037	1.8819	9	2.0871	2.3220	2.5938	2.9007
10	1.5640	1.7180	1.8930	2.0910	10	2.3190	2.5800	2.8820	3.2330
11	1.7204	1.8898	2.0823	2.3001	11	2.5500	2.8380	3.1702	3.5563
12	1.8768	2.0616	2.2716	2.5092	12	2.7828	3.0960	3.4584	3.8796
13	2.0332	2.2334	2.4609	2.7183	13	3.0147	3.3540	3.7466	4.2029
14	2.1896	2.4052	2 6502	2.9274	14	3.2466	3.6120	4.0348	4.5262
15	2.3460	2.5770	2.8395	3.1365	15	3.4785	3.8700	4.3230	4.8495
16	2.5024	2.7488	3.0288	3.3456	16	3.7104	4.1280	4.6112	5.1728
17	2.6588	2.9206	3.2181	3.5547	17	3.9423	4.3800	4.8994	5.4961
18	2.8152	3.0924	3.4074	3.7638	18	4.1742	4.6440	5.1876	5.8194
19	2.9716	3.2642	3.5967	3.9720	19	4.4061	4.9020	5.4758	6.1427
20	3.1280	3.4360	3.7860	4.1820	20	4.6380	5.1600	5.7640	6.4600

SOMMES versées.	50 ANS.	51 ANS.	52 ANS.	53 ANS.	SOMMES versées.	54 ANS.	55 ANS.	56 ANS.	57 ANS.
1	0.0415	0.0449	0.0486	0.0527	1	0.0573	0.0624	0.0681	0.0744
2	0.0830	0.0898	0.0972	0.1054	2	0.1146	0.1248	0.1362	0.1488
3	0.1245	0.1347	0.1458	0.1581	3	0.1719	0.1872	0.2043	0.2232
4	0.1660	0.1796	0.1944	0.2108	4	0.2292	0.2496	0.2724	0.2976
5	0.2075	0.2245	0.2430	0.2635	5	0.2865	0.3120	0.3405	0.3720
6	0.2490	0.2694	0.2916	0.3162	6	0.3438	0.3744	0.4086	0.4464
7	0.2905	0.3143	0.3402	0.3689	7	0.4011	0.4368	0.4767	0.5208
8	0.3320	0.3592	0.3888	0.4216	8	0.4584	0.4992	0.5448	0.5952
9	0.3735	0.4041	0.4374	0.4743	9	0.5157	0.5616	0.6129	0.6696
10	0.4150	0.4490	0.4860	0.5270	10	0.5730	0.6240	0.6810	0.7440
11	0.4565	0.4939	0.5346	0.5797	11	0.6303	0.6864	0.7491	0.8184
12	0.4980	0.5388	0.5832	0.6324	12	0.6876	0.7488	0.8172	0.8928
13	0.5395	0.5837	0.6318	0.6851	13	0.7449	0.8112	0.8853	0.9672
14	0.5810	0.6286	0.6804	0.7378	14	0.8022	0.8736	0.9534	1.0416
15	0.6225	0.6735	0.7290	0.7905	15	0.8595	0.9360	1.0215	1.1160
16	0.6640	0.7184	0.7776	0.8432	16	0.9168	0.9984	1.0896	1.1904
17	0.7055	0.7633	0.8262	0.8959	17	0.9741	1.0608	1.1577	1.2648
18	0.7470	0.8082	0.8748	0.9486	18	1.0314	1.1232	1.2258	1.3392
19	0.7885	0.8531	0.9234	1.0013	19	1.0887	1.1856	1.2939	1.4136
20	0.8300	0.8980	0.9720	1.0540	20	1.1460	1.2480	1.3620	1.4880

SOMMES versées.	58 ANS.	59 ANS.	60 ANS.	61 ANS.	SOMMES versées.	62 ANS.	63 ANS.	64 ANS.	65 ANS.
1	0.0816	0.0890	0.0987	0.1091	1	0.1209	0.1346	0.1503	0.1687
2	0.1632	0.1792	0.1974	0.2182	2	0.2418	0.2692	0.3006	0.3374
3	0.2448	0.2688	0.2961	0.3273	3	0.3627	0.4038	0.4509	0.5061
4	0.3264	0.3584	0.3948	0.4364	4	0.4836	0.5384	0.6012	0.6748
5	0.4080	0.4480	0.4935	0.5455	5	0.6045	0.6730	0.7515	0.8435
6	0.4896	0.5376	0.5922	0.6546	6	0.7254	0.8076	0.9018	1.0122
7	0.5712	0.6272	0.6909	0.7637	7	0.8463	0.9422	1.0521	1.1809
8	0.6528	0.7168	0.7896	0.8728	8	0.9672	1.0768	1.2024	1.3496
9	0.7344	0.8064	0.8883	0.9819	9	1.0881	1.2114	1.3527	1.5183
10	0.8160	0.8960	0.9870	1.0910	10	1.2090	1.3460	1.5030	1.6870
11	0.8976	0.9856	1.0857	1.2001	11	1.3299	1.4806	1.6533	1.8557
12	0.9792	1.0752	1.1844	1.3092	12	1.4508	1.6152	1.8036	2.0244
13	1.0608	1.1648	1.2831	1.4183	13	1.5717	1.7498	1.9539	2.1931
14	1.1424	1.2544	1.3818	1.5274	14	1.6926	1.8844	2.1042	2.3618
15	1.2240	1.3440	1.4805	1.6365	15	1.8135	2.0190	2.2545	2.5305
16	1.3056	1.4336	1.5792	1.7456	16	1.9344	2.1536	2.4048	2.6992
17	1.3872	1.5232	1.6779	1.8547	17	2.0553	2.2882	2.5551	2.8679
18	1.4688	1.6128	1.7766	1.9638	18	2.1762	2.4228	2.7054	3.0366
19	1.5504	1.7024	1.8753	2.0729	19	2.2971	2.5574	2.8557	3.2053
20	1.6320	1.7920	1.9740	2.1820	20	2.4180	2.6920	3.0060	3.3740

SOMMES versées	50 ANS.	51 ANS.	52 ANS.	53 ANS.	SOMMES versées	54 ANS.	55 ANS.	56 ANS.	57 ANS.
1	0.0786	0.0849	0.0920	0.0997	1	0.1084	0.1180	0.1287	0.1407
2	0.1572	0.1698	0.1840	0.1994	2	0.2168	0.2360	0.2574	0.2814
3	0.2358	0.2547	0.2760	0.2991	3	0.3252	0.3540	0.3861	0.4221
4	0.3144	0.3396	0.3680	0.3988	4	0.4336	0.4720	0.5148	0.5628
5	0.3930	0.4245	0.4600	0.4985	5	0.5420	0.5900	0.6435	0.7035
6	0.4716	0.5094	0.5520	0.5982	6	0.6504	0.7080	0.7722	0.8442
7	0.5502	0.5943	0.6440	0.6979	7	0.7588	0.8260	0.9009	0.9849
8	0.6288	0.6792	0.7360	0.7976	8	0.8672	0.9440	1.0296	1.1256
9	0.7074	0.7641	0.8280	0.8973	9	0.9756	1.0620	1.1583	1.2663
10	0.7860	0.8490	0.9200	0.9970	10	1.0840	1.1800	1.2870	1.4070
11	0.8646	0.9339	1.0120	1.0967	11	1.1924	1.2980	1.4157	1.5477
12	0.9432	1.0188	1.1040	1.1964	12	1.3008	1.4160	1.5444	1.6884
13	1.0218	1.1037	1.1960	1.2961	13	1.4092	1.5340	1.6731	1.8291
14	1.1004	1.1886	1.2880	1.3958	14	1.5176	1.6520	1.8018	1.9698
15	1.1790	1.2735	1.3800	1.4955	15	1.6260	1.7700	1.9305	2.1105
16	1.2576	1.3584	1.4720	1.5952	16	1.7344	1.8880	2.0592	2.2512
17	1.3362	1.4433	1.5640	1.6949	17	1.8428	2.0060	2.1879	2.3919
18	1.4148	1.5282	1.6560	1.7946	18	1.9512	2.1240	2.3166	2.5326
19	1.4934	1.6131	1.7480	1.8943	19	2.0596	2.2420	2.4453	2.6733
20	1.5720	1.6980	1.8400	1.9940	20	2.1680	2.3600	2.5740	2.8140

SOMMES versées	58 ANS.	59 ANS.	60 ANS.	61 ANS.	SOMMES versées	62 ANS.	63 ANS.	64 ANS.	65 ANS.
1	0.1542	0.1695	0.1867	0.2063	1	0.2287	0.2545	0.2842	0.3189
2	0.3084	0.3390	0.3734	0.4126	2	0.4574	0.5090	0.5684	0.6378
3	0.4626	0.5085	0.5601	0.6189	3	0.6861	0.7635	0.8526	0.9567
4	0.6168	0.6780	0.7468	0.8252	4	0.9148	1.0180	1.1368	1.2756
5	0.7710	0.8475	0.9335	1.0315	5	1.1435	1.2725	1.4210	1.5945
6	0.9252	1.0170	1.1202	1.2378	6	1.3722	1.5270	1.7052	1.9134
7	1.0794	1.1865	1.3069	1.4441	7	1.6009	1.7815	1.9894	2.2323
8	1.2336	1.3560	1.4936	1.6504	8	1.8296	2.0360	2.2736	2.5512
9	1.3878	1.5255	1.6803	1.8567	9	2.0583	2.2905	2.5578	2.8701
10	1.5420	1.6950	1.8670	2.0630	10	2.2870	2.5450	2.8420	3.1890
11	1.6962	1.8645	2.0537	2.2693	11	2.5157	2.7995	3.1262	3.5079
12	1.8504	2.0340	2.2404	2.4756	12	2.7444	3.0540	3.4104	3.8268
13	2.0046	2.2035	2.4271	2.6819	13	2.9731	3.3085	3.6946	4.1457
14	2.1588	2.3730	2.6138	2.8882	14	3.2018	3.5630	3.9788	4.4646
15	2.3130	2.5425	2.8005	3.0945	15	3.4305	3.8175	4.2630	4.7835
16	2.4672	2.7120	2.9872	3.3008	16	3.6592	4.0720	4.5472	5.1024
17	2.6214	2.8815	3.1739	3.5071	17	3.8879	4.3265	4.8314	5.4213
18	2.7756	3.0510	3.3606	3.7134	18	4.1166	4.5810	5.1156	5.7402
19	2.9298	3.2205	3.5473	3.9197	19	4.3453	4.8355	5.3998	6.0591
20	3.0840	3.3900	3.7340	4.1260	20	4.5740	5.0900	5.6840	6.3780

SOMMES versées	50 ANS.	51 ANS.	52 ANS.	53 ANS.	SOMMES versées	54 ANS.	55 ANS.	56 ANS.	57 ANS.
1	0.0408	0.0441	0.0477	0.0518	1	0.0562	0.0612	0.0668	0.0730
2	0.0816	0.0882	0.0954	0.1036	2	0.1124	0.1224	0.1336	0.1460
3	0.1224	0.1323	0.1431	0.1554	3	0.1686	0.1836	0.2004	0.2190
4	0.1632	0.1764	0.1908	0.2072	4	0.2248	0.2448	0.2672	0.2920
5	0.2040	0.2205	0.2385	0.2590	5	0.2810	0.3060	0.3340	0.3650
6	0.2448	0.2646	0.2862	0.3108	6	0.3372	0.3672	0.4008	0.4380
7	0.2856	0.3087	0.3339	0.3626	7	0.3934	0.4284	0.4676	0.5110
8	0.3264	0.3528	0.3816	0.4141	8	0.4496	0.4896	0.5344	0.5840
9	0.3672	0.3969	0.4293	0.4662	9	0.5058	0.5508	0.6012	0.6570
10	0.4080	0.4410	0.4770	0.5180	10	0.5620	0.6120	0.6680	0.7300
11	0.4488	0.4851	0.5247	0.5698	11	0.6182	0.6732	0.7348	0.8030
12	0.4896	0.5292	0.5724	0.6216	12	0.6744	0.7344	0.8016	0.8760
13	0.5304	0.5733	0.6201	0.6734	13	0.7306	0.7956	0.8684	0.9490
14	0.5712	0.6174	0.6678	0.7252	14	0.7868	0.8568	0.9352	1.0220
15	0.6120	0.6615	0.7155	0.7770	15	0.8430	0.9180	1.0020	1.0950
16	0.6528	0.7056	0.7632	0.8288	16	0.8992	0.9792	1.0688	1.1680
17	0.6936	0.7497	0.8109	0.8806	17	0.9554	1.0404	1.1356	1.2410
18	0.7344	0.7938	0.8586	0.9324	18	1.0116	1.1016	1.2024	1.3140
19	0.7752	0.8379	0.9063	0.9842	19	1.0678	1.1628	1.2692	1.3870
20	0.8160	0.8820	0.9540	1.0360	20	1.1240	1.2240	1.3360	1.4600

SOMMES versées	58 ANS.	59 ANS.	60 ANS.	61 ANS.	SOMMES versées	62 ANS.	63 ANS.	64 ANS.	65 ANS.
1	0.0800	0.0879	0.0969	0.1070	1	0.1187	0.1320	0.1475	0.1655
2	0.1600	0.1758	0.1938	0.2140	2	0.2374	0.2640	0.2950	0.3310
3	0.2400	0.2637	0.2907	0.3210	3	0.3561	0.3960	0.4425	0.4965
4	0.3200	0.3516	0.3876	0.4280	4	0.4748	0.5280	0.5900	0.6620
5	0.4000	0.4395	0.4845	0.5350	5	0.5935	0.6600	0.7375	0.8275
6	0.4800	0.5274	0.5814	0.6420	6	0.7122	0.7920	0.8850	0.9930
7	0.5600	0.6153	0.6783	0.7490	7	0.8309	0.9240	1.0325	1.1585
8	0.6400	0.7032	0.7752	0.8560	8	0.9496	1.0560	1.1800	1.3240
9	0.7200	0.7911	0.8721	0.9630	9	1.0683	1.1880	1.3275	1.4895
10	0.8000	0.8790	0.9690	1.0700	10	1.1870	1.3200	1.4750	1.6550
11	0.8800	0.9669	1.0659	1.1770	11	1.3057	1.4520	1.6225	1.8205
12	0.9600	1.0548	1.1628	1.2840	12	1.4244	1.5840	1.7700	1.9860
13	1.0400	1.1427	1.2597	1.3910	13	1.5431	1.7160	1.9175	2.1515
14	1.1200	1.2306	1.3566	1.4980	14	1.6618	1.8480	2.0650	2.3170
15	1.2000	1.3185	1.4535	1.6050	15	1.7805	1.9800	2.2125	2.4825
16	1.2800	1.4064	1.5504	1.7120	16	1.8992	2.1120	2.3600	2.6480
17	1.3600	1.4943	1.6473	1.8190	17	2.0179	2.2440	2.5075	2.8135
18	1.4400	1.5822	1.7442	1.9260	18	2.1366	2.3760	2.6550	2.9790
19	1.5200	1.6701	1.8411	2.0330	19	2.2553	2.5080	2.8025	3.1445
20	1.6000	1.7580	1.9380	2.1400	20	2.3740	2.6400	2.9500	3.3100

SOMMES versées.	50 ANS.	51 ANS.	52 ANS.	53 ANS.	SOMMES versées.	54 ANS.	55 ANS.	56 ANS.	57 ANS.
1	0.0775	0.0838	0.0907	0.0984	1	0.1069	0.1164	0.1270	0.1388
2	0.1550	0.1676	0.1814	0.1968	2	0.2138	0.2328	0.2540	0.2776
3	0.2325	0.2514	0.2721	0.2952	3	0.3207	0.3492	0.3810	0.4164
4	0.3100	0.3352	0.3628	0.3936	4	0.4276	0.4656	0.5080	0.5552
5	0.3875	0.4190	0.4535	0.4920	5	0.5345	0.5820	0.6350	0.6940
6	0.4650	0.5028	0.5442	0.5904	6	0.6414	0.6984	0.7620	0.8328
7	0.5425	0.5866	0.6349	0.6888	7	0.7483	0.8148	0.8890	0.9716
8	0.6200	0.6704	0.7256	0.7872	8	0.8552	0.9312	1.0160	1.1104
9	0.6975	0.7542	0.8163	0.8856	9	0.9621	1.0476	1.1430	1.2492
10	0.7750	0.8380	0.9070	0.9840	10	1.0690	1.1640	1.2700	1.3880
11	0.8525	0.9218	0.9977	1.0824	11	1.1759	1.2804	1.3970	1.5268
12	0.9300	1.0056	1.0884	1.1808	12	1.2828	1.3968	1.5240	1.6656
13	1.0075	1.0894	1.1791	1.2792	13	1.3897	1.5132	1.6510	1.8044
14	1.0850	1.1732	1.2698	1.3776	14	1.4966	1.6296	1.7780	1.9432
15	1.1625	1.2570	1.3605	1.4760	15	1.6035	1.7460	1.9050	2.0820
16	1.2400	1.3408	1.4512	1.5744	16	1.7104	1.8624	2.0320	2.2208
17	1.3175	1.4246	1.5419	1.6728	17	1.8173	1.9788	2.1590	2.3596
18	1.3950	1.5084	1.6326	1.7712	18	1.9242	2.0952	2.2860	2.4984
19	1.4725	1.5922	1.7233	1.8696	19	2.0311	2.2116	2.4130	2.6372
20	1.5500	1.6760	1.8140	1.9680	20	2.1380	2.3280	2.5400	2.7760

SOMMES versées.	58 ANS.	59 ANS.	60 ANS.	61 ANS.	SOMMES versées.	62 ANS.	63 ANS.	64 ANS.	65 ANS.
1	0.1521	0.1671	0.1841	0.2035	1	0.2256	0.2510	0.2804	0.3145
2	0.3042	0.3342	0.3682	0.4070	2	0.4512	0.5020	0.5608	0.6290
3	0.4563	0.5013	0.5523	0.6105	3	0.6768	0.7530	0.8412	0.9435
4	0.6084	0.6684	0.7364	0.8140	4	0.9024	1.0040	1.1216	1.2580
5	0.7605	0.8355	0.9205	1.0175	5	1.1280	1.2550	1.4020	1.5725
6	0.9126	1.0026	1.1046	1.2210	6	1.3536	1.5060	1.6824	1.8870
7	1.0647	1.1697	1.2887	1.4245	7	1.5792	1.7570	1.9628	2.2015
8	1.2168	1.3368	1.4728	1.6280	8	1.8048	2.0080	2.2432	2.5160
9	1.3689	1.5039	1.6569	1.8315	9	2.0304	2.2590	2.5236	2.8305
10	1.5210	1.6710	1.8410	2.0350	10	2.2560	2.5100	2.8040	3.1450
11	1.6731	1.8381	2.0251	2.2385	11	2.4816	2.7610	3.0844	3.4595
12	1.8252	2.0052	2.2092	2.4420	12	2.7072	3.0120	3.3648	3.7740
13	1.9773	2.1723	2.3933	2.6455	13	2.9328	3.2630	3.6452	4.0885
14	2.1294	2.3394	2.5774	2.8490	14	3.1584	3.5140	3.9256	4.4030
15	2.2815	2.5065	2.7615	3.0525	15	3.3840	3.7650	4.2060	4.7175
16	2.4336	2.6736	2.9456	3.2560	16	3.6096	4.0160	4.4864	5.0320
17	2.5857	2.8407	3.1297	3.4595	17	3.8352	4.2670	4.7668	5.3465
18	2.7378	3.0078	3.3138	3.6630	18	4.0608	4.5180	5.0472	5.6610
19	2.8899	3.1749	3.4979	3.8665	19	4.2864	4.7690	5.3276	5.9755
20	3.0420	3.3420	3.6820	4.0700	20	4.5120	5.0200	5.6080	6.2900

SOMMES versées	50 ANS.	51 ANS.	52 ANS.	53 ANS.	SOMMES versées	54 ANS.	55 ANS.	56 ANS.	57 ANS.
1	0.0400	0.0432	0.0468	0.0508	1	0.0552	0.0601	0.0655	0.0710
2	0.0800	0.0864	0.0936	0.1016	2	0.1104	0.1202	0.1310	0.1432
3	0.1200	0.1296	0.1404	0.1524	3	0.1656	0.1803	0.1965	0.2148
4	0.1600	0.1728	0.1872	0.2032	4	0.2208	0.2404	0.2620	0.2864
5	0.2000	0.2160	0.2340	0.2540	5	0.2760	0.3005	0.3275	0.3580
6	0.2400	0.2592	0.2808	0.3048	6	0.3312	0.3606	0.3930	0.4296
7	0.2800	0.3024	0.3276	0.3556	7	0.3864	0.4207	0.4585	0.5012
8	0.3200	0.3456	0.3744	0.4064	8	0.4416	0.4808	0.5240	0.5728
9	0.3600	0.3888	0.4212	0.4572	9	0.4968	0.5409	0.5895	0.6444
10	0.4000	0.4320	0.4680	0.5080	10	0.5520	0.6010	0.6550	0.7160
11	0.4400	0.4752	0.5148	0.5588	11	0.6072	0.6611	0.7205	0.7876
12	0.4800	0.5184	0.5616	0.6096	12	0.6624	0.7212	0.7860	0.8592
13	0.5200	0.5616	0.6084	0.6604	13	0.7176	0.7813	0.8515	0.9308
14	0.5600	0.6048	0.6552	0.7112	14	0.7728	0.8414	0.9170	1.0024
15	0.6000	0.6480	0.7020	0.7620	15	0.8280	0.9015	0.9825	1.0740
16	0.6400	0.6912	0.7488	0.8128	16	0.8832	0.9616	1.0480	1.1456
17	0.6800	0.7344	0.7956	0.8636	17	0.9384	1.0217	1.1135	1.2172
18	0.7200	0.7776	0.8424	0.9144	18	0.9936	1.0818	1.1790	1.2888
19	0.7600	0.8208	0.8892	0.9652	19	1.0488	1.1419	1.2445	1.3604
20	0.8000	0.8640	0.9360	1.0160	20	1.1040	1.2020	1.3100	1.4320

SOMMES versées	58 ANS.	59 ANS.	60 ANS.	61 ANS.	SOMMES versées	62 ANS.	63 ANS.	64 ANS.	65 ANS.
1	0.0785	0.0863	0.0950	0.1050	1	0.1164	0.1295	0.1447	0.1623
2	0.1570	0.1726	0.1900	0.2100	2	0.2328	0.2590	0.2894	0.3246
3	0.2355	0.2589	0.2850	0.3150	3	0.3492	0.3885	0.4341	0.4869
4	0.3140	0.3452	0.3800	0.4200	4	0.4656	0.5180	0.5788	0.6492
5	0.3925	0.4315	0.4750	0.5250	5	0.5820	0.6475	0.7235	0.8115
6	0.4710	0.5178	0.5700	0.6300	6	0.6984	0.7770	0.8682	0.9738
7	0.5495	0.6041	0.6650	0.7350	7	0.8148	0.9065	1.0129	1.1361
8	0.6280	0.6904	0.7600	0.8400	8	0.9312	1.0360	1.1576	1.2984
9	0.7005	0.7767	0.8550	0.9450	9	1.0476	1.1655	1.3023	1.4607
10	0.7850	0.8630	0.9500	1.0500	10	1.1640	1.2950	1.4470	1.6230
11	0.8635	0.9493	1.0450	1.1550	11	1.2804	1.4245	1.5917	1.7853
12	0.9420	1.0356	1.1400	1.2600	12	1.3968	1.5540	1.7364	1.9476
13	1.0205	1.1219	1.2350	1.3650	13	1.5132	1.6835	1.8811	2.1099
14	1.0990	1.2082	1.3300	1.4700	14	1.6296	1.8130	2.0258	2.2722
15	1.1775	1.2945	1.4250	1.5750	15	1.7460	1.9425	2.1705	2.4345
16	1.2560	1.3808	1.5200	1.6800	16	1.8624	2.0720	2.3152	2.5968
17	1.3345	1.4671	1.6150	1.7850	17	1.9788	2.2015	2.4599	2.7591
18	1.4130	1.5534	1.7100	1.8900	18	2.0952	2.3310	2.6046	2.9214
19	1.4915	1.6397	1.8050	1.9950	19	2.2116	2.4605	2.7493	3.0837
20	1.5700	1.7260	1.9000	2.1000	20	2.3280	2.5900	2.8940	3.2460

SOMMES versées	50 ANS.	51 ANS.	52 ANS.	53 ANS.	SOMMES versées	54 ANS.	55 ANS.	56 ANS.	57 ANS.
1		0.0826	0.0894	0.0970	1	0.1054	0.1147	0.1252	0.1369
2		0.1652	0.1788	0.1940	2	0.2108	0.2294	0.2504	0.2738
3		0.2478	0.2682	0.2910	3	0.3162	0.3441	0.3756	0.4107
4		0.3304	0.3576	0.3880	4	0.4216	0.4588	0.5008	0.5476
5		0.4130	0.4470	0.4850	5	0.5270	0.5735	0.6260	0.6845
6		0.4956	0.5364	0.5820	6	0.6324	0.6882	0.7512	0.8214
7		0.5782	0.6258	0.6790	7	0.7378	0.8029	0.8764	0.9583
8		0.6608	0.7152	0.7760	8	0.8432	0.9176	1.0016	1.0952
9		0.7434	0.8046	0.8730	9	0.9486	1.0323	1.1268	1.2321
10		0.8260	0.8940	0.9700	10	1.0540	1.1470	1.2520	1.3690
11		0.9086	0.9834	1.0670	11	1.1594	1.2617	1.3772	1.5059
12		0.9912	1.0728	1.1640	12	1.2648	1.3764	1.5024	1.6428
13		1.0738	1.1622	1.2610	13	1.3702	1.4911	1.6276	1.7797
14		1.1564	1.2516	1.3580	14	1.4756	1.6058	1.7528	1.9166
15		1.2390	1.3410	1.4550	15	1.5810	1.7205	1.8780	2.0535
16		1.3216	1.4304	1.5520	16	1.6864	1.8352	2.0032	2.1904
17		1.4042	1.5198	1.6490	17	1.7918	1.9499	2.1284	2.3273
18		1.4868	1.6092	1.7460	18	1.8972	2.0646	2.2536	2.4642
19		1.5694	1.6986	1.8430	19	2.0026	2.1793	2.3788	2.6011
20		1.6520	1.7880	1.9400	20	2.1080	2.2940	2.5040	2.7380

SOMMES versées	58 ANS.	59 ANS.	60 ANS.	61 ANS.	SOMMES versées	62 ANS.	63 ANS.	64 ANS.	65 ANS.
1	0.1500	0.1648	0.1815	0.2006	1	0.2224	0.2474	0.2764	0.3101
2	0.3000	0.3296	0.3630	0.4012	2	0.4448	0.4948	0.5528	0.6202
3	0.4500	0.4944	0.5445	0.6018	3	0.6672	0.7422	0.8292	0.9303
4	0.6000	0.6592	0.7260	0.8024	4	0.8896	0.9896	1.1056	1.2404
5	0.7500	0.8240	0.9075	1.0030	5	1.1120	1.2370	1.3820	1.5505
6	0.9000	0.9888	1.0890	1.2036	6	1.3344	1.4844	1.6584	1.8606
7	1.0500	1.1536	1.2705	1.4042	7	1.5568	1.7318	1.9348	2.1707
8	1.2000	1.3184	1.4520	1.6048	8	1.7792	1.9792	2.2112	2.4808
9	1.3500	1.4832	1.6335	1.8054	9	2.0016	2.2266	2.4876	2.7909
10	1.5000	1.6480	1.8150	2.0060	10	2.2240	2.4740	2.7640	3.1010
11	1.6500	1.8128	1.9965	2.2066	11	2.4464	2.7214	3.0404	3.4111
12	1.8000	1.9776	2.1780	2.4072	12	2.6688	2.9688	3.3168	3.7212
13	1.9500	2.1424	2.3595	2.6078	13	2.8912	3.2162	3.5932	4.0313
14	2.1000	2.3072	2.5410	2.8084	14	3.1136	3.4636	3.8696	4.3414
15	2.2500	2.4720	2.7225	3.0090	15	3.3360	3.7110	4.1460	4.6515
16	2.4000	2.6368	2.9040	3.2096	16	3.5584	3.9584	4.4224	4.9616
17	2.5500	2.8016	3.0855	3.4102	17	3.7808	4.2058	4.6988	5.2717
18	2.7000	2.9664	3.2670	3.6108	18	4.0032	4.4532	4.9752	5.5818
19	2.8500	3.1312	3.4485	3.8114	19	4.2256	4.7006	5.2516	5.8919
20	3.0000	3.2960	3.6300	4.0120	20	4.4480	4.9480	5.5280	6.2020

SOMMES versées	50 ANS	51 ANS	52 ANS	53 ANS	SOMMES versées	54 ANS	55 ANS	56 ANS	57 ANS
1		0.0424	0.0459	0.0498	1	0.0541	0.0589	0.0643	0.0703
2		0.0848	0.0918	0.0996	2	0.1082	0.1178	0.1286	0.1406
3		0.1272	0.1377	0.1494	3	0.1623	0.1767	0.1929	0.2109
4		0.1696	0.1836	0.1992	4	0.2104	0.2356	0.2572	0.2812
5		0.2120	0.2295	0.2490	5	0.2705	0.2945	0.3215	0.3515
6		0.2544	0.2754	0.2988	6	0.3246	0.3534	0.3858	0.4218
7		0.2968	0.3213	0.3486	7	0.3787	0.4123	0.4501	0.4921
8		0.3392	0.3672	0.3984	8	0.4328	0.4712	0.5144	0.5624
9		0.3816	0.4131	0.4482	9	0.4869	0.5301	0.5787	0.6327
10		0.4240	0.4590	0.4980	10	0.5410	0.5890	0.6430	0.7030
11		0.4664	0.5049	0.5478	11	0.5951	0.6479	0.7073	0.7733
12		0.5088	0.5508	0.5976	12	0.6492	0.7068	0.7716	0.8436
13		0.5512	0.5967	0.6474	13	0.7033	0.7657	0.8359	0.9139
14		0.5936	0.6426	0.6972	14	0.7574	0.8246	0.9002	0.9842
15		0.6360	0.6885	0.7470	15	0.8115	0.8835	0.9645	1.0545
16		0.6784	0.7344	0.7968	16	0.8656	0.9424	1.0288	1.1248
17		0.7208	0.7803	0.8466	17	0.9197	1.0013	1.0931	1.1951
18		0.7632	0.8262	0.8964	18	0.9738	1.0602	1.1574	1.2654
19		0.8056	0.8721	0.9462	19	1.0279	1.1191	1.2217	1.3357
20		0.8480	0.9180	0.9960	20	1.0820	1.1780	1.2860	1.4060

SOMMES versées	58 ANS	59 ANS	60 ANS	61 ANS	SOMMES versées	62 ANS	63 ANS	64 ANS	65 ANS
1	0.0770	0.0846	0.0932	0.1030	1	0.1142	0.1271	0.1419	0.1592
2	0.1540	0.1692	0.1864	0.2060	2	0.2284	0.2542	0.2838	0.3184
3	0.2310	0.2538	0.2796	0.3090	3	0.3426	0.3813	0.4257	0.4770
4	0.3080	0.3384	0.3728	0.4120	4	0.4508	0.5084	0.5676	0.6368
5	0.3850	0.4230	0.4660	0.5150	5	0.5710	0.6355	0.7095	0.7960
6	0.4620	0.5076	0.5592	0.6180	6	0.6852	0.7626	0.8514	0.9552
7	0.5390	0.5922	0.6524	0.7210	7	0.7994	0.8897	0.9933	1.1144
8	0.6160	0.6768	0.7456	0.8240	8	0.9136	1.0168	1.1352	1.2736
9	0.6930	0.7614	0.8388	0.9270	9	1.0278	1.1439	1.2771	1.4328
10	0.7700	0.8460	0.9320	1.0300	10	1.1420	1.2710	1.4190	1.5920
11	0.8470	0.9306	1.0252	1.1330	11	1.2562	1.3981	1.5609	1.7512
12	0.9240	1.0152	1.1184	1.2360	12	1.3704	1.5252	1.7028	1.9104
13	1.0010	1.0998	1.2116	1.3390	13	1.4846	1.6523	1.8447	2.0696
14	1.0780	1.1844	1.3048	1.4420	14	1.5988	1.7794	1.9866	2.2288
15	1.1550	1.2690	1.3980	1.5450	15	1.7130	1.9065	2.1285	2.3880
16	1.2320	1.3536	1.4912	1.6480	16	1.8272	2.0336	2.2704	2.5472
17	1.3090	1.4382	1.5844	1.7510	17	1.9414	2.1607	2.4123	2.7064
18	1.3860	1.5228	1.6776	1.8540	18	2.0556	2.2878	2.5542	2.8656
19	1.4630	1.6074	1.7708	1.9570	19	2.1698	2.4149	2.6961	3.0248
20	1.5400	1.6920	1.8040	2.0600	20	2.2840	2.5420	2.8380	3.1840

SOMMES versées	50 ANS.	51 ANS.	52 ANS.	53 ANS.	SOMMES versées	54 ANS.	55 ANS.	56 ANS.	57 ANS.
1		0.0814	0.0881	0.0950	1	0.1039	0.1131	0.1234	0.1349
2		0.1628	0.1762	0.1912	2	0.2078	0.2262	0.2468	0.2608
3		0.2442	0.2643	0.2868	3	0.3117	0.3393	0.3702	0.4047
4		0.3256	0.3524	0.3824	4	0.4156	0.4524	0.4936	0.5396
5		0.4070	0.4405	0.4780	5	0.5195	0.5655	0.6170	0.6745
6		0.4884	0.5286	0.5736	6	0.6234	0.6786	0.7404	0.8094
7		0.5698	0.6167	0.6692	7	0.7273	0.7917	0.8638	0.9443
8		0.6512	0.7048	0.7648	8	0.8312	0.9048	0.9872	1.0702
9		0.7326	0.7929	0.8604	9	0.9351	1.0179	1.1106	1.2141
10		0.8140	0.8810	0.9560	10	1.0390	1.1310	1.2340	1.3490
11		0.8954	0.9691	1.0516	11	1.1429	1.2441	1.3574	1.4839
12		0.9768	1.0572	1.1472	12	1.2468	1.3572	1.4808	1.6188
13		1.0582	1.1453	1.2428	13	1.3507	1.4703	1.6042	1.7537
14		1.1396	1.2334	1.3384	14	1.4546	1.5834	1.7276	1.8886
15		1.2210	1.3215	1.4340	15	1.5585	1.6965	1.8510	2.0235
16		1.3024	1.4096	1.5296	16	1.6624	1.8096	1.9744	2.1584
17		1.3838	1.4977	1.6252	17	1.7663	1.9227	2.0978	2.2933
18		1.4652	1.5858	1.7208	18	1.8702	2.0358	2.2212	2.4282
19		1.5466	1.6739	1.8164	19	1.9741	2.1489	2.3446	2.5631
20		1.6280	1.7620	1.9120	20	2.0780	2.2620	2.4680	2.6980

SOMMES versées	58 ANS.	59 ANS.	60 ANS.	61 ANS.	SOMMES versées	62 ANS.	63 ANS.	64 ANS.	65 ANS.
1	0.1479	0.1624	0.1790	0.1977	1	0.2192	0.2439	0.2725	0.3057
2	0.2958	0.3248	0.3580	0.3954	2	0.4384	0.4878	0.5450	0.6114
3	0.4437	0.4872	0.5370	0.5931	3	0.6576	0.7317	0.8175	0.9171
4	0.5916	0.6496	0.7160	0.7908	4	0.8768	0.9756	1.0900	1.2228
5	0.7395	0.8120	0.8950	0.9885	5	1.0960	1.2195	1.3625	1.5285
6	0.8874	0.9744	1.0740	1.1862	6	1.3152	1.4634	1.6350	1.8342
7	1.0353	1.1368	1.2530	1.3839	7	1.5344	1.7073	1.9075	2.1399
8	1.1832	1.2992	1.4320	1.5816	8	1.7536	1.9512	2.1800	2.4456
9	1.3311	1.4616	1.6110	1.7793	9	1.9728	2.1951	2.4525	2.7513
10	1.4790	1.6240	1.7900	1.9770	10	2.1920	2.4390	2.7250	3.0570
11	1.6269	1.7864	1.9690	2.1747	11	2.4112	2.6829	2.9975	3.3627
12	1.7748	1.9488	2.1480	2.3724	12	2.6304	2.9268	3.2700	3.6684
13	1.9227	2.1112	2.3270	2.5701	13	2.8496	3.1707	3.5425	3.9741
14	2.0706	2.2736	2.5060	2.7678	14	3.0688	3.4146	3.8150	4.2798
15	2.2185	2.4360	2.6850	2.9655	15	3.2880	3.6585	4.0875	4.5855
16	2.3664	2.5984	2.8640	3.1632	16	3.5072	3.9024	4.3600	4.8912
17	2.5143	2.7608	3.0430	3.3609	17	3.7264	4.1463	4.6325	5.1969
18	2.6622	2.9232	3.2220	3.5586	18	3.9456	4.3902	4.9050	5.5026
19	2.8101	3.0856	3.4010	3.7563	19	4.1648	4.6341	5.1775	5.8083
20	2.9580	3.2480	3.5800	3.9540	20	4.3840	4.8780	5.4500	6.1140

SOMMES versées.	50 ANS.	51 ANS.	52 ANS.	53 ANS.	SOMMES versées.	54 ANS.	55 ANS.	56 ANS.	57 ANS.
1		0.0416	0.0450	0.0488	1	0.0531	0.0578	0.0630	0.0689
2		0.0832	0.0900	0.0976	2	0.1062	0.1156	0.1260	0.1378
3		0.1248	0.1350	0.1464	3	0.1593	0.1734	0.1890	0.2067
4		0.1664	0.1800	0.1952	4	0.2124	0.2312	0.2520	0.2756
5		0.2080	0.2250	0.2440	5	0.2655	0.2890	0.3150	0.3445
6		0.2496	0.2700	0.2928	6	0.3186	0.3468	0.3780	0.4134
7		0.2912	0.3150	0.3416	7	0.3717	0.4046	0.4410	0.4823
8		0.3328	0.3600	0.3904	8	0.4248	0.4624	0.5040	0.5512
9		0.3744	0.4050	0.4392	9	0.4779	0.5202	0.5670	0.6201
10		0.4160	0.4500	0.4880	10	0.5310	0.5780	0.6300	0.6890
11		0.4576	0.4950	0.5368	11	0.5841	0.6358	0.6930	0.7579
12		0.4992	0.5400	0.5856	12	0.6372	0.6936	0.7560	0.8268
13		0.5408	0.5850	0.6344	13	0.6903	0.7514	0.8190	0.8957
14		0.5824	0.6300	0.6832	14	0.7434	0.8092	0.8820	0.9646
15		0.6240	0.6750	0.7320	15	0.7965	0.8670	0.9450	1.0335
16		0.6656	0.7200	0.7808	16	0.8496	0.9248	1.0080	1.1024
17		0.7072	0.7650	0.8296	17	0.9027	0.9826	1.0710	1.1713
18		0.7488	0.8100	0.8784	18	0.9558	1.0404	1.1340	1.2402
19		0.7904	0.8550	0.9272	19	1.0089	1.0982	1.1970	1.3091
20		0.8320	0.9000	0.9760	20	1.0620	1.1560	1.2600	1.3780

SOMMES versées.	58 ANS.	59 ANS.	60 ANS.	61 ANS.	SOMMES versées.	62 ANS.	63 ANS.	64 ANS.	65 ANS.
1	0.0755	0.0830	0.0914	0.1010	1	0.1120	0.1246	0.1392	0.1562
2	0.1510	0.1660	0.1828	0.2020	2	0.2240	0.2492	0.2784	0.3124
3	0.2265	0.2490	0.2742	0.3030	3	0.3360	0.3738	0.4176	0.4686
4	0.3020	0.3320	0.3656	0.4040	4	0.4480	0.4984	0.5568	0.6248
5	0.3775	0.4150	0.4570	0.5050	5	0.5600	0.6230	0.6960	0.7810
6	0.4530	0.4980	0.5484	0.6060	6	0.6720	0.7476	0.8352	0.9372
7	0.5285	0.5810	0.6398	0.7070	7	0.7840	0.8722	0.9744	1.0934
8	0.6040	0.6640	0.7312	0.8080	8	0.8960	0.9968	1.1136	1.2496
9	0.6795	0.7470	0.8226	0.9090	9	1.0080	1.1214	1.2528	1.4058
10	0.7550	0.8300	0.9140	1.0100	10	1.1200	1.2460	1.3920	1.5620
11	0.8305	0.9130	1.0054	1.1110	11	1.2320	1.3706	1.5312	1.7182
12	0.9060	0.9960	1.0968	1.2120	12	1.3440	1.4952	1.6704	1.8744
13	0.9815	1.0790	1.1882	1.3130	13	1.4560	1.6198	1.8096	2.0306
14	1.0570	1.1620	1.2796	1.4140	14	1.5680	1.7444	1.9488	2.1868
15	1.1325	1.2450	1.3710	1.5150	15	1.6800	1.8690	2.0880	2.3430
16	1.2080	1.3280	1.4624	1.6160	16	1.7920	1.9936	2.2272	2.4992
17	1.2835	1.4110	1.5538	1.7170	17	1.9040	2.1182	2.3664	2.6554
18	1.3590	1.4940	1.6452	1.8180	18	2.0160	2.2428	2.5056	2.8116
19	1.4345	1.5770	1.7366	1.9190	19	2.1280	2.3674	2.6448	2.9678
20	1.5100	1.6600	1.8280	2.0200	20	2.2400	2.4920	2.7840	3.1240

SOMMES versées	50 ANS.	51 ANS.	52 ANS.	53 ANS.	SOMMES versées	54 ANS.	55 ANS.	56 ANS.	57 ANS.
1		0.0803	0.0869	0.0943	1	0.1024	0.1115	0.1217	0.1330
2		0.1606	0.1738	0.1886	2	0.2048	0.2230	0.2434	0.2660
3		0.2409	0.2607	0.2829	3	0.3072	0.3345	0.3651	0.3990
4		0.3212	0.3476	0.3772	4	0.4096	0.4460	0.4868	0.5320
5		0.4015	0.4345	0.4715	5	0.5120	0.5575	0.6085	0.6650
6		0.4818	0.5214	0.5658	6	0.6144	0.6690	0.7302	0.7980
7		0.5621	0.6083	0.6601	7	0.7168	0.7805	0.8519	0.9310
8		0.6424	0.6952	0.7544	8	0.8192	0.8920	0.9736	1.0640
9		0.7227	0.7821	0.8487	9	0.9216	1.0035	1.0953	1.1970
10		0.8030	0.8690	0.9430	10	1.0240	1.1150	1.2170	1.3300
11		0.8833	0.9559	1.0373	11	1.1264	1.2265	1.3387	1.4630
12		0.9636	1.0428	1.1316	12	1.2288	1.3380	1.4604	1.5960
13		1.0439	1.1297	1.2259	13	1.3312	1.4495	1.5821	1.7290
14		1.1242	1.2166	1.3202	14	1.4336	1.5610	1.7038	1.8620
15		1.2045	1.3035	1.4145	15	1.5360	1.6725	1.8255	1.9950
16		1.2848	1.3904	1.5088	16	1.6384	1.7840	1.9472	2.1280
17		1.3651	1.4773	1.6031	17	1.7408	1.8955	2.0689	2.2610
18		1.4454	1.5642	1.6974	18	1.8432	2.0070	2.1906	2.3940
19		1.5257	1.6511	1.7917	19	1.9456	2.1185	2.3123	2.5270
20		1.6060	1.7380	1.8860	20	2.0480	2.2300	2.4340	2.6600

SOMMES versées	58 ANS.	59 ANS.	60 ANS.	61 ANS.	SOMMES versées	62 ANS.	63 ANS.	64 ANS.	65 ANS.
1	0.1458	0.1602	0.1764	0.1949	1	0.2161	0.2405	0.2686	0.3014
2	0.2916	0.3204	0.3528	0.3898	2	0.4322	0.4810	0.5372	0.6028
3	0.4374	0.4806	0.5292	0.5847	3	0.6483	0.7215	0.8058	0.9042
4	0.5832	0.6408	0.7056	0.7796	4	0.8644	0.9620	1.0744	1.2056
5	0.7290	0.8010	0.8820	0.9745	5	1.0805	1.2025	1.3430	1.5070
6	0.8748	0.9612	1.0584	1.1694	6	1.2966	1.4430	1.6116	1.8084
7	1.0206	1.1214	1.2348	1.3643	7	1.5127	1.6835	1.8802	2.1098
8	1.1664	1.2816	1.4112	1.5592	8	1.7288	1.9240	2.1488	2.4112
9	1.3122	1.4418	1.5876	1.7541	9	1.9449	2.1645	2.4174	2.7126
10	1.4580	1.6020	1.7640	1.9490	10	2.1610	2.4050	2.6860	3.0140
11	1.6038	1.7622	1.9404	2.1439	11	2.3771	2.6455	2.9546	3.3154
12	1.7496	1.9224	2.1168	2.3388	12	2.5932	2.8860	3.2232	3.6168
13	1.8954	2.0826	2.2932	2.5337	13	2.8093	3.1265	3.4918	3.9182
14	2.0412	2.2428	2.4696	2.7286	14	3.0254	3.3670	3.7604	4.2196
15	2.1870	2.4030	2.6460	2.9235	15	3.2415	3.6075	4.0290	4.5210
16	2.3328	2.5632	2.8224	3.1184	16	3.4576	3.8480	4.2976	4.8224
17	2.4786	2.7234	2.9988	3.3133	17	3.6737	4.0885	4.5662	5.1238
18	2.6244	2.8836	3.1752	3.5082	18	3.8898	4.3290	4.8348	5.4252
19	2.7702	3.0438	3.3516	3.7031	19	4.1059	4.5695	5.1034	5.7266
20	2.9160	3.2040	3.5280	3.8980	20	4.3220	4.8100	5.3720	6.0280

SOMMES versées	50 ANS.	51 ANS.	52 ANS.	53 ANS.	SOMMES versées	54 ANS.	55 ANS.	56 ANS.	57 ANS.
1		0.0408	0.0442	0.0470	1	0.0521	0.0567	0.0018	0.0070
2		0.0816	0.0884	0.0958	2	0.1042	0.1134	0.1236	0.1352
3		0.1224	0.1326	0.1437	3	0.1563	0.1701	0.1854	0.2028
4		0.1632	0.1768	0.1916	4	0.2084	0.2268	0.2472	0.2704
5		0.2040	0.2210	0.2395	5	0.2605	0.2835	0.3090	0.3380
6		0.2448	0.2652	0.2874	6	0.3126	0.3402	0.3708	0.4056
7		0.2856	0.3094	0.3353	7	0.3647	0.3969	0.4326	0.4732
8		0.3264	0.3536	0.3832	8	0.4168	0.4536	0.4944	0.5408
9		0.3672	0.3978	0.4311	9	0.4689	0.5103	0.5562	0.6084
10		0.4080	0.4420	0.4790	10	0.5210	0.5670	0.6180	0.6760
11		0.4488	0.4862	0.5269	11	0.5731	0.6237	0.6798	0.7436
12		0.4896	0.5304	0.5748	12	0.6252	0.6804	0.7416	0.8112
13		0.5304	0.5746	0.6227	13	0.6773	0.7371	0.8034	0.8788
14		0.5712	0.6188	0.6706	14	0.7294	0.7938	0.8652	0.9464
15		0.6120	0.6630	0.7185	15	0.7815	0.8505	0.9270	1.0140
16		0.6528	0.7072	0.7664	16	0.8336	0.9072	0.9888	1.0816
17		0.6936	0.7514	0.8143	17	0.8857	0.9639	1.0506	1.1492
18		0.7344	0.7956	0.8622	18	0.9378	1.0206	1.1124	1.2168
19		0.7752	0.8398	0.9101	19	0.9899	1.0773	1.1742	1.2844
20		0.8160	0.8840	0.9580	20	1.0420	1.1340	1.2360	1.3520

SOMMES versées	58 ANS.	59 ANS.	60 ANS.	61 ANS.	SOMMES versées	62 ANS.	63 ANS.	64 ANS.	65 ANS.
1	0.0741	0.0814	0.0897	0.0991	1	0.1098	0.1222	0.1365	0.1532
2	0.1482	0.1628	0.1794	0.1982	2	0.2196	0.2444	0.2730	0.3064
3	0.2223	0.2442	0.2691	0.2973	3	0.3294	0.3666	0.4095	0.4596
4	0.2964	0.3256	0.3588	0.3964	4	0.4392	0.4888	0.5460	0.6128
5	0.3705	0.4070	0.4485	0.4955	5	0.5490	0.6110	0.6825	0.7660
6	0.4446	0.4884	0.5382	0.5946	6	0.6588	0.7332	0.8190	0.9192
7	0.5187	0.5698	0.6279	0.6937	7	0.7686	0.8554	0.9555	1.0724
8	0.5928	0.6512	0.7176	0.7928	8	0.8784	0.9776	1.0920	1.2256
9	0.6669	0.7326	0.8073	0.8919	9	0.9882	1.0998	1.2285	1.3788
10	0.7410	0.8140	0.8970	0.9910	10	1.0980	1.2220	1.3650	1.5320
11	0.8151	0.8954	0.9867	1.0901	11	1.2078	1.3442	1.5015	1.6852
12	0.8892	0.9768	1.0764	1.1892	12	1.3176	1.4664	1.6380	1.8384
13	0.9633	1.0582	1.1661	1.2883	13	1.4274	1.5886	1.7745	1.9916
14	1.0374	1.1396	1.2558	1.3874	14	1.5372	1.7108	1.9110	2.1448
15	1.1115	1.2210	1.3455	1.4865	15	1.6470	1.8330	2.0475	2.2980
16	1.1856	1.3024	1.4352	1.5856	16	1.7568	1.9552	2.1840	2.4512
17	1.2597	1.3838	1.5249	1.6847	17	1.8666	2.0774	2.3205	2.6044
18	1.3338	1.4652	1.6146	1.7838	18	1.9764	2.1996	2.4570	2.7576
19	1.4079	1.5466	1.7043	1.8829	19	2.0862	2.3218	2.5935	2.9108
20	1.4820	1.6280	1.7940	1.9820	20	2.1960	2.4440	2.7300	3.0640

SOMMES versées.	50 ANS.	51 ANS.	52 ANS.	53 ANS.	SOMMES versées.	54 ANS.	55 ANS.	56 ANS.	57 ANS.
1		0.0791	0.0857	0.0929	1	0.1010	0.1099	0.1199	0.1311
2		0.1582	0.1714	0.1858	2	0.2020	0.2198	0.2398	0.2622
3		0.2373	0.2571	0.2787	3	0.3030	0.3297	0.3597	0.3933
4		0.3164	0.3428	0.3716	4	0.4040	0.4396	0.4796	0.5244
5		0.3955	0.4285	0.4645	5	0.5050	0.5495	0.5995	0.6555
6		0.4746	0.5142	0.5574	6	0.6060	0.6594	0.7194	0.7866
7		0.5537	0.5999	0.6503	7	0.7070	0.7693	0.8393	0.9177
8		0.6328	0.6856	0.7432	8	0.8080	0.8792	0.9592	1.0488
9		0.7119	0.7713	0.8361	9	0.9090	0.9891	1.0791	1.1799
10		0.7910	0.8570	0.9290	10	1.0100	1.0990	1.1990	1.3110
11		0.8701	0.9427	1.0219	11	1.1110	1.2089	1.3189	1.4421
12		0.9492	1.0284	1.1148	12	1.2120	1.3188	1.4388	1.5732
13		1.0283	1.1141	1.2077	13	1.3130	1.4287	1.5587	1.7043
14		1.1074	1.1998	1.3006	14	1.4140	1.5386	1.6786	1.8354
15		1.1865	1.2855	1.3935	15	1.5150	1.6485	1.7985	1.9665
16		1.2656	1.3712	1.4864	16	1.6160	1.7584	1.9184	2.0976
17		1.3447	1.4569	1.5793	17	1.7170	1.8683	2.0383	2.2287
18		1.4238	1.5426	1.6722	18	1.8180	1.9782	2.1582	2.3598
19		1.5029	1.6283	1.7651	19	1.9190	2.0881	2.2781	2.4909
20		1.5820	1.7140	1.8580	20	2.0200	2.1980	2.3980	2.6220

SOMMES versées.	58 ANS.	59 ANS.	60 ANS.	61 ANS.	SOMMES versées.	62 ANS.	63 ANS.	64 ANS.	65 ANS.
1	0.1437	0.1579	0.1739	0.1922	1	0.2131	0.2371	0.2648	0.2971
2	0.2874	0.3158	0.3478	0.3844	2	0.4262	0.4742	0.5296	0.5942
3	0.4311	0.4737	0.5217	0.5766	3	0.6393	0.7113	0.7944	0.8913
4	0.5748	0.6316	0.6956	0.7688	4	0.8524	0.9484	1.0592	1.1884
5	0.7185	0.7895	0.8695	0.9610	5	1.0655	1.1855	1.3240	1.4855
6	0.8622	0.9474	1.0434	1.1532	6	1.2786	1.4226	1.5888	1.7826
7	1.0059	1.1053	1.2173	1.3454	7	1.4917	1.6597	1.8536	2.0797
8	1.1496	1.2632	1.3912	1.5376	8	1.7048	1.8968	2.1184	2.3768
9	1.2933	1.4211	1.5651	1.7298	9	1.9179	2.1339	2.3832	2.6739
10	1.4370	1.5790	1.7390	1.9220	10	2.1310	2.3710	2.6480	2.9710
11	1.5807	1.7369	1.9129	2.1142	11	2.3441	2.6081	2.9128	3.2681
12	1.7244	1.8948	2.0868	2.3064	12	2.5572	2.8452	3.1776	3.5652
13	1.8681	2.0527	2.2607	2.4986	13	2.7703	3.0823	3.4424	3.8623
14	2.0118	2.2106	2.4346	2.6908	14	2.9834	3.3194	3.7072	4.1594
15	2.1555	2.3685	2.6085	2.8830	15	3.1965	3.5565	3.9720	4.4565
16	2.2992	2.5264	2.7824	3.0752	16	3.4096	3.7936	4.2368	4.7536
17	2.4429	2.6843	2.9563	3.2674	17	3.6227	4.0307	4.5016	5.0507
18	2.5866	2.8422	3.1302	3.4596	18	3.8358	4.2678	4.7664	5.3478
19	2.7303	3.0001	3.3041	3.6518	19	4.0489	4.5049	5.0312	5.6449
20	2.8740	3.1580	3.4780	3.8440	20	4.2620	4.7420	5.2960	5.9420

SOMMES versées	50 ANS.	51 ANS.	52 ANS.	53 ANS.	SOMMES versées	54 ANS.	55 ANS.	56 ANS.	57 ANS.
1		0.0400	0.0433	0.0470	1	0.0510	0.0556	0.0606	0.0663
2		0.0800	0.0866	0.0940	2	0.1020	0.1112	0.1212	0.1326
3		0.1200	0.1299	0.1410	3	0.1530	0.1668	0.1818	0.1989
4		0.1600	0.1732	0.1880	4	0.2040	0.2224	0.2424	0.2652
5		0.2000	0.2165	0.2350	5	0.2550	0.2780	0.3030	0.3315
6		0.2400	0.2598	0.2820	6	0.3000	0.3336	0.3636	0.3978
7		0.2800	0.3031	0.3290	7	0.3570	0.3892	0.4242	0.4641
8		0.3200	0.3464	0.3760	8	0.4080	0.4448	0.4848	0.5304
9		0.3600	0.3897	0.4230	9	0.4590	0.5004	0.5454	0.5967
10		0.4000	0.4330	0.4700	10	0.5100	0.5560	0.6060	0.6630
11		0.4400	0.4763	0.5170	11	0.5610	0.6116	0.6666	0.7293
12		0.4800	0.5190	0.5640	12	0.6120	0.6672	0.7272	0.7956
13		0.5200	0.5629	0.6110	13	0.6630	0.7228	0.7878	0.8619
14		0.5600	0.6062	0.6580	14	0.7140	0.7784	0.8484	0.9282
15		0.6000	0.6495	0.7050	15	0.7650	0.8340	0.9090	0.9945
16		0.6400	0.6928	0.7520	16	0.8160	0.8896	0.9696	1.0608
17		0.6800	0.7361	0.7990	17	0.8670	0.9452	1.0302	1.1271
18		0.7200	0.7794	0.8460	18	0.9180	1.0008	1.0908	1.1934
19		0.7600	0.8227	0.8930	19	0.9690	1.0564	1.1514	1.2597
20		0.8000	0.8660	0.9400	20	1.0200	1.1120	1.2120	1.3260

SOMMES versées	58 ANS.	59 ANS.	60 ANS.	61 ANS.	SOMMES versées	62 ANS.	63 ANS.	64 ANS.	65 ANS.
1	0.0726	0.0798	0.0879	0.0972	1	0.1077	0.1198	0.1339	0.1502
2	0.1452	0.1596	0.1758	0.1944	2	0.2154	0.2396	0.2678	0.3004
3	0.2178	0.2394	0.2637	0.2916	3	0.3231	0.3594	0.4017	0.4506
4	0.2904	0.3102	0.3516	0.3888	4	0.4308	0.4792	0.5356	0.6008
5	0.3630	0.3990	0.4395	0.4860	5	0.5385	0.5990	0.6695	0.7510
6	0.4356	0.4788	0.5274	0.5832	6	0.6462	0.7188	0.8034	0.9012
7	0.5082	0.5586	0.6153	0.6804	7	0.7539	0.8386	0.9373	1.0514
8	0.5808	0.6384	0.7032	0.7776	8	0.8616	0.9584	1.0712	1.2016
9	0.6534	0.7182	0.7911	0.8748	9	0.9693	1.0782	1.2051	1.3518
10	0.7260	0.7980	0.8790	0.9720	10	1.0770	1.1980	1.3390	1.5020
11	0.7986	0.8778	0.9669	1.0692	11	1.1847	1.3178	1.4729	1.6522
12	0.8712	0.9576	1.0548	1.1664	12	1.2924	1.4376	1.6068	1.8024
13	0.9438	1.0374	1.1427	1.2636	13	1.4001	1.5574	1.7407	1.9526
14	1.0164	1.1172	1.2306	1.3608	14	1.5078	1.6772	1.8746	2.1028
15	1.0890	1.1970	1.3185	1.4580	15	1.6155	1.7970	2.0085	2.2530
16	1.1616	1.2768	1.4064	1.5552	16	1.7232	1.9168	2.1424	2.4032
17	1.2342	1.3566	1.4943	1.6524	17	1.8309	2.0366	2.2763	2.5534
18	1.3068	1.4364	1.5822	1.7496	18	1.9386	2.1564	2.4102	2.7036
19	1.3794	1.5162	1.6701	1.8468	19	2.0463	2.2762	2.5441	2.8538
20	1.4520	1.5960	1.7580	1.9440	20	2.1540	2.3960	2.6780	3.0040

SOMMES versées.	50 ANS.	51 ANS.	52 ANS.	53 ANS.	SOMMES versées.	54 ANS.	55 ANS.	56 ANS.	57 ANS.
1			0.0814	0.0910	1	0.0995	0.1083	0.1182	0.1292
2			0.1688	0.1832	2	0.1990	0.2166	0.2364	0.2584
3			0.2532	0.2748	3	0.2985	0.3249	0.3546	0.3876
4			0.3376	0.3664	4	0.3980	0.4332	0.4728	0.5168
5			0.4220	0.4580	5	0.4975	0.5415	0.5910	0.6460
6			0.5064	0.5496	6	0.5970	0.6498	0.7092	0.7752
7			0.5908	0.6412	7	0.6965	0.7581	0.8274	0.9044
8			0.6752	0.7328	8	0.7960	0.8664	0.9456	1.0336
9			0.7596	0.8244	9	0.8955	0.9747	1.0638	1.1628
10			0.8440	0.9160	10	0.9950	1.0830	1.1820	1.2920
11			0.9284	1.0076	11	1.0945	1.1913	1.3002	1.4212
12			1.0128	1.0992	12	1.1940	1.2996	1.4184	1.5504
13			1.0972	1.1908	13	1.2935	1.4079	1.5366	1.6796
14			1.1810	1.2824	14	1.3930	1.5162	1.6548	1.8088
15			1.2660	1.3740	15	1.4925	1.6245	1.7730	1.9380
16			1.3504	1.4656	16	1.5920	1.7328	1.8912	2.0672
17			1.4348	1.5572	17	1.6915	1.8411	2.0094	2.1964
18			1.5192	1.6488	18	1.7910	1.9494	2.1276	2.3256
19			1.6036	1.7404	19	1.8905	2.0577	2.2458	2.4548
20			1.6880	1.8320	20	1.9900	2.1660	2.3640	2.5840

SOMMES versées.	58 ANS.	59 ANS.	60 ANS.	61 ANS.	SOMMES versées.	62 ANS.	63 ANS.	64 ANS.	65 ANS.
1	0.1416	0.1556	0.1714	0.1894	1	0.2100	0.2336	0.2610	0.2928
2	0.2832	0.3112	0.3428	0.3788	2	0.4200	0.4672	0.5220	0.5856
3	0.4248	0.4668	0.5142	0.5682	3	0.6300	0.7008	0.7830	0.8784
4	0.5664	0.6224	0.6856	0.7576	4	0.8400	0.9344	1.0440	1.1712
5	0.7080	0.7780	0.8570	0.9470	5	1.0500	1.1680	1.3050	1.4640
6	0.8496	0.9336	1.0284	1.1364	6	1.2600	1.4016	1.5660	1.7568
7	0.9912	1.0892	1.1998	1.3258	7	1.4700	1.6352	1.8270	2.0496
8	1.1328	1.2448	1.3712	1.5152	8	1.6800	1.8688	2.0880	2.3424
9	1.2744	1.4004	1.5426	1.7046	9	1.8900	2.1024	2.3490	2.6352
10	1.4160	1.5560	1.7140	1.8940	10	2.1000	2.3360	2.6100	2.9280
11	1.5576	1.7116	1.8854	2.0834	11	2.3100	2.5696	2.8710	3.2208
12	1.6992	1.8672	2.0568	2.2728	12	2.5200	2.8032	3.1320	3.5136
13	1.8408	2.0228	2.2282	2.4622	13	2.7300	3.0368	3.3930	3.8064
14	1.9824	2.1784	2.3996	2.6516	14	2.9400	3.2704	3.6540	4.0992
15	2.1240	2.3340	2.5710	2.8410	15	3.1500	3.5040	3.9150	4.3920
16	2.2656	2.4896	2.7424	3.0304	16	3.3600	3.7376	4.1760	4.6848
17	2.4072	2.6452	2.9138	3.2198	17	3.5700	3.9712	4.4370	4.9776
18	2.5488	2.8008	3.0852	3.4092	18	3.7800	4.2048	4.6980	5.2704
19	2.6904	2.9564	3.2566	3.5986	19	3.9900	4.4384	4.9590	5.5632
20	2.8320	3.1120	3.4280	3.7880	20	4.2000	4.6720	5.2200	5.8560

SOMMES VERSÉES	50 ANS	51 ANS	52 ANS	53 ANS	SOMMES VERSÉES	54 ANS	55 ANS	56 ANS	57 ANS
1			0.0425	0.0461	1	0.0500	0.0545	0.0591	0.0650
2			0.0850	0.0922	2	0.1000	0.1090	0.1188	0.1300
3			0.1275	0.1383	3	0.1500	0.1635	0.1782	0.1950
4			0.1700	0.1844	4	0.2000	0.2180	0.2376	0.2600
5			0.2125	0.2305	5	0.2500	0.2725	0.2970	0.3250
6			0.2550	0.2766	6	0.3000	0.3270	0.3564	0.3900
7			0.2975	0.3227	7	0.3500	0.3815	0.4158	0.4550
8			0.3400	0.3688	8	0.4000	0.4360	0.4752	0.5200
9			0.3825	0.4149	9	0.4500	0.4905	0.5346	0.5850
10			0.4250	0.4610	10	0.5000	0.5450	0.5940	0.6500
11			0.4675	0.5071	11	0.5500	0.5995	0.6534	0.7150
12			0.5100	0.5532	12	0.6000	0.6540	0.7128	0.7800
13			0.5525	0.5993	13	0.6500	0.7085	0.7722	0.8450
14			0.5950	0.6454	14	0.7000	0.7630	0.8316	0.9100
15			0.6375	0.6915	15	0.7500	0.8175	0.8910	0.9750
16			0.6800	0.7376	16	0.8000	0.8720	0.9504	1.0400
17			0.7225	0.7837	17	0.8500	0.9265	1.0098	1.1050
18			0.7650	0.8298	18	0.9000	0.9810	1.0692	1.1700
19			0.8075	0.8759	19	0.9500	1.0355	1.1286	1.2350
20			0.8500	0.9220	20	1.0000	1.0900	1.1880	1.3000

SOMMES VERSÉES	58 ANS	59 ANS	60 ANS	61 ANS	SOMMES VERSÉES	62 ANS	63 ANS	64 ANS	65 ANS
1	0.0712	0.0783	0.0862	0.0953	1	0.1050	0.1175	0.1313	0.1473
2	0.1424	0.1566	0.1724	0.1906	2	0.2112	0.2350	0.2626	0.2946
3	0.2136	0.2349	0.2586	0.2859	3	0.3168	0.3525	0.3939	0.4419
4	0.2848	0.3132	0.3448	0.3812	4	0.4224	0.4700	0.5252	0.5892
5	0.3560	0.3915	0.4310	0.4765	5	0.5280	0.5875	0.6565	0.7365
6	0.4272	0.4698	0.5172	0.5718	6	0.6336	0.7050	0.7878	0.8838
7	0.4984	0.5481	0.6034	0.6671	7	0.7392	0.8225	0.9191	1.0311
8	0.5696	0.6264	0.6896	0.7624	8	0.8448	0.9400	1.0504	1.1784
9	0.6408	0.7047	0.7758	0.8577	9	0.9504	1.0575	1.1817	1.3257
10	0.7120	0.7830	0.8620	0.9530	10	1.0560	1.1750	1.3130	1.4730
11	0.7832	0.8613	0.9482	1.0483	11	1.1616	1.2925	1.4443	1.6203
12	0.8544	0.9396	1.0344	1.1436	12	1.2672	1.4100	1.5756	1.7676
13	0.9256	1.0179	1.1206	1.2389	13	1.3728	1.5275	1.7069	1.9149
14	0.9968	1.0962	1.2068	1.3342	14	1.4784	1.6450	1.8382	2.0622
15	1.0680	1.1745	1.2930	1.4295	15	1.5840	1.7625	1.9695	2.2095
16	1.1392	1.2528	1.3792	1.5248	16	1.6896	1.8800	2.1008	2.3568
17	1.2104	1.3311	1.4654	1.6201	17	1.7952	1.9975	2.2321	2.5041
18	1.2816	1.4094	1.5516	1.7154	18	1.9008	2.1150	2.3634	2.6514
19	1.3528	1.4877	1.6378	1.8107	19	2.0064	2.2325	2.4947	2.7987
20	1.4240	1.5660	1.7240	1.9060	20	2.1120	2.3500	2.6260	2.9460

SOMMES versées.	50 ANS.	51 ANS.	52 ANS.	53 ANS.	SOMMES versées.	54 ANS.	55 ANS.	56 ANS.	57 ANS.
1			0.0832	0.0902	1	0.0980	0.1067	0.1164	0.1273
2			0.1664	0.1804	2	0.1960	0.2134	0.2328	0.2546
3			0.2496	0.2706	3	0.2940	0.3201	0.3492	0.3819
4			0.3328	0.3608	4	0.3920	0.4268	0.4656	0.5092
5			0.4160	0.4510	5	0.4900	0.5335	0.5820	0.6365
6			0.4992	0.5412	6	0.5880	0.6402	0.6984	0.7638
7			0.5824	0.6314	7	0.6860	0.7469	0.8148	0.8911
8			0.6656	0.7216	8	0.7840	0.8536	0.9312	1.0184
9			0.7488	0.8118	9	0.8820	0.9603	1.0476	1.1457
10			0.8320	0.9020	10	0.9800	1.0670	1.1640	1.2730
11			0.9152	0.9922	11	1.0780	1.1737	1.2804	1.4003
12			0.9984	1.0824	12	1.1760	1.2804	1.3968	1.5276
13			1.0816	1.1726	13	1.2740	1.3871	1.5132	1.6549
14			1.1648	1.2628	14	1.3720	1.4938	1.6296	1.7822
15			1.2480	1.3530	15	1.4700	1.6005	1.7460	1.9095
16			1.3312	1.4432	16	1.5680	1.7072	1.8624	2.0368
17			1.4144	1.5334	17	1.6660	1.8139	1.9788	2.1641
18			1.4976	1.6236	18	1.7640	1.9206	2.0952	2.2914
19			1.5808	1.7138	19	1.8620	2.0273	2.2116	2.4187
20			1.6640	1.8040	20	1.9600	2.1340	2.3280	2.5460

SOMMES versées.	58 ANS.	59 ANS.	60 ANS.	61 ANS.	SOMMES versées.	62 ANS.	63 ANS.	64 ANS.	65 ANS.
1	0.1395	0.1533	0.1689	0.1866	1	0.2069	0.2302	0.2571	0.2885
2	0.2790	0.3066	0.3378	0.3732	2	0.4138	0.4604	0.5142	0.5770
3	0.4185	0.4599	0.5067	0.5598	3	0.6207	0.6906	0.7713	0.8655
4	0.5580	0.6132	0.6756	0.7464	4	0.8276	0.9208	1.0284	1.1540
5	0.6975	0.7665	0.8445	0.9330	5	1.0345	1.1510	1.2855	1.4425
6	0.8370	0.9198	1.0134	1.1196	6	1.2414	1.3812	1.5426	1.7310
7	0.9765	1.0731	1.1823	1.3062	7	1.4483	1.6114	1.7997	2.0195
8	1.1160	1.2264	1.3512	1.4928	8	1.6552	1.8416	2.0568	2.3080
9	1.2555	1.3797	1.5201	1.6794	9	1.8621	2.0718	2.3139	2.5965
10	1.3950	1.5330	1.6890	1.8660	10	2.0690	2.3020	2.5710	2.8850
11	1.5345	1.6863	1.8579	2.0526	11	2.2759	2.5322	2.8281	3.1735
12	1.6740	1.8396	2.0268	2.2392	12	2.4828	2.7624	3.0852	3.4620
13	1.8135	1.9929	2.1957	2.4258	13	2.6897	2.9926	3.3423	3.7505
14	1.9530	2.1462	2.3646	2.6124	14	2.8966	3.2228	3.5994	4.0390
15	2.0925	2.2995	2.5335	2.7990	15	3.1035	3.4530	3.8565	4.3275
16	2.2320	2.4528	2.7024	2.9856	16	3.3104	3.6832	4.1136	4.6160
17	2.3715	2.6061	2.8713	3.1722	17	3.5173	3.9134	4.3707	4.9045
18	2.5110	2.7594	3.0402	3.3588	18	3.7242	4.1436	4.6278	5.1930
19	2.6505	2.9127	3.2091	3.5454	19	3.9311	4.3738	4.8849	5.4815
20	2.7900	3.0660	3.3780	3.7320	20	4.1380	4.6040	5.1420	5.7700

SOMMES versées	50 ANS	51 ANS	52 ANS	53 ANS	SOMMES versées	54 ANS	55 ANS	56 ANS	57 ANS
1			0.0416	0.0452	1	0.0491	0.0534	0.0583	0.0637
2			0.0832	0.0904	2	0.0982	0.1068	0.1166	0.1274
3			0.1248	0.1356	3	0.1473	0.1602	0.1749	0.1911
4			0.1664	0.1808	4	0.1964	0.2136	0.2332	0.2548
5			0.2080	0.2260	5	0.2455	0.2670	0.2915	0.3185
6			0.2496	0.2712	6	0.2946	0.3204	0.3498	0.3822
7			0.2912	0.3164	7	0.3437	0.3738	0.4081	0.4459
8			0.3328	0.3616	8	0.3928	0.4272	0.4664	0.5096
9			0.3744	0.4068	9	0.4419	0.4806	0.5247	0.5733
10			0.4160	0.4520	10	0.4910	0.5340	0.5830	0.6370
11			0.4576	0.4972	11	0.5401	0.5874	0.6413	0.7007
12			0.4992	0.5424	12	0.5892	0.6408	0.6996	0.7644
13			0.5408	0.5876	13	0.6383	0.0942	0.7579	0.8281
14			0.5824	0.6328	14	0.6874	0.7476	0.8162	0.8918
15			0.0240	0.6780	15	0.7365	0.8010	0.8745	0.9555
16			0.6056	0.7232	16	0.7856	0.8544	0.9328	1.0192
17			0.7072	0.7684	17	0.8347	0.9078	0.9911	1.0829
18			0.7488	0.8136	18	0.8838	0.9612	1.0494	1.1466
19			0.7904	0.8588	19	0.9329	1.0146	1.1077	1.2103
20			0.8320	0.9040	20	0.9820	1.0680	1.1660	1.2740

SOMMES versées	58 ANS	59 ANS	60 ANS	61 ANS	SOMMES versées	62 ANS	63 ANS	64 ANS	65 ANS
1	0.0698	0.0767	0.0845	0.0934	1	0.1035	0.1152	0.1287	0.1444
2	0.1396	0.1534	0.1690	0.1808	2	0.2070	0.2304	0.2574	0.2888
3	0.2094	0.2301	0.2535	0.2802	3	0.3105	0.3456	0.3861	0.4332
4	0.2792	0.3008	0.3380	0.3736	4	0.4140	0.4608	0.5148	0.5776
5	0.3490	0.3835	0.4225	0.4670	5	0.5175	0.5760	0.0435	0.7220
6	0.4188	0.4602	0.5070	0.5604	6	0.6210	0.6912	0.7722	0.8664
7	0.4880	0.5369	0.5915	0.0538	7	0.7245	0.8064	0.9009	1.0108
8	0.5584	0.6136	0.6760	0.7472	8	0.8280	0.9216	1.0296	1.1552
9	0.6282	0.6903	0.7605	0.8406	9	0.9315	1.0368	1.1583	1.2996
10	0.6980	0.7670	0.8450	0.9340	10	1.0350	1.1520	1.2870	1.4440
11	0.7678	0.8437	0.0295	1.0274	11	1.1385	1.2672	1.4157	1.5884
12	0.8376	0.9204	1.0140	1.1208	12	1.2420	1.3824	1.5444	1.7328
13	0.0074	0.9071	1.0985	1.2142	13	1.3455	1.4976	1.6731	1.8772
14	0.9772	1.0738	1.1830	1.3076	14	1.4490	1.6128	1.8018	2.0216
15	1.0470	1.1505	1.2675	1.4010	15	1.5525	1.7280	1.9305	2.1660
16	1.1168	1.2272	1.3520	1.4944	16	1.6560	1.8432	2.0592	2.3104
17	1.1866	1.3030	1.4305	1.5878	17	1.7595	1.9584	2.1879	2.4548
18	1.2564	1.3806	1.5210	1.6812	18	1.8630	2.0736	2.3166	2.5992
19	1.3262	1.4573	1.6055	1.7740	19	1.9665	2.1888	2.4453	2.7436
20	1.3900	1.5340	1.6900	1.8680	20	2.0700	2.3040	2.5740	2.8880

SOMMES VERSÉES	50 ANS.	51 ANS.	52 ANS.	53 ANS.	SOMMES VERSÉES	54 ANS.	55 ANS.	56 ANS.	57 ANS.
1			0.0820	0.0889	1	0.0966	0.1052	0.1147	0.1254
2			0.1640	0.1778	2	0.1932	0.2104	0.2294	0.2508
3			0.2460	0.2667	3	0.2898	0.3156	0.3441	0.3762
4			0.3280	0.3556	4	0.3864	0.4208	0.4588	0.5016
5			0.4100	0.4445	5	0.4830	0.5260	0.5735	0.6270
6			0.4920	0.5334	6	0.5796	0.6312	0.6882	0.7524
7			0.5740	0.6223	7	0.6762	0.7364	0.8029	0.8778
8			0.6560	0.7112	8	0.7728	0.8416	0.9176	1.0032
9			0.7380	0.8001	9	0.8694	0.9468	1.0323	1.1286
10			0.8200	0.8890	10	0.9660	1.0520	1.1470	1.2540
11			0.9020	0.9779	11	1.0626	1.1572	1.2617	1.3794
12			0.9840	1.0668	12	1.1592	1.2624	1.3764	1.5048
13			1.0660	1.1557	13	1.2558	1.3676	1.4911	1.6302
14			1.1480	1.2446	14	1.3524	1.4728	1.6058	1.7556
15			1.2300	1.3335	15	1.4490	1.5780	1.7205	1.8810
16			1.3120	1.4224	16	1.5456	1.6832	1.8352	2.0064
17			1.3940	1.5113	17	1.6422	1.7884	1.9499	2.1318
18			1.4760	1.6002	18	1.7388	1.8936	2.0646	2.2572
19			1.5580	1.6891	19	1.8354	1.9988	2.1793	2.3826
20			1.6400	1.7780	20	1.9320	2.1040	2.2940	2.5080

SOMMES VERSÉES	58 ANS.	59 ANS.	60 ANS.	61 ANS.	SOMMES VERSÉES	62 ANS.	63 ANS.	64 ANS.	65 ANS.
1	0.1375	0.1510	0.1664	0.1839	1	0.2038	0.2268	0.2534	0.2843
2	0.2750	0.3020	0.3328	0.3678	2	0.4076	0.4536	0.5068	0.5686
3	0.4125	0.4530	0.4992	0.5517	3	0.6114	0.6804	0.7602	0.8529
4	0.5500	0.6040	0.6656	0.7356	4	0.8152	0.9072	1.0136	1.1372
5	0.6875	0.7550	0.8320	0.9195	5	1.0190	1.1340	1.2670	1.4215
6	0.8250	0.9060	0.9984	1.1034	6	1.2228	1.3608	1.5204	1.7058
7	0.9625	1.0570	1.1648	1.2873	7	1.4266	1.5876	1.7738	1.9901
8	1.1000	1.2080	1.3312	1.4712	8	1.6304	1.8144	2.0272	2.2744
9	1.2375	1.3590	1.4976	1.6551	9	1.8342	2.0412	2.2806	2.5587
10	1.3750	1.5100	1.6640	1.8390	10	2.0380	2.2680	2.5340	2.8430
11	1.5125	1.6610	1.8304	2.0229	11	2.2418	2.4948	2.7874	3.1273
12	1.6500	1.8120	1.9968	2.2068	12	2.4456	2.7216	3.0408	3.4116
13	1.7875	1.9630	2.1632	2.3907	13	2.6494	2.9484	3.2942	3.6959
14	1.9250	2.1140	2.3296	2.5746	14	2.8532	3.1752	3.5476	3.9802
15	2.0625	2.2650	2.4960	2.7585	15	3.0570	3.4020	3.8010	4.2645
16	2.2000	2.4160	2.6624	2.9424	16	3.2608	3.6288	4.0544	4.5488
17	2.3375	2.5670	2.8288	3.1263	17	3.4646	3.8556	4.3078	4.8331
18	2.4750	2.7180	2.9952	3.3102	18	3.6684	4.0824	4.5612	5.1174
19	2.6125	2.8690	3.1616	3.4941	19	3.8722	4.3092	4.8146	5.4017
20	2.7500	3.0200	3.3280	3.6780	20	4.0760	4.5360	5.0680	5.6860

SOMMES versées.	50 ANS.	51 ANS.	52 ANS.	53 ANS.	SOMMES versées.	54 ANS.	55 ANS.	56 ANS.	57 ANS.
1			0.0408	0.0443	1	0.0481	0.0524	0.0571	0.0625
2			0.0816	0.0886	2	0.0962	0.1048	0.1142	0.1250
3			0.1224	0.1329	3	0.1443	0.1572	0.1713	0.1875
4			0.1632	0.1772	4	0.1924	0.2096	0.2284	0.2500
5			0.2040	0.2215	5	0.2405	0.2620	0.2855	0.3125
6			0.2448	0.2658	6	0.2886	0.3144	0.3426	0.3750
7			0.2856	0.3101	7	0.3367	0.3668	0.3997	0.4375
8			0.3264	0.3544	8	0.3848	0.4192	0.4568	0.5000
9			0.3672	0.3987	9	0.4329	0.4716	0.5139	0.5625
10			0.4080	0.4430	10	0.4810	0.5240	0.5710	0.6250
11			0.4488	0.4873	11	0.5291	0.5764	0.6281	0.6875
12			0.4896	0.5316	12	0.5772	0.6288	0.6852	0.7500
13			0.5304	0.5759	13	0.6253	0.6812	0.7423	0.8125
14			0.5712	0.6202	14	0.6734	0.7336	0.7994	0.8750
15			0.6120	0.6645	15	0.7215	0.7860	0.8565	0.9375
16			0.6528	0.7088	16	0.7696	0.8384	0.9136	1.0000
17			0.6936	0.7531	17	0.8177	0.8908	0.9707	1.0625
18			0.7344	0.7974	18	0.8658	0.9432	1.0278	1.1250
19			0.7752	0.8417	19	0.9139	0.9956	1.0849	1.1875
20			0.8160	0.8860	20	0.9620	1.0480	1.1420	1.2500

SOMMES versées.	58 ANS.	59 ANS.	60 ANS.	61 ANS.	SOMMES versées.	62 ANS.	63 ANS.	64 ANS.	65 ANS.
1	0.0685	0.0752	0.0820	0.0916	1	0.1015	0.1129	0.1262	0.1415
2	0.1370	0.1504	0.1658	0.1832	2	0.2030	0.2258	0.2524	0.2830
3	0.2055	0.2256	0.2487	0.2748	3	0.3045	0.3387	0.3786	0.4245
4	0.2740	0.3008	0.3316	0.3664	4	0.4060	0.4516	0.5048	0.5660
5	0.3425	0.3760	0.4145	0.4580	5	0.5075	0.5645	0.6310	0.7075
6	0.4110	0.4512	0.4974	0.5496	6	0.6090	0.6774	0.7572	0.8490
7	0.4795	0.5264	0.5803	0.6412	7	0.7105	0.7903	0.8834	0.9905
8	0.5480	0.6016	0.6632	0.7328	8	0.8120	0.9032	1.0096	1.1320
9	0.6165	0.6768	0.7461	0.8244	9	0.9135	1.0161	1.1358	1.2735
10	0.6850	0.7520	0.8290	0.9160	10	1.0150	1.1290	1.2620	1.4150
11	0.7535	0.8272	0.9119	1.0076	11	1.1165	1.2419	1.3882	1.5565
12	0.8220	0.9024	0.9948	1.0992	12	1.2180	1.3548	1.5144	1.6980
13	0.8905	0.9776	1.0777	1.1908	13	1.3195	1.4677	1.6406	1.8395
14	0.9590	1.0528	1.1606	1.2824	14	1.4210	1.5806	1.7668	1.9810
15	1.0275	1.1280	1.2435	1.3740	15	1.5225	1.6935	1.8930	2.1225
16	1.0960	1.2032	1.3264	1.4656	16	1.6240	1.8064	2.0192	2.2640
17	1.1645	1.2784	1.4093	1.5572	17	1.7255	1.9193	2.1454	2.4055
18	1.2330	1.3536	1.4922	1.6488	18	1.8270	2.0322	2.2716	2.5470
19	1.3015	1.4288	1.5751	1.7404	19	1.9285	2.1451	2.3978	2.6885
20	1.3700	1.5040	1.6580	1.8320	20	2.0300	2.2580	2.5240	2.8300

SOMMES versées	50 ANS.	51 ANS.	52 ANS.	53 ANS.	SOMMES versées	54 ANS.	55 ANS.	56 ANS.	57 ANS.
1			0.0808	0.0876	1	0.0952	0.1036	0.1130	0.1236
2			0.1616	0.1752	2	0.1904	0.2072	0.2260	0.2472
3			0.2424	0.2628	3	0.2856	0.3108	0.3390	0.3708
4			0.3232	0.3504	4	0.3808	0.4144	0.4520	0.4944
5			0.4040	0.4380	5	0.4760	0.5180	0.5650	0.6180
6			0.4848	0.5256	6	0.5712	0.6216	0.6780	0.7416
7			0.5656	0.6132	7	0.6664	0.7252	0.7910	0.8652
8			0.6464	0.7008	8	0.7616	0.8288	0.9040	0.9888
9			0.7272	0.7884	9	0.8568	0.9324	1.0170	1.1124
10			0.8080	0.8760	10	0.9520	1.0300	1.1300	1.2360
11			0.8888	0.9636	11	1.0472	1.1396	1.2430	1.3596
12			0.9696	1.0512	12	1.1424	1.2432	1.3560	1.4832
13			1.0504	1.1388	13	1.2376	1.3468	1.4690	1.6068
14			1.1312	1.2264	14	1.3328	1.4504	1.5820	1.7304
15			1.2120	1.3140	15	1.4280	1.5540	1.6950	1.8540
16			1.2928	1.4016	16	1.5232	1.6576	1.8080	1.9776
17			1.3736	1.4892	17	1.6184	1.7612	1.9210	2.1012
18			1.4544	1.5768	18	1.7136	1.8648	2.0340	2.2248
19			1.5352	1.6644	19	1.8088	1.9684	2.1470	2.3484
20			1.6160	1.7520	20	1.9040	2.0720	2.2600	2.4720

SOMMES versées	58 ANS.	59 ANS.	60 ANS.	61 ANS.	SOMMES versées	62 ANS.	63 ANS.	64 ANS.	65 ANS.
1	0.1355	0.1488	0.1640	0.1812	1	0.2009	0.2235	0.2496	0.2801
2	0.2710	0.2976	0.3280	0.3624	2	0.4018	0.4470	0.4992	0.5602
3	0.4065	0.4464	0.4920	0.5436	3	0.6027	0.6705	0.7488	0.8403
4	0.5420	0.5952	0.6560	0.7248	4	0.8036	0.8940	0.9984	1.1204
5	0.6775	0.7440	0.8200	0.9000	5	1.0045	1.1175	1.2480	1.4005
6	0.8130	0.8928	0.9840	1.0872	6	1.2054	1.3410	1.4976	1.6806
7	0.9485	1.0416	1.1480	1.2684	7	1.4063	1.5645	1.7472	1.9607
8	1.0840	1.1904	1.3120	1.4496	8	1.6072	1.7880	1.9968	2.2408
9	1.2195	1.3392	1.4760	1.6308	9	1.8081	2.0115	2.2464	2.5209
10	1.3550	1.4880	1.6400	1.8120	10	2.0090	2.2350	2.4960	2.8010
11	1.4905	1.6368	1.8040	1.9932	11	2.2099	2.4585	2.7456	3.0811
12	1.6260	1.7856	1.9680	2.1744	12	2.4108	2.6820	2.9952	3.3612
13	1.7615	1.9344	2.1320	2.3556	13	2.6117	2.9055	3.2448	3.6413
14	1.8970	2.0832	2.2960	2.5368	14	2.8126	3.1290	3.4944	3.9214
15	2.0325	2.2320	2.4600	2.7180	15	3.0135	3.3525	3.7440	4.2015
16	2.1680	2.3808	2.6240	2.8992	16	3.2144	3.5760	3.9936	4.4816
17	2.3035	2.5296	2.7880	3.0804	17	3.4153	3.7995	4.2432	4.7617
18	2.4390	2.6784	2.9520	3.2616	18	3.6162	4.0230	4.4928	5.0418
19	2.5745	2.8272	3.1160	3.4428	19	3.8171	4.2465	4.7424	5.3219
20	2.7100	2.9700	3.2800	3.6240	20	4.0180	4.4700	4.9920	5.6020

SOMMES versées	50 ANS.	51 ANS.	52 ANS.	53 ANS.	SOMMES versées	54 ANS.	55 ANS.	56 ANS.	57 ANS.
1			0.0400	0.0434	1	0.0471	0.0513	0.0560	0.0612
2			0.0800	0.0868	2	0.0942	0.1026	0.1120	0.1224
3			0.1200	0.1302	3	0.1413	0.1539	0.1680	0.1836
4			0.1600	0.1736	4	0.1884	0.2052	0.2240	0.2448
5			0.2000	0.2170	5	0.2355	0.2565	0.2800	0.3060
6			0.2400	0.2604	6	0.2826	0.3078	0.3360	0.3672
7			0.2800	0.3038	7	0.3297	0.3591	0.3920	0.4284
8			0.3200	0.3472	8	0.3768	0.4104	0.4480	0.4896
9			0.3600	0.3906	9	0.4239	0.4617	0.5040	0.5508
10			0.4000	0.4340	10	0.4710	0.5130	0.5600	0.6120
11			0.4400	0.4774	11	0.5181	0.5643	0.6160	0.6732
12			0.4800	0.5208	12	0.5652	0.6156	0.6720	0.7344
13			0.5200	0.5642	13	0.6123	0.6669	0.7280	0.7956
14			0.5600	0.6076	14	0.6594	0.7182	0.7840	0.8568
15			0.6000	0.6510	15	0.7065	0.7695	0.8400	0.9180
16			0.6400	0.6944	16	0.7536	0.8208	0.8960	0.9792
17			0.6800	0.7378	17	0.8007	0.8721	0.9520	1.0404
18			0.7200	0.7812	18	0.8478	0.9234	1.0080	1.1016
19			0.7600	0.8246	19	0.8949	0.9747	1.0640	1.1628
20			0.8000	0.8680	20	0.9420	1.0260	1.1200	1.2240

SOMMES versées	58 ANS.	59 ANS.	60 ANS.	61 ANS.	SOMMES versées	62 ANS.	63 ANS.	64 ANS.	65 ANS.
1	0.0671	0.0737	0.0812	0.0897	1	0.0995	0.1107	0.1237	0.1387
2	0.1342	0.1474	0.1624	0.1794	2	0.1990	0.2214	0.2474	0.2774
3	0.2013	0.2211	0.2436	0.2691	3	0.2985	0.3321	0.3711	0.4161
4	0.2684	0.2948	0.3248	0.3588	4	0.3980	0.4428	0.4948	0.5548
5	0.3355	0.3685	0.4060	0.4485	5	0.4975	0.5535	0.6185	0.6935
6	0.4026	0.4422	0.4872	0.5382	6	0.5970	0.6642	0.7422	0.8322
7	0.4697	0.5159	0.5684	0.6279	7	0.6965	0.7749	0.8659	0.9709
8	0.5368	0.5896	0.6496	0.7176	8	0.7960	0.8856	0.9896	1.1096
9	0.6039	0.6633	0.7308	0.8073	9	0.8955	0.9963	1.1133	1.2483
10	0.6710	0.7370	0.8120	0.8970	10	0.9950	1.1070	1.2370	1.3870
11	0.7381	0.8107	0.8932	0.9867	11	1.0945	1.2177	1.3607	1.5257
12	0.8052	0.8844	0.9744	1.0764	12	1.1940	1.3284	1.4844	1.6644
13	0.8723	0.9581	1.0556	1.1661	13	1.2935	1.4391	1.6081	1.8031
14	0.9394	1.0318	1.1368	1.2558	14	1.3930	1.5498	1.7318	1.9418
15	1.0065	1.1055	1.2180	1.3455	15	1.4925	1.6605	1.8555	2.0805
16	1.0736	1.1792	1.2992	1.4352	16	1.5920	1.7712	1.9792	2.2192
17	1.1407	1.2529	1.3804	1.5249	17	1.6915	1.8819	2.1029	2.3579
18	1.2078	1.3266	1.4616	1.6146	18	1.7910	1.9926	2.2266	2.4966
19	1.2749	1.4003	1.5428	1.7043	19	1.8905	2.1033	2.3503	2.6353
20	1.3420	1.4740	1.6240	1.7940	20	1.9900	2.2140	2.4740	2.7740

SOMMES versées.	50 ANS.	51 ANS.	52 ANS.	53 ANS.	SOMMES versées.	54 ANS.	55 ANS.	56 ANS.	57 ANS.
1				0.0863	1	0.0938	0.1021	0.1114	0.1218
2				0.1726	2	0.1876	0.2042	0.2228	0.2436
3				0.2589	3	0.2814	0.3063	0.3342	0.3654
4				0.3452	4	0.3752	0.4084	0.4456	0.4872
5				0.4315	5	0.4690	0.5105	0.5570	0.6090
6				0.5178	6	0.5628	0.6126	0.6684	0.7308
7				0.6041	7	0.6566	0.7147	0.7798	0.8526
8				0.6904	8	0.7504	0.8168	0.8912	0.9744
9				0.7767	9	0.8442	0.9189	1.0026	1.0962
10				0.8630	10	0.9380	1.0210	1.1140	1.2180
11				0.9493	11	1.0318	1.1231	1.2254	1.3398
12				1.0356	12	1.1256	1.2252	1.3368	1.4616
13				1.1219	13	1.2194	1.3273	1.4482	1.5834
14				1.2082	14	1.3132	1.4294	1.5596	1.7052
15				1.2945	15	1.4070	1.5315	1.6710	1.8270
16				1.3808	16	1.5008	1.6336	1.7824	1.9488
17				1.4671	17	1.5946	1.7357	1.8938	2.0706
18				1.5534	18	1.6884	1.8378	2.0052	2.1924
19				1.6397	19	1.7822	1.9399	2.1166	2.3142
20				1.7260	20	1.8760	2.0420	2.2280	2.4360

SOMMES versées.	58 ANS.	59 ANS.	60 ANS.	61 ANS.	SOMMES versées.	62 ANS.	63 ANS.	64 ANS.	65 ANS.
1	0.1335	0.1466	0.1615	0.1785	1	0.1979	0.2202	0.2460	0.2760
2	0.2670	0.2932	0.3230	0.3570	2	0.3958	0.4404	0.4920	0.5520
3	0.4005	0.4398	0.4845	0.5355	3	0.5937	0.6606	0.7380	0.8280
4	0.5340	0.5864	0.6460	0.7140	4	0.7916	0.8808	0.9840	1.1040
5	0.6675	0.7330	0.8075	0.8925	5	0.9895	1.1010	1.2300	1.3800
6	0.8010	0.8796	0.9690	1.0710	6	1.1874	1.3212	1.4760	1.6560
7	0.9345	1.0262	1.1305	1.2495	7	1.3853	1.5414	1.7220	1.9320
8	1.0680	1.1728	1.2920	1.4280	8	1.5832	1.7616	1.9680	2.2080
9	1.2015	1.3194	1.4535	1.6065	9	1.7811	1.9818	2.2140	2.4840
10	1.3350	1.4660	1.6150	1.7850	10	1.9790	2.2020	2.4600	2.7600
11	1.4685	1.6126	1.7765	1.9635	11	2.1769	2.4222	2.7060	3.0360
12	1.6020	1.7592	1.9380	2.1420	12	2.3748	2.6424	2.9520	3.3120
13	1.7355	1.9058	2.0995	2.3205	13	2.5727	2.8626	3.1980	3.5880
14	1.8690	2.0524	2.2610	2.4990	14	2.7706	3.0828	3.4440	3.8640
15	2.0025	2.1990	2.4225	2.6775	15	2.9685	3.3030	3.6900	4.1400
16	2.1360	2.3456	2.5840	2.8560	16	3.1664	3.5232	3.9360	4.4160
17	2.2695	2.4922	2.7455	3.0345	17	3.3643	3.7434	4.1820	4.6920
18	2.4030	2.6388	2.9070	3.2130	18	3.5622	3.9636	4.4280	4.9680
19	2.5365	2.7854	3.0685	3.3915	19	3.7601	4.1838	4.6740	5.2440
20	2.6700	2.9320	3.2300	3.5700	20	3.9580	4.4040	4.9200	5.5200

SOMMES versées	50 ANS.	51 ANS.	52 ANS.	53 ANS.	SOMMES versées	54 ANS.	55 ANS.	56 ANS.	57 ANS.
1				0.0425	1	0.0462	0.0503	0.0549	0.0600
2				0.0850	2	0.0924	0.1006	0.1098	0.1200
3				0.1275	3	0.1386	0.1509	0.1647	0.1800
4				0.1700	4	0.1848	0.2012	0.2196	0.2400
5				0.2125	5	0 2310	0.2515	0.2745	0.3000
6				0.2550	6	0.2772	0.3018	0.3294	0.3600
7				0.2975	7	0.3234	0.3521	0.3843	0.4200
8				0.3400	8	0.3696	0.4024	0.4392	0.4800
9				0.3825	9	0.4158	0.4527	0.4941	0.5400
10				0.4250	10	0.4620	0.5030	0.5490	0.6000
11				0.4675	11	0.5082	0.5533	0.6039	0.6600
12				0.5100	12	0.5544	0.6036	0.6588	0.7200
13				0.5525	13	0.6000	0.6539	0.7137	0.7800
14				0.5950	14	0.6468	0.7042	0.7686	0.8400
15				0.6375	15	0.6930	0.7545	0.8235	0.9000
16				0.6800	16	0.7392	0.8048	0.8784	0.9600
17				0.7225	17	0.7854	0.8551	0.9333	1.0200
18				0.7650	18	0.8316	0.9054	0.9882	1.0800
19				0.8075	19	0.8778	0.9557	1.0431	1.1400
20				0.8500	20	0.9240	1.0060	1.0980	1.2000

SOMMES versées	58 ANS.	59 ANS.	60 ANS.	61 ANS.	SOMMES versées	62 ANS.	63 ANS.	64 ANS.	65 ANS.
1	0.0658	0.0723	0.0796	0.0880	1	0.0975	0.1085	0.1212	0.1360
2	0.1316	0.1446	0.1592	0.1760	2	0.1950	0.2170	0.2424	0.2720
3	0.1974	0.2169	0.2388	0.2640	3	0.2925	0.3255	0.3636	0.4080
4	0.2632	0.2892	0.3184	0.3520	4	0.3900	0.4340	0.4848	0.5440
5	0.3290	0.3615	0.3980	0.4400	5	0.4875	0.5425	0.6060	0.6800
6	0.3948	0.4338	0.4770	0.5280	6	0.5850	0.6510	0.7272	0.8160
7	0.4606	0.5061	0.5572	0.6160	7	0.6825	0.7595	0.8484	0.9520
8	0.5264	0.5784	0.6368	0.7040	8	0.7800	0.8680	0.9696	1.0880
9	0.5922	0.6507	0.7164	0.7920	9	0.8775	0.9765	1.0908	1.2240
10	0.6580	0.7230	0.7960	0.8800	10	0.9750	1.0850	1.2120	1.3600
11	0.7238	0.7953	0.8756	0.9680	11	1.0725	1.1935	1.3332	1.4960
12	0.7896	0.8676	0.9552	1.0560	12	1.1700	1.3020	1.4544	1.6320
13	0.8554	0.9399	1.0348	1.1440	13	1.2675	1.4105	1.5756	1.7680
14	0.9212	1.0122	1.1144	1.2320	14	1.3650	1.5190	1.6968	1.9040
15	0.9870	1.0845	1.1940	1.3200	15	1.4625	1.6275	1.8180	2.0400
16	1.0528	1.1568	1.2736	1.4080	16	1.5600	1.7360	1.9392	2.1760
17	1.1186	1.2291	1.3532	1.4960	17	1.6575	1.8445	2.0604	2.3120
18	1.1844	1.3014	1.4328	1.5840	18	1.7550	1.9530	2.1816	2.4480
19	1.2502	1.3737	1.5124	1.6720	19	1.8525	2.0615	2.3028	2.5840
20	1.3160	1.4460	1.5920	1.7600	20	1.9500	2.1700	2.4240	2.7200

SOMMES versées.	50 ANS.	51 ANS.	52 ANS.	53 ANS.	SOMMES versées.	54 ANS.	55 ANS.	56 ANS.	57 ANS.
1				0.0850	1	0.0924	0.1006	0.1097	0.1200
2				0.1700	2	0.1848	0.2012	0.2194	0.2400
3				0.2550	3	0.2772	0.3018	0.3291	0.3600
4				0.3400	4	0.3696	0.4024	0.4388	0.4800
5				0.4250	5	0.4620	0.5030	0.5485	0.6000
6				0.5100	6	0.5544	0.6036	0.6582	0.7200
7				0.5950	7	0.6468	0.7042	0.7679	0.8400
8				0.6800	8	0.7392	0.8048	0.8776	0.9600
9				0.7650	9	0.8316	0.9054	0.9873	1.0800
10				0.8500	10	0.9240	1.0060	1.0970	1.2000
11				0.9350	11	1.0164	1.1066	1.2067	1.3200
12				1.0200	12	1.1088	1.2072	1.3164	1.4400
13				1.1050	13	1.2012	1.3078	1.4261	1.5600
14				1.1900	14	1.2936	1.4084	1.5358	1.6800
15				1.2750	15	1.3860	1.5090	1.6455	1.8000
16				1.3600	16	1.4784	1.6096	1.7552	1.9200
17				1.4450	17	1.5708	1.7102	1.8649	2.0400
18				1.5300	18	1.6632	1.8108	1.9746	2.1600
19				1.6150	19	1.7556	1.9114	2.0843	2.2800
20				1.7000	20	1.8480	2.0120	2.1940	2.4000

SOMMES versées.	58 ANS.	59 ANS.	60 ANS.	61 ANS.	SOMMES versées.	62 ANS.	63 ANS.	64 ANS.	65 ANS.
1	0.1315	0.1445	0.1592	0.1759	1	0.1950	0.2169	0.2423	0.2719
2	0.2630	0.2890	0.3184	0.3518	2	0.3900	0.4338	0.4846	0.5438
3	0.3945	0.4335	0.4776	0.5277	3	0.5850	0.6507	0.7269	0.8157
4	0.5260	0.5780	0.6368	0.7036	4	0.7800	0.8676	0.9692	1.0876
5	0.6575	0.7225	0.7960	0.8795	5	0.9750	1.0845	1.2115	1.3595
6	0.7890	0.8670	0.9552	1.0554	6	1.1700	1.3014	1.4538	1.6314
7	0.9205	1.0115	1.1144	1.2313	7	1.3650	1.5183	1.6961	1.9033
8	1.0520	1.1560	1.2736	1.4072	8	1.5600	1.7352	1.9384	2.1752
9	1.1835	1.3005	1.4328	1.5831	9	1.7550	1.9521	2.1807	2.4471
10	1.3150	1.4450	1.5920	1.7590	10	1.9500	2.1690	2.4230	2.7190
11	1.4465	1.5895	1.7512	1.9349	11	2.1450	2.3859	2.6653	2.9909
12	1.5780	1.7340	1.9104	2.1108	12	2.3400	2.6028	2.9076	3.2628
13	1.7095	1.8785	2.0696	2.2867	13	2.5350	2.8197	3.1499	3.5347
14	1.8410	2.0230	2.2288	2.4626	14	2.7300	3.0366	3.3922	3.8066
15	1.9725	2.1675	2.3880	2.6385	15	2.9250	3.2535	3.6345	4.0785
16	2.1040	2.3120	2.5472	2.8144	16	3.1200	3.4704	3.8768	4.3504
17	2.2355	2.4565	2.7064	2.9903	17	3.3150	3.6873	4.1191	4.6223
18	2.3670	2.6010	2.8656	3.1662	18	3.5100	3.9042	4.3614	4.8942
19	2.4985	2.7455	3.0248	3.3421	19	3.7050	4.1211	4.6037	5.1661
20	2.6300	2.8900	3.1840	3.5180	20	3.9000	4.3380	4.8460	5.4380

SOMMES versées	50 ANS.	51 ANS.	52 ANS.	53 ANS.	SOMMES versées	54 ANS.	55 ANS.	56 ANS.	57 ANS.
1				0.0417	1	0.0453	0.0493	0.0538	0.0588
2				0.0834	2	0.0906	0.0986	0.1076	0.1176
3				0.1251	3	0.1359	0.1479	0.1614	0.1764
4				0.1668	4	0.1812	0.1972	0.2152	0.2352
5				0.2085	5	0.2205	0.2465	0.2690	0.2940
6				0.2502	6	0.2718	0.2958	0.3228	0.3528
7				0.2919	7	0.3171	0.3451	0.3766	0.4116
8				0.3336	8	0.3624	0.3944	0.4304	0.4704
9				0.3753	9	0.4077	0.4437	0.4842	0.5292
10				0.4170	10	0.4530	0.4930	0.5380	0.5880
11				0.4587	11	0.4983	0.5423	0.5918	0.6468
12				0.5004	12	0.5436	0.5916	0.6456	0.7056
13				0.5421	13	0.5889	0.6409	0.6994	0.7644
14				0.5838	14	0.6342	0.6902	0.7532	0.8232
15				0.6255	15	0.6795	0.7395	0.8070	0.8820
16				0.6672	16	0.7248	0.7888	0.8608	0.9408
17				0.7089	17	0.7701	0.8381	0.9146	0.9996
18				0.7506	18	0.8154	0.8874	0.9684	1.0584
19				0.7923	19	0.8607	0.9367	1.0222	1.1172
20				0.8340	20	0.9060	0.9860	1.0760	1.1760

SOMMES versées	58 ANS.	59 ANS.	60 ANS.	61 ANS.	SOMMES versées	62 ANS.	63 ANS.	64 ANS.	65 ANS.
1	0.0645	0.0708	0.0780	0.0862	1	0.0956	0.1003	0.1188	0.1333
2	0.1290	0.1416	0.1560	0.1724	2	0.1912	0.2126	0.2376	0.2666
3	0.1935	0.2124	0.2340	0.2586	3	0.2868	0.3189	0.3564	0.3999
4	0.2580	0.2832	0.3120	0.3448	4	0.3824	0.4252	0.4752	0.5332
5	0.3225	0.3540	0.3900	0.4310	5	0.4780	0.5315	0.5940	0.6665
6	0.3870	0.4248	0.4680	0.5172	6	0.5736	0.6378	0.7128	0.7998
7	0.4515	0.4956	0.5460	0.6034	7	0.6692	0.7441	0.8316	0.9331
8	0.5160	0.5664	0.6240	0.6896	8	0.7648	0.8504	0.9504	1.0664
9	0.5805	0.6372	0.7020	0.7758	9	0.8604	0.9567	1.0692	1.1997
10	0.6450	0.7080	0.7800	0.8620	10	0.9560	1.0630	1.1880	1.3330
11	0.7095	0.7788	0.8580	0.9482	11	1.0516	1.1693	1.3008	1.4663
12	0.7740	0.8496	0.9360	1.0344	12	1.1472	1.2756	1.4256	1.5996
13	0.8385	0.9204	1.0140	1.1206	13	1.2428	1.3819	1.5444	1.7329
14	0.9030	0.9912	1.0920	1.2068	14	1.3384	1.4882	1.6632	1.8662
15	0.9675	1.0620	1.1700	1.2930	15	1.4340	1.5945	1.7820	1.9995
16	1.0320	1.1328	1.2480	1.3792	16	1.5296	1.7008	1.9008	2.1328
17	1.0965	1.2036	1.3260	1.4654	17	1.6252	1.8071	2.0196	2.2661
18	1.1610	1.2744	1.4040	1.5516	18	1.7208	1.9134	2.1384	2.3994
19	1.2255	1.3452	1.4820	1.6378	19	1.8164	2.0197	2.2572	2.5327
20	1.2900	1.4160	1.5600	1.7240	20	1.9120	2.1260	2.3760	2.6660

SOMMES versées.	50 ANS.	51 ANS.	52 ANS.	53 ANS.	SOMMES versées.	54 ANS.	55 ANS.	56 ANS.	57 ANS.
1				0.0838	1	0.0910	0.0991	0.1081	0.1182
2				0.1676	2	0.1820	0.1982	0.2162	0.2364
3				0.2514	3	0.2730	0.2973	0.3243	0.3546
4				0.3352	4	0.3640	0.3964	0.4324	0.4728
5				0.4190	5	0.4550	0.4955	0.5405	0.5910
6				0.5028	6	0.5460	0.5946	0.6486	0.7092
7				0.5866	7	0.6370	0.6937	0.7567	0.8274
8				0.6704	8	0.7280	0.7928	0.8648	0.9456
9				0.7542	9	0.8190	0.8919	0.9729	1.0638
10				0.8380	10	0.9100	0.9910	1.0810	1.1820
11				0.9218	11	1.0010	1.0901	1.1891	1.3002
12				1.0056	12	1.0920	1.1892	1.2972	1.4184
13				1.0894	13	1.1830	1.2883	1.4053	1.5366
14				1.1732	14	1.2740	1.3874	1.5134	1.6548
15				1.2570	15	1.3650	1.4865	1.6215	1.7730
16				1.3408	16	1.4560	1.5856	1.7296	1.8912
17				1.4246	17	1.5470	1.6847	1.8377	2.0094
18				1.5084	18	1.6380	1.7838	1.9458	2.1276
19				1.5922	19	1.7290	1.8829	2.0539	2.2458
20				1.6760	20	1.8200	1.9820	2.1620	2.3640

SOMMES versées.	58 ANS.	59 ANS.	60 ANS.	61 ANS.	SOMMES versées.	62 ANS.	63 ANS.	64 ANS.	65 ANS.
1	0.1296	0.1423	0.1568	0.1733	1	0.1921	0.2137	0.2388	0.2679
2	0.2592	0.2846	0.3136	0.3466	2	0.3842	0.4274	0.4776	0.5358
3	0.3888	0.4269	0.4704	0.5199	3	0.5763	0.6411	0.7164	0.8037
4	0.5184	0.5692	0.6272	0.6932	4	0.7684	0.8548	0.9552	1.0716
5	0.6480	0.7115	0.7840	0.8665	5	0.9605	1.0685	1.1940	1.3395
6	0.7776	0.8538	0.9408	1.0398	6	1.1526	1.2822	1.4328	1.6074
7	0.9072	0.9961	1.0976	1.2131	7	1.3447	1.4959	1.6716	1.8753
8	1.0368	1.1384	1.2544	1.3864	8	1.5368	1.7096	1.9104	2.1432
9	1.1664	1.2807	1.4112	1.5597	9	1.7289	1.9233	2.1492	2.4111
10	1.2960	1.4230	1.5680	1.7330	10	1.9210	2.1370	2.3880	2.6790
11	1.4256	1.5653	1.7248	1.9063	11	2.1131	2.3507	2.6268	2.9469
12	1.5552	1.7076	1.8816	2.0796	12	2.3052	2.5644	2.8656	3.2148
13	1.6848	1.8499	2.0384	2.2529	13	2.4973	2.7781	3.1044	3.4827
14	1.8144	1.9922	2.1952	2.4262	14	2.6894	2.9918	3.3432	3.7506
15	1.9440	2.1345	2.3520	2.5995	15	2.8815	3.2055	3.5820	4.0185
16	2.0736	2.2768	2.5088	2.7728	16	3.0736	3.4192	3.8208	4.2864
17	2.2032	2.4191	2.6656	2.9461	17	3.2657	3.6329	4.0596	4.5543
18	2.3328	2.5614	2.8224	3.1194	18	3.4578	3.8466	4.2984	4.8222
19	2.4624	2.7037	2.9792	3.2927	19	3.6499	4.0603	4.5372	5.0901
20	2.5920	2.8460	3.1360	3.4660	20	3.8420	4.2740	4.7760	5.3580

SOMMES versées	50 ANS	51 ANS	52 ANS	53 ANS	SOMMES versées	54 ANS	55 ANS	56 ANS	57 ANS
1				0.0408	1	0.0444	0.0483	0.0527	0.0576
2				0.0816	2	0.0888	0.0966	0.1054	0.1152
3				0.1224	3	0.1332	0.1449	0.1581	0.1728
4				0.1632	4	0.1776	0.1932	0.2108	0.2304
5				0.2040	5	0.2220	0.2415	0.2635	0.2880
6				0.2448	6	0.2664	0.2898	0.3162	0.3456
7				0.2856	7	0.3108	0.3381	0.3689	0.4032
8				0.3264	8	0.3552	0.3864	0.4216	0.4608
9				0.3672	9	0.3996	0.4347	0.4743	0.5184
10				0.4080	10	0.4440	0.4830	0.5270	0.5760
11				0.4488	11	0.4884	0.5313	0.5797	0.6336
12				0.4896	12	0.5328	0.5796	0.6324	0.6912
13				0.5304	13	0.5772	0.6279	0.6851	0.7488
14				0.5712	14	0.6216	0.6762	0.7378	0.8064
15				0.6120	15	0.6660	0.7245	0.7905	0.8640
16				0.6528	16	0.7104	0.7728	0.8432	0.9216
17				0.6936	17	0.7548	0.8211	0.8959	0.9792
18				0.7344	18	0.7902	0.8694	0.9486	1.0368
19				0.7752	19	0.8436	0.9177	1.0013	1.0944
20				0.8160	20	0.8880	0.9660	1.0540	1.1520

SOMMES versées	58 ANS	59 ANS	60 ANS	61 ANS	SOMMES versées	62 ANS	63 ANS	64 ANS	65 ANS
1	0.0632	0.0694	0.0764	0.0845	1	0.0936	0.1042	0.1164	0.1306
2	0.1264	0.1388	0.1528	0.1690	2	0.1872	0.2084	0.2328	0.2612
3	0.1896	0.2082	0.2292	0.2535	3	0.2808	0.3126	0.3492	0.3918
4	0.2528	0.2776	0.3056	0.3380	4	0.3744	0.4168	0.4656	0.5224
5	0.3160	0.3470	0.3820	0.4225	5	0.4680	0.5210	0.5820	0.6530
6	0.3792	0.4164	0.4584	0.5070	6	0.5616	0.6252	0.6984	0.7836
7	0.4424	0.4858	0.5348	0.5915	7	0.6552	0.7294	0.8148	0.9142
8	0.5056	0.5552	0.6112	0.6760	8	0.7488	0.8336	0.9312	1.0448
9	0.5688	0.6246	0.6876	0.7605	9	0.8424	0.9378	1.0476	1.1754
10	0.6320	0.6940	0.7640	0.8450	10	0.9360	1.0420	1.1640	1.3060
11	0.6952	0.7634	6.8404	0.9295	11	1.0296	1.1462	1.2804	1.4366
12	0.7584	0.8328	0.9168	1.0140	12	1.1232	1.2504	1.3968	1.5672
13	0.8216	0.9022	0.9932	1.0985	13	1.2168	1.3546	1.5132	1.6978
14	0.8848	0.9716	1.0696	1.1830	14	1.3104	1.4588	1.6296	1.8284
15	0.9480	1.0410	1.1460	1.2675	15	1.4040	1.5630	1.7460	1.9590
16	1.0112	1.1104	1.2224	1.3520	16	1.4976	1.6672	1.8624	2.0896
17	1.0744	1.1798	1.2988	1.4365	17	1.5912	1.7714	1.9788	2.2202
18	1.1376	1.2492	1.3752	1.5210	18	1.6848	1.8756	2.0952	2.3508
19	1.2008	1.3186	1.4516	1.6055	19	1.7784	1.9798	2.2116	2.4814
20	1.2640	1.3880	1.5280	1.6900	20	1.8720	2.0840	2.3280	2.6120

SOMMES versées.	50 ANS.	51 ANS.	52 ANS.	53 ANS.	SOMMES versées.	54 ANS.	55 ANS.	56 ANS.	57 ANS.
1				0.0825	1	0.0897	0.0976	0.1065	0.1165
2				0.1650	2	0.1794	0.1952	0.2130	0.2330
3				0.2475	3	0.2691	0.2928	0.3195	0.3495
4				0.3300	4	0.3588	0.3904	0.4260	0.4600
5				0.4125	5	0.4485	0.4880	0.5325	0.5825
6				0.4950	6	0.5382	0.5856	0.6390	0.6990
7				0.5775	7	0.6279	0.6832	0.7455	0.8155
8				0.6600	8	0.7176	0.7808	0.8520	0.9320
9				0.7425	9	0.8073	0.8784	0.9585	1.0485
10				0.8250	10	0.8970	0.9760	1.0650	1.1650
11				0.9075	11	0.9867	1.0736	1.1715	1.2815
12				0.9900	12	1.0764	1.1712	1.2780	1.3980
13				1.0725	13	1.1661	1.2688	1.3845	1.5145
14				1.1550	14	1.2558	1.3664	1.4910	1.6310
15				1.2375	15	1.3455	1.4640	1.5975	1.7475
16				1.3200	16	1.4352	1.5616	1.7040	1.8640
17				1.4025	17	1.5249	1.6592	1.8105	1.9805
18				1.4850	18	1.6146	1.7568	1.9170	2.0970
19				1.5675	19	1.7043	1.8544	2.0235	2.2135
20				1.6500	20	1.7940	1.9520	2.1300	2.3300

SOMMES versées.	58 ANS.	59 ANS.	60 ANS.	61 ANS.	SOMMES versées.	62 ANS.	63 ANS.	64 ANS.	65 ANS.
1	0.1276	0.1402	0.1545	0.1707	1	0.1893	0.2106	0.2352	0.2639
2	0.2552	0.2804	0.3090	0.3414	2	0.3786	0.4212	0.4704	0.5278
3	0.3828	0.4206	0.4635	0.5121	3	0.5679	0.6318	0.7056	0.7917
4	0.5104	0.5608	0.6180	0.6828	4	0.7572	0.8424	0.9408	1.0556
5	0.6380	0.7010	0.7725	0.8535	5	0.9465	1.0530	1.1760	1.3195
6	0.7656	0.8412	0.9270	1.0242	6	1.1358	1.2636	1.4112	1.5834
7	0.8932	0.9814	1.0815	1.1949	7	1.3251	1.4742	1.6464	1.8473
8	1.0208	1.1216	1.2360	1.3656	8	1.5144	1.6848	1.8816	2.1112
9	1.1484	1.2618	1.3905	1.5363	9	1.7037	1.8954	2.1168	2.3751
10	1.2760	1.4020	1.5450	1.7070	10	1.8930	2.1060	2.3520	2.6390
11	1.4036	1.5422	1.6995	1.8777	11	2.0823	2.3166	2.5872	2.9029
12	1.5312	1.6824	1.8540	2.0484	12	2.2716	2.5272	2.8224	3.1668
13	1.6588	1.8226	2.0085	2.2191	13	2.4609	2.7378	3.0576	3.4307
14	1.7864	1.9628	2.1630	2.3898	14	2.6502	2.9484	3.2928	3.6946
15	1.9140	2.1030	2.3175	2.5605	15	2.8395	3.1590	3.5280	3.9585
16	2.0416	2.2432	2.4720	2.7312	16	3.0288	3.3096	3.7632	4.2224
17	2.1692	2.3834	2.6265	2.9019	17	3.2181	3.5802	3.9984	4.4863
18	2.2968	2.5236	2.7810	3.0726	18	3.4074	3.7908	4.2336	4.7502
19	2.4244	2.6638	2.9355	3.2433	19	3.5967	4.0014	4.4688	5.0141
20	2.5520	2.8040	3.0900	3.4140	20	3.7860	4.2120	4.7040	5.2780

SOMMES versées.	50 ANS.	51 ANS.	52 ANS.	53 ANS.	SOMMES versées.	54 ANS.	55 ANS.	56 ANS.	57 ANS.
1				0.0400	1	0.0435	0.0473	0.0516	0.0565
2				0.0800	2	0.0870	0.0946	0.1032	0.1130
3				0.1200	3	0.1305	0.1419	0.1548	0.1695
4				0.1600	4	0.1740	0.1892	0.2064	0.2260
5				0.2000	5	0.2175	0.2365	0.2580	0.2825
6				0.2400	6	0.2610	0.2838	0.3096	0.3390
7				0.2800	7	0.3045	0.3311	0.3612	0.3955
8				0.3200	8	0.3480	0.3784	0.4128	0.4520
9				0.3600	9	0.3915	0.4257	0.4644	0.5085
10				0.4000	10	0.4350	0.4730	0.5160	0.5650
11				0.4400	11	0.4785	0.5203	0.5676	0.6215
12				0.4800	12	0.5220	0.5676	0.6192	0.6780
13				0.5200	13	0.5655	0.6149	0.6708	0.7345
14				0.5600	14	0.6090	0.6622	0.7224	0.7910
15				0.6000	15	0.6525	0.7095	0.7740	0.8475
16				0.6400	16	0.6960	0.7568	0.8256	0.9040
17				0.6800	17	0.7395	0.8041	0.8772	0.9605
18				0.7200	18	0.7830	0.8514	0.9288	1.0170
19				0.7600	19	0.8265	0.8987	0.9804	1.0735
20				0.8000	20	0.8700	0.9460	1.0320	1.1300

SOMMES versées.	58 ANS.	59 ANS.	60 ANS.	61 ANS.	SOMMES versées.	62 ANS.	63 ANS.	64 ANS.	65 ANS.
1	0.0619	0.0680	0.0749	0.0828	1	0.0918	0.1021	0.1140	0.1279
2	0.1238	0.1360	0.1498	0.1656	2	0.1836	0.2042	0.2280	0.2558
3	0.1857	0.2040	0.2247	0.2484	3	0.2754	0.3063	0.3420	0.3837
4	0.2476	0.2720	0.2996	0.3312	4	0.3672	0.4084	0.4560	0.5116
5	0.3095	0.3400	0.3745	0.4140	5	0.4590	0.5105	0.5700	0.6395
6	0.3714	0.4080	0.4494	0.4968	6	0.5508	0.6126	0.6840	0.7674
7	0.4333	0.4760	0.5243	0.5796	7	0.6426	0.7147	0.7980	0.8953
8	0.4952	0.5440	0.5992	0.6624	8	0.7344	0.8168	0.9120	1.0232
9	0.5571	0.6120	0.6741	0.7452	9	0.8262	0.9189	1.0260	1.1511
10	0.6190	0.6800	0.7490	0.8280	10	0.9180	1.0210	1.1400	1.2790
11	0.6809	0.7480	0.8239	0.9108	11	1.0098	1.1231	1.2540	1.4069
12	0.7428	0.8160	0.8988	0.9936	12	1.1016	1.2252	1.3680	1.5348
13	0.8047	0.8840	0.9737	1.0764	13	1.1934	1.3273	1.4820	1.6627
14	0.8666	0.9520	1.0486	1.1592	14	1.2852	1.4294	1.5960	1.7906
15	0.9285	1.0200	1.1235	1.2420	15	1.3770	1.5315	1.7100	1.9185
16	0.9904	1.0880	1.1984	1.3248	16	1.4688	1.6336	1.8240	2.0464
17	1.0523	1.1560	1.2733	1.4076	17	1.5606	1.7357	1.9380	2.1743
18	1.1142	1.2240	1.3482	1.4904	18	1.6524	1.8378	2.0520	2.3022
19	1.1761	1.2920	1.4231	1.5732	19	1.7442	1.9399	2.1660	2.4301
20	1.2380	1.3600	1.4980	1.6560	20	1.8360	2.0420	2.2800	2.5580

SOMMES versées.	50 ANS.	51 ANS.	52 ANS.	53 ANS.	SOMMES versées.	54 ANS.	55 ANS.	56 ANS.	57 ANS.
1					1	0.0884	0.0962	0.1040	0.1147
2					2	0.1708	0.1924	0.2098	0.2294
3					3	0.2652	0.2886	0.3147	0.3441
4					4	0.3536	0.3848	0.4106	0.4588
5					5	0.4420	0.4810	0.5245	0.5735
6					6	0.5304	0.5772	0.6294	0.6882
7					7	0.6188	0.6734	0.7343	0.8029
8					8	0.7072	0.7696	0.8392	0.9176
9					9	0.7956	0.8658	0.9441	1.0323
10					10	0.8840	0.9620	1.0490	1.1470
11					11	0.9724	1.0582	1.1539	1.2617
12					12	1.0608	1.1544	1.2588	1.3764
13					13	1.1492	1.2506	1.3637	1.4911
14					14	1.2376	1.3468	1.4686	1.6058
15					15	1.3260	1.4430	1.5735	1.7205
16					16	1.4144	1.5392	1.6784	1.8352
17					17	1.5028	1.6354	1.7833	1.9499
18					18	1.5912	1.7316	1.8882	2.0646
19					19	1.6796	1.8278	1.9931	2.1793
20					20	1.7680	1.9240	2.0980	2.2940

SOMMES versées.	58 ANS.	59 ANS.	60 ANS.	61 ANS.	SOMMES versées.	62 ANS.	63 ANS.	64 ANS.	65 ANS.
1	0.1258	0.1382	0.1522	0.1682	1	0.1865	0.2075	0.2317	0.2600
2	0.2516	0.2764	0.3044	0.3364	2	0.3730	0.4150	0.4634	0.5200
3	0.3774	0.4146	0.4566	0.5046	3	0.5595	0.6225	0.6951	0.7800
4	0.5032	0.5528	0.6088	0.6728	4	0.7460	0.8300	0.9268	1.0400
5	0.6290	0.6910	0.7610	0.8410	5	0.9325	1.0375	1.1585	1.3000
6	0.7548	0.8292	0.9132	1.0092	6	1.1190	1.2450	1.3902	1.5600
7	0.8806	0.9674	1.0654	1.1774	7	1.3055	1.4525	1.6219	1.8200
8	1.0064	1.1056	1.2176	1.3456	8	1.4920	1.6600	1.8536	2.0800
9	1.1322	1.2438	1.3698	1.5138	9	1.6785	1.8675	2.0853	2.3400
10	1.2580	1.3820	1.5220	1.6820	10	1.8650	2.0750	2.3170	2.6000
11	1.3838	1.5202	1.6742	1.8502	11	2.0515	2.2825	2.5487	2.8600
12	1.5096	1.6584	1.8264	2.0184	12	2.2380	2.4900	2.7804	3.1200
13	1.6354	1.7966	1.9786	2.1866	13	2.4245	2.6975	3.0121	3.3800
14	1.7612	1.9348	2.1308	2.3548	14	2.6110	2.9050	3.2438	3.6400
15	1.8870	2.0730	2.2830	2.5230	15	2.7975	3.1125	3.4755	3.9000
16	2.0128	2.2112	2.4352	2.6912	16	2.9840	3.3200	3.7072	4.1600
17	2.1386	2.3494	2.5874	2.8594	17	3.1705	3.5275	3.9389	4.4200
18	2.2644	2.4876	2.7396	3.0276	18	3.3570	3.7350	4.1706	4.6800
19	2.3902	2.6258	2.8918	3.1958	19	3.5435	3.9425	4.4023	4.9400
20	2.5160	2.7640	3.0440	3.3640	20	3.7300	4.1500	4.6340	5.2000

SOMMES versées	50 ANS	51 ANS	52 ANS	53 ANS	SOMMES versées	54 ANS	55 ANS	56 ANS	57 ANS
1					1	0.0426	0.0464	0.0500	0.0553
2					2	0.0852	0.0928	0.1012	0.1106
3					3	0.1278	0.1392	0.1518	0.1659
4					4	0.1704	0.1856	0.2024	0.2212
5					5	0.2130	0.2320	0.2530	0.2765
6					6	0.2556	0.2784	0.3030	0.3318
7					7	0.2982	0.3248	0.3542	0.3871
8					8	0.3408	0.3712	0.4048	0.4424
9					9	0.3834	0.4176	0.4554	0.4977
10					10	0.4260	0.4640	0.5060	0.5530
11					11	0.4686	0.5104	0.5566	0.6083
12					12	9.5112	0.5568	0.6072	0.6636
13					13	0.5538	0.6032	0.6578	0.7189
14					14	0.5964	0.6496	0.7084	0.7742
15					15	0.6390	0.6960	0.7590	0.8295
16					16	0.6816	0.7424	0.8096	0.8848
17					17	0.7242	0.7888	0.8602	0.9401
18					18	0.7668	0.8352	0.9108	0.9954
19					19	0.8094	0.8816	0.9614	1.0507
20					20	0.8520	0.9280	1.0120	1.1060

SOMMES versées	58 ANS	59 ANS	60 ANS	61 ANS	SOMMES versées	62 ANS	63 ANS	64 ANS	65 ANS
1	0.0606	0.0666	0.0734	0.0811	1	0.0899	0.1000	0.1117	0.1253
2	0.1212	0.1332	0.1468	0.1622	2	0.1798	0.2000	0.2234	0.2506
3	0.1818	0.1998	0.2202	0.2433	3	0.2697	0.3000	0.3351	0.3759
4	0.2424	0.2664	0.2936	0.3244	4	0.3596	0.4000	0.4468	0.5012
5	0.3030	0.3330	0.3670	0.4055	5	0.4495	0.5000	0.5585	0.6265
6	0.3636	0.3996	0.4404	0.4866	6	0.5394	0.6000	0.6702	0.7518
7	0.4242	0.4662	0.5138	0.5677	7	0.6293	0.7000	0.7319	0.8771
8	0.4848	0.5328	0.5872	0.6488	8	0.7192	0.8000	0.8936	1.0024
9	0.5454	0.5994	0.6606	0.7299	9	0.8091	0.9000	1.0053	1.1277
10	0.6060	0.6660	0.7340	0.8110	10	0.8990	1.0000	1.1170	1.2530
11	0.6660	0.7326	0.8074	0.8921	11	0.9889	1.1000	1.2287	1.3783
12	0.7272	0.7992	0.8808	0.9732	12	1.0788	1.2000	1.3404	1.5036
13	0.7878	0.8658	0.9542	1.0543	13	1.1687	1.3000	1.4521	1.6289
14	0.8484	0.9324	1.0276	1.1354	14	1.2586	1.4000	1.5638	1.7542
15	0.9090	0.9990	1.1010	1.2165	15	1.3485	1.5000	1.6755	1.8795
16	0.9696	1.0656	1.1744	1.2976	16	1.4384	1.6000	1.7872	2.0048
17	1.0302	1.1322	1.2478	1.3787	17	1.5283	1.7000	1.8989	2.1301
18	1.0908	1.1988	1.3212	1.4598	18	1.6182	1.8000	2.0106	2.2554
19	1.1514	1.2654	1.3946	1.5409	19	1.7081	1.9000	2.1223	2.3807
20	1.2120	1.3320	1.4680	1.6220	20	1.7980	2.0000	2.2340	2.5060

SOMMES versées.	50 ANS.	51 ANS.	52 ANS.	53 ANS.	SOMMES versées.	54 ANS.	55 ANS.	56 ANS.	57 ANS.
1					1	0.0870	0.0948	0.1034	0.1130
2					2	0.1740	0.1896	0.2068	0.2260
3					3	0.2610	0.2844	0.3102	0.3390
4					4	0.3480	0.3792	0.4136	0.4520
5					5	0.4350	0.4740	0.5170	0.5650
6					6	0.5220	0.5688	0.6204	0.6780
7					7	0.6090	0.6636	0.7238	0.7910
8					8	0.6960	0.7584	0.8272	0.9040
9					9	0.7830	0.8532	0.9306	1.0170
10					10	0.8700	0.9480	1.0340	1.1300
11					11	0.9570	1.0428	1.1374	1.2430
12					12	1.0440	1.1376	1.2408	1.3560
13					13	1.1310	1.2324	1.3442	1.4690
14					14	1.2180	1.3272	1.4476	1.5820
15					15	1.3050	1.4220	1.5510	1.6950
16					16	1.3920	1.5168	1.6544	1.8080
17					17	1.4790	1.6116	1.7578	1.9210
18					18	1.5660	1.7064	1.8612	2.0340
19					19	1.6530	1.8012	1.9646	2.1470
20					20	1.7400	1.8960	2.0680	2.2600

SOMMES versées.	58 ANS.	59 ANS.	60 ANS.	61 ANS.	SOMMES versées.	62 ANS.	63 ANS.	64 ANS.	65 ANS.
1	0.1239	0.1361	0.1499	0.1657	1	0.1837	0.2044	0.2283	0.2562
2	0.2478	0.2722	0.2998	0.3314	2	0.3674	0.4088	0.4566	0.5124
3	0.3717	0.4083	0.4497	0.4971	3	0.5511	0.6132	0.6849	0.7686
4	0.4956	0.5444	0.5996	0.6628	4	0.7348	0.8176	0.9132	1.0248
5	0.6195	0.6805	0.7495	0.8285	5	0.9185	1.0220	1.1415	1.2810
6	0.7434	0.8166	0.8994	0.9942	6	1.1022	1.2264	1.3698	1.5372
7	0.8673	0.9527	1.0493	1.1599	7	1.2859	1.4308	1.5981	1.7934
8	0.9912	1.0888	1.1992	1.3256	8	1.4696	1.6352	1.8264	2.0496
9	1.1151	1.2249	1.3491	1.4913	9	1.6533	1.8396	2.0547	2.3058
10	1.2390	1.3610	1.4990	1.6570	10	1.8370	2.0440	2.2830	2.5620
11	1.3629	1.4971	1.6489	1.8227	11	2.0207	2.2484	2.5113	2.8182
12	1.4868	1.6332	1.7988	1.9884	12	2.2044	2.4528	2.7396	3.0744
13	1.6107	1.7693	1.9487	2.1541	13	2.3881	2.6572	2.9679	3.3306
14	1.7346	1.9054	2.0986	2.3198	14	2.5718	2.8616	3.1962	3.5868
15	1.8585	2.0415	2.2485	2.4855	15	2.7555	3.0660	3.4245	3.8430
16	1.9824	2.1776	2.3984	2.6512	16	2.9392	3.2704	3.6528	4.0992
17	2.1063	2.3137	2.5483	2.8169	17	3.1229	3.4748	3.8811	4.3554
18	2.2302	2.4498	2.6982	2.9826	18	3.3066	3.6792	4.1094	4.6116
19	2.3541	2.5859	2.8481	3.1483	19	3.4903	3.8836	4.3377	4.8678
20	2.4780	2.7220	2.9980	3.3140	20	3.6740	4.0880	4.5660	5.1240

SOMMES versées.	50 ANS.	51 ANS.	52 ANS.	53 ANS.	SOMMES versées.	34 ANS.	35 ANS.	56 ANS.	57 ANS.
1					1	0.0117	0.0454	0.0496	0.0542
2					2	0.0834	0.0908	0.0992	0.1084
3					3	0.1251	0.1362	0.1488	0.1020
4					4	0.1008	0.1816	0.1984	0.2168
5					5	0.2085	0.2270	0.2480	0.2710
6					6	0.2502	0.2724	0.2976	0.3252
7					7	0.2919	0.3178	0.3472	0.3794
8					8	0.3336	0.3632	0.3968	0.4330
9					9	0.3753	0.4086	0.4404	0.4878
10					10	0.4170	0.4540	0.4960	0.5420
11					11	0.4587	0.4994	0.5456	0.5962
12					12	0.5004	0.5448	0.5952	0.6504
13					13	0.5421	0.5902	0.6448	0.7046
14					14	0.5838	0.6356	0.6944	0.7588
15					15	0.6255	0.6810	0.7440	0.8130
16					16	0.6672	0.7264	0.7936	0.8672
17					17	0.7089	0.7718	0.8432	0.9214
18					18	0.7506	0.8172	0.8928	0.9756
19					19	0.7923	0.8626	0.9424	1.0298
20					20	0.8340	0.9080	0.9920	1.0840

SOMMES versées.	58 ANS.	59 ANS.	60 ANS.	61 ANS.	SOMMES versées.	62 ANS.	63 ANS.	64 ANS.	65 ANS.
1	0.0594	0.0652	0.0719	0.0794	1	0.0881	0.0980	0.1094	0.1228
2	0.1188	0.1304	0.1438	0.1588	2	0.1762	0.1960	0.2188	0.2456
3	0.1782	0.1956	0.2157	0.2382	3	0.2643	0.2940	0.3282	0.3684
4	0.2376	0.2608	0.2876	0.3176	4	0.3524	0.3920	0.4376	0.4912
5	0.2970	0.3260	0.3595	0.3970	5	0.4405	0.4900	0.5470	0.6140
6	0.3564	0.3912	0.4314	0.4764	6	0.5286	0.5880	0.6564	0.7368
7	0.4158	0.4564	0.5033	0.5558	7	0.6167	0.6860	0.7658	0.8596
8	0.4752	0.5216	0.5752	0.6352	8	0.7048	0.7840	0.8752	0.9824
9	0.5346	0.5868	0.6471	0.7146	9	0.7929	0.8820	0.9846	1.1052
10	0.5940	0.6520	0.7190	0.7940	10	0.8810	0.9800	1.0940	1.2280
11	0.6534	0.7172	0.7909	0.8734	11	0.9691	1.0780	1.2034	1.3508
12	0.7128	0.7824	0.8628	0.9528	12	1.0572	1.1760	1.3128	1.4736
13	0.7722	0.8476	0.9347	1.0322	13	1.1453	1.2740	1.4222	1.5964
14	0.8316	0.9128	1.0066	1.1116	14	1.2334	1.3720	1.5316	1.7192
15	0.8910	0.9780	1.0785	1.1910	15	1.3215	1.4700	1.6410	1.8420
16	0.9504	1.0432	1.1504	1.2704	16	1.4096	1.5680	1.7504	1.9648
17	1.0098	1.1084	1.2223	1.3498	17	1.4977	1.6660	1.8598	2.0876
18	1.0692	1.1736	1.2942	1.4292	18	1.5858	1.7640	1.9692	2.2104
19	1.1286	1.2388	1.3661	1.5086	19	1.6739	1.8620	2.0786	2.3332
20	1.1880	1.3040	1.4380	1.5880	20	1.7620	1.9600	2.1880	2.4560

SOMMES versées.	50 ANS.	51 ANS.	52 ANS.	53 ANS.	SOMMES versées.	54 ANS.	55 ANS.	56 ANS.	57 ANS.
1					1	0.0858	0.0934	0.1019	0.1114
2					2	0.1716	0.1868	0.2038	0.2228
3					3	0.2574	0.2802	0.3057	0.3342
4					4	0.3432	0.3736	0.4076	0.4456
5					5	0.4290	0.4670	0.5095	0.5570
6					6	0.5148	0.5604	0.6114	0.6684
7					7	0.6006	0.6538	0.7133	0.7798
8					8	0.6864	0.7472	0.8152	0.8912
9					9	0.7722	0.8406	0.9171	1.0026
10					10	0.8580	0.9340	1.0190	1.1140
11					11	0.9438	1.0274	1.1209	1.2254
12					12	1.0296	1.1208	1.2228	1.3368
13					13	1.1154	1.2142	1.3247	1.4482
14					14	1.2012	1.3076	1.4266	1.5596
15					15	1.2870	1.4010	1.5285	1.6710
16					16	1.3728	1.4944	1.6304	1.7824
17					17	1.4586	1.5878	1.7323	1.8938
18					18	1.5444	1.6812	1.8342	2.0052
19					19	1.6302	1.7746	1.9361	2.1166
20					20	1.7160	1.8680	2.0380	2.2280

SOMMES versées.	58 ANS.	59 ANS.	60 ANS.	61 ANS.	SOMMES versées.	62 ANS.	63 ANS.	64 ANS.	65 ANS.
1	0.1220	0.1341	0.1477	0.1632	1	0.1810	0.2013	0.2249	0.2523
2	0.2440	0.2682	0.2954	0.3264	2	0.3620	0.4026	0.4498	0.5046
3	0.3660	0.4023	0.4431	0.4896	3	0.5430	0.6039	0.6747	0.7569
4	0.4880	0.5364	0.5908	0.6528	4	0.7240	0.8052	0.8996	1.0092
5	0.6100	0.6705	0.7385	0.8160	5	0.9050	1.0065	1.1245	1.2615
6	0.7320	0.8046	0.8862	0.9792	6	1.0860	1.2078	1.3494	1.5138
7	0.8540	0.9387	1.0339	1.1424	7	1.2670	1.4091	1.5743	1.7661
8	0.9760	1.0728	1.1816	1.3056	8	1.4480	1.6104	1.7992	2.0184
9	1.0980	1.2069	1.3293	1.4688	9	1.6290	1.8117	2.0241	2.2707
10	1.2200	1.3410	1.4770	1.6320	10	1.8100	2.0130	2.2490	2.5230
11	1.3420	1.4751	1.6247	1.7952	11	1.9910	2.2143	2.4739	2.7753
12	1.4640	1.6092	1.7724	1.9584	12	2.1720	2.4156	2.6988	3.0276
13	1.5860	1.7433	1.9201	2.1216	13	2.3530	2.6169	2.9237	3.2799
14	1.7080	1.8774	2.0678	2.2848	14	2.5340	2.8182	3.1486	3.5322
15	1.8300	2.0115	2.2155	2.4480	15	2.7150	3.0195	3.3735	3.7845
16	1.9520	2.1456	2.3632	2.6112	16	2.8960	3.2208	3.5984	4.0368
17	2.0740	2.2797	2.5109	2.7744	17	3.0770	3.4221	3.8233	4.2891
18	2.1960	2.4138	2.6586	2.9376	18	3.2580	3.6234	4.0482	4.5414
19	2.3180	2.5479	2.8063	3.1008	19	3.4390	3.8247	4.2731	4.7937
20	2.4400	2.6820	2.9540	3.2640	20	3.6200	4.0260	4.4980	5.0460

SOMMES versées.	50 ANS.	51 ANS.	52 ANS.	53 ANS.	SOMMES versées.	54 ANS.	55 ANS.	56 ANS.	57 ANS.
1					1	0.0409	0.0445	0.0485	0.0531
2					2	0.0818	0.0890	0.0970	0.1062
3					3	0.1227	0.1335	0.1455	0.1593
4					4	0.1636	0.1780	0.1940	0.2124
5					5	0.2045	0.2225	0.2425	0.2655
6					6	0.2454	0.2670	0.2910	0.3186
7					7	0.2863	0.3115	0.3395	0.3717
8					8	0.3272	0.3560	0.3880	0.4248
9					9	0.3681	0.4005	0.4365	0.4779
10					10	0.4090	0.4450	0.4850	0.5310
11					11	0.4499	0.4895	0.5335	0.5841
12					12	0.4908	0.5340	0.5820	0.6372
13					13	0.5317	0.5785	0.6305	0.6903
14					14	0.5726	0.6230	0.6790	0.7434
15					15	0.6135	0.6675	0.7275	0.7965
16					16	0.6544	0.7120	0.7760	0.8496
17					17	0.6953	0.7565	0.8245	0.9027
18					18	0.7362	0.8010	0.8730	0.9558
19					19	0.7771	0.8455	0.9215	1.0089
20					20	0.8180	0.8900	0.9700	1.0620

SOMMES versées.	58 ANS.	59 ANS.	60 ANS.	61 ANS.	SOMMES versées.	62 ANS.	63 ANS.	64 ANS.	65 ANS.
1	0.0582	0.0639	0.0704	0.0778	1	0.0862	0.0960	0.1072	0.1203
2	0.1164	0.1278	0.1408	0.1556	2	0.1724	0.1920	0.2144	0.2406
3	0.1746	0.1917	0.2112	0.2334	3	0.2586	0.2880	0.3216	0.3609
4	0.2328	0.2556	0.2816	0.3112	4	0.3448	0.3840	0.4288	0.4812
5	0.2910	0.3195	0.3520	0.3890	5	0.4310	0.4800	0.5360	0.6015
6	0.3492	0.3834	0.4224	0.4668	6	0.5172	0.5760	0.6432	0.7218
7	0.4074	0.4473	0.4928	0.5446	7	0.6034	0.6720	0.7504	0.8421
8	0.4656	0.5112	0.5632	0.6224	8	0.6896	0.7680	0.8576	0.9624
9	0.5238	0.5751	0.6336	0.7002	9	0.7758	0.8640	0.9648	1.0827
10	0.5820	0.6390	0.7040	0.7780	10	0.8620	0.9600	1.0720	1.2030
11	0.6402	0.7029	0.7744	0.8558	11	0.9482	1.0560	1.1792	1.3233
12	0.6984	0.7668	0.8448	0.9336	12	1.0344	1.1520	1.2864	1.4436
13	0.7566	0.8307	0.9152	1.0114	13	1.1206	1.2480	1.3936	1.5639
14	0.8148	0.8946	0.9856	1.0892	14	1.2068	1.3440	1.5008	1.6842
15	0.8730	0.9585	1.0560	1.1670	15	1.2930	1.4400	1.6080	1.8045
16	0.9312	1.0224	1.1264	1.2448	16	1.3792	1.5360	1.7152	1.9248
17	0.9894	1.0863	1.1968	1.3226	17	1.4654	1.6320	1.8224	2.0451
18	1.0476	1.1502	1.2672	1.4004	18	1.5516	1.7280	1.9296	2.1654
19	1.1058	1.2141	1.3376	1.4782	19	1.6378	1.8240	2.0368	2.2857
20	1.1640	1.2780	1.4080	1.5560	20	1.7240	1.9200	2.1440	2.4060

SOMMES versées	50 ANS.	51 ANS.	52 ANS.	53 ANS.	SOMMES versées	54 ANS.	55 ANS.	56 ANS.	57 ANS.
1					1	0.0845	0.0920	0.1003	0.1097
2					2	0.1690	0.1840	0.2006	0.2194
3					3	0.2535	0.2700	0.3009	0.3291
4					4	0.3380	0.3080	0.4012	0.4388
5					5	0.4225	0.4600	0.5015	0.5485
6					6	0.5070	0.5520	0.6018	0.6582
7					7	0.5915	0.6440	0.7021	0.7679
8					8	0.6700	0.7360	0.8024	0.8776
9					9	0.7605	0.8280	0.9027	0.9873
10					10	0.8450	0.9200	1.0030	1.0970
11					11	0.9295	1.0120	1.1033	1.2067
12					12	1.0140	1.1040	1.2036	1.3164
13					13	1.0985	1.1960	1.3039	1.4261
14					14	1.1830	1.2880	1.4042	1.5358
15					15	1.2675	1.3800	1.5045	1.6455
16					16	1.3520	1.4720	1.6048	1.7552
17					17	1.4365	1.5640	1.7051	1.8649
18					18	1.5210	1.6560	1.8054	1.9746
19					19	1.6055	1.7480	1.9057	2.0843
20					20	1.6900	1.8400	2.0060	2.1940

SOMMES versées	58 ANS.	59 ANS.	60 ANS.	61 ANS.	SOMMES versées	62 ANS.	63 ANS.	64 ANS.	65 ANS.
1	0.1202	0.1321	0.1455	0.1608	1	0.1783	0.1984	0.2216	0.2486
2	0.2404	0.2642	0.2910	0.3216	2	0.3566	0.3968	0.4432	0.4972
3	0.3606	0.3963	0.4365	0.4824	3	0.5349	0.5952	0.6648	0.7458
4	0.4808	0.5284	0.5820	0.6432	4	0.7132	0.7936	0.8864	0.9944
5	0.6010	0.6605	0.7275	0.8040	5	0.8915	0.9920	1.1080	1.2430
6	0.7212	0.7926	0.8730	0.9648	6	1.0698	1.1904	1.3296	1.4916
7	0.8414	0.9247	1.0185	1.1256	7	1.2481	1.3888	1.5512	1.7402
8	0.9616	1.0568	1.1640	1.2864	8	1.4264	1.5872	1.7728	1.9888
9	1.0818	1.1889	1.3095	1.4472	9	1.6047	1.7856	1.9944	2.2374
10	1.2020	1.3210	1.4550	1.6080	10	1.7830	1.9840	2.2160	2.4860
11	1.3222	1.4531	1.6005	1.7688	11	1.9613	2.1824	2.4376	2.7346
12	1.4424	1.5852	1.7460	1.9296	12	2.1396	2.3808	2.6592	2.9832
13	1.5626	1.7173	1.8915	2.0904	13	2.3179	2.5792	2.8808	3.2318
14	1.6828	1.8494	2.0370	2.2512	14	2.4962	2.7776	3.1024	3.4804
15	1.8030	1.9815	2.1825	2.4120	15	2.6745	2.9760	3.3240	3.7290
16	1.9232	2.1136	2.3280	2.5728	16	2.8528	3.1744	3.5456	3.9776
17	2.0434	2.2457	2.4735	2.7336	17	3.0311	3.3728	3.7672	4.2262
18	2.1636	2.3778	2.6190	2.8944	18	3.2094	3.5712	3.9888	4.4748
19	2.2838	2.5099	2.7645	3.0552	19	3.3877	3.7696	4.2104	4.7234
20	2.4040	2.6420	2.9100	3.2160	20	3.5660	3.9680	4.4320	4.9720

SOMMES versées.	50 ANS.	51 ANS.	52 ANS.	53 ANS.	SOMMES versées.	54 ANS.	55 ANS.	56 ANS.	57 ANS.
1					1	0.0400	0.0436	0.0475	0.0520
2					2	0.0800	0.0872	0.0950	0.1040
3					3	0.1200	0.1308	0.1425	0.1560
4					4	0.1600	0.1744	0.1900	0.2080
5					5	0.2000	0.2180	0.2375	0.2600
6					6	0.2400	0.2616	0.2850	0.3120
7					7	0.2800	0.3052	0.3325	0.3640
8					8	0.3200	0.3488	0.3800	0.4160
9					9	0.3600	0.3924	0.4275	0.4680
10					10	0.4000	0.4360	0.4750	0.5200
11					11	0.4400	0.4796	0.5225	0.5720
12					12	0.4800	0.5232	0.5700	0.6240
13					13	0.5200	0.5668	0.6175	0.6760
14					14	0.5600	0.6104	0.6650	0.7280
15					15	0.6000	0.6540	0.7125	0.7800
16					16	0.6400	0.6976	0.7600	0.8320
17					17	0.6800	0.7412	0.8075	0.8840
18					18	0.7200	0.7848	0.8550	0.9360
19					19	0.7600	0.8284	0.9025	0.9880
20					20	0.8000	0.8720	0.9500	1.0400

SOMMES versées.	58 ANS.	59 ANS.	60 ANS.	61 ANS.	SOMMES versées.	62 ANS.	63 ANS.	64 ANS.	65 ANS.
1	0.0570	0.0626	0.0689	0.0762	1	0.0845	0.0940	0.1050	0.1178
2	0.1140	0.1252	0.1378	0.1524	2	0.1690	0.1880	0.2100	0.2356
3	0.1710	0.1878	0.2067	0.2286	3	0.2535	0.2820	0.3150	0.3534
4	0.2280	0.2504	0.2756	0.3048	4	0.3380	0.3760	0.4200	0.4712
5	0.2850	0.3130	0.3445	0.3810	5	0.4225	0.4700	0.5250	0.5890
6	0.3420	0.3756	0.4134	0.4572	6	0.5070	0.5640	0.6300	0.7068
7	0.3990	0.4382	0.4823	0.5334	7	0.5915	0.6580	0.7350	0.8246
8	0.4560	0.5008	0.5512	0.6096	8	0.6760	0.7520	0.8400	0.9424
9	0.5130	0.5634	0.6201	0.6858	9	0.7605	0.8460	0.9450	1.0602
10	0.5700	0.6260	0.6890	0.7620	10	0.8450	0.9400	1.0500	1.1780
11	0.6270	0.6886	0.7579	0.8382	11	0.9295	1.0340	1.1550	1.2958
12	0.6840	0.7512	0.8268	0.9144	12	1.0140	1.1280	1.2600	1.4136
13	0.7410	0.8138	0.8957	0.9906	13	1.0985	1.2220	1.3650	1.5314
14	0.7980	0.8764	0.9646	1.0668	14	1.1830	1.3160	1.4700	1.6492
15	0.8550	0.9390	1.0335	1.1430	15	1.2675	1.4100	1.5750	1.7670
16	0.9120	1.0016	1.1024	1.2192	16	1.3520	1.5040	1.6800	1.8848
17	0.9690	1.0642	1.1713	1.2954	17	1.4365	1.5980	1.7850	2.0026
18	1.0260	1.1268	1.2402	1.3716	18	1.5210	1.6920	1.8900	2.1204
19	1.0830	1.1894	1.3091	1.4478	19	1.6055	1.7860	1.9950	2.2382
20	1.1400	1.2520	1.3780	1.5240	20	1.6900	1.8800	2.1000	2.3560

SOMMES versées.	50 ANS.	51 ANS.	52 ANS.	53 ANS.	SOMMES versées.	54 ANS.	55 ANS.	56 ANS.	57 ANS.
1					1		0.0906	0.0988	0.1080
2					2		0.1812	0.1976	0.2160
3					3		0.2718	0.2964	0.3240
4					4		0.3624	0.3952	0.4320
5					5		0.4530	0.4940	0.5400
6					6		0.5436	0.5928	0.6480
7					7		0.6342	0.6916	0.7560
8					8		0.7248	0.7904	0.8640
9					9		0.8154	0.8892	0.9720
10					10		0.9060	0.9880	1.0800
11					11		0.9966	1.0868	1.1880
12					12		1.0872	1.1856	1.2960
13					13		1.1778	1.2844	1.4040
14					14		1.2684	1.3832	1.5120
15					15		1.3590	1.4820	1.6200
16					16		1.4496	1.5808	1.7280
17					17		1.5402	1.6796	1.8360
18					18		1.6308	1.7784	1.9440
19					19		1.7214	1.8772	2.0520
20					20		1.8120	1.9760	2.1600

SOMMES versées.	58 ANS.	59 ANS.	60 ANS.	61 ANS.	SOMMES versées.	62 ANS.	63 ANS.	64 ANS.	65 ANS.
1	0.1184	0.1301	0.1433	0.1583	1	0.1755	0.1953	0.2182	0.2448
2	0.2368	0.2602	0.2866	0.3166	2	0.3510	0.3906	0.4364	0.4896
3	0.3552	0.3903	0.4299	0.4749	3	0.5265	0.5859	0.6546	0.7344
4	0.4736	0.5204	0.5732	0.6332	4	0.7020	0.7812	0.8728	0.9792
5	0.5920	0.6505	0.7165	0.7915	5	0.8775	0.9765	1.0910	1.2240
6	0.7104	0.7806	0.8598	0.9498	6	1.0530	1.1718	1.3092	1.4688
7	0.8288	0.9107	1.0031	1.1081	7	1.2285	1.3671	1.5274	1.7136
8	0.9472	1.0408	1.1464	1.2664	8	1.4040	1.5624	1.7456	1.9584
9	1.0656	1.1709	1.2897	1.4247	9	1.5795	1.7577	1.9638	2.2032
10	1.1840	1.3010	1.4330	1.5830	10	1.7550	1.9530	2.1820	2.4480
11	1.3024	1.4311	1.5763	1.7413	11	1.9305	2.1483	2.4002	2.6928
12	1.4208	1.5612	1.7196	1.8996	12	2.1060	2.3436	2.6184	2.9376
13	1.5392	1.6913	1.8629	2.0579	13	2.2815	2.5389	2.8366	3.1824
14	1.6576	1.8214	2.0062	2.2162	14	2.4570	2.7342	3.0548	3.4272
15	1.7760	1.9515	2.1495	2.3745	15	2.6325	2.9295	3.2730	3.6720
16	1.8944	2.0816	2.2928	2.5328	16	2.8080	3.1248	3.4912	3.9168
17	2.0128	2.2117	2.4361	2.6911	17	2.9835	3.3201	3.7094	4.1616
18	2.1312	2.3418	2.5794	2.8494	18	3.1590	3.5154	3.9276	4.4064
19	2.2496	2.4719	2.7227	3.0077	19	3.3345	3.7107	4.1458	4.6512
20	2.3680	2.6020	2.8660	3.1660	20	3.5100	3.9060	4.3640	4.8960

SOMMES versées.	50 ANS.	51 ANS.	52 ANS.	53 ANS.	SOMMES versées.	54 ANS.	55 ANS.	56 ANS.	57 ANS.
1					1		0.0427	0.0465	0.0509
2					2		0.0854	0.0930	0.1018
3					3		0.1281	0.1395	0.1527
4					4		0.1708	0.1860	0.2036
5					5		0.2135	0.2325	0.2545
6					6		0.2562	0.2790	0.3054
7					7		0.2989	0.3255	0.3563
8					8		0.3416	0.3720	0.4072
9					9		0.3843	0.4185	0.4581
10					10		0.4270	0.4650	0.5090
11					11		0.4697	0.5115	0.5599
12					12		0.5124	0.5580	0.6108
13					13		0.5551	0.6045	0.6617
14					14		0.5978	0.6510	0.7126
15					15		0.6405	0.6975	0.7635
16					16		0.6832	0.7440	0 8144
17					17		0.7259	0.7905	0.8653
18					18		0.7686	0.8370	0.9162
19					19		0.8113	0.8835	0.9671
20					20		0.8540	0.9300	1.0180

SOMMES versées.	58 ANS.	59 ANS.	60 ANS.	61 ANS.	SOMMES versées.	62 ANS.	63 ANS.	64 ANS.	65 ANS.
1	0.0558	0.0613	0.0675	0.0746	1	0.0827	0.0920	0.1026	0.1153
2	0.1116	0.1226	0.1350	0.1492	2	0.1654	0.1840	0.2056	0.2306
3	0.1674	0.1839	0.2025	0.2238	3	0.2481	0.2760	0.3084	0.3459
4	0.2232	0.2452	0.2700	0.2984	4	0.3308	0.3680	0.4112	0.4612
5	0.2790	0.3065	0.3375	0.3730	5	0.4135	0.4600	0.5140	0.5765
6	0.3348	0.3678	0.4050	0.4476	6	0.4962	0.5520	0.6168	0.6918
7	0.3906	0.4291	0.4725	0.5222	7	0.5789	0.6440	0.7196	0.8071
8	0.4464	0.4904	0.5400	0.5968	8	0.6616	0.7360	0.8224	0.9224
9	0.5022	0.5517	0.6075	0.6714	9	0.7443	0.8280	0.9252	1.0377
10	0.5580	0.6130	0.6750	0.7460	10	0.8270	0.9200	1.0280	1.1530
11	0.6138	0.6743	0.7425	0.8206	11	0.9097	1.0120	1.1308	1.2683
12	0.6696	0.7356	0.8100	0.8952	12	0.9924	1.1040	1.2336	1.3836
13	0.7254	0.7969	0.8775	0.9698	13	1.0751	1.1960	1.3364	1.4989
14	0.7812	0.8582	0.9450	1.0444	14	1.1578	1.2880	1.4392	1.6142
15	0.8370	0.9195	1.0125	1.1190	15	1.2405	1.3800	1.5420	1.7295
16	0.8928	0.9808	1.0800	1.1936	16	1 3232	1.4720	1.6448	1.8448
17	0.9486	1.0421	1.1475	1.2682	17	1.4059	1.5640	1.7476	1.9601
18	1.0044	1.1034	1.2150	1.3428	18	1.4886	1.6560	1.8504	2.0754
19	1.0602	1.1647	1.2825	1.4174	19	1.5713	1.7480	1.9532	2.1907
20	1.1160	1.2260	1.3500	1.4920	20	1.6540	1.8400	2.0560	2.3060

SOMMES versées.	50 ANS.	51 ANS.	52 ANS.	53 ANS.	SOMMES versées.	54 ANS.	55 ANS.	56 ANS.	57 ANS.
1					1		0.0892	0.0973	0.1004
2					2		0.1784	0.1946	0.2128
3					3		0.2676	0.2919	0.3192
4					4		0.3568	0.3892	0.4256
5					5		0.4460	0.4865	0.5320
6					6		0.5352	0.5838	0.6384
7					7		0.6244	0.6811	0.7448
8					8		0.7136	0.7784	0.8512
9					9		0.8028	0.8757	0.9576
10					10		0.8920	0.9730	1.0640
11					11		0.9812	1.0703	1.1704
12					12		1.0704	1.1676	1.2768
13					13		1.1596	1.2649	1.3832
14					14		1.2488	1.3622	1.4896
15					15		1.3380	1.4595	1.5960
16					16		1.4272	1.5568	1.7024
17					17		1.5164	1.6541	1.8088
18					18		1.6056	1.7514	1.9152
19					19		1.6948	1.8487	2.0216
20					20		1.7840	1.9460	2.1280

SOMMES versées.	58 ANS.	59 ANS.	60 ANS.	61 ANS.	SOMMES versées.	62 ANS.	63 ANS.	64 ANS.	65 ANS.
1	0.1166	0.1281	0.1411	0.1559	1	0.1728	0.1923	0.2148	0.2410
2	0.2332	0.2562	0.2822	0.3118	2	0.3456	0.3846	0.4296	0.4820
3	0.3498	0.3843	0.4233	0.4677	3	0.5184	0.5769	0.6444	0.7230
4	0.4664	0.5124	0.5644	0.6236	4	0.6912	0.7692	0.8592	0.9640
5	0.5830	0.6405	0.7055	0.7795	5	0.8640	0.9615	1.0740	1.2050
6	0.6996	0.7686	0.8466	0.9354	6	1.0368	1.1538	1.2888	1.4460
7	0.8162	0.8967	0.9877	1.0913	7	1.2096	1.3461	1.5036	1.6870
8	0.9328	1.0248	1.1288	1.2472	8	1.3824	1.5384	1.7184	1.9280
9	1.0494	1.1529	1.2699	1.4031	9	1.5552	1.7307	1.9332	2.1690
10	1.1660	1.2810	1.4110	1.5590	10	1.7280	1.9230	2.1480	2.4100
11	1.2826	1.4091	1.5521	1.7149	11	1.9008	2.1153	2.3628	2.6510
12	1.3992	1.5372	1.6932	1.8708	12	2.0736	2.3076	2.5776	2.8920
13	1.5158	1.6653	1.8343	2.0267	13	2.2464	2.4999	2.7924	3.1330
14	1.6324	1.7934	1.9754	2.1826	14	2.4192	2.6922	3.0072	3.3740
15	1.7490	1.9215	2.1165	2.3385	15	2.5920	2.8845	3.2220	3.6150
16	1.8656	2.0496	2.2576	2.4944	16	2.7648	3.0768	3.4368	3.8560
17	1.9822	2.1777	2.3987	2.6503	17	2.9376	3.2691	3.6516	4.0970
18	2.0988	2.3058	2.5398	2.8062	18	3.1104	3.4614	3.8664	4.3380
19	2.2154	2.4339	2.6809	2.9621	19	3.2832	3.6537	4.0812	4.5700
20	2.3320	2.5620	2.8220	3.1180	20	3.4560	3.8460	4.2960	4.8200

SOMMES versées.	50 ANS.	51 ANS.	52 ANS.	53 ANS.	SOMMES versées.	54 ANS.	55 ANS.	56 ANS.	57 ANS.
1					1		0.0418	0.0456	0.0498
2					2		0.0830	0.0912	0.0996
3					3		0.1254	0.1368	0.1494
4					4		0.1672	0.1824	0.1992
5					5		0.2090	0.2280	0.2490
6					6		0.2508	0.2736	0.2988
7					7		0.2926	0.3192	0.3486
8					8		0.3344	0.3648	0.3984
9					9		0.3762	0.4104	0.4482
10					10		0.4180	0.4560	0.4980
11					11		0.4598	0.5016	0.5478
12					12		0.5016	0.5472	0.5970
13					13		0.5434	0.5928	0.6474
14					14		0.5852	0.6384	0.6972
15					15		0.6270	0.6840	0.7470
16					16		0.6688	0.7296	0.7968
17					17		0.7106	0.7752	0.8466
18					18		0.7524	0.8208	0.8964
19					19		0.7942	0.8664	0.9462
20					20		0.8360	0.9120	0.9960

SOMMES versées.	58 ANS.	59 ANS.	60 ANS.	61 ANS.	SOMMES versées.	62 ANS.	63 ANS.	64 ANS.	65 ANS.
1	0.0546	0.0600	0.0661	0.0730	1	0.0810	0.0901	0.1006	0.1120
2	0.1092	0.1200	0.1322	0.1460	2	0.1620	0.1802	0.2012	0.2258
3	0.1638	0.1800	0.1983	0.2190	3	0.2430	0.2703	0.3018	0.3387
4	0.2184	0.2400	0.2644	0.2920	4	0.3240	0.3604	0.4024	0.4516
5	0.2730	0.3000	0.3305	0.3650	5	0.4050	0.4505	0.5030	0.5645
6	0.3276	0.3600	0.3966	0.4380	6	0.4860	0.5406	0.6036	0.6774
7	0.3822	0.4200	0.4627	0.5110	7	0.5670	0.6307	0.7042	0.7903
8	0.4368	0.4800	0.5288	0.5840	8	0.6480	0.7208	0.8048	0.9032
9	0.4914	0.5400	0.5949	0.6570	9	0.7290	0.8109	0.9054	1.0161
10	0.5460	0.6000	0.6610	0.7300	10	0.8100	0.9010	1.0060	1.1290
11	0.6006	0.6600	0.7271	0.8030	11	0.8910	0.9911	1.1066	1.2419
12	0.6552	0.7200	0.7932	0.8760	12	0.9720	1.0812	1.2072	1.3548
13	0.7098	0.7800	0.8593	0.9490	13	1.0530	1.1713	1.3078	1.4677
14	0.7644	0.8400	0.9254	1.0220	14	1.1340	1.2614	1.4084	1.5806
15	0.8190	0.9000	0.9915	1.0950	15	1.2150	1.3515	1.5090	1.6935
16	0.8736	0.9600	1.0576	1.1680	16	1.2960	1.4416	1.6096	1.8064
17	0.9282	1.0200	1.1237	1.2410	17	1.3770	1.5317	1.7102	1.9193
18	0.9828	1.0800	1.1898	1.3140	18	1.4580	1.6218	1.8108	2.0322
19	1.0374	1.1400	1.2559	1.3870	19	1.5390	1.7119	1.9114	2.1451
20	1.0920	1.2000	1.3220	1.4600	20	1.6200	1.8020	2.0120	2.2580

SOMMES versées.	50 ANS.	51 ANS.	52 ANS.	53 ANS.	SOMMES versées.	54 ANS.	55 ANS.	56 ANS.	57 ANS.
1					1		0.0878	0.0958	0.1047
2					2		0.1756	0.1916	0.2094
3					3		0.2634	0.2874	0.3141
4					4		0.3512	0.3832	0.4188
5					5		0.4390	0.4790	0.5235
6					6		0.5268	0.5748	0.6282
7					7		0.6146	0.6706	0.7329
8					8		0.7024	0.7664	0.8376
9					9		0.7902	0.8622	0.9423
10					10		0.8780	0.9580	1.0470
11					11		0.9658	1.0538	1.1517
12					12		1.0536	1.1496	1.2564
13					13		1.1414	1.2454	1.3611
14					14		1.2292	1.3412	1.4658
15					15		1.3170	1.4370	1.5705
16					16		1.4048	1.5328	1.6752
17					17		1.4926	1.6286	1.7799
18					18		1.5804	1.7244	1.8846
19					19		1.6682	1.8202	1.9893
20					20		1.7560	1.9160	2.0940

SOMMES versées.	58 ANS.	59 ANS.	60 ANS.	61 ANS.	SOMMES versées.	62 ANS.	63 ANS.	64 ANS.	65 ANS.
1	0.1148	0.1261	0.1389	0.1535	1	0.1702	0.1893	0.2115	0.2373
2	0.2296	0.2522	0.2778	0.3070	2	0.3404	0.3786	0.4230	0.4746
3	0.3444	0.3783	0.4167	0.4605	3	0.5106	0.5679	0.6345	0.7119
4	0.4592	0.5044	0.5556	0.6140	4	0.6808	0.7572	0.8460	0.9492
5	0.5740	0.6305	0.6945	0.7675	5	0.8510	0.9465	1.0575	1.1865
6	0.6888	0.7566	0.8334	0.9210	6	1.0212	1.1358	1.2690	1.4238
7	0.8036	0.8827	0.9723	1.0745	7	1.1914	1.3251	1.4805	1.6611
8	0.9184	1.0088	1.1112	1.2280	8	1.3616	1.5144	1.6920	1.8984
9	1.0332	1.1349	1.2501	1.3815	9	1.5318	1.7037	1.9035	2.1357
10	1.1480	1.2610	1.3890	1.5350	10	1.7020	1.8930	2.1150	2.3730
11	1.2628	1.3871	1.5279	1.6885	11	1.8722	2.0823	2.3265	2.6103
12	1.3776	1.5132	1.6668	1.8420	12	2.0424	2.2716	2.5380	2.8476
13	1.4924	1.6393	1.8057	1.9955	13	2.2126	2.4609	2.7495	3.0849
14	1.6072	1.7654	1.9446	2.1490	14	2.3828	2.6502	2.9610	3.3222
15	1.7220	1.8915	2.0835	2.3025	15	2.5530	2.8395	3.1725	3.5595
16	1.8368	2.0176	2.2224	2.4560	16	2.7232	3.0288	3.3840	3.7968
17	1.9516	2.1437	2.3613	2.6095	17	2.8934	3.2181	3.5955	4.0341
18	2.0664	2.2698	2.5002	2.7630	18	3.0636	3.4074	3.8070	4.2714
19	2.1812	2.3959	2.6391	2.9165	19	3.2338	3.5967	4.0185	4.5087
20	2.2960	2.5220	2.7780	3.0700	20	3.4040	3.7860	4.2300	4.7460

SOMMES versées	30 ANS.	51 ANS.	52 ANS.	53 ANS.	SOMMES versées	54 ANS.	55 ANS.	56 ANS.	57 ANS.
1					1		0.0409	0.0446	0.0488
2					2		0.0818	0.0892	0.0976
3					3		0.1227	0.1338	0.1464
4					4		0.1636	0.1784	0.1952
5					5		0.2045	0.2230	0.2440
6					6		0.2454	0.2676	0.2928
7					7		0.2863	0.3122	0.3416
8					8		0.3272	0.3568	0.3904
9					9		0.3681	0.4014	0.4392
10					10		0.4090	0.4460	0.4880
11					11		0.4499	0.4906	0.5368
12					12		0.4908	0.5352	0.5856
13					13		0.5317	0.5798	0.6344
14					14		0.5726	0.6244	0.6832
15					15		0.6135	0.6690	0.7320
16					16		0.6544	0.7136	0.7808
17					17		0.6953	0.7582	0.8296
18					18		0.7362	0.8028	0.8784
19					19		0.7771	0.8474	0.9272
20					20		0.8180	0.8920	0.9760

SOMMES versées	58 ANS.	59 ANS.	60 ANS.	61 ANS.	SOMMES versées	62 ANS.	63 ANS.	64 ANS.	65 ANS.
1	0.0535	0.0587	0.0647	0.0715	1	0.0793	0.0882	0.0985	0.1105
2	0.1070	0.1174	0.1294	0.1430	2	0.1586	0.1764	0.1970	0.2210
3	0.1605	0.1761	0.1941	0.2145	3	0.2379	0.2646	0.2955	0.3315
4	0.2140	0.2348	0.2588	0.2860	4	0.3172	0.3528	0.3940	0.4420
5	0.2675	0.2935	0.3235	0.3575	5	0.3965	0.4410	0.4925	0.5525
6	0.3210	0.3522	0.3882	0.4290	6	0.4758	0.5292	0.5910	0.6630
7	0.3745	0.4109	0.4529	0.5005	7	0.5551	0.6174	0.6895	0.7735
8	0.4280	0.4696	0.5176	0.5720	8	0.6344	0.7056	0.7880	0.8840
9	0.4815	0.5283	0.5823	0.6435	9	0.7137	0.7938	0.8865	0.9945
10	0.5350	0.5870	0.6470	0.7150	10	0.7930	0.8820	0.9850	1.1050
11	0.5885	0.6457	0.7117	0.7865	11	0.8723	0.9702	1.0835	1.2155
12	0.6420	0.7044	0.7764	0.8580	12	0.9516	1.0584	1.1820	1.3260
13	0.6955	0.7631	0.8411	0.9295	13	1.0309	1.1466	1.2805	1.4365
14	0.7490	0.8218	0.9058	1.0010	14	1.1102	1.2348	1.3790	1.5470
15	0.8025	0.8805	0.9705	1.0725	15	1.1895	1.3230	1.4775	1.6575
16	0.8560	0.9392	1.0352	1.1440	16	1.2688	1.4112	1.5760	1.7680
17	0.9095	0.9979	1.0999	1.2155	17	1.3481	1.4994	1.6745	1.8785
18	0.9630	1.0566	1.1646	1.2870	18	1.4274	1.5876	1.7730	1.9890
19	1.0165	1.1153	1.2293	1.3585	19	1.5067	1.6758	1.8715	2.0995
20	1.0700	1.1740	1.2940	1.4300	20	1.5860	1.7640	1.9700	2.2100

SOMMES versées	50 ANS.	51 ANS.	52 ANS.	53 ANS.	SOMMES versées	54 ANS.	55 ANS.	56 ANS.	57 ANS.
1					1		0.0864	0.0943	0.1031
2					2		0.1728	0.1886	0.2062
3					3		0.2592	0.2829	0.3093
4					4		0.3456	0.3772	0.4124
5					5		0.4320	0.4715	0.5155
6					6		0.5184	0.5658	0.6186
7					7		0.6048	0.6601	0.7217
8					8		0.6912	0.7544	0.8248
9					9		0.7776	0.8487	0.9279
10					10		0.8640	0.9430	1.0310
11					11		0.9504	1.0373	1.1341
12					12		1.0368	1.1316	1.2372
13					13		1.1232	1.2259	1.3403
14					14		1.2096	1.3202	1.4434
15					15		1.2960	1.4145	1.5465
16					16		1.3824	1.5088	1.6496
17					17		1.4688	1.6031	1.7527
18					18		1.5552	1.6974	1.8558
19					19		1.6416	1.7917	1.9589
20					20		1.7280	1.8860	2.0620

SOMMES versées	58 ANS.	59 ANS.	60 ANS.	61 ANS.	SOMMES versées	62 ANS.	63 ANS.	64 ANS.	65 ANS.
1	0.1130	0.1241	0.1367	0.1511	1	0.1675	0.1864	0.2082	0.2336
2	0.2260	0.2482	0.2734	0.3022	2	0.3350	0.3728	0.4164	0.4672
3	0.3390	0.3723	0.4101	0.4533	3	0.5025	0.5592	0.6246	0.7008
4	0.4520	0.4964	0.5468	0.6044	4	0.6700	0.7456	0.8328	0.9344
5	0.5650	0.6205	0.6835	0.7555	5	0.8375	0.9320	1.0410	1.1680
6	0.6780	0.7446	0.8202	0.9066	6	1.0050	1.1184	1.2492	1.4016
7	0.7910	0.8687	0.9569	1.0577	7	1.1725	1.3048	1.4574	1.6352
8	0.9040	0.9928	1.0936	1.2088	8	1.3400	1.4912	1.6656	1.8688
9	1.0170	1.1169	1.2303	1.3599	9	1.5075	1.6776	1.8738	2.1024
10	1.1300	1.2410	1.3670	1.5110	10	1.6750	1.8640	2.0820	2.3360
11	1.2430	1.3651	1.5037	1.6621	11	1.8425	2.0504	2.2902	2.5696
12	1.3560	1.4892	1.6404	1.8132	12	2.0100	2.2368	2.4984	2.8032
13	1.4690	1.6133	1.7771	1.9643	13	2.1775	2.4232	2.7066	3.0368
14	1.5820	1.7374	1.9138	2.1154	14	2.3450	2.6096	2.9148	3.2704
15	1.6950	1.8615	2.0505	2.2665	15	2.5125	2.7960	3.1230	3.5040
16	1.8080	1.9856	2.1872	2.4176	16	2.6800	2.9824	3.3312	3.7376
17	1.9210	2.1097	2.3239	2.5687	17	2.8475	3.1688	3.5394	3.9712
18	2.0340	2.2338	2.4606	2.7198	18	3.0150	3.3552	3.7476	4.2048
19	2.1470	2.3579	2.5973	2.8709	19	3.1825	3.5416	3.9558	4.4384
20	2.2600	2.4820	2.7340	3.0220	20	3.3500	3.7280	4.1640	4.6720

SOMMES versées	50 ANS.	51 ANS.	52 ANS.	53 ANS.	SOMMES versées	54 ANS.	55 ANS.	56 ANS.	57 ANS.
1					1		0.0400	0.0437	0.0478
2					2		0.0800	0.0874	0.0956
3					3		0.1200	0.1311	0.1434
4					4		0.1600	0.1748	0.1912
5					5		0.2000	0.2185	0.2300
6					6		0.2400	0.2622	0.2808
7					7		0.2800	0.3059	0.3346
8					8		0.3200	0.3496	0.3824
9					9		0.3600	0.3933	0.4302
10					10		0.4000	0.4370	0.4780
11					11		0.4400	0.4807	0.5258
12					12		0.4800	0.5244	0.5736
13					13		0.5200	0.5681	0.6214
14					14		0.5600	0.6118	0.6692
15					15		0.6000	0.6555	0.7170
16					16		0.6400	0.6992	0.7648
17					17		0.6800	0.7429	0.8126
18					18		0.7200	0.7866	0.8604
19					19		0.7600	0.8303	0.9082
20					20		0.8000	0.8740	0.9560

SOMMES versées	58 ANS.	59 ANS.	60 ANS.	61 ANS.	SOMMES versées	62 ANS.	63 ANS.	64 ANS.	65 ANS.
1	0.0523	0.0575	0.0633	0.0700	1	0.0776	0.0863	0.0964	0.1082
2	0.1046	0.1150	0.1266	0.1400	2	0.1552	0.1726	0.1928	0.2164
3	0.1569	0.1725	0.1899	0.2100	3	0.2328	0.2589	0.2892	0.3246
4	0.2092	0.2300	0.2532	0.2800	4	0.3104	0.3452	0.3856	0.4328
5	0.2615	0.2875	0.3165	0.3500	5	0.3880	0.4315	0.4820	0.5410
6	0.3138	0.3450	0.3798	0.4200	6	0.4656	0.5178	0.5784	0.6492
7	0.3661	0.4025	0.4431	0.4900	7	0.5432	0.6041	0.6748	0.7574
8	0.4184	0.4600	0.5064	0.5600	8	0.6208	0.6904	0.7712	0.8656
9	0.4707	0.5175	0.5697	0.6300	9	0.6984	0.7707	0.8676	0.9738
10	0.5230	0.5750	0.6330	0.7000	10	0.7760	0.8630	0.9640	1.0820
11	0.5753	0.6325	0.6963	0.7700	11	0.8536	0.9493	1.0604	1.1902
12	0.6276	0.6900	0.7596	0.8400	12	0.9312	1.0356	1.1568	1.2984
13	0.6799	0.7475	0.8229	0.9100	13	1.0088	1.1219	1.2532	1.4000
14	0.7322	0.8050	0.8862	0.9800	14	1.0864	1.2082	1.3496	1.5148
15	0.7845	0.8625	0.9495	1.0500	15	1.1640	1.2945	1.4460	1.6230
16	0.8368	0.9200	1.0128	1.1200	16	1.2416	1.3808	1.5424	1.7312
17	0.8891	0.9775	1.0761	1.1900	17	1.3192	1.4671	1.6388	1.8394
18	0.9414	1.0350	1.1394	1.2600	18	1.3968	1.5534	1.7352	1.9476
19	0.9937	1.0925	1.2027	1.3300	19	1.4744	1.6397	1.8316	2.0558
20	1.0460	1.1500	1.2660	1.4000	20	1.5520	1.7260	1.9280	2.1640

SOMMES versées	50 ANS.	51 ANS.	52 ANS.	53 ANS.	SOMMES versées	54 ANS.	55 ANS.	56 ANS.	57 ANS.
1					1			0.0928	0.1015
2					2			0.1856	0.2030
3					3			0.2784	0.3045
4					4			0.3712	0.4060
5					5			0.4640	0.5075
6					6			0.5568	0.6090
7					7			0.6496	0.7105
8					8			0.7424	0.8120
9					9			0.8352	0.9135
10					10			0.9280	1.0150
11					11			1.0208	1.1165
12					12			1.1136	1.2180
13					13			1.2064	1.3195
14					14			1.2992	1.4210
15					15			1.3920	1.5225
16					16			1.4848	1.6240
17					17			1.5776	1.7255
18					18			1.6704	1.8270
19					19			1.7632	1.9285
20					20			1.8560	2.0300

SOMMES versées	58 ANS.	59 ANS.	60 ANS.	61 ANS.	SOMMES versées	62 ANS.	63 ANS.	64 ANS.	65 ANS.
1	0.1112	0.1222	0.1346	0.1488	1	0.1649	0.1835	0.2050	0.2300
2	0.2224	0.2444	0.2692	0.2976	2	0.3298	0.3670	0.4100	0.4600
3	0.3336	0.3666	0.4038	0.4464	3	0.4947	0.5505	0.6150	0.6900
4	0.4448	0.4888	0.5384	0.5952	4	0.6596	0.7340	0.8200	0.9200
5	0.5560	0.6110	0.6730	0.7440	5	0.8245	0.9175	1.0250	1.1500
6	0.6672	0.7332	0.8076	0.8928	6	0.9894	1.1010	1.2300	1.3800
7	0.7784	0.8554	0.9422	1.0416	7	1.1543	1.2845	1.4350	1.6100
8	0.8896	0.9776	1.0768	1.1904	8	1.3192	1.4680	1.6400	1.8400
9	1.0008	1.0998	1.2114	1.3392	9	1.4841	1.6515	1.8450	2.0700
10	1.1120	1.2220	1.3460	1.4880	10	1.6490	1.8350	2.0500	2.3000
11	1.2232	1.3442	1.4806	1.6368	11	1.8139	2.0185	2.2550	2.5300
12	1.3344	1.4664	1.6152	1.7856	12	1.9788	2.2020	2.4600	2.7600
13	1.4456	1.5886	1.7498	1.9344	13	2.1437	2.3855	2.6650	2.9900
14	1.5568	1.7108	1.8844	2.0832	14	2.3086	2.5690	2.8700	3.2200
15	1.6680	1.8330	2.0190	2.2320	15	2.4735	2.7525	3.0750	3.4500
16	1.7792	1.9552	2.1536	2.3808	16	2.6384	2.9360	3.2800	3.6800
17	1.8904	2.0774	2.2882	2.5296	17	2.8033	3.1195	3.4850	3.9100
18	2.0016	2.1996	2.4228	2.6784	18	2.9682	3.3030	3.6900	4.1400
19	2.1128	2.3218	2.5574	2.8272	19	3.1331	3.4865	3.8950	4.3700
20	2.2240	2.4440	2.6920	2.9760	20	3.2980	3.6700	4.1000	4.6000

SOMMES versées.	50 ANS.	51 ANS.	52 ANS.	53 ANS.	SOMMES versées.	54 ANS.	55 ANS.	56 ANS.	57 ANS.
1					1			0.0427	0.0467
2					2			0.0854	0.0934
3					3			0.1281	0.1401
4					4			0.1708	0.1868
5					5			0.2135	0.2335
6					6			0.2562	0.2802
7					7			0.2989	0.3269
8					8			0.3416	0.3736
9					9			0.3843	0.4203
10					10			0.4270	0.4670
11					11			0.4697	0.5137
12					12			0.5124	0.5604
13					13			0.5551	0.6071
14					14			0.5978	0.6538
15					15			0.6405	0.7005
16					16			0.6832	0.7472
17					17			0.7259	0.7939
18					18			0.7686	0.8406
19					19			0.8113	0.8873
20					20			0.8540	0.9340

SOMMES versées.	58 ANS.	59 ANS.	60 ANS.	61 ANS.	SOMMES versées.	62 ANS.	63 ANS.	64 ANS.	65 ANS.
1	0.0512	0.0563	0.0620	0.0685	1	0.0759	0.0845	0.0944	0.1059
2	0.1024	0.1126	0.1240	0.1370	2	0.1518	0.1690	0.1888	0.2118
3	0.1536	0.1689	0.1860	0.2055	3	0.2277	0.2535	0.2832	0.3177
4	0.2048	0.2252	0.2480	0.2740	4	0.3036	0.3380	0.3776	0.4236
5	0.2560	0.2815	0.3100	0.3425	5	0.3795	0.4225	0.4720	0.5295
6	0.3072	0.3378	0.3720	0.4110	6	0.4554	0.5070	0.5664	0.6354
7	0.3584	0.3941	0.4340	0.4795	7	0.5313	0.5915	0.6608	0.7413
8	0.4096	0.4504	0.4960	0.5480	8	0.6072	0.6760	0.7552	0.8472
9	0.4608	0.5067	0.5580	0.6165	9	0.6831	0.7605	0.8496	0.9531
10	0.5120	0.5630	0.6200	0.6850	10	0.7590	0.8450	0.9440	1.0590
11	0.5632	0.6193	0.6820	0.7535	11	0.8349	0.9295	1.0384	1.1649
12	0.6144	0.6756	0.7440	0.8220	12	0.9108	1.0140	1.1328	1.2708
13	0.6656	0.7319	0.8060	0.8905	13	0.9867	1.0985	1.2272	1.3767
14	0.7168	0.7882	0.8680	0.9590	14	1.0626	1.1830	1.3216	1.4826
15	0.7680	0.8445	0.9300	1.0275	15	1.1385	1.2675	1.4160	1.5885
16	0.8192	0.9008	0.9920	1.0960	16	1.2144	1.3520	1.5104	1.6944
17	0.8704	0.9571	1.0540	1.1645	17	1.2903	1.4365	1.6048	1.8003
18	0.9216	1.0134	1.1160	1.2330	18	1.3662	1.5210	1.6992	1.9062
19	0.9728	1.0697	1.1780	1.3015	19	1.4421	1.6055	1.7936	2.0121
20	1.0240	1.1260	1.2400	1.3700	20	1.5180	1.6900	1.8880	2.1180

SOMMES versées	50 ANS.	51 ANS.	52 ANS.	53 ANS.	SOMMES versées	54 ANS.	55 ANS.	56 ANS.	57 ANS.
1					1			0.0914	0.0990
2					2			0.1828	0.1998
3					3			0.2742	0.2907
4					4			0.3656	0.3906
5					5			0.4570	0.4905
6					6			0.5484	0.5904
7					7			0.6398	0.6903
8					8			0.7312	0.7902
9					9			0.8226	0.8901
10					10			0.9140	0.9900
11					11			1.0054	1.0989
12					12			1.0968	1.1988
13					13			1.1882	1.2987
14					14			1.2796	1.3986
15					15			1.3710	1.4985
16					16			1.4624	1.5984
17					17			1.5538	1.6983
18					18			1.6452	1.7082
19					19			1.7366	1.8081
20					20			1.8280	1.9080

SOMMES versées	58 ANS.	59 ANS.	60 ANS.	61 ANS.	SOMMES versées	62 ANS.	63 ANS.	64 ANS.	65 ANS.
1	0.1095	0.1203	0.1325	0.1464	1	0.1624	0.1807	0.2018	0.2264
2	0.2190	0.2406	0.2650	0.2928	2	0.3248	0.3614	0.4030	0.4528
3	0.3285	0.3609	0.3975	0.4392	3	0.4872	0.5421	0.6054	0.6792
4	0.4380	0.4812	0.5300	0.5856	4	0.6496	0.7228	0.8072	0.9056
5	0.5475	0.6015	0.6625	0.7320	5	0.8120	0.9035	1.0090	1.1320
6	0.6570	0.7218	0.7950	0.8784	6	0.9744	1.0842	1.2108	1.3584
7	0.7665	0.8421	0.9275	1.0248	7	1.1368	1.2649	1.4126	1.5848
8	0.8760	0.9624	1.0600	1.1712	8	1.2992	1.4456	1.6144	1.8112
9	0.9855	1.0827	1.1925	1.3176	9	1.4616	1.6263	1.8162	2.0376
10	1.0950	1.2030	1.3250	1.4640	10	1.6240	1.8070	2.0180	2.2640
11	1.2045	1.3233	1.4575	1.6104	11	1.7864	1.9877	2.2198	2.4004
12	1.3140	1.4436	1.5900	1.7568	12	1.9488	2.1684	2.4216	2.7168
13	1.4235	1.5639	1.7225	1.9032	13	2.1112	2.3491	2.6234	2.9432
14	1.5330	1.6842	1.8550	2.0496	14	2.2736	2.5298	2.8252	3.1696
15	1.6425	1.8045	1.9875	2.1960	15	2.4360	2.7105	3.0270	3.3960
16	1.7520	1.9248	2.1200	2.3424	16	2.5984	2.8912	3.2288	3.6224
17	1.8615	2.0451	2.2525	2.4888	17	2.7608	3.0719	3.4306	3.8488
18	1.9710	2.1654	2.3850	2.6352	18	2.9232	3.2526	3.6324	4.0752
19	2.0805	2.2857	2.5175	2.7816	19	3.0856	3.4333	3.8342	4.3016
20	2.1900	2.4060	2.6500	2.9280	20	3.2480	3.6140	4.0360	4.5280

SOMMES versées.	30 ANS.	31 ANS.	32 ANS.	33 ANS.	SOMMES versées.	34 ANS.	35 ANS.	36 ANS.	37 ANS.
1					1			0.0418	0.0457
2					2			0.0836	0.0914
3					3			0.1254	0.1371
4					4			0.1672	0.1828
5					5			0.2090	0.2285
6					6			0.2508	0.2742
7					7			0.2926	0.3199
8					8			0.3344	0.3656
9					9			0.3762	0.4113
10					10			0.4180	0.4570
11					11			0.4598	0.5027
12					12			0.5016	0.5484
13					13			0.5434	0.5941
14					14			0.5852	0.6398
15					15			0.6270	0.6855
16					16			0.6688	0.7312
17					17			0.7106	0.7769
18					18			0.7524	0.8226
19					19			0.7942	0.8683
20					20			0.8360	0.9140

SOMMES versées.	38 ANS.	39 ANS.	60 ANS.	61 ANS.	SOMMES versées.	62 ANS.	63 ANS.	64 ANS.	65 ANS.
1	0.0501	0.0551	0.0607	0.0670	1	0.0743	0.0827	0.0924	0.1036
2	0.1002	0.1102	0.1214	0.1340	2	0.1486	0.1654	0.1848	0.2072
3	0.1503	0.1653	0.1821	0.2010	3	0.2229	0.2481	0.2772	0.3108
4	0.2004	0.2204	0.2428	0.2680	4	0.2972	0.3308	0.3696	0.4144
5	0.2505	0.2755	0.3035	0.3350	5	0.3715	0.4135	0.4620	0.5180
6	0.3006	0.3306	0.3642	0.4020	6	0.4458	0.4962	0.5544	0.6216
7	0.3507	0.3857	0.4249	0.4690	7	0.5201	0.5789	0.6468	0.7252
8	0.4008	0.4408	0.4856	0.5360	8	0.5944	0.6616	0.7392	0.8288
9	0.4509	0.4959	0.5463	0.6030	9	0.6687	0.7443	0.8316	0.9324
10	0.5010	0.5510	0.6070	0.6700	10	0.7430	0.8270	0.9240	1.0360
11	0.5511	0.6061	0.6677	0.7370	11	0.8173	0.9097	1.0164	1.1396
12	0.6012	0.6612	0.7284	0.8040	12	0.8916	0.9924	1.1088	1.2432
13	0.6513	0.7163	0.7891	0.8710	13	0.9659	1.0751	1.2012	1.3468
14	0.7014	0.7714	0.8498	0.9380	14	1.0402	1.1578	1.2936	1.4504
15	0.7515	0.8265	0.9105	1.0050	15	1.1145	1.2405	1.3860	1.5540
16	0.8016	0.8816	0.9712	1.0720	16	1.1888	1.3232	1.4784	1.6576
17	0.8517	0.9367	1.0319	1.1390	17	1.2631	1.4059	1.5708	1.7612
18	0.9018	0.9918	1.0926	1.2060	18	1.3374	1.4886	1.6632	1.8648
19	0.9519	1.0469	1.1533	1.2730	19	1.4117	1.5713	1.7556	1.9684
20	1.0020	1.1020	1.2140	1.3400	20	1.4860	1.6540	1.8480	2.0720

SOMMES versées.	50 ANS.	51 ANS.	52 ANS.	53 ANS.	SOMMES versées.	54 ANS.	55 ANS.	56 ANS.	57 ANS.
1					1			0.0900	0.0984
2					2			0.1800	0.1968
3					3			0.2700	0.2952
4					4			0.3600	0.3936
5					5			0.4500	0.4920
6					6			0.5400	0.5904
7					7			0.6300	0.6888
8					8			0.7200	0.7872
9					9			0.8100	0.8856
10					10			0.9000	0.9840
11					11			0.9900	1.0824
12					12			1.0800	1.1808
13					13			1.1700	1.2792
14					14			1.2600	1.3776
15					15			1.3500	1.4760
16					16			1.4400	1.5744
17					17			1.5300	1.6728
18					18			1.6200	1.7712
19					19			1.7100	1.8696
20					20			1.8000	1.9680

SOMMES versées.	58 ANS.	59 ANS.	60 ANS.	61 ANS.	SOMMES versées.	62 ANS.	63 ANS.	64 ANS.	65 ANS.
1	0.1078	0.1184	0.1305	0.1442	1	0.1598	0.1778	0.1987	0.2229
2	0.2156	0.2368	0.2610	0.2884	2	0.3196	0.3556	0.3974	0.4458
3	0.3234	0.3552	0.3915	0.4326	3	0.4794	0.5334	0.5961	0.6687
4	0.4312	0.4736	0.5220	0.5768	4	0.6392	0.7112	0.7948	0.8916
5	0.5390	0.5920	0.6525	0.7210	5	0.7990	0.8890	0.9935	1.1145
6	0.6468	0.7104	0.7830	0.8652	6	0.9588	1.0668	1.1922	1.3374
7	0.7546	0.8288	0.9135	1.0094	7	1.1186	1.2446	1.3909	1.5603
8	0.8624	0.9472	1.0440	1.1536	8	1.2784	1.4224	1.5896	1.7832
9	0.9702	1.0656	1.1745	1.2978	9	1.4382	1.6002	1.7883	2.0061
10	1.0780	1.1840	1.3050	1.4420	10	1.5980	1.7780	1.9870	2.2290
11	1.1858	1.3024	1.4355	1.5862	11	1.7578	1.9558	2.1857	2.4519
12	1.2936	1.4208	1.5660	1.7304	12	1.9176	2.1336	2.3844	2.6748
13	1.4014	1.5392	1.6965	1.8746	13	2.0774	2.3114	2.5831	2.8977
14	1.5092	1.6576	1.8270	2.0188	14	2.2372	2.4892	2.7818	3.1206
15	1.6170	1.7760	1.9575	2.1630	15	2.3970	2.6670	2.9805	3.3435
16	1.7248	1.8944	2.0880	2.3072	16	2.5568	2.8448	3.1792	3.5664
17	1.8326	2.0128	2.2185	2.4514	17	2.7166	3.0226	3.3779	3.7893
18	1.9404	2.1312	2.3490	2.5956	18	2.8764	3.2004	3.5766	4.0122
19	2.0482	2.2496	2.4795	2.7398	19	3.0362	3.3782	3.7753	4.2351
20	2.1560	2.3680	2.6100	2.8840	20	3.1960	3.5560	3.9740	4.4580

SOMMES versées.	50 ANS.	51 ANS.	52 ANS.	53 ANS.	SOMMES versées.	54 ANS.	55 ANS.	56 ANS.	57 ANS.
1					1			0.0400	0.0448
2					2			0.0818	0.0896
3					3			0.1227	0.1344
4					4			0.1636	0.1792
5					5			0.2045	0.2240
6					6			0.2454	0.2688
7					7			0.2863	0.3136
8					8			0.3272	0.3584
9					9			0.3681	0.4032
10					10			0.4090	0.4480
11					11			0.4499	0.4928
12					12			0.4908	0.5376
13					13			0.5317	0.5824
14					14			0.5726	0.6272
15					15			0.6135	0.6720
16					16			0.6544	0.7168
17					17			0.6953	0.7616
18					18			0.7362	0.8064
19					19			0.7771	0.8512
20					20			0.8180	0.8960

SOMMES versées.	58 ANS.	59 ANS.	60 ANS.	61 ANS.	SOMMES versées.	62 ANS.	63 ANS.	64 ANS.	65 ANS.
1	0.0490	0.0539	0.0594	0.0656	1	0.0727	0.0809	0.0904	0.1014
2	0.0980	0.1078	0.1188	0.1312	2	0.1454	0.1618	0.1808	0.2028
3	0.1470	0.1617	0.1782	0.1968	3	0.2181	0.2427	0.2712	0.3042
4	0.1960	0.2156	0.2376	0.2624	4	0.2908	0.3236	0.3616	0.4056
5	0.2450	0.2695	0.2970	0.3280	5	0.3635	0.4045	0.4520	0.5070
6	0.2940	0.3234	0.3564	0.3936	6	0.4362	0.4854	0.5424	0.6084
7	0.3430	0.3773	0.4158	0.4592	7	0.5089	0.5663	0.6328	0.7098
8	0.3920	0.4312	0.4752	0.5248	8	0.5816	0.6472	0.7232	0.8112
9	0.4410	0.4851	0.5346	0.5904	9	0.6543	0.7281	0.8136	0.9126
10	0.4900	0.5390	0.5940	0.6560	10	0.7270	0.8090	0.9040	1.0140
11	0.5390	0.5929	0.6534	0.7216	11	0.7997	0.8899	0.9944	1.1154
12	0.5880	0.6468	0.7128	0.7872	12	0.8724	0.9708	1.0848	1.2168
13	0.6370	0.7007	0.7722	0.8528	13	0.9451	1.0517	1.1752	1.3182
14	0.6860	0.7546	0.8316	0.9184	14	1.0178	1.1326	1.2656	1.4196
15	0.7350	0.8085	0.8910	0.9840	15	1.0905	1.2135	1.3560	1.5210
16	0.7840	0.8624	0.9504	1.0496	16	1.1632	1.2944	1.4464	1.6224
17	0.8330	0.9163	1.0098	1.1152	17	1.2359	1.3753	1.5368	1.7238
18	0.8820	0.9702	1.0692	1.1808	18	1.3086	1.4562	1.6272	1.8252
19	0.9310	1.0241	1.1286	1.2464	19	1.3813	1.5371	1.7176	1.9266
20	0.9800	1.0780	1.1880	1.3120	20	1.4540	1.6180	1.8080	2.0280

SOMMES versées.	50 ANS.	51 ANS.	52 ANS.	53 ANS.	SOMMES versées.	54 ANS.	55 ANS.	56 ANS.	57 ANS.
1					1			0.0886	0.0968
2					2			0.1772	0.1936
3					3			0.2658	0.2904
4					4			0.3544	0.3872
5					5			0.4430	0.4840
6					6			0.5316	0.5808
7					7			0.6202	0.6776
8					8			0.7088	0.7744
9					9			0.7974	0.8712
10					10			0.8860	0.9680
11					11			0.9746	1.0648
12					12			1.0632	1.1616
13					13			1.1518	1.2584
14					14			1.2404	1.3552
15					15			1.3290	1.4520
16					16			1.4176	1.5488
17					17			1.5062	1.6456
18					18			1.5948	1.7424
19					19			1.6834	1.8392
20					20			1.7720	1.9360

SOMMES versées.	38 ANS.	39 ANS.	60 ANS.	61 ANS.	SOMMES versées.	62 ANS.	63 ANS.	64 ANS.	65 ANS.
1	0.1061	0.1166	0.1284	0.1419	1	0.1573	0.1751	0.1956	0.2194
2	0.2122	0.2332	0.2568	0.2838	2	0.3146	0.3502	0.3912	0.4388
3	0.3183	0.3498	0.3852	0.4257	3	0.4719	0.5253	0.5868	0.6582
4	0.4244	0.4664	0.5136	0.5676	4	0.6292	0.7004	0.7824	0.8776
5	0.5305	0.5830	0.6420	0.7095	5	0.7865	0.8755	0.9780	1.0970
6	0.6366	0.6996	0.7704	0.8514	6	0.9438	1.0506	1.1736	1.3164
7	0.7427	0.8162	0.8988	0.9933	7	1.1011	1.2257	1.3692	1.5358
8	0.8488	0.9328	1.0272	1.1352	8	1.2584	1.4008	1.5648	1.7552
9	0.9549	1.0494	1.1556	1.2771	9	1.4157	1.5759	1.7604	1.9746
10	1.0610	1.1660	1.2840	1.4190	10	1.5730	1.7510	1.9560	2.1940
11	1.1671	1.2826	1.4124	1.5609	11	1.7303	1.9261	2.1516	2.4134
12	1.2732	1.3992	1.5408	1.7028	12	1.8876	2.1012	2.3472	2.6328
13	1.3793	1.5158	1.6692	1.8447	13	2.0449	2.2763	2.5428	2.8522
14	1.4854	1.6324	1.7976	1.9866	14	2.2022	2.4514	2.7384	3.0716
15	1.5915	1.7490	1.9260	2.1285	15	2.3595	2.6265	2.9340	3.2910
16	1.6976	1.8656	2.0544	2.2704	16	2.5168	2.8016	3.1296	3.5104
17	1.8037	1.9822	2.1828	2.4123	17	2.6741	2.9767	3.3252	3.7298
18	1.9098	2.0988	2.3112	2.5542	18	2.8314	3.1518	3.5208	3.9492
19	2.0159	2.2154	2.4396	2.6961	19	2.9887	3.3269	3.7164	4.1686
20	2.1220	2.3320	2.5680	2.8380	20	3.1460	3.5020	3.9120	4.3880

SOMMES versées	50 ANS.	51 ANS.	52 ANS.	53 ANS.	SOMMES versées	54 ANS.	55 ANS.	56 ANS.	57 ANS.
1					1			0.0400	0.0438
2					2			0.0800	0.0876
3					3			0.1200	0.1314
4					4			0.1600	0.1752
5					5			0.2000	0.2190
6					6			0.2400	0.2628
7					7			0.2800	0.3066
8					8			0.3200	0.3504
9					9			0.3600	0.3942
10					10			0.4000	0.4380
11					11			0.4400	0.4818
12					12			0.4800	0.5256
13					13			0.5200	0.5694
14					14			0.5600	0.6132
15					15			0.6000	0.6570
16					16			0.6400	0.7008
17					17			0.6800	0.7446
18					18			0.7200	0.7884
19					19			0.7600	0.8322
20					20			0.8000	0.8760

SOMMES versées	58 ANS.	59 ANS.	60 ANS.	61 ANS.	SOMMES versées	62 ANS.	63 ANS.	64 ANS.	65 ANS.
1	0.0480	0.0527	0.0581	0.0642	1	0.0711	0.0792	0.0884	0.0992
2	0.0960	0.1054	0.1162	0.1284	2	0.1422	0.1584	0.1768	0.1984
3	0.1440	0.1581	0.1743	0.1920	3	0.2133	0.2376	0.2652	0.2976
4	0.1920	0.2108	0.2324	0.2568	4	0.2844	0.3168	0.3536	0.3968
5	0.2400	0.2635	0.2905	0.3210	5	0.3555	0.3960	0.4420	0.4960
6	0.2880	0.3162	0.3486	0.3852	6	0.4266	0.4752	0.5304	0.5952
7	0.3360	0.3689	0.4067	0.4494	7	0.4977	0.5544	0.6188	0.6944
8	0.3840	0.4216	0.4648	0.5136	8	0.5688	0.6336	0.7072	0.7936
9	0.4320	0.4743	0.5229	0.5778	9	0.6399	0.7128	0.7956	0.8928
10	0.4800	0.5270	0.5810	0.6420	10	0.7110	0.7920	0.8840	0.9920
11	0.5280	0.5797	0.6391	0.7062	11	0.7821	0.8712	0.9724	1.0912
12	0.5760	0.6324	0.6972	0.7704	12	0.8532	0.9504	1.0608	1.1904
13	0.6240	0.6851	0.7553	0.8346	13	0.9243	1.0296	1.1492	1.2896
14	0.6720	0.7378	0.8134	0.8988	14	0.9954	1.1088	1.2376	1.3888
15	0.7200	0.7905	0.8715	0.9630	15	1.0665	1.1880	1.3260	1.4880
16	0.7680	0.8432	0.9296	1.0272	16	1.1376	1.2672	1.4144	1.5872
17	0.8160	0.8959	0.9877	1.0914	17	1.2087	1.3464	1.5028	1.6864
18	0.8640	0.9486	1.0458	1.1556	18	1.2798	1.4256	1.5912	1.7856
19	0.9120	1.0013	1.1039	1.2198	19	1.3509	1.5048	1.6796	1.8848
20	0.9600	1.0540	1.1620	1.2840	20	1.4220	1.5840	1.7680	1.9840

SOMMES versées.	50 ANS.	51 ANS.	52 ANS.	53 ANS.	SOMMES versées.	54 ANS.	55 ANS.	56 ANS.	57 ANS.
1					1				0.0953
2					2				0.1906
3					3				0.2859
4					4				0.3812
5					5				0.4765
6					6				0.5718
7					7				0.6671
8					8				0.7624
9					9				0.8577
10					10				0.9530
11					11				1.0483
12					12				1.1436
13					13				1.2389
14					14				1.3342
15					15				1.4295
16					16				1.5248
17					17				1.6201
18					18				1.7154
19					19				1.8107
20					20				1.9060

SOMMES versées.	58 ANS.	59 ANS.	60 ANS.	61 ANS.	SOMMES versées.	62 ANS.	63 ANS.	64 ANS.	65 ANS.
1	0.1045	0.1148	0.1264	0.1397	1	0.1540	0.1723	0.1925	0.2160
2	0.2090	0.2296	0.2528	0.2794	2	0.3098	0.3446	0.3850	0.4320
3	0.3135	0.3444	0.3792	0.4191	3	0.4647	0.5169	0.5775	0.6480
4	0.4180	0.4592	0.5056	0.5588	4	0.6196	0.6892	0.7700	0.8640
5	0.5225	0.5740	0.6320	0.6985	5	0.7745	0.8615	0.9625	1.0800
6	0.6270	0.6888	0.7584	0.8382	6	0.9294	1.0338	1.1550	1.2960
7	0.7315	0.8036	0.8848	0.9779	7	1.0843	1.2061	1.3475	1.5120
8	0.8360	0.9184	1.0112	1.1176	8	1.2392	1.3784	1.5400	1.7280
9	0.9405	1.0332	1.1376	1.2573	9	1.3941	1.5507	1.7325	1.9440
10	1.0450	1.1480	1.2640	1.3970	10	1.5490	1.7230	1.9250	2.1600
11	1.1495	1.2628	1.3904	1.5367	11	1.7039	1.8953	2.1175	2.3760
12	1.2540	1.3776	1.5168	1.6764	12	1.8588	2.0676	2.3100	2.5920
13	1.3585	1.4924	1.6432	1.8161	13	2.0137	2.2399	2.5025	2.8080
14	1.4630	1.6072	1.7696	1.9558	14	2.1686	2.4122	2.6950	3.0240
15	1.5675	1.7220	1.8960	2.0955	15	2.3235	2.5845	2.8875	3.2400
16	1.6720	1.8368	2.0224	2.2352	16	2.4784	2.7568	3.0800	3.4560
17	1.7765	1.9516	2.1488	2.3749	17	2.6333	2.9291	3.2725	3.6720
18	1.8810	2.0664	2.2752	2.5146	18	2.7882	3.1014	3.4650	3.8880
19	1.9855	2.1812	2.4016	2.6543	19	2.9431	3.2737	3.6575	4.1040
20	2.0900	2.2960	2.5280	2.7940	20	3.0980	3.4460	3.8500	4.3200

SOMMES versées.	50 ANS.	51 ANS.	52 ANS.	53 ANS.	SOMMES versées.	54 ANS.	55 ANS.	56 ANS.	57 ANS.
1					1				0.0428
2					2				0.0856
3					3				0.1284
4					4				0.1712
5					5				0.2140
6					6				0.2568
7					7				0.2996
8					8				0.3424
9					9				0.3852
10					10				0.4280
11					11				0.4708
12					12				0.5136
13					13				0.5564
14					14				0.5992
15					15				0.6420
16					16				0.6848
17					17				0.7276
18					18				0.7704
19					19				0.8132
20					20				0.8560

SOMMES versées.	58 ANS.	59 ANS.	60 ANS.	61 ANS.	SOMMES versées.	62 ANS.	63 ANS.	64 ANS.	65 ANS.
1	0.0469	0.0516	0.0568	0.0628	1	0.0696	0.0774	0.0865	0.0970
2	0.0938	0.1032	0.1136	0.1256	2	0.1392	0.1548	0.1730	0.1940
3	0.1407	0.1548	0.1704	0.1884	3	0.2088	0.2322	0.2595	0.2910
4	0.1876	0.2064	0.2272	0.2512	4	0.2784	0.3096	0.3460	0.3880
5	0.2345	0.2580	0.2840	0.3140	5	0.3480	0.3870	0.4325	0.4850
6	0.2814	0.3096	0.3408	0.3768	6	0.4176	0.4644	0.5190	0.5820
7	0.3283	0.3612	0.3976	0.4396	7	0.4872	0.5418	0.6055	0.6790
8	0.3752	0.4128	0.4544	0.5024	8	0.5568	0.6192	0.6920	0.7760
9	0.4221	0.4644	0.5112	0.5652	9	0.6264	0.6966	0.7785	0.8730
10	0.4690	0.5160	0.5680	0.6280	10	0.6960	0.7740	0.8650	0.9700
11	0.5159	0.5676	0.6248	0.6908	11	0.7656	0.8514	0.9515	1.0670
12	0.5628	0.6192	0.6816	0.7536	12	0.8352	0.9288	1.0380	1.1640
13	0.6097	0.6708	0.7384	0.8164	13	0.9048	1.0062	1.1245	1.2610
14	0.6566	0.7224	0.7952	0.8792	14	0.9744	1.0836	1.2110	1.3580
15	0.7035	0.7740	0.8520	0.9420	15	1.0440	1.1610	1.2975	1.4550
16	0.7504	0.8256	0.9088	1.0048	16	1.1136	1.2384	1.3840	1.5520
17	0.7973	0.8772	0.9656	1.0676	17	1.1832	1.3158	1.4705	1.6490
18	0.8442	0.9288	1.0224	1.1304	18	1.2528	1.3932	1.5570	1.7460
19	0.8911	0.9804	1.0792	1.1932	19	1.3224	1.4706	1.6435	1.8430
20	0.9380	1.0320	1.1360	1.2560	20	1.3920	1.5480	1.7300	1.9400

SOMMES versées.	50 ANS.	51 ANS.	52 ANS.	53 ANS.	SOMMES versées.	54 ANS.	55 ANS.	56 ANS.	57 ANS.
1					1				0.0938
2					2				0.1876
3					3				0.2814
4					4				0.3752
5					5				0.4690
6					6				0.5628
7					7				0.6566
8					8				0.7504
9					9				0.8442
10					10				0.9380
11					11				1.0318
12					12				1.1256
13					13				1.2194
14					14				1.3132
15					15				1.4070
16					16				1.5008
17					17				1.5946
18					18				1.6884
19					19				1.7822
20					20				1.8760

SOMMES versées.	58 ANS.	59 ANS.	60 ANS.	61 ANS.	SOMMES versées.	62 ANS.	63 ANS.	64 ANS.	65 ANS.
1	0.1028	0.1130	0.1245	0.1375	1	0.1525	0.1696	0.1895	0.2126
2	0.2056	0.2260	0.2490	0.2750	2	0.3050	0.3392	0.3790	0.4252
3	0.3084	0.3390	0.3735	0.4125	3	0.4575	0.5088	0.5685	0.6378
4	0.4112	0.4520	0.4980	0.5500	4	0.6100	0.6784	0.7580	0.8504
5	0.5140	0.5650	0.6225	0.6875	5	0.7025	0.8480	0.9475	1.0030
6	0.6168	0.6780	0.7470	0.8250	6	0.9150	1.0176	1.1370	1.2756
7	0.7196	0.7910	0.8715	0.9625	7	1.0675	1.1872	1.3205	1.4882
8	0.8224	0.9040	0.9960	1.1000	8	1.2200	1.3568	1.5160	1.7008
9	0.9252	1.0170	1.1205	1.2375	9	1.3725	1.5204	1.7055	1.9134
10	1.0280	1.1300	1.2450	1.3750	10	1.5250	1.6900	1.8050	2.1200
11	1.1308	1.2430	1.3695	1.5125	11	1.6775	1.8650	2.0845	2.3386
12	1.2336	1.3560	1.4940	1.6500	12	1.8300	2.0352	2.2740	2.5512
13	1.3364	1.4690	1.6185	1.7875	13	1.9825	2.2048	2.4635	2.7638
14	1.4392	1.5820	1.7430	1.9250	14	2.1350	2.3744	2.6530	2.9704
15	1.5420	1.6950	1.8675	2.0625	15	2.2875	2.5440	2.8425	3.1890
16	1.6448	1.8080	1.9920	2.2000	16	2.4400	2.7136	3.0320	3.4016
17	1.7476	1.9210	2.1165	2.3375	17	2.5925	2.8832	3.2215	3.6142
18	1.8504	2.0340	2.2410	2.4750	18	2.7450	3.0528	3.4110	3.8268
19	1.9532	2.1470	2.3655	2.6125	19	2.8975	3.2224	3.6005	4.0394
20	2.0560	2.2600	2.4900	2.7500	20	3.0500	3.3920	3.7900	4.2520

SOMMES versées	50 ANS.	51 ANS.	52 ANS.	53 ANS.	SOMMES versées	54 ANS.	55 ANS.	56 ANS.	57 ANS.
1					1				0.0419
2					2				0.0838
3					3				0.1257
4					4				0.1676
5					5				0.2095
6					6				0.2514
7					7				0.2933
8					8				0.3352
9					9				0.3771
10					10				0.4190
11					11				0.4609
12					12				0.5028
13					13				0.5447
14					14				0.5866
15					15				0.6285
16					16				0.6704
17					17				0.7123
18					18				0.7542
19					19				0.7961
20					20				0.8380

SOMMES versées	58 ANS.	59 ANS.	60 ANS.	61 ANS.	SOMMES versées	62 ANS.	63 ANS.	64 ANS.	65 ANS.
1	0.0459	0.0504	0.0556	0.0614	1	0.0681	0.0757	0.0846	0.0949
2	0.0918	0.1008	0.1112	0.1228	2	0.1362	0.1514	0.1692	0.1898
3	0.1377	0.1512	0.1668	0.1842	3	0.2043	0.2271	0.2538	0.2847
4	0.1836	0.2016	0.2224	0.2456	4	0.2724	0.3028	0.3384	0.3796
5	0.2295	0.2520	0.2780	0.3070	5	0.3405	0.3785	0.4230	0.4745
6	0.2754	0.3024	0.3330	0.3684	6	0.4086	0.4542	0.5076	0.5694
7	0.3213	0.3528	0.3892	0.4298	7	0.4767	0.5299	0.5922	0.6643
8	0.3672	0.4032	0.4448	0.4912	8	0.5448	0.6056	0.6768	0.7592
9	0.4131	0.4536	0.5004	0.5526	9	0.6129	0.6813	0.7614	0.8541
10	0.4590	0.5040	0.5560	0.6140	10	0.6810	0.7570	0.8460	0.9490
11	0.5049	0.5544	0.6116	0.6754	11	0.7491	0.8327	0.9306	1.0439
12	0.5508	0.6048	0.6672	0.7368	12	0.8172	0.9084	1.0152	1.1388
13	0.5967	0.6552	0.7228	0.7982	13	0.8853	0.9841	1.0998	1.2337
14	0.6426	0.7056	0.7784	0.8596	14	0.9534	1.0598	1.1844	1.3286
15	0.6885	0.7560	0.8340	0.9210	15	1.0215	1.1355	1.2690	1.4235
16	0.7344	0.8064	0.8896	0.9824	16	1.0896	1.2112	1.3536	1.5184
17	0.7803	0.8568	0.9452	1.0438	17	1.1577	1.2869	1.4382	1.6133
18	0.8262	0.9072	1.0008	1.1052	18	1.2258	1.3626	1.5228	1.7082
19	0.8721	0.9576	1.0564	1.1666	19	1.2939	1.4383	1.6074	1.8031
20	0.9180	1.0080	1.1120	1.2280	20	1.3620	1.5140	1.6920	1.8980

SOMMES versées.	50 ANS.	51 ANS.	52 ANS.	53 ANS.	SOMMES versées.	54 ANS.	55 ANS.	56 ANS.	57 ANS.
1					1				0.0924
2					2				0.1848
3					3				0.2772
4					4				0.3696
5					5				0.4620
6					6				0.5544
7					7				0.6468
8					8				0.7392
9					9				0.8316
10					10				0.9240
11					11				1.0164
12					12				1.1088
13					13				1.2012
14					14				1.2936
15					15				1.3860
16					16				1.4784
17					17				1.5708
18					18				1.6632
19					19				1.7556
20					20				1.8480

SOMMES versées.	58 ANS.	59 ANS.	60 ANS.	61 ANS.	SOMMES versées.	62 ANS.	63 ANS.	64 ANS.	65 ANS.
1	0.1012	0.1112	0.1225	0.1354	1	0.1501	0.1670	0.1865	0.2093
2	0.2024	0.2224	0.2450	0.2708	2	0.3002	0.3340	0.3730	0.4186
3	0.3036	0.3336	0.3675	0.4062	3	0.4503	0.5010	0.5595	0.6279
4	0.4048	0.4448	0.4900	0.5416	4	0.6004	0.6680	0.7460	0.8372
5	0.5060	0.5560	0.6125	0.6770	5	0.7505	0.8350	0.9325	1.0465
6	0.6072	0.6672	0.7350	0.8124	6	0.9006	1.0020	1.1190	1.2558
7	0.7084	0.7784	0.8575	0.9478	7	1.0507	1.1690	1.3055	1.4651
8	0.8096	0.8896	0.9800	1.0832	8	1.2008	1.3360	1.4920	1.6744
9	0.9108	1.0008	1.1025	1.2186	9	1.3509	1.5030	1.6785	1.8837
10	1.0120	1.1120	1.2250	1.3540	10	1.5010	1.6700	1.8650	2.0930
11	1.1132	1.2232	1.3475	1.4894	11	1.6511	1.8370	2.0515	2.3023
12	1.2144	1.3344	1.4700	1.6248	12	1.8012	2.0040	2.2380	2.5116
13	1.3156	1.4456	1.5925	1.7602	13	1.9513	2.1710	2.4245	2.7209
14	1.4168	1.5568	1.7150	1.8956	14	2.1014	2.3380	2.6110	2.9302
15	1.5180	1.6680	1.8375	2.0310	15	2.2515	2.5050	2.7975	3.1395
16	1.6192	1.7792	1.9600	2.1664	16	2.4016	2.6720	2.9840	3.3488
17	1.7204	1.8904	2.0825	2.3018	17	2.5517	2.8390	3.1705	3.5581
18	1.8216	2.0016	2.2050	2.4372	18	2.7018	3.0060	3.3570	3.7674
19	1.9228	2.1128	2.3275	2.5726	19	2.8519	3.1730	3.5435	3.9767
20	2.0240	2.2240	2.4500	2.7080	20	3.0020	3.3400	3.7300	4.1860

SOMMES versées.	50 ANS.	51 ANS.	52 ANS.	53 ANS.	SOMMES versées.	54 ANS.	55 ANS.	56 ANS.	57 ANS.
1					1				0.0410
2					2				0.0820
3					3				0.1230
4					4				0.1640
5					5				0.2050
6					6				0.2460
7					7				0.2870
8					8				0.3280
9					9				0.3690
10					10				0.4100
11					11				0.4510
12					12				0.4920
13					13				0.5330
14					14				0.5740
15					15				0.6150
16					16				0.6560
17					17				0.6970
18					18				0.7380
19					19				0.7790
20					20				0.8200

SOMMES versées.	58 ANS.	59 ANS.	60 ANS.	61 ANS.	SOMMES versées.	62 ANS.	63 ANS.	64 ANS.	65 ANS.
1	0.0449	0.0493	0.0543	0.0600	1	0.0666	0.0741	0.0827	0.0928
2	0.0898	0.0986	0.1086	0.1200	2	0.1332	0.1482	0.1654	0.1856
3	0.1347	0.1479	0.1629	0.1800	3	0.1998	0.2223	0.2481	0.2784
4	0.1796	0.1972	0.2172	0.2400	4	0.2664	0.2964	0.3308	0.3712
5	0.2245	0.2465	0.2715	0.3000	5	0.3330	0.3705	0.4135	0.4640
6	0.2694	0.2958	0.3258	0.3600	6	0.3996	0.4446	0.4962	0.5568
7	0.3143	0.3451	0.3801	0.4200	7	0.4662	0.5187	0.5789	0.6496
8	0.3592	0.3944	0.4344	0.4800	8	0.5328	0.5928	0.6616	0.7424
9	0.4041	0.4437	0.4887	0.5400	9	0.5994	0.6669	0.7443	0.8352
10	0.4490	0.4930	0.5430	0.6000	10	0.6660	0.7410	0.8270	0.9280
11	0.4939	0.5423	0.5973	0.6600	11	0.7326	0.8151	0.9097	1.0208
12	0.5388	0.5916	0.6516	0.7200	12	0.7992	0.8892	0.9924	1.1136
13	0.5837	0.6409	0.7059	0.7800	13	0.8658	0.9633	1.0751	1.2064
14	0.6286	0.6902	0.7602	0.8400	14	0.9324	1.0374	1.1578	1.2992
15	0.6735	0.7395	0.8145	0.9000	15	0.9990	1.1115	1.2405	1.3920
16	0.7184	0.7888	0.8688	0.9600	16	1.0656	1.1856	1.3232	1.4848
17	0.7633	0.8381	0.9231	1.0200	17	1.1322	1.2597	1.4059	1.5776
18	0.8082	0.8874	0.9774	1.0800	18	1.1988	1.3338	1.4886	1.6704
19	0.8531	0.9367	1.0317	1.1400	19	1.2654	1.4079	1.5713	1.7632
20	0.8980	0.9860	1.0860	1.2000	20	1.3320	1.4820	1.6540	1.8560

SOMMES versées.	50 ANS.	51 ANS.	52 ANS.	53 ANS.	SOMMES versées.	54 ANS.	55 ANS.	56 ANS.	57 ANS.
1					1				0.0909
2					2				0.1818
3					3				0.2727
4					4				0.3636
5					5				0.4545
6					6				0.5454
7					7				0.6363
8					8				0.7272
9					9				0.8181
10					10				0.9090
11					11				0.9999
12					12				1.0908
13					13				1.1817
14					14				1.2726
15					15				1.3635
16					16				1.4544
17					17				1.5453
18					18				1.6362
19					19				1.7271
20					20				1.8180

SOMMES versées.	58 ANS.	59 ANS.	60 ANS.	61 ANS.	SOMMES versées.	62 ANS.	63 ANS.	64 ANS.	65 ANS.
1	0.0996	0.1094	0.1206	0.1332	1	0.1477	0.1643	0.1836	0.2000
2	0.1992	0.2188	0.2412	0.2664	2	0.2954	0.3286	0.3672	0.4120
3	0.2988	0.3282	0.3618	0.3996	3	0.4431	0.4929	0.5508	0.6180
4	0.3984	0.4376	0.4824	0.5328	4	0.5908	0.6572	0.7344	0.8240
5	0.4980	0.5470	0.6030	0.6660	5	0.7385	0.8215	0.9180	1.0300
6	0.5976	0.6564	0.7236	0.7992	6	0.8862	0.9858	1.1016	1.2360
7	0.6972	0.7658	0.8442	0.9324	7	1.0339	1.1501	1.2852	1.4420
8	0.7968	0.8752	0.9648	1.0656	8	1.1816	1.3144	1.4688	1.6480
9	0.8964	0.9846	1.0854	1.1988	9	1.3293	1.4787	1.6524	1.8540
10	0.9960	1.0940	1.2060	1.3320	10	1.4770	1.6430	1.8360	2.0000
11	1.0956	1.2034	1.3266	1.4652	11	1.6247	1.8073	2.0196	2.2660
12	1.1952	1.3128	1.4472	1.5984	12	1.7724	1.9716	2.2032	2.4720
13	1.2948	1.4222	1.5678	1.7316	13	1.9201	2.1359	2.3868	2.6780
14	1.3944	1.5316	1.6884	1.8648	14	2.0678	2.3002	2.5704	2.8840
15	1.4940	1.6410	1.8090	1.9980	15	2.2155	2.4645	2.7540	3.0900
16	1.5936	1.7504	1.9296	2.1312	16	2.3632	2.6288	2.9376	3.2960
17	1.6932	1.8598	2.0502	2.2644	17	2.5109	2.7931	3.1212	3.5020
18	1.7928	1.9692	2.1708	2.3976	18	2.6586	2.9574	3.3048	3.7080
19	1.8924	2.0786	2.2914	2.5308	19	2.8063	3.1217	3.4884	3.9140
20	1.9920	2.1880	2.4120	2.6640	20	2.9540	3.2860	3.6720	4.1200

SOMMES versées	50 ANS.	51 ANS.	52 ANS.	53 ANS.	SOMMES versées	54 ANS.	55 ANS.	56 ANS.	57 ANS.
1					1				0.0401
2					2				0.0802
3					3				0.1203
4					4				0.1604
5					5				0.2005
6					6				0.2406
7					7				0.2807
8					8				0.3208
9					9				0.3609
10					10				0.4010
11					11				0.4411
12					12				0.4812
13					13				0.5213
14					14				0.5614
15					15				0.6015
16					16				0.6416
17					17				0.6817
18					18				0.7218
19					19				0.7619
20					20				0.8020

SOMMES versées	58 ANS.	59 ANS.	60 ANS.	61 ANS.	SOMMES versées	62 ANS.	63 ANS.	64 ANS.	65 ANS.
1	0.0439	0.0482	0.0531	0.0587	1	0.0651	0.0724	0.0809	0.0908
2	0.0878	0.0964	0.1062	0.1174	2	0.1302	0.1448	0.1618	0.1816
3	0.1317	0.1446	0.1593	0.1761	3	0.1953	0.2172	0.2427	0.2724
4	0.1756	0.1928	0.2124	0.2348	4	0.2604	0.2896	0.3236	0.3632
5	0.2195	0.2410	0.2655	0.2935	5	0.3255	0.3620	0.4045	0.4540
6	0.2634	0.2892	0.3186	0.3522	6	0.3906	0.4344	0.4854	0.5448
7	0.3073	0.3374	0.3717	0.4109	7	0.4557	0.5068	0.5663	0.6356
8	0.3512	0.3856	0.4248	0.4696	8	0.5208	0.5792	0.6472	0.7264
9	0.3951	0.4338	0.4779	0.5283	9	0.5859	0.6516	0.7281	0.8172
10	0.4390	0.4820	0.5310	0.5870	10	0.6510	0.7240	0.8090	0.9080
11	0.4829	0.5302	0.5841	0.6457	11	0.7161	0.7964	0.8899	0.9988
12	0.5268	0.5784	0.6372	0.7044	12	0.7812	0.8688	0.9708	1.0896
13	0.5707	0.6266	0.6903	0.7631	13	0.8463	0.9412	1.0517	1.1804
14	0.6146	0.6748	0.7434	0.8218	14	0.9114	1.0136	1.1326	1.2712
15	0.6585	0.7230	0.7965	0.8805	15	0.9765	1.0860	1.2135	1.3620
16	0.7024	0.7712	0.8496	0.9392	16	1.0416	1.1584	1.2944	1.4528
17	0.7463	0.8194	0.9027	0.9979	17	1.1067	1.2308	1.3753	1.5436
18	0.7902	0.8676	0.9558	1.0566	18	1.1718	1.3032	1.4562	1.6344
19	0.8341	0.9158	1.0089	1.1153	19	1.2369	1.3756	1.5371	1.7252
20	0.8780	0.9640	1.0620	1.1740	20	1.3020	1.4480	1.6180	1.8160

SOMMES versées.	50 ANS.	51 ANS.	52 ANS.	53 ANS.	SOMMES versées.	54 ANS.	55 ANS.	56 ANS.	57 ANS.
1					1				
2					2				
3					3				
4					4				
5					5				
6					6				
7					7				
8					8				
9					9				
10					10				
11					11				
12					12				
13					13				
14					14				
15					15				
16					16				
17					17				
18					18				
19					19				
20					20				

SOMMES versées.	58 ANS.	59 ANS.	60 ANS.	61 ANS.	SOMMES versées.	62 ANS.	63 ANS.	64 ANS.	65 ANS.
1	0.0980	0.1077	0.1186	0.1311	1	0.1453	0.1617	0.1806	0.2026
2	0.1960	0.2154	0.2372	0.2622	2	0.2906	0.3234	0.3612	0.4052
3	0.2940	0.3231	0.3558	0.3933	3	0.4359	0.4851	0.5418	0.6078
4	0.3920	0.4308	0.4744	0.5244	4	0.5812	0.6468	0.7224	0.8104
5	0.4900	0.5385	0.5930	0.6555	5	0.7265	0.8085	0.9030	1.0130
6	0.5880	0.6462	0.7116	0.7866	6	0.8718	0.9702	1.0836	1.2156
7	0.6860	0.7539	0.8302	0.9177	7	1.0171	1.1319	1.2642	1.4182
8	0.7840	0.8616	0.9488	1.0488	8	1.1624	1.2936	1.4448	1.6208
9	0.8820	0.9693	1.0674	1.1799	9	1.3077	1.4553	1.6254	1.8234
10	0.9800	1.0770	1.1860	1.3110	10	1.4530	1.6170	1.8060	2.0260
11	1.0780	1.1847	1.3046	1.4421	11	1.5983	1.7787	1.9866	2.2286
12	1.1760	1.2924	1.4232	1.5732	12	1.7436	1.9404	2.1672	2.4312
13	1.2740	1.4001	1.5418	1.7043	13	1.8889	2.1021	2.3478	2.6338
14	1.3720	1.5078	1.6604	1.8354	14	2.0342	2.2638	2.5284	2.8364
15	1.4700	1.6155	1.7790	1.9665	15	2.1795	2.4255	2.7090	3.0390
16	1.5680	1.7232	1.8976	2.0976	16	2.3248	2.5872	2.8896	3.2416
17	1.6660	1.8309	2.0162	2.2287	17	2.4701	2.7489	3.0702	3.4442
18	1.7640	1.9386	2.1348	2.3598	18	2.6154	2.9106	3.2508	3.6468
19	1.8620	2.0463	2.2534	2.4909	19	2.7607	3.0723	3.4314	3.8494
20	1.9600	2.1540	2.3720	2.6220	20	2.9060	3.2340	3.6120	4.0520

SOMMES versées	50 ANS.	51 ANS.	52 ANS.	53 ANS.	SOMMES versées	54 ANS.	55 ANS.	56 ANS.	57 ANS.
1					1				
2					2				
3					3				
4					4				
5					5				
6					6				
7					7				
8					8				
9					9				
10					10				
11					11				
12					12				
13					13				
14					14				
15					15				
16					16				
17					17				
18					18				
19					19				
20					20				

SOMMES versées	58 ANS.	59 ANS.	60 ANS.	61 ANS.	SOMMES versées	62 ANS.	63 ANS.	64 ANS.	65 ANS.
1	0.0420	0.0471	0.0519	0.0574	1	0.0636	0.0708	0.0791	0.0887
2	0.0858	0.0942	0.1038	0.1148	2	0.1272	0.1416	0.1582	0.1774
3	0.1287	0.1413	0.1557	0.1722	3	0.1908	0.2124	0.2373	0.2661
4	0.1716	0.1884	0.2076	0.2296	4	0.2544	0.2832	0.3164	0.3548
5	0.2145	0.2355	0.2595	0.2870	5	0.3180	0.3540	0.3955	0.4435
6	0.2574	0.2826	0.3114	0.3444	6	0.3816	0.4248	0.4746	0.5322
7	0.3003	0.3297	0.3633	0.4018	7	0.4452	0.4956	0.5537	0.6209
8	0.3432	0.3768	0.4152	0.4592	8	0.5088	0.5664	0.6328	0.7096
9	0.3861	0.4239	0.4671	0.5166	9	0.5724	0.6372	0.7119	0.7983
10	0.4290	0.4710	0.5190	0.5740	10	0.6360	0.7080	0.7910	0.8870
11	0.4719	0.5181	0.5709	0.6314	11	0.6996	0.7788	0.8701	0.9757
12	0.5148	0.5652	0.6228	0.6888	12	0.7032	0.8496	0.9492	1.0644
13	0.5577	0.6123	0.6747	0.7462	13	0.8268	0.9204	1.0283	1.1531
14	0.6006	0.6594	0.7266	0.8036	14	0.8904	0.9912	1.1074	1.2418
15	0.6435	0.7065	0.7785	0.8610	15	0.9540	1.0620	1.1865	1.3305
16	0.6864	0.7536	0.8304	0.9184	16	1.0176	1.1328	1.2656	1.4192
17	0.7293	0.8007	0.8823	0.9758	17	1.0812	1.2036	1.3447	1.5079
18	0.7722	0.8478	0.9342	1.0332	18	1.1448	1.2744	1.4238	1.5966
19	0.8151	0.8949	0.9861	1.0906	19	1.2084	1.3452	1.5029	1.6853
20	0.8580	0.9420	1.0380	1.1480	20	1.2720	1.4160	1.5820	1.7740

SOMMES versées	30 ANS.	31 ANS.	52 ANS.	53 ANS.	SOMMES versées	34 ANS.	55 ANS.	56 ANS.	57 ANS.
1					1				
2					2				
3					3				
4					4				
5					5				
6					6				
7					7				
8					8				
9					9				
10					10				
11					11				
12					12				
13					13				
14					14				
15					15				
16					16				
17					17				
18					18				
19					19				
20					20				

SOMMES versées	38 ANS.	59 ANS.	60 ANS.	61 ANS.	SOMMES versées	62 ANS.	63 ANS.	64 ANS.	65 ANS.
1	0.0904	0.1059	0.1107	0.1289	1	0.1429	0.1590	0.1777	0.1993
2	0.1928	0.2118	0.2334	0.2578	2	0.2858	0.3180	0.3554	0.3986
3	0.2892	0.3177	0.3501	0.3807	3	0.4287	0.4770	0.5331	0.5979
4	0.3856	0.4236	0.4668	0.5156	4	0.5716	0.6360	0.7108	0.7972
5	0.4820	0.5295	0.5835	0.6445	5	0.7145	0.7950	0.8885	0.9965
6	0.5784	0.6354	0.7002	0.7734	6	0.8574	0.9540	1.0662	1.1958
7	0.6748	0.7413	0.8169	0.9023	7	1.0003	1.1130	1.2439	1.3951
8	0.7712	0.8472	0.9336	1.0312	8	1.1432	1.2720	1.4216	1.5944
9	0.8676	0.9531	1.0503	1.1601	9	1.2861	1.4310	1.5993	1.7937
10	0.9640	1.0590	1.1670	1.2890	10	1.4290	1.5900	1.7770	1.9930
11	1.0604	1.1649	1.2837	1.4179	11	1.5719	1.7490	1.9547	2.1923
12	1.1568	1.2708	1.4004	1.5468	12	1.7148	1.9080	2.1324	2.3916
13	1.2532	1.3767	1.5171	1.6757	13	1.8577	2.0670	2.3101	2.5909
14	1.3496	1.4826	1.6338	1.8046	14	2.0006	2.2260	2.4878	2.7902
15	1.4460	1.5885	1.7505	1.9335	15	2.1435	2.3850	2.6655	2.9895
16	1.5424	1.6944	1.8672	2.0624	16	2.2864	2.5440	2.8432	3.1888
17	1.6388	1.8003	1.9839	2.1913	17	2.4293	2.7030	3.0209	3.3881
18	1.7352	1.9062	2.1006	2.3202	18	2.5722	2.8620	3.1986	3.5874
19	1.8316	2.0121	2.2173	2.4491	19	2.7151	3.0210	3.3763	3.7867
20	1.9280	2.1180	2.3340	2.5780	20	2.8580	3.1800	3.5540	3.9860

sommes versées	50 ANS.	51 ANS.	52 ANS.	53 ANS.	sommes versées	54 ANS.	55 ANS.	56 ANS.	57 ANS.
1					1				
2					2				
3					3				
4					4				
5					5				
6					6				
7					7				
8					8				
9					9				
10					10				
11					11				
12					12				
13					13				
14					14				
15					15				
16					16				
17					17				
18					18				
19					19				
20					20				

sommes versées	58 ANS.	59 ANS.	60 ANS.	61 ANS.	sommes versées	62 ANS.	63 ANS.	64 ANS.	65 ANS.
1	0.0420	0.0461	0.0508	0.0561	1	0.0622	0.0692	0.0773	0.0867
2	0.0840	0.0922	0.1016	0.1122	2	0.1244	0.1384	0.1546	0.1734
3	0.1260	0.1383	0.1524	0.1683	3	0.1866	0.2076	0.2319	0.2601
4	0.1680	0.1844	0.2032	0.2244	4	0.2488	0.2768	0.3092	0.3468
5	0.2100	0.2305	0.2540	0.2805	5	0.3110	0.3460	0.3865	0.4335
6	0.2520	0.2766	0.3048	0.3366	6	0.3732	0.4152	0.4638	0.5202
7	0.2940	0.3227	0.3556	0.3927	7	0.4354	0.4844	0.5411	0.6069
8	0.3360	0.3688	0.4064	0.4488	8	0.4976	0.5536	0.6184	0.6936
9	0.3780	0.4149	0.4572	0.5049	9	0.5598	0.6228	0.6957	0.7803
10	0.4200	0.4610	0.5080	0.5610	10	0.6220	0.6920	0.7730	0.8670
11	0.4620	0.5071	0.5588	0.6171	11	0.6842	0.7612	0.8503	0.9537
12	0.5040	0.5532	0.6096	0.6732	12	0.7464	0.8304	0.9276	1.0404
13	0.5460	0.5993	0.6604	0.7293	13	0.8086	0.8996	1.0049	1.1271
14	0.5880	0.6454	0.7112	0.7854	14	0.8708	0.9688	1.0822	1.2138
15	0.6300	0.6915	0.7620	0.8415	15	0.9330	1.0380	1.1595	1.3005
16	0.6720	0.7376	0.8128	0.8976	16	0.9952	1.1072	1.2368	1.3872
17	0.7140	0.7837	0.8636	0.9537	17	1.0574	1.1764	1.3141	1.4739
18	0.7560	0.8298	0.9144	1.0098	18	1.1196	1.2456	1.3914	1.5606
19	0.7980	0.8759	0.9652	1.0659	19	1.1818	1.3148	1.4687	1.6473
20	0.8400	0.9220	1.0160	1.1220	20	1.2440	1.3840	1.5460	1.7340

SOMMES versées.	50 ANS.	51 ANS.	52 ANS.	53 ANS.	SOMMES versées.	54 ANS.	55 ANS.	56 ANS.	57 ANS.
1					1				
2					2				
3					3				
4					4				
5					5				
6					6				
7					7				
8					8				
9					9				
10					10				
11					11				
12					12				
13					13				
14					14				
15					15				
16					16				
17					17				
18					18				
19					19				
20					20				

SOMMES versées.	58 ANS.	59 ANS.	60 ANS.	61 ANS.	SOMMES versées.	62 ANS.	63 ANS.	64 ANS.	65 ANS.
1	0.0948	0.1042	0.1148	0.1208	1	0.1406	0.1564	0.1747	0.1961
2	0.1896	0.2084	0.2296	0.2536	2	0.2812	0.3128	0.3494	0.3922
3	0.2844	0.3126	0.3444	0.3804	3	0.4218	0.4692	0.5241	0.5883
4	0.3792	0.4168	0.4592	0.5072	4	0.5624	0.6256	0.6988	0.7844
5	0.4740	0.5210	0.5740	0.6340	5	0.7030	0.7820	0.8735	0.9805
6	0.5688	0.6252	0.6888	0.7608	6	0.8436	0.9384	1.0482	1.1766
7	0.6636	0.7294	0.8036	0.8876	7	0.9842	1.0948	1.2229	1.3727
8	0.7584	0.8336	0.9184	1.0144	8	1.1248	1.2512	1.3976	1.5688
9	0.8532	0.9378	1.0332	1.1412	9	1.2654	1.4076	1.5723	1.7649
10	0.9480	1.0420	1.1480	1.2680	10	1.4060	1.5640	1.7470	1.9610
11	1.0428	1.1462	1.2628	1.3948	11	1.5466	1.7204	1.9217	2.1571
12	1.1376	1.2504	1.3776	1.5216	12	1.6872	1.8768	2.0964	2.3532
13	1.2324	1.3546	1.4924	1.6484	13	1.8278	2.0332	2.2711	2.5493
14	1.3272	1.4588	1.6072	1.7752	14	1.9684	2.1896	2.4458	2.7454
15	1.4220	1.5630	1.7220	1.9020	15	2.1090	2.3460	2.6205	2.9415
16	1.5168	1.6672	1.8368	2.0288	16	2.2496	2.5024	2.7952	3.1376
17	1.6116	1.7714	1.9516	2.1556	17	2.3902	2.6588	2.9699	3.3337
18	1.7064	1.8756	2.0664	2.2824	18	2.5308	2.8152	3.1446	3.5298
19	1.8012	1.9798	2.1812	2.4092	19	2.6714	2.9716	3.3193	3.7259
20	1.8960	2.0840	2.2960	2.5360	20	2.8120	3.1280	3.4940	3.9220

SOMMES versées	50 ANS.	51 ANS.	52 ANS.	53 ANS.	SOMMES versées	54 ANS.	55 ANS.	56 ANS.	57 ANS.
1					1				
2					2				
3					3				
4					4				
5					5				
6					6				
7					7				
8					8				
9					9				
10					10				
11					11				
12					12				
13					13				
14					14				
15					15				
16					16				
17					17				
18					18				
19					19				
20					20				

SOMMES versées	58 ANS.	59 ANS.	60 ANS.	61 ANS.	SOMMES versées	62 ANS.	63 ANS.	64 ANS.	65 ANS.
1	0.0410	0.0450	0.0496	0.0548	1	0.0608	0.0676	0.0756	0.0848
2	0.0820	0.0900	0.0992	0.1096	2	0.1216	0.1352	0.1512	0.1696
3	0.1230	0.1350	0.1488	0.1644	3	0.1824	0.2028	0.2268	0.2544
4	0.1640	0.1800	0.1984	0.2192	4	0.2432	0.2704	0.3024	0.3392
5	0.2050	0.2250	0.2480	0.2740	5	0.3040	0.3380	0.3780	0.4240
6	0.2460	0.2700	0.2976	0.3288	6	0.3648	0.4056	0.4536	0.5088
7	0.2870	0.3150	0.3472	0.3836	7	0.4256	0.4732	0.5292	0.5936
8	0.3280	0.3600	0.3968	0.4384	8	0.4864	0.5408	0.6048	0.6784
9	0.3690	0.4050	0.4464	0.4932	9	0.5472	0.6084	0.6804	0.7632
10	0.4100	0.4500	0.4960	0.5480	10	0.6080	0.6760	0.7560	0.8480
11	0.4510	0.4950	0.5456	0.6028	11	0.6688	0.7436	0.8316	0.9328
12	0.4920	0.5400	0.5952	0.6576	12	0.7296	0.8112	0.9072	1.0176
13	0.5330	0.5850	0.6448	0.7124	13	0.7904	0.8788	0.9828	1.1024
14	0.5740	0.6300	0.6944	0.7672	14	0.8512	0.9464	1.0584	1.1872
15	0.6150	0.6750	0.7440	0.8220	15	0.9120	1.0140	1.1340	1.2720
16	0.6560	0.7200	0.7936	0.8768	16	0.9728	1.0816	1.2096	1.3568
17	0.6970	0.7650	0.8432	0.9316	17	1.0336	1.1492	1.2852	1.4416
18	0.7380	0.8100	0.8928	0.9864	18	1.0944	1.2168	1.3608	1.5264
19	0.7790	0.8550	0.9424	1.0412	19	1.1552	1.2844	1.4364	1.6112
20	0.8200	0.9000	0.9920	1.0960	20	1.2160	1.3520	1.5120	1.6960

SOMMES VERSÉES	50 ANS.	51 ANS.	52 ANS.	53 ANS.	SOMMES VERSÉES	54 ANS.	55 ANS.	56 ANS.	57 ANS.
1					1				
2					2				
3					3				
4					4				
5					5				
6					6				
7					7				
8					8				
9					9				
10					10				
11					11				
12					12				
13					13				
14					14				
15					15				
16					16				
17					17				
18					18				
19					19				
20					20				

SOMMES VERSÉES	58 ANS.	59 ANS.	60 ANS.	61 ANS.	SOMMES VERSÉES	62 ANS.	63 ANS.	64 ANS.	65 ANS.
1	0.0033	0.1025	0.1129	0.1247	1	0.1383	0.1539	0.1719	0.1928
2	0.1866	0.2050	0.2258	0.2491	2	0.2766	0.3078	0.3438	0.3856
3	0.2799	0.3075	0.3387	0.3741	3	0.4149	0.4617	0.5157	0.5784
4	0.3732	0.4100	0.4516	0.4988	4	0.5532	0.6156	0.6876	0.7712
5	0.4665	0.5125	0.5645	0.6235	5	0.6915	0.7695	0.8595	0.9640
6	0.5598	0.6150	0.6774	0.7482	6	0.8298	0.9234	1.0314	1.1568
7	0.6531	0.7175	0.7903	0.8729	7	0.9681	1.0773	1.2033	1.3496
8	0.7464	0.8200	0.9032	0.9976	8	1.1064	1.2312	1.3752	1.5424
9	0.8397	0.9225	1.0161	1.1223	9	1.2447	1.3851	1.5471	1.7352
10	0.9330	1.0250	1.1290	1.2470	10	1.3830	1.5390	1.7190	1.9280
11	1.0263	1.1275	1.2419	1.3717	11	1.5213	1.6929	1.8909	2.1208
12	1.1196	1.2300	1.3548	1.4964	12	1.6596	1.8468	2.0628	2.3136
13	1.2129	1.3325	1.4677	1.6211	13	1.7979	2.0007	2.2347	2.5064
14	1.3062	1.4350	1.5806	1.7458	14	1.9362	2.1546	2.4066	2.6992
15	1.3995	1.5375	1.6935	1.8705	15	2.0745	2.3085	2.5785	2.8920
16	1.4928	1.6400	1.8064	1.9952	16	2.2128	2.4624	2.7504	3.0848
17	1.5861	1.7425	1.9193	2.1199	17	2.3511	2.6163	2.9223	3.2776
18	1.6794	1.8450	2.0322	2.2446	18	2.4894	2.7702	3.0942	3.4704
19	1.7727	1.9475	2.1451	2.3693	19	2.6277	2.9241	3.2661	3.6632
20	1.8660	2.0500	2.2580	2.4940	20	2.7660	3.0780	3.4380	3.8560

SOMMES versées.	50 ANS.	51 ANS.	52 ANS.	53 ANS.	SOMMES versées.	54 ANS.	55 ANS.	56 ANS.	57 ANS.
1					1				
2					2				
3					3				
4					4				
5					5				
6					6				
7					7				
8					8				
9					9				
10					10				
11					11				
12					12				
13					13				
14					14				
15					15				
16					16				
17					17				
18					18				
19					19				
20					20				

SOMMES versées.	58 ANS.	59 ANS.	60 ANS.	61 ANS.	SOMMES versées.	62 ANS.	63 ANS.	64 ANS.	65 ANS.
1	0.0401	0.0440	0.0485	0.0536	1	0.0594	0.0601	0.0738	0.0828
2	0.0802	0.0880	0.0970	0.1072	2	0.1188	0.1322	0.1476	0.1656
3	0.1203	0.1320	0.1455	0.1608	3	0.1782	0.1983	0.2214	0.2484
4	0.1604	0.1760	0.1940	0.2144	4	0.2376	0.2644	0.2952	0.3312
5	0.2005	0.2200	0.2425	0.2680	5	0.2970	0.3305	0.3690	0.4140
6	0.2406	0.2640	0.2910	0.3216	6	0.3564	0.3906	0.4428	0.4968
7	0.2807	0.3080	0.3395	0.3752	7	0.4158	0.4627	0.5166	0.5796
8	0.3208	0.3520	0.3880	0.4288	8	0.4752	0.5288	0.5904	0.6624
9	0.3609	0.3960	0.4365	0.4824	9	0.5346	0.5949	0.6642	0.7452
10	0.4010	0.4400	0.4850	0.5360	10	0.5940	0.6610	0.7380	0.8280
11	0.4411	0.4840	0.5335	0.5896	11	0.6534	0.7271	0.8118	0.9108
12	0.4812	0.5280	0.5820	0.6432	12	0.7128	0.7932	0.8856	0.9936
13	0.5213	0.5720	0.6305	0.6968	13	0.7722	0.8593	0.9594	1.0764
14	0.5614	0.6160	0.6790	0.7504	14	0.8316	0.9254	1.0332	1.1592
15	0.6015	0.6600	0.7275	0.8040	15	0.8910	0.9915	1.1070	1.2420
16	0.6416	0.7040	0.7760	0.8576	16	0.9504	1.0576	1.1808	1.3248
17	0.6817	0.7480	0.8245	0.9112	17	1.0098	1.1237	1.2546	1.4076
18	0.7218	0.7920	0.8730	0.9648	18	1.0692	1.1898	1.3284	1.4904
19	0.7619	0.8360	0.9215	1.0184	19	1.1286	1.2559	1.4022	1.5732
20	0.8020	0.8800	0.9700	1.0720	20	1.1880	1.3220	1.4760	1.6560

SOMMES VÉRIFIÉES.	50 ANS.	51 ANS.	52 ANS.	53 ANS.	SOMMES VÉRIFIÉES.	54 ANS.	55 ANS.	56 ANS.	57 ANS.
1					1				
2					2				
3					3				
4					4				
5					5				
6					6				
7					7				
8					8				
9					9				
10					10				
11					11				
12					12				
13					13				
14					14				
15					15				
16					16				
17					17				
18					18				
19					19				
20					20				

SOMMES VÉRIFIÉES.	58 ANS.	59 ANS.	60 ANS.	61 ANS.	SOMMES VÉRIFIÉES.	62 ANS.	63 ANS.	64 ANS.	65 ANS.
1		0.1008	0.1110	0.1227	1	0.1360	0.1513	0.1691	0.1897
2		0.2016	0.2220	0.2454	2	0.2720	0.3026	0.3382	0.3794
3		0.3024	0.3330	0.3681	3	0.4080	0.4539	0.5073	0.5691
4		0.4032	0.4440	0.4908	4	0.5440	0.6052	0.6764	0.7588
5		0.5040	0.5550	0.6135	5	0.6800	0.7565	0.8455	0.9485
6		0.6048	0.6660	0.7362	6	0.8160	0.9078	1.0146	1.1382
7		0.7056	0.7770	0.8589	7	0.9520	1.0591	1.1837	1.3279
8		0.8064	0.8880	0.9816	8	1.0880	1.2104	1.3528	1.5176
9		0.9072	0.9990	1.1043	9	1.2240	1.3617	1.5219	1.7073
10		1.0080	1.1100	1.2270	10	1.3600	1.5130	1.6910	1.8970
11		1.1088	1.2210	1.3497	11	1.4960	1.6643	1.8601	2.0867
12		1.2096	1.3320	1.4724	12	1.6320	1.8156	2.0292	2.2764
13		1.3104	1.4430	1.5951	13	1.7680	1.9669	2.1983	2.4661
14		1.4112	1.5540	1.7178	14	1.9040	2.1182	2.3674	2.6558
15		1.5120	1.6650	1.8405	15	2.0400	2.2695	2.5365	2.8455
16		1.6128	1.7760	1.9632	16	2.1700	2.4208	2.7056	3.0352
17		1.7136	1.8870	2.0859	17	2.3120	2.5721	2.8747	3.2249
18		1.8144	1.9980	2.2086	18	2.4480	2.7234	3.0438	3.4146
19		1.9152	2.1090	2.3313	19	2.5840	2.8747	3.2129	3.6043
20		2.0160	2.2200	2.4540	20	2.7200	3.0260	3.3820	3.7940

SOMMES versées	30 ANS.	51 ANS.	52 ANS.	53 ANS.	SOMMES versées	54 ANS.	55 ANS.	56 ANS.	57 ANS.
1					1				
2					2				
3					3				
4					4				
5					5				
6					6				
7					7				
8					8				
9					9				
10					10				
11					11				
12					12				
13					13				
14					14				
15					15				
16					16				
17					17				
18					18				
19					19				
20					20				

SOMMES versées	58 ANS.	59 ANS.	60 ANS.	61 ANS.	SOMMES versées	62 ANS.	63 ANS.	64 ANS.	65 ANS.
1		0.0430	0.0474	0.0524	1	0.0580	0.0646	0.0721	0.0809
2		0.0860	0.0948	0.1048	2	0.1160	0.1292	0.1442	0.1618
3		0.1290	0.1422	0.1572	3	0.1740	0.1938	0.2163	0.2427
4		0.1720	0.1896	0.2096	4	0.2320	0.2584	0.2884	0.3236
5		0.2150	0.2370	0.2620	5	0.2900	0.3230	0.3605	0.4045
6		0.2580	0.2844	0.3144	6	0.3480	0.3876	0.4326	0.4854
7		0.3010	0.3318	0.3668	7	0.4060	0.4522	0.5047	0.5663
8		0.3440	0.3792	0.4192	8	0.4640	0.5168	0.5768	0.6472
9		0.3870	0.4266	0.4716	9	0.5220	0.5814	0.6489	0.7281
10		0.4300	0.4740	0.5240	10	0.5800	0.6460	0.7210	0.8090
11		0.4730	0.5214	0.5764	11	0.0380	0.7106	0.7031	0.8899
12		0.5160	0.5688	0.6288	12	0.6960	0.7752	0.8652	0.9708
13		0.5590	0.6162	0.6812	13	0.7540	0.8398	0.9373	1.0517
14		0.6020	0.6636	0.7336	14	0.8120	0.9044	1.0094	1.1326
15		0.6450	0.7110	0.7860	15	0.8700	0.9690	1.0815	1.2135
16		0.6880	0.7584	0.8384	16	0.9280	1.0336	1.1536	1.2944
17		0.7310	0.8058	0.8908	17	0.9860	1.0982	1.2257	1.3753
18		0.7740	0.8532	0.9432	18	1.0440	1.1628	1.2978	1.4562
19		0.8170	0.9006	0.9956	19	1.1020	1.2274	1.3699	1.5371
20		0.8600	0.9480	1.0480	20	1.1600	1.2920	1.4420	1.6180

SOMMES versées.	50 ANS.	51 ANS.	52 ANS.	53 ANS.	SOMMES versées.	54 ANS.	55 ANS.	56 ANS.	57 ANS.
1					1				
2					2				
3					3				
4					4				
5					5				
6					6				
7					7				
8					8				
9					9				
10					10				
11					11				
12					12				
13					13				
14					14				
15					15				
16					16				
17					17				
18					18				
19					19				
20					20				

SOMMES versées.	58 ANS.	59 ANS.	60 ANS.	61 ANS.	SOMMES versées.	62 ANS.	63 ANS.	64 ANS.	65 ANS.
1		0.0991	0.1092	0.1207	1	0.1338	0.1480	0.1663	0.1860
2		0.1082	0.2184	0.2414	2	0.2676	0.2978	0.3320	0.3732
3		0.2073	0.3270	0.3621	3	0.4014	0.4467	0.4989	0.5598
4		0.3964	0.4368	0.4828	4	0.5352	0.5956	0.6652	0.7464
5		0.4055	0.5460	0.6035	5	0.6690	0.7445	0.8315	0.9330
6		0.5946	0.6552	0.7242	6	0.8028	0.8934	0.9978	1.1196
7		0.6937	0.7644	0.8449	7	0.9366	1.0423	1.1641	1.3062
8		0.7928	0.8736	0.9656	8	1.0704	1.1912	1.3304	1.4928
9		0.8919	0.9828	1.0863	9	1.2042	1.3401	1.4967	1.6794
10		0.9910	1.0920	1.2070	10	1.3380	1.4890	1.6630	1.8660
11		1.0901	1.2012	1.3277	11	1.4718	1.6379	1.8203	2.0526
12		1.1892	1.3104	1.4484	12	1.6056	1.7868	1.9956	2.2392
13		1.2883	1.4196	1.5691	13	1.7394	1.9357	2.1619	2.4258
14		1.3874	1.5288	1.6898	14	1.8732	2.0846	2.3282	2.6124
15		1.4865	1.6380	1.8105	15	2.0070	2.2335	2.4945	2.7990
16		1.5856	1.7472	1.9312	16	2.1408	2.3824	2.6608	2.9856
17		1.6847	1.8564	2.0519	17	2.2746	2.5313	2.8271	3.1722
18		1.7838	1.9656	2.1726	18	2.4084	2.6802	2.9934	3.3588
19		1.8829	2.0748	2.2933	19	2.5422	2.8291	3.1597	3.5454
20		1.9820	2.1840	2.4140	20	2.6760	2.9780	3.3260	3.7320

SOMMES versées	50 ANS.	51 ANS.	52 ANS.	53 ANS.	SOMMES versées	54 ANS.	55 ANS.	56 ANS.	57 ANS.
1					1				
2					2				
3					3				
4					4				
5					5				
6					6				
7					7				
8					8				
9					9				
10					10				
11					11				
12					12				
13					13				
14					14				
15					15				
16					16				
17					17				
18					18				
19					19				
20					20				

SOMMES versées	58 ANS.	59 ANS.	60 ANS.	61 ANS.	SOMMES versées	62 ANS.	63 ANS.	64 ANS.	65 ANS.
1		0.0420	0.0463	0.0511	1	0.0567	0.0631	0.0705	0.0791
2		0.0840	0.0926	0.1022	2	0.1134	0.1262	0.1410	0.1582
3		0.1260	0.1389	0.1533	3	0.1701	0.1893	0.2115	0.2373
4		0.1680	0.1852	0.2044	4	0.2268	0.2524	0.2820	0.3164
5		0.2100	0.2315	0.2555	5	0.2835	0.3155	0.3525	0.3955
6		0.2520	0.2778	0.3066	6	0.3402	0.3786	0.4230	0.4746
7		0.2940	0.3241	0.3577	7	0.3969	0.4417	0.4935	0.5537
8		0.3360	0.3704	0.4088	8	0.4536	0.5048	0.5640	0.6328
9		0.3780	0.4107	0.4599	9	0.5103	0.5679	0.6345	0.7119
10		0.4200	0.4630	0.5110	10	0.5670	0.6310	0.7050	0.7910
11		0.4620	0.5093	0.5621	11	0.6237	0.6941	0.7755	0.8701
12		0.5040	0.5556	0.6132	12	0.6804	0.7572	0.8460	0.9492
13		0.5460	0.6019	0.6643	13	0.7371	0.8203	0.9165	1.0283
14		0.5880	0.6482	0.7154	14	0.7938	0.8834	0.9870	1.1074
15		0.6300	0.6945	0.7665	15	0.8505	0.9465	1.0575	1.1865
16		0.6720	0.7408	0.8170	16	0.9072	1.0096	1.1280	1.2656
17		0.7140	0.7871	0.8687	17	0.9639	1.0727	1.1985	1.3447
18		0.7560	0.8334	0.9198	18	1.0206	1.1358	1.2690	1.4238
19		0.7980	0.8797	0.9709	19	1.0773	1.1989	1.3395	1.5029
20		0.8400	0.9260	1.0220	20	1.1340	1.2620	1.4100	1.5820

SOMMES versées	50 ANS.	51 ANS.	52 ANS.	53 ANS.	SOMMES versées	54 ANS.	55 ANS.	56 ANS.	57 ANS.
1					1				
2					2				
3					3				
4					4				
5					5				
6					6				
7					7				
8					8				
9					9				
10					10				
11					11				
12					12				
13					13				
14					14				
15					15				
16					16				
17					17				
18					18				
19					19				
20					20				

SOMMES versées	58 ANS.	59 ANS.	60 ANS.	61 ANS.	SOMMES versées	62 ANS.	63 ANS.	64 ANS.	65 ANS.
1		0.0975	0.1074	0.1187	1	0.1316	0.1404	0.1635	0.1835
2		0.1950	0.2148	0.2374	2	0.2032	0.2028	0.3270	0.3670
3		0.2925	0.3222	0.3561	3	0.3048	0.4302	0.4905	0.5505
4		0.3900	0.4296	0.4748	4	0.5264	0.5856	0.6540	0.7340
5		0.4875	0.5370	0.5935	5	0.6580	0.7320	0.8175	0.9175
6		0.5850	0.6444	0.7122	6	0.7896	0.8784	0.9810	1.1010
7		0.6825	0.7518	0.8309	7	0.9212	1.0248	1.1445	1.2845
8		0.7800	0.8592	0.9496	8	1.0528	1.1712	1.3080	1.4680
9		0.8775	0.9666	1.0683	9	1.1844	1.3176	1.4715	1.6515
10		0.9750	1.0740	1.1870	10	1.3160	1.4640	1.6350	1.8350
11		1.0725	1.1814	1.3057	11	1.4476	1.6104	1.7985	2.0185
12		1.1700	1.2888	1.4244	12	1.5792	1.7568	1.9620	2.2020
13		1.2675	1.3962	1.5431	13	1.7108	1.9032	2.1255	2.3855
14		1.3650	1.5036	1.6618	14	1.8424	2.0496	2.2890	2.5690
15		1.4625	1.6110	1.7805	15	1.9740	2.1960	2.4525	2.7525
16		1.5600	1.7184	1.8992	16	2.1056	2.3424	2.6160	2.9360
17		1.6575	1.8258	2.0179	17	2.2372	2.4888	2.7795	3.1195
18		1.7550	1.9332	2.1366	18	2.3688	2.6352	2.9430	3.3030
19		1.8525	2.0406	2.2553	19	2.5004	2.7816	3.1065	3.4865
20		1.9500	2.1480	2.3740	20	2.6320	2.9280	3.2700	3.6700

SOMMES versées	50 ANS.	51 ANS.	52 ANS.	53 ANS.	SOMMES versées	54 ANS.	55 ANS.	56 ANS.	57 ANS.
1					1				
2					2				
3					3				
4					4				
5					5				
6					6				
7					7				
8					8				
9					9				
10					10				
11					11				
12					12				
13					13				
14					14				
15					15				
16					16				
17					17				
18					18				
19					19				
20					20				

SOMMES versées	58 ANS.	59 ANS.	60 ANS.	61 ANS.	SOMMES versées	62 ANS.	63 ANS.	64 ANS.	65 ANS.
1		0.0410	0.0452	0.0500	1	0.0554	0.0616	0.0688	0.0772
2		0.0820	0.0904	0.1000	2	0.1108	0.1232	0.1376	0.1544
3		0.1230	0.1356	0.1500	3	0.1662	0.1848	0.2064	0.2316
4		0.1640	0.1808	0.2000	4	0.2216	0.2464	0.2752	0.3088
5		0.2050	0.2260	0.2500	5	0.2770	0.3080	0.3440	0.3860
6		0.2460	0.2712	0.3000	6	0.3324	0.3696	0.4128	0.4632
7		0.2870	0.3164	0.3500	7	0.3878	0.4312	0.4816	0.5404
8		0.3280	0.3616	0.4000	8	0.4432	0.4928	0.5504	0.6176
9		0.3690	0.4068	0.4500	9	0.4986	0.5544	0.6192	0.6948
10		0.4100	0.4520	0.5000	10	0.5540	0.6160	0.6880	0.7720
11		0.4510	0.4972	0.5500	11	0.6094	0.6776	0.7568	0.8492
12		0.4920	0.5424	0.6000	12	0.6648	0.7392	0.8256	0.9264
13		0.5330	0.5876	0.6500	13	0.7202	0.8008	0.8944	1.0036
14		0.5740	0.6328	0.7000	14	0.7756	0.8624	0.9632	1.0808
15		0.6150	0.6780	0.7500	15	0.8310	0.9240	1.0320	1.1580
16		0.6560	0.7232	0.8000	16	0.8864	0.9856	1.1008	1.2352
17		0.6970	0.7684	0.8500	17	0.9418	1.0472	1.1696	1.3124
18		0.7380	0.8136	0.9000	18	0.9972	1.1088	1.2384	1.3896
19		0.7790	0.8588	0.9500	19	1.0526	1.1704	1.3072	1.4668
20		0.8200	0.9040	1.0000	20	1.1080	1.2320	1.3760	1.5440

SOMMES versées.	50 ANS.	51 ANS.	52 ANS.	53 ANS.	SOMMES versées.	54 ANS.	55 ANS.	56 ANS.	57 ANS.
1					1				
2					2				
3					3				
4					4				
5					5				
6					6				
7					7				
8					8				
9					9				
10					10				
11					11				
12					12				
13					13				
14					14				
15					15				
16					16				
17					17				
18					18				
19					19				
20					20				

SOMMES versées.	58 ANS.	59 ANS.	60 ANS.	61 ANS.	SOMMES versées.	62 ANS.	63 ANS.	64 ANS.	65 ANS.
1		0.0959	0.1056	0.1167	1	0.1204	0.1440	0.1608	0.1804
2		0.1918	0.2112	0.2334	2	0.2588	0.2880	0.3216	0.3608
3		0.2877	0.3168	0.3501	3	0.3882	0.4320	0.4824	0.5412
4		0.3836	0.4224	0.4668	4	0.5176	0.5760	0.6432	0.7216
5		0.4795	0.5280	0.5835	5	0.6470	0.7200	0.8040	0.9020
6		0.5754	0.6336	0.7002	6	0.7764	0.8640	0.9648	1.0824
7		0.6713	0.7392	0.8169	7	0.9058	1.0080	1.1256	1.2628
8		0.7672	0.8448	0.9336	8	1.0352	1.1520	1.2864	1.4432
9		0.8631	0.9504	1.0503	9	1.1646	1.2960	1.4472	1.6236
10		0.9590	1.0560	1.1670	10	1.2940	1.4400	1.6080	1.8040
11		1.0549	1.1616	1.2837	11	1.4234	1.5840	1.7688	1.9844
12		1.1508	1.2672	1.4004	12	1.5528	1.7280	1.9296	2.1648
13		1.2467	1.3728	1.5171	13	1.6822	1.8720	2.0904	2.3452
14		1.3426	1.4784	1.6338	14	1.8116	2.0160	2.2512	2.5256
15		1.4385	1.5840	1.7505	15	1.9410	2.1600	2.4120	2.7060
16		1.5344	1.6896	1.8672	16	2.0704	2.3040	2.5728	2.8864
17		1.6303	1.7952	1.9839	17	2.1998	2.4480	2.7336	3.0668
18		1.7262	1.9008	2.1006	18	2.3292	2.5920	2.8944	3.2472
19		1.8221	2.0064	2.2173	19	2.4586	2.7360	3.0552	3.4276
20		1.9180	2.1120	2.3340	20	2.5880	2.8800	3.2160	3.6080

SOMMES versées	50 ANS.	51 ANS.	52 ANS.	53 ANS.	SOMMES versées	54 ANS.	55 ANS.	56 ANS.	57 ANS.
1					1				
2					2				
3					3				
4					4				
5					5				
6					6				
7					7				
8					8				
9					9				
10					10				
11					11				
12					12				
13					13				
14					14				
15					15				
16					16				
17					17				
18					18				
19					19				
20					20				

SOMMES versées	58 ANS.	59 ANS.	60 ANS.	61 ANS.	SOMMES versées	62 ANS.	63 ANS.	64 ANS.	65 ANS.
1		0.0401	0.0442	0.0488	1	0.0541	0.0602	0.0672	0.0754
2		0.0802	0.0884	0.0976	2	0.1082	0.1204	0.1344	0.1508
3		0.1203	0.1326	0.1464	3	0.1623	0.1806	0.2016	0.2262
4		0.1604	0.1768	0.1952	4	0.2164	0.2408	0.2688	0.3016
5		0.2005	0.2210	0.2440	5	0.2705	0.3010	0.3360	0.3770
6		0.2406	0.2652	0.2928	6	0.3246	0.3612	0.4032	0.4524
7		0.2807	0.3094	0.3416	7	0.3787	0.4214	0.4704	0.5278
8		0.3208	0.3536	0.3904	8	0.4328	0.4816	0.5376	0.6032
9		0.3609	0.3978	0.4392	9	0.4869	0.5418	0.6048	0.6786
10		0.4010	0.4420	0.4880	10	0.5410	0.6020	0.6720	0.7540
11		0.4411	0.4862	0.5368	11	0.5951	0.6622	0.7392	0.8294
12		0.4812	0.5304	0.5856	12	0.6492	0.7224	0.8064	0.9048
13		0.5213	0.5746	0.6344	13	0.7033	0.7826	0.8736	0.9802
14		0.5614	0.6188	0.6832	14	0.7574	0.8428	0.9408	1.0556
15		0.6015	0.6630	0.7320	15	0.8115	0.9030	1.0080	1.1310
16		0.6416	0.7072	0.7808	16	0.8656	0.9632	1.0752	1.2064
17		0.6817	0.7514	0.8296	17	0.9197	1.0234	1.1424	1.2818
18		0.7218	0.7956	0.8784	18	0.9738	1.0836	1.2096	1.3572
19		0.7619	0.8398	0.9272	19	1.0279	1.1438	1.2768	1.4326
20		0.8020	0.8840	0.9760	20	1.0820	1.2040	1.3440	1.5080

SOMMES versées	50 ANS.	51 ANS.	52 ANS.	53 ANS.	SOMMES versées	54 ANS.	55 ANS.	56 ANS.	57 ANS.
1					1				
2					2				
3					3				
4					4				
5					5				
6					6				
7					7				
8					8				
9					9				
10					10				
11					11				
12					12				
13					13				
14					14				
15					15				
16					16				
17					17				
18					18				
19					19				
20					20				

SOMMES versées	58 ANS.	59 ANS.	60 ANS.	61 ANS.	SOMMES versées	62 ANS.	63 ANS.	64 ANS.	65 ANS.
1			0.1039	0.1148	1	0.1272	0.1410	0.1581	0.1774
2			0.2078	0.2296	2	0.2544	0.2832	0.3162	0.3548
3			0.3117	0.3444	3	0.3816	0.4248	0.4743	0.5322
4			0.4156	0.4592	4	0.5088	0.5664	0.6324	0.7000
5			0.5195	0.5740	5	0.6360	0.7080	0.7905	0.8870
6			0.6234	0.6888	6	0.7632	0.8496	0.9486	1.0644
7			0.7273	0.8036	7	0.8904	0.9912	1.1067	1.2418
8			0.8312	0.9184	8	1.0176	1.1328	1.2648	1.4192
9			0.9351	1.0332	9	1.1448	1.2744	1.4220	1.5966
10			1.0390	1.1480	10	1.2720	1.4160	1.5810	1.7740
11			1.1429	1.2628	11	1.3992	1.5576	1.7391	1.0514
12			1.2468	1.3776	12	1.5264	1.6992	1.8972	2.1288
13			1.3507	1.4924	13	1.6536	1.8408	2.0553	2.3002
14			1.4546	1.6072	14	1.7808	1.9824	2.2134	2.4836
15			1.5585	1.7220	15	1.9080	2.1240	2.3715	2.6610
16			1.6624	1.8368	16	2.0352	2.2656	2.5296	2.8384
17			1.7663	1.9516	17	2.1624	2.4072	2.6877	3.0158
18			1.8702	2.0664	18	2.2896	2.5488	2.8458	3.1932
19			1.9741	2.1812	19	2.4168	2.6904	3.0039	3.3700
20			2.0780	2.2960	20	2.5440	2.8320	3.1620	3.5480

SOMMES versées	50 ANS	51 ANS	52 ANS	53 ANS	SOMMES versées	54 ANS	55 ANS	56 ANS	57 ANS
1					1				
2					2				
3					3				
4					4				
5					5				
6					6				
7					7				
8					8				
9					9				
10					10				
11					11				
12					12				
13					13				
14					14				
15					15				
16					16				
17					17				
18					18				
19					19				
20					20				

SOMMES versées	38 ANS	39 ANS	60 ANS	61 ANS	SOMMES versées	62 ANS	63 ANS	64 ANS	65 ANS
1			0.0431	0.0470	1	0.0528	0.0588	0.0656	0.0737
2			0.0862	0.0952	2	0.1056	0.1170	0.1312	0.1474
3			0.1293	0.1428	3	0.1584	0.1764	0.1908	0.2211
4			0.1724	0.1904	4	0.2112	0.2352	0.2624	0.2948
5			0.2155	0.2380	5	0.2640	0.2940	0.3280	0.3685
6			0.2586	0.2856	6	0.3168	0.3528	0.3936	0.4422
7			0.3017	0.3332	7	0.3696	0.4116	0.4592	0.5159
8			0.3448	0.3808	8	0.4224	0.4704	0.5248	0.5896
9			0.3879	0.4284	9	0.4752	0.5292	0.5904	0.6633
10			0.4310	0.4760	10	0.5280	0.5880	0.6560	0.7370
11			0.4741	0.5230	11	0.5808	0.6468	0.7216	0.8107
12			0.5172	0.5712	12	0.6336	0.7056	0.7872	0.8844
13			0.5603	0.6188	13	0.6864	0.7644	0.8528	0.9581
14			0.6034	0.6664	14	0.7392	0.8232	0.9184	1.0318
15			0.6465	0.7140	15	0.7920	0.8820	0.9840	1.1055
16			0.6896	0.7616	16	0.8448	0.9408	1.0496	1.1792
17			0.7327	0.8092	17	0.8976	0.9996	1.1152	1.2529
18			0.7758	0.8568	18	0.9504	1.0584	1.1808	1.3266
19			0.8189	0.9044	19	1.0032	1.1172	1.2464	1.4003
20			0.8620	0.9520	20	1.0560	1.1760	1.3120	1.4740

SOMMES versées	50 ANS.	51 ANS.	52 ANS.	53 ANS.	SOMMES versées	54 ANS.	55 ANS.	56 ANS.	57 ANS.
1					1				
2					2				
3					3				
4					4				
5					5				
6					6				
7					7				
8					8				
9					9				
10					10				
11					11				
12					12				
13					13				
14					14				
15					15				
16					16				
17					17				
18					18				
19					19				
20					20				

SOMMES versées	58 ANS.	59 ANS.	60 ANS.	61 ANS.	SOMMES versées	62 ANS.	63 ANS.	64 ANS.	65 ANS.
1			0,1021	0,1129	1	0,1251	0,1392	0,1555	0,1745
2			0,2042	0,2258	2	0,2502	0,2784	0,3110	0,3490
3			0,3063	0,3387	3	0,3753	0,4176	0,4665	0,5235
4			0,4084	0,4516	4	0,5004	0,5568	0,6220	0,6980
5			0,5105	0,5645	5	0,6255	0,6960	0,7775	0,8725
6			0,6126	0,6774	6	0,7506	0,8352	0,9330	1,0470
7			0,7147	0,7903	7	0,8757	0,9744	1,0885	1,2215
8			0,8168	0,9032	8	1,0008	1,1136	1,2440	1,3960
9			0,9189	1,0161	9	1,1259	1,2528	1,3995	1,5705
10			1,0210	1,1290	10	1,2510	1,3920	1,5550	1,7450
11			1,1231	1,2419	11	1,3761	1,5312	1,7105	1,9195
12			1,2252	1,3548	12	1,5012	1,6704	1,8660	2,0940
13			1,3273	1,4677	13	1,6263	1,8096	2,0215	2,2685
14			1,4294	1,5806	14	1,7514	1,9488	2,1770	2,4430
15			1,5315	1,6935	15	1,8765	2,0880	2,3325	2,6175
16			1,6336	1,8064	16	2,0016	2,2272	2,4880	2,7920
17			1,7357	1,9193	17	2,1267	2,3664	2,6435	2,9665
18			1,8378	2,0322	18	2,2518	2,5056	2,7990	3,1410
19			1,9399	2,1451	19	2,3769	2,6448	2,9545	3,3155
20			2,0420	2,2580	20	2,5020	2,7840	3,1100	3,4900

SOMMES VERSÉES	50 ANS	51 ANS	52 ANS	53 ANS	SOMMES VERSÉES	54 ANS	55 ANS	56 ANS	57 ANS
1					1				
2					2				
3					3				
4					4				
5					5				
6					6				
7					7				
8					8				
9					9				
10					10				
11					11				
12					12				
13					13				
14					14				
15					15				
16					16				
17					17				
18					18				
19					19				
20					20				

SOMMES VERSÉES	58 ANS	39 ANS	60 ANS	61 ANS	SOMMES VERSÉES	62 ANS	63 ANS	64 ANS	65 ANS
1			0.0421	0.0465	1	0.0516	0.0574	0.0641	0.0719
2			0.0842	0.0930	2	0.1032	0.1148	0.1282	0.1438
3			0.1263	0.1395	3	0.1548	0.1722	0.1923	0.2157
4			0.1684	0.1860	4	0.2064	0.2296	0.2564	0.2876
5			0.2105	0.2325	5	0.2580	0.2870	0.3205	0.3595
6			0.2526	0.2790	6	0.3096	0.3444	0.3846	0.4314
7			0.2947	0.3255	7	0.3612	0.4018	0.4487	0.5033
8			0.3368	0.3720	8	0.4128	0.4592	0.5128	0.5752
9			0.3789	0.4185	9	0.4644	0.5166	0.5769	0.6471
10			0.4210	0.4650	10	0.5160	0.5740	0.6410	0.7190
11			0.4631	0.5115	11	0.5676	0.6314	0.7051	0.7909
12			0.5052	0.5580	12	0.6192	0.6888	0.7692	0.8628
13			0.5473	0.6045	13	0.6708	0.7462	0.8333	0.9347
14			0.5894	0.6510	14	0.7224	0.8036	0.8974	1.0066
15			0.6315	0.6975	15	0.7740	0.8610	0.9615	1.0785
16			0.6736	0.7440	16	0.8256	0.9184	1.0256	1.1504
17			0.7157	0.7905	17	0.8772	0.9758	1.0897	1.2223
18			0.7578	0.8370	18	0.9288	1.0332	1.1538	1.2942
19			0.7999	0.8835	19	0.9804	1.0906	1.2179	1.3661
20			0.8420	0.9300	20	1.0320	1.1480	1.2820	1.4380

SOMMES versées.	50 ANS.	51 ANS.	52 ANS.	53 ANS.	SOMMES versées.	54 ANS.	55 ANS.	56 ANS.	57 ANS.
1					1				
2					2				
3					3				
4					4				
5					5				
6					6				
7					7				
8					8				
9					9				
10					10				
11					11				
12					12				
13					13				
14					14				
15					15				
16					16				
17					17				
18					18				
19					19				
20					20				

SOMMES versées.	58 ANS.	59 ANS.	60 ANS.	61 ANS.	SOMMES versées.	62 ANS.	63 ANS.	64 ANS.	65 ANS.
1			0.1004	0.1110	1	0.1230	0.1369	0.1520	0.1716
2			0.2008	0.2220	2	0.2460	0.2738	0.3058	0.3432
3			0.3012	0.3330	3	0.3690	0.4107	0.4587	0.5148
4			0.4016	0.4440	4	0.4920	0.5476	0.6116	0.6864
5			0.5020	0.5550	5	0.6150	0.6845	0.7645	0.8580
6			0.6024	0.6660	6	0.7380	0.8214	0.9174	1.0296
7			0.7028	0.7770	7	0.8610	0.9583	1.0703	1.2012
8			0.8032	0.8880	8	0.9840	1.0952	1.2232	1.3728
9			0.9036	0.9990	9	1.1070	1.2321	1.3761	1.5444
10			1.0040	1.1100	10	1.2300	1.3690	1.5290	1.7160
11			1.1044	1.2210	11	1.3530	1.5059	1.6819	1.8876
12			1.2048	1.3320	12	1.4760	1.6428	1.8348	2.0592
13			1.3052	1.4430	13	1.5990	1.7797	1.9877	2.2308
14			1.4056	1.5540	14	1.7220	1.9166	2.1406	2.4024
15			1.5060	1.6650	15	1.8450	2.0535	2.2935	2.5740
16			1.6064	1.7760	16	1.9680	2.1904	2.4464	2.7456
17			1.7068	1.8870	17	2.0910	2.3273	2.5993	2.9172
18			1.8072	1.9980	18	2.2140	2.4642	2.7522	3.0888
19			1.9076	2.1090	19	2.3370	2.6011	2.9051	3.2604
20			2.0080	2.2200	20	2.4600	2.7380	3.0580	3.4320

SOMMES versées.	50 ANS.	51 ANS.	52 ANS.	53 ANS.	SOMMES versées.	54 ANS.	55 ANS.	56 ANS.	57 ANS.
1					1				
2					2				
3					3				
4					4				
5					5				
6					6				
7					7				
8					8				
9					9				
10					10				
11					11				
12					12				
13					13				
14					14				
15					15				
16					16				
17					17				
18					18				
19					19				
20					20				

SOMMES versées.	58 ANS.	39 ANS.	60 ANS.	61 ANS.	SOMMES versées.	62 ANS.	63 ANS.	64 ANS.	65 ANS.
1			0.0411	0.0454	1	0.0503	0.0560	0.0626	0.0702
2			0.0822	0.0008	2	0.1006	0.1120	0.1252	0.1404
3			0.1233	0.1362	3	0.1509	0.1680	0.1878	0.2106
4			0.1644	0.1816	4	0.2012	0.2240	0.2504	0.2808
5			0.2055	0.2270	5	0.2515	0.2800	0.3130	0.3510
6			0.2466	0.2724	6	0.3018	0.3360	0.3756	0.4212
7			0.2877	0.3178	7	0.3521	0.3920	0.4382	0.4914
8			0.3288	0.3632	8	0.4024	0.4480	0.5008	0.5616
9			0.3699	0.4086	9	0.4527	0.5040	0.5634	0.6318
10			0.4110	0.4540	10	0.5030	0.5600	0.6260	0.7020
11			0.4521	0.4994	11	0.5533	0.6160	0.6886	0.7722
12			0.4932	0.5448	12	0.6036	0.6720	0.7512	0.8424
13			0.5343	0.5902	13	0.6539	0.7280	0.8138	0.9126
14			0.5754	0.6356	14	0.7042	0.7840	0.8764	0.9828
15			0.6165	0.6810	15	0.7545	0.8400	0.9390	1.0530
16			0.6576	0.7264	16	0.8048	0.8960	1.0016	1.1232
17			0.6987	0.7718	17	0.8551	0.9520	1.0642	1.1934
18			0.7398	0.8172	18	0.0054	1.0080	1.1268	1.2636
19			0.7809	0.8626	19	0.0557	1.0640	1.1894	1.3338
20			0.8220	0.9080	20	1.0060	1.1200	1.2520	1.4040

SOMMES versées	50 ANS	51 ANS	52 ANS	53 ANS	SOMMES versées	54 ANS	55 ANS	56 ANS	57 ANS
1					1				
2					2				
3					3				
4					4				
5					5				
6					6				
7					7				
8					8				
9					9				
10					10				
11					11				
12					12				
13					13				
14					14				
15					15				
16					16				
17					17				
18					18				
19					19				
20					20				

SOMMES versées	58 ANS	59 ANS	60 ANS	61 ANS	SOMMES versées	62 ANS	63 ANS	64 ANS	65 ANS
1			0.0987	0.1091	1	0.1210	0.1346	0.1503	0.1687
2			0.1974	0.2182	2	0.2420	0.2692	0.3006	0.3374
3			0.2961	0.3273	3	0.3630	0.4038	0.4509	0.5061
4			0.3948	0.4364	4	0.4840	0.5384	0.6012	0.6748
5			0.4935	0.5455	5	0.6050	0.6730	0.7515	0.8435
6			0.5922	0.6546	6	0.7260	0.8076	0.9018	1.0122
7			0.6909	0.7637	7	0.8470	0.9422	1.0521	1.1809
8			0.7896	0.8728	8	0.9680	1.0768	1.2024	1.3496
9			0.8883	0.9819	9	1.0890	1.2114	1.3527	1.5183
10			0.9870	1.0910	10	1.2100	1.3460	1.5030	1.6870
11			1.0857	1.2001	11	1.3310	1.4806	1.6533	1.8557
12			1.1844	1.3092	12	1.4520	1.6152	1.8036	2.0244
13			1.2831	1.4183	13	1.5730	1.7498	1.9530	2.1931
14			1.3818	1.5274	14	1.6940	1.8844	2.1042	2.3618
15			1.4805	1.6365	15	1.8150	2.0190	2.2545	2.5305
16			1.5792	1.7456	16	1.9360	2.1536	2.4048	2.6992
17			1.6779	1.8547	17	2.0570	2.2882	2.5551	2.8670
18			1.7766	1.9638	18	2.1780	2.4228	2.7054	3.0366
19			1.8753	2.0729	19	2.2990	2.5574	2.8557	3.2053
20			1.9740	2.1820	20	2.4200	2.6920	3.0060	3.3740

SOMMES versées	50 ANS.	51 ANS.	52 ANS.	53 ANS.	SOMMES versées	54 ANS.	55 ANS.	56 ANS.	57 ANS.
1					1				
2					2				
3					3				
4					4				
5					5				
6					6				
7					7				
8					8				
9					9				
10					10				
11					11				
12					12				
13					13				
14					14				
15					15				
16					16				
17					17				
18					18				
19					19				
20					20				

SOMMES versées	58 ANS.	59 ANS.	60 ANS.	61 ANS.	SOMMES versées	62 ANS.	63 ANS.	64 ANS.	65 ANS.
1			0.0401	0.0443	1	0.0401	0.0547	0.0610	0.0685
2			0.0802	0.0886	2	0.0982	0.1094	0.1220	0.1370
3			0.1203	0.1329	3	0.1473	0.1641	0.1830	0.2055
4			0.1604	0.1772	4	0.1964	0.2188	0.2440	0.2740
5			0.2005	0.2215	5	0.2455	0.2735	0.3050	0.3425
6			0.2406	0.2658	6	0.2946	0.3282	0.3660	0.4110
7			0.2807	0.3101	7	0.3437	0.3829	0.4270	0.4795
8			0.3208	0.3544	8	0.3928	0.4376	0.4880	0.5480
9			0.3609	0.3987	9	0.4419	0.4923	0.5490	0.6165
10			0.4010	0.4430	10	0.4910	0.5470	0.6100	0.6850
11			0.4411	0.4873	11	0.5401	0.6017	0.6710	0.7535
12			0.4812	0.5316	12	0.5892	0.6564	0.7320	0.8220
13			0.5213	0.5759	13	0.6383	0.7111	0.7930	0.8905
14			0.5614	0.6202	14	0.6874	0.7658	0.8540	0.9590
15			0.6015	0.6645	15	0.7365	0.8205	0.9150	1.0275
16			0.6416	0.7088	16	0.7856	0.8752	0.9760	1.0960
17			0.6817	0.7531	17	0.8347	0.9299	1.0370	1.1645
18			0.7218	0.7974	18	0.8838	0.9846	1.0980	1.2330
19			0.7619	0.8417	19	0.9329	1.0393	1.1590	1.3015
20			0.8020	0.8860	20	0.9820	1.0940	1.2200	1.3700

SOMMES versées.	50 ANS.	51 ANS.	52 ANS.	53 ANS.	SOMMES versées.	54 ANS.	55 ANS.	56 ANS.	57 ANS.
1					1				
2					2				
3					3				
4					4				
5					5				
6					6				
7					7				
8					8				
9					9				
10					10				
11					11				
12					12				
13					13				
14					14				
15					15				
16					16				
17					17				
18					18				
19					19				
20					20				

SOMMES versées.	38 ANS.	39 ANS.	60 ANS.	61 ANS.	SOMMES versées.	62 ANS.	63 ANS.	64 ANS.	65 ANS.
1				0.1073	1	0.1189	0.1323	0.1478	0.1659
2				0.2146	2	0.2378	0.2646	0.2956	0.3318
3				0.3219	3	0.3567	0.3969	0.4434	0.4977
4				0.4292	4	0.4756	0.5292	0.5912	0.6636
5				0.5365	5	0.5945	0.6615	0.7390	0.8295
6				0.6438	6	0.7134	0.7938	0.8868	0.9954
7				0.7511	7	0.8323	0.9261	1.0346	1.1613
8				0.8584	8	0.9512	1.0584	1.1824	1.3272
9				0.9657	9	1.0701	1.1907	1.3302	1.4931
10				1.0730	10	1.1890	1.3230	1.4780	1.6590
11				1.1803	11	1.3079	1.4553	1.6258	1.8249
12				1.2876	12	1.4268	1.5876	1.7736	1.9908
13				1.3949	13	1.5457	1.7199	1.9214	2.1567
14				1.5022	14	1.6646	1.8522	2.0692	2.3226
15				1.6095	15	1.7835	1.9845	2.2170	2.4885
16				1.7168	16	1.9024	2.1168	2.3648	2.6544
17				1.8241	17	2.0213	2.2491	2.5126	2.8203
18				1.9314	18	2.1402	2.3814	2.6604	2.9862
19				2.0387	19	2.2591	2.5137	2.8082	3.1521
20				2.1460	20	2.3780	2.6460	2.9560	3.3180

SOMMES versées	50 ANS.	51 ANS.	52 ANS.	53 ANS.	SOMMES versées	54 ANS.	55 ANS.	56 ANS.	57 ANS.
1					1				
2					2				
3					3				
4					4				
5					5				
6					6				
7					7				
8					8				
9					9				
10					10				
11					11				
12					12				
13					13				
14					14				
15					15				
16					16				
17					17				
18					18				
19					19				
20					20				

SOMMES versées	58 ANS.	59 ANS.	60 ANS.	61 ANS.	SOMMES versées	62 ANS.	63 ANS.	64 ANS.	65 ANS.
1				0.0432	1	0.0479	0.0533	0.0596	0.0668
2				0.0864	2	0.0958	0.1066	0.1192	0.1336
3				0.1296	3	0.1437	0.1599	0.1788	0.2004
4				0.1728	4	0.1916	0.2132	0.2384	0.2672
5				0.2160	5	0.2395	0.2665	0.2980	0.3340
6				0.2592	6	0.2874	0.3198	0.3576	0.4008
7				0.3024	7	0.3353	0.3731	0.4172	0.4676
8				0.3456	8	0.3832	0.4264	0.4768	0.5344
9				0.3888	9	0.4311	0.4797	0.5364	0.6012
10				0.4320	10	0.4790	0.5330	0.5960	0.6680
11				0.4752	11	0.5269	0.5863	0.6556	0.7348
12				0.5184	12	0.5748	0.6396	0.7152	0.8016
13				0.5616	13	0.6227	0.6929	0.7748	0.8684
14				0.6048	14	0.6706	0.7462	0.8344	0.9352
15				0.6480	15	0.7185	0.7995	0.8940	1.0020
16				0.6912	16	0.7664	0.8528	0.9536	1.0688
17				0.7344	17	0.8143	0.9061	1.0132	1.1356
18				0.7776	18	0.8622	0.9594	1.0728	1.2024
19				0.8208	19	0.9101	1.0127	1.1324	1.2692
20				0.8640	20	0.9580	1.0660	1.1920	1.3360

SOMMES versées.	50 ANS.	51 ANS.	52 ANS.	53 ANS.	SOMMES versées.	54 ANS.	55 ANS.	56 ANS.	57 ANS.
1					1				
2					2				
3					3				
4					4				
5					5				
6					6				
7					7				
8					8				
9					9				
10					10				
11					11				
12					12				
13					13				
14					14				
15					15				
16					16				
17					17				
18					18				
19					19				
20					20				

SOMMES versées.	58 ANS.	59 ANS.	60 ANS.	61 ANS.	SOMMES versées.	62 ANS.	63 ANS.	64 ANS.	65 ANS.
1				0.1055	1	0.1169	0.1301	0.1453	0.1631
2				0.2110	2	0.2338	0.2602	0.2906	0.3262
3				0.3165	3	0.3507	0.3903	0.4359	0.4893
4				0.4220	4	0.4676	0.5204	0.5812	0.6524
5				0.5275	5	0.5845	0.6505	0.7265	0.8155
6				0.6330	6	0.7014	0.7806	0.8718	0.9786
7				0.7385	7	0.8183	0.9107	1.0171	1.1417
8				0.8440	8	0.9352	1.0408	1.1624	1.3048
9				0.9495	9	1.0521	1.1709	1.3077	1.4679
10				1.0550	10	1.1690	1.3010	1.4530	1.6310
11				1.1605	11	1.2859	1.4311	1.5983	1.7941
12				1.2660	12	1.4028	1.5612	1.7436	1.9572
13				1.3715	13	1.5197	1.6913	1.8889	2.1203
14				1.4770	14	1.6366	1.8214	2.0342	2.2834
15				1.5825	15	1.7535	1.9515	2.1795	2.4465
16				1.6880	16	1.8704	2.0816	2.3248	2.6096
17				1.7935	17	1.9873	2.2117	2.4701	2.7727
18				1.8990	18	2.1042	2.3418	2.6154	2.9358
19				2.0045	19	2.2211	2.4719	2.7607	3.0989
20				2.1100	20	2.3380	2.6020	2.9060	3.2620

SOMMES versées.	50 ANS.	51 ANS.	52 ANS.	53 ANS.	SOMMES versées.	54 ANS.	55 ANS.	56 ANS.	57 ANS.
1					1				
2					2				
3					3				
4					4				
5					5				
6					6				
7					7				
8					8				
9					9				
10					10				
11					11				
12					12				
13					13				
14					14				
15					15				
16					16				
17					17				
18					18				
19					19				
20					20				

SOMMES versées.	58 ANS.	59 ANS.	60 ANS.	61 ANS.	SOMMES versées.	62 ANS.	63 ANS.	64 ANS.	65 ANS.
1				0.0422	1	0.0468	0.0520	0.0581	0.0652
2				0.0844	2	0.0936	0.1040	0.1162	0.1304
3				0.1266	3	0.1404	0.1560	0.1743	0.1956
4				0.1688	4	0.1872	0.2080	0.2324	0.2608
5				0.2110	5	0.2340	0.2600	0.2905	0.3260
6				0.2532	6	0.2808	0.3120	0.3486	0.3912
7				0.2954	7	0.3276	0.3640	0.4067	0.4564
8				0.3376	8	0.3744	0.4160	0.4648	0.5216
9				0.3798	9	0.4212	0.4680	0.5229	0.5868
10				0.4220	10	0.4680	0.5200	0.5810	0.6520
11				0.4642	11	0.5148	0.5720	0.6391	0.7172
12				0.5064	12	0.5616	0.6240	0.6972	0.7824
13				0.5486	13	0.6084	0.6760	0.7553	0.8476
14				0.5908	14	0.6552	0.7280	0.8134	0.9128
15				0.6330	15	0.7020	0.7800	0.8715	0.9780
16				0.6752	16	0.7488	0.8320	0.9296	1.0432
17				0.7174	17	0.7956	0.8840	0.9877	1.1084
18				0.7596	18	0.8424	0.9360	1.0458	1.1736
19				0.8018	19	0.8892	0.9880	1.1039	1.2388
20				0.8440	20	0.9360	1.0400	1.1620	1.3040

SOMMES versées.	50 ANS.	51 ANS.	52 ANS.	53 ANS.	SOMMES versées.	54 ANS.	55 ANS.	56 ANS.	57 ANS.
1					1				
2					2				
3					3				
4					4				
5					5				
6					6				
7					7				
8					8				
9					9				
10					10				
11					11				
12					12				
13					13				
14					14				
15					15				
16					16				
17					17				
18					18				
19					19				
20					20				

SOMMES versées.	58 ANS.	59 ANS.	60 ANS.	61 ANS.	SOMMES versées.	62 ANS.	63 ANS.	64 ANS.	65 ANS.
1				0.1037	1	0.1150	0.1279	0.1429	0.1603
2				0.2074	2	0.2300	0.2558	0.2858	0.3206
3				0.3111	3	0.3450	0.3837	0.4287	0.4809
4				0.4148	4	0.4600	0.5116	0.5716	0.6412
5				0.5185	5	0.5750	0.6395	0.7145	0.8015
6				0.6222	6	0.6900	0.7674	0.8574	0.9618
7				0.7259	7	0.8050	0.8953	1.0003	1.1221
8				0.8296	8	0.9200	1.0232	1.1432	1.2824
9				0.9333	9	1.0350	1.1511	1.2861	1.4427
10				1.0370	10	1.1500	1.2790	1.4290	1.6030
11				1.1407	11	1.2650	1.4069	1.5719	1.7633
12				1.2444	12	1.3800	1.5348	1.7148	1.9236
13				1.3481	13	1.4950	1.6627	1.8577	2.0839
14				1.4518	14	1.6100	1.7906	2.0006	2.2442
15				1.5555	15	1.7250	1.9185	2.1435	2.4045
16				1.6592	16	1.8400	2.0464	2.2864	2.5648
17				1.7629	17	1.9550	2.1743	2.4293	2.7251
18				1.8666	18	2.0700	2.3022	2.5722	2.8854
19				1.9703	19	2.1850	2.4301	2.7151	3.0457
20				2.0740	20	2.3000	2.5580	2.8580	3.2060

SOMMES versées.	50 ANS.	51 ANS.	52 ANS.	53 ANS.	SOMMES versées.	54 ANS.	55 ANS.	56 ANS	57 ANS.
1					1				
2					2				
3					3				
4					4				
5					5				
6					6				
7					7				
8					8				
9					9				
10					10				
11					11				
12					12				
13					13				
14					14				
15					15				
16					16				
17					17				
18					18				
19					19				
20					20				

SOMMES versées.	58 ANS.	59 ANS.	60 ANS.	61 ANS.	SOMMES versées.	62 ANS.	63 ANS.	64 ANS.	65 ANS.
1				0.0411	1	0.0456	0.0507	0.0567	0.0636
2				0.0822	2	0.0912	0.1014	0.1134	0.1272
3				0.1233	3	0.1368	0.1521	0.1701	0.1908
4				0.1644	4	0.1824	0.2028	0.2268	0.2544
5				0.2055	5	0.2280	0.2535	0.2835	0.3180
6				0.2466	6	0.2736	0.3042	0.3402	0.3816
7				0.2877	7	0.3192	0.3549	0.3969	0.4452
8				0.3288	8	0.3648	0.4056	0.4536	0.5088
9				0.3699	9	0.4104	0.4563	0.5103	0.5724
10				0.4110	10	0.4560	0.5070	0.5670	0.6360
11				0.4521	11	0.5016	0.5577	0.6237	0.6996
12				0.4932	12	0.5472	0.6084	0.6804	0.7632
13				0.5343	13	0.5928	0.6591	0.7371	0.8268
14				0.5754	14	0.6384	0.7098	0.7938	0.8904
15				0.6165	15	0.6840	0.7605	0.8505	0.9540
16				0.6576	16	0.7296	0.8112	0.9072	1.0176
17				0.6987	17	0.7752	0.8619	0.9639	1.0812
18				0.7398	18	0.8208	0.9126	1.0206	1.1448
19				0.7809	19	0.8664	0.9633	1.0773	1.2084
20				0.8220	20	0.9120	1.0140	1.1340	1.2720

SOMMES versées.	50 ANS.	51 ANS.	52 ANS.	53 ANS.	SOMMES versées.	54 ANS.	55 ANS.	56 ANS.	57 ANS.
1					1				
2					2				
3					3				
4					4				
5					5				
6					6				
7					7				
8					8				
9					9				
10					10				
11					11				
12					12				
13					13				
14					14				
15					15				
16					16				
17					17				
18					18				
19					19				
20					20				

SOMMES versées.	58 ANS.	59 ANS.	60 ANS.	61 ANS.	SOMMES versées.	62 ANS.	63 ANS.	64 ANS.	65 ANS.
1				0.1019	1	0.1130	0.1257	0.1405	0.1576
2				0.2038	2	0.2260	0.2514	0.2810	0.3152
3				0.3057	3	0.3390	0.3771	0.4215	0.4728
4				0.4076	4	0.4520	0.5028	0.5620	0.6304
5				0.5095	5	0.5650	0.6285	0.7025	0.7880
6				0.6114	6	0.6780	0.7542	0.8430	0.9456
7				0.7133	7	0.7910	0.8799	0.9835	1.1032
8				0.8152	8	0.9040	1.0056	1.1240	1.2608
9				0.9171	9	1.0170	1.1313	1.2645	1.4184
10				1.0190	10	1.1300	1.2570	1.4050	1.5700
11				1.1209	11	1.2430	1.3827	1.5455	1.7336
12				1.2228	12	1.3560	1.5084	1.6860	1.8912
13				1.3247	13	1.4690	1.6341	1.8265	2.0488
14				1.4266	14	1.5820	1.7598	1.9670	2.2064
15				1.5285	15	1.6950	1.8855	2.1075	2.3640
16				1.6304	16	1.8080	2.0112	2.2480	2.5216
17				1.7323	17	1.9210	2.1369	2.3885	2.6792
18				1.8342	18	2.0340	2.2626	2.5290	2.8368
19				1.9361	19	2.1470	2.3883	2.6695	2.9944
20				2.0380	20	2.2600	2.5140	2.8100	3.1520

SOMMES versées.	50 ANS.	51 ANS.	52 ANS.	53 ANS.	SOMMES versées.	54 ANS.	55 ANS.	56 ANS.	57 ANS.
1					1				
2					2				
3					3				
4					4				
5					5				
6					6				
7					7				
8					8				
9					9				
10					10				
11					11				
12					12				
13					13				
14					14				
15					15				
16					16				
17					17				
18					18				
19					19				
20					20				

SOMMES versées.	58 ANS.	59 ANS.	60 ANS.	61 ANS.	SOMMES versées.	62 ANS.	63 ANS.	64 ANS.	65 ANS.
1				0.0401	1	0.0445	0.0495	0.0553	0.0620
2				0.0802	2	0.0890	0.0990	0.1106	0.1240
3				0.1203	3	0.1335	0.1485	0.1659	0.1860
4				0.1604	4	0.1780	0.1980	0.2212	0.2480
5				0.2005	5	0.2225	0.2475	0.2765	0.3100
6				0.2406	6	0.2670	0.2970	0.3318	0.3720
7				0.2807	7	0.3115	0.3465	0.3871	0.4340
8				0.3208	8	0.3560	0.3960	0.4424	0.4960
9				0.3609	9	0.4005	0.4455	0.4977	0.5580
10				0.4010	10	0.4450	0.4950	0.5530	0.6200
11				0.4411	11	0.4895	0.5445	0.6083	0.6820
12				0.4812	12	0.5340	0.5940	0.6636	0.7440
13				0.5213	13	0.5785	0.6435	0.7189	0.8060
14				0.5614	14	0.6230	0.6930	0.7742	0.8680
15				0.6015	15	0.6675	0.7425	0.8295	0.9300
16				0.6416	16	0.7120	0.7920	0.8848	0.9920
17				0.6817	17	0.7565	0.8415	0.9401	1.0540
18				0.7218	18	0.8010	0.8910	0.9954	1.1160
19				0.7619	19	0.8455	0.9405	1.0507	1.1780
20				0.8020	20	0.8900	0.9900	1.1060	1.2400

SOMMES versées.	50 ANS.	51 ANS.	52 ANS.	53 ANS.	SOMMES versées.	54 ANS.	55 ANS.	56 ANS.	57 ANS
1					1				
2					2				
3					3				
4					4				
5					5				
6					6				
7					7				
8					8				
9					9				
10					10				
11					11				
12					12				
13					13				
14					14				
15					15				
16					16				
17					17				
18					18				
19					19				
20					20				

SOMMES versées.	58 ANS.	59 ANS.	60 ANS.	61 ANS.	SOMMES versées.	62 ANS.	63 ANS.	64 ANS.	65 ANS.
1					1	0.1111	0.1236	0.1381	0.1549
2					2	0.2222	0.2472	0.2762	0.3098
3					3	0.3333	0.3708	0.4143	0.4647
4					4	0.4444	0.4944	0.5524	0.6196
5					5	0.5555	0.6180	0.6905	0.7745
6					6	0.6666	0.7416	0.8286	0.9294
7					7	0.7777	0.8652	0.9667	1.0843
8					8	0.8888	0.9888	1.1048	1.2392
9					9	0.9999	1.1124	1.2429	1.3941
10					10	1.1110	1.2360	1.3810	1.5490
11					11	1.2221	1.3596	1.5191	1.7039
12					12	1.3332	1.4832	1.6572	1.8588
13					13	1.4443	1.6068	1.7953	2.0137
14					14	1.5554	1.7304	1.9334	2.1686
15					15	1.6665	1.8540	2.0715	2.3235
16					16	1.7770	1.9776	2.2096	2.4784
17					17	1.8887	2.1012	2.3477	2.6333
18					18	1.9998	2.2248	2.4858	2.7882
19					19	2.1109	2.3484	2.6239	2.9431
20					20	2.2220	2.4720	2.7620	3.0980

SOMMES versées.	50 ANS.	51 ANS.	52 ANS.	53 ANS.	SOMMES versées.	54 ANS.	55 ANS.	56 ANS.	57 ANS.
1					1				
2					2				
3					3				
4					4				
5					5				
6					6				
7					7				
8					8				
9					9				
10					10				
11					11				
12					12				
13					13				
14					14				
15					15				
16					16				
17					17				
18					18				
19					19				
20					20				

SOMMES versées.	58 ANS.	59 ANS.	60 ANS.	61 ANS.	SOMMES versées.	62 ANS.	63 ANS.	64 ANS.	65 ANS.
1					1	0.0434	0.0482	0.0539	0.0605
2					2	0.0868	0.0964	0.1078	0.1210
3					3	0.1302	0.1446	0.1617	0.1815
4					4	0.1736	0.1928	0.2156	0.2420
5					5	0.2170	0.2410	0.2695	0.3025
6					6	0.2604	0.2892	0.3234	0.3630
7					7	0.3038	0.3374	0.3773	0.4235
8					8	0.3472	0.3856	0.4312	0.4840
9					9	0.3906	0.4338	0.4851	0.5445
10					10	0.4340	0.4820	0.5390	0.6050
11					11	0.4774	0.5302	0.5929	0.6655
12					12	0.5208	0.5784	0.6468	0.7260
13					13	0.5642	0.6266	0.7007	0.7865
14					14	0.6076	0.6748	0.7546	0.8470
15					15	0.6510	0.7230	0.8085	0.9075
16					16	0.6944	0.7712	0.8624	0.9680
17					17	0.7378	0.8194	0.9163	1.0285
18					18	0.7812	0.8676	0.9702	1.0890
19					19	0.8246	0.9158	1.0241	1.1495
20					20	0.8680	0.9640	1.0780	1.2100

SOMMES versées	50 ANS.	51 ANS.	52 ANS.	53 ANS.	SOMMES versées	54 ANS.	55 ANS.	56 ANS.	57 ANS.
1					1				
2					2				
3					3				
4					4				
5					5				
6					6				
7					7				
8					8				
9					9				
10					10				
11					11				
12					12				
13					13				
14					14				
15					15				
16					16				
17					17				
18					18				
19					19				
20					20				

SOMMES versées	58 ANS.	59 ANS.	60 ANS.	61 ANS.	SOMMES versées	62 ANS.	63 ANS.	64 ANS.	65 ANS.
1					1	0.1092	0.1215	0.1357	0.1523
2					2	0.2184	0.2430	0.2714	0.3046
3					3	0.3276	0.3645	0.4071	0.4569
4					4	0.4368	0.4860	0.5428	0.6092
5					5	0.5460	0.6075	0.6785	0.7615
6					6	0.6552	0.7290	0.8142	0.9138
7					7	0.7644	0.8505	0.9499	1.0661
8					8	0.8736	0.9720	1.0856	1.2184
9					9	0.9828	1.0935	1.2213	1.3707
10					10	1.0920	1.2150	1.3570	1.5230
11					11	1.2012	1.3365	1.4927	1.6753
12					12	1.3104	1.4580	1.6284	1.8276
13					13	1.4196	1.5795	1.7641	1.9799
14					14	1.5288	1.7010	1.8998	2.1322
15					15	1.6380	1.8225	2.0355	2.2845
16					16	1.7472	1.9440	2.1712	2.4368
17					17	1.8564	2.0655	2.3069	2.5891
18					18	1.9656	2.1870	2.4426	2.7414
19					19	2.0748	2.3085	2.5783	2.8937
20					20	2.1840	2.4300	2.7140	3.0460

SOMMES versées.	50 ANS.	51 ANS.	52 ANS.	53 ANS.	SOMMES versées.	54 ANS.	55 ANS.	56 ANS.	57 ANS.
1					1				
2					2				
3					3				
4					4				
5					5				
6					6				
7					7				
8					8				
9					9				
10					10				
11					11				
12					12				
13					13				
14					14				
15					15				
16					16				
17					17				
18					18				
19					19				
20					20				

SOMMES versées.	58 ANS.	59 ANS.	60 ANS.	61 ANS.	SOMMES versées.	62 ANS.	63 ANS.	64 ANS.	65 ANS.
1					1	0.0423	0.0470	0.0525	0.0589
2					2	0.0846	0.0940	0.1050	0.1178
3					3	0.1269	0.1410	0.1575	0.1767
4					4	0.1692	0.1880	0.2100	0.2356
5					5	0.2115	0.2350	0.2625	0.2945
6					6	0.2538	0.2820	0.3150	0.3534
7					7	0.2961	0.3290	0.3675	0.4123
8					8	0.3384	0.3760	0.4200	0.4712
9					9	0.3807	0.4230	0.4725	0.5301
10					10	0.4230	0.4700	0.5250	0.5890
11					11	0.4653	0.5170	0.5775	0.6479
12					12	0.5076	0.5640	0.6300	0.7068
13					13	0.5499	0.6110	0.6825	0.7657
14					14	0.5922	0.6580	0.7350	0.8246
15					15	0.6345	0.7050	0.7875	0.8835
16					16	0.6768	0.7520	0.8400	0.9424
17					17	0.7191	0.7990	0.8925	1.0013
18					18	0.7614	0.8460	0.9450	1.0602
19					19	0.8037	0.8930	0.9975	1.1191
20					20	0.8460	0.9400	1.0500	1.1780

SOMMES versées.	50 ANS.	51 ANS.	52 ANS.	53 ANS.	SOMMES versées.	54 ANS.	55 ANS.	56 ANS.	57 ANS.
1					1				
2					2				
3					3				
4					4				
5					5				
6					6				
7					7				
8					8				
9					9				
10					10				
11					11				
12					12				
13					13				
14					14				
15					15				
16					16				
17					17				
18					18				
19					19				
20					20				

SOMMES versées.	58 ANS.	59 ANS.	60 ANS.	61 ANS.	SOMMES versées.	62 ANS.	63 ANS.	64 ANS.	65 ANS.
1					1	0.1073	0.1194	0.1334	0.1497
2					2	0.2146	0.2388	0.2668	0.2994
3					3	0.3219	0.3582	0.4002	0.4491
4					4	0.4292	0.4776	0.5336	0.5988
5					5	0.5365	0.5970	0.6670	0.7485
6					6	0.6438	0.7164	0.8004	0.8982
7					7	0.7511	0.8358	0.9338	1.0479
8					8	0.8584	0.9552	1.0672	1.1976
9					9	0.9657	1.0746	1.2006	1.3473
10					10	1.0730	1.1940	1.3340	1.4970
11					11	1.1803	1.3134	1.4674	1.6467
12					12	1.2876	1.4328	1.6008	1.7964
13					13	1.3949	1.5522	1.7342	1.9461
14					14	1.5022	1.6716	1.8676	2.0958
15					15	1.6095	1.7910	2.0010	2.2455
16					16	1.7168	1.9104	2.1344	2.3952
17					17	1.8241	2.0298	2.2678	2.5449
18					18	1.9314	2.1492	2.4012	2.6946
19					19	2.0387	2.2686	2.5346	2.8443
20					20	2.1460	2.3880	2.6680	2.9940

SOMMES versées	50 ANS.	51 ANS.	52 ANS.	53 ANS.	SOMMES versées	54 ANS.	55 ANS.	56 ANS.	57 ANS.
1					1				
2					2				
3					3				
4					4				
5					5				
6					6				
7					7				
8					8				
9					9				
10					10				
11					11				
12					12				
13					13				
14					14				
15					15				
16					16				
17					17				
18					18				
19					19				
20					20				

SOMMES versées	58 ANS.	59 ANS.	60 ANS.	61 ANS.	SOMMES versées	62 ANS.	63 ANS.	64 ANS.	65 ANS.
1					1	0.0412	0.0458	0.0512	0.0574
2					2	0.0824	0.0916	0.1024	0.1148
3					3	0.1236	0.1374	0.1536	0.1722
4					4	0.1648	0.1832	0.2048	0.2296
5					5	0.2060	0.2290	0.2560	0.2870
6					6	0.2472	0.2748	0.3072	0.3444
7					7	0.2884	0.3206	0.3584	0.4018
8					8	0.3296	0.3664	0.4096	0.4592
9					9	0.3708	0.4122	0.4608	0.5166
10					10	0.4120	0.4580	0.5120	0.5740
11					11	0.4532	0.5038	0.5632	0.6314
12					12	0.4944	0.5496	0.6144	0.6888
13					13	0.5356	0.5954	0.6656	0.7462
14					14	0.5768	0.6412	0.7168	0.8036
15					15	0.6180	0.6870	0.7680	0.8610
16					16	0.6592	0.7328	0.8192	0.9184
17					17	0.7004	0.7786	0.8704	0.9758
18					18	0.7416	0.8244	0.9216	1.0332
19					19	0.7828	0.8702	0.9728	1.0900
20					20	0.8240	0.9160	1.0240	1.1480

SOMMES versées.	50 ANS.	51 ANS.	52 ANS.	53 ANS.	SOMMES versées.	54 ANS.	55 ANS.	56 ANS.	57 ANS.
1					1				
2					2				
3					3				
4					4				
5					5				
6					6				
7					7				
8					8				
9					9				
10					10				
11					11				
12					12				
13					13				
14					14				
15					15				
16					16				
17					17				
18					18				
19					19				
20					20				

SOMMES versées.	58 ANS.	59 ANS.	60 ANS.	61 ANS.	SOMMES versées.	62 ANS.	63 ANS.	64 ANS.	65 ANS.
1					1	0.1055	0.1174	0.1311	0.1471
2					2	0.2110	0.2348	0.2622	0.2942
3					3	0.3165	0.3522	0.3933	0.4413
4					4	0.4220	0.4696	0.5244	0.5884
5					5	0.5275	0.5870	0.6555	0.7355
6					6	0.6330	0.7044	0.7866	0.8826
7					7	0.7385	0.8218	0.9177	1.0297
8					8	0.8440	0.9392	1.0488	1.1768
9					9	0.9495	1.0566	1.1799	1.3230
10					10	1.0550	1.1740	1.3110	1.4710
11					11	1.1605	1.2914	1.4421	1.6181
12					12	1.2660	1.4088	1.5732	1.7652
13					13	1.3715	1.5262	1.7043	1.9123
14					14	1.4770	1.6436	1.8354	2.0594
15					15	1.5825	1.7610	1.9665	2.2065
16					16	1.6880	1.8784	2.0976	2.3536
17					17	1.7935	1.9958	2.2287	2.5007
18					18	1.8990	2.1132	2.3598	2.6478
19					19	2.0045	2.2306	2.4909	2.7949
20					20	2.1100	2.3480	2.6220	2.9420

SOMMES VERSÉES.	50 ANS.	51 ANS.	52 ANS.	53 ANS.	SOMMES VERSÉES.	54 ANS.	55 ANS.	56 ANS.	57 ANS.
1					1				
2					2				
3					3				
4					4				
5					5				
6					6				
7					7				
8					8				
9					9				
10					10				
11					11				
12					12				
13					13				
14					14				
15					15				
16					16				
17					17				
18					18				
19					19				
20					20				

SOMMES VERSÉES.	58 ANS.	59 ANS.	60 ANS.	61 ANS.	SOMMES VERSÉES.	62 ANS.	63 ANS.	64 ANS.	65 ANS.
1					1	0.0401	0.0446	0.0499	0.0560
2					2	0.0802	0.0892	0.0998	0.1120
3					3	0.1203	0.1338	0.1497	0.1680
4					4	0.1604	0.1784	0.1996	0.2240
5					5	0.2005	0.2230	0.2495	0.2800
6					6	0.2406	0.2676	0.2994	0.3360
7					7	0.2807	0.3122	0.3493	0.3920
8					8	0.3208	0.3568	0.3992	0.4480
9					9	0.3609	0.4014	0.4491	0.5040
10					10	0.4010	0.4460	0.4990	0.5600
11					11	0.4411	0.4906	0.5489	0.6160
12					12	0.4812	0.5352	0.5988	0.6720
13					13	0.5213	0.5798	0.6487	0.7280
14					14	0.5614	0.0244	0.6986	0.7840
15					15	0.6015	0.6690	0.7485	0.8400
16					16	0.6416	0..136	0.7084	0.8960
17					17	0.6817	0.7582	0.8483	0.9520
18					18	0.7218	0.8028	0.8982	1.0080
19					19	0.7619	0.8474	0.9481	1.0640
20					20	0.8020	0.8920	0.9980	1.1200

SOMMES VERSÉES.	30 ANS.	31 ANS.	52 ANS.	53 ANS.	SOMMES VERSÉES.	54 ANS.	55 ANS.	56 ANS.	57 ANS.
1					1				
2					2				
3					3				
4					4				
5					5				
6					6				
7					7				
8					8				
9					9				
10					10				
11					11				
12					12				
13					13				
14					14				
15					15				
16					16				
17					17				
18					18				
19					19				
20					20				

SOMMES VERSÉES.	58 ANS.	59 ANS.	60 ANS.	61 ANS.	SOMMES VERSÉES.	62 ANS.	63 ANS.	64 ANS.	65 ANS.
1					1		0.1153	0.1288	0.1445
2					2		0.2306	0.2576	0.2890
3					3		0.3459	0.3864	0.4335
4					4		0.4612	0.5152	0.5780
5					5		0.5765	0.6440	0.7225
6					6		0.6918	0.7728	0.8670
7					7		0.8071	0.9016	1.0115
8					8		0.9224	1.0304	1.1560
9					9		1.0377	1.1592	1.3005
10					10		1.1530	1.2880	1.4450
11					11		1.2683	1.4168	1.5895
12					12		1.3836	1.5456	1.7340
13					13		1.4989	1.6744	1.8785
14					14		1.6142	1.8032	2.0230
15					15		1.7295	1.9320	2.1675
16					16		1.8448	2.0608	2.3120
17					17		1.9601	2.1896	2.4565
18					18		2.0754	2.3184	2.6010
19					19		2.1907	2.4472	2.7455
20					10		2.3060	2.5760	2.8900

4 P. %. CAPITAL RÉSERVÉ. 62 ANS 3 MOIS.

SOMMES versées.	50 ANS.	51 ANS.	52 ANS.	53 ANS.	SOMMES versées.	54 ANS.	55 ANS.	56 ANS.	57 ANS.
1					1				
2					2				
3					3				
4					4				
5					5				
6					6				
7					7				
8					8				
9					9				
10					10				
11					11				
12					12				
13					13				
14					14				
15					15				
16					16				
17					17				
18					18				
19					19				
20					20				

SOMMES versées.	58 ANS.	59 ANS.	60 ANS.	61 ANS.	SOMMES versées.	62 ANS.	63 ANS.	64 ANS.	65 ANS.
1					1		0.0435	0.0486	0.0545
2					2		0.0870	0.0972	0.1090
3					3		0.1305	0.1458	0.1635
4					4		0.1740	0.1944	0.2180
5					5		0.2175	0.2430	0.2725
6					6		0.2610	0.2916	0.3270
7					7		0.3045	0.3402	0.3815
8					8		0.3480	0.3888	0.4360
9					9		0.3915	0.4374	0.4905
10					10		0.4350	0.4860	0.5450
11					11		0.4785	0.5346	0.5995
12					12		0.5220	0.5832	0.6540
13					13		0.5655	0.6318	0.7085
14					14		0.6090	0.6804	0.7630
15					15		0.6525	0.7290	0.8175
16					16		0.6960	0.7776	0.8720
17					17		0.7395	0.8262	0.9265
18					18		0.7830	0.8748	0.9810
19					19		0.8265	0.9234	1.0355
20					20		0.8700	0.9720	1.0900

SOMMES versées.	50 ANS.	51 ANS.	52 ANS.	53 ANS.	SOMMES versées.	54 ANS.	55 ANS.	56 ANS.	57 ANS.
1					1				
2					2				
3					3				
4					4				
5					5				
6					6				
7					7				
8					8				
9					9				
10					10				
11					11				
12					12				
13					13				
14					14				
15					15				
16					16				
17					17				
18					18				
19					19				
20					20				

SOMMES versées.	58 ANS.	59 ANS.	60 ANS.	61 ANS.	SOMMES versées.	62 ANS.	63 ANS.	64 ANS.	65 ANS.
1					1		0.1132	0.1265	0.1419
2					2		0.2264	0.2530	0.2838
3					3		0.3396	0.3795	0.4257
4					4		0.4528	0.5060	0.5676
5					5		0.5660	0.6325	0.7095
6					6		0.6792	0.7590	0.8514
7					7		0.7924	0.8855	0.9933
8					8		0.9056	1.0120	1.1352
9					9		1.0188	1.1385	1.2771
10					10		1.1320	1.2650	1.4190
11					11		1.2452	1.3915	1.5609
12					12		1.3584	1.5180	1.7028
13					13		1.4716	1.6445	1.8447
14					14		1.5848	1.7710	1.9866
15					15		1.6980	1.8975	2.1285
16					16		1.8112	2.0240	2.2704
17					17		1.9244	2.1505	2.4123
18					18		2.0376	2.2770	2.5542
19					19		2.1508	2.4035	2.6961
20					20		2.2640	2.5300	2.8380

SOMMES VERSÉES.	50 ANS.	51 ANS.	52 ANS.	53 ANS.	SOMMES VERSÉES.	54 ANS.	55 ANS.	56 ANS.	57 ANS.
1					1				
2					2				
3					3				
4					4				
5					5				
6					6				
7					7				
8					8				
9					9				
10					10				
11					11				
12					12				
13					13				
14					14				
15					15				
16					16				
17					17				
18					18				
19					19				
20					20				

SOMMES VERSÉES.	58 ANS.	59 ANS.	60 ANS.	61 ANS.	SOMMES VERSÉES.	62 ANS.	63 ANS.	64 ANS.	65 ANS.
1					1		0.0424	0.0473	0.0531
2					2		0.0848	0.0946	0.1062
3					3		0.1272	0.1419	0.1593
4					4		0.1696	0.1892	0.2124
5					5		0.2120	0.2365	0.2655
6					6		0.2544	0.2838	0.3186
7					7		0.2968	0.3311	0.3717
8					8		0.3392	0.3784	0.4248
9					9		0.3816	0.4257	0.4779
10					10		0.4240	0.4730	0.5310
11					11		0.4664	0.5203	0.5841
12					12		0.5088	0.5676	0.6372
13					13		0.5512	0.6149	0.6903
14					14		0.5936	0.6622	0.7434
15					15		0.6360	0.7095	0.7965
16					16		0.6784	0.7568	0.8496
17					17		0.7208	0.8041	0.9027
18					18		0.7632	0.8514	0.9558
19					19		0.8056	0.8987	1.0089
20					20		0.8480	0.9460	1.0620

SOMMES versées.	50 ANS.	51 ANS.	52 ANS.	53 ANS.	SOMMES versées.	54 ANS.	55 ANS.	56 ANS.	57 ANS.
1					1				
2					2				
3					3				
4					4				
5					5				
6					6				
7					7				
8					8				
9					9				
10					10				
11					11				
12					12				
13					13				
14					14				
15					15				
16					16				
17					17				
18					18				
19					19				
20					20				

SOMMES versées.	58 ANS.	59 ANS.	60 ANS.	61 ANS.	SOMMES versées.	62 ANS.	63 ANS.	64 ANS.	65 ANS.
1					1		0.1112	0.1242	0.1394
2					2		0.2224	0.2484	0.2788
3					3		0.3336	0.3726	0.4182
4					4		0.4448	0.4908	0.5576
5					5		0.5560	0.6210	0.6970
6					6		0.6672	0.7452	0.8364
7					7		0.7784	0.8694	0.9758
8					8		0.8896	0.9936	1.1152
9					9		1.0008	1.1178	1.2546
10					10		1.1120	1.2420	1.3940
11					11		1.2232	1.3662	1.5334
12					12		1.3344	1.4904	1.6728
13					13		1.4456	1.6146	1.8122
14					14		1.5568	1.7388	1.9516
15					15		1.6680	1.8630	2.0910
16					16		1.7792	1.9872	2.2304
17					17		1.8904	2.1114	2.3698
18					18		2.0016	2.2356	2.5092
19					19		2.1128	2.3598	2.6486
20					20		2.2240	2.4840	2.7880

SOMMES versées.	50 ANS.	51 ANS.	52 ANS.	53 ANS.	SOMMES versées.	54 ANS.	55 ANS.	56 ANS.	57 ANS.
1					1				
2					2				
3					3				
4					4				
5					5				
6					6				
7					7				
8					8				
9					9				
10					10				
11					11				
12					12				
13					13				
14					14				
15					15				
16					16				
17					17				
18					18				
19					19				
20					20				

SOMMES versées.	58 ANS.	59 ANS.	60 ANS.	61 ANS.	SOMMES versées.	62 ANS.	63 ANS.	64 ANS.	65 ANS.
1					1		0.0412	0.0461	0.0517
2					2		0.0824	0.0922	0.1034
3					3		0.1236	0.1383	0.1551
4					4		0.1648	0.1844	0.2068
5					5		0.2060	0.2305	0.2585
6					6		0.2472	0.2766	0.3102
7					7		0.2884	0.3227	0.3619
8					8		0.3290	0.3688	0.4136
9					9		0.3708	0.4149	0.4653
10					10		0.4120	0.4610	0.5170
11					11		0.4532	0.5071	0.5687
12					12		0.4944	0.5532	0.6204
13					13		0.5356	0.5993	0.6721
14					14		0.5768	0.6454	0.7238
15					15		0.6180	0.6915	0.7755
16					16		0.6592	0.7376	0.8272
17					17		0.7004	0.7837	0.8789
18					18		0.7416	0.8298	0.9306
19					19		0.7828	0.8759	0.9823
20					20		0.8240	0.9220	1.0340

SOMMES versées.	50 ANS.	51 ANS.	52 ANS.	53 ANS.	SOMMES versées.	54 ANS.	55 ANS.	56 ANS.	57 ANS.
1					1				
2					2				
3					3				
4					4				
5					5				
6					6				
7					7				
8					8				
9					9				
10					10				
11					11				
12					12				
13					13				
14					14				
15					15				
16					16				
17					17				
18					18				
19					19				
20					20				

SOMMES versées.	58 ANS.	59 ANS.	60 ANS.	61 ANS.	SOMMES versées.	62 ANS.	63 ANS.	64 ANS.	65 ANS.
1					1		0.1092	0.1220	0.1368
2					2		0.2184	0.2440	0.2736
3					3		0.3276	0.3660	0.4104
4					4		0.4368	0.4880	0.5472
5					5		0.5460	0.6100	0.6840
6					6		0.6552	0.7320	0.8208
7					7		0.7644	0.8540	0.9576
8					8		0.8736	0.9760	1.0944
9					9		0.9828	1.0980	1.2312
10					10		1.0920	1.2200	1.3680
11					11		1.2012	1.3420	1.5048
12					12		1.3104	1.4640	1.6416
13					13		1.4196	1.5860	1.7784
14					14		1.5288	1.7080	1.9152
15					15		1.6380	1.8300	2.0520
16					16		1.7472	1.9520	2.1888
17					17		1.8564	2.0740	2.3256
18					18		1.9656	2.1960	2.4624
19					19		2.0748	2.3180	2.5992
20					20		2.1840	2.4400	2.7360

SOMMES versées.	50 ANS.	51 ANS.	32 ANS.	33 ANS.	SOMMES versées.	34 ANS.	35 ANS.	36 ANS.	37 ANS.
1					1				
2					2				
3					3				
4					4				
5					5				
6					6				
7					7				
8					8				
9					9				
10					10				
11					11				
12					12				
13					13				
14					14				
15					15				
16					16				
17					17				
18					18				
19					19				
20					20				

SOMMES versées.	58 ANS.	59 ANS.	60 ANS.	61 ANS.	SOMMES versées.	62 ANS.	63 ANS.	64 ANS.	65 ANS.
1					1		0.0401	0.0448	0.0503
2					2		0.0802	0.0896	0.1006
3					3		0.1203	0.1344	0.1509
4					4		0.1604	0.1792	0.2012
5					5		0.2005	0.2240	0.2515
6					6		0.2406	0.2688	0.3018
7					7		0.2807	0.3136	0.3521
8					8		0.3208	0.3584	0.4024
9					9		0.3609	0.4032	0.4527
10					10		0.4010	0.4480	0.5030
11					11		0.4411	0.4928	0.5533
12					12		0.4812	0.5376	0.6036
13					13		0.5213	0.5824	0.6539
14					14		0.5614	0.6272	0.7042
15					15		0.6015	0.6720	0.7545
16					16		0.6416	0.7168	0.8048
17					17		0.6817	0.7616	0.8551
18					18		0.7218	0.8064	0.9054
19					19		0.7619	0.8512	0.9557
20					20		0.8020	0.8960	1.0060

SOMMES versées.	50 ANS.	51 ANS.	52 ANS.	53 ANS.	SOMMES versées.	54 ANS.	55 ANS.	56 ANS.	57 ANS.
1					1				
2					2				
3					3				
4					4				
5					5				
6					6				
7					7				
8					8				
9					9				
10					10				
11					11				
12					12				
13					13				
14					14				
15					15				
16					16				
17					17				
18					18				
19					19				
20					20				

SOMMES versées.	58 ANS.	59 ANS.	60 ANS.	61 ANS.	SOMMES versées.	62 ANS.	63 ANS.	64 ANS.	65 ANS.
1					1			0.1198	0.1344
2					2			0.2396	0.2688
3					3			0.3594	0.4032
4					4			0.4792	0.5376
5					5			0.5990	0.6720
6					6			0.7188	0.8064
7					7			0.8386	0.9408
8					8			0.9584	1.0752
9					9			1.0782	1.2096
10					10			1.1980	1.3440
11					11			1.3178	1.4784
12					12			1.4376	1.6128
13					13			1.5574	1.7472
14					14			1.6772	1.8816
15					15			1.7970	2.0160
16					16			1.9168	2.1504
17					17			2.0366	2.2848
18					18			2.1564	2.4192
19					19			2.2762	2.5536
20					20			2.3960	2.6880

SOMMES versées.	50 ANS.	51 ANS.	52 ANS.	53 ANS.	SOMMES versées.	54 ANS.	55 ANS.	56 ANS.	57 ANS.
1					1				
2					2				
3					3				
4					4				
5					5				
6					6				
7					7				
8					8				
9					9				
10					10				
11					11				
12					12				
13					13				
14					14				
15					15				
16					16				
17					17				
18					18				
19					19				
20					20				

SOMMES versées.	58 ANS.	59 ANS.	60 ANS.	61 ANS.	SOMMES versées.	62 ANS.	63 ANS.	64 ANS.	65 ANS.
1					1			0.0436	0.0490
2					2			0.0872	0.0980
3					3			0.1308	0.1470
4					4			0.1744	0.1960
5					5			0.2180	0.2450
6					6			0.2616	0.2940
7					7			0.3052	0.3430
8					8			0.3488	0.3920
9					9			0.3924	0.4410
10					10			0.4360	0.4900
11					11			0.4796	0.5390
12					12			0.5232	0.5880
13					13			0.5668	0.6370
14					14			0.6104	0.6860
15					15			0.6540	0.7350
16					16			0.6976	0.7840
17					17			0.7412	0.8330
18					18			0.7848	0.8820
19					19			0.8284	0.9310
20					20			0.8720	0.9800

SOMMES versées.	30 ANS.	31 ANS.	32 ANS.	33 ANS.	SOMMES versées.	34 ANS.	35 ANS.	36 ANS.	37 ANS.
1					1				
2					2				
3					3				
4					4				
5					5				
6					6				
7					7				
8					8				
9					9				
10					10				
11					11				
12					12				
13					13				
14					14				
15					15				
16					16				
17					17				
18					18				
19					19				
20					20				

SOMMES versées.	58 ANS.	59 ANS.	60 ANS.	61 ANS.	SOMMES versées.	62 ANS.	63 ANS.	64 ANS.	65 ANS.
1					1			0.1176	0.1319
2					2			0.2352	0.2638
3					3			0.3528	0.3957
4					4			0.4704	0.5276
5					5			0.5880	0.6595
6					6			0.7050	0.7914
7					7			0.8232	0.9233
8					8			0.9408	1.0552
9					9			1.0584	1.1871
10					10			1.1760	1.3190
11					11			1.2936	1.4509
12					12			1.4112	1.5828
13					13			1.5288	1.7147
14					14			1.6464	1.8466
15					15			1.7640	1.9785
16					16			1.8816	2.1104
17					17			1.9992	2.2423
18					18			2.1168	2.3742
19					19			2.2344	2.5061
20					20			2.3520	2.6380

SOMMES versées.	50 ANS.	51 ANS.	52 ANS.	53 ANS.	SOMMES versées.	54 ANS.	55 ANS.	56 ANS.	57 ANS.
1					1				
2					2				
3					3				
4					4				
5					5				
6					6				
7					7				
8					8				
9					9				
10					10				
11					11				
12					12				
13					13				
14					14				
15					15				
16					16				
17					17				
18					18				
19					19				
20					20				

SOMMES versées.	58 ANS.	59 ANS.	60 ANS.	61 ANS.	SOMMES versées.	62 ANS.	63 ANS.	64 ANS.	65 ANS.
1					1			0.0425	0.0476
2					2			0.0850	0.0952
3					3			0.1275	0.1428
4					4			0.1700	0.1904
5					5			0.2125	0.2380
6					6			0.2550	0.2856
7					7			0.2975	0.3332
8					8			0.3400	0.3808
9					9			0.3825	0.4284
10					10			0.4250	0.4760
11					11			0.4675	0.5236
12					12			0.5100	0.5712
13					13			0.5525	0.6188
14					14			0.5950	0.6664
15					15			0.6375	0.7140
16					16			0.6800	0.7616
17					17			0.7225	0.8092
18					18			0.7050	0.8568
19					19			0.8075	0.9044
20					20			0.8500	0.9520

SOMMES versées.	50 ANS.	51 ANS.	52 ANS.	53 ANS.	SOMMES versées.	54 ANS.	55 ANS.	56 ANS.	57 ANS.
1					1				
2					2				
3					3				
4					4				
5					5				
6					6				
7					7				
8					8				
9					9				
10					10				
11					11				
12					12				
13					13				
14					14				
15					15				
16					16				
17					17				
18					18				
19					19				
20					20				

SOMMES versées.	58 ANS.	59 ANS.	60 ANS.	61 ANS.	SOMMES versées.	62 ANS.	63 ANS.	64 ANS.	65 ANS.
1					1			0.1155	0.1295
2					2			0.2310	0.2590
3					3			0.3465	0.3885
4					4			0.4620	0.5180
5					5			0.5775	0.6475
6					6			0.6930	0.7770
7					7			0.8085	0.9065
8					8			0.9240	1.0360
9					9			1.0395	1.1655
10					10			1.1550	1.2950
11					11			1.2705	1.4245
12					12			1.3860	1.5540
13					13			1.5015	1.6835
14					14			1.6170	1.8130
15					15			1.7325	1.9425
16					16			1.8480	2.0720
17					17			1.9635	2.2015
18					18			2.0790	2.3310
19					19			2.1945	2.4605
20					20			2.3100	2.5900

SOMMES versées.	50 ANS.	51 ANS.	52 ANS.	53 ANS.	SOMMES versées.	54 ANS.	55 ANS.	56 ANS.	57 ANS.
1					1				
2					2				
3					3				
4					4				
5					5				
6					6				
7					7				
8					8				
9					9				
10					10				
11					11				
12					12				
13					13				
14					14				
15					15				
16					16				
17					17				
18					18				
19					19				
20					20				

SOMMES versées.	58 ANS.	59 ANS.	60 ANS.	61 ANS.	SOMMES versées.	62 ANS.	63 ANS.	64 ANS.	65 ANS.
1					1			0.0413	0.0403
2					2			0.0826	0.0926
3					3			0.1239	0.1389
4					4			0.1652	0.1852
5					5			0.2065	0.2315
6					6			0.2478	0.2778
7					7			0.2891	0.3241
8					8			0.3304	0.3704
9					9			0.3717	0.4167
10					10			0.4130	0.4630
11					11			0.4543	0.5093
12					12			0.4956	0.5556
13					13			0.5369	0.6019
14					14			0.5782	0.6482
15					15			0.6195	0.6945
16					16			0.6608	0.7408
17					17			0.7021	0.7871
18					18			0.7434	0.8334
19					19			0.7847	0.8797
20					20			0.8260	0.9260

SOMMES versées.	50 ANS.	51 ANS.	52 ANS.	53 ANS.	SOMMES versées.	54 ANS.	55 ANS.	56 ANS.	57 ANS.
1					1				
2					2				
3					3				
4					4				
5					5				
6					6				
7					7				
8					8				
9					9				
10					10				
11					11				
12					12				
13					13				
14					14				
15					15				
16					16				
17					17				
18					18				
19					19				
20					20				

SOMMES versées.	58 ANS.	59 ANS.	60 ANS.	61 ANS.	SOMMES versées.	62 ANS.	63 ANS.	64 ANS.	65 ANS.
1					1			0.1134	0.1272
2					2			0.2268	0.2544
3					3			0.3402	0.3816
4					4			0.4536	0.5088
5					5			0.5670	0.6360
6					6			0.6804	0.7632
7					7			0.7938	0.8904
8					8			0.9072	1.0176
9					9			1.0206	1.1448
10					10			1.1340	1.2720
11					11			1.2474	1.3992
12					12			1.3608	1.5264
13					13			1.4742	1.6536
14					14			1.5876	1.7808
15					15			1.7010	1.9080
16					16			1.8144	2.0352
17					17			1.9278	2.1624
18					18			2.0412	2.2896
19					19			2.1546	2.4168
20					20			2.2680	2.5440

SOMMES versées	50 ANS.	51 ANS.	52 ANS.	53 ANS.	SOMMES versées	54 ANS.	55 ANS.	56 ANS.	57 ANS.
1					1				
2					2				
3					3				
4					4				
5					5				
6					6				
7					7				
8					8				
9					9				
10					10				
11					11				
12					12				
13					13				
14					14				
15					15				
16					16				
17					17				
18					18				
19					19				
20					20				

SOMMES versées	58 ANS.	59 ANS.	60 ANS.	61 ANS.	SOMMES versées	62 ANS.	63 ANS.	64 ANS.	65 ANS.
1					1			0.0402	0.0451
2					2			0.0804	0.0902
3					3			0.1206	0.1353
4					4			0.1608	0.1804
5					5			0.2010	0.2255
6					6			0.2412	0.2706
7					7			0.2814	0.3157
8					8			0.3216	0.3608
9					9			0.3618	0.4059
10					10			0.4020	0.4510
11					11			0.4422	0.4961
12					12			0.4824	0.5412
13					13			0.5226	0.5803
14					14			0.5628	0.6314
15					15			0.6030	0.6765
16					16			0.6432	0.7216
17					17			0.6834	0.7667
18					18			0.7236	0.8118
19					19			0.7638	0.8569
20					20			0.8040	0.9020

SOMMES versées.	50 ANS.	51 ANS.	52 ANS.	53 ANS.	SOMMES versées.	54 ANS.	55 ANS.	56 ANS.	57 ANS.
1					1				
2					2				
3					3				
4					4				
5					5				
6					6				
7					7				
8					8				
9					9				
10					10				
11					11				
12					12				
13					13				
14					14				
15					15				
16					16				
17					17				
18					18				
19					19				
20					20				

SOMMES versées.	58 ANS.	59 ANS.	60 ANS.	61 ANS.	SOMMES versées.	62 ANS.	63 ANS.	64 ANS.	65 ANS.
1					1				0.1249
2					2				0.2498
3					3				0.3747
4					4				0.4996
5					5				0.6245
6					6				0.7494
7					7				0.8743
8					8				0.9992
9					9				1.1241
10					10				1.2490
11					11				1.3739
12					12				1.4988
13					13				1.6237
14					14				1.7486
15					15				1.8735
16					16				1.9984
17					17				2.1233
18					18				2.2482
19					19				2.3731
20					20				2.4980

SOMMES versées.	50 ANS.	51 ANS.	52 ANS.	53 ANS.	SOMMES versées.	54 ANS.	55 ANS.	56 ANS.	57 ANS.
1					1				
2					2				
3					3				
4					4				
5					5				
6					6				
7					7				
8					8				
9					9				
10					10				
11					11				
12					12				
13					13				
14					14				
15					15				
16					16				
17					17				
18					18				
19					19				
20					20				

SOMMES versées.	58 ANS.	59 ANS.	60 ANS.	61 ANS.	SOMMES versées.	62 ANS.	63 ANS.	64 ANS.	65 ANS.
1					1				0.0438
2					2				0.0876
3					3				0.1314
4					4				0.1752
5					5				0.2190
6					6				0.2028
7					7				0.3006
8					8				0.3504
9					9				0.3942
10					10				0.4380
11					11				0.4818
12					12				0.5256
13					13				0.5694
14					14				0.6132
15					15				0.6570
16					16				0.7008
17					17				0.7446
18					18				0.7884
19					19				0.8322
20					20				0.8760

SOMMES versées.	50 ANS.	51 ANS.	52 ANS.	53 ANS.	SOMMES versées.	54 ANS.	55 ANS.	56 ANS.	57 ANS.
1					1				
2					2				
3					3				
4					4				
5					5				
6					6				
7					7				
8					8				
9					9				
10					10				
11					11				
12					12				
13					13				
14					14				
15					15				
16					16				
17					17				
18					18				
19					19				
20					20				

SOMMES versées.	58 ANS.	59 ANS.	60 ANS.	61 ANS.	SOMMES versées.	62 ANS.	63 ANS.	64 ANS.	65 ANS.
1					1				0.1226
2					2				0.2452
3					3				0.3678
4					4				0.4904
5					5				0.6130
6					6				0.7356
7					7				0.8582
8					8				0.9808
9					9				1.1034
10					10				1.2260
11					11				1.3486
12					12				1.4712
13					13				1.5938
14					14				1.7164
15					15				1.8390
16					16				1.9616
17					17				2.0842
18					18				2.2068
19					19				2.3294
20					20				2.4520

SOMMES versées.	50 ANS.	51 ANS.	52 ANS.	53 ANS.	SOMMES versées.	54 ANS.	55 ANS.	56 ANS.	57 ANS.
1					1				
2					2				
3					3				
4					4				
5					5				
6					6				
7					7				
8					8				
9					9				
10					10				
11					11				
12					12				
13					13				
14					14				
15					15				
16					16				
17					17				
18					18				
19					19				
20					20				

SOMMES versées.	58 ANS.	59 ANS.	60 ANS.	61 ANS.	SOMMES versées.	62 ANS.	63 ANS.	64 ANS.	65 ANS.
1					1				0.0426
2					2				0.0852
3					3				0.1278
4					4				0.1704
5					5				0.2130
6					6				0.2556
7					7				0.2982
8					8				0.3408
9					9				0.3834
10					10				0.4260
11					11				0.4686
12					12				0.5112
13					13				0.5538
14					14				0.5964
15					15				0.6390
16					16				0.6810
17					17				0.7242
18					18				0.7668
19					19				0.8094
20					20				0.8520

SOMMES versées.	50 ANS.	51 ANS.	52 ANS.	53 ANS.	SOMMES versées.	54 ANS.	55 ANS.	56 ANS.	57 ANS.
1					1				
2					2				
3					3				
4					4				
5					5				
6					6				
7					7				
8					8				
9					9				
10					10				
11					11				
12					12				
13					13				
14					14				
15					15				
16					16				
17					17				
18					18				
19					19				
20					20				

SOMMES versées.	58 ANS.	59 ANS.	60 ANS.	61 ANS.	SOMMES versées.	62 ANS.	63 ANS.	64 ANS.	65 ANS.
1					1				0.1203
2					2				0.2406
3					3				0.3609
4					4				0.4812
5					5				0.6015
6					6				0.7218
7					7				0.8421
8					8				0.9624
9					9				1.0827
10					10				1.2030
11					11				1.3233
12					12				1.4436
13					13				1.5639
14					14				1.6842
15					15				1.8045
16					16				1.9248
17					17				2.0451
18					18				2.1654
19					19				2.2857
20					20				2.4060

SOMMES versées.	50 ANS.	51 ANS.	52 ANS.	53 ANS.	SOMMES versées.	54 ANS.	55 ANS.	56 ANS.	57 ANS.
1					1				
2					2				
3					3				
4					4				
5					5				
6					6				
7					7				
8					8				
9					9				
10					10				
11					11				
12					12				
13					13				
14					14				
15					15				
16					16				
17					17				
18					18				
19					19				
20					20				

SOMMES versées.	58 ANS.	59 ANS.	60 ANS.	61 ANS.	SOMMES versées.	62 ANS.	63 ANS.	64 ANS.	65 ANS.
1					1				0.0414
2					2				0.0828
3					3				0.1242
4					4				0.1656
5					5				0.2070
6					6				0.2484
7					7				0.2898
8					8				0.3312
9					9				0.3726
10					10				0.4140
11					11				0.4554
12					12				0.4968
13					13				0.5382
14					14				0.5796
15					15				0.6210
16					16				0.6624
17					17				0.7038
18					18				0.7452
19					19				0.7866
20					20				0.8280

SOMMES versées.	50 ANS.	51 ANS.	52 ANS.	53 ANS.	SOMMES versées.	54 ANS.	55 ANS.	56 ANS.	57 ANS.
1					1				
2					2				
3					3				
4					4				
5					5				
6					6				
7					7				
8					8				
9					9				
10					10				
11					11				
12					12				
13					13				
14					14				
15					15				
16					16				
17					17				
18					18				
19					19				
20					20				

SOMMES versées.	58 ANS.	59 ANS.	60 ANS.	61 ANS.	SOMMES versées.	62 ANS.	63 ANS.	64 ANS.	65 ANS.
1					1				0.1181
2					2				0.2362
3					3				0.3543
4					4				0.4724
5					5				0.5905
6					6				0.7086
7					7				0.8267
8					8				0.9448
9					9				1.0629
10					10				1.1810
11					11				1.2991
12					12				1.4172
13					13				1.5353
14					14				1.6534
15					15				1.7715
16					16				1.8896
17					17				2.0077
18					18				2.1258
19					19				2.2439
20					20				2.3620

SOMMES versées.	50 ANS.	51 ANS.	52 ANS.	53 ANS.	SOMMES versées.	54 ANS.	55 ANS.	56 ANS.	57 ANS.
1					1				
2					2				
3					3				
4					4				
5					5				
6					6				
7					7				
8					8				
9					9				
10					10				
11					11				
12					12				
13					13				
14					14				
15					15				
16					16				
17					17				
18					18				
19					19				
20					20				

SOMMES versées.	58 ANS.	59 ANS.	60 ANS.	61 ANS.	SOMMES versées.	62 ANS.	63 ANS.	64 ANS.	65 ANS.
1					1				0.0402
2					2				0.0804
3					3				0.1206
4					4				0.1608
5					5				0.2010
6					6				0.2412
7					7				0.2814
8					8				0.3216
9					9				0.3618
10					10				0.4020
11					11				0.4422
12					12				0.4824
13					13				0.5226
14					14				0.5628
15					15				0.6030
16					16				0.6432
17					17				0.6834
18					18				0.7236
19					19				0.7638
20					20				0.8040